Walter Doberenz
Thomas Kowalski

Borland Delphi 5

Kochbuch

Walter Doberenz
Thomas Kowalski

Borland Delphi 5

Kochbuch

HANSER

Die Autoren:

Professor Dr.-Ing. habil. Walter Doberenz, Altenburg
Dipl.-Ing. Thomas Kowalski, Leeskow

Internet: http://www.hanser.de

Die Deutsche Bibliothek – CIP-Einheitsaufnahme

Ein Titelsatz für diese Publikation
ist bei Der Deutschen Bibliothek erhältlich

© 2000 Carl Hanser Verlag München Wien
Gesamtlektorat: Sieglinde Schärl
Copy-editing: Lutz Friedrich, Poing
Herstellung: Monika Kraus
Umschlaggestaltung: Zentralbüro für Gestaltung, Augsburg
Druck und Bindung: Kösel, Kempten
Printed in Germany

ISBN 3-446-21365-1

Vorwort

Wenn Sie dieses Buch in den Händen halten, dann gehören Sie sicherlich zum Kreis der angehenden oder gestandenen Delphi-Programmierer, die es mittlerweile überdrüssig sind, ziel- und endlos in den zahlreichen Handbüchern oder Hilfedateien herumzustochern und die deshalb nach einem praxistauglichen Nachschlagewerk Ausschau halten, mit dem man

a)   möglichst alle Fragen beantworten kann

und wo man

b)   möglichst schnell das Gesuchte findet.

Zum Punkt a) müssen wir Ihnen leider mitteilen, dass es ein derartiges "Großes Buch" bis heute noch nicht gibt[1] und voraussichtlich auch niemals geben wird. Wir wollen uns im vorliegenden Buch aber bemühen, möglichst viele Problemlösungen in allgemein verständlicher Form zu bringen (ohne dabei die Beispiele zu wiederholen, die Ihnen die zu Delphi mitgelieferte Dokumentation ohnehin schon bietet).

Bezüglich Punkt b) sieht es da schon viel besser aus. Die einzelnen Rezepte des Kochbuchs sind in 15 Themengruppen übersichtlich angeordnet und mit treffsicheren Titeln ausgestattet. Der Index soll ein übriges dazu beitragen, schnell an die gewünschten Informationen zu kommen.

Zur Vorgeschichte

Mittlerweile haben wir zum Thema "Borland Delphi" zwölf Bücher veröffentlicht, das erste erschien im Herbst 1995 (ein halbes Jahr nachdem die erste Delphi-Version auf den Markt kam) und war bereits ein durchschlagender Erfolg, weil wir bei der Zusammenstellung des Inhalts weniger aus der von Inprise/Borland gelieferten Dokumentation, sondern vielmehr aus eigenen Quellen und Erfahrungen geschöpft haben.

Bis einschließlich Borland Delphi 3 hatten wir unsere Bücher in jeweils einen Einsteiger-Band und einen Profi-Band aufgeteilt. Jeder Band war wiederum unterteilt in einen Grundlagenteil und einen Rezepteteil. Während der Grundlagenteil sich nach dem Prinzip "Soviel wie nötig" auf die Entwicklungsumgebung sowie die wesentlichen Sprachelemente und Programmiertechniken konzentrierte, lieferte der Rezepteteil alias Kochbuch das Know-how für die Lösung einer Vielzahl praktischer Problemstellungen, die der Programmieralltag so mit sich bringt.

Gemäß unserem Leitmotiv "Programmieren lernt man nur durch Beispiele" bildete schon damals das Kochbuch den Kern unserer Publikationen, was auch das umfangreiche Feedback unserer Leserschaft sowie die zahlreichen positiven Rezensionen in der Fachpresse und nicht zuletzt die regelmäßigen Platzierungen unter den Top Ten der meistverkauften Computerbücher belegten.

---

[1] trotz gegenteiliger Behauptungen gewisser Verlage

Zum Buchinhalt

Im Zuge der regelmäßigen Überarbeitung unserer Buchtitel für die neuen Delphi-Versionen hatten wir uns ab Borland Delphi 4 entschlossen, einen etwas anderen Weg zu gehen. Die Rezepteteile des Einsteiger- und des Profibuchs wurden an die neuen Versionen angepasst, zusammengelegt und durch neue Rezepte ergänzt. Das Resultat, ein eigenständigen "Kochbuch", liegt nun in der für die Version 5 gründlich überarbeiteten Auflage vor Ihnen.

Wir haben es uns nicht leicht gemacht und deshalb nicht nur einen "Aufguss" des Vorgängertitels zu Borland Delphi 4 für die Version 5 zusammengebraut. So finden Sie im vorliegenden Buch jede Menge Rezepte, die auf die Neuigkeiten der Version 5 Bezug nehmen. Andererseits haben wir auch gründlich "ausgemistet", d.h., wir haben einige überalterte Rezepte gestrichen sowie bewährte Rezepte ergänzt und von überflüssigem Ballast befreit.

Eingeflossen in die Neuauflage sind weiterhin

      die kritischen Hinweise unserer Leser

      die Erfahrungen bei den von uns veranstalteten Delphi-Lehrgängen und Workshops

      gesammelte Erkenntnisse unserer eigenen Programmiertätigkeit

Wir denken und wir hoffen, dass diese Fundamente so tragfähig sind, dass sie diesem Buch einen gleichen Erfolg bescheren werden wie all seinen Vorgängern.

Fairerweise auch ein Hinweis für den Profi-Programmierer, der vielleicht dies und jenes "Rezept" vermissen sollte: Da sich der Seitenumfang bereits jetzt am obersten Limit bewegt, konnten wir einige ausgesprochene Profi-Themen, wie z.B. die mehrschichtige Anwendungsentwicklung (MIDAS, CORBA), nicht oder nur wenig berücksichtigen. Zu dieser umfangreichen Thematik soll aber bald ein eigenständiger Buchtitel entstehen.

Noch ein Buch?

Da der Einsteiger nach wie vor einen Leitfaden für die Einarbeitung in die immer komplexer werdende Programmiersprache Borland Delphi 5 braucht und auch Fortgeschrittene und Profis heutzutage ohne eine übersichtliche Nachschlagemöglichkeit für die wichtigsten Bedienfunktionen, Objekte und Programmiertechniken nicht mehr auskommen, haben wir all diese Informationen in einen zweiten Titel "Borland Delphi 5 – Grundlagen und Profiwissen" ausgelagert, dessen Inhaltsverzeichnis Sie im Anhang finden. Für ein erfolgreiches Arbeiten mit dem vorliegenden "Borland Delphi 5 Kochbuch" ist der Besitz des Grundlagenbuchs aber keinesfalls Bedingung.

Buch-CD

Die zu diesem Buch mitgelieferte CD enthält sämtliche Quelltexte, die meisten EXE-Dateien sowie weitere Software bzw. Tools von Fremdanbietern.

Nur für Einsteiger: Wollen Sie direkt auf die Ordner zugreifen, dann klicken Sie das CD-Laufwerkssymbol mit der rechten Maustaste an und wählen Sie "Öffnen". Verschieben Sie dann die gewünschten Dateien auf die Festplatte und vergessen Sie nicht, abschließend den Schreibschutz aufzuheben (alle markieren, rechte Maustaste, "Eigenschaften").

Wer es gern bequemer hätte, klickt einfach auf START.EXE und wählt im Inhaltsverzeichnis die gewünschten Verzeichnisse aus.

Für die Datenbankbeispiele sollten Sie vorher einen Alias einrichten, nähere Informationen dazu finden Sie auf der Buch-CD.

Die Autoren in eigener Sache

Wenn Sie Vorschläge oder Fragen zum Buch haben, können Sie uns erreichen unter

w.doberenz@online.de

th.kowalski@online.de

Eine komplette Übersicht unserer auf dem Markt befindlichen Buchtitel sowie unsere Software-Schulungsangebote (Einsteigerkurse und Profi-Workshops) finden Sie auf der Homepage

www.doberenz.onlinehome.de

Dank an alle Helfer

Beide Autoren wollen es nicht versäumen, sich bei ihren Familienangehörigen wieder einmal ganz herzlich zu bedanken, ohne deren genauso grenzenlose wie erprobte Geduld und Nachsicht ein Projekt wie dieses nicht hätte erfolgreich zu Ende gebracht werden können.

Der Firma Inprise/Borland danken wir für die überaus bereitwillige Überlassung von Rezensions-Software.

Ein Blumenstrauß auch für Frau Schärl und Dr. Riedel vom Carl Hanser Verlag München, die den Glauben an uns nie verloren haben, uns immer wieder Terminaufschub gewährten und auch sonst uns stets freundlich ermutigt und nach besten Kräften unterstützt haben.

Walter Doberenz und Thomas Kowalski

Altenburg und Leeskow im März 2000

Inhaltsverzeichnis

Grafik   3   **229**

Multimedia *4*   **343**

Dateien $\int$ 395

Datenbank   6   **489**

SQL/ADO

Report 627

Objekte und Komponenten 677

OLE/DDE   / 0   765

Peripherie/Internet   / /   789

System   845

Desktop   ⟨13⟩   **897**

Wissenschaft/ Technik   *1 4*   **931**

Sonstiges   *1 5*   **1017**

Wie kann ich ...?
Grundlagen

R1   ... die Projekteinstellungen für Formulare festlegen?

Grundlagen
.

Oberfläche

Grafik

Multimedia

Datei

Datenbank

SQL/ADO

Report

Objekte

OLE/DDE

Peripherie

System

Desktop

Technik

Sonstiges

Normalerweise besteht eine Applikation nicht nur aus einem, sondern aus mehreren Formularen. Welches von denen soll nun beim Programmstart angezeigt werden, wie werden die übrigen aufgerufen? Diese und andere Fragen sollen im folgenden Demobeispiel geklärt werden[1].

Oberfläche

Wir brauchen vier Formulare (*Form2 ... Form5*), die von einem Hauptformular (*Form1*) aus aufgerufen werden sollen. Letzteres erinnert an eine Internet-Homepage und hat fünf Schaltflächen:

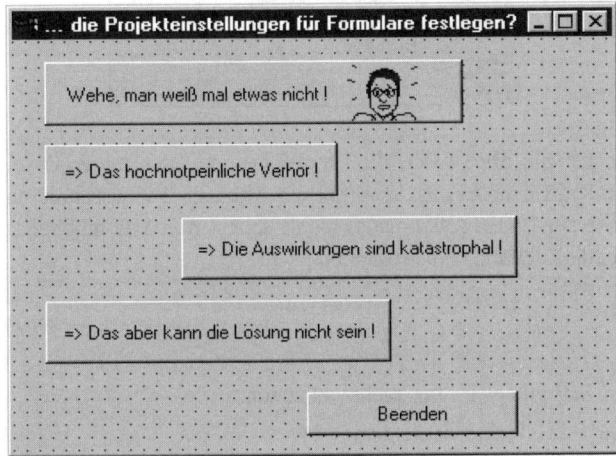

Um die Schaltflächen mit Icons optisch aufwerten zu können, haben wir welche vom Typ *TBitBtn* verwendet (Seite "Zusätzlich" der Komponentenpalette), selbstverständlich würden die vom schlichten *TButton-Typ* den gleichen Zweck erfüllen.

Die anderen Formulare fügen wir über *Datei\Neues Formular* hinzu, sie erhalten jeweils eine "Zurück"-Schaltfläche, um zum Hauptformular zurückzukehren. Für den Zweck unseres Beispiels ist eine weitergehende Funktionalität der Unterformulare unwichtig, wir überlassen es deshalb Ihrer Phantasie, etwas Abwechslung in das triste Grau der Fenster zu bringen. Wie wäre es z.B. mit *Image*-Komponenten, deren *Picture*-Eigenschaft man mit Hilfe des Objektinspektors eine WMF- oder BMP-Datei zuweist?

---

[1] Bezüglich seiner sonstigen Funktionalität ist das Beispiel nicht ganz ernst zu nehmen.

Als Anregung folgender Vorschlag für das zweite Formular:

Hinweis: Vergessen Sie aber nicht, die *Stretch*-Property der *Image*-Objekte auf *True* zu setzen, sonst kann es sein, dass nur ein winziger Bildausschnitt angezeigt wird, so dass Sie zur Laufzeit überhaupt nichts sehen. *AutoSize* hingegen sollte auf seiner Standardeinstellung (*False*) bleiben.

Quelltext

Im Quelltext von *Unit1* gibt es für uns nicht viel zu tun:

```
procedure TForm1.BitBtn1Click(Sender: TObject);
begin
 Form2.Show
end;


procedure TForm1.BitBtn2Click(Sender: TObject);
begin
 Form3.Show
end;


procedure TForm1.BitBtn3Click(Sender: TObject);
begin
 Form4.Show
end;


procedure TForm1.BitBtn4Click(Sender: TObject);
begin
 Form5.Show
```

```
end;

procedure TForm1.BitBtn5Click(Sender: TObject);
begin
 Close
end;
```

Stellvertretend für die dann noch übrigen Formulare *Form2* ... *Form5* hier die Ereignis-behandlungsroutine für den "Zurück"-Button von *Form2*:

```
procedure TForm2.Button1Click(Sender: TObject);
begin
 Close
end;
```

Test

Wir starten unsere Applikation (F9) und werden insgesamt viermal "zurückgepfiffen", z.B.:

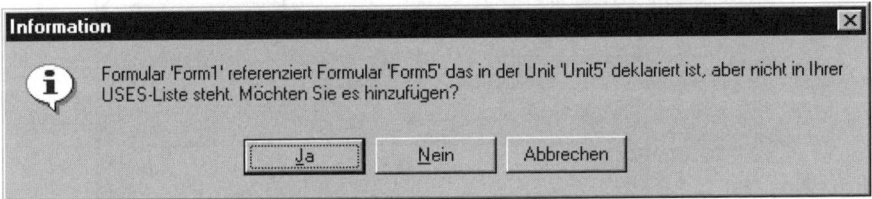

Natürlich, unsere *Unit1* hat ja noch keinerlei Kenntnis von den restlichen Formular-Objekten, die von hier aus aufgerufen werden sollen! Also muss ihre *uses*-Klausel um die Namen von *Unit2* bis *Unit5* ergänzt werden, was Delphi dankenswerterweise für uns erledigt (wenn wir auf "Ja" klicken).

Der zweite Startversuch sollte dann aber klappen. Verfolgen wir gemeinsam die verschiedenen "Entwicklungsphasen" eines geplagten "Coautors" und leiden wir mit ihm!

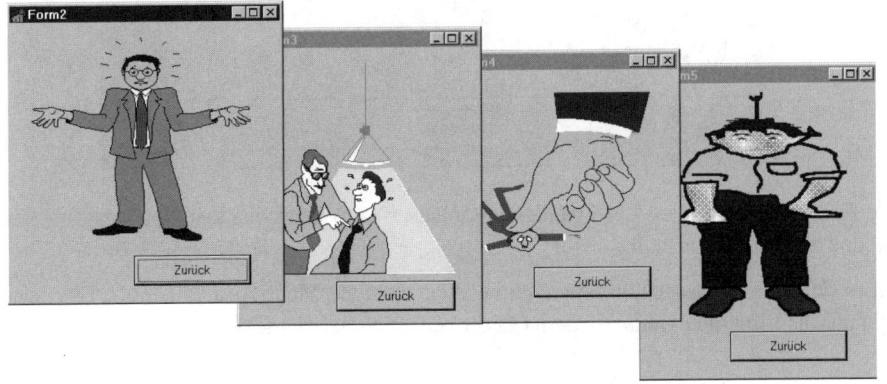

Oberfläche

Grafik

Multimedia

Datei

Datenbank

SQL/ADO

Report

Objekte

OLE/DDE

Peripherie

System

Desktop

Technik

Sonstiges

Das Hauptformular erscheint nicht nur beim Start als erstes, sondern wartet auch noch ganz am Schluss mit einer wichtigen Besonderheit auf:

Hinweis: Beenden Sie das Hauptformular, so werden automatisch auch alle Unterformulare geschlossen.

Ein Blick in die Projektoptionen

Halt, trotz aller Freude über die ach soooo spaßigen Bildchen, wir sind noch nicht fertig! Erst jetzt können wir uns dem eigentlichen Problem, den Projektoptionen, zuwenden.

Wir haben es bis jetzt als selbstverständlich angenommen, dass bei Programmstart *Form1* erschienen ist. Dabei hat uns aber der Zufall geholfen, denn das Startformular ist gleichzeitig auch das Hauptformular.

Ein Blick in das Dialogfenster "Projektoptionen" (Menü *Projekt\Optionen...*) belehrt uns, dass das durchaus nicht selbstverständlich ist, denn auch jedes andere Formular kann durch Verändern der Combobox-Einstellung in die Rolle des Hauptformulars schlüpfen:

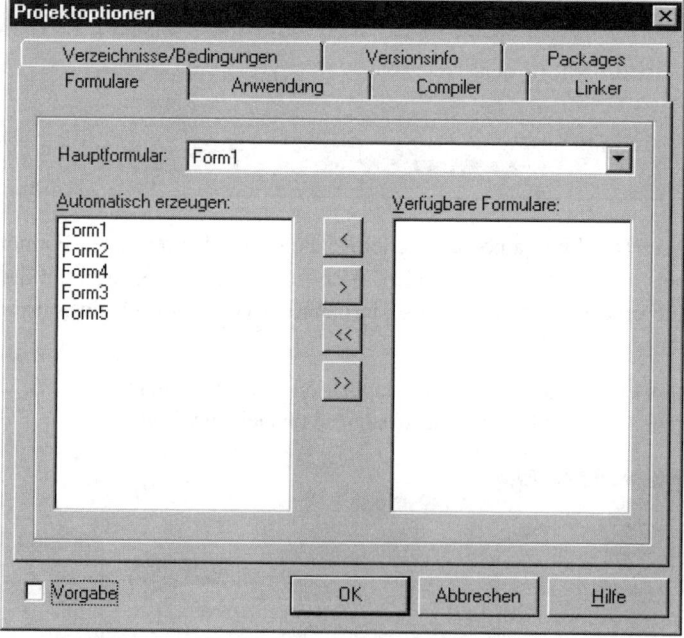

Alle Formulare der linken Liste werden automatisch dem Startcode der Projektdatei hinzugefügt und zur Laufzeit erstellt.

Wir wollen diese Aussage überprüfen und wählen dazu das Menü *Ansicht\Units...*. Es erscheint nicht nur die Liste aller Units, sondern (ganz oben) auch der Name der Projektdatei:

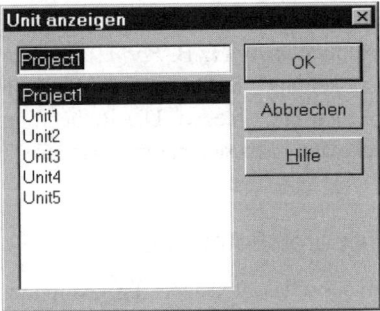

Grundlagen

Oberfläche

Grafik

Multimedia

Datei

Datenbank

SQL/ADO

Report

Objekte

OLE/DDE

Peripherie

System

Desktop

Technik

Sonstiges

An der Projektdatei sollte man lieber nicht herumdoktern.

Hier der Quelltext der Projektdatei *Project1.DPR*, wie ihn Delphi automatisch erstellt hat:

```
program Project1;

uses
  Forms,
  Unit1 in 'Unit1.pas' {Form1},
  Unit2 in 'Unit2.pas' {Form2},
  Unit3 in 'Unit3.pas' {Form3},
  Unit4 in 'Unit4.pas' {Form4},
  Unit5 in 'Unit5.pas' {Form5};
{$R *.RES}
begin
  Application.Initialize;
  Application.CreateForm(TForm1, Form1);
  Application.CreateForm(TForm2, Form2);
  Application.CreateForm(TForm3, Form3);
  Application.CreateForm(TForm4, Form4);
  Application.CreateForm(TForm5, Form5);
  Application.Run;
end.
```

Die Methode *CreateForm* erzeugt ein neues Formular des *TForm*-Typs, der durch den ersten Parameter angegeben wird und weist es der *Form*-Objektvariablen zu, die durch den zweiten Parameter definiert ist. Besitzer (Owner) des neuen Formulars ist, wie könnte es anders sein, das *Application*-Objekt. Das Hauptformular wird durch den ersten Aufruf von *CreateForm* erzeugt. Bitte widerstehen Sie aber der Verlockung, diese Regel zu durchbrechen und an den Quelltext der Projektdatei Hand anzulegen, überlassen Sie das besser Delphi.

Hinweis: Wenn Sie eine Projektdatei manuell bearbeiten, umgehen Sie Delphis automatisierten Projektverwaltungsmechanismus und riskieren Compilerfehler und andere Probleme.

Nehmen Sie deshalb Manipulationen lieber im Dialogfenster "Projektoptionen" vor. Wenn Sie dort die "Hauptformular-Einstellung ändern (z.B. *Form2*), erscheint *Form2* als erstes im linken Listenfeld "Autom. Formularerstellung". Sie können die Reihenfolge ändern, indem Sie Formulare an neue Positionen ziehen und ablegen. Die Reihenfolge der entsprechenden *Form-Create*-Methoden in der Projektdatei passt sich automatisch an.

Was bedeuten die "verfügbaren Formulare" ?

Diese im rechten Listenfeld des Dialogfensters "Projektoptionen" aufgeführten Formulare werden zwar im Projekt verwendet, aber nicht automatisch erstellt. Wir wollen auch das überprüfen und verwenden die Schaltflächen mit den Pfeilen, um *Form2* bis *Form5* vom linken in das rechte Listenfeld zu verschieben. Ein anschließender Blick in die Projektdatei zeigt, dass nur noch das Hauptformular generiert wird:

```
begin
  Application.Initialize;
  Application.CreateForm(TForm1, Form1);
  Application.Run;
end.
```

Der Programmtest (F9) scheint zunächst keinen Argwohn zu erregen, denn das Hauptformular erscheint prompt – so als wäre nichts gewesen. Das Desaster folgt erst dann, wenn Sie versuchen, ein Unterformular aufzurufen:

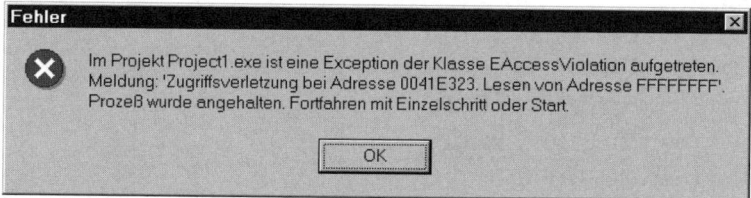

Die Ursache dieser "fachchinesischen" Fehlermeldung dürfte klar sein: Von *Form2* bis *Form5* wurden keine Instanzen gebildet (siehe Projektdatei), also greifen die vier *Form.Show*-Methoden ins Leere. Wir können uns behelfen, indem wir alle vier Event-Handler von *Unit1* so ergänzen, wie es hier exemplarisch für den Aufruf von *Form2* gezeigt wird:

```
procedure TForm1.BitBtn1Click(Sender: TObject);
begin
  Application.CreateForm(TForm2, Form2);
  Form2.Show
end;
```

Einen neckischen Nebeneffekt, der manchmal sogar erwünscht sein kann, hat diese Sache allerdings. Es lassen sich auf diese Weise auch mehrere Instanzen des gleichen Unterformulars erzeugen:

Grundlagen

Oberfläche

Grafik

Multimedia

Datei

Datenbank

SQL/ADO

Report

Objekte

OLE/DDE

Peripherie

System

Desktop

Technik

Sonstiges

Als Einsteiger sollte man aber vorerst von derartigen Manipulationen die Finger lassen und das Erzeugen von Formularinstanzen lieber (wie oben beschrieben) indirekt, d.h. im Dialogfenster "Projektoptionen", vornehmen.

R2   ... eine MDI-Applikation erstellen?

Ein Programm, welches aus mehreren lose herumflatternden Fenstern besteht, kann nicht als der Weisheit letzter Schluss angesehen werden. Der erfahrene Windows-Programmierer bringt mit einer MDI-Applikation Ordnung in das Durcheinander. Im Folgenden wird am Beispiel des Vorgängerrezepts

☞   R1 ... die Projekteinstellungen für Formulare festlegen?

gezeigt, wie man ein vorhandenes Projekt in eine standesgemäße MDI-Anwendung verwandelt.

Anpassen der Oberfläche des Hauptformulars

Ändern Sie die *FormStyle*-Property des Hauptformulars (*Form1*) in *fsMDIForm*. Entfernen Sie alle Buttons von der Oberfläche, denn wir wollen die Unterformulare, so wie es sich gehört, über ein Menü aufrufen. Fügen Sie deshalb eine *MainMenu*-Komponente hinzu.

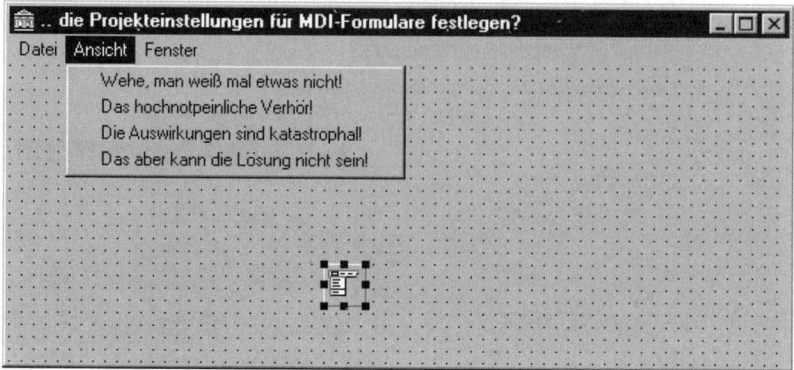

Das Menü soll folgende Struktur haben:

1. Ebene	2. Ebene	Name
Datei	Beenden	Beenden
Ansicht	Wehe, man weiß mal etwas nicht!	Wehe
	Das hochnotpeinliche Verhör!	Peinlich
	Die Auswirkungen sind katastrophal!	Auswirkung
	Das aber kann die Lösung nicht sein!	Loesung
Fenster	Nebeneinander	Nebeneinander
	Überlappend	Ueberlappend
	Symbole anordnen	Symboleanordnen

Nach einem Doppelklick auf die Menükomponente öffnet sich der Menüeditor und im Handumdrehen ist das Menü erstellt. Wie Sie der Tabelle entnehmen, haben wir teilweise die *Name*-Eigenschaften der einzelnen Menüobjekte gekürzt.

Wer sich exakt über den Umgang mit dem Menüeditor informieren will:

☞   R64 ... eine Menüleiste erstellen?

Anpassen des Quellcodes des Hauptformulars

Hier der komplette *implementation*-Abschnitt von *Unit1*:

```
uses Unit2, Unit3, Unit4,Unit5;
procedure TForm1.WeheClick(Sender: TObject);        // Wehe, man weiß ....
begin
  TForm2.Create(Self)
end;
```

```
procedure TForm1.PeinlichClick(Sender: TObject);  // Das hochnotpeinliche ...
begin
  TForm3.Create(Self)
end;

procedure TForm1.LoesungClick(Sender: TObject);    // Die Auswirkungen sind ...
begin
 TForm5.Create(Self)
end;

procedure TForm1.AuswirkungClick(Sender: TObject); // Das aber kann die ...
begin
 TForm4.Create(Self)
end;
```

Wie Sie gesehen haben, werden die einzelnen Unterformulare nicht mit *Form2.Show*, *Form3.Show* usw. aufgerufen, sondern sie werden erst zur Laufzeit erzeugt. Der Owner ist *Form1*, das MDI-Hauptfenster (anstatt *Self* kann als Argument des *Create*-Konstruktors auch *Form1* eingesetzt werden). Das allerdings setzt voraus, dass *Form2 ... Form5* zu Programmbeginn nicht automatisch erstellt werden dürfen. Nur das Hauptformular genießt dieses Privileg! Ändern Sie also über *Projekt|Optionen...* die Projekteinstellungen wie folgt:

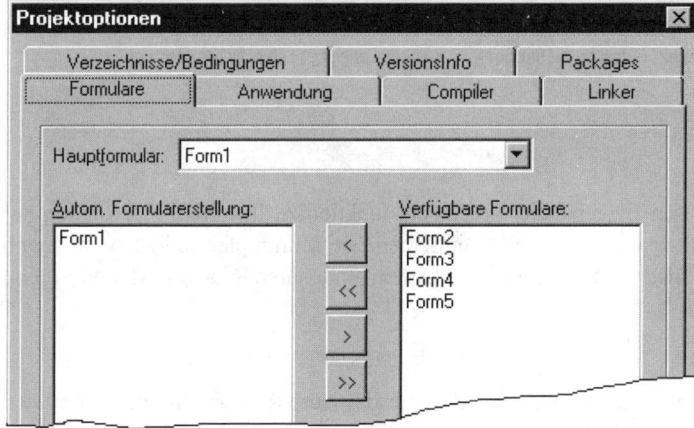

Wenn Sie (zur Entwurfszeit) auf einen Menüeintrag klicken, erscheint sofort der Rahmencode des entsprechenden Eventhandlers.

```
procedure TForm1.NebeneinanderClick(Sender: TObject); // Nebeneinander
begin
 Tile
end;
```

Grundlagen

Oberfläche

Grafik

Multimedia

Datei

Datenbank

SQL/ADO

Report

Objekte

OLE/DDE

Peripherie

System

Desktop

Technik

Sonstiges

```
procedure TForm1.UeberlappendClick(Sender: TObject);    // Überlappend
begin
  Cascade
end;


procedure TForm1.SymboleanordnenClick(Sender: TObject); // Als Symbole ...
begin
  ArrangeIcons
end;


procedure TForm1.BeendenClick(Sender: TObject);             // Beenden
begin
  Close
end;
```

Tile, *Cascade* und *ArrangeIcons* sind Methoden des MDI-Hauptfensters.

Anpassen von Form2 bis Form5

Zunächst müssen Sie den anderen Formularen begreiflich machen, dass sie nunmehr zu MDI-Kindfenstern versklavt werden sollen. Setzen Sie deshalb deren *FormStyle*-Eigenschaft auf *fsMDIChild*. Das war es dann auch schon – doch halt! Noch eine winzige Ergänzung im Quellcode ist vorzunehmen, d.h., ein Eventhandler für das *OnClose*-Ereignis ist für jedes Kindfenster wie folgt zu ergänzen:

```
procedure TForm2.FormClose(Sender: TObject; var Action: TCloseAction);
begin
   Action := caFree
end;
```

Wenn Sie diesen Eventhandler vergessen, funktioniert Ihre MDI-Applikation zwar auch, die Kindfenster lassen sich aber nicht entfernen (sie schrumpfen lediglich auf Symbolgröße zusammen und fristen ein kümmerliches Dasein am unteren Rand des Mutterfensters).

Test

Nach Programmstart erscheint zunächst nur das leere Rahmenfenster. Fügen Sie nun über das *Ansicht*-Menü nach Belieben Kindfenster hinzu und ordnen Sie diese über das *Fenster*-Menü auf verschiedene Weise an:

Grundlagen

Oberfläche

Grafik

Multimedia

Datei

Datenbank

SQL/ADO

Report

Objekte

OLE/DDE

Peripherie

System

Desktop

Technik

Sonstiges

R3 ... das Währungsformat ändern?

Die für die Währungsanzeige wichtigsten globalen Systemvariablen sind in der folgenden Tabelle enthalten:

Deklaration	Standard	Erläuterung
CurrencyString: string;	DM	Währungseinheit
ThousandSeparator: Char;	.	Tausender-Trennzeichen
DecimalSeparator: Char;	,	Dezimal-Trennzeichen
CurrencyDecimals: Byte;	2	Anzahl Nachkommastellen

Oberfläche

Wir wollen dem Ergebnis vorgreifen und Sie gleich mit einer Laufzeit-Ansicht des Formulars konfrontieren. Es besteht im Wesentlichen aus fünf Editierfeldern (*Edit1 ... Edit5*) sowie zwei Schaltflächen (*Button1*, *Button2*). Da in die mittleren drei Editierfelder nur jeweils ein Zeichen einzugeben ist, setzen Sie deren *MaxLength*-Eigenschaft auf 1.

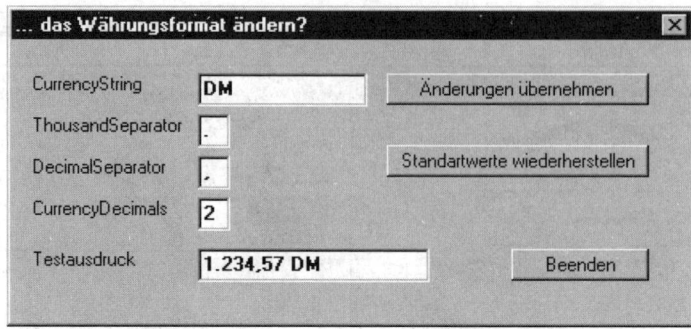

Quelltext

Wir wollen uns auf die Wiedergabe des wirklich interessierenden Codeteils beschränken, der sich im *Implementation*-Abschnitt der Formular-Unit befindet.

Zunächst brauchen wir einige Variablen zum Zwischenspeichern

```
var cs: string;              // Variablen zum Zwischenspeichern
    ts, ds: Char;
    cd: Byte;
```

und Routinen zum Sichern

```
procedure saveStandards;
begin
 cs := CurrencyString; ts := ThousandSeparator;
 ds := DecimalSeparator; cd := CurrencyDecimals
end;
```

und Restaurieren der Standardwerte:

```
procedure resetStandards;
begin
 CurrencyString:=cs;  ThousandSeparator:=ts;
 DecimalSeparator:=ds; CurrencyDecimals:=cd
end;
```

Die aktuellen Systemeinstellungen anzeigen:

```
procedure displayValues;
begin
 with Form1 do begin
  Edit1.Text := CurrencyString;
  Edit2.Text:= ThousandSeparator;
  Edit3.Text := DecimalSeparator;
  Edit4.Text:= IntToStr(CurrencyDecimals);
  Edit5.Text := Format('%m',[1234.567890])          // Testausdruck
```

Grundlagen

Oberfläche

Grafik

Multimedia

Datei

Datenbank

SQL/ADO

Report

Objekte

OLE/DDE

Peripherie

System

Desktop

Technik

Sonstiges

```
  end
end;
```

Nun zu den Ereignismethoden. Die Startanzeige:

```
procedure TForm1.FormCreate(Sender: TObject);
begin
  saveStandards; displayValues
end;
```

Die Änderungen übernehmen:

```
procedure TForm1.Button1Click(Sender: TObject);
begin
  CurrencyString := Edit1.Text;
  ThousandSeparator := Edit2.Text[1];
  DecimalSeparator := Edit3.Text[1];
  CurrencyDecimals := StrToInt(Edit4.Text);
  displayValues
end;
```

Die Standardwerte anzeigen:

```
procedure TForm1.Button2Click(Sender: TObject);
begin
  resetStandards; displayValues
end;
end.
```

Test

Starten Sie das Programm. Falls Sie (was bei einer standardmäßigen Windows-Installation anzunehmen ist) als Ländereinstellung "deutsch" aktiviert haben, sollte sich Ihnen der eingangs gezeigte Anblick bieten. Ändern Sie einige (oder alle) Einstellungen und klicken Sie die Schaltfläche "Änderungen übernehmen". Auf diese Weise können Sie zu einem völlig neuen Währungsformat kommen (wie wäre es z.B. mit Euro?).

Da gleich bei Programmstart die Standardwerte gesichert werden, brauchen Sie keine Bedenken zu haben, dass Sie die Systemeinstellungen durcheinander bringen. Klicken Sie "Standardwerte wiederherstellen", um den ursprünglichen Zustand zu restaurieren.

Bemerkungen

Weitere Informationen entnehmen Sie bitte

☞   R14 ... Beträge formatieren und berechnen?

R4   ... das Datumsformat ändern?

In der Hilfe zu Borland Delphi tummelt sich eine kaum noch überschaubare Vielzahl unterschiedlichster Formatierungsstrings ('c', 'd', 'dd', 'ddd', 'ddddd', 'dddddd', 'm', 'mm' ... usw.) für die *FormatDateTime*-Funktion bzw. die *DateTimeToStr*-Prozedur, deren spezielle Bedeutung wiederum von den folgenden globalen Variablen abhängt:

Deklaration der globalen Variablen	Format-string	Standardwert(e)	Erläuterung
DateSeparator: Char;	/	.	Datumstrennzeichen
ShortDateFormat: string;	ddddd *oder* c	dd.mm.yy	kurzes Datumsformat
LongDateFormat: string;	dddddd	dddd,d.mmmm yyyy	langes Datumsformat
ShortMonthNames: array[1..12] of string;	mmm	Jan, Feb, Mrz, Apr *usw.*	Array für die kurzen Monatsnamen
LongMonthNames: array[1..12] of string;	mmmm	Januar, Februar, März, April *usw.*	Array für die langen Monatsnamen
ShortDayNames: array[1..7] of string;	ddd	So, Mo, Di, Mi, Do *usw.*	Array für die kurzen Tagesnamen
LongDayNames: array[1..7] of string;	dddd	Sonntag, Montag, Dienstag *usw.*	Array für die langen Tagesnamen

Die notwendige Sicherheit im Umgang mit diesen Formatstrings gewinnt man erst durch ein kleines Experimentierprogramm, das uns ein "Herumdoktern" an diesen Variablen und ein Begutachten der Auswirkungen auf diverse Datumsanzeigen erlaubt.

Oberfläche

Für die Ein- und Ausgabe brauchen wir eine Vielzahl von Editierfeldern. Um hier wenigstens etwas einzusparen, wird die Anzeige zwischen langen und kurzen Monats- bzw. Tagesnamen umgeschaltet.

Für die nicht editierbaren Felder wird *ReadOnly* = *True* gesetzt, außerdem erhalten sie einen gelben Hintergrund.

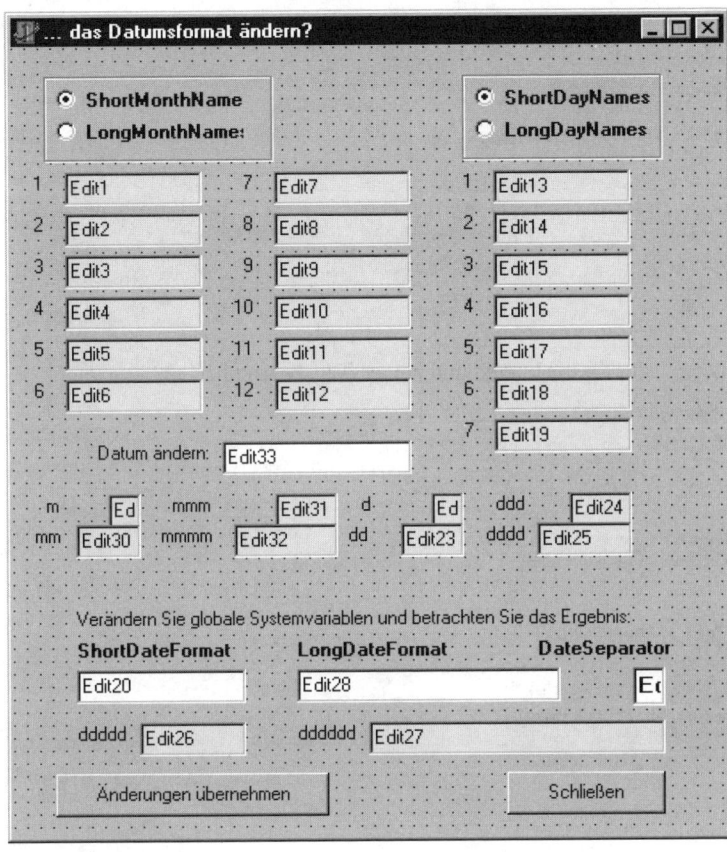

Grundlagen

Oberfläche

Grafik

Multimedia

Datei

Datenbank

SQL/ADO

Report

Objekte

OLE/DDE

Peripherie

System

Desktop

Technik

Sonstiges

Quelltext

Wir beschränken uns auf die Wiedergabe des *Implementation*-Abschnitts von *Form1*:

```
var datum: TDateTime;
```

Eine Anzeigeprozedur für die kurzen und langen Monatsnamen:

```
procedure displayMonthNames;
begin
 with Form1 do
 begin
  if RadioButton1.Checked then
  begin
    Edit1.Text:= ShortMonthNames[1];
    Edit2.Text:= ShortMonthNames[2];
```

und so weiter ...

```
    Edit12.Text:= ShortMonthNames[12]
```

```
  end else
  begin
   Edit1.Text:= LongMonthNames[1];
   Edit2.Text:= LongMonthNames[2];
```

und so weiter ...

```
   Edit12.Text:= LongMonthNames[12]
  end
 end
end;
```

Eine Anzeigeprozedur für die kurzen und langen Tagebezeichner:

```
procedure displayDayNames;
begin
 with Form1 do
 begin
  if RadioButton3.Checked then
  begin
   Edit13.Text:= ShortDayNames[1];
...
   Edit19.Text:= ShortDayNames[7]
  end else
  begin
   Edit13.Text:= LongDayNames[1];
   Edit14.Text:= LongDayNames[2];
...
   Edit19.Text:= LongDayNames[7]
  end
 end
end;
```

Das kurze und das lange Datumsformat anzeigen:

```
procedure displayDateFormat;
begin
 Form1.Edit20.Text := ShortDateFormat;  Form1.Edit28.Text:= LongDateFormat
end;
```

Anzeige zwischen langen und kurzen Namen umschalten:

```
procedure TForm1.RadioButtonClick(Sender: TObject);
begin
 displayMonthNames; displayDayNames
end;
```

Nun passiert es:

```
procedure TForm1.Button1Click(Sender: TObject);     // Änderungen übernehmen
begin
  DateSeparator := Edit21.Text[1];
  datum := StrToDate(Edit33.Text);
  ShortDateFormat := Edit20.Text;
  LongDateFormat := Edit28.Text;
```

Die verschiedenen *d*-Formatierungen:

```
  Edit22.Text := FormatDateTime('d', datum);
  Edit23.Text := FormatDateTime('dd', datum);
  Edit24.Text := FormatDateTime('ddd', datum);
  Edit25.Text := FormatDateTime('dddd', datum);
  Edit26.Text := FormatDateTime('ddddd', datum);
  Edit27.Text := FormatDateTime('dddddd', datum);
```

Die verschiedenen *m*-Formatierungen:

```
  Edit29.Text := FormatDateTime('m', datum);
  Edit30.Text := FormatDateTime('mm', datum);
  Edit31.Text := FormatDateTime('mmm', datum);
  Edit32.Text := FormatDateTime('mmmm', datum);
end;
```

Beim Laden des Formulars wird das aktuelle Datum genommen:

```
procedure TForm1.FormCreate(Sender: TObject);
begin
  displayMonthNames; displayDayNames;
  displayDateFormat;
  Edit21.Text := DateSeparator;
  Edit33.Text := DateToStr(Date);
  datum := Date;              // Übernahme des aktuellen Datums
  Button1Click(Self)         // zur Ereignisprozedur "Änderungen übernehmen"
end;
```

Falls Sie lieber *Sonnabend* anstatt *Samstag* hätten, so fügen Sie in das *FormCreate*-Event noch folgende Anweisung ein:

```
LongDayNames[7] := 'Sonnabend';
```

Test

Nach dem Programmstart können Sie zunächst einmal die Standardeinstellungen, bezogen auf das aktuelle Datum, begutachten:

Grundlagen
Oberfläche
Grafik
Multimedia
Datei
Datenbank
SQL/ADO
Report
Objekte
OLE/DDE
Peripherie
System
Desktop
Technik
Sonstiges

Als Nächstes können Sie spaßeshalber einmal *ShortDateFormat* oder *LongDateFormat* modifizieren. Sie haben hierbei ziemlich freizügige Gestaltungsmöglichkeiten.

Beispiel: Tragen Sie unter "LongDateFormat" ein:

```
dddd,"den" d.mm.yy
```

Sie erhalten nach Betätigen der Schaltfläche "Änderungen übernehmen" die Datumsanzeige: *Dienstag, den 24.09.96*

... was dem Rückgabewert der Funktion

```
FormatDateTime('dddddd', Date)
```

entspricht.

Etwas vorsichtiger müssen Sie beim Verändern des Zeichens für *DateSeparator* zu Werke gehen. Um hier keinen Fehler zu produzieren, müssen Sie oben im Feld "Datum ändern" erst manuell das Datumsformat anpassen, ehe Sie die Schaltfläche "Änderungen übernehmen" betätigen. In den Formatierungsstrings wirkt sich der geänderte Separator nur dort aus, wo Sie vorher einen Slash (/) gesetzt haben.

Beispiel: Geben Sie für *DateSeparator* das Zeichen "-" ein, müssen Sie per Handeintrag zunächst das Datum anpassen: *24-09-96*

Geben Sie nun für *ShortDateFormat* ein: *dd/mm.yy*

Sie erhalten die Datumsangabe: *24-09.96*

... was dem Rückgabewert der Funktion

```
FormatDateTime('ddddd', Date)
```

entspricht.

Bemerkungen

Weitere Informationen entnehmen Sie bitte

☞ R14 ... Beträge formatieren und berechnen?

☞ R15 ... mit Datums-/Zeitfunktionen arbeiten?

Wie Sie Fehler bei falschen Datumseingaben abfangen können, siehe

☞ R16 ... auf Datum oder Zeit testen?

R5   ... das Zeitformat ändern?

Es gelten ähnliche Überlegungen wie beim Ändern des Datumsformats, nur dass wir es diesmal nicht mit Datums-, sondern mit Zeitwerten zu tun haben, für deren Darstellungen im Wesentlichen drei globale Variablen in Frage kommen:

Deklaration der globalen Variablen	Formatstring
TimeSeparator: Char;	:
ShortTimeFormat: string;	t
LongTimeFormat: string;	tt

Die globalen Variablen *TimeAMString* und *TimePMString* sind bei einer deutschsprachigen Systemeinstellung von zweitrangiger Bedeutung, so dass wir auch sehr gut ohne sie auskommen.

Oberfläche

Als Vorbild soll der folgende Formularentwurf dienen. Achten Sie auf den Timer! Die *Interval*-Eigenschaft des Timers bleibt auf dem Standardwert 1000 (ms).

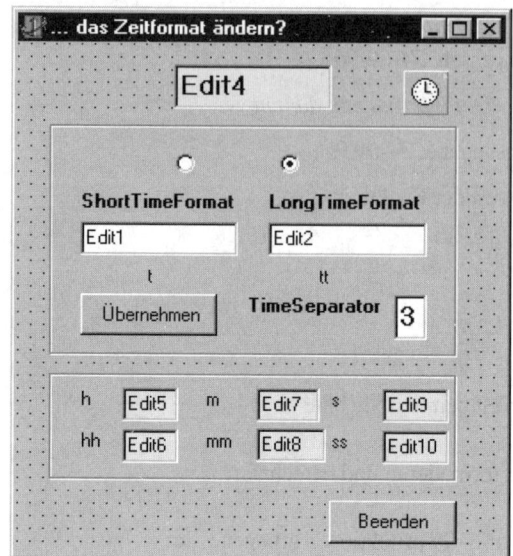

Quelltext

Wir beschränken uns auf die Wiedergabe des *Implementation*-Abschnitts der Formular-Unit.
Beim Laden werden die aktuellen Einstellungen der globalen Variablen angezeigt:

```
procedure TForm1.FormCreate(Sender: TObject);
begin
  Edit1.Text := ShortTimeFormat;
  Edit2.Text := LongTimeFormat;
  Edit3.Text := TimeSeparator
end;
```

Im Sekundentakt sorgt folgende Ereignisroutine für die Anzeige aller interessierenden Formatierungen, bezogen auf die aktuelle Uhrzeit:

```
procedure TForm1.Timer1Timer(Sender: TObject);
begin
  if RadioButton1.Checked then Edit4.text := FormatDateTime('t',Time)
  else
    Edit4.Text := TimeToStr(Time);
    Edit5.Text := FormatDateTime('h',Time);
    Edit6.Text := FormatDateTime('hh',Time);
    Edit7.Text := FormatDateTime('n',Time);
    Edit8.Text := FormatDateTime('nn',Time);
    Edit9.Text := FormatDateTime('s',Time);
    Edit10.Text := FormatDateTime('ss',Time)
end;
```

Grundlagen

Oberfläche

Grafik

Multimedia

Datei

Datenbank

SQL/ADO

Report

Objekte

OLE/DDE

Peripherie

System

Desktop

Technik

Sonstiges

Die Übernahme der vorgenommenen Änderungen an den globalen Variablen:

```
procedure TForm1.Button2Click(Sender: TObject);
begin
 ShortTimeFormat := Edit1.Text;
 LongTimeFormat := Edit2.Text;
 TimeSeparator := Edit3.Text[1]
end;
```

Test

Nach dem Programmstart können Sie an den globalen Variablen "herumdoktern" und sich sofort vom Ergebnis überzeugen. Im folgenden Beispiel wurde *ShortTimeFormat* so modifiziert, dass Sie eine andere als die sonst übliche Zeitanzeige erhalten:

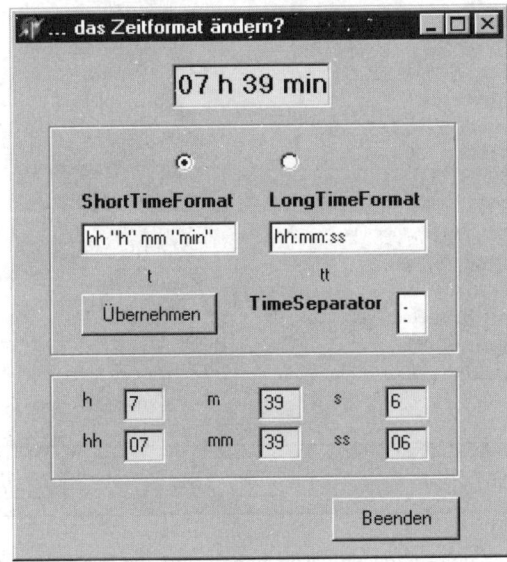

Wenn Sie *TimeSeparator* ändern, erscheint das neue Symbol überall dort, wo in *ShortTimeFormat* bzw. *LongTimeFormat* der Doppelpunkt (:) steht.

Bemerkungen

- Anstatt *m* sollten Sie besser *n* für das Minutensymbol nehmen, da hier keine Verwechslungsgefahr mit dem Monatssymbol bei Datumstrings besteht.

- Experimentieren Sie auch einmal mit dem Bezeichner *c*, der gewissermaßen *ddddd* und *tt* zwecks gleichzeitiger Anzeige von Datum und Zeit zusammenfasst.

R6   ... den Debugger einsetzen?

Für die Fehlersuche stellt Delphi einen leistungsfähigen integrierten Debugger zur Verfügung, von dem Sie regen Gebrauch machen sollten.

Voreinstellungen

Wählen Sie den Menüpunkt *Projekt|Optionen...* und anschließend die Seite "Compiler". Im "Debuggen"-Rahmen setzen Sie Häkchen bei "Debug-Informationen" und "Lokale Symbole" (normalerweise sind das bereits die Voreinstellungen).

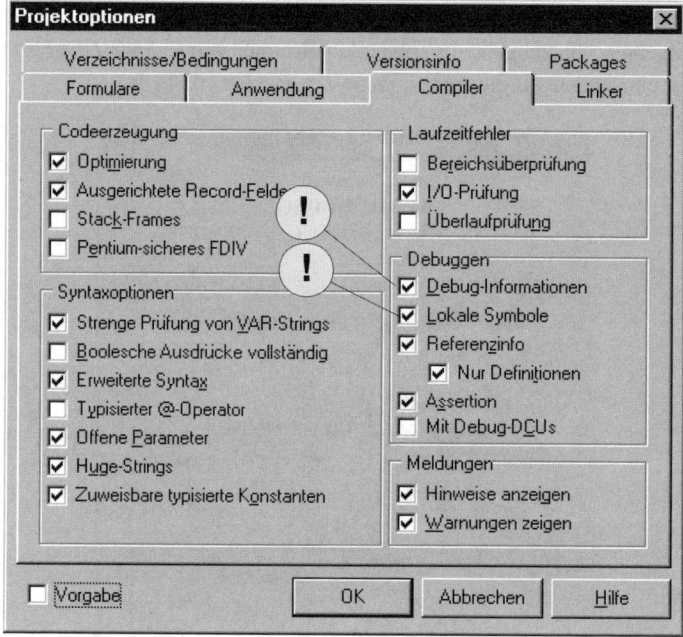

Nachdem Sie die Fehlersuche abgeschlossen haben und Ihr Programm fertig ist, sollten Sie Folgendes beachten:

Hinweis: Compilieren Sie das endgültige Programm noch einmal ohne Erzeugen von Debug-Information.

Testprogramm

Am konkreten Beispiel lässt sich die Arbeit mit dem Debugger wesentlich besser erklären als durch weitere verwirrende Hinweise. Sie können dazu ein beliebiges Programm nehmen oder aber auch den folgenden Quellcode, der sich auf eine einfache Oberfläche, bestehend aus einem Formular und zwei Buttons, bezieht.

Eine globale Variable wird mit einem Anfangswert initialisiert:

```
var b: Integer = 10;                      // initialisierte Variable
```

Grundlagen

Irgendeine Funktion:

```
function max(a,b: Integer): Single;       // Maximum von a und b
begin
 if a>b then Result:= a else Result:= b
end;
```

Oberfläche

Grafik

Bei jedem Klick auf den Button wird *b* um Eins erhöht, um dann irgendwelche Werte zu berechnen und auszugeben:

```
procedure TForm1.Button1Click(Sender: TObject);    // Klick auf Button
var a: Integer; s: string;
const lft = 50;
begin
 a:= 320; Inc(b);
 with Canvas do
 begin
  TextOut(lft,50,'Der Wert von a: ' + IntToStr(a));
  TextOut(lft,80,'Der Wert von b: ' + IntToStr(b));
  Str(a/b:8:4, s);
  TextOut(lft,110,'Der Quotient a/b: ' + s);
  Str(max(a,b):8:2, s);
  TextOut(lft,140,'Das Maximum : ' + s);
  TextOut(lft, 170, 'Das wars dann ...')
 end
end;
```

Multimedia

Datei

Datenbank

SQL/ADO

Report

Objekte

OLE/DDE

Peripherie

System

Desktop

Technik

Sonstiges

Wichtige Debug-Möglichkeiten

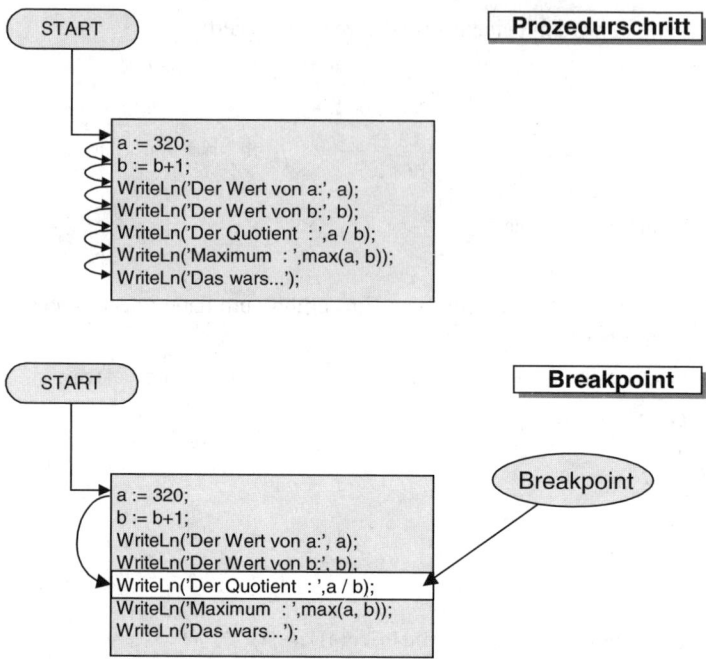

Wir wollen uns auf die folgenden Betriebsarten des Debuggers beschränken:

- Einzelanweisungen ausführen

- Einzelanweisungen ausführen und dabei Routinen überspringen

- Einzelanweisungen bis zur Cursorposition ausführen

- Einzelanweisungen bis zum Haltepunkt ausführen

- Haltepunkt mit einer Bedingung verknüpfen

- Ausdrücke berechnen und auswerten

Einzelschritt-Modus

Statt wie gewohnt das Programm mit F9 zu starten, wählen Sie das Menü *Start\Einzelne Anweisung*. Danach betätigen Sie schrittweise F7. Im Quelltext können Sie den Programmfortschritt beobachten (blaue Zeilenmarkierung). Wenn Sie mit der Maus auf eine bestimmte Variable zeigen, wird Ihnen deren aktueller Wert per Quickinfo angezeigt:

```
📄 Unit1.pas                                    _ □ ✕
Unit1 │ Project1 │ SysConst │ Consts │              ← ▾ → ▾
•  begin
•    a:= 320; Inc(b);
•    with Canvas do
•    begin
•    TextOut(lft,50,'Der Wert von a: ' + IntToStr(a));
•    TextOut(lft,80,'Der Wert von b: ' + IntToStr(b));
•    Str(a/b:8:4, s);
•    TextOu⌐b = 11⌐,110,'Der Quotient a/b: ' + s);
• ⇨  Str(max(a,b):8:2, s);
•    TextOut(lft,140,'Das Maximum : ' + s);
•    TextOut(lft, 170, 'Das wars dann ...'))
•    end
•
•  end;
•
•  end.
◄ ►                                              ►
  50: 42  Verändert   Einfügen
```

Hinweis: Beachten Sie, dass Sie auch im Einzelschritt-Modus alle notwendigen Benutzereingaben vornehmen müssen.

Bei unserem Beispiel ist unmittelbar nach Start des Debug-Modus der *Button1* ("Start") zu klicken, sonst passiert – nichts!

Bei der zweiten Variante des Einzelschritt-Modus verfahren Sie völlig analog zur ersten, nur dass Sie das Menü *Start\Gesamte Routine* klicken bzw. die F8-Taste benutzen. Sie werden beobachten, dass bei den Anweisungen innerhalb der *max*-Funktion nicht angehalten wird.

Eine Erklärung der dritten Variante ist fast überflüssig. Setzen Sie einfach den Kursor in die gewünschte Zeile und betätigen Sie F4 (bzw. nehmen Sie das Menü *Start\Zu Cursorposition gehen*). Die Programmabarbeitung stoppt bei der letzten Anweisung innerhalb der blau markierten Zeile.

Um den Unterbrechungsmodus wieder zu verlassen, wählen Sie das Menü *Start\Programm zurücksetzen* (Strg+F2).

Haltepunkte

Noch einfacher geht das Setzen von Breakpoints. Klicken Sie einfach auf den breiten grauen Rand links neben der entsprechenden Quelltextzeile. Die Zeile wird rot markiert. Nochmals draufklicken - der Haltepunkt ist wieder verschwunden. Nach Programmstart (F9) werden alle Anweisungen bis vor die Breakpoint-Zeile ausgeführt. Anschließend können Sie schrittweise mit F7 bzw. F8 fortfahren. Natürlich können Sie auch mehrere Breakpoints setzen.

Das Setzen eines Breakpoints kann mit einer Abbruchbedingung verknüpft werden. Platzieren Sie dazu den Cursor in die gewünschte Quelltextzeile und wählen Sie das Menü *Start\ Haltepunk hinzufüge\Quelltexthaltepunkt*. In das sich öffnende Dialogfenster wird von Ihnen z.B. die Bedingung *b = 18* eingetragen und mit "OK" bestätigt:

Grundlagen

Oberfläche

Grafik

Multimedia

Datei

Datenbank

SQL/ADO

Report

Objekte

OLE/DDE

Peripherie

System

Desktop

Technik

Sonstiges

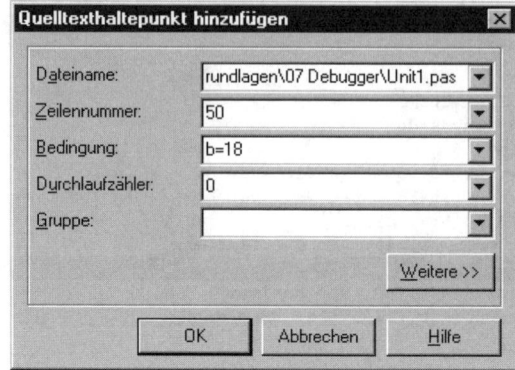

Wenn Sie jetzt das Programm normal starten (F9), müssen Sie achtmal auf den Button klicken, bis die Ausführung bei *b* = *18* schließlich unterbrochen wird.

Besonders dann, wenn Sie mehrere Breakpoints gesetzt haben, sind Sie für eine Übersicht dankbar. Dieser Wunsch geht nach dem Menüaufruf *Ansicht\Debug-Fenster\Haltepunkte* (Strg+Alt+B) in Erfüllung:

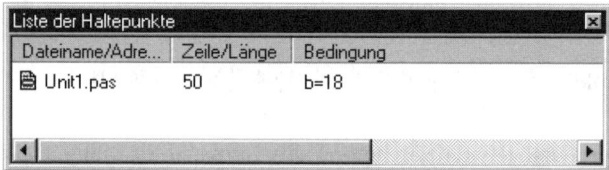

Auswerten von Ausdrücken

Im Einzelschrittmodus (z.B. mit F7) arbeiten Sie sich bis zu einer bestimmten Quelltextzeile vor, anschließend wählen Sie das Menü *Start\Auswerten/Ändern...* (Strg+F7)

In das sich öffnende Fenster geben Sie den zu berechnenden Ausdruck ein und betätigen die Schaltfläche "Auswerten":

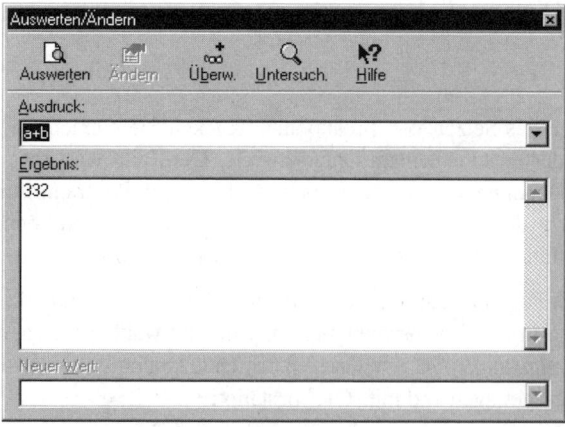

Alternativ können Sie auch eine bestimmte Variable bzw. einen Ausdruck im Quelltext mit der Maus markieren und sich anschließend mit Strg+F7 das obige Fenster anzeigen lassen.

Grundlagen

Bemerkungen

Oberfläche

- Nach jeder Programmunterbrechung, wie sie durch den Einsatz des Debuggers oder auch durch Laufzeitfehler verursacht wird, kehren Sie mit Strg+F2 in den normalen Entwurfsmodus zurück.

Grafik

- Das Debugging unter Delphi bietet noch weitaus mehr Möglichkeiten, als sie in diesem Rezept demonstriert werden konnten (siehe Menü *Start*). So lassen sich z.B. mit Hilfe der Modulansicht verschiedene Module, wie z.B. EXE- und DLL-Dateien in einer einzigen Debugger-Sitzung anzeigen.

Multimedia

Datei

R7   ... Meldungsfenster erzeugen?

Datenbank

In vielen Fällen genügt es, wenn anstelle eines Formulars nur eine einfache Dialogbox angezeigt wird. Doch zur Darstellung eines solch schlichten Meldungsfensters gibt es überraschend viele Möglichkeiten, und Sie haben die Qual der Wahl. Das folgende kleine Testprogramm soll Ihnen die Entscheidung erleichtern, indem es für jede Variante ein mehr oder weniger sinnvolles Beispiel liefert.

SQL/ADO

Oberfläche

Report

Welche Komponenten benötigt werden, entnehmen Sie der folgenden Abbildung.

Insgesamt stehen sechs Alternativen (Schaltflächen) in Form unterschiedlicher Funktionen/ Prozeduren für die Anzeige von Meldungsfenstern zur Auswahl.

Objekte

Die in einer *GroupBox* zusammengefassten fünf *RadioButtons* dienen der Symbolauswahl. Die entsprechenden Ikonen wurden der *Picture*-Eigenschaft von *Image*-Komponenten zugewiesen (als *.BMP-Dateien auf der Buch-CD enthalten).

OLE/DDE

Peripherie

System

Desktop

Technik

Sonstiges

Quelltext

Da der *Interface*-Abschnitt der Formular-Unit keine Besonderheiten bietet, wollen wir nur den *Implementation*-Abschnitt abdrucken.

```
var mb_S: Word;          // für Symbolauswahl von MessageBox
    mtS: TMsgDlgType;    // für Symbolauswahl von MessageDlg
```

Alle fünf RadioButtons teilen sich eine Ereignisprozedur, in welcher den Variablen *mb_S* und *mtS* diverse Konstanten für die Symbolauswahl zugewiesen werden:

```
procedure TForm1.RadioButtonClick(Sender: TObject);  // Symbol einstellen
begin
 if Sender = RadioButton1 then
 begin mb_S := 0; mtS := mtCustom end;
 if Sender = RadioButton2 then
 begin mb_S := 16; mtS := mtError end;
 if Sender = RadioButton3 then
 begin mb_S := 32; mtS :=  mtConfirmation end;
 if Sender = RadioButton4 then
 begin mb_S := 48; mtS := mtWarning end;
 if Sender = RadioButton5 then begin mb_S := 64; mtS := mtInformation end
end;
```

Die *ShowMessage*-Prozedur wird an einem nicht ganz simplen Codebeispiel demonstriert. Hier soll gezeigt werden, wie man Object Pascal-Sprachkonstrukte (*For*-Schleife) ausprobieren, Zahlenwerte ausgeben (*IntToStr...*) und einen Zeilenumbruch (*#13*) realisieren kann:

```
procedure TForm1.Button1Click(Sender: TObject); // ShowMessage-Prozedur
var i: Integer;
begin
 for i:= 1 to 5 do  ShowMessage(IntToStr(i)+ ' Das ist eine Demonstration der Funktion'
 + #13 + 'eines einfachen Meldungsfensters!')
end;
```

Wem obige Demo zu kompliziert war, der sollte sich zunächst den folgenden Code zu *Show-MessagePos* ansehen, bei dem Sie Ihre Aufmerksamkeit voll auf die Positionskoordinaten (*x=10, y = 20*) richten können:

```
procedure TForm1.Button2Click(Sender: TObject); // ShowMessagePos-Prozedur
begin
 ShowMessagePos('Einfaches Meldungsfenster mit Position!', 10,20)
end;
```

Bei der folgenden *MessageBox*-Prozedur wird das Formular-Handle benötigt. Mit der Variablen *mb_S* wird das ausgewählte Symbol eingestellt:

```
procedure TForm1.Button3Click(Sender: TObject); // MessageBox-Prozedur
begin
 MessageBox(Self.Handle,'Klick auf den Button!','Meldungsfenster', mb_S)
end;
```

R7 ... Meldungsfenster erzeugen?

Die folgende *MessageBox*-Funktion ist eine Methode von *TApplication*. Im Beispiel soll gezeigt werden, wie Symbol (*mb_S*), Art und Anzahl der Schaltflächen (*mb_okCancel*) und der Fokus (*mb_defButton2*) durch Addition von Konstanten eingestellt werden:

```
procedure TForm1.Button4Click(Sender: TObject); // MessageBox-Funktion
var button: Integer;
begin
 button := Application.MessageBox('Klick auf die OK Schaltfläche!',
  'Meldungsfenster', mb_S + mb_okcancel + mb_defbutton2);
 if button = idOK then  Application.MessageBox('Danke!', 'Meldungsfenster', mb_S + mb_ok)
end;
```

Die *MessageDlg*-Funktion hat eine Syntax, die relativ einfach zu durchschauen ist:

```
procedure TForm1.Button5Click(Sender: TObject);  // MessageDlg - Funktion
begin
 if MessageDlg('Wollen Sie das Programm beenden?',
   mtS, [mbNo,mbYes,mbCancel], 0) = mrYes then begin
   MessageDlg('Sie wurden gerade veralbert!', mtS, [mbOk], 0);
 end;
end;
```

Mit der Schwesterfunktion *MessageDlgPos* wollen wir endlich etwas Sinnvolles anstellen, indem wir eine Möglichkeit zum Verlassen des Programms anbieten:

```
procedure TForm1.Button6Click(Sender: TObject);  // MessageDlgPos
begin
  if MessageDlgPos('Wollen Sie das Programm beenden?',
    mtS, [mbYes,mbNo], 0, 200, 100) = mrYes then begin
    MessageDlgPos('Das Programm wird beendet!', mtS, [mbOk], 0, 500, 400);
    Close                                        // Programm-Ende
  end
end;
```

Test

Starten Sie das Programm (F9) und experimentieren Sie mit den einzelnen Varianten, wie z.B. hier mit der *MessageBox*-Funktion:

Grundlagen

Oberfläche

Grafik

Multimedia

Datei

Datenbank

SQL/ADO

Report

Objekte

OLE/DDE

Peripherie

System

Desktop

Technik

Sonstiges

Schauen Sie sich parallel dazu den zugehörigen Quelltextabschnitt an. Dass z.B. im obigen Meldungsfenster die Schaltfläche "Abbrechen" den Fokus besitzt, ist der Konstanten *mb_defbutton2* zuzuschreiben. Nehmen Sie zu Übungszwecken selbst Modifikationen vor und verwenden Sie dazu die in der Online Help beschriebenen Konstanten.

R8   ... Werte mit einer InputBox eingeben?

Um dieses Beispiel nicht gar zu trivial zu gestalten, soll ein Record-Array über eine *InputBox* gefüllt und gelesen werden. Dass wir dazu einen selbstdefinierten Record *TPerson* nehmen, hat einen praktischen Hintergrund: Die einzelnen Recordfelder repräsentieren jeweils einen unterschiedlichen Datentyp (*String, Boolean, Integer, Single*). Da deren Konvertierung jeweils unterschiedlich ist, schlagen wir gleich mehrere Fliegen mit einer Klappe.

Oberfläche

Das Startformular hat fünf Label und zwei Befehlsschaltflächen:

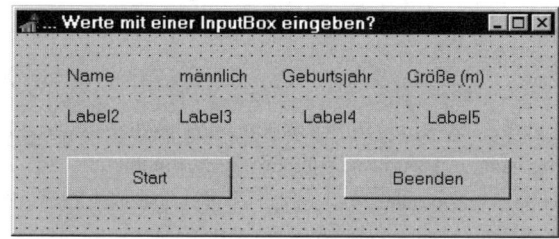

Da man mit der *InputBox* nicht nur Werte eingeben, sondern auch anzeigen kann, wären die Labels eigentlich überflüssig. Sie sollen aber als zusätzliche Kontrollanzeige dienen.

Quelltext

Vom Interface-Abschnitt der Formular-Unit zeigen wir Ihnen hier nur den interessanten Teil:

```
interface
...
```

Wir konstruieren einen Rekord ...

```
type TPerson = record
  name: string[20];
  geschlecht: Boolean;
  geburtsjahr: Integer;
  groesse: Single
end;
```

und einen Array-Typ aus diesem Rekord:

```
const nmax = 5;                  // maximal 5 Personen
```

```
type TPersArray = array[1..nmax] of TPerson;
var
 Form1: TForm1;
```

Jetzt muss noch eine Variable dieses Typs definiert werden:

```
persArray1: TPersArray;
```

Nun zur Implementierung:

```
implementation
{$R *.DFM}
procedure TForm1.Button1Click(Sender: TObject);   // "Start"-Schaltfläche
var s: String;
    i, code:Integer;
begin
 for i:=1 to nmax do begin
```

Keinerlei Probleme gibt es bei Strings:

```
// String-Wert:
s := InputBox('Personal-Eingabe','Geben Sie den '+IntToStr(i)+ '. Namen ein!',
persArray1[i].name);                    // Anzeige/Eingabe
persArray1[i].name := s;                // in Array speichern
Label2.Caption := s;                    // im Label anzeigen
```

Boole'sche Werte müssen wir "per Hand" konvertieren:

```
// Boole'scher Wert:
if persArray1[i].geschlecht = True then s := 'ja' else s := 'nein';
s := InputBox('Personal-Eingabe','männlich? (ja/nein)', s);
if s = 'ja' then  persArray1[i].geschlecht := True
          else persArray1[i].geschlecht := False;
Label3.Caption := s;                    // im Label anzeigen
```

Ganzzahlige Werte sind einfach zu behandeln:

```
// Integer-Wert:
s := IntToStr(persArray1[i].geburtsjahr);      // aus Array lesen
s := InputBox('Personal-Eingabe','Geburtsjahr?',s); // Anzeige/Eingabe
persArray1[i].geburtsjahr := StrToInt(s);      // in Array speichern
Label4.Caption := s;                    // im Label anzeigen
```

Besonderes Fingerspitzengefühl verlangt die Hin- und Rück-Konvertierung von Gleitkomma-werten (*Str*- und *Val*-Funktion):

```
// GK-Wert:
Str(persArray1[i].groesse:3:2, s);            // 3 Stellen, davon 2 nach dem Komma
s := InputBox('Personal-Eingabe','Körpergröße?', s);
Val (s, persArray1[i].groesse, code);         // fehlerfrei, wenn code = 0
```

```
    Label5.Caption := s
  end
end;
```

Test

Nach Programmstart (F9) und Klicken der "Start"-Befehlsschaltfläche müssen Sie zunächst die
Geduld für die Eingabe der Daten von fünf Personen aufbringen (ansonsten vor dem Compilieren die Konstante *nmax* verkleinern!).

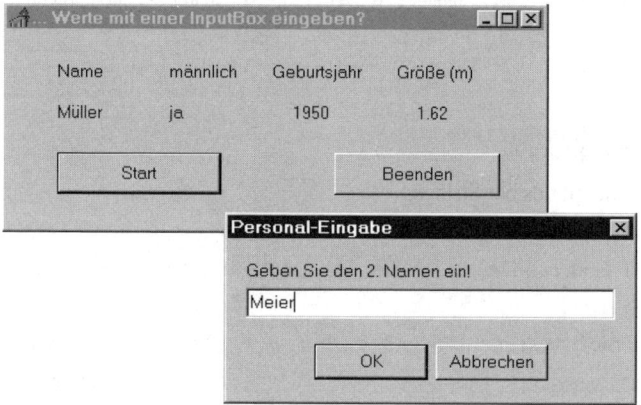

Fehlerhafte Eingaben können Sie mit der "Abbrechen"-Taste verwerfen, während Sie sich
durch aufeinanderfolgendes Klicken von "OK" alle Datenfelder der Reihe nach anzeigen lassen können.

R9   ... eine Konsolenanwendung einsetzen?

Delphi-Quelltexte, bei denen man auf Grafikausgaben etc. verzichten kann, testet man am
einfachsten nicht innerhalb der sonst üblichen Grafikoberfläche, sondern innerhalb einer Text-
bildschirm-Anwendung. Letztere wird vor allem den Turbo Pascal-Umsteigern sehr vertraut
vorkommen.

Vorbereitungen

Bevor es losgehen kann, müssen Sie die Einstellungen der Delphi-Entwicklungsumgebung
etwas abändern. Öffnen Sie eine neue Anwendung und wählen Sie den Menüpunkt *Projekt|*
Optionen... und anschließend die Seite "Linker". Aktivieren Sie die Kontrollbox "Textbild-
schirm-Anwendung" bei den "EXE- und DLL-Optionen" und klicken Sie OK:

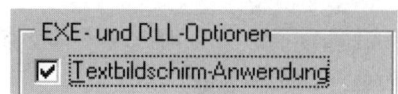

Für eine Textbildschirm-Anwendung brauchen wir kein Formular, entfernen Sie also die Unit (Menüpunkt *Projekt|Aus dem Projekt entfernen...*). Die Meldungsbox "Änderungen in *Unit1.pas* speichern?" quittieren Sie mit "Nein".

Fügen Sie nun eine leere Unit hinzu (Menü *Datei|Neu...*, Unit-Ikone 📄 klicken).

Nun geht es ans "Ausmisten" der Projektdatei. Wählen Sie den Menüpunkt *|Projekt|Quelltext anzeigen* und entfernen Sie die überflüssigen Einträge, so dass schließlich nur noch dieses Skelett einer Delphi-Minimalanwendung übrigbleibt:

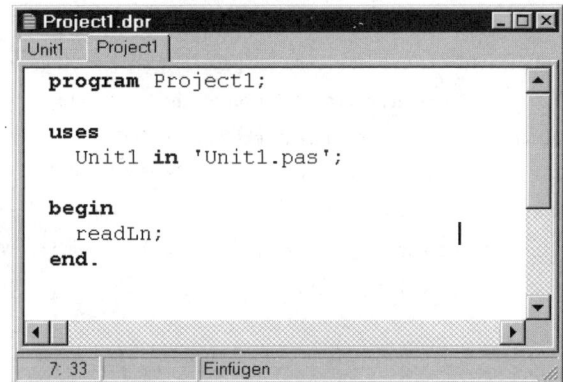

Als einzige Codezeile wurde die *ReadLn*-Anweisung eingefügt, sie sorgt dafür, dass der Textbildschirm nicht gleich nach Programmaufruf wieder verschwindet, sondern erst nach Betätigen der Enter-Taste.

Wenn Sie das Programm starten (entweder über F9 oder auch nach Verlassen von Delphi durch direktes Anklicken von *Project1.exe* im Arbeitsverzeichnis) erscheint ein vorerst leerer, pechschwarzer Textbildschirm mit blinkendem Eingabecursor. Mit der Enter-Taste beenden Sie den Spuk.

Nachdem das Programmskelett funktioniert, können Sie mit Ihren Experimenten beginnen und nahezu beliebige Delphi-Sprachelemente (außer Grafik) ausprobieren.

Hinweis: Wenn Sie dieses Projekt-Skelett als Grundlage für neue Experimente nutzen, empfiehlt es sich, zunächst die beiden Dateien *Project1.dpr* und *Unit1.pas* in das neue (leere) Arbeitsverzeichnis zu kopieren und dann die Projekt-Datei von Delphi aus zu öffnen (Menü *Datei|Öffnen...*).

Quelltextbeispiel

Der folgende Code ist selbsterklärend und demonstriert einige wichtige Sprachkonstrukte, wie die *Length*-Funktion und die *For-Next*-Schleife. Alles spielt sich innerhalb der Projektdatei ab, die *Unit1.pas* bleibt leer.

```
program Project1;
uses Unit1 in 'Unit1.pas';
```

Grundlagen

Oberfläche

Grafik

Multimedia

Datei

Datenbank

SQL/ADO

Report

Objekte

OLE/DDE

Peripherie

System

Desktop

Technik

Sonstiges

```
var s    : string;              // hier deklarieren Sie die benötigten Variablen
    i, n: Integer;


begin                           // hier folgt Ihr Testcode
  s := 'Das ist ein Textbildschirm, ';
  s := s + 'aber trotzdem ein 32-Bit-Delphi-Programm!';
  WriteLn(s);                   // Ausgabe mit Zeilenvorschub
  for i:=1 to Length(s) do Write('-');
  WriteLn;                      // nur Zeilenvorschub
  Writeln('Geben Sie etwas ein!');   // weitere Ausgabe
  ReadLn(s);                    // Eingabe mit Zeilenvorschub
  WriteLn('Wie oft soll es untereinander ausgedruckt werden?');
  ReadLn(n);                    // weitere Eingabe
  for i:=1 to n  do WriteLn(i,#9,s);    // Mehrfach-Ausgabe mit Tab-Trennung
  WriteLn('Druecken Sie Enter um das Programm zu verlassen!'); // weitere Ausgabe
  ReadLn                        // sollte am Schluss stehen!
end.
```

Test

Nach Compilieren und Starten des Programms könnte sich, in Abhängigkeit von den Nutzer-eingaben, folgender Dialogbildschirm ergeben:

Bemerkungen

- Die Interaktion mit dem Anwender wird bei Textbildschirm-Anwendungen generell über die *Write(Ln)* bzw. *Read(Ln)*-Anweisung abgewickelt.

- Für formatierte Ausgaben empfiehlt sich die *Format*-Funktion. Dazu ist die Unit *SysUtils* in die *uses*-Klausel der Projektdatei aufzunehmen.

R10 ... eine Unit erstellen und anwenden?

Wann sollte man eine eigene Unit entwickeln? Hier die Antwort: Der Aufwand lohnt sich nur dann, wenn man bestimmte Datentypen, Prozeduren und Funktionen wiederholt in verschiedenen Programmen benötigt und eventuell den entsprechenden Quelltext für andere Entwickler "unsichtbar" machen möchte.

Im folgenden Einsteigerbeispiel wollen wir eine sehr einfache Unit schaffen, die Funktionen für die Berechnung von Brutto- und Nettowert bereitstellt. Gleichzeitig lernen Sie die Anwendung einer RadioGroup kennen.

Quelltext für Unit

Öffnen Sie das Menü *Datei\Neu...*, wählen Sie das "Unit"-Symbol 📄 und füllen Sie das leere Skelett wie folgt aus:

```
unit berechnungen;
```

Die Kopfzeilen die Funktionen unserer Unit müssen im *Interface*-Abschnitt deklariert werden:

```
interface

function netto(brutto: Double; mwst: Single): Double;
function brutto(netto: Double; mwst: Single): Double;
```

Nun zum *Implementation*-Abschnitt, in dem wir die oben deklarierten Funktionen "ausprogrammieren" müssen. Wir machen dabei von der Kurzform Gebrauch, d.h., im Funktionskopf wird nur der Name, nicht aber die Parameterliste angegeben:

```
implementation

function netto;
begin
 Result := brutto/(1 + mwst)
end;
```

```
function brutto;
begin
 Result := netto * (1 + mwst)
end;
```

```
end.
```

Hier wollen wir erstmal Schluss machen, Sie können jederzeit weitere Funktionen für den "Hausgebrauch" ergänzen (die Deklaration im *Interface*-Abschnitt nicht vergessen!).

Speichern Sie die Unit unter ihrem Namen ab (*Berechnungen.pas*).

Test-Oberfläche

Um unsere Unit zu testen, bietet sich die im Folgenden abgebildete Oberfläche an. Neben zwei Editierfeldern benötigen wir eine *RadioGroup* und einen *Button*.

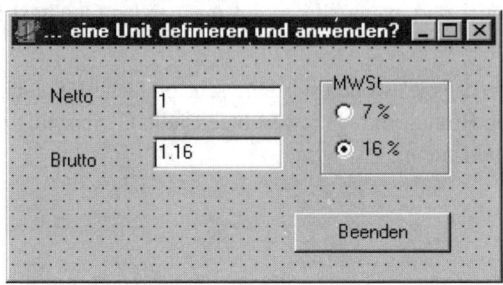

Damit gleich zu Programmstart etwas Sinnvolles in den Editierfeldern steht, ändern wir deren *Text*-Eigenschaft entsprechend der obigen Abbildung.

Über die *Items*-Eigenschaft der *RadioGroup* öffnen wir den String-Listen-Editor und füllen diesen mit zwei Einträgen:

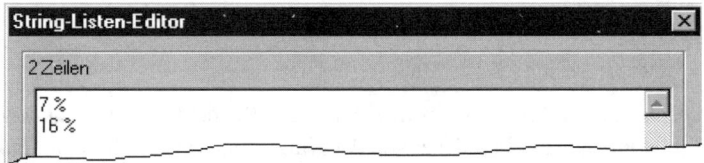

Damit zu Beginn der zweite RadioButton aktiviert ist, ändern wir die *ItemIndex*-Eigenschaft der RadioGroup auf den Wert 1.

Hinweis: Standardmäßig hat die *ItemIndex*-Eigenschaft einer RadioGroup den Wert –1 (kein Eintrag selektiert). Der erste Eintrag hat den Wert 0.

Quelltext für Testoberfläche (Form1)

Wir beschränken uns auf die Wiedergabe des *implementation*-Abschnitts:

```
implementation
```

Zu Beginn ist natürlich unsere Unit einzubinden, anschließend deklarieren wir die intern benötigten Variablen:

```
uses Berechnungen;          // Einbinden der benutzerdef. Unit


var brutt, nett: Double;    // Brutto-, Nettobetrag
    ust: Single;            // Umsatzsteuer
    code: Integer;          // Hilfsvariablen
```

Bei Programmstart sind die Variablen zu initialisieren:

```pascal
procedure TForm1.FormCreate(Sender: TObject);
begin
  ust := 0.16;
  nett := 1;
  brutt := brutto(nett, ust)     // Funktionsaufruf aus Unit Berechnungen!
end;
```

Bei der Auswahl einer neuen Mehrwertsteuer:

```pascal
procedure TForm1.RadioGroup1Click(Sender: TObject);
begin
 case RadioGroup1.ItemIndex of
 0: ust := 0.07;
 1: ust := 0.16
 end;
 Edit2.Text := Format('%m',[brutto(nett, ust)])
end;
```

Der Nettobetrag wurde geändert:

```pascal
procedure TForm1.Edit1KeyUp(Sender: TObject; var Key: Word; Shift: TShiftState);
begin
  Val(Edit1.Text, nett, code);
  if code = 0 then begin
   Edit2.Text := Format('%m',[brutto(nett, ust)])     // Brutto neu berechnen
  end else Edit2.Text := ''
end;
```

Der Bruttobetrag wurde geändert:

```pascal
procedure TForm1.Edit2KeyUp(Sender: TObject; var Key: Word; Shift: TShiftState);
begin
  Val(Edit2.Text, brutt, code);
  if code = 0 then Edit1.Text := Format('%m',[netto(brutt, ust)]) else Edit1.Text := ''
end;
```

Bemerkungen

- Die Datei *Berechnungen.dcu*, welche Sie im Projektverzeichnis entdecken, ist die kompilierte Unit *Berechnungen.pas*.

- Modernen Ansprüchen der objektorientierten Programmierung kann die hier vorgestellte klassische Pascal-Unit keinesfalls mehr genügen. Sie selbst haben festgestellt, dass für den Anwender dieser relativ "dummen" Unit noch viel zu tun übrig bleibt (Fehlerüberprüfung, Typkonvertierung, Formatierung), was die Arbeit unnötig erschwert und den Quelltext unübersichtlich macht.

Grundlagen

Oberfläche

Grafik

Multimedia

Datei

Datenbank

SQL/ADO

Report

Objekte

OLE/DDE

Peripherie

System

Desktop

Technik

Sonstiges

R11 ... mit Stringlisten arbeiten?

Viele Eigenschaften von Delphi-Komponenten sind vom Typ *TStrings*, so z.B. *Lines* (*TMemo*), *Items* (*TListBox*, *TComboBox*) oder *SQL* (*TQuery*).

TStrings ist eine abstrakte Basisklasse für Objekte, die eine Liste mit Strings darstellen und wird von der Unit *Classes* geliefert. Die Eigenschaften und Methoden von *TStrings* bieten zahlreiche Möglichkeiten zur String-Listenbearbeitung an:

- Einfügen bzw. Löschen von Strings

- Ändern der Reihenfolge der String-Einträge

- Ansprechen von Strings über ihre Listenposition

- Lesen bzw. Schreiben von Strings aus bzw. in eine Datei

Das folgende Experimentierprogramm soll Ihnen einige dieser wichtige Arbeitstechniken demonstrieren. Dabei wollen wir ein eigenes *TStrings*-Objekt erzeugen, dessen Inhalt mit den Stringlisten eines Memofeldes und einer Listbox wechselseitig ausgetauscht werden kann.

Oberfläche

Platzieren Sie auf das Formular ein Memofeld (links) und eine Listbox (rechts) sowie eine ganze Reihe Buttons gemäß folgender Abbildung. Hinzu kommen eine *OpenDialog*- und eine *SaveDialog*-Komponente, die Sie auf der Seite "Dialoge" der Komponentenpalette finden.

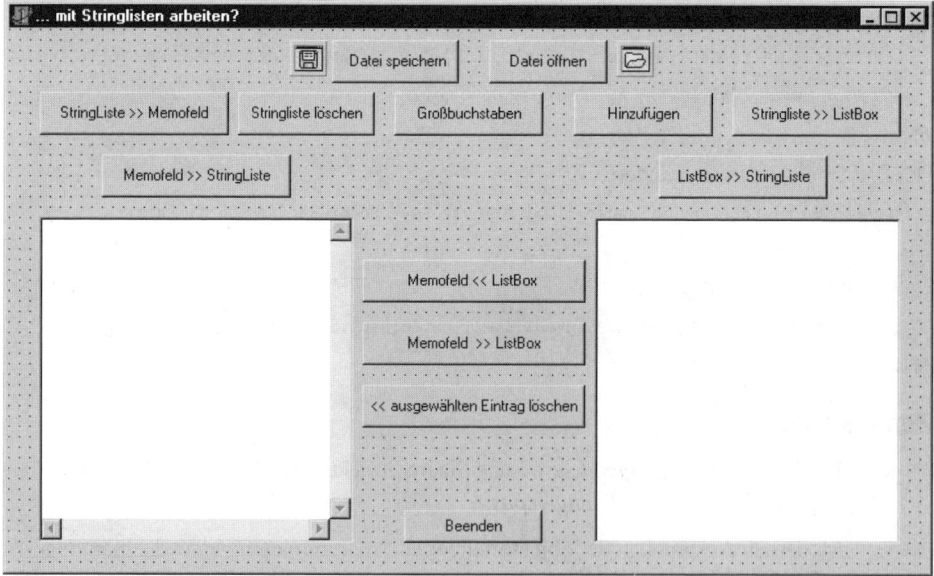

Quelltext

Wir beginnen mit einem Eintrag im *public*-Abschnitt der Typdeklaration von *TForm1*:

```
public
   meineListe: TStrings          // Listenfeld deklarieren
end;
```

Beim Laden des Formulars wird eine Instanz vom Typ *TStringList* (ein Nachkomme von *TStrings*) erzeugt:

```
procedure TForm1.FormCreate(Sender: TObject);
begin
 meineListe := TStringList.Create     // Listenfeld erzeugen
end;
```

Wer das Eintippen einer Stringliste per Hand scheut, kann sich eine auf der Festplatte abgespeicherte Textdatei laden:

```
procedure TForm1.Button5Click(Sender: TObject);      // Öffnen
begin
 with OpenDialog1 do begin
  Filter := 'Textdateien (*.TXT)|*.TXT';
  DefaultExt := 'TXT';
  if Execute then meineListe.LoadFromFile(Filename)
 end
end;
```

Anschließend kann man die Stringliste in das Memo- oder in das Listenfeld kopieren und sich dort den Inhalt betrachten:

```
procedure TForm1.Button7Click(Sender: TObject);           // StringListe >> Memofeld
begin
 Memo1.Lines := meineListe
end;
```

```
procedure TForm1.Button3Click(Sender: TObject);           // Stringliste >> ListBox
begin
 ListBox1.Items := meineListe
end;
```

Es steht Ihnen nun frei, an den beiden Kopien herumzudoktern, d.h., den Inhalt des Memofelds zu ändern oder einen bestimmten Eintrag im Listenfeld zu markieren, um ihn dann im Memofeld zu löschen:

```
procedure TForm1.Button2Click(Sender: TObject);      // ausgewählten Eintrag löschen
begin
 Memo1.Lines.Delete(ListBox1.ItemIndex)
end;
```

Grundlagen

Oberfläche

Grafik

Multimedia

Datei

Datenbank

SQL/ADO

Report

Objekte

OLE/DDE

Peripherie

System

Desktop

Technik

Sonstiges

So werden die Inhalte gegenseitig ausgetauscht:

```
procedure TForm1.Button1Click(Sender: TObject);      // Memofeld >> ListBox
begin
 ListBox1.Items := Memo1.Lines
end;


procedure TForm1.Button8Click(Sender: TObject);      // Memofeld >> Stringliste
begin
 meineListe := Memo1.Lines
end;


procedure TForm1.Button11Click(Sender: TObject);      // ListBox >> Stringliste
begin
  meineListe := ListBox1.Items
end;
```

Die Umwandlung aller Zeichen in Großbuchstaben soll als Beispiel für das iterative Durchlaufen einer Stringliste und den indizierten Zugriff auf deren Elemente dienen:

```
procedure TForm1.Button13Click(Sender: TObject);      // Großbuchstaben
var i: Integer;
begin
 for i := 0 to meineListe.Count - 1 do meineListe[i] := UpperCase(meineListe[i])
end;
```

So werden Strings (Zeilen) an das Ende der Liste anhängt:

```
procedure TForm1.Button9Click(Sender: TObject);      // Hinzufügen
begin
 with meine Liste do begin
  Add('Mit freundlichen Grüßen'); Add(''); Add('Gregor Größenwahn')
 end
end;
```

Der gesamte Inhalt kann wie folgt gelöscht werden:

```
procedure TForm1.Button10Click(Sender: TObject);      // Stringliste löschen
begin
 meineListe.Clear
end;
```

Fast hätten wir es vergessen, das Abspeichern der Stringliste in eine Datei (siehe auch nachfolgende Abbildung):

```
procedure TForm1.Button4Click(Sender: TObject);      // Speichern
begin
```

```
with SaveDialog1 do begin
  Filter := 'Textdateien (*.TXT)|*.TXT';
  FileName := 'Firmenbrief';
  DefaultExt := 'TXT';
  Options := [ofOverwritePrompt;           // Sicherheitsabfrage wegen Überschreiben
  if Execute then meineListe.SaveToFile(Filename)
end
end;
```

Beim Schließen des Formulars muss der belegte Speicherplatz wieder freigegeben werden:

```
procedure TForm1.FormDestroy(Sender: TObject);
begin
  meineListe.Free
end;
```

Test

Starten Sie das Programm und überzeugen Sie sich von der Wirksamkeit der String-listenoperationen.

Klicken Sie beispielsweise "Datei öffnen" und wählen Sie eine Datei (siehe Buch-CD) aus. Aber erst nachdem Sie "Stringliste >> Memofeld" oder "Stringliste >> ListBox" angeklickt haben, werden Sie den Inhalt sehen.

Vergleichen Sie parallel den Quellcode im entsprechenden Eventhandler.

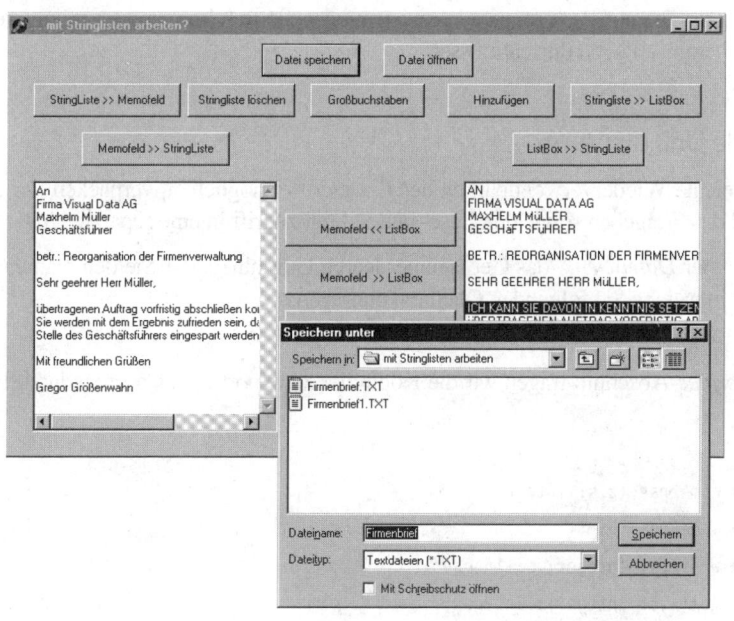

Grundlagen

Oberfläche

Grafik

Multimedia

Datei

Datenbank

SQL/ADO

Report

Objekte

OLE/DDE

Peripherie

System

Desktop

Technik

Sonstiges

Hinweis: Denken Sie immer daran, dass die per Code erzeugte Stringliste (*meineListe*) quasi
"unsichtbar" ist, und erst durch Kopieren in das Memo- oder Listenfeld betrachtet
werden kann.

Ergänzungen

- Wenn Sie *TStrings*-Eigenschaften von Komponenten im Objektinspektor zuweisen,
  so erscheint nach Doppelklick der Stringlisten-Editor (beispielsweise für *Lines*-Eigen-
  schaft eines Memo-Feldes oder *Items* bei ListBox). Da hier das Objekt von Delphi
  verwaltet wird, brauchen Sie sich im Quelltext um das Erzeugen bzw. Entfernen nicht
  zu kümmern.

- Die *Text*-Eigenschaft eines *TStrings*-Objekts liefert keine Liste, sondern einen String
  (*TString*) zurück, in welchem die Zeichen für Wagenrücklauf und Zeilenschaltung
  eingebettet sind.

- Über weitere Eigenschaften und Methoden von *TStrings*-Objekten (*Insert*, *Move*,
  IndexOf etc.) informieren Sie sich in der Online-Hilfe. Das Gleiche gilt für das Hinzufügen von Objekten.

R12 ... ein dynamisches Array erzeugen?

Im Unterschied zum statischen Array brauchen bekanntlich die Abmessungen eines dynamischen Arrays erst zur Laufzeit festgelegt zu werden. Obwohl in Delphi mittlerweile "echte"
dynamische Arrays realisierbar sind, sprechen einige Argumente für die Verwendung des
reichlich vorhandenen Heap-Speicherplatzes. Interessieren dürfte dies insbesondere all die
Programmierer, die auf Performance Wert legen oder die sich immer noch mit älteren Delphi-
Versionen herumschlagen dürfen/müssen.

Quellcode Unit dynVarAr

Um eine leichte Wiederverwendbarkeit des Codes zu ermöglichen, verpacken wir das Reservieren und das Freigeben sowie den Lese- und Schreibzugriff in eine separate Unit.

Fügen Sie über *Datei|Neu...* das Gerüst einer leeren Unit hinzu, der Sie den Namen *dynVarAr*
geben und in welche Sie folgenden Quelltext eintragen:

```
unit dynVarAr;
```

In den *interface*-Abschnitt tragen wir die Köpfe der zu exportierenden Prozeduren/Funktionen
ein:

```
interface
  procedure dimArray (z,s: Integer);
  procedure freeArray;
  procedure wrA(z,s: Integer; w: Integer);
  function  rdA(z,s: Integer): Integer;
```

Wir beschränken uns auf ein zweidimensionales dynamisches Variant-Array, das wir wie folgt implementieren:

```
implementation
```

Auf diesen Datentyp soll der Pointer zeigen:

```
type dArray = array[1..1] of Variant;
```

Der Pointer:

```
var  dA: ^dArray;
```

Die Indizes für die maximale Zeilen- bzw. Spaltenanzahl:

```
    zmax, smax: Integer;
```

Nun zur Implementierung der zu exportierenden Prozeduren/Funktionen:

```
procedure dimArray;          // dyn. Speicher für smax, zmax reservieren
begin
 smax := s; zmax := z;  GetMem(dA, SizeOf(dA^[1])* zmax * smax)
end;
procedure freeArray;         // dyn. Speicher wieder freigeben
begin
 FreeMem(dA,SizeOf(dA^[1])* zmax * smax)
end;


procedure wrA;               // Schreibzugriff auf Zeile z und Spalte s
begin
 dA^[(z-1)* smax + s] := w
end;


function rdA;                // Lesezugriff auf Zeile z und Spalte s
begin
 Result := dA^[(z-1)* smax + s]
end;
```

Zu Beginn soll das kleinstmögliche Array initialisiert werden (1 Zeile, 1 Spalte):

```
initialization
 zmax:=1;   smax:=1;  dimArray(1,1)
end.
```

Vergessen Sie nicht, die Unit exakt unter ihrem Namen *dynVarAr* abzuspeichern!

Test-Oberfläche

Zum Austesten unserer dynamischen Arrays verwenden wir eine Oberfläche, die zur Laufzeit folgenden Anblick bieten soll:

Grundlagen

Oberfläche

Grafik

Multimedia

Datei

Datenbank

SQL/ADO

Report

Objekte

OLE/DDE

Peripherie

System

Desktop

Technik

Sonstiges

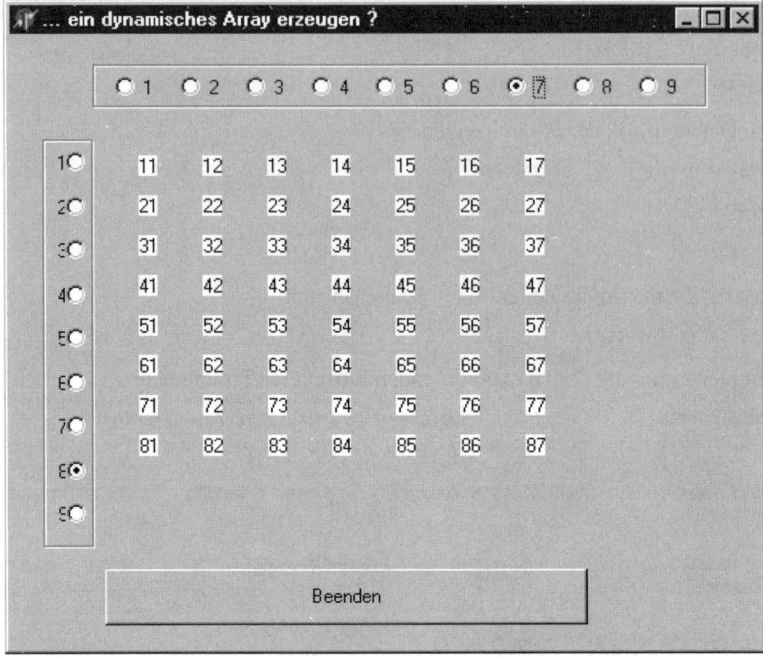

Mit den *RadioButtons* stellen wir die gewünschte Zeilen- und Spaltenanzahl ein, die in obiger Abbildung acht bzw. sieben beträgt.

Quellcode Formular-Unit

Zum Austesten unserer Unit *dynVarAr* fügen wir dem *Implementation*-Abschnitt der Formular-Unit (*Unit1*) folgenden Code hinzu:

```
uses dynVarAr;              // Einbinden der Unit
var zmax, smax: Integer;
```

Das Füllen des Arrays mit Beispieldaten (der Einfachheit halber nehmen wir dafür den Zeilen- und Spaltenindex):

```
procedure writeArray;
var i,j,z: Integer;
begin
 for i := 1 to zmax do
  for j := 1 to smax do
  begin
   z := StrToInt(IntToStr(i) + IntToStr(j));
   wrA(i,j,z)                // Schreibzugriff auf das Array
  end
end;
```

Das Anzeigen des Array-Inhalts:

```
procedure displayArray;
var i,j,z: Integer;
begin
 Form1.Refresh;
 for i := 1 to zmax do
  for j := 1 to smax do
  begin
   z := rdA(i,j);              // Lesezugriff auf das Array
   Form1.Canvas.TextOut(40+j*40, 50 + i*25, IntToStr(z))
  end
end;
```

Das passiert beim Ändern der Dimension:

```
procedure TForm1.RadioButtonClick(Sender: TObject);
begin
 freeArray;                    // Speicherplatz freigeben
```

Die maximale Spaltenzahl setzen:

```
 if Sender = RadioButton1 then smax := 1;
 if Sender = RadioButton2 then smax := 2;
 ...
 if Sender = RadioButton9 then smax := 9;
```

Nun die maximale Zeilenzahl:

```
 if Sender = RadioButton10 then zmax := 1;
 if Sender = RadioButton10 then zmax := 2;
 ...
 if Sender = RadioButton18 then zmax := 9;
```

Nun kann das neue Array dimensioniert, gefüllt und angezeigt werden:

```
 dimArray(zmax,smax);          // Speicherplatz belegen
 writeArray;
 displayArray
end;
```

Der Start:

```
procedure TForm1.FormCreate(Sender: TObject);
begin
 zmax:=1;
 smax:=1
end;
```

Grundlagen · Oberfläche · Grafik · Multimedia · Datei · Datenbank · SQL/ADO · Report · Objekte · OLE/DDE · Peripherie · System · Desktop · Technik · Sonstiges

Test

Starten Sie das Programm und stellen Sie durch Klick auf die Radiobuttons die Dimensionen des zu erzeugenden dynamischen Arrays ein. Bedenken Sie, dass jeweils immer nur soviel Speicher belegt wird, wie er der aktuellen Größe des angezeigten Arrays entspricht.

Bemerkungen

- Der Aufbau des Arrays mit *Variant*-Datentypen gestattet zwar das Abspeichern unterschiedlichster Datentypen, bedeutet allerdings eine erhebliche Speicherplatzverschwendung. Es wird deshalb empfohlen, statt dessen lieber mit konkreten Datentypen wie *Integer* oder *Single* zu arbeiten.

- Das Modifizieren des Quelltextes für andere Dimensionen (ein-, drei-, vierdimensional) dürfte für den routinierten Programmierer keine Schwierigkeiten bedeuten.

R13 ... die Format-Funktion verstehen?

Bekanntlich erwartet die *Format*-Funktion zwei Argumente, einen Formatierungsstring und (in eckige Klammern einzuschließen) den zu formatierenden Ausdruck. Sollten Sie immer noch Schwierigkeiten mit dem Verständnis der vielen verschiedenen Formatstrings haben, probieren Sie doch einfach folgendes kleines Testprogramm aus.

Oberfläche

Neben einer Textbox (Eingabe der nummerischen Werte) und einer *Combobox* (Eingabe bzw. Auswahl des Formatierungsstrings) brauchen Sie lediglich ein *Panel* für die Anzeige.

In die *Items*-Eigenschaft der Combobox tragen Sie mit Hilfe des Stringlisten-Editors z.B. folgende Werte für diverse Formatierungsstrings ein:

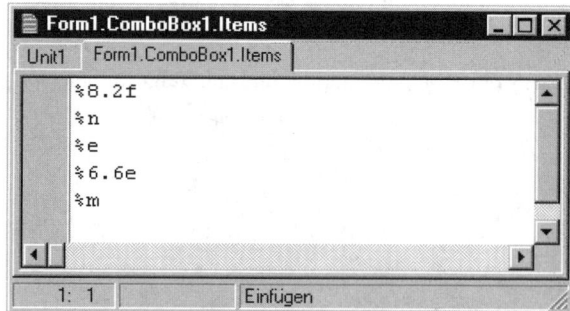

Quelltext

Wir wollen den Ergebnisstring immer dann neu anzeigen, wenn wir in das Editierfeld eine andere Zahl eingegeben haben (*OnChange*-Event auswerten):

Grundlagen

Oberfläche

Grafik

Multimedia

Datei

Datenbank

SQL/ADO

Report

Objekte

OLE/DDE

Peripherie

System

Desktop

Technik

Sonstiges

```
procedure TForm1.Edit1Change(Sender: TObject);
var n    : Double;
    code : Integer;
begin
  Val(Edit1.Text,n,code);
  if i = 0 then Panel1.Caption := Format(ComboBox1.Text,[n])
    else Panel1.Caption := 'Fehler'
end;
```

Test

Nach dem Programmstart können Sie sich von der Wirksamkeit unterschiedlichster Format-strings überzeugen. Um ein Ergebnis wie das unten angezeigte zu erreichen, wäre folgende Anweisung nötig:

```
Panel1.Caption := Format("%8.2f",[12345678.066]);
```

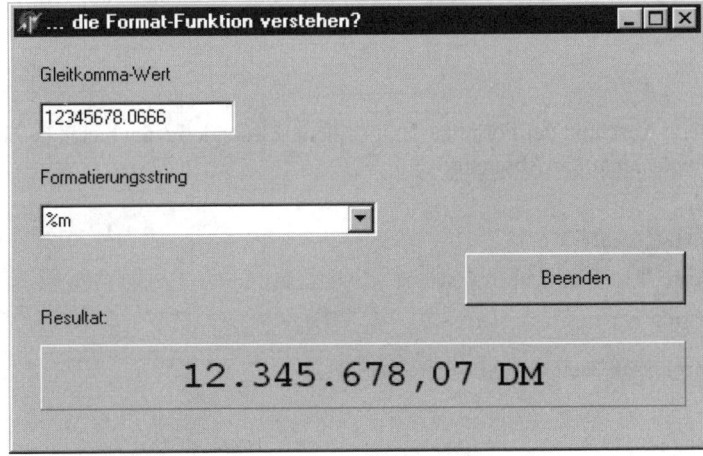

R14 ... Beträge formatieren und berechnen?

Wie bereits das Vorgängerrezept zeigt, existiert unter Delphi eine fast schon erdrückende Vielfalt von Möglichkeiten, um Zahlen im gewünschten Format darzustellen.

Wie man Währungsbeträge eingibt und wie man bei der Ausgabe gleichzeitig formatieren und rechnen kann, soll das folgende Demo-Beispiel zeigen.

Oberfläche

Es dürfte Ihnen keine Probleme bereiten, auf dem Startformular (*Form1*) in Windeseile die folgende Oberfläche "zusammenzuschieben", die im Wesentlichen aus einem Editierfeld

(*Edit1*), zwei Radiobuttons (*RadioButton1* und *RadioButton2*) sowie zwei Schaltflächen (*Button1*, *Button2*) besteht:

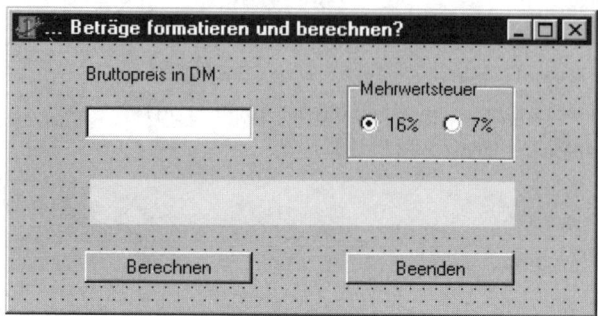

Setzen Sie die *Text*-Eigenschaft des Editierfeldes sowie die *Caption*-Eigenschaft des Anzeigefeldes auf einen Leerstring. Außerdem kann es nichts schaden, die *AutoSize*-Eigenschaft von *Label1* auf *False* und *WordWrap* auf *True* umzustellen. Beide *OptionButtons* werden innerhalb einer *GroupBox* platziert und die *Checked*-Eigenschaft eines von beiden auf *True* gesetzt.

Quelltext

Da der *Interface*-Abschnitt der Formular-Unit keinerlei Besonderheiten bietet, beschränken wir uns auf den *Implementation*-Abschnitt:

```
implementation
var mwst, brutto: Single;
    fstr:String;          // Formatstring
    code:Integer;

procedure TForm1.RadioButtonClick(Sender: TObject);
begin
 Label1.Caption := ''                                // Anzeige löschen
end;
```

Die wesentlichen Aktivitäten:

```
procedure TForm1.Button1Click(Sender: TObject);     // Klick auf "Berechnen"
begin
// Mwst-Satz lesen:
 if RadioButton1.Checked then mwst := 0.16;
 if RadioButton2.Checked then mwst := 0.07;
 Val(Edit1.Text, brutto, code);                     // Eingabe lesen
// formatierte Ausgabe:
 Label1.Caption := Format(fstr,[brutto/(1+mwst), brutto/(1+1/mwst)])
end;
```

Da wir nur einen einzigen Formatierungsstring verwenden, können wir ihn gleich zu Beginn zuweisen:

```
procedure TForm1.FormCreate(Sender: TObject);
begin
// Formatstring zuweisen:
fstr := 'Der Nettopreis beträgt %m, ' +
        'die entrichtete Steuer %m!';
end;
end.
```

Test

Geben Sie verschiedene Werte ein und kontrollieren Sie die Ausgabe:

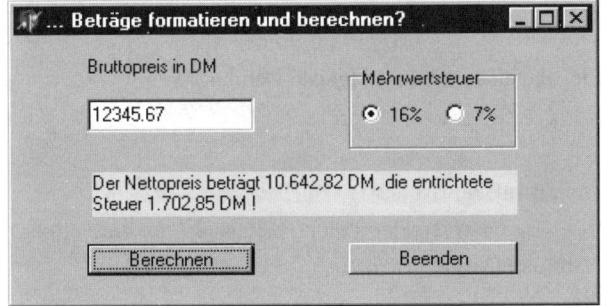

Siehe auch:

☞   R46 ... Dezimalkomma in Dezimalpunkt umwandeln?

☞   R10 ... eine Unit erstellen und anwenden?

R15 ... mit Datums-/Zeitfunktionen arbeiten?

Wer hatte nicht schon das Problem, Zeit- oder Datumsdifferenzen zu berechnen? Funktionieren die entsprechenden Delphi-Funktionen auch noch im Jahr 2000? Das folgende Beispielprogramm zeigt, wie Sie Datums- und Zeitwerte ermitteln und wie Sie damit rechnen können. Es vermittelt gleichzeitig nützliche Erkenntnisse über den Sinn von *try...except*-Blöcken.

Oberfläche

Erstellen Sie eine Eingabemaske nach folgendem Vorbild:

Grundlagen

Oberfläche

Grafik

Multimedia

Datei

Datenbank

SQL/ADO

Report

Objekte

OLE/DDE

Peripherie

System

Desktop

Technik

Sonstiges

Quelltext

Initialisieren der Eingabefelder mit den aktuellen Datumswerten:

```
procedure TForm1.FormCreate(Sender: TObject);
begin
    Panel1.Caption :=  DateTimeToStr(Now);
    Panel2.Caption :=  TimeToStr(Time); Panel3.Caption := DateToStr(Date);
    Edit2.Text := DateToStr(Date); Edit3.Text := DateToStr(Date)
end;
```

Die folgenden Eventhandler haben wir mit *try-except*-Blöcken so geschützt, dass bei fehlerhaften Datumseingaben kein Programmabbruch stattfindet.

Berechnung eines Datumswertes:

```
procedure TForm1.Edit1Change(Sender: TObject);        // Heute plus ... Tage ist ...
begin
 try
  Panel4.Caption := FormatDateTime('dd.mm.yyyy',date + StrToInt(Edit1.Text))
 except
  Panel4.Caption := 'Fehler'
 end
end;
```

Ermitteln einer Datumsdifferenz:

```
procedure TForm1.Edit2Change(Sender: TObject);      // Die Tagesdifferenz zwischen ...
begin
 try
   Panel5.Caption := IntToStr(Round(StrToDate(Edit2.Text) - StrToDate(Edit3.Text)))
 except
```

```
      Panel5.Caption := 'Fehler!';
    end
end;
```

Zerlegen von Datumswerten:

```
procedure TForm1.Edit4Change(Sender: TObject);      // Geben Sie ein Datum ein ...
var dat:TDateTime;
begin
  try
    dat := StrToDate(Edit4.Text);
    Panel6.Caption := FormatDateTime('dd.mm.yyyy',dat);
    Panel7.Caption := FormatDateTime('dddd',dat);
    Panel8.Caption := FormatDateTime('mmmm',dat);
    Panel9.Caption := FormatDateTime('yy',dat)
  except
    Panel6.Caption := 'Fehler';
    Panel7.Caption := 'Fehler';
    Panel8.Caption := 'Fehler';
    Panel9.Caption := 'Fehler'
  end
end;
```

Falls im *try*-Abschnitt ein Fehler auftritt, wird im *except*-Abschnitt weiter gemacht und eine gezielte Fehlerbehandlung durchgeführt.

Test

Starten Sie das Programm und experimentieren Sie. Das ist der beste Weg, um Klarheit über den Sinn der einzelnen Datums-/Zeitroutinen zu erlangen.

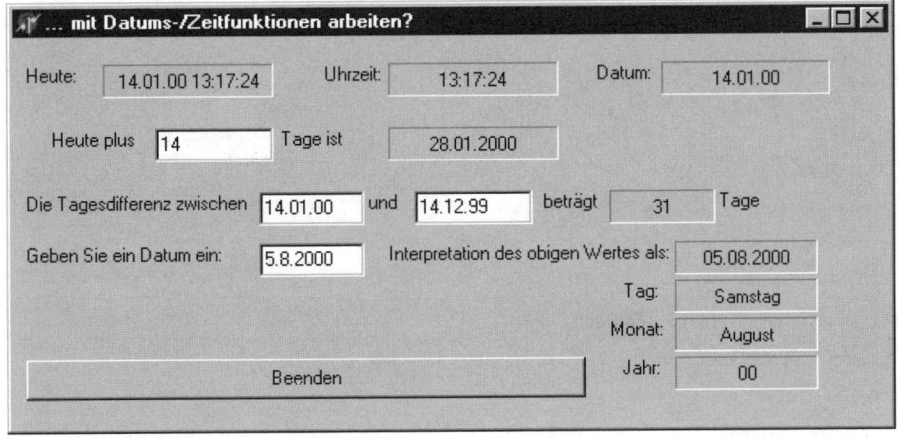

Grundlagen

Oberfläche

Grafik

Multimedia

Datei

Datenbank

SQL/ADO

Report

Objekte

OLE/DDE

Peripherie

System

Desktop

Technik

Sonstiges

Bemerkung

Dank *try...except* wird es Ihnen nicht gelingen, die Applikation durch Eingabe sinnloser Datumswerte zum Absturz zu bringen. Voraussetzung dafür ist allerdings, dass Sie im Menü *Tools\Debugger-Optionen...* auf der "Sprach-Exceptions"-Seite das Häkchen "Bei Delphi-Exceptions stoppen" entfernt haben. Ansonsten sind Ihre schönen *try-except*-Blöcke für die Katz, und Sie werden mit den üblichen Delphi-Fehlermeldungen genervt. Dies passiert Ihnen allerdings nur zur Entwurfszeit. Die fertige EXE-Datei berücksichtigt *try-except*-Blöcke in jedem Fall, die Einstellungen der Umgebungsoptionen bleiben ohne Einfluss.

R16 ... auf Datum oder Zeit testen?

Für die Überprüfung von Eingaben in ein Textfeld ist in vielen Fällen auch der Test auf Datum oder Zeit erforderlich. Eine entsprechende Funktion, die *True* oder *False* zurückgibt, werden Sie in Delphi nicht finden, in anderen Programmiersprachen gibt es so etwas aber. Wir wollen die Funktionen *IsDate* und *IsTime* von Visual Basic nachbilden.

Oberfläche

Außer drei Buttons und einer Editier-Komponente und einem Label brauchen Sie nichts weiter:

Quelltext

Grundlage unserer "selbstgebastelten" Funktionen ist der Versuch, einen String in ein Datum oder eine Zeit umzuwandeln. Schlägt dieser fehl, handelt es sich eben nicht um ein Datum oder eine Zeit. Um den auftretenden Fehler abzufangen, verwenden wir eine Exception-Behandlung mit *Try-Except*:

```
function IsDate(s:string): Boolean;
var dummy : TDateTime;
begin
    Result := True;
    try
       dummy := StrToDate(s);
    except
       Result := False;
    end
end;


function IsTime(s:string): Boolean;
var dummy : TDateTime;
begin
    Result := True;
```

```
    try
        dummy := StrToTime(s);
    except
        Result := False
    end
end;
```

Die Belegung der Buttons und ein Test der obigen Funktionen:

```
procedure TForm1.Button1Click(Sender: TObject);  // Datum prüfen
begin
 if not IsDate(Edit1.Text) then
 begin
  MessageBeep(0);
  Label1.Caption := 'Das soll ein Datum sein?'
 end
 else
 begin
  Label1.Caption := 'Das ist der ' +
  FormatDateTime('dd. mmm. yyyy' + '" !"', StrToDate(Edit1.Text));
 end
end;
```

```
procedure TForm1.Button2Click(Sender: TObject);     // Zeit prüfen
begin
 if not IsTime(Edit1.Text) then
 begin
  MessageBeep(0);
  Label1.Caption := 'Das soll eine Zeit sein?'
 end
 else
 begin
  Label1.Caption := 'Das ist um ' +
  FormatDateTime('hh:nn' + '" !"', StrToTime(Edit1.Text));
 end
end;
```

Test

Geben Sie verschiedene fehlerhafte Datums- und Zeitwerte ein und lassen Sie diese durch das Programm prüfen.

Grundlagen
Oberfläche
Grafik
Multimedia
Datei
Datenbank
SQL/ADO
Report
Objekte
OLE/DDE
Peripherie
System
Desktop
Technik
Sonstiges

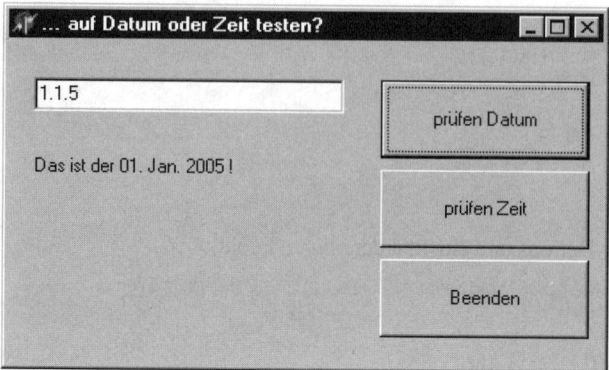

Bemerkung

Die *FormatDateTime*-Funktion ist aufgrund des erforderlichen Formatstrings zwar umständlicher als die *DataToStr*- bzw. *TimeToStr*-Funktion zu handhaben, sollte aber trotzdem bevorzugt werden, da sie flexibler ist und Sie unabhängig von den Systemeinstellungen bleiben.

R17 ... Zeichen aus einem String entfernen?

Kurz und knapp: Übergeben Sie der Funktion den String sowie das Zeichen, das Sie löschen möchten (z.B. Leerzeichen).

```
function delChar(value:string; c:Char):string;
begin
  while Pos(c,value)<> 0 do Delete(value,Pos(c,value),1);
  Result := value
end;
```

Beispiel: Löschen aller Leerzeichen.

```
var s : string;
...
  s := delChar(s,' ');
```

Hinweis: Die Funktion *delChar* finden Sie neben anderen Hilfsfunktionen in der Unit *hFunc* auf der Buch-CD.

Das entsprechende Demoprogramm finden Sie in

☞   R22 ... Hilfsfunktionen ausprobieren?

R18 ... auf Groß- oder Kleinbuchstaben testen?

Die folgende Funktion überprüft, ob das übergebene Zeichen in der Menge der Groß-buchstaben vorkommt:

```
function isUpper(c:Char): Boolean;
begin
  result := c in ['A'..'Z','Ä','Ö','Ü']
end;
```

Analog für Kleinbuchstaben:

```
function isLower(c:Char): Boolean;
begin
  result := c in ['a'..'z','ä','ö','ü','ß']
end;
```

Beispiel: Test, ob das erste Zeichen eines Editierfeldes großgeschrieben ist:

```
if isUpper(Edit1.Text[1]) then
  ShowMessage('Das erste Zeichen ist ein Großbuchstabe!')
```

Es liegt nahe, dass man auf diese Weise beliebige Funktionen schreiben kann, die das Vor-handensein bestimmter Mengen von Zeichen untersuchen.

Hinweis: Die Funktionen *isUpper* und *isLower* finden Sie neben anderen Hilfsfunktionen in der Unit *hFunc* auf der Buch-CD.

Das entsprechende Demoprogramm finden Sie unter

☞   R22 ... Hilfsfunktionen ausprobieren?

R19 ... auf gerade oder ungerade Werte prüfen?

Die folgende, verblüffend einfache Funktion ermittelt, ob es sich um eine gerade oder un-gerade Integer-Zahl handelt:

```
function isGerade(value: Integer): Boolean;
begin
  result := (value mod 2) = 0
end;
```

Beispiel: Es piept, wenn i einen ungeraden Wert hat.

```
var i: Word;
...
if not isGerade(i) then Beep;
```

Hinweis: Die Funktion *isGerade* finden Sie neben anderen Hilfsfunktionen in der Unit *hFunc* auf der Buch-CD.

Das entsprechende Demoprogramm finden Sie unter

☞ R22 ... Hilfsfunktionen ausprobieren?

R20 ... auf Ziffern prüfen?

Um zu prüfen, ob das übergebene Zeichen eine Ziffer ist, verwenden Sie folgende Funktion:

```
function isDigit(c: Char): Boolean;
begin
  result = c in ['0'..'9']
end;
```

Beispiel: Es piept, wenn z eine Ziffer ist.

```
var z: Char;
...
if isDigit(z) then Beep;
```

Hinweis: Die Funktion *isDigit* finden Sie neben anderen Hilfsfunktionen in der Unit *hFunc* auf der Buch-CD.

Das entsprechende Demoprogramm finden Sie unter

☞ R22 ... Hilfsfunktionen ausprobieren?

R21 ... auf bestimmte Datentypen testen?

Möchten Sie kontrollieren, ob ein String-Eingabewert (z.B. Textbox) einem bestimmten Datentyp entspricht, können Sie folgendes Konstrukt nutzen:

```
function isInteger(value: string): Boolean;
begin
  Result := True;
  try
    StrToInt(value)
  except
    Result := False
  end
end;
```

Hintergrund ist eine explizite Typumwandlung (z.B. *StrToInt*, *StrToFloat*, *StrToBoolean*, *StrToCurr*, *StrToDateTime*), die im Fehlerfall zu einem negativen Funktionsergebnis führt.

Grundlagen

Hinweis: Die Funktion *isInteger* finden Sie neben anderen Hilfsfunktionen in der Unit *hFunc* auf der Buch-CD.

Oberfläche

Das entsprechende Demoprogramm finden Sie im folgenden Rezept.

Grafik

R22 ... Hilfsfunktionen ausprobieren?

In diesem Demoprogramm können Sie einige der in den vorangegangenen Rezepten beschriebenen Hilfsfunktionen "in action" erleben und zwar sind dies

Multimedia

- *isUpper, isLower* (Test auf Groß-/Kleinschreibung)

Datei

- *isDigit* (Test ob Ziffer)

- *isGerade* (Test ob gerade oder ungerade Zahl)

Datenbank

- *isFloat* (Test ob Fließkommazahl)

- *delChar* (bestimmte Zeichen entfernen)

SQL/ADO

Sie werden feststellen, dass doch einiges an "Drumherum" zu programmieren ist, um die Wirkung dieser Funktionen einigermaßen sinnvoll zu demonstrieren.

Report

Oberfläche

Objekte

Neben einer *Edit*-Komponente werden eine Schaltfläche, ein *UpDown*-Button ("Win32"-Komponentenpalette) und vier Panels auf dem Formular platziert (siehe Screenshots am Ende). Setzen Sie im Objektinspektor die *Min*-Eigenschaft des UpDown-Buttons auf den Wert 1.

OLE/DDE

Quelltext

Peripherie

```
uses hFunc;        // liefert die Hilfsfunktionen


var c: Char;       // das selektierte Zeichen
```

System

Beim Programmstart wird der Maximalwert des UpDown-Buttons der Länge des Eingabestrings angepasst:

```
procedure TForm1.FormCreate(Sender: TObject);
begin
```

Desktop

```
 UpDown1.Max := Length(Edit1.Text)
end;
```

Mit dem UpDown-Button können Sie die Markierung im Eingabestring hin und her bewegen:

Technik

```
procedure TForm1.UpDown1Changing(Sender: TObject;
```

Sonstiges

```
          var AllowChange: Boolean);   // zum nächsten Zeichen
```

```
begin
if UpDown1.Position >= Length(Edit1.Text) then UpDown1.Position := Length(Edit1.Text);
Edit1.SetFocus;
Edit1.SelStart := UpDown1.Position-1;
Edit1.SelLength := 1;
c := Edit1.SelText[1];                      // ein Zeichen selektieren
Button1.Caption := 'Alle ' + c + ' entfernen';
```

Zunächst erfolgt der Test des selektierten Zeichens auf Groß-/Kleinschreibung:

```
if isUpper(c) then Panel1.Caption := c + ' ist ein Großbuchstabe!'
            else if isLower(c) then
                    Panel1.Caption := c + ' ist ein Kleinbuchstabe!'
            else Panel1.Caption := '' ;
```

Dann der Test, ob es sich um eine Ziffer handelt:

```
if isDigit(c) then Panel2.Caption := c + ' ist eine Ziffer!'
            else Panel2.Caption := ''
end;
```

Bei jeder Änderung des Eingabestrings wird dieser als Ganzes untersucht:

```
procedure TForm1.Edit1Change(Sender: TObject);
begin
```

Zunächst erfolgt der Test auf gerade/ungerade Integerzahl und auf Fließkommazahl. Beachten Sie, dass zunächst die Umwandlung in eine Integer-Zahl versucht wird (*try*) und erst bei Fehlschlag auf Fließkomma getestet wird (*except*):

```
try
  if isGerade(StrToInt(Edit1.Text)) then
        Panel3.Caption := Edit1.Text + ' ist eine gerade Zahl!'
  else Panel3.Caption := Edit1.Text + ' ist eine ungerade Zahl!';
  Panel4.Caption := ''
except
  Panel3.Caption :='';
  if isFloat(Edit1.Text) then Panel4.Caption := Edit1.Text + ' ist eine Gleitkommazahl!'
    else Panel4.Caption := ''
end
end;
```

Schließlich sollen nach Klick auf den Button alle Zeichen aus dem Eingabestring entfernt werden, die dem selektierten Zeichen entsprechen:

```
procedure TForm1.Button1Click(Sender: TObject);
begin
Edit1.Text := delChar(Edit1.Text, c);
Button1.Caption := '';
```

```
 Panel1.Caption := '';
 Panel2.Caption := ''
end;
```

Grundlagen

Oberfläche

Grafik

Multimedia

Datei

Datenbank

SQL/ADO

Report

Objekte

OLE/DDE

Peripherie

System

Desktop

Technik

Sonstiges

Test

Nach dem Programmstart geben Sie irgendetwas ein und bewegen sich dann mit dem Up-Down-Button durch den Eingabestring. Das selektierte Zeichen wird auf Groß-/bzw. Kleinbuchstabe bzw. Ziffer untersucht und das Testergebnis angezeigt.

Nach Klick auf die "Entfernen"-Schaltfläche werden <u>alle</u> Zeichen, die dem selektierten Zeichen entsprechen, aus dem Eingabestring entfernt.

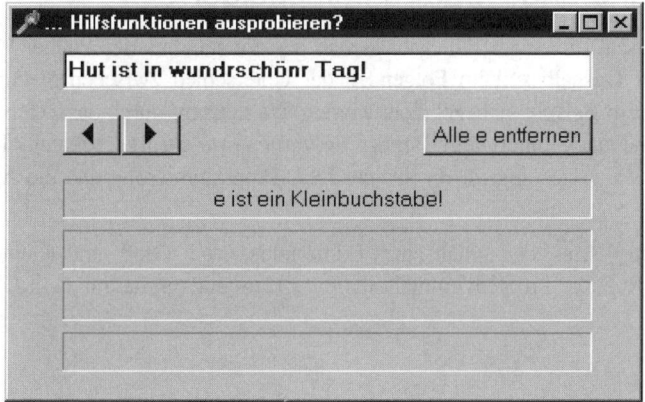

Falls der Eingabestring als Zahl interpretierbar ist, werden Sie darüber informiert, ob es sich um eine gerade oder ungerade Ganzzahl oder um eine Gleitkommazahl handelt.

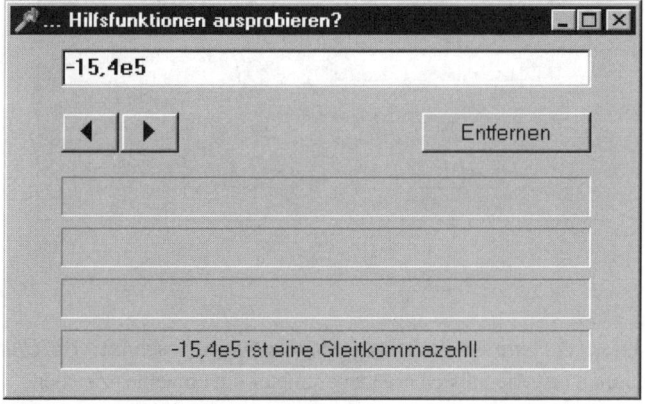

Bemerkungen

- Gleitkommazahlen werden nur mit einem Komma als Dezimaltrenner erkannt (also nicht mit einem Punkt!).

- Falls während des Programmtests Fehlermeldungen auftreten, entfernen Sie bitte im Menü *Tools\Debugger-Optionen* auf der Seite "Sprach-Exceptions" das Häkchen "Bei Delphi-Exceptions stoppen".

- Sie können das Programm problemlos erweitern, z.B. um einen Test auf Datums-/ Zeitwert.

R23 ... String und PChar unterscheiden?

Dem Object Pascal-Einsteiger fällt naturgemäß das Verständnis der Pointer-Philosophie besonders schwer. Deshalb soll im Folgenden der Unterschied zwischen *String*- und *PChar*-Datentyp an einem Beispiel nahegebracht werden. Da Letztere durch das Zeichen #0 begrenzt werden, sind sie auch unter dem Begriff *nullterminierte Strings* bekannt. Dieses Grundverständnis ist Voraussetzung für die spätere DLL-Programmierung und die Arbeit mit API-Funktionen.

Ziel dieser Demo ist es, den Inhalt eines Editierfeldes nach Groß- und Kleinbuchstaben zu durchsuchen, wobei das Problem einmal mit dem *string*- und einmal mit dem *PChar*-Datentyp gelöst wird.

Oberfläche

Auf dem Startformular platzieren Sie ein Editierfeld, zwei RadioButtons und zwei Schaltflächen, so dass sich etwa folgender Anblick bietet:

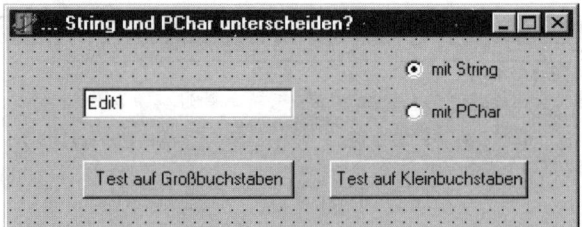

Quelltext

Der gesamte Quellcode befindet sich im *implementation*-Abschnitt von *Unit*1. Die beiden folgenden Funktionen erwarten als Übergabeparameter ein einzelnes Zeichen:

```
function isUpper(c:Char): Boolean;    // testet auf Großbuchstaben
begin
   result := c in ['A'..'Z','Ä','Ö','Ü']
end;
```

```
function isLower(c:Char): Boolean;     // testet auf Kleinbuchstaben
begin
  result := c in ['a'..'z','ä','ö','ü','ß']
end;
```

Hinweis: Die Funktionen *isUpper* und *isLower* finden Sie neben anderen Hilfsfunktionen in der Unit *hFunc* auf der Buch-CD. Sie können sich deshalb deren Eintippen sparen, wenn Sie diese Unit über die *uses*-Klausel am Anfang des *implementation*-Abschnitts einbinden.

Jetzt kommt der interessante Teil. Der folgenden Prozedur wird ein Pascal-String übergeben, der in einzelne Zeichen "zerschnitten" wird, um diese dann mit obigen Funktionen zu testen:

```
procedure stringGB(s: string);
var i: Word;
    z: Char;
begin
  for i := 1 to Length(s) do
  begin
    z := s[i];
    if isUpper(z) then  ShowMessage(z + ' ist ein Großbuchstabe!')
  end
end;
```

Das gleiche Problem löst mit weniger Aufwand die nächste Prozedur, der allerdings ein *PChar*-Datentyp zu übergeben ist:

```
procedure pCharGB(p: PChar);
begin
  while (p^ <> #0) do
  begin
    if isUpper(p^) then ShowMessage(p^ + ' ist ein Großbuchstabe!');
    Inc(p)          // weiter zum nächsten Zeichen
  end
end;
```

Die beiden noch fehlenden Prozeduren für Test auf Kleinbuchstaben (*stringKB* und *pCharKB*) sind analog programmiert, auf ihre Wiedergabe kann deshalb hier verzichtet werden (siehe Buch-CD).

Beim folgenden Aufruf der beiden *string*-Funktionen genügt die direkte Übergabe des Inhalts von *Edit1*, während bei den *pChar*-Funktionen vorher der Inhalt von *Edit1* mittels der *PChar*-Standardfunktion in einen Zeiger auf einen nullterminierten String verwandelt werden muss:

```
procedure TForm1.Button1Click(Sender: TObject);     // Großbuchstaben testen
begin
```

```
 if RadioButton1.Checked then stringGB(Edit1.Text) else pCharGB(PChar(Edit1.Text))
end;

procedure TForm1.Button2Click(Sender: TObject);    // Kleinbuchstaben testen
begin
 if RadioButton1.Checked then stringKB(Edit1.Text) else pCharKB(PChar(Edit1.Text))
end;
```

Test

Die Anzeige der gefundenen Groß- bzw. Kleinbuchstaben erfolgt der Einfachheit halber in nacheinander sich öffnenden Meldungsfenstern.

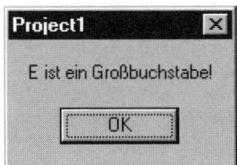

Sie werden feststellen, dass beide Programmiervarianten absolut das Gleiche leisten und nach außen nicht zu unterscheiden sind. Der fortgeschrittene Programmierer wird allerdings die elegantere und kürzere *PChar*-Realisierung bevorzugen, während der Einsteiger mit den Pascal-Strings weniger Verständigungsprobleme haben dürfte.

R24 ... einen String in einzelne Wörter zerlegen?

Die im Folgenden beschriebene Funktion *filter* bietet eine einfache Möglichkeit, einen eingegebenen Text in einzelne Wörter zu zerpflücken. Rückgabewert ist eine *StringList*, die Sie auch sortieren können (*Sorted := True*). Im Weiteren gewährt Ihnen das Quelltextstudium nützliche Erkenntnisse über den Umgang mit nullterminierten Strings (*PChar*).

Oberfläche

Auf das Startformular setzen Sie ein *Memo* und eine *ListBox*. Weisen Sie der *Sorted*-Eigenschaft der *ListBox* den Wert *True* zu.

Quelltext

In den *implementation*-Abschnitt von *Form1* fügen Sie ein:

```
function filter(source:PChar):TStringList;
var p, start  : PChar;
    token     : string;
begin
```

```
result := TStringList.Create;
p := source;
while (p^ <> #0) do begin
   if p^ in [#1..#64,#91..#96,#123..#127] then  Inc(p)
   else begin                      // ein Wort wurde gefunden ...
     start := p;
     while not (p^ in [#0..#64,#91..#96,#123..#127]) do Inc(p);
     SetString(token, start, p-start);
     result.Add(token)
   end
 end
end;
```

Die Verwendung des *PChar*- anstatt des *string*-Datentyps ermöglicht ein einfaches Weiterbewegen zum nächsten Zeichen durch Inkrementieren.

Zum Aufrufen der *filter*-Funktion benutzen wir beispielsweise das *OnChange*-Event der *Memo*-Komponente:

```
procedure TForm1.Memo1Change(Sender: TObject);
begin
  Listbox1.Items := filter(PChar(Memo1.Text));
end;
```

Test

Sie werden feststellen, dass mehrfach vorkommende Wörter nicht unterdrückt werden. Abhilfe finden Sie im nächsten Rezept.

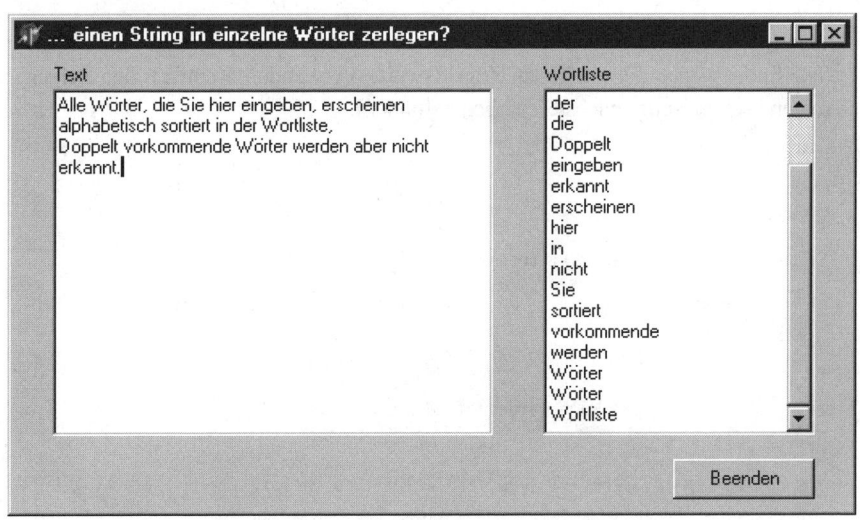

Grundlagen

Oberfläche

Grafik

Multimedia

Datei

Datenbank

SQL/ADO

Report

Objekte

OLE/DDE

Peripherie

System

Desktop

Technik

Sonstiges

R25 ... Wörter aus einem String filtern?

Das folgende Prográmmchen durchsucht einen Text auf mehrfach vorkommende Wörter. Der Rückgabewert ist ein String, in dem alle Wörter nur einmal vorhanden sind. Gleichzeitig findet eine Umwandlung in Großbuchstaben statt. Die einzelnen Wörter werden mit Punkten voneinander getrennt, außerdem entfallen alle Wörter, die kürzer als drei Buchstaben sind. Triviale Wörter, die in einem extra zu definierenden Referenzstring von Ihnen selbst festgelegt werden können, werden nicht übernommen!

Oberfläche

Sie brauchen drei Memo-Komponenten (*Memo1*, *Memo2*, *Memo3*), die Sie auf dem Startformular untereinander anordnen, und einen Button zum Aufruf der *Filter*-Funktion.

Quelltext

In den *implementation*-Abschnitt von *Form1* kopieren Sie:

```
const minWordLen :byte = 3;    // Festlegen der minimalen Wortlänge
var  refString :string;        // Referenzstring
```

Die eigentliche Filterfunktion:

```
function filter(source:PChar):string;
var p, start   : PChar;
    token,dest : string;


{ $B- }        // Compilerbefehl, um Booleanprüfung zu verkürzen
begin
  p := source;
  dest := '.';
```

Ein *PChar* findet wegen der einfachen Zugriffsweise Verwendung (einfach den Zeiger inkrementieren und schon ist das nächste Zeichen gefunden).

```
while (p^ <> #0) do
begin
  case p^ of
      #1 .. #64,     // Herausfiltern aller Sonderzeichen
      #91 ..#96,
      #123.. #127 : Inc(p);
  else
  begin             // ein Wort wurde gefunden ...
   start := p;
   while not (p^ in [#0..#64,#91..#96,#123..#127]) do Inc(p);
   if (P-Start) >= minWordLen then    // mindestens 3 Zeichen
```

Grundlagen

Oberfläche

Grafik

Multimedia

Datei

Datenbank

SQL/ADO

Report

Objekte

OLE/DDE

Peripherie

System

Desktop

Technik

Sonstiges

```
  begin
    SetString(token, start, p - start);
    token := UpperCase(token) + '.';
    if (pos('.' + token, refString) = 0) and
    (pos('.' + token, dest) = 0) then dest:= dest + token
   end
  end
 end        // von case
end;        // von while
{ $B+ }
result := dest
end;
```

Beim Start des Formulars definieren wir einen vorläufigen Referenzstring. Alle darin enthaltenen Wörter werden nicht in den Rückgabestring aufgenommen (Filter).

```
procedure TForm1.FormCreate(Sender: TObject);
begin
  Memo3.Text := '.UND.ODER.DER.DIE.DAS.DEN.DEM.NUN.BEGIN.END.SUB.' +
                'THEN.ELSE.SIE.SICH.EIN.EINER.BIS.VON.WER.WIE.WAS.';
end;
```

Die Verwendung der Funktion ist relativ einfach, Sie müssen lediglich darauf achten, dass Sie den Referenzstring zuweisen und den eigentlichen Übergabestring in einen *PChar*-Typ umwandeln.

```
procedure TForm1.Button1Click(Sender: TObject);  // Filtern
begin
  refString := Memo3.Text;
  Memo2.Text := filter(PChar(Memo1.Text));
end;
```

Test

Starten Sie das Programm und geben Sie in das obere Memofeld einen Text ein. Erweitern Sie gegebenenfalls die zu unterdrückenden Referenzwörter (unteres Memofeld). Nach dem Klicken des "Filtern..."-Buttons sollte im mittleren Memofeld der gefilterte Text erscheinen.

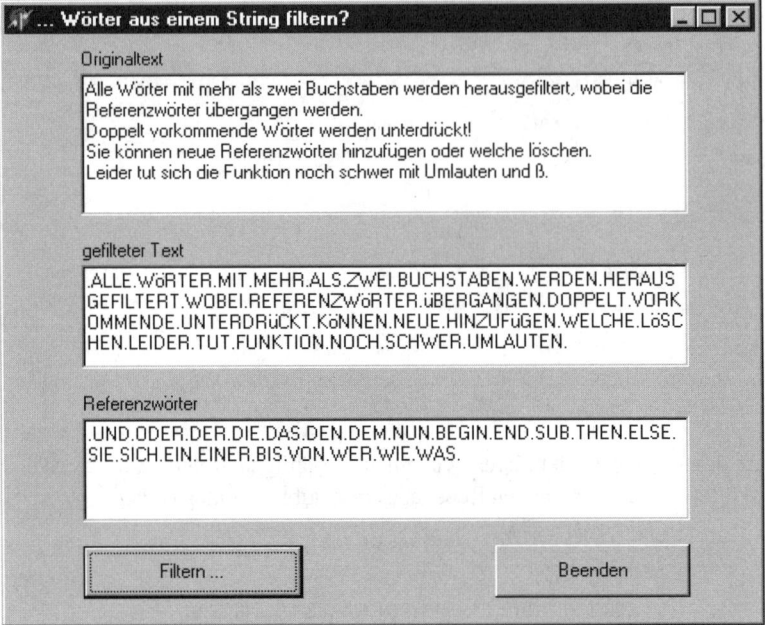

Bemerkungen

▪ Erweitern Sie den Algorithmus gegebenenfalls um eine Sortierfunktion. Nachfolgend kann der Text in eine Datenbank eingelesen werden. Auf diese Weise lässt sich beispielsweise eine Volltextsuch-Funktion realisieren.

▪ Mit zunehmender Länge des Originaltextes kommt es zu immer mehr doppelt vorkommenden Wörtern. Damit wird auch der Filter immer effektiver, der zurückgegebene String ist deutlich kürzer als der Ausgangswert.

R26 ... Strings auf Ähnlichkeit vergleichen?

Wenn in Listen oder Dateien nach bestimmten Informationen gesucht wird, sollte nicht nur penibel zeichenweise verglichen werden. Es müssen auch Ähnlichkeiten Berücksichtigung finden.

Beispiel: Sie suchen nach "Leipzig-Hbf" und möchten dabei natürlich auch einen Eintrag wie "leipzig hauptbahnhof" herausfinden.

Die vorgeschlagene Lösung verwendet eine Funktion, die die ersten *n* Zeichen zweier Strings auf Übereinstimmung testet, ohne dabei die Groß-/Kleinschreibung sowie Leerzeichen zu berücksichtigen.

Oberfläche

Zwei Editierfelder, deren *Text*-Eigenschaft Sie aus Bequemlichkeitsgründen schon etwas zuweisen können, drei Panels und zwei Buttons – das ist alles, was Sie für ein kleines Testprogramm brauchen.

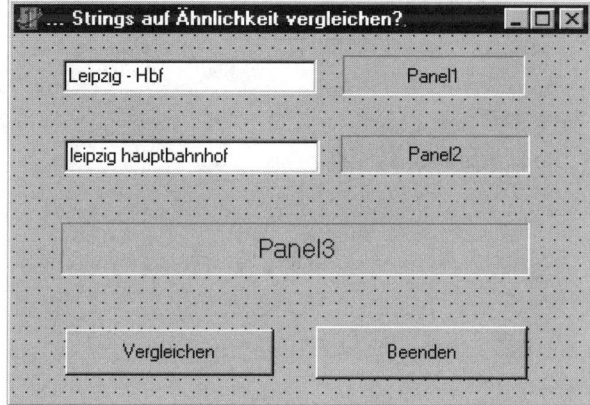

Quelltext

```
function vergleicheStringsN(s1, s2:string; n:Word): Boolean;
var i: Word;
function delLZ(s: string): string;
var ss: string;
    i,j: Word;
begin
  j:=0; ss:='';
  for i:=1 to Length(s) do begin
   if (s[i] <> ' ') and (s[i] <> '-') then begin
    Inc(j);
    ss:= ss + s[i]
   end;
   if j=n then Break
  end;
  Result := UpperCase(ss)
end;
```

Nun zum Hauptkörper der Funktion:

```
begin
 if delLZ(s1)=delLZ(s2) then
  Result:=True
 else
```

Grundlagen

Oberfläche

Grafik

Multimedia

Datei

Datenbank

SQL/ADO

Report

Objekte

OLE/DDE

Peripherie

System

Desktop

Technik

Sonstiges

```
    Result:=False ;
  Form1.Panel1.Caption := delLZ(s1);
  Form1.Panel2.Caption := delLZ(s2)  // nur zur Info
end;
```

Das Austesten der Funktion:

```
procedure TForm1.Button1Click(Sender: TObject);   // Vergleichen
begin
  if vergleicheStringsN(Edit1.Text, Edit2.Text, 8) = True then  // erste 8 Zeichen
  Panel3.Caption := 'Beide Ortsnamen sind sich ähnlich!'
  else begin
    MessageBeep(0);
    Panel3.Caption := 'Beide Ortsnamen sind sich nicht ähnlich!'
  end
end;
```

Test

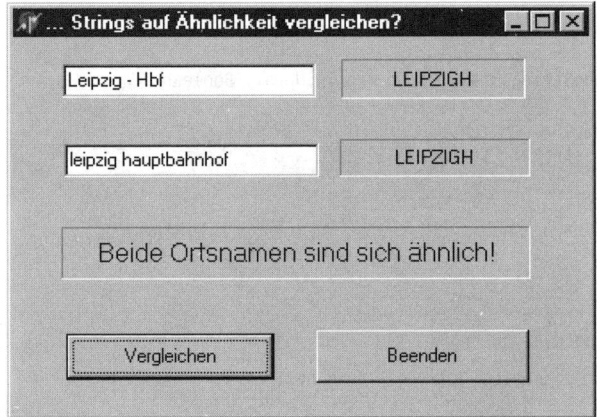

Bemerkungen

Die vorgestellte Lösung ist einfacher und gleichzeitig leistungsfähiger als die naheliegende Verwendung der Standardroutinen *CompareStrings/CompareText*.

R27 ... Strings zerpflücken?

Ein häufig auftretendes Problem des Programmierers ist das Durchforsten von Zeichenketten nach bestimmten Informationen (String-Tokenizer). Nicht zuletzt müssen sich auch die höheren Programmiersprachen (inkl. SQL) mit dieser Thematik herumschlagen, wenn es darum geht, den Quelltext zu interpretieren bzw. zu compilieren.

Die folgende Demo erläutert das Prinzip am Beispiel eines normalen Eintrags in ein Fahrtenbuch, wo es darum geht, die einzelnen Stationen der Fahrstrecke, den Reisezweck und die geschäftlichen, privaten und zwischen Wohnort und Arbeitsstelle gefahrenen Kilometer aus einem einzigen String herauszufiltern. Endgültige Klarheit dürfte die folgende Abbildung schaffen.

Oberfläche

Ein Editierfeld nimmt den Eingabestring auf, die Ausgabe der "zerpflückten" Informationen erfolgt in sechs Labels. Hier die Laufzeitansicht:

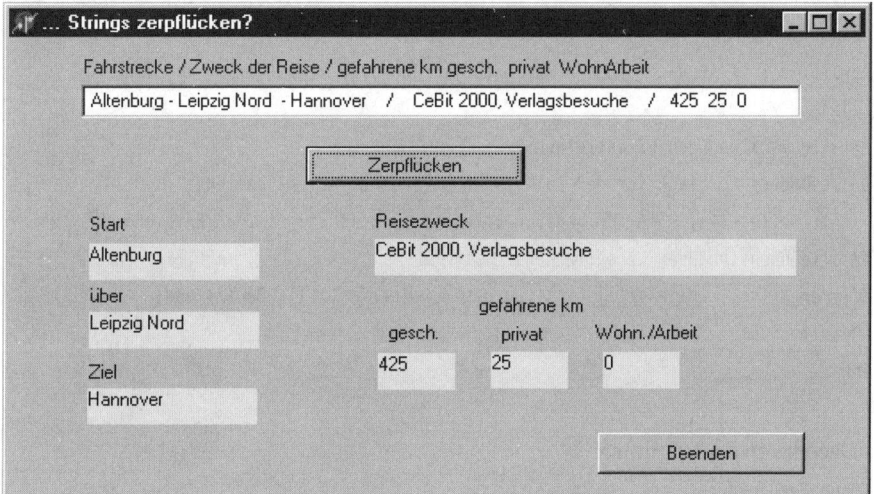

Quelltext der Unit *stringRoutinen2*

Grundlage ist die ziemlich komplexe Funktion *decodeRoute*, welche von der separaten Unit *stringRoutinen2* exportiert wird.

```
unit stringRoutinen2;


interface

uses SysUtils;              // wegen Stringfunktionen
```

Die Funktion *decodeRoute* liefert die decodierten Daten in einer wie folgt strukturierten Variablen zurück:

```
type
TRoute = record
  AOrt, BOrt, COrt: string[20];
  Zweck: string[50];
  kmGe, kmPr, kmWA: Integer
```

Grundlagen

Oberfläche

Grafik

Multimedia

Datei

Datenbank

SQL/ADO

Report

Objekte

OLE/DDE

Peripherie

System

Desktop

Technik

Sonstiges

```
end;
function decodeRoute(s:string):TRoute;
implementation
var route: TRoute;
```

DecodeRoute baut auf lokalen Funktionen und Prozeduren auf, die sich jeweils auf das Herausfiltern einer bestimmten Teilinformation (Fahrtroute, Reisezweck, gefahrene Kilometer) beschränken. Vorerst aber eine reine Hilfsfunktion, die das lästige Leerzeichen-Problem vom Tisch wischt:

```
function deleteFirstLastLZ(st:string):string; // entfernt vor- und nachstehende LZ
var a, z: Integer;
 begin
  Result:=''; if st <> '' then     // natürlich darf es kein Leerstring sein!
  begin
  // alle vorstehenden LZ entfernen:
  // besonders tückisch ist der Fall, wenn String nur aus LZ besteht!
   a:=1; while st[a] = ' ' do begin Delete(st,a,1); if st= '' then Exit end;
  // alle nachstehenden LZ entfernen:
   z:=Length(st); while st[z] = ' ' do begin Delete(st,z,1); Dec(z) end;
   Result := st
  end
end;
```

Das Decodieren der Fahrtroute:

```
function decodeRoute;
  var i: Integer;          // Positionszähler im String
   anz: Integer;           // Zeichenanzahl

  procedure fahrtRoute;
   var ort:string;
   function selOrt:string;    // selektiert einen Ort
   begin
    ort:=''; Inc(i);
    while (s[i] <> '-') and (s[i] <> '/') do
    begin ort := ort + s[i]; Inc(i); if i>anz then Break end;
    ort := deleteFirstLastLZ(ort);    // entfernt vor- und nachstehende LZ
    Result := ort
   end;

   begin
    route.AOrt := selOrt; // Startort feststellen
```

```
  if s[i] <> '-' then  Exit;         // Route besteht aus nur einer Ortsangabe
  route.BOrt := selOrt; // zweiten Ort feststellen
  if s[i] <> '-' then          // Ort ist bereits Zielort => vertauschen
  begin route.COrt := route.BOrt; route.BOrt :=''; Exit end;
  route.COrt:= selOrt // Zielort feststellen
end;
```

Das Herausfiltern des Reisezwecks:

```
procedure reiseZweck;
var zweck: string;
begin
  if s[i] <> '/' then Exit;
  zweck:='';
  Inc(i);
  if i > anz then Exit;
  while s[i] <> '/' do
  begin zweck := zweck + s[i]; Inc(i); if i>anz then begin Dec(i); Break end end;
  route.Zweck := DeleteFirstLastLZ(zweck)
end;
```

Das Ermitteln der gefahrenen Kilometer:

```
procedure gefahreneKm;
var gesch, priv, wa: string;

  function detectNumber: string;    // liefert nächste Zeichenfolge nach LZ-Folge
  var st:string;
  begin
   st:='';
   repeat Inc(i) until (s[i] <> ' ') or (i > anz); // hält an nächster Ziffer
   if i > anz then begin Result := ''; Exit end;   // falls keine gefunden
   repeat st := st + s[i]; Inc(i) until (s[i] = ' ') or (i > anz);
   Result := st
  end;
begin
  gesch := detectNumber;       // geschäftliche km
  if gesch <> '' then route.kmGe := StrToInt(gesch) else Exit;
  priv := detectNumber;        // private km
  if priv <> '' then route.kmPr := StrToInt(priv) else Exit;
  wa := detectNumber;          // km Wohnort-Arbeit
  if WA <> '' then route.kmWA := StrToInt(wa)
end;
```

Grundlagen

Oberfläche

Grafik

Multimedia

Datei

Datenbank

SQL/ADO

Report

Objekte

OLE/DDE

Peripherie

System

Desktop

Technik

Sonstiges

Nach all diesen Vorarbeiten kann es jetzt endlich zur Sache gehen:

```
begin               // Hauptroutine von decodeRoute!
 with route do  // Rückgabewerte initialisieren
 begin
  AOrt:=''; BOrt:=''; COrt:=''; Zweck :=''; kmGe:=0; kmPr:=0; kmWA:=0
 end;
 Result := route;
 if s <> '' then     // nur wenn Übergabeparameter kein Leerstring ist
 begin
  i := 0; anz := Length(s);              // Anfangsparameter setzen
  if (s[i+1] = '-') or (s[i+1] = '/') then Exit;       // unzulässige erste Zeichen
  // String zerpflücken:
  if i < anz then fahrtRoute;
  if i < anz then reiseZweck;
  if i < anz then gefahreneKm
 end;
 Result := route
 end;
end.
```

Quelltext *Unit1*

Da der relevante Code in die Unit *stringRoutinen* ausgelagert wurde, kann sich *Unit1* auf ihre eigentlichen Aufgaben, die Verwaltung der Benutzerschnittstelle, konzentrieren.

Im *implementation*-Abschnitt fügen Sie lediglich Folgendes hinzu:

```
uses stringRoutinen2;
var route: TRoute;

procedure TForm1.Button1Click(Sender: TObject);          // Zerpflücken
begin
 route:=decodeRoute(Edit1.Text);
 Label10.Caption := route.AOrt;
 Label11.Caption := route.BOrt;
 Label12.Caption := route.COrt;
 Label13.Caption := route.Zweck;
 Label14.Caption := IntToStr(route.kmGe);
 Label15.Caption := IntToStr(route.kmPr);
 Label16.Caption := IntToStr(route.kmWA)
end;
```

Test

Starten Sie das Programm und überzeugen Sie sich von seiner Wirksamkeit. Achten Sie darauf, dass die einzelnen Stationen der Reiseroute stets durch einen waagrechten Strich (-) voneinander zu trennen sind, während zwischen den gefahrenen Kilometern mindestens ein Leerzeichen zu stehen hat. Reiseroute, Bemerkungen und gefahrene Kilometer sind durch einen Frontslash (/) zu separieren.

Beispiel: Ein kompletter Eingabestring (sieh Abbildung oben):

Altenburg – Leipzig Nord – Hannover / CeBit2000, Verlagsbesuche/ 425 25 0

R28 ... Termineingaben erleichtern?

Das aufeinanderfolgende Eintragen von Beginn und Ende einer Vielzahl von Terminen (z.B. Dienstreisen) in eine Eingabemaske kann zu einer zeit- und nervtötenden Tortur ausufern. Das vorliegende Rezept zeigt einen Lösungsvorschlag, wie man sich (bzw. seiner Sekretärin) die Arbeit erleichtern kann. Der Sinn dürfte beim Betrachten der folgenden Abbildung klar werden. Beginn und Ende werden in einem Eingabestring zusammengefasst, die Jahreszahl wird separat eingegeben.

Oberfläche

Unser Testprogramm soll zur Laufzeit folgenden Anblick bieten:

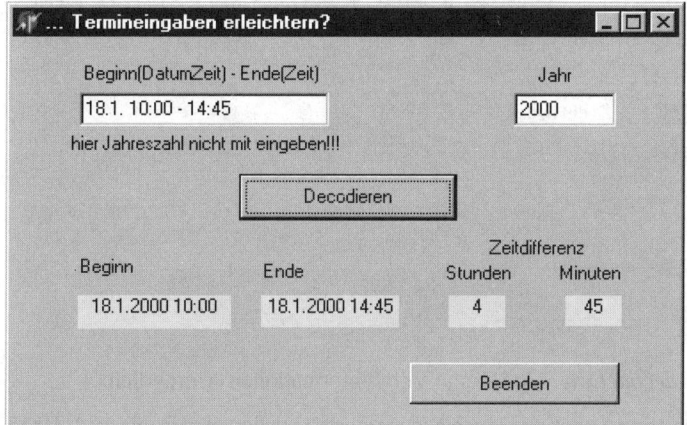

Für die Eingabe werden zwei Editierfelder benötigt (oben), der Ausgabe der decodierten Informationen dienen vier Labels (unten).

Quelltext

Das gesamte Know-how steckt in der folgenden Unit, die die Funktion *decodeDates* exportiert:

Grundlagen

Oberfläche

Grafik

Multimedia

Datei

Datenbank

SQL/ADO

Report

Objekte

OLE/DDE

Peripherie

System

Desktop

Technik

Sonstiges

```
unit stringRoutinen1;

interface

uses SysUtils, Dialogs;                   // wegen Stringfunktionen


type
  TDates = record
   Beginn, Ende: TDateTime;
   std, min: Word
  end;


function decodeDates(s, jahr:string):TDates;


implementation
```

Die folgende Hilfsfunktion merzt vor- und nachstehende Leerzeichen aus:

```
function deleteFirstLastLZ(st:string):string;   // entfernt vor- und nachstehende LZ
   var a, z: Integer;
   begin
    Result:=''; if st <> '' then
    begin
    // alle vorstehenden LZ entfernen:
     a:=1; while st[a] = ' ' do begin Delete(st,a,1); if st= '' then Exit end;
    // alle nachstehenden LZ entfernen:
     z:=Length(st);
     while st[z] = ' ' do begin
        Delete(st,z,1);
        Dec(z)
     end;
     Result := st
    end
   end;
```

Zur Funktion *decodeDates* sind einige Vorabinformationen erforderlich:

Der Übergabestring *s* kann in verschiedener Gestalt vorliegen, z.B. als '3.4. 10:15 - 12:45' oder nur '3.4. 10:15'. Vor-, nach- und dazwischenliegenden LZ (Leerzeichen) spielen keine Rolle. Zwischen dem Beginn-Kurzdatum und der dazugehörigen Zeitangabe muss aber mindestens ein LZ liegen. Die Jahreszahl wird automatisch ergänzt (*jahr*-Übergabeparameter) und darf nicht in *s* enthalten sein! Der Ende-Termin wird nur durch die Zeit festgelegt und kann auch ganz entfallen, dann wird er automatisch auf 0 gesetzt (30.12.1899 0:00).

Fehlen beide Terminangaben (*s* = Leerstring (") oder beliebige LZ-Kette (' '), so werden Beginn- und Ende Termin auf 0 gesetzt. Falls die Ende-Zeit früher als die Beginn-Zeit liegt, wird das Ende-Datum automatisch einen Tag später als das Beginn-Datum gesetzt.

Die Funktion liefert als Ergebnis komplette *TDateTime*-Werte für Beginn und Ende, sowie die dazwischenliegende Zeitdifferenz getrennt als Stunden und Minuten:

```
function decodeDates;
var dates:TDates;
    i, anz:Integer;
```

Beginn und Ende werden mit zwei lokalen Funktionen "herausgeschnitten":

```
function returnBeginn: TDateTime;      // liefert Beginn-Datum/Zeit
var b:string;
begin
 b:=''; Inc(i);
 while s[i] <> '-' do
 begin
  if s[i] = ' ' then begin b := b+jahr; jahr:='' end else b:=b+s[i];
  Inc(i);
  if i > anz then Break
 end;
 Result := StrToDateTime(b)
end;


function returnEnde: TDateTime;  // liefert Ende-Datum/Zeit
var e: string; dt: TDateTime;
begin
 e:=''; Inc(i);
 if i > anz then begin Result:=0; Exit end;
 while i <= anz do begin e := e + s[i]; Inc(i) end;
```

Die Funktion *DateToStr* versagt ab 2000, deshalb folgende Lösung:

```
 dt := StrToDateTime(FormatDateTime('d/m/yyyy', dates.Beginn) + ' ' + e);
 if dt < dates.Beginn then dt := dt + 1;
 Result := dt
end;
```

Die Berechnung der Zeitdifferenz:

```
procedure returnDauer;                         // liefert Zeitdifferenz
var dum: Word;     // Dummies für sek und msek
begin
 if (dates.Beginn > 0) and (dates.Ende > 0) then begin
  DecodeTime((dates.Ende-dates.Beginn), dates.std, dates.min, dum, dum )
```

Grundlagen

Oberfläche

Grafik

Multimedia

Datei

Datenbank

SQL/ADO

Report

Objekte

OLE/DDE

Peripherie

System

Desktop

Technik

Sonstiges

```
  end
  end;
```

Nun geht es richtig los:

```
begin                              // Hauptroutine von decodeDates
 with dates do                     // Rückgabewerte initialisieren
 begin Beginn := 0; Ende:=0; std:=0; min:=0 end;
 if s <> '' then            // nur wenn kein Leerstring
 begin
  s:= deleteFirstLastLZ(s);      // überstehende LZ entfernen
  i:=0; anz:=Length(s);
  if s[1] in ['.', ':', '-'] then
  begin
    ShowMessage('ungültige Eingabe');
    Exit
  end;
  dates.Beginn := returnBeginn;
  dates.Ende := returnEnde;
  returnDauer
 end;
 Result := dates
end;
end.
```

Test

Starten Sie das Programm und experimentieren Sie mit verschiedenen Eingabewerten. Vergessen Sie nicht, Beginn und Ende durch einen Strich (-) voneinander zu trennen. Sie werden feststellen, dass sich beim Eintippen eine Menge Zeit sparen lässt. Die Funktion arbeitet weitestgehend fehlertolerant, eingefügte Leerzeichen spielen beispielsweise keine Rolle.

R29 ... einen Wert auf Bit-Ebene manipulieren?

Hinweis: Zu diesem Rezept gibt es keinen eigenständigen Quellcode auf der Buch-CD, da sich das Know-how auf eine Vielzahl weiterer Rezepte verteilt, auf welche im folgenden Text verwiesen wird.

Haben Sie sich auch schon über Befehle wie XOR, SHL, SHR etc. gewundert, und konnten Sie nichts damit anfangen?

Wozu brauchen wir derartige Befehle eigentlich? Die Antwort ist schnell gefunden, wenn Sie sich einmal folgende Rezepte näher ansehen, bei denen es um die möglichst effektive Verarbeitung von Ganzzahlwerten geht (codieren, verschlüsseln, packen, maskieren etc.).

☞ R347 ... eine Prüfsumme erstellen?

☞ R167 ... mit Memory Mapped Files arbeiten?

☞ R156 ... nach Dateien rekursiv suchen?

NOT

Eine der einfachsten logischen Opearationen ist der NOT-Operator, mit dem alle Bits invertiert werden.

| 1 | 0 |

NOT

| 0 | 1 |

AND (UND)

Mit einer UND-Verknüpfung lässt sich auf einfache Weise prüfen, ob ein bestimmtes Bitmuster vorliegt oder nicht.

| 1 | 0 | 1 | 0 |

AND

| 1 | 1 | 0 | 0 |

=

| 1 | 0 | 0 | 0 |

Beispiel: Die Funktionen *FindFirst* und *FindNext* liefern Ihnen in einer Datenstruktur vom Typ *TSearchRec* unter anderem die Attribut-Flags (*readOnly, hidden* etc.). Wollen Sie feststellen, ob ein bestimmtes Flag (Bit) gesetzt ist, ist der einfachste Weg eine Maskierung:

```
var rec : TSearchRec;
...
  FindFirst(..., rec);
  if (rec.Attr AND faHidden) = faHidden then
    Label1.Caption := rec.Name + ' ist eine versteckte Datei!';
```

Grundlagen · Oberfläche · Grafik · Multimedia · Datei · Datenbank · SQL/ADO · Report · Objekte · OLE/DDE · Peripherie · System · Desktop · Technik · Sonstiges

Bei obigem Vergleich wird einfach das 5. Bit maskiert (*faDirectory* = *16*) und das Ergebnis mit 16 verglichen. Sind andere Bits gesetzt, hat dies keinen Einfluss auf den Vergleich. Eine praktische Anwendung finden Sie in

☞   R156 ... nach Dateien rekursiv suchen?

OR (ODER)

Eine ODER-Verknüpfung bietet Ihnen eine einfache Möglichkeit, alle Bits, die in dem einen oder in dem anderen Wert gesetzt sind, in das Ergebnis zu übernehmen. Dieses Vorgehen entspricht einer bitweisen Addition (kein Übertrag!).

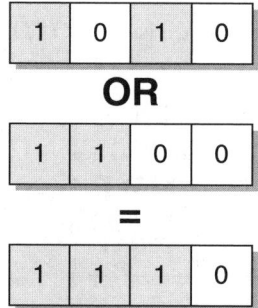

Beispiel: Um an das vorhergehende Beispiel anzuknüpfen: Bei der Suche nach Dateien müssen Sie neben der Suchmaske (z.B. *.*) auch die gesuchten Attribute vorgeben.

```
var rec: TSearchRec;
begin
    FindFirst('*.*',faHidden OR faSysFile, rec);
```

Gesucht werden alle versteckten und alle System-Dateien (Bit 2 und 3 sind gesetzt).

XOR (Exklusiv Oder)

Beim bitweisen-Vergleich führt nur eine 1/0 bzw. 0/1-Kombination zu einer 1 im Funktionsergebnis:

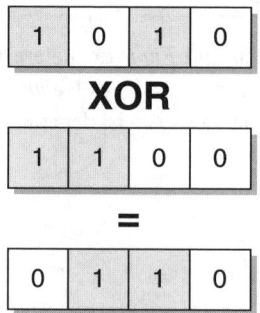

Grundlagen

Oberfläche

Grafik

Multimedia

Datei

Datenbank

SQL/ADO

Report

Objekte

OLE/DDE

Peripherie

System

Desktop

Technik

Sonstiges

Beispiel: Jedes zweite Bit eines *Word*-Wertes soll negiert werden (wird z.B. in der Nachrichtentechnik zur Flankenbildung bei 0-Werten eingesetzt).

```
var value, mask : word;

...

  mask  := $AA ;          // --> 10101010 binär
  value := 0;             // --> 00000000 binär
  value := value XOR mask; // --> 10101010 binär
```

Da dieser Vorgang reversibel ist, kann der Ursprungswert mit der gleichen XOR-Verknüpfung wieder hergestellt werden.

Siehe dazu auch:

☞ R348 ... einen Text verschlüsseln?

Interessant für die Grafikprogrammierung ist auch die XOR-Verknüpfung einer Zeichenfarbe mit dem Hintergrund. Durch nochmaliges Überzeichnen kann z.B. eine Linie wieder gelöscht werden. Siehe dazu

☞ R100 ... einen Markierungsrahmen erzeugen?

SHL (schiebe links)

Mit dieser Anweisung verschieben Sie alle Bits um n-Positionen nach links. Die entstehenden Leerstellen werden mit 0 aufgefüllt.

8	7	6	5	4	3	2	1

SHL 3

5	4	3	2	1	0	0	0

Neben der reinen Bit-Operation erfüllt dieser Befehl noch eine weitere recht nützliche Aufgabe: Jede Verschiebung um ein Bit entspricht einer **Multiplikation** mit 2. In der obigen Skizze wird also eine Multiplikation mit 8 ausgeführt.

Hinweis: Beachten Sie die Wertebereiche (links werden die Bits abgeschnitten)!

Beispiel: Konvertierung eines Longintegers in eine Binärzahl.

```
function IntToBinary(Value:LongInt; digits: Byte): string;
var i    : Byte;
   mask : LongInt;
```

```
begin
  SetLength(result,digits);
  for i := 0 to digits-1 do begin
    mask := 1 shl i;
    if (mask and value) = mask then
      result[digits-i]:= '1'
    else
      result[digits-i]:= '0'
...
```

Den kompletten Quelltext finden Sie in

☞   R346 ... Zahlen konvertieren?

SHR (schiebe rechts)

Das entsprechende Gegenstück zur SHL-Funktion, hier werden alle Bits um n-Positionen nach rechts verschoben.

8	7	6	5	4	3	2	1

SHR 2

0	0	8	7	6	5	4	3

Damit realisiert diese Funktion eine **Ganzzahl-Division** durch 2.

ROL (rotiere links)

Diesen Befehl werden Sie in Delphi vergeblich suchen, deshalb hier die Umsetzung in Pascal:

```
function rol(x: LongInt; cnt: Byte): LongInt;
begin
  Result := (x shl cnt) or (x shr (32 - cnt))
end;
```

Im Gegensatz zu den Schiebebefehlen werden hier keine Bits "abgeschnitten", sondern einfach wieder in den Wert eingefügt. Verwendung finden derartige Befehle z.B. in Verschlüsselungs-algorithmen (verwürfeln).

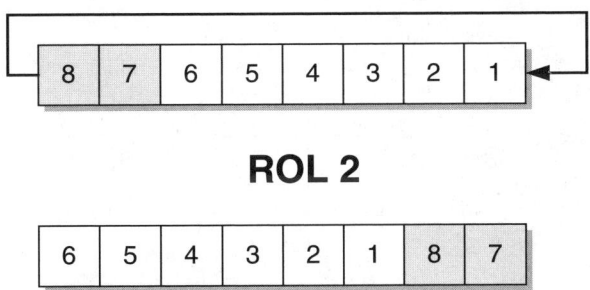

ROL 2

ROR (rotiere rechts)

Auch diese Anweisung muss mit anderen Befehlen nachgebildet werden:

```
function ror(value: Longword; count: Byte): LongWord;
begin
  Result := (value shr count) or (value shl (32 - count))
end;
```

ROR 3

Grundlagen

Oberfläche

Grafik

Multimedia

Datei

Datenbank

SQL/ADO

Report

Objekte

OLE/DDE

Peripherie

System

Desktop

Technik

Sonstiges

Wie kann ich ...?
Oberfläche

Grundlagen

Oberfläche

Grafik

Multimedia

Datei

Datenbank

SQL/ADO

Report

Objekte

OLE/DDE

Peripherie

System

Desktop

Technik

Sonstiges

R30 ... ein Formular automatisch zentrieren?

Für die Anzeige einer Dialogbox ist es günstig, wenn diese (unabhängig von der Grafikauf-lösung) in der Mitte des Bildschirms erscheint. Ohne viele Worte: Ändern Sie im Objekt-Inspektor den Wert der Eigenschaft *Position* auf *poScreenCenter*.

Um ein Formular bezüglich eines anderen Fensters zentriert auszurichten, müssen Sie sich selbst etwas einfallen lassen.

Oberfläche

Sie brauchen zwei Formulare mit folgendem Aufbau:

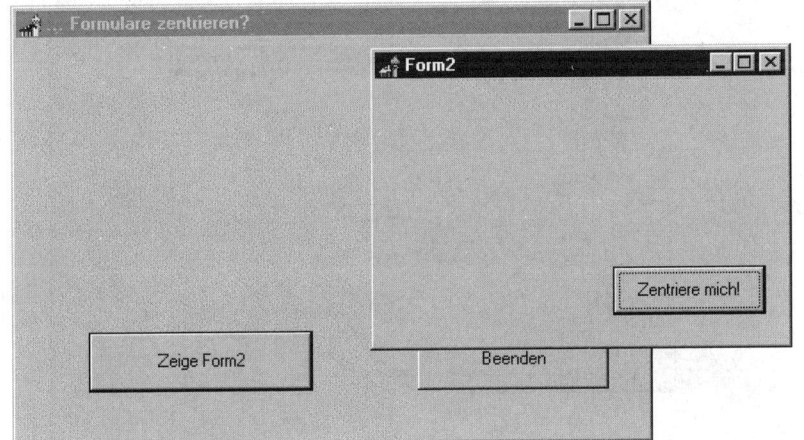

Quelltext

Zum Zentrieren können Sie die nachfolgende Prozedur verwenden:

```
procedure zentriere(f1,f2 : TForm);
begin
    f1.Left := (f2.Width  - f1.Width) div 2 + f2.Left;
    f1.Top  := (f2.Height - f1.Height) div 2 + f2.Top
end;
```

f1 ist das zu zentrierende Formular, das sich auf *f2* bezieht.

Hinweis: Voraussetzung für die korrekte Ausführung: *f2* muss größer als *f1* sein!

Der Aufruf von *Form2*:

```
procedure TForm1.Button2Click(Sender: TObject);   // Zeige Form2
begin  Form2.Show end;
```

Das Zentrieren:

```
procedure TForm2.Button1Click(Sender: TObject);    // Zentriere mich
begin
 zentriere(Self, Form1)
end;
```

Es wird vorausgesetzt, dass sich die Prozedur *zentriere* im *Implementation*-Abschnitt von *Unit2* befindet.

Test

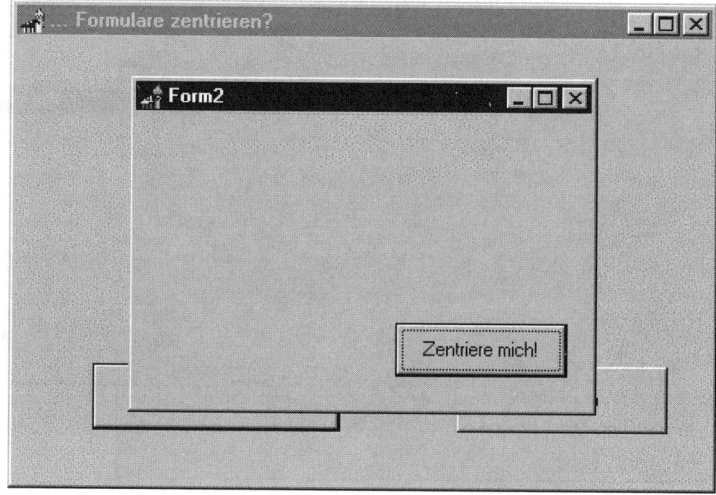

R31 ... ein Formular automatisch entfernen?

Viele Programme (auch Delphi!) zeigen nach dem Start ein sogenanntes Eröffnungsfenster, welches nach einer bestimmten Zeit von selbst wieder verschwindet.

Oberfläche

Platzieren Sie auf dem Formular einen *Timer* und legen Sie die Eigenschaft *Interval* zum Beispiel mit 5000 (Zeit in 1/1000 Sekunden) fest.

Quelltext

In die Ereignisprozedur des Timers tragen Sie ein:

```
procedure TForm1.Timer1Timer(Sender: TObject);
begin   Close end;
```

Test

Nach dem Programmstart können Sie sich fünf Sekunden am Anblick des Fensters erfreuen.

Bemerkungen

Eventuell können Sie das Formular mit

```
Form1.ShowModal
```

laden, um zu verhindern, dass während der Anzeige ein anderes Fenster aktiviert wird.

R32 ... ein Formular ohne Titelleiste erzeugen?

Um Fenster zu erzeugen, die aus dem "Rahmen fallen", d.h., die über keinerlei Umrandung verfügen, müssen Sie die *BorderStyle*-Eigenschaft auf *bsNone* setzen. Das erledigen Sie normalerweise im Objektinspektor.

Die Schattenseite: Leider dürfen solche Fenster keine Menüleiste haben. Für das Entfernen des Formulars müssen Sie also programmtechnisch vorsorgen, zum Beispiel mit einem extra "Schließen"-Button oder mit einem Timer.

Im folgenden Testprogramm wollen wir zeigen, wie die *BorderStyle*-Eigenschaft zur Laufzeit zugewiesen werden kann und die Gelegenheit auch dazu nutzen, um die anderen wichtigen *BorderStyle*-Einstellungen zu demonstrieren.

Oberfläche

Platzieren Sie eine *RadioGroup* und einen *Button* auf dem Formular. Weisen Sie der *Items*-Eigenschaft der *RadioGroup* die Einträge gemäß der Abbildung zu.

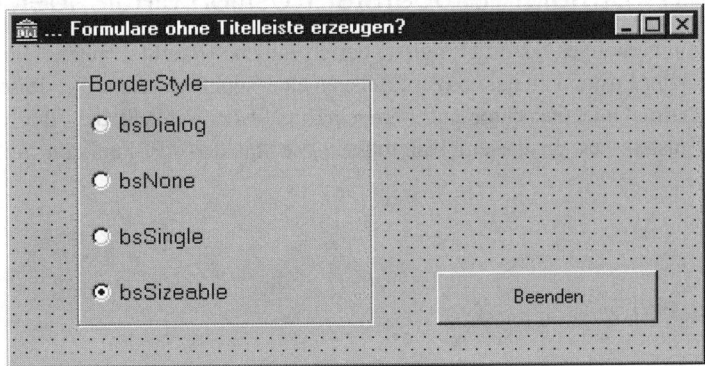

Siehe dazu auch

☞ R74 ... eine RadioGroup programmieren?

Grundlagen

Oberfläche

Grafik

Multimedia

Datei

Datenbank

SQL/ADO

Report

Objekte

OLE/DDE

Peripherie

System

Desktop

Technik

Sonstiges

Quelltext

```
procedure TForm1.RadioGroup1Click(Sender: TObject);
begin
 case RadioGroup1.ItemIndex of
  0: BorderStyle := bsDialog;
  1: BorderStyle := bsNone;
  2: BorderStyle := bsSingle;
  3: BorderStyle := bsSizeable
 end
end;
```

Test

Nach Programmstart können Sie das Outfit des Formulars beliebig ändern. Hier der Mitleid erregende Anblick eines Formulars ohne Titelleiste und Rand:

R33 ... ein Formular an oberster Position einblenden?

"Sich ja nicht unterkriegen lassen...", müsste der eigentliche Untertitel lauten. Um ein Fenster immer an oberster Position zu halten (zum Beispiel eine Toolbox), setzen Sie dessen *FormSty-le*-Eigenschaft im Objektinspektor auf *fsStayOnTop*. Leider schließt dies die Verwendung eines MDI-Fensters aus. In diesem Fall müssen Sie mit der API-Funktion *SetWindowPos* nachhelfen.

Quelltext

```
procedure TForm1.FormCreate(Sender: TObject);
begin
  SetWindowPos(handle,HWND_TOPMOST,Left,Top,Width,Height,SWP_SHOWWINDOW);
end;
```

R34 ... einen Fensterhintergrund füllen?

Grundlagen

Oberfläche

Grafik

Multimedia

Datei

Datenbank

SQL/ADO

Report

Objekte

OLE/DDE

Peripherie

System

Desktop

Technik

Sonstiges

Zum Füllen von Hintergründen werden häufig kleine Bitmaps verwendet, die mehrfach nebeneinander eingeblendet werden. Auf diese Weise lässt sich jede Menge Speicherplatz sparen, da eine große Bitmap für das gesamte Fenster sicherlich mehr Platz braucht als eine 50x50 Pixel-Bitmap.

Voraussetzung ist allerdings, dass (ähnlich wie bei einer Tapete) das Muster fortlaufend ist.

Oberfläche

Außer dem Formular brauchen wir nur eine *Image*-Komponente, deren *Picture*-Eigenschaft wir eine kleine Muster-Bitmap zuweisen und die zur Laufzeit unsichtbar bleiben muss (*Visible= False*).

Quelltext

Erweitern Sie zunächst die Klassendefinition des Formulars um eine neue Botschaftsbehandlungsroutine:

```
type
  TForm1 = class(TForm)
    Image1: TImage;
  private
    { Private-Deklarationen}
    procedure WMEraseBkgnd (var Msg : TMessage); message WM_ERASEBKGND;
  public
    { Public-Deklarationen}
  end;
```

Die Implementierung der neuen Methode gestaltet sich relativ trivial, über das neue Ereignis füllen wir den Hintergrund:

```
procedure TForm1.WMEraseBkGnd;
var rec : TRect;
    newBr : THandle;
begin
  rec.left := 0;
  rec.top  := 0;
  rec.right := ClientWidth;
  rec.bottom := ClientHeight;
  newBr := CreatePatternBrush(Image1.Picture.Bitmap.Handle);
```

Nachdem aus der Bitmap der *Image*-Komponente ein *Brush*-Objekt erzeugt wurde, kann mit der GDI-Funktion *FillRect* ein rechteckiger Ausschnitt (hier der Clientbereich des Formulars) mit eben diesem Pinsel gefüllt werden. Die Auswahl des Pinsels über *SelectObject* ist in diesem Fall nicht nötig, da das Handle direkt an die Zeichenfunktion übergeben wird.

```
FillRect(Self.Canvas.Handle,rec,newBr);
```

Auf das Löschen des Objekts sollten wir nicht verzichten:

```
DeleteObject(newBr);
Msg.Result := 0
end;
```

Test

Das Formular in der folgenden Abbildung erscheint mit einem dezenten, wasserzeichenähnlichen Graumuster (Bundesadler!), welches in der Druckwiedergabe leider nicht besonders gut zu erkennen ist[1]:

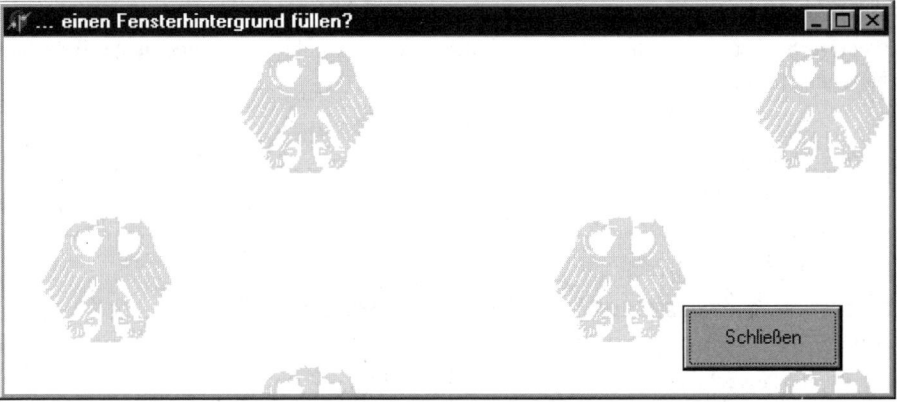

Bemerkungen

- Die Verwendung des *WMEraseBkGnd*-Ereignisses bietet gegenüber dem *OnPaint*-Ereignis einen wesentlichen Vorteil: Der Formularhintergrund (grau) wird nach dem Verdecken nicht immer wieder neu gezeichnet. Deshalb entfällt auch das lästige Flackern.

- Zwei Beispielbitmaps, mit denen sich Muster aufbauen lassen, befinden sich auf der Buch-CD.

---

[1] Um das Ergebnis richtig würdigen zu können, sollten Sie das Programm von der Buch-CD starten.

R35 ... das Löschen des Form-Hintergrundes verhindern?

Blenden Sie Grafiken auf einem Formular oder in einer Komponente ein (z.B. mit *Canvas.Draw*), wird es Ihnen sicher schon aufgefallen sein, dass Delphi in seinem Eigensinn erst einmal den Formularhintergrund neu zeichnet. Dieses sture Verhalten führt teilweise zu einem recht unschönen Flackern, das Sie vermeiden können.

Oberfläche

Es bietet sich an, für unseren kleinen Test die gleiche Oberfläche wie im vorhergehenden Rezept zu benutzen.

Quelltext

Auch hier lassen sich Parallelen zum Vorgängerrezept nicht verleugnen. Erweitern Sie die Klassendefinition des Formulars um eine neue Botschaftsbehandlungsroutine:

```
type
  TForm1 = class(TForm)
    Image1: TImage;
  private
    { Private-Deklarationen }
    procedure WMEraseBkgnd (var Msg : TMessage); message WM_ERASEBKGND;
  public
    { Public-Deklarationen }
  end;
```

Die Implementierung der Methode:

```
procedure TForm1.WMEraseBkGnd;
begin
  Canvas.Draw(0,0,Image1.Picture.Bitmap);
  Msg.Result := 0
end;
```

Test

Zwar schwer zu erkennen, aber trotzdem real: Die Anzeige der Grafik erfolgt ohne vorhergehendes Löschen des Formularhintergrunds.

R36 ... ein Formular in der Taskleiste anzeigen?

Wollen Sie eine Anwendung erstellen, bei der die einzelnen Formulare möglichst bequem erreicht werden sollen, ist es günstig, diese ebenfalls in der Taskleiste anzuzeigen.

Oberfläche

Außer dem von Delphi angebotenen Startformular (*Form1*) brauchen Sie nichts weiter. Ändern Sie gegebenenfalls die Beschriftung der Titelleiste (*Caption*-Eigenschaft), um später festzustellen, ob diese in der Taskleiste angezeigt wird.

Quelltext

Ergänzen Sie einfach in der Klassendefinition der betreffenden Formulare die *CreateParams*-Methode:

```
type
  TForm1 = class(TForm)
  private
    { Private-Deklarationen}
  public
    { Public-Deklarationen}
  protected
    procedure CreateParams(var Params: TCreateParams); override;
  end;

var
  Form1: TForm1;

implementation
{$R *.DFM}

procedure TForm1.CreateParams(var Params: TCreateParams);
begin
  inherited;                // ererbte Methode ausführen
  // ... und ergänzen:
  Params.ExStyle := Params.ExStyle or WS_EX_APPWINDOW
end;
```

Test

Nach dem Programmstart finden Sie neben der Anwendung (*Project1*) auch die zugehörigen Formulare in der Taskleiste (in unserem Test nur *Form1*). Die Beschriftung entspricht der von Ihnen zugewiesenen *Caption*-Eigenschaft:

R37 ... ein Fenster zur Laufzeit erzeugen?

Werden Ihre Projekte umfangreicher, empfiehlt es sich, nicht alle Formulare zu Beginn automatisch erzeugen zu lassen, sondern erst dann, wenn sie angezeigt werden sollen. In diesem Zusammenhang sei an den Menüpunkt *Projekt\Optionen...* erinnert, wo Sie unter anderem auch bestimmen können, welche Formulare automatisch, d.h. im Projektfile, erzeugt werden.

Oberfläche

Eröffnen Sie eine neue Anwendung. Über das Menü *Datei\Neues Formular* fügen Sie *Form2* hinzu. Statten Sie *Form1* mit drei Schaltflächen aus:

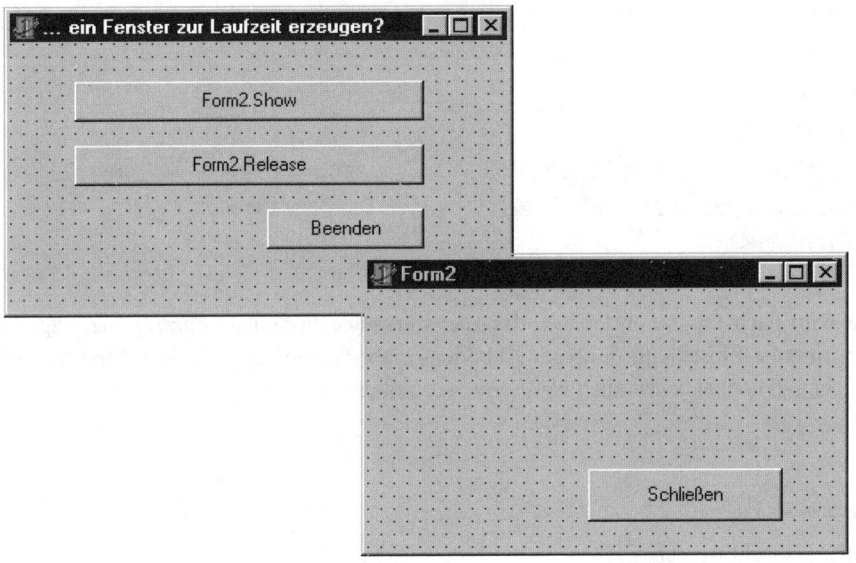

Ein Blick in Projektoptionen und Projekt-Quelltext

Die Seite "Formulare" der Projektoptionen (Menüpunkt *Projekt\Optionen...*) bietet Ihnen folgenden Anblick:

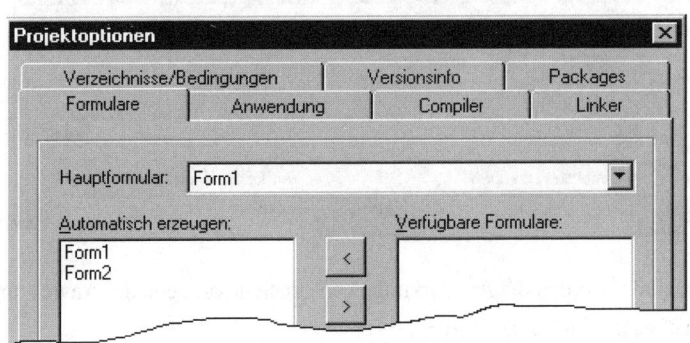

Grundlagen

Oberfläche

Grafik

Multimedia

Datei

Datenbank

SQL/ADO

Report

Objekte

OLE/DDE

Peripherie

System

Desktop

Technik

Sonstiges

Über den Menüpunkt *Projekt\Quelltext anzeigen* können Sie sich davon überzeugen, ob tatsächlich beide Formulare zu Programmbeginn mittels *CreateForm*-Methode des *Application*-Objekts erzeugt werden:

```
program Project1;

uses
  Forms,
  Unit1 in 'Unit1.pas' {Form1},
  Unit2 in 'Unit2.pas' {Form2};

{$R *.RES}

begin
  Application.Initialize;
  Application.CreateForm(TForm1, Form1);     // Form1 wird erzeugt und angezeigt
  Application.CreateForm(TForm2, Form2);     // Form2 wird erzeugt
  Application.Run;
end.
```

Zwar wird nach Programmstart nur das zuerst erzeugte Formular (*Form1*) angezeigt (siehe Hauptformular-Einstellung in obiger Abbildung), aber *Form2* befindet sich "abrufbereit" im Speicher und könnte bekanntlich von *Form1* aus mittels Anweisung

```
Form2.Show;
```

oder

```
Form2.ShowModal;
```

sichtbar gemacht werden.

Was aber passiert, wenn wir auf das automatische Erzeugen verzichten? Wir probieren das aus, indem wir im Dialogfenster "Projektoptionen" mittels Pfeiltaste die *Form2* von der linken Seite ("Automatisch erzeugen:") auf die rechte Seite ("Verfügbare Formulare:") bringen:

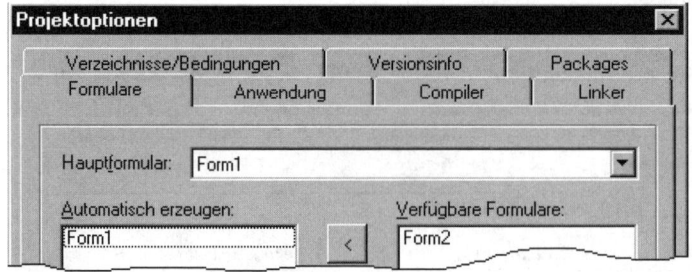

Im Projekt-Quelltext werden die Auswirkungen sofort sichtbar, denn die Anweisung

```
Application.CreateForm(TForm2, Form2);
```

Grundlagen

Oberfläche

Grafik

Multimedia

Datei

Datenbank

SQL/ADO

Report

Objekte

OLE/DDE

Peripherie

System

Desktop

Technik

Sonstiges

ist verschwunden! Wollen Sie nun von *Form1* wie gewohnt

```
Form2.Show;
```

aufrufen, erhalten Sie das wohlbekannte Meldungsfenster:

Fazit: Wenn Sie ein Formular erst zur Laufzeit erzeugen wollen, müssen Sie sich um die Initialisierung bzw. Freigabe der Objektvariablen (*Form2*) selbst kümmern.

Quelltext

Wir beschränken uns auf den *implementation*-Abschnitt von *Form1*:

```
implementation

uses Unit2;
{$R *.DFM}

procedure TForm1.Button1Click(Sender: TObject);      // Form2.Show
begin
   if Form2 = nil then Form2:= TForm2.Create(Application);
   Form2.Show
end;

procedure TForm1.Button2Click(Sender: TObject);      // Form2.Release
begin
 if Form2 <> nil then begin
   MessageBeep(0);
   Form2.Release;
   Form2 := nil
 end
end;
```

Würden wir das Formular *Form2* einfach nur mit *Release* freigeben, macht obiges Codefragment bei einem erneuten Aufruf Ärger. Die Ursache: Das Objekt wurde zwar zerstört, der Zeiger *Form2* (um mehr handelt es sich nicht!) hat jedoch immer noch den alten Wert. Aus diesem Grund sollten Sie nach der Freigabe des Formulars auch der Variablen *Form2* den Wert *nil* zuweisen.

Test

Nach dem Programmstart können Sie *Form2* beliebig oft erzeugen bzw. freigeben. Der Piep-ton soll Sie davon überzeugen, *Form2* tatsächlich wieder aus dem Speicher entfernt wurde.

R38 ... ein Toolwindow realisieren?

Möchten Sie statt einer Werkzeugleiste ein frei verschiebbares Toolfenster realisieren, stehen Sie vor dem Problem, dieses vom Hauptfenster verdeckt wird, sobald der Fokus wechselt.

Für eine Lösung des Problems bieten sich zwei Varianten an: Zum einen können Sie die *FormStyle*-Eigenschaft des Toolwindows auf *fsStayOnTop* festlegen, zum anderen den Fensterstyle des Toolwindows ändern.

Die erste Variante erzeugt ein Fenster, das über allen Fenstern der Applikation angezeigt wird, die zweite beschränkt sich auf ein einfaches Fenster.

Auf die erste Variante "*StayOnTop*" brauchen wir nicht weiter eingehen, denn es genügt, wenn Sie die *FormStyle*-Eigenschaft im Objektinspektor wechseln.

Oberfläche

Alles was Sie brauchen sind zwei Fenster *Form1* und *Form2* sowie einen Button in *Form1* über den Sie *Form2* anzeigen. *Form2* statten Sie mit einigen Buttons vom Typ *TBitBtn* aus (Seite "Zusätzlich" der Komponentenpalette), und weisen Sie der *Glyph*-Eigenschaft irgend-welche Bitmaps zu.

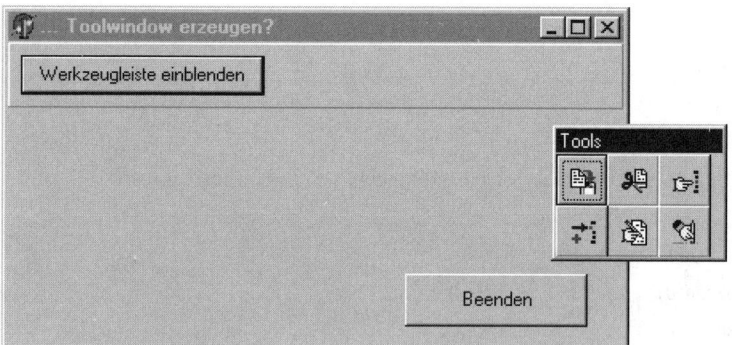

Quelltext

In *Form1* ist lediglich folgender Aufruf wichtig:

```
procedure TForm1.Button1Click(Sender: TObject);   // Werkzeugleiste einblenden
begin
     Form2.Show
end;
```

Etwas mehr gibt es im Quelltext von *Form2* zu tun. Zum Verändern des Fensters-Styles ist es nötig, Sie die Methode *CreateParams* des Toolwindows überschreiben bzw. erweitern. Fügen Sie deshalb die unterstrichene Anweisung in die Typdeklaration von *TForm2* ein:

```
type TForm2 = class(TForm)
  BitBtn1: TBitBtn;
  ...
 private
  procedure CreateParams(var Params: TCreateParams ); override;
 public
  { Public-Deklarationen }
 end;
```

Die Umsetzung im *implementation*-Abschnitt:

```
procedure TForm2.CreateParams(var Params: TCreateParams );
begin
  inherited CreateParams( Params );
  Params.Style := Params.Style or WS_OVERLAPPED;
  Params.WndParent := Form1.Handle
end;
```

Nach dem Aufruf der ursprünglichen Methode erweitern wir den *Style*-Parameter um die Option *WS_OVERLAPPED*. Als *Parent* übergeben Sie den Handel des Fensters, für welches das Toolwindow angezeigt wird.

Test

Nach dem Programmstart können Sie das Toolwindow aufrufen. Obwohl es sich frei verschieben lässt, kann es von *Form1* nicht verdeckt werden. Beide Fenster scheinen auf geheimnisvolle Weise miteinander verbunden zu sein: Falls *Form1* durch andere Fenster verdeckt ist, genügt ein Klick auf das Toolwindow, um *Form1* wieder in den Vordergrund zu bringen (und umgekehrt).

R39 ... ein Fenster auf Icongröße halten?

Für einige Anwendungszwecke ist es sinnvoll, die Anwendung lediglich als Icon angezeigt wird (DDE-Server etc.). Wollen Sie verhindern, dass der Anwender das Fenster anzeigt bzw. vergrößert, müssen Sie die Botschaft *WM_QUERYOPEN* abfangen.

Oberfläche

Sie brauchen lediglich ein Formular, dessen *WindowState*-Eigenschaft Sie auf *wsMinimized* festlegen.

Grundlagen

Oberfläche

Grafik

Multimedia

Datei

Datenbank

SQL/ADO

Report

Objekte

OLE/DDE

Peripherie

System

Desktop

Technik

Sonstiges

Quelltext

Erweitern Sie die Klassendefinition um die Deklaration eines weiteren Messagehandlers:

```
type
  TForm1 = class(TForm)
    procedure FormCreate(Sender: TObject);
  private
    procedure WMQueryOpen(var Msg : TWMQueryOpen); message WM_QUERYOPEN;
  public
    { Public-Deklarationen }
  end;
```

Die Umsetzung im *implementation*-Abschnitt:

```
procedure TForm1.WMQueryOpen(var Msg : TWMQueryOpen);
begin
  Msg.Result := 0;
end;
```

Test

Nach Programmstart können Sie das Fenster der Anwendung nur auf der Taskleiste bewundern. Klicken Sie darauf, um es zu vergrößern, so scheint die Fenster-Ikone ins Nirwana zu entschweben.

Das Schließen der Anwendung ist über das Kontextmenü der rechten Maustaste möglich.

R40 ... die Titelleiste ausblenden?

Für die Anzeige von Copyrightmeldungen oder speziellen Dialogboxen ist es häufig wünschenswert, dass die Titelleiste ausgeblendet wird. Auf diese Weise können Sie zum Beispiel verhindern, dass der Nutzer das Fenster verschiebt oder einfach schließt. Sie können zwar auch die *BorderStyle*-Eigenschaft auf *bsNone* festlegen, in diesem Fall fehlt jedoch der gesamte Rahmen!

Zu einer attraktiveren Lösung kommen wir, wenn wir die Fensterattribute über die API-Funktion *SetWindowLong* verändern.

Oberfläche

Das mit einem Button "aufgewertete" Startformular (*Form1*) genügt für einen kleinen Test.

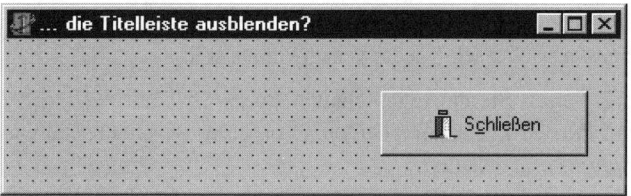

Quelltext

Erweitern Sie das *OnFormCreate*-Ereignis wie folgt:

```
procedure TForm1.FormCreate(Sender: TObject);
begin
 SetWindowLong(Handle,GWL_STYLE, GetWindowLong(Handle,GWL_STYLE) AND NOT WS_CAPTION);
 ClientHeight:=Height;
 Refresh
end;
```

Durch obigen Aufruf wird das Flag WS_*CAPTION* im Fensterattribut ausgeblendet.

Test

Seiner Titelleiste beraubt, bietet unser kärglich ausgestattetes Fenster einen kläglichen Anblick, aber was soll's, ohne Rahmen wäre der Anblick noch trostloser!

R41 ... ein Info-Fenster beim Start anzeigen?

Geht es darum, direkt nach Aufruf eines Programms eine kurze Copyright-Meldung zu erzwingen, müssen Sie sich schon selbst um das Erstellen und die Anzeige dieses Formulars kümmern.

Oberfläche

Neben dem Startformular (*Form1*) brauchen Sie ein weiteres für das Info-Fenster, welches Sie über *Datei\Neues Formular* hinzufügen. Bei der Ausgestaltung können Sie Ihrer Kreativität freien Lauf lassen, wichtig ist lediglich ein *Timer*, über den das Info-Fenster später wieder

Grundlagen

Oberfläche

Grafik

Multimedia

Datei

Datenbank

SQL/ADO

Report

Objekte

OLE/DDE

Peripherie

System

Desktop

Technik

Sonstiges

ausgeblendet wird. Die *Interval*-Eigenschaft des Timers setzen Sie z.B. auf den Wert 5000, wenn das Info-Fenster nach 5 sek. wieder verschwinden soll.

Eine Empfehlung: Setzen Sie die Eigenschaften *BorderStyle* auf *bsDialog*, *Position* auf *po-ScreenCenter* und *FormStyle* auf *fsStayOnTop*. In unserem Beispiel haben wir auch die *Name*-Eigenschaft in *SplashForm* geändert.

Quelltext Projektdatei

Erweitern Sie das eigentliche Hauptprogramm Ihrer Anwendung (*begin-end*-Abschnitt der Projektdatei, die Sie über das Menü *Projekt\Quelltext anzeigen* öffnen) um folgende (unterstrichene) Anweisungen:

```
begin
    SplashForm := TSplashForm.Create(Application);   // CopyrightForm
    SplashForm.Show;                                  // Anzeige Copyright
    SplashForm.Update;                                // Anzeige erzwingen
    Application.Initialize;                           // normaler Ablauf ...
    ...
end.
```

Quelltext Infofenster

Vergessen Sie nicht, über das *Timer*-Ereignis das Info-Fenster auch wieder auszublenden:

```
procedure TSplashform.Timer1Timer(Sender: TObject);
begin
    Hide;  Free
end;
```

Test

R42 ... ein MDI-Child simulieren?

Grundlagen

Oberfläche

Grafik

Multimedia

Datei

Datenbank

SQL/ADO

Report

Objekte

OLE/DDE

Peripherie

System

Desktop

Technik

Sonstiges

Möchten Sie verhindern, dass ein Fenster den Clientbereich eines anderen Fensters verlässt, können Sie entweder mit MDI-Formularen arbeiten oder Sie manipulieren den Fenster-Style so, dass das eine Fenster der Parent des anderen ist. Sie können die zweite Variante aber auch so modifizieren, sich das Child-Window nur innerhalb einer Komponente, z.B. einem Panel, bewegen darf. Das Beispiel zeigt, wie es geht.

Oberfläche

Erzeugen Sie zwei Formulare, *Form1* sollte in der Lage sein, *Form2* anzuzeigen (*Button* mit Ereignis *Form2.Show*). Setzen Sie eine ausreichend große *TPanel*-Komponente auf *Form1*.

Quelltext

Die Klassendefinition von *Form2* wird wie folgt erweitert:

```
TForm2 = class(TForm)
  private
    { Private Deklarationen }
  public
    { Public Deklarationen }
    procedure CreateParams(var Params: TCreateParams); override;
end;
```

Die Umsetzung im *implementation*-Abschnitt:

```
procedure TForm2.CreateParams(var Params: TCreateParams);
begin
  inherited CreateParams(Params);
  with Params do begin
    Style := Style or WS_CHILD;
    WndParent := Form1.Panel1.Handle;      // kann modifiziert werden!
  end
end;
```

Test

Nach dem Programmstart rufen Sie *Form2* auf. Sie werden feststellen, sich *Form2* nur innerhalb von *Panel1* bewegen lässt.

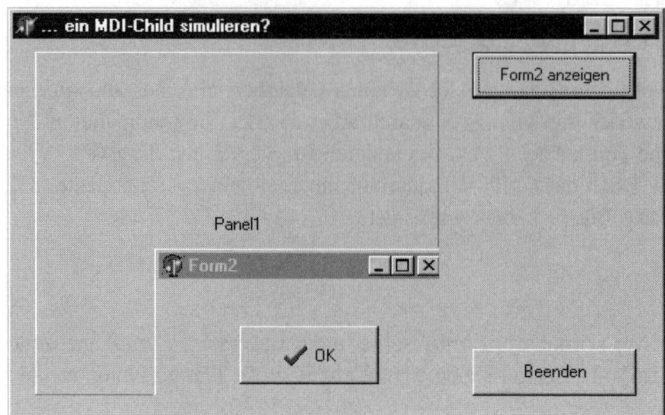

Ergänzungen

    ▪   Soll sich - wie in einer "richtigen" MDI-Applikation üblich - *Form2* nicht nur inner-
halb von *Panel1*, sondern innerhalb der gesamten *Form1* bewegen dürfen, so ändern
Sie die entsprechende Anweisung im Methodenkörper von *CreateParams* wie folgt:

```
WndParent := Application.MainForm.Handle;
```

Über *Application.MainForm* wird das Hauptfenster der Anwendung zurückgeben.
Sie könnten aber auch direkt ein Fenster zuweisen (*Form1.Handle*).

    ▪   Falls sich z.B. ein Editierfeld im Child-Fenster befindet, müssen Sie mit

```
Form2.Edit1.SetFocus;
```

den Eingabefokus zuweisen, ehe eine Eingabe möglich ist.

R43 ... ein Formular skalieren?

Ein leidiges Problem: Sie entwickeln Ihr Programm bei einer Bildschirmauflösung von
1024x768 und der Anwender versucht, das Programm bei 640x480 auszuführen. Das Resultat:
einige Dialogelemente sind nicht mehr sichtbar und damit auch nicht bedienbar!

Die generelle Beschränkung auf 640x480 bzw. die Entwicklung mehrerer Programmversionen
ist sicher keine befriedigende Lösung, zumal Ihnen Delphi in dieser Beziehung mit einigen
Funktionen entgegenkommt.

Oberfläche

Entwerfen Sie in einem hochauflösenden Bildschirmmodus (z.B. 1024x768) ein kleines Formular, in dem Sie einige Komponenten so platzieren, dass kaum noch Platz zu den Formular-
rändern bleibt. Wählen Sie eine skalierbare Schriftart, zum Beispiel Arial. Die Schriftgröße
müssen Sie jetzt so einstellen, dass auch noch in einem verkleinerten Formular alles lesbar ist
(Empfehlung: 12 dpi, da bei 640x480 rund 6 dpi übrigbleiben).

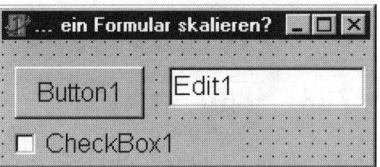

Grundlagen

Oberfläche

Grafik

Multimedia

Datei

Datenbank

SQL/ADO

Report

Objekte

OLE/DDE

Peripherie

System

Desktop

Technik

Sonstiges

Quelltext

```
const  ScreenHeightDev = 768;
       ScreenWidthDev  = 1024;


procedure TForm1.FormCreate(Sender: TObject);
var x, y: Integer;
begin
  Scaled := True;
  x := Screen.Width;
  y := Screen.Height;
  if (y <> ScreenHeightDev) or (x <> ScreenWidthDev) then
  begin
     Form1.Height := (Form1.ClientHeight * y div ScreenHeightDev) +
                  Form1.Height-Form1.ClientHeight;
     Form1.Width  := (Form1.ClientWidth * x div ScreenWidthDev) +
                  Form1.Height-Form1.ClientHeight ;
     ScaleBy(x, ScreenWidthDev)
  end;
end;
```

In den beiden Konstanten *ScreenHeightDev* und *ScreenWidthDev* speichern wir die Auflösung zur Entwurfszeit des Formulars. Mit der Eigenschaft *Scaled* bereiten Sie das Formular für die Skalierung vor.

Danach kontrollieren wir, ob die Bildschirmauflöung zur Laufzeit von der Auflösung zur Entwurfszeit abweicht. Beim Einstellen der neuen Außenmaße des Formulars dürfen Sie nicht den Fehler machen, die aktuellen Außenmaße für die Berechnung heranzuziehen. Der Grund sind die Formularränder bzw. der Formularkopf. Der nachfolgende Aufruf der Methode *ScaleBy* hat keinen Einfluss auf diese Bereiche. *ScaleBy* skaliert den Clientbereich eines Controls (also auch einer Form!) im angegebenen Verhältnis, in unserem Beispiel 640/1024 = 0,6).

Test

Starten Sie das Programm mehrfach unter verschiedenen Bildschirmauflösungen, so sollten Sie etwa folgende Ergebnisse erhalten:

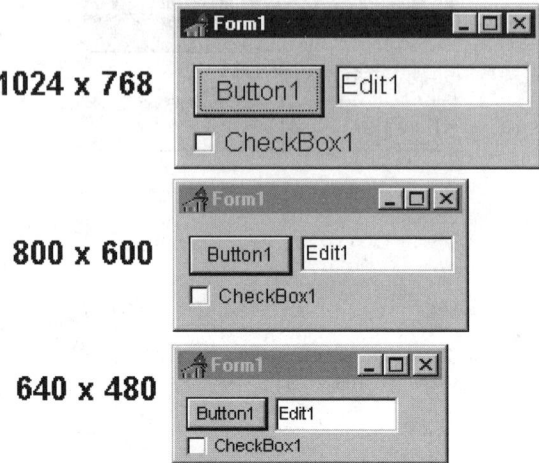

1024 x 768

800 x 600

640 x 480

R44 ... eine Anwendung beim Deaktivieren schließen?

Für einige Fälle kann es recht sinnvoll sein, dass die Applikation geschlossen wird, sobald der Benutzer zu anderen Anwendungen bzw. Fenstern wechselt.

Oberfläche

Quelltext (< Delphi 5)

Erweitern Sie die Typdeklaration des Formulars um folgenden Eintrag:

```
type TForm1 = class(TForm)
              procedure FormCreate(Sender: TObject);
          private
              procedure AppDeactivate(Sender: TObject);
...
```

Die Umsetzung im *implementation*-Abschnitt ist verblüffend einfach: Über das (nicht sichtbare) *Application*-Objekt können Sie das Ereignis *OnDeactivate* manipulieren:

```
procedure TForm1.AppDeactivate(Sender: TObject);
begin
```

```
      Close
    end;
```

Bei Programmstart wird obige Methode dem *OnDeactivate*-Ereignis des *Application*-Objekts zugewiesen:

```
procedure TForm1.FormCreate(Sender: TObject);
begin
  Application.OnDeactivate := AppDeactivate
end;
```

Quelltext (ab Delphi 5)

Seit Delphi 5 stellt es auch für den Programmieranfänger kein Problem mehr dar, auf das Deaktivieren der Anwendung zu reagieren. Platzieren Sie einfach eine *ApplicationEvents*-Komponente auf dem Formular und nutzen Sie das *OnDeactivate*-Ereignisse, um zum Beispiel die Anwendung zu beenden, wenn der Programmnutzer auf eine andere Anwendung klickt.

Beispiel:

```
procedure TForm1.ApplicationEvents1Deactivate(Sender: TObject);
begin
  Close;
end;
```

Test

Sobald Sie mit der Maus außerhalb des Formulares klicken bzw. dieses verdecken oder über die Task-Leiste zu einer anderen Anwendung wechseln, wird unser Testprogramm automatisch beendet.

Ergänzung

Statt die Anwendung zu beenden, können Sie diese natürlich auch verstecken (*Hide*), minimieren (*WindowState := wsMinimized*) oder beliebige andere Aktivitäten auslösen.

R45 ... wichtige Standardkomponenten kennen lernen?

Gerade der Einsteiger läuft Gefahr, sich von der funktionellen und gestalterischen Vielfalt der zahlreichen Delphi-Komponenten verwirren zu lassen. Deshalb ist es wichtig, dass er sich zunächst auf die am häufigsten benötigten Komponenten konzentriert. Im folgenden Demoprogramm wollen wir diese kurz vorstellen. Es handelt sich um

- Editierfeld (*TEdit*)
- Memofeld (*TMemo*)
- ComboBox (*TComboBox*)

Grundlagen

Oberfläche

Grafik

Multimedia

Datei

Datenbank

SQL/ADO

Report

Objekte

OLE/DDE

Peripherie

System

Desktop

Technik

Sonstiges

- CheckBox (*TCheckBox*)

- RadioGroup (*TRadioGroup*)

- Schaltfläche (*TButton*)

Die Abfrage soll auf einfachste Weise mittels Meldungsfenster (*ShowMessage*) erfolgen.

Oberfläche

Die verwendeten Komponenten haben keine sinnvoll zusammenhängende Funktion, es handelt sich bei der abgebildeten Oberfläche also um ein "buntes Allerlei" :

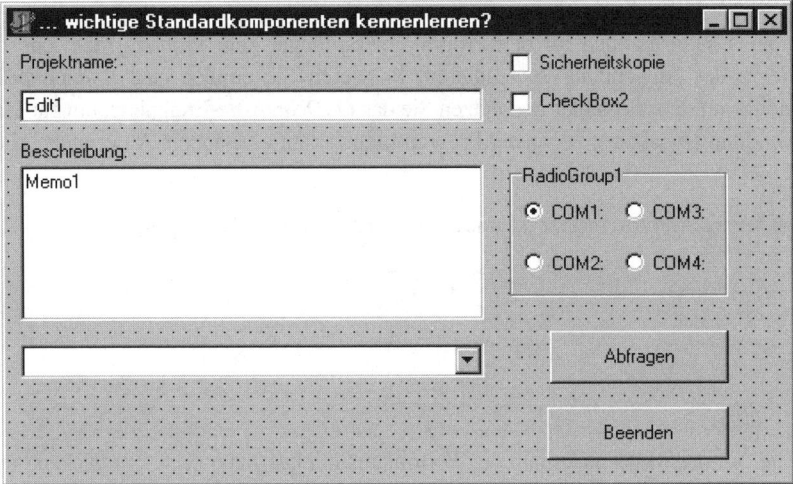

Weisen Sie hemmungslos irgendwelche Beschriftungen bzw. Inhalte zu, denn diese haben nur dekorativen Charakter. Um die *ComboBox* zur Entwicklungszeit zu füllen, müssen Sie die *Items*-Eigenschaft verwenden. Geben Sie in der sich öffnenden Dialogbox (Stringlisteneditor) für jeden Eintrag eine neue Zeile ein. Ähnlich verfahren Sie bei der *RadioGroup*, jeder Radiobutton ist ein Eintrag in der Eigenschaft *Items*.

Bei der Eigenschaft *Items* handelt es sich um ein *TStrings*-Objekt, das zuweisungskompatibel mit anderen *TStrings*-Objekten (z.B. die *Printers*-Eigenschaft des *Printer*-Objekts) ist. Sie können auf diese Weise recht schnell ein Listenfeld oder eine Combobox füllen.

Quelltext

Für den Programmierer viel interessanter ist die Auswertung der Komponenteninhalte zur Laufzeit. Was hat der Anwender markiert oder eingegeben?

Beim Programmstart soll der erste Eintrag in der *ComboBox* angezeigt werden:

```
procedure TForm1.FormCreate(Sender: TObject);
begin  ComboBox1.ItemIndex := 0 end;
```

Hinter dem "Abfragen"-Button finden Sie Quellcode, der die einzelnen Komponenteninhalte ausliest und auswertet:

```
procedure TForm1.Button1Click(Sender: TObject);       // Abfragen
var s    : string;
    kopie: Boolean;
    com  : Integer;
    mess : Integer;

begin
    s := Edit1.Text;
    ShowMessage('Inhalt der Eingabezeile: ' + s);

    s := Memo1.Text;
    ShowMessage('Inhalt des Memofeldes: ' + s);

    kopie := CheckBox1.checked;
    if kopie then
        ShowMessage('CheckBox1: True')
    else
        ShowMessage('CheckBox1: False');

    kopie := CheckBox2.Checked;
    if kopie then
        ShowMessage('CheckBox2: True')
    else
        ShowMessage('CheckBox2: False');

    com := RadioGroup1.ItemIndex+1;
    ShowMessage('RadioGroup: ' + Format('COM%d',[com]));

    mess := ComboBox1.ItemIndex;
    ShowMessage('ComboBox: ' + ComboBox1.Items[mess])
end;
```

Das Programm schließen:

```
procedure TForm1.Button2Click(Sender: TObject);       // Beenden
begin
 Close
end;
```

Grundlagen

Oberfläche

Grafik

Multimedia

Datei

Datenbank

SQL/ADO

Report

Objekte

OLE/DDE

Peripherie

System

Desktop

Technik

Sonstiges

Test

Nach Programmstart und diversen Eingaben können Sie durch einmaliges Klicken auf den "Abfragen"-Button per Messagebox nacheinander die Inhalte der einzelnen Komponenten anzeigen lassen. Im Beispiel wird gerade der aktuelle Inhalt der *Edit*-Komponente angezeigt:

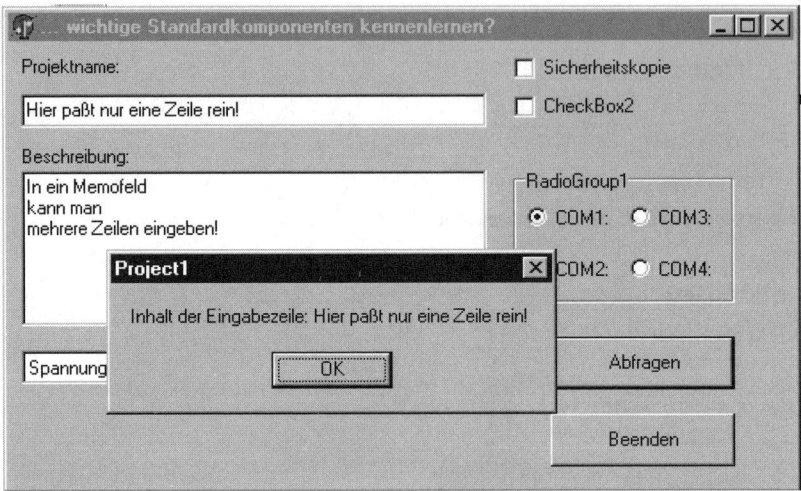

Bemerkungen

Informativer als die *Text*-Eigenschaft der *Memo*-Komponente wäre deren *Lines*-Eigenschaft gewesen. Da diese aber vom Datentyp *TStrings* ist, kann sie nicht im Meldungsfenster angezeigt werden. Siehe dazu

☞   R11 ... mit Stringlisten arbeiten?

Detailliertere Informationen als dieser Grobüberblick vermitteln Ihnen die weiteren Rezepte dieses Kapitels, wie z.B.:

☞   R20 ... auf Ziffern prüfen?

☞   R51 ... die Zeilenzahl eines Memofeldes bestimmen?

☞   R79 ... Einträge in einer Listbox löschen?

☞   R74 ... eine RadioGroup programmieren?

R46 ... Dezimalkomma in Dezimalpunkt umwandeln?

Komma oder Punkt als Dezimaltrenner? Wer kennt es nicht, das leidige Problem bei der Eingabe von Gleitkommazahlen, das mit der deutschen Ländereinstellung im Windows-Desktop zusammenhängt. Radikale Abhilfe lässt sich schaffen, wenn wir in einem Tastatur-Event-Handler das Komma "herausfiltern" und in einen Punkt verwandeln.

Oberfläche

Auf das Formular platzieren Sie ein Editierfeld und einen Button.

Quelltext

Das Problem ist mit einer einzigen Anweisung im *OnKeyPress*-Event aus der Welt geschafft:

```
procedure TForm1.Edit1KeyPress(Sender: TObject; var Key: Char);
begin    if key = ',' then key:= '.'  end;
```

Test

Geben Sie ein Komma ein, wir daraus wie "von Geisterhand" ein Punkt.

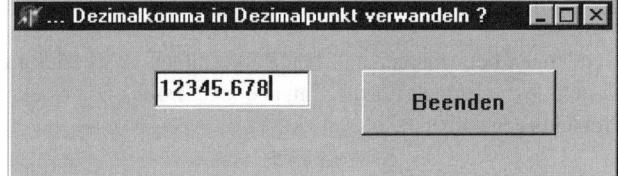

R47 ... den lästigen Piepton abstellen?

Drücken Sie in einer Textbox die Entertaste, wird automatisch ein Piepton ausgegeben. Auf die Dauer kann diese "Fehlermeldung" nerven. Abhilfe bringt ein "Filter", das ohne viel Federlesens den Tastencode der Enter-Taste einfach löscht.

Oberfläche

Für unsere kleine Demo brauchen wir ein Editierfeld, eine CheckBox und einen Button.

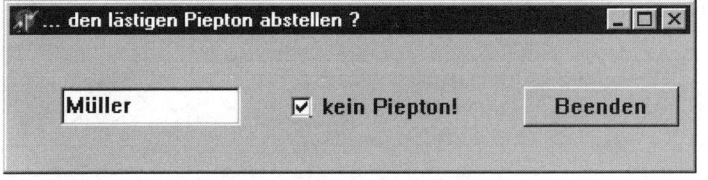

Grundlagen

Oberfläche

Grafik

Multimedia

Datei

Datenbank

SQL/ADO

Report

Objekte

OLE/DDE

Peripherie

System

Desktop

Technik

Sonstiges

Quelltext

Normalerweise würde der folgende Eventhandler genügen:

```
procedure TForm1.Edit1KeyPress(Sender: TObject; var Key: Char);
begin
    if  key = #13 then key := #0
end;
```

Da wir jedoch wahlweise den Piepton aktivieren oder deaktivieren wollen:

```
procedure TForm1.Edit1KeyPress(Sender: TObject; var Key: Char);
begin
    if CheckBox1.Checked then if key = #13 then key := #0
end;
```

Test

Beenden Sie Ihre Eingaben mit der Enter-Taste und überzeugen Sie sich von der Wirksamkeit der Piepton-Unterdrückung!

R48 ... Zahleneingaben überprüfen?

In Datenbankanwendungen oder mathematischen Programmen ist es häufig erforderlich, nur Zahlen mit definiertem Wertebereich für die Eingabe zuzulassen. Wir wollen zwei Varianten zur Lösung des Problems gegenüberstellen.

Variante 1

Im einfachsten Fall kann man alle Zeichen außer 0, 1, ... 9, dem Dezimalpunkt und der Backspace-Taste auf folgende Weise unterdrücken:

```
procedure TForm1.Edit1KeyPress(Sender: TObject; var Key: Char);
begin
   if Key = #13 then Key := #0
                else if not (Key in [#8,#46,#48 .. #57]) then Key:= #0
end;
```

Beim Testen werden Sie feststellen, auch das leidige Problem der Umwandlung Dezimalkomma in Dezimalpunkt hier gewissermaßen en passant mit erschlagen wird, denn das Komma wird gar nicht erst angenommen:

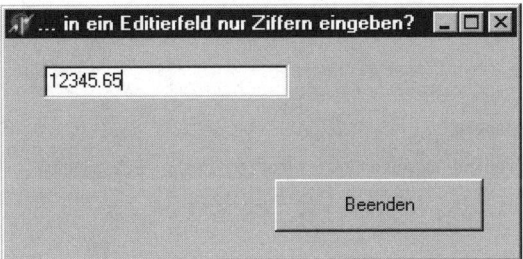

Grundlagen

Oberfläche

Grafik

Multimedia

Datei

Datenbank

SQL/ADO

Report

Objekte

OLE/DDE

Peripherie

System

Desktop

Technik

Sonstiges

Variante 2

Diese wesentlich komfortablere Möglichkeit gestattet eine detaillierte Prüfung des Zahlentyps und seines Wertebereichs. Damit ein praktischer Sinn erkennbar ist, soll das Prinzip an Hand der simplen Addition zweier Gleitkommazahlen erläutert werden.

Oberfläche

Auf dem Formular platzieren Sie drei Editierfelder und zwei Buttons.

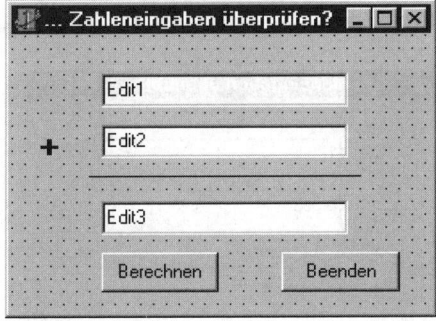

Da *Edit3* nur zur Ergebnisanzeige dient, sollten Sie hier *ReadOnly* auf *True* setzen.

Quelltext

Die folgenden Anweisungen werden beim Verlassen eines Editierfeldes ausgeführt:

```
procedure testSingle(e: TEdit);    // Übergabeparameter ist ein Editierfeld!
var n: Single;
    code : Integer;
    s    : string;
begin
    s := e.Text;
    try
      Val(s,n,code);
    except
```

```
        MessageBox(0,'Wertebereich überschritten','Problem',16);
        e.SetFocus
    end;
    if code <> 0 then begin
        MessageBox(0,'Fehler im Ausdruck','Problem',16);  e.SetFocus
    end
end;
```

Die Fehlerbehandlung mit *Try-Except* ist unbedingt notwendig, da die Anweisung *Val* eine Wertebereichsverletzung nicht "verkraftet" und das Programm zum Absturz bringt.

Der Aufruf von *testSingle* erfolgt in einem *OnExit*-Eventhandler, der von *Edit1* und *Edit2* gemeinsam benutzt wird:

```
procedure TForm1.EditExit(Sender: TObject);
begin  testSingle((Sender as TEdit))  end;
```

Test

Bei der Eingabe von Gleitkommazahlen können Sie auch die wissenschaftliche Notation (Exponentialschreibweise) verwenden, wie es die folgende Abbildung zeigt:

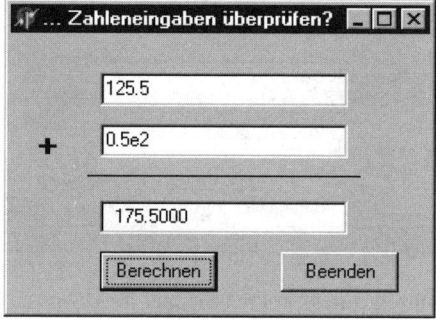

Sobald Sie ein Editierfeld verlassen wollen, in welchem keine gültige Gleitkommazahl-Zahl steht, werden Sie durch ein Meldungsfenster gezwungen, die Eingabe zu korrigieren:

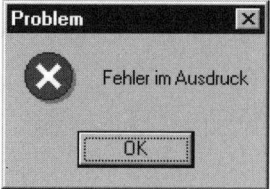

Ein Schließen des Formulars über den "Beenden"-Button ist erst dann möglich, wenn in den beiden Eingabefeldern keine fehlerhaften Werte stehen.

R49 ... ein einzelnes Zeichen eingeben?

Haben Sie mit

```
var zeichen: Char;
```

eine Zeichenvariable deklariert und wollen Sie deren Wert über ein Editierfeld eingeben, so erzeugt folgende Zeile eine Fehlermeldung "Inkompatible Typen 'Char und TCaption'":

```
zeichen := Edit1.Text;
```

Richtig ist die Anweisung

```
zeichen := Edit1.Text[1];
```

Wenn Sie es nicht glauben, so probieren Sie einfach die folgende kleine Demo aus.

Oberfläche

Wir brauchen ein Editierfeld, zwei Labels und einen Button. Da das Editierfeld nur ein Zeichen aufnehmen soll, ist die *MaxLength*-Eigenschaft zweckmäßigerweise auf Eins zu setzen.

Quelltext

```
procedure TForm1.Button1Click(Sender: TObject);   // Zuweisen
begin
 zeichen := Edit1.Text[1];
 Label2.Caption := 'Es wurde das Zeichen ' + zeichen + ' zugewiesen!'
end;
```

Test

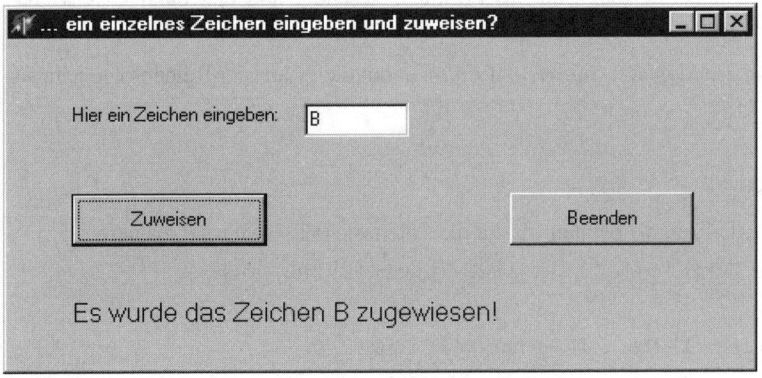

Bemerkungen

Wenn die *MaxLength*-Eigenschaft des Editierfeldes den Wert 0 hat (Standardwert für unbegrenzte Länge), so wird quasi das erste Zeichen "herausgeschnitten".

Grundlagen

Oberfläche

Grafik

Multimedia

Datei

Datenbank

SQL/ADO

Report

Objekte

OLE/DDE

Peripherie

System

Desktop

Technik

Sonstiges

R50 ... mit der Entertaste in das nächste Feld wechseln?

Finden Sie es auch lästig, dass man sich nur mit der Tabulatortaste zwischen mehreren Textfeldern bewegen kann? Insbesondere in großen Eingabemasken ist die Verwendung der Entertaste bzw. der Cursortasten viel sinnvoller[1].

Sie könnten die oben beschriebene Funktionalität natürlich mühevoll für jede einzelne Textbox programmieren, es bietet sich jedoch an, die Routine so anzupassen, dass eine allgemein gültige Lösung gefunden wird.

Oberfläche

Einen Vorschlag zeigt die folgende Abbildung:

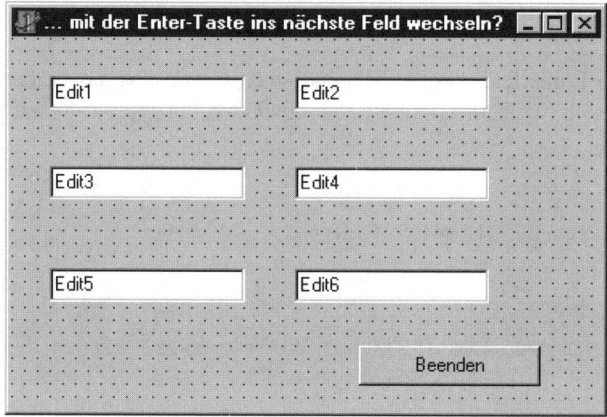

Wichtig ist, Sie die *KeyPreview*-Eigenschaft des Formulars auf *True* festlegen, jedes Tastaturereignis wird damit zuerst an das Formular gesendet und erst dann an das entsprechende Editierfeld weitergereicht.

Setzen Sie *TabStop* von *Button1* auf *False,* damit dieser aus der Reihenfolge herausgenommen wird.

Quelltext

Im *KeyPress*-Ereignis können wir auf die Entertaste (#13) wie folgt reagieren:

```
procedure TForm1.FormKeyPress(Sender: TObject; var Key: Char);
begin
    if Key = #13 then Self.Perform(WM_NEXTDLGCTL, 0, 0)
end;
```

---

[1] Unter DOS war so etwas (fast) selbstverständlich!

Die Methode *Perform* sendet die Message *WM_NEXTDLGCTL* an das aktuelle Formular. Ist der zweite Parameter (*wParam*) Null, wird der Fokus an das nächste Steuerelement des Fensters weitergegeben. Ist der Wert ungleich Null, erhält die vorhergehende Komponente den Fokus. Auf diese Weise könnten Sie auch die Cursortasten zum Wechsel zwischen Steuerelementen verwenden.

Grundlagen

Oberfläche

Grafik

Multimedia

Datei

Datenbank

SQL/ADO

Report

Objekte

OLE/DDE

Peripherie

System

Desktop

Technik

Sonstiges

Test

Nach dem Programmstart werden Sie feststellen, dass die sechs Editierfelder durch Betätigen der Enter-Taste der Reihe nach durchlaufen werden. Aber auch die Tab-Taste funktioniert noch wie gewohnt.

R51 ... die Zeilenzahl eines Memofeldes bestimmen?

Das Memofeld verfügt leider über keine Eigenschaft, mit der sich die Zeilenzahl direkt bestimmen lässt. Über die *Lines*-Eigenschaft (Objekt vom Typ *TString*) ist es dennoch möglich.

Oberfläche

Auf dem Startformular platzieren Sie eine *Memo*-Komponente, ein *Label* und zwei *Button*s.

Quelltext

```
procedure TForm1.Button1Click(Sender: TObject);
begin
 Label1.Caption := 'Das Memofeld hat ' + IntToStr(Memo1.Lines.Count) + ' Zeilen!'
end;
```

Test

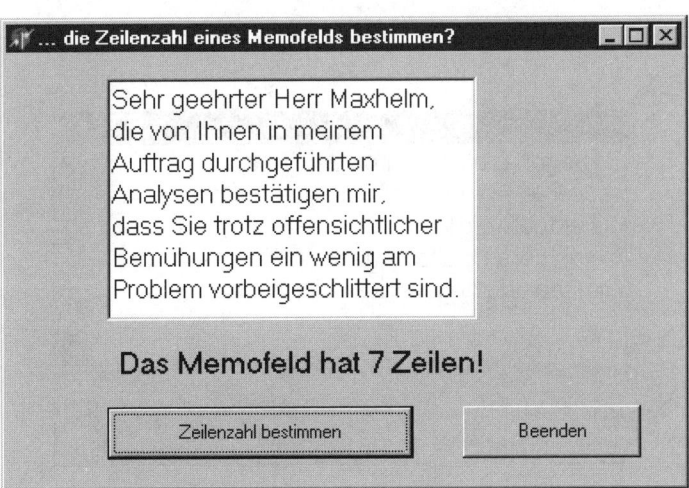

R52 ... die Zeile/Spalte in Memofeldern bestimmen?

An welcher Position befindet sich die Einfügemarke im Memofeld? Diese Frage soll das vorliegende Rezept klären.

Oberfläche

Ein *Memo*-Feld und ein *Button* – das ist alles, was wir für unseren Test brauchen. Günstig wäre es, wenn Sie der *Lines*-Eigenschaft der *Memo*-Komponente noch zur Entwurfszeit (Stringlisteneditor) ein paar Zeilen Text zuweisen würden, das erspart Ihnen Tipparbeit beim Testen.

Quelltext

Die aktuelle Zeile bzw. Spalte ermitteln wir mit Hilfe von Windows-Messages, die wir in zwei Funktionen einbetten:

```
function GetMemoRow (M : TMemo) : LongInt;

begin Result := SendMessage(M.Handle, EM_LINEFROMCHAR, M.SelStart, 0);  end;


function GetMemoCol (M : TMemo) : LongInt;

begin

  Result := M.SelStart-SendMessage(M.Handle, EM_LINEINDEX, SendMessage(M.Handle,
            EM_LINEFROMCHAR, M.SelStart, 0), 0);

end;
```

Die Verwendung beider Funktionen:

```
procedure TForm1.Memo1KeyUp(Sender: TObject; var Key: Word;  Shift: TShiftState);

begin

 Form1.Caption := Format('%d : %d',[GetMemoCol(Form1.Memo1),GetMemoRow(Form1.Memo1)])

end;
```

Test

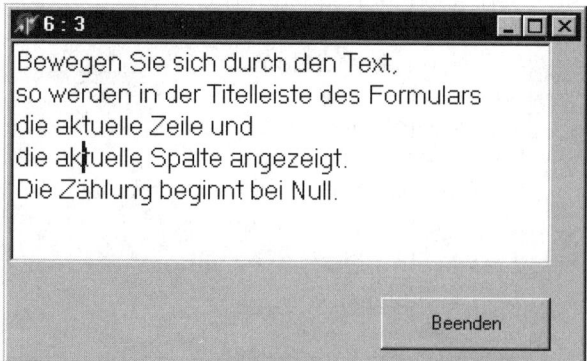

Bemerkungen

- In dem Beispiel haben wir das *KeyUp*-Ereignis verwendet, auf diese Weise wird die Anzeige nur aktualisiert, wenn die Taste losgelassen wird (günstig beim schnellen Scrollen).
- Soll die Anzeige auch auf das Tastenintervall reagieren, müssen Sie das *KeyDown*-Ereignis verwenden.

R53 ... das aktuelle Wort unter dem Cursor ermitteln?

Verwenden Sie die *RichEdit*-Komponente in Ihren Programmen und möchten Sie auswerten, welches Wort sich gerade unter dem Maus-Cursor befindet? Wenn ja, dann sind Sie hier richtig. Eine Funktion erleichtert Ihnen die doch recht aufwendige Abfrage.

Oberfläche

Fügen Sie in ein Formular eine *RichEdit*-Komponente und einen StatusBar zur Anzeige des Wortes ein.

Quelltext

Den unter der Maus befindlichen Buchstaben bzw. dessen Position können Sie fast problemlos mit der Message EM_CHARFROMPOS abfragen. Etwas schwieriger ist es schon das zugehörige Wort zu bestimmen. Dazu durchsuchen wir den Text vor und nach dem aktiven Buchstaben solange, bis ein Trennzeichen gefunden wird. Das Wort braucht jetzt nur noch mit Hilfe der zwei Positionsmarken *start_pos* und *end_pos* bestimmt zu werden.

```
function GetActiveWord(rch : TRichedit;x,y: integer): string;

var pos : Integer;
    poin      : TPoint;
    start_pos : Integer;
    end_pos   : Integer;
    c         : Char;
    txt       : string;
    txtlen    : Integer;

begin
    poin.x := x;
    poin.y := y;
    pos := SendMessage(rch.handle, EM_CHARFROMPOS, 0, integer(@poin));
    If pos <= 0 Then Exit;
    txt := rch.Text;
    while (pos > 0)and(txt[pos] in ['0'..'9','a'..'z','A'..'Z','_',
```

Grundlagen

Oberfläche

Grafik

Multimedia

Datei

Datenbank

SQL/ADO

Report

Objekte

OLE/DDE

Peripherie

System

Desktop

Technik

Sonstiges

```
                                     'ö','Ö','ü','Ü','ä','Ä']) do dec(pos);
    start_pos := pos+1;
    inc(pos);
    while (pos < length(txt))and(txt[pos] in ['0'..'9','a'..'z','A'..'Z','_',
                                  'ö','Ö','ü','Ü','ä','Ä']) do inc(pos);

    end_pos := pos;
    result := copy(txt,start_pos,end_pos-start_pos);
end;
```

Die Verwendung der Funktion:

```
procedure TForm1.RichEdit1MouseMove(Sender: TObject; Shift: TShiftState;
                                    X,Y: Integer);
begin
   statusbar1.SimpleText := GetActiveWord(richedit1,x,y);
end;
```

Test

Starten Sie das Programm und bewegen Sie die Maus über die RTF-Komponente. In der Statusleiste des Formulars wird Ihnen das gerade aktive Wort angezeigt.

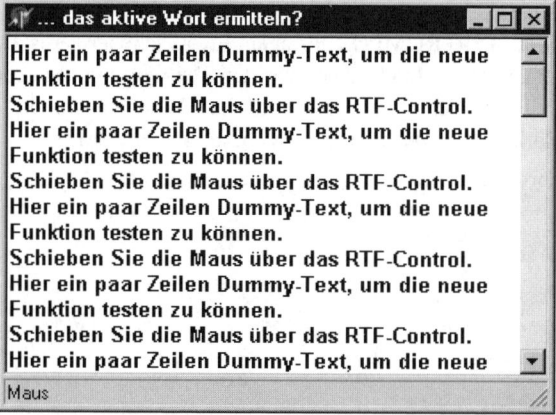

R54 ... einen Zeilenumbruch erzwingen?

Um überlange Zeilen in einem Memofeld zu vermeiden, können Sie den Text durch Einfügen der Steuerzeichen für Wagenrücklauf (#13) und Zeilenvorschub (#10) umbrechen.

Oberfläche

Auf dem Formular platzieren Sie eine *Memo*-Komponente und zwei *Button*s. Setzen Sie die Eigenschaft *WordWrap* des Memofeldes auf *False*.

Quelltext

```
procedure TForm1.Button1Click(Sender: TObject);        // Zeile umbrechen
begin
 Memo1.SelText := #13#10
end;
```

Test

Wenn Sie nach Programmstart etwas in das Memofeld hinein schreiben, können Sie einen Zeilenumbruch entweder mittels Enter-Taste oder durch Klicken auf den Button herbeiführen.

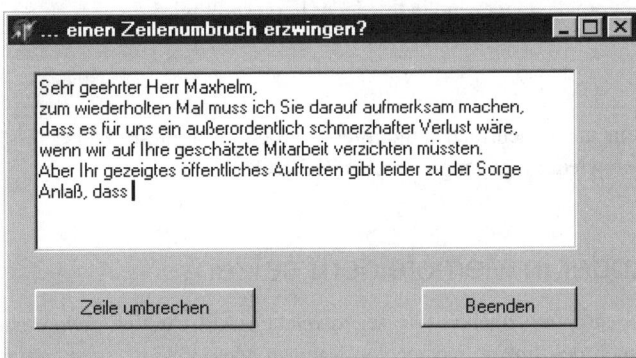

Bemerkungen

Auf die gleiche Weise lässt sich ein Zeilenumbruch auch für Labels oder für Messageboxen herbeiführen.

Beispiel:

```
Label1.Caption := 'Hallo' + #10 + 'User';
```

Editierfelder sind und bleiben einzeilig und deshalb nicht auf die beschriebene Weise zu einem Zeilenumbruch zu bewegen.

R55 ... eine Undo-Funktion realisieren?

Hat man sich in einem Memo vertippt, ist es ganz nützlich, wenn sich der alte Inhalt wieder herstellen lässt.

Oberfläche

Sie brauchen lediglich ein Memofeld und zwei Buttons (Abbruch und Beenden).

Quelltext

Wir senden eine Botschaft an die Komponente:

```
procedure TForm1.Button1Click(Sender: TObject);
begin
   Memo1.Perform(EM_UNDO, 0, 0)
end;
```

Test

Nachdem Sie Etwas eingegeben haben, können Sie es wieder rückgängig machen, wobei der Zustand bis zum vorangegangenen Undo wieder hergestellt wird.

Bemerkung

EM_UNDO kann auch mehrfach aufgerufen werden. Auf diese Weise lässt sich auch die UNDO-Operation wieder ruckgängig machen (REDO).

R56 ... Ränder in Memofeldern setzen?

Mit Hilfe der ebenso universellen wie segensreichen API-Routine *SendMessage* setzen Sie beispielsweise auch den linken und rechten Rand in Memofeldern (gemeint sind die Textbegrenzungen, nicht die äußeren Abmessungen der Komponente!).

Oberfläche

Eine *Memo*-Komponente und ein *Button* genügen. In die *Lines*-Eigenschaft des Memofeldes kopieren Sie am besten gleich jetzt schon einen hinreichend langen Text, damit sparen Sie sich mühseliges Eintippen beim späteren Testen.

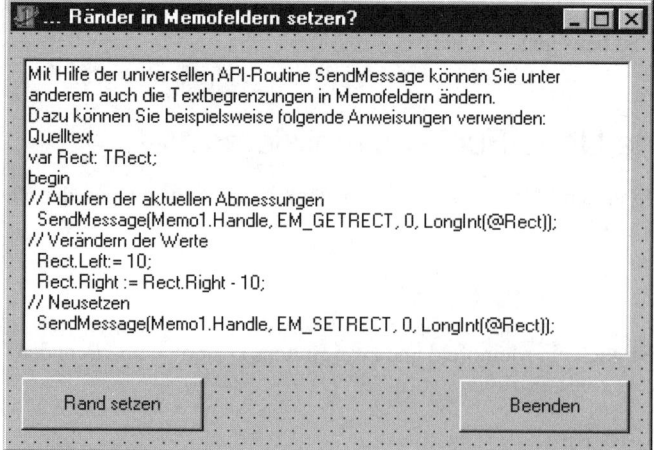

Quelltext

```
procedure TForm1.Button1Click(Sender: TObject);
var Rect: TRect;
begin
```

Abrufen der aktuellen Abmessungen:

```
SendMessage(Memo1.Handle, EM_GETRECT, 0, LongInt(@Rect));
```

Verändern der Werte:

```
Rect.Left:= Rect.Left + 20;
Rect.Right := Rect.Right - 20;
```

Neusetzen:

```
SendMessage(Memo1.Handle, EM_SETRECT, 0, LongInt(@Rect));
```

Auffrischen:

```
Memo1.Refresh
end;
```

Test

Nach mehrmaligem Klick auf den Button werden die Ränder zunehmend breiter:

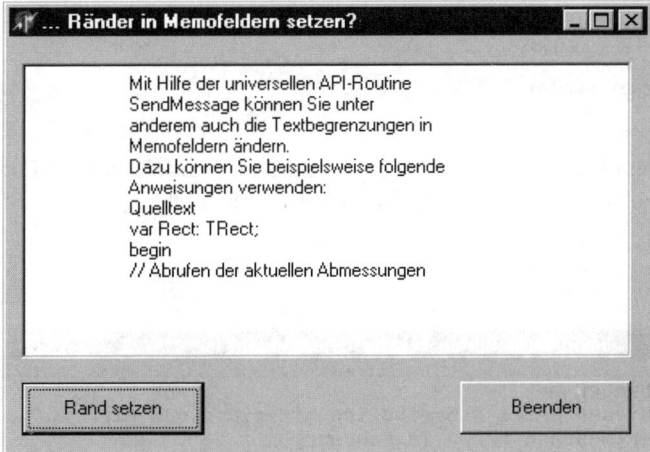

Grundlagen

Oberfläche

Grafik

Multimedia

Datei

Datenbank

SQL/ADO

Report

Objekte

OLE/DDE

Peripherie

System

Desktop

Technik

Sonstiges

R57 ... einen vergrößerten Textcursor realisieren?

Ein Grundübel von Windows ist der mickrige Textcursor. Die Blinkrate lässt sich zwar noch über die Systemsteuerung einstellen, aber das war es dann auch schon. Selbsthilfe ist also wieder einmal angesagt.

Ein erster Ratschlag: Verwenden Sie für Ihre Textboxen möglichst die Systemschriftart *Fixed-Sys*, diese Schrift ist <u>nicht</u> proportional, d.h., ein *i* ist genauso breit wie ein *w*. Das erleichtert uns die Entscheidung für eine feste Cursorbreite.

Oberfläche

Ein Memofeld und einen Button zum Beenden – das sollte für einen ersten Test genügen.

Quelltext

Mit den beiden API-Funktionen *CreateCaret* und *ShowCaret* lässt sich ein neuer Textcursor definieren und anzeigen. Die Parameter für *CreateCaret* sind:

- Handle auf das Textfeld
- Null für schwarz, sonst grau
- Breite in Pixeln
- Höhe in Pixeln

Mit *ShowCaret* wird der neue Cursor aktiviert. Die Definition bringen Sie im *KeyDown*-Ereignis unter:

```
procedure TForm1.Memo1KeyDown(Sender: TObject; var Key: Word;   Shift: TShiftState);
begin
   CreateCaret(Memo1.Handle, 1, 5, 15);
   ShowCaret(Memo1.Handle)
end;
```

Warum nicht im *OnEnter*-Ereignis? Diese Anwort sollten uns die Borland-Entwickler geben, die bei jedem Fokus-Erhalt den Standard-Cursor wieder herstellen.

Test

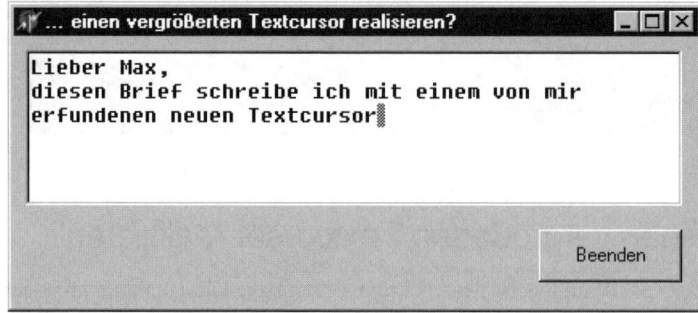

R58 ... einen grafischen Textcursor realisieren?

Als Cursor können Sie auch kleine Bildchen blinken lassen, das vorliegende Rezept zeigt eine Lösung.

Oberfläche

Neben der obligatorischen *Memo*-Komponente brauchen wir noch eine (winzige) *Image*-Komponente, deren *Picture*-Eigenschaft wir eine ebenso winzige Bitmap (in unserem Fall ein simples Fragezeichensymbol) zuordnen:

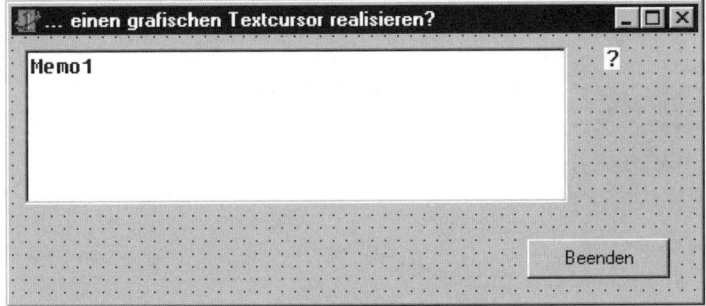

Quelltext

Gehen Sie wie im Vorgängerrezept vor, übergeben Sie jedoch statt Null für den zweiten Parameter ein Bitmap-Handle.

```
CreateCaret(Memo1.Handle, Image1.Picture.Bitmap.Handle, 8, 15);
ShowCaret(Memo1.Handle);
```

Test

Gewiss ist das blinkende Fragezeichen nicht sonderlich einfallsreich, aber eine Bitmap bietet ja weitere ungeahnte Gestaltungsmöglichkeiten, bei denen Sie Ihrer Fantasie freien Lauf lassen können.

```
Schreiben mit grafischem Text
```

Grundlagen

Oberfläche

Grafik

Multimedia

Datei

Datenbank

SQL/ADO

Report

Objekte

OLE/DDE

Peripherie

System

Desktop

Technik

Sonstiges

R59 ... die Mauskoordinaten anzeigen?

Das folgende Beispiel zeigt bei jedem Mausklick die Koordinaten und den Klickpunkt an.

Oberfläche

Ein Formular (*Form1*) und einen *Button* zum Beenden des Testprogramms – das ist alles.

Quelltext

```
procedure TForm1.FormMouseDown(Sender: TObject; Button: TMouseButton;
  Shift: TShiftState; X, Y: Integer)
begin
    Canvas.TextOut(x,y,' '+IntToStr(x)+':'+IntToStr(y));
    Canvas.MoveTo(x-2,y);
    Canvas.LineTo(x+3,y);
    Canvas.MoveTo(x,y-2);
    Canvas.LineTo(x,y+3)
end;
```

Test

Klicken Sie mit der Maus in den Clientbereich des Formulars und Sie erhalten die Pixel-Koordinaten.

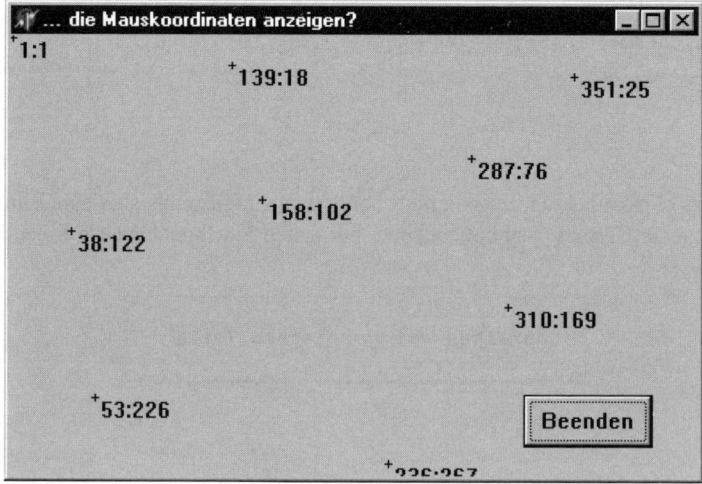

R60 ... den Mausbereich verkleinern?

Grundlagen

Unter Delphi kann die Maus tun und lassen was sie will, es gibt keine Funktion, die ihre Bewegungsfreiheit einschränkt. In manchen Anwendungen könnte es aber durchaus erforderlich sein, vorübergehend den Mauscursor auf einen bestimmten Bereich, zum Beispiel auf die Innenfläche eines Fensters (Clientbereich), zu begrenzen.

Oberfläche

Grafik

Multimedia

Datei

Datenbank

SQL/ADO

Report

Objekte

OLE/DDE

Peripherie

System

Desktop

Technik

Sonstiges

Oberfläche

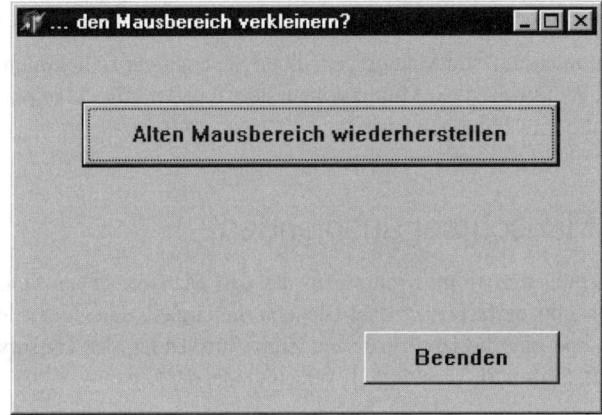

Quelltext

Binden Sie im *FormCreate*-Event folgenden Code ein:

```
procedure TForm1.FormCreate(Sender: TObject);
var rec: TRect;
begin
    rec.left   := Left;
    rec.top    := Top;
    rec.right  := Left + Width;
    rec.bottom := Top + Height;
    ClipCursor(@rec)
end;
```

Nach dem Druck auf eine Taste wird der alte Mausbereich wieder hergestellt:

```
procedure TForm1.Button2Click(Sender: TObject);
begin
    ClipCursor(nil)
end;
```

Test

Nach dem Programmstart werden Sie feststellen, dass sich die Maus nur innerhalb *Form1* bewegen lässt.

Ergänzungen

- Wenn Sie das Restaurieren des alten Mauscursorbereichs vergessen, bleiben die geänderten Parameter bis zum Beenden von Windows aktiv. Einzige Ausnahme: Versuchen Sie einmal, das Fenster zu vergrößern bzw. zu verkleinern. Sie werden feststellen, dass der Mausbereich auch dadurch wieder zurückgesetzt wird.

- Das "Herumbasteln" am Mauszeiger sollten Sie nicht gar zu hemmungslos praktizieren, denn Windows ist ein Multitaskingsystem und derartige Manipulationen wirken sich auf <u>alle</u> Anwendungen aus.

R61 ... den Mauscursor ausblenden?

Sie möchten ein Zeichenprogramm schreiben, das den Mauszeiger als Schnittpunkt zweier Achsen darstellt? Nichts einfacher als das! Blenden Sie einfach den Cursor aus und zeichnen Sie eine vertikale und eine horizontale Linie. Zum Ausblenden des Cursors nutzen Sie die *Cursor*-Eigenschaft. Setzen Sie diese auf -1, verschwindet der Cursor.

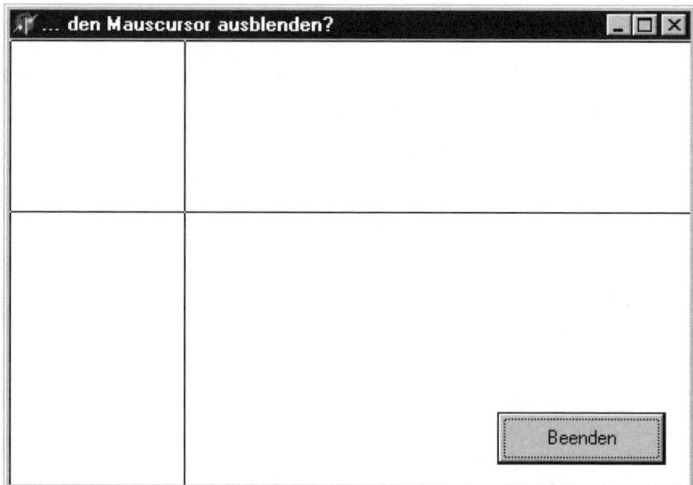

Quelltext

Initialisieren:

```
procedure TForm1.FormCreate(Sender: TObject);
begin
    Cursor := -1;
```

Grundlagen

Oberfläche

Grafik

Multimedia

Datei

Datenbank

SQL/ADO

Report

Objekte

OLE/DDE

Peripherie

System

Desktop

Technik

Sonstiges

```
    xa :=0;  ya :=0;
    form1.Canvas.Pen.Mode:=pmnotxor
end;
```

Zeichnen der Linien:

```
procedure TForm1.FormMouseMove(Sender: TObject;Shift:TShiftState;X,Y:Integer);
begin
    with form1.Canvas do begin
        MoveTo(xa, 0);
        LineTo(xa, ClientHeight);
        MoveTo(0, ya);
        LineTo(ClientWidth, ya);
        MoveTo(x, 0);
        LineTo(x,ClientHeight);
        MoveTo(0, y);
        LineTo(ClientWidth, y);  xa :=x; ya :=y
    end
end;
```

R62 ... eigene Mauszeiger verwenden?

Die paar unter Delphi zugänglichen Mauszeiger können leider nicht alle Wünsche und schon gar nicht jeden Geschmack befriedigen. Für ein Zeichenprogramm sucht man z.B. vergeblich nach einem Symbol in Form eines simplen Bleistifts. Neidvoll wird mancher nach anderen Windows-Applikationen schielen, die teilweise mit einer großen Vielfalt unterschiedlichster Mauszeiger brillieren.

Der zum Lieferumfang von Delphi gehörende Bildeditor eignet sich unter anderem auch für die Erstellung von "hausgemachten" Mauszeigern.

Im Folgenden wird anhand eines kleinen Testprogramms erläutert, wie man mit Hilfe des Bildeditors seinen "Mäuse-Zirkus" aufstocken kann:

Resourcen-Erstellung im Bildeditor

Es erfolgt eine stichpunktartige Erläuterung:

- Menü: *Neu-Ressourcendatei (RES)*
- Menü: *Ressource|Neu|Mauszeiger*
- Erstellen der Mauszeiger
- Menü: *Cursor|Sensitive Zone festlegen* (Koordinaten angeben und testen)
- Benennen Sie die Mauszeiger um und geben Sie ihnen eine fortlaufende Nummer
- Menü: Datei/Projekt speichern (z.B. CURSORS.RES)

Hinweis: Den Kontaktpunkt benötigen Sie, um den aktiven "Klick"-Punkt bezüglich der linken oberen Ecke festzulegen.

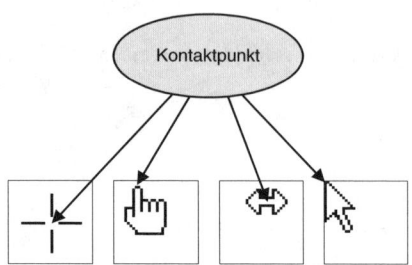

Oberfläche

Platzieren Sie auf einem Formular zwölf *Shape*-Komponenten, es können aber auch *Image*-Komponenten oder andere Steuerelemente sein.

Quelltext

Die wohl wichtigste Aufgabe ist es, die erstellte Mauszeiger-Ressourcen-Datei in das Delphi-Projekt einzubinden:

```
unit Unit1;
interface
...
```

Grundlagen

Oberfläche

Grafik

Multimedia

Datei

Datenbank

SQL/ADO

Report

Objekte

OLE/DDE

Peripherie

System

Desktop

Technik

Sonstiges

```
implementation
{$R *.DFM}
{$R CURSORS.RES}
```

Für alle neuen Mauszeiger definieren Sie Konstanten (ist nicht unbedingt nötig, aber übersichtlicher). Die Werte sollten positiv sein, da 0 bis -21 bereits Delphi verwendet.

```
const crLinie    = 1;
      crHand     = 2;
      crKreis    = 3;
      crRechteck = 4;
      crEimer    = 5;
      crSpray    = 6;
      crFreihand = 7;
      crText     = 8;
      crPipette  = 9;
      crSchere   = 10;
...
```

Diese Ressourcen werden beim Erstellen des Formulars geladen. Übergeben Sie an *MakeInt-Resource* die Nummer des gewünschten Mauszeigers:

```
procedure TForm1.FormCreate(Sender: TObject);
begin
    screen.cursors[crLinie]:=LoadCursor(HINSTANCE,makeintresource(133));
    screen.cursors[crHand]:=LoadCursor(HINSTANCE,makeintresource(131));
    screen.cursors[crKreis]:=LoadCursor(HINSTANCE,makeintresource(103));
    screen.cursors[crRechteck]:=LoadCursor(HINSTANCE,makeintresource(6));
    screen.cursors[crRndRect]:=LoadCursor(HINSTANCE,makeintresource(8));
    screen.cursors[crEimer]:=LoadCursor(HINSTANCE,makeintresource(12));
    screen.cursors[crSpray]:=LoadCursor(HINSTANCE,makeintresource(2));
    screen.cursors[crFreihand]:=LoadCursor(HINSTANCE,makeintresource(1));
    screen.cursors[crText]:=LoadCursor(HINSTANCE,makeintresource(104));
    screen.cursors[crPipette]:=LoadCursor(HINSTANCE,makeintresource(110));
    screen.cursors[crSchere]:=LoadCursor(HINSTANCE,makeintresource(3));
    screen.cursors[crRadiergummi]:=LoadCursor(HINSTANCE,makeintresource(4));
    screen.cursors[crText]:=LoadCursor(HINSTANCE,makeintresource(104));
```

Danach können Sie die neuen Mauszeiger so wie Delphi-eigene verwenden:

```
    shape1.cursor := crLinie;
    shape2.cursor := crHand;
    shape3.cursor := crKreis;
    shape4.cursor := crRechteck;
    shape5.cursor := crRndRect;
```

```
        shape6.cursor  := crEimer;
        shape7.cursor  := crSpray;
        shape8.cursor  := crFreihand;
        shape9.cursor  := crText;
        shape10.cursor := crRadiergummi;
        shape11.cursor := crSchere;
        shape12.cursor := crPipette;
end;
```

Die auf der Buch-CD enthaltene Datei CURSORS.RES enthält rund 70 neue Mauszeiger, die Sie in eigene Applikationen übernehmen können[1]:

R63 ... auf Mausbewegungen reagieren?

Um jeglichen Missverständnissen vorzubeugen: Gemeint ist in diesem Fall nicht das einfache *OnMouseMove* etc., sondern die aus einigen Präsentations-Programmen bekannte Funktion, auf das Hinein- bzw. Hinausbewegen der Maus zu reagieren. Beispielsweise könnte eine Erklärung eingeblendet werden, wenn sich die Maus über einer *Image*-Komponente befindet. Die nahe liegende Verwendung von *MouseMove* bereitet in diesem Zusammenhang einige Probleme.

Die Realisierung der zwei neuen Ereignisse wollen wir am Beispiel einer *Image*-Komponente demonstrieren, dazu müssen wir eine neue Klasse ableiten.

---

[1] Ähnlichkeiten mit Ihnen bereits bekannten Mauszeigern sind rein zufällig...!

Quelltext (Komponente)

Um zwei neue Ereignisse zu realisieren, leiten wir einfach eine neue Komponente von *TImage*
ab und erweitern die Klassendefinition:

```
unit MMImage;


interface


uses  Windows, Messages, SysUtils, Classes, Graphics, Controls, Forms, Dialogs, ExtCtrls;


type
  TMMImage = class(TImage)
  private
    FOnMouseEnter : TNotifyEvent;
    FOnMouseLeave : TNotifyEvent;
    Procedure CMMouseEnter(var Message: TMessage);
                      message CM_MOUSEENTER;
    Procedure CMMouseLeave(var Message: TMessage);
                      message CM_MOUSELEAVE;
  protected
  public
  published
    property OnMouseEnter: TNotifyEvent read FOnMouseEnter
                                  write FOnMouseEnter;
    property OnMouseLeave: TNotifyEvent read FOnMouseLeave
                                  write FOnMouseLeave;
  end;

procedure Register;
implementation


procedure Register;
begin
  RegisterComponents('MM', [TMMImage])
end;
```

Die Implementierung der beiden Ereignismethoden ist relativ simpel:

```
procedure TMMImage.CMMouseEnter(var Message: TMessage);
begin
 if Assigned(OnMouseEnter) then OnMouseEnter(Self);
end;
```

Grundlagen

Oberfläche

Grafik

Multimedia

Datei

Datenbank

SQL/ADO

Report

Objekte

OLE/DDE

Peripherie

System

Desktop

Technik

Sonstiges

```
procedure TMMImage.CMMouseLeave(var Message: TMessage);
begin
 if Assigned(OnMouseLeave) then OnMouseLeave(Self);
end;


end.
```

Binden Sie die Komponente in ein neues oder ein existierendes Package ein und kompilieren Sie dieses.

Oberfläche (Testprogramm)

Auf ein kleines Testprogramm wollen wir auch diesmal nicht verzichten, platzieren Sie einfach eine *TMMImage*-Komponente sowie eine *Panel* im Formular.

Quelltext (Testprogramm)

Belegen Sie die beiden neuen Ereignisse von *TMMImage* wie folgt:

```
procedure TForm1.MMImage1MouseEnter(Sender: TObject);
begin
  Panel1.Visible := True
end;


procedure TForm1.MMImage1MouseLeave(Sender: TObject);
begin
  Panel1.Visible := False
end;
```

Test

Das Resultat: Wird die Maus über dem Image bewegt, ist auch das Panel sichtbar.

R64 ... eine Menüleiste erstellen?

Zu jedem "richtigen" Windows-Programm gehört die obligatorische Menüleiste. Mit dem Menüentwurfsfenster (Menu-Designer) stellt Delphi Ihnen dazu ein komfortables Werkzeug zur Verfügung. Die folgende kleine "Textverarbeitung" erläutert die wichtigsten Schritte im Umgang damit.

Oberfläche

Auf das Startformular (*Form1*) setzen Sie ein Memofeld (*Memo1*) und eine, nur zur Entwurfszeit sichtbare, *MainMenu*-Komponente (*MainMenu1*), die gleich ganz vorn auf der *Standard*-Seite der Werkzeugpalette zu finden ist. Durch Doppelklick auf dieses Objekt öffnet sich das Menüentwurfsfenster. Klicken Sie auf das blaue Feld und tippen Sie die Hauptüberschrift des ersten Menüpunktes ("Datei") ein. Sie erkennen, dass diese in das *Caption*-Feld des Objektinspektors eingetragen wird, der automatisch eine Komponente mit dem Namen *Datei1* anzeigt. Auf diese Weise erstellen Sie die weiteren Hauptmenüpunkte "Ansicht", "Bearbeiten" und "Hilfe". Sie brauchen dazu nur mit der Maus auf die entsprechende Stelle des Menü-Designers zu klicken und wie beschrieben fortzufahren.

Um die Untermenüpunkte anzubringen, müssen Sie auf die entsprechenden Stellen unterhalb der Leiste klicken. Für die Trennungslinie geben Sie das Zeichen "-" ein (nur ein einziges!). Schließlich wird Ihnen das Menüentwurfsfenster folgenden Anblick bieten:

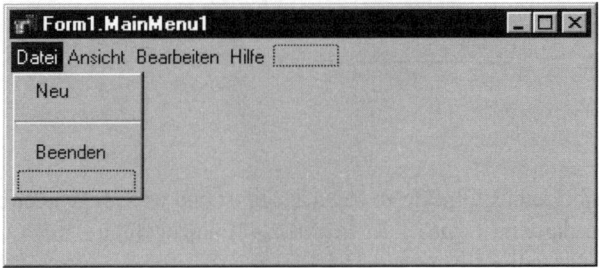

Ein Editieren dieser Einträge (Einfügen, Löschen,...) ist möglich, wenn Sie die rechte Maustaste drücken und die gewünschte Option wählen.

Ergänzen Sie nun die übrigen Menüeinträge wie folgt:

Ansicht: *Schriftart, Vordergrund, Hintergrund*

Bearbeiten: *Kopieren, Einfügen*

Hilfe: *Info*

Das *Ansicht*-Menü soll nun noch weiter aufgesplittet werden. Über die rechte Maustaste erreichen Sie die Option *Untermenü erstellen*. Im Fenster wird eine weitere Menüebene eingeblendet, die auf analoge Weise auszufüllen ist:

Schriftart: *Times, Courier, Arial*

Vordergrund: *schwarz, gelb, grün, blau*

Hintergrund: *weiß, gelb, grün*

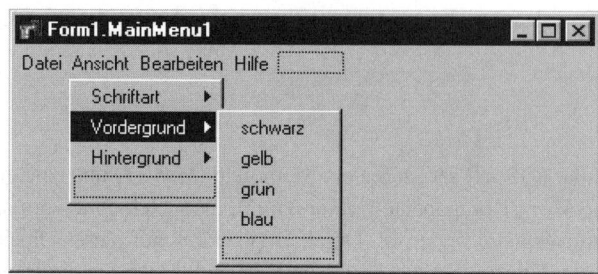

Bereits jetzt können Sie sich von der Funktionsfähigkeit des Menüs überzeugen. Sie brauchen dazu nicht einmal das Programm zu starten:

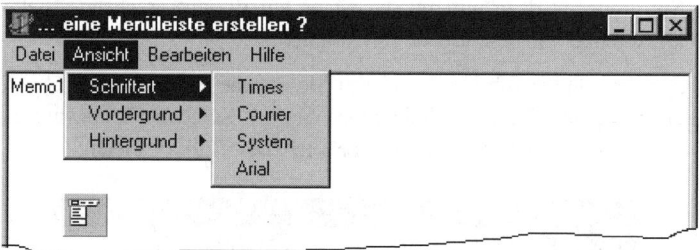

Quelltext

Da eine Menge unbekannter Objekte zu begutachten ist und weil wegen der beiden Zwischenablage-Funktionen die Unit *ClipBrd* der *uses*-Klausel hinzugefügt werden muss, gönnen wir uns diesmal das vollständige Listing von Unit1[1]:

```
unit Unit1;
interface
uses
  SysUtils, Windows, Messages, Classes, Graphics, Controls,
  Forms, Dialogs, Menus, StdCtrls, Clipbrd;
```

Die restlichen Deklarationen des *Interface*-Abschnitts werden von Delphi automatisch erstellt:

```
type
  TForm1 = class(TForm)
    MainMenu1: TMainMenu;
    Memo1: TMemo;
```

---

[1] Sie brauchen das natürlich nicht abzutippen, denn das hat Delphi automatisch für Sie erstellt!

Ab jetzt folgen die einzelnen, vom Menü-Designer erstellten, Menüobjekte:

```
Datei1: TMenuItem;
Ansicht1: TMenuItem;
Bearbeiten1: TMenuItem;
Hilfe1: TMenuItem;
Beenden1: TMenuItem;
Schriftart1: TMenuItem;
Farben1: TMenuItem;
Hintergrund1: TMenuItem;
Kopieren1: TMenuItem;
Einfgen1: TMenuItem;
Neu1: TMenuItem;
N1: TMenuItem;
Times1: TMenuItem;
Courier1: TMenuItem;
System1: TMenuItem;
Arial1: TMenuItem;
gelb1: TMenuItem;
grn1: TMenuItem;
schwarz1: TMenuItem;
wei2: TMenuItem;
gelb2: TMenuItem;
grn2: TMenuItem;
```

Die Deklarationen der Ereignisroutinen:

```
procedure Info1Click(Sender: Tobject);
procedure Beenden1Click(Sender: TObject);
procedure schwarz1Click(Sender: TObject);
procedure gelb1Click(Sender: TObject);
procedure grn1Click(Sender: TObject);
procedure blau1Click(Sender: TObject);
procedure wei2Click(Sender: TObject);
procedure gelb2Click(Sender: TObject);
procedure grn2Click(Sender: TObject);
procedure Neu1Click(Sender: TObject);
procedure Times1Click(Sender: TObject);
procedure Courier1Click(Sender: TObject);
procedure Arial1Click(Sender: TObject);
procedure Kopieren1Click(Sender: TObject);
procedure Einfgen1Click(Sender: TObject);
```

Grundlagen · Oberfläche · Grafik · Multimedia · Datei · Datenbank · SQL/ADO · Report · Objekte · OLE/DDE · Peripherie · System · Desktop · Technik · Sonstiges

```
   end;

var    Form1: TForm1;
implementation


{$R *.DFM}
```

Jetzt erst beginnt die Arbeit des Programmierers: Nach Doppelklick auf die entsprechenden Menüeinträge im Menu-Designer öffnet sich der Rahmencode für die Ereignisbehandlungen:

Im *Datei\Neu*-Menü beschränken wir uns auf das Löschen des Memofelds:

```
procedure TForm1.Neu1Click(Sender: TObject);               // Datei|Neu
begin Memo1.Text := '' end;
```

Vorder- und Hintergrundfarbe ändern:

```
procedure TForm1.schwarz1Click(Sender: TObject);     // Ansicht|Vordergrund|schwarz
begin Memo1.Font.Color := clBlack end;


procedure TForm1.gelb1Click(Sender: TObject);        // Ansicht|Vordergrund|gelb
begin Memo1.Font.Color := clYellow end;


procedure TForm1.grn1Click(Sender: TObject);         // Ansicht|Vordergrund|grün
begin Memo1.Font.Color := clGreen end;


procedure TForm1.blau1Click(Sender: TObject);        // Ansicht|Vordergrund|blau
begin Memo1.Font.Color := clBlue end;


procedure TForm1.wei2Click(Sender: TObject);         // Ansicht|Hintergrund|weiß
begin Memo1.Color := clWhite end;


procedure TForm1.gelb2Click(Sender: TObject);        // Ansicht|Hintergrund|gelb
begin  Memo1.Color := clYellow end;


procedure TForm1.grn2Click(Sender: TObject);         // Ansicht|Hintergrund|grün
begin Memo1.Color := clGreen end;
```

Schriftarten ändern:

```
procedure TForm1.Times1Click(Sender: TObject);       // Ansicht|Schriftart|Times
begin Memo1.Font.Name := 'Times' end;


procedure TForm1.Courier1Click(Sender: TObject);     // Ansicht|Schriftart|Courier
begin Memo1.Font.Name := 'Courier' end;
```

```
procedure TForm1.Arial1Click(Sender: TObject);        // Ansicht|Schriftart|Arial
begin Memo1.Font.Name := 'Arial' end;
```

Das Menü für die Zwischenablage:

```
procedure TForm1.Kopieren1Click(Sender: TObject);     // Bearbeiten|Kopieren
begin ClipBoard.AsText := Memo1.Text end;


procedure TForm1.Einfgen1Click(Sender: TObject);      // Bearbeiten|Einfügen
begin
    Memo1.Text := Clipboard.AsText
end;
```

Die Programminfo beschränkt sich auf eine einfache Dialogbox:

```
procedure TForm1.Info1Click(Sender: TObject);              // Hilfe|Info
begin
 MessageDlg('Menüentwurf mit Borland Delphi', mtInformation,[mbOK],0)
end;
```

Und schließlich der Abgesang:

```
procedure TForm1.Beenden1Click(Sender: TObject);       // Datei|Beenden
begin
  Close
end;
end.
```

Test

Nach Programmstart können Sie sich von der Funktionsfähigkeit der einzelnen Menüpunkte überzeugen:

Bemerkungen

- Da die *Text*-Eigenschaft der *Memo*-Komponente max. 255 Zeichen speichert (String!), sollten Sie für ernsthaftere Anwendungen die Clipboard-Funktionen über die *Assign*-Methode abwickeln.

- Um das Prográmmchen zu einer vollwertigen kleinen Textverarbeitung auszubauen, müsste vor allem der Dateidialog qualifiziert werden.

Grundlagen

Oberfläche

Grafik

Multimedia

Datei

Datenbank

SQL/ADO

Report

Objekte

OLE/DDE

Peripherie

System

Desktop

Technik

Sonstiges

R65 ... ein PopUp-Menü erzeugen?

Jede zeitgemäße Windows-Applikation stellt kontextsensitive PopUp-Menüs bereit. Diese erscheinen nach Klick mit der rechten Maustaste auf ein bestimmtes Objekt der Bedienoberfläche. Das folgende kleine Testprogramm zeigt, wie Sie mit Delphi im Handumdrehen Ihre eigenen Programme mit PopUp-Menüs "nachrüsten" können.

Oberfläche

Auf dem Startformular (*Form1*) platzieren Sie außer einem Editierfeld (*Edit1*) und einer Schaltfläche (*Button1*) auch eine PopUp-Menü-Komponente (*PopupMenu1*), wie Sie sie auf der Standardseite der Werkzeugleiste finden:

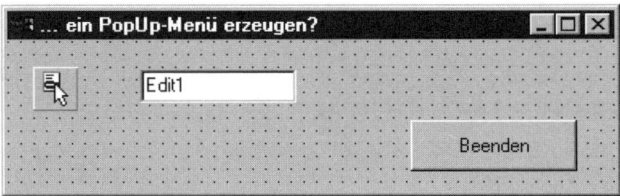

Klicken Sie einmal auf die *PopupMenu*-Komponente und anschließend im Objektinspektor auf den *Items*-Eintrag. Es erscheint ein neues Fenster: der Menu-Designer. Klicken Sie dort auf das leere eingerahmte Feld und tragen Sie die erste Menüzeile ein ("*Text schwarz*"):

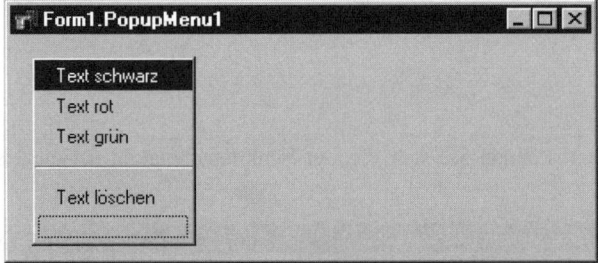

Parallel taucht dieser Eintrag auch als *Caption*-Eigenschaft im Objektinspektor auf, so dass Sie dort editieren können. Auf diese Weise wird das komplette Menü fertiggestellt. Für die Trennlinie verwenden Sie einen Trennstrich (-).

Was aber, wenn Ihnen ein Menüeintrag nicht gefällt, Sie zwischen zwei Menüzeilen eine weitere einfügen oder gar ein Submenü erstellen möchten? Kein Problem, drücken Sie über dem Menü-Entwurfsfenster die rechte Maustaste. Das diesmal "in eigener Sache" erscheinende Popup-Menü bietet Ihnen unter anderem auch die Optionen *Einfügen*, *Löschen* und *Untermenü erstellen* an.

Grundlagen

Oberfläche

Grafik

Multimedia

Datei

Datenbank

SQL/ADO

Report

Objekte

OLE/DDE

Peripherie

System

Desktop

Technik

Sonstiges

Quelltext

Jeder Menüeintrag ist genauso ein Objekt wie jede andere Komponente und verfügt über Eigenschaften und Methoden. Allerdings gibt es nur ein Ereignis, das *OnClick*-Event.

Wir wollen aus Übersichtlichkeitsgründen nur eine einzige Ereignisbehandlungsroutine schreiben, die wir *PopUp1Click* nennen. Entfernen Sie aus der Typdeklaration von *Form1* die nicht benötigten Ereignismethoden und fügen Sie die für *PopUp1Click* hinzu:

```
type
  TForm1 = class(TForm)
    Edit1: TEdit;
    Button1: TButton;
    PopupMenu1: TPopupMenu;
    Textschwarz1: TMenuItem;
    Textrot1: TMenuItem;
    Textgrn1: TMenuItem;
    N1: TMenuItem;
    Textlschen1: TMenuItem;
    procedure Button1Click(Sender: TObject);
    procedure PopUp1Click(Sender: TObject);     // hinzufügen!
  end;
```

Da wir aus Bequemlichkeitsgründen auf eine Namensänderung der Menüeinträge verzichtet haben, hat der Editor die Namen selbst auf Grundlage der *Caption*-Property nach bestem Wissen und Gewissen "zusammengebastelt". Dabei werden Umlaute einfach ignoriert.

Die Ereignisbehandlung müssen wir komplett neu erstellen, die Herkunft des Menüklicks ergibt sich aus der allgemeinen *Sender*-Objektvariablen:

```
procedure TForm1.PopUp1Click(Sender: TObject);
begin
 with Edit1 do
 begin
  if Sender=TextSchwarz1 then Font.Color := clBlack;
  if Sender=TextRot1 then Font.Color := clRed;
  if Sender=TextGrn1 then Font.Color := clGreen;
  if Sender=TextLschen1 then Text := ''
 end
end;
```

Wenn Sie diese Methode hinzugefügt haben, müssen Sie das Menüentwurfsfenster öffnen, auf den entsprechenden Eintrag klicken und dann die *Ereignisse*-Seite des Objektinspektors aufschlagen. Dort weisen Sie dem *OnClick*-Ereignis den Bezeichner *PopUp1Click* zu.

Test

Starten Sie das Programm und drücken Sie über dem Editierfeld die rechte Maustaste. Es passiert – nichts! Kein Wunder, denn woher soll die Komponente *Edit1* denn von ihrem Glück wissen, dass ihr ein Popup-Menü zugeordnet wurde?

Deshalb: Setzen Sie die *PopupMenu*-Eigenschaft von *Edit1* auf *PopupMenu1!* Dieser Bezeichner wird in der kleinen Rollbox daneben ausgewählt.

Über die *PopupMenu*-Eigenschaft verfügen Formulare und (fast) alle sichtbaren Komponenten. Falls Sie diese Property nicht besetzen, dürfen Sie sich später nicht wundern, wenn die rechte Maustaste keine Wirkung zeigt.

Haben Sie das Versäumte nachgeholt, können Sie über das Popup-Menü die Schriftfarbe der Textbox ändern sowie deren Inhalt löschen:

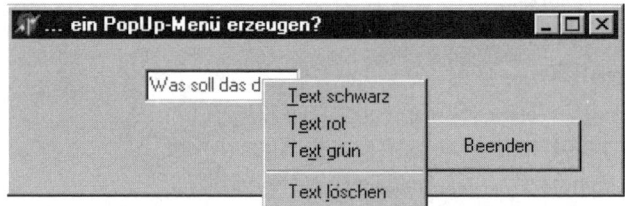

Bemerkungen

▫ Durch Setzen der Properties *Visible*, *Enabled*, *Checked* u.a. (siehe Objektinspektor) zur Laufzeit können Sie Menüeinträge verschwinden lassen, sperren oder mit einem Häkchen versehen.

▫ Hinter dem Namensbezeichner *N1* verbirgt sich der unverdienterweise in den Status eines "Objekts" erhobene Menü-Trennstrich.

R66 ... Menüeinträge zur Laufzeit erzeugen?

Menüs lassen sich auch ohne API-Funktionen während der Laufzeit erstellen bzw. verändern. Lesen Sie in diesem Abschnitt, wie Sie Ihrer Menüzeile zusätzliche Einträge hinzufügen.

Oberfläche

Legen Sie zuerst eine Menüstruktur mit dem Menüpunkt "Schriftarten" an. In das Formular kopieren Sie noch ein Label (*Label1*), mit dem wir später anzeigen, welcher Menüpunkt gewählt wurde.

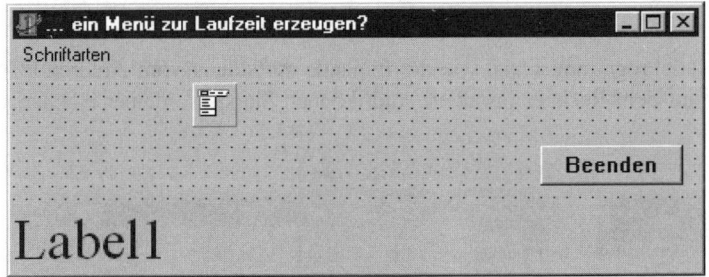

Grundlagen

Oberfläche

Grafik

Multimedia

Datei

Datenbank

SQL/ADO

Report

Objekte

OLE/DDE

Peripherie

System

Desktop

Technik

Sonstiges

Wie Sie aus der Bezeichnung des Menüpunktes unschwer erkennen dürften, sollen alle verfügbaren Bildschirmschriftarten angezeigt werden.

Quelltext

Mit dem Erstellen des Formulars lesen wir die Anzahl der *Screen*-Fonts aus und legen entsprechend viele Menüpunkte an:

```
procedure TForm1.FormCreate(Sender: TObject);
var  NewItem : TMenuItem;
     i       : Integer;
begin
  for i := 0 to Screen.Fonts.Count-1 do
  begin
    NewItem := TMenuItem.Create(Self);         // neuen Punkt erstellen
    NewItem.Caption := Screen.Fonts.Strings[i]; // Name der Ereignisprozedur
    NewItem.OnClick := Schriftarten1Click;      // Ereignisprozedur
    schriftarten1.Add(NewItem)                  // an das Menü anhängen
  end;
end;
```

Die gemeinsame Ereignisprozedur:

```
procedure TForm1.Schriftarten1Click(Sender: TObject);
begin
  if Sender <> schriftarten1 then begin
    Label1.Font.Name := (Sender as TMenuItem).Caption;
    Label1.Caption := 'gewählt: '+ Label1.Font.Name
  end
end;
```

Test

Starten Sie das Programm. Falls, wie die folgende Abbildung vom Autoren-PC zeigt, viele Schriftarten auf dem Rechner installiert sind, können Sie sich an einer ellenlangen Liste erfreuen:

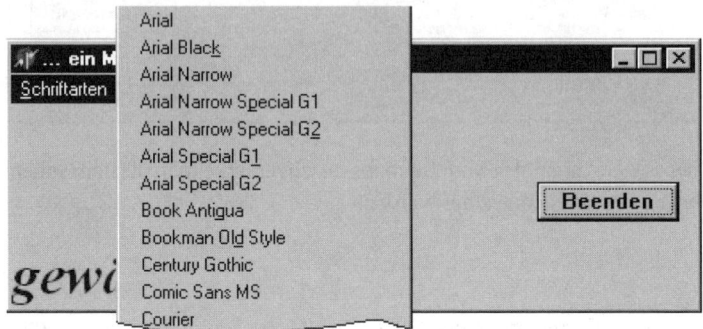

Nach der Auswahl eines Menüeintrags erscheint die Information im Label in der entsprechenden Schriftart:

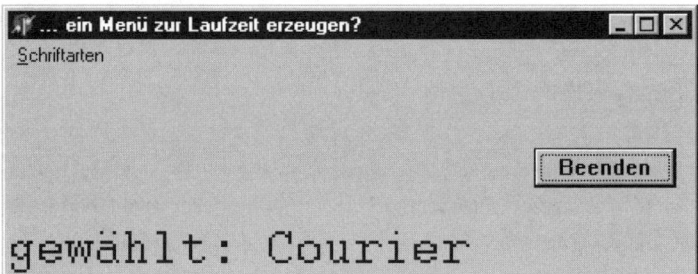

R67 ... Grafiken in Menüpunkte einbinden?

Um Ihre Anwendung optisch aufzuwerten, können Sie unter Windows auch Grafiken in die Menüzeile einbinden.

Der Einwand, mit Hilfe der *Bitmap* oder der *Image*-Eigenschaft können auch Grafiken in die Menüpunkte eingeblendet werden, ist zwar richtig, aber Sie können immer nur ein kleines Icon anzeigen. Das komplette Ersetzen der Menüpunkte ist nicht möglich. Es bleibt nur der umständliche Weg über die API-Funktionen.

Oberfläche

Für ein kleines Demo-Programm brauchen Sie außer einer *MainMenu*-Komponente und einem *Image* nur noch zwei *Button*s.

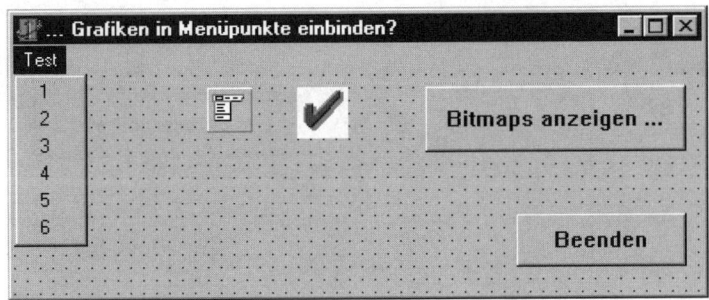

Laden Sie eine beliebige Bitmap in die *Image*-Komponente, dieses Bild soll zur Laufzeit im Menü angezeigt werden. Erstellen Sie ein neues Menü, das Sie *Test* nennen. Legen Sie sechs leere Menüpunkte an (Menüeditor öffnen durch Doppelklick auf *MainMenu*).

Quelltext

Da die Menüs bereits über Handle verfügen, können wir uns die Arbeit sparen, diese umständlich über API-Funktionen zu ermitteln, und wir können gleich zur Sache kommen:

```
procedure TForm1.Button1Click(Sender: TObject);
var i    : Integer;
    menu : THandle;
begin
    for i := 0 to 5 do begin
        menu := GetMenuItemID(test.handle, i);
        ModifyMenu(test.Handle, menu, MF_BYCOMMAND Or MF_BITMAP, menu,
                   PChar(Image1.Picture.Bitmap.Handle))
    end
end;
```

Etwas diffizil ist die Übergabe des Bitmap-Handles. Konvertieren Sie dieses einfach in den Datentyp *PChar*. Das sieht zwar nicht schön aus, erfüllt jedoch seinen Zweck.

Test

Starten Sie das Programm und betätigen Sie den Button. Das Menü sollte jetzt so aussehen:

Grundlagen

Oberfläche

Grafik

Multimedia

Datei

Datenbank

SQL/ADO

Report

Objekte

OLE/DDE

Peripherie

System

Desktop

Technik

Sonstiges

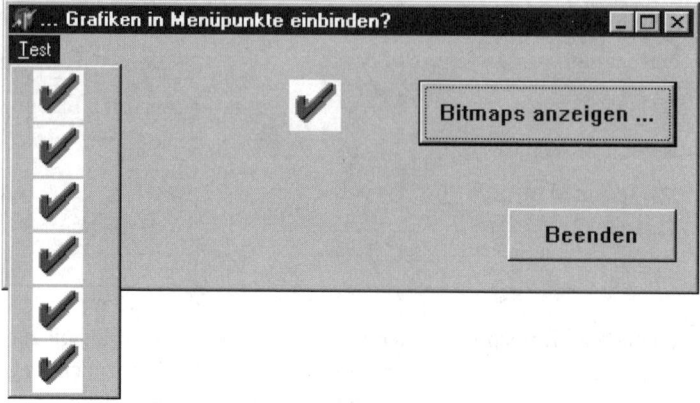

Ergänzung

▪ Möchten Sie verschiedene Grafiken anzeigen, müssen Sie für jeden Menüpunkt eine *Bitmap* bereitstellen. Dies darf auch eine nicht sichtbare Speichergrafik vom Typ *TBitmap* sein.

▪ Um in einem Menü neben Grafik auch Text darzustellen, müssen Sie den entsprechenden Text mittels *TextOut* in den *Canvas* des *Image* ausgeben.

R68 ... das Systemmenü verkleinern?

Jedes Delphi-Fenster verfügt über das windowstypische Systemmenü. Nicht in jedem Fall möchte man aber alle Menüpunkte zulassen.

Selbstdefinierte Menüs können Sie in Delphi beliebig freigeben bzw. sperren, mit dem Systemmenü geht das leider nicht so ohne weiteres. Sie haben zwar die Möglichkeit, das gesamte Menü auszublenden, aber das ist nicht immer erwünscht, vielfach sollen z.B. nur die Funktionen zum Schließen des Fensters entfernt werden.

Oberfläche

Außer einem *Button* brauchen Sie keine weiteren Komponenten. Ein *Label* (Caption = "Beenden mit ALT+F4") am unteren Bildrand dient lediglich als "Gedächtnisstütze", anders können Sie die Anwendung später nicht verlassen.

Quelltext

Für die Realisierung benötigen wir zwei API-Funktionen: *GetSystemMenu* und *RemoveMenu*.

Grundlagen

Oberfläche

Grafik

Multimedia

Datei

Datenbank

SQL/ADO

Report

Objekte

OLE/DDE

Peripherie

System

Desktop

Technik

Sonstiges

Mit *GetSystemMenu* holen wir das Menü-Handle, mit *RemoveMenu* können wir einzelne Menüpunkte löschen. Es sind folgende Parameter zu übergeben: Das zuvor ermittelte Handle, die Position des Menü-Eintrags sowie die Konstante *MF_BYPOSITION*.

```
procedure TForm1.Button1Click(Sender: TObject);
var handle : THandle;
begin
    handle := GetSystemMenu(Self.Handle, False);
    RemoveMenu(handle, 8, MF_BYPOSITION);    // Wechseln zu
    RemoveMenu(handle, 7, MF_BYPOSITION);    // Strich
    RemoveMenu(handle, 6, MF_BYPOSITION);    // Schließen
    RemoveMenu(handle, 5, MF_BYPOSITION)     // Strich
end;
```

Test

Nach dem Programmstart sieht das Systemmenü noch normal aus:

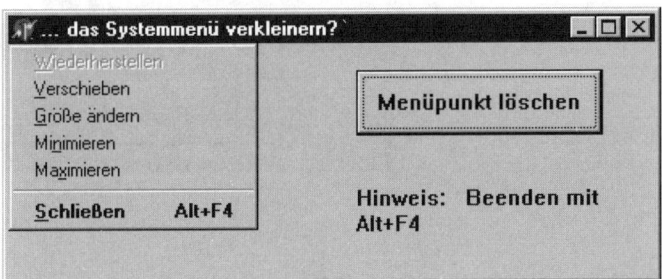

Ein Klick auf den Button – und unserem Systemmenü fehlt der letzte Eintrag. Man sehe und staune - auch die kleine "Schließen"-Schaltfläche in der Titelleiste rechts oben ist deaktiviert, so dass Ihnen nichts weiter übrig bleibt, als das Programm mit Alt+F4 zu beenden:

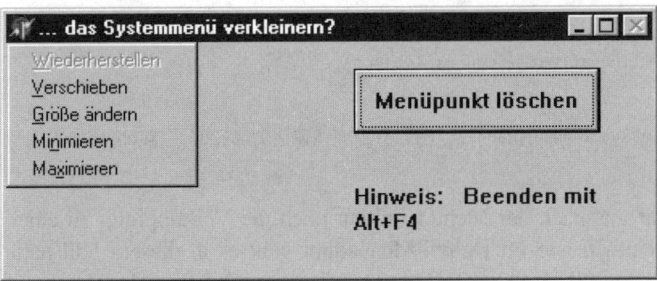

Hinweis: Das Ausblenden der Menüpunkte bedeutet jedoch nicht, dass die Shortcuts nicht mehr unterstützt werden.

R69 ... das Systemmenü erweitern?

Nach dem Löschen von Systemmenüpunkten wollen wir uns jetzt dem Einfügen von Menüpunkten zuwenden. Beispielsweise könnten Sie so eine Dialogbox aus dem Systemmenü heraus starten.

Oberfläche

Wie die folgende Laufzeitansicht zeigt, brauchen wir für unseren Test zwei Formulare:

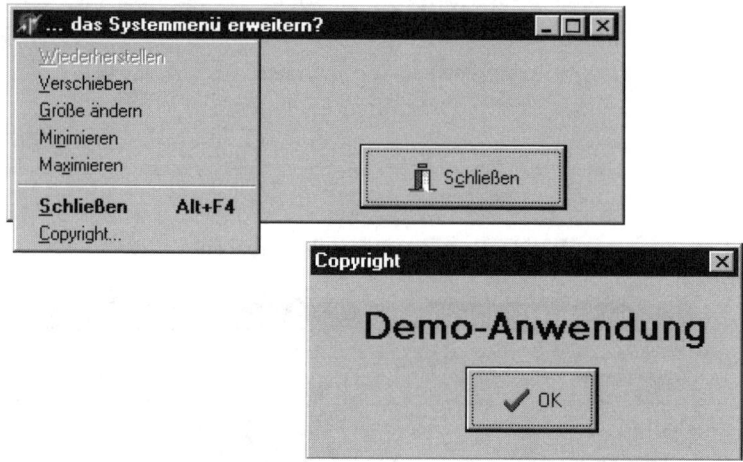

Quelltext

Das Einfügen stellt eigentlich kein weiteres Problem dar. Der Funktion *AppendMenu* übergeben Sie einfach den Handle des Systemmenüs (diesen ermitteln wir mit *GetSystemMenu*), den Menütyp (*MF_STRING*), einen eindeutigen Identifizierer und natürlich den anzuzeigenden Text.

Sollte der Text in einem String gespeichert sein, müssen Sie diesen in den Datentyp *PChar* umwandeln.

```
procedure TForm1.FormCreate(Sender: TObject);
begin
  AppendMenu(GetSystemMenu(Handle, False), MF_STRING, $F200, '&Copyright...')
end;
```

Allerdings fehlt uns nach der Menüdefinition noch die Verknüpfung zu einer Prozedur oder Funktion. So einfach wie im Delphi-Menüeditor geht es in diesem Fall natürlich nicht, wir müssen die Message *WM_SYSCOMMAND* abfangen und entsprechend auswerten. Dazu brauchen wir einen Messagehandler, den wir wie folgt in der Klassendefinition des Formulars deklarieren:

```
type
  TForm1 = class(TForm)
```

```
   BitBtn1: TBitBtn;
   procedure FormCreate(Sender: TObject);
private
   procedure WMSysCommand(VAR Message: TWMSysCommand); message WM_SYSCOMMAND;
   { Private-Deklarationen }
public
   { Public-Deklarationen }
end;
```

Die neue Ereignisprozedur:

```
procedure TForm1.WMSysCommand(var Message: TWMSysCommand);
begin
  Inherited;
  If Message.CmdType = $F200  Then Form2.ShowModal
end;
```

An dieser Stelle brauchen wir wieder den eindeutigen Identifizierer. Wird der Menüpunkt ausgewählt, zeigen wir ein weiteres Formular an.

Test

Da das Copyright-Fenster mit seiner *ShowModal*-Methode aufgerufen wird, müssen Sie erst auf OK klicken, ehe Sie weitermachen können.

R70 ... Bildlaufleisten am Fensterrand positionieren?

Um eine Applikation an verschiedene Grafikmodi anzupassen ist es nötig, die Lage bestimmter Komponenten von der Größe des Fensters abhängig zu machen[1]. Am Beispiel der Bildlaufleisten soll dies demonstriert werden. Bitte verwechseln Sie die *ScrollBar*-Komponente nicht mit den Bildlaufleisten, die Sie über die *AutoScroll-Eigenschaft* eines Formulars (*True/False*) einblenden können und die automatisch dann erscheinen, wenn eine Komponente außerhalb der sichtbaren Fläche liegt.

Oberfläche

Auf dem Formular platzieren Sie an beliebiger Stelle zwei *ScrollBar*-Komponenten, denen Sie die *Kind*-Eigenschaft *sbHorizontal* bzw. *sbVertical* zuweisen.

---

[1] In Java, wird das durch sogenannte LayoutManager erledigt.

Grundlagen

Oberfläche

Grafik

Multimedia

Datei

Datenbank

SQL/ADO

Report

Objekte

OLE/DDE

Peripherie

System

Desktop

Technik

Sonstiges

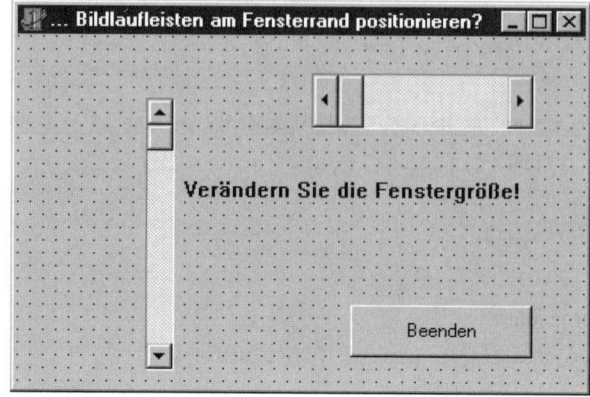

Quelltext

Das *OnResize*-Event ist der ideale Platz, um die Lage der Komponenten den aktuellen Fenster-abmessungen anzupassen:

```
procedure TForm1.FormResize(Sender: TObject);
begin
  ScrollBar1.Top    := Form1.ClientHeight - ScrollBar1.Height;
  ScrollBar1.Width  := Form1.ClientWidth  - ScrollBar2.Width;
  ScrollBar1.Left := 0;
  ScrollBar2.Left   := Form1.ClientWidth  - ScrollBar2.Width;
  ScrollBar2.Height := Form1.ClientHeight - ScrollBar1.Height;
  ScrollBar2.Top := 0
end;
```

Test

Nach Programmstart "kleben" beide Komponenten am unteren bzw. rechten Rand. Das bleibt auch so, wenn Sie die Größe des Formulars verändern.

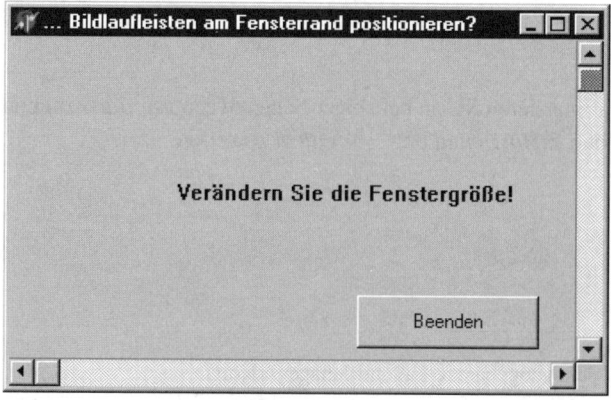

R71 ... mit einem Schieberegler Werte einstellen?

Gewissermaßen als Alternative zum *SpinButton* können Sie auch mit einer simplen Bildlaufleiste diskrete Werte einstellen.

Oberfläche

Auf dem Formular (*Form1*) platzieren Sie eine ScrollBar (*ScrollBar1*), einen Panel (*Panel1*) und (nicht unbedingt nötig) einen Button (*Button1*). Die Laufzeitansicht:

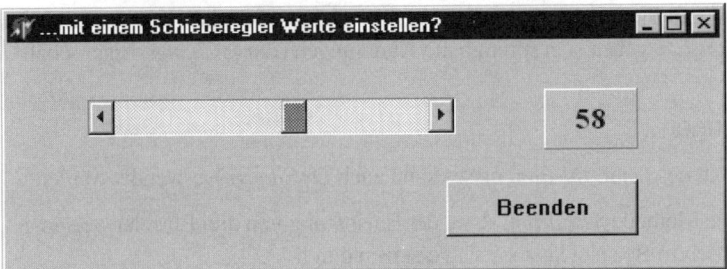

Wünscht man eine vertikale ScrollBar, so ist die *Kind*-Property von *ScrollBar1* in *sbVertical* zu ändern. Obwohl sich auch alle anderen Schlüsseleigenschaften im Objektinspektor einstellen lassen, erfolgt hier aus Übersichtlichkeitsgründen deren Festlegung erst im Quelltext.

Quelltext

```
procedure TForm1.FormCreate(Sender: TObject);
var mini,
    maxi,
    pos: Integer;
begin
  mini:= 0;        // unterer Skalenwert
  maxi:= 100;      // oberer Skalenwert
  pos:= 50;        // aktuelle Position
  Panel1.Caption:= IntToStr(pos);  // Anzeige
  with ScrollBar1 do
  begin
    SetParams(pos,mini,maxi);  // Werte zuweisen
    LargeChange:= 10;          // Grobabstufung
    SmallChange:= 1            // Feinabstufung
  end
end;
```

Grundlagen

Oberfläche

Grafik

Multimedia

Datei

Datenbank

SQL/ADO

Report

Objekte

OLE/DDE

Peripherie

System

Desktop

Technik

Sonstiges

```
procedure TForm1.ScrollBar1Scroll(Sender: TObject; ScrollCode: TScrollCode;
  var ScrollPos: Integer);
begin
  Panel1.Caption:= IntToStr(ScrollPos)
end;
```

Test

Starten Sie das Programm und überzeugen Sie sich von der einfachen Handhabung des Schie-
bereglers! Wenn Sie mit der Maus direkt auf die Leiste (also ober- bzw. unterhalb des Schiebe-
reglers) klicken, ergeben sich sprunghafte Änderungen (*LargeChange*-Eigenschaft).

Bemerkungen

- Statt des *OnScroll*-Ereignisses kann auch *OnChange*-verwendet werden.

- Die Methode *SetParams* dient der Einsparung von drei Einzelanweisungen. In
  unserem Beispiel lässt sie sich ersetzen durch

  ```
  Position:= pos; Min:= mini; Max:= maxi;
  ```

- Obige Werte können (soweit sinnvoll) auch ein negatives Vorzeichen haben. Gleitkommazahlen sind allerdings nicht möglich. Werden sie dennoch benötigt, so müssen
  sie nachträglich berechnet werden, z.B.

  ```
  wert:= ScrollBar1.Position / 10;
  ```

- Alternativ können Sie für das Einstellen von Werten auch *SpinEdit* (Seite "Beispiele"
  der Komponentenpalette) einsetzen. Weitere Möglichkeiten sind *TrackBar* und *Up-
  Down* (Seite "Win32").

R72 ... verknüpfte und rastende Schalter realisieren?

Die "normalen" Buttons (*TButton*, *TBitBtn*) bleiben nur solange gedrückt, wie Sie die Maustaste niederhalten. Außerdem ist es nicht ohne weiteres möglich, damit Schalterfelder zu realisieren, deren Tasten voneinander abhängig sind (immer nur eine Taste ist gedrückt, wie z.B. bei
einer Werkzeugpalette). Zum Glück gibt es da noch den Schaltertyp *TSpeedButton*. Dieser hat
ein sehr breites Anwendungsspektrum, welches wohl kaum noch Wünsche offen lässt. Neben
seinen Grafikfähigkeiten, auf die an anderer Stelle (s.u.) näher eingegangen wird, erlaubt er
auch das Gruppieren bzw. Erstellen von Verknüpfungen innerhalb von Schalterfeldern.

Das folgende Testprogramm demonstriert die wichtigsten Einsatzvarianten.

Oberfläche

Auf dem Formular (*Form1*) platzieren Sie insgesamt zehn Speed-Buttons und fünf Labels (im
weiteren unbedeutend).

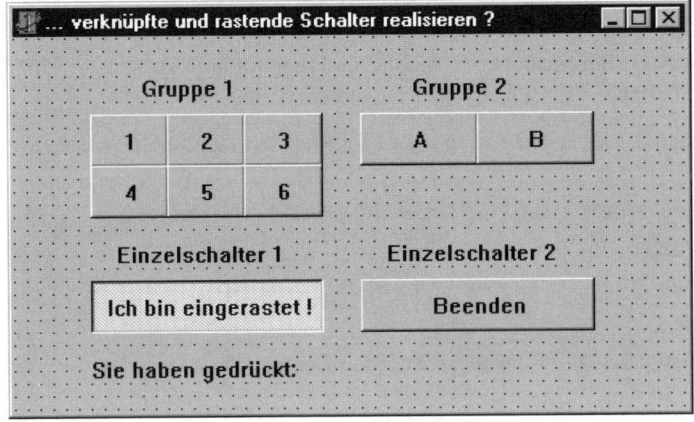

Grundlagen

Oberfläche

Grafik

Multimedia

Datei

Datenbank

SQL/ADO

Report

Objekte

OLE/DDE

Peripherie

System

Desktop

Technik

Sonstiges

Eine Zusammenfassung aller zu verändernden Standardeigenschaften zeigt folgende Tabelle:

Komponente	Eigenschaften	Wert	Bemerkung
SpeedButton1 ... SpeedButton6	*Caption* *GroupIndex*	1,2,3,4,5,6 1	Gruppe1 (verknüpft)
SpeedButton7, SpeedButton8	*Caption* *GroupIndex* *AllowAllUp* *Tag*	A, B 2 *True* 1, 2	Gruppe2 (einrastend, nicht verknüpft, indiziert)
SpeedButton9	*Caption* *GroupIndex* *AllowAllUp* *Down*	Ich bin eingerastet! 3 *True* *True*	Einzelschalter 1 (einrastend, eingedrückt)
SpeedButton10	*Caption*	Beenden	Einzelschalter 2 (normal)

Weiterhin ist zu beachten:

- Am letzten Button (*SpeedButton9*) wird nicht "herumgedoktert". Er behält demnach den *GroupIndex*-Defaultwert 0 und wird sich deshalb im Folgenden durch keinerlei besondere Fähigkeiten hervorheben, sich also wie ein "stinknormaler" Button verhalten.

- Wenn Sie die *AllowAllUp*-Eigenschaft für die Gruppe2 (A, B) in *True* ändern, genügt es, dies für einen einzelnen SpeedButton zu tun, der andere erhält dann diesen Wert automatisch.

Quelltext

Um möglichst viele Informationen zu möglichen Programmiervarianten zu vermitteln, erhalten die einzelnen Gruppen unterschiedliche Ereignisbehandlungen.

Den sechs Buttons der ersten Gruppe wird folgende gemeinsame *OnClick*-Ereignisprozedur zugewiesen:

```
procedure TForm1.SpeedButton1Click(Sender: TObject);      // Gruppe 1
var txt: string;
begin
 txt:= 'Gruppe 1 => ';
 Canvas.TextOut(180,200,txt+TSpeedButton(Sender).Name);
end;
```

Ausgewertet und angezeigt wird der Name des gedrückten Button (*String!*).

Bei der zweiten Gruppe wird die *Tag*-Eigenschaft (*Integer!*) quasi als Selektor für den aktivierten Button verwendet:

```
procedure TForm1.SpeedButton2Click(Sender: TObject);      // Gruppe 2
var txt:string;

begin
 case TSpeedButton(Sender).Tag of
 1: txt:= 'Der A-Button!';
 2: txt:= 'Der B-Button!'
 end;
 txt:= 'Gruppe 2 => ' + txt;
 Canvas.TextOut(180,200,txt)
end;
```

Bei der nur aus einem einzigen Button bestehenden dritten Gruppe (Einzelschalter1) wird die *Down*-Eigenschaft zum Abfragen des momentanen Zustandes (gedrückt/nicht gedrückt) und zur Änderung der Beschriftung ausgenutzt:

```
procedure TForm1.SpeedButton9Click(Sender: TObject);  // Einzelschalter 1
begin
 // überstehenden Text löschen:
 Canvas.TextOut(240,200,'                           ');
 // Ausgabe:
 with SpeedButton9 do
 if Down then Caption:= 'Ich bin eingerastet'
         else Caption:= 'Ich bin ausgerastet';
  Canvas.TextOut(180,200,TSpeedButton(Sender).Caption)
end;
```

Nichts Besonderes leistet der letzte Button (Einzelschalter2):

```
procedure TForm1.SpeedButton10Click(Sender: TObject);  // Beenden
begin
 Close
end;
```

Grundlagen

Oberfläche

Grafik

Multimedia

Datei

Datenbank

SQL/ADO

Report

Objekte

OLE/DDE

Peripherie

System

Desktop

Technik

Sonstiges

Test

Starten Sie das Programm und lernen Sie die Auswirkungen der *GroupIndex*, *AllowAllUp* und *Down*-Eigenschaft in der Praxis kennen!

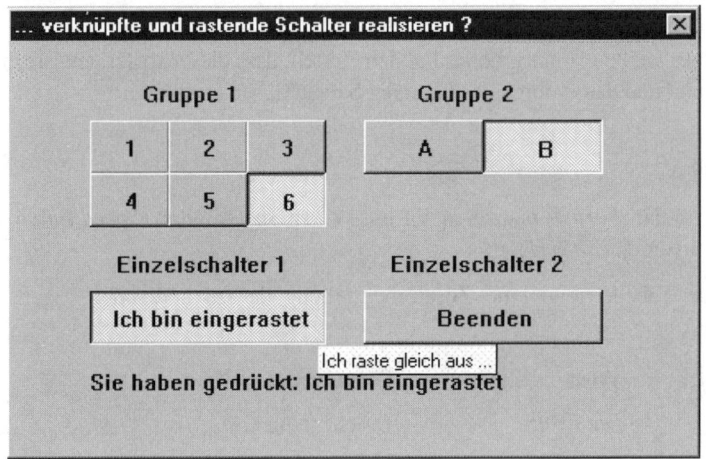

In der Abbildung sehen Sie auch eine QuickInfo (*Hint*-Eigenschaft von *SpeedButton9*).

Bemerkung

Eine Einzelabfrage innerhalb eines Schalterfeldes ist z.B. auch möglich mit *fSender = Speed-Button5 then ...* geht nicht, da *Sender* kein ordinaler Datentyp ist.

R73 ... Grafiken in Schaltflächen einsetzen?

Schluss mit dem tristen Einerlei der *TButton*-Typen! Sowohl mit dem Typ *TBitBtn* als auch mit *TSpeedButton* kann man neben Text auch Grafiken innerhalb von Schaltflächen anzeigen.

Standardmäßig ist die Eigenschaft *NumGlyphs* auf 1 gesetzt, d.h., für jede Schalterstellung (oben, unten, gesperrt) steht nur eine Grafik zur Verfügung, die durch Setzen der *Glyph*-Eigenschaft zur Entwurfs- oder auch zur Laufzeit (s.u.) zugewiesen werden kann.

Grafiken erstellen

In einem pixelorientierten Zeichenprogramm, z.B. Paintbrush, erstellen wir pro Schalter eine einzige Bitmap, welcher im gleichmäßigen Abstand nebeneinander (am besten auf weißem Hintergrund) die Symbole für die Zustände "Taste oben", "Taste gesperrt" und "Taste unten" enthält (ohne Beschriftung und ohne Rand!). Die Datei wird (am besten als 16-Farben-Bitmap) im Arbeitsverzeichnis abgespeichert (z.B. als TEST.BMP).

oben   gesperrt   unten

Die Wahl eines weißen Hintergrundes hat den Vorteil, dass dieser später gewissermaßen transparent erscheint und damit durch das Grau der Schaltflächen ersetzt wird.

Oberfläche

Auf dem Formular (*Form1*) platzieren wir links einen SpeedButton (*SpeedButton1*) und rechts einen Bitmap-Button (*BitBtn1*).

Die folgende Tabelle zeigt eine Zusammenstellung der zu ändernden Eigenschaften von *SpeedButton1*.

Eigenschaft	Wert	Bemerkung
Caption	*Die Fratze*	Beschriftung
Glyph	*TEST.BMP*	Bitmap-Datei, wird im Dialogfenster zugewiesen
Layout	*blGlyphBottom*	Bild erscheint unten
NumGlyphs	*3*	drei Bitmaps
Spacing	*0*	Abstand Bild-Text
Margin	*-1 (Standardwert)*	zentriert, sonst Abstand Bild-Schalterkante

Für *BitBtn1* brauchen wir kaum etwas umzustellen, lediglich für die *Kind*-Eigenschaft wird (entsprechend der geplanten Verwendung als Exit-Button) die "vorgefertigte" Variante *bkClose* ausgewählt. Wer es möchte, kann auch noch durch den *Layout*-Wert *blGlyphRight* erreichen, dass die standardmäßig vorhandene Bitmap rechts neben der ebenfalls automatisch gelieferten Beschriftung erscheint:

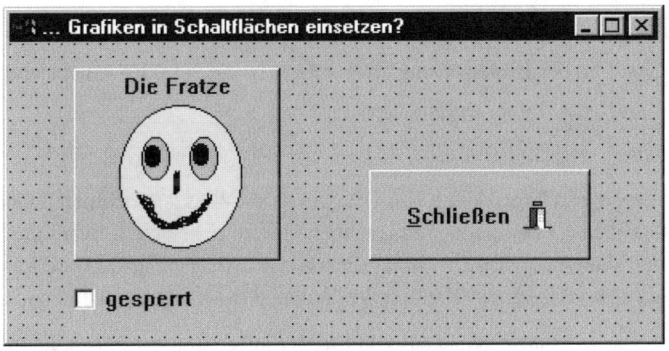

Quelltext

Irgend etwas muss passieren, wenn der Button gedrückt wird, und sei es nur ein kläglicher Piepton:

```
procedure TForm1.SpeedButton1MouseDown(Sender: TObject;
  Button: TMouseButton; Shift: TShiftState; X, Y: Integer);
begin  MessageBeep(0)  end;
```

Die Checkbox dient lediglich dazu, den Button zu sperren bzw. freizugeben:

```
procedure TForm1.CheckBox1Click(Sender: TObject);
begin
  if CheckBox1.Checked then SpeedButton1.Enabled:= False
    else SpeedButton1.Enabled:= True
end;
```

Ein Ereigniscode für das Schließen des Formulars ist nicht notwendig, da dafür bereits die *Kind*-Eigenschaft von *BitBtn1* sorgt.

Test

Bemerkungen

▪ Ein Zuweisen der Bitmap-Datei zur Laufzeit ist z.B. mit der Anweisung

```
Glyph.LoadFromFile('c:\delphi\demo\test.bmp')
```

möglich.

▪ Die *NumGlyphs*-Eigenschaft kann maximal den Wert 4 annehmen. Dann aber sind vier Grafiken nebeneinander zu zeichnen, die letzte bezieht sich auf die Schalter-stellung "dauernd gedrückt". In der Praxis dürfte dieser Zustand höchst selten sinnvoll sein, da er im Allgemeinen durch die "unten"-Position ausreichend nachgebildet wird.

▪ Wenn Sie die *Kind*-Eigenschaft von *BitBtn1* auf *bkCustom* setzen, kann dieser Button in unserem Beispiel genauso eingesetzt werden wie sein linker Nachbar (*Speed-Button1*).

R74 ... eine RadioGroup programmieren?

Dieses Steuerelement, das Sie auf der Standardseite der Komponentenpalette finden, hat es in sich: Mit wenigen Mausklicks können Sie ein Optionsfeld erstellen. Gegen-über der üblichen Programmierung mit einzelnen RadioButtons ergeben sich nicht nur Erleich-terungen beim Entwurf, sondern auch erheblich verbesserte Zugriffsmöglichkeiten zur Lauf-zeit. Das folgende kleine Demoprogramm soll Ihnen den Unterschied verdeutlichen, indem wir die *Color*-Eigenschaft des Formulars einmal mittels RadioGroup und ein anderes Mal mittels RadioButtons verändern.

Oberfläche

Auf dem Formular platzieren Sie links zwei *RadioGroup*s und rechts eine *GroupBox*:

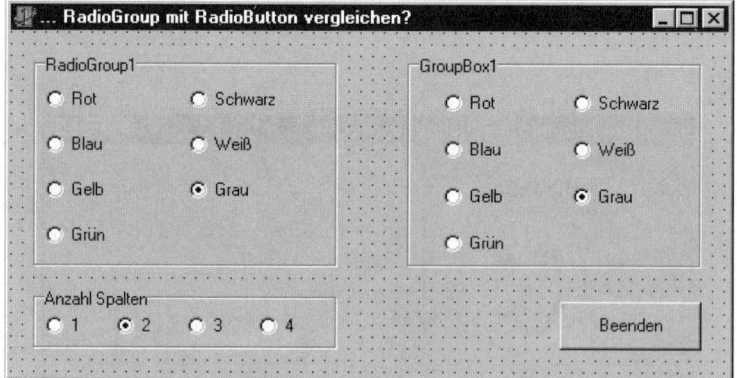

Während Sie in *GroupBox1* (rechts) sieben einzelne RadioButtons (*RadioButton1 ... RadioBut-ton7*) einsetzen müssen, brauchen Sie bei *RadioGroup1* bzw. *RadioGroup2* nur die *Items*-Eigenschaft zu klicken und im Stringlisteneditor die entsprechenden Einträge vorzunehmen, wie hier für *RadioGroup1*:

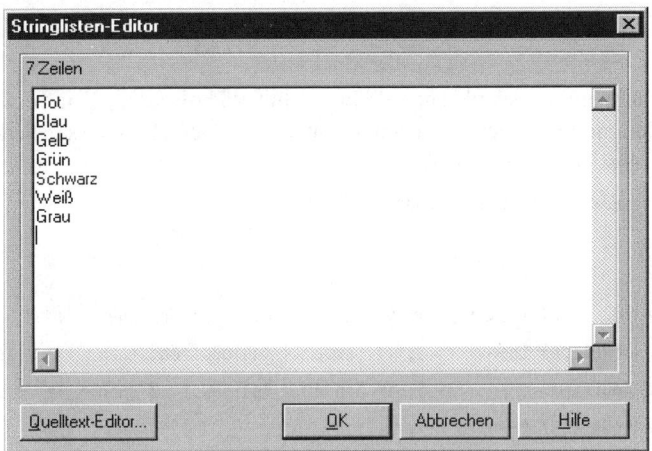

Damit gleich zu Beginn die Farbe "Grau" aktiviert ist, setzen Sie die *ItemIndex*-Eigenschaft von *GroupBox1* auf 6 und die *Checked*-Eigenschaft von *RadioButton7* auf *True*. Stellen Sie für *Columns* von *RadioGroup1* den Wert 2 ein, für *ItemIndex* von *RadioGroup2* den Wert 1.

Hinweis: Die *ItemIndex*-Eigenschaft einer RadioGroup bezeichnet den momentan aktiven Feldindex. Die Zählung beginnt mit Null (0).

Oberfläche

Der *implementation*-Abschnitt von *Form1* beginnt mit einer kleinen Überraschung: Eine initialisierte Array-Konstante!

```
const farbe: array[1..7] of TColor = (clRed,clBlue, clYellow, clGreen,
                                      clBlack, clWhite, clBtnFace);
```

Die Programmierung von *RadioGroup1*:

```
procedure TForm1.RadioGroup1Click(Sender: TObject);
var i: Integer;
begin
 i := RadioGroup1.ItemIndex + 1;
 Color := farbe[i];              // Formularfarbe ändert sich!
```

Das war es eigentlich schon! Doch wir wollen noch dafür sorgen, dass die aktive Farbauswahl auch in der GroupBox mit angezeigt wird. Sie sehen, dass sich der Schreibzugriff ziemlich umständlich gestaltet:

```
case i of
 1: RadioButton1.Checked := True;  2: RadioButton2.Checked := True;
 3: RadioButton3.Checked := True;  4: RadioButton4.Checked := True;
 5: RadioButton5.Checked := True;  6: RadioButton6.Checked := True;
 7: RadioButton7.Checked := True;
```

Grundlagen

Oberfläche

Grafik

Multimedia

Datei

Datenbank

SQL/ADO

Report

Objekte

OLE/DDE

Peripherie

System

Desktop

Technik

Sonstiges

```
    end
end;
```

Nun zur Programmierung des gleichen Problems mit RadioButtons. Wir verwenden für alle sieben RadioButtons einen gemeinsamen Eventhandler (auf "Ereignisse"-Seite des Objektinspektors dem *OnClick*-Event zuweisen!):

```
procedure TForm1.RadioButtonClick(Sender: TObject);
var i: Integer;
begin
  if Sender = RadioButton1 then i := 1; if Sender = RadioButton2 then i := 2;
  if Sender = RadioButton3 then i := 3; if Sender = RadioButton4 then i := 4;
  if Sender = RadioButton5 then i := 5; if Sender = RadioButton6 then i := 6;
  if Sender = RadioButton7 then i := 7;
  Color := farbe[i];
```

Das Synchronisieren der Anzeige in *RadioGroup1* gestaltet sich wieder sehr einfach:

```
  RadioGroup1.ItemIndex := i- 1
end;
```

Gewissermaßen als "Zugabe" soll über *RadioGroup2* die Spaltenanzahl der größeren Schwester eingestellt werden:

```
procedure TForm1.RadioGroup2Click(Sender: TObject);
begin
  RadioGroup1.Columns := RadioGroup2.ItemIndex + 1
end;
```

Test

Starten Sie das Programm, so werden Sie keinerlei Unterschiede in der Arbeitsweise der beiden Optionsfelder feststellen, obwohl der Programmieraufwand bei der RadioGroup wesentlich geringer ist.

Bemerkungen

Die *Items*-Eigenschaft einer RadioGroup können Sie statt im Stringlisten-Editor auch per Quellcode zuweisen, siehe

☞　　R11 ... mit Stringlisten arbeiten?

Hinweis: Über das Programmieren von initialisierten Arrays informieren Sie sich bitte in der Online-Help.

R75 ... den Anfangswert in einer Listbox setzen?

Lange Frage – kurze Antwort: Setzen Sie nach dem Füllen der Combo- oder Listbox die Eigenschaft *ItemIndex* auf den gewünschten Wert (das erste Listenelement hat die Nummer Null). Soll kein Eintrag markiert werden, übergeben Sie den Wert -1.

Hinweis: Das Setzen eines Anfangswertes funktioniert nur, wenn *MultiSelect*-Eigenschaft *False* bleibt (Standardwert).

Oberfläche

Außer einer *ListBox* brauchen wir diesmal nichts! Auf das Zuweisen der *Items*-Eigenschaft im Stringlisten-Editor wollen wir diesmal bewusst verzichten und statt dessen das Füllen der *ListBox* zur Laufzeit demonstrieren.

Quelltext

Die Einträge sind in einem typisierten Konstanten-Array abgelegt:

```
const tage: array[1..7] of string = ('Montag','Dienstag','Mittwoch', 'Donnerstag',
                                      'Freitag','Samstag','Sonntag');
```

Noch einmal: Beachten Sie, dass die Indizierung in einer ListBox mit 0 beginnt.

```
procedure TForm1.FormCreate(Sender: TObject);
var i: Integer;
begin
  for i := 1 to High(tage) do ListBox1.Items.Add(tage[i]);    // Füllen der Listbox
  ListBox1.ItemIndex := 3                 // Anfangswert = vierter Eintrag => Donnerstag
end;
```

Test

Nach dem Programmstart erscheint der Donnerstag als markiert.

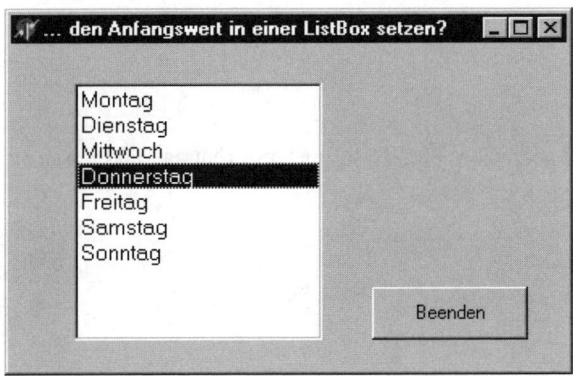

Navigation (Seitenleiste)

Grundlagen

Oberfläche

Grafik

Multimedia

Datei

Datenbank

SQL/ADO

Report

Objekte

OLE/DDE

Peripherie

System

Desktop

Technik

Sonstiges

R76 ... die Zahl markierter Einträge einer Listbox ermitteln?

Die Anzahl der markierten Einträge in einer Listbox lässt sich problemlos über die *SelCount*-Eigenschaft abfragen. Eine kleine Demo soll dies verdeutlichen und gleichzeitig auch zeigen, wie Sie eine ListBox (oder Combobox) zur Entwurfszeit mit Werten füllen können.

Oberfläche

Im Wesentlichen brauchen wir eine *ListBox*, ein *Label* und einen *Button*. Setzen Sie die *Multi-Select*-Eigenschaft der *ListBox* auf *True*! Anschließend füllen Sie die *ListBox* mit Einträgen, indem Sie mit Hilfe des Stringlisteneditors die *Items*-Eigenschaft zuweisen:

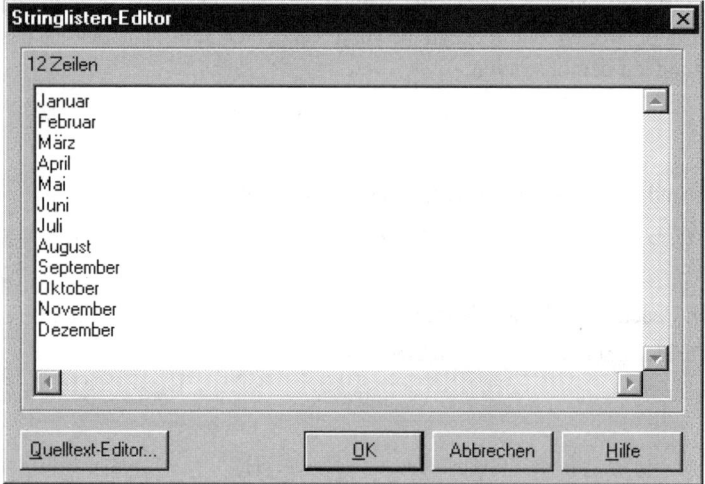

Quelltext

```
procedure TForm1.Button1Click(Sender: TObject);        // markierte Einträge ermiteln
begin
 Label1.Caption := IntToStr(ListBox1.SelCount) + ' markierte Einträge!'
end;
```

Test

Markieren Sie (bei gedrückter Strg-Taste) mehrere Einträge und lassen sie sich das Ergebnis anzeigen!

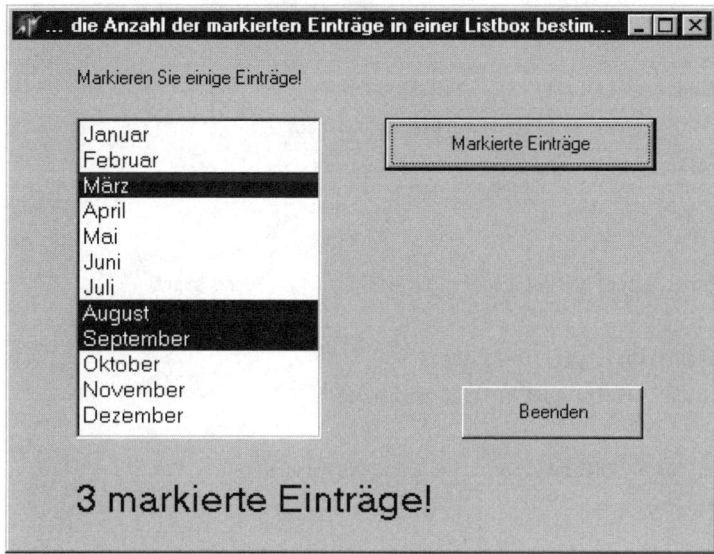

Grundlagen

Oberfläche

Grafik

Multimedia

Datei

Datenbank

SQL/ADO

Report

Objekte

OLE/DDE

Peripherie

System

Desktop

Technik

Sonstiges

Bemerkungen

Wie Sie einem Listenfeld zur Laufzeit Werte zuweisen, erfahren Sie in

☞   R11 ... mit Stringlisten arbeiten?

Wie in (fast) allen Rezepten zu Listboxen gelten die Ausführungen in analoger Weise auch für Comboboxen.

R77 ... die Existenz eines Listboxeintrags feststellen?

Um zu prüfen, ob ein bestimmter Eintrag (zum Beispiel ein Name) in der Listbox existiert, können Sie eine Funktion einsetzen, die wir Ihnen im Folgenden kurz vorstellen.

Oberfläche

Neben der obligatorischen *Listbox* platzieren wir auf dem Startformular (*Form1*) ein *Edit*-Feld, ein *Label* und zwei *Buttons*.

Quelltext

Die Funktion bringen Sie im *Implementation*-Abschnitt von *Unit1* unter:

```
function vorhanden (lBox: TListBox; eintrag: string): Boolean;
var i : Integer;
begin
 Result := True;
```

```
for i := 0 To lBox.Items.Count-1 do if lBox.Items[i] = eintrag then
begin
  lBox.ItemIndex := i; Exit
end;                       // Eintrag markieren und raus
Result := False
end;
```

Der Aufruf:

```
procedure TForm1.Button1Click(Sender: TObject);     // Suche starten
begin
 if vorhanden(ListBox1,Edit1.Text) then
  Label1.Caption := Edit1.Text + ' ist vorhanden!'
  else begin
   Label1.Caption := Edit1.Text + ' ist nicht vorhanden!';
   MessageBeeep(0)
  end
end;
```

Test

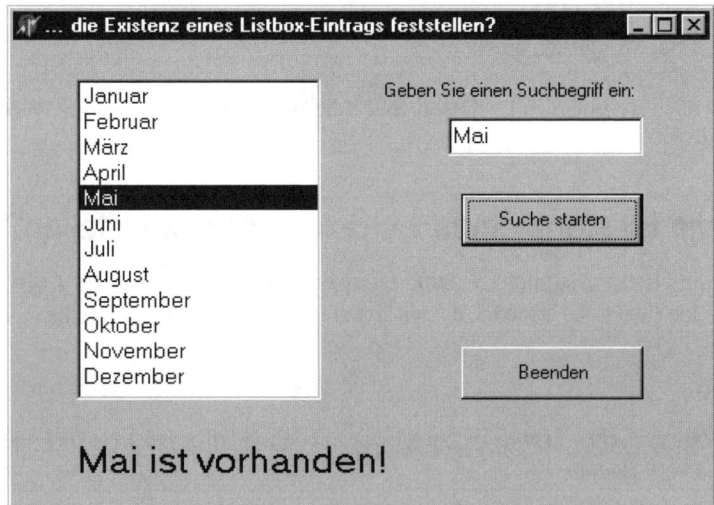

Bemerkungen

- Wenn ein gefundener Eintrag nicht markiert wird, dann müssen Sie die *MultiSelect*-Eigenschaft von *ListBox1* auf Ihren Standardwert (*False*) zurücksetzen.

- Eine verbesserte Suchmöglichkeit, bei der auch ähnliche Einträge festgestellt werden, finden Sie im folgenden Rezept.

R78 ... in Listenfeldern suchen?

Für die Suche bieten sich zwei Wege an:

- ... ähnlich wie in der Windowshilfe (Suche ersten Buchstaben, dann den zweiten ...)

- ... allgemeine Suche mit Platzhaltern (in unserem Fall der Stern "*")

Unser "Suchalgorithmus" in *Edit1Change* vereinigt beide Möglichkeiten.

Nach der Prüfung auf den Platzhalter (*) werden die folgenden zwei Fälle unterschieden:

- Im ersten Fall genügt ein Vorkommen des Suchstrings im Listenfeldeintrag (*If Pos ...*),

- im zweiten Fall wird linksseitig auf das Vorkommen geprüft (*UpperCase(Copy ...*).

Ist das Suchergebnis positiv, wird die Prozedur mit *Exit* sofort verlassen.

Hinweis: Zum Testen der folgenden Routine finden Sie auf der Buch-CD eine Datei *daten.dat*, in der über 400 Namen gespeichert sind. Über den Button "Liste füllen" wird diese Datei mit Hilfe der Methode *LoadFromFile* in das Listenfeld geladen.

Oberfläche

Für unseren Test brauchen wir eine *ListBox*, ein Editierfeld und einen Button. Voraussetzung für die Funktionsfähigkeit des Suchalgorithmus ist ein sortiertes Listenfeld (*Listbox1.Sorted = True*).

Quelltext

Das Füllen der ListBox:

```
procedure TForm1.Button1Click(Sender: TObject);      // Liste füllen
begin
  // Datei wird im aktuellen Verzeichnis gesucht:
  Listbox1.Items.LoadFromFile(ExtractFilepath(ParamStr(0)) + 'daten.dat')
end;
```

Die Suche beginnt bei jeder Änderung im Eingabefeld:

```
procedure TForm1.Edit1Change(Sender: TObject);   // Eingabe
var s : string;
    i : Integer;
begin
  s := Edit1.Text;
  if Copy(s,1,1) = '*' then begin          // * als Platzhalter vorn
    s := Copy(s, 2, Length(s) - 1);
```

Grundlagen

Oberfläche

Grafik

Multimedia

Datei

Datenbank

SQL/ADO

Report

Objekte

OLE/DDE

Peripherie

System

Desktop

Technik

Sonstiges

```
          for i := 0 To ListBox1.Items.Count - 1 do
          if Pos(s, ListBox1.Items[i]) <> 0 then
          begin
             ListBox1.ItemIndex := i;          // Eintrag markieren
             Exit
          end
      end else begin                          // sonst
          for i := 0 to ListBox1.Items.Count - 1 do
          if UpperCase(s) = UpperCase(Copy(ListBox1.Items[i],1, Length(s))) then
          begin
             ListBox1.ItemIndex := i;          // Eintrag markieren
             Exit
          end
      end
end;
```

Test

Nach dem Programmstart füllen Sie zunächst die Liste. Experimentieren Sie nun mit verschiedenen Suchbegriffen. Die Suche beginnt bei jeder Änderung im Eingabefeld. Wie das Platzhalterzeichen (*) funktioniert, entnehmen Sie der folgenden Abbildung:

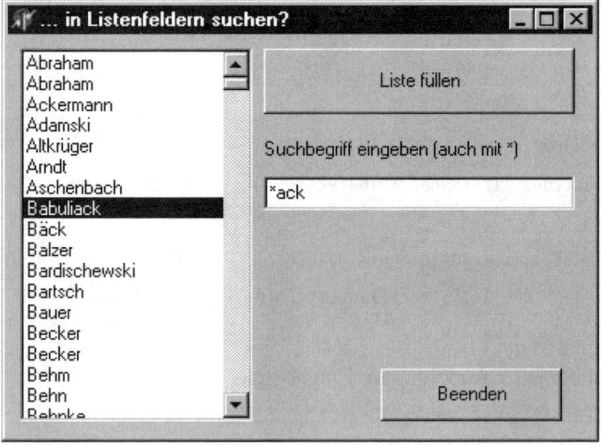

Bemerkung

Die Suche wird mit jeder Änderung im Editfeld ausgelöst, dies kann bei langen Listenfeldern (und langsamen Computern) zu nicht unerheblichen Verzögerungen bei der Eingabe führen. Ändern Sie in diesem Fall die Prozedur dahingehend, dass Sie unter *KeyPress* die Enter-Taste abfangen (*Key=#13*) und erst damit die Suche einleiten.

R79 ... Einträge in einer Listbox löschen?

Über *Delete* haben Sie zwar die Möglichkeit, Listeneinträge zu löschen, Sie müssen jedoch deren Nummer bzw. Index angeben. In einigen Fällen ist es sinnvoller, den entsprechenden Eintrag über seine Bezeichnung zu löschen.

Ein kleiner "Schönheitsfehler" dieses Verfahrens soll nicht verschwiegen werden: Name bzw. Bezeichnung dürfen natürlich nur einmal vorhanden sein.

Oberfläche

Für unser Testprogramm genügen neben der *ListBox* ein Editierfeld und ein Button. Weisen Sie der *Items*-Eigenschaft per Stringlisten-Editor ein paar Werte zu.

Quelltext

```
procedure entferne (lBox: TListBox; eintrag : string);
var i : Integer;
begin
 for i := 0 To lBox.Items.Count-1 do
  if lBox.Items[i] = eintrag then begin
   lBox.Items.Delete(i);
   Exit
  end
end;
```

Der Aufruf:

```
procedure TForm1.Button1Click(Sender: TObject);     // Löschen
begin entferne(ListBox1,Edit1.Text) end;
```

Test

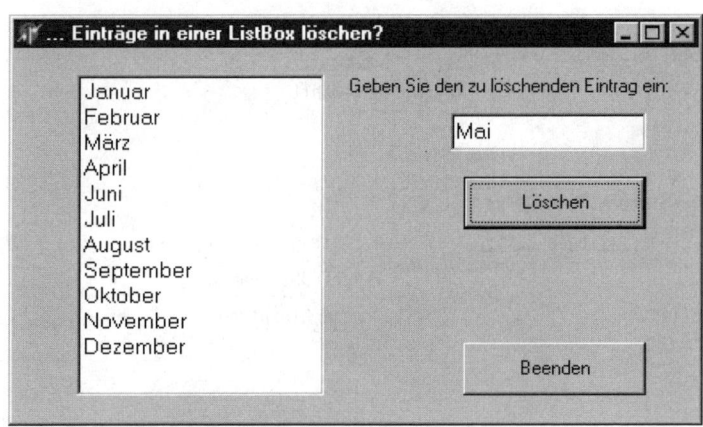

Grundlagen

Oberfläche

Grafik

Multimedia

Datei

Datenbank

SQL/ADO

Report

Objekte

OLE/DDE

Peripherie

System

Desktop

Technik

Sonstiges

R80 ... eine intelligente Combobox programmieren?

Ja, Sie haben richtig gelesen, die Überschrift ist kein Witz! Mit geringstem Aufwand ist es möglich, eine "lernfähige" Combobox zu programmieren. Gemeint ist damit, dass sich die Combobox die vom Nutzer vorgenommenen Einträge "merkt" und anschließend zur Auswahl anbietet.

Oberfläche

Außer einem Formular mit einer Combobox brauchen Sie ... nichts! Setzen Sie die *Sorted*-Eigenschaft der Combobox auf *True*.

Quelltext

Die Programmierung beschränkt sich auf zwei Eventhandler, einer für das *OnChange-*, der andere für das *OnDropDown*-Event der Combobox.

Der *implementation*-Abschnitt von *Unit1*:

```
var ix:Integer;
```

Wenn Sie etwas eintragen:

```
procedure TForm1.ComboBox1Change(Sender: TObject);
begin
 ix := ComboBox1.ItemIndex // an welchem Eintrag wurde rumgedoktert?
end;
```

Wenn Sie die ComboBox aufklappen:

```
procedure TForm1.ComboBox1DropDown(Sender: TObject);
var i:Integer;
begin
 with ComboBox1 do begin
  if Text = '' then  // diesen Eintrag auch aus der Liste entfernen
  begin
   Items.Delete(ix);
   ix:=-1              // kein Eintrag ausgewählt
  end          else
  begin
   for i := 0 to Items.Count-1 do
    if Text = Items[i] then Exit;   // wenn Eintrag schon da ist:
                                     // ... nicht übernehmen!
    Items.Add(Text)                  // ... sonst hinzufügen
  end
 end
end;
```

Test

Beginnen Sie nach Programmstart mit der Eingabe von Werten.

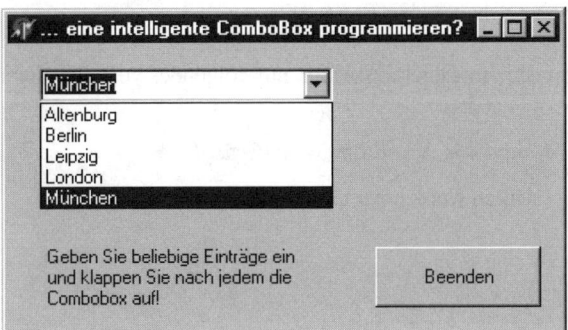

Beim Aufklappen der Combobox wird der eingegebene Wert in die Liste übernommmem. Die Eingabe doppelter Werte wird unterbunden! Wählen Sie einen Wert aus der Liste aus und löschen Sie ihn, so wird er auch aus der Liste entfernt! Allerdings muss für diesen Fall die Liste vorher zugeklappt sein.

Bemerkungen

Wenn Sie möchten, dass der eingetragene Wert nicht nur durch das Aufklappen der Combobox, sondern auch durch Betätigen der Enter-Taste übernommen wird, so fügen Sie folgenden Eventhandler hinzu:

```
procedure TForm1.ComboBox1KeyPress(Sender: TObject; var Key: Char);
begin
 if key = #13 then ComboBox1DropDown(Self)
end;
```

R81 ... mit der Gitter-Komponente arbeiten?

Zur tabellenförmigen Datenanzeige stellt Delphi die beiden Komponenten *DrawGrid* und *StringGrid* zur Verfügung. Beide sind eng miteinander verwandt, wobei das *StringGrid* die leistungsfähigere Variante ist. Es entspricht vollständig dem *DrawGrid* und besitzt darüber hinaus zusätzliche Eigenschaften für einen vereinfachten indizierten Zugriff auf die Zellen.

Das folgende kleine Demoprogramm ermöglicht die Eingabe von max. zehn Personennamen und deren Geburtsjahr und berechnet daraus deren Alter. Es benutzt dazu eine repräsentative Auswahl der wichtigsten Funktionen der *StringGrid*-Komponente. Angesichts des undurchschaubaren Wirrwarrs der teilweise miteinander verzahnten über 50(!) Schlüsseleigenschaften, -methoden und -ereignisse ist eine solche Beschränkung dringend erforderlich, um Licht in das Dunkel zu bringen.

Grundlagen

Oberfläche

Grafik

Multimedia

Datei

Datenbank

SQL/ADO

Report

Objekte

OLE/DDE

Peripherie

System

Desktop

Technik

Sonstiges

Oberfläche

Wir platzieren auf dem Formular (*Form1*) eine Gitter-Komponente (*StringGrid1*), eine Listenbox (*Listbox1*) und eine Schaltfläche (*Button1*).

Für *StringGrid1* werden im Objektinspektor nur folgende, von den Standardwerten abweichende, Eigenschaften geändert:

RowCount = 11; ColCount = 4, ScrollBars = ssVertical.

Die restlichen Eigenschaften werden per Quelltext zugewiesen.

Quelltext

```
unit Unit1;

interface

uses
  SysUtils, Windows, Messages, Classes, Graphics, Controls,
  Forms, Dialogs, StdCtrls, Grids, ExtCtrls;

type
  TForm1 = class(TForm)
    StringGrid1: TStringGrid;
    ListBox1: TListBox;
    Button1: TButton;
    procedure Button1Click(Sender: TObject);
    procedure FormCreate(Sender: TObject);
    procedure StringGrid1Click(Sender: TObject);
    procedure StringGrid1KeyPress(Sender: TObject; var Key: Char);

    procedure calcYears;      // selbst hinzufügen!
  end;

var
  Form1: TForm1;

implementation

{$R *.DFM}

procedure TForm1.FormCreate(Sender: TObject);          // Programm starten
var i:Integer;
```

Grundlagen

Oberfläche

Grafik

Multimedia

Datei

Datenbank

SQL/ADO

Report

Objekte

OLE/DDE

Peripherie

System

Desktop

Technik

Sonstiges

```pascal
begin
// Aussehen und Eigenschaften des Gitters festlegen:
 with StringGrid1 do
 begin
  ColWidths[0] := 30;               // Breite der Fixspalte verringern
  Cells[0,0] := 'Nr.';
  Cells[1,0] := 'Name';
  Cells[2,0] := 'Geburtsjahr';
  Cells[3,0] := 'Alter';
 // Fixspalte mit Zeilennummern ausfüllen:
  for i := 1 to RowCount-1 do Cells[0,i] := IntToStr(i);
 // alle True-Optionseinstellungen zuweisen:
  Options := [goFixedVertLine, goFixedHorzLine, goHorzLine, goVertLine,
            goRowMoving, goColSizing, goEditing, goTabs]
 end
end;

procedure TForm1.calcYears;      // Alter berechnen
var heute: TDateTime;
    geb, jahr, monat, tag: Word;
    i,code: Integer;

begin
 heute := Now;                          // aktuelles Datum ermitteln
 DecodeDate(heute, jahr, monat, tag);   // aktuelle Jahreszahl berechnen
 with StringGrid1 do
 begin
  EditorMode := True;                  // sonst keine Zuweisung möglich!
  if Cells[2,row] <> '' then           // nur, wenn Geburtsjahr eingetragen ist
  begin
   Val(Cells[2,row], geb, code);       // Geburtsjahr in Zahl umwandeln
   Cells[3,row] := IntToStr(jahr-geb)  // Differenz berechnen und zuweisen
  end
 end
end;

procedure TForm1.StringGrid1KeyPress(Sender: TObject; var Key: Char);
// Tastatureingaben auswerten:
begin
```

```
with stringGrid1 do begin
  // Alter nach Eingabe des Geburtsjahrs berechnen:
  if col = 2 then if key = Chr(13) then calcYears;      // Enter-Taste
  // Eingaben in Alter-Spalte sperren:
  if col = 3 then EditorMode := False else EditorMode := True
  end
end;


procedure TForm1.StringGrid1Click(Sender: TObject);    // Mausklick auswerten
begin
  with stringGrid1 do listBox1.Items := Rows[Row]      // aktuelle Zeile übernehmen
end;
```

Test

Wir starten das Programm und versuchen erst einmal, die Breite der Spalten unseren Wünschen anzupassen. Dazu müssen wir mit der Maus auf die senkrechten Trennlinien innerhalb der oberen (fixierten) Zeile klicken und diese (bei gedrückt gehaltener Maustaste) auseinanderziehen (*GoColSizing*). Dabei stellen wir fest, dass die Korrektur der Fixspalten-Breite zur Laufzeit (per Maus) nicht möglich ist. Aus diesem Grund wurde dies bereits im *OnFormCreate*-EventHandler mittels *ColWidths*-Zuweisung erledigt.

Nun füllen wir das Gitternetz aus, <u>wobei alle Eingaben mit Enter abzuschließen sind</u>. Das Alter erscheint dann automatisch nach Eingabe des Geburtsjahres. Danach kann mit Cursor- oder Tab-Taste (*GoTabs*) zur nächsten Zelle "gewandert" werden. Die Anzeige rechts im Listenfeld erfolgt synchron dazu.

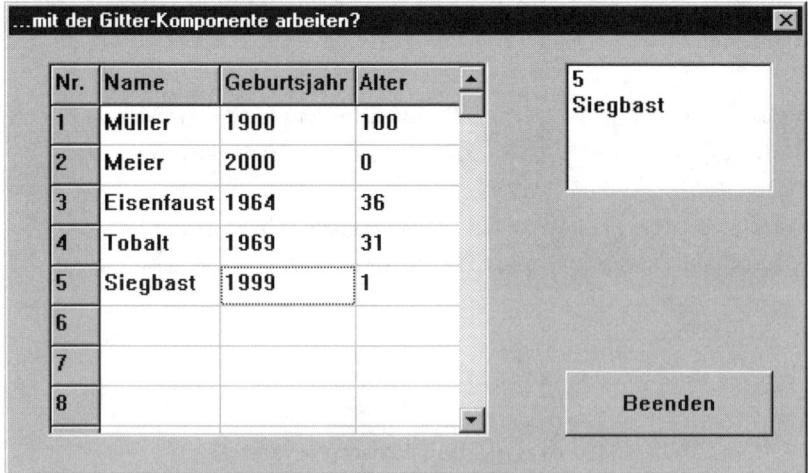

Grundlagen

Oberfläche

Grafik

Multimedia

Datei

Datenbank

SQL/ADO

Report

Objekte

OLE/DDE

Peripherie

System

Desktop

Technik

Sonstiges

Hinweis: Sie können die Reihenfolge der Einträge verändern, indem Sie die entsprechende Zeilennummer (auf der Fixspalte) anklicken und mit der Maus verschieben (*Go-RowMoving*).

Bemerkungen

- Erst im *OnCreate*-Ereignis von *Form1* werden endgültiges Aussehen und Eigenschaften des Gitters festgelegt.

- Die Zuweisung der *Options*-Einstellungen führt zu einer ziemlich langen Quelltextzeile, da man die Voreinstellungen im Objektinspektor überschreibt und <u>alle</u> *True*-Werte berücksichtigen muss. Man kann sich das auch sparen, wenn man diese Einstellungen bereits im Objektinspektor vornimmt (dazu auf die *Option*-Zeile doppelklicken!).

- Das Alter wird nicht per Hand eingegeben, sondern aus der Differenz von aktuellem Datum und Geburtsjahr ermittelt. Dazu wird dem *TForm1*-Objekttyp eine extra Methode *calcYears* hinzugefügt.

- *ListBox1* dient eigentlich nur dem Zweck, eine sinnvolle Zuweisung für die *Rows*-Eigenschaft von *StringGrid1* zu ermöglichen. Diese ist vom Typ *TStrings,* dem gleichen Typ also, wie die *Items*-Eigenschaft der Listenbox. Die angeklickte Zeile (diese entspricht der *Row*-Eigenschaft von *StringGrid1*, man beachte den feinen Unterschied!) soll automatisch in *ListBox1* angezeigt werden. Dazu wird das *OnClick*-Ereignis von *StringGrid1* besetzt.

- Eingaben in die letzte Spalte sollen unterbunden werden, was sich am besten im *OnKeyPress*-Event von *StringGrid1* realisieren lässt.

R82 ... zwei Gitter-Komponenten synchronisieren?

Stellen Sie sich vor, Sie haben zwei Anzeigegitter nebeneinander platziert, aber nur das erste verfügt über Bildlaufleisten. Sie wollen erreichen, dass das zweite Gitter quasi automatisch "mitläuft", also immer genau den gleichen Ausschnitt wie das erste anzeigt.

Oberfläche

Sie brauchen für *Form1* nur zwei *StringGrids* und einen *Button*. Belassen Sie die *ScrollBars*-Eigenschaft von *StringGrid1* auf ihrem Defaultwert (*ssBoth*) und ändern Sie nur die seines Nachbarn (*StringGrid2*) in *ssNone*.

Quelltext

```
procedure TForm1.FormCreate(Sender: TObject);
var i,j: Integer;      // Zeilen- bzw. Spaltenzähler
const n=10;            // Anzahl Zeilen bzw. Spalten
```

```
begin
 StringGrid1.RowCount:= n;
 StringGrid1.ColCount:= n;
 StringGrid2.RowCount:= n;
 StringGrid2.ColCount:= n;
 for i:= 0 to StringGrid1.RowCount-1 do   // für alle Zeilen
  for j:=0 to StringGrid1.ColCount-1 do   // für alle Spalten
  begin
   StringGrid1.Cells[j,i]:= IntToStr(i)+','+IntToStr(j);
   StringGrid2.Cells[j,i]:= StringGrid1.Cells[j,i]
  end;
end;
```

Beim Laden des Formulars werden beide Gitter mit je zehn Zeilen und Spalten ausgestattet. Jede Zelle wird mit Zeilen- und Spaltenindex beschriftet:

Knackpunkt ist die Ausnutzung des *OnTopLeftChanged*-Ereignisses von *StringGrid1,* welches immer dann auftritt, wenn sich obere Zeilennummer oder linke Spaltennummer verändert haben. Im entsprechenden Event-Handler werden dann die Eigenschaften *TopRow* (oberste Zeile) und *LeftCol* (linke Spalte) des zweiten Gitters denen des ersten angepasst:

```
procedure TForm1.StringGrid1TopLeftChanged(Sender: TObject);
begin
 StringGrid2.TopRow := StringGrid1.TopRow;
 StringGrid2.LeftCol:= StringGrid1.LeftCol
end;
```

Test

Nach Programmstart werden Sie feststellen, dass "wie von Geisterhand" das zweite Gitter die Ausschnittsverschiebungen seines Nachbarn mitmacht:

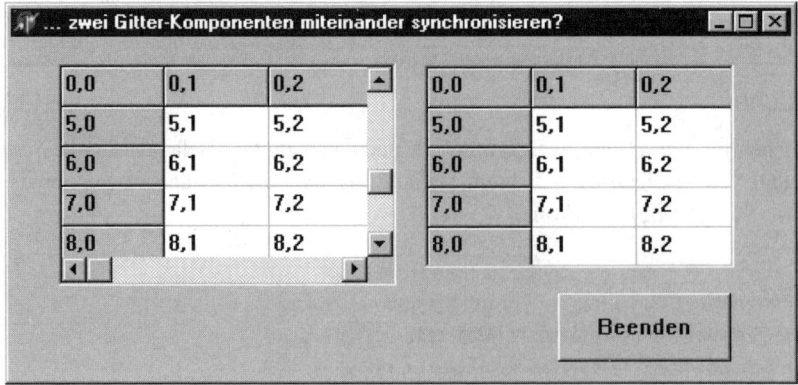

R83 ... verschiedene ListView-Ansichten verwenden?

Grundlagen

Oberfläche

Grafik

Multimedia

Datei

Datenbank

SQL/ADO

Report

Objekte

OLE/DDE

Peripherie

System

Desktop

Technik

Sonstiges

Mit der Komponente *TListView* (Seite "Win32" der Komponentenpalette) können Sie eine Liste mit Einträgen auf unterschiedlichste Weise anzeigen (mit kleinen oder großen Symbolen, zeilen- oder spaltenweise, mit Überschrift und Untereinträgen). Die folgende Übersicht zeigt die verschiedenen Werte der Eigenschaft *ViewStyle*:

Wert	Bedeutung
vsIcon	Die einzelnen Elemente werden entsprechend der *LargeImages*-Eigenschaft mit Beschriftung unterhalb angezeigt.
vsSmallIcon	Die einzelnen Elemente werden entsprechend der *SmallImages*-Eigenschaft zeilenweise mit Beschriftung rechts angezeigt.
vsList	Die einzelnen Elemente werden entsprechend der *SmallImages*-Eigenschaft spaltenweise mit Beschriftung rechts angezeigt.
vsReport	Die einzelnen Elemente erscheinen zeilen- und spaltenweise. Die äußerste linke Spalte enthält das Symbol entsprechend der *SmallImages*-Eigenschaft und die Beschriftung. Die nachfolgenden Spalten enthalten die Unterelemente (*SubItem*-Eigenschaft der *ListItem*-Objekte). Wenn *ShowColumnHeaders* *True* ist, besitzt jede Spalte eineÜberschrift.

In unserem Beispiel soll eine "Liste mit Einzelteilen" nebst Erläuterungen angezeigt werden.

Oberfläche

Neben einer *ListView* werden noch eine *ImageList* , eine *RadioGroup* und ein *Label* benötigt.

Klicken Sie doppelt auf die *ImageList* und füllen Sie diese mit geeigneten Bildchen, Sie finden diese z.B. im Verzeichnis ...*Programme\Gemeinsame Dateien\Borland Shared\Images\Icons*. Mit wenigen Mausklicks haben Sie auch die *Items*-Eigenschaft für die RadioGroup zugewiesen.

Quelltext

```
procedure TForm1.FormCreate(Sender: TObject);
```

Eine initialisierte zweidimensionale Array-Konstante liefert einige fertige Einträge und erspart uns so eine Menge Tipparbeit (die Einträge der zweiten Spalte sind nur für die *vsReport*-Ansicht von Bedeutung):

```
const  Zeilen: array[1..5, 1..2] of string = (
          ('Kreisel', 'für Kinder'),
          ('Schaltkreis', 'für Computer'),
          ('komisches Ding', 'was weiß ich?'),
          ('Weltkugel', 'für Erdkundeunterricht'),
          ('Zahnrad', 'für Maschinenbau')
          );
```

Neben einer normalen Zählvariablen werden auch zwei Objektvariablen benötigt:

```
var i: Integer;
    ListItem: TListItem;
    NewColumn: TListColumn;
```

Nun geht es los:

```
begin
```

Die Anfangseigenschaften einstellen:

```
with ListView1 do
  begin
    LargeImages := ImageList1;    // Bildchen für vsIcon
    SmallImages := ImageList1;    // Bildchen für vsSmallIcon, vsList und vsReport
    RowSelect := True;            // komplette Zeile selektieren (nur für vsReport)
    GridLines := True             // Gitterlinien (nur für vsReport)
  end;
```

Die Einträge vornehmen:

```
for i := Low(Zeilen) to High(Zeilen) do
  begin
    ListItem := ListView1.Items.Add;
    ListItem.Caption := Zeilen[i][1];
    ListItem.ImageIndex := i-1;           // Bildindex beginnt mit 0
    ListItem.SubItems.Add(Zeilen[i][2])   // zweite Spalte (nur für vsReport)
  end;
```

Zwei persistente Spalten mit Überschrift hinzufügen (nur für *vsReport* erforderlich):

```
NewColumn := ListView1.Columns.Add;
NewColumn.Caption := 'Einzelteil';
NewColumn.Width := 100;
```

Grundlagen

Oberfläche

Grafik

Multimedia

Datei

Datenbank

SQL/ADO

Report

Objekte

OLE/DDE

Peripherie

System

Desktop

Technik

Sonstiges

```
NewColumn := ListView1.Columns.Add;
NewColumn.Caption := 'Erläuterung';
NewColumn.Width := 200
end;
```

Beim Klicken auf einen Eintrag soll die *Caption*-Eigenschaft eines selektierten Elements im Label angezeigt werden:

```
procedure TForm1.ListView1Click(Sender: TObject); // Eintrag selektieren
begin
 Label1.Caption := ListView1.Selected.Caption
end;
```

In der RadioGroup wird die *ViewStyle*-Eigenschaft geändert:

```
procedure TForm1.RadioGroup1Click(Sender: TObject);  // ViewStyle wechseln
begin
 case RadioGroup1.ItemIndex of
 0: ListView1.ViewStyle := vsIcon;
 1: ListView1.ViewStyle := vsSmallIcon;
 2: ListView1.ViewStyle := vsList;
 3: ListView1.ViewStyle := vsReport
 end
end;
```

Test

Starten Sie das Programm und probieren Sie die verschiedenen Ansichten:

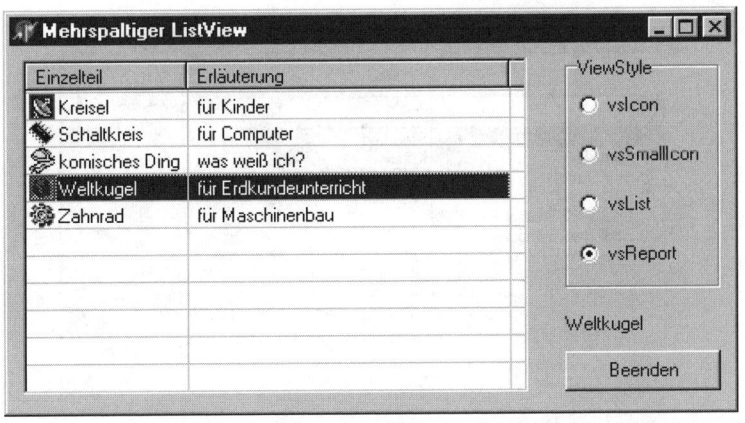

R84 ... eine Uhr einblenden?

Eigentlich lohnt es sich kaum, ein "Wie kann ich ...?" über dieses Thema zu schreiben, ist doch mit Hilfe eines *Timers* und einer *Label*- bzw. *Panel*-Komponente in wenigen Sekunden eine derartige Funktion realisiert. Wir wollen dennoch darauf eingehen und zusätzlich noch eine Datumsanzeige hinzufügen.

Oberfläche

Obwohl ein *Timer* und ein *Panel* (oder gar ein *Label*) genügen, haben wir zusätzlich noch eine *Statusbar*- und eine *Trackbar*-Komponente eingefügt. So lernen Sie als nützlichen Nebeneffekt auch gleich noch die Programmierung dieser Controls kennen.

Setzen Sie die *Interval*-Eigenschaft des Timers auf 1000 (1 sek) und die Eigenschaft *Max* der Trackbar auf 60 (Anzahl der Sekunden).

Sie wundern sich über das digitalgrüne Techno-Outfit der Panel-Komponente? Kein Problem, setzen Sie die *Color*-Eigenschaft auf *clBlack* und weisen Sie *Font* die folgenden Werte zu:

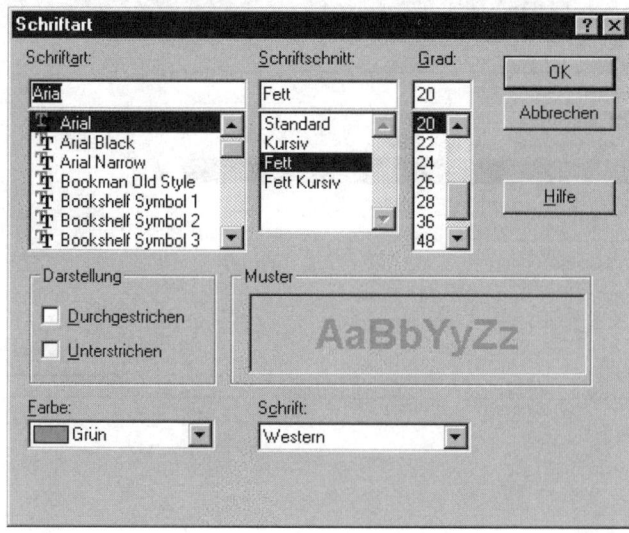

Der *Statusbar* müssen Sie zwei *Panel*-Objekte hinzufügen (Eigenschaft *Panels*), auf die Sie später über den Index zugreifen können:

Grundlagen

Oberfläche

Grafik

Multimedia

Datei

Datenbank

SQL/ADO

Report

Objekte

OLE/DDE

Peripherie

System

Desktop

Technik

Sonstiges

Quelltext

Die aktuelle Zeit soll zum einen in der *Panel*-Komponente, zum anderen in der *Statusbar* (linkes Panel-Objekt) angezeigt werden. Im rechten Panel-Objekt der Statusbar erfolgt eine ausführliche Datumsanzeige:

```
procedure TForm1.Timer1Timer(Sender: TObject);
var  Hour, Min, Sec, mSec: Word;

begin
  Panel1.Caption:= TimeToStr(Time);
  StatusBar1.Panels[0].Text:= TimeToStr(Time);
  StatusBar1.Panels[1].Text:= FormatDateTime('"Heute ist "dddd," der "d.mmmm yyyy"',
                                Date)
  DecodeTime(time, Hour, Min, Sec, mSec);
  Trackbar1.Position := Sec
end;
```

Die FormatDateTime-Funktion bietet weitaus individuellere Gestaltungsmöglichkeiten als die alternativ einsetzbare *DateToStr*-Funktion.

Um im *Trackbar* die aktuelle Sekunde anzuzeigen, mussten wir den Datumswert in seine Einzelbestandteile zerlegen (*DecodeTime*).

Test

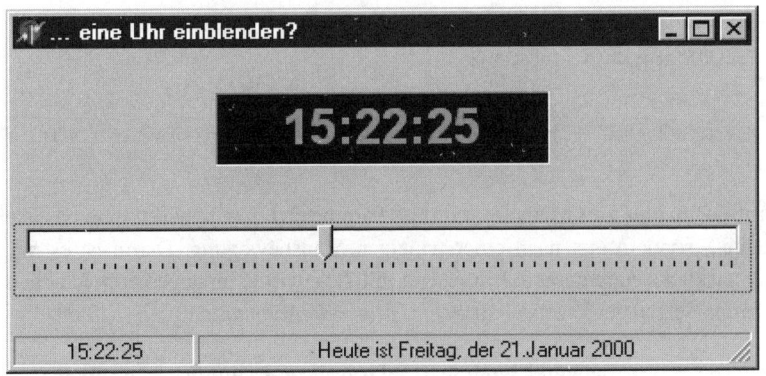

R85 ... DragDrop verstehen?

Das Ziehen und Loslassen von Objekten ist ein typisches Windows-Feature, welches man natürlich auch unter Delphi einsetzen kann. Dazu verfügen fast alle visuellen Steuerelemente über diverse Eigenschaften (*DragMode, DragCursor*), Methoden (*BeginDrag, Dragging)* und Ereignisse (*OnDragDrop, OnDragOver, OnStartDrag, OnEndDrag*). Statt umständlicher Erklärungen wollen wir der DragDrop-Problematik an Hand einer einfachen Demo zu Leibe rücken.

Oberfläche

Lasst uns ganz einfach beginnen und zunächst zeigen, wie man den Inhalt eines Editierfeldes in ein Bezeichnungsfeld ziehen und ablegen kann.

Platzieren Sie deshalb auf dem Formular voerst nur ein *Edit*-Feld und ein *Label*.

Quelltext

Das Programmieren eines vollständigen DragDrop-Zyklus verlangt das Besetzen von vier Eventhandlern, welche gleichzeitig die vier Etappen des Ziehens und Ablegens demonstrieren:

1. Start der DragDrop-Operation (BeginDrag-Methode der Quelle aufrufen)

Der einfachste Weg wäre es, im Objektinspektor die *DragMode*-Eigenschaft von *Edit1* auf *dmAutomatic* zu ändern. Dann beginnt der Ziehvorgang automatisch nach einem Mausklick. Allerdings bekommen Sie dann Schwierigkeiten, wenn Sie in *Edit1* ganz normal nur Text eingeben wollen. Ohne dass Sie es wollen, würde dann ungefragt auch eine DragDrop-Operation gestartet werden. Es ist deshalb günstiger, *DragMode* auf *dmManual* zu belassen (Standardeinstellung) und statt dessen eine Ereignisbehandlungsroutine für das *OnMouse-Down*-Event zu schreiben:

```
procedure TForm1.Edit1MouseDown(Sender: TObject; Button: TMouseButton;
  Shift: TShiftState; X, Y: Integer);
begin
 if Button = mbLeft then  Edit1.BeginDrag(False)    // Immediate-Parameter = False
end;
```

Der Aufruf der *BeginDrag*-Methode mit dem Parameter *False* bewirkt, dass das Ziehen nicht sofort beginnt, sondern erst nach einer winzigen Mausbewegung. Damit ist es möglich, auf normale Mausklicks zu reagieren. Ein Aufruf mit *True* würde hingegen zum gleichen Ergebnis führen wie das Setzen der Eigenschaft *BeginDrag = dmAutomatic*.

2. Akzeptieren des gezogenen Elements (OnDragOver-Event des Ziels auswerten)

Label1 empfängt ein *OnDragOver*-Ereignis, wenn der Inhalt von *Edit1* über *Label1* gezogen wird. Durch Ändern der Form des Mauszeigers soll die Bereitschaft zum Ablegen signalisiert werden. Das erreichen Sie durch Setzen des Variablenparameters *Accept* auf *True*:

```
procedure TForm1.Label1DragOver(Sender, Source: TObject; X, Y: Integer;
```

```
    State: TDragState; var Accept: Boolean);
begin
  if Source is TEdit then Accept := True
end;
```

Beachten Sie, dass obiger Code beliebige Editierfelder als Quelle der DragDrop-Operation akzeptiert. Soll nur *Edit1* ablegen dürfen, ändern Sie die Anweisung wie folgt:

```
if Source = Edit1 then Accept := True;
```

Durch Auswerten des *State*-Parameters könnten Sie unterscheiden, ob das gezogene Element in das Zielobjekt hineinbewegt wird (*state = dsDragEnter*), sich über diesem bewegt (*state = dsDragMove*) oder dieses verlässt (*state = dsDragLeave*). Damit lassen sich z.B. auch eindrucksvolle grafische Animationen realisieren. Im Rezept R86 finden Sie ein Beispiel, wo sich das Fach eines Aktenschrankes öffnet bzw. schließt, wenn aus einem Dateilistenfeld eine bestimmte Datei hineingezogen und abgelegt wird.

3. Ablegen des Elements (OnDragDrop-Event des Ziels auswerten)

Ein akzeptiertes Element kann durch Loslassen der Maustaste abgelegt werden. Was dabei konkret passieren soll, schreiben Sie in den Eventhandler für das *OnDragDrop*-Ereignis der Zielkomponente (*Label1*):

```
procedure TForm1.Label1DragDrop(Sender, Source: TObject; X, Y: Integer);
  if Source is TEdit then Label1.Caption := Edit1.Text
end;
```

4. Beenden der DragDrop-Operation (OnEndDrag-Event der Quelle auswerten)

Die Quelle des Ziehvorgangs (*Edit1*) erhält nach Loslassen der Maustaste über ihr *OnEndDrag*-Ereignis eine Benachrichtigung, ob der Ziehvorgang erfolgreich abgeschlossen werden konnte:

```
procedure TForm1.Edit1EndDrag(Sender, Target: TObject; X, Y: Integer);
begin
  if Target = nil then  MessageBeep(0)    // kein Drag & Drop
end;
```

In unserem Fall soll ein Piepton erzeugt werden, wenn das DragDrop misslungen ist[1]. Im Erfolgsfall enthält der Variablenparameter *Target* das Objekt, in welches das gezogene Element abgelegt wurde.

Hinweis: Beachten Sie, dass alle DragDrop-Eventhandler die Parameter X,Y übergeben, d.h., auch die aktuellen Mauskoordinaten könnten während des Ziehens und Loslassens ausgewertet werden.

---

[1] Haben Sie schon einmal einen Brief mit dem Aufdruck "Empfänger unbekannt!" zurückbekommen?

Grundlagen

Oberfläche

Grafik

Multimedia

Datei

Datenbank

SQL/ADO

Report

Objekte

OLE/DDE

Peripherie

System

Desktop

Technik

Sonstiges

Test

Nach dem Programmstart versuchen Sie, in das Editierfeld etwas einzugeben und es dann per DragDrop (also bei gedrückt gehaltener linker Maustaste) in das Label zu verschieben. Achten Sie auf die unterschiedlichen Formen des Mauszeigers während des Ziehvorgangs. Ein einfacher Klick in das Editierfeld wird mit einem Piepton quittiert.

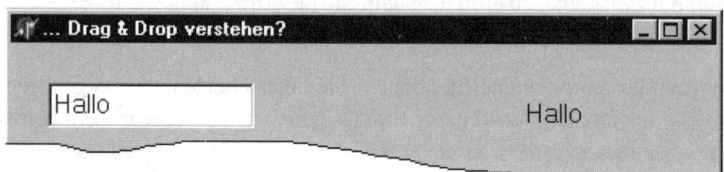

Listenfeld als Quelle für DragDrop

Nachdem Sie die Grundlagen von Ziehen und Loslassen verstanden haben, können wir eine etwas kompliziertere Aufgabe in Angriff nehmen. Fügen Sie als weitere DragDrop-Quelle eine *ListBox* hinzu.

Um die Listbox möglichst bequem mit irgendwelchen Einträgen zu füllen, greifen wir etwas tiefer in die Trickkiste von Object Pascal und deklarieren gleich zu Beginn des *implementation*-Abschnitts eine Array-Konstante, die wir bei Programmstart auslesen:

```
const monate: array[1..12] of string = ('Januar', 'Februar', 'März', 'April',
                                         'Mai', 'Juni', 'Juli', 'August', 'September',
                                         'Oktober', 'November', 'Dezember');
procedure TForm1.FormCreate(Sender: TObject);
var i: Integer;
begin
 for i := 1 to High(monate) do ListBox1.Items.Add(monate[i])
end;
```

Befähigen Sie die Listbox, als Quelle für DragDrop zu fungieren (dabei spielen eventuelle Zielobjekte keine Rolle!):

```
procedure TForm1.ListBox1MouseDown(Sender: TObject; Button: TMouseButton;
  Shift: TShiftState; X, Y: Integer);
begin
 if Button = mbLeft then  ListBox1.BeginDrag(False)
end;
```

Diese beiden bereits vorhandenen Eventhandler des Zielobjekts *Label1* müssen erweitert werden:

```
procedure TForm1.Label1DragOver(Sender, Source: TObject; X, Y: Integer;
  State: TDragState; var Accept: Boolean);
begin
 if (Source is TListBox) or (Source is TEdit) then Accept := True
```

Grundlagen

Oberfläche

Grafik

Multimedia

Datei

Datenbank

SQL/ADO

Report

Objekte

OLE/DDE

Peripherie

System

Desktop

Technik

Sonstiges

```
end;

procedure TForm1.Label1DragDrop(Sender, Source: TObject; X, Y: Integer);
var i:Integer;
begin
 if Source is TListBox then begin
  i := (Source as TListBox).ItemIndex;
  Label1.Caption := (Source as TListBox).Items[i]
 end;
 if Source is TEdit then Label1.Caption := Edit1.Text
end;
```

Für das Beenden des Ziehvorgangs nutzen wir den bereits vorhandenen Eventhandler von *Edit1*, wir benennen ihn im Objektinspektor lediglich von *Edit1EndDrag* in *EndDrag* um:

```
procedure TForm1.EndDrag(Sender, Target: TObject; X, Y: Integer);
begin
 if Target = nil then  MessageBeep(0)     // kein Drag & Drop
end;
```

Weisen Sie auch dem *OnEndDrag*-Event von *ListBox1* diesen Handler zu!

Test

Sie können diesmal sowohl den Inhalt des Editierfeldes als auch den in der Listbox ausgewähl-ten Eintrag nach rechts in das Label ziehen:

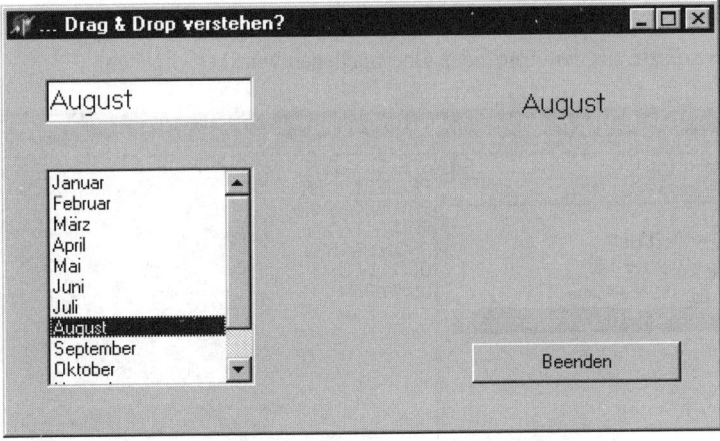

Wenn Sie das Beispiel von der Buch-CD ausprobieren, werden Sie als Unterschied feststellen, dass Sie dort alle drei Objekte beliebig hin und her verschieben können, denn jede Komponen-te ist gleichzeitig Quelle und Ziel von DragDrop. Aus Übersichtlichkeitsgründen haben wir aber hier auf den Abdruck des kompletten Listings verzichtet.

R86 ... DragDrop in der Anwendung realisieren?

Statt stundenlang über langatmigen DragDrop-Beschreibungen zu brüten, sollten Sie besser eigene praktische Erfahrungen an Hand eines kleines Testprogramms sammeln, mit welchem einige der in Frage kommenden Möglichkeiten ausprobiert werden können.

Oberfläche

Im Mittelpunkt stehen eine *Image*-Komponente (*Image1*), die als Ziel der DragDrop-Operationen dient. Sie finden zwar noch zwei weitere *Images*:

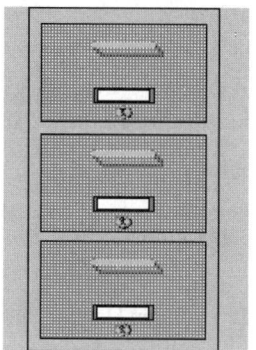 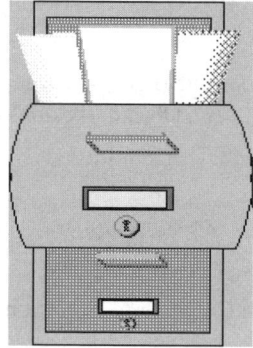

Diese werden jedoch nur für eine kleine Animation benötigt. Ändern Sie deshalb deren *Visible*-Eigenschaft in *False*. Die *AutoSize*-Eigenschaft aller *Images* wird auf *True* gesetzt. Weiterhin brauchen Sie eine *FileListbox*, eine *DirectoryListbox*, und eine *DriveCombobox*, die Sie über die Eigenschaft *DirList* bzw. *FileList* miteinander koppeln. Die *DragMode*-Eigenschaft der *FileListbox* legen Sie auf *Automatic* fest.

Alles Weitere dürfte aus dem folgenden Oberflächenentwurf hervorgehen:

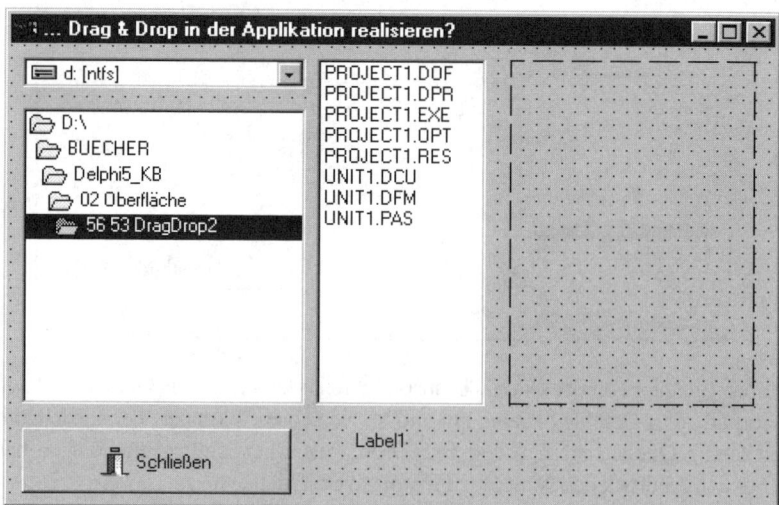

Quelltext

Nach dem Programmstart wird die Grafik "geschlossener Aktenschrank" in *Image1* kopiert:

```
procedure TForm1.FormCreate(Sender: TObject);
begin
    Image1.Picture := Image3.Picture
end;
```

Auf diese Weise müssen wir nicht drei Grafiken in der EXE-Datei speichern.

Da *DragMode* von *FileListbox1* auf *Automatic* festgelegt ist, brauchen wir uns um den Beginn der DragDrop-Operation nicht weiter kümmern. Sobald die linke Maustaste über der Listbox gedrückt wird, beginnt die Drag-Drop-Operation. Unsere Aufgabe ist es, das Loslassen über dem Zielobjekt (*Image1*) vorzubereiten. Dazu dient die Ereignismethode *OnDragOver*:

```
procedure TForm1.Image1DragOver(Sender, Source: TObject; X, Y: Integer;
    State: TDragState; var Accept: Boolean);
```

Über den Parameter *Source* ermitteln wir die Quelle der DragDrop-Operation. *State* gibt darüber Aufschluss, ob die Maus hinein, hinaus oder innerhalb des Objektes bewegt wird. Der Parameter *Accept* teilt dem *Sender*-Objekt mit, ob das Zielobjekt für die Übergabe bereit ist:

```
begin
    Accept := True;
    if state = dsDragEnter then Image1.Picture := Image2.Picture;
    if state = dsDragLeave then Image1.Picture := Image3.Picture
end;
```

Beim Hineinbewegen der Maus blenden wir die Grafik "geöffneter Aktenschrank" ein. Beim Verlassen "schließen" wir den Aktenschrank wieder. Da nur ein *Sender*-Objekt in Frage kommt, brauchen wir keine Unterscheidung vorzunehmen. Wir akzeptieren das Senderobjekt und setzen *Accept* auf *True*.

Die letzte Funktion ist das Loslassen (das Drop). Über das *DragDrop*-Event können Sie auf dieses Ereignis reagieren. Der Parameter *Source* ist der Ursprung des DragDrop-Vorgangs. Lesen Sie die benötigten Eigenschaften und führen Sie dann entsprechende Funktionen aus:

```
procedure TForm1.Image1DragDrop(Sender, Source: TObject; X, Y: Integer);
begin
    if Source = FileListbox1 then
    begin
        Label1.Caption := (Source as TFileListbox).Filename;
        MessageBeep(0)
    end
end;
```

Grundlagen

Oberfläche

Grafik

Multimedia

Datei

Datenbank

SQL/ADO

Report

Objekte

OLE/DDE

Peripherie

System

Desktop

Technik

Sonstiges

Test

Starten Sie das Programm und ziehen Sie die ausgewählten Dateien in den Aktenschrank, welcher sich wie von Geisterhand öffnet!

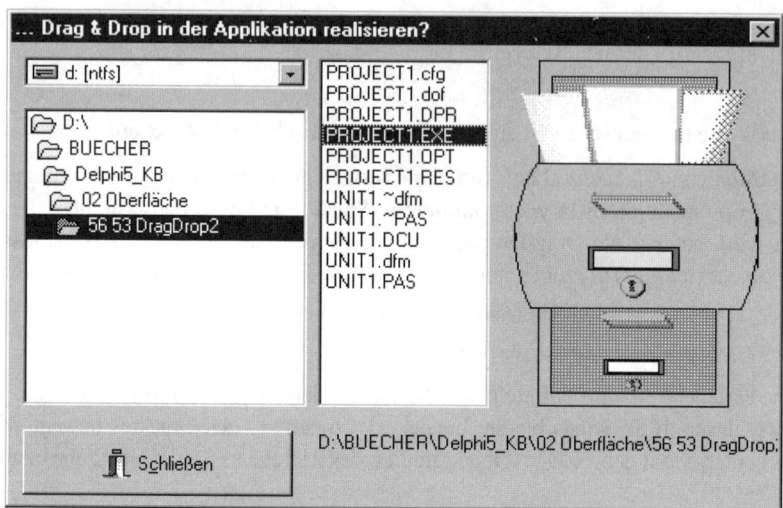

Bemerkungen

Sie haben auch noch die Möglichkeit, den Mauscursor an die einzelnen Phasen von DragDrop anzupassen. Verwenden Sie dazu die *DragCursor*-Eigenschaft von Quell- und Zielobjekt. Wie Sie eigene Mauszeiger einbinden, steht in

☞   R62 ... eigene Mauszeiger verwenden?

R87 ... Komponenten zur Laufzeit verschieben?

Möchten Sie eine Komponente (z.B. ein Panel) zur Laufzeit mit der Maus "anfassen" und verschieben (ähnlich wie Sie das in der Entwurfsumgebung gewohnt sind), können Sie dies mit der folgenden Ereignisprozedur erreichen:

```
procedure TForm1.Button1MouseDown(Sender: TObject;
       Button: TMouseButton; Shift: TShiftState; X, Y: Integer);
begin
  Button1.Perform(WM_LBUTTONUP, 0, 0);
  Button1.Perform(WM_SysCommand,SC_MOVE+2,2)
end;
```

Wir wollen mit der folgenden Demo aber eine allgemeingültige Ereignisprozedur verwenden, die für alle Komponenten anwendbar ist, die über das *OnMouseDown*-Event verfügen.

Oberfläche

Als willfährige "Opfer" für unsere "Schiebereien" dienen ein *Button* und ein *Edit*-Feld.

Quelltext

Schreiben Sie zunächst die obige Ereignisprozedur für *Button1* und ändern Sie dann auf der "Ereignisse"-Seite des Objektinspektors (nicht im Quelltext!) den Namen der Ereignisprozedur in *KomponenteMouseDown*. Weisen Sie dann im Objektinspektor dem *OnMouseDown*-Event von *Edit1* die gleiche Ereignisprozedur zu (die kleine Rollbox aufklappen und auswählen). Anschließend ersetzen Sie den Bezeichner *Button1* durch *TWinControl(Sender)* :

```
procedure TForm1.KomponenteMouseDown(Sender: TObject;
    Button: TMouseButton; Shift: TShiftState; X, Y: Integer);
begin
   TWinControl(Sender).Perform (WM_LBUTTONUP, 0, 0);
   TWinControl(Sender).Perform(WM_SysCommand,SC_MOVE+2,2)
end;
```

Test

Starten Sie das Programm und verschieben Sie die Komponenten mit der Maus!

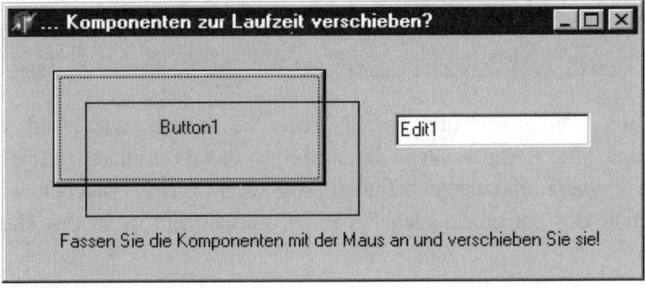

R88 ... Komponenten zwischen Fenstern verschieben?

In der Windows-Dokumentation finden Sie häufig die Begriffe "Parent" bzw. "Elternfenster" etc. Was es damit auf sich hat, zeigt Ihnen das folgende kleine Programm.

Gleichzeitig soll das Beispiel Ihnen auch eine Anregung geben, wie Sie die Fensterflut in Ihren Anwendungen etwas reduzieren können. Ein in *Form2* enthaltenes *DBGrid* wird mit zugehöriger Navigator-Komponente einfach in den verbleibenden Clientbereich von *Form1* eingeblendet. Auf diese Weise können Sie weiterhin einzelne Eingabemasken programmieren, die Darstellung erfolgt allerdings fast wie in einer MDI-Anwendung (ohne die Einschränkungen von MDI). Der Anwender bekommt von alledem nicht viel mit, er arbeitet immer nur mit *Form1*.

Grundlagen

Oberfläche

Grafik

Multimedia

Datei

Datenbank

SQL/ADO

Report

Objekte

OLE/DDE

Peripherie

System

Desktop

Technik

Sonstiges

Oberfläche

Entwerfen Sie ein Hauptformular (*Form1*) mit *Toolbar* (zwei Buttons, die ihre Bildchen über eine *ImageList* beziehen). Das *Panel* dient als Container für den "Beenden"-Button bzw. für weitere Steuerelemente, damit diese nicht durch die von *Form2* bzw. *Form3* einzublendenden Panele verdeckt werden.

Hinweis: Zum Ausrichten des *Panels* in *Form1* legen Sie dessen *Align*-Eigenschaft auf *alRight* fest.

Wenn Sie es gern einfacher hätten, önnen Sie auch auf die *Toolbar* verzichten und stattdessen zwei normale Buttons auf *Panel1* setzen.

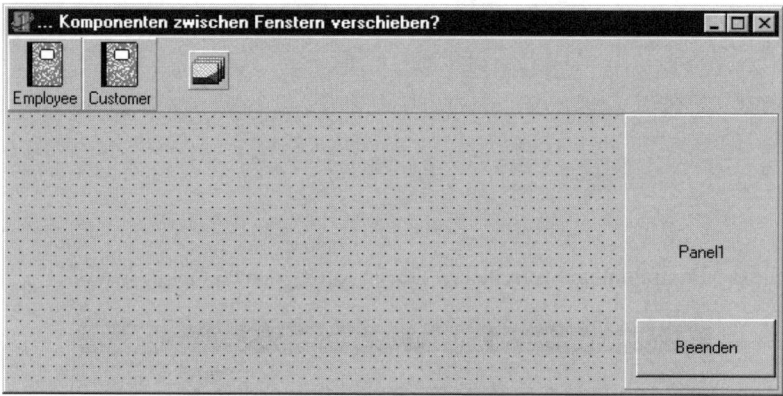

Für die Gestaltung von *Form2* und *Form3* haben Sie absolut freie Hand. Es ist lediglich wichtig, dass sich alle Komponenten, die zwischen den Formularen ausgetauscht werden sollen, in <u>einer</u> *Panel*-Komponente befinden. Auf diese Weise brauchen wir lediglich die *Parent*-Eigenschaft des entsprechenden Panels zu ändern, um es in das Hauptformular zu verschieben.

Im unserem Beispiel beinhalten *Form2* und *Form3* Eingabemasken für eine Datenbank (siehe Buch-CD).

Quelltext

Der Quellcode für die beiden Buttons in *Form1* (vergessen Sie nicht, die beiden Units *Unit2* und *Unit3* einzubinden):

```
procedure TForm1.ToolButton1Click(Sender: TObject);
begin
   if Form3.Panel1.Parent = Self then Form3.Panel1.Parent:= Form3;
   if Form2.Panel1.Parent = Form2 then Form2.Panel1.Parent := Form1;
   Caption := Form2.Table1.TableName
end;
```

```
procedure TForm1.ToolButton2Click(Sender: TObject);
begin
    if Form2.Panel1.Parent = Self then Form2.Panel1.Parent := Form2;
    if Form3.Panel1.Parent = Form3 then Form3.Panel1.Parent:= Self;
    Caption := Form3.table1.TableName
end;
```

Test

Über die Toolbar lassen sich die jeweiligen Inhalte von *Form2* und *Form3* in *Form1* einblenden.

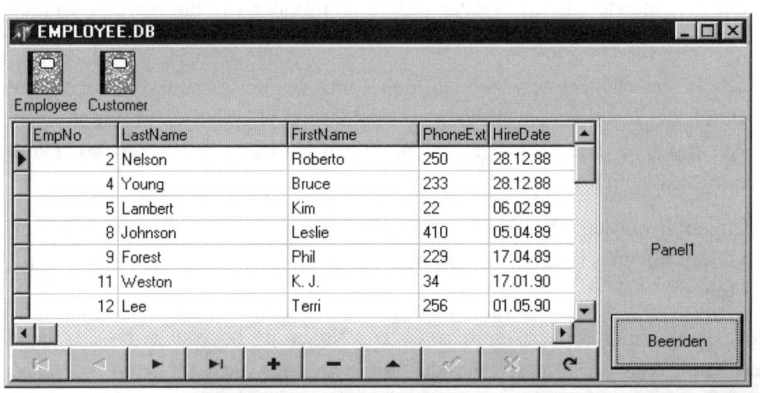

Hinweis: Alle Ereignisse im *Panel* werden auch weiterhin im ursprünglichen Formular verarbeitet.

Grundlagen

Oberfläche

Grafik

Multimedia

Datei

Datenbank

SQL/ADO

Report

Objekte

OLE/DDE

Peripherie

System

Desktop

Technik

Sonstiges

R89 ... mit Aktionslisten arbeiten?

Seit Delphi 4 gibt es die *TActionList* Objekte. Ihre offensichtliche Bedeutung wird dadurch unterstrichen, dass sie sich sogar einen Platz auf der *Standard*-Seite der Komponentenpalette erkämpfen konnten:

Eine *ActionList* ist eine Sammlung von *TAction*-Objekten. Ein solches Objekt kapselt eine Operation, die von anderen Objekten der Benutzerschnittstelle, wie z.B. Menüeinträgen oder Buttons (in diesem Zusammenhang als Clients bezeichnet), als Reaktion auf ein Ereignis (z.B. Mausklick) mit einem Zielobjekt (z.B. *Edit-* oder *Memo*-Komponente) durchgeführt werden soll.

Schon zuviel des Fachchinesisch? Trösten Sie sich, den Autoren ging es zunächst auch nicht anders, als sie sich durch die im gleichen monotonen Fachjargon abgefassten umfangreichen Hilfetexte durchquälen mussten. Die zahl- und zeilenreichen Erörterungen ließen vor allem eines schmerzlich vermissen – ein konkretes Quelltextbeispiel!

Das soll nun hier nachgeholt werden. Demonstriert werden soll der Einsatz einer *ActionList* am Beispiel eines standardmäßigen "Bearbeiten"-Menüs mit den Einträgen "Ausschneiden", "Kopieren" und "Einfügen".

Da sich hartgesottene Programmierer erst dann von einer Neuerung begeistern lassen, wenn man sie überzeugen kann, dass diese ihrer Faulheit und Bequemlichkeit weiteren Vorschub leistet, wollen wir das Problem zunächst klassisch und danach mit *Action*-Objekten lösen.

Oberfläche (ohne *Action*-Objekte)

Eine *MainMenu*-Komponente (der Sie im Menü-Editor das dargestellte Aussehen verleihen), zwei *Memo-* und eine *Edit*-Komponente sollen für die Demo genügen:

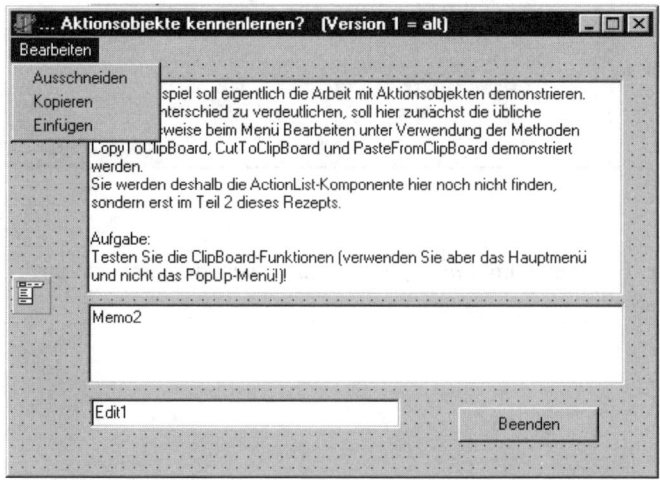

Quelltext (ohne *Action*-Objekte)

```
procedure TForm1.Ausschneiden1Click(Sender: TObject); // Ausschneiden
begin
 Memo1.CutToClipboard; Memo2.CutToClipboard; Edit1.CutToClipBoard
end;


procedure TForm1.Kopieren1Click(Sender: TObject);    // Kopieren
begin
 Memo1.CopyToClipBoard; Memo2.CopyToClipBoard; Edit1.CopyToClipBoard
end;


procedure TForm1.Einfgen1Click(Sender: TObject);    // Einfügen
begin
  Memo1.PasteFromClipboard; Memo2.PasteFromClipboard;  Edit1.PasteFromClipboard
end;
```

Fazit: Es ist allerhand monotoner Code zu schreiben. Aber das soll sich ja dank *Action*-Objekten ändern. Öffnen Sie also ein neues Formular.

Oberfläche (mit *Action*-Objekten)

Diese entspricht exakt der Vorgängerversion plus *TActionList*-Komponente. Doppelklicken Sie auf diese Komponente, und es öffnet sich der Aktionslisten-Editor. Klicken Sie mit der rechten Maustaste auf die Liste und wählen Sie "Neue Standard-Aktion".

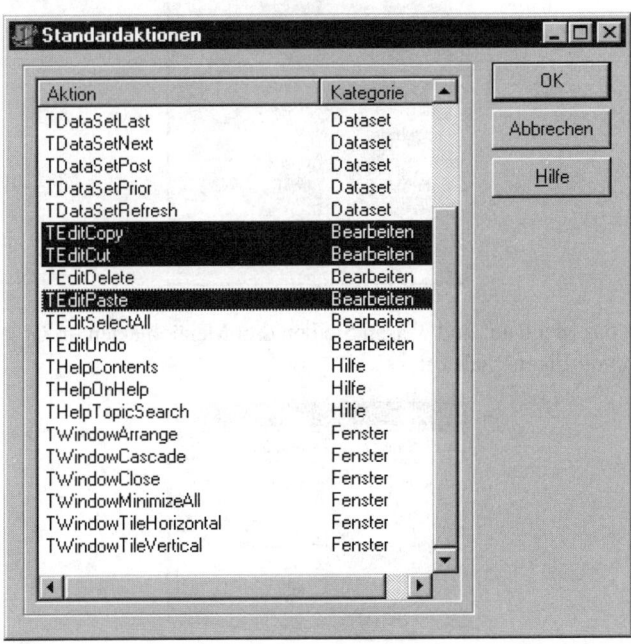

Grundlagen

Oberfläche

Grafik

Multimedia

Datei

Datenbank

SQL/ADO

Report

Objekte

OLE/DDE

Peripherie

System

Desktop

Technik

Sonstiges

Wählen Sie die folgenden Standard-Bearbeitungsaktionen:

- *TEditCopy* (kopiert den selektierten Text in die Zwischenablage)

- *TEditCut* (schneidet markierten Text aus und kopiert ihn in die Zwischenablage)

- *TEditPaste* (fügt Text aus der Zwischenablage in die Zielkomponente ein)

Nach dem OK bietet der Aktionslisteneditor folgenden Anblick:

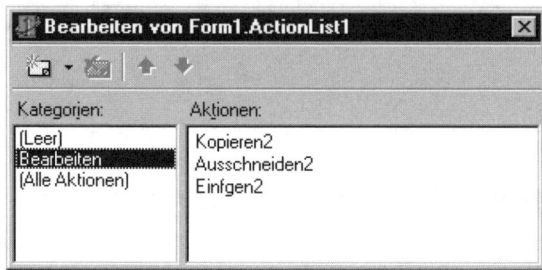

Für jede dieser Aktionen könnten Sie im Objektinspektor die vorgegebenen menütypischen Eigenschaften ändern bzw. Ereignisse (*OnExecute*) besetzen. Wir belassen es aber bei den Standardeinstellungen (siehe Ergänzungen am Schluss).

Klappen Sie nun das Menü auf und weisen Sie den drei Menüobjekten im Objektinspektor die entsprechende *Action*-Eigenschaft zu:

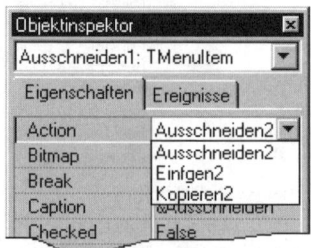

Quelltext (mit *Action*-Objekten)

Darum brauchen Sie sich nicht mehr zu kümmern!

Test

Wenn Sie beide Versionen vergleichen, werden Sie feststellen, dass unser Standard-Action-Objekt die komplette Funktionalität eines Bearbeiten-Menüs kapselt. Auch die Shortcuts sind bereits zugewiesen. Auch die Menüeinträge sind sinnvoll gegeneinander verriegelt, wenn also z.B. kein Text selektiert wurde, so sind auch "Ausschneiden" und "Kopieren" gesperrt. In der klassischen Programmierversion müssten Sie sich darum auch noch extra kümmern. So aber brauchten Sie keine einzige Zeile Quellcode zu schreiben – überzeugt?

Ergänzungen

OnExecute-Ereignis für *Action*-Objekte

In unserem Beispiel wurde das *OnExecute*-Ereignis der drei *Action*-Objekte nicht ausgewertet, sondern zunächst an das *ActionList*- und dann an das *Application*-Objekt weitergereicht. Falls man es aber auswertet, wird nur der zugewiesene Code abgearbeitet und das Ausführen des *Action*-Objekts verhindert.

Beispiel: Es ertönt nur der Piepton, kopiert wird nicht.

```
procedure TForm1.Kopieren2Execute(Sender: TObject);
begin
 Beep
end;
```

OnExecute-Ereignis für *ActionList*-Objekte

Das Ereignis *OnExecute* einer *ActionList* bezieht sich auf <u>alle</u> in ihr enthaltenen *Action*-Objekte. Mit dem *Handled*-Parameter können Sie entscheiden, ob das Ereignis weitergereicht wird.

Beispiel: Vor dem Kopieren ertönt ein Piepton.

```
procedure TForm1.ActionList1Execute(Action: TBasicAction;
  var Handled: Boolean);
begin
 if Action =  Kopieren2 then Beep
end;
```

Beispiel: Es ertönt nur der Piepton, Ausschneiden, Kopieren und Einfügen werden nicht ausgeführt.

```
procedure TForm1.ActionList1Execute(Action: TBasicAction; var Handled: Boolean);
begin
 if Action =  Kopieren2 then Beep;
```

Grundlagen

Oberfläche

Grafik

Multimedia

Datei

Datenbank

SQL/ADO

Report

Objekte

OLE/DDE

Peripherie

System

Desktop

Technik

Sonstiges

```
    Handled := True
  end;
```

Benutzerdefinierte Aktionen

Wenn Sie auf den Aktionslisten-Editor mit der rechten Maustaste klicken und "Neue Aktion" wählen, haben Sie ein eigenes *Action*-Objekt erstellt, dessen Eigenschaften und Ereignisse Sie im Objektinspektor zuweisen. Im Weiteren gelten die obigen Ausführungen für Standard-Aktionsobjekte.

R90 ... Kollegen mit einem IQ-Tester ärgern?

Wollten auch Sie es schon immer mal Ihrem Kollegen Besserwisser heimzahlen? Mit einem kleinen Intelligenz-Test ist das schnell erledigt. Bauen Sie in ein Delphi-Projekt einfach folgende Dialogbox zum Beenden ein.

Oberfläche

Ohne viele Worte:

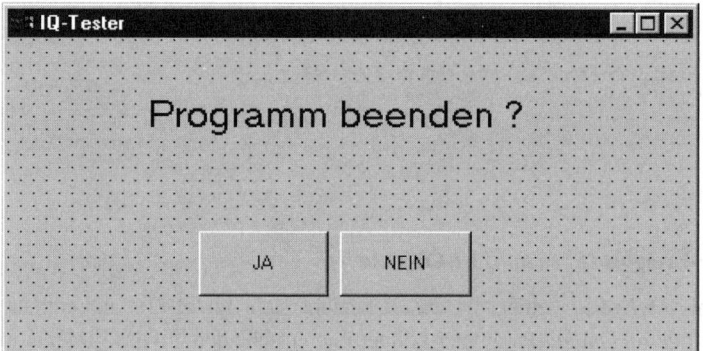

Quelltext

In das *MouseMove*-Event (für beide Buttons!) tragen Sie folgenden Code ein:

```
procedure TForm1.ButtonMouseMove(Sender: TObject; Shift: TShiftState; X, Y: Integer);
var s:string;
begin
  // Buttons zufällig verschieben:
  Button1.Top := Random(ClientHeight - Button1.Height);
  Button1.Left := Random(ClientWidth - Button1.Width);
  Button2.Top := Random(ClientHeight - Button2.Height);
  Button2.Left := Random(ClientWidth - Button2.Width);
```

```
      // Beschriftung vertauschen:
      s:= Button1.Caption;
      Button1.Caption := Button2.Caption;
      Button2.Caption := s
end;


procedure TForm1.Button1Click(Sender: TObject);
begin
  Close
end;
```

Test

Es ist zum Verrücktwerden: Die Buttons weichen bei Annäherung mit der Maus plötzlich aus und widersetzen sich hartnäckig jeglichem Klickversuch. Als "intelligent" zählt ein Kollege, der dem Spuk mit der Enter-Taste ein Ende bereitet.

R91 ... einen Schatten hinter Komponenten erzeugen?

"Das Auge isst mit" bzw. abgewandelt "das Auge programmiert mit", unter diesem Motto steht das folgende Rezept. Dass sich Schatteneffekte etc. auch ressourcenschonend programmieren lassen, soll das folgende Beispiel zeigen.

Oberfläche

Fügen Sie in ein Formular mehrere Editfelder ein:

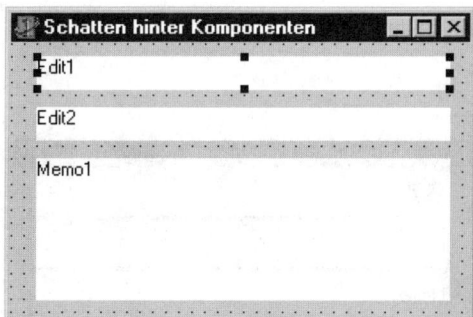

Quelltext

Im Folgenden finden Sie eine universelle Routine, der ein *Form-* und ein *TControl*-Objekt übergeben wird, sowie Breite und Farbe des Schattens:

```
procedure Shadow(f: TForm; c : TControl; width : integer; color: TColor);
var rec : TRect;
```

Grundlagen

Oberfläche

Grafik

Multimedia

Datei

Datenbank

SQL/ADO

Report

Objekte

OLE/DDE

Peripherie

System

Desktop

Technik

Sonstiges

```
    old : TColor;
begin
  rec := c.BoundsRect;
  rec.Left   := rec.left + width;
  rec.Top    := rec.Top  + width;
  rec.Right  := rec.right + width;
  rec.Bottom := rec.Bottom + width;
  old := f.Canvas.Brush.Color;
  f.Canvas.Brush.Color := color;
  f.Canvas.FillRect(rec);
  f.Canvas.Brush.Color := old;
end;
```

Der Aufruf erfolgt zweckmäßigerweise immer beim Neuzeichnen des Formulars:

```
procedure TForm1.FormPaint(Sender: TObject);
var i : integer;
begin
   for i := 0 to self.ControlCount-1 do begin
      Shadow(self,self.Controls[i], 3, clblack);
   end;
end;
```

Möchten Sie eine Unterscheidung der Komponenten treffen, können Sie in der Schleife den Typ der Komponente auswerten:

```
...
   if self.Controls[i] is TButton then Shadow(self,self.Controls[i], 2, clred);
...
```

Test

Der Lohn der Mühe:

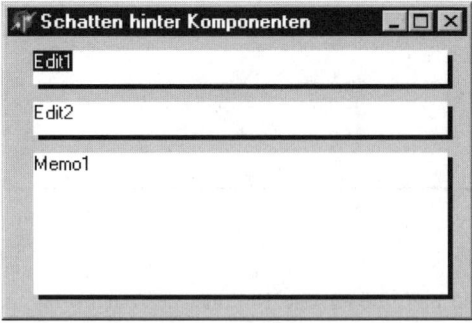

R92 ... ein Textverarbeitungsprogramm schreiben?

Grundlagen

Oberfläche

Grafik

Multimedia

Datei

Datenbank

SQL/ADO

Report

Objekte

OLE/DDE

Peripherie

System

Desktop

Technik

Sonstiges

An einem durchgängigen Beispiel lernen Sie in diesem etwas komplexen Rezept wichtige Oberflächen-Komponenten kennen, wie z.B. MDI-Fenster, Erzeugen und Entfernen von Formularen zur Laufzeit, Datei-, Drucker- und Fontdialoge, den Zugriff auf Textdateien, Menüentwurf, *RichText*-Komponente, Zwischenablage, Stringlisten ...

Bedienoberfläche

Unsere Applikation besteht aus zwei Formularen: dem MDI-Rahmenfenster (*Form1*) und einem Kindfenster (*Form2*). Letzteres wird erst zur Laufzeit hinzugefügt und kann sich beliebig oft vermehren.

MDI-Rahmenfenster

Die *FormStyle*-Eigenschaft von *Form1* setzen Sie auf *fsMDIForm*. Platzieren Sie eine *Main-Menu*- und eine *OpenDialog*-Komponente auf dem Formular.

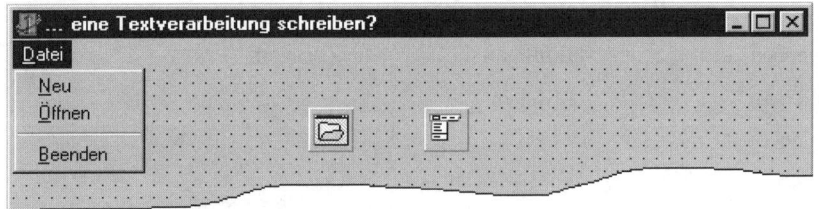

Doppelklicken Sie auf die *MainMenu*-Komponente und erstellen Sie im Menü-Editor die in der Abbildung gezeigten Einträge.

Hinweis: Den Trennbalken innerhalb des Menüs erreichen Sie durch Eintrag eines einzelnen "-"-Zeichens als *Caption*-Eigenschaft. Der Shortcut entsteht durch Voranstellen eines "&"-Zeichens.

MDI-Kindfenster

Obwohl wir in unserer Applikation mit mehreren Dokumenten (MDI-Kindfenster) gleichzeitig arbeiten können, genügt es, wenn wir einen einzigen "Prototyp" entwerfen. Fügen Sie über *Datei\Neues Formular* ein weiteres Formular (*Form2*) hinzu. Dort findet eine *RichEdit*-Komponente (Seite "Win32" der Komponentenpalette) ihren Platz, die nach Setzen der *Align*-Eigenschaft auf *alClient* das Fenster vollkommen ausfüllt:

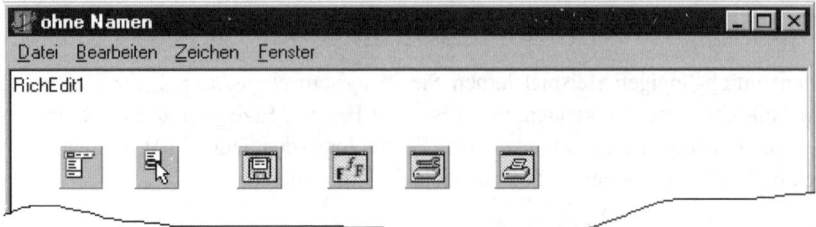

Wie Sie sehen, ist auch noch ein ganzes Sammelsurium weiterer Komponenten erforderlich: *MainMenu, PopUpMenu, SaveDialog, FontDialog, PrinterSetupDialog, PrintDialog* (von links).

Der Menüentwurf für die *MainMenu*-Komponente gestaltet sich etwas aufwendiger als der für das MDI-Rahmenfenster:

Datei	Bearbeiten	Zeichen	Fenster
Neu	Ausschneiden	Links	Nebeneinander
Öffnen...	Kopieren	Rechts	Hintereinander
Schließen	Einfügen	Zentriert	
Speichern	Löschen	-	
Speichern als ...	-	Font ...	
Drucken	Alles auswählen		
Drucker einrichten ...			
-			
Beenden			

Hinweis: Die *Name*-Eigenschaft von Menüobjekten wird standardmäßig aus der *Caption*-Eigenschaft gebildet. Dabei werden aber Umlaute und "ß" unterdrückt, was sehr übel aussehen kann. Korrigieren Sie deshalb aus Übersichtlichkeitsgründen hier die *Name*-Eigenschaft im Objektinspektor.

Zwecks Definition des *PopUp*-Menüs doppelklicken Sie auf die Komponente und erstellen im Menüeditor die folgenden Einträge:

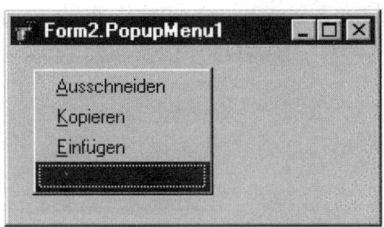

Grundlagen

Oberfläche

Grafik

Multimedia

Datei

Datenbank

SQL/ADO

Report

Objekte

OLE/DDE

Peripherie

System

Desktop

Technik

Sonstiges

Weisen Sie der *PopUpMenu*-Eigenschaft von *Form2* die Komponente *PopUpMenu1* zu! Setzen Sie außerdem die *FormStyle*-Eigenschft auf *fsMDIChild*.

Und noch eine "Kleinigkeit" gilt es zu berücksichtigen: Da wir die Kindfenster (Dokumente) erst zur Laufzeit selbst hinzufügen bzw. entfernen wollen, müssen wir deren automatische Erstellung durch Delphi verhindern. Wählen Sie den Menüpunkt *Projekt\Optionen...* und verschieben Sie *Form2* auf die rechte Seite:

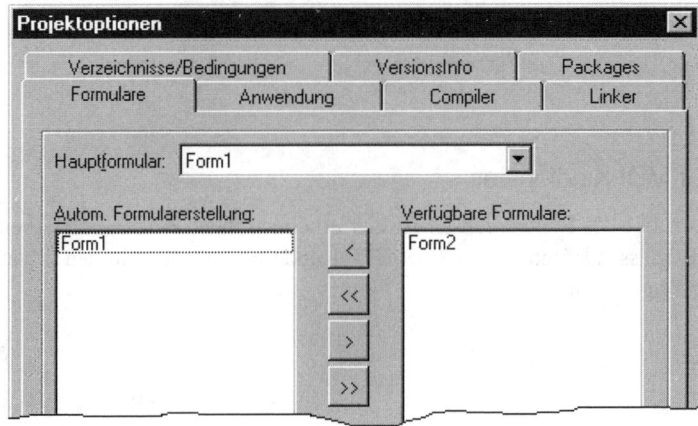

Quelltext für MDI-Rahmenfenster

Der Code ist im Handumdrehen erstellt und beschränkt sich auf die Definition von drei Eventhandlern.

Hinweis: Um den Rahmencode der Eventhandler zu erhalten, klicken Sie im Entwurfsmodus auf den entsprechenden Menüeintrag!

```
implementation

uses Unit2;                    // Kindfenster-Unit einbinden!

{$R *.DFM}
```

Ein neues Kindfenster (Dokument) wird erzeugt:

```
procedure TForm1.Neu1Click(Sender: TObject);        // Datei|Neu
begin
  TForm2.Create(Self)                               // Konstruktor aufrufen
end;


procedure TForm1.Oeffnen1Click(Sender: TObject);    // Datei|Öffnen
begin
```

```
with OpenDialog1 do begin
  Filter := 'Text Files (*.txt)|*.txt|Alle Files(*.*)|*.*';
  DefaultExt := 'txt';
  if Execute then with TForm2.Create(Self) do dateiOeffnen(FileName)
end
end;
```

Die Methode *dateiOeffnen* wird von *Unit2* zur Verfügung gestellt.

```
procedure TForm1.Beenden1Click(Sender: TObject);        // Datei|Beenden
begin  Close  end;
```

Quelltext für MDI-Kindfenster

Im Vergleich zum MDI-Rahmenfenster ist hier erheblich mehr Programmierarbeit zu leisten. Fügen Sie zur Klassendefinition von *TForm2* folgende Ergänzungen in den privaten und den öffentlichen Abschnitt ein:

```
private
  { Private-Deklarationen }
  pfad: string;                                // private Variable hinzufügen
public
  { Public-Deklarationen }
  procedure dateiOeffnen(const dateiName: string);  // öffentliche Methode hinzufügen
end;


var  Form2: TForm2;
```

Wenn Sie ein neues Dokument öffnen, soll in der Titelleiste die Beschriftung "ohne Namen" stehen:

```
const
  standardFileName = 'ohne Namen';             // Konstante hinzufügen
```

Nun zum *Implementation*-Abschnitt:

```
implementation
{$R *.DFM}
```

Neben der Unit des Rahmenfensters (*Unit1*) werden noch die Units für den Zugriff auf Zwischenablage und Drucker gebraucht:

```
uses Clipbrd, Printers, Unit1;               // Units hinzufügen
```

Die von uns hinzugefügte Methode muss noch definiert werden:

```
procedure TForm2.dateiOeffnen;
begin
  Pfad := dateiName;
  Caption := ExtractFileName(dateiName);
```

Grundlagen

Oberfläche

Grafik

Multimedia

Datei

Datenbank

SQL/ADO

Report

Objekte

OLE/DDE

Peripherie

System

Desktop

Technik

Sonstiges

```
with RichEdit1 do
begin
  Lines.LoadFromFile(pfad);        // Datei => Anzeige
  SelStart := 0;
  Modified := False                // es wurde noch nichts im Text verändert
end
end;
```

Kindfenster laden und schließen

Das passiert beim Laden eines Dokuments:

```
procedure TForm2.FormCreate(Sender: TObject);   // neues Dokument
begin
 pfad := StandardFileName;
 SaveDialog1.Filter := 'Text Files (*.txt)|*.txt|Alle Files(*.*)|*.*';
 SaveDialog1.DefaultExt := 'txt'
end;
```

Wenn Sie das Dokument schließen, sind *OnCloseQuery* und *OnClose* zu besetzen:

```
procedure TForm2.FormCloseQuery(Sender: TObject; var CanClose: Boolean);
const
  warnText = 'Änderungen speichern in %s?';
begin
  if RichEdit1.Modified then
  begin
    case MessageDlg(Format(warnText, [pfad]), mtConfirmation,
      [mbYes, mbNo, mbCancel], 0) of
      idYes: Speichern1Click(Self);
      idCancel: CanClose := False
    end
  end
end;

procedure TForm2.FormClose(Sender: TObject; var Action: TCloseAction);
begin
 Action := caFree                        // Dokument wird gelöscht
end;
```

Datei-Menü

Das Menü des Rahmenfensters hat nur Bedeutung, wenn kein Dokument geladen ist. Ansonsten ist immer das Menü des aktiven Kindfensters zu sehen. Um die Datei-Eventhandler der

Kindfenster zu besetzen, werden einfach die gleichnamigen Methoden des Rahmenfensters aufgerufen:

```
procedure TForm2.Neu1Click(Sender: TObject);        // Datei|Neu
begin  Form1.Neu1Click(Sender)  end;
```

```
procedure TForm2.Oeffnen1Click(Sender: TObject);  // Datei|Öffnen
begin  Form1.Oeffnen1Click(Sender)  end;
```

Nicht zu verwechseln mit dem Beenden der Applikation ist das Schließen eines einzelnen Dokuments:

```
procedure TForm2.Schliessen1Click(Sender: TObject);    // Datei|Schließen
begin  Close  end;
```

Dieser Vorgang löst dann die Ereignisse *OnCloseQuery* und *OnClose* aus (siehe oben).

Wenden wir uns jetzt dem Speichern zu:

```
procedure TForm2.Speichern1Click(Sender: TObject);     // Datei|Speichern
begin
  if pfad = StandardFileName then
    Speichernals1Click(Sender)          // ruft Speichern als - Eventhandler auf
  else
  begin
    RichEdit1.Lines.SaveToFile(pfad);       // Text => Datei
    RichEdit1.Modified := False             // Dirty-Flag zurücksetzen
  end
end;
```

```
procedure TForm2.Speichernals1Click(Sender: TObject);  // Datei|Speichern als
begin
  SaveDialog1.FileName := pfad;
  if SaveDialog1.Execute then
  begin
    pfad := SaveDialog1.FileName;
    Caption := ExtractFileName(pfad);
    Speichern1Click(Sender)                  // ruft Speichern-Eventhandler auf
  end
end;
```

Beim Drucken nimmt uns die *PrinterSetUpDialog*-Komponente die ganze Arbeit ab:

```
procedure TForm2.Druckereinrichten1Click(Sender: TObject);  // Datei|Druckereinrichtung
begin  PrinterSetupDialog1.Execute  end;
```

```
procedure TForm2.Drucken1Click(Sender: TObject);          // Datei|Drucken
begin  if PrintDialog1.Execute then RichEdit1.Print(pfad)   end;
```

Das gesamte Programm wird beendet:

```
procedure TForm2.Beenden1Click(Sender: TObject);          // Datei|Beenden
begin  Form1.Beenden1Click(Sender)  end;
```

Bearbeiten-Menü

Nun zur Arbeit mit dem *Clipboard*-Objekt:

```
procedure TForm2.KopierenClick(Sender: TObject);          // Bearbeiten|Kopieren
begin   RichEdit1.CopyToClipboard  end;


procedure TForm2.AusschneidenClick(Sender: TObject);      // Bearbeiten|Ausschneiden
begin    RichEdit1.CutToClipboard  end;


procedure TForm2.Loeschen1Click(Sender: TObject);         // Bearbeiten|Löschen
begin  RichEdit1.ClearSelection   end;


procedure TForm2.EinfuegenClick(Sender: TObject);         // Bearbeiten|Einfügen
begin   RichEdit1.PasteFromClipboard  end;


procedure TForm2.Allesauswaehlen1Click(Sender: TObject); // Bearbeiten|Alle auswählen
begin   RichEdit1.SelectAll  end;
```

Einige Funktionen des *Bearbeiten*-Menüs sollen auch über das PopUp-Menü ausführbar sein. Weisen Sie deshalb den PopUp-Einträgen im Objektinspektor die gleichnamigen Methoden des Hauptmenüs zu!

Zur Steuerung der Menüanzeige ist ein zusätzlicher Eventhandler erforderlich:

```
procedure TForm2.Bearbeiten1Click(Sender: TObject);       // Bearbeiten
var HasSelection: Boolean;
begin
  Einfuegen1.Enabled := Clipboard.HasFormat(CF_TEXT); // nur Text
  Einfuegen2.Enabled := Einfuegen1.Enabled;           // PopUp-Menü!
  HasSelection := RichEdit1.SelLength > 0;            // True, wenn was selektiert ist
  Ausschneiden1.Enabled := HasSelection;
  Ausschneiden2.Enabled := HasSelection;              // PopUp-Menü
  Kopieren1.Enabled := HasSelection;
  Kopieren2.Enabled := HasSelection;                  // PopUp-Menü
  Loeschen1.Enabled := HasSelection
end;
```

Grundlagen · Oberfläche · Grafik · Multimedia · Datei · Datenbank · SQL/ADO · Report · Objekte · OLE/DDE · Peripherie · System · Desktop · Technik · Sonstiges

Zeichen-Menü

Nun zum Ausrichten der Zeilen. Die drei Menüeinträge "Links", "Rechts" und "Zentriert" benutzen einen gemeinsamen Eventhandler:

```
procedure TForm2.AusrichtenClick(Sender: TObject);    // Zeichen|Links, Rechts, Zentriert
begin
  Links1.Checked := False;                        // Häkchen zurücksetzen
  Rechts1.Checked := False; Zentriert1.Checked := False;
  with Sender as TMenuItem do Checked := True;    // Häkchen setzen
  with RichEdit1.Paragraph do
    if Links1.Checked then
      Alignment := taLeftJustify
    else if Rechts1.Checked then
      Alignment := taRightJustify
    else if Zentriert1.Checked then
      Alignment := taCenter
end;
```

Der Zeilenumbruch:

```
procedure TForm2.Zeilenumbruch1Click(Sender: TObject);    // Zeichen|Zeilenumbruch
begin
  with RichEdit1 do
    begin
      WordWrap := not WordWrap;
      if WordWrap then
        ScrollBars := ssVertical
      else
        ScrollBars := ssBoth;
      Zeilenumbruch1.Checked := WordWrap
    end
end;
```

Die Schriftarteinstellungen sind dank der Komplexität des *FontDialogs* ein Kinderspiel:

```
procedure TForm2.Font1Click(Sender: TObject);    // Zeichen|Font...
begin
  FontDialog1.Font := RichEdit1.Font;
  if FontDialog1.Execute then RichEdit1.SelAttributes.Assign(FontDialog1.Font)
end;
```

Fenster-Menü

Zwecks ordentlicher Ausrichtung der Dokumente werden die Methoden *Tile* und *Cascade* des Rahmenfensters aufgerufen:

```
procedure TForm2.Neben1Click(Sender: TObject);        // Fenster|Nebeneinander
begin  Form1.Tile end;


procedure TForm2.HinterClick(Sender: TObject);        // Fenster|Hintereinander
begin  Form1.Cascade  end;
```

Test

Es hieße Eulen nach Athen zu tragen, wenn wir über den Umgang mit einer windowstypischen MDI-Applikation viele Worte verlieren würden. Probieren Sie einfach alle Möglichkeiten aus und scheuen Sie sich auch nicht, am Quelltext etwas herumzudoktern:

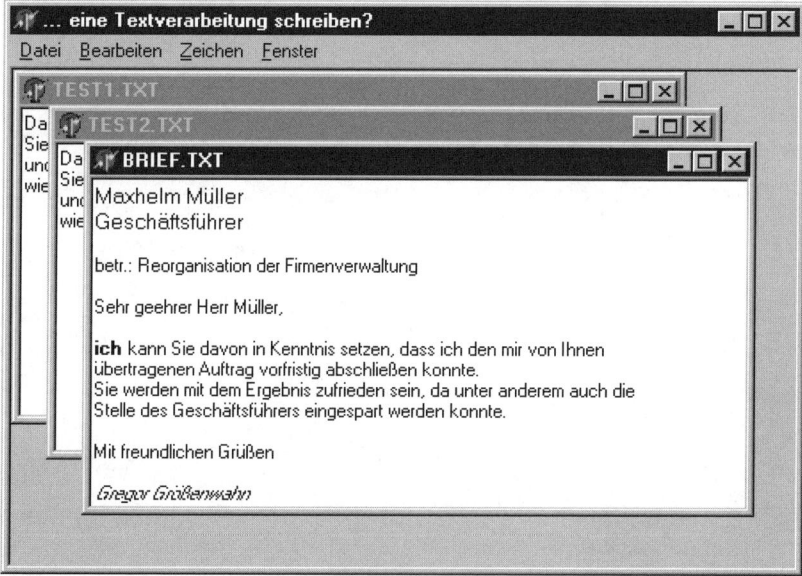

Bemerkungen

Die *RichEdit*-Komponente ähnelt der *Memo*-Komponente, ist aber weitaus leistungsfähiger, da sie quasi die Funktionalität eines vollständigen kleinen Textverarbeitungsprogramms kapselt.

Weitere grundlegende Informationen zu den verwendeten Programmiertechniken entnehmen Sie

☞   R1 ... die Projekteinstellungen für Formulare festlegen?

Grundlagen

Oberfläche

Grafik

Multimedia

Datei

Datenbank

SQL/ADO

Report

Objekte

OLE/DDE

Peripherie

System

Desktop

Technik

Sonstiges

Wie kann ich ...?
Grafik

R93 ... zwischen PaintBox und Image unterscheiden?

Grundlagen

Oberfläche

Grafik

Multimedia

Datei

Datenbank

SQL/ADO

Report

Objekte

OLE/DDE

Peripherie

System

Desktop

Technik

Sonstiges

Was ist eigentlich der Unterschied zwischen einer *Paintbox* und einem *Image*? Beide verfügen doch über ein *Canvas*-Objekt über dessen Methoden Sie Grafiken ausgeben können. Die Antwort auf die Frage soll das folgende kleine Testprogramm liefern.

Oberfläche

Wie sicher nicht anders zu erwarten, brauchen wir zuerst einmal eine *Image*- und eine *Paintbox*-Komponente. Zusätzlich fügen wir noch einige Buttons ein, über die wir einen Zeitvergleich starten und außerdem eine Möglichkeit schaffen, die Grafik zu sichern bzw. zu laden.

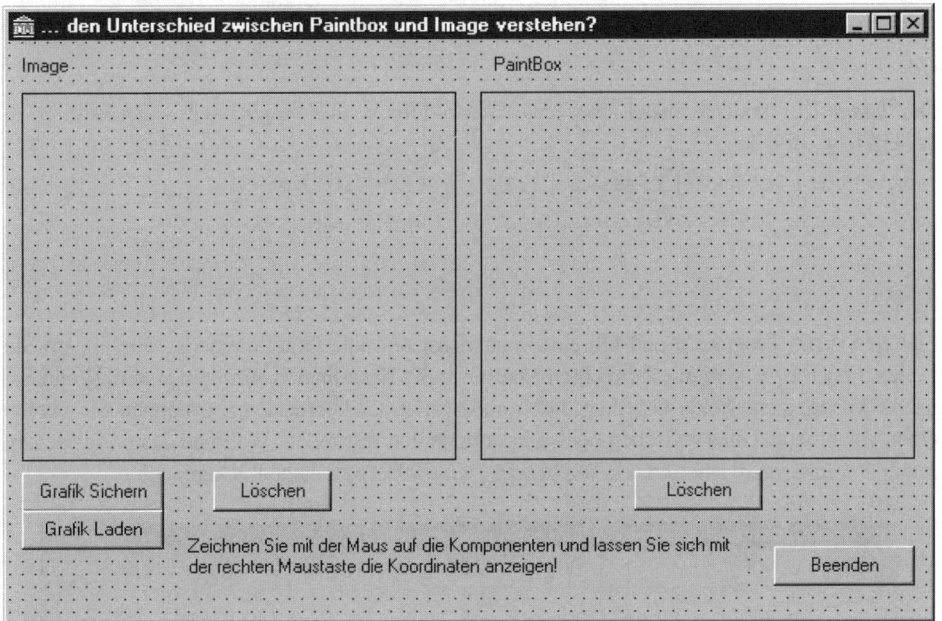

Quelltext

Als erstes werden wir etwas Leben in die Sache bringen. Dazu erweitern wir die Ereignisse *MouseDown* und *MouseMove* :

```
procedure TForm1.Image1MouseDown(Sender: TObject; Button: TMouseButton;
  Shift: TShiftState; X, Y: Integer);
begin
  if Shift = [ssright] then Image1.Canvas.TextOut(x,y,IntToStr(x) + ':' + IntToStr(y))
end;

procedure TForm1.Image1MouseMove(Sender: TObject; Shift: TShiftState; X, Y: Integer);
begin
```

```
        if Shift = [ssleft] then Image1.Canvas.LineTo(x,y)
end;
```

Drücken Sie auf die linke Taste und bewegen Sie die Maus, wird eine Linie gezeichnet. Ein Druck auf die rechte Maustaste zeigt die aktuellen Mauskoordinaten an.

Soll die Grafik gelöscht werden, müssen Sie den rechteckigen Bereich mit der Hintergrundfarbe füllen. Wir verwenden dazu die Methode *FillRect*:

```
procedure TForm1.Button4Click(Sender: TObject);       // Löschen
var rect: TRect;
begin
  rect:= Bounds(0,0,Image1.Width,Image1.Height);
  Image1.Canvas.Brush.Color := clWhite;  Image1.Canvas.FillRect(rect)
end;
```

Die *Image*-Komponente bietet über das *Picture*-Objekt die Möglichkeit, eine Bitmap zu sichern bzw. zu laden:

```
Image1.Picture.SaveToFile('c:\test.bmp');       // Grafik sichern
Image1.Picture.LoadFromFile('c:\test.bmp');     // Grafik laden
```

Test

Starten Sie das Programm und führen Sie zunächst normale Grafikmethoden aus, indem Sie Linien ziehen bzw. sich mit der rechten Maustaste die Koordinaten anzeigen lassen. Wenn Sie jetzt vorübergehend beide Grafiken durch andere Fenster überdecken, so können Sie bereits einen Hauptunterschied zwischen beiden Komponenten feststellen. Während das *Image* seinen Inhalt automatisch regeneriert, klaffen bei der *PaintBox* erbärmliche Lücken:

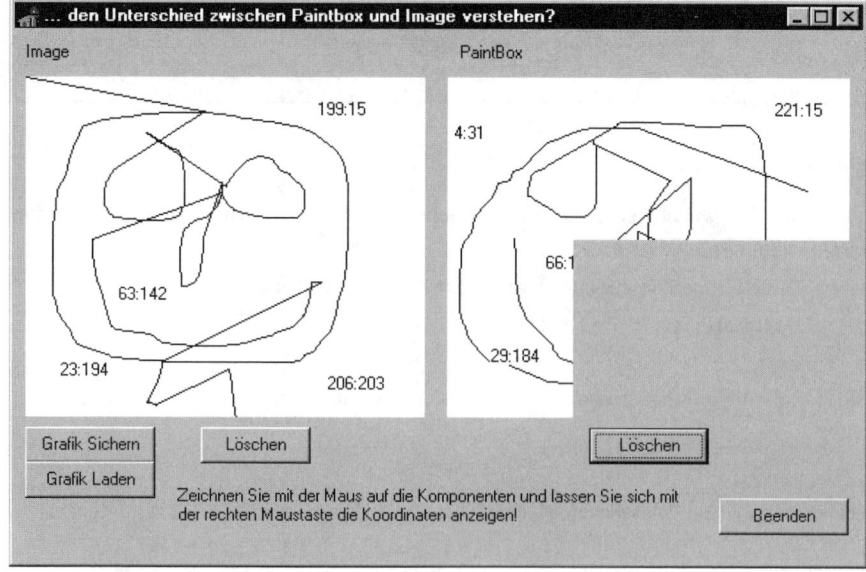

Anschließend können Sie einen weiteren Vorzug der *Image*-Komponente kennenlernen. Klicken Sie auf "Grafik laden":

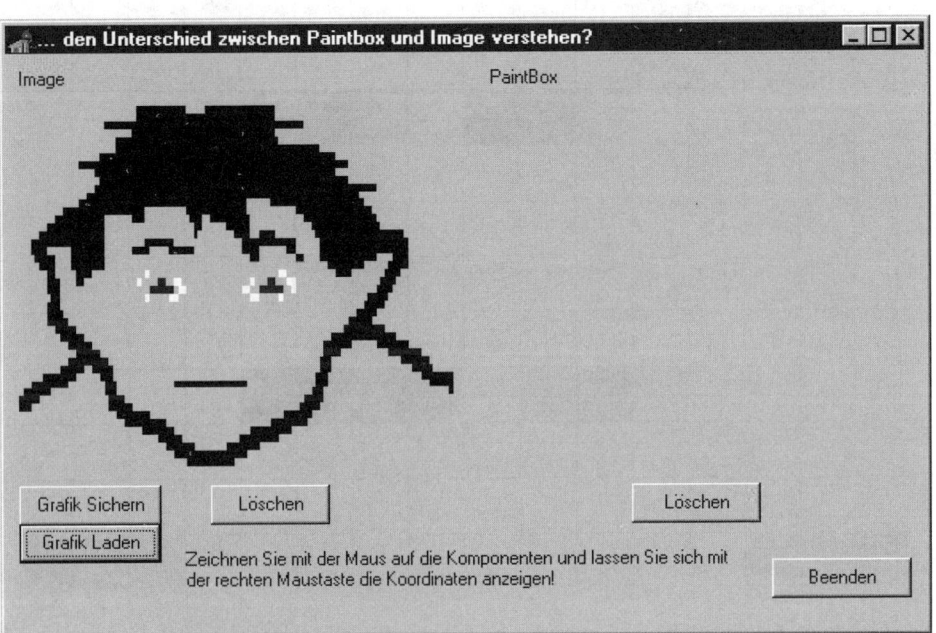

Oberfläche

Grafik

Multimedia

Datei

Datenbank

SQL/ADO

Sie können das Bild mit Linien "verschönern" und wieder abspeichern. Leider verfügt die *PaintBox* nicht über Methoden zum Laden und Abspeichern von Grafikdateien (siehe Bemerkungen), so dass bei diesem Vergleich die rechte Hälfte des Formulars leer bleibt.

Bemerkungen

Testen Sie auch die Möglichkeiten zum Sichern und Laden der *Image*-Bitmap.

Siehe dazu auch:

☞   R101 ... Bitmaps zur Laufzeit zuweisen?

☞   R97 ... die ImageList einsetzen?

R94 ... ein Testbild programmieren?

Vielleicht haben Sie sich endlich eine neue Grafikkarte gekauft und den dazu passenden Monitor und möchten beides optimal aufeinander abstimmen. Dann dürfte dieser Beitrag genau der richtige für Sie sein. Statt irgendein Testprogramm zu bemühen, schreiben Sie sich doch einfach selbst eins! Der Aufwand ist relativ gering, mit Delphi lässt sich schon nach ein paar Minuten ein Testbild auf den Monitor zaubern:

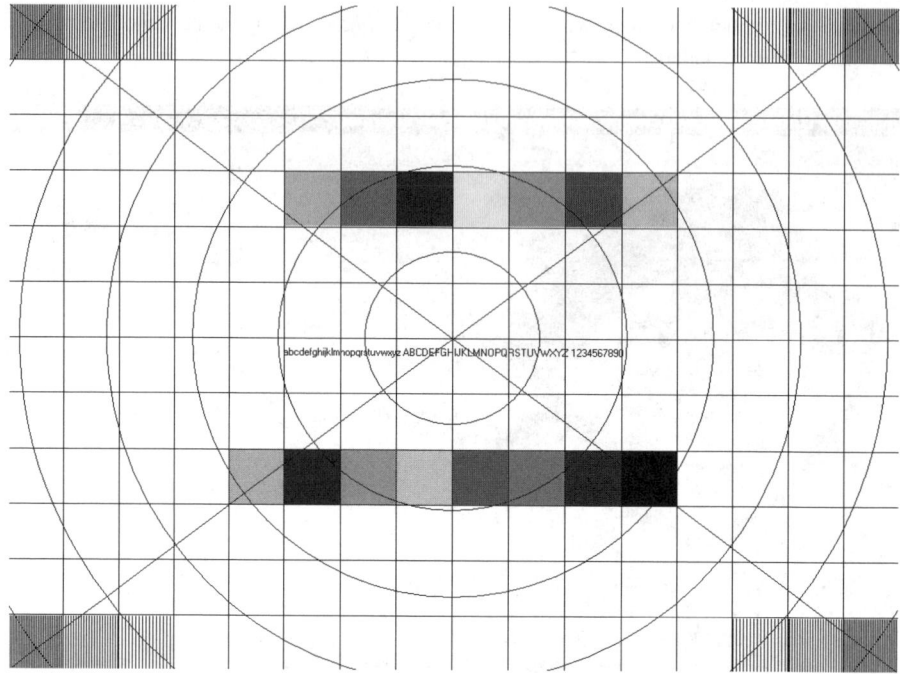

Die Geschwindigkeit spielt eine untergeordnete Rolle. Eine Forderung an unser Programm soll jedoch nicht vergessen werden: Automatische Größenanpassung, unabhängig von der Bildschirmauflösung.

Oberfläche

Der Aufwand ist minimal: Setzen Sie die *Color*-Eigenschaft des Formulars auf *clBlack* und *BorderStyle* auf *bsNone* (im Gegensatz zu obiger Abbildung sollte der Bildschirmhintergrund schwarz sein, das Formular hat weder Titelleiste noch Rand). Außer einer *PopupMenu*-Komponente brauchen wir noch einen *Timer* für den Pump-Test.

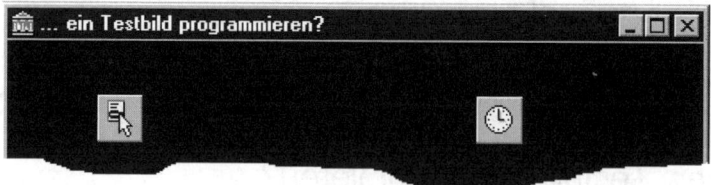

Quelltext

```
var Form1: TForm1;
    x,y,i,hoehe,breite,h,abstand : integer;
    n     :boolean;
```

Eine Größenänderung des Formulars verändert unsere Eck-Koordinaten:

```
procedure TForm1.FormResize(Sender: TObject);
begin
    hoehe := ClientHeight-1;
    breite := ClientWidth-1;
    with canvas do begin
        pen.color := clwhite;  brush.style := bsclear;
    end;
end;
```

Ein Gitter einblenden:

```
procedure gitter;
begin
    with form1.canvas do begin
        For x := 0 To 16 do begin
            MoveTo (x * breite div 16, 0);
            Lineto (x * breite div 16, hoehe);
        end;
        For y := 0 To 12 do begin
            MoveTo (0, y * hoehe div 12);
            LineTo (breite, y * hoehe div 12);
        end;
        MoveTo (0,0);
        LineTo (breite,hoehe);
        MoveTo (breite,0);
        LineTo (0,hoehe);
    end
end;
```

Kreise zeichnen:

```
procedure kreise(n:byte);
begin
    with form1.canvas do begin
        brush.style := bsClear;
        for i := 1 to hoehe div n do begin
          h := i * n;
          ellipse (breite div 2 -h,hoehe div 2 -h,breite div 2 + h,hoehe div 2 +h);
        end;
    end
end;
```

Grundlagen

Oberfläche

Grafik

Multimedia

Datei

Datenbank

SQL/ADO

Report

Objekte

OLE/DDE

Peripherie

System

Desktop

Technik

Sonstiges

Ein Interferenzbild erzeugen:

```
procedure TForm1.Interferenz1Click(Sender: TObject);
begin
    inc(abstand);
    if abstand > 5 then abstand := 2;
    form1.refresh;
    with form1.canvas do begin
        for x := 0 to breite div abstand do begin
            MoveTo (x*abstand, 0); Lineto (x*abstand, hoehe);
        end;
    end;
end;
```

Die Weißfläche testen:

```
procedure TForm1.Weissflche1Click(Sender: TObject);
begin
    form1.refresh;
    with form1.canvas do begin
        brush.style := bssolid;
        rectangle(0,0,breite,hoehe);
        brush.style :=bsclear;
    end;
end;
```

16 Grundfarben festlegen:

```
function qbcolor(i:integer):longint;
begin
    case i of
        0 : qbcolor:=clblack;
        1 : qbcolor:=clMaroon;
        2 : qbcolor:=clGreen;
        3 : qbcolor:=clOlive;
        4 : qbcolor:=clNavy;
        5 : qbcolor:=clPurple;
        6 : qbcolor:=clTeal;
        7 : qbcolor:=clGray;
        8 : qbcolor:=clSilver;
        9 : qbcolor:=clRed;
        10: qbcolor:=clLime;
        11: qbcolor:=clBlue;
        12: qbcolor:=clFuchsia;
```

R94 ... ein Testbild programmieren?

237

Grundlagen

Oberfläche

Grafik

Multimedia

Datei

Datenbank

SQL/ADO

Report

Objekte

OLE/DDE

Peripherie

System

Desktop

Technik

Sonstiges

```
        13: qbcolor:=clAqua;
        14: qbcolor:=clyellow;
        15: qbcolor:=clWhite;
    end;
end;
```

Die Grundfarben darstellen:

```
procedure farben;
begin
    form1.canvas.brush.style := bssolid;
    For i := 0 To 7 do with form1.canvas do begin
        brush.color := qbcolor(i);
        pen.color   := qbcolor(i);
        rectangle(round((i + 4) * breite / 16), hoehe div 4,
                round((i + 4) * breite / 16)+
                breite div 16,hoehe div 4+ hoehe div 12);
        brush.color := qbcolor(i*2+1);
        pen.color := qbcolor(i*2+1);
        rectangle(round((i + 4) * breite / 16), round(hoehe * 8 / 12),
                round((i + 4) * breite / 16)+breite div 16,
                round(hoehe * 8 / 12) +hoehe div 12);
    end
end;
```

Das Pumpbild darstellen:

```
procedure TForm1.Timer1Timer(Sender: TObject);
begin
    form1.refresh;
    if n then begin
        with form1.canvas do begin
            brush.style := bssolid;
            rectangle(0,0,breite,hoehe);
            brush.style :=bsclear
        end
    end
    n := not n
end;
```

Das komplette Testbild anzeigen:

```
procedure TForm1.Alles1Click(Sender: TObject);
var i :integer;
    s : string;
```

```
begin
    form1.refresh;
    farben;
    gitter;
    kreise(100);
    i := 0;
    while i <= round(breite / 16) do begin
        canvas.moveto(i, 0);canvas.lineto(i, hoehe div 12);
        canvas.moveto(breite - i, 0);canvas.moveto(breite - i, hoehe div 12);
        canvas.moveto(i, hoehe);canvas.moveto(i, hoehe - hoehe div 12);
        canvas.moveto(breite - i, hoehe);canvas.moveto(breite - i,
                    hoehe - hoehe div 12);
        inc(i,2);
    end;
    i := 0;
    while i <= round(breite / 16) do begin
        canvas.moveto(i, 0);canvas.lineto(i, hoehe div 12);
        canvas.moveto(breite - i, 0);canvas.lineto(breite - i, hoehe div 12);
        canvas.moveto(i, hoehe);canvas.lineto(i, hoehe - hoehe div 12);
        canvas.moveto(breite - i, hoehe);canvas.lineto(breite - i,
                    hoehe - hoehe div 12);
        inc(i,2);
    end;

    i := round(breite / 16);
    while i <=  round(breite / 8) do begin
        canvas.moveto(i, 0);canvas.lineto(i, hoehe div 12);
        canvas.moveto(breite - i, 0);canvas.lineto(breite - i, hoehe div 12);
        canvas.moveto(i, hoehe);canvas.lineto(i, hoehe - hoehe div 12);
        canvas.moveto(breite - i, hoehe);canvas.lineto(breite - i,
                    hoehe - hoehe div 12);
        inc(i,3)
    end;

    i := round(breite / 8);
    while i <= round(breite * 3 / 16) do begin
        canvas.moveto(i, 0);canvas.lineto(i, hoehe div 12);
        canvas.moveto(breite - i, 0);canvas.lineto(breite - i, hoehe div 12);
        canvas.moveto(i, hoehe);canvas.lineto(i, hoehe - hoehe div 12);
```

Grundlagen

Oberfläche

Grafik

Multimedia

Datei

Datenbank

SQL/ADO

Report

Objekte

OLE/DDE

Peripherie

System

Desktop

Technik

Sonstiges

```
        canvas.moveto(breite - i, hoehe);canvas.lineto(breite - i,
                      hoehe - hoehe div 12);
      inc(i,4)
   end;
   canvas.brush.style:=bsClear;
   s := 'abcdefghijklmnopqrstuvwxyz ABCDEFGHIJKLMNOPQRSTUVWXYZ 1234567890';
   canvas.textout((breite-canvas.textwidth(s)) div 2,hoehe div 2+10,s)
end;
```

Test

Starten Sie das Programm und klicken Sie mit der rechten Maustaste auf den Bildschirm. Wählen Sie im PopUp-Menü eine Option aus.

Das Ergebnis (siehe oben) zeigt recht anschaulich die Verwendung der verschiedenen Grafik-methoden sowie die in diesem Zusammenhang interessanten Eigenschaften von Screen und Formular.

R95 ... eine 2D-Vektorgrafik rotieren?

Vektorgrafiken brauchen weniger Speicherplatz und sind schneller im Bildaufbau als Pixel-grafiken. Ein einzelnes Grafiksymbol braucht nur einmal in "Normalposition" definiert zu werden, um dann für alle nur möglichen gedrehten bzw. gespiegelten Raumlagen gleicher-maßen gültig zu sein.

Oberfläche

Auf einer Form (*Form1*) werden ein Timer (*Timer1*) und vier Befehlsschaltflächen (*Button1* bis *Button4*) platziert (siehe Abbildung am Ende). Der Timer wird auf ca. 10 (10 ms) einge-stellt.

Quelltext

```
...
implementation
{$R *.DFM}

var alf,                { Drehwinkel }
    si,co,              { Sinus und Kosinus }
    mf,                 { Maßstabsfaktor }
    x0,y0  : single;    { absolute Bezugskoordinaten }
    sf     : integer;   { Spiegelungsfaktor }
    dirFlg : boolean;   { Richtungsflag }
```

```
procedure dwc (dx1,dy1,R : single);  { zeichnet relativen Kreis }
var x1,y1 : single;
begin
 dx1 := mf * dx1;
 dy1 := mf * dy1;
 R := mf * R;
 x1 := x0 + dx1 * co - sf * dy1 * si;
 y1 := y0 - sf * dy1 * co - dx1 * si;
 form1.canvas.ellipse(round(x1-r),round(y1-r),round(x1+r),round(y1+r));
End;


procedure dwl (dx1,dy1 : single); { zeichnet relative Linie }
var x1,y1 : single;
begin
 dx1 := mf * dx1;  dy1 := mf * dy1;
 x1 := x0 + dx1 * co - sf * dy1 * si;
 y1 := y0 - sf * dy1 * co - dx1 * si;
 form1.canvas.Lineto(round(x1),round(y1));
End;


procedure dwp (dx1,dy1:single);  { zeichnet relativen Punkt }
var x1,y1 : single;
begin
 dx1 := mf * dx1;
 dy1 := mf * dy1;
 x1 := x0 + dx1 * co - sf * dy1 * si;
 y1 := y0 - sf * dy1 * co - dx1 * si;
 form1.canvas.moveto(round(x1),round(y1));
End;
procedure drawHouse;  { zeichnet Haus }
begin
 dwp(0, 10);          { Frontseite }
 dwl(10, 10); dwl(10, 0); dwl(0, 0); dwl(0, 10);
 dwp(1, 8);           { Fenster }
 dwl(4, 8); dwl(4, 4); dwl(1, 4); dwl(1, 8);
 dwp(6, 0);           { Tür }
 dwl(6, 8); dwl(9, 8); dwl(9, 0); dwl(6, 0);
 dwp(-1, 9);          { Dachgiebel }
 dwl(5, 15); dwl(11, 9);
```

```
dwc(5, 12, 1);       { Giebelfenster }
dwp(7, 13);          { Schornstein }
dwl(7, 16); dwl(9, 16); dwl(9, 11)
end;


procedure TForm1.FormCreate(Sender: TObject);       // Programmstart
begin
x0 := clientWidth / 2;
y0 := clientHeight / 2;
alf := 0;
sf := 1;
mf := 20;
canvas.brush.style:= bsclear
end;


procedure TForm1.Button1Click(Sender: TObject);       // Vergrößern
begin
 mf := mf + 1
end;


procedure TForm1.Button2Click(Sender: TObject);       // Verkleinern
begin
 mf := mf - 1
end;


procedure TForm1.Button4Click(Sender: TObject);       // Spiegeln
begin
 sf := -sf
end;


procedure TForm1.Button3Click(Sender: TObject);       // Richtung
begin
 dirFlg := Not dirFlg
end;


procedure TForm1.Timer1Timer(Sender: TObject);       // Anzeige
begin
 form1.refresh;
 If dirFlg Then
```

Grundlagen

Oberfläche

Grafik

Multimedia

Datei

Datenbank

SQL/ADO

Report

Objekte

OLE/DDE

Peripherie

System

Desktop

Technik

Sonstiges

```
    alf := alf + Pi / 100 { im Uhrzeigersinn }
Else
    alf := alf - Pi / 100; { entgegen Uhrzeigersinn }
si := Sin(alf);
co := Cos(alf);
drawHouse
end;
```

Test

Nach Programmstart sollte die Grafik entgegen dem Uhrzeigersinn rotieren (1/8 Grad-Schritte). Über die Befehlsschaltflächen können Sie weitere Manipulationen quasi Online vornehmen.

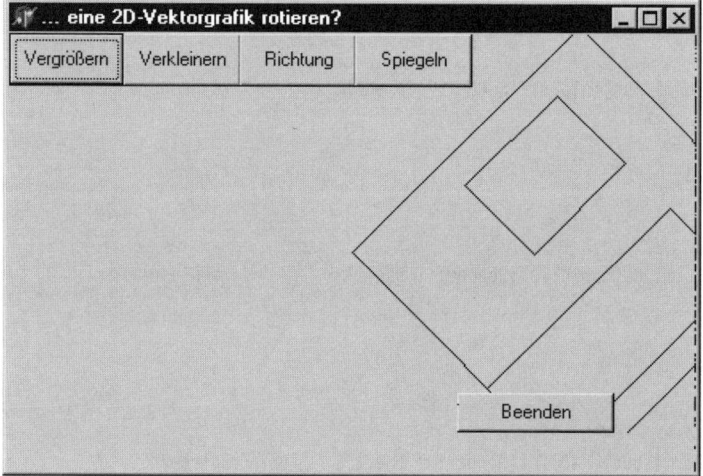

Bemerkungen

▪ Die Darstellung von Rechtecken ist mit *LineTo* relativ langsam. Für häufig benötigte Rechtecke bzw. Polygone lohnen sich eigene Routinen, die intern auf *PolyLine* aufbauen.

▪ Es sei nahegelegt, das Progrämmchen auch einmal mit selbstdefinierten Symbolen in kleineren und größeren Winkelschritten auf einem bereits vorhandenen Hintergrundbild auszuprobieren. Um dieses nicht zu verletzen, müssen Sie auf *Refresh* verzichten und stattdessen mit einem XOR-Mode überschreiben. Gleichzeitig dürften Sie damit den lästigen Flackereffekt vermeiden.

▪ Nach dem gleichen Prinzip der Koordinatentransformation können Sie übrigens auch 3D-Objekte rotieren lassen, z.B. Drahtmodelle, was sehr eindrucksvoll ist.

R96 ... mit der ChartFX-Komponente arbeiten?

Grundlagen

Zum Darstellen unterschiedlichster Diagramme und Graphen hat der Delphi-Programmierer die Qual der Wahl zwischen mehreren Controls. Wir wollen uns in diesem Rezept mit einem kleinen Beispiel an die sehr komplexe und leistungsfähige *ChartFX*-Komponente heranwagen.

Oberfläche

Hinweis: Es handelt sich nicht um die *Chart*-Komponente auf der Seite "Zusätzlich", sondern um *ChartFX* auf der "ActiveX"-Seite der Komponentenpalette!

Grafik

"Die Möglichkeiten der ChartFX-Komponente sind fantastisch, die Bedienung ist mittelalterlich!". Mit diesen Worten lässt sich die Komponente wohl am besten beschreiben. Statt die sowieso vorhandenen Eigenschaften zur Laufzeit nutzen zu können, muss alles über umständliche Steueranweisungen abgewickelt werden. Ein mit dem Komfort von Delphi nicht zu vereinbarender Widerspruch!

Multimedia

Datei

Oberfläche

Datenbank

Die Oberfläche wird über ein *PageControl* (Seite "Win32") in einen Diagramm- und einen Tabellenbildschirm aufgeteilt, wie? Über den Eintrag "Neue Seite" des PopUp-Menüs fügen Sie zwei Seiten hinzu (*TabSheet1* und *TabSheet2*), denen Sie im Objektinspektor neue *Caption*-Eigenschaften zuweisen "Daten editieren" und "Diagramm").

SQL/ADO

Auf *TabSheet1* platzieren Sie eine *StringGrid*-Komponente und zwei *SpinEdit*-Komponenten.

Report

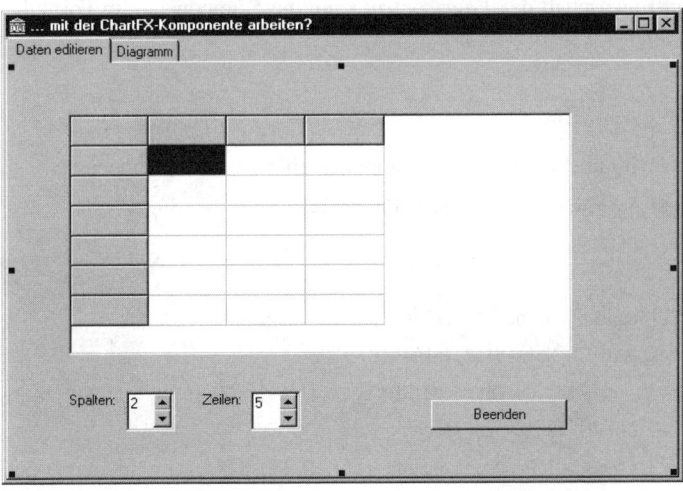

Objekte

OLE/DDE

Peripherie

System

Desktop

Hinweis: Innerhalb der *Options*-Eigenschaft des *StringGrid* müssen Sie *goEditing = True* setzen, anderenfalls können Sie nichts in das Gitter eingeben!

Technik

Setzen Sie nun die *Chart*-Komponente auf *TabSheet2*.

Sonstiges

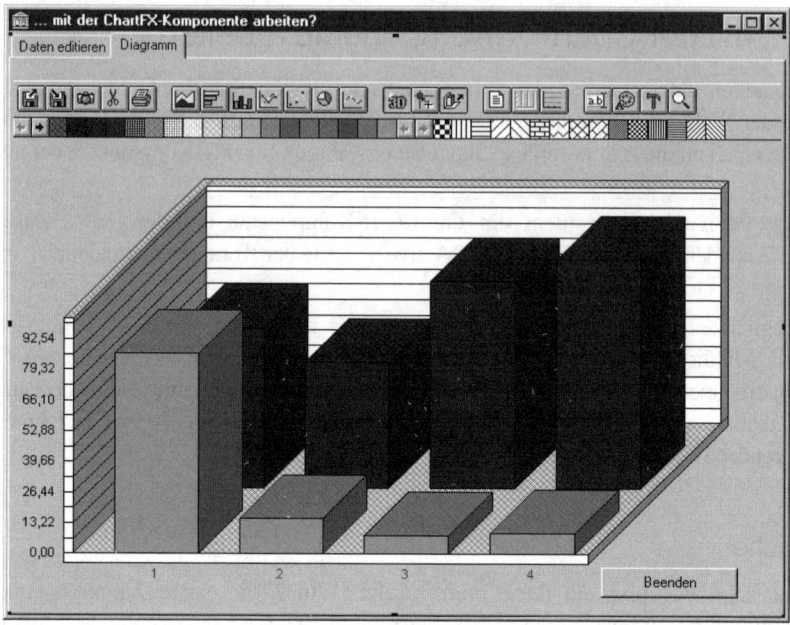

Um die in der obigen Grafik angezeigten Toolbars zu erhalten, müssen Sie diese zur Entwurfs-zeit einblenden. Die Eigenschaften *PaletteBar*, *PatternBar* und *ToolBar* setzen Sie dazu auf *True*.

Über die *Align*-Eigenschaft des *PageControl* kann die Komponente im Formular ausgerichtet werden (*alClient*).

Quelltext

Das *StringGrid* wird über die *SpinEdit*-Komponenten zur Laufzeit angepasst:

```
procedure TForm1.SpinEditChange(Sender: TObject);
var i: Integer;
begin
  StringGrid1.ColCount := SpinEdit1.Value+2;
  StringGrid1.RowCount := SpinEdit2.Value+2;
  for i := 2 to StringGrid1.ColCount do StringGrid1.Cells[i,0] := IntToStr(i-1);
  StringGrid1.Cells[1,0] := 'Beschriftung';
  for i := 2 to StringGrid1.RowCount do StringGrid1.Cells[0,i] := IntToStr(i-1);
  StringGrid1.Cells[0,1] := 'Beschriftung';
  ChartFX1.OpenDataEX(COD_VALUES, SpinEdit1.Value-1, SpinEdit2.Value-1);
  ChartFX1.CloseData(COD_VALUES)
end;
```

Grundlagen

Oberfläche

Grafik

Multimedia

Datei

Datenbank

SQL/ADO

Report

Objekte

OLE/DDE

Peripherie

System

Desktop

Technik

Sonstiges

Hinweis: Weisen Sie dem *OnChange*-Event beider *SpinEdit*-Komponenten im Objektinspektor den obigen Eventhandler zu!

Zum Anpassen der Diagrammgröße verwenden wir das *FormResize*-Event:

```
procedure TForm1.FormResize(Sender: TObject);
begin
  ChartFX1.Width := TabSheet2.Width;
  ChartFX1.Height := TabSheet2.Height
end;
```

Mit dem Verlassen der Tabelleneingabe (Umschalten zum Diagramm) werden alle Daten ins Diagramm übernommen. Dazu müssen Sie mit *OpenDataEx* den Übertragungskanal öffnen.

Vergessen Sie nicht, den Kanal wieder zu schließen[1].

```
procedure TForm1.StringGrid1Exit(Sender: TObject);
var d:    Double;
    i,x,y : Integer;
begin
MessageBeep(0);
ChartFX1.Visible := False;
ChartFX1.OpenDataEx(COD_VALUES, SpinEdit1.Value-1, SpinEdit2.Value-1);        // Öffnen
for x:=2 to StringGrid1.ColCount-1 do begin
  ChartFX1.ThisSerie := x-2;                      // Welcher Balken?
  for y:= 2 to StringGrid1.RowCount-1 do  begin
   Val(StringGrid1.Cells[x,y],d,i);
   ChartFX1.Value[y-2] := d                 // Länge des Balkens
  end
end;
ChartFX1.CloseData(COD_VALUES);             // Schließen
ChartFX1.Visible := True
end;
```

Test

Hinweis: Vor dem Compilieren bringen Sie die Seite mit dem Diagramm in den Vordergrund (oder stellen Sie die *ActivePage*-Eigenschaft des *Page*-Controls auf *TabSheet2* ein), ansonsten kann es nach der Dateneingabe zu einer Fehlermeldung kommen!

---

[1] Properties hätten an dieser Stelle die Bedienung wesentlich vereinfacht ...

Nach Programmstart schalten Sie um auf "Daten editieren".

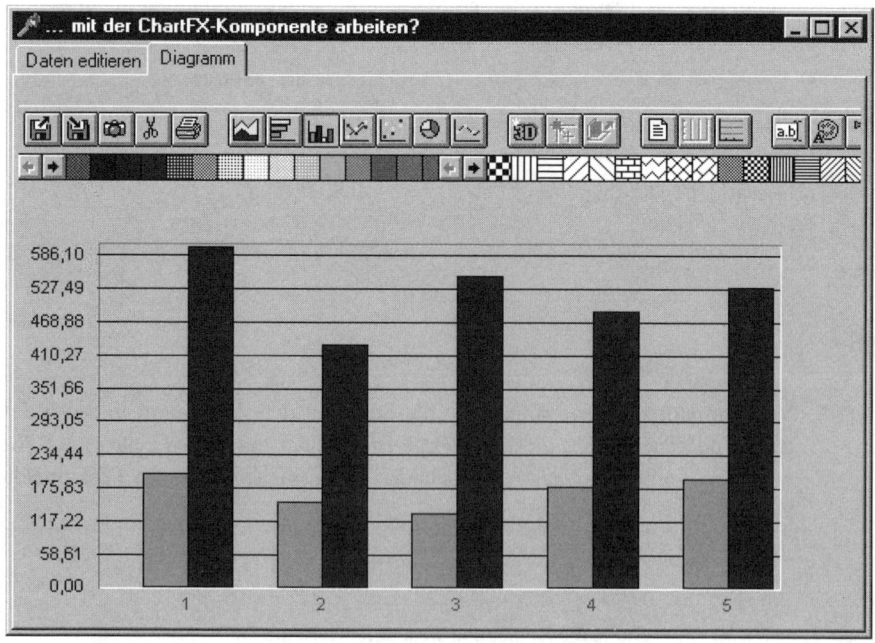

Die Vielfalt der Darstellungsmöglichkeiten, die man in der Menüleiste wählen kann, ist schon beeindruckend und erst durch längeres Experimentieren annähernd zu erschließen:

R97 ... die ImageList einsetzen?

Geht es darum, mehrere gleich große Grafiken sinnvoll zu verwalten, ist die *ImageList*-Komponente die erste Wahl. Ein kleines Beispiel zeigt, wie Sie zur Laufzeit auf die enthaltenen Grafiken zugreifen können.

Oberfläche

Binden Sie eine *ImageList*- sowie eine *PaintBox*-Komponente zur Anzeige der Grafiken ein. Weiterhin brauchen wir einen *Timer*, eine *Trackbar* und zwei *Buttons*.

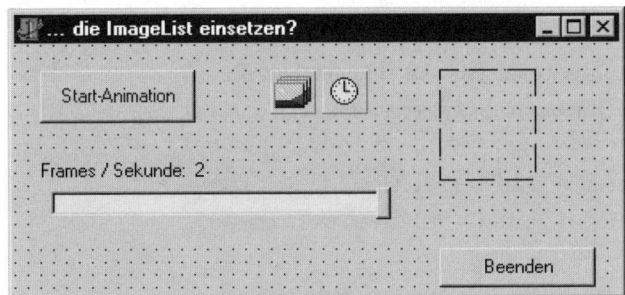

Bestimmen Sie mit Hilfe der *Height*- und *Width*-Eigenschaft die Größe der Grafiken in der *ImageList*. Nach einem Doppelklick auf die Komponente können Sie geeignete einzelne Grafiken in die Komponente laden. Gleichzeitig können Sie die Reihenfolge und den Hintergrund bestimmen.

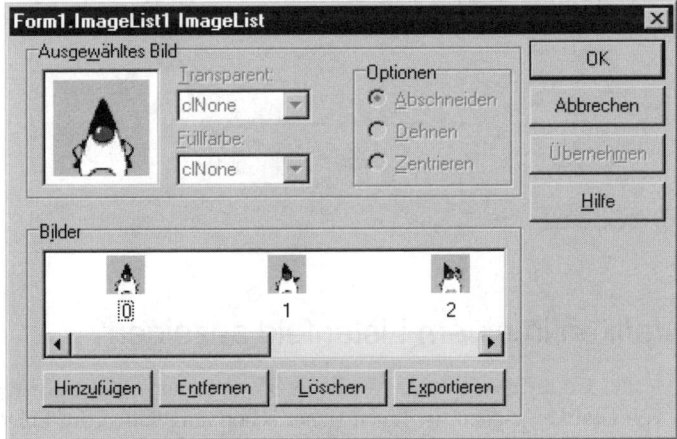

Über eine *Timer*-Komponente blenden Sie zur Laufzeit jeweils eine Bitmap in die *PaintBox* ein. Durch die Aufeinanderfolge von Grafiken entsteht der Eindruck einer Animation.

Quelltext

Die Ausgabe erfolgt mit der *Draw*-Methode, der Sie neben dem Ziel-Canvas auch die Ziel-koordinaten und den Index der Grafik übergeben müssen:

```
procedure TForm1.Timer1Timer(Sender: TObject);
begin
    ImageList1.Draw(PaintBox1.Canvas,0,0,i);
    Inc(i);                              // i := i+1
    if i = 7 then i := 0
end;
```

Einfacher geht es wohl nicht mehr!

So regeln Sie die Geschwindigkeit des "Flimmerkinos":

```
procedure TForm1.TrackBar1Change(Sender: TObject);
begin
    timer1.interval:= trackbar1.position;
    label2.caption := inttostr(1000 div timer1.interval);
end;
```

Test

Lassen Sie sich von der fröhlich winkenden Witzfigur erheitern!

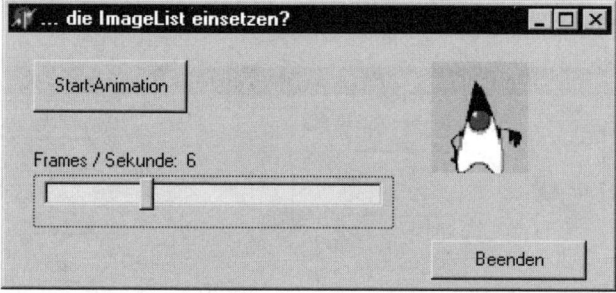

R98 ... Grafiken in einem Listenfeld anzeigen?

Dass sich List- und Comboboxen unter Windows 95 nicht nur für die Anzeige von Text, sondern auch von Grafiken eignen, ist Ihnen sicher schon aufgefallen. Im Folgenden wollen wir Ihnen eine Realisierungsmöglichkeit vorstellen.

Oberfläche

Für unser Beispiel brauchen wir natürlich auf alle Fälle eine *Listbox*. Legen Sie über die *Item-Height*-Eigenschaft die Zeilenhöhe fest. Wollen Sie normale Icons anzeigen, sollten Sie hier 38 eingeben (ein Icon ist 32 Pixel hoch, den Rest nutzen wir als Rand). Weiterhin müssen Sie die *Style*-Eigenschaft anpassen (*lbOwnerDrawFixed*). Über die *Items*-Eigenschaft bestimmen Sie die Anzahl und den Inhalt der einzelnen Zeilen innerhalb der Listbox.

Da alle Bilder gleich groß sind, können wir eine *ImageList*-Komponente zum Speichern der Grafiken verwenden. Bestimmen Sie die Grafikgröße mit *Height* und *Width*. Klicken Sie danach doppelt auf die *ImageList*. Im folgenden Dialog können Sie die Reihenfolge und die Anzahl der Grafiken bestimmen:

Quelltext

Haben Sie die Eigenschaft *Style* auf *lbOwnerDrawFixed* festgelegt, sind Sie selbst dafür verantwortlich, die Listbox bei allen Veränderungen (Scrollen, Auswahl etc.) neu zu zeichnen. Was sich so kompliziert anhört, ist relativ einfach bewerkstelligt. Ihre Aufgabe besteht lediglich darin, im *DrawItem*-Ereignis auf entsprechende Anforderungen der Komponente zu reagieren. In unserem Fall geht es zum einen darum, den Text anzuzeigen (bei Auswahl soll der Text vergrößert dargestellt werden), zum zweiten sollen zwei Icons eingeblendet werden, von denen eins nur bei Auswahl sichtbar ist.

```
procedure TForm1.ListBox1DrawItem(Control: TWinControl; Index: Integer;
  Rect: TRect; State: TOwnerDrawState);

begin
    listbox1.canvas.brush.color := clwhite;
    listbox1.canvas.fillrect(rect);
    if listbox1.selected[index]  then begin
        imagelist1.draw(listbox1.canvas,rect.left,rect.top+3,1);
        listbox1.canvas.font.size := -15; listbox1.canvas.font.style := [fsbold];
        listbox1.canvas.font.color := clblue;
    end;
```

Grundlagen

Oberfläche

Grafik

Multimedia

Datei

Datenbank

SQL/ADO

Report

Objekte

OLE/DDE

Peripherie

System

Desktop

Technik

Sonstiges

```
    imagelist1.draw(listbox1.canvas,rect.left + 32,rect.top+3,0);
    listbox1.canvas.textout(64,rect.top+11,listbox1.items[index])
end;
```

Gezeichnet wird auf dem *Canvas* der Komponente, der betreffende Ausschnitt wird durch den Parameter *Rect* gekennzeichnet. Die eigentliche Grafikausgabe erfolgt mittels *Draw*-Methode. Auch der Ausgabetext muss über eine Methode angezeigt werden.

Test

Nach Programmstart sind alle Ikons gleich. Klicken Sie nun auf einzelne Einträge!

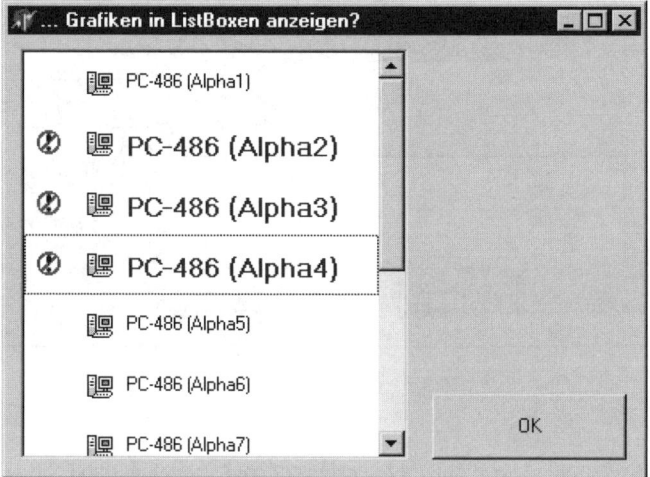

Bemerkung

Sollten Sie viele Schriftarten in der Listbox anzeigen wollen, ist es sinnvoll, diese vorher zu erstellen und in einem *Bitmap*-Array oder einer *ImageList*-Komponente abzulegen.

R99 ... Grafiken in die Zwischenablage kopieren?

Für die Arbeit mit der Zwischenablage stellt Delphi das Objekt *TClipboard* zur Verfügung (Unit *Clipbrd*). Sie brauchen davon keine Instanz abzuleiten, da bereits bei Programmstart eine Variable *Clipboard* standardmäßig vorhanden ist. Die *Assign*-Methode erlaubt einen Datenaustausch in beiden Richtungen.

Mit dem folgenden kleinen Testprogramm können Sie das Kopieren und Einfügen von Grafiken (*TPicture*) nachvollziehen.

Grundlagen

Oberfläche

Grafik

Multimedia

Datei

Datenbank

SQL/ADO

Report

Objekte

OLE/DDE

Peripherie

System

Desktop

Technik

Sonstiges

Oberfläche

Auf dem Startformular (*Form1*) platzieren Sie drei *Image*-Komponenten (*Image1*, *Image2* und *Image3*). Weisen Sie der *Picture*-Eigenschaft jeweils ein Bildchen zu, das Sie vorher z.B. mit Paintbrush gezeichnet haben. Die *AutoSize*-Property der *Image*-Komponenten setzen Sie auf *True*, damit passen sich deren Abmessungen automatisch der Größe der Bildchen an. Unterhalb platzieren Sie drei RadioButtons (*RadioButton1*, *RadioButton2* und *RadioButton3*) und drei Schaltflächen (*Button1*, *Button2*, *Button3*). Die *Checked*-Property von *RadioButton1* ändern Sie auf *True*.

Quelltext

Fügen Sie den Eintrag *ClipBrd* ans Ende der *Uses*-Klausel von *Unit1* an! Anschließend weisen Sie den drei Buttons folgenden Ereigniscode zu:

```
procedure TForm1.Button1Click(Sender: TObject);  (* Kopieren *)
begin
 if RadioButton1.Checked then Clipboard.Assign(Image1.Picture);
 if RadioButton2.Checked then Clipboard.Assign(Image2.Picture);
 if RadioButton3.Checked then Clipboard.Assign(Image3.Picture)
end;

procedure TForm1.Button2Click(Sender: TObject); (* Einfügen *)
begin
 if RadioButton1.Checked then Image1.Picture.Assign(Clipboard);
 if RadioButton2.Checked then Image2.Picture.Assign(Clipboard);
 if RadioButton3.Checked then Image3.Picture.Assign(Clipboard)
end;
```

Test

Nach dem Programmstart können Sie nach Belieben in die Zwischenablage kopieren bzw. von dort einfügen. Die Operationen beziehen sich immer auf das mit dem RadioButton markierte Bild. Man braucht keine Bedenken zu haben, dass die in den *Image*-Komponenten eingelagerten Bitmaps durch das Überschreiben verloren gehen. Nach einem erneuten Programmstart ist der ursprüngliche Zustand wieder hergestellt.

Bemerkungen

- Mit der Anweisung *Clipboard.Clear* können Sie die Zwischenablage löschen.
- Testen Sie den Grafikaustausch mit anderen gleichzeitig geöffneten Windows-Applikationen, z.B. Word oder Paintbrush! Sie können z.B. mit Paintbrush eine Grafik entwerfen, diese dort in die Zwischenablage kopieren und anschließend in unser Prográmmchen einfügen.

R100 ... einen Markierungsrahmen erzeugen?

In fast jedem Zeichenprogramm ist folgendes praktische Problem anzutreffen: Durch Klick auf die Maustaste und anschließendem Bewegen der Maus öffnet sich ein Rechteck, das man bei gedrückt gehaltener Maustaste auf die gewünschte Größe zieht, um damit irgendein Objekt einzurahmen oder zu kennzeichnen.

Besonders professionell wirkt der Rahmen, wenn er animiert wird (scheinbare Bewegung des Rahmens).

Oberfläche

Zur Oberfläche gibt es nicht viel zu sagen, außer einem *Panel* zur Anzeige der aktuellen Mauskoordinaten und einem Timer für den Animationseffekt brauchen Sie keine weiteren Komponenten.

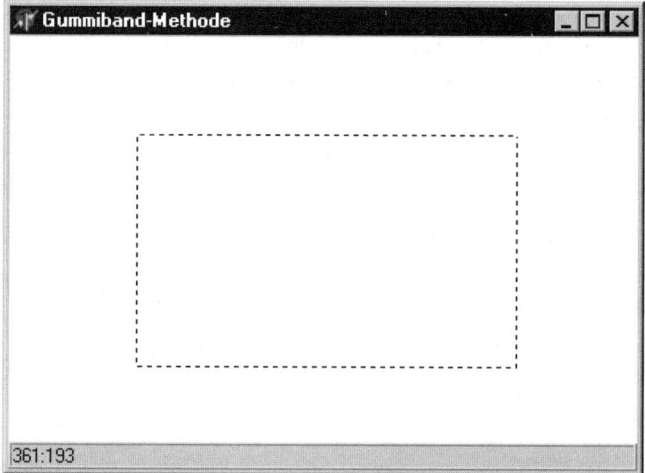

Quelltext

Grundlage des Verfahrens ist die Erkenntnis, dass die zweimalige XOR-Verknüpfung zweier Werte (in diesem Fall handelt es sich um Farben) den ursprünglichen Zustand wieder herstellt.

Den XOR-Zeichenmodus erreichen Sie über die *Mode*-Eigenschaft des *Pen*-Objekts. Dies kann zum Beispiel beim Erzeugen des Fensters geschehen:

```
procedure TForm1.FormCreate(Sender: TObject);
begin
    canvas.pen.mode := pmNotXor;
    canvas.pen.Style := psDot;
end;
```

Innerhalb der Unit deklarieren Sie die folgenden Variablen:

```
var x1,y1,x2,y2 :Integer;
```

Grundlagen

Wird die linke Maustaste gedrückt, können wir die Anfangskoordinaten speichern und das Rechteck zum ersten Mal zeichnen:

Oberfläche

```
procedure TForm1.FormMouseDown(Sender: TObject; Button: TMouseButton;
  Shift: TShiftState; x, y: Integer);
begin
  If shift = [ssLeft] then begin
    timer1.enabled:=False;
    canvas.brush.style:=bsclear;
    x1 := X;
    y1 := Y;
    x2 := X;
    y2 := Y;
    canvas.rectangle (x1, y1,x2, y2);
  end;
end;
```

Grafik

Multimedia

Datei

Datenbank

Jede weitere Bewegung der Maus löst das Ereignis *MouseMove* aus, in dem wir zum einen die Koordinatenanzeige aktualisieren, zum anderen das bisherige Rechteck löschen und neu zeichnen.

SQL/ADO

Report

```
procedure TForm1.FormMouseMove(Sender: TObject; Shift: TShiftState; X,
  Y: Integer);
begin
  panel1.caption := IntToStr(x)+ ':' + IntToStr(Y);
  If shift = [ssLeft] then begin
    canvas.rectangle (x1, y1,x2, y2);
    x2 := X;
    y2 := Y;
    canvas.rectangle (x1, y1,x2, y2);
  end;
end;
```

Objekte

OLE/DDE

Peripherie

Mit dem Loslassen der Maustaste ist die Zeichenaktion abgeschlossen, es geht jetzt nur noch darum, mit den gespeicherten Koordinaten das Rechteck zyklisch neu zu zeichnen. Dazu wird der Timer eingeschaltet:

System

Desktop

```
procedure TForm1.FormMouseUp(Sender: TObject; Button: TMouseButton; Shift:
        TShiftState; X, Y: Integer);
begin
  timer1.enabled:=True
end;
```

Technik

Sonstiges

Durch den Wechsel zwischen *psSolid* und *psDot* für die Eigenschaft *Pen.Style* entsteht eine scheinbare Bewegung der einzelnen Rahmenpunkte:

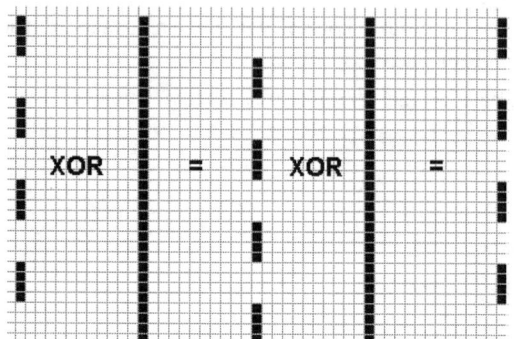

```
procedure TForm1.Timer1Timer(Sender: TObject);
begin
    canvas.pen.Style := psSolid;
    canvas.rectangle(x1, y1,x2, y2);  canvas.pen.Style := psDot;
end;
```

R101 ... Bitmaps zur Laufzeit zuweisen?

Die kurze Antwort: Verwenden Sie die *LoadFromFile*-Methode, mit der Sie verschiedenen Objekten eine Bilddatei zuweisen können. Das folgende Beispiel erläutert dies für zwei Varianten und liefert gleichzeitig noch eine Demo für den Einsatz des (unsichtbaren!) *TBitmap*-Objekttyps.

Oberfläche

Auf dem Startformular platzieren Sie eine *Paintbox* (Seite "System") und einen Bitmap-Schalter (Seite "Zusätzlich"). Zoomen Sie den Rahmen der Paintbox genügend weit auf, so dass die komplette Bitmap später darin Platz finden kann, ansonsten wird nur ein Ausschnitt angezeigt. Analoges gilt für den Schalter.

Quelltext

Voraussetzung für die Funktion dieses Programms ist das Vorhandensein der beiden Bitmap-dateien *Bild1.BMP* und *Bild2.BMP* im Projektverzeichnis.

```
procedure TForm1.PaintBox1Paint(Sender: TObject);
var  Bitmap1: TBitmap;
begin
  Bitmap1 := TBitmap.Create;
  Bitmap1.LoadFromFile('bild1.bmp');
```

```
 PaintBox1.Canvas.Draw(0, 0, Bitmap1);
 Bitmap1.Free
end;
procedure TForm1.FormCreate(Sender: TObject);
begin
 BitBtn1.Glyph.LoadFromFile('bild2.bmp')
end;


procedure TForm1.BitBtn1Click(Sender: TObject);
begin
 Form1.Close
end;
```

Grundlagen

Oberfläche

Grafik

Multimedia

Datei

Datenbank

SQL/ADO

Report

Objekte

OLE/DDE

Peripherie

System

Desktop

Technik

Sonstiges

Test

Das Ergebnis ohne viele Worte:

Bemerkungen

- Statt in den *Canvas* der *Paintbox* könnte man nach dem gleichen Prinzip natürlich auch direkt in den *Canvas* des Formulars zeichnen. Die Paintbox bietet allerdings den Vorteil, dass der Zeichenbereich begrenzbar ist.

▪ Verwenden Sie statt der *Painbox*- eine *Image*-Komponente (Achtung, Ressourcen-fresser!), ist die Syntax etwas einfacher (ohne *Canvas* und *TBitmap*):

```
Image1.Picture.LoadFile('bild1.bmp')
```

▪ Wenn Sie das fertige Programm später als EXE-Datei starten wollen, müssen Sie ge-gebenenfalls eine Anpassung des Pfadnamens im Argument von *LoadFile* vorneh-men.

R102 ... eine Bitmap-Ressourcendatei erstellen?

Es gibt unter Delphi bekanntlich verschiedene Arten von Ressourcendateien, die mit dem integrierten Bildeditor bearbeitet werden können:

▪ Ressourcen-Datei (**.res*)

▪ Delphi-Komponenten-Ressourcendatei (**.dcr*)

▪ Bitmap-Datei (**.bmp*)

▪ Symbol Datei (**.ico*)

▪ Cursor Datei (**.cur*)

Die folgende Demonstration soll sich auf das Erstellen einer DCR-Datei beschränken, wie man sie für die Schaltflächen der Komponentenpalette benötigt. Der Name der entsprechenden Komponenten-Unit lautet *UniBlack.pas*.

Als konkreter Hintergrund dient das Rezept

☞   R270 ... neue Komponenten entwickeln?

Aufbau der Dateistruktur

Der Aufruf des Bildeditors erfolgt über das Menü *Tools\Bildeditor*:

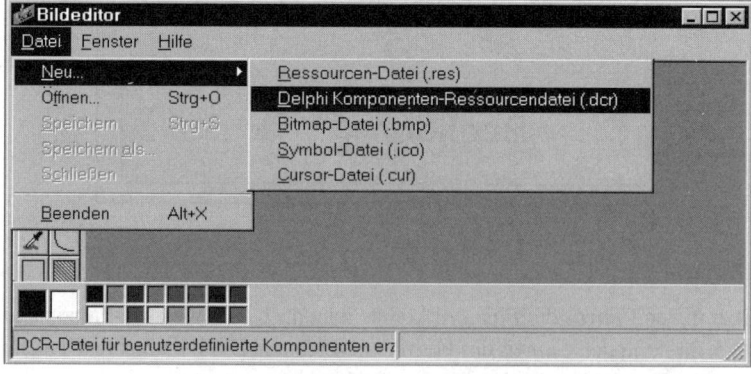

Als Nächstes fügen wir über den Menüpunkt *Ressource\Neu* zwei Bitmaps zu:

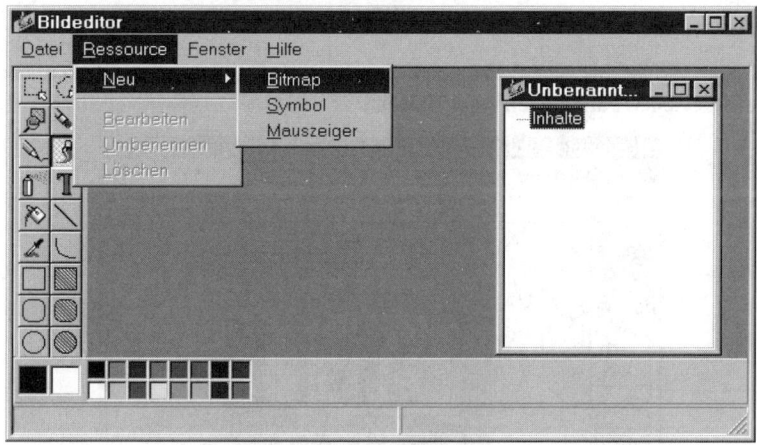

Jede dieser Bitmaps hat die Abmessungen 24x24 Pixel:

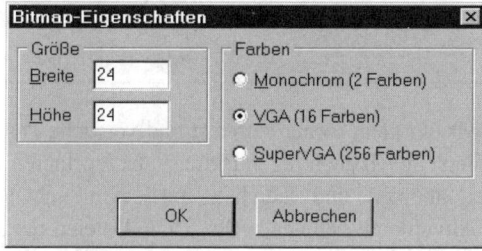

Bei späteren Problemen mit der Grafikkarte sollten Sie es anstelle der hier empfohlenen 16 Farben mal mit 256 Farben versuchen.

Über *Ressource\Umbenennen* muss der Name der Bitmap auf den der entsprechenden Komponente gesetzt werden:

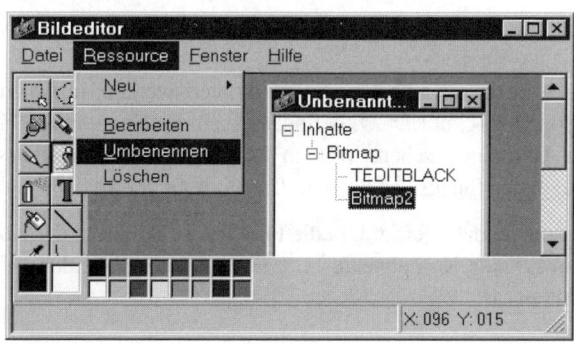

In unserem Beispiel heißen die zugehörigen Komponentenklassen *TEditBlack* und *TLabelBlack*.

Grundlagen

Oberfläche

Grafik

Multimedia

Datei

Datenbank

SQL/ADO

Report

Objekte

OLE/DDE

Peripherie

System

Desktop

Technik

Sonstiges

Zeichnen

Nun kann es an die Arbeit gehen! Doppelklicken Sie auf den Namen der Bitmap und stellen Sie Ihre künstlerischen Fähigkeiten unter Beweis!

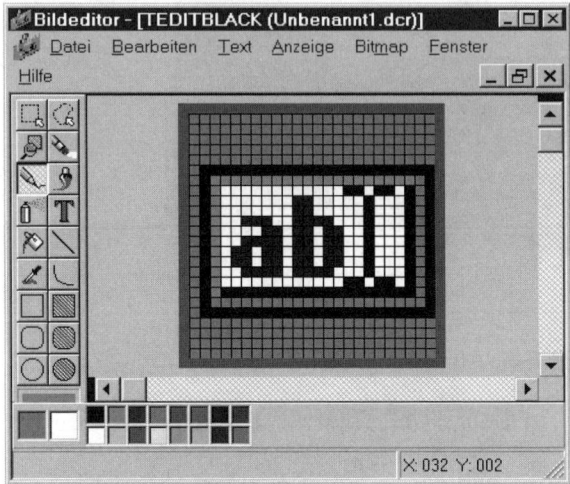

In unserem Fall haben wir ein klein wenig getrickst und versucht, das Brett an der dünnsten Stelle zu bohren, es wurden einfach die fertigen Bitmaps der Vorfahren *TEdit* und *TLabel* über *Bearbeiten\Einfügen* hereinkopiert und lediglich mit einem schwarzen Rahmen "nach-bearbeitet". Woher die Altvorderen nehmen? Alle .DCR-Dateien der Delphi-Komponenten-palette befinden sich im Verzeichnis *Borland\Delphi2.0\Lib*. Öffnen Sie am besten eine zweite Instanz des Bildeditors und laden Sie die Datei *StdReg.DCR* (entspricht der Seite "Standard"). Sie kopieren nacheinander TEDIT und TLABEL in die Zwischenablage und fügen diese dann in die noch leeren Bitmaps TEDITBLACK und TLABELBLACK der ersten Instanz des Bild-editors ein.

Abspeichern

DCR-Dateien müssen in das gleiche Verzeichnis kopiert werden, in welchem sich auch die (compilierte) Komponenten-Unit (.DCU) befindet. Auch der Name muss (bis auf die Extensi-on) exakt dem der Unit entsprechen. Wählen Sie deshalb im Menü des Bildeditors *Da-tei\Speichern als* und geben Sie als Dateinamen *UniBlack.DCR* ein.

Damit wäre die Ressourcendatei fertig. Um die Früchte der Arbeit in der Komponentenpalette zu bewundern, müssen beide Komponenten erst noch installiert werden (Menü *Komponente\ Komponente installieren...*).

R103 ... JPEG-Grafiken als Ressourcen speichern?

Für einen Splash-Screen oder eine Hintergrundbitmap ist eine BMP-Datei einfach zu groß! Binden Sie diese in Ihre Anwendung als Ressource ein, quillt die Datei auf wie ein Hefekuchen.

Abhilfe verspricht das JPEG-Format, das bei fast gleich guter Qualität eine wesentlich kleinere Datei erzeugt. Das Problem ist nur: Wie binde ich derartige Grafiken ein und wie zeige ich diese später an?

Vorbereitungen

Bevor es losgeht, sollten Sie die gewünschte Bitmap mit Hilfe eines Grafiktools (z.B. Paint-Shop) in das JPEG-Format umwandeln. Hier bestimmen Sie mit Hilfe des Kompressions-faktors auch die Qualität der Grafik.

Beispiel: Eine ursprünglich 45 KByte große Bitmap (BMP-Format) ist im JPEG-Format mit 20% Kompression nur noch 9,66 KByte groß (links) bzw. mit 80% Kompression nur 4,19 KByte (rechts).

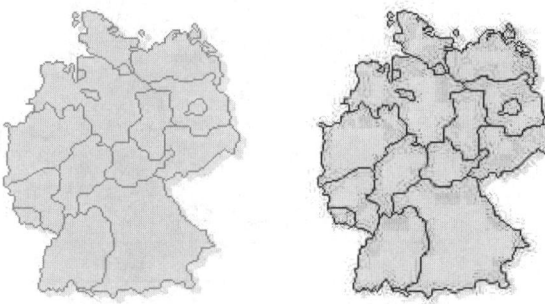

Wer über keine Möglichkeit zum Erstellen von JPEG-Dateien verfügt, der sollte sich des folgenden Programms von der Buch-CD bedienen:

☞ R104 ... BMP in JPEG-Grafiken umwandeln?

Nehmen wir an, dass schließlich eine Datei mit dem Namen *Bild1.jpg* vorliegt, die Sie am besten gleich mit in das Delphi-Projektverzeichnis kopieren.

Wie auch bei einer normalen Bitmap müssen Sie zunächst eine Ressourcedatei erzeugen, siehe dazu:

☞ R102 ... eine Bitmap-Ressourcendatei erstellen?

Wer an einer kurzen und bündigen Erläuterung interessiert ist, für den erfolgt hier stichpunkt-artig eine Beschreibung der notwendigen Schritte:

Starten Sie einen Texteditor, z.B. das Windows-Notepad, und tippen Sie folgende Zeile ein:

```
105 RCDATA "Bild1.jpg"
```

Grundlagen

Oberfläche

Grafik

Multimedia

Datei

Datenbank

SQL/ADO

Report

Objekte

OLE/DDE

Peripherie

System

Desktop

Technik

Sonstiges

Bei Bedarf können Sie hier in den nächsten Zeilen weitere Grafikdateien hinzufügen (andere ID wählen).

Speichern Sie dieses sogenannte Ressourcen-Script z.B. unter dem Namen *Bilder.rc* in Ihr Projektverzeichnis ab.

Sicher nicht der eleganteste, aber der zuverlässigste Weg: Kopieren Sie den Ressourcen-Compiler *brc32.exe* (er befindet sich im *Delphi4\Bin* Unterverzeichnis in Ihr Projektverzeichnis (keine Angst, er ist nur ca. 70 KByte groß!)

Klicken Sie auf den Windows-Startbutton, wählen Sie "Ausführen..." und klicken Sie im Dialogfenster die "Durchsuchen"-Schaltfläche. Wählen Sie im Dateidialog Ihr Projektverzeichnis und dort die *Datei brc32.exe*.

Ergänzen Sie den Aufruf von *brc32.exe*, indem Sie (durch ein Leerzeichen getrennt) den Namen der Skriptdatei (*exe* und *rc*-Extension können entfallen) anfügen. In unserem Fall sieht das dann so aus:

```
...\brc32 Bilder
```

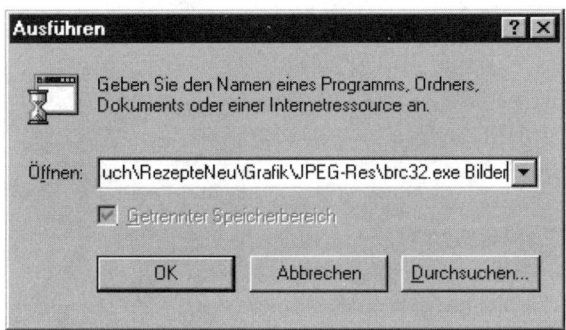

Klicken Sie auf OK, ignorieren Sie das zwischenzeitliche gespenstische Auftauchen des DOS-Fensters, und überzeugen Sie sich anschließend davon, dass in Ihrem Projektverzeichnis eine neue Ressourcen-Datei mit dem Namen *Bilder.res* aufgetaucht ist.

Oberfläche

Platzieren Sie auf dem Startformular eine *Image*-Komponente und zoomen Sie diese etwa auf Fenstergröße auf. Zweckmäßigerweise setzen Sie die *Stretch*-Eigenschaft auf True (*AutoSize* kann *False* bleiben).

Quelltext

Am Anfang des *implementation*-Abschnitts von *Unit1* binden Sie die JPEG-Unit und die Ressource ein:

```
uses ..., jpeg;
{$R Bilder.RES}
```

Unsere JPEG-Grafik soll gleich zu Beginn angezeigt werden:

```
procedure TForm1.FormCreate(Sender: TObject);
var ResStream : TResourceStream;
begin
```

Der Ressourcenstream wird erzeugt, an Hand der ID (105) wird das richtige Bild zugewiesen:

```
ResStream := TResourceStream.CreateFromID(HInstance, 105, RT_RCDATA);
```

Das Laden unterscheidet sich etwas von der bisherigen Vorgehensweise, wir brauchen ein neues *TJPEGImage*-Objekt (ab Delphi 3):

```
Image1.Picture.Graphic := TJPEGImage.Create;
with TJPEGImage(image1.Picture.Graphic) do begin
  PixelFormat := jf24Bit; Grayscale   := False;
end;
Image1.Picture.Graphic.LoadFromStream(ResStream);
resStream.Free
end;
```

Sie können die Darstellungsqualität und -geschwindigkeit noch über die Eigenschaften *Pixelformat* (8 und 24 Bit), *GrayScale* und *Performance* anpassen.

Test

Die Freude an dem Anblick, der sich Ihnen sofort nach dem Programmstart bietet, wird erheblich dadurch gesteigert, dass die in die Projekt-EXE eingebettete Ressource nur einen Bruchteil des Speicherplatzes der ursprünglichen Bitmap belegt (im Beispiel auf der Buch-CD sind dies ca. 30 KByte statt 372 KByte).

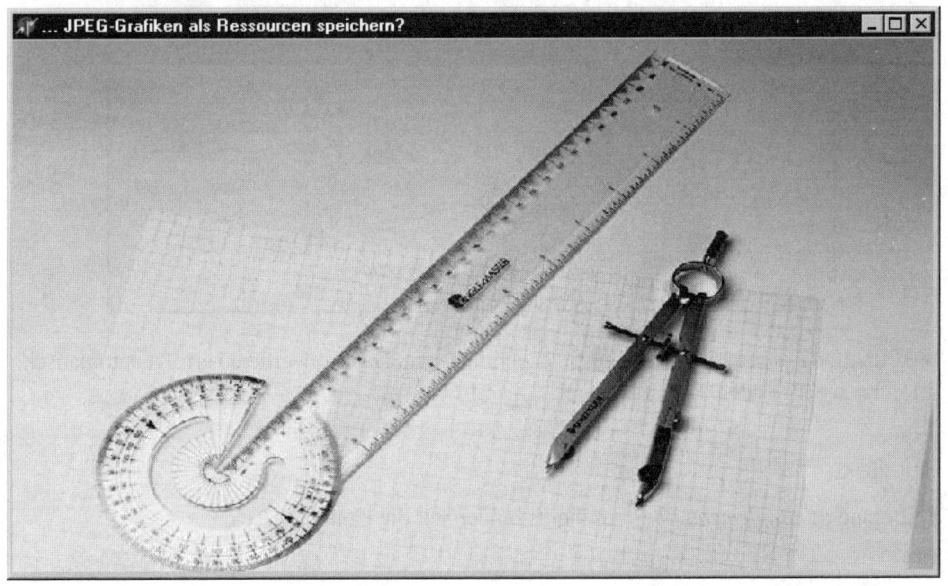

Die seitliche Navigationsleiste enthält: Grundlagen, Oberfläche, **Grafik**, Multimedia, Datei, Datenbank, SQL/ADO, Report, Objekte, OLE/DDE, Peripherie, System, Desktop, Technik, Sonstiges

Einen weiteren Vorteil der JPEG-Ressourcen erkennen Sie erst, wenn Sie TrueColor-Bilder zur Anzeige bringen wollen. Hat der Anwender lediglich eine Farbtiefe von 256 Farben eingestellt, bleibt von Ihrer Grafik nicht mehr viel übrig. Anders bei *TJPEG*, die Komponente konvertiert die Grafik automatisch in eine 256 Farben-Grafik, die meist noch recht brauchbar aussieht.

R104 ... BMP in JPEG-Grafiken umwandeln?

Wie schon im vorhergehenden Rezept beschrieben, bietet sich mit dem JPEG-Format eine sinnvolle, weil speicherplatzsparende Alternative zu den konventionellen BMP-Dateien. Aus diesem Grund gehört JPEG zu den im Internet üblichen Standardformaten. Eine direkte BMP-JPEG-Umwandlung (z.B. mit einer Methode) ist in Delphi allerdings (noch) nicht vorgesehen.

Genau diese Lücke soll das folgende kleine Beispiel schließen. Mit diesem durchaus praxistauglichen Programm können Sie eine Bitmap-Grafik beispielsweise unter Windows-Paintbrush erzeugen, um sie dann in JPG zu konvertieren.

Oberfläche

Für unseren Grafikkonverter benötigen wir neben einem *OpenPictureDialog* noch einen *Trackbar*, über den wir den Kompressionsfaktor des JPEG-Algorithmus bestimmen.

Die Funktion der beiden Buttons dürfte ersichtlich sein. Das Konvertieren erfolgt automatisch sofort nach dem Laden der BMP-Datei.

Quelltext

Zu Beginn des *implementation*-Abschnitts binden wir die Unit *JPEG* ein:

```
uses ...,jpeg;
```

Bevor es zur Sache geht, brauchen wir eine kleine Hilfsfunktion, die dafür sorgt, dass die neue JPG-Datei den gleichen Namen trägt wie die BMP-Datei:

```
function setJPGFileName(BMPFileName: string):string;
var i:Integer; s:string;
begin
 s := ExtractFileName(BMPFileName);
 for i := 1 to 3 do Delete(s,Length(s),1);
 result := s + 'JPG'
end;
```

```
procedure TForm1.BitBtn1Click(Sender: TObject);
var fNameBMP, fNameJPG:string;
    pic    : TImage;
begin
```

Öffnen einer Grafikdatei und Auswerten des Typs:

```
fNameBMP := Uppercase(OpenPictureDialog1.FileName);
 if ExtractFileExt(fNameBMP) = '.BMP' then begin
```

Wir erstellen eine temporäre *Image*-Komponente, in die wir die Bitmap laden:

```
pic := TImage.Create(nil);
pic.Picture.LoadFromFile(fNameBMP);
```

Zusätzlich wird eine *TJPEGImage*-Komponente erzeugt. Bevor Sie die Bitmap zuweisen, können Sie die Parameter der JPEG-Grafik einstellen (z.B. den Kompressionsfaktor):

```
with TJPEGImage.Create do begin
  Performance := jpBestQuality;
  CompressionQuality := trackbar1.Position;
  Assign(pic.Picture.Graphic);
  fNameJPG := setJPGFileName(fNameBMP);
  SaveToFile(fNameJPG);
  Free
end;
pic.Free;
```

Hohe Werte für *CompressionQuality* entsprechen einer guten Bildqualität, Werte unter 50 führen zu deutlich abnehmender Qualität.

Zum Laden der neuen JPEG-Grafik genügt ein Aufruf der Methode *LoadFromFile*:

```
    Image1.Picture.LoadFromFile(fNameJPG);
  end else Image1.Picture.LoadFromFile(fNameBMP)
 end
end;
```

Grundlagen

Oberfläche

Grafik

Multimedia

Datei

Datenbank

SQL/ADO

Report

Objekte

OLE/DDE

Peripherie

System

Desktop

Technik

Sonstiges

Test

Starten Sie das Programm, stellen Sie den Kompressionsfaktor ein und wählen Sie eine Bitmapdatei aus. Die neue JPG-Datei findet sich anschließend im Projektverzeichnis.

Wie Sie sehen, wurde noch eine Druckvorschau mit QuickReport-Komponenten als Beigabe spendiert. Den Quellcode finden Sie auf der Buch-CD.

Noch einfacher allerdings geht es, wenn Sie auf die Grafik doppelklicken. Diese wird dann in dem auf Ihrem PC installierten Standard-Internetbrowser angezeigt.

R105 ... Informationen über BMP-Dateien gewinnen?

Zur Lösung des Problems müssen Sie die Grafik nicht unbedingt in den Arbeitsspeicher laden[1], vielmehr genügt es, wenn Sie die entsprechende Headerinformation der Datei einlesen und auswerten.

Am Anfang einer Bitmap-Datei steht der Dateiheader, der sich in einen File- und einen Info-header unterteilt. Die dort abgespeicherten Werte sind entweder vom Datentyp *Integer* (2 Byte) oder vom Datentyp *Long* (4 Byte). Aus der Reihenfolge ihrer Anordnung ergibt sich die Byte-Position, wie sie den folgenden zwei Tabellen zu entnehmen ist:

FileHeader (14 Bytes)

Byte-Position	Wert	Datentyp	Bemerkung
1	*bmfType*	*Integer*	Kennzeichen für eine BMP-Datei (BM)
3	*bmfSize*	*Long*	Dateigröße
7	*bmfReserved1*	*Integer*	reserviert
9	*bmfReserved2*	*Integer*	reserviert
11	*bmfOffBits*	*Long*	Offset des ersten Grafikbytes

InfoHeader (40 Bytes)

Byte-Position	Wert	Datentyp	Bemerkung
15	*bmSize*	*Long*	Größe der Struktur
19	*bmWidth*	*Long*	Breite (Pixel)
23	*bmHeight*	*Long*	Höhe (Pixel)
27	*bmPlanes*	*Integer*	Anzahl Farbebenen (immer 1)

[1] Bei größeren Bitmaps ist dies ohnehin nicht zu empfehlen.

Byte-Position	Wert	Datentyp	Bemerkung
29	*bmBitCount*	*Integer*	Farbtiefe (1, 4, 8, 24 Bit)
31	*bmCompression*	*Long*	Kompressionstyp
35	*bmSizeImage*	*Long*	Bildgröße in Bytes
39	*bmXPixPerMeter*	*Long*	Anzahl Pixel pro Meter (x-Richtung)
43	*bmYPixPerMeter*	*Long*	Anzahl Pixel pro Meter (y-Richtung)
47	*bmCrUsed*	*Long*	Anzahl der genutzten Farben
51	*bmCrImportant*	*Long*	Anzahl der notwendigen Farben für die Darstellung

Grundlagen

Oberfläche

Grafik

Multimedia

Datei

Datenbank

SQL/ADO

Report

Objekte

OLE/DDE

Peripherie

System

Desktop

Technik

Sonstiges

Oberfläche

Neben einer *OpenDialog*-Komponente brauchen wir eine *Listbox*-Komponente sowie eine Schaltfläche:

Quelltext

Delphi stellt mit *TBitmapfileHeader* und *TBitmapInfoHeader* bereits zwei entsprechende Typen bereit, um die oben genannten Daten zu verarbeiten. Alles was wir machen müssen, ist das Auslesen der Daten. Dazu verwenden wir ein *TFileStream*-Objekt:

```
procedure TForm1.Button1Click(Sender: TObject);
var fileheader : TBitmapfileheader;
    infoheader : TBitmapInfoHeader;
    s          : TFilestream;
begin
   if openpicturedialog1.Execute then begin
      s := TFilestream.Create(openpicturedialog1.FileName,fmOpenRead or
```

```
                         fmShareDenyNone);
      s.Read(fileheader,sizeof(fileheader));
      s.Read(infoheader,sizeof(infoheader));
      s.free;
      listbox1.Items.Clear;
      listbox1.items.add('Dateigröße:  ' + inttostr(fileheader.bfSize));
      listbox1.items.add('Breite    :  ' + inttostr(infoheader.biWidth));
      listbox1.items.add('Höhe      :  ' + inttostr(infoheader.biHeight));
      listbox1.items.add('Farbtiefe :  ' + inttostr(infoheader.biBitCount));
      listbox1.items.add('Farbanzahl:  ' + inttostr(infoheader.biClrUsed));
   end;
end;
```

Hinweis: Die Farbtiefe wird in Bits/Pixel zurückgegeben (1 = Schwarz/Weiss, 4 = 16 Farben, 8 = 256 Farben ...).

Test

Laden Sie eine beliebige Bitmap und lassen Sie sich deren Farbtiefe anzeigen:

R106 ... eine RGB-Grafik manipulieren?

Viele Grafikprogramme warten mit einer fast schon unüberschaubaren Vielfalt an Filtern und Funktionen auf, mit denen sich Grafiken bearbeiten lassen. Wer sich schon selbst daran versucht hat, wird wohl zuerst einmal mit der *Pixels*-Eigenschaft des *Canvas*-Objekts gearbeitet haben. Wenn auch die gewünschte Funktionalität mit diesen Mitteln realisierbar ist (z.B. Graufärbung einer Bitmap), wird man wohl spätestens bei der Geschwindigkeit das Handtuch werfen. Quälend langsam wird das Bild pixelweise neu aufgebaut. Auch die Verwendung der entsprechenden GDI-Funktion bringt keine wesentliche Verbesserung.

Der Ansatz ist auch vollkommen falsch, schier endlose Funktionsaufrufe verbergen sich hinter der unscheinbaren Eigenschaft *Pixels*. Abhilfe schafft nur der direkte Griff nach den Daten, d.h. die Arbeit mit der Speicherbitmap.

Vielleicht haben Sie sich schon gewundert, warum sich die Rezeptüberschrift ausgerechnet auf RGB-Grafiken bezieht? Die Antwort: Wieder einmal versuchen wir, das Brett an der dünnsten Stelle zu bohren, denn bei RGB-Grafiken (24-Bit-Bitmaps) ist jedes einzelne Pixel durch drei Byte-Werte im Speicher abgebildet.

Oberfläche

Auf das Startformular setzen Sie drei Buttons und eine *Image*-Komponente (siehe Screenshot am Ende). Weisen Sie der *Picture*-Eigenschaft eine 24-Bit-Bitmap zu, die vorher z.B. mit Windows-Paintbrush erzeugt werden kann.

Quelltext

Der Rest der Geschichte ist schnell erzählt: Mit Hilfe eines geeigneten (gepackten) Records

```
type
  TRGBValue = packed record
                Blue : Byte;
                Green: Byte;
                Red  : Byte
              end;
```

können wir nachfolgend auf die Speicherbitmap zugreifen und natürlich auch Veränderungen vornehmen.

Den Zeiger auf die Speicherbitmap erhalten Sie über die Eigenschaft *Scanline*. Jeder einzelne Wert dieses Arrays zeigt auf das erste Pixel einer Bildzeile. Durch Inkrementieren des Zeigers können Sie die Farbwerte des folgenden Pixels auslesen.

Beispiel: Umwandlung einer Farbgrafik in eine Graustufen-Bitmap. Dazu werden die einzelnen Farben entsprechend ihrer Leuchtkraft bewertet und daraus ein Graustufenwert berechnet, der jedem der drei Farbwerte zugewiesen wird.

```
procedure TForm1.ToolButton1Click(Sender: TObject);   // Graustufen
var x,y  : Integer;
    Pixel : ^TRGBValue;
    grau  : Byte;
begin
```

Sicherheitstest, ob es sich wirklich um eine RGB-Grafik handelt:

```
If Image1.Picture.Bitmap.PixelFormat <> pf24bit then begin
  Showmessage('Bild hat keine 24-Bitfarben');
  Exit
end;
```

Grundlagen

Oberfläche

Grafik

Multimedia

Datei

Datenbank

SQL/ADO

Report

Objekte

OLE/DDE

Peripherie

System

Desktop

Technik

Sonstiges

Wenn ja, durchlaufen aller Zeilen:

```
for y := 0 to Image1.Picture.Bitmap.Height-1 do begin
  // Zeiger auf das erste Pixel holen
  Pixel := Image1.Picture.Bitmap.Scanline[y];
  for x := 0 to Image1.Picture.Bitmap.Width-1 do begin
    // und schon kann die Berechnung losgehen:
    grau := HiByte(Pixel.Red*77+Pixel.Green*151+pixel.Blue*28);
    // Neuzuweisen der Farbe:
    Pixel.Red   := grau;
    Pixel.blue  := grau;
    Pixel.green := grau;
    // ... der Nächste bitte ...
    Inc(Pixel)
  end
end;
```

Zum Schluss noch einen *Refresh*, denn die Sache ging so schnell, dass Delphi davon überhaupt nichts mitbekommen hat:

```
  Image1.Refresh
end;
```

Beispiel: Aufhellen eines Bildes. Dazu wird zu jedem Farbwert einfach eine Konstante addiert. Da alle Farbwerte gleichermaßen betroffen sind, können wir auch gleich mit einem Byte-Zeiger arbeiten. Allerdings müssen wir jetzt auch die dreifache Anzahl von Bytes durchlaufen.

```
procedure TForm1.ToolButton2Click(Sender: TObject);   // Heller
var x,y  : Integer;
    Pixel : PByte;

begin
  for y := 0 to Image1.Picture.Bitmap.Height-1 do begin
    Pixel := Image1.Picture.Bitmap.Scanline[y];
    for x := 0 to (Image1.Picture.Bitmap.Width-1)*3 do begin
    if (Pixel^ + 5) > 255 then Pixel^ := 255 else Pixel^ := Pixel^ + 5;
      Inc(Pixel)
    end
  end;
  Image1.Refresh
end;
```

Beispiel: Ein Bild abdunkeln. Das Vorgehen entspricht dem vorherigen Beispiel, allerdings wird jetzt eine Konstante abgezogen.

```
procedure TForm1.ToolButton3Click(Sender: TObject);    // Dunkler

var x,y   : Integer;
    Pixel : PByte;

begin
  for y := 0 to Image1.Picture.Bitmap.Height-1 do begin
    Pixel := image1.Picture.Bitmap.Scanline[y];
    for x := 0 to (Image1.Picture.Bitmap.Width-1)*3 do begin
    if (Pixel^ - 5) > Pixel^ then Pixel^:= 0 else Pixel^ := Pixel^ - 5;
      Inc(Pixel)
    end
  end;
  Image1.Refresh
end;
```

Test

Das zugehörige Beispielprogramm dürfte eindrucksvoll demonstrieren, wie schnell Sie eine Bitmap bearbeiten können.

Grundlagen

Oberfläche

Grafik

Multimedia

Datei

Datenbank

SQL/ADO

Report

Objekte

OLE/DDE

Peripherie

System

Desktop

Technik

Sonstiges

Bemerkungen

■ Wer an die Vorzüge der vorgestellten Lösung immer noch nicht glaubt, sollte versuchen, die gleiche Funktionalität mit der Eigenschaft *Pixels[x,y]* zu realisieren!

■ Wie eingangs schon erwähnt, ist das beschriebene Vorgehen nur bei RGB, d.h. 24-Bit-Grafiken, so einfach. Sie können sich sicher vorstellen, dass anderenfalls einiges mehr gerechnet werden muss, der Weg bleibt allerdings der gleiche.

R107 ... die Scanline-Eigenschaft verwenden?

Möchten Sie Grafiken nicht nur anzeigen, sondern auch verändern, bietet sich auf den ersten Blick die *Pixels*-Eigenschaft an. Dieses Array ermöglicht den Zugriff auf die einzelnen Bildpunkte, es ist demnach auch kein Problem, zum Beispiel eine Farbe durch eine andere auszutauschen.

Doch wer bereits erste Schritte auf diesem Gebiet unternommen hat, wird schnell enttäuscht. Das Auslesen und Setzen der einzelnen Punkte verbraucht soviel Zeit, dass es wohl kaum einem Programmnutzer zumutbar ist, es sei den man möchte ihn ärgern.

Beispiel: Drehen einer Bitmap (in *Image1*) um 90°

```
procedure TForm1.Button1Click(Sender: TObject);
var x,y : integer;
begin
  image2.height := image1.Canvas.ClipRect.Right;
  image2.width := image1.Canvas.ClipRect.Bottom;
  for x := Image1.Canvas.ClipRect.Left to Image1.Canvas.ClipRect.Right do
    for y := Image1.Canvas.ClipRect.Top to Image1.Canvas.ClipRect.Bottom do begin
      Image2.Canvas.Pixels[y,Image1.Canvas.ClipRect.Right-x-1] :=
          Image1.Canvas.Pixels[x,y];
      application.ProcessMessages;
    end;
end;
```

Als Alternative bietet sich dem begeisterten GDI-Programmierer die Arbeit mit den Device Independent Bitmaps (DIB) an. Doch die Verwendung der entsprechenden Funktionen erfordert nicht nur eine genaue Kenntnis des GDI sondern auch unnötigen Schreibaufwand, muss doch die DIB wieder in das Bitmap-Format zurückgewandelt werden. Vom zusätzlichen Speicherverbrauch wollen wir an dieser Stelle gar nicht sprechen.

Die praktikable und auch empfehlenswerte Lösung heißt *ScanLine*. Dabei handelt es sich um eine Eigenschaft des *Bitmap*-Objektes.

Syntax: ScanLine[Row: Integer]: Pointer;

Grundlagen

Oberfläche

Grafik

Multimedia

Datei

Datenbank

SQL/ADO

Report

Objekte

OLE/DDE

Peripherie

System

Desktop

Technik

Sonstiges

Hinweis: Bevor Sie sich mit den folgenden Abschnitten beschäftigen, sollten Sie sich mit der Programmierung von Pointern vertraut gemacht haben.

Auch wenn es auf den ersten Blick so scheinen mag, *ScanLine* ist kein direkter Ersatz für die *Pixels*-Eigenschaft. Der Grund ist schnell aus der Syntax zu entnehmen: Sie erhalten lediglich einen Pointer auf die Daten einer gewählten Bitmap-Zeile. Wie diese Daten aufgebaut sind, wieviele Spalten und Zeilen es gibt, wird nicht von der Funktion berücksichtigt. Ein Fehler bei der Arbeit mit dieser Funktion führt meist zu einem Programmabsturz.

Worauf zeigt der Pointer?

Ganz allgemein kann gesagt werden: Auf das erste Byte der gewählten Zeile. Wie diese Zeile in sich aufgebaut ist und aus wieviel Bytes sie besteht, wird durch das Bitmap-Format bestimmt. Delphi unterstützt folgende Bitmap-Formate:

Format	Beschreibung
1 Bit/Pixel	Schwarz/Weiss-Bilder, bei denen jedes Pixel durch ein Bit dargestellt wird.
4 Bit/Pixel	Bilder mit 16 Farben, ein Byte stellt somit die Informationen für zwei benachbarte Pixel zur Verfügung.
8 Bit/Pixel	Bilder diesen Types können 256 Farben darstellen. Damit entspricht ein Byte auch einem Pixel. Doch freuen Sie sich nicht zu früh, es handelt sich nicht um den direkten Farbwert, sondern nur um den Index in einer getrennt gespeicherten Farbpalette.

15 oder 16 Bit/Pixel	Bei diesem Format werden mit jeweils 5 bzw. 6 Bit für die drei Grundfarben die Farbwerte dargestellt bzw. abgespeichert. Das interne Format:
	
	`pf15bit: 0rrrrrgggggbbbbb`
	`pf16 Bit: rrrrrggggggbbbbb`
	
	Dass die Arbeit mit derart verschachtelten Daten nicht unbedingt einfach ist, dürfte schnell ersichtlich sein.

24 Bit/Pixel	Das Wunschformat jedes Grafikprogrammierers: Jeder Punkt wird mit drei Bytes (RGB) zu je 8 Bit dargestellt. Der Zugriff auf derartige Bitmaps ist problemlos realisierbar.
32 Bit/Pixel	Noch etwas schneller lassen sich 32 Bit-Bilder bearbeiten. Dies wird durch die bessere Speicherausrichtung (4 Byte) erreicht. Das vierte Byte hat zwar keine Bedeutung, kann aber für Transparenz-Informationen genutzt werden. Beachten Sie jedoch, dass derartige Bilder auch sehr groß werden können.

Wie bestimme ich die Anzahl der Spalten?

Eigentlich müsste die Frage anders gestellt werden, da meist nicht die Anzahl der Bildpunkte sondern die Anzahl der nötigen Bytes von Bedeutung ist. Die Pixelanzahl können Sie mit *Bitmap.Width* bestimmen, die Byteanzahl berechnet sich aus den jeweiligen Bildformaten, wie sie im vorhergehenden Abschnitt vorgestellt wurden.

Beispiel: 32 Bit-Bild, *Bitmap.Width = 300*

$$4 * Bitmap.Width = 1200 \text{ Bytes/Zeile}$$

Doch Vorsicht: Ein 24 Bit-Bild mit einer Breite von 299 Pixeln hat nicht etwa

$$3 * Bitmap.Width = 897 \text{ Bytes/Zeile}$$

sondern

$$((3 * Bitmap.Width + 3) \text{ DIV } 4) * 4 = 900 \text{ Bytes/Zeile}$$

Hinweis: Die Bitmaps werden in jeder Zeile auf Vielfache von 4 Bytes aufgefüllt!

Wie bestimme ich die Anzahl der Zeilen?

Diese Antwort ist schnell gegeben, über die Eigenschaft *Bitmap.Height* steht Ihnen direkt der Wert zur Verfügung. Aber auch hier lauert ein Fallstrick: Möchten Sie mit einem Byte-Pointer die einzelnen Pixel der Grafik durchlaufen, müssen Sie berücksichtigen, dass die Pixel in umgekehrter Reihenfolge im Speicher liegen, d.h. Sie müssen bei *ScanLine[bitmap.height-1]* beginnen.

Beispiel: Alle Pixel der Grafik sollen auf Schwarz gesetzt werden (32 Bit-Bitmap)

```
var x,y : integer;
    p    : PByte;
begin
  image1.Picture.bitmap.PixelFormat := pf32 Bit;
  p := image1.Picture.Bitmap.ScanLine[image1.Picture.bitmap.height-1];
  for y := 1 to (image1.Picture.Bitmap.height) do begin
    for x := 1 to (image1.picture.bitmap.width)* 4 do begin
      p^  :=255;
      inc(p);
    end;
  end;
end;
```

Beispiel: Nur die Farbe Blau soll zurückgesetzt werden:

```
var x,y : integer;
    p    : PByte;
begin
```

Grundlagen

Oberfläche

Grafik

Multimedia

Datei

Datenbank

SQL/ADO

Report

Objekte

OLE/DDE

Peripherie

System

Desktop

Technik

Sonstiges

```
image1.Picture.bitmap.PixelFormat := pf32 Bit;
p := image1.Picture.Bitmap.ScanLine[image1.Picture.bitmap.height-1];
for y := 1 to (image1.Picture.Bitmap.height) do begin
  for x := 1 to (image1.picture.bitmap.width) do begin
    p^ := 0;
    inc(p,4);
  end;
end;
end;
```

Es geht auch so:

```
var x,y : integer;
    p   : PRGBQuad;


begin
  image1.Picture.bitmap.PixelFormat := pf32 Bit;
  p := image1.Picture.Bitmap.ScanLine[image1.Picture.bitmap.height-1];
  for y := 1 to (image1.Picture.Bitmap.height) do begin
    for x := 1 to (image1.picture.bitmap.width) do begin
      p^.rgbBlue := 0;
      inc(p);
    end;
  end;
end;
```

Damit dürften Sie schon einen ersten Eindruck gewonnen haben, die folgenden Beispiele zeigen an verschiedenen Aufgabenstellungen die Möglichkeiten, die Ihnen mit *ScanLine* offenstehen.

Spiegeln von Bitmaps

Zu den Standardaufgaben jedes Grafikprogramms gehört das Spiegeln von Bitmaps um die vertikale oder die horizontale Achse. Beides kann mit relativ wenig Aufwand bewältigt werden.

Um den Nutzen zu erhöhen, verpacken wir beide Routinen gleich in Prozeduren, damit haben Sie die Möglichkeit, diese in Ihre Programme zu übernehmen.

Die beiden folgenden Routinen erwarten als Übergabewert eine 24 Bit-Bitmap:

```
TRGBArray    = ARRAY[0..0] OF TRGBTriple;
pRGBArray    = ^TRGBArray;


procedure SpiegelnHorizontal(Bitmap:TBitmap);
```

```
var i,j,w      :  INTEGER;
    RowIn,RowOut:  pRGBArray;


begin
    w := bitmap.width*sizeof(TRGBTriple);
    Getmem(rowin,w);
    for j := 0 to Bitmap.Height-1 do
     begin
       move(Bitmap.Scanline[j]^,rowin^,w);
       rowout := Bitmap.Scanline[j];
```

Wir tauschen einfach die Bytes innnerhalb einer Zeile, nachdem wir uns eine komplette Zeile im Array *RowIn* gesichert haben.

```
       for i := 0 to Bitmap.Width-1 do rowout[i] := rowin[Bitmap.Width-1-i];
    end;
    bitmap.Assign(bitmap);   Freemem(rowin);
end;


procedure SpiegelnVertikal(Bitmap : TBitmap);
var j,w :  INTEGER;
    help :  TBitmap;


begin
    help := TBitmap.Create;
    help.Width      := Bitmap.Width;  help.Height      := Bitmap.Height;
    help.PixelFormat := Bitmap.PixelFormat;
    w := Bitmap.Width*sizeof(TRGBTriple);
    for j := 0 to Bitmap.Height-1 do
```

Mit Hilfe der Funktion Move können wir eine komplette Zeile kopieren:

```
       move(Bitmap.Scanline[j]^,Help.Scanline[Bitmap.Height - 1 - j]^,w);
    Bitmap.Assign(help);
    help.free;
end;
```

Beispiel: Der Aufruf ist selten simpel

```
image1.Picture.bitmap.PixelFormat := pf24bit;
SpiegelnVertikal(image1.picture.bitmap)
```

Grundlagen

Oberfläche

Grafik

Multimedia

Datei

Datenbank

SQL/ADO

Report

Objekte

OLE/DDE

Peripherie

System

Desktop

Technik

Sonstiges

Invertieren

Eine der einfachsten Operationen ist das Invertieren der Bitmap, die einzelnen RGB-Werte brauchen nur negiert zu werden:

```
procedure Invertieren(Bitmap:TBitmap);

var i,j :  INTEGER;
    Row :  ^TRGBTriple;


begin
    for j := 0 to Bitmap.Height-1 do begin
      row := Bitmap.Scanline[j];
      for i := 0 to Bitmap.Width-1 do begin
        row^.rgbtred    := not row^.rgbtred;
        row^.rgbtBlue   := not row^.rgbtblue;
        row^.rgbtgreen := not row^.rgbtgreen;
        inc(row);
      end;
    end;
    bitmap.Assign(bitmap);
end;
```

Bei einem 32-Bit RGB-Bild geht es sogar noch einfacher, wir invertieren gleich alle vier Bytes auf einen Schlag:

```
procedure Invertieren32 Bit(Bitmap:TBitmap);

var i,j :  INTEGER;
    P   :  PDWord;
begin
```

Ermitteln des Pointers auf das erste Byte bzw. DWord:

```
p := Bitmap.Scanline[Bitmap.Height-1];
for j := 1 to Bitmap.Height* Bitmap.Width do begin
    p^ := not p^;
    inc(p);
end;
bitmap.Assign(bitmap);
end;
```

Konvertieren in Graustufen

Beim Umwandeln einer Farbgrafik in ein Graustufenbild werden die einzelnen Farben entsprechend Ihrer Leuchtkraft bewertet und daraus ein Graustufenwert (8 Bit) berechnet. Dieser Wert wird nachfolgend allen drei Farbkanälen zugewiesen:

```
procedure Graustufen(Bitmap:TBitmap);
var i,j  : INTEGER;
    Row  : ^TRGBTriple;
    grau : byte;

begin
    for j := 0 to Bitmap.Height-1 do begin
      row := Bitmap.Scanline[j];
      for i := 0 to Bitmap.Width-1 do begin
        grau := (row^.rgbtred * 77 + row^.rgbtgreen * 151 + row^.rgbtblue * 28) div 256;
        row^.rgbtred   := grau;
```

```
        row^.rgbtBlue   := grau;
        row^.rgbtgreen  := grau;
        inc(row);
      end;
    end;
    bitmap.Assign(bitmap);
end;
```

Bilder Heller/Dunkler machen

Um ein Bild aufzuhellen oder dunkler zu machen, genügt es, dass zu jedem Wert eine Konstante addiert wird. Um Werteüberläufe zu verhindern, müssten wir entweder bei jedem Wert abfragen, ob das Berechnungsergebnis den Wertebereich (255) überschreitet oder wir legen gleich ein Array an, in dem für jeden der möglichen 256 Werte der neue Wert gespeichert ist. Insbesondere bei großen Bildern können Sie so wertvolle Sekunden gewinnen, da nur noch der Wert aus dem Array ausgelesen werden muss:

```
procedure Helligkeit(Bitmap,             // Zielbitmap
                     Original : TBitmap;  // Original
                     Value    : integer); // Wert zw -240 ... + 240
var x,y    : integer;
    Ziel   : ^TRGBTriple;
    Quelle : ^TRGBTriple;
    n      : byte;
    ar     : array[0..255] of byte;
begin

  n := abs(value);
  if value > 0 then
    for x := 0 to 255 do if integer(x + n) > 255 then ar[x] := 255 else ar[x] := x + n
  else
    for x := 0 to 255 do if integer(x - n) < 0 then ar[x] := 0 else ar[x] := x - n;


  for y := 0 to Bitmap.Height-1 do begin
    Ziel   := Bitmap.Scanline[y];
    Quelle := Original.Scanline[y];
    for x := 0 to (Bitmap.Width-1) do begin
      Ziel^.rgbtBlue  := ar[Quelle^.rgbtBlue];
      Ziel^.rgbtred   := ar[Quelle^.rgbtred];
      Ziel^.rgbtGreen := ar[Quelle^.rgbtGreen];
      inc(Ziel);
```

Grundlagen

Oberfläche

Grafik

Multimedia

Datei

Datenbank

SQL/ADO

Report

Objekte

OLE/DDE

Peripherie

System

Desktop

Technik

Sonstiges

```
        inc(quelle);
    end;
  end;
end;
```

Übergeben Sie der Funktion einen positiven oder negativen Wert, um das Bilder aufzuhellen
oder abzudunkeln.

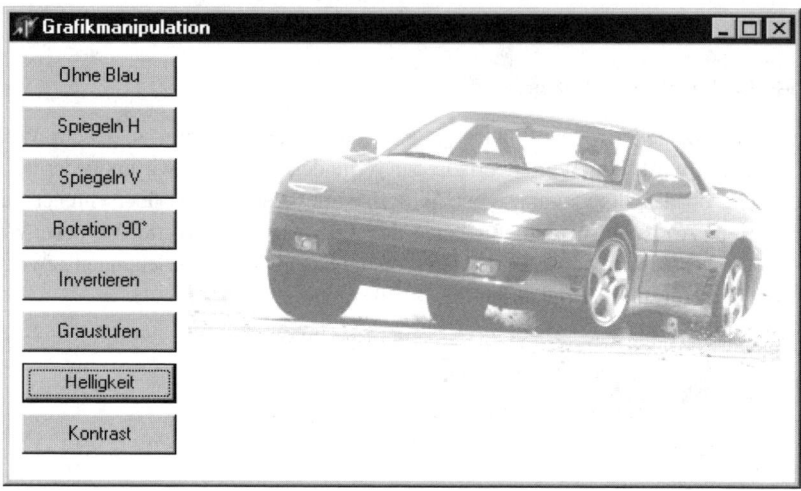

Den Kontrast verändern

Um den Kontrast eines Bildes zu erhöhen, normieren wir zunächst die Farbwerte, indem wir
diese in einen Integerwert umwandeln und 128 abziehen. Den resultierenden Wert multipli-
zieren wir mit einem konstanten Faktor, nachfolgend wird die Normierung durch Addition von
128 wieder aufgehoben. Da wir die Gleitkomma-Operationen nicht für jeden Pixel ausführen
möchten (Performance), verwenden wir wieder ein Array, in dem wir die Farbwerte vorbe-
rechnen.

```
procedure Kontrast(Bitmap:TBitmap; value: byte);
var x,y    : integer;
    Ziel,
    Quelle : ^TRGBTriple;
    n      : byte;
    ar     : array[0..255] of byte;
    k      : integer;
    fak    : single;
begin
  fak := 1 + value /100;
  for x := 0 to 255 do begin
    k := Round((integer(x) - 128)*fak) + 128;
```

```
    IF k > 255 THEN
        ar[x] := 255
    ELSE
      IF k < 0 THEN
        ar[x] := 0
      ELSE
        ar[x] := k;
  end;
  n := value;
  for y := 0 to Bitmap.Height-1 do begin
    Ziel   := Bitmap.Scanline[y];
    Quelle := Bitmap.Scanline[y];
    for x := 0 to (Bitmap.Width-1) do begin
      Ziel^.rgbtred   := ar[Quelle^.rgbtred];
      Ziel^.rgbtblue  := ar[Quelle^.rgbtblue];
      Ziel^.rgbtgreen := ar[Quelle^.rgbtgreen];
      inc(ziel);
      inc(quelle);
    end;
    end;
end;
```

Grundlagen

Oberfläche

Grafik

Multimedia

Datei

Datenbank

SQL/ADO

Report

Objekte

OLE/DDE

Peripherie

System

Desktop

Technik

Sonstiges

Hinweis: Bei einem 32 Bit-Bild können Sie auch direkt einen Byte-Pointer verwenden.

Bitmaps drehen

Geht es um das Drehen von Bitmaps, bieten sich zwei Varianten an, von denen die erste jedoch den Windows NT-Programmierern vorbehalten bleibt:

- Verwendung der GDI-Funktion *PlgBlt*

- Arbeiten mit *ScanLine*

Den einfachen Weg unter NT finden Sie im Rezept

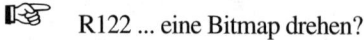   R122 ... eine Bitmap drehen?

beschrieben. Alle, die nicht zu den glücklichen NT-Besitzern zählen, müssen sich schon selbst um das Drehen der einzelnen Pixel kümmern. Die Autoren werden an dieser Stelle das Brett an der dünnsten Stelle bohren und lediglich eine Funktion zum Drehen um jeweils 90° vorstellen.

Hinweis: Um unnötige Berechnungen zu vermeiden, wandeln wir die Bitmap in eine 32-Bit-Bitmap um.

```
type TMyhelp = array[0..0] of TRGBQuad;


procedure Drehen90Grad(Bitmap:TBitmap);
var P        : PRGBQuad;
    x,y,b,h  : Integer;
    RowOut   : ^TMyHelp;
    help     : TBitmap;


BEGIN
  Bitmap.PixelFormat := pf32 Bit;
  help := TBitmap.Create;
  help.PixelFormat := pf32 Bit;
```

Maße der Zielbitmap bestimmen:

```
  b := bitmap.Height;
  h := bitmap.Width;
  help.Width := b;
  help.height := h;
```

Zeile für Zeile werden nun die Pixel "umgeschaufelt":

```
  for y := 0 to (h-1) do begin
    rowOut := help.ScanLine[y];
    P    := Bitmap.scanline[bitmap.height-1];
    inc(p,y);
    for x := 0 to (b-1) do begin
      rowout[x] := p^;
```

```
        inc(p,h);
    end;
end;
```

Zum Schluss kopieren wir die Hilfsbitmap in die eigentliche Bitmap:

```
    bitmap.Assign(help);
end;
```

Grundlagen

Oberfläche

Grafik

Multimedia

Datei

Datenbank

SQL/ADO

Report

Objekte

OLE/DDE

Peripherie

System

Desktop

Technik

Sonstiges

Damit dürften Sie einen ersten Eindruck gewonnen haben, welche Möglichkeiten die *Scan-Line*-Eigenschaft bietet. Das Internet hält auf diesem Gebiet genügend Stoff bereit, um ein komplettes Grafikprogramm zu schreiben, wir müssen uns an dieser Stelle leider etwas kürzer fassen.

R108 ... Werte auf einfache Weise grafisch anzeigen?

Nicht immer muss man mit aufwendigen ActiveX-Controls mit Kanonen auf Spatzen schießen, oft tun es auch einfachere Lösungen. Dies soll am Beispiel einer grafischen Balkenanzeige demonstriert werden. Hat man sein Grundwissen in Algebra nicht völlig verlernt, so genügen wenige Zeilen Code, um mit den Delphi-Grafikmethoden ein zwar optisch bescheidenes aber trotzdem zufriedenstellendes Diagramm direkt auf den Canvas des Formulars zu zaubern.

Oberfläche

Die folgende Laufzeitansicht dürfte für sich sprechen:

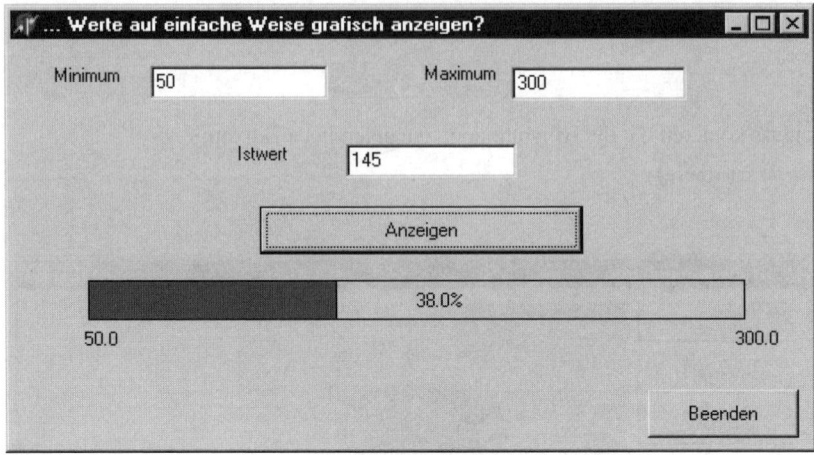

Quelltext

Alles ist in einer einzigen Prozedur verpackt:

```
procedure balkenAnzeige(x1, y1, breite: Word; min, max, ist: Single);
(* x1,y1 = linke obere Ecke;  min = Minimalwert, max = Maximalwert, ist = Istwert *)
var  x: Word; s: string; w:Single;
const hoehe =25;                        // ... des Anzeigerechtecks
begin
 with Form1.Canvas do
 begin
  w := (ist-min)/(max-min);             // das Verhältnis berechnen (Dreisatz-Aufgabe!)
  Pen.Color := clBlack; Pen.Width := 1;
  Brush.Style := bsSolid; Brush.Color := clBtnFace;
  Rectangle(x1, y1, x1+breite+2, y1+hoehe);   // Rahmen
  if (ist=0) or (max=0) then Exit;
  Brush.Color := clRed;
  x := x1 + Round(w * breite);
  Rectangle(x1-2,y1, x, y1 + hoehe);          // Balken
  // Beschriftungen:
  Brush.Color := clBtnFace;
  Str(min:3:1, s);
  TextOut(x1-5, y1+hoehe+5, s);
  Str(max:3:1, s);
  TextOut(x1-5+breite, y1+hoehe+5, s);
  Str(w*100:3:1, s);
  TextOut(x1 + breite div 2, y1 + hoehe div 4, s + '%')
```

Grundlagen

Oberfläche

Grafik

Multimedia

Datei

Datenbank

SQL/ADO

Report

Objekte

OLE/DDE

Peripherie

System

Desktop

Technik

Sonstiges

```
  end
end;
```

Nun zum Aufruf der Prozedur:

```
procedure TForm1.Button1Click(Sender: TObject);
var min, max, ist: Single;  code: Integer;
begin
  try
    Val(Edit1.Text, min, code); Val(Edit2.Text, max, code); Val(Edit3.Text, ist, code);
    if (ist < min) or (ist > max) then
    begin
      ShowMessage('Istwert liegt außerhalb des Intervalls!'); Exit
    end;
    balkenAnzeige(50,150,Width-100, min, max, ist)
  except
  end
end;
```

Test

Verschwenden Sie nicht gar zu viel Zeit mit dem Ausprobieren, setzen Sie die Prozedur lieber gleich in einer eigenen und sinnvollen Anwendung ein!

Bemerkung

Wem die Anzeige gar zu spartanisch aussieht, der kann sie durchaus noch mit 3D-Effekten aufpeppen. Der nüchterne Mathematiker wird allerdings auf derlei Firlefanz verzichten können.

R109 ... mit großen Grafiken arbeiten?

Mit der *Image*-Komponente stellt Delphi ein leistungsfähiges Control für die Grafikausgabe zur Verfügung. Solange die Grafik relativ klein ist, treten auch keinerlei Probleme auf. Mit zunehmender Größe wird die Darstellung jedoch immer langsamer. Kommen Sie dann noch auf die Idee, die Grafik zu vergrößern (um z.B. eine Zoom-Ansicht zu erhalten), "steht" der Rechner.

Dass es auch anders geht, soll unsere kleine Applikation zeigen. Als "schlechtes Beispiel" ist auch eine Realisierung mittels *Image*-Komponente enthalten. Laden Sie einmal die mitgelieferte Grafik in das *Image* und vergleichen Sie die Darstellungsgeschwindigkeit mit den anderen Beispielen!

Oberfläche

Den Aufbau der Oberfläche entnehmen Sie bitte der folgenden Abbildung:

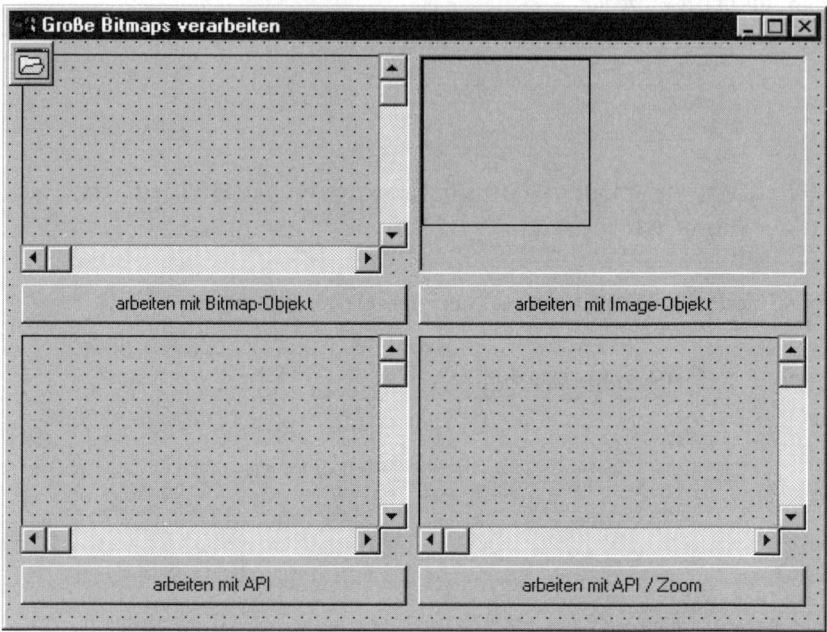

Das *Image* ist in eine *Scrollbox* eingefügt, um auch die nicht sichtbaren Bereiche der Grafik darstellen zu können. Für die anderen Beispiele verwenden wir statt einer *Image*-Komponente eine *Paintbox*. Diese ist schneller und verbraucht nicht so viele Ressourcen. Auf eine *Scrollbox* können wir hier locker verzichten, wir nehmen "einfache" Scrollbars. Den *OpenDialog* verwenden wir zum Laden einer beliebigen BMP-Datei.

Hinweis: Die *Stretch*-Eigenschaft des *Image* müssen Sie auf *True* setzen, um ein Vergrößern der Grafik zu ermöglichen.

Quelltext

Für die erweiterten Funktionen brauchen wir zwei Variablen, die in *Unit1* zu deklarieren sind:

```
...
implementation
uses windows;
var rec    : TRect;
    bitmap : tBitmap;
```

Hinweis: Die folgenden Listings sind thematisch geordnet, die Reihenfolge entspricht deshalb nicht dem Programmlisting.

Grundlagen

Oberfläche

Grafik

Multimedia

Datei

Datenbank

SQL/ADO

Report

Objekte

OLE/DDE

Peripherie

System

Desktop

Technik

Sonstiges

1. Image-Komponente

Wie bereits versprochen, wollen wir auf ein schlechtes Beispiel nicht verzichten: die *Image*-Komponente. Ist der Aufruf des *OpenDialogs* erfolgreich gewesen (eine Bilddatei wurde ausgewählt), können wir mit der *LoadFromFile*-Methode die Grafik in das *Image* laden. Das nachfolgende Verändern von *AutoSize* bzw. *Width* und *Height* verfolgt den Zweck, die Grafik auf doppelte Größe zu skalieren.

```
procedure TForm1.Button2Click(Sender: TObject);
begin
    if openDialog1.Execute then begin
        Screen.Cursor:=CrHourGlass;
        Image2.Autosize := True;
        Image2.Picture.LoadFromFile(openDialog1.fileName);
        Image2.AutoSize := False;
        Image2.Width := Image2.Width * 2;
        Image2.Height := Image2.Height * 2;
        Screen.Cursor:=CrDefault
    end
end;
```

Um das Verschieben mit Hilfe der Scrollbars brauchen wir uns in diesem Beispiel nicht zu kümmern, die *Scrollbox* nimmt uns diese Aufgabe ab (wenigstens <u>ein</u> Vorteil).

2. CopyRect-Methode

Die folgende Variante verwendet ausschließlich Methoden des *Canvas*-Objekts und ist schon relativ schnell. Der Aufwand gegenüber der *Image*-Komponente erhöht sich jedoch.

Bevor wir eine Grafik laden können, müssen wir die Objektvariable *Bitmap* initialisieren. Dies geschieht mit *TBitmap.Create*. Wie auch beim vorangegangenen Beispiel können wir die Grafik über die *LoadFromFile*-Methode in die Bitmap laden. Zu diesem Zeitpunkt wird jedoch noch keine Grafik auf dem Bildschirm dargestellt, *Bitmap* ist ein unsichtbares Objekt und existiert nur im Speicher!

Wir brauchen eine Methode, um einen Teilausschnitt von *Bitmap* in das *Image* einzublenden. Das *Canvas*-Objekt verfügt mit *CopyRect* über die gewünschte Funktion. Übergeben wird das Zielrechteck, die Quelle (d.h. *Bitmap*) und das Quellrechteck. Wozu zweimal das Rechteck? Die Antwort ist schnell gefunden, wenn Sie unterschiedliche Rechtecke verwenden. Der Ausschnitt der Quellgrafik wird so skaliert, dass er in das Zielrechteck hineinpasst. Es kann sich sowohl um eine Verkleinerung als auch um eine Vergrößerung handeln.

```
procedure TForm1.Button1Click(Sender: TObject);
begin
    rec:= bounds(0,0,image1.clientwidth,image1.clientheight);
    if opendialog1.execute then begin
        Bitmap := tBitmap.create;
```

```
        screen.cursor:=CrHourGlass;
        bitmap.loadfromfile(opendialog1.filename);
        scrollbar1.max :=Bitmap.height-image1.height;
        scrollbar2.max :=Bitmap.width-image1.width;
        image1.canvas.copyrect(rec,bitmap.canvas,rec);
        screen.cursor:=CrDefault;
    end;
end;
```

Nach Ausführung der obigen Prozedur ist die Bitmap zwar auf dem Bildschirm, den sichtbaren Ausschnitt können wir jedoch noch nicht verschieben. Dafür brauchen wir die *Scrollbars*, deren Maximalwerte wir bereits so festgelegt haben, dass der noch fehlende Bildausschnitt sichtbar gemacht werden kann.

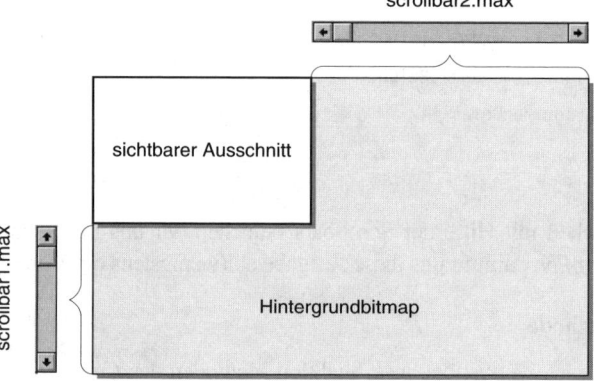

Im *Change*-Event der beiden *Scrollbars* wird die folgende Prozedur aufgerufen:

```
procedure anzeige;
var  rec1:TRect;
begin
    with form1 do begin
        rec1:= bounds(scrollbar2.position,scrollbar1.position,
                      image1.clientwidth,image1.clientheight);
        image1.canvas.copyrect(rec,bitmap.canvas,rec1);
    end;
end;
```

Eigentlich passiert nichts anderes als beim Laden, nur dass diesmal die Positionen der Scrollbars berücksichtigt werden.

3. BitBlt-Funktion

Mit der *BitBlt*-Funktion verlassen wir den "sicheren Boden" der Delphi-Methoden und wenden uns den direkt von Windows zur Verfügung gestellten GDI-Funktionen zu.

Im Unterschied zu den vorangegangenen Beispielen brauchen wir diesmal eine *Paintbox* als Ausgabe-Komponente, ansonsten ändert sich nicht viel.

Die Methode *CopyRect* wird durch die Funktion *BitBlt* ersetzt. Die Funktion erwartet ein Handle für den Gerätekontext (HDC). Dieses können Sie über die Eigenschaft *Handle* des *Canvas*-Objekts ermitteln.

```
procedure TForm1.Button3Click(Sender: TObject);
begin
    if opendialog1.execute then begin
        Bitmap := tBitmap.create;
        screen.cursor:=CrHourGlass;
        bitmap.loadfromfile(opendialog1.filename);
        scrollbar4.max :=Bitmap.height-paintbox1.height;
        scrollbar3.max :=Bitmap.width-paintbox1.width;
        BitBlt(paintbox1.canvas.handle, 0, 0, paintbox1.clientwidth,
                paintbox1.clientheight,bitmap.canvas.handle,scrollbar3.position,
                scrollbar4.position, SRCCOPY);
        screen.cursor:=CrDefault;
    end;
end;
```

Für den Typ der Rasteroperation setzen wir *SRCCOPY* ein, jedes Pixel der Zielbitmap wird durch die Quellbitmap überschrieben.

Für die Scrollbars gelten analog die Ausführungen zu *CopyRect*.

```
procedure anzeige2;
var    rec1 : TRect;
begin
    with form1 do begin
        BitBlt(paintbox1.canvas.handle, 0,0,paintbox1.clientwidth,
                paintbox1.clientheight,bitmap.canvas.handle,scrollbar3.position,
                scrollbar4.position, SRCCOPY);
    end;
end;
```

4. StretchBlt-Funktion

In den beiden letzten Beispielen wurde die Hintergrundbitmap 1:1 auf die Vordergrundbitmap abgebildet, eine Zoomfunktion ließ sich auf diese Weise nicht realisieren. Um den gleichen Effekt wie in Beispiel 1 zu erreichen (die Zoomfunktion, nicht den langsamen Grafikaufbau!), verwenden wir statt *BitBlt* die Funktion *StretchBlt*. Werden dieser unterschiedliche Größen für Quell- und Zielrechteck übergeben, wird die Zielbitmap im entsprechenden Verhältnis skaliert.

Grundlagen

Oberfläche

Grafik

Multimedia

Datei

Datenbank

SQL/ADO

Report

Objekte

OLE/DDE

Peripherie

System

Desktop

Technik

Sonstiges

```
procedure TForm1.Button4Click(Sender: TObject);
begin
    if opendialog1.execute then begin
        Bitmap := tBitmap.create;
        screen.cursor:=CrHourGlass;
        bitmap.loadfromfile(opendialog1.filename);
        scrollbar5.max :=Bitmap.height-paintbox2.height;
        scrollbar6.max :=Bitmap.width-paintbox2.width;
        stretchBlt(paintbox2.canvas.handle, 0, 0, paintbox2.clientwidth,
            paintbox2.clientheight,bitmap.canvas.handle,
            scrollbar6.position, scrollbar5.position,
            paintbox2.clientwidth div 2,paintbox2.clientheight div 2,SRCCOPY);
        screen.cursor:=CrDefault;
    end;
end;
```

Für den Zoomfaktor verwenden Sie sinnvollerweise Integerwerte. Die Ganzzahldivision *div* erspart uns die Umwandlung in einen Integerwert mittels *Round*.

```
procedure anzeige3;
var    rec1 : TRect;
begin
    with form1 do begin
        stretchBlt(paintbox2.canvas.handle, 0, 0, paintbox2.clientwidth,
            paintbox2.clientheight,bitmap.canvas.handle,scrollbar6.position,
            scrollbar5.position, paintbox2.clientwidth div 2,
            paintbox2.clientheight div 2, SRCCOPY);
    end;
end;
```

Die Darstellung ließe sich vor allem im Zoom-Modus noch weiter beschleunigen[1], wenn nur der Bereich neu kopiert werden würde, der vorher verdeckt war. Der Rest müsste im entsprechenden Verhältnis verschoben werden. Doch dazu mehr im Rezept:

☞   R111 ... einen Bildausschnitt scrollen?

---

[1] Allerdings spielt hier die Grafikkarte eine nicht zu vernachlässigende Rolle. Je nach Typ werden die Grafikoperationen unterschiedlich beschleunigt.

R110 ... gedrehten Text ausgeben?

Wenn Sie ein Diagramm oder eine Zeichnung beschriften möchten, vermissen Sie die Möglichkeit, Texte in beliebigem Drehwinkel auszugeben. Nach einer Eigenschaft *Font.Angle* werden Sie vergeblich suchen. Um ein Ergebnis wie in der untenstehenden Abbildung zu erreichen, müssen Sie schon etwas tiefer in die Windows-Trickkiste greifen. Das Beispiel zeigt Ihnen die grundsätzliche Vorgehensweise:

Oberfläche

Grafik

Multimedia

Datei

Datenbank

SQL/ADO

Report

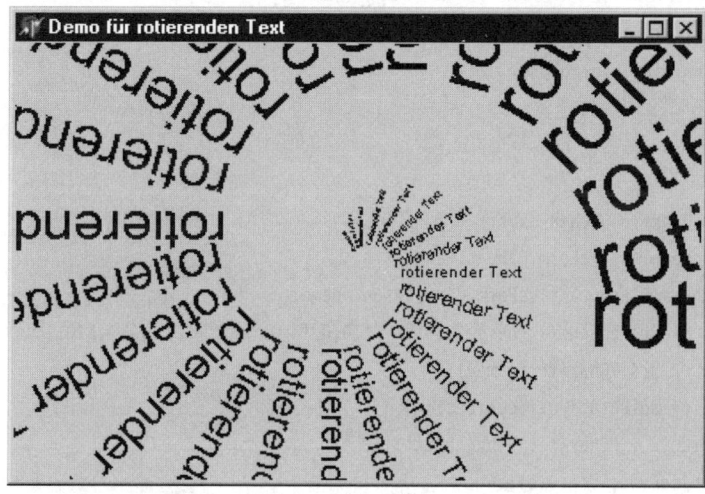

Vielleicht sind Sie auch schon auf die Idee gekommen, eine entsprechende Funktion im Windows-GDI zu suchen. Doch die vorhandene GDI-Funktion *TextOut* hat leider keine Parameter für Drehrichtung oder Schrifthöhe. Dies ist allerdings kein Beinbruch.

Alle GDI-Ausgabefunktionen greifen auf vordefinierte Objekte, wie zum Beispiel Schriften, Pinsel oder Stifte zu. Die Definition dieser Objekte bleibt dem Programmierer überlassen (Ausnahme: Die vordefinierten Objekte, die mit *GetStockObject* abgerufen werden können). Neben der für unser Programm benötigten Funktion *CreateFont* gibt es noch eine Reihe anderer Funktionen, auf die wir aber an dieser Stelle nicht weiter eingehen wollen.

Die Funktion *CreateFont* gibt einen Handle auf die erzeugte Schriftart zurück (*hFont*).

An dieser Stelle eine kleine Einschränkung: Es lassen sich nur TrueType-Schriftarten drehen, was aber zu verschmerzen ist. Muss es unbedingt eine "Nicht-TrueType"-Schriftart sein, geben Sie den Text in einem *TBitmap*-Objekt aus und kopieren dann diese Bitmap mit Hilfe der GDI-Funktion *PlgBlt* in den gewünschten Ausgabe-Canvas. Weitere Details finden Sie in

☞   R122 ... eine Bitmap drehen?

Mit der Funktion *SelectObject* übernehmen wir den "neuen" Font für unser Ausgabegerät, danach kann das Handle auf den virtuellen Font verworfen werden (*DeleteObject*).

Nun zur eigentlichen Textausgabe mit der Funktion *TextOut*. *Length(Text)* bestimmt die Stringlänge. Werte von 0 sind unzulässig, deshalb die Prüfung auf einen Leerstring am Anfang der Prozedur.

Quelltext

Die eigentliche Ausgaberoutine ist die Prozedur *DC_Textout*. Übergeben Sie die Koordinaten, den Drehwinkel und die Größe sowie den Ausgabetext:

```
procedure DC_TextOut(x,y,winkel,groesse:integer;txt:string);
var hfont, fontold : integer;
    dc             : hdc;
    fontname       : string;
begin
    if length(txt)= 0 then exit;
    dc := Screen.ActiveForm.Canvas.handle;
    fontname := Screen.ActiveForm.Canvas.font.name;
    hfont   := CreateFont(-groesse,0,winkel*10,0,fw_normal, 0,0,0,1,4,$10,
              2,4,PChar(fontname));
    fontold := SelectObject(dc,hfont);
    TextOut(dc,x,y,PChar(txt),length(txt));
    SelectObject(dc, fontold);
    DeleteObject(hfont);
end;
```

Über die Eigenschaft *Screen.ActiveForm.Canvas.Handle* ermitteln wir den Gerätekontext des aktiven Fensters. Diesen brauchen wir für die GDI-Funktionen, um das Ausgabegerät eindeutig zu spezifizieren.

Hinweis: Beachten Sie, dass der bisher gesetzte Font gesichert wird und nach der Zeichenoperation wiederhergestellt werden muss, andernfalls kann es zu unangenehmen Problemen kommen. Vergessen Sie nicht, den neu erstellten Font wieder zu löschen, es stehen nicht unbegrenzt Systemressourcen zur Verfügung.

In unserem Beispiel wird die Grafik mit jeder Größenänderung des Fensters erneut ausgegeben, dazu müssen Sie das *Resize*-Ereignis verwenden:

```
procedure TForm1.FormResize(Sender: TObject);
var i,n,x,y : Integer;

begin
    Refresh;
    n := 60;
    i := 0;
```

```
      x := clientWidth div 2;
      y := clientHeight div 2;
      while i < 500 do
      begin
          if n > 10 then Dec(n,2) else if n > 2 then dec(n);
          DC_textOut(x, y, i, n, '          rotierender Text');
          Inc(i,15);
      end;
end;
```

Die Zeile

```
if n > 10 then Dec(n,2) else if n > 2 then Dec(n);
```

passt die Änderung der Schriftgröße dynamisch an, sind die Fonts kleiner, ändert sich die Schriftgröße nicht mehr so stark.

Hinweis: Um die Grafikausgabe, z.B. in einem CAD-Programm, zu beschleunigen, sollten Sie alle Zeichenoperationen mit einem Font zusammenfassen. Erst danach erzeugen Sie einen neuen Font oder restaurieren den alten.

R111 ... einen Bildausschnitt scrollen?

Für die Programmierung von Grafikanimationen, Zeichenroutinen etc. werden Sie nach einer Möglichkeit suchen, den Bildhintergrund zu bewegen. Im Folgenden bieten wir Ihnen gleich drei Varianten zur Auswahl an:

- Verschieben über die Delphi-Methoden
- Verschieben von Bildausschnitten mit der GDI-Funktion *BitBlt*
- Kombination der GDI-Funktionen *ScrollDC* und *BitBlt*

Welches Verfahren das optimale ist, kann nicht eindeutig beantwortet werden. In jedem Fall sind die beiden letztgenannten die leistungsfähigeren. In Abhängigkeit davon, ob Ihre Grafikkarte *BitBlt*-Funktionen unterstützt (Beschleunigerkarte), erhalten Sie unterschiedliche Ergebnisse.

Oberfläche

Neben der eigentlichen Ausgabefläche, einer *Paintbox*, brauchen Sie noch eine *Image*-Komponente, in die Sie bereits zur Entwurfszeit eine Bitmap laden (siehe Abbildung).

Grundlagen · Oberfläche · Grafik · Multimedia · Datei · Datenbank · SQL/ADO · Report · Objekte · OLE/DDE · Peripherie · System · Desktop · Technik · Sonstiges

Das *Image* funktioniert quasi wie ein Container, zur Laufzeit wird es ausgeblendet, die Grafik kann jedoch in die *Paintbox* kopiert werden. Auf diese Weise ersparen wir uns das Laden der Grafik aus einer Datei.

Quelltext

An dieser Stelle müssen wir Sie prophylaktisch davor warnen, die *ProcessMessages*-Anweisung aus einem der folgenden Listings zu entfernen. Sie haben dann keine Möglichkeit mehr, das Programm sinnvoll zu beenden (außer über den Task-Manager).

Innerhalb der Unit deklarieren Sie eine Status-Variable vom Typ *Boolean*:

```
unit Unit1;
interface
...
implementation
{$R *.DFM}
var run : boolean;
```

Hinter den Buttons findet sich in allen Fällen der folgende Code:

```
run := not run;
if run then prozess2;
```

Lediglich die aufgerufenen Prozeduren unterscheiden sich. Über die Variable *run* können Sie die im Folgenden beschriebenen Prozeduren starten und auch beenden.

R111 ... einen Bildausschnitt scrollen?

1. Draw-Methode

Nach dem Laden der Bitmap in die *Paintbox* wird in einer Endloschleife das Bild immer wieder von rechts nach links verschoben. Dies geschieht so lange, bis durch einen der Buttons die Variable *run* zurückgesetzt wird.

Damit auch noch andere Anwendungen zum Zuge kommen (bzw. damit unsere Anwendung überhaupt reagiert), müssen wir mit *processMessages* etwas Rechenzeit freigeben.

Im vorliegenden Beispiel wird nur bei jedem vierzigsten Durchlauf Rechenzeit freigegeben. Starten Sie einmal zwei Instanzen dieses Programms gleichzeitig und Sie werden feststellen, dass beide Anwendungen sehr stark ruckeln. Um dem abzuhelfen, geben Sie einfach bei jedem Durchlauf Rechenzeit frei. Beide Instanzen laufen dann zwar etwas langsamer, jedoch ruckelfrei.

```
procedure prozess1;
var breite,hoehe,i:integer;
begin
    form1.paintbox1.canvas.draw(0,0,form1.image1.picture.bitmap);
    breite := form1.image2.width;
    hoehe  := form1.image2.height;
    i := 0;
    repeat;
        if i mod 40 = 0 then application.processmessages;
        form1.paintbox1.canvas.draw(-i,0,form1.image1.picture.bitmap);
        form1.paintbox1.canvas.draw(form1.image1.clientwidth-
                            i,0,form1.image1.picture.bitmap);
        inc(i);
        if i = breite then i := 0;
    until not run;
end;
```

Wenn wir mit der *Draw*-Methode arbeiten, können wir die Bitmap nicht innerhalb der *Paintbox* verschieben, wir müssen die Grafik bei jedem Durchlauf aus der *Image*-Komponente nachladen. Dies dürfte auch der Grund dafür sein, dass diese Methode nicht so schnell wie die beiden folgenden ist.

2. BitBlt-Funktion

In diesem Beispiel kopieren wir mittels *BitBlt*-Funktion einen Teil der Bitmap in *Paintbox1* um einen Pixel nach links, die fehlende Spalte am rechten Rand füllen wir aus *Image1* auf. Diese Operation kann die Grafikkarte bzw. der Prozessor sehr schnell ausführen, handelt es sich doch einfach um eine Verschiebung im Speicher. Einige Grafikkarten unterstützen ein "Hardware-BitBlt", in diesem Fall ist eine wesentliche Beschleunigung gegenüber der ersten Methode zu erwarten.

```
procedure prozess2;
var breite,hoehe,i:integer;
begin
    form1.paintbox1.canvas.draw(0,0,form1.image1.picture.bitmap);
    breite := form1.paintbox1.width;
    hoehe  := form1.paintbox1.height;
    i := 0;
    repeat;
        if i mod 40 = 0 then application.processmessages;
        BitBlt(form1.paintbox1.canvas.handle, 0, 0, breite-1,hoehe,
               form1.paintbox1.canvas.handle, 1, 0, SRCCOPY);
        BitBlt(form1.paintbox1.canvas.handle, breite-1, 0, 1,hoehe,
               form1.image1.canvas.handle, i, 0, SRCCOPY);
        inc(i);  if i = breite then i := 0;
    until not run;
end;
```

3. ScrollDC + BitBlt-Funktion

Diese Kombination ist die wohl effektivste Möglichkeit, eine Bitmap zu scrollen. Statt mit *BitBlt* wird der größte Teil der Bitmap mit *ScrollDC* verschoben. Die fehlende Spalte am rechten Rand füllen wir, wie auch im vorigen Beispiel, mit *BitBlt* auf. Bei den Autoren hat diese Methode die besten Ergebnisse gebracht: Acht Instanzen liefen ruckelfrei über den Screen!

```
procedure prozess3;
var breite,hoehe,i:integer;
    rec,rec1      : Trect;
begin
    form1.paintbox1.canvas.draw(0,0,form1.image1.picture.bitmap);
    breite := form1.paintbox1.width;
    hoehe  := form1.paintbox1.height;
    i := 0; rec := bounds(0,0,breite-1,hoehe);
    repeat;
        if i mod 40 = 0 then application.processmessages;
        scrolldc(form1.paintbox1.canvas.handle,-1,0,rec,rec,0,@rec1);
        BitBlt(form1.paintbox1.canvas.handle, rec1.left, 0, 1,hoehe,
               form1.image1.canvas.handle, i, 0, SRCCOPY);
        inc(i); if i = breite then i := 0;
    until not run;
end;
```

Quasi als Alternative möchten wir Ihnen noch eine weitere Realisierungsmöglichkeit vorstellen, die zwar auch auf der *ScrollDC*-Funktion basiert, aber statt der Verwendung von *Application.ProcessMessages* einen zweiten Thread erzeugt, der für die Ausgabe verantwortlich ist. Auf diese Weise bleibt ihre Anwendung ebenfalls reaktionsfähig, allerdings ist jetzt nicht ihre Anwendung, sondern das System für die Zuteilung von Rechenzeit verantwortlich.

Als Erstes brauchen Sie eine zweite Unit, die die Klassendefinition des Threads aufnimmt:

```
unit Unit2;


interface
uses Classes,windows;


type
  TAnzeige = class(TThread)
  private
    breite,hoehe,i:integer;
    rec,rec1     : TRect;
  protected
    procedure Show;
    procedure Execute; override;
  end;

implementation
uses unit1;


procedure TAnzeige.Execute;
begin
    breite := form1.image2.width;
    hoehe  := form1.image2.height;
    i := 0;
    rec := bounds(0,0,breite-1,hoehe);
    while True do begin
        Synchronize(Show);
        inc(i);
        if i = breite then i := 0;
        if Terminated then exit;
    end;
end;
```

Wie bekannt ist, können Sie auf Eigenschaften und Methoden von VCL-Objekten nicht direkt aus der *Execute*-Methode zugreifen. Nur mit Hilfe der Methode *Synchronize* lässt sich die eigentliche Anzeigeprozedur aufrufen.

Grundlagen

Oberfläche

Grafik

Multimedia

Datei

Datenbank

SQL/ADO

Report

Objekte

OLE/DDE

Peripherie

System

Desktop

Technik

Sonstiges

```
procedure TAnzeige.Show;
begin
  scrolldc(form1.image2.canvas.handle,-1,0,rec,rec,0,@rec1);
  BitBlt(form1.image2.canvas.handle, rec1.left, 0, 1,hoehe,
         form1.image1.canvas.handle, i, 0, SRCCOPY);
end;
```

Zum Erzeugen des Thread verwenden wir den Konstruktor *Create*:

```
    run := not run;
    if button1.enabled then begin
      form1.image2.canvas.draw(0,0,form1.image1.picture.bitmap);
      anzeige := TAnzeige.Create(False);
      anzeige.FreeOnTerminate:= True;
```

An dieser Stelle können Sie die Priorität des Thread beeinflussen:

```
      anzeige.priority := tpnormal;
    end else begin
      anzeige.terminate;
    end;
    button1.enabled := not button1.enabled;
    button2.enabled := not button2.enabled;
    button3.enabled := not button3.enabled;
```

Test

Starten Sie einmal mehrere Instanzen der letzten Programmvariante und vergleichen Sie die Anzeigegeschwindigkeit mit den übrigen Versionen!

R112 ... Bitmaps manipulieren?

Dass Sie mit *StrechtBlt* und *BitBlt* Bitmaps mehr als nur scrollen und kopieren können, soll Ihnen dieses Beispiel zeigen. Die Funktionen im Einzelnen:

- Invertieren einer Bitmap
- Spiegeln um die vertikale Achse
- Spiegeln um die horizontale Achse
- Austauschen einer Farbe gegen eine andere

Besonders Grafikprogramme machen von diesen zusätzlichen Möglichkeiten regen Gebrauch. Alle oben genannten Verfahren müssen sich natürlich nicht auf die gesamte Bitmap auswirken, es ist auch möglich, nur Teile der Bitmap zu verändern. Siehe dazu auch

☞   R113 ... eine Lupenfunktion programmieren?

Oberfläche

Grundlagen

Oberfläche

Grafik

Multimedia

Datei

Datenbank

SQL/ADO

Report

Objekte

OLE/DDE

Peripherie

System

Desktop

Technik

Sonstiges

Alle Operationen werden an <u>einer</u> Bitmap ausgeführt, Sie brauchen also bloß eine *Image*-Komponente zur Aufnahme der Grafik, vier Buttons für die Auswahl des jeweiligen Verfahrens sowie eine Farbpalette.

Mit Letzterer können Sie die zu tauschenden Farben auswählen (die Vordergrundfarbe wird in die Hintergrundfarbe konvertiert). Die Palette bedienen Sie mit der rechten bzw. linken Maustaste.

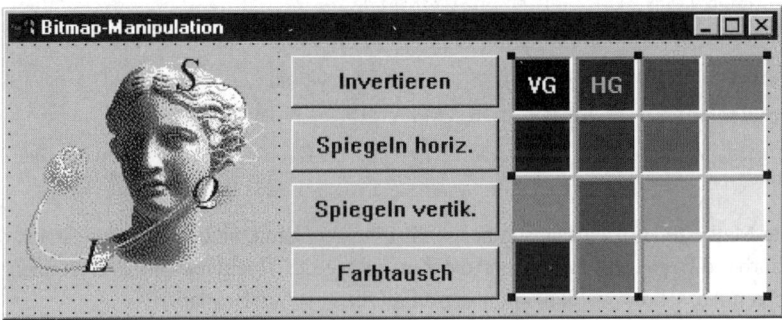

Quelltext

Alle Methoden wurden in einzelnen Prozeduren gekapselt, auf diese Weise ist eine einfache Übertragung in andere Programme möglich. Da Zeichenoperationen am besten in "unsichtbaren" Objekten vorgenommen werden sollten, wurde als Übergabeparameter für die Prozeduren der Objekttyp *TBitmap* gewählt. Sie können sowohl eine Variable dieses Typs deklarieren als auch die *Bitmap*-Eigenschaft eines *Picture*-Objekts verwenden.

Das Invertieren kann mit der Funktion *BitBlt* erfolgen. Ziel- und Quellbitmap sollten die gleiche Größe aufweisen. Ist das nicht der Fall, kann es passieren, dass nur ein Teil der Zielbitmap invertiert wird. Weitere Verknüpfungsoperatoren zum *BitBlt*-Befehl finden Sie am Ende dieses Abschnitts.

```
procedure Invertieren(quelle,ziel:TBitmap);
begin
    ziel.width := quelle.width; ziel.height:= quelle.height;
    BitBlt(ziel.canvas.handle,0,0,ziel.width ,ziel.height,quelle.canvas.handle,
        0,0, DSTINVERT);
end;
```

Die beiden Spiegel-Operationen erfordern eine Überschneidung der Koordinatenangaben von Ziel- und Quellbitmap. Beim horizontalen Spiegeln müssen die Quellkoordinaten in x-Richtung negativ angegeben werden, beim vertikalen Spiegeln die Y-Koordinaten. Obwohl beide Bitmaps gleich groß sind, kommen wir nicht um die *StretchBlt*-Funktion herum, wir könnten sonst nicht die Breite der Quellbitmap bestimmen.

```
procedure SpiegelnHorizontal(quelle,ziel:TBitmap);
begin
  ziel.width := quelle.width; ziel.height:= quelle.height;
  StretchBlt(ziel.canvas.handle,0,0, ziel.width, ziel.height,
          quelle.canvas.handle,quelle.width, 0, -quelle.width,quelle.height, SRCCOPY);
end;


procedure SpiegelnVertikal(quelle,ziel:TBitmap);
begin
  ziel.width := quelle.width; ziel.height:= quelle.height;
  StretchBlt(ziel.canvas.handle, 0, 0, ziel.Width, ziel.Height,
        quelle.canvas.handle, 0, quelle.Height, quelle.Width,-quelle.Height, SRCCOPY);
end;
```

Bevor die Methode zum Farbtausch ausgeführt werden kann, sichern wir den Status der Hintergrundfarbe, d.h. *Brush.Color*. Über die Zuweisung des Rechtecks an *Rect* können Sie den gewünschten Ausschnitt wählen, in unserem Fall die gesamte Bitmap.

```
procedure Farbwechsel(bitmap:TBitmap;vorher,nachher:TColor);
var Rect :TRect;
    h    :TColor;
begin
    h := bitmap.canvas.brush.color;
    Rect := bounds(0,0,bitmap.width,bitmap.height);
    bitmap.canvas.brush.color:= nachher;
    bitmap.canvas.BrushCopy(Rect,Bitmap, Rect, vorher);
    bitmap.canvas.brush.color := h;
end;
```

Die folgenden Prozeduren bzw. Events werden durch die jeweiligen Tasten ausgelöst. Der Aufruf der *Refresh*-Methode ist notwendig, um die Bitmap auf den Bildschirm zu bringen.

```
procedure TForm1.Button1Click(Sender: TObject);
begin
    invertieren(image1.picture.bitmap,image1.picture.bitmap);
    image1.refresh;
end;


procedure TForm1.Button2Click(Sender: TObject);
begin
    spiegelnHorizontal(image1.picture.bitmap,image1.picture.bitmap);
    image1.refresh;
end;
```

```
procedure TForm1.Button3Click(Sender: TObject);
begin
    spiegelnVertikal(image1.picture.bitmap,image1.picture.bitmap);
    image1.refresh;
end;


procedure TForm1.Button4Click(Sender: TObject);
var h :integer;
begin
    Farbwechsel(image1.picture.bitmap,colorgrid1.foregroundcolor,
                colorgrid1.backgroundcolor);
    image1.refresh;
    h := colorgrid1.foregroundindex;
    colorgrid1.foregroundindex:= colorgrid1.backgroundindex;
    colorgrid1.backgroundindex := h;
end;
```

Weitere Möglichkeiten der Bitmap-Manipulation eröffnen sich mit den Parametern der *BitBlt*-bzw. *StretchBlt*-Funktion.

Eine weitere Möglichkeit der Bitmap-Manipulation erschließt sich mit der Eigenschaft *Monochrome*. Setzen Sie diese auf *True*, wird eine farbige in eine einfarbige Bitmap konvertiert. Alle Farben werden schwarz, Weiß bleibt erhalten.

Siehe auch

☞ R122 ... eine Bitmap drehen?

☞ R120 ... Spezialeffekte erzeugen?

R113 ... eine Lupenfunktion programmieren?

Das folgende Beispiel beschäftigt sich mit zwei Problemen:

■ Vergrößerung eines Bitmap-Ausschnitts

■ Beschränkung von Grafikoperationen auf einen bestimmten Bereich

Für das erste Problem werden Sie in der Delphi-Hilfe schnell eine Antwort finden, für das zweite müssen Sie sich schon intensiv mit der API beschäftigen.

Unter Windows ist es möglich, eine Grafikoperation, z.B. *LineTo(100,100)*, auf einen bestimmten Bereich zu beschränken. Der restliche Teil der Bitmap wird von dieser Operation nicht betroffen. Dazu werden sogenannte *Regions* verwendet. Welche Form diese haben, können Sie selbst bestimmen. Auch Delphi macht davon Gebrauch, verwendet jedoch nur eine einfache Form, das Rechteck. Wir wollen eine etwas aufwendigere Form benutzen: einen

Grundlagen

Oberfläche

Grafik

Multimedia

Datei

Datenbank

SQL/ADO

Report

Objekte

OLE/DDE

Peripherie

System

Desktop

Technik

Sonstiges

Kreis. Die Linse einer Lupe ist im Allgemeinen auch rund. Wie das Ergebnis aussieht, können Sie der Grafik entnehmen:

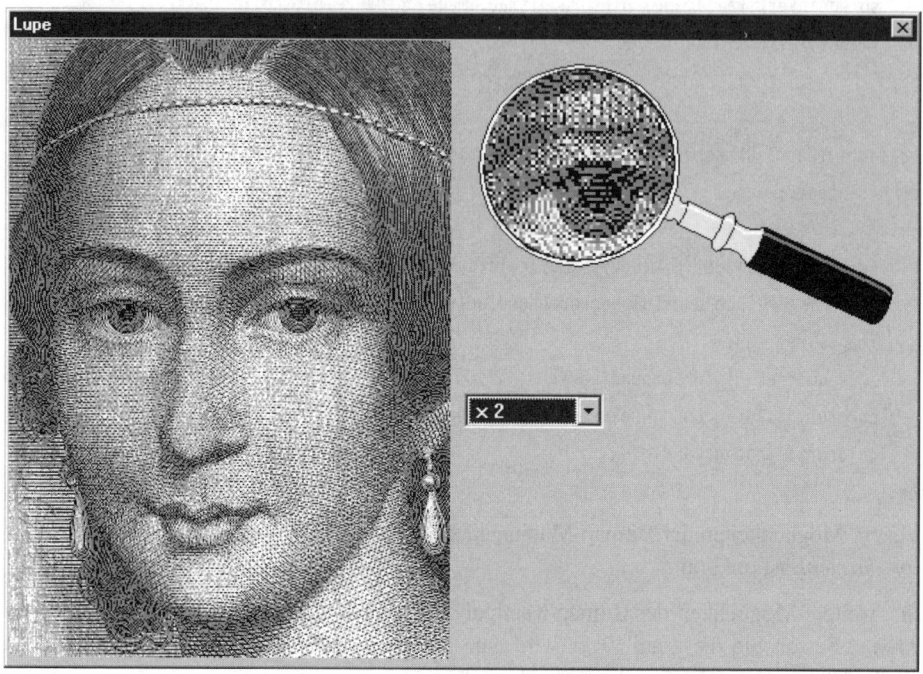

Möchten Sie kompliziertere Formen als z.B. die grafischen Primitive Ellipse und Rechteck verwenden, können Sie Regionen auch über ein Polygon definieren.

Zusätzlich lassen sich Regionen auch kombinieren:

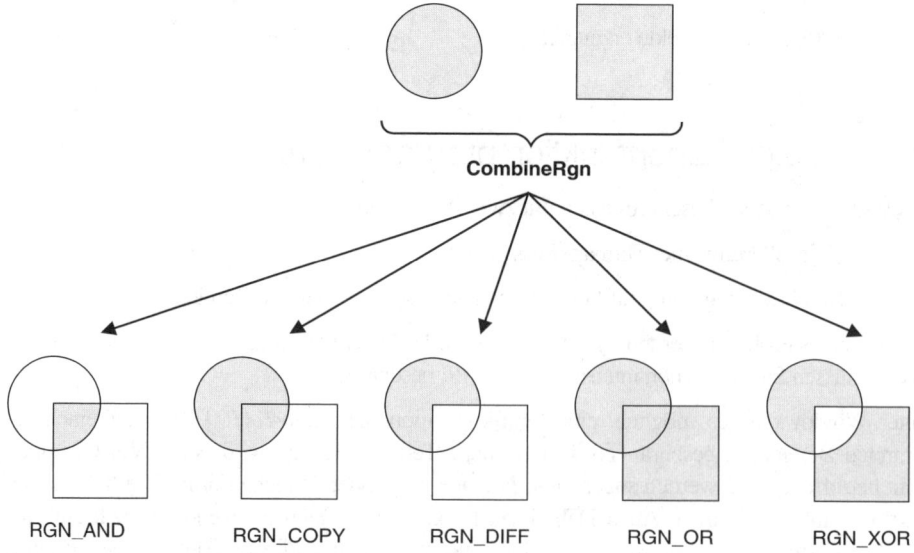

Oberfläche

Für die Oberfläche brauchen wir drei *Image*-Komponenten. *Image1* nimmt die zu vergrößernde Grafik auf, *Image2* dient der Zoomdarstellung und der Anzeige der Lupe und *Image3* ist der Container für die Abbildung "Lupe". Der Inhalt von *Image3* wird zur Laufzeit in *Image2* kopiert. *Image3* selbst ist zur Laufzeit nicht sichtbar. Über die *ComboBox* kann zur Laufzeit der Zoomfaktor gewählt werden, tragen Sie die gewünschten Werte ein (z.B. 1, 2, 3, 4 etc.).

Quelltext

Beim Laden des Fensters wird *Image2* skaliert, danach kann die Grafik "Lupe" kopiert werden.

```
procedure TForm1.FormCreate(Sender: TObject);
begin
    image2.width := image3.picture.bitmap.width;
    image2.height:= image3.picture.bitmap.height;
    image2.canvas.draw(0,0,image3.picture.bitmap);
end;
```

Mit jeder Mausbewegung über der großen Abbildung soll der Ausschnitt unter dem Mauscursor in *Image2* vergrößert dargestellt werden. Dazu verwenden wir die *StretchBlt*-Funktion. Die Region schränkt die Ausgabe auf einen kreisförmigen Ausschnitt ein.

Ein Problem sind die Ränder der Grafik, an diesen Stellen kann auch mit *StrechBlt* nichts vergrößert bzw. angezeigt werden. Wir löschen daher den Bereich vor dem Zeichnen (*BitBlt* (..., *BLACKNESS*)). Die Region muss mit jedem Durchlauf erneut erzeugt und gelöscht werden. Ursache ist die *Refresh*-Methode, die alle Objekte wieder zurücksetzt, dies trifft auch auf die Region zu.

```
procedure TForm1.Image1MouseMove(Sender: TObject; Shift: TShiftState; X, Y: Integer);
var r       : integer;
    rhandle : Hrgn;
begin
    r := 140 div ((combobox1.itemindex+1) * 2);
    rhandle := CreateEllipticRgn(13,12,146,147);
    SelectObject(image2.canvas.handle,rhandle);
    BitBlt(image2.canvas.handle,13,12,146,147,image2.canvas.handle,0 ,0, blackness);
    StretchBlt(image2.canvas.handle,10,10,150,150,
        image1.picture.bitmap.canvas.handle,x-r ,y-r,2*r,2*r, SRCCOPY);
    image2.refresh;
    DeleteObject(rhandle);
end;
```

Experimentieren Sie einmal mit zusammengesetzten Regionen! Vergessen Sie aber nicht, die erzeugten Objekte auch wieder zu löschen.

R114 ... Polygone zeichnen?

Das folgende Programmchen zeigt, wie Sie mit Polygonen umgehen können. Leider hat die *Polygon*-Methode des *Canvas*-Objekts einen wesentlichen Nachteil: Möchte man zur Laufzeit unterschiedliche Polygone zeichnen, haben Sie keine sinnvolle Möglichkeit, der Methode die Anzahl der Ecken zu übergeben (es sei denn, Sie deklarieren pauschal ein genügend großes Array, von dem Sie mit Hilfe der Funktion *Slice* Teile an die Methode *Polygon* übermitteln können).

Aus diesem Grund verwenden wir die zugehörige GDI-Funktion *Polyline*, der neben dem Punkte-Array auch die Anzahl der Ecken übergeben werden kann.

Oberfläche

Außer einer *Paintbox*-Komponente brauchen wir nur noch einen *Timer*, über den wir zyklisch die Form des Polygons verändern. Wir könnten auch eine *Image*-Komponente verwenden, diese ist jedoch bedeutend langsamer.

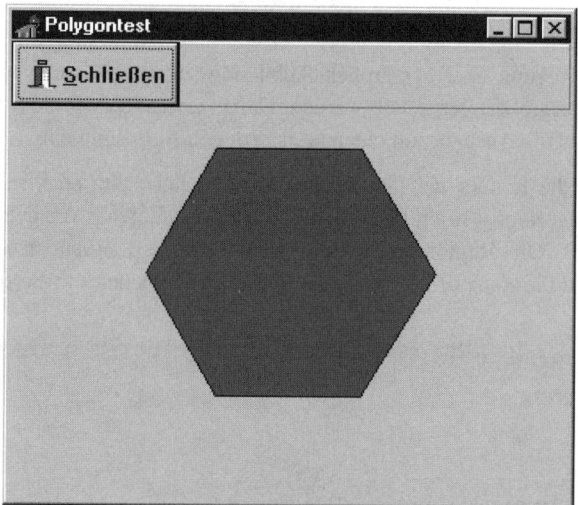

Quelltext

Um nicht unnötig kostbaren Arbeitsspeicher zu verschwenden, greifen wir auf die Möglichkeit zurück, Speicher dynamisch zu belegen.

Das Array erstellen wir beim Programmstart (*OnCreate*) und schließen es über das *OnClose*-Ereignis.

```
type figurType = array[0..0] of TPoint;


var figur : ^figurType;
    ecken : integer;
```

```
procedure TForm1.FormCreate(Sender: TObject);
begin
    ecken := 2;
    GetMem(figur,sizeof(figur^[0])*40);    // Speicher reservieren
end;
```

```
procedure TForm1.FormClose(Sender: TObject; var Action: TCloseAction);
begin
    FreeMem(figur,Sizeof(figur^[0])*40);   // Speicher freigeben
end;
```

Für die Berechnung der Ecken brauchen wir einige trigonometrische Funktionen:

```
procedure TForm1.Timer1Timer(Sender: TObject);
var i : integer;

begin
    inc(ecken);
    if ecken = 40 then ecken :=3;
    refresh;
    canvas.brush.color:=color;
    canvas.textout(10,40,'Anzahl Ecken: ' + inttostr(ecken));
    canvas.brush.style:=bsSolid;
    canvas.brush.color:=clred;
    For i := 0 To ecken - 1 do
    begin
        figur^[i].x := round(clientWidth / 2 + 90
                    * Cos(i * 2 * PI / ecken));
        figur^[i].y := round(clientHeight / 2 + 90
                    * Sin(i * 2 * PI / ecken));
    end;
```

Datenbank

SQL/ADO

Report

Objekte

OLE/DDE

Peripherie

System

Beispiel: Aufruf der API-Funktion mit dem nullten Feld und der Anzahl der Ecken:

```
polygon(paintbox1.canvas.handle,figur^[0],ecken);
```

Hinweis: Ganz nebenbei haben Sie in diesem Beispiel eine Alternative zu den dynamischen Arrays von Delphi kennengelernt, die in ihrer Anwendung sicher einfacher zu handhaben ist.

R115 ... eine umrandete Fläche mit Farbe füllen?

Aus jedem pixelorientierten Zeichenprogramm kennen Sie die "Farbkanne", mit welcher Sie eine umrandete Fläche mit einer Farbe füllen können. Auch in Delphi gibt es eine entsprechende Methode. Wie Sie diese richtig einsetzen, zeigt das folgende Beispiel.

Oberfläche

Für die Oberfläche wird lediglich ein *Button* benötigt. Das Formular ist das Ausgabeziel unserer Grafikoperationen, es hätte aber auch eine *Paintbox* sein können. Mit dem Button blenden wir ein Zufallsmuster ein, das Sie mit der "Farbkanne" füllen können.

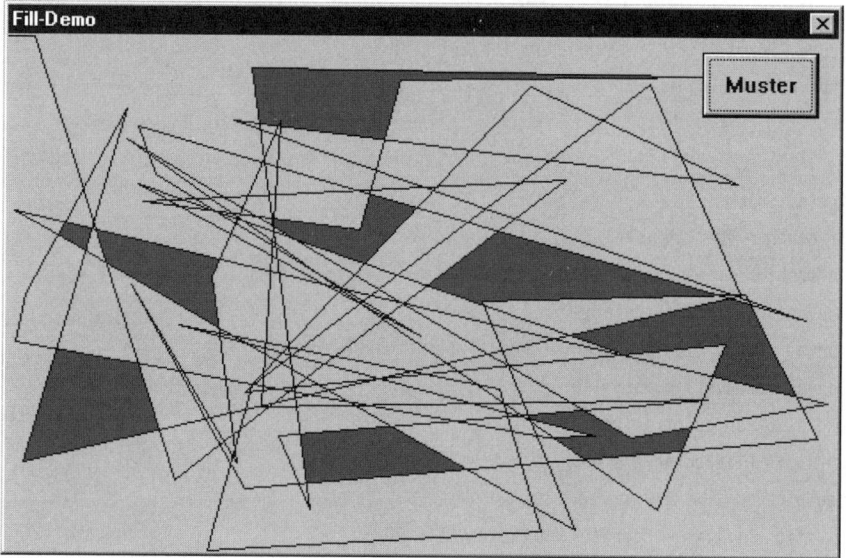

Quelltext

Zur Vorbereitung der Zeichenfläche verwenden wir den Button-Klick:

```
procedure TForm1.Button1Click(Sender: TObject);
var i : integer;
begin
    refresh;
    canvas.pen.color := clblack;
    for i := 1 to 50 do
    canvas.LineTo(Round(clientwidth * Random), Round(clientheight * Random));
    canvas.pen.color := clred;
end;
```

Die Fülloperation wird mit Mausklick auf die Zeichenfläche eingeleitet. Da wir zum Füllen die Stiftfarbe verwenden wollen, müssen wir die Pinselfarbe kurzzeitig in einer Zwischenvariablen sichern (vom Typ *TColor*). Die Farbe des aktuellen Punktes erhalten wir über die *Pixels*-Eigenschaft.

```
procedure TForm1.FormMouseDown(Sender: TObject; Button: TMouseButton;
  Shift: TShiftState; X, Y: Integer);
var help,farbe : TColor;

begin
  with canvas do begin
      screen.cursor:=CrHourglass;
      help := brush.color;
      brush.color:= pen.color;
      farbe:= pixels[X,Y];
      floodfill(x,y,farbe, fssurface);
      brush.color:=help;
      screen.cursor:=CrDefault;
  end;
end;
```

Das Anzeigen der Sanduhr sollte bei Fülloperationen immer erfolgen, da diese teilweise recht lange dauern können (z.B. bei stark zergliederten Füllflächen).

Das vorgestellte Verfahren füllt eine Fläche mit einheitlicher Farbe. Sie haben jedoch auch die Möglichkeit, eine Fläche zu füllen, die von einer vorgegebenen Farbe umrandet ist. Die Farben innerhalb der Fläche spielen dann keine Rolle. Legen Sie dazu den vierten Parameter von *Floodfill* auf *fsBorder* fest. In diesem Fall müssten Sie folgenden Aufruf verwenden:

```
floodfill(x,y,clBlack, fsborder);
```

R116 ... Grafiken auf dem Screen ausgeben?

Möchten Sie einen Bildschirmschoner à la After Dark schreiben? Dann brauchen Sie eine Möglichkeit, direkt auf dem Windows-Desktop zu zeichnen.

Das *Screen*-Objekt von Delphi verfügt weder über entsprechende Methoden noch über einen Handle. Der Grund für diese Einschränkungen ist schnell gefunden, wenn Sie das nachfolgend beschriebene Programm ausprobieren und das Sichern des Desktop ausschalten. Kein Fenster "merkt", dass es übermalt wurde (fehlende Message *WM_Paint*) und reagiert deshalb auch nicht.

Schon nach wenigen Zeichenoperationen ist der Bildschirm (natürlich nur dessen Inhalt!) irreparabel zerstört:

Grundlagen

Oberfläche

Grafik

Multimedia

Datei

Datenbank

SQL/ADO

Report

Objekte

OLE/DDE

Peripherie

System

Desktop

Technik

Sonstiges

Für die Realisierung werden wir auf GDI-Programmierung nicht verzichten können, im Gegenteil, wir müssen intensiven Gebrauch davon machen.

Wir benötigen für die GDI-Grafikausgaben einen Handle auf den Gerätekontext. Für den *Screen* können wir nicht auf einen vordefinierten DC zugreifen, sondern müssen einen neuen anlegen:

```
dc := CreateDC('DISPLAY', Nil, Nil, Nil);
dx := screen.Width;
dy := screen.Height;
```

Um den *Screen* nach dieser "Schmiererei" wieder in den alten Zustand zu versetzen, legen wir uns für dessen Sicherung eine Speicherbitmap an. Diese Bitmap kann am Programmende wieder zurückkopiert werden:

```
hDestDC := CreateCompatibleDC(dc);
hBM     := CreateCompatibleBitmap(dc, dx, dy);
Hbold   := SelectObject(hDestDC, hBM);
```

Kopieren der Bitmap:

```
BitBlt(hDestDC, 0, 0, dx, dy, dc, 0, 0, SRCCopy);
```

Für die Linienausgabe definieren wir uns einen neuen Stift (Pen), der etwas breiter als der Default-Stift ist. Durch Variieren der Parameter können Sie auch andere Farben, Breiten und Muster erzeugen.

```
hp := CreatePen(0, 10, 0);
```

```
ho := SelectObject(dc, hp);
```

In einer Schleife werden mit Zufallswerten Linien gezeichnet:

```
For i := 1 To 500 do
  begin
    LineTo(dc, Round(dx * Random), Round(dy * Random));
    application.processmessages;
  end;
```

Ein neu erstellter Stift muss nach der letzten Ausgabe wieder gelöscht werden:

```
DeleteObject(SelectObject(dc, ho));
```

Die Bitmap zurückkopieren

```
BitBlt(dc, 0, 0, dx, dy, hDestDC, 0, 0, SRCCopy);
```

und beide Gerätekontexte + Bitmap wieder freigeben:

```
SelectObject(dc,hbold);
DeleteObject(hbm);
deletedc(hDestDC);
deletedc(dc);
end;
```

Natürlich lassen sich auch weitaus weniger harmlose Anwendungsmöglichkeiten für unser Programmbeispiel finden. Kombinieren Sie einen *Timer* (10 Sekunden) in einem nicht sichtbarem Fenster (*Hide*) mit einer Zeitabfrage und lassen Sie zum Feierabend auf dem PC Ihres Kollegen eine entsprechende Grafik ausgeben. Der Effekt ist verblüffend!

R117 ... eine Animation programmieren?

Glauben Sie immer noch an das Schauermärchen, dass sich Windows nicht für Grafikanimationen eignet? Lassen Sie sich von folgendem kleinen Testprogramm eines besseren belehren!

Die Windows-API gibt dem ambitionierten "Spielfreak" mit der *BitBlt*-Funktion ein leistungsfähiges Instrument in die Hand, um zumindest zweidimensionale Grafikanimationen zu realisieren. Unter DOS hat sich die Technik der Seitenumschaltung bewährt, womit das nervende Flackern bewegter Objekte wirkungsvoll unterbunden werden konnte. Leider ist es unter Windows nicht gestattet, dieses Verfahren zu praktizieren. Es existiert jedoch eine alternative Methode, um dem lästigen Flimmern zu begegnen, diese soll im Folgenden erläutert werden.

Das auf den ersten Blick zweckmäßigste Verfahren wäre, einen Bereich dynamisch zu konservieren, um dann im Anschluss an eine Bewegung das Objekt an seiner alten Position zu überschreiben. Den Eindruck einer fortlaufenden Bewegung des Sprites gewinnt man durch folgende Technik:

- Löschen des Sprites auf seiner alten Position und Wiederherstellen des zerstörten Hintergrundes

Grundlagen

Oberfläche

Grafik

Multimedia

Datei

Datenbank

SQL/ADO

Report

Objekte

OLE/DDE

Peripherie

System

Desktop

Technik

Sonstiges

- Sichern des Hintergrundes, auf welchen das Sprite kopiert werden soll

- Kopieren des Sprites auf seine neue Position

Der Nachteil dieses Verfahrens ist das lästige Flackern, was durch das ständige Löschen hervorgerufen wird. Um die Defizite bezüglich Darstellungsqualität abzubauen, müssen die Zugriffe auf die Vordergrundgrafik auf das notwendige Minimum beschränkt werden.

Zur Realisierung bedarf es einer Kopie des Hintergrundes (*TBitmap*). Infolgedessen kann das Eliminieren des Sprites entfallen, was beim obigen Verfahren unverzichtbar war, um auf die entsprechenden Bereiche des Hintergrundes zugreifen zu können. Der jeweilige Sektor wird jedoch nicht unmittelbar auf den Bildschirm projiziert, sondern zunächst von einem zusätzlichen *TBitmap*-Objekt aufgenommen, welches vorher mit Hilfe zweier Masken aufbereitet wurde. Der im Anschluss auf diesem Objekt generierte Sprite verschmilzt mit dem Untergrund zu einem kompletten Zwischenbild. Dieses wird auf die Bildschirmoberfläche kopiert.

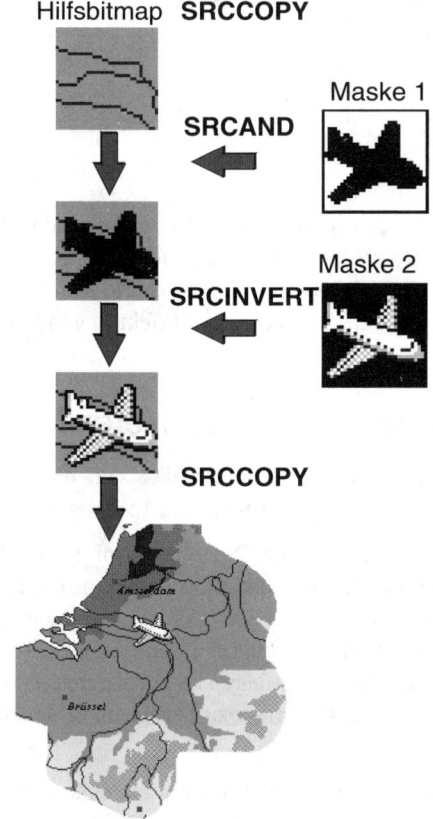

Verstehen Sie das in obiger Abbildung dargestellte Prinzip?

Das Hauptproblem ist, dass der Sprite nicht rechteckig ist und aus diesem Grund nicht einfach mit SRCCOPY kopiert werden kann. Aus diesem Grund sind die "Klimmzüge" mit den zwei

Masken erforderlich, die über geeignete AND- bzw. INVERT-Verknüpfungen mit einer Hilfs-bitmap quasi den Hintergrund "durchscheinen" lassen.

Hier noch einmal eine Zusammenfassung aller in Frage kommenden Pixelverknüpfungen:

Hilfsbitmap	Verknüpfung	Maske 1		Ergebnis	Erklärung
Farbe (X)	AND	Weiß (1)	→	Farbe (X)	Untergrund
Farbe (X)	AND	Schwarz (0)	→	Schwarz (0)	Flugzeugschatten
Hilfsbitmap	**Verknüpfung**	**Maske 2**		**Ergebnis**	
Farbe (X)	INVERT (XOR)	Schwarz (0)	→	Farbe (X)	Untergrund
Schwarz (0)	INVERT (XOR)	Farbe (X)	→	Farbe (X)	Flugzeug

Oberfläche

Auf der Oberfläche finden Sie neben zwei Buttons zum Starten und Beenden einen Schiebe-regler (die Notbremse für den Pentium) und zwei *Image*-Komponenten. Die eine nimmt beide Masken auf, die andere kapselt die Hintergrundgrafik. Beide *Image*-Komponenten sind zur Laufzeit nicht sichtbar. Schließlich brauchen wir noch eine *Paintbox* für die eigentliche Grafikausgabe.

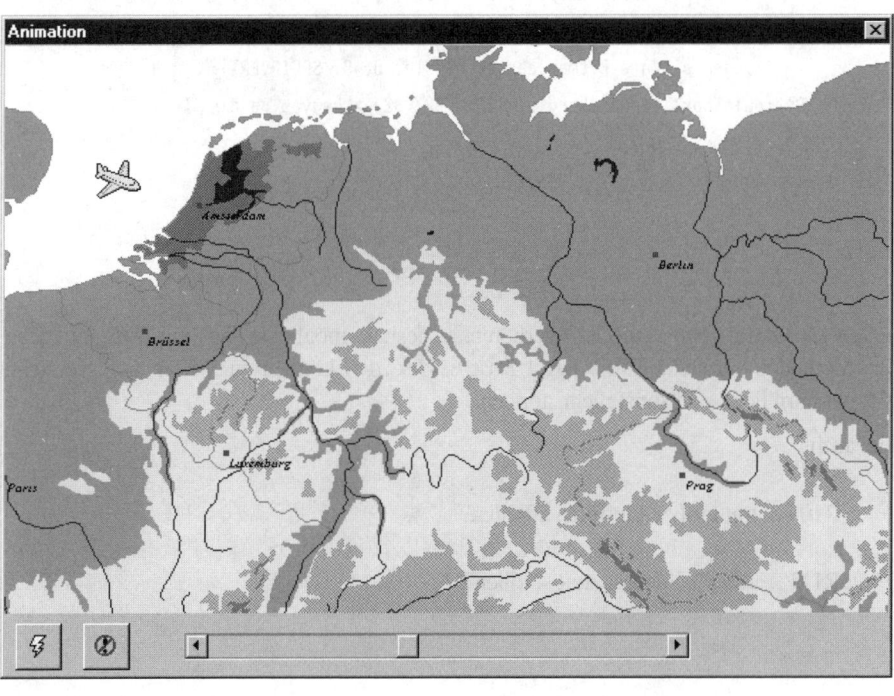

Grundlagen

Oberfläche

Grafik

Multimedia

Datei

Datenbank

SQL/ADO

Report

Objekte

OLE/DDE

Peripherie

System

Desktop

Technik

Sonstiges

Quelltext

Nach dem Start wird das Hintergrundbild in die Paintbox kopiert:

```
BitBlt(paintbox1.canvas.handle, 0, 0,
paintbox1.width,paintbox1.height,image1.picture.bitmap.canvas.handle, 0,0,
SRCCOPY);
```

Die Hilfsbitmap wird erstellt:

```
z := TBitmap.create;
z.width := 33;
z.height:= 33;
ok := True;
```

Dann kann es losgehen:

```
While ok do begin
    for n := 0 to scrollbar1.position do b := sqrt(2345);
    application.processmessages;
    inc(l);
    BitBlt(z.canvas.handle, 0, 0, 33, 33,
            image1.picture.bitmap.canvas.handle, 1, 1, SRCCOPY);
    BitBlt(z.canvas.handle, 1, 1, 32, 32,
            image2.picture.Bitmap.canvas.handle, 32, 0, SRCAND);
    BitBlt(z.canvas.handle, 1, 1, 32, 32,
            image2.picture.Bitmap.canvas.handle, 0, 0, SRCINVERT);
    BitBlt(paintbox1.canvas.handle, 1, 1, 32, 32, z.canvas.handle,
            0, 0, SRCCOPY);
    If l > 400 Then l:=0;
end;
    z.free;
end;
```

Wichtigstes Motto: "Nur keine Zeit verlieren...", deshalb möglichst alles mit *BitBlt* abwickeln, keine Methoden verwenden usw.! Auf *ProcessMessages* können wir leider nicht verzichten, das Programm ließe sich sonst nicht stoppen.

Siehe auch

  R109 ... mit großen Grafiken arbeiten?

  R111 ... einen Bildausschnitt scrollen?

R118 ... ein Koordinatensystem erzeugen?

Neben dem von Delphi bereitgestellten Koordinatensystem und der GDI-Funktion *SetMap-Mode,*

☞ R253 ... eine eigene Druckvorschau realisieren?

mit der sich nur eine Skalierung bzw. Verschiebung realisieren lässt, steht dem 32 Bit-Programmierer <u>unter Windows NT</u> noch eine weitere, sehr leistungsfähige Funktion zur Verfügung: *SetWorldTransform.*

Neben den Möglichkeiten zum Skalieren und Verschieben können Sie mit dieser Funktion das Koordinatensystem zusätzlich drehen, scheren und spiegeln.

Hinweis: Windows 95/98-Programmierer müssen an dieser Stelle leider passen, lediglich Windows NT bietet dieses Feature[1].

Übergabewerte an die Funktion sind der Gerätekontext und eine Strukturvariable vom Typ *XFORM*:

```
TXForm = packed record
    eM11: Single;
    eM12: Single;
    eM21: Single;
    eM22: Single;
    eDx: Single;
    eDy: Single;
end;
```

Bevor es jedoch soweit ist, dass Sie Koordinatentransformationen vornehmen können, müssen Sie den erweiterten Grafikmodus mit *SetGraphicsMode* aktiviert haben.

Beispiel: Aktivieren des erweiterten Grafikmodus

```
SetGraphicsMode(Canvas.Handle, GM_ADVANCED);
...
```

Wie Sie die einzelnen Elemente von *TXForm* verwenden, sollen die folgenden Skizzen und Formeln verdeutlichen:

---

[1] Dies dürfte wohl auch ein Grund für die zunehmende Akzeptanz von NT als Betriebssystem für grafische Applikationen sein.

Grundlagen

Oberfläche

Grafik

Multimedia

Datei

Datenbank

SQL/ADO

Report

Objekte

OLE/DDE

Peripherie

System

Desktop

Technik

Sonstiges

Translation

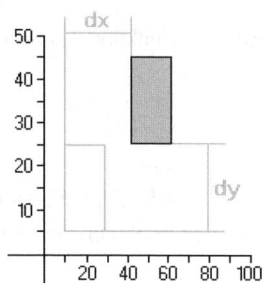

$x' = x + dx$

$y' = y + dy$

... als Transformationsmatrix:

$$\begin{vmatrix} 1 & 0 & 0 \\ 0 & 1 & 0 \\ dx & dy & 1 \end{vmatrix}$$

Skalierung

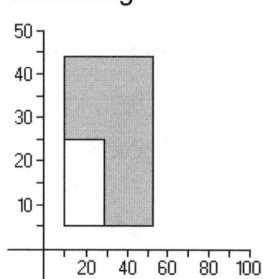

$x' = x \cdot dx$

$y' = y \cdot dy$

... als Transformationsmatrix:

$$\begin{vmatrix} dx & 0 & 0 \\ 0 & dy & 0 \\ 0 & 0 & 1 \end{vmatrix}$$

Rotation

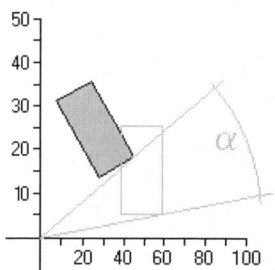

$x' = (x \cdot \cos A) - (y \cdot \sin A)$

$y' = (y \cdot \sin A) - (y \cdot \cos A)$

... als Transformationsmatrix:

$$\begin{vmatrix} \cos A & \sin A & 0 \\ -\sin A & \cos A & 0 \\ 0 & 0 & 1 \end{vmatrix}$$

Scherung

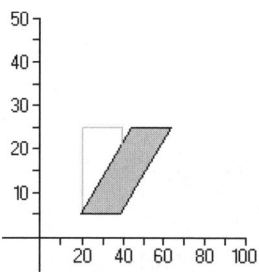

$x' = x + (sx \cdot y)$

$y' = y + (sy \cdot x)$

... als Transformationsmatrix:

$$\begin{vmatrix} 1 & sx & 0 \\ sy & 1 & 0 \\ 0 & 0 & 1 \end{vmatrix}$$

Alle obigen Formeln lassen sich in folgender Weise zusammenfassen:

$$x' = x \cdot em12 + y \cdot em21 + edx$$
$$y' = x \cdot em12 + y \cdot em22 + edy$$

bzw. als Transformationsmatrix:

$$\begin{vmatrix} em11 & em12 & 0 \\ em21 & em22 & 0 \\ edx & edy & 1 \end{vmatrix}$$

Natürlich müssen Sie Drehung, Skalierung und vielleicht noch die Verschiebung nicht mit einem Mal setzen. Verwenden Sie einfach die Funktion *ModifyWorldTransform*, mit der Sie das bisherige Koordinatensystem modifizieren. Sie müssen lediglich angeben, wie die neue Transformationsmatrix mit der bisherigen verknüpft wird:

Parameter	Bedeutung
MWT_IDENTITY	Ersetzen der bisherigen Transformationsmatrix mit der neuen.
MWT_LEFTMULTIPLY	Die neue Matrix ist der linke Faktor, die alte Matrix der rechte Faktor.
MWT_RIGHTMULTIPLY	Die neue Matrix ist der rechte Faktor, die alte Matrix der linke Faktor.

Oberfläche

Zur Gestaltung der Oberfläche ist nicht viel zu sagen, platzieren Sie einfach ein paar Buttons auf dem Formular und beschriften Sie diese mit "Rotation", "Verschiebung", "Scherung", "Skalierung" und "Normal". Fügen Sie zusätzlich eine *Image*-Komponente ein, in die Sie eine Bitmap laden.

Quelltext

Definition der Variablen:

```
var dc : HDC;
    XForm : TXForm;
```

In diesem Fall ist es unbedingt nötig, einen eigenen DC zu erzeugen, da für unser Problem ein einheitlicher DC gebraucht wird. Weiterhin dürfen Sie nicht vergessen, in den Advanced-Grafikmodus zu schalten, da sonst alle Bemühungen umsonst sind.

```
procedure TForm1.FormShow(Sender: TObject);
begin
    dc := GetDC(handle);
    SetGraphicsMode(dc, GM_ADVANCED);
end;
```

Grundlagen

Oberfläche

Grafik

Multimedia

Datei

Datenbank

SQL/ADO

Report

Objekte

OLE/DDE

Peripherie

System

Desktop

Technik

Sonstiges

Die eigentliche Anzeigefunktion:

```
procedure zeichne;
begin
    MoveToEx(dc, 100, 100, nil);
    LineTo(dc, 150, 200);
    Rectangle(dc, 100, 100, 150, 200);
    BitBlt(dc, 0,0,100,100,form1.image1.picture.bitmap.canvas.handle,
        50,0,SRCCOPY);
End;
```

Verschieben:

```
procedure TForm1.Button2Click(Sender: TObject);
begin
  XFORM.eM11 := 1;
  XFORM.eM12 := 0;
  XFORM.eM21 := 0;
  XFORM.eM22 := 1;
  XFORM.eDx := 15;
  XFORM.eDy := 0;
  ModifyWorldTransform(dc, XFORM, MWT_LEFTMULTIPLY);
  zeichne;
end;
```

Rotation:

```
procedure TForm1.Button1Click(Sender: TObject);
begin
    XFORM.eM11 := 0.9848077530122;
    XFORM.eM12 := -0.1736481776669;
    XFORM.eM21 := 0.1736481776669;
    XFORM.eM22 := 0.9848077530122;
    XFORM.eDx := 0;
    XFORM.eDy := 0;
    ModifyWorldTransform(dc, XFORM, MWT_LEFTMULTIPLY);
    zeichne;
end;
```

Scheren:

```
procedure TForm1.Button3Click(Sender: TObject);
begin
    XFORM.eM11 := 1;
    XFORM.eM12 := 1;
```

```
    XFORM.eM21 := 0;
    XFORM.eM22 := 1;
    XFORM.eDx := 0;
    XFORM.eDy := 0;
    SetWorldTransform(dc, XFORM);
    zeichne;
end;
```

Normales Koordinatensystem:

```
procedure TForm1.Button5Click(Sender: TObject);
begin
    XFORM.eM11 := 1;
    XFORM.eM12 := 0;
    XFORM.eM21 := 0;
    XFORM.eM22 := 1;
    XFORM.eDx := 0;
    XFORM.eDy := 0;
    SetWorldTransform(dc, XFORM);
    zeichne;
end;
```

Skalieren:

```
procedure TForm1.Button4Click(Sender: TObject);
begin
    XFORM.eM11 := 0.9;
    XFORM.eM12 := 0;
    XFORM.eM21 := 0;
    XFORM.eM22 := 0.9;
    XFORM.eDx := 0;
    XFORM.eDy := 0;
    ModifyWorldTransform(dc, XFORM, MWT_LEFTMULTIPLY);
    zeichne;
end;
```

Was wir nicht vergessen sollten:

```
procedure TForm1.FormClose(Sender: TObject; var Action: TCloseAction);
begin
    ReleaseDC(handle,dc);
end;
```

Der erzeugte Gerätekontext muss natürlich freigegeben werden.

Grundlagen

Oberfläche

Grafik

Multimedia

Datei

Datenbank

SQL/ADO

Report

Objekte

OLE/DDE

Peripherie

System

Desktop

Technik

Sonstiges

Bevor Sie lange über die Bedeutung der Werte für die Rotation nachdenken, können Sie sich auch der folgenden Berechnungen bedienen:

```
XFORM.eM11 := Cos(DegToRad(10));    // Drehung um 10°

XFORM.eM12 := Sin(DegToRad(10));

XFORM.eM21 := -Sin(DegToRad(10));

XFORM.eM22 := Cos(DegToRad(10));
```

Die Umwandlung *DegToRad* ist nötig, da die Winkelfunktionen von Delphi mit Bogenmaß arbeiten. Binden Sie für die Konvertierungsfunktionen die Unit *math* ein. Wer auf diese Unit verzichten will, multipliziert einfach den Drehwinkel mit π/180.

Hinweis: Wie Sie obigen Listings entnehmen können, lassen sich die einzelnen Funktionen auch nacheinander aufrufen, da *ModifyWorldTransform* bestehende Werte nicht einfach überschreibt, sondern in die Berechnung mit einbezieht.

Test

Starten Sie das Programm und probieren Sie die einzelnen Funktionen aus. Variieren Sie die Parameter, und alle offenen Fragen beantworten sich von selbst.

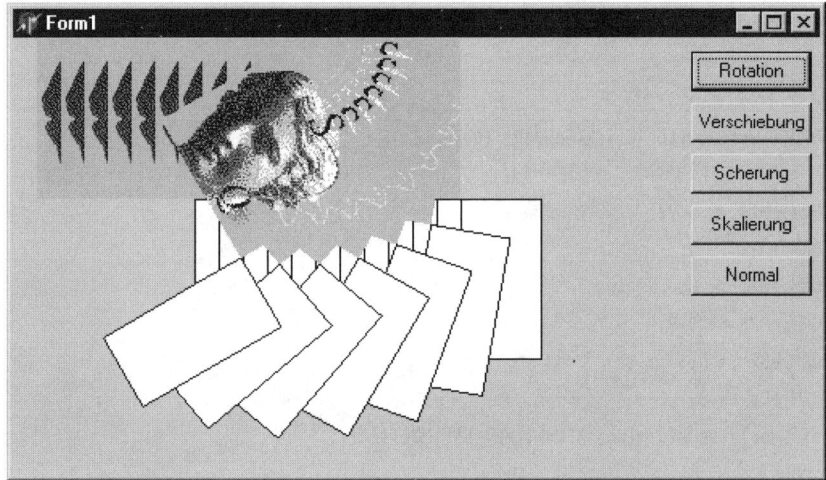

R119 ... Bézierkurven darstellen?

Wer hat nicht schon Grafikprogramme bestaunt, wo Figuren mit Hilfe sogenannter Bézier-kurven erzeugt werden können? Die Win32-Schnittstelle bietet dem Delphi-Programmierer auch dieses Feature. Wie so oft, ist auch hier die Realisierung nur mit GDI-Funktionen möglich.

Oberfläche

Um nicht einfach nur eine Kurve auf dem Bildschirm darzustellen, wollen wir das Ganze etwas animieren, d.h., Sie haben die Möglichkeit, zur Laufzeit das Aussehen der Kurve zu beeinflussen, indem Sie sowohl Anfangs- und Endpunkt als auch die beiden Kontrollpunkte verschieben. Der Aufwand sollte allerdings nicht allzu groß sein, deshalb werden wir nur vier Punkte verwenden, obwohl Sie eine Bézierkurve auch aus mehreren Kurvenstücken zusammensetzen können.

Die Gestaltung der Oberfläche beschränkt sich auf ein Formular sowie vier *Panel*-Komponenten. Legen Sie die Größe der Komponenten auf 8x8 Pixel fest und geben Sie jeder Komponente eine andere Farbe. Fügen Sie weiterhin eine *Image*-Komponente ein, die wir als Zeichenfläche verwenden werden.

Quelltext

In den Deklarationsabschnitt nehmen Sie die folgende Array-Definition auf:

```
var punkte: array [0..3] of TPoint;
```

Mit dem Laden des Formulars wird das Punkte-Array gefüllt. Dazu verwenden wir die Koordinaten der einzelnen *Panel*-Komponenten:

```
procedure TForm1.FormCreate(Sender: TObject);
begin
    punkte[0].X := panel1.Left + 4;
    punkte[0].Y := panel1.TOP + 4;
    punkte[1].X := panel2.Left + 4;
    punkte[1].Y := panel2.TOP + 4;
    punkte[2].X := panel3.Left + 4;
    punkte[2].Y := panel3.TOP + 4;
    punkte[3].X := panel4.Left + 4;
    punkte[3].Y := panel4.TOP + 4;
    image1.canvas.pen.width := 3;
    PolyBezier(image1.canvas.handle, punkte[0], 4);
end;
```

Übergeben Sie an die Funktion *PolyBezier* den HDC, das Punkte-Array sowie dessen Größe in Punkten.

Was noch fehlt ist eine Animation, d.h., wenn ein Kontrollpunkt bewegt wird, soll auch die Kurve neu gezeichnet werden.

Bevor wir jetzt umständlich eine eigene Routine zum Verschieben der Kontrollpunkte schreiben, nutzen wir doch einfach die Möglichkeit, Komponenten mittels Message in den *DragMove*-Modus zu schalten, d.h., Sie können eine Komponente wie zur Entwurfszeit verschieben. Alles, was Sie dazu brauchen, ist der folgende Aufruf im *MouseDown*-Event:

```
(Sender As TPanel).Perform(WM_SysCommand, SC_DragMove, 0);
```

Das Ganze noch einmal im Zusammenhang:

```
const SC_DRAGMOVE = $F012;
procedure TForm1.Panel1MouseDown(Sender: TObject; Button: TMouseButton;
  Shift: TShiftState; X, Y: Integer);
begin
   (Sender As TPanel).Perform(WM_SysCommand, SC_DRAGMOVE, 0);
   beep;  image1.canvas.pen.color := clwhite;
```

Löschen der bisherigen Linie durch Überzeichnen in der Hintergrundfarbe:

```
   PolyBezier(image1.canvas.handle, punkte[0], 4);
   punkte[0].X := panel1.Left + 4;     punkte[0].Y := panel1.TOP + 4;
   punkte[1].X := panel2.Left + 4;     punkte[1].Y := panel2.TOP + 4;
   punkte[2].X := panel3.Left + 4;     punkte[2].Y := panel3.TOP + 4;
   punkte[3].X := panel4.Left + 4;     punkte[3].Y := panel4.TOP + 4;
   image1.canvas.pen.color := clblack;
   PolyBezier(image1.canvas.handle, punkte[0], 4);
   image1.refresh;
end;
```

Test

Starten Sie das Programm und verschieben Sie die Ankerpunkte.

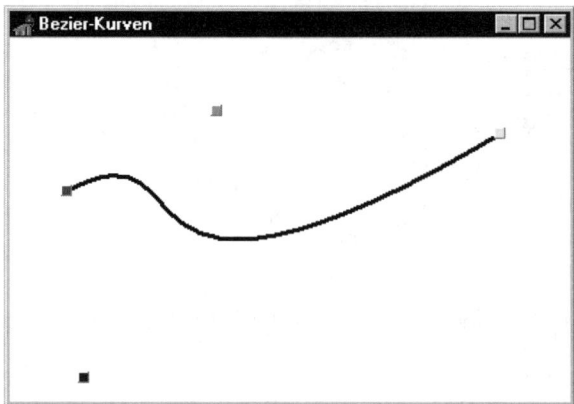

R120 ... Spezialeffekte erzeugen?

Zum Erzeugen von speziellen Effekten wie Einblenden von Bitmaps in Schriftarten oder Polygone, verwendet man sogenannte Clipping-Bereiche. Diese lassen sich unter Win32 auf einfache Weise mittels *Path* erstellen.

Sie erzeugen quasi eine Schablone, legen diese über den Ausgabebereich und zeichnen die Füllmuster ohne Rücksicht auf den restlichen Hintergrund. Durch die "Schablone" beschränken sich die Ausgaben auf den definierten Bereich.

Oberfläche

Sie brauchen nur einen Button und eine *Image*-Komponente, in die Sie eine Bitmap Ihrer Wahl laden (*Picture*-Eigenschaft). Die Bitmap sollte so breit sein wie der auszugebende Text. Möchten Sie Speicher sparen, wäre es auch denkbar, dass Sie die Bitmap mehrfach nebeneinander einblenden, in diesem Fall muss sich das Muster jedoch wiederholen.

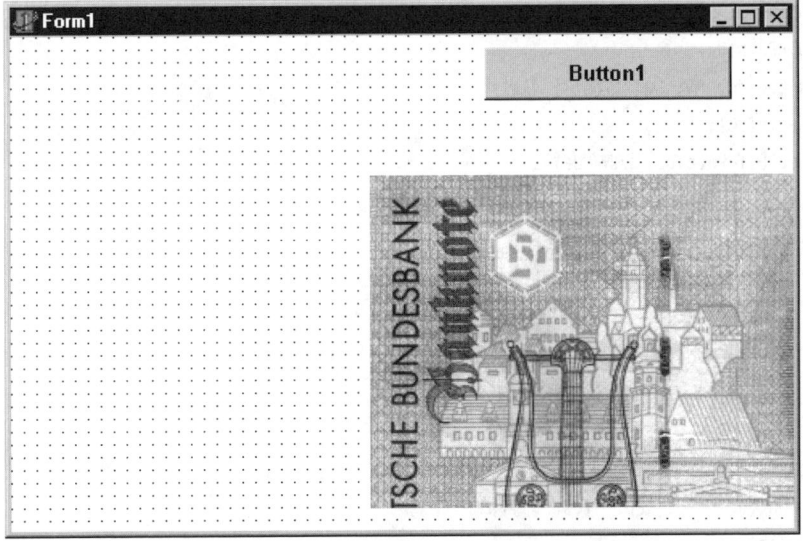

Hinweis: Zu einigen Grafikprogrammen (z.B. Corel Draw) werden Hintergrundgrafiken mitgeliefert. Diese lassen sich ohne Musterversatz nebeneinander kopieren.

Quelltext

Nach dem Klick auf den Button geht es los:

```
procedure TForm1.Button1Click(Sender: TObject);
var y, x : Integer;
    dc : HDC;
begin
```

```
dc := canvas.handle;
SetBkMode(dc,transparent);
```

Normale Textausgabe ohne jeden Effekt:

```
TextOut(dc, 10, 10, 'Test', 4);
```

Die Path-Definition:

```
BeginPath(dc);
  TextOut(dc, 180, 180, 'Test', 4);
EndPath(dc);
```

Auswahl des Path als Clippingbereich:

```
SelectClipPath(dc, RGN_COPY);
```

Ausgabe einer Bitmap über dem Path:

```
BitBlt(dc, 18, 180, Image1.clientWidth, image1.clientHeight,
        image1.picture.bitmap.canvas.handle, 0, 0, SRCCOPY);
```

Erneute Path-Definition:

```
BeginPath(dc);
TextOut(dc, 60, 60, 'Test', 4);
EndPath(dc);
SelectClipPath(dc, RGN_COPY);
y := 0;
```

Zeichnen von horizontalen Linien:

```
While y < clientHeight do begin
    inc(y,2);
    MoveToEx(dc, 0, y, nil);
    LineTo(dc, clientWidth, y);
end;
BeginPath(dc);
TextOut(dc, 120, 120, 'Test', 4);
EndPath(dc);
SelectClipPath(dc, RGN_COPY);
x := 0;
While x < ClientWidth do begin
    inc(x,3);
    MoveToEx(dc, x, 0, nil);
    LineTo(dc, x, clientHeight);
end;
end;
```

Grundlagen

Oberfläche

Grafik

Multimedia

Datei

Datenbank

SQL/ADO

Report

Objekte

OLE/DDE

Peripherie

System

Desktop

Technik

Sonstiges

Test

Das Ergebnis sehen Sie in der folgenden Abbildung:

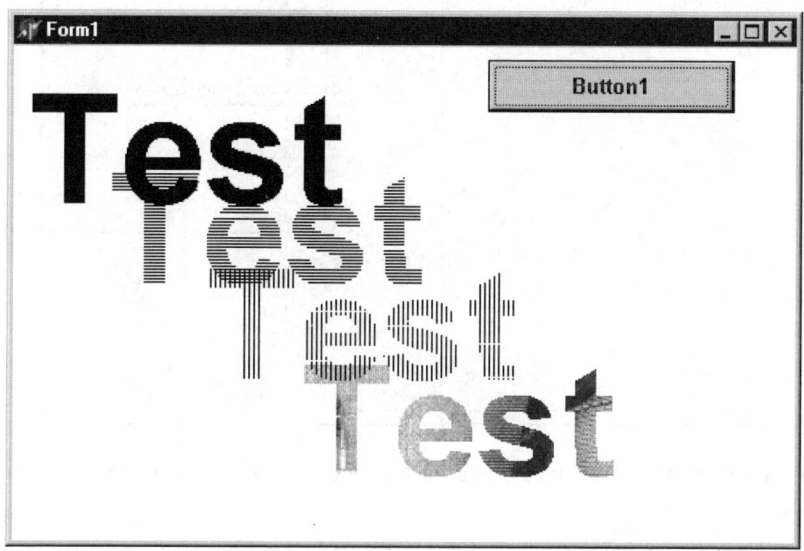

Um das Zurücksetzen des Path brauchen Sie sich im obigen Beispiel nicht zu kümmern, da wir einen Delphi-DC verwenden und Delphi den neu definierten Path automatisch zurücksetzt.

R121 ... verschiedene Stifte erzeugen?

Wer schon unter Win16 mit verschiedenen GDI-Stiften gearbeitet hat, wird sich sicher noch an die Beschränkungen erinnern. Linienenden waren immer rund, ab Linienstärke 2 gab es nur noch Voll-Linien, von Mustern in Linien ganz zu schweigen. Der Ausweg bestand darin, die Linien mühevoll Punkt für Punkt mit der Funktion *LineDDA* zu erzeugen. Ganz abgesehen davon ist dieser Weg auch noch recht langsam.

Mit der *ExtCreatePen*-Funktion unter Win32 (nur Windows NT) steht eine leistungsfähige Möglichkeit zum Erzeugen diverser Linientypen zur Verfügung.

Oberfläche

Für ein kleines Testprogramm brauchen wir fünf Shape-Controls (die fünf Linien in der Abbildung), fünf Comboboxen, eine *UpDown*-Komponente und ein paar Label. Weiterhin können Sie eine kleine Grafik einfügen (Image), die wir später als Füllmuster verwenden werden.

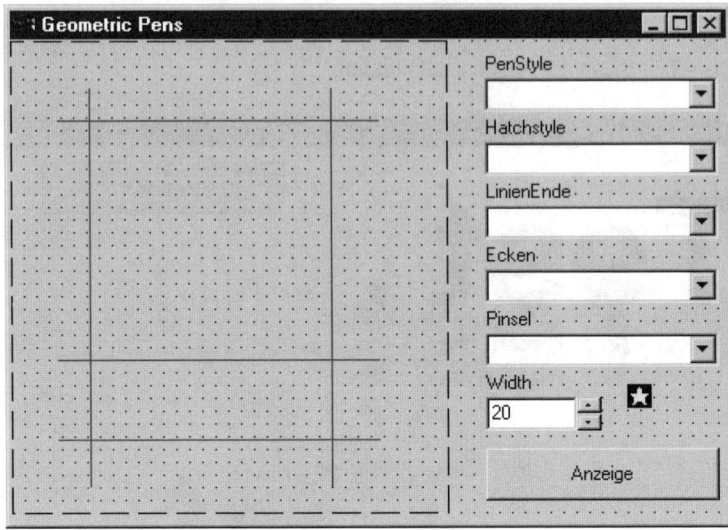

Die Linien sind als Koordinatenanzeige gedacht, mit der eigentlichen Stiftdefinition haben sie nichts zu tun.

Über die Comboboxen werden wir die verschiedenen Linien-Optionen zur Verfügung stellen (die Werte für die *Items*-Eigenschaft entnehmen Sie bitte dem Beispielprogramm).

Quelltext

Die eigentliche Zeichenroutine:

```
procedure TForm1.Button1Click(Sender: TObject);
var lplb    : TLOGBRUSH;
    newPen,
    oldpen  : HPEN;
    l       : longint;
begin
```

Handelt es sich um einen Pattern-Brush, müssen wir die kleine Bitmap als Füllmuster zuweisen:

```
if combobox5.itemindex = 3 then begin
    lplb.lbStyle := Combobox5.itemIndex;
    lplb.lbColor := 0;
    lplb.lbHatch := image2.picture.bitmap.handle;
end else begin
    lplb.lbStyle := Combobox5.itemIndex;
    lplb.lbColor := 0;
    lplb.lbHatch := Combobox2.itemIndex;
end;
```

Erzeugen des Stiftes:

```
newpen := ExtCreatePen(PS_GEOMETRIC + Combobox1.itemIndex +
                    Combobox3.itemIndex * $100 + Combobox4.itemIndex *
                    $1000, strtoint(edit1.text), lplb, 0, Nil);
```

Sollte ein Fehler auftreten, ist der Wert von *HPen* gleich Null, es wird ein einfacher Stift verwendet.

```
If newpen = 0 Then ShowMessage('Falsche Parameterzusammenstellung');
```

Auswahl des neuen Stifts und Merken des vorhergehenden:

```
oldpen := SelectObject(image1.canvas.handle, newpen);
```

Die eigentliche Grafikausgabe:

```
with Image1.Canvas do begin
    Brush.Color := clwhite;
    FillRect(image1.boundsrect);
    Rectangle(50, 50, 200, 200);
    MoveTo(50, 250);
    LineTo(200, 250);
end;
```

Wiederherstellen des alten Stifts und Löschen des neuen:

```
DeleteObject(SelectObject(image1.canvas.handle, oldpen))
end;
```

Test

Probieren Sie die verschiedenen Kombinationen aus:

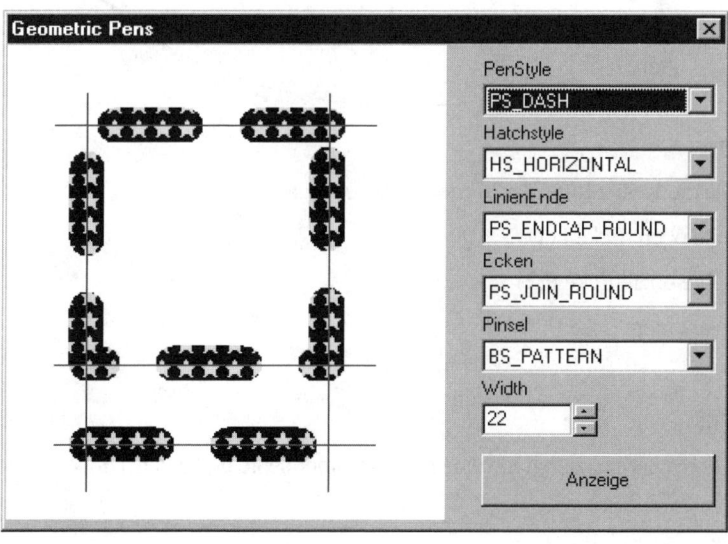

Grundlagen

Oberfläche

Grafik

Multimedia

Datei

Datenbank

SQL/ADO

Report

Objekte

OLE/DDE

Peripherie

System

Desktop

Technik

Sonstiges

R122 ... eine Bitmap drehen?

Eine Bitmap spiegeln ist kein Problem, doch wie kann man eine Bitmap um einen beliebigen Winkel drehen? Dem 16 Bit-Programmierer bleibt nichts anderes übrig, als jeden Punkt einzeln zu drehen. Dass diese Methode nicht sehr schnell ist (pixelweise mit Winkelfunktionen rechnen!), braucht wohl nicht besonders hervorgehoben zu werden. In die 32-Bit-API haben die Microsoft Programmierer mit *PlgBlt* eine fertige Funktion integriert, die auch mit ihrer Performance durchaus überzeugen kann.

Hinweis: Diese Funktion steht nur unter Windows NT zur Verfügung!

Ihre Aufgabe als Programmierer besteht lediglich darin, die Positionen der drei Punkte P(1), P(2), P(3) zu berechnen. Neben einfachen Drehungen lassen sich auf diese Weise auch Verzerrungen realisieren. Sie berechnen einfach ein Trapez, in das die Grafik hineinskaliert werden soll.

Die Abbildung zeigt das Grundprinzip:

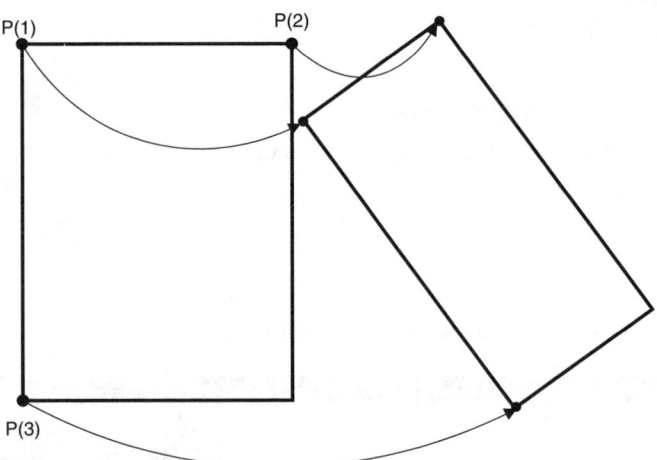

Beachten Sie die Reihenfolge der Werte bei der Übergabe:

- linke obere Ecke P(1)
- rechte obere Ecke P(2)
- linke untere Ecke P(3)

Oberfläche

Auf einem Formular platzieren Sie eine *Image*-Komponente und einen Timer.

Quelltext

Variablen:

```
var punkte : array[0..2] of TPoint;
   winkel : double;
```

Die eigentliche Berechnung:

```
procedure TForm1.Berechnepunkte;
var
  si, co : double;

begin
   si := Sin(winkel);
   co := Cos(winkel);

// linke obere Ecke
   punkte[0].x := ClientWidth div 2;
   punkte[0].y := ClientHeight div 2;

// rechte obere Ecke
   punkte[1].x := Round(ClientWidth div 2 + image1.clientWidth * co);
   punkte[1].y := Round(ClientHeight div 2 + image1.clientWidth * si);

// linke untere Ecke
   punkte[2].x := Round(ClientWidth div 2 - image1.clientHeight * si);
   punkte[2].y := Round(ClientHeight div 2 + image1.clientHeight * co);
end;
```

Weitere Informationen zu den Formeln bzw. zu deren Herleitung finden Sie in unserem zweiten Delphi-Buch oder in:

☞ R359 ... 3D-Vektorgrafiken erzeugen?

Über den Timer wird die Grafik zyklisch in einem neuen Winkel gezeichnet:

```
procedure TForm1.Timer1Timer(Sender: TObject);
begin
  Berechnepunkte;
  PlgBlt(canvas.handle, punkte[0], image1.picture.bitmap.canvas.handle, 0, 0,
        image1.ClientWidth, image1.ClientHeight,0,0,0);
  winkel := winkel - PI / 100;
end;
```

Grundlagen

Oberfläche

Grafik

Multimedia

Datei

Datenbank

SQL/ADO

Report

Objekte

OLE/DDE

Peripherie

System

Desktop

Technik

Sonstiges

Test

Nach dem Programmstart beginnt sofort die Drehung der Grafik:

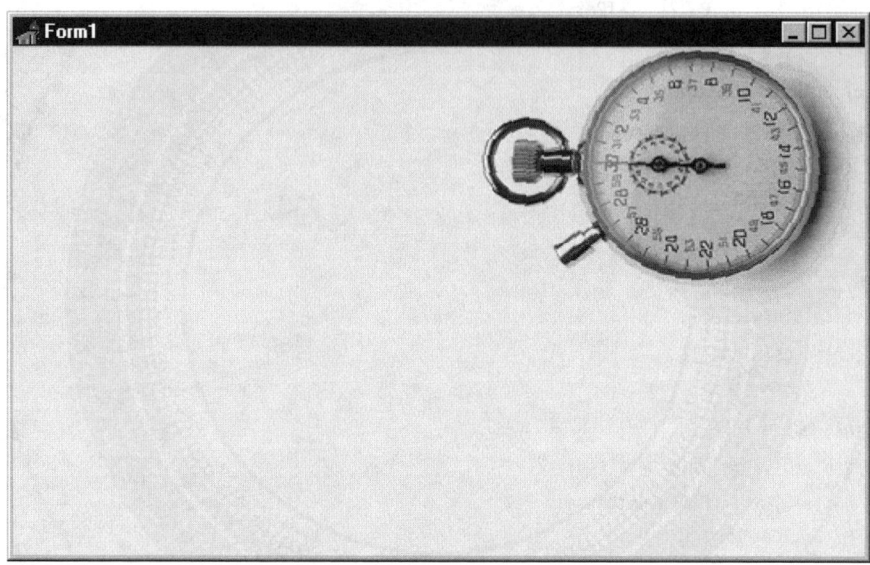

R123 ... im Formularkopf zeichnen?

Bei aller Bescheidenheit und Windows-Konformität, manchmal möchte man sich doch mit seiner Anwendung bereits optisch von der Masse der Konkurrenz abheben.

Wie Sie selbst derartige Effekte programmieren, zeigt Ihnen das folgende Rezept.

Quelltext

Alles was Sie brauchen, ist ein geeigneter DC. Der von *Form.Canvas.Handle* gelieferte Handle auf den Fenster-DC ist in diesem Fall ungeeignet, da er sich lediglich auf den Clientbereich des Formulars beschränkt. Mit *GetWindowDC* erhalten Sie einen DC, der die gesamte Fensterfläche beschreibt.

Doch bevor es soweit ist, sollten Sie ermitteln, wie hoch eigentlich die Fensterkopfzeile ist. Diese Information können Sie mit *GetSystemMetrics* abrufen.

```
var  dc : HDC;
     x,y,dx,dy, i : integer;

procedure TForm1.FormCreate(Sender: TObject);
begin
   dc := GetWindowDC(handle);
   x := GetSystemMetrics(SM_CXFRAME);
```

Grundlagen

Oberfläche

Grafik

Multimedia

Datei

Datenbank

SQL/ADO

Report

Objekte

OLE/DDE

Peripherie

System

Desktop

Technik

Sonstiges

```
    y := GetSystemMetrics(SM_CYFRAME);
    dx := width - 2*x  - 3 * GetSystemMetrics(SM_CXSIZE);
    dy := GetSystemMetrics(SM_CYCAPTION)-1;
end;
```

Über einen *Timer* blenden wir Teile einer Bitmap ein:

```
procedure TForm1.Timer1Timer(Sender: TObject);
begin
    bitblt(dc,x,y,dx,dy,image1.picture.bitmap.canvas.handle,i,0,SRCCOPY);
    inc(i);
    if i = 550 then begin
    timer1.enabled := False;
    Form1.Perform(WM_NCPAINT ,CreateRectRgn(left,top,left+width,top+height),0);
    end;
end;
```

Der Aufruf *Form1.Perform* ... sorgt dafür, dass die Titelleiste wieder in den Originalzustand gebracht wird. Dazu simulieren wir eine Message *MW_NCPAINT*.

Zum Schluss nicht vergessen:

```
procedure TForm1.FormClose(Sender: TObject; var Action: TCloseAction);
begin
    ReleaseDC(Handle,dc);
end;
```

Test

Wollen Sie mehr Zeit in dieses Thema investieren, sollten Sie sich einmal die verschiedenen Parameter von *GetSystemMetrics* ansehen. Je nach Fenstertyp müssen Sie andere Konstanten übergeben, um die Rahmenbreite korrekt zu ermitteln.

R124 ... mehrzeiligen Text ausgeben?

Geht es darum, den Inhalt eines Memofeldes auf einem beliebigen *Canvas* auszugeben, bieten sich zwei Varianten an:

- ▪ zeilenweise Ausgabe mit der Methode *TextOut*
- ▪ Ausgabe mit der GDI-Funktion *DrawText*

Oberfläche

Den Grundaufbau der Oberfläche entnehmen Sie bitte der folgenden Abbildung, auf der rechten Seite ist eine *Paintbox* eingefügt.

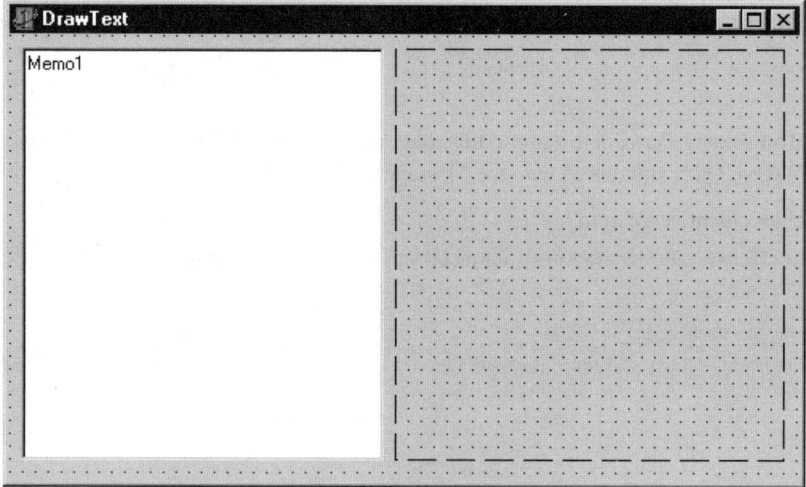

Quelltext

Arbeiten Sie mit *TextOut*, müssen Sie vor der Ausgabe die Texthöhe bestimmen, um später einen entsprechenden "Zeilenvorschub" einfügen zu können. Verwenden Sie dazu die Methode *TextHeight*.

Beispiel: mehrzeilige Textausgabe mit *TextOut*

```
var h,i : integer;
begin
    bitmap.canvas.font := memo1.font;
    h := bitmap.canvas.textheight('Äquator');
    for i := 0 to memo1.lines.count do
        bitmap.canvas.textout(0,i*h,memo1.lines[i]);
end;
```

Grundlagen

Oberfläche

Grafik

Multimedia

Datei

Datenbank

SQL/ADO

Report

Objekte

OLE/DDE

Peripherie

System

Desktop

Technik

Sonstiges

Wesentlich einfacher ist die Textausgabe mit *DrawText*. Neben der Beschränkung auf ein Ausgaberechteck können Sie noch diverse Optionen vorgeben. Die Tabelle im Anschluss an das Beispiel listet die wichtigsten Konstanten auf.

Beispiel: mehrzeilige Textausgabe mit *DrawText*

```
var  r : TRect;
     p : PChar;
```

Initialisieren des Ausgaberechtecks:

```
procedure TForm1.FormCreate(Sender: TObject);
begin
  r := Bounds(0,0,memo1.clientwidth,memo1.clientheight);
end;
```

Löschen des Hintergrunds und Textausgabe:

```
procedure TForm1.Memo1Change(Sender: TObject);
begin
  p := PChar(memo1.text);
  paintbox1.canvas.FillRect(r);
  DrawText(paintbox1.canvas.handle, p, length(p), r,
  DT_LEFT + DT_EXPANDTABS + DT_WORDBREAK);
end;
```

Ergänzung

Hier noch die versprochene Zusammenstellung der *DrawText*-Konstanten:

Konstante	Beschreibung
DT_BOTTOM	... Text wird am unteren Rand ausgerichtet (nur mit *DT_SINGLELINE*).
DT_CALCRECT	... berechnet lediglich die Höhe des Ausgabetextes, keine Textausgabe!
DT_CENTER	... Text wird horizontal zentriert.
DT_EXPANDTABS	... Tabulatoren werden mit acht Leerzeichen dargestellt.
DT_LEFT	... Text wird linksbündig ausgerichtet.
DT_NOPREFIX	... unterdrückt die Interpretation von "&" als Formatierung (Unterstreichen eines Zeichens).
DT_RIGHT	... Text wird rechtsbündig ausgerichtet.
DT_SINGLELINE	... einzeilige Ausgabe, Zeilenumbrüche werden ignoriert.

Konstante	Beschreibung

DT_TABSTOP	... Vorgabe der Anzahl von Leerzeichen pro Tab. Der Wert wird in Bits 15-8 übergeben.
	Beispiel: Festlegen der Tabs
	
	```var tabwidth : word;```
	```Tabwidth := <Anzahl Leerzeichen> shl 8;```
	```DrawText(paintbox1.canvas.handle,```
	``` p,length(p),r,DT_TABSTOP+tabwidth);```

DT_TOP	... Text wird am oberen Rand ausgerichtet (nur mit *DT_SINGLELINE*).
DT_VCENTER	... Text wird vertikal zentriert (nur mit *DT_SINGLELINE*).
DT_WORDBREAK	... automatischer Zeilenumbruch, wenn der Text nicht in die Zeile passt.

Test

Starten Sie das Programm und geben Sie einen Text in das Memofeld ein.

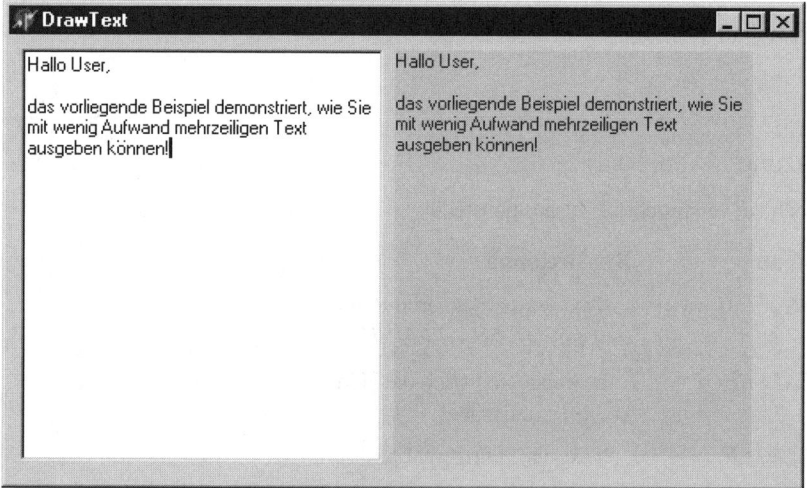

R125 ... einen Farbverlauf erzeugen?

Fehlt Ihren Programmen der letzte Schliff? Dann ist eine optische Aufwertung, z.B. durch einen Farbverlauf in der Kopfzeile oder im Hintergrund, dringend zu empfehlen.

Das folgende Beispiel zeigt Ihnen, wie Sie sich mit relativ einfachen Mitteln diesen Wunsch erfüllen können.

Oberfläche

Dazu gibt es nicht viel zu sagen, unser Programm enthält lediglich eine Scrollbox, die eine *Image*-Komponente enthält. Auf diese Weise können wir später das Image vergrößern, ohne dass der sichtbare Bereich zunimmt. Über den Scrollbar lässt sich dann der sichtbare Ausschnitt verschieben.

Quelltext

Wie fast in allen Fällen üblich, greifen wir mal wieder in die Trickkiste der GDI-Funktionen. Neben einer Funktion zum Erzeugen von Pinseln (*CreateSolidBrush*) binden wir noch *DeleteObject* zum Löschen des Pinsels und *FillRect* für die eigentliche Ausgabe ein.

Der eigentliche Ablauf ist mit wenigen Worten beschrieben:

- Skalieren der *Image*-Komponente

- Füllen der *Rec*-Variablen mit den Maßen des Füllbereichs (Streifen mit einem Pixel Breite)

- Erzeugen des Pinsels (bei jedem Durchlauf wird eine oder auch zwei Farben verändert)

- Grafikausgabe

- Löschen des Pinsels

Im Detail:

```
procedure TForm1.Button1Click(Sender: TObject);
var i  : integer;
    hb : HBrush;
    rec : TRECT;

begin
    image1.Width := 3 * 255;
    application.processmessages;
    rec.Top := 0;
    rec.Bottom := image1.Height;

    For i := 0 To 255 do begin
      hB := CreateSolidBrush(RGB(i, 0, 255 - i));
      rec.Left := i;
      rec.Right := (i + 1);
      FillRect (image1.Canvas.handle, rec, hB);
      DeleteObject(hB);
    end;
```

Grundlagen

Oberfläche

Grafik

Multimedia

Datei

Datenbank

SQL/ADO

Report

Objekte

OLE/DDE

Peripherie

System

Desktop

Technik

Sonstiges

```
    For i := 0 To 255 do begin
      hB := CreateSolidBrush(RGB(255, i, 0));
      rec.Left := i+255;
      rec.Right := (i + 256);
      FillRect (image1.Canvas.handle, rec, hB);
      DeleteObject(hB);
    end;
    For i := 0 To 255 do begin
      hB := CreateSolidBrush(RGB(255 - i, 255, 0));
      rec.Left := i+510;
      rec.Right := (i + 511);
      FillRect (image1.Canvas.handle, rec, hB);
      DeleteObject(hB);
    end;
end;
```

Test

Starten Sie das Programm und klicken Sie auf den Button. Schade, dass die folgende Abbildung die herrlichen Regenbogenfarben nicht wiedergeben kann!

Experimentieren Sie mit der Veränderung der Einzelfarben in der *RGB*-Funktion. Sie können sowohl nur eine Farbe ändern

```
...
hb := CreateSolidBrush( RGB(255, i, 0));
...
```

als auch gleichzeitig einen Farbanteil stärken und einen anderen schwächen:

```
...
hB := CreateSolidBrush( RGB(i, 0, 255 - i));
...
```

R126 ... mit Paletten arbeiten?

Wer seine Grafikkarte auf 256 Farben eingestellt hat, wird beim vorhergehenden Rezept festgestellt haben, dass bei Farbverläufen nicht der gewünschte Effekt von gleitenden Farbübergängen auftritt. Der Grund ist recht schnell gefunden, die gerade aktive Farbpalette (256 Einträge) weist lediglich die vordefinierten Farben auf. Sollen Farbverläufe dennoch dargestellt werden, müssen diese aus den vorhandenen Grundfarben gemischt werden. Das Problem umgehen Sie, wenn Sie sich direkt mit den entsprechenden Paletteneinträgen beschäftigen, soll heißen, Sie definieren die Paletteneinträge so, dass aufeinanderfolgende Farbschattierungen auch in der Palette vorhanden sind. Allerdings ist diese Vorgehensweise auf maximal 256-20 Farbstufen beschränkt (die 20 Einträge bleiben dem System für Fenster etc. vorbehalten).

Oberfläche

Platzieren Sie in einem Formular eine *Paintbox* und legen Sie deren *Align*-Eigenschaft auf *alClient* fest.

Quelltext

Mit dem Start des Programms erzeugen wir uns eine neue Palette. Allerdings können wir den zur Verfügung stehenden Datentyp *TLogPalette* nicht direkt nutzen.

```
const colorcount = 256;   // Sie können auch weniger wählen
var Palette : ^TLogPalette;
    HP      : HPALETTE;
```

Der Aufbau von *TLogPalette*:

```
TLogPalette = packed record
              palVersion: Word;
              palNumEntries: Word;
              palPalEntry: array[0..0] of TPaletteEntry;
end;
```

Wie ersichtlich ist, muss der variable Teil (*palPalEntry*) zur Laufzeit festgelegt werden (Anzahl der Paletteneinträge). Ohne dynamische Speicherverwaltung kommen wir hier nicht weiter.

```
procedure TForm1.FormCreate(Sender: TObject);
var i:integer;
begin
  GetMem(Palette, SizeOf(TLogPalette) + SizeOf(TPaletteEntry) * colorcount);
```

In der Struktur müssen jetzt noch die Versionsnummer sowie die Anzahl der Einträge abgelegt werden:

```
Palette^.palVersion    := $0300;
Palette^.palNumEntries := colorcount;
```

Grundlagen

Oberfläche

Grafik

Multimedia

Datei

Datenbank

SQL/ADO

Report

Objekte

OLE/DDE

Peripherie

System

Desktop

Technik

Sonstiges

Das eigentliche Füllen der Palette übernimmt die folgende Schleife (während der Rotanteil gestärkt wird, schwächen wir gleichzeitig den Grünanteil):

```
for i := 0 to colorcount - 1 do begin
  Palette^.palPalEntry[i].peFlags := pc_Reserved;
  Palette^.palPalEntry[i].peRed   := i;
  Palette^.palPalEntry[i].peBlue  := 0;
  Palette^.palPalEntry[i].peGreen := 255-i;
end;
```

Zum Schluss erzeugen wir einen Paletten-Handle:

```
HP := CreatePalette(Palette^);
```

Für die Darstellung bzw. die Übernahme der Palette ist das *OnPaint*-Ereignis der *Paintbox* verantwortlich:

```
procedure TForm1.PaintBox1Paint(Sender: TObject);
var x,y:integer;
begin
  with paintbox1.canvas do begin
    SelectPalette(handle,HP,False);
    RealizePalette(handle);
    for x:=0 to 15 do for y:=0 to 15 do begin
      brush.color:= $01000000 + x*16 + y;
      rectangle(x*20,y*20,(x+1)*20,(y+1)*20);
    end;
  end;
end;
```

Nach der Auswahl der Palette für den aktuellen Gerätekontext (*paintbox1.canvas*) muss diese auch mit *RealizePalette* übernommen werden. Zur Auswahl eines Paletteneintrags soll laut SDK das Makro PALETTEINDEX verwendet werden.

Auszug aus dem SDK:

```
The PALETTEINDEX macro is defined as follows:
#define PALETTEINDEX(i) /
   ((COLORREF) (0x01000000 | (DWORD) (WORD) (i)))
```

Bevor wir an dieser Stelle eine Funktion schreiben, setzen wir einfach den Wert direkt, indem wir den Offset zum gewünschten Index addieren.

Bevor wir das Programm verlassen, sollte auch der durch die Palette belegte Speicher wieder freigegeben werden:

```
procedure TForm1.FormClose(Sender: TObject; var Action: TCloseAction);
begin
  FreeMem(Palette, sizeof(TLogPalette) + sizeof(TPaletteEntry)* colorcount);
end;
```

R126 ... mit Paletten arbeiten?

Grundlagen

Oberfläche

Grafik

Multimedia

Datei

Datenbank

SQL/ADO

Report

Objekte

OLE/DDE

Peripherie

System

Desktop

Technik

Sonstiges

Test

Starten Sie das Programm, sollte sich Ihnen folgender Anblick einer Palette mit stufenlosem Übergang von Grün zu Rot bieten. Wie schon erwähnt, bleiben zwanzig Einträge den Systemfarben vorbehalten:

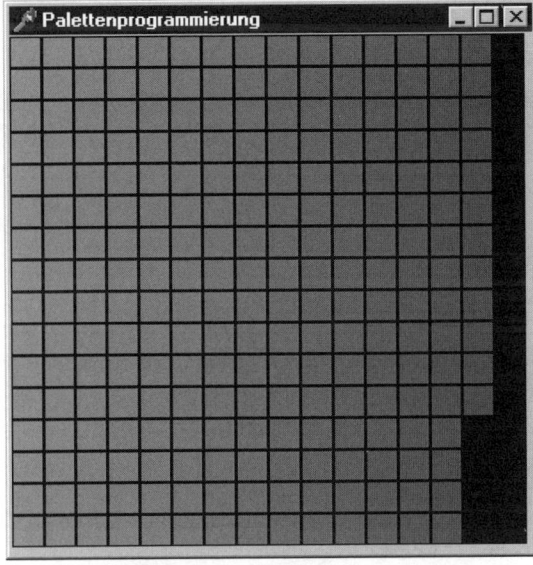

Palette der Vordergrundanwendung

Starten Sie an dieser Stelle einmal Paintbrush und laden Sie eine 256 Farben Grafik. Ihre Paletteneinträge werden jetzt (das Programm ist nicht die Vordergrundanwendung) einfach überschrieben. Nach dem Umschalten zu Ihrer Anwendung ist alles wieder ok.

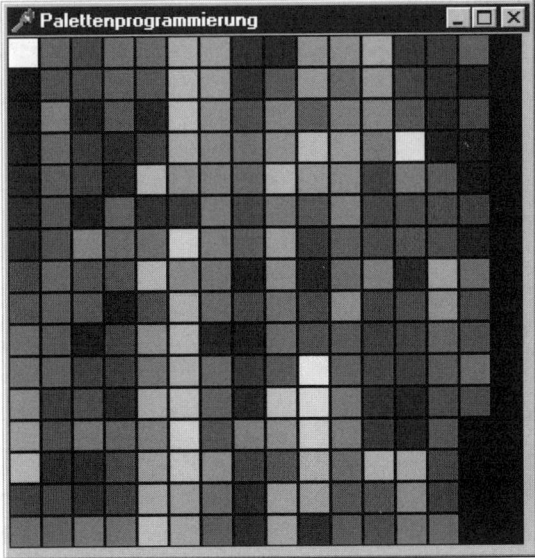

Palette der Hintergrundanwendung

R127 ... einen Desktop-Screenshot realisieren?

Sie sind es sicherlich gewohnt, Screenshots mittels der Druck- oder Alt+Druck-Taste zu realisieren. Die folgende Demo zeigt zwei Möglichkeiten, dies programmgesteuert zu erledigen.

Oberfläche

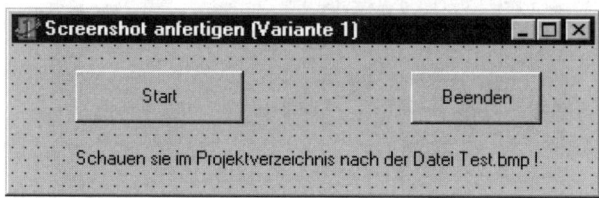

Wichtig ist, dass Sie die *BorderStyle*-Eigenschaft von *Form1* auf *bsDialog* ändern, ansonsten könnte es zu Schwierigkeiten beim vorübergehenden Entfernen von *Form1* während des Screenshots kommen (siehe unten).

Quelltext (Variante 1)

Bei dieser Variante benutzen wir die *CopyRect*-Methode des Bitmap-Canvas, um Bildausschnitte zu bewegen, doch der Reihe nach ...

Im *Interface*-Abschnitt von *Unit1* fügen Sie dem privaten Abschnitt der Typdeklaration von *TForm1* folgende Methode hinzu:

```
procedure TForm1.takeScreenShot;
```

Im *implementation*-Abschnitt:

```
procedure TForm1.takeScreenShot;
var
  aHDC: HDC;
  aCanvas: TCanvas;
  aBM: TBitmap;
  aRect: TRect;
  breit, hoch: Integer;
begin
```

Zunächst brauchen wir eine neue Zeichenfläche (*Canvas*), die wir mit dem Bildschirm (*Screen*-Objekt) verbinden:

```
aCanvas := TCanvas.Create;
aHDC := getDC(0);                    // Handle auf den Bildschirm wird besorgt
aCanvas.Handle := aHDC;
```

Der zu kopierende Ausschnitt wird auf die Bildschirmabmessungen festgelegt:

```
breit := Screen.Width; hoch := Screen.Height;
```

```
aRect := Rect(0, 0, breit, hoch);
```

Nun kann ein *Bitmap*-Objekt entsprechender Größe erzeugt werden, um den Screenshot zwischenzuspeichern:

```
aBM := TBitmap.Create;
aBM.Height := hoch; aBM.Width := breit;
```

Die Methode *CopyRect* kopiert den durch *aRect* definierten Ausschnitt aus der Zeichenfläche *aCanvas* in den *Canvas* der Bitmap:

```
aBM.Canvas.CopyRect(aRect, aCanvas, aRect);
```

Der Kopiervorgang erfolgt in dem durch *CopyMode* festgelegten Modus.

Nun wird die Bitmap abgespeichert und die Ressourcen freigegeben:

```
aBM.SaveToFile('Test.bmp');
aBM.Free;
ReleaseDC(GetDeskTopWindow, aHDC);
ReleaseDC(0, aCanvas.Handle)
end;
```

Bevor der Screenshot ausgelöst wird, muss die störende *Form1* vorübergehend entfernt werden. Leider ist es den Autoren nicht gelungen, diese Aufgabe durch die simple Aufeinanderfolge von

```
Self.Hide;
takeScreenShot;
Self.Show
```

zu lösen, denn irgendwelche "Reste" von *Form1* nervten und verschandelten immer wieder den schönen Screenshot. Auch das Einfügen von *Application.ProcessMessages* nach *Self.Hide* führte nicht zum gewünschten Erfolg. Letztlich blieb nichts anderes übrig, als die folgende "Trixerei" anzuwenden, die außerdem *BorderStyle = bsDialog* voraussetzt[1]:

```
procedure TForm1.Button1Click(Sender: TObject);    // Screenshot starten
var w, h: Integer;
begin
w := Self.Width; h := Self.Height;
Self.Width := 0; Self.Height := 0;
Self.Hide;
Application.ProcessMessages;
takeScreenShot;
Self.Width := w; Self.Height := h;
Self.Show
end;
```

---

[1] Aus Zeitgründen konnten wir eine elegantere Lösung (die sicherlich möglich ist) auf Anhieb nicht finden und sind deshalb für entsprechende Hinweise dankbar.

Grundlagen

Oberfläche

Grafik

Multimedia

Datei

Datenbank

SQL/ADO

Report

Objekte

OLE/DDE

Peripherie

System

Desktop

Technik

Sonstiges

Test

Nach Klick auf den "Start"-Button signalisieren das Verschwinden und Wiedererscheinen von *Form1* den erfolgreichen Verlauf des Screenshot. Jetzt können Sie sich die Datei *Test.bmp*, die sich im Projektverzeichnis befindet, betrachten.

Quelltext (Variante 2)

Diese zweite Variante ist an Einfachheit nicht mehr zu unterbieten. Benutzt wird diesmal die GDI-Funktion *BitBlt,* mit welcher Bitmaps auf direktem Weg zwischen zwei Gerätekontexten bewegt werden können.

```
procedure TForm1.takeScreenShot;
var aHDC: HDC;
    aBM: TBitmap;
begin
 aHDC := GetDC(0);
 aBM := TBitmap.Create;
 aBM.Width := Screen.Width;
 aBM.Height := Screen.Height;
 BitBlt(aBM.Canvas.Handle, 0, 0, Screen.Width, Screen.Height, aHDC, 0, 0, SRCCOPY);
 aBM.SaveToFile('Test.bmp');
 ReleaseDC(0, aHDC);
 aBM.Free
end;
```

Der übrige Quelltext (Starten des Screenshot) entspricht vollständig Variante 1.

Bemerkungen

- Um die Screenshots unter einem frei wählbaren Dateinamen abspeichern zu können, empfiehlt sich das Einfügen einer *SaveDialog*-Komponente nebst folgender Quelltextänderung

  ```
  if SaveDialog1.Execute then aBM.SaveToFile(SaveDialog1.Filename);
  ```

- Wollen Sie schnell hintereinander mehrere Screenshots *Test1.bmp, Test2.bmp, Test3.bmp,...* anfertigen, so sollten Sie eine globale Zählvariable benutzen.

- Um den Screenshot nicht als Datei zu speichern, sondern ihn in der Zwischenablage zu hinterlegen, ist lediglich folgende Änderung erforderlich (Unit *Clipbrd* einbinden!):

  ```
  Clipboard.Assign(aImage.Picture);
  ```

- Wie Sie Screenshot für einzelne Objekte anfertigen, erfahren Sie im nächsten Rezept.

R128 ... einen Fenster-Screenshot realisieren?

Das vorliegende Rezept stellt zwei Möglichkeiten gegenüber, um Screenshots für ein bestimmtes Fenster aufzunehmen:

- nur Clientbereich,

- gesamte sichtbare Fläche (inkl. Menü und Kopfzeile).

Während sich die erste Variante mit Hilfe der Methode *GetFormImage* sehr einfach realisieren lässt, kommt man bei der zweiten Variante, ähnlich wie im Vorgängerrezept, nicht ohne die Hilfe von GDI-Funktionen und Kenntnisse des internen Aufbaus von Bitmaps aus.

Oberfläche

Form1 ist gewissermaßen unser "Steuerpult", von dem aus wir beide Arten von Screeenshots "schießen" wollen:

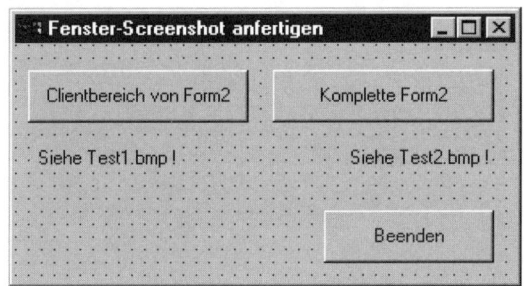

Das zweite Formular, welches Sie mit beliebigen Komponenten bestücken können, dient als Testobjekt für die Screenshots:

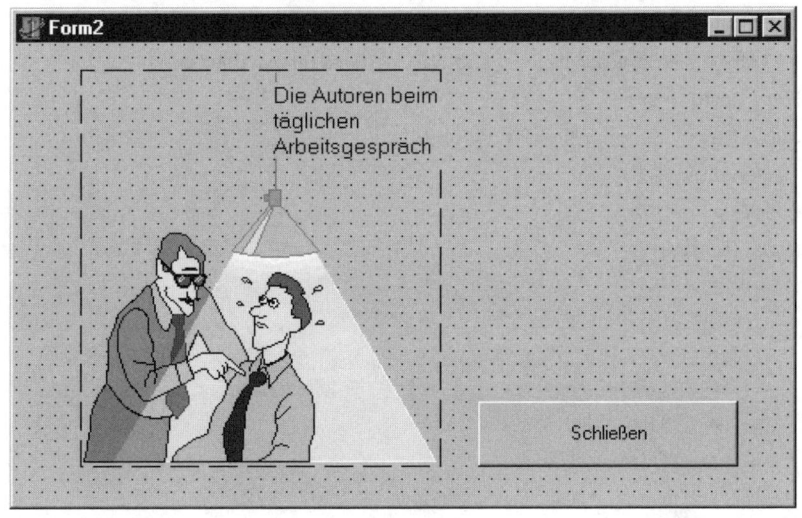

OLE/DDE

Peripherie

System

Desktop

Technik

Sonstiges

Variante 1

```
procedure TForm1.takeScreenShot1;     // Var. 1 (Clientbereich)
var
  aBM: TBitmap;
begin
  aBM := Form2.GetFormImage;
  aBM.SaveToFile('Test1.bmp');
  aBM.Free
end;
```

Der Aufruf:

```
procedure TForm1.Button1Click(Sender: TObject);  // Variante 1  (Clientbereich)
begin
  Self.Hide;
  Form2.Show;
  Application.ProcessMessages;
  takeScreenShot1;
  Self.Show
end;
```

Variante2

Auf weiterführende Erklärungen wird verzichtet, da dies zum überwiegenden Teil bereits im Vorgängerrezept geschehen ist. Um die Vielfalt zu demonstrieren, wird statt eines *TBitmap*-diesmal ein *TImage*-Objekt als Zwischenspeicher verwendet. Dem Quellcode können Sie unter anderem entnehmen, dass eine Bitmap neben dem Speicherabbild (Array aller Pixel) auch aus einer Palette mit den benötigten Farbinfos besteht.

```
procedure TForm1.takeScreenShot2;      // Var. 2 (komplettes Fenster)
var sysPal : logPal;
    aImage: TImage;         // Unit ExtCtrls!
    hPal: HPalette;
    aHDC: HDC;
    aCanvas: TCanvas;
    aRect: TRect;

begin
  aHDC := GetWindowDC(Form2.Handle);
  sysPal.lPal.palVersion:=$300;
  sysPal.lPal.palNumEntries:=256;
  GetSystemPaletteEntries(aHDC,0,256,SysPal.lpal.PalpalEntry);
  hPal:=CreatePalette(sysPal.lpal);
```

```
aCanvas := TCanvas.Create;
aCanvas.Handle := aHDC;
aRect := Rect(0,0,Screen.Width,Screen.Height);
aImage:=TImage.Create(Self);
with aImage do
begin
  Height := Form2.Height;
  Width := Form2.Width;
  Canvas.CopyRect(aRect,aCanvas,aRect);
  ReleaseDC(GetDeskTopWindow,aHDC);
  Picture.Bitmap.Palette:=hPal
end;
aImage.Picture.SavetoFile('Test2.bmp');
aImage.Free;
ReleaseDC(GetDeskTopWindow, aHDC);
ReleaseDC(Form2.Handle, aCanvas.Handle)
end;
```

Durch Modifikation des im obigen Code fett hervorgehobenen Objektbezeichners können Sie beliebige andere Screenshots anfertigen. Voraussetzung ist lediglich, dass das betreffende Objekt über ein Handle verfügt.

Der Aufruf:

```
procedure TForm1.Button3Click(Sender: TObject);   // Variante 2   (komplette Form)
begin
  Self.Hide;
  Form2.Show;
  Application.ProcessMessages;
  takeScreenShot2;
  Self.Show
end;
```

Test

Nach Programmstart und Betätigen der beiden Buttons können Sie sich an Hand der Dateien *Test1.bmp* und *Test2.bmp*, die sich im Projektverzeichnis befinden müssen, vom Ergebnis überzeugen:

Grundlagen

Oberfläche

Grafik

Multimedia

Datei

Datenbank

SQL/ADO

Report

Objekte

OLE/DDE

Peripherie

System

Desktop

Technik

Sonstiges

Wie kann ich ...?
Multimedia

R129 ... einen Multimedia-Timer programmieren?

Wem die Delphi *Timer*-Komponente zu ungenau ist[1], der findet hier hochgenauen Ersatz. Zwei Varianten bieten sich an:

- Direkte API-Programmierung (für alle, die ein Maximum an Genauigkeit und ein Minimum an Rechenzeit anstreben).

- eine Komponente, die alle API-Funktionen kapselt (etwas langsamer, da interne Botschaftsbehandlung erforderlich).

API-Programmierung

Der Zugriff auf den Multimedia-Timer des Systems ist relativ trivial, alles was Sie dazu benötigen, findet sich in der Unit *mmsystem*.

```
uses mmsystem;
```

```
var    FID: Integer;               // ID des MMTimers
```

Die Deklaration einer Callback-Prozedur (hier platzieren Sie den Code, der bei jedem Timerintervall ausgeführt werden soll):

```
procedure TimeCallback(TimerID,      //ID von timeSetEvent
                 Msg: UINT;       //reserviert
                 dwUser,          //UserDaten aus timeSetEvent
                 dw1,             //reserviert
                 dw2: DWord);     //reserviert
                 pascal;
begin
    form1.label1.caption := form1.label1.caption + '#';
end;
```

Die Initialisierung des Timers:

```
procedure TForm1.Button1Click(Sender: TObject);
begin
  FID:= timeSetEvent(100, 0, @TimeCallback,0,TIME_PERIODIC);
end;
```

Übergabewerte sind das Intervall in Millisekunden, die Präzision bzw. Auflösung (0 = Maximum), die Adresse der Callback-Prozedur, ein optionaler Wert, um Parameter an die Callback-Prozedur zu übergeben sowie eine Konstante, die darüber entscheidet, in welchem Modus der Timer läuft:

---

[1] Probieren Sie mal aus, was passiert, wenn Sie das Formular bewegen oder skalieren, während der Timer "läuft". Sie werden feststellen, dass da gar nichts läuft. Für eine technische Anwendung (z.B. die Abfrage eines Messwertes) ist der Timer deshalb absolut ungeeignet.

TIME_ONESHOT   Ereignis wird einmal nach Ablauf der Wartezeit ausgelöst.

TIME_PERIODIC   Ereignis wird im Intervall ausgeführt.

Zum Schluss sollten Sie nicht vergessen, das Timerereignis auch wieder zu beenden:

```
procedure TForm1.Button2Click(Sender: TObject);
begin
    if FID <> 0 then timeKillEvent(FID);
end;
```

Die Komponente MM_Timer

Wer es lieber etwas einfacher hätte, der bevorzugt sicher die Variante mit der Komponente. Hier genügen das Setzen einiger Eigenschaften und die Programmierung der Ereignisprozedur.

Zum internen Ablauf nur soviel: Prinzipiell werden die gleichen Funktionen wie im vorhergehenden Rezept angesprochen. Allerdings müssen wir einen kleinen Umweg bei der Realisierung der Ereignisprozedur gehen, da eine Methode nicht als Callback-Prozedur übergeben werden kann.

Wir werden also ein unsichtbares Fenster erstellen, an das aus der Callback-Prozedur eine Botschaft gesendet wird. Die Fensterprozedur löst wiederum die Ereignis-Methode aus (hört sich komplizierter an als es ist).

```
Uses Windows, Messages, SysUtils, Classes, Graphics, Controls, Forms, Dialogs, MMSystem;

const WM_MMTimer = WM_USER + $1000;   // die bewusste message
```

Ein neuer Ereignistyp:

```
type
  TFNTimeCallBack = procedure(uTimerID, uMessage: UINT; dwUser, dw1, dw2:
          DWORD); pascal; //Pascal notwendig!!! (Falsch dekl. in MMSystem);
type
  TMMTimerEvent = procedure(Sender: TObject; Time: Cardinal)of object;
  TMMTimer = class(TComponent)
  private
    { Private-Deklarationen }
    FWnd: hWnd;                     //FensterHandle
    FTimeCaps: TTimeCaps;           //Dev-Caps MMTimer
    FEnabled: Boolean;
    FInterval: Cardinal;
    FResolution: Cardinal;
    FPeriodic: Boolean;
    FID: Integer;                   // ID des MMTimers
    FOnTimer: TMMTimerEvent;
```

```
      FResult: Integer;
  protected
    { Protected-Deklarationen }
    procedure UpdateTimer;
    procedure SetEnabled(Value: Boolean);
    procedure SetInterval(Value: Cardinal);
    procedure SetResolution(Value: Cardinal);
    procedure SetPeriodic(Value: Boolean);
    procedure WndProc(var Msg: TMessage);
    procedure DoOnTimer(Time: Cardinal); dynamic;
  public
    { Public-Deklarationen }
    constructor Create(AOwner: TComponent); override;
    destructor Destroy; override;
    property Result: Integer read FResult;
  published
    { Published-Deklarationen }
    property Interval: Cardinal read FInterval write SetInterval;
    property Resolution: Cardinal read FResolution write SetResolution;
    property Periodic: Boolean read FPeriodic write SetPeriodic;
    property Enabled: Boolean read FEnabled write SetEnabled;
    property OnTimer: TMMTimerEvent read FOnTimer write FOnTimer;
  end;
...
implementation
procedure TimeCallback(TimerID,        //ID von timeSetEvent
                  Msg: UINT;      //reserviert
                  dwUser,         //UserDaten aus timeSetEvent
                  dw1,            //reserviert
                  dw2: DWord);    //reserviert
                  pascal;
begin
  PostMessage(dwUser, WM_MMTimer, TimeGetTime, 0);
end;
```

Unsichtbares Fenster erstellen, Timerparameter ermitteln:

```
constructor TMMTimer.Create(AOwner: TComponent);
begin
  inherited Create(AOwner);
  FWnd:= AllocateHWnd(WndProc);
```

Grundlagen

Oberfläche

Grafik

Multimedia

Datei

Datenbank

SQL/ADO

Report

Objekte

OLE/DDE

Peripherie

System

Desktop

Technik

Sonstiges

```
    FResult:= timeGetDevCaps(@FTimeCaps, SizeOf(FTimeCaps));
    FResolution:= FTimeCaps.wPeriodMin;
    FInterval:= FTimeCaps.wPeriodMax;
    FResult:= timeBeginPeriod(FResolution);
    FPeriodic:= True;
    FEnabled:= True;
    FID:= 0;
end;
```

Fenster und Komponente zerstören:

```
destructor TMMTimer.Destroy;
begin
    if FID <> 0 then FResult:= timeKillEvent(FID);
    FResult:= timeEndPeriod(FResolution);
    DeallocateHWnd(FWnd);
    inherited Destroy;
end;
```

Fensterprozedur zur Messagebehandlung:

```
procedure TMMTimer.WndProc(var Msg: TMessage);
begin
        with Msg do begin
            if Msg = WM_MMTimer then
        DoOnTimer(wParam)
      else
            DefWindowProc(FWnd, Msg, wParam, lParam);
    end;
end;
```

Event auslösen:

```
procedure TMMTimer.DoOnTimer(Time: Cardinal);
begin
    if Assigned(FOnTimer) then
        FOnTimer(Self, Time);
end;
```

Timer starten (gegebenenfalls zurücksetzen):

```
procedure TMMTimer.UpdateTimer;
var Mode: UINT;
begin
    if not (csDesigning in ComponentState) then begin
        if FID <> 0 then timeKillEvent(FID);
```

```
  if FPeriodic then
    Mode:= TIME_PERIODIC
  else
    Mode:= TIME_ONESHOT;
  FID:= timeSetEvent(FInterval,
                     FResolution,
                     @TimeCallback,    //Proc-Adr.
                     FWnd,             //User-Daten
                     Mode);
  end;
end;
```

Zugriffsmethoden der Eigenschaften:

```
procedure TMMTimer.SetEnabled(Value: Boolean);
begin
  if Value <> FEnabled then begin
    FEnabled:= Value;
    UpdateTimer;
  end;
end;


procedure TMMTimer.SetInterval(Value: Cardinal);
begin
  if (Value <> FInterval) and (Value >= FTimeCaps.wPeriodMin)
    and (Value <= FTimeCaps.wPeriodMax)then begin
    FInterval:= Value;
    UpdateTimer;
  end;
end;


procedure TMMTimer.SetResolution(Value: Cardinal);
begin
  if (Value <> FResolution) and (Value <= FInterval) then begin
    FResolution:= Value;
    UpdateTimer;
  end;
end;


procedure TMMTimer.SetPeriodic(Value: Boolean);
begin
```

Grundlagen

Oberfläche

Grafik

Multimedia

Datei

Datenbank

SQL/ADO

Report

Objekte

OLE/DDE

Peripherie

System

Desktop

Technik

Sonstiges

```
if Value <> FPeriodic then begin
  FPeriodic:= Value;
  UpdateTimer;
 end;
end;
```

Legen Sie einen zu kleinen Wert für das Intervall fest und dauert die Abarbeitung innerhalb der Timerprozedur zu lange, gibt es Ärger. Selbst das sonst recht robuste NT kommt ins Wanken, da die gesamte Rechenzeit für den Aufruf der Callback-Prozedur verbraucht wird.

R130 ... Zeitmessungen durchführen?

Wer hatte nicht schon einmal das Problem, die Ausführungsgeschwindigkeit von Programmteilen messen zu müssen? Sei es nur, um einen Vergleich durchzuführen oder um die Performance zu verbessern.

Unter Windows bieten sich verschiedene Varianten an, von denen jedoch nur eine als geeignet angesehen werden kann. Viele Programmierer verwenden nach wie vor die Funktion *GetTickCount*, die jedoch eine völlig unzureichende Genauigkeit aufweist. Ursache ist nicht etwa die Funktion an sich, sondern der abgefragte Counter. Dieser wird lediglich alle 55ms (Win3.11) bzw. 15ms (NT 3.1) bzw. 10ms (NT 3.5) aktualisiert. Geht es darum, die Ausführungsgeschwindigkeit mehrerer Anweisungen zu ermitteln, dürfte die Ungenauigkeit viel zu groß sein.

Eine Alternative bietet sich mit der Funktion *QueryPerformanceCounter*, die einen "High Resolution Counter" mit einer Genauigkeit von 0.00083ms (!!!) abfragt.

Um die genaue Auflösung des Timers zu ermitteln, bedienen Sie sich der Funktion *QueryPerformanceFrequency*, die die Frequenz in einer Variablen vom Datentyp *TLargeInteger* zurückgibt (seit Delphi 4 wird dieser Datentyp direkt unterstützt, Sie brauchen nicht mehr mit einem Record zu arbeiten).

Beispiel: Für die Verwendung der Funktionen

```
var c,
    n1,
    n2 : TLargeInteger;
    i : integer;

begin
    QueryPerformanceFrequency(c);
    QueryPerformanceCounter(n1);
    for i := 1 to 10 do canvas.lineto(random(300),random(300));
    QueryPerformanceCounter(n2);
    label1.caption := format('Zeit: %g',[(n2-n1)/ c]);
end;
```

R131 ... einen Screensaver programmieren?

Genügen Ihnen die zu Windows mitgelieferten Screensaver nicht mehr oder wollen Sie gar einen Screensaver mit Ihrem Firmenlogo programmieren? Dann bietet sich Ihnen mit Delphi eine recht einfache Möglichkeit, Ihrer Kreativität freien Lauf zu lassen.

Grundlagen

Ein Screensaver ist im Grunde genommen eine ganz normale Windows-Anwendung, die in der Lage sein sollte, einige Startparameter auseinanderzuhalten. Sie brauchen sich weder um den Zeitpunkt des Aufrufs, noch um den eigentlichen Programmstart zu kümmern, das alles erledigt Windows für Sie.

Doch bevor es soweit ist, muss der Screensaver installiert werden. Dazu bietet sich unter anderem der Dialog "Display Properties" an:

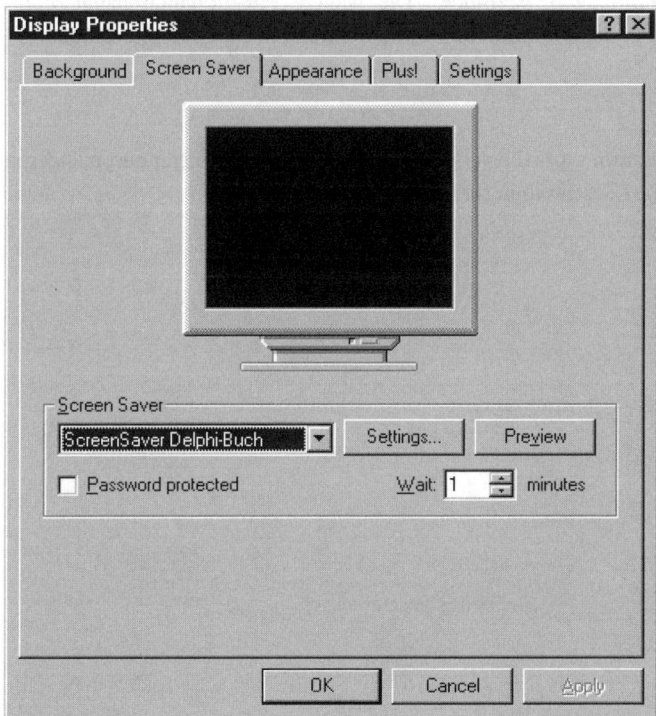

Forderungen an den Screensaver:

- Benennen Sie die .EXE-Anwendung in .SCR um, sonst wird die Anwendung nicht als Screensaver erkannt.

- Kopieren Sie die .SCR-Datei in das Systemverzeichnis, nur dort werden die Screensaver durch obigen Konfigurationsdialog aufgespürt.

- Der Screensaver sollte eine Stringtable mit dem Eintrag "1" enthalten (ein kurzer Text, der in der Listbox angezeigt wird).

- Die Anwendung sollte die Übergabeparameter "/S" und "/C" unterscheiden[1]. Mit "/S", wie "Start" oder "Show", sollten Sie die Routine zur Anzeige des eigentlichen Screensavers starten. Der Parameter "/C", wie "Config", ist die Aufforderung an die Anwendung, einen eventuell vorhandenen Konfigurationsdialog anzuzeigen.

- Tastatur- und Mausereignisse müssen den Screensaver beenden.

- Die letzte und eigentlich wichtigste Forderung an einen Screensaver: Der Bildschirm sollte möglichst dunkel sein.

Oberfläche

Zur Oberfläche ist eigentlich nicht allzu viel zu sagen, alles was Sie brauchen, ist ein schwarzer Hintergrund (*Form.Color:=clBlack*). Die weitere Funktionalität hängt lediglich von Ihrer Kreativität ab. Für die Konfiguration können Sie eine Dialogmaske erzeugen.

Quelltext

Das Hauptprogramm muss die verschiedenen Übergabeparameter auseinanderhalten, weiterhin ist die Ressource (Beschreibung) zu importieren:

```
program Screen;
uses
  Forms,
  Sysutils,
    dialogs,
  Unit1 in 'Unit1.pas' {Form1},
  Unit2 in 'Unit2.pas' {Form2};


{$R *.RES}


{$R titel.res}            // Die Beschreibung
var param: String;


begin
  param := copy(upperCase(paramstr(1)),1,2);
  if param = '/C' then begin
     Application.Initialize;
     Application.CreateForm(TForm2, Form2);
```

---

[1] Eigentlich noch "/P" für Preview.

Grundlagen

Oberfläche

Grafik

Multimedia

Datei

Datenbank

SQL/ADO

Report

Objekte

OLE/DDE

Peripherie

System

Desktop

Technik

Sonstiges

```
      Application.Run;
  end else if param = '/S' then begin
      Application.Initialize;
      Application.CreateForm(TForm1, Form1);
      Application.Run;
  end;
end.
```

Nun können wir uns der eigentlichen "Spielerei" zuwenden. Unser Screensaver will die Hintergrundbitmap des Bildschirms sichern, das Bild nach unten scrollen und dann über einen *Timer* zufällige Bildschirmausschnitte darstellen. Um das Beispiel nicht ganz trivial werden zu lassen, finden Sie gleich noch eine Anwendung für *Regions*, die darzustellenden Ausschnitte werden in kreisförmigen Regionen ausgegeben.

```
var b : TBitmap;
    i : integer;


{$R *.DFM}


procedure TForm1.FormCreate(Sender: TObject);
var dc : HDC;
begin
    windowstate := wsmaximized;
    b := TBitmap.Create;
    dc := GetDC(0);
    b.width := screen.Width;
    b.height := screen.Height;
```

Sichern der Bitmap:

```
    BitBlt(b.canvas.handle, 0, 0, screen.Width, screen.Height,
        DC, 0, 0, SRCCopy);
    ReleaseDC(0,dc);
    i := 0;
    cursor := -1;
end;
```

Die gesicherte Bitmap wird im Formular angezeigt:

```
procedure TForm1.FormPaint(Sender: TObject);
begin
    canvas.draw(0,0,b);
end;
```

Reaktion auf Maus und Tastatur mit Reaktionsschwelle, um Tastaturprellen etc. auszuschließen:

```
procedure TForm1.FormMouseMove(Sender: TObject; Shift: TShiftState; X, Y: Integer);
begin
    if i > 5 then close;
end;
```

```
procedure TForm1.FormKeyDown(Sender: TObject; var Key: Word;  Shift: TShiftState);
begin
  if i > 5 then close;
end;
```

Die Hintergrundbitmap langsam nach unten scrollen:

```
procedure TForm1.Timer1Timer(Sender: TObject);
var  rec, rec1     : Trect;
begin
   rec := bounds(0,i,width,height-i);
   scrolldc(canvas.handle,0,1,rec,rec,0,@rec1);
   canvas.moveto(0,i); canvas.lineto(width,i);
   inc(i);
   if i > height then begin
      timer1.enabled := False;
      timer2.enabled := True;
   end;
end;
```

Zufällige Ausschnitte der Bitmap einblenden:

```
procedure TForm1.Timer2Timer(Sender: TObject);
var x,y,dx : integer;
   r : THandle;
begin
    dx := 50 + random(100);
    x  := random(width+dx)-dx;
    y  := random(height+dx)-dx;
    r := CreateEllipticRgn(x,y,x+dx,y+dx);
    SelectObject(canvas.handle,r);
```

Damit der Bildschirm relativ dunkel bleibt, werden die Bitmaps nur eingeblendet, wenn die xy-Koordinate durch 4 teilbar ist (im Mittel 1/4 aller Ausgabeoperationen), anderenfalls wird ein schwarzer Kreis gezeichnet.

```
    if dx mod 4 = 0 then bitblt(canvas.handle,x,y,dx,dx,b.canvas.handle,x,y,SRCCOPY)
    else  bitblt(canvas.handle,x,y,dx,dx,b.canvas.handle,x,y,BLACKNESS);
    DeleteObject(r);
end;
```

Grundlagen

Oberfläche

Grafik

Multimedia

Datei

Datenbank

SQL/ADO

Report

Objekte

OLE/DDE

Peripherie

System

Desktop

Technik

Sonstiges

Test

Compilieren Sie die Anwendung und benennen Sie diese in *.SCR um. Danach können Sie den Screensaver im Systemverzeichnis speichern. Über den Eigenschaftendialog des Desktops wählen Sie den neuen Screensaver aus.

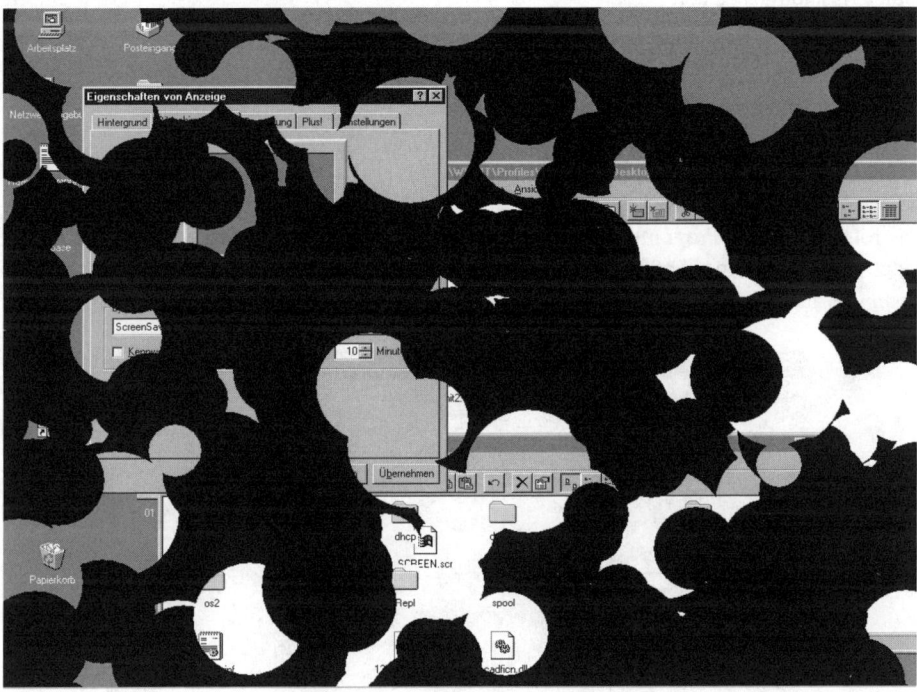

Ergänzung

Verfügt Ihr Screensaver über einen Konfigurationsdialog, sollten Sie die Einstellungen unter HKEY_CURRENT_USER\SOFTWARE\ <Firmennamen>\<Version>\... in der Registry sichern. Weitere Informationen zu diesem Thema finden Sie in

☞ R311 ... mit der Registrierdatenbank arbeiten?

Weitere Informationen zum Thema "Grafikausgabe" finden Sie in

☞ R117 ... eine Animation programmieren?

☞ R113 ... eine Lupenfunktion programmieren?

☞ R106 ... eine RGB-Grafik manipulieren?

☞ R109 ... mit großen Grafiken arbeiten?

R132 ... einen Joystick abfragen?

Als ambitionierter Spieler kann man heute wohl kaum noch ohne Joystick auskommen. Leider bietet Delphi dem Programmierer in dieser Beziehung nicht viel, und Produkte von Drittanbietern sind meist teuer.

Wir schaffen Abhilfe und programmieren eine entsprechende Komponente. Doch vorher zeigen wir Ihnen noch, wie Sie auch ohne Komponente durch direkten Zugriff auf die API-Funktionen zum Ziel gelangen können.

Direkte Joystickabfrage

Das folgende kleine Programm (den Aufbau der Oberfläche entnehmen Sie bitte der Grafik) bietet zum einen eine Abfrage der Joystickposition sowohl im Polling-Modus (über einen *Timer*) als auch über Windows-Botschaften.

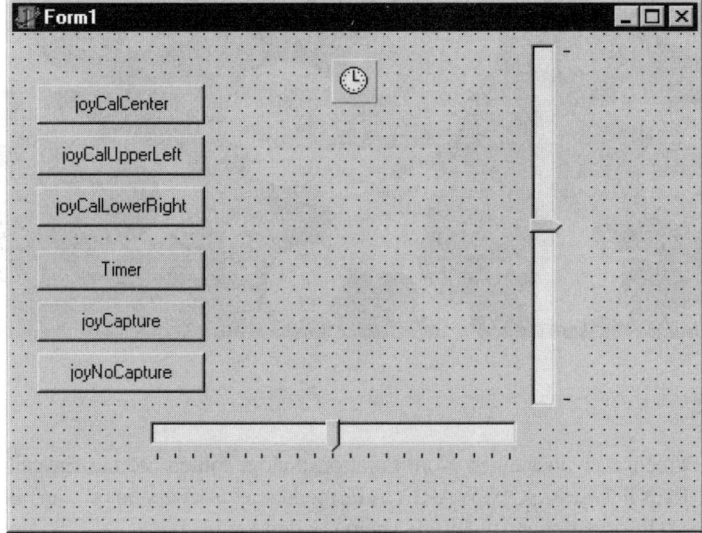

Quelltext

Für die Auswertung der Windows-Botschaften überschreiben wir die *WndProc*-Methode des Formulars, weitere Informationen zu diesem Thema finden Sie in

☞   R307 ... Windows-Botschaften verarbeiten?

```
type
  TForm1 = class(TForm)
  ....
private
```

```
  { Private-Deklarationen }
  procedure WndProc(var Msg: TMessage); override;  public
  { Public-Deklarationen }
  JoyInfoEx: TJoyInfoEx;
  JoyCaps: TJoyCaps;
  MaxX, MaxY,
  MinX, MinY: Integer;
  procedure JoyMove(var Msg: TMessage);
end;
```

Auswerten der Botschaft und Aufruf der Ereignisprozedur:

```
procedure TForm1.WndProc(var Msg: TMessage);
begin
  if Msg.Msg = MM_JOY1MOVE then JoyMove(Msg);
  inherited WndProc(Msg);
end;
```

Ereignisprozedur zur Anzeige der Joystickposition:

```
procedure TForm1.JoyMove(var Msg: TMessage);
begin
  TrackBarX.Position:= Msg.lParamLo;
  TrackBarY.Position:= Msg.lParamHi;
end;
```

Ermitteln von Informationen (Auflösung etc.) über den Joystick und initialisieren der Track-bars:

```
procedure TForm1.FormCreate(Sender: TObject);
begin
  joyGetDevCaps(JOYSTICKID1, @JoyCaps, SizeOf(JoyCaps));
  TrackBarX.Min:= JoyCaps.wXmin;
  TrackBarX.Max:= JoyCaps.wXmax;
  TrackBarX.Frequency:= (JoyCaps.wXmax - JoyCaps.wXmin) div 1000;
  TrackBarY.Min:= JoyCaps.wYmin;
  TrackBarY.Max:= JoyCaps.wYmax;
  TrackBarX.Frequency:= (JoyCaps.wYmax - JoyCaps.wYmin) div 1000;
end;
```

Kalibrieren des Joysticks:

```
procedure TForm1.Button1Click(Sender: TObject);
begin
  JoyInfoEx.dwFlags:= JOY_RETURNCENTERED;
  JoyInfoEx.wXpos:= (JoyCaps.wXmax - JoyCaps.wXmin) div 2;
  JoyInfoEx.wYpos:= (JoyCaps.wYmax - JoyCaps.wYmin) div 2;
```

Grundlagen

Oberfläche

Grafik

Multimedia

Datei

Datenbank

SQL/ADO

Report

Objekte

OLE/DDE

Peripherie

System

Desktop

Technik

Sonstiges

```
  joyGetPosEx(JOYSTICKID1, @JoyInfoEx);
  TrackBarX.Position:= JoyInfoEx.wXpos;
  TrackBarY.Position:= JoyInfoEx.wYpos;
  Canvas.TextOut(0, 0, 'X:' + IntToStr(JoyInfoEx.wXpos) + '    Y:' +
    IntToStr(JoyInfoEx.wYpos));
end;
```

Einschalten der Joystickabfrage:

```
procedure TForm1.Button2Click(Sender: TObject);
begin
  joySetCapture(Handle, JOYSTICKID1, 200, False);
end;
```

Ausschalten der Joystickabfrage:

```
procedure TForm1.Button3Click(Sender: TObject);
begin
  joyReleaseCapture(JOYSTICKID1);
end;


procedure TForm1.Button4Click(Sender: TObject);
begin
  JoyInfoEx.dwFlags:= JOY_CAL_READ3;
  JoyInfoEx.dwSize:= SizeOf(JoyInfoEx);
  JoyInfoEx.wXpos:= (JoyCaps.wXmax);
  JoyInfoEx.wYpos:= (JoyCaps.wYmax);
  joyGetPosEx(JOYSTICKID1, @JoyInfoEx);
  TrackBarX.Position:= JoyInfoEx.wXpos;
  TrackBarY.Position:= JoyInfoEx.wYpos;
  Canvas.TextOut(0, 0, 'X:' + IntToStr(JoyInfoEx.wXpos) + '    Y:' +
    IntToStr(JoyInfoEx.wYpos));
end;


procedure TForm1.Button5Click(Sender: TObject);
begin
  JoyInfoEx.dwFlags:= JOY_CAL_READ3;
  JoyInfoEx.dwSize:= SizeOf(JoyInfoEx);
  JoyInfoEx.wXpos:= (JoyCaps.wXmin);
  JoyInfoEx.wYpos:= (JoyCaps.wYmin);
  joyGetPosEx(JOYSTICKID1, @JoyInfoEx);
  TrackBarX.Position:= JoyInfoEx.wXpos;
  TrackBarY.Position:= JoyInfoEx.wYpos;
```

```
Canvas.TextOut(0, 0, 'X:' + IntToStr(JoyInfoEx.wXpos) + '    Y:' +
   IntToStr(JoyInfoEx.wYpos));
end;
```

Abfrage des Joysticks über den Polling-Mode (Timer):

```
procedure TForm1.Timer1Timer(Sender: TObject);
begin
 beep;
 JoyInfoEx.dwFlags:= JOY_RETURNX or JOY_RETURNY;
 JoyInfoEx.dwSize:= SizeOf(JoyInfoEx);
 joyGetPosEx(JOYSTICKID1, @JoyInfoEx);
 TrackBarX.Position:= JoyInfoEx.wXpos;
 TrackBarY.Position:= JoyInfoEx.wYpos;
 Canvas.TextOut(0, 0, 'X:' + IntToStr(JoyInfoEx.wXpos) + '    Y:' +
   IntToStr(JoyInfoEx.wYpos));
end;
```

Die Komponente TJoystick

Wie Sie sicher bemerkt haben, ist die Abfrage eines Joysticks nur mit relativ hohem Programmieraufwand möglich. Aus diesem Grund ist es sicher wünschenswert, die Funktionalität in eine Komponente zu verlagern, die über entsprechende Properties initialisiert und abgefragt werden kann.

Zum Hintergrund der Programmierung nur soviel: Da mehrere Botschaften abgefangen werden müssen, ist es erforderlich, ein "unsichtbares" Fenster zu erstellen, an das diese Botschaften durch das System gesendet werden können. Die Botschaftsbehandlung (*WndProc*) ruft dann die entsprechenden Event-Methoden in der Komponente auf.

Quelltext

```
uses
   Windows, Messages, SysUtils, Classes, Graphics, Controls, Forms, Dialogs,
   MMSystem, CPL_API;

type
   TJoy = (jJOY1, jJOY2);
   TJoyButtons = set of (Btn1, Btn2, Btn3, Btn4);
   TJoyButtonChanged = (cBtn1, cBtn2, cBtn3, cBtn4);
```

Deklaration der beiden Ereignistypen:

```
   TJoyMoveEvent = procedure(Sender: TObject; x, y, z: Integer;
      Button: TJoyButtons) of object;
```

Grundlagen

Oberfläche

Grafik

Multimedia

Datei

Datenbank

SQL/ADO

Report

Objekte

OLE/DDE

Peripherie

System

Desktop

Technik

Sonstiges

```
TJoyButtonEvent = procedure(Sender: TObject; x, y, z:Integer;
  Button: TJoyButtons; ButtonChanged: TJoyButtonChanged) of object;
```

Die Klassendefinition:

```
TJoystick = class(TComponent)
private
  { Private-Deklarationen }
  FWindowHandle: HWND;
  FEnabled: Boolean;
  FJoy: TJoy;
  FJoyID: Integer;
  FJoyCaps: TJoyCaps;
  FPeriod: Integer;
  FEventBased: Boolean;
  FThreshold: Cardinal;
  FOnJoyMove: TJoyMoveEvent;              //Bewegungsereignisse
  FOnJoyButtonDown, FOnJoyButtonUp: TJoyButtonEvent;  //Tastenereignisse
  FX, FY, FZ: Integer;
  Fdx, Fdy, Fdz: Integer;
  FMax, FMin: Integer;
protected
  { Protected-Deklarationen }
  procedure WndProc(var Msg: TMessage);
  procedure UpdateState;
  function UpdateJoy(x, y, z: Integer; Buttons: LongInt): TJoyButtons;
  function TranslateButtonChanged(Buttons: LongInt): TJoyButtonChanged;
  procedure SetEnabled(Value: Boolean);
  procedure SetJoy(Value: TJoy);
  procedure SetPeriod(Value: Integer);
  procedure SetEventBased(Value: Boolean);
  procedure SetThreshold(Value: Cardinal);
  procedure SetMax(Value: Integer);
  procedure SetMin(Value: Integer);
  procedure DoJoyMove(x, y, z: Integer; Buttons: LongInt);
  procedure DoJoyButtonDown(x, y, z: Integer; Buttons: LongInt);
  procedure DoJoyButtonUp(x, y, z: Integer; Buttons: LongInt);
public
  { Public-Deklarationen }
  constructor Create(AOwner: TComponent); override;
  destructor Destroy; override;
```

```
    procedure Calibrate;
    property dx: Integer read Fdx;
    property dy: Integer read Fdy;
    Property dz: Integer read Fdz;
published
    { Published-Deklarationen }
    property Joystick: TJoy read FJoy write SetJoy;
    property Period: Integer read FPeriod write SetPeriod;
    property EventBased: Boolean read FEventBased write SetEventBased;
    property Threshold: Cardinal read FThreshold write SetThreshold;
    property Max: Integer read FMax write SetMax;
    property Min: Integer read FMin write SetMin;
    property Enabled: Boolean read FEnabled write SetEnabled;
    property OnJoyMove: TJoymoveEvent read FOnJoyMove write FOnJoyMove;
    property OnJoyButtonDown: TJoyButtonEvent read FOnJoyButtonDown
      write FOnJoyButtonDown;
    property OnJoyButtonUp: TJoyButtonEvent read FOnJoyButtonUp
      write FOnJoyButtonUp;
  end;

procedure Register;

implementation
```

Unsichtbares Fenster erzeugen, Parameter initialisieren:

```
constructor TJoystick.Create(AOwner: TComponent);
begin
  inherited Create(AOwner);
  FWindowHandle:= AllocateHWnd(WndProc);
  Min:= -10;
  Max:= 10;
  Threshold:= 1;
  Period:= 100;
  EventBased:= True;
  Enabled:= True;
end;
```

Fenster wieder zerstören:

```
destructor TJoystick.Destroy;
begin
  FEnabled:= False;
```

Grundlagen

Oberfläche

Grafik

Multimedia

Datei

Datenbank

SQL/ADO

Report

Objekte

OLE/DDE

Peripherie

System

Desktop

Technik

Sonstiges

```
    UpdateState;
    DeallocateHWnd(FWindowHandle);
    inherited Destroy;
end;
```

Joystick kalibrieren:

```
procedure TJoystick.Calibrate;
var
  LibInst: THandle;
  CPlApplet: TCPlApplet;
  NewCPLInfo: TNewCPLInfo;
begin
  joyReleaseCapture(FJoyID);
  LibInst:= LoadLibrary('joy.cpl');
  try
    CPlApplet:= TCPlApplet(GetProcAddress(LibInst, 'CPlApplet'));
    if Longint(@CPlApplet)<>0 then begin
      if CPlApplet(FWindowHandle, CPL_INIT, 0, 0)<>0 then
        CPlApplet(FWindowHandle, CPL_DBLCLK, 0, Longint(@NewCPLInfo));
      CPlApplet(FWindowHandle, CPL_STOP, 0, LongInt(@NewCPLInfo));
      CPlApplet(FWindowHandle, CPL_EXIT, 0, 0);
    end;
  finally
    FreeLibrary(LibInst);
    joyGetDevCaps(FJoyID, @FJoyCaps, sizeof(FJoyCaps));
    UpdateState;
  end;
end;
```

Fensterprozedur (empfängt Nachrichten) mit Aufruf der Ereignismethoden:

```
procedure TJoystick.WndProc(var Msg: TMessage);
begin
  with Msg do
    case Msg of
      MM_JOY1MOVE, MM_JOY2MOVE:   DoJoyMove(LParamLo, LParamHi, FZ, WParam);
      MM_JOY1ZMOVE, MM_JOY2ZMOVE: DoJoyMove(FX, FY, LParamLo, WParam);
      MM_JOY1BUTTONDOWN,
      MM_JOY2BUTTONDOWN: DoJoyButtonDown(LParamLo, LParamHi, FZ, WParam);
      MM_JOY1BUTTONUP,
      MM_JOY2BUTTONUP:   DoJoyButtonUp(LParamLo, LParamHi, FZ, WParam);
    else
```

```
      Result := DefWindowProc(FWindowHandle, Msg, wParam, lParam);
    end;
end;


procedure TJoystick.UpdateState;
begin
  joyReleaseCapture(JOYSTICKID1);
  joyReleaseCapture(JOYSTICKID2);
  if FEnabled and (FWindowHandle <> 0) and not(csDesigning in ComponentState) then
    joySetCapture(FWindowHandle, FJoyID, FPeriod, FEventBased);
end;


function TJoystick.UpdateJoy(x, y, z: Integer; Buttons: LongInt): TJoyButtons;
begin
  Fdx:= x - FX; FX:= x;
  Fdy:= y - FY; FY:= y;
  Fdz:= z - FZ; FZ:= z;
  Result:=[];
  if (Buttons and JOY_BUTTON1)= JOY_BUTTON1 then Include(Result, Btn1);
  if (Buttons and JOY_BUTTON2)= JOY_BUTTON2 then Include(Result, Btn2);
  if (Buttons and JOY_BUTTON3)= JOY_BUTTON3 then Include(Result, Btn3);
  if (Buttons and JOY_BUTTON4)= JOY_BUTTON4 then Include(Result, Btn4);
end;


function TJoystick.TranslateButtonChanged(Buttons: LongInt): TJoyButtonChanged;
begin
  Result:= cBtn1;
  if (Buttons and JOY_BUTTON2CHG)= JOY_BUTTON2CHG then Result:= cBtn2;
  if (Buttons and JOY_BUTTON3CHG)= JOY_BUTTON3CHG then Result:= cBtn3;
  if (Buttons and JOY_BUTTON4CHG)= JOY_BUTTON4CHG then Result:= cBtn4;
end;
```

Es folgen die Property-Methoden:

```
procedure TJoystick.SetEnabled(Value: Boolean);
begin
  if Value <> FEnabled then begin
    FEnabled:= Value;
    UpdateState;
  end;
end;
```

Grundlagen

Oberfläche

Grafik

Multimedia

Datei

Datenbank

SQL/ADO

Report

Objekte

OLE/DDE

Peripherie

System

Desktop

Technik

Sonstiges

```
procedure TJoystick.SetJoy(Value: TJoy);
begin
  if Value <> FJoy then begin
    FJoy:= Value;
    case FJoy of
      jJoy1: FJoyID:= JOYSTICKID1;
      jJoy2: FJoyID:= JOYSTICKID2;
    end;
    UpdateState;
  end;
end;


procedure TJoystick.SetPeriod(Value: Integer);
begin
  if Value <> FPeriod then begin
    joyGetDevCaps(FJoyID, @FJoyCaps, sizeof(FJoyCaps));
    if (Value >= FJoyCaps.wPeriodMin) and  (Value <= FJoyCaps.wPeriodMax) then
    begin
      FPeriod:= Value;
      UpdateState;
    end;
    if csDesigning in ComponentState then FPeriod:= Value;
  end;
end;


procedure TJoystick.SetEventBased(Value: Boolean);
begin
  if Value <> FEventBased then begin
    FEventBased:= Value;
    UpdateState;
  end;
end;


procedure TJoystick.SetThreshold(Value: Cardinal);
begin
  if csDesigning in ComponentState then FThreshold:= Value else
    if (JoySetThreshold(FJoyID, Value) = JOYERR_NOERROR) then
      FThreshold:= Value;
end;
```

```
procedure TJoystick.SetMax(Value: Integer);
begin
  if Value <> FMax then
    if Value > FMin then FMax:= Value else
      Raise ERangeError.Create('Der Maximalwert muss größer als der' +
        'Minimalwert sein!');
end;

procedure TJoystick.SetMin(Value: Integer);
begin
  if Value <> FMin then
    if Value < FMax then FMin:= Value else
      Raise ERangeError.Create('Der Minimalwert muss kleiner als der' +
        'Maximalwert sein!');
end;
```

Die Ereignisanbindung:

```
procedure TJoystick.DoJoyMove(x, y, z: Integer; Buttons: LongInt);
var
  JoyButtons: TJoyButtons;
begin
  if Assigned(FOnJoyMove) then begin
    JoyButtons:= UpdateJoy(x, y, z, Buttons);
    FOnJoyMove(Self, x, y, z, JoyButtons);
  end;
end;

procedure TJoystick.DoJoyButtonDown(x, y, z: Integer; Buttons: LongInt);
var
  JoyButtons: TJoyButtons;
  JoyButtonChanged: TJoyButtonChanged;

begin
  if Assigned(FOnJoyButtonDown) then begin
    JoyButtons:= UpdateJoy(x, y, z, Buttons);
    JoyButtonChanged:= TranslateButtonChanged(Buttons);
    FOnJoyButtonDown(Self, x, y, z, JoyButtons, JoyButtonChanged);
  end;
end;
```

Grundlagen · Oberfläche · Grafik · **Multimedia** · Datei · Datenbank · SQL/ADO · Report · Objekte · OLE/DDE · Peripherie · System · Desktop · Technik · Sonstiges

```
procedure TJoystick.DoJoyButtonUp(x, y, z: Integer; Buttons: LongInt);
var  JoyButtons: TJoyButtons;
     JoyButtonChanged: TJoyButtonChanged;
begin
  if Assigned(FOnJoyButtonUp) then begin
    JoyButtons:= UpdateJoy(x, y, z, Buttons);
    JoyButtonChanged:= TranslateButtonChanged(Buttons);
    FOnJoyButtonUp(Self, x, y, z, JoyButtons, JoyButtonChanged);
  end;
end;
```

Das Interface der Komponente (Eigenschaften, Ereignisse):

Testprogramm für TJoystick

Zum Testen der Komponente und zur Demonstration finden Sie auf der Buch-CD ein kleines Programm.

Einschalten des Ereignis-Modus:

```
procedure TForm1.CheckBox1Click(Sender: TObject);
begin
    Joystick1.EventBased:= checkbox1.checked;
end;
```

Das *JoyButtonDown*-Ereignis der Komponente nutzen wir dazu, je nach Button einen *Timer* zu starten, der wiederum eine Sounddatei im asynchronen Modus abspielt (wenn Sie das Programm testen, werden Sie sehr schnell den tieferen Sinn dieses Vorgehens erkennen):

```
procedure TForm1.Joystick1JoyButtonDown(Sender: TObject; x, y, z: Integer;
  Button: TJoyButtons; ButtonChanged: TJoyButtonChanged);
begin
  if ButtonChanged = cBtn1 then
    Timer1.Enabled:= True
```

Grundlagen

Oberfläche

Grafik

Multimedia

Datei

Datenbank

SQL/ADO

Report

Objekte

OLE/DDE

Peripherie

System

Desktop

Technik

Sonstiges

```
else
   Timer2.Enabled:= True;
end;
```

Nach dem Loslassen der Taste wird der *Timer* wieder ausgeschaltet:

```
procedure TForm1.Joystick1JoyButtonUp(Sender: TObject; x, y, z: Integer;
  Button: TJoyButtons; ButtonChanged: TJoyButtonChanged);
begin
  if ButtonChanged = cBtn1 then begin
    Timer1.Enabled:= False;
    PlaySound('..\Sound\querschl.wav', 0, SND_ASYNC);
  end else Timer2.Enabled:= False;
end;
```

Jede Joystickbewegung führt dazu, dass die Position der Trackbars entsprechend angepasst wird:

```
procedure TForm1.Joystick1JoyMove(Sender: TObject; x, y, z: Integer;
  Button: TJoyButtons);
begin
  Trackbar1.Position:= x * Trackbar1.Max div $7FFF;
  trackbar2.Position:= y * Trackbar2.Max div $7FFF;
end;
```

Joystick kalibrieren:

```
procedure TForm1.Button4Click(Sender: TObject);
begin
  Joystick1.Calibrate;
end;
```

Die Timerereignisse:

```
procedure TForm1.Timer1Timer(Sender: TObject);
begin
  PlaySound('..\Sound\schuss.wav', 0, SND_ASYNC);
end;
```

```
procedure TForm1.Timer2Timer(Sender: TObject);
begin
  PlaySound('..\Sound\laser.wav', 0, SND_ASYNC);
end;
```

Experimentieren Sie ausgiebig mit dem Beispielprogramm, um die Möglichkeiten und Probleme der Joystickprogrammierung (Zentrieren, Drifterscheinungen etc.) kennenzulernen und zu würdigen!

R133 ... Testen, ob eine Soundkarte installiert ist?

Für Multimedia-Programme, die auch auf eine Soundkarte angewiesen sind, ist es sicher nützlich zu testen, ob auch eine Soundkarte installiert ist.

Die folgende Funktion gibt *True* zurück, wenn im System mindestens eine Soundkarte installiert ist:

```
uses mmsystem;

...

function Soundkarte:Boolean;
begin
   Result := WaveOutGetNumDevs > 0;
end;
```

R134 ... WAV-Dateien abspielen?

Im Multimedia-Zeitalter darf auch die Sound-Unterstützung Ihrer Programme nicht fehlen[1]. Für kurze Musikeinlagen empfiehlt sich das WAVE-Format[2]. Statt des Mediaplayers wollen wir in diesem Fall direkt mit API-Funktionen arbeiten.

Oberfläche

Den grundsätzlichen Aufbau der Oberfläche können Sie der Abbildung entnehmen. *Drive-Combobox*, *DirectoryListbox* und *FileListbox* verknüpfen Sie über die Eigenschaften *DirList* und *FileList*.

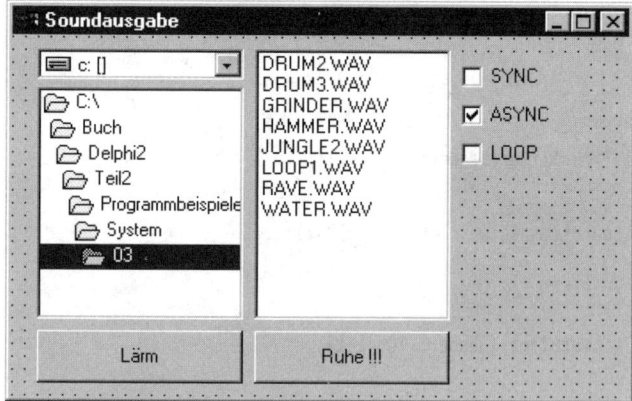

---

[1] Eine Soundkarte ist für dieses "Wie kann ich ...?"-Rezept dringend zu empfehlen (siehe vorhergehendes Rezept)!

[2] Ein Microsoft Standard-Dateiformat zum Speichern von Audiodaten. WAVE-Dateien haben die Extension .WAV.

Die Aufschrift der Buttons dürfte alles über deren Funktion sagen. Mit den Checkboxen bestimmen Sie, <u>wie</u> die Sound-Dateien abgespielt werden:

SYNC   Während die WAV-Datei abgespielt wird, "steht" die Anwendung.

ASYNC   Die Datei wird unabhängig vom Programm abgespielt. Sie können die Anwendung auch beenden, ohne dass dies irgendeinen Einfluss auf die Ausgabe der WAV-Datei hätte.

LOOP   Die wohl beste Methode, um jemanden in den Wahnsinn zu treiben! Kombiniert mit dem asynchronen Abspielen der Dateien können Sie das Programm beenden und einen Rechner zurücklassen, der ununterbrochen Lärm verbreitet. Die Soundorgie kann erst durch eine Anweisung gestoppt werden.

Quelltext

Einbindung der API-Funktion:

```
uses mmsystem;
```

Der Ursprung allen Lärms:

```
var flag :word;
begin
    flag := 0;
    if  checkbox1.checked then flag := flag OR SND_SYNC;
    if  checkbox2.checked then flag := flag OR SND_ASYNC;
    if  checkbox4.checked then flag := flag OR SND_LOOP;
    sndplaysound(PChar(filelistbox1.filename),flag)
end;
```

Diese Funktion sorgt für Ruhe im Rechner:

```
procedure TForm1.Button1Click(Sender: TObject);
begin
    sndPlaySound(nil,0)
end;
```

Test

Ein unmittelbares Klangerlebnis kann Ihnen dieses Buch leider nicht vermitteln, es sei denn, Sie wählen eine der WAV-Dateien (die Sie auf der Buch-CD finden) aus und spielen diese ab.

Siehe auch

☞   R135 ... Sound-Ressourcen in ein Programm einbinden?

Grundlagen

Oberfläche

Grafik

Multimedia

Datei

Datenbank

SQL/ADO

Report

Objekte

OLE/DDE

Peripherie

System

Desktop

Technik

Sonstiges

R135 ... Sound-Ressourcen in ein Programm einbinden?

Wollen Sie Ihre Applikationen akustisch aufrüsten, bietet sich die Möglichkeit an, WAV-Dateien über die API-Funktion *sndPlaySound* auszugeben (siehe vorhergehendes Rezept). Doch leider hat diese Variante auch einen Nachteil: Soll das Programm weitergegeben werden, ist es sehr umständlich, wenn Sie dazu Dutzende WAV-Dateien kopieren müssen. Das folgende Beispiel zeigt Ihnen, wie Sie WAV-Dateien als Ressource in Ihre Anwendung linken.

Oberfläche

Die Oberfläche besteht lediglich aus einem Listenfeld sowie einem Button.

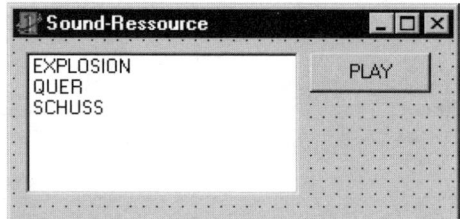

In das Listenfeld werden die Namen der Klänge so eingetragen, wie in der Ressourcendatei definiert.

Quelltext

Neben der Unit *MMSystem* müssen Sie auch die Ressourcen-Datei einbinden:

```
uses mmsystem;
{$R sound.res}
```

Die Ressourcendatei hat folgenden Aufbau (interner Name, Ressourcentyp, Datei):

```
EXPLOSION   WAVE    explos.wav
SCHUSS      WAVE    schuss.wav
QUER        WAVE    querschl.wav
```

Wie Sie Ressourcendateien compilieren, ist in

 R368 ... Ressourcen einbinden?

beschrieben.

Die Prozedur zum Abspielen der Klänge:

```
procedure TForm1.Button1Click(Sender: TObject);
var
    Res       : THandle;
    Reshandle : THandle;
```

```
begin
```

Versuch, die Ressource über ihren Namen zu finden:

```
Res := FindResource(HInstance, PChar(Listbox1.items[listbox1.itemindex]),'WAVE');
if Res <> 0 then begin
```

Falls wir Erfolg gehabt haben, Laden der Ressource:

```
Reshandle := LoadResource(HInstance, Res);
if Reshandle <> 0 then begin
```

Bevor wir die Ressource abspielen, müssen wir diese im Speicher sperren (*LockRessource*):

```
sndPlaySound(LockResource(Reshandle), SND_ASYNC or SND_MEMORY);
```

Welche Optionen für das Abspielen von Sounds verwendet werden können, ist im vorhergehenden Abschnitt beschrieben, wichtig ist nur, dass Sie die Option *SND_MEMORY* verwenden.

Freigeben und Löschen der Ressource:

```
UnlockResource(Reshandle);
FreeResource(Reshandle);
end;
end
end;
```

R136 ... Sound-Dateien aufnehmen?

Möchten Sie endlich Ihre verborgenen Talente auf den Gebiet des Gesangs unter Beweis stellen, dann bietet Ihnen das vorliegende Rezept eine hervorragende Möglichkeit, die Ergebnisse Ihres Schaffens in digitaler Qualität für die Nachwelt zu konservieren. Spaß beiseite, denn im Folgenden wollen wir uns mit der Aufnahme von WAV-Dateien ernsthaft auseinandersetzen. Die Multimedia-Komponente von Delphi hilft uns da leider nicht weiter, also müssen wir uns wieder mit Funktionen des Windows-API herumschlagen.

Oberfläche

Drei Tasten werden benötigt: eine zur Aufnahme, eine zum Anhalten und eine zum Abspeichern der WAV-Datei:

Grundlagen

Oberfläche

Grafik

Multimedia

Datei

Datenbank

SQL/ADO

Report

Objekte

OLE/DDE

Peripherie

System

Desktop

Technik

Sonstiges

Quelltext

Binden Sie zunächst die Unit *mmSystem* in Ihr Projekt ein. Nachfolgend müssen Sie sich zwischen guter Klangqualität mit immensem Speicherbedarf oder mäßiger Tonqualität bei mäßigem Speicherbedarf entscheiden. Folgende Tabelle gibt einen kurzen Überblick:

Frequenz (Hz)	Bits/Sample	Mono/Stereo	Bemerkung
8000	8	Mono	das untere Ende der Qualitätsskala (480 KByte/min.)
22050	16	Stereo	schon recht brauchbare Qualität (5,3 MByte/min.)

An dieser Stelle noch einmal im Schnelldurchlauf die wichtigsten Begriffe und deren Bedeutung:

Begriff	Bemerkung
BitsPerSample	Mit diesem Wert (meist 8 oder 16) beschreiben Sie, wie genau ein analoger Wert abgetastet wird (256 oder 65535 mögliche Werte).
Channels	Mono (1) oder Stereo (2)
SamplesperSec	Abtastungen pro Sekunde (8000, 11025, 22050, 44100)
BytesPerSec	Die Angabe dieses Wertes scheint nicht ganz sinnvoll, ist doch mit obigen Werten die Digitalisierung schon ausreichend definiert. Lassen Sie diesen Wert jedoch weg, gibt es Probleme. Es bleibt also nichts anderes übrig, als die schon bekannten Tatsachen noch einmal zusammenzufassen: *BytesPerSec:= (BitsPerSample div 8)* Channels* SamplesperSec*

Doch zurück zu unserer Aufgabenstellung: Bevor wir mit der Aufnahme beginnen, müssen wir ein Audio-Gerät öffnen:

```
procedure TForm1.Button1Click(Sender: TObject);     // Record-Taste
begin
  mciSendString('OPEN NEW TYPE WAVEAUDIO ALIAS mysound', nil, 0, handle);
```

An die Funktion *mciSendString* übergeben Sie neben dem Befehl einen leeren Puffer für die Rückgabewerte (*nil*), die Größe des Puffers (0) und das Handle des aktuellen Fensters.

Beachten Sie im Kommandostring den Alias "mysound". Über diesen Alias steuern Sie ab sofort das Audio-Gerät.

```
  mciSendString('SET mysound TIME FORMAT MS '+      // Zeitformat
       'BITSPERSAMPLE 8 '+                 // 8 Bit
       'CHANNELS 1 '+                      // MONO
       'SAMPLESPERSEC 8000 '+             // 8 KHz
```

Grundlagen

Oberfläche

Grafik

Multimedia

Datei

Datenbank

SQL/ADO

Report

Objekte

OLE/DDE

Peripherie

System

Desktop

Technik

Sonstiges

```
    'BYTESPERSEC 8000',              // 8000 Bytes/s
    nil, 0, handle);
```

Jetzt beginnt die Aufnahme:

```
  mciSendString('RECORD mysound', nil, 0, handle)
end;
```

Im Weiteren können Sie Ihre musikalischen Talente frei entfalten. Dem Treiben wird mit der Stopp-Taste ein Ende bereitet:

```
procedure TForm1.Button2Click(Sender: TObject);     // Stop
begin
  mciSendString('STOP mysound', nil, 0, handle)
end;
```

Soll alles gespeichert werden, verwenden Sie die Save-Taste.

```
procedure TForm1.Button3Click(Sender: TObject);     // Save
var verz: string;
begin
```

Die Sounddatei soll im aktuellen Verzeichnis abgespeichert werden:

```
  GetDir(0, verz);
```

Beachten Sie, dass der Übergabeparameter der *mciSendString*-Routine vom Typ *PChar* ist!

```
  mciSendString(PChar('SAVE mysound ' + verz + '/test.wav'), nil, 0, handle);
```

Zum Schluss sollten Sie nicht vergessen, das "Gesangsstudio" wieder fein säuberlich aufzuräumen:

```
  mciSendString('CLOSE mysound', nil, 0, handle)
end;
```

Test

Bevor Sie die "Record"-Taste klicken, vergewissern Sie sich, dass das Mikrophon richtig an die Soundkarte angeschlossen ist. Beginnen Sie nun mit Ihren gesanglichen Darbietungen und beenden Sie diese mit der "Stop"-Taste. Klicken Sie anschließend auf "Save" und schauen Sie nach, ob sich eine neue Datei *test.wav* im aktuellen Verzeichnis befindet. Wenn Sie auf diese Datei doppelklicken, hören Sie sich im standardmäßig zugewiesenen Audiogerät "singen". Ansonsten verwenden Sie den Audio-Recorder aus dem Windows-Multimedia-Zubehör.

Bemerkungen

- Experimentieren Sie einmal mit verschiedenen Einstellungen. Weitere MCI-Befehle sind unter anderem *play, wait, load* etc. Mehr zu diesem Thema finden Sie in der *mm.hlp*-Datei.

- Durch Einbinden einer *SaveDialog*-Komponente können Sie Verzeichnis und Namen der WAV-Datei frei bestimmen.

R137 ... AVI-Dateien anzeigen?

Im Multimedia-Zeitalter (was immer das auch heißen mag) ist die Einbindung von Bild und Ton in Programme eine Selbstverständlichkeit. Windows unterstützt mit dem AVI-Datei-format das Abspielen kurzer Video-Sequenzen. Kurz deshalb, weil schon Video-Clips mit nur wenigen Sekunden Spieldauer mehrere Megabyte auf der Festplatte konsumieren. Für bestimmte Einsatzfälle ist die Unterstützung dieses Formates dennoch sinnvoll.

Oberfläche

Im Wesentlichen brauchen Sie nur eine *MediaPlayer*-Komponente, über die Sie unter anderem auch AVI-Dateien abspielen können.

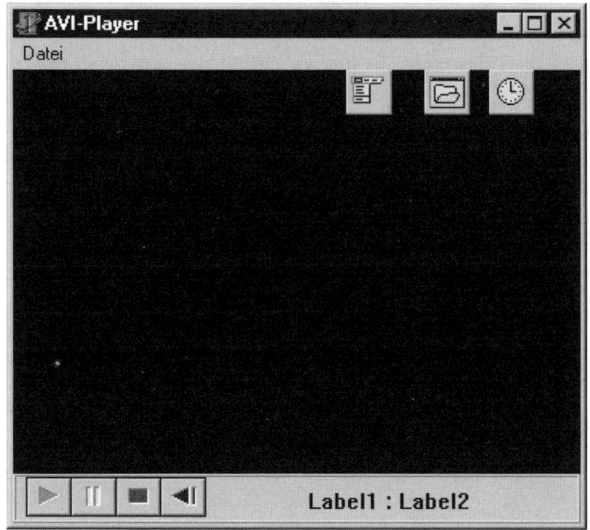

Wichtig ist die folgende Eigenschaft:

```
Display := panel1
```

Parametrieren Sie diese Eigenschaft nicht, öffnet Delphi den AVI-Player von Windows für die Videoausgabe. Sie haben jedoch die Möglichkeit, diese Ausgabe in eine Komponente bzw. in ein Formular umzuleiten. Neben dem *Panel*[1] ist die Ausgabe noch in mehreren anderen Komponenten zulässig.

Über die Anzeige der Buttons entscheiden Sie mit der *VisibleButtons*-Eigenschaft:

```
VisibleButtons= [btPlay,btPause,btStop,btBack]
```

Einige der Tasten sind nur im Zusammenhang mit anderen Ausgabegeräten sinnvoll (Eject, Record).

---

[1] Diese Komponente ist nach Meinung der Autoren noch die sinnvollste Möglichkeit. In einem Memofeld sollte man besser keine Grafiken anzeigen, obwohl es funktioniert!

Die restlichen Komponenten sind eigentlich Beiwerk, sie ermöglichen lediglich die Auswahl einer AVI-Datei zur Laufzeit, mit einer Ausnahme: Über das Timer-Intervall blenden wir zyklisch die Anzahl der angezeigten Einzelbilder ein.

Quelltext

```
procedure TForm1.Laden1Click(Sender: TObject);
begin
    if opendialog1.execute then begin
        with mediaplayer1 do begin
            filename := opendialog1.filename;
            open;
            timer1.enabled:=True;
            label2.caption := inttostr(Length);
            display := panel1;
            play;
        end;
    end;
end;

procedure TForm1.Timer1Timer(Sender: TObject);
begin
    Label1.Caption := IntToStr(MediaPlayer1.Position);
end;
```

R138 ... die Ausgabefläche für AVIs anpassen?

Dieses Rezept baut prinzipiell auf dem vorhergehenden Beispiel auf, allerdings mit einem wesentlichen Unterschied: Die Größe des Panels wird an die Abmessungen des Videos angepasst. Dazu muss allerdings ein etwas höherer Aufwand betrieben werden als bisher.

Laden Sie das vorhergehende Beispiel und nehmen Sie folgende Anpassungen vor:

Quelltext

Zur Abfrage der Videogröße müssen wir wieder einmal das API bemühen. Binden Sie deshalb die Unit *mmsystem* mit der *Uses*-Klausel in das Projekt ein.

Die eigentlichen Erweiterungen betreffen das Laden der AVI-Datei (Kommentare sind eingefügt):

```
procedure TForm1.Laden1Click(Sender: TObject);
var dwParam2 : TMCI_OVLY_RECT_PARMS;
```

Grundlagen

Oberfläche

Grafik

Multimedia

Datei

Datenbank

SQL/ADO

Report

Objekte

OLE/DDE

Peripherie

System

Desktop

Technik

Sonstiges

```
  Retval    : longint;

begin
   if opendialog1.execute then
   begin
      with mediaplayer1 do
      begin
         filename := opendialog1.filename;
         open;
         timer1.enabled:=True;
         label2.caption := inttostr(Length);
         display := panel1;
         dwParam2.dwCallback := mediaplayer1.handle;
         dwParam2.rc.Left := 0;
         dwParam2.rc.Top := 0;
         dwParam2.rc.Right := 0;
         dwParam2.rc.Bottom := 0;
```

Die Kommunikation mit der Multimediaschnittstelle erfolgt über die MCI-Commands, der folgende Aufruf ermittelt die originalen Abmessungen des Videos (Rückgabe in *dwParam2*).

```
Retval := mciSendCommand(mediaplayer1.DeviceID, MCI_WHERE, MCI_OVLY_WHERE_SOURCE,
                         integer(@dwParam2));
```

Die Übergabe des vierten Parameters sieht etwas eigenartig aus, liegt aber daran, dass in der Unit *mmsystem* eine etwas seltsame Interpretation des API-Aufrufs deklariert wurde (laut SDK-Handbuch wird ein Pointer auf die Datenstruktur erwartet und nicht ein Integerwert).

Sollte ein Fehler aufgetreten sein:

```
If Retval <> 0 Then begin
             showmessage('Problem');
         end Else begin
```

Andernfalls passen wir das Formular und damit auch das Panel an die neuen Abmessungen an:

```
         self.ClientWidth := dwParam2.rc.Right - dwParam2.rc.Left;
         self.ClientHeight := dwParam2.rc.Bottom - dwParam2.rc.Top+ panel2.height;
```

Damit auch das Formular neu gezeichnet werden kann:

```
application.processmessages;
```

Abspielen des Videos:

```
      play;
      ...
```

R139 ... eine AVI- Komponente programmieren?

Zu diesem Problem möchten wir Ihnen eine Komplett-Lösung in Form einer selbstprogrammierten Delphi-Komponente vorstellen.

Vorteile: Sie können auf die Multimedia-Komponente von Delphi verzichten, unsere Komponente passt sich automatisch den Abmessungen des Videos an und gleichzeitig haben Sie wesentlich mehr Einfluss auf den Ablauf des Videos (z.B. Standbild etc.).

Quelltext (Komponente)

Nachfolgend möchten wir Ihnen zunächst den Quellcode der Komponente vorstellen:

```
Unit MMVideo;
interface
uses  windows, Messages, SysUtils, Classes, DsgnIntf, ExtCtrls, Graphics, MMSystem,
      Controls, Forms, Dialogs;
const  MCIWNDM_NOTIFYMODE = WM_USER + 200; // wp = hwnd, lp = mode
```

Die Klassendefinition der Komponente (Basisklasse ist ein *TPanel*):

```
type
  TMMVideo = class(TPanel)
  private
    { Private Declarations }
    FAVIHandle : THandle;
    FMaxFrames : integer;
    FOnMouseEnter : TNotifyEvent;
    FOnMouseLeave : TNotifyEvent;
    procedure setframe(value : integer);
    Procedure CMMouseEnter(var Message: TMessage);
            message CM_MOUSEENTER;
    Procedure CMMouseLeave(var Message: TMessage);
            message CM_MOUSELEAVE;
  protected
    { Protected Declarations }
  public
    { Public Declarations }
    constructor Create(AOwner: TComponent); override;
    destructor Destroy; override;
    function  Load(FileName:string): Boolean;
    procedure Play;
    procedure Stop;
    procedure Halt;
```

Grundlagen

Oberfläche

Grafik

Multimedia

Datei

Datenbank

SQL/ADO

Report

Objekte

OLE/DDE

Peripherie

System

Desktop

Technik

Sonstiges

```
    procedure Rewind;
    property Frames:Integer read FMaxFrames;
    property Frame:integer write SetFrame;
 published
    property OnMouseEnter: TNotifyEvent read FOnMouseEnter
                                        write FOnMouseEnter;
    property OnMouseLeave: TNotifyEvent read FOnMouseLeave
                                        write FOnMouseLeave;
 end;
```

Vielleicht haben Sie sich über die beiden Ereignisse *OnMouseEnter* und *OnMouseLeave* gewundert? Diese dienen lediglich der Reaktion auf das Hinein- bzw. Hinausbewegen der Maus, eine Funktion, die man gerade in Multimedia-Anwendungen häufig benötigt.

Weitere Informationen dazu finden Sie in:

    R63 ... auf Mausbewegungen reagieren?

Nach der Definition einiger Konstanten

```
procedure Register;
implementation
const
    VFWDLL        = 'MSVFW32.DLL';
    MCIWND_START              = -1 ;
    MCIWND_END                = -2 ;
    MCIWNDF_NOAUTOSIZEWINDOW = $0001;  // when movie size changes
    MCIWNDF_NOPLAYBAR         = $0002;  // no toolbar
    MCIWNDF_NOAUTOSIZEMOVIE  = $0004;  // when window size changes
    MCIWNDF_NOMENU   = $0008;      // no popup menu from RBUTTONDOWN
    MCIWNDF_SHOWNAME = $0010;      // show name in caption
    MCIWNDF_SHOWPOS  = $0020;      // show position in caption
    MCIWNDF_SHOWMODE        = $0040;    // show mode in caption
    MCIWNDF_SHOWALL              = $0070;    // show all
    MCIWNDF_NOTIFYSIZE   = $0400;    // tell parent of size change
    MCIWNDM_GET_SOURCE              = WM_USER + 140;
    MCIWNDM_GETLENGTH             = WM_USER + 104;
    MCIWNDF_NOTIFYMODE   = $0100;    // tell parent of mode change
```

binden wir noch eine API-Funktion der MSVFW32.DLL ein:

```
function MCIWndCreate(hwndParent: HWND; hInstance: HINST;
        dwStyle: DWORd; szFile: LPCSTR): HWND; cdecl;
        external VFWDLL name 'MCIWndCreateA';
```

Die folgenden Funktionen sind in den Original C-Quelltexten (API-Interface) als Makros definiert. Delphi bietet an dieser Stelle lediglich die Möglichkeit von Funktionsaufrufen:

```
function MCIWndSM(hWnd: HWND; Msg: UINT; wParam: WPARAM;
                 lParam: LPARAM): DWORD;
begin  Result := SendMessage(hWnd, Msg, wParam, lParam) end;

function MCIWndPlay(hwnd: HWND): DWORD;
begin Result := MCIWndSM(hwnd, MCI_PLAY, 0, 0) end;


function MCIWndClose(hwnd: HWND): DWORD;
begin Result := MCIWndSM(hwnd, MCI_CLOSE, 0, 0) end;


procedure MCIWndDestroy(hwnd: HWND);
begin MCIWndSM(hwnd, WM_CLOSE, 0, 0) end;


function MCIWndGetSource(hwnd: HWND; prc: PRECT): DWORD;
begin
 Result := MCIWndSM(hwnd, MCIWNDM_GET_SOURCE, 0, LPARAM(prc))
end;


function MCIWndPause(hwnd: HWND): DWORD;
begin Result := MCIWndSM(hwnd, MCI_PAUSE, 0, 0) end;


function MCIWndSeek(hwnd: HWND; lPos: LongInt): LongInt;
begin Result := MCIWndSM(hwnd, MCI_SEEK, 0, lPos) end;


function MCIWndHome(hwnd: HWND): LongInt;
begin Result := MCIWndSeek(hwnd, MCIWND_START) end;
```

Der Konstruktor unserer Komponente:

```
constructor TMMVideo.Create(AOwner: TComponent);
begin
  inherited Create(AOwner);
  FAVIHandle := 0;
  color := clBlack;
  BevelOuter := bvNone
end;
```

Der Destruktor:

```
destructor TMMVideo.Destroy;
begin
  if FAVIHandle <> 0 then MCIWndDestroy(FAVIHandle);
```

Grundlagen

Oberfläche

Grafik

Multimedia

Datei

Datenbank

SQL/ADO

Report

Objekte

OLE/DDE

Peripherie

System

Desktop

Technik

Sonstiges

```
   inherited Destroy
end;
```

Die aufwendigste Operation ist das Laden des Videos sowie die Größenanpassung der Komponente:

```
function TMMVideo.Load;
var rect  : TRect;
begin
  if FAVIHandle <> 0 then MCIWndDestroy(FAVIHandle);
  if FileExists(fileName) then begin
    FAVIHandle := MCIWndCreate(Self.Handle,HINSTANCE,
      MCIWNDF_NOPLAYBAR + MCIWNDF_NOTIFYMODE, pChar(fileName));
    Result := FAVIHandle <> 0;
    if FAVIHandle <> 0 then begin  // Größe anpassen
    FMaxFrames := MCIWndSM(FAVIHandle, MCIWNDM_GETLENGTH, 0, 0);
    MCIWndGetSource(FAVIHandle,@RECT);
    Self.Width := rect.Right-rect.Left+2; Self.Height := rect.Bottom-rect.Top+2
    end;
  end else Result := False
end;
```

Licht aus, Vorhang auf, die Show beginnt!

```
procedure TMMVideo.Play;
begin
  if FAVIHandle <> 0 then MCIWndPlay(FAVIHandle)
end;
```

Die weiteren Methoden dürften selbsterklärend sein:

```
procedure TMMVideo.Stop;
begin
  if FAVIHandle <> 0 then MCIWndClose(FAVIHandle)
end;


procedure TMMVideo.Halt;
begin
  if FAVIHandle <> 0 then MCIWndPause(FAVIHandle)
end;


procedure TMMVideo.Rewind;
begin
  if FAVIHandle <> 0 then MCIWndHome(FAVIHandle)
end;
```

Mit der folgenden Methode können Sie einen einzelnen Frame (sprich ein Einzelbild) aus dem Video auswählen:

```
procedure TMMVideo.Setframe(value : Integer);

begin
  if FAVIHandle <> 0 then begin
    if value <= FMaxFrames then
      MCIWndSM(FAVIHandle, MCI_SEEK, 0, value)
    else
      MCIWndSM(FAVIHandle, MCI_SEEK, 0, MCIWND_END)
  end;
end;
```

Verwendungszweck dieser Funktion: Sie kopieren mehrere Bitmaps (diese müssen gleiche Farbtabellen besitzen) in ein AVI und können diese später mit einem Timer nacheinander einblenden. Der Vorteil: Sie müssen lediglich eine Datei kopieren. Gleichzeitig sind AVI-Dateien gepackt, was auch Ihre Festplatte dankbar zur Kenntnis nimmt.

```
procedure TMMVideo.CMMouseEnter(var Message: TMessage);
begin if Assigned(OnMouseEnter) then OnMouseEnter(Self) end;


procedure TMMVideo.CMMouseLeave(var Message: TMessage);
begin if Assigned(OnMouseLeave) then OnMouseLeave(Self) end;


procedure register;
begin RegisterComponents('MM', [TMMVideo]) end;
```

Quelltext (Testprogramm)

Um Ihnen den Test so einfach wie möglich zu gestalten, binden wir die Komponente erst zur Laufzeit ein.

Hinweis: Sie brauchen deshalb die Komponente für den Test nicht zu installieren!

Wir müssen die Komponente zunächst mit *Create* erzeugen:

```
procedure TForm1.FormCreate(Sender: TObject);

begin
  mmVideo1          := TMMVideo.Create(Self);
  mmVideo1.Left     := 0;
  mmVideo1.Top      := 34;
  mmVideo1.Visible := True;
  mmVideo1.Parent  := Self
end;
```

Grundlagen

Oberfläche

Grafik

Multimedia

Datei

Datenbank

SQL/ADO

Report

Objekte

OLE/DDE

Peripherie

System

Desktop

Technik

Sonstiges

Nach dem Laden eines Videos können Sie bereits alle Methoden und Eigenschaften der Komponente nutzen. Über die Eigenschaft *Frames* ermitteln Sie beispielsweise, aus wie vielen Einzelbildern das Video besteht.

```
procedure TForm1.Button1Click(Sender: TObject);

begin

  mmVideo1.Load('internet.avi');
  Trackbar1.Max := mmVideo1.Frames

end;
```

Umgekehrt können Sie mit der Eigenschaft *Frame* festlegen, welches Einzelbild momentan dargestellt werden soll. Wir verwenden dazu die *Trackbar*-Komponente, durch einfaches Verschieben des Reglers können Sie das gewünschte Bild einblenden:

```
procedure TForm1.TrackBar1Change(Sender: TObject);

begin

  mmVideo1.Frame := trackbar1.Position

end;
```

Die weiteren Methodenaufrufe dürften für sich sprechen:

```
procedure TForm1.Button2Click(Sender: TObject);

begin  mmVideo1.Play end;


procedure TForm1.Button3Click(Sender: TObject);

begin  mmVideo1.Halt end;


procedure TForm1.Button4Click(Sender: TObject);

begin mmVideo1.rewind end;


procedure TForm1.Button5Click(Sender: TObject);

begin mmVideo1.stop end;
```

Test

Vergewissern Sie sich, ob sich vor dem Programmstart eine AVI-Datei mit dem Namen *internet.avi* im Projektverzeichnis befindet. Starten Sie das Programm. Lassen Sie sich von dem zunächst erscheinenden schwarzen Kasten nicht erschrecken, sondern klicken Sie auf den Load-Button. Nachfolgend können Sie alle weiteren Funktionen der Komponente ausprobieren.

Grundlagen

Oberfläche

Grafik

Multimedia

Datei

Datenbank

SQL/ADO

Report

Objekte

OLE/DDE

Peripherie

System

Desktop

Technik

Sonstiges

R140 ... AVI-Videos im Vollbildmodus abspielen?

Geht es einfach darum, ein Video bildschirmfüllend abzuspielen, hilft Ihnen die MCI-Schnittstelle weiter. Mit wenigen Zeilen Quellcode haben Sie die Sache im Griff, ohne gleich mit der Multimedia-Komponente arbeiten zu müssen.

Oberfläche

Lediglich ein Formular und ein Button, um das Video zu starten.

Quelltext

Nehmen Sie die Unit *MMSytem* in die *uses*-Klausel auf und erweitern Sie die Klassendeklaration des Formulars um einen neuen Message-Handler:

```
uses
  Windows, Messages, SysUtils, Classes, Graphics, Controls, Forms, Dialogs, StdCtrls,
  MMSystem;

type
  TForm1 = class(TForm)
    Button1: TButton;
    procedure Button1Click(Sender: TObject);
  private
    procedure MMNotify(var Message: TMessage); message MM_MCINOTIFY;
```

```
public
end;
```

Mit dem Klick auf den Button öffnen wir zunächst mit Hilfe der MCI-Schnittstelle das gewünschte Video und deklarieren gleichzeitig einen Alias über den im Folgenden die Schnittstelle verwaltet wird:

```
procedure TForm1.Button1Click(Sender: TObject);
begin
  mciSendString('open test.avi alias testvideo', nil, 0, 0);
  mciSendString('window testvideo handle 0', nil, 0, 0);
```

Maximieren des Videos und abspielen (*notify* bestimmt, dass beim Beenden eine Message an die Anwendung gesendet wird):

```
  mciSendString('window testvideo state show maximized', nil, 0, 0);
  mciSendString('play testvideo notify', nil, 0, handle);
end;
```

Auf das Ende des Videos (auch Userabbruch) reagieren wir mit Hilfe des folgenden Message-Handlers:

```
procedure TForm1.MMNotify(var Message: TMessage);
begin
  mciSendString('close testvideo', nil, 0, 0);
end;
```

Eine zweite Variante, wenn Sie das Video synchron abspielen wollen:

```
  mciSendString('open test.avi alias testvideo', nil, 0, 0);
  mciSendString('play testvideo fullscreen wait', nil, 0, handle);
  mciSendString('close testvideo', nil, 0, 0);
```

R141 ... Hotspots realisieren?

Für grafische Bedienoberflächen (Menüs, Spiele etc.) braucht man häufig "aktive Flächen", die reagieren, wenn sie mit der Maus angeklickt oder berührt werden. Die Abfrage der Mauskoordinaten zu diesem Zweck ist recht umständlich.

Im Delphi-Grundlagenbuch hatten wir bereits ein Rezept zu diesem Thema vorgestellt (Shape-Komponenten mit ausgeblendetem Rand), an dieser Stelle wollen wir uns eine etwas professionellere Variante ansehen.

Quelltext

Sollten sich für Ihren Anwendungsfall rechteckige Hotspots nicht eignen, bietet sich mit den Windows-Regions eine gute Alternative. Wie Sie im weiteren feststellen werden, sind Regionen nicht nur für die Ausgabe, sondern auch für die Auswertung von Mausereignissen interessant.

Beispiel: Die Abbildung zeigt das Ergebnis von Grafikausgaben in einer Region:

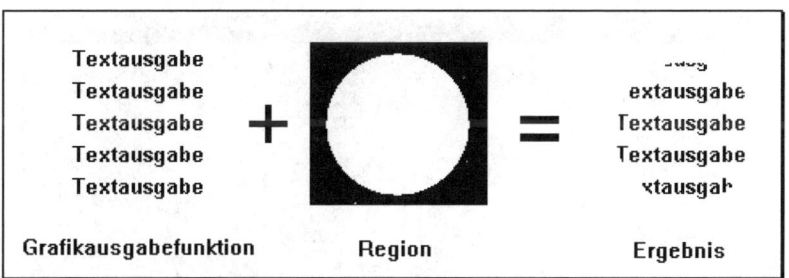

Als Beispiel erzeugen wir einen runden Hotspot. Beim Laden des Formulars wird die Region erzeugt, gleichzeitig zeichnen wir an der gleichen Position einen Kreis zur Orientierung:

```
var rh1 : HRGN;


procedure TForm1.FormCreate(Sender: TObject);
begin
  RH1 := CreateEllipticRgn(10, 10, 210, 210);
end;


procedure TForm1.FormPaint(Sender: TObject);
begin
  canvas.Ellipse(10, 10, 210, 210);
end;
```

Bei einem Mausklick wird nur dann ein Text ausgegeben, wenn sich der Mauszeiger in der Region befindet:

```
procedure TForm1.FormMouseDown(Sender: TObject; Button: TMouseButton;
  Shift: TShiftState; X, Y: Integer);
begin
  if PtInRegion(RH1, x,y) then begin
    canvas.Pixels[x,y]:= clblack;
    canvas.TextOut(x+1,y+1,'In Region');
  end;
end;
```

Jede Mausbewegung über der Region zeichnet einen Punkt:

```
procedure TForm1.FormMouseMove(Sender: TObject; Shift: TShiftState; X, Y: Integer);
begin
  If PtInRegion(RH1,x,y) Then
    canvas.Pixels[X, Y]:= clred;
end;
```

Grundlagen

Oberfläche

Grafik

Multimedia

Datei

Datenbank

SQL/ADO

Report

Objekte

OLE/DDE

Peripherie

System

Desktop

Technik

Sonstiges

Test

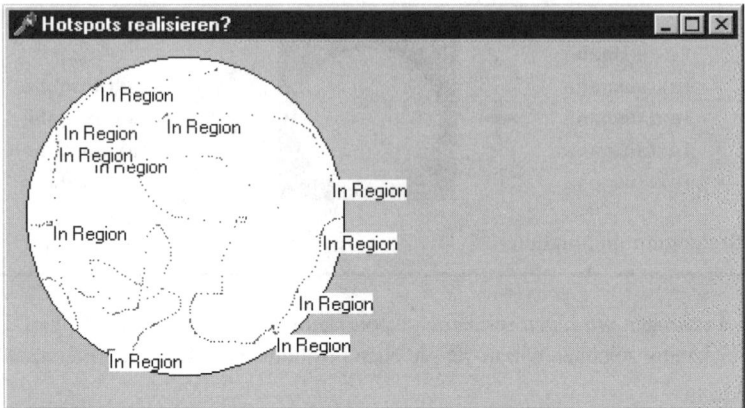

Auf ähnliche Weise könnten Sie auch ein vektororientiertes Zeichenprogramm realisieren. Beim Klicken auf die Zeichenfläche wird eine Liste von Regionen durchlaufen, tritt eine Übereinstimmung auf, wird das betreffende Zeichenobjekt markiert.

R142 ... Hotspots auf Grafiken erzeugen?

Für Informationssysteme, Electronic Books oder Spiele braucht man häufig "aktive Flächen", die reagieren, wenn sie mit der Maus angeklickt oder berührt werden. Die Abfrage der Mauskoordinaten zu diesem Zweck ist meist umständlich und langwierig. Viel einfacher geht es mit einer *Shape*-Komponente, deren *Brush.Style auf bsClear* festgelegt ist.

Oberfläche

Auf dem Formular platzieren Sie eine *Image*-Komponente mit Grafik und Text. Mit mehreren *Shape*-Komponenten werden die maussensitiven Flächen eingerahmt.

Soll auch noch der verbleibende Rahmen entfallen, setzen Sie die Eigenschaft *Pen.Style* auf *psClear*.

Quelltext

Im *MouseDown*- oder *MouseMove*-Ereignis können Sie dann auf die Maus reagieren:

```
procedure TForm1.Shape3MouseDown(Sender: TObject; Button: TMouseButton; // Beenden ...
  Shift: TShiftState; X, Y: Integer);
begin
    Close
end;


procedure TForm1.Shape4MouseDown(Sender: TObject; Button: TMouseButton;  // Inhaltsverz.
  Shift: TShiftState; X, Y: Integer);
begin
    Form2.Show         // irgendein Formular aufrufen
end;
...
```

Test

Starten Sie das Programm und testen Sie die Reaktion auf Mausklicks.

Weiterhin lassen sich die Hints der einzelnen Shapes zur Anzeige von Zusatzinformationen verwenden. Im Demo-Programm auf der Buch-CD wird z.B. bei Klick auf die Grafik eine Copyrightmeldung ausgegeben:

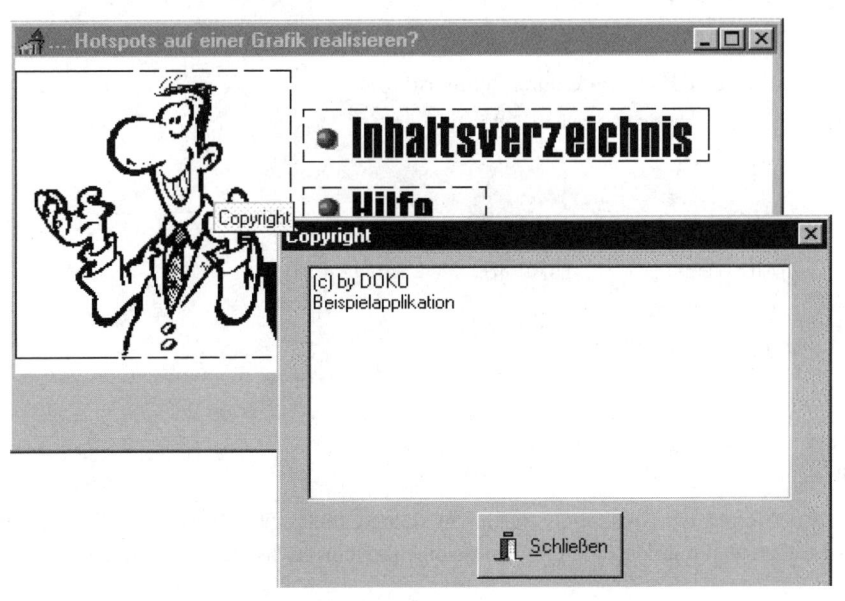

Grundlagen

Oberfläche

Grafik

Multimedia

Datei

Datenbank

SQL/ADO

Report

Objekte

OLE/DDE

Peripherie

System

Desktop

Technik

Sonstiges

R143 ... runde Fenster erzeugen?

Viele hoffnungsvolle Programmierer werden Opfer des eigenen Spieltriebs: Es genügt nicht mehr, dass die Fenster mit diversen 3D-Effekten überfrachtet werden, nein, jetzt müssen es auch noch beliebig geformte Fenster sein. Auch die Autoren wollten diesem Treiben nicht länger tatenlos zusehen. Voilà, hier unser Beitrag:

Quelltext

Grundprinzip des Beispielprogramms ist das Verändern der Fenster-Region, die im Normalfall rechteckig ist.

Hinweis: Da es sich bei Buttons etc. auch um Fenster handelt, lassen sich die folgenden Ausführungen auch auf derartige Komponenten anwenden. Es ist also kein Problem, einen runden Button zu erzeugen. Allerdings ist es jetzt Ihre Aufgabe, eine sinnvolle Oberfläche (3D) zu realisieren.

Dieses Fenster hat zwar auch vier Ecken, aber ...

```
procedure TForm1.FormCreate(Sender: TObject);
var HR: HRgn;
    n : array [0..3] of TPoint;
begin
  n[0] := Point(Width div 2, 1);    n[1] := Point(1, Height div 2);
  n[2] := Point(Width div 2, Height);    n[3] := Point(Width, Height div 2);
  HR := CreatePolygonRgn(n, 4, ALTERNATE);
  SetWindowRgn(Handle, HR, True);
end;
```

Ein rundes Fenster, das teilweise durchsichtig ist:

```
procedure TForm2.FormCreate(Sender: TObject);
var r1,r2 : HRgn;
begin
  r1 := CreateEllipticRgn(1, -1, Width - 1, Height);
  r2 := CreateEllipticRgn(50, 50, Width - 50, Height - 50);
  CombineRgn(r2, r1, r2, RGN_XOR);
  SetWindowRgn(handle, r2, True)
end;
```

Test

Wie Sie der folgenden Abbildung entnehmen können, fehlt einem Fenster ein Teil des Hintergrundes, aber auch mit den äußeren Abmessungen scheint etwas nicht zu stimmen:

Grundlagen

Oberfläche

Grafik

Multimedia

Datei

Datenbank

SQL/ADO

Report

Objekte

OLE/DDE

Peripherie

System

Desktop

Technik

Sonstiges

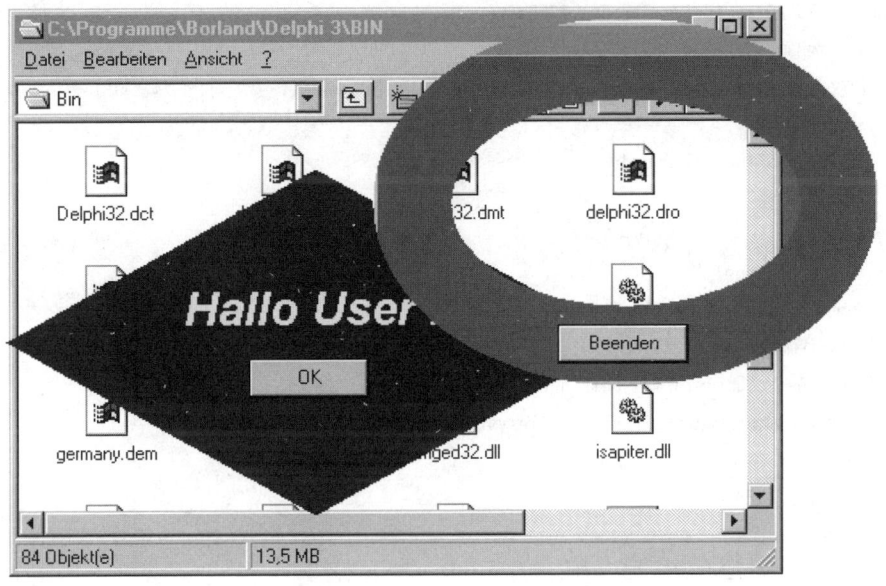

R144 ... ein CD-Laufwerk sicher erkennen?

Ist ein CD-Laufwerk im Netz freigegeben, wird dieses von der Funktion *GetDriveType* nur als Netzlaufwerk erkannt. Für eine sichere Bestimmung sollten Sie die folgende Funktion verwenden.

Oberfläche

Auf das Startformular setzen Sie lediglich eine *ListBox*-Komponente.

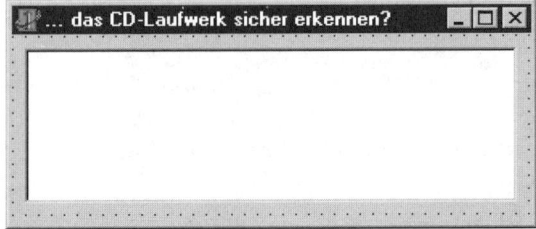

Quelltext

Nach der Einbindung der Unit *windows* definieren wir zunächst einen neuen Datentyp, der als Rückgabewert der Funktion *IsCDDrive* Verwendung findet.

```
uses windows;

type TCDDrive = (cdError, cdNone, cdAudio, cdData);
```

```
function IsCDDrive(drive:String):TCDDrive;
var VolumeName,
    FileSystemName   : PChar;
    Seriennummer,
    MaxLen,SysFlags  : DWord;


begin
  result := cdNone;
  VolumeName       := StrAlloc(256);
  FileSystemName := StrAlloc(256);
  if (not GetVolumeInformation(PChar(drive),VolumeName,255,
    @Seriennummer,MaxLen,SysFlags,FilesystemName,255))
  then
    Result:= cdError
  else begin
    if (Volumename='Audio CD') then
      result := cdAudio
    else if (FileSystemName='CDFS')then
      result := cdData
  end;
  StrDispose(VolumeName);
  StrDispose(FileSystemName)
end;
```

Der folgende Quellcode zeigt die Verwendung der Funktion. Der Einfachheit halber erfolgt der Aufruf beim Laden des Formulars.

```
procedure TForm1.FormCreate(Sender: TObject);
var i : Byte;
    s : string;
begin
  for i := 65 to 90 do begin     // Buchstabencodes A ... Z
    case iscdDrive(Chr(i) + ':\') of
     cdError : s := 'Fehler';
     cdData  : s := 'Daten-CD';
     cdAudio : s := 'Audio-CD';
     cdNone  : s := 'Kein CD-Laufwerk'
    end;
    Listbox1.Items.Add(Format('%s :     %s',[Chr(i),s]))
  end
end;
```

Test

Nach dem Programmstart werden alle Laufwerksbezeichner nacheinander geprüft. Wie z.B. bei einem normalen Diskettenlaufwerk, muss auch im CD-Laufwerk eine CD eingelegt sein, um es zu erkennen, ansonsten erscheint "Fehler". Beim folgenden Beispielcomputer wird E: als CD-Laufwerk mit einer Daten-CD identifiziert. In Laufwerk D: befindet sich eine Musik-CD.

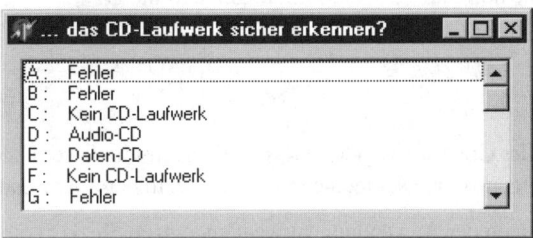

R145 ... ein Audio-CD-Laufwerk auswählen?

Haben Sie mehr als ein CD-Laufwerk (z.B. CD-Wechsler oder Virtual-CD) installiert und möchten Sie auf eine Audio-CD in einem speziellen Laufwerk zugreifen, haben Sie ein kleines Problem: Sowohl Mediaplayer als auch die MCI-Befehle versuchen immer auf das Laufwerk mit dem niedrigsten Laufwerksbuchstaben zuzugreifen.

Arbeiten Sie mit dem Mediaplayer ist die Lösung recht einfach. Weisen Sie einfach der Eigenschaft *Filename* den gewünschten Laufwerksbuchstaben zu.

```
MediaPlayer1.Filename := 'g:';   // Laufwerk G:
```

Arbeiten Sie mit der MCI-Schnittstelle, gehen Sie wie folgt vor:

Einbinden der Unit *MMSystem*:

```
uses MMSystem;
...
```

Auswahl des Laufwerks und Zuweisen eines Aliasnamens:

```
MCISendString('open e: type cdaudio alias cdplayer', nil, 0, 0);
```

Wiedergabeformat festlegen (Tracks, Minuten, Sekunden und Frames):

```
MCISendString('set cdplayer time format tmsf', nil, 0, 0);
```

Wiedergabe des ersten Songs:

```
MCISendString('play cdplayer from 1 to 2', nil, 0, 0);
```

Ausgabegerät schließen:

```
MCISendString('close cdplayer', nil, 0, 0);
```

Grundlagen

Oberfläche

Grafik

Multimedia

Datei

Datenbank

SQL/ADO

Report

Objekte

OLE/DDE

Peripherie

System

Desktop

Technik

Sonstiges

R146 ... die Autorun-Funktion von CDs nutzen?

Obwohl manchmal fast schon lästig, bietet die Autorun-Funktion von CDs doch einige Vorteile. So wird in vielen Fällen die Installation einer Anwendung vereinfacht, der Anwender muss sich nicht erst für ein Programm entscheiden.

Die Vorgehensweise ist einfach: Erzeugen Sie im Root-Verzeichnis der CD eine Datei AUTORUN.INF (eine normale Textdatei) mit folgendem Inhalt:

```
[AutoRun]
OPEN=projekt1.exe
ICON=bild.ico
```

Nach dem Einlegen der CD prüft Windows das Vorhandensein dieser Datei, ordnet dem Laufwerk das festgelegte Icon zu und startet die mit *Open* spezifizierte Anwendung.

Sie können auch das Icon der Anwendung verwenden, nutzen Sie dazu die folgende Syntax:

```
ICON=projekt1.exe,1
```

Hinweis: Hinweis für leidgeprüfte **NT**-User: Erzeugen Sie im Registry-Key
`HKEY_CURRENT_USER\Software\Microsoft\Windows\CurrentVersion\Policies\Explorer\`
einen neuen Eintrag "NoDriveTypeAutoRun", dem Sie den Wert 181 zuweisen. Nachfolgend werden Sie von unerwünschten Autorun-CDs verschont.

R147 ... Töne mit bestimmten Frequenzen ausgeben?

Möchten Sie Ihrem PC-Speaker Töne mit bestimmten Frequenzen entlocken, lässt Sie Windows 95/98 im Regen stehen. Windows NT-Nutzer haben es da wesentlich einfacher: Mit der API-Funktion *Beep* (setzen Sie sicherheitshalber den Namen der Unit *windows* davor), ist es problemlos möglich Töne über den PC-Speaker auszugeben. Als Parameter erwartet die Funktion neben der Frequenz (in Herz) auch die Zeitdauer in Millisekunden. Windows 95/98 kennt zwar auch die Funktion, das Resultat ist allerdings nur ein gequälter Standard-Piepton. Mit einer eigenen Funktion *WinSound* wollen wir diesem Missstand abhelfen.

Oberfläche

Zum Testen genügen zwei Buttons, mit denen zum einen die WindowsNT-Variante zum anderen die Windows 95/98-Variante aufgerufen werden kann.

Quelltext

Der Aufruf der Funktion unter Windows NT:

```
procedure TForm1.Button1Click(Sender: TObject);
begin  Windows.Beep(500, 1000); end;
```

Hinweis: Die Funktion arbeitet synchron, d.h. die Kontrolle wird erst nach dem Ablauf der gewünschten Zeit an das Programm zurückgegeben.

Mit den beiden folgenden Funktionen können wir den Zugriff auf die PC-Ports realisieren, auch wenn Delphi ab der Version 2 den entsprechenden Port-Befehl nicht mehr zur Verfügung stellt:

```
function GetPort(address:word):byte;
asm
    mov dx, address
    in al, dx
    mov result, al
end;
```

```
procedure SetPort(address: word; Value:byte);
var b : byte;
begin
    b := (value and 255);
asm
    mov dx, address
    mov al, b
    out dx, al
end;
end;
```

Die neue Funktion zur Soundausgabe:

```
procedure WinSound(freq,time:word);
var li : LongInt;
    b  : Byte;
begin
  if freq > 18 then begin
    freq := Word(1193181 div LongInt(Freq));
    B := GetPort($61);
    if (B and 3) = 0 then begin
      SetPort($61,B or 3);
      SetPort($43,$B6);
    end;
    SetPort($42,Freq);
    SetPort($42,Freq shr 8);
  end;
  li:=GetTickCount;
```

```
  repeat
     Application.ProcessMessages;
  until ((GetTickCount-li) >= LongInt(time));
  // Ruhe ...
  SetPort($61,GetPort($61) and $FC);
end;
```

Der eigentliche Aufruf:

```
procedure TForm1.Button2Click(Sender: TObject);
begin
  WinSound(1500,1000);
end;
```

Hinweis: Der Aufruf der obigen Funktion unter Windows NT führt, wie sicher nicht anders zu erwarten, zu Problemen. Eventuell sollten Sie vor dem Aufruf der Funktion das aktuelle Betriebssystem abtesten.

Wie kann ich ...?
Dateien

R148 ... kontrollieren, ob eine Diskette eingelegt ist?

Grundlagen

Oberfläche

Grafik

Multimedia

Datei

Datenbank

SQL/ADO

Report

Objekte

OLE/DDE

Peripherie

System

Desktop

Technik

Sonstiges

Mit der folgenden Funktion können Sie überprüfen, ob sich eine Diskette im Laufwerk befindet. Gegebenenfalls können Sie sich auch gleich Fehler- bzw. Statusmeldungen anzeigen lassen.

Quelltext

```
function DiskInDrive(lw: Char; Statusanzeige:boolean ): boolean;
var   sRec: TSearchRec;
      i: Integer;

begin
  result := False;
  {$I-}
    i := FindFirst(lw + ':\*.*', faAnyfile, SRec );
    FindClose(SRec);                // wichtig ab Delphi 2 !!!!!
  {$I+}
  case i of
     0  : result := True;           // Diskette mit Dateien
     2, 18 : begin                  // Leere Diskette
         if Statusanzeige then
           showmessage('Diskette im Laufwerk ' + lw + ' ist leer !');
         Result := True;
       end;
     21,3 : if Statusanzeige then
             Showmessage('Keine Diskette im Laufwerk ' + lw);
     else if Statusanzeige then
         Showmessage('Diskette nicht formatiert!' + inttostr(i));
  end;
end;
```

Beispiel: So rufen Sie die Funktion in Ihrem Programm auf:

```
if DiskInDrive('A', True) then ShowMessage('Diskette vorhanden ...');
```

Ergänzung

Beachten Sie, dass bei 32 Bit-Delphi-Programmen eine *FindFirst/FindNext*-Sequenz unbedingt mit *FindClose* abzuschließen ist, da sonst verwendeter Speicherplatz nicht wieder freigegeben wird. Siehe dazu auch:

☞   R156 ... nach Dateien rekursiv suchen?

R149 ... eine Diskette kopieren?

Bevor Sie sich damit herumquälen, eine eigene Routine zum Kopieren von Disketten zu schreiben, nutzen Sie doch einfach die entsprechende Windows-Funktion! Diese ist allerdings etwas versteckt und hat eine recht eigenartige Aufrufkonvention.

Oberfläche

Alles was Sie brauchen ist ein Button zum Starten des Kopierprozesses. Alle weiteren Dialogfelder werden vom Windows-API bereitgestellt.

Quelltext

Prinzipiell rufen Sie ein externes Windows-Programm mit Hilfe der *ShellExecute*-Funktion auf. Wir wollen das Programm *RundDll.exe* verwenden, mit dem sich einige (nicht alle) DLLs starten lassen. Verwendung findet in unserem Fall die DLL *DiskCopy* mit der enthaltenen Funktion *DiskCopyRunDll*. Die beiden Parameter können wir vernachlässigen, da eine entsprechende Dialogbox angezeigt wird.

```
uses shellAPI;                    // nicht vergessen!


procedure TForm1.Button1Click(Sender: TObject);    // Start
begin
 ShellExecute(handle,'open','rundll32.exe','diskcopy.dll,
         DiskCopyRunDll 0,0','',sw_show)
end;
```

Test

Nach dem Programmstart können Sie über eine Dialogbox Quelle und Ziel auswählen:

Weitere Dialogboxen fordern Sie zum Einlegen der Disketten auf. Eine Fortschrittsanzeige informiert über den aktuellen Stand des Kopiervorgangs.

R150 ... eine Diskette formatieren?

Grundlagen

Oberfläche

Grafik

Multimedia

Datei

Datenbank

SQL/ADO

Report

Objekte

OLE/DDE

Peripherie

System

Desktop

Technik

Sonstiges

Auch wenn es unter Windows kaum ein Problem ist, eine Diskette zu formatieren, so möchte man vielleicht doch diese Funktion auch in einem eigenen Programm anbieten (z.B. ein Dateimanager). Verwendung findet die Funktion *SHFormatDrive* aus *SHELL32.DLL*.

Oberfläche

Alles was Sie brauchen ist ein Formular mit einem Button zum Starten des Formatierungsprozesses. Alle weiteren Dialogfelder werden vom Windows-API bereitgestellt.

Quelltext

Leider müssen wir uns selbst um die Einbindung kümmern, die wir hier beispielsweise zu Beginn des implementation-Abschnitts von *Unit1* vornehmen:

```
function SHFormatDrive(Wnd: HWnd; Drive, Size, Options: Integer): Integer;
                 stdcall; external 'SHELL32.DLL';
```

Der eigentliche Aufruf:

```
procedure TForm1.Button1Click(Sender: TObject);
begin
  SHFormatDrive(Self.handle, 0, 0, 0);
end;
```

Übergabeparameter ist neben dem Handle des aktuellen Fensters die Laufwerksnummer (A = 0 usw.) sowie die Mediengröße und die Format-Optionen.

Folgende Werte sind als Optionen zulässig:

Wert	Beschreibung
0	Quick-Format, in diesem Fall wird lediglich die FAT (File Allocation Table) gelöscht.
1	Vollständiges Format (entspricht *z.B. Format C:*)
2	Systemdateien auf den Datenträger übertragen (nur Windows 95/98). Die Funktion ist gleichbedeutend mit dem *SYS*-Befehl von der Kommandozeile.

Test

Es erscheint die bekannte Dialogbox aus der Shell (Windows 95/98):

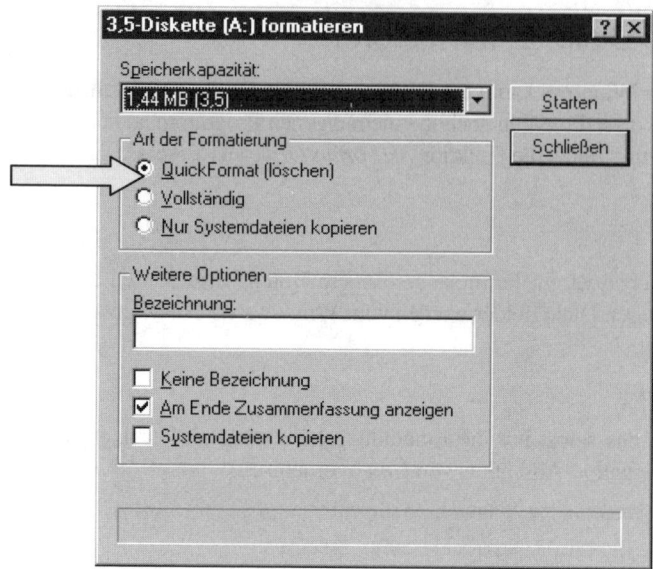

R151 ... den Laufwerkstyp bestimmen?

Sie wollen eine Datei anlegen und prüfen, ob das Laufwerk im lokalen Rechner installiert ist oder ob es sich um ein Netzlaufwerk handelt? Das folgende Beispiel zeigt Ihnen, wie Sie mit Hilfe einer API-Funktion den Laufwerkstyp ermitteln können.

Oberfläche

Neben einem Button zum Beenden brauchen Sie lediglich eine *ImageList*- und eine *ListView*-Komponente zur Anzeige der einzelnen Laufwerkstypen.

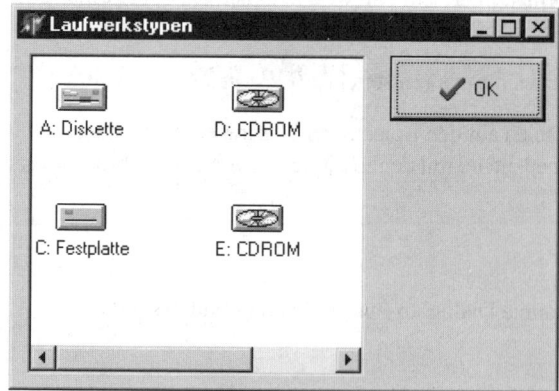

Folgende Icons werden in die Imageliste geladen:

Quellcode

Mit dem Laden des Formulars wird für alle 25 möglichen Laufwerke getestet, ob sie vorhanden sind bzw. um welchen Typ es sich handelt.

```
procedure TForm1.FormCreate(Sender: TObject);

var i,
    typ     : Integer;
    s       : String;
    NewItem : TListItem;

begin
    For i := 0 To 25 do
    begin
        s := Chr(i + 65) + ':\';
        typ := GetDriveType(PChar(s));
        If Typ <> 0 Then Case Typ of
        DRIVE_REMOVABLE : begin
                            NewItem := ListView1.Items.Add;
                            NewItem.Caption := Chr(i + 65) + ': Diskette';
                            NewItem.ImageIndex := 0;
                          end;
        DRIVE_FIXED     : begin
                            NewItem := ListView1.Items.Add;
                            NewItem.Caption := Chr(i + 65) + ': Festplatte';
                            NewItem.ImageIndex := 1;
                          end;
        DRIVE_CDROM     : begin
                            NewItem := ListView1.Items.Add;
                            NewItem.Caption := Chr(i + 65) + ': CDROM';
                            NewItem.ImageIndex := 4;
                          end;
        DRIVE_RAMDISK   : begin
                            NewItem := ListView1.Items.Add;
                            NewItem.Caption := Chr(i + 65) + ': RAMDisk';
```

Grundlagen

Oberfläche

Grafik

Multimedia

Datei

Datenbank

SQL/ADO

Report

Objekte

OLE/DDE

Peripherie

System

Desktop

Technik

Sonstiges

```
                              NewItem.ImageIndex := 2;
                        end;
          DRIVE_REMOTE    : begin
                              NewItem := ListView1.Items.Add;
                              NewItem.Caption :=  Chr(i + 65) + ': Netzlaufwerk';
                              NewItem.ImageIndex := 3;
                        end;
          end;
      end;
end;
```

Hinweis: Beachten Sie, dass CD-Laufwerke, die als Netzlaufwerke eingebunden sind, nicht erkannt werden. Der Rückgabewert ist in diesem Fall DRIVE_REMOTE und nicht DRIVE_CDROM.

R152 ... Laufwerksinformationen ermitteln?

Das folgende Rezept ist eine Fortsetzung seines Vorgängers. Neben dem Laufwerkstyp interessieren uns in diesem Fall noch

- Volumenname
- Dateisystem
- maximale Länge von Dateinamen
- Seriennummer
- freier Speicher
- Gesamtgröße

Wir werden uns dazu der API-Funktionen *GetVolumeInformation* bzw. *GetDiskFreeSpace* bedienen.

Die Funktion *GetDiskFreeSpace* liefert keinen Wert, sondern lediglich Informationen über den Festplattenaufbau sowie die Anzahl der freien Sektoren. Wir werden also etwas rechnen müssen. Die Abbildung auf der folgenden Seite zeigt das Grundprinzip der Festplattenverwaltung.

Ein Cluster verwaltet mehrere Sektoren, diese wiederum bestehen aus einer bestimmten Anzahl von Bytes (meist 512). Die Anzahl der Sektoren pro Cluster ist abhängig vom Dateisystem und der Festplatten- bzw. Partitionsgröße. Eine 1,6 GByte große Festplatte, die mit dem FAT-Dateisystem formatiert ist, verwaltet 64 Sektoren pro Cluster zu je 512 Byte. Da jede Datei mindestens einen Cluster belegt, ergibt sich aus obigen Beziehungen ein minimaler Platzbedarf von 32768 Bytes. Dies gilt auch, wenn die Datei leer ist (eine ungeheure Platzverschwendung!).

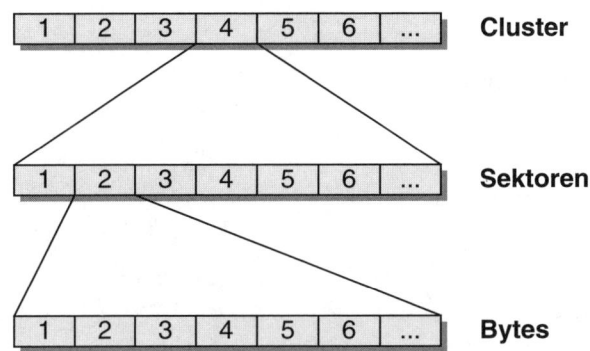

Grundlagen

Oberfläche

Grafik

Multimedia

Datei

Datenbank

SQL/ADO

Report

Objekte

OLE/DDE

Peripherie

System

Desktop

Technik

Sonstiges

Wer seine Festplatte effektiver verwalten will, sollte eine kleinere Partitionsgröße wählen oder die Festplatte mit dem NTFS- oder dem FAT32-Dateisystem formatieren (weniger Sektoren pro Cluster).

Oberfläche

Erweitern Sie das Formular um ein *StringGrid* zur Anzeige der Detailinformationen:

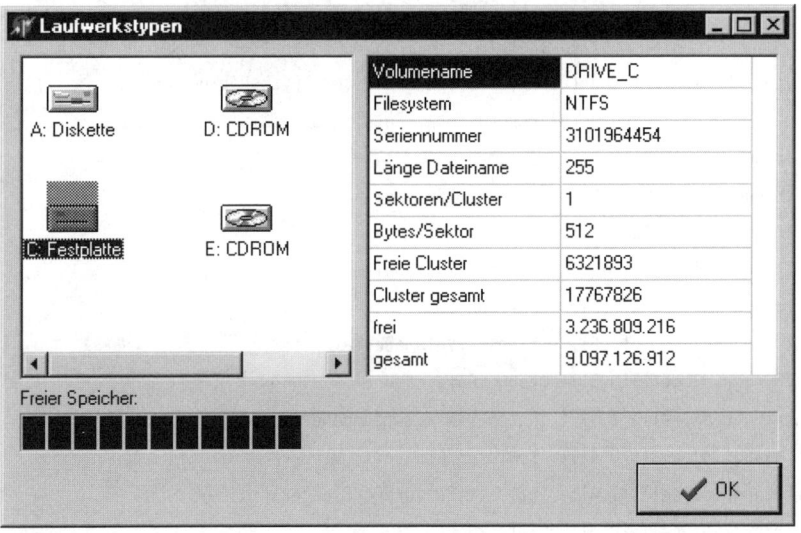

Quelltext

Auf die Funktion zum Füllen der *ListView*-Komponente wollen wir an dieser Stelle nicht noch einmal eingehen (siehe dazu vorhergehendes Rezept).

Mit dem Klick auf eines der dargestellten Laufwerkssymbole werden die Detailinformationen angezeigt:

```
procedure TForm1.ListView1Click(Sender: TObject);
var root : string;
    VolumeNameBuffer,
    FileSystemNameBuffer : PChar;
    VolumeSerialNumber,
    FileSystemFlags,
    MaximumComponentLength : DWORD;
    SectorsPerCluster,
    BytesPerSector,
    NumberOfFreeClusters,
    TotalNumberOfClusters : DWORD;


begin
    root := copy(listview1.selected.caption, 1,1) + ':\';
```

Die beiden Puffer müssen initialisiert werden:

```
    VolumeNameBuffer:= StrAlloc(256);
    FileSystemNameBuffer := StrAlloc(256);
    if GetVolumeInformation(PChar(root), VolumeNameBuffer,255,
                     VolumeSerialNumber, MaximumComponentLength,
                        FileSystemFlags, FileSystemNameBuffer, 255) then begin
    GetDiskFreeSpace(PChar(root), SectorsPerCluster, BytesPerSector,
                     NumberOfFreeClusters, TotalNumberOfClusters);
    stringgrid1.cells[0,0]:= 'Volumename';
    stringgrid1.cells[1,0]:= VolumeNameBuffer;
    stringgrid1.cells[0,1]:= 'Filesystem';
    stringgrid1.cells[1,1]:= FileSystemNameBuffer;
    stringgrid1.cells[0,2]:= 'Seriennummer';
    stringgrid1.cells[1,2]:= inttostr(VolumeSerialNumber);
    stringgrid1.cells[0,3]:= 'Länge Dateiname';
    stringgrid1.cells[1,3]:= inttostr(MaximumComponentLength);
    stringgrid1.cells[0,4]:= 'Sektoren/Cluster';
    stringgrid1.cells[1,4]:= inttostr(SectorsPerCluster);
    stringgrid1.cells[0,5]:= 'Bytes/Sektor';
    stringgrid1.cells[1,5]:= inttostr(BytesPerSector);
    stringgrid1.cells[0,6]:= 'Freie Cluster';
    stringgrid1.cells[1,6]:= inttostr(NumberOfFreeClusters);
    stringgrid1.cells[0,7]:= 'Cluster gesamt';
    stringgrid1.cells[1,7]:= inttostr(TotalNumberOfClusters);
    stringgrid1.cells[0,8]:= 'frei ';
```

```
        frei := SectorsPerCluster * BytesPerSector;
        frei := frei * NumberOfFreeClusters;
        stringgrid1.cells[0,8]:= 'frei ';
        stringgrid1.cells[1,8]:= format('%-20.0n',[frei]);
        gesamt:=SectorsPerCluster * BytesPerSector;
        gesamt := gesamt * TotalNumberOfClusters;
        stringgrid1.cells[0,9]:= 'gesamt ';
        stringgrid1.cells[1,9]:= format('%-20.0n',[gesamt]);
```

Falls auf das Laufwerk nicht zugegriffen werden kann, soll die Liste gelöscht werden:

```
    end else for i := 0 to 9 do begin
        stringgrid1.cells[0,i]:= '';stringgrid1.cells[1,i]:= '';
    end;
```

Nicht vergessen, den Speicher wieder freizugeben:

```
    Strdispose(VolumeNameBuffer);
    strdispose(FileSystemNameBuffer);
end;
```

Ergänzung

Natürlich hätten wir den verfügbaren und den freien Speicher auch mit den Delphi-Funktionen *DiskFree* und *DiskSize* ermitteln können, aber so haben wir gleich noch einen Blick auf die Struktur des Dateisystems geworfen.

R153 ... testen, ob ein Verzeichnis existiert?

Möchten Sie prüfen, ob ein Verzeichnis tatsächlich vorhanden ist, verwenden Sie die folgende Funktion:

```
function DirExists(s: string): Boolean;
var i: Integer;
begin
  i := GetFileAttributes(PChar(s));
  Result := (i <> -1) and (FILE_ATTRIBUTE_DIRECTORY and i <> 0)
end;
```

Oberfläche

Zum Austesten der Funktion platzieren Sie eine Edit-Komponente und einen *Button* auf dem Startformular.

Grundlagen

Oberfläche

Grafik

Multimedia

Datei

Datenbank

SQL/ADO

Report

Objekte

OLE/DDE

Peripherie

System

Desktop

Technik

Sonstiges

Quelltext

Außer der obigen Funktion kopieren Sie noch folgenden Code:

```
procedure TForm1.Button1Click(Sender: TObject);              // Test
begin
 if not DirExists(Edit1.Text) then
    if MessageDlg('Das Verzeichnis ist nicht vorhanden!' + #10
       + 'Wollen Sie es neu anlegen?', mtConfirmation,
       [mbYes, mbNo],0) = mrYes then MkDir(EDit1.Text)
end;
```

Test

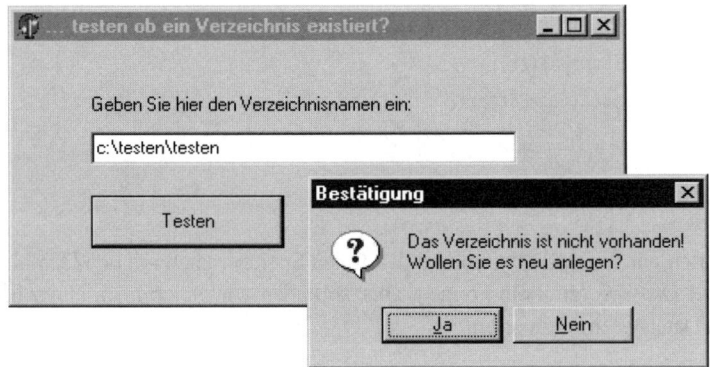

R154 ... ein Verzeichnis anlegen?

Delphi stellt zwar den Befehl *MkDir* zur Verfügung, das gleichzeitige Erstellen mehrerer Verzeichnisse ist damit jedoch nicht möglich.

Beispiel: Die folgende Anweisung führt zu einem Fehler:

```
MkDir 'c:\test1\test2\test4\test5'
```

In einigen Fällen braucht man jedoch eine derartige Funktion (Installationsprogramm). Die folgende Routine ermöglicht das Erstellen von mehreren Unterverzeichnissen:

```
function MkDirEx(bez: string): boolean;
var verz : string;
    er   : integer;

begin
 if copy(bez,length(bez),1) <> '\' then bez := bez + '\';
 result := False;
```

```
verz := copy(bez,1,2);  delete(bez,1,3);
while length(bez) > 0 do begin
  verz := verz + '\' + copy(bez,1,pos('\',bez)-1);
  delete(bez,1,pos('\',bez));
  {$i-}
    mkdir(verz);
  {$i+}
  case IOresult of
      0, 183 : begin end;
      else exit
  end;
end;
result := True;
end;
```

R155 ... Dateien suchen und ihre Attribute anzeigen?

In der Unit *SysUtils* sind auch die Funktionen *FindFirst* und *FindNext* enthalten, mit denen man dem Problem der Dateisuche auf den Leib rücken kann.

Oberfläche

Neben einer Edit-Komponente brauchen wir acht Panels und zwei Schaltflächen:

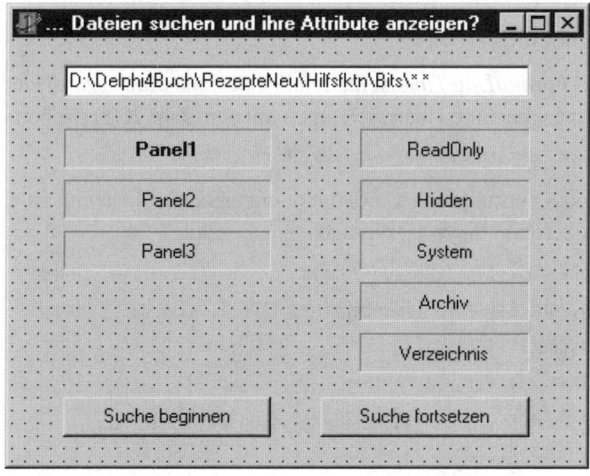

Es erleichtert den späteren Programmtest, wenn Sie der *Text*-Eigenschaft von *Edit1* einen gültigen Suchpfad zuweisen:

Grundlagen

Oberfläche

Grafik

Multimedia

Datei

Datenbank

SQL/ADO

Report

Objekte

OLE/DDE

Peripherie

System

Desktop

Technik

Sonstiges

Quelltext

Im *interface*-Abschnitt von Unit1 erweitern wir die Typdeklaration von *TForm1* um eine private Methode, welche sich um die Anzeige der Dateiattribute kümmert:

```
private
    procedure display;
    ...
```

Wir hätten *display* natürlich auch als einfache lokale Prozedur implementieren können, aber mit der gewählten Variante können wir einfacher auf die Felder von *TForm1* zugreifen (anstatt *Form1.Panel1* braucht z.B. nur noch *Panel1* geschrieben zu werden, s.u.).

Nun zum *implementation* Abschnitt: Die Funktionen *FindFirst* und *FindNext* verlangen einen strukturierten Übergabeparameter vom Typ *TSearchRec*:

```
var  searchRec: TSearchRec;
```

Die *display*-Methode:

```
procedure TForm1.display;
var dat: TDateTime;
begin
 with searchRec do begin
    Panel1.Caption := Name;
    Panel2.Caption := IntToStr(Size) + ' Byte';
```

Bei weitem nicht so harmlos gestaltet sich das Auslesen des Datum-/Zeitstempels, der noch das alte DOS-Format (*Integer*) aufweist. Die Delphi4-Hilfe zu *TSearchRec* schweigt sich zu diesem wahrscheinlich heiklen Thema aus und erst nach längerem Suchen kommt man auf die rettende Funktion:

```
    dat := FileDateToDateTime(Time);
```

Auch das folgende *FormatDateTime* sollte man keinesfalls durch *DateTimeToStr* ersetzen, da man sonst höchst unangenehme Überraschungen mit dem Jahr 2000 erleben kann.

```
    Panel3.Caption := FormatDateTime('d/m/yyyy h:nn', dat);
```

Durch bitweise UND-Verknüpfung werden nun die einzelnen Dateiinformationen aus *search-Rec.Attr* herausgefiltert und durch Hervorhebung angezeigt:

```
    if (Attr AND faReadOnly) = faReadOnly then
            Panel4.Font.Style := [fsUnderline, fsBold] else
            Panel4.Font.Style := [];
    if (Attr AND faHidden) = faHidden then
            Panel5.Font.Style := [fsUnderline, fsBold]  else
            Panel5.Font.Style := [];
    if (Attr AND faSysFile) = faSysFile then
            Panel6.Font.Style := [fsUnderline, fsBold]  else
            Panel6.Font.Style := [];
    if (Attr AND faArchive) = faArchive then
```

```
            Panel7.Font.Style := [fsUnderline, fsBold]  else
            Panel7.Font.Style := [];
    if (Attr AND faDirectory) = faDirectory then
            Panel8.Font.Style := [fsUnderline, fsBold] else
            Panel8.Font.Style := [];
  end
end;
```

Zum theoretischen Hintergrund von Bitoperationen siehe

☞   R29 ... einen Wert auf Bit-Ebene manipulieren?

Der Button "Suche starten":

```
procedure TForm1.Button1Click(Sender: TObject);
begin
  if FindFirst(Edit1.Text, faAnyFile, searchRec) = 0 then begin
    display;
    Button2.Enabled := True
  end else begin
    Beep;
    ShowMessage('Nichts gefunden!');
    Button2.Enabled := False
  end
end;
```

Der Button "Suche fortsetzen":

```
procedure TForm1.Button2Click(Sender: TObject);
begin
  if (FindNext(searchRec) = 0)   then display
end;
```

Test

Starten Sie das Programm und geben Sie einen gültigen Pfadnamen und einen Platzhalter für Dateinamen und Dateiextension ein, z.B. *D:\Programme*.**. Klicken Sie dann "Suche beginnen" und anschließend "Suche fortsetzen". Die jeweils zutreffenden Dateiattribute werden rechts durch Unterstreichung und Fettschrift angezeigt:

Falls die Meldung "Nichts gefunden!" erscheint, existiert der von Ihnen eingegebene Pfadname nicht.

Grundlagen

Oberfläche

Grafik

Multimedia

Datei

Datenbank

SQL/ADO

Report

Objekte

OLE/DDE

Peripherie

System

Desktop

Technik

Sonstiges

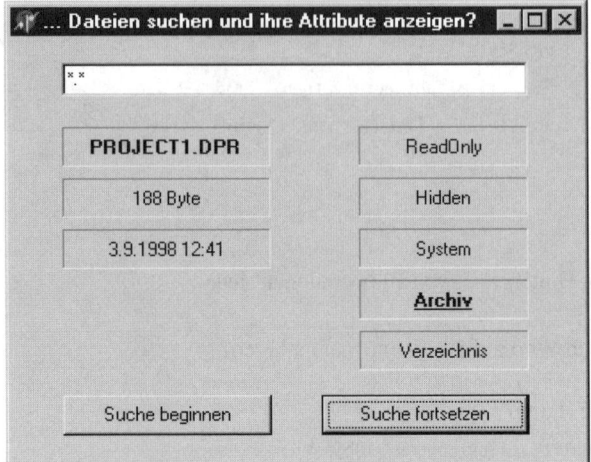

Bemerkungen

▨   Durch Einbinden eines Dateidialogs ließe sich die manuelle Pfadeingabe erleichtern.

▨   Es wird empfohlen, nach Beenden der Suchaktion die belegten Ressourcen mit *FindClose(searchRec)* wieder freizugegeben.

R156 ... nach Dateien rekursiv suchen?

Haben Sie eine Datei "verlegt", oder möchten Sie z.B. alle BAK-Dateien eines Laufwerks oder eines Verzeichnisses löschen, dann benötigen Sie das folgende Programm.

Oberfläche

Die Oberfläche gliedert sich in Verzeichnisauswahl (*Treeview*) und die Such-/Löschfunktionen (*Listbox*, 3 *Bitbutton*s und eine *Edit*-Komponente).

Wie Sie die *Treeview*-Komponente mit Verzeichnis- und Laufwerksnamen füllen, ist in

☞   R160 ... einen Verzeichnisbaum darstellen?

ausführlich beschrieben.

Die Verzeichnisauswahl bestimmt lediglich das Startverzeichnis für den Suchvorgang. Das Programm durchsucht alle Unterverzeichnisse nach Dateien, die der Suchmaske in *Edit1* entsprechen. Zulässige Platzhalter sind "?" und "*".

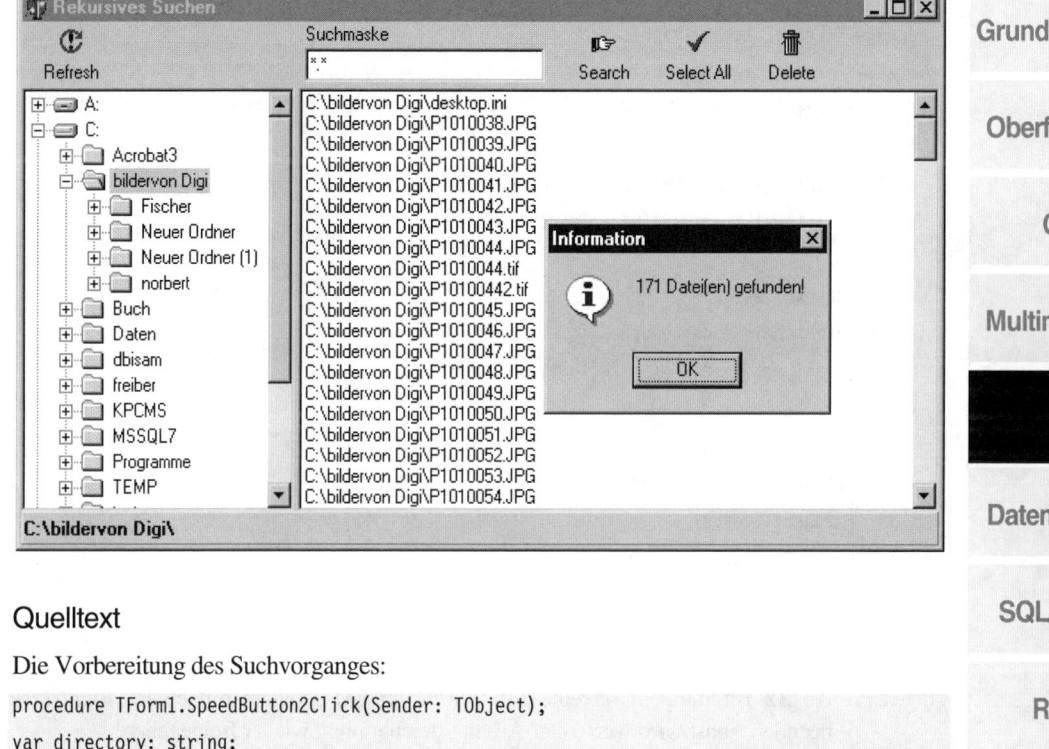

Grundlagen

Oberfläche

Grafik

Multimedia

Datei

Datenbank

SQL/ADO

Report

Objekte

OLE/DDE

Peripherie

System

Desktop

Technik

Sonstiges

Quelltext

Die Vorbereitung des Suchvorganges:

```
procedure TForm1.SpeedButton2Click(Sender: TObject);
var directory: string;
begin
  count := 0;
  screen.cursor := crHourGlass;
  listbox1.items.clear;
  directory := directorylistbox1.directory;
  if directory[length(directory)]<>'\' then directory := directory + '\';
  getAllFiles(directory+edit1.text);
  screen.cursor := crDefault;
  MessageDlg(inttostr(count)+' Datei(en) gefunden!',mtInformation, [mbOk],0);
end;
```

Die eigentliche Suchfunktion ruft sich selbst rekursiv auf, wenn ein Unterverzeichnis gefunden wurde. Der Code hätte noch kürzer ausfallen können, im Interesse der Lesbarkeit wurden jedoch einige zusätzliche Anweisungen eingefügt:

```
procedure GetAllFiles(mask:string);
var Search: TSearchrec;
    verz  : string;
    such  : string;
```

```
begin
  such := ExtractFileName(mask);
  verz := ExtractFilepath(mask);
  if verz[length(verz)]<>'\' then verz := verz + '\';
{ alle Dateien suchen }
  if FindFirst(mask, $23, Search)= 0 then repeat
    form1.listbox1.items.add(verz+Search.Name);
    inc(count);
  until FindNext(Search)<>0;
  { Unterverzeichnisse durchsuchen }
  if FindFirst(verz + '*.*',fadirectory, Search)= 0 then begin
   repeat
     if((search.attr and fadirectory)=fadirectory)and(search.name[1]<>'.') then
         GetAllFiles(verz+ Search.Name + '\' + such);
    until FindNext(Search) <> 0;
    FindClose(Search);
  end;
end;
```

Hinweis: Ab 32 Bit müssen Sie eine *FindFirst/FindNext*-Sequenz mit einem *FindClose* beenden, sonst wird wertvoller Arbeitsspeicher nicht wieder freigegeben!

Wurden Dateien gefunden, werden diese im Listenfeld angezeigt. Da die *MultiSelect*-Eigenschaft auf *True* gesetzt ist, können Sie eine oder mehrere Dateien auswählen und löschen. Das Löschen der Dateien bereitet keinerlei Schwierigkeiten, die Aktualisierung des Listenfeldes hingegen ist etwas diffizil. Löschen Sie einen Eintrag, ist die Gesamtzahl der Einträge natürlich kleiner geworden, der nächste Item "rutscht" auf die aktuelle Position. Würden wir in einer For-Schleife die Liste auf "Selected" prüfen, wird jeder zweite Eintrag ausgelassen.

```
procedure TForm1.SpeedButton1Click(Sender: TObject);
var i : word;
    f : file;
    s : TStrings;
begin
  if messageBox(0,'Alle markierten Dateien löschen?','Frage',36)= 6 then begin
      i := 0;
      while i < listbox1.items.count do begin
          if listbox1.selected[i] then begin
              if not Deletefile(listbox1.items.strings[i]) then begin
                  MessageDlg('Datei ' + listbox1.items.strings[i] +
                  ' konnte nicht gelöscht werden!', mtError, [mbOk], 0);
```

```
            inc(i);
        end else listbox1.items.delete(i);
      end else inc(i);
    end;
    listbox1.update;
  end;
end;
```

Das Programm um weitere Funktionen zu erweitern, dürfte keine Schwierigkeit sein. Sie könnten zum Beispiel auch die Ausführung eines Programms für alle selektierten Dateien ermöglichen (Datei-Konverter etc.).

R157 ... einen Dateibetrachter realisieren?

Geht es Ihnen auch so, Sie haben dutzende Grafiken auf diversen Festplatten und in verschiedenen Unterverzeichnissen abgespeichert und finden nicht die richtige?

Um diesem Missstand abzuhelfen, wurde das Programm "Fileviewer" geschrieben, das neben den oben erwähnten Funktionen zum Betrachten auch das gezielte Löschen bzw. den Datenaustausch über die Zwischenablage unterstützt.

Angezeigt werden folgende Dateitypen: WMF, BMP, JPG, ICO, TXT, INI, PAS, BAS, BAT, CMD.

Oberfläche

Der grundsätzliche Aufbau der Oberfläche lässt sich der folgenden Abbildung entnehmen:

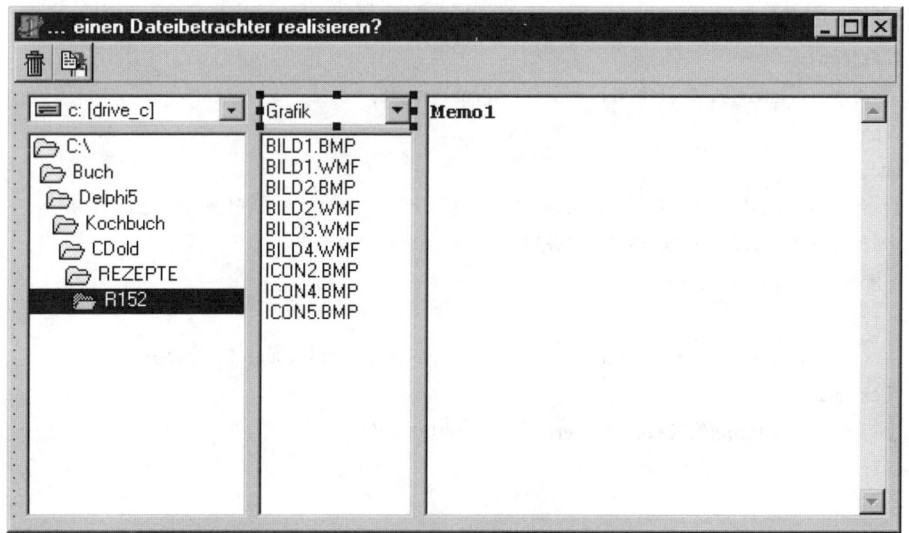

Sie brauchen eine *FileListbox*, eine *DirectoryListbox* und eine *DriveCombobox*. Verknüpfen Sie diese über die Eigenschaften *FileList* und *DirList*. Zur Anzeige verwenden Sie eine *Image*-Komponente (*AutoSize=False*, *Stretch=True*) oder ein *Memofeld* (*ScrollBars=ssVertical*, *WordWrap=True*). Die *Image*-Komponente schließen Sie in eine *Scrollbox* ein, um auch größere Grafiken darstellen zu können. Da *Memofeld* und *Image* übereinanderliegen, muss eine Komponente zeitweilig ausgeblendet sein. Setzen Sie die *Visible*-Eigenschaft des Memofeldes auf *False*. Für die Werkzeugleiste benötigen Sie zwei *SpeedButtons* (Seite "Zusätzlich" der Komponentenpalette), mit denen wir Dateien löschen bzw. Inhalte in die Zwischenablage kopieren können.

Quelltext

Mit dem Klick auf einen Eintrag in der *FileListbox* soll die Datei angezeigt werden. Je nach Typ laden wir die Datei in das *Image* bzw. in das *Memo*.

```
procedure TForm1.FileListBox1Click(Sender: TObject);
var FileExt: string[4];
begin
  FileExt := UpperCase(ExtractFileExt(FileListBox1.Filename));
  if (FileExt='.BMP')or(FileExt='.ICO')or(FileExt='.WMF')or(FileExt='.JPG') then begin
    Memo1.Visible := False;
    try
      Image1.Picture.LoadFromFile(FileListBox1.Filename);
      if (FileExt = '.BMP') then Form1.Image1.Picture := Image1.Picture;
      if FileExt = '.ICO' then Icon := Image1.Picture.Icon;
      if FileExt = '.WMF' then Form1.Image1.Picture.Metafile := Image1.Picture.Metafile;
```

Auf eine Fehlerbehandlung können wir auf keinen Fall verzichten, da beim Laden der Grafikdateien reichlich Fehlermöglichkeiten vorhanden sind.

```
    except
        MessageBox(0,'Grafik fehlerhaft','Problem',16)
    end
  end;
  if (FileExt='.TXT') Or (FileExt='.PAS') Or (FileExt='.INI') Or (FileExt='.BAT') Or
    (FileExt='.CMD') Or (FileExt='.BAS') then begin
    Memo1.Visible := True;
    try
        Memo1.Lines.Clear;   Memo1.Lines.LoadFromFile(FileListBox1.Filename)
    except
        MessageBox(0,'Datei fehlerhaft','Problem',16)
    end
  end
end;
```

Beim Kopieren aus dem Memofeld ist zu beachten, dass entweder schon Text markiert ist (dann wird nur dieser kopiert) oder dass alles kopiert werden soll (keine Auswahl).

Grundlagen

Oberfläche

Grafik

Multimedia

Datei

Datenbank

SQL/ADO

Report

Objekte

OLE/DDE

Peripherie

System

Desktop

Technik

Sonstiges

```
procedure TForm1.SpeedButton2Click(Sender: TObject);  // Kopieren im Zwischenablage
begin
    if Memo1.Visible then begin  { Text }
        if Memo1.SelLength= 0 then Memo1.SelectAll;
        Memo1.CopyToClipboard;
    end else begin  { grafik }
        Clipboard.Assign(Image1.Picture)
    end
end;
```

Das Löschen von Dateien gestaltet sich naturgemäß etwas aufwendiger. Ist die Frage nach dem Löschen mit *Ja* beantwortet worden, wird die gesamte Dateiliste durchlaufen. Jeder markierte Eintrag (*Selected[i] = True*) kann gelöscht werden.

Hinweis: Verzichten Sie nicht auf die Fehlerprüfung, die Datei kann auch schreibgeschützt sein.

```
procedure TForm1.SpeedButton1Click(Sender: TObject);    // Dateien löschen
var i : Word;
    f : File;
    verz : string;
begin
    verz := DirectoryListBox1.Directory;
    if verz[Length(verz)] <> '\' then verz := verz + '\';
    if MessageBox(0,'Alle markierten Dateien löschen?','Frage',36)= 6 then begin
        for i:= 0 to FilelistBox1.Items.Count-1 do begin
            if FileListBox1.Selected[i] then begin
                AssignFile(F, verz + FileListBox1.Items.strings[i]);
                try
                    Erase(F)
                except
                    MessageDlg('File I/O error.', mtError, [mbOk], 0)
                end
            end
        end;
        FileListBox1.Update
    end
end;
end.
```

Test

Besichtigen Sie nicht nur diverse Text- und Grafikdateien, sondern probieren Sie auch das Kopieren von Grafiken bzw. selektiertem Text in die Zwischenablage:

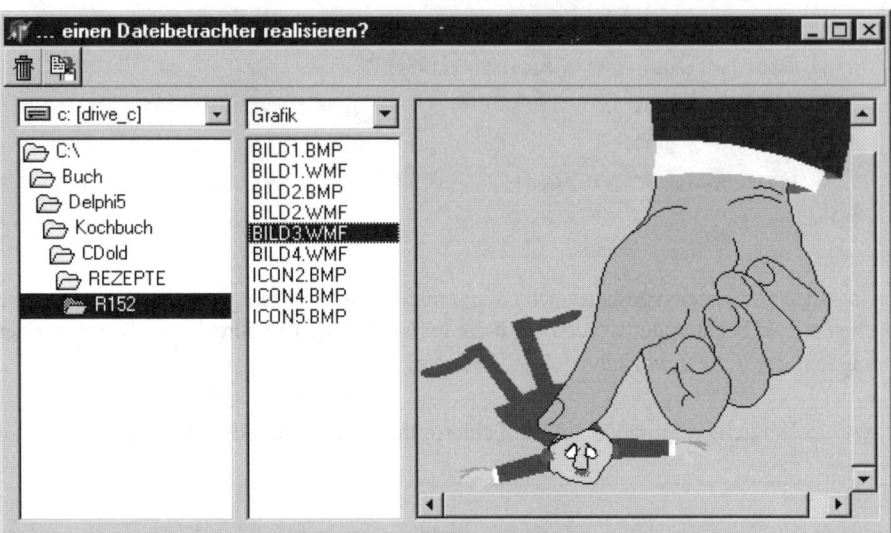

R158 ... den freien Diskettenspeicher ermitteln?

Für den Datenbankprogrammierer ist häufig auch der frei verfügbare Festplattenspeicher interessant. Das folgende kleine Beispielprogramm zeigt, wie Sie sowohl den gesamt verfügbaren als auch den freien Speicher bestimmen und anzeigen können.

Oberfläche

Die Oberfläche besteht aus einer *DriveComboBox* zur Auswahl des aktuellen Laufwerks, zwei *Labeln* zur Anzeige der Messwerte sowie einer *Gauge*-Komponente.

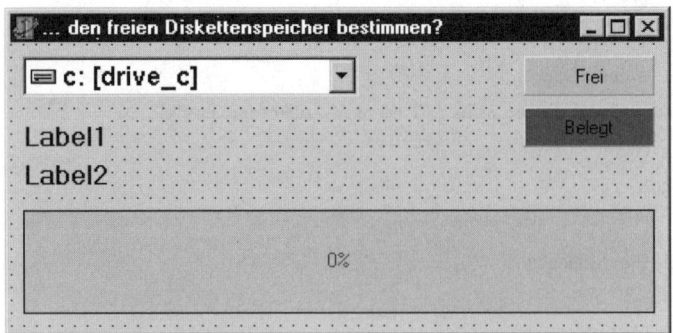

Quelltext

Der einzige Quelltext, den Sie hinzufügen müssen, ist mit dem *DriveComboBox-Click*-Event verknüpft.

Im Wesentlichen geht es darum, den ersten Buchstaben (den Laufwerksbuchstaben) aus dem zurückgegebenen String zu extrahieren.

Diesen wandeln Sie mit der Funktion *Ord* in den ANSI-Wert um, da die Funktionen *DiskFree* und *DiskSize* als Übergabewert die Nummer des Laufwerks benötigen (0 = aktuelles Laufwerk, 1 = Lw. A:, 2 = Lw. B: ...).

```
procedure TForm1.DriveComboBox1Click(Sender: TObject);
var s    :string[255];
    frei,
    gesamt: Double;
begin
    s := UpperCase(DriveCombobox1.Drive);
    frei := DiskFree(Ord(s[1])-64);
    gesamt:= DiskSize(Ord(s[1])-64);
    Label1.Caption := Format('Frei    : %12.0n',[frei]);
    Label2.Caption := Format('Gesamt: %12.0n',[gesamt]);
    Gauge1.Progress :=Round((gesamt-frei)/gesamt*100)
end;
```

Für die Ausgabe wurden die Werte in Prozent umgerechnet.

Test

Starten Sie das Programm und probieren Sie die Funktion aus.

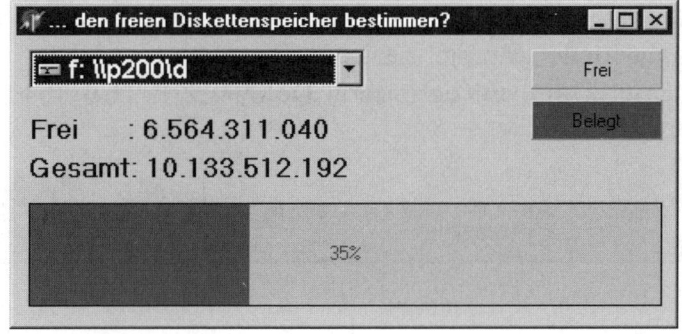

Testen Sie was passiert, wenn Sie auf ein nicht verfügbares Laufwerk zugreifen.

Grundlagen

Oberfläche

Grafik

Multimedia

Datei

Datenbank

SQL/ADO

Report

Objekte

OLE/DDE

Peripherie

System

Desktop

Technik

Sonstiges

R159 ... das Anwendungsverzeichnis bestimmen?

Mit der Prozedur *GetDir* (Unit *System*) lässt sich dieses Problem in den Griff bekommen.

Oberfläche

Auf einem Formular platzieren Sie ein Label.

Quelltext

```
procedure TForm1.FormCreate(Sender: TObject);
var verz: string;
begin
 GetDir(0, verz);
 Label1.Caption := 'Das aktuelle Verzeichnis ist ' + verz
end;
```

Der erste Parameter, welcher der Funktion *GetDir* übergeben wird, kann außer 0 (aktuelles Laufwerk) auch einen der folgenden Werte annehmen: 1 = Laufwerk A, 2 = Laufwerk B, 3 = Laufwerk C.

Hinweis: *GetDir* führt keine Fehlerprüfung durch!

Test

Bei Programmstart wird das aktuelle Verzeichnis angezeigt:

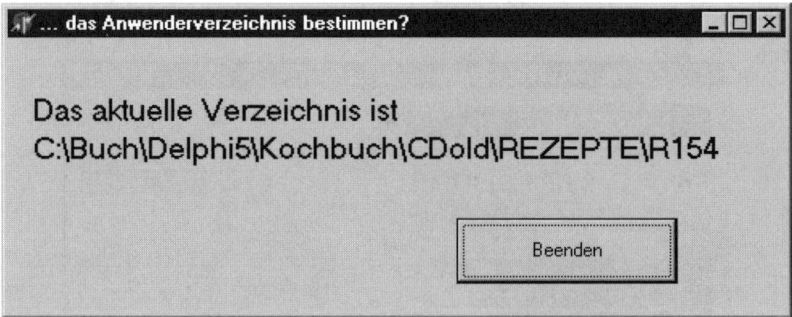

Bemerkung

Eine weitere Variante zur Bestimmung des aktuellen Verzeichnisses ist der Einsatz der Funktion *ExtractFilePath*, siehe dazu

☞   R180 ... auf den Alias verzichten?

R160 ... einen Verzeichnisbaum darstellen?

Möchten Sie den Nutzern Ihrer Programme auch eine komfortable Treeview des Verzeichnisbaums zur Verfügung stellen, statt die recht triste *DirectoryListbox* zu verwenden? Dann sind Sie hier genau richtig. Das folgende Beispiel zeigt Ihnen, wie Sie einerseits alle verfügbaren Laufwerke anzeigen und andererseits die Baumansicht aufbauen und später auswerten können.

An dieser Stelle möchten wir Ihnen allerdings zwei Varianten anbieten, eine, die vollständig auf Delphi-Komponenten beruht, die zweite nutzt die Möglichkeiten des Windows-Shell-Interface. Die jeweiligen Vorteile dürften auf der Hand liegen: Die Delphi-Variante ist etwas aufwendiger, bietet dafür jedoch eine vollständige Integration in Ihre Anwendung. Die Shell-Variante bietet sich für einfache Dialoge an.

Oberfläche (Delphi-Variante)

Platzieren Sie in einem Formular eine Treeview-Komponente (*Align=alClient*) sowie zwei Panels (*Align = alBottom* bzw. *alTop*) und einen Button, mit dem später die Anzeige aktualisiert werden kann.

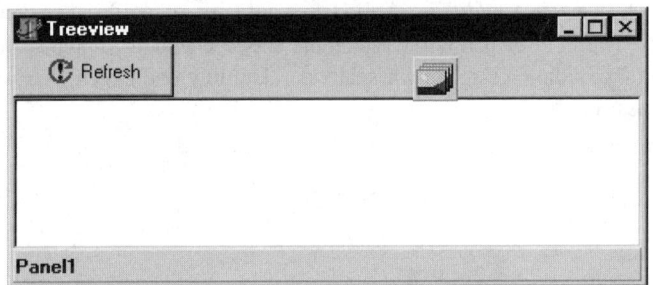

Alternativ könnten Sie auch das Rezept

☞   R163 ... Änderungen in einem Verzeichnis überwachen?

entsprechend anpassen, um den Baum zu aktualisieren.

Quelltext (Delphi-Variante)

Wie Sie dem Umfang der folgenden Listings entnehmen können, ist die Lösung des Problems nicht ganz trivial, etwas Code müssen Sie schon schreiben. Wer Lust hat, kann den folgenden Quellcode auch dazu verwenden, eine entsprechende Komponente zu programmieren.

Die folgende Hilfsfunktion ermöglicht uns, den kompletten Pfad aus der Baumansicht auszulesen.

```
function getdirstr(node:TTreeNode):string;
var s:string;
    nx: TtreeNode;
```

Grundlagen

Oberfläche

Grafik

Multimedia

Datei

Datenbank

SQL/ADO

Report

Objekte

OLE/DDE

Peripherie

System

Desktop

Technik

Sonstiges

```
begin
    result := '';
    if node = nil then exit;
    s := node.text;
    nx := node;
    while nx.parent <> nil do begin
        nx := nx.parent;
        s := nx.text + '\' + s;
    end;
    result := s + '\';
end;
```

Dazu werden, ausgehend vom gerade aktuellen *TreeNode*-Objekt, alle übergeordneten *Tree-Node*-Objekte (*Parent*) durchlaufen bis die Wurzel (*Nil*) erreicht ist. Der Rückgabewert ist ein String mit dem gewählten Verzeichnis.

Bevor es jedoch soweit ist, muss der Baum erst einmal aufgebaut werden. Den ersten Schritt macht die folgende Prozedur, die alle Laufwerke ermittelt und in den Baum einträgt. Vielleicht wundern Sie sich über die *ChildItems*, die jedem Laufwerk zugeordnet werden. Die Antwort ist recht einfach: Damit erreichen wir, das sich die entsprechenden Knoten später expandieren lassen (vor dem Expandieren löschen wir später den Dummy und tragen die real existierenden Unterverzeichnisse ein).

```
procedure TForm1.BaumEinlesen;
var   nc : TTreeNode;
      i,typ : integer;
      s :string;
begin
    Treeview1.items.clear;
    For i := 0 To 25 do  begin
      s :=  Chr(i + 65) + ':\';
      typ := GetDriveType(PChar(s));
      If Typ <> 0 Then Case Typ of
        DRIVE_REMOVABLE : begin
                          nc := Treeview1.items.AddChild(nil,Chr(i + 65) + ':');
                          nc.imageindex := 4;
                          nc.selectedindex := 4;
                          Treeview1.items.AddChild(nc,'y');
                        end;
        DRIVE_FIXED     : begin
                          nc := Treeview1.items.AddChild(nil,Chr(i + 65) + ':');
                          nc.imageindex := 1;
                          nc.selectedindex := 1;
```

```
                              Treeview1.items.AddChild(nc,'y');
                    end;
        DRIVE_CDROM   : begin
                    nc := Treeview1.items.AddChild(nil,Chr(i + 65) + ':');
                    nc.imageindex := 2;
                    nc.selectedindex := 2;
                    Treeview1.items.AddChild(nc,'y');
                    end;
        DRIVE_RAMDISK : begin
                    nc := Treeview1.items.AddChild(nil,Chr(i + 65) + ':');
                    nc.imageindex := 1;
                    nc.selectedindex := 1;
                    Treeview1.items.AddChild(nc,'y');
                    end;
        DRIVE_REMOTE  : begin
                    nc := Treeview1.items.AddChild(nil,Chr(i + 65) + ':');
                    nc.imageindex := 3;
                    nc.selectedindex := 3;
                    Treeview1.items.AddChild(nc,'y');
                    end;
        end;
    end;
end;
```

Ausgehend vom ausgewählten *TreeNode*-Objekt und damit vom gerade gewählten Verzeichnis werden mit der folgenden Prozedur die Unterverzeichnisse bestimmt.

```
Procedure TForm1.FillTree(n : TTreeNode);
var path : string;
    search : TSearchrec;
    nc : TTreeNode;

begin
    if n = nil then exit;
    path := Getdirstr(n);
    if findfirst(path + '*.*',faDirectory,search) = 0 then repeat
        if ((search.attr and fadirectory)=fadirectory)and
        (search.name <> '.')and(search.name <> '..') then
        begin
        nc := Treeview1.items.AddChild(n,search.name);
        nc.imageindex := 0;
```

Grundlagen / Oberfläche / Grafik / Multimedia / **Datei** / Datenbank / SQL/ADO / Report / Objekte / OLE/DDE / Peripherie / System / Desktop / Technik / Sonstiges

```
        nc.selectedindex := 0;
       // nc.overlayindex := 1;
        Treeview1.items.AddChild(nc,'y');
      end;
    until findnext(search)<>0;
    findclose(search);
end;
```

Hinweis: Vergessen Sie nicht, die *FindFist/Findnext*-Sequenz mit *FindClose* abzuschließen.

Beim Programmstart werden zuerst einmal alle Laufwerke eingelesen:

```
procedure TForm1.FormShow(Sender: TObject);
begin
    baumeinlesen;
end;
```

Vor dem Expandieren eines Baumzweiges wird der enthaltene Dummy gelöscht, gleichzeitig werden die eigentlichen Unterverzeichnisse ermittelt (auf diese Weise werden immer nur die unbedingt nötigen Unterverzeichnisse eingelesen).

```
procedure TForm1.TreeView1Expanding(Sender: TObject; Node: TTreeNode;
  var AllowExpansion: Boolean);
begin
  Treeview1.items.BeginUpdate;
  node.DeleteChildren;
  filltree(node);
  Treeview1.items.EndUpdate;
  if node.parent = nil then exit;
  node.selectedindex := 5;
  node.imageindex := 5;
end;
```

Jeder Wechsel im Baum hat eine Aktualisierung der Pfad-Anzeige zur Folge:

```
procedure TForm1.TreeView1Change(Sender: TObject; Node: TTreeNode);
begin
  panel1.caption := getdirstr(node);
end;
```

Der Refresh-Button:

```
procedure TForm1.SpeedButton2Click(Sender: TObject);
begin
    baumeinlesen;
end;
```

Test (Delphi-Variante)

Starten Sie das Programm, sollte der Baum bereits eingelesen werden.

Grundlagen

Oberfläche

Grafik

Multimedia

Datei

Datenbank

SQL/ADO

Report

Objekte

OLE/DDE

Peripherie

System

Desktop

Technik

Sonstiges

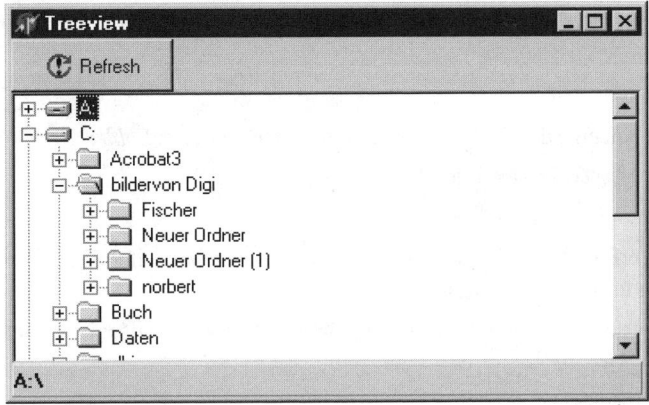

Oberfläche (Shell-Variante)

An dieser Stelle können wir uns sehr kurz fassen, Sie brauchen lediglich einen Button, um die im Folgenden vorgestellte Funktion starten zu können.

Quelltext (Shell-Variante)

Dreh- und Angelpunkt ist mal wieder die Einbindung der Unit *Shlobj* (der Name lässt schon darauf schließen, dass wir es mit OLE-Objekten zu tun bekommen):

```
uses shlobj;
```

Übergabewerte an unsere Funktion sind die Root, d.h. das Ausgangsverzeichnis für die Baumansicht sowie die Beschriftung der Dialogbox. Der Rückgabewert ist entweder leer (Abbruch-Button) oder er enthält den Pfad, der in der Baumansicht gewählt wurde.

```
function Getfolder(root:integer; Caption :string): string;
var bi          : TBROWSEINFO;
    lpBuffer    : PChar;
    pidlPrograms,
    pidlBrowse  : PItemIDList;
begin
```

Nach dem Erzeugen einer Item-Identifier-List (siehe dazu auch R51) können wir die BROWSEINFO-Struktur mit Daten füllen:

```
 if (not SUCCEEDED(SHGetSpecialFolderLocation(getactivewindow, root, pidlPrograms)))
    then exit;
 lpBuffer := StrAlloc(max_path);
 bi.hwndOwner := getactivewindow;
```

```
bi.pidlRoot := pidlPrograms;
bi.pszDisplayName := lpBuffer;
bi.lpszTitle := pChar(caption);
bi.ulFlags := BIF_RETURNONLYFSDIRS;
bi.lpfn := nil;
bi.lParam := 0;
```

Die eigentliche Anzeige der Dialogbox erfolgt mit *SHBrowseForFolder*:

```
pidlBrowse := SHBrowseForFolder(bi);
if (pidlBrowse <> nil) then begin
```

Ist der Aufruf erfolgreich gewesen, kann die zurückgegebene Item-Identifier-List in einen normalen String umgewandelt werden.

```
    if (SHGetPathFromIDList(pidlBrowse, lpBuffer)) then result:=lpBuffer;
  end;
  StrDispose(lpBuffer);
end;
```

Für den Aufruf der obigen Funktion können als *root* die folgenden Konstanten genutzt werden (die Bedeutung dürfte aus dem Namen ersichtlich sein):

```
CSIDL_DESKTOP                  = $0000;
CSIDL_PROGRAMS                 = $0002;
CSIDL_CONTROLS                 = $0003;
CSIDL_PRINTERS                 = $0004;
CSIDL_PERSONAL                 = $0005;
CSIDL_FAVORITES                = $0006;
CSIDL_STARTUP                  = $0007;
CSIDL_SENDTO                   = $0009;
CSIDL_BITBUCKET                = $000a;
CSIDL_STARTMENU                = $000b;
CSIDL_DESKTOPDIRECTORY         = $0010;
CSIDL_DRIVES                   = $0011;
CSIDL_NETWORK                  = $0012;
CSIDL_NETHOOD                  = $0013;
CSIDL_FONTS                    = $0014;
CSIDL_TEMPLATES                = $0015;
CSIDL_COMMON_STARTMENU         = $0016;
CSIDL_COMMON_PROGRAMS          = $0017;
CSIDL_COMMON_STARTUP           = $0018;
CSIDL_COMMON_DESKTOPDIRECTORY  = $0019;
CSIDL_APPDATA                  = $001a;
CSIDL_PRINTHOOD                = $001b;
```

Beim Füllen der Struktur BROWSEINFO sollten Sie den Parameter *ulFlags* nicht übersehen. Dieser entscheidet darüber, welche Auswahlen als gültig anzusehen sind. (Ist beispielsweise der Parameter BIF_RETURNONLYFSDIRS gewählt, lassen sich nur gültige Verzeichnisse, aber keine Computer oder Drucker auswählen, auch wenn diese angezeigt werden.) Aufschluss über die möglichen Parameter gibt die Online-Help.

Beispiel: Verwendung der Funktion

```
procedure TForm1.Button2Click(Sender: TObject);
begin
    caption := getfolder(CSIDL_DRIVES,'Wählen Sie einen Folder aus:');
end;
```

Test (Shell-Variante)

Beispiel: Parameter *root = CSIDL_DRIVES*

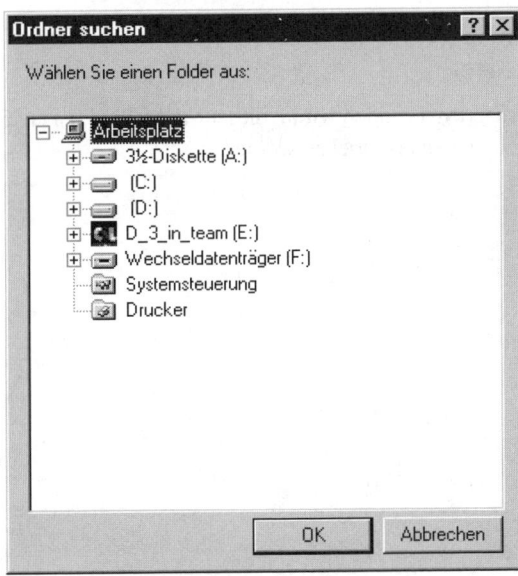

R161 ... Dateien kopieren?

Leider haben die Borland-Entwickler Delphi keine Routine zum Kopieren von Dateien "spendiert". Die im Folgenden vorgestellte Funktion erfüllt eben diese Aufgabe.

Soll mehr als eine Datei kopiert werden, verwenden Sie am besten die im Rezept

☞ R164 ... die Shellfunktionen zum Kopieren nutzen?

vorgestellte Funktion.

Grundlagen

Oberfläche

Grafik

Multimedia

Datei

Datenbank

SQL/ADO

Report

Objekte

OLE/DDE

Peripherie

System

Desktop

Technik

Sonstiges

Quelltext

Um den Arbeitsspeicher nicht unnötig zu strapazieren, reservieren wir diesen dynamisch. Übergeben Sie der Variablen *bufferSize* die Größe des Kopierpuffers.

```
function KopiereDatei(von,nach:string):boolean;

var f1,f2  : file;
    buffer : pointer;
    buffersize : integer;
    gel    : integer;
    ges    : integer;
    fehler : word;
    i      : word;


begin
  buffersize := 10000;   { Kopierpuffer }
  dateiname := uppercase(von);
```

Ist die Datei schon vorhanden, beenden wir an dieser Stelle. Sie können diesen Teil auch abändern, so dass Dateien einfach überschrieben werden.

```
  if (fileexists(nach)) then
  begin
    result :=True;
    exit;
  end;
```

Öffnen der Dateien:

```
  AssignFile(f1,von);
  AssignFile(f2,nach);
  {$i-}
    reset(f1,1);
    rewrite(f2,1);
  {$i+}
  if ioresult <> 0 then
  begin
    result :=False;
    exit;
  end;
  gel:=0;
  ges:=0;
```

Versuch, entsprechend viel Speicher zu reservieren:

```
GetMem(buffer,buffersize);
```

Kopieren bis zum letzten Byte:

```
repeat;
  {$i-}
    blockread(f1,buffer^,buffersize,gel);
    blockwrite(f2,buffer^,gel,ges);
  {$i+}
    fehler:=ioresult;
```

Systemzeit freigeben:

```
    application.processMessages;
  until (gel=0)or(ges<>gel)or(fehler<>0);
  if fehler<>0 then
  begin
    FreeMem(buffer,buffersize);
    result :=False;
    exit;
  end;
  CloseFile(f1);
  CloseFile(f2);
  FreeMem(buffer,buffersize);
```

Nur wenn alles gutgegangen ist, liefert die Funktion den Status *True* zurück:

```
  result := True;
end;
```

Auf einen Test wird an dieser Stelle verzichtet.

Wem die obige Variante zu aufwendig ist, der sollte sich einmal mit den Möglichkeiten von OOP vertraut machen. Mit dem Objekt *TFileStream* bietet sich eine sinnvolle Alternative zur Arbeit mir *BlockRead* und *BlockWrite*. Mit Hilfe der Methode *CopyFrom* ist es relativ einfach möglich, eine Datei zu kopieren.

```
function FileCopy(von,nach: String ):  Boolean;

var S,D: TFileStream;   // Source & Destination

begin
   Result := False;
   S := TFileStream.Create(von, fmOpenRead );
   try
      D := TFileStream.Create( nach, fmOpenWrite or fmCreate );
   except
      s.Free;
```

Grundlagen

Oberfläche

Grafik

Multimedia

Datei

Datenbank

SQL/ADO

Report

Objekte

OLE/DDE

Peripherie

System

Desktop

Technik

Sonstiges

```
        exit;
    end;
    try
        D.CopyFrom(S, S.Size ) ;
    except
        D.Free;
        S.Free;
        exit;
    end;
    D.Free;
    S.Free;
    Result := True;
end;
```

Der größte Teil des Codes betrifft noch die Fehlerbehandlung.

Ergänzung

Zum Schluss wollen wir Ihnen die einfachste Variante nicht vorenthalten: Mit der API-Funktion *CopyFile* reduziert sich der Aufwand auf den einfachen Funktionsaufruf. Übergabeparameter ist der Name von Quell- und Zieldatei, sowie ein boolescher Parameter, ob eine bestehende Datei überschrieben wird oder nicht (*True* = Nein, *False* = Ja). Allerdings können Sie während des Kopiervorgangs keinen Fortschrittsbalken ansteuern, da die gesamte Datei mit einem Funktionsaufruf kopiert wird.

Siehe auch

☞   R164 ... die Shellfunktionen zum Kopieren nutzen?

R162 ... Datei-Verknüpfungen nutzen?

Wohl jeder kennt die mehr oder weniger sinnvollen Verknüpfungen aus dem Dateimanager. Klicken Sie beispielsweise eine HLP-Datei an, wird die zugehörige Anwendung WINHELP mit der Datei als Parameter ausgeführt. Wie auch Sie diese Verknüpfungen einsetzen können, lesen Sie in diesem Rezept.

Oberfläche

Fügen Sie in ein Formular eine *DriveCombobox*, eine *DirectoryListbox* und eine *FileListbox* ein. Verknüpfen Sie diese über die Eigenschaften *DirList* und *FileList*.

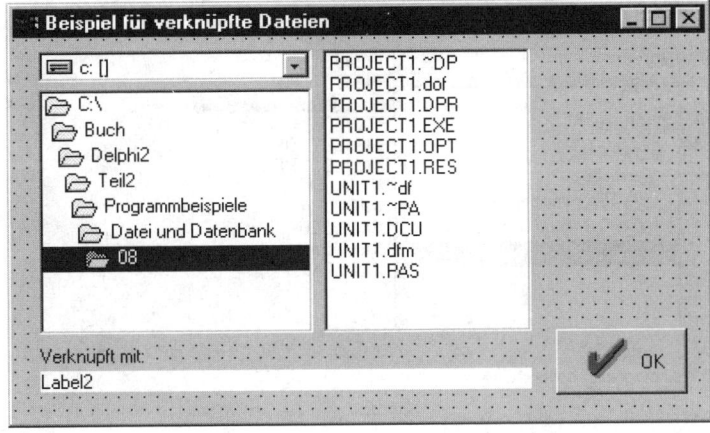

Grundlagen

Oberfläche

Grafik

Multimedia

Datei

Datenbank

SQL/ADO

Report

Objekte

OLE/DDE

Peripherie

System

Desktop

Technik

Sonstiges

Label2 dient der Anzeige der Verknüpfung.

Quelltext

Beim Klicken im Dateilistenfeld wird, so vorhanden, die zugehörige Verknüpfung angezeigt.

```
procedure TForm1.FileListBox1Click(Sender: TObject);

var

   dok,
   dir:string;
   res : array[1..250] of char;
   i:integer;

begin
   dok:=FileListbox1.Filename + #0;
   dir:=DirectoryListBox1.Directory + #0;
   fillchar(res, SizeOf(res), ' ');
   res[250]:=#0;
   i:=FindExecutable(@dok[1],@dir[1],@res[1]);
   if i <= 32 then
      label2.caption :=''
   else
      label2.caption := res;
end;
```

Test

Starten Sie das Programm und wählen Sie z.B. eine .DPR-Datei aus. Im unteren Labelfeld sollte Delphi als verknüpfte Anwendung angezeigt werden.

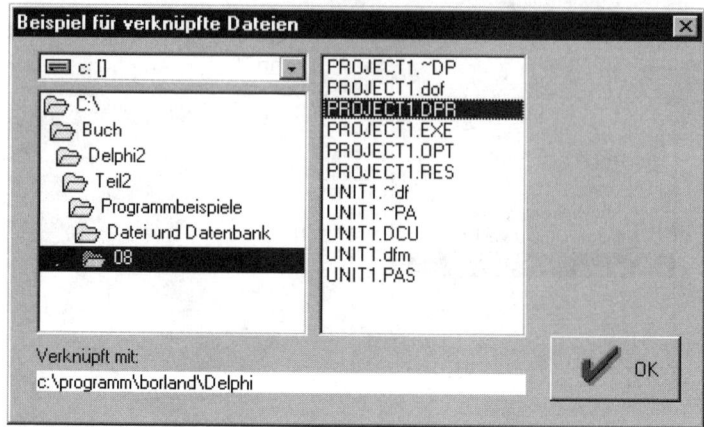

Für das Programm sind weitere Anpassungen denkbar. Kombinieren Sie z.B. diese Funktionalität mit dem Shell-Programm aus

☞   R309 ... ein anderes Programm starten?

R163 ... Änderungen in einem Verzeichnis überwachen?

Wollen Sie Ihren eigenen Norton-Commander schreiben, ist es sicher wünschenswert, Veränderungen im aktuell angezeigten Pfad zu überwachen. Neben dem Löschen, Hinzufügen bzw. Umbenennen einer Datei könnte auch die Dateigröße von Interesse sein.

Was in den 16 Bit-Versionen von Windows nicht oder nur sehr umständlich möglich war, stellt für ein 32 Bit-Programm kein Problem dar, bietet doch die API bereits fertige Funktionen an. Allerdings bringt der Einsatz dieser Funktionen einige Besonderheiten mit sich, beispielsweise werden wir auf einen Thread nicht verzichten können, es sei denn, Sie wollen unnötig viel Rechenzeit verschwenden.

Die Programmierung des Thread:

```
unit Unit2;
interface


uses  Classes,windows,dialogs;
type  TWatch = class(TThread)
  private
    changehandle:THandle;
    watchpath : String;
    { Private-Deklarationen }
  protected
    procedure Execute; override;
```

```
    procedure RefreshListbox;
    destructor Destroy;
  public
    constructor Create(path : String);
  end;


implementation
uses unit1;

constructor TWatch.Create(path : String);
begin
  inherited Create(False);
  watchpath:= path;
  FreeOnTerminate := True;
end;


procedure TWatch.Execute;
begin
  changehandle:=FindFirstChangeNotification(PChar(watchpath),
                       FALSE,FILE_NOTIFY_CHANGE_FILE_NAME);
  if changehandle <> INVALID_HANDLE_VALUE then while True do begin
     if WaitForSingleObject(changehandle,500)= WAIT_OBJECT_0 then begin
         synchronize(RefreshListbox);
       end;
       FindNextChangeNotification(changehandle);
       if Terminated then break;
     end;
end;


procedure TWatch.RefreshListbox;
begin
  form1.filelistbox1.update;
end;
destructor TWatch.Destroy;
begin
  if changehandle<> NULL then
     FindCloseChangeNotification(changehandle);
  inherited Destroy;
end;
```

Grundlagen

Oberfläche

Grafik

Multimedia

Datei

Datenbank

SQL/ADO

Report

Objekte

OLE/DDE

Peripherie

System

Desktop

Technik

Sonstiges

Was passiert? In der *Execute*-Methode erstellen wir mit *FindFirstChangeNotification* ein Überwachungsobjekt, das auf das Umbenennen, Erstellen bzw. Löschen von Dateien reagiert.

Mit *WaitForSingleObject* warten wir 500ms auf ein eventuell eintretendes Ereignis. Tritt dieses ein, wird die *Listbox* aktualisiert. Dazu müssen wir uns der *Synchronize*-Funktion bedienen.

Sollte der Vordergrundprozess die Variable *Terminate* gesetzt haben, müssen wir danach die Endlosschleife verlassen.

Die folgende Tabelle zeigt die zulässigen Konstanten für die Funktion *FindFirstChange-Notification*:

Konstante	Ereignis beim ...
FILE_NOTIFY_CHANGE_FILE_NAME	... Umbenennen, Erstellen bzw. Löschen von Dateien.
FILE_NOTIFY_CHANGE_DIR_NAME	... Umbenennen, Erstellen bzw. Löschen von Verzeichnissen.
FILE_NOTIFY_CHANGE_ATTRIBUTES	... Ändern der Dateiattribute.
FILE_NOTIFY_CHANGE_SIZE	... Ändern der Dateigröße.
FILE_NOTIFY_CHANGE_LAST_WRITE	... Ändern beim Schreiben einer Datei.
FILE_NOTIFY_CHANGE_SECURITY	... Ändern der Security-Einstellungen.

Der Vordergrundprozess:

```
procedure TForm1.BitBtn1Click(Sender: TObject);
begin
    kontrolle.terminate;
end;


procedure TForm1.DirectoryListBox1Change(Sender: TObject);
begin
  if kontrolle <> NIL then kontrolle.terminate;
  Kontrolle := TWatch.Create(DirectoryListBox1.directory);
end;
```

Test

Nach dem Programmstart wählen Sie ein Verzeichnis, das überwacht werden soll. Wechseln Sie dann zum Explorer und benennen Sie eine Datei um. Sie werden feststellen, dass die *File-ListBox* automatisch aktualisiert wird.

R164 ... die Shellfunktionen zum Kopieren nutzen?

Wer seine Programme um eine Kopier- oder Löschfunktion bereichern möchte, braucht nicht unbedingt das Rad neu zu erfinden, denn es geht auch einfacher. Die Windows-Shell bzw. der Explorer stellen über die API-Schnittstelle die wohl jedem bekannten Dialoge zum Kopieren, Verschieben und Löschen von Dateien und Verzeichnissen zur Verfügung.

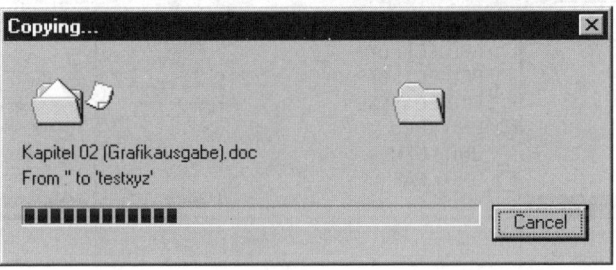

Alle oben genannten Aufgaben werden über die Funktion *SHFileOperation* abgewickelt, die Optionen, Dateinamen etc. übergeben Sie in einem Record mit folgendem Aufbau:

```
TSHFileOpStructA = record
    Wnd      : HWND;
    wFunc    : UINT;
    pFrom    : PAnsiChar;
    pTo      : PAnsiChar;
    fFlags   : FILEOP_FLAGS;
    fAnyOperationsAborted: BOOL;
    hNameMappings    : Pointer;
    lpszProgressTitle : PAnsiChar;
end;
```

Die Parameter im einzelnen:

- Handle des übergeordneten Fensters (Ihre Anwendung)
- Konstante für die Funktion (*FO_MOVE, FO_COPY, FO_DELETE, FO_RENAME*)
- Quelle (ein oder mehrere nullterminierte Strings, die mit einem leeren String abgeschlossen werden)
- Ziel (siehe Quelle)
- spezielle Optionen (siehe OnlineHelp)
- Rückgabe von *True* bei vorzeitigem Abbruch der Operation
- Zeiger auf ein Array, mit dem überprüft werden kann, welche Dateien kopiert oder verschoben wurden
- Titel für eine Dialogbox mit dem Fortschrittsbalken

Grundlagen

Oberfläche

Grafik

Multimedia

Datei

Datenbank

SQL/ADO

Report

Objekte

OLE/DDE

Peripherie

System

Desktop

Technik

Sonstiges

Oberfläche

Den grundsätzlichen Aufbau der Oberfläche entnehmen Sie bitte der Grafik. *DriveComboBox*, *DirectoryListbox* und *FileListbox* werden jeweils über die Eigenschaften *DirList* und *FileList* miteinander verknüpft. Für die *FileListbox* setzen Sie die Eigenschaft *Multiselect* auf *True*.

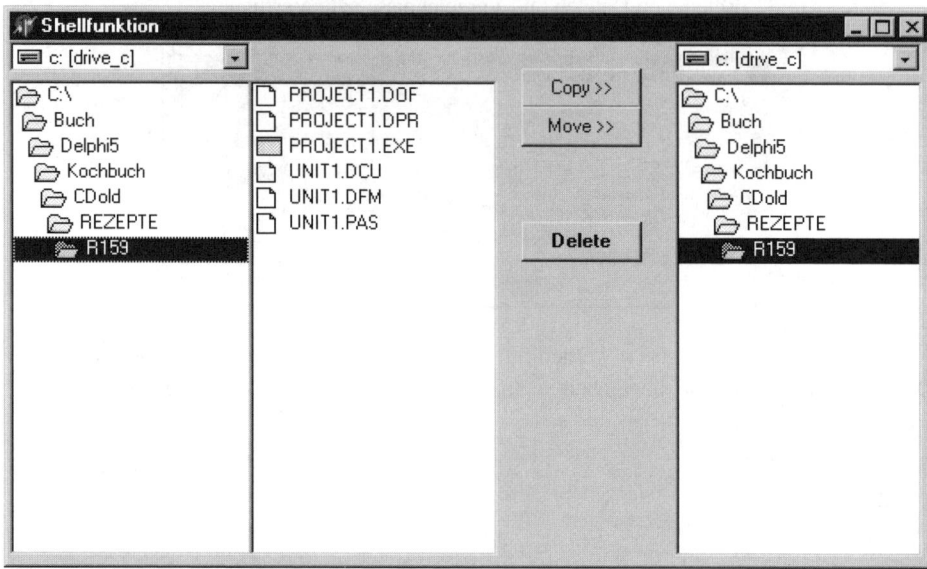

Die Bedeutung der drei Buttons dürfte ersichtlich sein.

Quellcode

Bevor es losgeht, sollten Sie nicht die Einbindung der Unit *ShellAPI* vergessen.

Die Kopierfunktion:

```
procedure TForm1.Button1Click(Sender: TObject);
var i    : integer;
    files : string;
begin
    files := '';
```

An dieser Stelle wird die Liste aus nullterminierten Strings erzeugt:

```
    for i := 0 to filelistbox1.items.count-1 do
     if filelistbox1.selected[i] then files := files + filelistbox1.items[i] + #0;
```

Zum Schluss nicht vergessen, noch einen leeren String anzuhängen, sonst erkennt die API-Funktion das Ende der Liste nicht:

```
    files := files + #0;
```

Festlegen der Parameter:

```
with shellinfo do begin
  wnd    := handle;
  wfunc  := FO_COPY;
  pFrom  := PChar(files);
  pTo    := PChar(directorylistbox2.directory);
end;
```

Ausführen der Funktion:

```
SHFileOperation(shellinfo);
filelistbox1.update;
end;
```

Das Verschieben von Dateien und Verzeichnissen funktioniert analog:

```
procedure TForm1.Button3Click(Sender: TObject);
var i     : integer;
    files : string;

begin
  files := '';
  for i := 0 to filelistbox1.items.count-1 do
    if  filelistbox1.selected[i] then files := files +
                               filelistbox1.items[i] + #0;
  files := files + #0;
  with shellinfo do
  begin
    wnd    := handle;
    wfunc  := FO_MOVE;
    pFrom  := PChar(files);
    pTo    := PChar(directorylistbox2.directory);
  end;
  SHFileOperation(shellinfo);
  filelistbox1.update;
end;
```

Löschen:

```
procedure TForm1.Button2Click(Sender: TObject);
var i     : integer;
    files : string;

begin
```

Grundlagen

Oberfläche

Grafik

Multimedia

Datei

Datenbank

SQL/ADO

Report

Objekte

OLE/DDE

Peripherie

System

Desktop

Technik

Sonstiges

```
files := '';
for i := 0 to filelistbox1.items.count-1 do
    if filelistbox1.selected[i] then files := files +
                                    filelistbox1.items[i] + #0;
files := files + #0;
with shellinfo do
begin
   wnd     := handle;
   wfunc   := FO_DELETE;
   pFrom   := PChar(files);
   pTo     := nil;
end;
SHFileOperation(shellinfo);
filelistbox1.update;
end;
```

Einer der wesentlichsten Vorteile der beschriebenen Funktion ist die automatische Anzeige von Zusatzdialogboxen (z.B. Überschreiben von Dateien, Erzeugen von Verzeichnissen etc.).

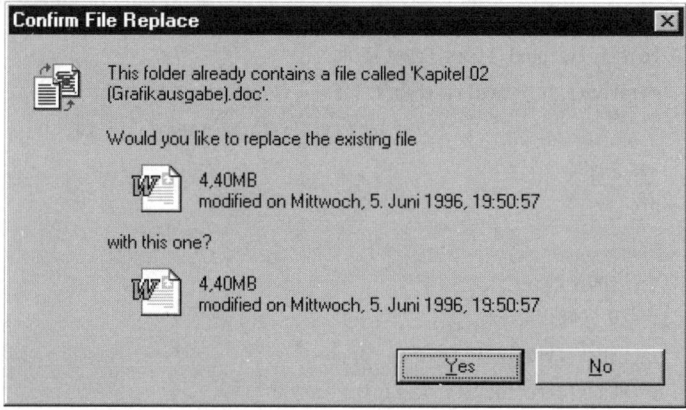

Möchten Sie mehr Einfluss auf den Kopiervorgang haben oder eine eigene Fortschrittsanzeige verwenden, können Sie sich im Rezept

☞   R161 ... Dateien kopieren?

eine alternative Lösung ansehen.

R165 ... eine Datei-Komponente entwickeln?

Grundlagen

Im Zusammenhang mit den Komponenten *DriveCombobox* und *DirectoryListbox* vermisst man eine Möglichkeit, diese gleich an eine weitere Komponente zu binden, um z.B. eine Datei zu kopieren oder zu verschieben.

Oberfläche

Wir programmieren eine Komponente, die

- Dateien kopieren,

Grafik

- Laufwerkstypen anzeigen und

- Volume-Label bestimmen kann.

Multimedia

Folgende Eigenschaften und Methoden sollen implementiert werden:

Datei

Eigenschaft	Beschreibung / Beispiel
Source	Pfad (Lw : Pfad : Name|Platzhalter), <u>aus</u> dem die Dateien kopiert werden.
Destination	Pfad (Lw : Pfad), <u>in</u> den die Dateien kopiert werden, das Verzeichnis muss vorhanden sein!
Overwrite	*True*: Bereits vorhandene Dateien werden gnadenlos überschrieben!
SourceDirListbox	Verknüpfung mit einer *DirectoryListbox*. Zusätzlich muss eine *FilterCombobox* verknüpft sein! Ist diese Eigenschaft gesetzt, wird die *Source*-Eigenschaft ignoriert.
DestinationDirListbox	siehe *SourceListbox*, entspricht dem Ziel des Kopiervorgangs.
FilterCombobox	Verknüpfung mit einer *FilterComboBox*.
Buffersize	Vorgabe für die Kopierpuffer (1 ... 65000). Je kleiner der Wert, desto häufiger wird der *OnChange*-Event aufgerufen, der Kopiervorgang dauert länger.
Max	Der Maximumwert für eine Fortschrittsanzeige (entspricht 100%).
Value	Der aktuelle Wert für die Fortschrittsanzeige.

Datenbank SQL/ADO Report Objekte OLE/DDE Peripherie System

Methode	Beschreibung / Beispiel
Copy	... kopiert die durch *Source/Destination* bzw. *SourceDirListbox/DestinationDirListbox* vorgegebenen Dateien.
DriveType	... ermittelt für einen Laufwerksbuchstaben den Laufwerkstyp. Die möglichen Rückgabewerte: ' ', 'FloppyDisk', 'HardDisk', 'Network', 'CDROM', 'RAMDrive'.
VolumeName	... ermittelt den Namen des gewählten Volume.

Desktop Technik Sonstiges

Ereignis	Beschreibung / Beispiel
OnStart	... wird vor dem Beginn eines Kopiervorgangs aufgerufen, kann zum Anzeigen eines Dialogs verwendet werden.
OnChange	... wird nach der Übertragung eines Datenblocks aufgerufen. Verwendung: Aktualisieren einer Fortschrittsanzeige und Anzeige des Dateinamens.
OnEnd	... wird nach dem Kopiervorgang aufgerufen.

Quelltext

Eigentlich benötigen Sie gar kein Projekt. Erstellen Sie dennoch eins, denn wir wollen gleichzeitig auch ein Testprogramm für unsere Komponente schreiben!

Die Komponente wird in einer gesonderten Unit erstellt. Damit Sie sich nicht um formale Schritte kümmern müssen (Registrierung, Ableiten der Klasse), verwenden Sie zum Erstellen der Unit den "Komponenten-Experten":

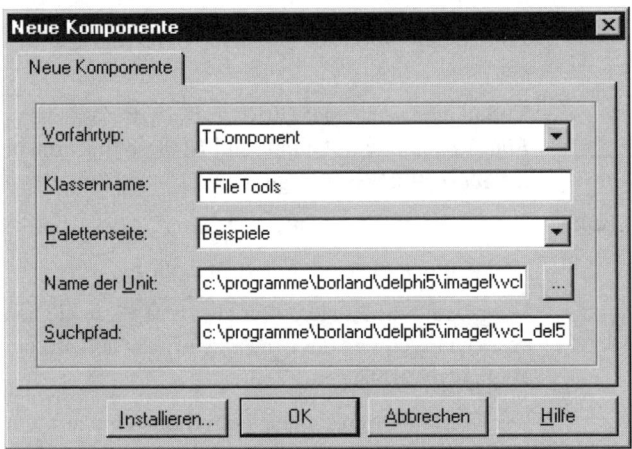

Den Klassennamen legen Sie mit *TFileTools* fest, als Vorfahrtyp wählen Sie *TComponent*[1]. Der Experte hinterlässt Ihnen folgenden Code:

```
unit Unit1;

interface

uses

  SysUtils, Windows, Messages, Classes, Graphics, Controls,
```

---

[1] Mit *TComponent* als Vorfahren können Sie <u>nicht</u> sichtbare Komponenten programmieren.

Grundlagen

Oberfläche

Grafik

Multimedia

Datei

Datenbank

SQL/ADO

Report

Objekte

OLE/DDE

Peripherie

System

Desktop

Technik

Sonstiges

```
  Forms, Dialogs;

type
  TFileTools = class(TComponent)
  private
    { Private-Deklarationen }
  protected
    { Protected-Deklarationen }
  public
    { Public-Deklarationen }
  published
    { Published-Deklarationen }
  end;

procedure Register;

implementation

procedure Register;
begin
  RegisterComponents('Beispiele', [TFileTools]);
end;

end.
```

Wie Sie sehen, ist die Klasse bereits abgeleitet. Die Prozedur sorgt für die Einbindung der Komponente in die Delphi-Entwicklungsumgebung. Das ist aber auch schon alles, was Ihnen der sogenannte "Experte" abnehmen kann. Der Rest ist mühselige Tipparbeit, auch der Test ist etwas umständlich, da Sie jedesmal das entsprechende Package neu compilieren müssen.

Es gibt zwar eine Möglichkeit, das Runtime-Verhalten der Komponente ohne Einbindung in die Delphi-Library zu testen, das Entwurfszeit-Verhalten lässt sich damit jedoch nicht überprüfen.

Beginnen wir mit dem Deklarations-Abschnitt:

Für unseren *OnChange*-Event benötigen wir einen neuen Typ, der neben dem obligatorischen *Sender* auch noch die oben genannten Parameter übergibt:

```
  HilfsEvent = procedure (Sender: TObject;value:Word; max:Word;
                          dateiName:string) of object;

  TFileTools = class(TComponent)
  private
```

Im *privat*-Abschnitt deklarieren Sie lokale Variablen, die mit den Eigenschaften aus dem *published*-Abschnitt verbunden werden. Programme, die diese Komponente einsetzen, haben keinen Zugriff auf diesen Abschnitt.

```
FBuffersize  : Word;
FQuelle      : string;        { Dateiname incl. Pfad + Extension }
FZiel        : string;        { Dateiname incl. Pfad + Extension }
FMax         : Word;
FValue       : Word;
FOverwrite   : Boolean;
```

Die interne Definition unseres *OnChange*-Events:

```
FOnChange    : Hilfsevent;
```

TNotifyEvent ist ein vordefiniertes Ereignis, welches lediglich das *Sender*-Objekt übergibt, für die beiden folgenden Events genügt das jedoch.

```
FOnStart     : TNotifyEvent;
FOnEnd       : TNotifyEvent;
```

Objekte als Eigenschaften

```
FSourceDirListbox   : TDirectoryListbox;
FFilterCombobox     : TFilterComboBox;
FDestinationDirListbox   : TDirectoryListbox;
```

ermöglichen die Verknüpfung mit den jeweiligen Komponenten.

Für die interne Verwaltung benötigen wir den Dateinamen:

```
dateiname    : string;
```

Die eigentliche Kopierroutine binden wir als Methode ein:

```
function KopiereDatei(von,nach:string):boolean;
  { Private-Deklarationen }
protected
  { Protected-Deklarationen }
```

Die folgende Prozedur vereinfacht den Aufruf unseres *OnChange*-Events:

```
procedure Change; dynamic;
```

Auf alle im *public*-Abschnitt deklarierten Methoden kann von außen, d.h. von einem Programm aus, zugegriffen werden.

```
public
```

Den Konstruktor *Create* werden wir dazu verwenden, die Eigenschaften mit sinnvollen Werten zu initialisieren. Vergessen Sie den Zusatz *override* nicht, andernfalls wird der Konstruktor nicht erweitert, sondern einfach überschrieben.

```
constructor Create(AOwner: TComponent); override;
```

Grundlagen

Oberfläche

Grafik

Multimedia

Datei

Datenbank

SQL/ADO

Report

Objekte

OLE/DDE

Peripherie

System

Desktop

Technik

Sonstiges

Die Definition der Komponenten-Methoden:

```
procedure Copy;
function  DriveType(lw:Char):string;
function  VolumeName(lw:Char):string;
```

Die äußere Schnittstelle für die Entwicklungsumgebung deklarieren Sie im *published*-Abschnitt. Ob eine Eigenschaft im Objektinspektor angezeigt wird, hängt davon ab, <u>wie</u> sie definiert ist. Haben Sie nur *read*-Rechte vergeben, ist die Eigenschaft nur zur Laufzeit verfügbar.

```
published
  { Published-Deklarationen }
  property Source: string read FQuelle write FQuelle;
  property Destination: String read FZiel write FZiel;
  property BufferSize: word read FBuffersize write FBuffersize;
  property Overwrite: boolean read FOverwrite write FOverwrite;
  property Max: word read FMax;       { der Endwert eines Balkens }
  property Value: word read FValue;   { der aktuelle Wert des Balkens }
  property SourceDirListbox: TDirectoryListbox read FSourceDirListbox
          write FSourceDirListbox;
  property Filtercombobox:TFilterCombobox read FFilterCombobox
          write FFilterCombobox;
  property DestinationDirListbox: TDirectoryListbox
          read FDestinationDirListbox write FDestinationDirListbox;
```

Die Ereignisse sind auch Properties:

```
  property OnChange: Hilfsevent read FOnChange write FOnChange;
  property OnStart: TNotifyevent read FOnStart write FOnStart;
  property OnEnd: TNotifyevent read FOnEnd write FOnEnd;
```

Die Schnittstellendefinition unserer Komponente ist damit abgeschlossen. Die Implementierung unterscheidet sich nicht von der Programmierung einer normalen Unit, der einzige Unterschied ist der Klassenname vor den Methoden.

Den Konstruktor *Create* wollen wir um die Initialisierung der Eigenschaften erweitern. Bevor dies möglich ist, muss jedoch die bisherige Routine abgearbeitet werden. Dies geschieht mit *inherited Create(AOwner)*:

```
constructor TFileTools.Create(AOwner: TComponent);
begin
  inherited Create(AOwner);
  FBuffersize := 4096;
  FMax := 0;
  FValue := 0
end;
```

Die Ermittlung des Laufwerktyps stellt in einem 32 Bit-Programm kaum noch eine Hürde dar (im Gegensatz zur 16 Bit-Variante, wo weder CD-ROM noch Netzlaufwerke unterschieden werden konnten).

```
function TFileTools.DriveType(lw:char):String;
var s : string;

begin
    s  := lw + ':\';
    case GetDriveType(PChar(s)) of
        0,1               : drivetype := '';
        DRIVE_REMOVABLE   : drivetype := 'FloppyDisk';
        DRIVE_FIXED       : drivetype := 'HardDisk';
        DRIVE_REMOTE      : drivetype := 'Network';
        DRIVE_CDROM       : drivetype := 'CDROM';
        DRIVE_RAMDISK     : drivetype := 'RAMDrive';
    end;
end;
```

Mehr zum Thema "Laufwerkstypen" finden Sie in:

☞   R151 ... den Laufwerkstyp bestimmen?

Den Laufwerksbezeichner (VolumeID) ermitteln Sie mit *FindFirst*. Wichtig ist nur die korrekte Angabe des Flags *faVolumeID*. Sollte der Rückgabewert ungleich Null sein, ist das Laufwerk nicht verfügbar (keine Diskette, nicht vorhanden) oder das Volume hat keinen Namen.

```
function TFileTools.VolumeName(lw:char):string;
var  SearchRec:TSearchRec;
begin
  result := '';
  try
    if FindFirst(lw + ':\*.*', faVolumeID, SearchRec)= 0 then result := SearchRec.Name;
  finally
  end
end;
```

Die Hilfsroutine *Change* prüft bei jedem Aufruf mit *Assigned*, ob das *OnChange*-Event auch belegt ist, d.h., ob die Ereignisroutine im Programm genutzt wird. Diese Prüfung sollten Sie immer <u>vor</u> dem Auslösen von Events vornehmen.

```
procedure TFileTools.Change;
begin
  if Assigned(FOnChange) then FOnChange(Self,fValue,Fmax,dateiname)
end;
```

Lassen Sie sich nicht vom Umfang der folgenden Routine abschrecken, sie sieht komplizierter aus als sie es ist!

Grundlagen

```
procedure TFileTools.copy;
var SearchRec: TSearchRec;
begin
```

Oberfläche

Ist das *OnStart*-Event belegt, wird es aufgerufen:

```
    if Assigned(FOnStart) then FOnStart(Self);
    { Quelle aus Dirlistbox und Filtercombobox, ignoriert Eigenschaft Quelle }
```

Grafik

Sollte die Komponente mit einer *DirectoryListbox* und einer *FilterCombobox* verknüpft sein, ignorieren wir die Eigenschaft *Source* und verwenden statt dessen die Eigenschaften der beiden Komponenten. Die "String-Bastelei" ist nötig, da die Komponenten sonst einerseits "C:\" aber andererseits auch "C:\test" zurückgeben könnten. Am Ende <u>muss</u> ein Backslash stehen, damit wir den Filter anhängen können:

Multimedia

Datei

```
    if (Assigned(FSourceDirListbox))and(Assigned(FFilterCombobox))then begin
        fQuelle := FSourceDirListBox.directory;
        if fQuelle[length(fQuelle)]<>'\' then fQuelle := fQuelle + '\';
        fQuelle := fQuelle + FFilterCombobox.Mask
    end;
    if Assigned(FDestinationDirListbox)then begin
        fZiel := FDestinationDirListbox.directory;
        if fZiel[length(fZiel)]<>'\' then fZiel := fZiel + '\'
    end;
```

Datenbank

SQL/ADO

Noch ein Hinweis zu *Assigned*: Da es sich bei Objekt-Eigenschaften um Zeiger handelt, kann die Initialisierung auf diese Weise geprüft werden.

Report

Der Kopierpuffer sollte mindestens 1000 Byte groß sein, alles andere wäre Spielerei (der Speicherplatz wird ohnehin nur dynamisch belegt).

Objekte

```
    if fBuffersize < 1000 then fBuffersize := 1000;
    if (FQuelle = '') or (uppercase(FQuelle) = uppercase(FZiel)) then begin
        if Assigned(FOnEnd) then FOnEnd(Self);
        exit;
    end;
```

OLE/DDE

Sollte sich in der Quelle ein Platzhalter finden, müssen wir die eigentliche Kopierroutine mehrfach aufrufen, andernfalls genügt der einmalige Aufruf:

Peripherie

```
    if (pos('*',FQuelle) = 0)and(pos('?',FQuelle) = 0) then begin
        if not kopiereDatei(FQuelle,FZiel) then
            messagebox(0,'Datei konnte nicht kopiert werden','Problem',16);
    end else begin   { mehrere Dateien }
```

System

Desktop

Technik

Mit dem folgenden Konstrukt können Sie alle Dateien ermitteln, die einem bestimmten Suchkriterium entsprechen. Die Platzhalter vergeben Sie nach DOS-Konvention (*,?):

Sonstiges

```
        if FindFirst(FQuelle,faReadOnly+faArchive, SearchRec)<> 0 then begin
          if Assigned(FOnEnd) then FOnEnd(Self);
          exit;
        end;
        repeat
          if not kopiereDatei(extractfilepath(FQuelle)+
          SearchRec.Name,extractfilepath(FZiel)+ SearchRec.Name) then begin
          MessageBox(0,'Datei konnte nicht kopiert werden','Problem',
                    16+mb_taskmodal);
            exit;
          end
        until FindNext(SearchRec) <> 0
      end;
    if Assigned(FOnEnd) then FOnEnd(Self)
end;
```

Die Kopierroutine ist sicherlich nicht ganz optimal programmiert, sie erfüllt jedoch ihre Aufgabe. An dieser Stelle können Sie Ihrer Programmiererfahrung freien Lauf lassen.

Mögliche Anregungen (für Änderungen):

- Löschen von ReadOnly-Attributen
- erweiterte Fehlerprüfung (Platte voll ...)
- Dialoge ...

Die Funktionsweise soll hier nicht detailliert erläutert werden, da die Programmierung der Komponente im Vordergrund steht. Nur soviel: Öffnen von Quell- und Zieldatei, dynamische Reservierung des Pufferspeichers, Lesen/Schreiben bis zum letzten Byte, Freigeben des Pufferspeichers und immer wieder Fehlerprüfungen.

Nach jedem kopierten Block: Aufruf des *OnChange*-Events!

```
function TFileTools.KopiereDatei(von,nach:string):Boolean;
var f1,f2 : file;
   buffer : pointer;
   buffersize, gel, ges, fehler, i : word;
begin
  buffersize := FBuffersize;
  dateiname := uppercase(von);
  if (fileexists(nach))and(not foverwrite) then begin
    result :=True;
    exit;
  end;
  AssignFile(f1,von); AssignFile(f2,nach);
```

Grundlagen

Oberfläche

Grafik

Multimedia

Datei

Datenbank

SQL/ADO

Report

Objekte

OLE/DDE

Peripherie

System

Desktop

Technik

Sonstiges

```
{$i-}
  reset(f1,1);
  rewrite(f2,1);
{$i+}
 if ioresult <> 0 then begin
   result :=False;
   exit;
 end;
 gel:=0;  ges:=0;
 GetMem(buffer,buffersize);
 fMax:=filesize(f1) div buffersize;
 if fMax = 0 then fmax := 1;
 fvalue := 0;
 change;
 repeat;
   {$i-}
   blockread(f1,buffer^,buffersize,gel);
   blockwrite(f2,buffer^,gel,ges);
   inc(fvalue);
   change;
   {$i+}
   fehler:=ioresult;
   application.processmessages;  {!!!!! wichtig !!!!!!!!}
 until (gel=0)or(ges<>gel)or(fehler<>0);
 if fehler<>0 then begin
                   FreeMem(buffer,buffersize);
                   kopieredatei :=False;
                   exit;
                 end;
 CloseFile(f1); CloseFile(f2);
 FreeMem(buffer,buffersize);
 fValue:=0;
 dateiname := '';
 change;                { ein letzter OnChange-.Aufruf }
 kopieredatei := True;
end;
```

Damit wäre die Programmierung abgeschlossen, kommen wir zur Oberfläche.

Oberfläche

Eigentlich stimmt die Überschrift nicht, unsere Komponente hat ja gar keine Oberfläche. Für die Entwurfsansicht müssen wir jedoch ein Icon erstellen, das in die Werkzeugleiste eingeblendet werden kann. Laden Sie den zu Delphi mitgelieferten Bildeditor und erstellen Sie eine neue Ressource. Die benötigte Datei hat die Extension .DCR. Zeichnen Sie eine neue Bitmap, die Sie nach der Bearbeitung in "TFILETOOLS" umbenennen. Der Name entspricht dem Komponentenbezeichner!

Die Bitmap sollte 24x24 Pixel groß sein. Wählen Sie 256 Farben, die Autoren hatten mit anderen Auflösungen Probleme.

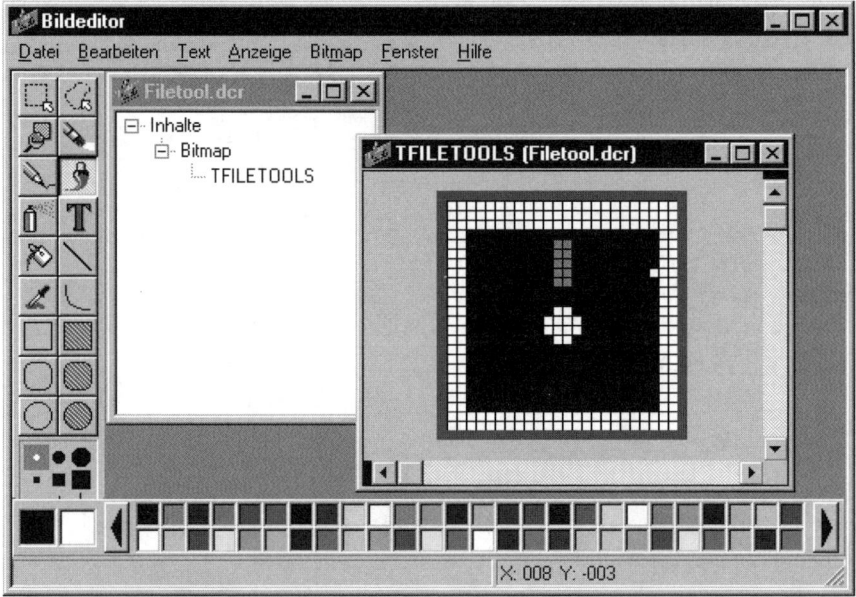

Speichern Sie die Ressource unter dem Namen FILETOOL.DCR. Die Unit mit der Komponente <u>muss</u> den gleichen Namen haben.

Test

Speichern Sie die Unit im gleichen Verzeichnis, in dem Sie auch die Ressourcendatei abgelegt haben. Wählen Sie *Komponente\Installieren ...*

Wählen Sie entweder ein schon vorhandenes oder ein neues Package, in das die Komponente integriert werden soll. Danach werden Sie gefragt, ob das Package compiliert werden soll. Wenn alles gut geht, finden Sie in der Werkzeugleiste unter "Beispiele" eine neue Komponente, die Sie wie jede andere Komponente verwenden können.

Platzieren Sie eine Komponente im Formular und prüfen Sie, ob alle Eigenschaften und Ereignisse richtig angezeigt werden:

Grundlagen

Oberfläche

Grafik

Multimedia

Datei

Datenbank

SQL/ADO

Report

Objekte

OLE/DDE

Peripherie

System

Desktop

Technik

Sonstiges

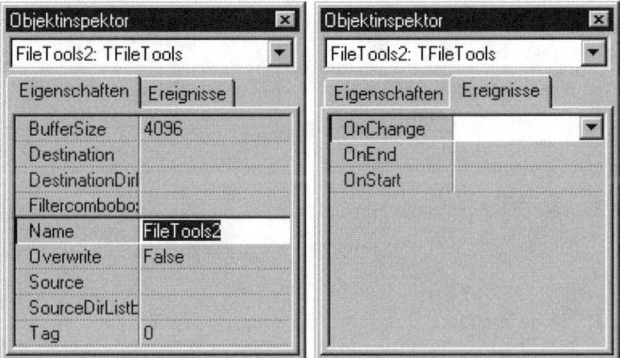

Ein kleines Test-/Demoprogramm für die Komponente finden Sie auf der Buch-CD. Allein mit dem Aufruf *FileTools.Copy* und ein paar Mausklicks können Sie beliebige Dateien zwischen zwei Verzeichnissen kopieren.

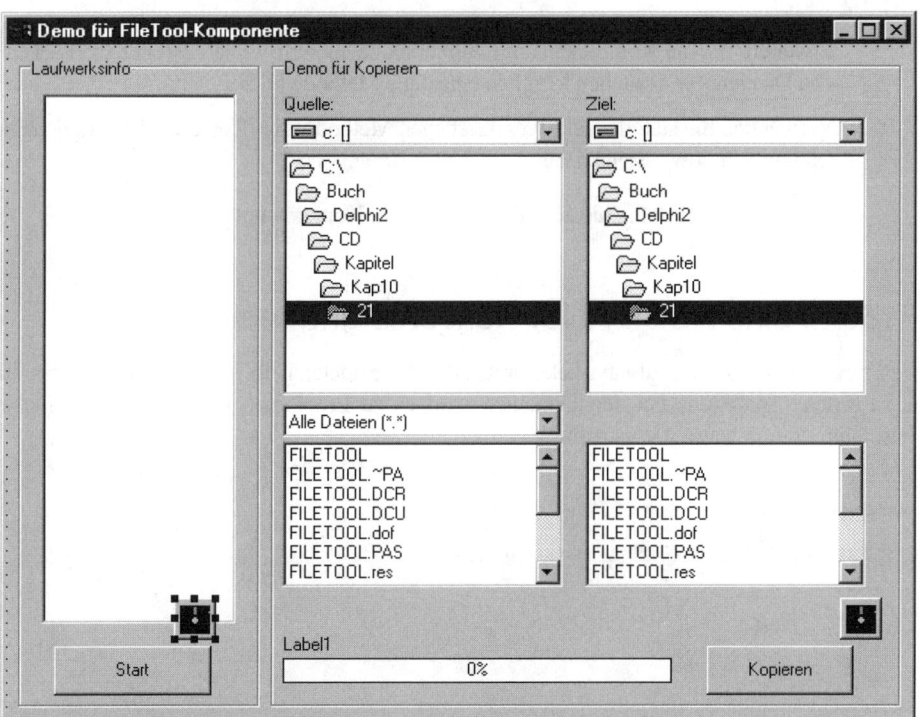

Über das *OnChange*-Event haben Sie die Möglichkeit, eine Fortschrittsanzeige und ein Label zu aktualisieren. Auf diese Weise ist auch dann etwas zu sehen, wenn gerade kopiert wird:

```
procedure TForm1.FileTools1Change(Sender: TObject; value, max: Word;
  dateiname: String);
begin
```

```
    gauge1.maxvalue := max;
    gauge1.progress := value;
    label1.caption := dateiname;
end;
```

Anzeige der Laufwerkstypen:

```
procedure TForm1.Button2Click(Sender: TObject);
var i : integer;
begin
    for i := 65 to 90 do begin
        listbox1.items.add(chr(i)+':'+Filetools2.drivetype(chr(i)));
    end;
end;
```

Ergänzungen

- ■ Erweitern Sie die Komponente um Funktionalitäten zum Verschlüsseln bzw. Packen von Dateien. Sie brauchen lediglich eine neue Methode hinzufügen.

- ■ Verwenden Sie statt der selbstgeschriebenen Methode zum Kopieren die Möglichkeiten von Windows. Siehe dazu

☞   R164 ... die Shellfunktionen zum Kopieren nutzen?

R166 ... eine ASCII-ANSI-Konvertierung realisieren?

Was tun, wen man die Aufgabe bekommt, ASCII-Textdateien in einem Delphi-Programm auszuwerten? Spätestens bei den Umlauten wird es zu Problemen kommen. Ein einfaches Beispielprogramm zeigt, wie es geht.

Quelltext

```
procedure TForm1.Button1Click(Sender: TObject);
var s:String;
    l:TStringlist;

begin
    l := TStringlist.Create;       // Stringliste zur Aufnahme der ASCII-Textdatei
    l.loadfromfile('test.txt');    // laden der ASCII-Datei
    // an dieser Stelle müsste Ihr Programm beginnen
    s := l.text;                   // der Inhalt der Textdatei wird der Variablen s zugewiesen
```

Übergabe des Strings (Konvertierung ASCII ... ANSI), der zweite Parameter ist der Rückgabewert. Da dieser genauso groß wie der erste Parameter ist, können wir auf einen extra Puffer verzichten.

```
    OEMtoChar(PChar(s),PChar(s));
    // Anzeige in einem Memo-Feld
    Memo1.text := s;
end;
```

Test

Starten Sie das Programm und laden Sie über den Button die ASCII-Datei, die sich im gleichen Verzeichnis befindet. Die Umlaute sollten korrekt angezeigt werden.

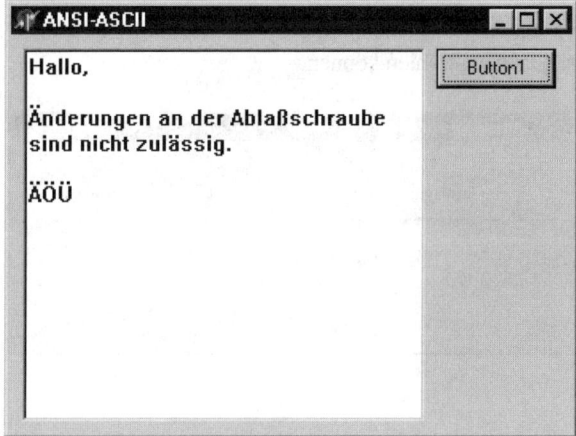

R167 ... mit Memory Mapped Files arbeiten?

Wer mit den bisherigen Möglichkeiten des Dateizugriffs immer noch nicht zufrieden ist, dürfte spätestens hier die Lösung für seine Probleme finden. Memory Mapped Files (kurz MMF) stellen eine Möglichkeit dar, physische Dateien in den Adressraum einer oder auch mehrerer Anwendungen einzublenden.

Wozu das Ganze? Die Antwort findet sich im Zugriffsprinzip auf derartige "Dateien". Sie verwenden statt umständlicher *Seek-*, *Read-* und *Write-*Anweisungen einfach ganz normale Speicheroperationen. Da Satzzeiger zugunsten von Pointern entfallen, ist es kein Problem, auf unterschiedliche Abschnitte der Datei gleichzeitig zuzugreifen. Legen Sie dazu einfach mehrere Pointer an.

Ein weiterer Pluspunkt für die Verwendung von MMFs resultiert aus der strikten Trennung der Anwendungsadressräume. MMFs stellen eine der wenigen Möglichkeiten dar, große Datenmengen gleichzeitig von unterschiedlichen Anwendungen zu nutzen.

Grundlagen

Oberfläche

Grafik

Multimedia

Datei

Datenbank

SQL/ADO

Report

Objekte

OLE/DDE

Peripherie

System

Desktop

Technik

Sonstiges

Obwohl Sie bei MMFs mit Pointern in einem "Speicherbereich" arbeiten, befindet sich die Datei prinzipiell auf der Festplatte, nur der aktuell bearbeitete Abschnitt befindet sich im Speicher. Je nach Prozessortyp haben diese Abschnitte eine unterschiedliche Größe, bei Intel-Prozessoren sind es 4 KByte, die mindestens in den Speicher geladen werden (sogenannte Pages). Um nicht nach jedem Schreib-/Lesezugriff die Page sichern zu müssen, werden meist mehrere Pages im Speicher gehalten. Für Sie als Programmierer ist dieser Vorgang nicht weiter von Bedeutung. Lediglich wenn Sie sicherstellen wollen, dass Änderungen sofort an der physischen Datei ausgeführt werden, müssen Sie dies der Memory-Verwaltung mitteilen.

Für unser Beispiel wollen wir eine Datei verschlüsseln. Wie immer besteht natürlich die Forderung nach einer möglichst schnellen Variante und die dürfte durch die Verwendung eines Memory Mapped Files erfüllt sein.

Oberfläche

Außer einem Button benötigen wir noch eine *OpenFileDialog*-Komponente, mit deren Hilfe wir zur Laufzeit eine Datei auswählen können.

Quelltext

Auf den verwendeten Chiffrieralgorithmus wollen wir an dieser Stelle nicht weiter eingehen, für uns steht die Dateiverwaltung im Vordergrund. Nur soviel: Ein aus dem ursprünglichen Schlüssel erzeugter Schlüsselbytestrom wird mit dem eigentlichen Datenstrom aus der Datei XOR verknüpft (erster Aufruf = Verschlüsseln, zweiter Aufruf = Entschlüsseln).

Da der Schlüssel bis zu 256 Bytes umfassen kann, wird dieser in einer externen Datei gespeichert. Zum Laden dieser Datei verwenden wir die folgende Funktion, die mit einem *FileStream* den Zugriff auf die Datei "key.dat" ermöglicht:

```
function KeyLaden : Boolean;
var keyfile : TFileStream;
    i,j,n   : Byte;
begin
    try
        keyfile:= TFileStream.Create('key.dat',fmOpenRead);
        keyfile.read(key,256);
        keyfile.free;
```

```
        result := True;
        for i := 0 to 255 do sbox[i] := i;
        j := 0;
        for i := 0 to 255 do begin
            j := (j + sbox[i] + key[i]) MOD 256;
            n := sbox[i];
            sbox[i] := sbox[j];
            sbox[j] := n;
        end;
    except
        result := False;
    end;
end;
```

Nachfolgend wird der geladene Schlüssel noch einmal verwürfelt[1].

Die eigentliche Funktion fällt unerwartet kurz aus:

```
procedure TForm1.Button1Click(Sender: TObject);
var FData    : Pointer;
    filesize : longint;
    FileHandle,
    MapHandle : THandle;
    P        : ^Byte;
    i,j,n    : Byte;
begin
    if not opendialog1.execute then exit;
    if not keyladen then exit;
```

Ein erster Versuch, die Datei exklusiv für den Schreib-/Lesezugriff zu öffnen (während der Verschlüsselung soll kein anderer Nutzer mit der Datei arbeiten):

```
    FileHandle := FileOpen(opendialog1.filename, fmOpenReadWrite + fmShareDenyNone);
```

Falls ein Fehler auftritt, lösen wir eine Exception aus:

```
    if FileHandle = INVALID_HANDLE_VALUE then
        raise Exception.Create('Datei kann nicht geöffnet werden');
```

Die Größe der Datei merken wir uns in der Variablen *filesize*:

```
    filesize := GetFileSize (Filehandle, nil);
```

Mit *CreateFileMapping* erstellen wir ein FileMapping-Objekt (Schreib-/Lesezugriff wie bei *FileOpen*).

---

[1] Ist eigentlich nur nötig, wenn der Schlüssel kleiner als 256 Bytes ist. In diesem Fall würde der Schlüssel mehrfach in die SBox übernommen werden.

Grundlagen

Oberfläche

Grafik

Multimedia

Datei

Datenbank

SQL/ADO

Report

Objekte

OLE/DDE

Peripherie

System

Desktop

Technik

Sonstiges

```
MapHandle := CreateFileMapping(FileHandle,nil,PAGE_READWRITE,0,0,nil);
if MapHandle = 0 then begin
  CloseHandle(FileHandle);
  raise Exception.Create('Fehler beim Filemapping');
end;
```

Das eigentliche Einblenden in den Adressraum der Anwendung:

```
FData := MapViewOfFile(MapHandle,FILE_MAP_WRITE,0,0,0);
```

Rückgabewert ist im Erfolgsfall ein Pointer auf den Datenbereich. Wie groß dieser ist, bestimmt die zugrundeliegende Datei (Variable *filesize*).

```
if FData = nil then begin
  CloseHandle(MapHandle);
  raise Exception.Create('Fehler beim Filemapping');
end;
```

Alle weiteren Arbeitsschritte unterscheiden sich nicht mehr von der Arbeit mit einem ganz normalen Speicherbereich, mit dem kleinen Unterschied, dass jede Veränderung dieses Speichers sich auf die physische Datei auswirkt.

```
P := FData;
i := 0;
j := 0;
```

Das Durchlaufen der einzelnen Datenbytes realisieren wir durch das Inkrementieren des Pointers:

```
while filesize > 0 do begin
    i := (i+1) MOD 256;
    j := (j + sbox[i]) MOD 256;
    n := sbox[i];
    sbox[i] := sbox[j];
    sbox[j] := n;
    P^ := P^ XOR (sbox[(sbox[i]+sbox[j]) MOD 256]);
    dec(filesize);
    inc(P);
end;
```

Zum Schluss sollte noch aufgeräumt werden:

```
UnmapViewOfFile(FData);
CloseHandle(MapHandle);
CloseHandle(FileHandle);
end;
```

Hinweis: Bitte benutzen Sie nicht gleich Ihre wichtigsten Dateien als Versuchsobjekte. Die Autoren übernehmen keine Haftung für eventuell "dauerhaft" verschlüsselte Daten.

R168 ... einen eindeutigen TEMP-Dateinamen erzeugen?

In vielen Anwendungen stehen Sie vor dem Problem, Daten während des Programmablaufs in einer Datei sichern zu müssen, die bei Programmende wieder gelöscht wird. Aber welchen Namen sollen Sie der Datei geben, damit nicht andere Daten überschrieben werden? Eine universelle Lösung bietet die folgende Funktion, die Ihnen einen eindeutigen Dateinamen zurückgibt.

Quelltext

Neben dem Dateinamen wird auch gleich noch der Temp-File-Pfad des Computers ermittelt:

```
function CreateTempFileName:String;
var p : PChar;
    d : PChar;

begin
```

Speicher reservieren:

```
p := StrAlloc(MAX_PATH+1);
d := StrAlloc(MAX_PATH+1);
GetTempPath(MAX_PATH,d);
GetTempFileName(d,'$',0,p);
Result := String(p);
```

Nicht vergessen, den Speicher wieder freizugeben:

```
StrDispose(p);
StrDispose(d)
end;
```

Test

Das auf der Buch-CD enthaltene Testprogramm in Aktion:

Hinweis: Nach dem Aufruf der Funktion befindet sich diese TEMP-Datei bereits im angezeigten \Temp-Verzeichnis, Sie sollten sie bei Programmende wieder löschen!

Grundlagen / Oberfläche / Grafik / Multimedia / **Datei** / Datenbank / SQL/ADO / Report / Objekte / OLE/DDE / Peripherie / System / Desktop / Technik / Sonstiges

R169 ... kurze Dateinamen ermitteln?

Haben Sie es ab und zu noch mit DOS oder 16 Bit-Anwendungen zu tun, stellt sich häufig die Frage nach dem entsprechenden Dateinamen, da DOS mit langen Dateinamen nichts am Hut hat.

```
function GetShortFilename(filename : string):string;
var p : PChar;
begin
  result := '';
  if not FileExists(filename) then Exit;
  p := StrAlloc(MAX_PATH+1);
  if GetShortPathName(PChar(filename),p,MAX_PATH+1) <> 0 then
    result := p;
  StrDispose(p)
end;
```

Ein kleines Testprogramm:

```
procedure TForm1.FileListBox1Change(Sender: TObject);
begin
 Panel1.Caption := getShortFilename(Filelistbox1.FileName);
end;
```

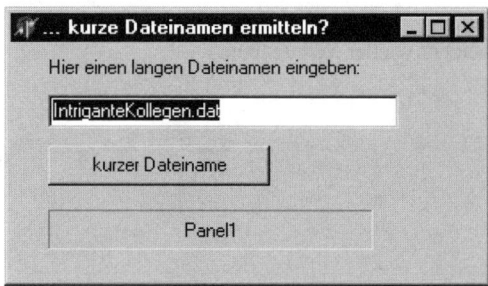

R170 ... Records in einem statischen Array speichern?

Dieses Beispielprogramm ist das erste einer Serie von Rezepten, die sich mit der Problematik des Abspeicherns statischer und dynamischer Arrays, Recordstrukturen, dynamischen Speicherzugriff, Streams etc. beschäftigen. Bewusst wurden komplexere Objekte (*TList*,...) vermieden und stattdessen im Sinne einer Grundlagenvermittlung weitestgehend auf elementare Bausteine zurückgegriffen.

Da die einzelnen Rezepte systematisch aufeinander aufbauen, ist ein schrittweises Durcharbeiten zwar empfehlenswert, aber nicht Bedingung.

Durchgängige Grundlage für alle Beispiele ist eine kleine Personaldatenbank, in welcher der Name, das Geburtsdatum, das Geschlecht und die Telefonnummer abgespeichert werden sollen. Bei der Umsetzung werden wir auf kein Standard-Datenbankformat (Paradox, dBase) zurückgreifen, sondern auf einen benutzerdefinierten Datentyp (Record). Die einzelnen Records werden in einem eindimensionalen Array abgespeichert, auf welches bekanntlich über einen Feldindex (entspricht einer lfd. Nummer) zugegriffen werden kann.

Beispiel: Stellen Sie sich eine solche Recordstruktur wie ein Regal vor, das aus mit 1,2,3 ... durchnummerierten Schubkästen besteht. Jeder Person entspricht ein Schubkasten, dieser wiederum ist in einzelne Fächer für Name, Geburtsdatum ... aufgeteilt.

Feldindex	1	2	3	4	...
name	Wagner	Maier	Schultze	Richter	...
geburt	28.11.54	8.2.71	3.4.75	30.9.81	...
geschlecht	w	m	m	w	...
nr	03447 90580	02762 89670	04288 30024	31575 45600	...

Oberfläche

Platzieren Sie auf dem Formular fünf Labels, drei Editierfelder, eine CheckBox und fünf Buttons:

Quelltext

Fügen Sie in den *Private*-Abschnitt von *TForm1* die folgenden drei Methodendeklarationen ein:

```
private
  { Private-Deklarationen }
```

```
procedure dsInit;       // nutzerdefinierte Methode zum
                        // Initialisieren aller Datensätze
procedure dsSpeichern;  // dto. zum Speichern eines Datensatzes
procedure dsAnzeigen;   // dto. zum Anzeigen
```

Wir hätten auch auf obige Methodendeklarationen verzichten können und stattdessen drei ganz normale Prozeduren in den *Implementation*-Abschnitt einfügen können. Die gewählte Vorgehensweise ist aber eleganter und übersichtlicher (insbesondere im Hinblick auf die Objektorientierte Programmierung).

Im *Implementation*-Abschnitt definieren wir zunächst unseren Record, um dann eine eindimensionale Array-Variable mit der gewünschten Anzahl von Feldern (10) zu deklarieren:

```
type TPerson = record    // Typ der Strukturvariablen
  name: string[20];      // max. 20 Buchstaben
  geburt: TDateTime;     // Geburtsdatum
  geschlecht: Boolean;   // männlich = True, weiblich = False
  nr: Integer            // Telefonnummer
end;


const pmax = 10;         // max. Anzahl von Personen = Größe des Arrays


var personen: array[1..pmax] of TPerson;  // Array-Variable
    index: Byte = 1;                      // aktueller Feldindex
```

Nun zu den Methoden-Implementationen:

```
procedure TForm1.FormCreate(Sender: TObject);    // Programmstart
begin
  dsInit;              // initialiert alle Datensätze
  dsAnzeigen           // und zeigt den ersten an
end;
```

Es folgen die drei nutzerdefinierten Methoden:

```
procedure TForm1.dsInit;  // setzt alle Personen auf Standardwerte
var i: Integer;
begin
  for i := pmax downto 1 do with personen[i] do
  begin
    name := '';
    geburt := StrToDate('31.12.99');
    geschlecht := False;
    nr := 9999999
  end
end;
```

```
procedure TForm1.dsSpeichern;      // Anzeige => Speicher
begin
 personen[index].name := Edit1.Text;
 if Edit2.Text <> '' then
  personen[index].geburt := StrToDate(Edit2.Text);
  personen[index].geschlecht := CheckBox1.Checked;
  personen[index].nr := StrToInt(Edit3.Text)
end;


procedure TForm1.dsAnzeigen;       // Speicher => Anzeige
begin
 Label1.Caption := IntToStr(index);       // Index anzeigen
 Edit1.Text := personen[index].name;
 Edit2.Text := DateToStr(personen[index].geburt);
 CheckBox1.Checked := personen[index].geschlecht;
 Edit3.Text := IntToStr(personen[index].nr)
end;
```

Nun zu den vier Bewegungstasten:

```
procedure TForm1.Button3Click(Sender: TObject);  // vorwärts (>)
begin
 if index < pmax then begin dsSpeichern; Inc(index); dsAnzeigen end
end;


procedure TForm1.Button2Click(Sender: TObject);   // rückwärts (<)
begin
 if index > 1 then begin dsSpeichern; Dec(index); dsAnzeigen end
end;


procedure TForm1.Button1Click(Sender: TObject);    // zum Anfang (|<)
begin
 dsSpeichern; index := 1; dsAnzeigen
end;


procedure TForm1.Button4Click(Sender: TObject);  // zum Ende (>|)
begin
 dsSpeichern; index := pmax; dsAnzeigen
end;
```

Grundlagen

Oberfläche

Grafik

Multimedia

Datei

Datenbank

SQL/ADO

Report

Objekte

OLE/DDE

Peripherie

System

Desktop

Technik

Sonstiges

Test

Nach dem Programmstart können die Standardwerte mit den Daten einzelner Personen über-schrieben werden. Wie bei einem "richtigen" Datenbankprogramm bewegen Sie sich mit den Tasten durch die Datensätze. Damit enden aber schon die Gemeinsamkeiten, denn leider ist die ganze Mühe umsonst gewesen, wenn Sie das Programm verlassen. Dann wird auch der Inhalt des Arbeitsspeichers gelöscht und die mühselig eingegebenen Personen sind beim Neustart auf Nimmerwiedersehen verschwunden. Abhilfe zeigt das nächste Rezept, wo wir die Daten auf die Festplatte auslagern werden.

Bemerkung

Ein Nachteil statischer Array ist, dass ist die maximale Anzahl von Datensätzen bereits vor dem Compilieren feststehen muss. Sie haben also keine Möglichkeit, zur Laufzeit weitere Personen hinzuzufügen. Hier schafft das folgende Rezept Abhilfe:

☞   R176 ... Records in einem dynamischen Array speichern?

R171 ... Records in einer Datei speichern?

Damit Daten auch nach dem Beenden eines Programms erhalten bleiben, müssen sie dauer-haft, d.h. in persistenter Form, vorliegen. Wenn es darum geht, relativ einfache, unverknüpfte Informationen in Datensätzen konstanter Länge auf der Festplatte abzulegen bzw. darauf zu-zugreifen, dürfte eine typisierte Datei die erste Wahl sein.

Zur Demonstration wollen wir die im Vorgängerrezept erzeugte kleine Personaldatei auf die Festplatte auslagern.

Oberfläche

Gegenüber dem Vorgängerrezept ändert sich ... nichts!

Quelltext

Es wird nur auf die erforderlichen Quelltextänderungen bzw. -ergänzungen eingegangen:

Den *Private*-Abschnitt von *TForm1* ergänzen Sie durch drei neue Methodendeklarationen:

```
procedure dateiNeu;       // nutzerdef. Methode zum Anlegen einer
                          // typisierten Datei
procedure dateiSchreiben; // dto. zum Abspeichern aller
                          // Datensätze in die Datei
procedure dateiLesen;     // dto. zum Lesen
```

Im *Interface*-Abschnitt fügen wir die folgenden Variablendeklarationen hinzu:

```
var f: File of TPerson;       // Dateivariable
    verz: string;             // Dateipfad
```

Der Programmstart gestaltet sich etwas aufwendiger als im Vorgängerrezept, da wir hier gleichzeitig auch das Öffnen bzw. Neuanlegen einer Datei mit dem Namen *Personendatei* erledigen wollen. Der Einfachheit halber befindet sich diese Datei im Anwendungsverzeichnis:

```
procedure TForm1.FormCreate(Sender: TObject);    // Programmstart
var i: Integer;
begin
verz := ExtractFilePath(ParamStr(0)) + 'Personendatei';
AssignFile(f, verz);  // Zuordnen  des Dateiverzeichnisses zur
                      // Dateivariablen
{$I-} Reset(f); {$I+}       // Versuch, die Datei zu öffnen
 if IOResult <> 0 then       // wenn keine Datei da ist
 begin
   MessageBeep(0);
   i := Application.MessageBox('Die Persondendatei befindet' +
       #10#13 + 'sich nicht im aktuellen Verzeichnis!' +
         #10#13 + 'Soll sie neu angelegt werden?',
         'Datei nicht gefunden!', 52);
   if i = 6 then dateiNeu else Halt     // Ja-Button oder Abbruch
 end
               else dateiLesen;   // wenn Datei vorhanden ist
// bei vorhandener oder neuer Datei:
dsAnzeigen;              // ersten Datensatz anzeigen
Form1.Caption := verz   // Dateipfad erscheint in Titelleiste
end;
```

Die *IOResult*-Abfrage nach dem *Reset* ist erforderlich, da sonst eine nicht vorhandene Datei keinen Fehler verursachen würde (der Compilerschalter $I- ist deaktiviert, um einen Programmabsturz für diesen Fall zu verhindern).

```
procedure TForm1.dateiNeu;
begin
 {$I-} Rewrite(f); {$I+}   // legt neue Datei an und öffnet sie
 if IOResult <> 0 then
    ShowMessage('Fehler beim Erzeugen der neuen Datei!');
    dsInit               // alle Felder initialisieren
end;


procedure TForm1.dateiSchreiben;
var i: Integer;
begin
 {$I-} Reset(f); {$I+}
```

Grundlagen

Oberfläche

Grafik

Multimedia

Datei

Datenbank

SQL/ADO

Report

Objekte

OLE/DDE

Peripherie

System

Desktop

Technik

Sonstiges

```
 if IOResult <> 0 then ShowMessage('Fehler beim Speichern!');
 for i := pmax downto 1 do Write(f,personen[i])
end;


procedure TForm1.dateiLesen;
var i: Integer;
begin
 {$I-} Reset(f); {$I+}
 if IOResult <> 0 then ShowMessage('Fehler beim Lesen!');
 for i := pmax downto 1 do
         Read(f, personen[i])  // Datensätze einlesen
end;
```

Die im Array abgespeicherten Datensätze können bei Programmende in die Datei geschrieben werden:

```
procedure TForm1.Button5Click(Sender: TObject);   // Beenden
var i: Integer;
begin
 i := Application.MessageBox('Soll die Datei gespeichert werden?',
                        'Frage', 36);
 if i = 6 then              // Ja-Button gedrückt
 begin
  dsSpeichern;                  // aktuellen Datensatz sichern
  dateiSchreiben            // alle Datensätze in Datei speichern
 end;
 CloseFile(f);      // Dateivariable wird wieder freigegeben
 Close              // Formular wird geschlossen
end;
```

Test

Diesmal gehen Ihnen keine Daten verloren, wenn Sie das Programm beenden und anschließend neu starten. Schauen Sie im Programmordner nach, ob Sie dort eine neu hinzugekommene Datei mit dem Namen *Personendatei* entdecken. Löschen Sie diese Datei oder verschieben Sie diese Datei und lassen Sie sie neu erzeugen.

Bemerkungen

- Wenn Sie das Formular nicht über den *Beenden*-Button schließen, gehen die vorgenommenen Änderungen verloren. Ein Ausweg bietet sich durch Verwendung des *OnClose*-Events.

Grundlagen

Oberfläche

Grafik

Multimedia

Datei

Datenbank

SQL/ADO

Report

Objekte

OLE/DDE

Peripherie

System

Desktop

Technik

Sonstiges

- Man könnte auch auf das statische Array als "Zwischenspeicher" ganz verzichten und stattdessen sofort datensatzweise in die Datei schreiben/lesen (Positionieren mit *Seek*). Abgesehen von Performance-Einbußen gestalten sich auf diese Weise aber auch z.B. Sortier- und Suchalgorithmen sehr langwierig und umständlich.

- Nachteilig ist, dass Sie immer nur eine einzige Datei mit dem Namen *Personendatei* verwenden können und dass sich diese nur im Anwendungsverzeichnis befinden darf. Eine Lösung zeigt das nachfolgende Rezept.

R172 ... einen Dateidialog realisieren?

Welches Programm benötigt ihn nicht, den Menüpunkt *Datei*! Auf der Seite "Dialoge" der Komponentenpalette finden Sie *OpenDialog* und *SaveDialog*. Damit können Sie auf relativ einfache Weise die windowstypischen Dialogfenster zum Öffnen und Speichern von Dateien realisieren. Allerdings ist noch einiges an zusätzlicher Arbeit zu investieren. Wir wollen dies an Hand der im Vorgängerrezept erzeugten *Personendatei* demonstrieren.

Da ein Dateidialog in dieser oder ähnlicher Form sehr häufig zu programmieren ist, soll das folgende, allgemein gefasste Ereignisdiagramm zunächst einen Überblick über die wichtigsten logischen Abläufe der Dateioperationen verschaffen.

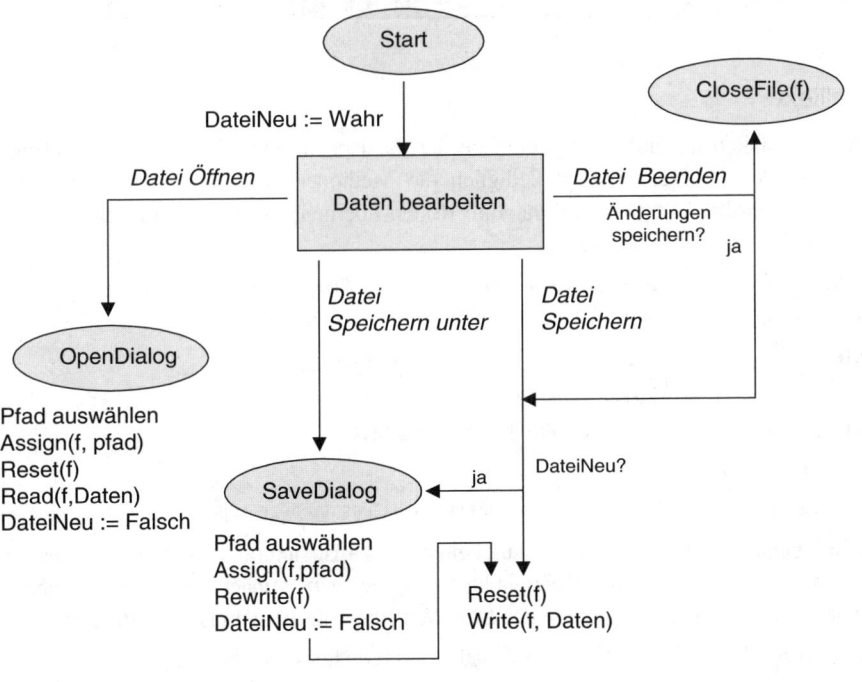

Oberfläche

Die Oberfläche entsteht als Erweiterung des Vorgängerrezepts. Fügen Sie neben *OpenDialog* und *SaveDialog* auch eine *MainMenu*-Komponente hinzu. Letztere entspricht einem typischen *Datei*-Menü mit den Einträgen *Datei\Öffnen*, *Datei\Speichern*, *Datei\Speichern unter* und *Datei\Beenden*.

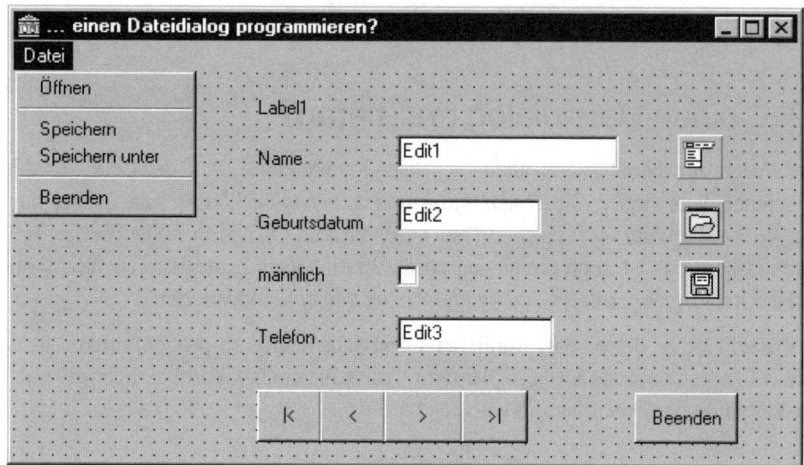

Quelltext

Wir beschränken uns auf die Wiedergabe der dateispezifischen Prozeduren, der übrige Teil entspricht dem Vorgängerrezept, lediglich die Methoden *dateiNeu*, *dateiLesen* und *datei-Schreiben* wurden komplett entfernt. Ihre Rollen übernehmen die Eventhandler der entsprechenden Objekte des *Datei*-Menüs.

```
procedure TForm1.FormCreate(Sender: TObject);    // Programmstart
var i: Integer;
begin
// einen Standard-Dateinamen zuweisen:
 pfad := ExtractFilePath(ParamStr(0)) + 'Personaldatei';
 Caption := pfad;
 dsAnzeigen;                      // ersten Datensatz anzeigen
```

Ab hier beginnen die eigentlichen Neuigkeiten. Da zu Beginn der endgültige Dateiname noch nicht feststeht, erscheint der Menüpunkt *Datei\Speichern* zunächst gesperrt. Er übernimmt damit gewissermaßen die Funktion des *DateiNeu*-Flags aus obigem Ereignisdiagramm.

```
 fSave.Enabled := False;          // Datei existiert noch nicht
```

Es soll verhindert werden, dass eine bereits existierende Datei versehentlich überschrieben wird:

```
 SaveDialog1.Options := [OFOverwritePrompt];
```

Grundlagen

Oberfläche

Grafik

Multimedia

Datei

Datenbank

SQL/ADO

Report

Objekte

OLE/DDE

Peripherie

System

Desktop

Technik

Sonstiges

Beim Speichern soll zunächst der Standard-Dateinamen vorgeschlagen werden:

```
SaveDialog1.FileName := pfad
end;
```

Quasi als Ersatz für die Methode *dateiLesen* dient uns jetzt der Eventhandler für das Klicken auf den Menüpunkt *Datei\Öffnen*:

```
procedure TForm1.fOpenClick(Sender: TObject);  // Datei öffnen
var i: Integer;
begin
 if OpenDialog1.Execute then
 begin
  pfad := OpenDialog1.FileName;
  AssignFile(f, pfad); // Zuordnen  Dateipfad zur Dateivariablen f
  {$I-} Reset(f); {$I+}       // Versuch, die Datei zu öffnen
  if IOResult <> 0 then       // wenn keine Datei da ist
  begin
   Application.MessageBox('Datei konnte nicht geöffnet werden!', 'Fehler', 52);
    Exit
  end            else
  // alle Datensätze von f einlesen:
  for i := pmax downto 1 do Read(f, personen[i]);
  dsAnzeigen;                 // ersten Datensatz anzeigen
  Form1.Caption := pfad;      // Anzeige Dateipfad in Titelleiste
  fSave.Enabled := True       // Freigabe Menüpunkt Datei|Speichern
 end
end;
```

Bei *Datei\Speichern unter* ist stets eine neue Dateivariable *f* anzulegen:

```
procedure TForm1.fSaveAsClick(Sender: TObject); // D.speichern unter
begin
 if SaveDialog1.Execute then
 begin
  pfad := SaveDialog1.FileName;
  AssignFile(f, pfad);        // Zuweisen f zu Dateiname
```

Rewrite legt eine neue (leere) Datei an und öffnet sie:

```
  {$I-} Rewrite(f); {$I+}
  if IOResult <> 0 then
           ShowMessage('Fehler beim Erzeugen der neuen Datei!');
  fSave.Enabled := True;
  fSaveClick(Self);    // weiter mit dem Menüpunkt: Datei speichern
```

```
   Caption := pfad
  end
end;
```

Das Anklicken des Menüpunktes *Datei\Speichern* ist nur möglich, wenn bereits eine Datei-variable *f* existiert (sonst erscheint dieser Menüpunkt gesperrt):

```
procedure TForm1.fSaveClick(Sender: TObject);      // Datei speichern
var i: Integer;
begin
 {$I-} Reset(f); {$I+}                 // Dateivariable zurücksetzen
 if IOResult <> 0 then ShowMessage('Fehler beim Speichern!');
 // alle Datensätze nach f schreiben:
 for i := pmax downto 1 do Write(f,personen[i])
end;
```

Wenn auf den "Beenden"-Button gedrückt wird, oder wenn man das Formular auf andere Weise schließt, sind die üblichen Schlussabfragen durchzuführen, die man zweckmäßiger-weise in den *OnClose*-Eventhandler verpackt:

```
procedure TForm1.FormClose(Sender: TObject; var Action: TCloseAction);
var i: Integer;
begin
 i := Application.MessageBox('Änderungen speichern?','Frage', 35);
 if i = 6 then            // Ja-Button gedrückt
 begin
  dsSpeichern;                  // aktuellen Datensatz sichern
  if fSave.Enabled then fSaveClick(Self) else fSaveAsClick(Self)
 end;
 if i = 3 then Exit;          // Abbrechen gedrückt
```

Um einen Fehler beim Beantworten von "Änderungen speichern?" mit "Nein" unmittelbar nach Programmstart zu vermeiden (zu diesem Zeitpunkt existiert noch keine Dateivariable *f*), muss der Aufruf von *CloseFile* an diese Bedingung geknüpft werden:

```
 if fSave.Enabled then CloseFile(f)
end;
```

Test

Probieren Sie erbarmungslos alle Eventualitäten eines Dateidialogs aus, wie z.B. das Über-schreiben einer bereits vorhandenen Datei oder das Beenden des Programms unmittelbar nach dem Starten.

Falls Sie den Menüpunkt *Datei\Neu* vermissen: Er ist nicht notwendig, denn Sie können jeder-zeit mit *Datei\Speichern unter* eine neue Datei anlegen.

Grundlagen

Oberfläche

Grafik

Multimedia

Datei

Datenbank

SQL/ADO

Report

Objekte

OLE/DDE

Peripherie

System

Desktop

Technik

Sonstiges

Bemerkungen

- Ergänzen Sie das Programm um ein sogenanntes *dirtyFlag*, welches beim ersten Tastatur-Ereignis von *False* auf *True* gesetzt wird, so können Sie die Abfrage "Änderungen übernehmen?" nur dann einblenden, wenn Sie tatsächlich etwas geändert haben.

- Die *Options*-Eigenschaft von *OpenDialog* und *SaveDialog* ist eine Aufzählung, der Sie zahlreiche weitere Verhaltensmerkmale beim Öffnen und Schließen von Dateien zuweisen können (siehe Objektinspektor).

R173 ... Dateinamen filtern?

Die Komponenten *OpenDialog* und *SaveDialog* verfügen über die Eigenschaften *DefaultExt*, *Filter*, *FilterIndex*, mit denen Sie den Dateinamen standardmäßige Erweiterungen hinzufügen können. Außerdem lässt sich damit erreichen, dass Sie beim Öffnen eines Dateidialogs nur die für die jeweilige Applikation in Frage kommenden "herausgefilterten" Dateien sehen.

Die Eigenschaften sind schnell erklärt: *DefaultExt* legt die standardmäßige Dateierweiterung fest, *Filter* die im Dialogfeld verfügbaren Dateimasken und *FilterIndex* gibt den beim Öffnen des Dialogfeldes ausgewählten Filter an.

In unserem Beispiel wollen wir das Vorgängerrezept so ergänzen, dass die erzeugten Personal-dateien automatisch die Extension *.dat* erhalten und nur als solche zu öffnen sind.

Oberfläche

... entspricht dem Vorgängerrezept!

Quelltext

... entspricht ebenfalls dem Vorgängerrezept, denn wir können alles im Objektinspektor erledigen! Die folgenden Anweisungen gelten gleichermaßen für *OpenDialog1* und *SaveDialog1*.

Weisen Sie die Eigenschaften *DefaultExt* (dat) und *FilteIindex*(1) direkt zu:

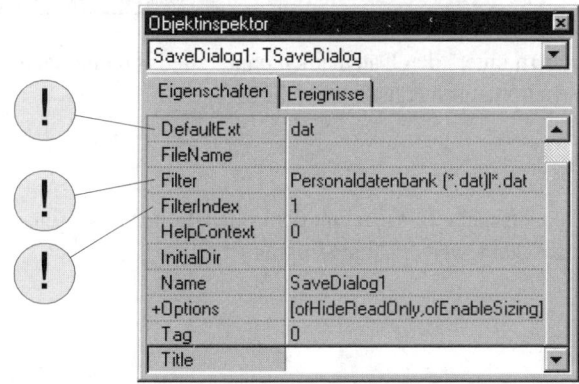

Klicken Sie dann auf die *Filter*-Eigenschaft und öffnen Sie den Filter-Editor:

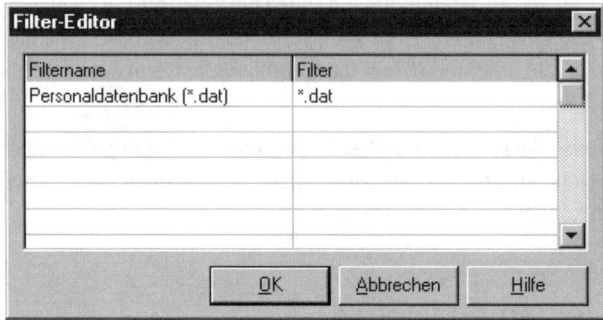

Als Filtername geben Sie eine entsprechende Beschreibung des Dateityps ein, rechts daneben den Dateifilter (*.*dat*).

Test

Beim Öffnen eines Verzeichnisses werden Sie nur mit den Einträgen konfrontiert, die die *dat*-Extension tragen.

Wenn Sie bei "Speichern unter" den Dateinamen ohne Extension eintragen, werden Sie später feststellen, dass diese automatisch ergänzt wurde.

Bemerkung

Sie können natürlich auch mehrere *Filter* mit dem Filter-Editor zuweisen, um dann im Quelltext den *FilterIndex* auf den jeweils gültigen Eintrag zu setzen.

R174 ... Records in einem Streamobjekt speichern?

Um Informationen auf der Festplatte abzulegen, gibt es in Delphi eine noch elegantere Möglichkeit, als es im Vorgängerrezept beschrieben wurde: das Speichern in einem *Filestream*-Objekt.

Im Unterschied zur typisierten Datei braucht beim Stream die Datensatzlänge nicht konstant zu sein, alles kann ohne Rücksicht auf die Datenstruktur "hintereinanderweg" abgespeichert werden. Allerdings kann man sich dann auch nicht mehr datensatzweise, sondern muss sich byteweise vorwärtsbewegen. Das erschwert zwar den Direktzugriff auf die in der Datei abgespeicherten Werte, was aber nicht als Nachteil zu werten ist, da man (genauso wie im Vorgängerrezept) die Datei sowieso komplett in den Arbeitsspeicher lädt und nur zu Beginn bzw. Ende der Sitzung den Inhalt wieder auf die Festplatte auslagert.

Beim folgenden Vergleich beziehen wir uns wieder auf den strukturierten Typ *TPerson*:

```
type TPerson = record
               name       : string[20];
               geburtstag : TDateTime
             end;
var person: TPerson;
```

typisierte Datei (klassische Methode)	Streamobjekt (moderne Methode)
`var f: File of TPerson;`	`var f: TFileStream;`

`AssignFile(f,'C:\Test.dat');`
`Reset(f);`
`if IOResult <> 0 then Rewrite(f);`
 	
... wenn Öffnungsversuch fehlschlägt, wird neue Datei angelegt.
	`try`
	  `f := TFileStream.Create('C:\Test.dat,`
	                `fmOpenReadWrite)`
	`except`
	  `f := TFileStream.Create('C:\Test.dat', fmCreate)`
	`end;`
	
	... wenn Öffnungsversuch fehlschlägt, wird neue Datei angelegt.

`Read(f, person);` ... nur Daten vom Typ *TPerson* können gelesen werden.	`f.ReadBuffer(person,SizeOf(person));` ... hier können weitere Leseoperationen für andere Datentypen folgen.
`Write(f, person);` ... nur Daten vom Typ *TPerson* können geschrieben werden!	`f.WriteBuffer(person,SizeOf(person));` ... hier könnten weitere Schreiboperationen für andere Datentypen folgen!
`CloseFile(f);` ... die *Assign*-Zuordnung wird aufgehoben.	`f.Free;` ... das Objekt wird freigegeben.

Grundlagen

Oberfläche

Grafik

Multimedia

Datei

Datenbank

SQL/ADO

Report

Objekte

OLE/DDE

Peripherie

System

Desktop

Technik

Sonstiges

Oberfläche

Die Bedienoberfläche entspricht exakt dem Vorgängerrezept.

Quelltext

Es werden nur die Änderungen gegenüber dem Vorgängerrezept gezeigt (durch "!!!" kommentiert):

An die Stelle der Deklaration

```
var f: File of TPerson;
```

tritt nun die Deklaration einer Objektreferenz:

```
var f: TFileStream;              // !!!
```

Die weiteren Änderungen betreffen nur die dateispezifischen Prozeduren:

```
procedure TForm1.fOpenClick(Sender: TObject);   // Datei öffnen
var i: Integer;
begin
 if OpenDialog1.Execute then
 begin
  pfad := OpenDialog1.FileName;
  try
   f := TFileStream.Create(pfad, fmOpenRead)    // !!!
  except
   MessageBeep(0);
   Application.MessageBox('Datei konnte nicht geöffnet werden!',
                          'Fehler', 52);
   Exit
  end;
  for i := pmax downto 1 do
             f.ReadBuffer(personen[i],SizeOf(TPerson));
  dsAnzeigen;                // erster Datensatz anzeigen
  Form1.Caption := pfad;     // Anzeige Dateipfad in Titelleiste
  fSave.Enabled := True;     // freigeben zum Speichern
  f.Free                     //   !!!
 end
end;

procedure TForm1.fSaveAsClick(Sender: TObject);   // Datei speichern unter
begin
 if SaveDialog1.Execute then
 begin
```

```
  pfad := SaveDialog1.FileName;
  try
   f := TFileStream.Create(pfad, fmCreate)    // !!!
  except
  ShowMessage('Fehler beim Erzeugen der neuen Datei!');
  Exit
 end;
  f.Free;                                      // !!!
  fSaveClick(Self);        // zum Menüpunkt: Datei speichern
  Caption := pfad;
  fSave.Enabled := True
 end
end;


procedure TForm1.fSaveClick(Sender: TObject);  // Datei speichern
var i: Integer;
begin
 try
   f := TFileStream.Create(pfad, fmOpenWrite)   // !!!
 except
   MessageBeep(0);
   Application.MessageBox('Fehler beeim Speichern!','Fehler', 52);
   Exit
 end;
 for i := pmax downto 1 do
          f.WriteBuffer(personen[i],SizeOf(TPerson));   // !!!
 f.Free                                               // !!!
end;
```

Sidebar navigation:
Grundlagen
Oberfläche
Grafik
Multimedia
Datei
Datenbank
SQL/ADO
Report
Objekte
OLE/DDE
Peripherie
System
Desktop
Technik
Sonstiges

Test

Gegenüber dem Vorgängerrezept ändert sich – nichts! Sie können also bei der Programmbedienung nicht unterscheiden, ob die Datei in einem Filestream oder in typisierter Form abgespeichert wurde.

Bemerkung

Wem dieses Beispiel noch zu unübersichtlich war, der sollte sich zunächst ein wesentlich einfacheres Rezept zur gleichen Problematik anschauen:

☞   R178 ... Variablenwerte in einem FileStream abspeichern?

R175 ... Records dynamisch auf dem Heap speichern?

Gravierender Nachteil der in den vorhergehenden Rezepten benutzten Personaldatenbank war, dass die maximale Anzahl von Datensätzen zur Laufzeit nicht mehr geändert werden konnte. Wir wollen dazu eine erste Verbesserungsmöglichkeit vorschlagen, zunächst aber aus Übersichtlichkeitsgründen auf ein Ablegen der Datensätze in eine Datei verzichten.

Da seit Delphi 2 dynamischer Heap-Speicherplatz reichlich zur Verfügung steht, ist es für den fortgeschrittenen Programmierer kein Problem, sich mit etwas "Handarbeit" seine Wünsche nach einem dynamischen Speicherzugriff zu erfüllen. Wem dies aber zu kompliziert erscheint, der sollte dieses Rezept überspringen und zum nächsten übergehen.

Oberfläche

Dieses Rezept ist quasi der Pendant zu

☞   R170 ... Records in einem statischen Array speichern?

mit dem Vorteil, dass Datensätze zur Laufzeit neu hinzugefügt und gelöscht werden können.

Die Oberfläche ähnelt also obigem Rezept, nur dass die Buttons "Neu" und "Löschen" hinzugekommen sind.

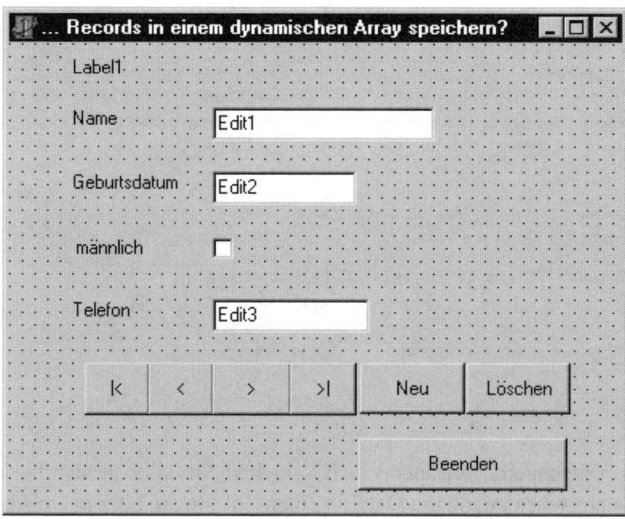

Quelltext

Die Typdeklarationen von *TForm1* und *TPerson* entsprechen dem oben genannten Rezept. Den *implementation*-Abschnitt von *Unit1* schreiben wir komplett neu:

```
type TPersonen = array[1..1] of TPerson; // stat. Array-Typ

var pP, puP: ^TPersonen;    // Zeiger auf Original- und

                            // gepuffertes Array
```

```
    pmax: Word;      // max. Anzahl von Personen = Größe des Arrays
    index: Byte = 1;          // aktueller Feldindex
```

Zunächst sind einige Routinen zur Speicherverwaltung hinzuzufügen:

```
procedure dimPersonen(anz:Word); // dyn. Speicher reservieren
begin GetMem(pP,SizeOf(pP^[1]) * anz) end;


procedure freePersonen;      // dyn. Speicherplatz freigeben
begin FreeMem(pP) end;


procedure dimPuPersonen(anz:Word); // dyn. Puffer reservieren
begin GetMem(puP,SizeOf(puP^[1]) * anz) end;


procedure freePuPersonen;      // dyn. Puffer freigegeben
begin
 FreeMem(puP)
end;
```

Nun kann es endlich losgehen:

```
procedure TForm1.FormCreate(Sender: TObject);     // Programmstart
begin
 pmax:=1;
 dimPersonen(pmax);
 dsInit; dsAnzeigen
end;
```

Die folgenden Routinen ähneln bis auf den dynamischen Pointerzugriff den bekannten "statischen" Realisierungen:

```
procedure TForm1.dsInit; // setzt akt. Person auf Standardwerte
begin
 with pP^[index] do
 begin
 name := 'Musterman';
 geburt := Now;
 geschlecht := True;
 nr := 9999999
 end
end;
```

Das dynamische Speichern eines Datensatzes:

```
procedure TForm1.dsSpeichern;
begin
pP^[index].Name := Edit1.Text;
```

```
if Edit2.Text<>'' then pP^[index].geburt:= StrToDate(Edit2.Text);
pP^[index].geschlecht := CheckBox1.Checked;
pP^[index].nr := StrToInt(Edit3.Text)
end;
```

Das Auslesen aus dem dynamischen Speicher:

```
procedure TForm1.dsAnzeigen;
begin
Label1.Caption := IntToStr(index);
Edit1.Text := pP^[index].Name;
Edit2.Text := DateToStr(pP^[index].geburt);
CheckBox1.Checked := pP^[index].geschlecht;
Edit3.Text := IntToStr(pP^[index].nr)
end;
```

Auch die Programmierung der Bewegungstasten entspricht komplett der bereits bekannten "statischen" Realisierungsvariante, der Quelltext braucht deshalb hier nicht nochmals wiedergegeben zu werden.

Die beiden neu hinzugekommenen Buttons "Neu" und "Löschen" haben es allerdings in sich:

```
procedure TForm1.Button6Click(Sender: TObject);     // Neu
var i: Word;
begin
dsSpeichern;                   // aktuellen Datensatz abspeichern
Edit1.Text := ''; Edit2.Text := '';     // Anzeige säubern
Edit3.Text := ''; CheckBox1.Checked := False;
dimPuPersonen(pmax); // gleichgroßen Pufferspeicher reservieren
for i := 1 to pmax do puP^[i] := pP[i]; // Original => Puffer
freePersonen;                  // Originalspeicher freigeben
dimPersonen(pmax+1);   // Originalspeicher um Eins vergrößern
                        //... dabei wird alter Inhalt zerstört!
for i := 1 to pmax do pP^[i] := puP[i]; // Puffer => Original
                        // ... letztes Feld bleibt leer für neuen DS
freePuPersonen;                // Pufferspeicher freigeben
Inc(pmax);
index := pmax;      // Datenzeiger auf neuen Datensatz einstellen
Label1.Caption := IntToStr(pmax);
dsInit; dsAnzeigen
end;
```

Das Löschen eines Datensatzes:

```
procedure TForm1.Button7Click(Sender: TObject);
var i,j: Word;
```

```
begin
 if pmax = 1 then Application.MessageBox('Der letzte Datensatz kann
                  nicht gelöscht werden!','Problem',0)
 else if MessageDlg('Wollen Sie den Datensatz wirklich löschen?',
                   mtWarning,[mbYes,mbNo],0) = mrYes then
  begin
   dimPuPersonen(pmax-1);        // Pufferspeicher bereitstellen
   j := 1;
   for i:=1 to pmax do  if i <> index then  // Original => Puffer
   begin                         // ... außer dem zu löschenden Eintrag
    puP^[j] := pP[i];
    Inc(j)
   end;
   freePersonen;                 // Originalspeicher freigeben
   dimPersonen(pmax-1);  // Originalspeicher um Eins verkleinern
                         // ... dabei wird alter Inhalt zerstört!
   for i := 1 to pmax-1 do pP^[i] := puP[i];  // Puffer => Original
                                 //... ohne gelöschtes Feld!
   freePuPersonen;               // Pufferspeicher freigeben
   Dec(pmax);
   if index > 1 then Dec(index); // index zeigt vorhergehenden DS
   dsAnzeigen
  end
end;
```

Test

Nachdem Sie das Programm gestartet haben, erwartet Sie zunächst nur ein einziger Datensatz mit dem standardmäßigen "Mustermann". Sie können diesen Eintrag überschreiben und dann weitere hinzufügen bzw. löschen. Aus Gründen einer zweckmäßigen Programmierung können Sie den letzten verbliebenen Datensatz nicht löschen.

Bemerkung

Der in diesem Rezept demonstrierte Zugriff auf den dynamischen Speicher gehört zum Handwerkszeug eines guten Delphi-Programmierers. Mittlerweile geht das Ganze aber auch erheblich einfacher, wie es das folgende Rezept zeigt.

Grundlagen

Oberfläche

Grafik

Multimedia

Datei

Datenbank

SQL/ADO

Report

Objekte

OLE/DDE

Peripherie

System

Desktop

Technik

Sonstiges

R176 ... Records in einem dynamischen Array speichern?

Ähnlich wie es in Microsofts Visual Basic schon immer möglich war, können in der neuen Delphi-Version nun auch dynamische Arrays dimensioniert werden. In diesem Rezept wollen wir die gleiche Funktionalität erzielen wie im Vorgängerrezept, allerdings mit einfacheren Mitteln.

Oberfläche

Diese entspricht 1:1 dem Vorgängerrezept.

Quelltext

Als Vorbild eignet sich das Listing des Rezepts

☞   R170 ... Records in einem statischen Array speichern?

besser als das des Vorgängerrezepts. Es braucht nur relativ geringfügig modifiziert und ergänzt zu werden. Im folgenden werden nur die notwendigen Anpassungen angegeben.

```
var pmax: Word = 1;      // max. Anzahl von Personen = Größe des Arrays
```

Die Variablendeklaration dynamischer Arrays entspricht der bei statischen Arrays, nur dass die Felddimensionen weggelassen werden:

```
var  personen: array of TPerson;    // dyn. Array-Variable für Personenliste

     puffer: array of TPerson;      // dto. zum Zwischenspeichern

     index: Byte = 0;               // aktueller Feldindex, beginnt mit 0 !
```

Beim Programmstart wird mittels *SetLength* das dynamische Array mit einem Feld dimensioniert:

```
procedure TForm1.FormCreate(Sender: TObject);    // Programmstart
 begin
  SetLength(personen, pmax);          // Array mit einem Feld wird angelegt
  dsInit; dsAnzeigen
 end;
```

Unkompliziert ist das Anhängen eines neuen (leeren) Datensatzes an das Ende des Arrays, dabei bleibt der alte Inhalt erhalten:

```
procedure TForm1.Button6Click(Sender: TObject);    // Neu
 begin
  dsSpeichern;
  Inc(pmax);                          // Anzahl um Eins erhöhen
  index := pmax-1;                    // letzter Datensatz hat Index pmax-1
  SetLength(personen, pmax);          // Dimension anpassen
  dsAnzeigen
 end;
```

Etwas umfangreicher gestaltet sich das Löschen von Datensätzen. Um den Code überschaubar zu halten, ist das Löschen des letzten Datensatzes nicht möglich.

```
procedure TForm1.Button7Click(Sender: TObject);      // Löschen

var i: Word;
    j: Integer;


begin
 if pmax = 1 then
  Application.MessageBox('Der letzte Datensatz kann nicht gelöscht'+
                         'werden!','Problem',0)
 else if MessageDlg('Wollen Sie den Datensatz wirklich löschen?',
                         mtWarning,[mbYes,mbNo],0) = mrYes then
 begin
  SetLength(puffer, pmax-1);
  j := -1;
  for i := 0 to pmax-1 do
   if i <> index then
   begin
    Inc(j);
    Puffer[j] := Personen[i]
  end;
```

Jetzt befinden sich die restlichen Datensätze in dem um Eins verkürzten Puffer-Array und brauchen bloß noch in das Original-Array zurückkopiert zu werden. Da dessen Länge nun um Eins "übersteht", muss es mit *Copy* verkürzt werden:

```
Dec(pmax);
 for i:= 0 to pmax-1 do personen[i] := puffer[i];   // zurück kopieren
 personen := Copy(personen,0,pmax);   // letzten Datensatz abschneiden
 if index > 0 then Dec(index);
 dsAnzeigen
end
end;
```

Die folgende Abbildung soll noch einmal das Prinzip des Löschens von Datensätzen demonstrieren:

Grundlagen

Oberfläche

Grafik

Multimedia

Datei

Datenbank

SQL/ADO

Report

Objekte

OLE/DDE

Peripherie

System

Desktop

Technik

Sonstiges

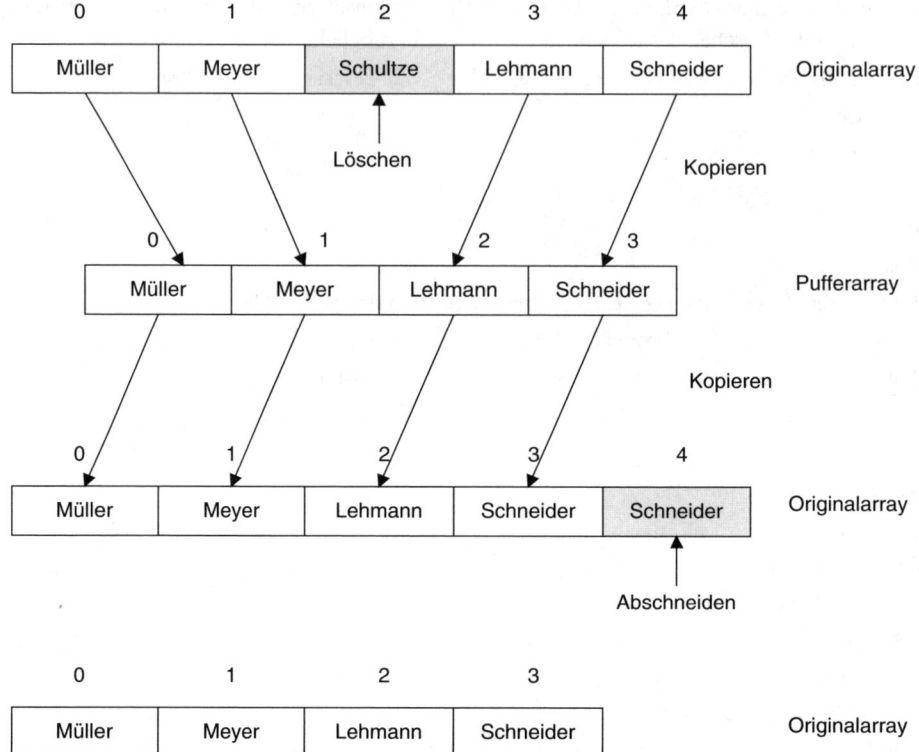

Zum Schluss sollte der von Originalarray und Pufferarray dynamisch belegte Speicherplatz wieder freigegeben werden:

```
procedure TForm1.FormClose(Sender: TObject; var Action: TCloseAction);
begin
 personen := nil;
 puffer := nil
end;
```

Test

Nach dem Programmstart können Sie beliebig Datensätze hinzufügen und löschen. Lediglich der letzte Datensatz muss im Array verbleiben. Nach jeder Löschoperation erhalten die nachfolgenden Datensätze einen um Eins verringerten Index.

Grundlagen

Oberfläche

Grafik

Multimedia

Datei

Datenbank

SQL/ADO

Report

Objekte

OLE/DDE

Peripherie

System

Desktop

Technik

Sonstiges

Bemerkungen

▫ Bei den angezeigten Indizes handelt es sich um eine fortlaufende Nummerierung der Datensätze entsprechend dem Feldindex plus Eins (da ein dynamisches Array immer mit dem Feldindex 0 beginnt).

▫ Das einfache Zuweisen des Pufferspeicherinhalts zum Originalinhalt

```
puffer := personen
```

ist nicht möglich, da es sich hier um Zeiger handelt und demzufolge beide Variablen das gleiche Array referenzieren würden.

▫ Auch das Einfügen neuer Datensätze könnte an der aktuellen Position erfolgen anstatt am Ende (siehe folgendes Rezept).

R177 ... typisierte Dateien als BDE-Ersatz verwenden?

Die hervorragende Unterstützung, die Delphi für Datenbankanwendungen bereitstellt, verleitet dazu, selbst für die winzigsten datenspezifischen Applikationen die Dienste der integrierten BDE (Borland Database Engine) in Anspruch zu nehmen. Der Programmierer setzt sich dabei nicht nur dem Vorwurf aus, "mit Kanonen auf Spatzen zu schießen", sondern verkompliziert auch noch die Weitergabe seiner Applikation, da auch noch die recht umfangreiche BDE auf den Installationsdisketten mitzuliefern ist, die dann den Zielrechner mit vielen unnötigen Routinen vollstopft. Siehe dazu

☞ R387 ... mit InstallShield arbeiten?

Dem glücklichen Besitzern der Client/Server-Version von Delphi bietet sich ein Ausweg mit der *ClientDataset*-Komponente. Siehe dazu

☞   R215 ... Bounded-Controls ohne BDE verwenden?

Wir wollen aber zeigen, wie Sie auch ohne den glücklichen Besitz der Client/Server-Version das ersehnte Ziel mit wenig Aufwand erreichen. Besinnen Sie sich auf Ihr Turbo Pascal-Handwerkszeug aus der "guten alten DOS-Zeit"! Damit sind Sie mit relativ einfachen Mitteln in der Lage, ein robustes und "schlankes" Datenbankprogramm zu erstellen, falls dessen Komplexität sich auf relativ einfache Verknüpfungen zwischen wenigen Tabellen beschränkt und auf SQL-Abfragen verzichtet werden kann.

Die vorhergehenden Rezepte haben das Terrain dazu vorbereitet. Im Folgenden brauchen wir nur noch beide Technologien, nämlich die "in-memory" Speicherung in ein dynamisches Array und die persistente Speicherung in einen Filestream, miteinander zu kombinieren und schon haben wir eine einfache Datenbankapplikation, die die modernen Features von Delphi voll ausnutzt.

Oberfläche

Quelltext

Die Typdeklaration *TForm1* wird um zwei Methoden bereichert:

```
private
    { Private Deklarationen }
    procedure dsSpeichern;      // Methode zum Speichern eines Datensatzes
    procedure dsAnzeigen;       // Methode zum Anzeigen ...
end;
```

Zu Beginn des *implementation*-Abschnitts wird die Struktur eines Datensatzes definiert, vergleichbar mit dem Tabellenentwurf bei einer "echten" Datenbank:

R177 ... typisierte Dateien als BDE-Ersatz verwenden? 479

```
type TPerson = record         // Typ der Strukturvariablen
  name: string[20];           // max. 20 Buchstaben
  geburt: TDateTime;          // Geburtsdatum
  geschlecht: Boolean;        // männlich = True, weiblich = False
  nr: Integer                 // Telefonnummer
end;
```

Diese Variablen bestimmen das in-memory und das persistente Speichern:

```
var pmax: Word = 1;       // max. Anzahl von Personen ( 1 = Anfangsgröße des Arrays)
    personen: array of TPerson;   // dynamische Datenhaltung
    puffer: array of TPerson;     // dto. zum Zwischenspeichern
    index: Byte = 0;              // aktueller Feldindex, beginnt mit 0 !

    f: TFileStream;               // persistente Datenhaltung
    pfad: string;                 // Dateipfad
```

Nun zu den Methoden-Implementationen:

```
procedure TForm1.dsSpeichern;      // Anzeige => dyn. Speicher
begin
  personen[index].name := Edit1.Text;
  if Edit2.Text <> '' then personen[index].geburt := StrToDate(Edit2.Text);
  personen[index].geschlecht := CheckBox1.Checked;
  personen[index].nr := StrToInt(Edit3.Text)
end;

procedure TForm1.dsAnzeigen;       // dyn. Speicher => Anzeige
begin
  Label1.Caption := IntToStr(index+1);      // Index anzeigen
  Edit1.Text := personen[index].name;
  Edit2.Text := DateToStr(personen[index].geburt);
  CheckBox1.Checked := personen[index].geschlecht;
  Edit3.Text := IntToStr(personen[index].nr)
end;
```

Die Bedienfunktionen der Navigatorleiste:

```
procedure TForm1.Button3Click(Sender: TObject);  // vorwärts (>)
begin if index < pmax-1 then begin dsSpeichern; Inc(index); dsAnzeigen end end;

procedure TForm1.Button2Click(Sender: TObject);   // rückwärts (<)
begin if index > 0 then begin dsSpeichern; Dec(index); dsAnzeigen end end;

procedure TForm1.Button1Click(Sender: TObject);        // zum Anfang
```

Grundlagen

Oberfläche

Grafik

Multimedia

Datei

Datenbank

SQL/ADO

Report

Objekte

OLE/DDE

Peripherie

System

Desktop

Technik

Sonstiges

```
begin dsSpeichern; index := 0; dsAnzeigen end;


procedure TForm1.Button4Click(Sender: TObject);        // zum Ende
begin dsSpeichern; index := pmax-1; dsAnzeigen end;
```

Ein neuer Datensatz wird an der aktuellen Position eingefügt:

```
procedure TForm1.Button6Click(Sender: TObject);    // Neu
var i,j: Integer;
begin
  dsSpeichern;
  SetLength(puffer, pmax+1);      // Anlegen eines um Eins vergrößerten Pufferarrays
  j := -1;
  for i := 0 to pmax-1 do begin
   Inc(j);
   Puffer[j] := Personen[i];
   if i = index then Inc(j)        // hier neuen DS einfügen
  end;
  Inc(pmax);
  SetLength(personen, pmax);       // Vergrößern des Originalarrays um Eins
  for i:= 0 to pmax-1 do personen[i] := puffer[i];   // zurück kopieren
  if index < pmax-1 then Inc(index);
  dsAnzeigen
end;
```

Die folgende Abbildung verdeutlicht die Vorgänge beim Einfügen eines neuen Datensatzes:

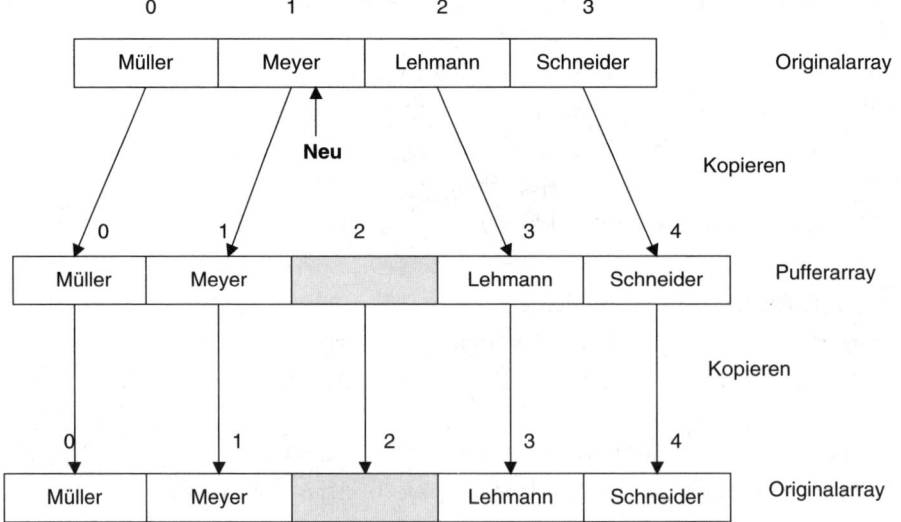

Das Löschen des aktuellen Datensatzes verwendet eine ähnliche Technologie wie das Hinzufügen:

```
procedure TForm1.Button7Click(Sender: TObject);
var i: Word; j: Integer;
begin
 if pmax = 1 then
  Application.MessageBox('Der letzte Datensatz kann nicht gelöscht werden!','Problem',0)
 else if MessageDlg('Wollen Sie den Datensatz wirklich löschen?',
                      mtWarning,[mbYes,mbNo],0) = mrYes then
 begin
  SetLength(puffer, pmax-1); j := -1;
  for i := 0 to pmax-1 do
    if i <> index then begin Inc(j); Puffer[j] := Personen[i] end;
  Dec(pmax);
  for i:= 0 to pmax-1 do personen[i] := puffer[i];  // zurück kopieren
  personen := Copy(personen,0,pmax);                // letzten Datensatz abschneiden
  if index > 0 then Dec(index);
  dsAnzeigen
 end
end;
```

Oberfläche

Grafik

Multimedia

Datei

Datenbank

SQL/ADO

Report

Objekte

OLE/DDE

Peripherie

System

Desktop

Technik

Sonstiges

Das Prinzip, des Löschens wird in

☞   R176 ... Records in einem dynamischen Array speichern?

näher erläutert.

Nun kommen wir zu den Prozeduren, die mit der persistenten Datenspeicherung im Zusammenhang stehen:

```
procedure TForm1.FormCreate(Sender: TObject);    // Programmstart
begin
 SetLength(personen, pmax);              // Array mit einem Feld wird angelegt
 dsAnzeigen;
 pfad := ExtractFilePath(ParamStr(0)) + 'Personaldatei';   // Standard-Dateinamen
 Caption := pfad;
 dsAnzeigen;                             // ersten Datensatz anzeigen
 fSave.Enabled := False;                 // Datei existiert noch nicht
 SaveDialog1.Options := [OFOverwritePrompt];  // Warnung vor Überschreiben
 SaveDialog1.FileName := pfad
end;
```

Die einzelnen Menüfunktionen:

```
procedure TForm1.fOpenClick(Sender: TObject);     // Datei öffnen
var  i: Word;
begin
 if OpenDialog1.Execute then
 begin pfad := OpenDialog1.FileName;
  try
   f := TFileStream.Create(pfad, fmOpenRead)
  except
   Application.MessageBox('Die Datei konnte nicht geöffnet werden!','Fehler', 52);
   Exit
  end;
  f.ReadBuffer(pmax, SizeOf(Word));
  SetLength(personen, pmax);
  for i := pmax-1 downto 0 do f.ReadBuffer(personen[i],SizeOf(TPerson));
  index := 0;
  dsAnzeigen;                   // ersten Datensatz anzeigen
  Form1.Caption := pfad;        // Anzeige Dateipfad in Titelleiste des Formulars
  fSave.Enabled := True;        // freigeben zum Speichern
  f.Free
 end
end;


procedure TForm1.fSaveAsClick(Sender: TObject);      // Datei speichern unter
begin
 if SaveDialog1.Execute then
 begin
  pfad := SaveDialog1.FileName;
  try
   f := TFileStream.Create(pfad, fmCreate)
  except
   ShowMessage('Fehler beim Erzeugen der neuen Datei!');  Exit
  end;
  f.Free;
  fSaveClick(Self);                       // zum Menüpunkt: Datei speichern
  Caption := pfad;  fSave.Enabled := True
 end
end;
```

```
procedure TForm1.fSaveClick(Sender: TObject);     // Datei speichern
var i: Integer;
begin
 try
   f := TFileStream.Create(pfad, fmOpenWrite)
 except
   ShowMessage(' Fehler beim Speichern von ' + pfad);
   Exit
 end;
 f.WriteBuffer(pmax, SizeOf(Word));
 for i := pmax-1 downto 0 do f.WriteBuffer(personen[i],SizeOf(TPerson));
 f.Free
end;
```

Das Zusammenspiel obiger Dateidialoge wird ausführlich in

☞   R172 ... einen Dateidialog realisieren?

erläutert.

Die routinemäßige Sicherheitsabfrage beim Schließen des Formulars sollte nicht fehlen:

```
procedure TForm1.FormClose(Sender: TObject; var Action: TCloseAction);
var i: Integer;
begin
 i := Application.MessageBox('Soll die Änderungen gespeichert werden?','Frage', 36);
 if i = 6 then          // Ja-Button gedrückt
 begin
  dsSpeichern;                   // aktuellen Datensatz sichern
  if fSave.Enabled then
    fSaveClick(Self)
  else
    fSaveAsClick(Self)
 end;
```

Bei dieser Gelegenheit sollte auch das "Aufräumen" der dynamischen Arrays nicht vergessen werden:

```
 personen := nil;
 puffer := nil
end;
end.
```

Grundlagen

Oberfläche

Grafik

Multimedia

Datei

Datenbank

SQL/ADO

Report

Objekte

OLE/DDE

Peripherie

System

Desktop

Technik

Sonstiges

Test

Starten Sie das Programm und experimentieren Sie damit! Fügen Sie einige Datensätze hinzu
und speichern Sie diese auf der Festplatte ab. Löschen Sie Datensätze und speichern Sie die
Datei unter einem anderen Namen ab.

R178 ... Variablenwerte in einem FileStream abspeichern?

Die Arbeit mit Filestreams ist gewöhnungsbedürftig, erfordert sie doch eine objektorientierte
Vorgehensweise. Im folgenden Rezept soll gezeigt werden, wie man damit umgeht. Praktischer Hintergrund ist das Sichern der Werte einer Eingabemaske, so dass diese nach Programmstart wieder zur Verfügung stehen.

Oberfläche

Die nachfolgende Abbildung dürfte selbsterklärend sein.

Quelltext

In den *implementation*-Abschnitt der Formular-Unit kopieren Sie:

```
type
  TFahrzeugdaten = record
    kennzeichen: string[10];
    zulassung: TDateTime;
    verbrauch: Single;
    km: Word;
```

Grundlagen

Oberfläche

Grafik

Multimedia

Datei

Datenbank

SQL/ADO

Report

Objekte

OLE/DDE

Peripherie

System

Desktop

Technik

Sonstiges

```
    bemerkung: string[80]
end;
```

Halt, wir wollen nicht in eine typisierte Datei, sondern in ein *Filestream*-Objekt abspeichern!

Deshalb werden Sie im Folgenden nicht

```
var f: File of TFahrzeugdaten;
```

vorfinden, sondern die datentypneutrale Deklaration einer Objektreferenz:

```
var fStream: TFileStream;
```

Eine Gegenüberstellung beider Verfahren finden Sie in

☞   R174 ... Records in einem Streamobjekt speichern?

Wir wollen drei unterschiedliche Datentypen nacheinander speichern und lesen:

```
    fDat: TFahrzeugdaten;     // Puffervariable
    fStrecke: string[40];     // dto.
    fZeit: TDateTime;         // dto.
```

```
procedure TForm1.Button1Click(Sender: TObject);   // in Stream speichern
var code: Integer;
begin
 with fDat do begin
  kennzeichen := Edit1.Text;
  zulassung := StrToDate(Edit2.Text);
  Val(Edit3.Text, verbrauch, code);
  km := StrToInt(Edit4.Text);
  bemerkung := Edit5.Text
 end;
 fStrecke := Edit6.Text;
 fZeit := StrToTime(Edit7.Text);
```

Nachdem nun die verschiedenen Puffervariablen gefüllt sind, kann es losgehen:

```
 with fStream do begin
  Position := 0;                    // zurücksetzen (immer erforderlich!)
  // die Puffer nacheinander in Stream schreiben:
  WriteBuffer(fDat, SizeOf(fDat));
  WriteBuffer(fStrecke, SizeOf(fStrecke));
  WriteBuffer(fZeit, SizeOf(TDateTime))
 end
end;
```

Der Button "Von Stream lesen":

```
procedure TForm1.Button2Click(Sender: TObject);    // von Stream lesen
begin
 // Reihenfolge beim Schreib- und Lesezugriff muss übereinstimmen:
 with fStream do begin
  Position := 0;                      // akt. Posit. im Stream zurücksetzen
  // Stream variablenweise in die Puffer einlesen:
  ReadBuffer(fDat,SizeOf(fDat));
  ReadBuffer(fStrecke, SizeOf(fStrecke));
  ReadBuffer(fZeit, SizeOf(TDateTime))
 end;
```

Die drei Datenpuffer sind gefüllt, jetzt kann ihr Inhalt angezeigt werden:

```
 with fDat do begin
  Edit1.Text := kennzeichen;
  Edit2.Text := DateToStr(zulassung);
  Edit3.Text := Format('%.1f',[verbrauch]);    // nur eine Nachkommastelle anzeigen
  Edit4.Text := IntToStr(km);
  Edit5.Text := bemerkung
 end;
  Edit6.Text := fStrecke;
  Edit7.Text := TimeToStr(fZeit)
end;
```

Der Rest ist Routine, zunächst der Button "Anzeige löschen", damit wir beim nachfolgenden Einlesen sicher sind, dass die Daten tatsächlich von der Festplatte kommen:

```
procedure TForm1.Button4Click(Sender: TObject);    // Anzeige löschen
begin
 Edit1.Text := ''; Edit2.Text:=''; Edit3.Text:='';
 Edit4.Text := ''; Edit5.Text:=''; Edit6.Text:= ''; Edit7.Text:=''
end;

procedure TForm1.FormCreate(Sender: TObject); // Formular laden
begin
 try
  fStream := TFileStream.Create('testStream', fmOpenReadWrite); // ein Versuch,
  // die Datei 'testStream' für den Lese-/Schreibzugriff zu öffnen
  // und davon ein FileStream-Objekt zu bilden
 except
  fStream := TFileStream.Create('testStream', fmCreate)
  // legt bei Fehlschlag die Instanz mit neuer (leerer) Datei an
```

```
 end;
 Button4Click(Self)              // zu Beginn Anzeige säubern
end;
```

Der Kehraus beim Schließen der Anwendung:

```
procedure TForm1.FormClose(Sender: TObject; var Action: TCloseAction);
begin
 fStream.Free              // zum Schluss Objekt freigeben
end;
```

Test

Nach Programmstart begrüßt Sie eine leere Eingabemaske. Füllen Sie diese und klicken Sie "In Stream speichern". Dann löschen Sie die Anzeige und nach "Von Stream lesen" dürften die Werte wieder da sein.

Bemerkung

Wenn Sie das Beispiel von der Buch-CD ausprobieren, können Sie sofort einen "vorgefertigten" FileStream laden.

Grundlagen

Oberfläche

Grafik

Multimedia

Datei

Datenbank

SQL/ADO

Report

Objekte

OLE/DDE

Peripherie

System

Desktop

Technik

Sonstiges

Wie kann ich ...?
Datenbank

R179 ... einen Alias erzeugen?

Bevor allgemein von Alias gesprochen wird, sollten wir zwischen zwei verschiedenen Varianten unterscheiden:

- ▪ lokaler Alias
- ▪ globaler Alias

Während die erste Variante nur innerhalb einer Applikation gültig ist, ist ein globaler Alias allen Anwendungen zugänglich. Dieser wird in der IDAPI32.CFG gesichert und steht auch nach einem Neustart des Computers zur Verfügung.

Lokaler Alias

Einen lokalen Alias können Sie mit Hilfe der *Database*-Komponente erzeugen. Klicken Sie doppelt auf die Komponente, wird folgende Dialogbox angezeigt:

Tragen Sie unter "Name" den Namen Ihres lokalen Alias ein und wählen Sie einen Treibertyp. Als Parameter geben Sie lediglich den Datenbankpfad an (keine Leerzeichen vor bzw. hinter dem Gleichheitszeichen!).

Ist Ihre Datenbank passwortgeschützt, können Sie als Parameter auch

```
PASSWORD=<Passwort>
```

eintragen. Deaktivieren Sie in diesem Fall die Option "Login-Abfrage".

Als letzter Schritt bleibt nur noch die Verknüpfung der *TTable* bzw. *TQuery*-Komponenten mit der *Database*-Komponente. In der Auswahlliste werden Sie jetzt auch den lokalen Alias finden:

Grundlagen

Oberfläche

Grafik

Multimedia

Datei

Datenbank

SQL/ADO

Report

Objekte

OLE/DDE

Peripherie

System

Desktop

Technik

Sonstiges

Globaler Alias

Müssen mehrere Applikationen auf dieselbe Datenbank zugreifen, ist das Erstellen eines globalen Alias günstiger als die Verwendung eines lokalen Alias. Über das *Session*-Objekt können Sie sowohl einen neuen Alias hinzufügen als auch einen vorhandenen Alias verändern. Wichtig ist in diesem Zusammenhang jedoch die Eigenschaft *ConfigMode*, mit der Sie festlegen, um welche Art von Alias es sich handelt bzw. ob der Alias gespeichert werden kann.

Mögliche Werte für *ConfigMode*:

Konstante	Beschreibung
cmPersistent	Alias-Namen, die hinzugefügt werden, sind global. *GetAliasNames* liefert nur globale Alias-Namen.
cmSession	Alias-Namen, die hinzugefügt werden, gelten nur lokal und können nicht gesichert werden. *GetAliasNames* liefert nur lokale Alias-Namen.
cmAll	Alias-Namen, die hinzugefügt werden, sind global. *GetAliasNames* liefert sowohl globale als auch lokale Alias-Namen.

Den Alias legen Sie entweder mit *AddStandardAlias* oder mit *AddAlias* an.

Beispiel:

```
Session.ConfigMode := cmAll;
Session.AddStandardAlias('EinGlobalerAlias',                     // Aliasname
                    'c:\buch\delphi2\beispiel\codebase\db', // Pfad
                    'PARADOX');                              // Alias-Typ
Session.SaveConfigFile;
```

Soll der Alias auch nach dem Beenden der Anwendung erhalten bleiben, muss er mit der Methode *SaveConfigFile* gesichert werden.

Für den Aliastyp stehen folgende zur Auswahl:

- PARADOX

- DBASE

- ASCIIDRV

Soll ein Interbase-Alias eingerichtet werden, müssen Sie einige Parameter mehr übergeben. In diesem Fall verwenden Sie die Methode *AddAlias* und übermitteln die Parameter in einer Stringliste.

Beispiel:

```
var Parameter: TStringList;
begin
  Parameter := TStringList.Create;
  Session.ConfigMode := cmAll;
  with Parameter do
  begin
    Add('SERVER NAME=C:\Program Files\Borland\IntrBase\EXAMPLES\EMPLOYEE.GDB');
    Add('USER NAME=SYSDBA');
    Add('PASSWORD=masterkey');
  end;
  Session.AddAlias('NeuerIBAlias1', 'INTRBASE', Parameter);
  Session.SaveConfigFile;
end;
```

Hinweis: Je nach SQL-Server sind unterschiedliche Parameter zu setzen. Informieren Sie sich darüber in der Hilfe der BDE-Konfiguration.

R180 ... auf den Alias verzichten?

Wollen Sie eine Datenbankapplikation an Dritte weitergeben, dann kann es dort böse Überraschungen geben, da sich das Verzeichnis der Datenbank geändert hat. Aus diesem Grund sollten Sie absolute Pfadangaben für die *DatabaseName*-Eigenschaft der Datenzugriffskomponenten vermeiden und statt dessen einen Alias zuweisen. Allerdings muss der Drittanwender dann ebenfalls diesen Alias einrichten, was für ihn äußerst lästig sein kann (Alias-Manager etc.). Im folgenden einfachen Beispiel wollen wir das Problem nachvollziehen und einen Lösungsvorschlag aufzeigen. Voraussetzung ist, dass sich die Datenbanktabellen im gleichen Verzeichnis wie die Projekt.EXE-Datei befinden oder in einem Unterverzeichnis davon. Wir benutzen die Tabelle *Kunden.DB* aus der *Firma*-Datenbank.

Oberfläche

Bevor Sie die folgende Oberfläche "zusammenschieben", sollten Sie die Tabelle *Kunden.DB* in das Projektverzeichnis kopieren.

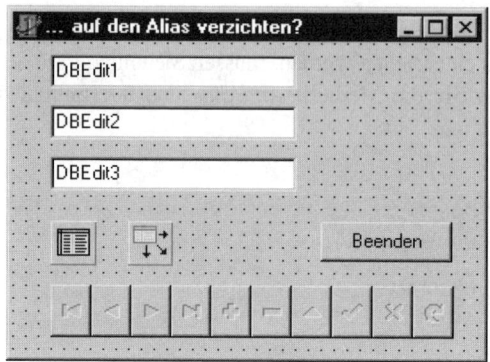

Sie werden feststellen, dass Sie die *DatabaseName*-Eigenschaft von *Table1* nicht zuzuweisen brauchen, sie kann quasi "leer" bleiben.

Test

Alles wird wunderbar funktionieren, bis Sie die Projekt-EXE in ein anderes Verzeichnis Ihres Rechners verschieben und von dort starten: Nichts geht mehr!

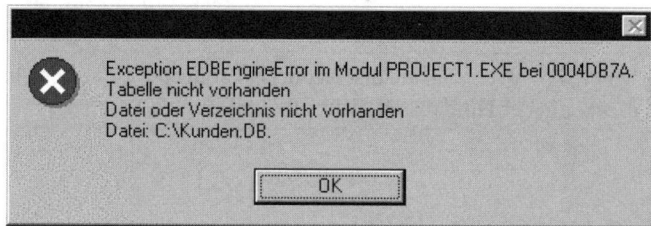

Abhilfe schaffen Sie erst dann, wenn Sie auch die Tabelle *Kunden.DB* im gleichen Verzeichnis abspeichern und folgenden Code ergänzen:

Quelltext

```
procedure TForm1.FormCreate(Sender: TObject);
var verz: string;
begin
 verz := ExtractFilePath(ParamStr(0));
 Table1.Active := False;
 try
  Table1.DatabaseName := verz;
```

```
  Table1.TableName := 'Kunden.DB';
  Table1.Active := True
except
  MessageBeep(0);
  ShowMessage('Die Tabelle Kunden.DB befindet' + #10#13 +
             ' sich nicht im aktuellen Verzeichnis!')
end
end;
```

Bemerkungen

- Die Verwendung der *ExtractFilePath*-Funktion ist bei Datenbankapplikationen dem Einsatz von *GetDir* vorzuziehen, siehe

  ☞   R159 ... das Anwendungsverzeichnis bestimmen?

- Wir haben hier vorausgesetzt, dass auf dem Zielrechner ebenfalls Delphi installiert ist (oder zumindest die BDE). Anderenfalls gestaltet sich die Weitergabe von Anwendungen etwas aufwendiger, siehe

  ☞   R388 ...ein Setup für Datenbankanwendungen erstellen?

- In der Entwicklungsphase Ihres Programms sollten Sie allerdings auf den Alias <u>nicht</u> verzichten, da Sie damit bereits zur Entwurfszeit die Verbindung zur Datenbank herstellen können.

R181 ... ein Datenbankpasswort vorgeben?

Sind Sie es auch leid, während der Programm-Testphase an geschützten Datenbanken immer ein Passwort eingeben zu müssen?

Als Lösung bieten sich zwei Wege an:

- Übergabe als Parameter bei einer *Database*-Komponente

- die Methode *AddPassword* des Objekts *Session*

Die erste Variante hat den entscheidenden Vorteil, auch während der Entwurfszeit die lästige Abfrage von Passwörtern zu unterbinden, kann allerdings nur ein Passwort registrieren (keine Hilfspasswörter für Paradox-Tabellen). Gleichzeitig erzeugen Sie damit einen lokalen Alias, auf den Sie innerhalb Ihrer Anwendung problemlos zugreifen können.

Grundlagen

Oberfläche

Grafik

Multimedia

Datei

Datenbank

SQL/ADO

Report

Objekte

OLE/DDE

Peripherie

System

Desktop

Technik

Sonstiges

Beispiel: für die Konfiguration einer *Database*-Komponente:

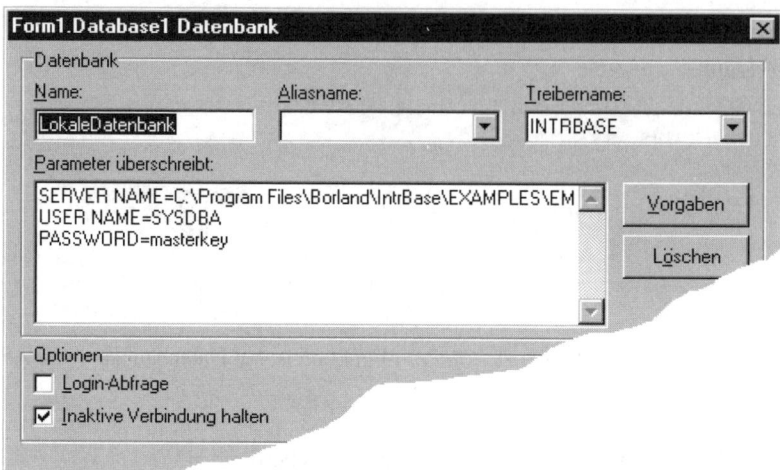

Bemerkungen

Vergessen Sie nicht, die Option "Login-Abfrage" zu deaktivieren. Die Passwortvorgabe ist nur für *Table*- bzw. *Query*-Komponenten gültig, die an die *Database*-Komponente gebunden sind (ein beliebter Fehler).

Die zweite Variante beschränkt sich auf die Passwortübergabe zur Laufzeit. Verwenden Sie zum Setzen eines Passwortes die Methode *AddPassword*.

Beispiel:

```
Session.AddPassword('Geheim');
Table1.Active := True;
```

> **Hinweis:** Die *Active*-Eigenschaft aller geschützten Tabellen muss bis zur Übergabe des Passworts auf *False* gesetzt sein, andernfalls wird die Passwort-Dialogbox trotzdem angezeigt.

Passwörter löschen Sie entweder einzeln (*RemovePassword*) oder komplett (*RemoveAllPasswords*).

Möchten Sie für Ihre Anwendung eine eigene Passwortabfage programmieren, bietet sich entweder die oben genannte Variante an, oder Sie nutzen das Login-Ereignis der *Database*-Komponente:

Beispiel:

```
procedure TForm1.Database1Login(Database: TDatabase;  LoginParams: TStrings);
begin
    loginparams.Add('password=power');
end;
```

R182 ... eine Datenbank mit Passwort schützen?

Nachdem wir im vorhergehenden Rezept Möglichkeiten zum Öffnen passwortgeschützter Datenbanken vorgestellt haben, wollen wir uns jetzt dem Sichern der Datenbank zuwenden.

Um es gleich vorwegzunehmen: Im Folgenden ist ausschließlich von Paradox-Datenbanken die Rede. Die Vergabe von Passwörtern für SQL-Server-Tabellen ist herstellerspezifisch und soll deshalb nicht Gegenstand der Betrachtung sein.

Haben Sie mittels *CreateTable* (*Table*-Komponente) oder LocalSQL (*Query*-Komponente) eine neue Tabelle erstellt, kann jeder, der ein geeignetes Programm besitzt, die Inhalte der Tabelle betrachten oder verändern.

Möchten Sie Ihre Anwendungen verkaufen, ist es nicht immer angebracht, auch die Tabellenstruktur dem Anwender offenzulegen. Allerdings werden Sie an dieser Stelle von Delphi etwas allein gelassen, eine fertige Methode zum Setzen des Tabellenpassworts werden Sie nicht finden.

Unser kleines Beispielprogramm zeigt Ihnen, wie Sie mit Hilfe von BDE-Funktionen ein Administrator-Passwort setzen können.

Oberfläche

Unser Programm nimmt sich recht bescheiden aus, platzieren Sie lediglich einen Button im Formular, alle anderen Komponenten erzeugen wir dynamisch.

Quelltext

Mit dem Klick auf den Button wird folgende Funktion aufgerufen:

```
procedure TForm1.Button1Click(Sender: TObject);
var T : TTable;
begin
```

Erzeugen eines Unterverzeichnisses für die neue Datenbank:

```
  CreateDirectory(PChar('DB'),nil);      // Unterverzeichnis erstellen
```

Dynamisches Erzeugen einer *Table*-Komponente:

```
  T := TTable.Create(self);              // Objekt erzeugen
  T.DatabaseName := '.\DB';              // Datenbank zuweisen
  T.TableName := 'Test1';                // Tabellenname zuweisen
  T.TableType := ttParadox;              // Typ festlegen
```

Definieren der Tabellenstruktur:

```
  with T.FieldDefs do begin
    Clear;
    Add('Nr',ftAutoInc,0,True);          // Zählerfeld
    Add('Name', ftString, 30,True);
    Add('Vorname', ftString, 30,False);
```

Grundlagen

Oberfläche

Grafik

Multimedia

Datei

Datenbank

SQL/ADO

Report

Objekte

OLE/DDE

Peripherie

System

Desktop

Technik

Sonstiges

```
   Add('Anrede', ftString, 10,False);
   Add('Straße', ftString, 40,False);
   Add('PLZ', ftString, 5,False);
   Add('Ort', ftString, 40,False);
   Add('Telefon', ftString, 20,False);
   Add('Bemerkung', ftMemo, 40,False);
  end;
```

Erzeugen der Tabelle:

```
  try
    T.CreateTable;          // Versuch, die Tabelle zu erzeugen
  except
    showmessage('Tabelle konnte nicht erzeugt werden!');
    exit;
  end;
```

Bis jetzt ist die Tabelle noch nicht passwortgeschützt, mit einer eigenen Funktion werden wir diesem Missstand abhelfen:

```
  if TablePasswort(T, 'AAAA') then showmessage('Passwort gesetzt!');
end;
```

Die Funktion *TablePasswort* erwartet als Übergabeparameter ein initialisiertes *Table*-Objekt und das Passwort.

Damit Sie die Funktion auch in anderen Projekten leichter einbinden können, haben wir eine eigene Unit erzeugt (wichtig ist die Einbindung der Unit BDE):

```
unit Unit2;

interface
uses bde,SysUtils,dbtables,windows;

Function TablePasswort(var table: ttable; password:string) : boolean;

implementation
```

Eine Konvertierungsfunktion ermöglicht uns die Umwandlung von ANSI- in ASCII-Zeichen:

```
function StrToOem(const AnsiStr: string): string;
begin
  SetLength(Result, Length(AnsiStr));
  if Length(Result) > 0 then
    CharToOem(PChar(AnsiStr), PChar(Result));
end;
```

Die eigentliche Funktion fällt erwartungsgemäß etwas komplexer aus:

```
Function TablePasswort(var table: TTable; password:string) : boolean;
var pTblDesc  : pCRTblDesc;
    hDb       : hDBIDb;
begin
  Result := False;
```

In einem ersten Schritt versuchen wir kurzzeitig, die Tabelle exklusiv zu öffnen, eine der Grundvoraussetzungen, um Änderungen an der Tabellenstruktur vorzunehmen:

```
with Table do begin
   if Active and (not Exclusive) then Close;
   if (not Exclusive) then Exclusive := True;
   if (not Active) then Open;
   hDB := DBHandle;    Close;
end;
```

Ist sichergestellt, dass kein anderer User Zugriff auf die Tabelle hat, können wir damit beginnen, einen Speicherbereich für die *CRTblDesc*-Struktur (aus der Unit BDE) zu reservieren und mit NULL-Zeichen zu füllen:

```
GetMem(pTblDesc,SizeOf(CRTblDesc));
FillChar(pTblDesc^,SizeOf(CRTblDesc),0 );
```

Danach tragen wir in die Felder *szTblName*, *szTblType*, *szPassword*, *bPack* und *bProtected* die gewünschten Werte ein. Alle anderen Felder können Sie leer lassen, diese sind nur bei Änderungen an der Satzstruktur etc. von Interesse.

```
with pTblDesc^ do begin
   StrPCopy(szTblName, StrToOem(table.tablename));
   szTblType:= szParadox;
   StrPCopy(szPassword, StrToOem(Password));
   bPack := True;
   bProtected := True;
end;
```

Der eigentliche Funktionsaufruf (es handelt sich um eine BDE-Funktion):

```
   if DbiDoRestructure (hDb, 1, pTblDesc, nil, nil, nil, FALSE )<> DBIERR_NONE then exit;
   if pTblDesc <> nil then FreeMem(pTblDesc, SizeOf(CRTblDesc));
   result := True;
end;
```

Test

Nach dem Aufruf des Programms müssten Sie in einem Unterverzeichnis "DB" eine Tabelle "Test" vorfinden, die sich nur mit dem Passwort "AAAA" (Groß-/Kleinschreibung beachten) öffnen lässt.

Grundlagen

Oberfläche

Grafik

Multimedia

Datei

Datenbank

SQL/ADO

Report

Objekte

OLE/DDE

Peripherie

System

Desktop

Technik

Sonstiges

R183 ... ein Datenmodul einsetzen?

Wenn von mehreren Formularen aus auf eine gemeinsame Datenbank zugegriffen werden soll, ist es zweckmäßig, die Datenquellen in einem sogenannten Datenmodul zusammenzufassen. Dies ist ein ab Delphi 2 eingeführter neuer Unit-Typ, welcher als Container für die quasi "unsichtbaren" Datenzugriffskomponenten *TTable*, *TQuery* ...*TDataSource* dient. Insbesondere im Zusammenhang mit der Objektablage ergeben sich vielfältige Einsatzmöglichkeiten. Wir wollen im Folgenden am Beispiel der *Baufinanz*-Datenbank zeigen, wie Formulare von einem Datenmodul "versorgt" werden können.

Hinzufügen eines Datenmoduls

Wählen Sie *Datei\Neu\Datenmodul*. Wie Sie anschließend sehen, ähnelt das Datenmodul einem Formular, lediglich der Hintergrund ist weiß. Auch die Art und Weise, wie Sie die Datenzugriffskomponenten platzieren, ist die gleiche. Es empfiehlt sich aus Übersichtlichkeitsgründen, es nicht bei den von Delphi vergebenen standardmäßigen Namen zu belassen, sondern eigene aussagekräftige Bezeichner zu verwenden. Verändern Sie dazu die *Name*-Eigenschaft im Objektinspektor, die Beschriftungen im Datenmodul passen sich automatisch an:

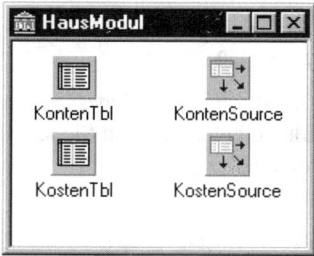

Binden Sie, wie gewohnt, die *Table*-Komponenten über die *DatabaseName* und *TableName*-Eigenschaft an die Tabellen *Konten.db* und *Kosten*.db der *Baufinanz*-Datenbank und koppeln Sie dann die beiden *DataSource*-Komponenten über ihre *DataSet*-Eigenschaft an die entsprechenden *Table*s.

Hinweis: Vergessen Sie nicht, die *Active*-Properties beider *Table*-Komponenten zum Schluss auf *True* zu setzen!

Speichern Sie das Datenmodul und das zugeordnete Formular unter aussagekräftigen Namen ab, z.B. als *HausDatModul.* und *HausModul*.

Hinweis: Für den Namen des Datenmoduls (Unit) und seines Containers (Form) sind unterschiedliche Namen zu verwenden!

Grundlagen

Oberfläche

Grafik

Multimedia

Datei

Datenbank

SQL/ADO

Report

Objekte

OLE/DDE

Peripherie

System

Desktop

Technik

Sonstiges

Nach *Ansicht\Projektverwaltung* bietet sich Ihnen folgender Anblick:

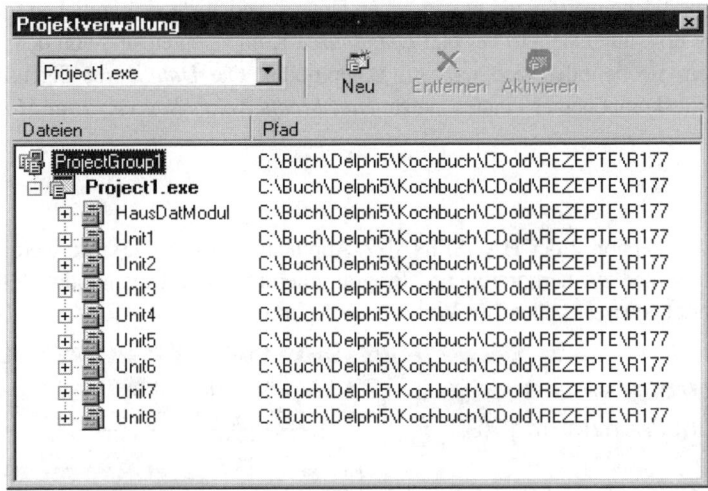

Einbinden des Datenmoduls

Obwohl das Datenmodul bereits in unserem Projekt vorhanden ist, haben die beiden Formular-Units *Unit2* und *Unit3* von dem Neuankömmling noch keine blasse Ahnung. Klicken Sie deshalb auf *Form2* und fügen Sie über *Datei\Unit verwenden...* das Datenmodul hinzu. Im Ergebnis steht das Datenmodul in der *uses*-Klausel des *implementation*-Abschnitts von *Unit2*.

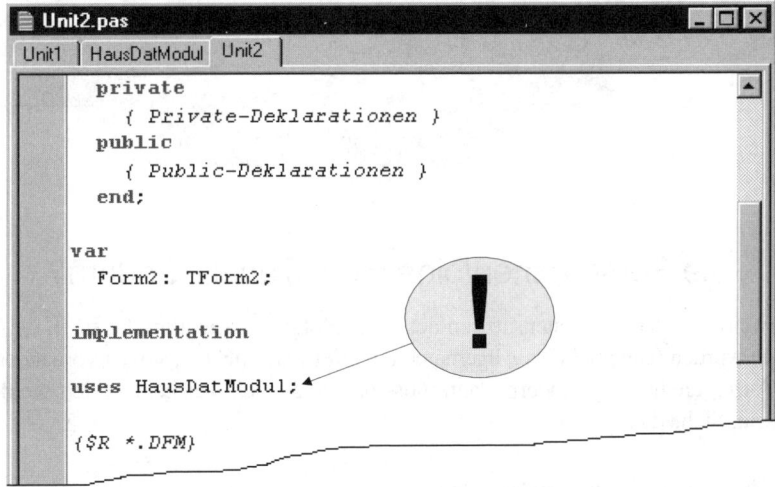

Auf analoge Weise fügen Sie das Datenmodul der *Unit3* hinzu.

Oberfläche

Die Bedienoberfläche weist einen wesentlichen Unterschied zur herkömmlichen Programmierung auf: Die ursprünglichen *Table-* und *DataSource*-Komponenten sind von den Formularen verschwunden, sie befinden sich jetzt im Datenmodul. Die *DataSource*-Eigenschaften der Datensteuerungskomponenten lauten jetzt *HausModul.KontenSource, HausModul.Kosten-Source* usw.

Test

Starten Sie die Version 2 der HAUSFINANZ-Applikation (Buch-CD). Sie werden keinerlei äußeren Unterschied zur herkömmlichen Programmierung (ohne Datenmodul) feststellen, da das Datenmodul gewissermaßen "im Verborgenen" wirkt:

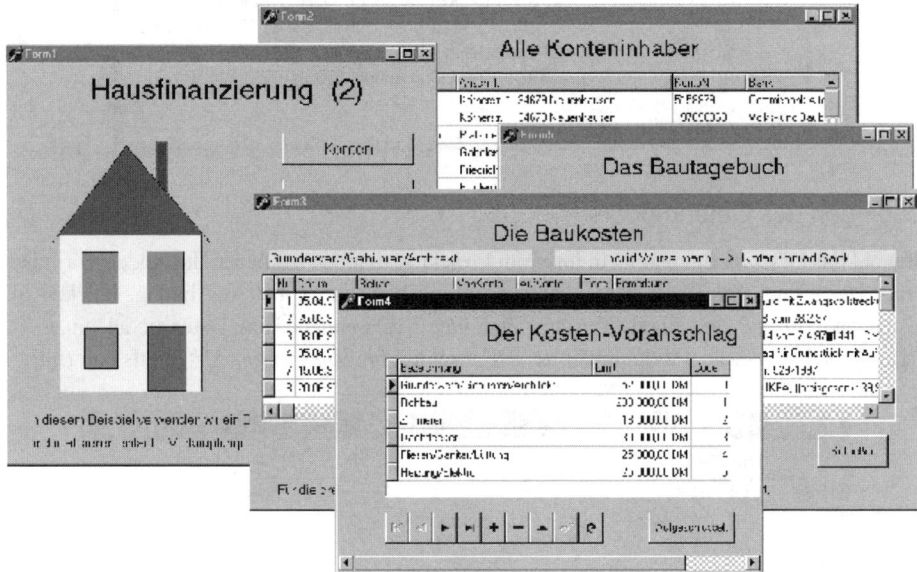

R184 ... die Sortierreihenfolge einer Tabelle ändern?

Normalerweise werden alle Datensätze in der Reihenfolge angezeigt, in der sie in die Tabelle eingegeben wurden (entspricht im Allgemeinen dem Primärschlüssel, soweit vorhanden). Will man die Anzeigereihenfolge ändern, dann muss das Feld, nach welchem sortiert werden soll, indiziert sein. Siehe dazu

☞ R207 ... einen Sekundärindex anlegen?

Anschließend stellen Sie im Objektinspektor die *IndexName*-Eigenschaft des *Table*-Objekts auf den gewünschten Sekundärindex ein.

R184 ... die Sortierreihenfolge einer Tabelle ändern? {#r184} 503

Um z.B. in der Tabelle *Kosten.DB* der *Baufinanz*-Datenbank die Anzeige nach aufsteigendem Datum zu sortieren, legen Sie zunächst für das Feld *Datum* einen Sekundärindex an, dem Sie z.B. den Namen *DatumIndex* geben.

Oberfläche

Wir brauchen eine *Table*- und eine *DataSource*-Komponente sowie ein Datengitter (*DBGrid*), die wir auf die übliche Weise mit der *Kosten.DB*-Tabelle verbinden. Außerdem benötigen wir eine *CheckBox* zum An- und Abschalten des Index.

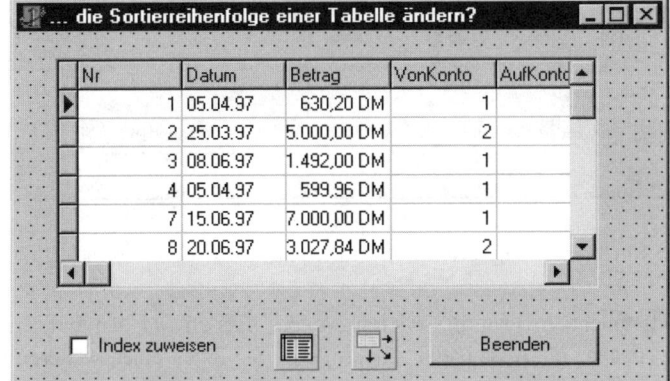

Zuweisen im Objektinspektor

Für die *IndexName*-Eigenschaft des *Table*-Objekts werden im Objektinspektor alle verfügbaren Sekundärindizes angezeigt. Wählen Sie den gewünschten Index (*DatumIndex*) aus. Bereits zur Entwurfszeit werden Sie feststellen, dass sich mit dem Zuweisen des Index die Sortierreihenfolge im Datengitter nach aufsteigendem Datum ordnet.

Zuweisen per Quelltext

Wenn Sie die Sortierreihenfolge per Code ändern wollen, dann fügen Sie z.B. in das *OnClick*-Event der *CheckBox* die folgenden Anweisungen ein:

```
procedure TForm1.CheckBox1Click(Sender: TObject);
begin
 if CheckBox1.Checked then
     Table1.IndexName := 'DatumIndex'
 else
     Table1.IndexName := ''
end;
```

Test

Nach dem Programmstart können Sie die Sortierreihenfolge beliebig umschalten:

Bemerkung

Wenn Sie nach fallendem Datum sortieren wollen, müssen Sie den Index im Programm "Datenbankoberfläche" in "Absteigend" ändern, oder Sie fügen einen weiteren Index zu, den Sie alternativ zuordnen können.

R185 ... den DBNavigator einsparen?

Gründe, die dafür sprechen, den *DBNavigator* durch eine Eigenproduktion zu ersetzen, gibt es mehrere.

- Die DBNavigator-Komponente bietet neben den Bewegungstasten noch mehrere andere Tasten, die teilweise für Verwirrung sorgen können (ohne *ShowHints* kaum verständlich).

- Beim Öffnen der Tabelle kann man sofort editieren, also auch versehentlich löschen. Das vermeidet man, wenn man die Tabelle grundsätzlich schreibgeschützt öffnet.

Im vorliegenden Rezept soll an Hand der Tabelle *Kunden.DB* (aus der *Firma*-Datenbank) gezeigt werden, wie man einen "handgestrickten" Navigator programmieren kann.

Oberfläche

Orientieren Sie sich an der folgenden Abbildung, und weitere Erklärungen dürften sich erübrigen:

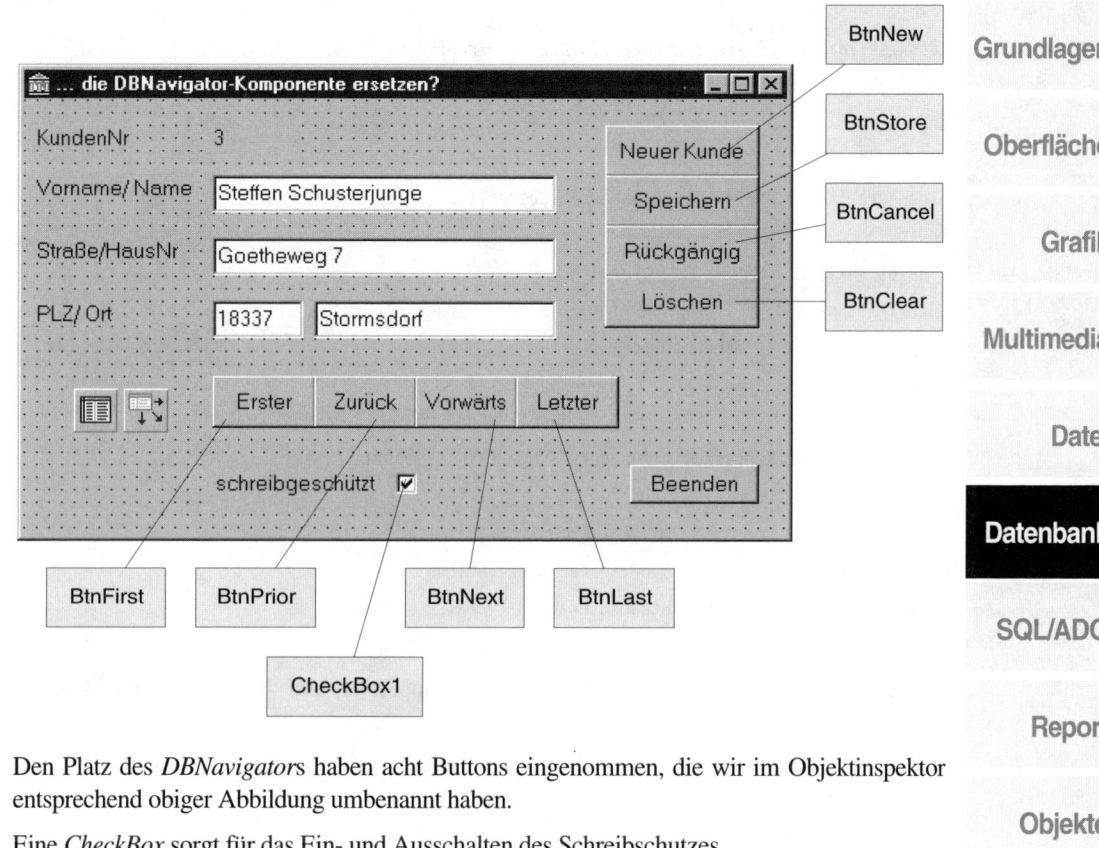

Grundlagen

Oberfläche

Grafik

Multimedia

Datei

Datenbank

SQL/ADO

Report

Objekte

OLE/DDE

Peripherie

System

Desktop

Technik

Sonstiges

Den Platz des *DBNavigators* haben acht Buttons eingenommen, die wir im Objektinspektor entsprechend obiger Abbildung umbenannt haben.

Eine *CheckBox* sorgt für das Ein- und Ausschalten des Schreibschutzes.

Das Anbinden der diversen Datensteuerungskomponenten *DBText*- und *DBEdit* an die Tabelle *Kunden.DB* mit Hilfe der Datenzugriffskomponenten *Table1/DataSource1* wird als bekannt vorausgesetzt. Einzige Besonderheit: Setzen Sie *ReadOnly* von *Table1* auf *True*!

Quelltext

Zunächst kümmern wir uns um die vier Bewegungstasten, die wir mit den Methoden *First*, *Prior*, *Next* und *Last* des *TTable*-Objekts nachbilden:

```
procedure TForm1.BtnFirstClick(Sender: TObject);      // Erster
begin
 Table1.First;
 BtnLast.Enabled := True; BtnNext.Enabled := True;
 BtnPrior.Enabled := False; BtnFirst.Enabled := False
end;


procedure TForm1.BtnPriorClick(Sender: TObject);      // Zurück
begin
```

```
  Table1.Prior;
  BtnLast.Enabled := True; BtnNext.Enabled := True;
  if Table1.BOF then BtnFirstClick(Self)
end;


procedure TForm1.BtnNextClick(Sender: TObject);        // Vorwärts
begin
  Table1.Next;
  BtnFirst.Enabled := True; BtnPrior.Enabled := True;
  if Table1.EOF then BtnLastClick(Self)
end;


procedure TForm1.BtnLastClick(Sender: TObject);        // Letzter
begin
  Table1.Last;
  BtnFirst.Enabled := True; BtnPrior.Enabled := True;
  BtnLast.Enabled := False; BtnNext.Enabled := False
end;
```

Bereits jetzt können Sie den Quelltext erstmals compilieren und die Funktionsfähigkeit der Bewegungstasten testen.

Etwas komplizierter gestaltet sich die Programmierung der vier Bearbeitungstasten "Neuer Kunde", "Speichern", "Rückgängig" und "Löschen".

Zur Klassendeklaration von *TForm1* fügen wir zunächst eine neue Methode *setButtons* hinzu:

```
type
  TForm1 = class(TForm)
    ...
    procedure FormClose(Sender: TObject; var Action: TCloseAction);
  private
    procedure setButtons(m: Byte);        // neue Methode!
  public
    { Public-Deklarationen }
  end;
```

Diese neu hinzugefügte Methode muss von uns implementiert werden. Weiterhin wird eine Variable vom Typ *TBookmark* benötigt:

```
implementation
{$R *.DFM}


var pos: TBookmark;                // Lesezeichen
procedure TForm1.setButtons(m: Byte);
```

```
begin
 case m of
  0: begin BtnNew.Enabled := False; BtStore.Enabled := False;
     BtnCancel.Enabled := False;  BtnDelete.Enabled := False end;
  1: begin BtnNew.Enabled := True; BtStore.Enabled := False;
     BtnCancel.Enabled := False;  BtnDelete.Enabled := True end;
  2: begin BtnNew.Enabled := False; BtStore.Enabled := True;
     BtnCancel.Enabled := True; BtnDelete.Enabled := False end
 end
end;
```

Das folgende Zustandsüberführungsdiagramm soll den Übergang zwischen den möglichen Aktivierungen der Buttons verdeutlichen:

Grundlagen

Oberfläche

Grafik

Multimedia

Datei

Datenbank

SQL/ADO

Report

Objekte

OLE/DDE

Peripherie

System

Desktop

Technik

Sonstiges

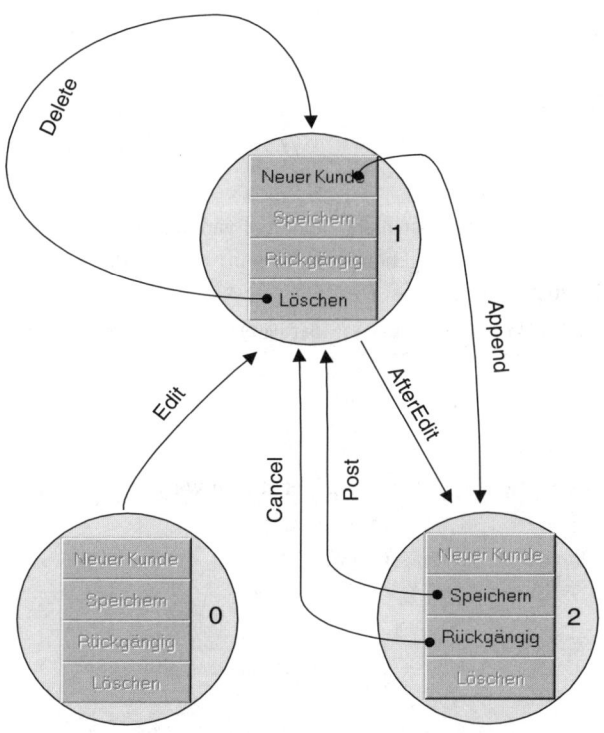

Der Zustand 0 (links unten) liegt beim Aufrufen des Formulars vor. Hier sind die vier Bewegungstasten gesperrt, da der Schreibschutz noch nicht aufgehoben ist:

```
procedure TForm1.FormCreate(Sender: TObject);
begin
 setButtons(0)
end;
```

Nach Klick auf die *CheckBox* ist der Schreibzugriff erlaubt:

```
rocedure TForm1.CheckBox1Click(Sender: TObject);   // Lese-/Schreibzugriff
begin
pos := Table1.GetBookmark;                // Position merken
Table1.Active := False;
if CheckBox1.Checked = True then          // Schreibschutz
begin
 Table1.ReadOnly := True;
 setButtons(0)
end
  else        // Lesen und Schreiben
begin
 Table1.ReadOnly := False;
 setButtons(1)
end;
Table1.Active := True;
Table1.GotoBookmark(pos)                   // Position wiederherstellen
end;
```

Eine spezielle Bearbeitungstaste ist nicht mehr notwendig. Haben Sie in einer der *DBEdit*-Komponenten eine Änderung vorgenommen, so wird das *OnAfterEdit*-Ereignis ausgewertet, um zum Zustand 2 zu gelangen:

```
procedure TForm1.Table1AfterEdit(DataSet: TDataSet);   // irgendwas eingegeben
begin
 setButtons(2)
end;
```

Nach *Post* wird abgespeichert, sicherheitshalber stellen wir mit *Edit* den Editiermodus wieder her:

```
procedure TForm1.BtnStoreClick(Sender: TObject);      // Speichern
begin
  Table1.Post;
  setButtons(1);
  Table1.Refresh
end;
```

Das Löschen kann mit der *Cancel*-Methode leider nicht rückgängig gemacht werden, deshalb empfiehlt sich dringend das Zwischenschalten eines Meldungsfensters, siehe dazu

☞   R7 ... Meldungsfenster erzeugen?

```
procedure TForm1.BtnDeleteClick(Sender: TObject);   // Löschen
begin
```

```
if MessageDlg('Wollen Sie den Kunden wirklich löschen?',
    mtWarning,[mbYes, mbNo], 0) = mrYes then
begin
  Table1.Delete;
  Table1.Edit
end
end;
```

Grundlagen

Oberfläche

Grafik

Multimedia

Datei

Datenbank

SQL/ADO

Report

Objekte

OLE/DDE

Peripherie

System

Desktop

Technik

Sonstiges

Test

Nach dem Programmstart können Sie sich davon überzeugen, dass die Navigatortasten übersichtlich zu bedienen sind und zuverlässig funktionieren:

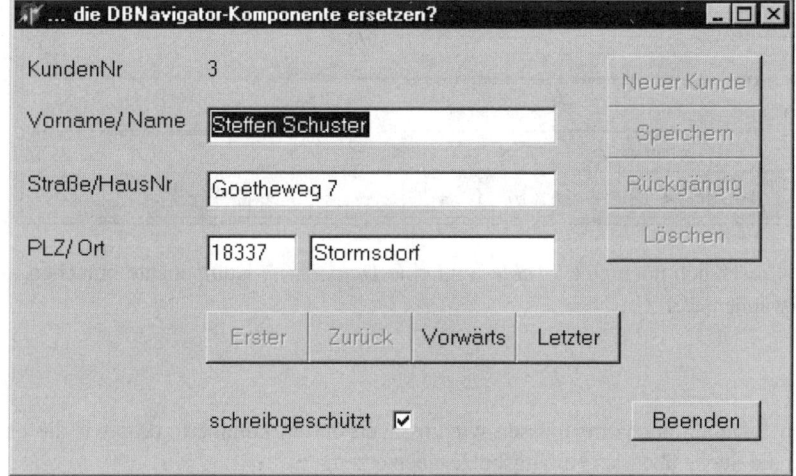

R186 ... den Satzzeiger bewegen?

Das folgende Rezept stellt Ihnen die verschiedenen Möglichkeiten vor, mit denen Sie den Satzzeiger in einer Datensatzgruppe bewegen können. Dazu gehört neben den einfachen Bewegungstasten der Navigator-Komponente (Erster, Letzter, Vorhergehender, Nächster) auch die Implementierung von Lesezeichen (Bookmarks) und eine absolute Positionierung mittels *Trackbar*-Control. Zusätzlich befindet sich am oberen Fensterrand ein Register, über das ein bestimmter Anfangsbuchstabe gewählt werden kann.

Oberfläche

Die folgende Abbildung zeigt den Aufbau der Bedienoberfläche, die einzelnen Registereinträge werden erst zur Laufzeit erstellt.

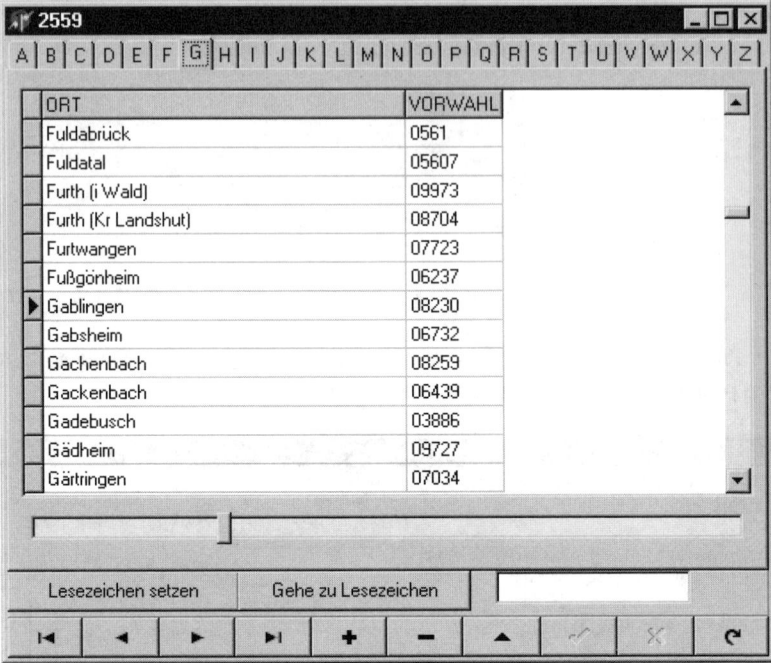

Dass wir zusätzlich noch eine *TTable-* und eine *DataSource*-Komponente brauchen, ist wohl kaum erwähnenswert.

Quelltext

Mit dem Erstellen der Form müssen wir uns auch darum kümmern, dass wir die einzelnen Tabs für die Suche über den Anfangsbuchstaben erzeugen:

```
procedure TForm1.FormCreate(Sender: TObject);
var i : Integer;
begin
    for i := ord('A') to ord('Z') do begin
        tabcontrol1.Tabs.add(chr(i));
    end;
end;
```

Den Suchvorgang können wir über das *Change*-Ereignis einleiten (das betreffende Feld muss natürlich indiziert sein!):

```
procedure TForm1.TabControl1Change(Sender: TObject);
begin
    Table1.FindNearest([TabControl1.tabs[TabControl1.tabindex]]);
    trackbar1.position := Table1.Recno;
end;
```

Neben der Suche wird auch gleich noch die Position der Trackbar aktualisiert. Dazu brauchen wir die Eigenschaft *RecNo*, die uns die absolute Position eines Datensatzes zurückgibt. Gleichzeitig kann über diese Eigenschaft auch der aktive Record ausgewählt werden.

Hinweis: Sie sollten diese Eigenschaft nicht in gefilterten Datenmengen verwenden, da es hier zu Problemen kommt.

Ausgerüstet mit dieser Erkenntnis können wir nun auch die Logik hinter der Trackbar programmieren:

```
procedure TForm1.TrackBar1Change(Sender: TObject);
begin
    if form1.activecontrol <> trackbar1 then exit;
    table1.RecNo := trackbar1.position;
end;
```

Mit dem Öffnen der Tabelle sollten Sie auch die *Trackbar*-Eigenschaft *Max* festlegen:

```
procedure TForm1.Table1AfterOpen(DataSet: TDataSet);
begin
    trackbar1.max := table1.recordcount;
end;
```

Die Arbeit mit den Lesezeichen ist relativ einfach, über die Methode *GetBookmark* ermitteln Sie einen Zeiger auf den aktuellen Datensatz, den Sie später dazu verwenden können, um einen neuen Datensatz zu wählen:

```
var lesezeichen: TBookmark;


procedure TForm1.Button1Click(Sender: TObject);
begin
  Lesezeichen := Table1.GetBookmark;
end;
```

```
procedure TForm1.Button2Click(Sender: TObject);
begin
  if lesezeichen <> nil then Table1.GotoBookmark(lesezeichen);
end;
```

Das war es auch schon, eventuell können Sie noch ein Textfeld dazu verwenden, um mit *Locate* nach einem Datensatz zu suchen, der dem Inhalt des Feldes entspricht:

```
procedure TForm1.Edit1Change(Sender: TObject);
begin
    table1.Locate('ort',edit1.text,[loCaseInsensitive,loPartialKey]);
end;
```

Gesucht wird in der Spalte "Ort", über die Optionen bestimmen wir, dass Groß-/Klein-schreibung nicht beachtet wird. Weiterhin sind auch Teilvergleiche (Wortanfang) zulässig.

Hinweis: Dass eine Indizierung der Tabelle für derartige Funktionen nötig ist, braucht sicher nicht erwähnt zu werden (Sekundärindex für die Spalten "Ort" und "Vorwahl").

R187 ... die Spalteneigenschaften eines DBGrid ändern?

Über die *DataSource*-Eigenschaft können Sie bekanntlich im Handumdrehen ein *DBGrid* mit einer Datenquelle verbinden und sich bereits zur Entwurfszeit vom Erfolg Ihrer Bemühungen überzeugen. Ehe Sie sich aber darüber ärgern, dass die Spaltenbreite zu groß ist oder dass das Schreibrecht für bestimmte Spalten nicht eingeschränkt werden kann, sollten Sie einen Blick hinter die Kulissen der *Columns*-Eigenschaft werfen, die im Objektinspektor gern übersehen wird. Diese Property enthält die sogenannten *persistenten* Spalten des DBGrid (standardmäßig sehen Sie die *dynamischen* Spalten). *Columns* kann während des Entwurfs mit dem Spalten-editor, aber auch zur Laufzeit im Programm eingestellt werden. Wir wollen die Vorgehens-weise an Hand eines Datengitters, das mit der Tabelle *Kosten.DB* aus der Baufinanz-Daten-bank verbunden ist, erläutern:

Persistente Spalten mit dem Spalteneditor hinzufügen

Klicken Sie rechts auf den *Columns*-Eintrag im Objektinspektor und es öffnet sich das (vorerst noch leere) Fenster des Spalteneditors. Wählen Sie den Button "Alle Felder hinzufügen". Nun können Sie eine bestimmte persistente Spalte auswählen und deren spezifische Eigenschaften im Objektinspektor einstellen.

Beispiel: Spaltenbreite ändern.

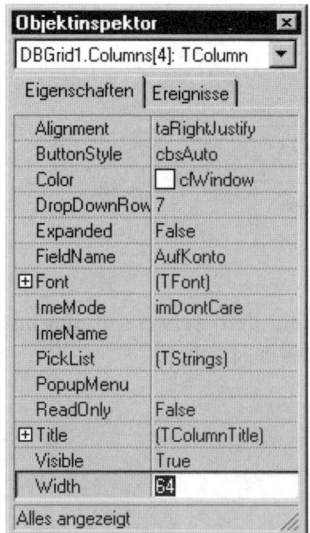
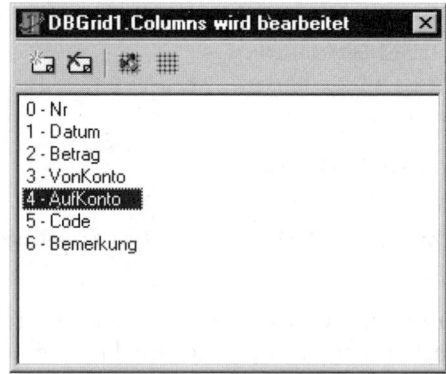

Durch Ändern der *Width*-Eigenschaft kann so z.B. die Spaltenbreite angepasst werden (Maßeinheit Pixel). Das können Sie aber auch direkt im Entwurfsmodus tun.

Beispiel: Schreibzugriff unterbinden.

Setzen Sie *ReadOnly* auf *True*, so bleibt der Schreibzugriff verwehrt.

Beispiel: Spalte ausblenden.

Da die *Nr*-Spalte (Primärschlüssel!) keinerlei Informationswert für Sie besitzt, können Sie diese auch aus dem DBGrid ausblenden. Klicken Sie im Objektinspektor auf den Editor der *Columns*-Eigenschaft (rechts) und löschen Sie die gewünschte Spalte.

Hinweis: Das gleiche Ergebnis wie zur Entwurfszeit mit dem Spalteneditor, könnten Sie auch per Codeprogrammierung erreichen. Allerdings werden dann die Änderungen erst zur Laufzeit sichtbar.

Oberfläche

Verbinden Sie eine *DBGrid*-Komponente auf gewohnte Weise über ein *Table-* und eine *DataSource*-Komponente mit der Tabelle *Kosten.DB* aus der Datenbank *Baufinanz*. Fügen Sie vier *CheckBox*-Controls hinzu, drei davon umrahmen Sie mit einer *GroupBox*, deren *Visible*-Eigenschaft Sie auf *False* setzen:

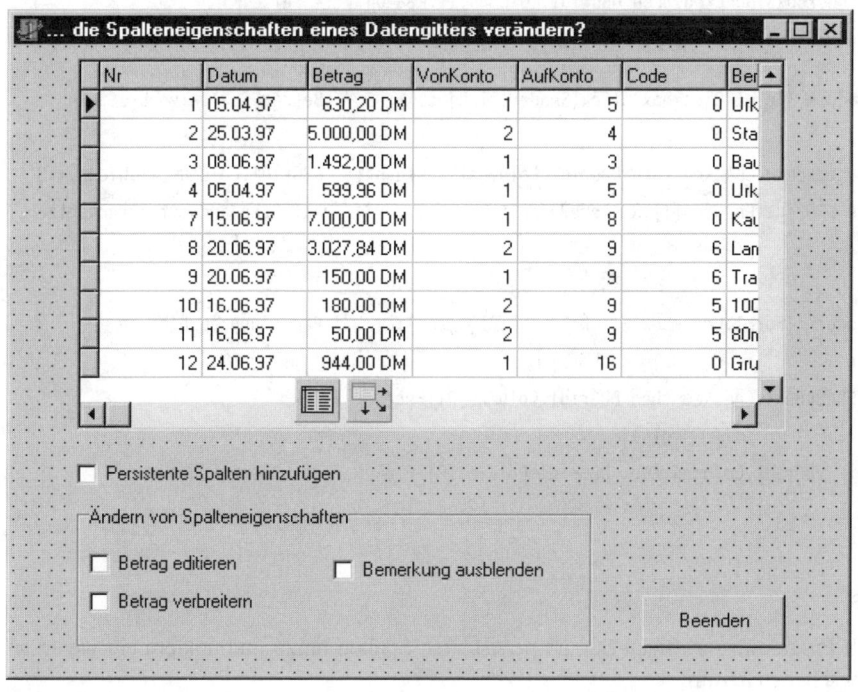

Sidebar navigation:
Grundlagen

Oberfläche

Grafik

Multimedia

Datei

Datenbank

SQL/ADO

Report

Objekte

OLE/DDE

Peripherie

System

Desktop

Technik

Sonstiges

Quelltext

```
procedure TForm1.CheckBox1Click(Sender: TObject);   // Persistente Spalten hinzufügen
begin
 with DBGrid1 do begin
  if CheckBox1.Checked then begin
   Columns.Add; Columns[0].FieldName := 'Datum';
   Columns.Add; Columns[1].FieldName := 'Betrag';
   Columns[1].ReadOnly := True;          // Schreibschutz einstellen
   Columns.Add; Columns[2].FieldName := 'Bemerkung';
   GroupBox1.Visible := True
  end else begin
   Columns.State := csDefault;        // es werden nur noch dynamische Spalten angezeigt
   GroupBox1.Visible := False
  end
 end
end;


procedure TForm1.CheckBox2Click(Sender: TObject);              // Betrag editieren
begin
 if CheckBox3.Checked then DBGrid1.Columns[1].ReadOnly := False
 else DBGrid1.Columns[1].ReadOnly := True
end;
procedure TForm1.CheckBox3Click(Sender: TObject);    // Betrag-Spalte verbreitern
begin
 if CheckBox2.Checked then DBGrid1.Columns[1].Width :=  DBGrid1.Columns[1].Width + 30
 else DBGrid1.Columns[1].RestoreDefaults              // auf Standardwert zurücksetzen
end;


procedure TForm1.CheckBox4Click(Sender: TObject);    // Bemerkung ausblenden
begin
 if CheckBox4.Checked then DBGrid1.Columns[2].Free
                     else
 begin DBGrid1.Columns.Add; DBGrid1.Columns[2].FieldName := 'Bemerkung' end
end;
```

Test

Nach Programmstart fügen Sie die persistenten Spalten hinzu und doktern ein wenig an den Eigenschaften herum:

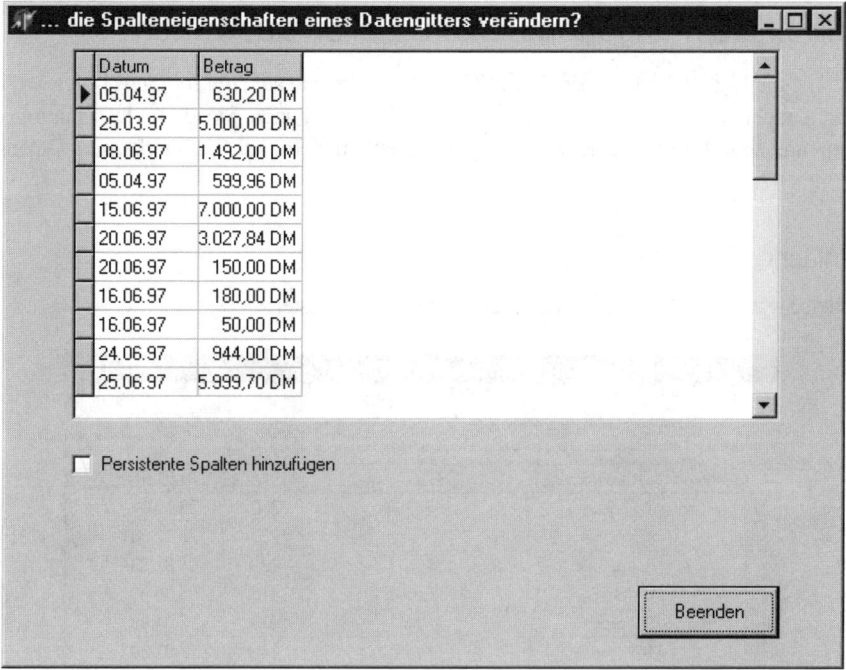

Grundlagen

Oberfläche

Grafik

Multimedia

Datei

Datenbank

SQL/ADO

Report

Objekte

OLE/DDE

Peripherie

System

Desktop

Technik

Sonstiges

R188 ... eine DBGrid-Zelle markieren?

Möchten Sie aus dem Programm heraus eine bestimmte Zelle im *DBGrid* aktivieren, hilft Ihnen die Eigenschaft *SelectedField* weiter. Übergeben Sie ein gültiges, d.h. vorhandenes Field-Objekt, um den Focus in die gewünschte Zelle zu verschieben.

Beispiel: Der Eingabefokus wird auf die fünfte Zeile und die Spalte "Lastname" verschoben.

```
procedure TForm1.Button1Click(Sender: TObject);
begin
  table1.recno := 5;
  DBGrid1.SelectedField := Table1.fieldbyname('lastname');
  DBGrid1.SetFocus;
  dbgrid1.EditorMode := True;
...
```

Mit der letzten Anweisung wird in den Edit-Mode umgeschaltet, der Bearbeiter kann den Inhalt der Zelle sofort editieren.

R189 ... die markierten DBGrid-Zeilen auswerten?

Haben Sie die Eigenschaft *Options* der *DBGrid*-Komponente auf *[dgMultiSelect]* gesetzt, ist es möglich, mehrere Datensätze auszuwählen. Doch wie können Sie diese Information dazu nutzen, um zum Beispiel eine Report zu drucken, in dem nur die markierten Datensätze vorkommen?

Oberfläche

Erstellen Sie zunächst eine Oberfläche nach folgendem Muster:

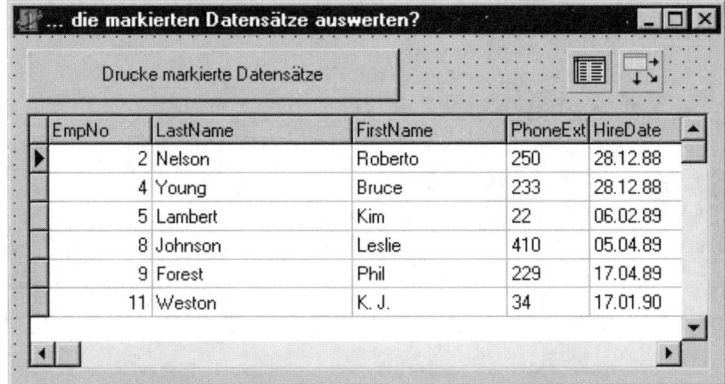

Welche Tabelle Sie an das *DBGrid* binden ist eigentlich nebensächlich, es geht lediglich um das Grundprinzip. Wichtig ist nur, dass Sie die Option *[dgMultiSelect]* des DBGrids setzen.

In einem zweiten Schritt erstellen Sie einen Quickreport, den Sie jedoch nicht an die Tabelle binden. Verknüpfen Sie lediglich die einzelnen Komponenten (*QRDBText*) mit den Tabellen-feldern (im Beispiel *Firstname* und *Lastname*).

Quelltext (Formular)

Die Programmierung des Formulars beschränkt sich auf den Aufruf des Quickreports:

```
procedure TForm1.Button1Click(Sender: TObject);
```

```
begin
  quickreport2.preview;
end;
```

Grundlagen

Oberfläche

Grafik

Multimedia

Datei

Datenbank

SQL/ADO

Report

Objekte

OLE/DDE

Peripherie

System

Desktop

Technik

Sonstiges

Quelltext (Quickreport)

Im Quickreport selbst müssen wir uns mit Hilfe des *OnNeedData*-Ereignisses um die Auswahl der gewünschten Datensätze kümmern. dazu brauchen wir zunächst eine globale Variable,

```
implementation

uses unit1;
{$R *.DFM}

var i : integer;
```

die wir im *BeforePrint*-Ereignis initialisieren:

```
procedure TQuickReport2.QuickRepBeforePrint(Sender: TCustomQuickRep;
  var PrintReport: Boolean);
begin
  i := 0;
end;
```

Die eigentliche Auswahl der Datensätze findet mit Hilfe der *SelectedRows*-Eigenschaft des DBGrids statt.

```
procedure TQuickReport2.QuickRepNeedData(Sender: TObject;
  var MoreData: Boolean);
begin
  if (i < form1.dbgrid1.SelectedRows.Count) then
    form1.Table1.Bookmark := form1.dbgrid1.SelectedRows[i];
  inc(i);
  moredata := (i <= form1.dbgrid1.SelectedRows.Count);
end;
```

Die Position des Satzzeigers ändern wir, indem der Eigenschaft *Bookmark* ein Wert aus der Liste *SelectedRows* zugewiesen wird.

Test

Wählen Sie im *DBGrid* einige Datensätze aus und klicken Sie dann auf den Button "Drucken".

R190 ... eine Rechnungs-Eingabemaske programmieren?

Bevor man überhaupt ein Rechnungsformular für einen Kunden ausdrucken kann, müssen die Daten erst eingegeben werden. Leider lässt sich dieses Problem nicht in wenigen Worten bzw. Codezeilen abhandeln. Aus diesem Grund wurde im vorliegenden "Mammut"-Rezept der Programmentwurf in drei Etappen aufgeteilt.

Etappe 1

In der ersten Etappe soll die Benutzerschnittstelle zu den Tabellen *Rechnungen.DB* und *Kunden.DB* gestaltet werden.

Oberfläche

Um den Anblick optisch aufzuwerten, haben wir alle Komponenten auf einen Panel (*Panel1*) gesetzt.

Wir wollen gleich Nägel mit Köpfen machen und haben aus diesem Grund auf die triste *DBNavigator*-Komponente verzichtet und statt dessen eigene Buttons zum Bewegen durch die Datensätze und zum Bearbeiten derselben programmiert und auch einen Schreibschutz integriert. Der Einsteiger, welcher den damit verbundenen Aufwand scheut, kann aber durchaus auch den *DBNavigator* verwenden.

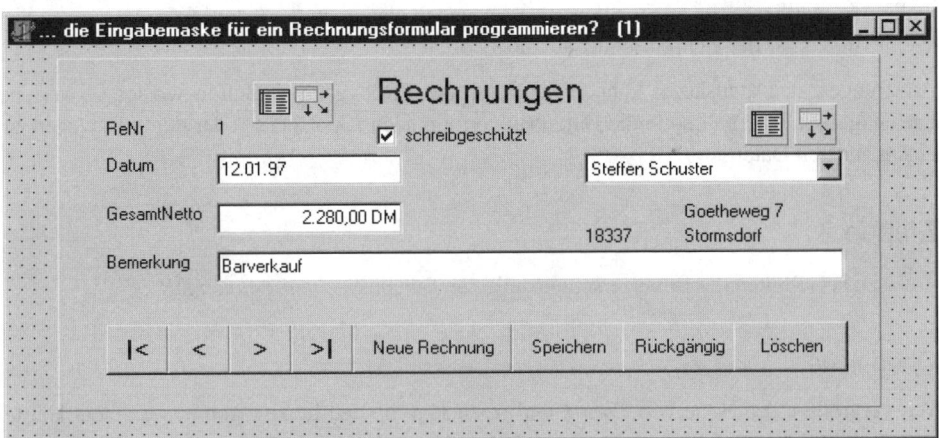

Binden Sie *Table1* und *Table2* an die Firmendatenbank an (Alias *Firma*) und setzen Sie die *TableName*-Eigenschaften auf *Rechnungen.DB* bzw. *Kunden.DB*. Die *DBText* bzw. *DBEdit*-Komponenten werden über ihre *DataSource- bzw. DataField*-Eigenschaften wie gewohnt an *DataSource1* bzw. *DataSource2* angekoppelt. Beim Anbinden der *DBLookup*-Combobox müssen Sie sich schon etwas mehr konzentrieren:

Eigenschaft	DataSource	DataField	ListSource	ListField	KeyField
Wert	DataSource1	KundenNr	DataSource2	Name	Nr

Siehe auch

☞ R213 ... die DBLookupComboBox einsetzen?

Quelltext

Den für die acht Buttons erforderlichen Quellcode finden Sie in

☞ R185 ... den DBNavigator einsparen?

Um die Neueingabe von Datensätzen zu erleichtern, ergänzen Sie folgenden Eventhandler:

```
procedure TForm1.Table1AfterInsert(DataSet: TDataSet);
begin
  Table1['Datum']:= Date;                      // aktuelles Datum einsetzen
  Table2.Last; Table1['KundenNr']:= Table2['Nr']  // aktuellen Kunden einsetzen
end;
```

Grundlagen

Oberfläche

Grafik

Multimedia

Datei

Datenbank

SQL/ADO

Report

Objekte

OLE/DDE

Peripherie

System

Desktop

Technik

Sonstiges

Test

Starten Sie zur ersten Etappe der Applikation. Wenn Sie z.B. einen anderen Kunden zuweisen wollen, so markieren Sie einfach den entsprechenden Namen in der Combobox. Vergessen Sie aber nicht, vorher den Schreibschutz aufzuheben.

Änderungen an Datensätzen können Sie durch den "Rückgängig"-Button wieder verwerfen. Die endgültige Übernahme in die Datenbank erfolgt nach "Speichern" oder durch Bewegen zu einem anderen Datensatz.

Etappe 2

Ziel ist das Gestalten der Benutzerschnittstelle zur Tabelle *Rechnungsdaten.DB*.

Oberfläche

Wir vergrößern die Höhe von *Form1* und bestücken die neu hinzugekommene untere Hälfte gemäß folgender Abbildung mit *Query1/DataSource3*, einem *DBGrid1* und den Buttons *BtnNew1*, *BtnStore1*, *BtnCancel1*, *BtnDelete1*. Die *CheckBox1* brauchen Sie nicht neu hinzuzufügen, sie wird bloß vom oberen Teil von *Form1* hierher verschoben.

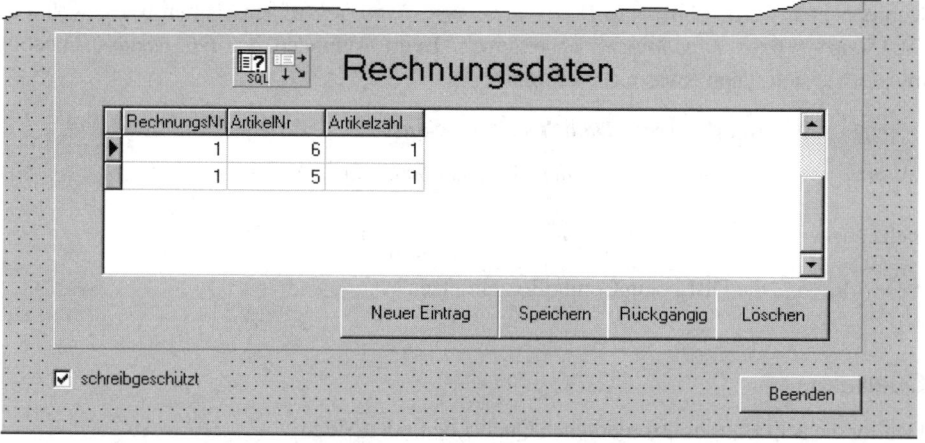

Auf Bewegungstasten kann verzichtet werden, da man in einem *DBGrid* durch einfaches Zeilenklicken bzw. mittels Bildlaufleiste wesentlich bequemer weiterkommt. Setzen Sie für *DBGRid1* die Eigenschaft *ReadOnly = True*.

Legen Sie die *SQL*-Eigenschaft von *Query1* wie folgt fest:

```
SELECT * FROM Rechnungsdaten WHERE RechnungsNr = :Nr
```

Der mit vorangestellten Leerzeichen und Doppelpunkt gekennzeichnete Parameter *Nr* stammt aus *Table1/DataSource1 (Rechnungen.DB)*. Um diesen Parameter innerhalb des SQL-Strings verfügbar zu machen, muss die *DataSource*-Eigenschaft von *Query1* auf *DataSource1* eingestellt werden. Wir verbinden danach *DBGrid1* mit *DataSource3* und setzen erwartungsfroh

Grundlagen

Oberfläche

Grafik

Multimedia

Datei

Datenbank

SQL/ADO

Report

Objekte

OLE/DDE

Peripherie

System

Desktop

Technik

Sonstiges

Query1.Active zu *True*. Doch was ist das? Ein bösartiges Meldungsfenster stoppt jäh unseren Höhenflug:

Fehler

Im Projekt Project1.exe ist eine Exception der Klasse EDatabaseError aufgetreten. Meldung: 'Feldtyp 'Nr' wird nicht unterstützt'. Prozeß wurde angehalten. Fortfahren mit Einzelschritt oder Start.

OK

Was ist passiert? Leider verträgt sich im SQL-String der Datentyp von Nr (*TAutoIncField* = Zähler) nicht mit dem Datentyp von RechnungsNr (*TIntegerField*). Wir müssen deshalb zu *Table1* sogenannte *persistente Datenfeldobjekte* hinzufügen, um damit einen neuen Datentyp für *Nr* zu definieren, welcher vom Typ *TIntegerField* (LongInteger) sein muss.

Doppelklicken Sie auf die Komponente *Table1* und wählen Sie im noch leeren Feldeditor mittels Rechter Maustaste (RMT) "Felder hinzufügen". Fügen Sie alle Felder hinzu und löschen Sie anschließend das *Nr*-Feld wieder. Wählen Sie nun mittels RMT "Neues Feld". Vergeben Sie exakt den gleichen Namen (Nr) wie ihn das eben gelöschte Feld hatte. Stellen Sie den Typ *Integer* und den Feldtyp *Daten* ein:

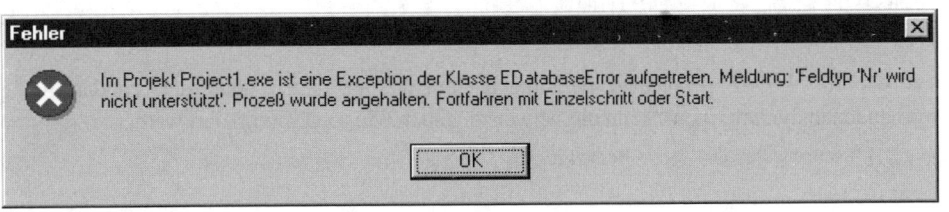

Nachdem die *SQL*-Eigenschaft von *Query1* funktioniert, setzen Sie *RequestLive = True*.

Quelltext

Der zum Hinzufügen, Speichern, Löschen und Verwerfen der *Rechnungsdaten* erforderliche Code entspricht im Wesentlichen dem bereits erörterten Code zum Bearbeiten der *Rechnungen* (oberer Teil des Formulars), so dass auf eine vollständige Wiedergabe hier verzichtet werden kann (siehe Buch-CD).

Bemerkenswert ist lediglich dieser Eventhandler, welcher den Fremdschlüssel *RechnungsNr* automatisch einträgt:

```
procedure TForm1.Query1AfterInsert(DataSet: TDataSet);
begin
 Query1['RechnungsNr']:= Table1['Nr']
end;
```

Da wir für *Table1* persistente Feldobjekte hinzugefügt haben (statt der standardmäßig vorhandenen dynamischen), kann die Anweisung auch wie folgt modifiziert werden:

```
Query1['RechnungsNr']:= Table1Nr.Value
```

Test

In dieser Programmphase können wir uns bereits am Zusammenspiel der drei Tabellen *Kunden.DB*, *Rechnungen.DB* und *Rechnungsdaten.DB* erfreuen. Es werden nur die Rechnungsdaten angezeigt, die der oben eingestellten Rechnung entsprechen. Beachten Sie, dass Sie bei Eingabe einer neuen Rechnung zunächst diese speichern müssen, ehe Sie Rechnungsdaten hinzufügen können:

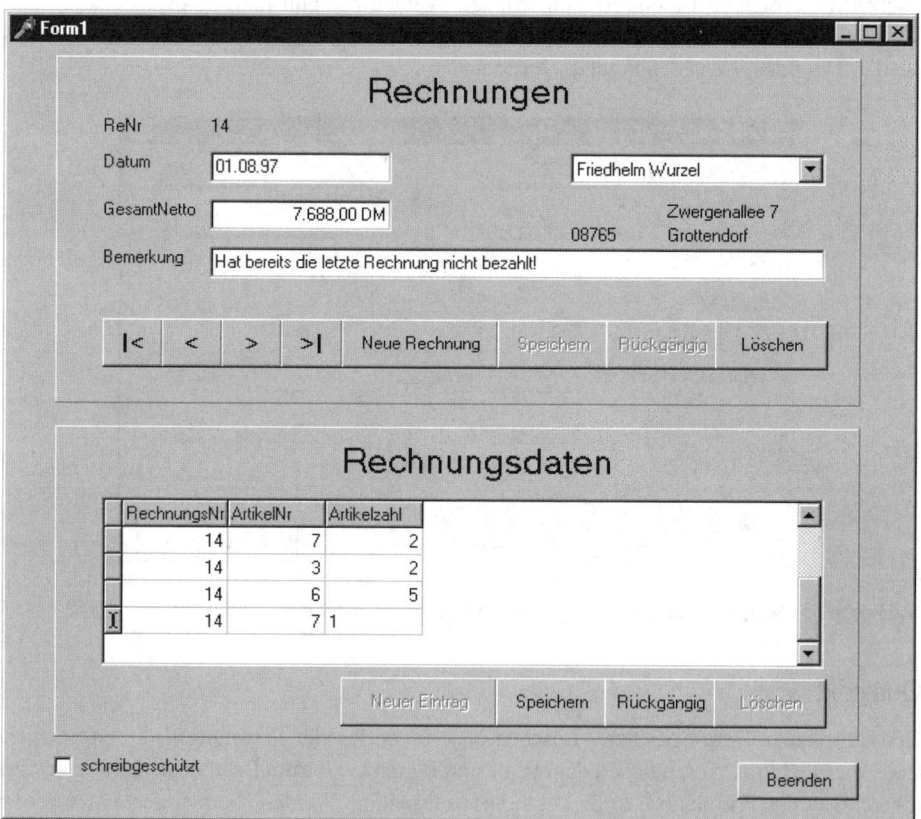

Grundlagen

Oberfläche

Grafik

Multimedia

Datei

Datenbank

SQL/ADO

Report

Objekte

OLE/DDE

Peripherie

System

Desktop

Technik

Sonstiges

Etappe 3

In dieser letzten Etappe werden wir die bis jetzt noch offene Verbindung zur Tabelle *Artikel.DB* herstellen.

Oberfläche

Ergänzen Sie in der unteren Hälfte von *Form1* eine weitere *Table*-Komponente (*Table3*) und koppeln Sie diese an die Tabelle *Artikel.DB* an. Eine entsprechende *DataSource*-Komponente ist nicht erforderlich!

Die Verbindung zwischen *Rechnungsdaten.DB* und *Artikel.DB* realisieren wir diesmal durch Lookup-Felder, die zum *Query1*-Objekt hinzugefügt werden müssen. Gehen Sie dazu wie folgt vor:

Doppelklicken Sie auf *Query1* und wählen Sie im Popup-Menü des Feldeditors die Option "Felder hinzufügen..." (Strg+A). Anschließend ergänzen Sie über die Option "Neues Feld..." (Strg+N) ein Lookup-Feld, welchem Sie z.B. den Namen *ArtikelName* verordnen. Im Dialogfenster "Neues Feld" stellen Sie Feldeigenschaften, Feldtyp und Lookup-Definition ein:

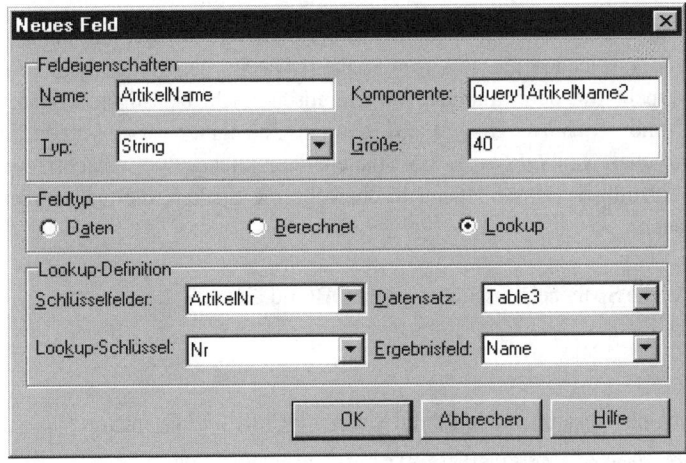

Im Objektinspektor erkennen Sie an Hand der Eigenschaften des von Ihnen erzeugten Lookup-Feldes *Query1ArtikelName: TStringField* das Ergebnis Ihrer Bemühungen:

Eigenschaft	DisplayLabel	Display-Width	KeyFields	Lookup-DataSet	Lookup-KeyFields	Lookup-ResultField
Wert	ArtikelName	40	ArtikelNr	Table3	Nr	Name

Auf analoge Weise fügen Sie ein weiteres Lookup-Feld für den Artikelpreis (Typ *Currency*) hinzu.

Auch der Gesamtpreis pro Einzeleintrag, der sich aus Artikelanzahl mal Verkaufspreis berechnet, soll angezeigt werden. Dazu müssen wir kein "Lookup-", sondern ein "Berechnetes Feld" zu *Query1* hinzufügen:

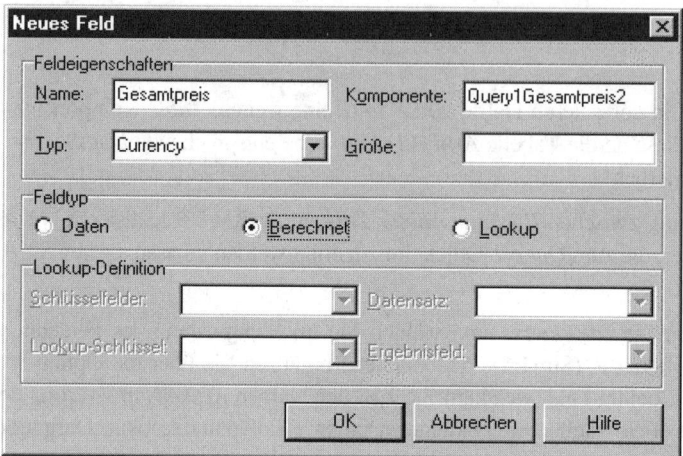

Durch die neu hinzugekommenen Spalten wird der Platz im Anzeigegitter knapp, schaffen Sie also Luft durch Ausblenden überflüssiger Spalten! Da Sie den zukünftigen Nutzer des Programms nicht mehr mit dem Anblick von Fremdschlüsseln belästigen wollen, blenden Sie *RechnungsNr* und *ArtikelNr* einfach aus dem Anzeigegitter aus. Wählen Sie dazu die *Columns*-Eigenschaft von *DBGrid1*. Im Spalteneditor klicken Sie zunächst auf den Button "Alle Felder hinzufügen", anschließend löschen Sie die Spalten, die nicht angezeigt werden sollen. Siehe auch

☞   R187 ... die Spalteneigenschaften eines DBGrid ändern?

Quelltext

Die Berechnung der Gesamtsumme führen Sie im *OnCalcField*-Event von *Query1* durch:

```
procedure TForm1.Query1CalcFields(DataSet: TDataSet);
begin
  Query1Gesamtpreis.Value := Query1Artikelzahl.Value * Query1Artikelpreis.Value
end;
```

Natürlich möchten Sie auch den Rechnungsendbetrag wissen, bevor die Rechnung ausgedruckt wird[1]. Zu diesem finden Sie in der Tabelle *Rechnungen.DB* ein bisher unbeachtetes Feld *GesamtNetto*. Da wir in unserem Beispiel so gut wie ohne SQL auskommen wollen, gestaltet sich das Zuweisen von Werten für dieses Feld etwas aufwendiger. Der folgende Code zeigt eine Lösungsmöglichkeit (eine andere wäre das Hinzufügen eines "berechneten" Feldes zu *Table1*). Ergänzen Sie im *implementation*-Abschnitt von *Form1* die folgende Prozedur:

---

[1] Nur so können Sie Ihre Kunden vor unangenehmen Überraschungen bewahren!

```
procedure gesamtSumme;      // berechnet Gesamtsumme aus berechneten Feldern!
var sum: Currency;


begin
 with Form1 do
 begin
  Query1.DisableControls;                // um Rechenzeit einzusparen
  sum := 0;
  Query1.First;
  while not Query1.EOF do
  begin
   sum := sum + Query1GesamtPreis.Value;
   Query1.Next
  end;
  Query1.EnableControls;
  Table1.Edit;
  Table1GesamtNetto.Value := sum;
  Table1.Post
 end
end;
```

Die Übernahme des Endbetrags erfolgt jeweils beim Abspeichern neuer Rechnungsdaten. Ergänzen Sie also den entsprechenden Eventhandler wie folgt:

```
procedure TForm1.BtnStore1Click(Sender: TObject);    // Eintrag speichern
begin
 Query1.Post;
 setButtons1(1);
 gesamtSumme
end;
```

Test

Endlich ist es geschafft! Starten Sie das Programm und überzeugen Sie sich von der Funktionsfähigkeit, indem Sie bestehende Rechnungen manipulieren und neue hinzufügen:

Grundlagen

Oberfläche

Grafik

Multimedia

Datei

Datenbank

SQL/ADO

Report

Objekte

OLE/DDE

Peripherie

System

Desktop

Technik

Sonstiges

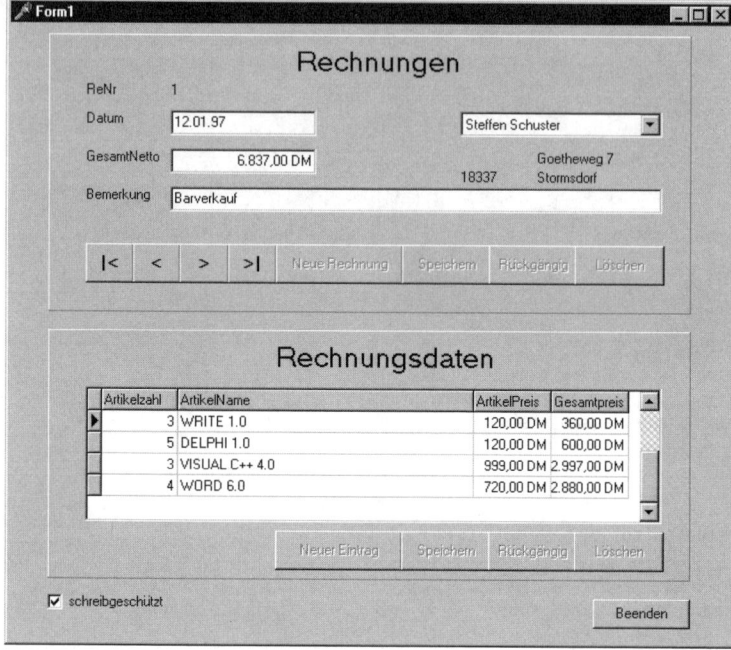

Für die Eingabe des Artikelnamens hält unser Programm eine Überraschung parat: Klicken Sie zweimal auf das Feld, und Sie können über eine eingeblendete Rollbox den gewünschten Eintrag auswählen. Einfacher geht es wohl nicht mehr. Zu verdanken haben wir dieses bemerkenswerte Feature den zu *Query1* hinzugefügten Lookup-Feldern.

Übrigens funktioniert das auch beim Artikelpreis. Hier ist das direkte Herumdoktern allerdings weniger sinnvoll, denn dazu verwenden wir besser die separate Eingabemaske für *Artikel.DB*. Setzen Sie deshalb über die *Columns*-Eigenschaft von *DBGrid1* diese Spalte vorsichtshalber auf *ReadOnly = True*.

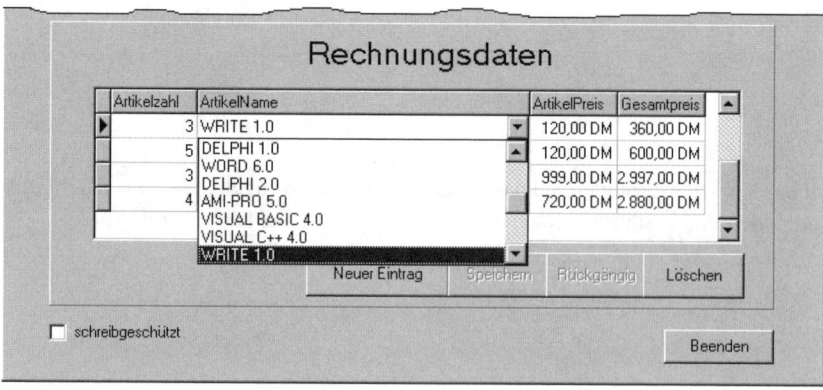

Bemerkungen

- Nach jedem Hinzufügen von Lookupfeldern zu einem *Table*- bzw. *Query*-Objekt müssen Sie auch die *Columns*-Eigenschaft des mit dem Datenzugriffsobjekt verbundenen *DBGrid* aktualisieren ("Alle Felder hinzufügen" und vorher existierende Spalten löschen). Ansonsten bleiben die vorgenommenen Änderungen der Datenstruktur unsichtbar.

- Im *OnCalcField*-Event einer *Table* bzw. *Query* haben Sie nur Zugriff auf persistente Datenfeld-Objekte, die Sie vorher (wie oben beschrieben) mit dem Feldeditor hinzufügen müssen.

R191 ... Lookup-Felder verwenden?

Sicher ist Ihnen schon an der einen oder anderen Stelle der Begriff "Lookup-Field" aufgefallen, sei es als Eigenschaft oder aus der Datenbank-Theorie. Wir zeigen Ihnen, was es damit auf sich hat.

Zwei grundsätzliche Möglichkeiten bestehen:

- Erzeugen eines Lookup-Feldes über die *Table*-Komponente

- Anbinden einer *DBLookupCombobox* bzw. einer *DBLookupListbox*

Wir möchten Ihnen beide Wege vorstellen, hat doch jeder seine Daseinsberechtigung.

Ausgangspunkt ist die folgende kleine Datenbankstruktur:

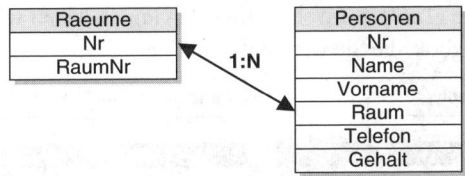

Um nicht unnötig viele Informationen in der Tabelle *Personen* zu speichern, wurden die Informationen über den Arbeitsplatz (*Raum*) in eine extra Tabelle ausgelagert (Normalisierung).

Zeigen Sie in einer Eingabemaske den Inhalt der Tabelle *Personen* an, ist aus der verbleibenden Raum-Nummer nicht allzu viel zu entnehmen (das Feld *Raumnr* kann auch weitere Informationen aufnehmen). Für die Zuordnung eines Raumes wäre es also wesentlich sinnvoller, wenn statt des Feldes *Nr* das Feld *RaumNr* angezeigt würde.

Oberfläche

Für unser Beispiel brauchen wir zwei *Table*- und zwei *DataSource*-Komponenten sowie ein *DBGrid* und eine *DBLookupCombobox*.

Binden Sie *Table1* an die Tabelle *personen*, die Sie auf der Buch-CD im Verzeichnis *Datenbank\Personal* finden. *Table2* verknüpfen Sie mit der Tabelle *raeume*.

Den grundsätzlichen Aufbau der Oberfläche entnehmen Sie der folgenden Abbildung:

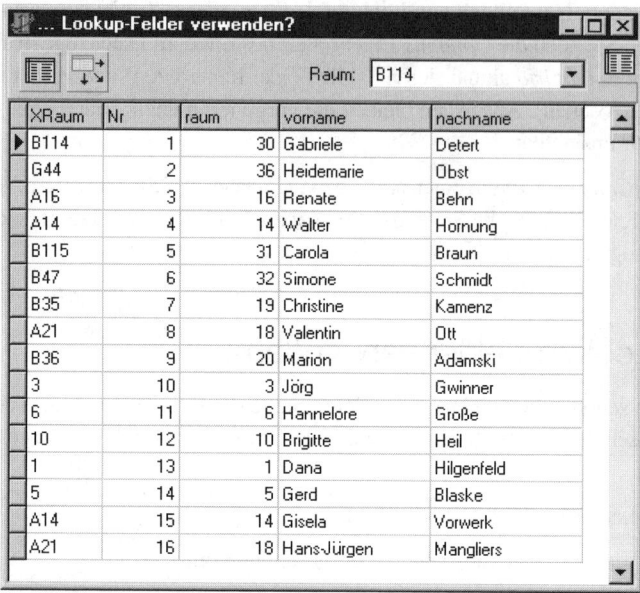

Variante 1 (Lookup-Field für Table erzeugen)

Wollen Sie ein Lookup-Field für eine Tabelle zu erzeugen, klicken Sie doppelt auf die betreffende Table-Komponente (*Table1*). Im sich öffnenden Popup-Menü wählen Sie "Neues Feld". Es öffnet sich eine Dialogbox, die Sie wie folgt ausfüllen:

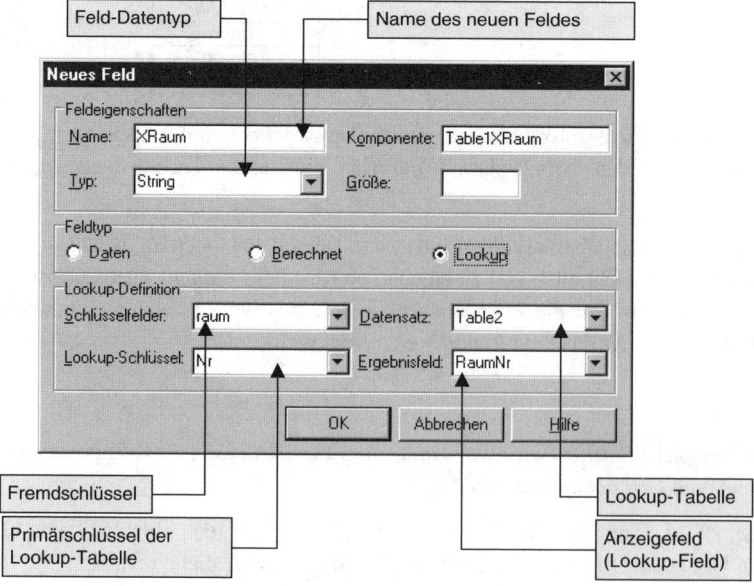

Die verschiedenen Bezeichnungen dürften für mehr Verwirrung als für Klarheit sorgen, deshalb noch einmal der Reihe nach:

Grundlagen

- Wählen Sie als erstes den Fremdschlüssel der aktuellen Tabelle aus (Zeiger auf den Primärschlüssel der Lookup-Tabelle). In unserem Fall handelt es sich um *Personen.Raum.*

Oberfläche

- Wählen Sie die Tabelle, in der Sie nachschlagen möchten, d.h. die Lookup-Tabelle (für uns *Table2: raeume*).

Grafik

- Bestimmen Sie den Primärschlüssel der Lookup-Tabelle, d. h. das Feld, auf das der Fremdschlüssel zeigt (*raeume.nr*).

Multimedia

- Tragen Sie zuletzt den Namen des Feldes ein, dessen Inhalt statt des Fremdschlüssels angezeigt werden soll (Detaildaten).

Datei

Nach dem Schließen der Dialogbox verfügt *Table1* über ein zusätzliches Feld, das Sie ganz normal in Tabellen oder Bounded-Components anzeigen können. Der Clou: Verknüpfen Sie wie im Beispielprogramm die Tabelle mit einem *DBGrid,* wird der Inhalt des Lookup-Feldes angezeigt. Ein Klick auf die Zelle öffnet eine Combobox, in der alle zulässigen Werte (Raum-Nummern) angezeigt werden. Die Auswahl eines Wertes führt dazu, dass nicht etwa der Inhalt von *raeume.RaumNr* in *personen.Raum* abgespeichert wird, sondern der Primärschlüssel von *raeume.* Sie können sich auf recht einfache Weise davon überzeugen, da im *DBGrid* zusätzlich auch das Feld *Raum* angezeigt wird. Auf diese Weise können Sie viele Eingabefehler in Tabellen vermeiden, die Eingabe unzulässiger Werte ist einfach nicht möglich, es können nur Werte eingetragen werden, die auch in der *Combobox* angezeigt werden.

Datenbank

SQL/ADO

Report

Objekte

OLE/DDE

Peripherie

System

Allerdings ist diese Möglichkeit auf die Verwendung in *DBGrids* eingeschränkt. Wesentlich universeller ist die zweite Variante von Lookup-Feldern, auf die wir im nächsten Abschnitt eingehen:

Desktop

Variante 2 (Lookup-Field mit DBLookupCombobox)

Technik

Wie in der vorhergehenden Variante greifen wir auf die beiden *Table*-Komponenten zu, die Verknüpfung der beiden Tabellen erfolgt aber erst in der Anzeige-Komponente, d.h. einer *DBLookupCombobox* oder einer *DBLookupListbox*.

Sonstiges

Wie Sie die Eigenschaften der *DBLookupCombobox*-Komponente zuweisen, ergibt sich aus der Beantwortung der gestellten Fragen:

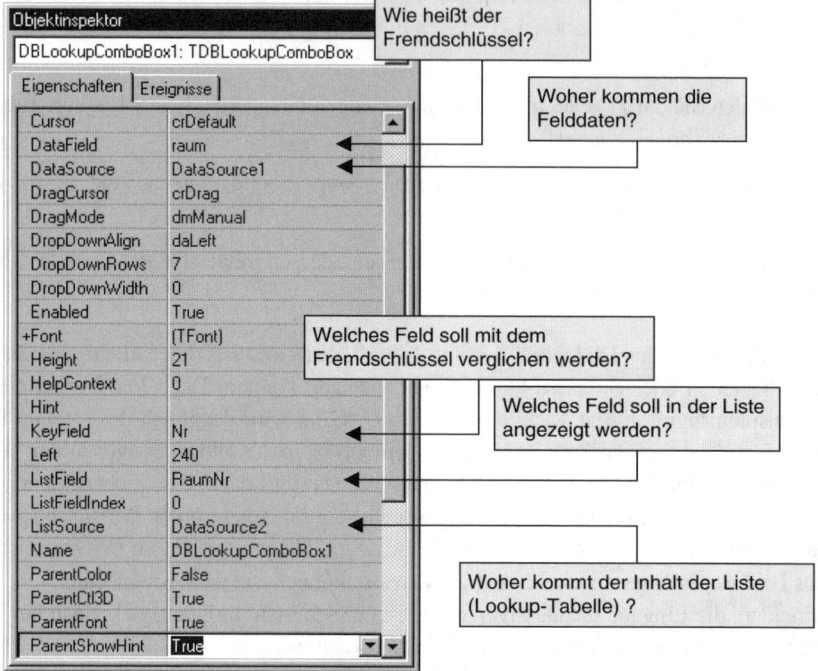

Angewendet auf unser Beispiel: Über den Fremdschlüssel der Tabelle *personen* (*Raum*) wird sowohl der Anzeigewert (*raeume.RaumNr*) als auch der Wert in der Liste bestimmt. Gespeichert wird jedoch der Primärschlüssel von *raeume*.

R192 ... Detaildaten anzeigen?

Meist sind durch entsprechende Verknüpfungen (Relationen) gewisse Abhängigkeiten zwischen einzelnen Tabellen vorhanden, die aus einer vorhergehenden Normalisierung entstanden sind. Das Problem für den Programmierer besteht jedoch darin, diese Daten in einer ansprechenden und zusammenhängenden Form wieder darzustellen. Das vorliegende Rezept soll die Vorgehensweise beschreiben.

Ausgangspunkt unserer Überlegungen ist einer Tabellenstruktur mit folgender Abhängigkeit:

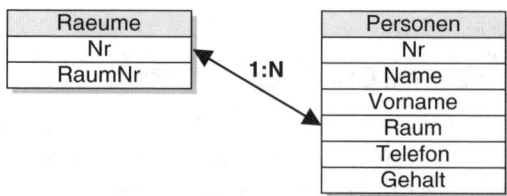

Wie Sie sehen, handelt es sich um eine klassische 1:N-Beziehung. In einem Raum können sich mehrere Personen befinden. Das Feld *Raeume.RaumNr* enthält einen String, der aus Haus- bzw. Etagenbezeichner und einer Raumnummer besteht, gleichzeitig könnten in der Tabelle *raeume* noch Informationen über die Raumgröße, Telefonanschlüsse etc. gespeichert sein. Für uns genügt an dieser Stelle jedoch die einfache obige Beziehung, die wir ohne eine einzige Zeile Quellcode in einem Formular darstellen wollen.

Aufgabenstellung:

In einem Listenfeld sind alle verfügbaren Räume abzubilden. Nachfolgend sollen in einer zweiten Liste alle Mitarbeiter angezeigt werden, die sich im gerade markierten Raum befinden bzw. dort ihren Arbeitsplatz haben.

Oberfläche

Alles was wir für die Darstellung brauchen, sind zwei *Table-*, zwei *DataSource-* und zwei *DBGrid*-Komponenten (und natürlich auch ein Formular).

Hinweis: Das linke *DBGrid* könnte auch durch eine DBLookupListbox ersetzt werden. In diesem Fall müssten die Eigenschaften *ListSource, ListField, KeyField* belegt werden.

Die Grundstruktur können Sie der folgenden Abbildung entnehmen:

Wählen Sie für *Table1* die Tabelle *raeume*, die Sie auf der Buch-CD finden (am besten auf die Festplatte kopieren). *Table1* und *DataSource1* verbinden Sie über die Eigenschaft *DataSet*. Zum Schluss muss nur noch *DBGrid1* mit *DataSource1* über die Eigenschaft *DataSource* verknüpft werden. Damit ist die erste Aufgabe (Anzeige der Räume) gelöst.

Verknüpfen Sie auf die gleiche Art und Weise *Table2* (Tabelle *personen*), *Datasource2* und *DBGrid2*.

Grundlagen

Oberfläche

Grafik

Multimedia

Datei

Datenbank

SQL/ADO

Report

Objekte

OLE/DDE

Peripherie

System

Desktop

Technik

Sonstiges

Zu diesem Zeitpunkt besteht zwischen *Table1* und *Table2* keinerlei Verknüpfung, Änderungen im *DBGrid1* wirken sich nicht auf den Inhalt von *DBGrid2* aus. Diesem Missstand können Sie durch die Zuweisung der *Masterfield-* und *MasterSource-*Eigenschaften von *Table2* abhelfen. Voraussetzung ist allerdings eine Indizierung des Feldes *personen.raum* (Sekundärindex).

Legen Sie als Erstes die *MasterSource-*Eigenschaft auf *DataSource1* fest. Nachfolgend öffnen Sie den Property-Editor der Eigenschaft *Masterfield* (kleiner Button). Es erscheint folgende Dialogbox:

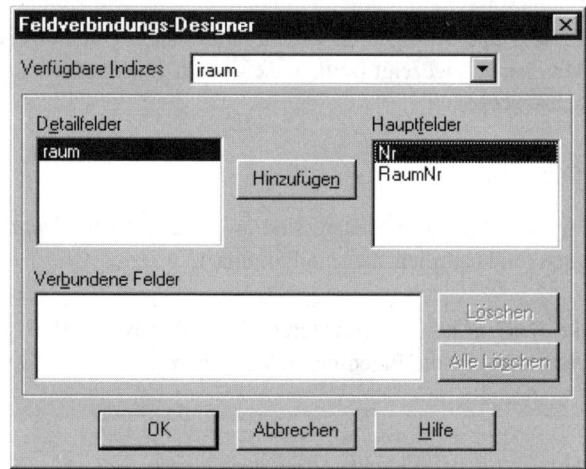

Wählen Sie das Feld "raum" und das Feld "nr" und klicken Sie auf den Button "Hinzufügen".

Hinweis: Als verfügbaren Index wählen Sie den Sekundärindex des Feldes, das als Fremd-schlüssel fungiert (*Personen.Raum*).

Danach sind beide Tabellen miteinander verknüpft, Änderungen im *DBGrid1* wirken sich auf den Inhalt von *DBGrid2* aus.

Der interne Ablauf:

- Auswahl eines Feldes in Tabelle1 (*Räume*)

- Bestimmen des Primärschlüssels

- Suche in Tabelle2 (Personen) über den Sekundärindex (Fremschlüssel) nach Werten, die dem Primärindex von Tabelle 1 entsprechen

- Rückgabe einer Datenmenge an *Table2*

R193 ... in verknüpften Tabellen suchen?

In den beiden vorhergehenden Rezepten haben wir Ihnen Beispiele vorgestellt, wie Sie mit Hilfe der Eigenschaften von *Table*-Komponenten die Verknüpfung zwischen zwei Tabellen herstellen können. Das vorliegende Beispiel geht einen etwas anderen Weg, wir werden durch den Aufruf der Methode *Lookup* das gleiche Resultat erzielen.

Oberfläche

Für jede der beiden Tabellen "Personen" und "Räume" verwenden wir eine *Table*-Komponente. An *Table1* binden Sie die Tabelle "Personen", die über *DataSource1* in einer *DBLookupListbox* angezeigt wird.

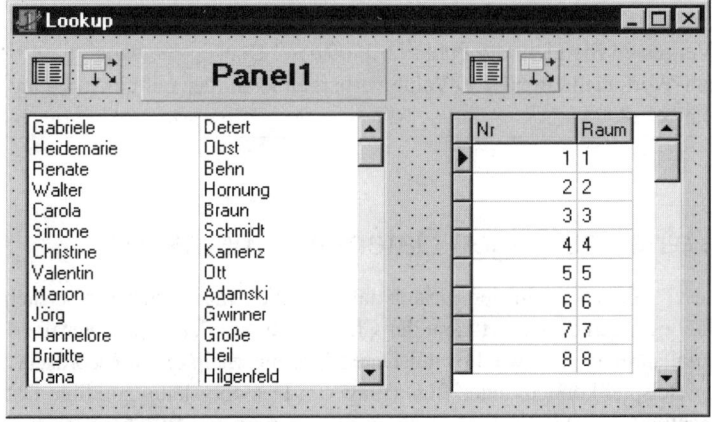

Dazu sind die Eigenschaften *ListSource* auf *DataSource1*, *ListField* auf "Vorname; Nachname" und *KeyField* auf "Nr" festzulegen.

Hinweis: Bei der Auswahl des Feldes für Key-Field sollten Sie eine Spalte wählen, die gleichzeitig als eindeutiger Index definiert ist. Andernfalls kann es zu recht eigenartigen Markierungen in der Listbox kommen.

DBGrid1 wird über *DataSource2* an Table2 (Räume) gebunden. Das Grid soll Ihnen lediglich verdeutlichen, dass sich der Satzzeiger beim Nachschlagen in Table2 nicht verändert. Es wird lediglich der gesuchte Wert ausgelesen und als Variant-Array zurückgegeben.

Quelltext

Der reine Quelltext fällt (wie in Delphi üblich) kurz aus:

```
procedure TForm1.DBLookupListBox1Click(Sender: TObject);
begin
  panel1.caption := varToStr(table2.Lookup('nr',table1['raum'],'raum'));
end;
```

Jede Veränderung in der Listbox bewirkt die Abfrage des Feldes "Raum" in der Tabelle "Räume". Damit ist im Prinzip die gleiche Funktionalität wie bei einem Lookup-Field erreicht. Mit einem Unterschied: Bei dieser Variante haben Sie Einfluss darauf, <u>wann</u> die Lookup-Daten abgerufen werden. Stellen Sie sich folgendes Szenario vor: Sie scrollen durch eine Liste und gleichzeitig müssen fünf oder mehr Lookup-Felder abgefragt und gefüllt werden. Dass Ihre Anwendung nicht die schnellste ist, dürfte auf der Hand liegen (insbesondere in Netzwerkumgebungen).

Als Alternative bieten sich die Ereignisse *OnKeyUp* und *OnMouseUp* (Listbox) an. Sie können beliebig in der Liste scrollen, erst wenn die Maus oder die Taste losgelassen wird, erfolgt die Abfrage der Lookup-Daten. Vergleichen Sie einmal die Ausführungsgeschwindigkeit beider Lösungen. Sie werden feststellen, dass es sich lohnt, die Lookup-Felder selbst zu programmieren.

Hinweis: Vergessen Sie nicht die Funktion *VarToStr*! Denken Sie daran, dass sich im Variant-Wert auch ein NULL-Value verbergen kann, der mit einem String nicht kompatibel ist.

R194 ... einen zufälligen Datensatz auswählen?

Wer darf dieses Jahr zuerst in den Urlaub fahren? Wen muss ich als Nächsten entlassen? Quälende Überlegungen dieser Art kann der Chef in Zukunft dem Computer überlassen, denn nach dem Zufallsprinzip wird wahllos auf Datensätze innerhalb eines Recordsets zugegriffen. Im folgenden Beispiel können, unter Benutzung von Datenobjekten, zufällige Datensätze aus einer Datenbank ausgewählt werden, wobei wir uns auf einen relativ harmlosen Fall (Ort und PLZ) aus einer Datenbank TELEFON.DB beschränken wollen.

Oberfläche

Den Grundaufbau der Oberfläche entnehmen Sie bitte der folgenden Abbildung:

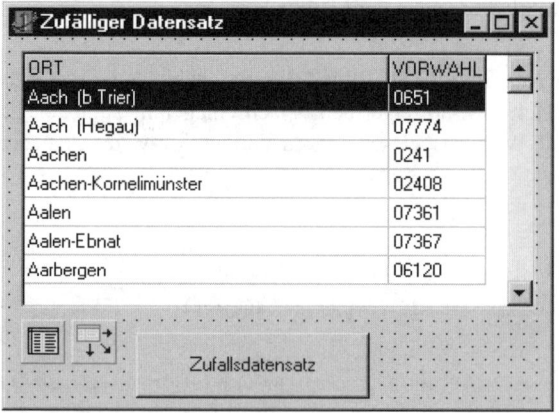

Quelltext

Beim Laden des Formulars wird zuerst einmal der Zufallszahlgenerator von Delphi initialisiert:

```
procedure TForm1.FormCreate(Sender: TObject);
begin  randomize; end;
```

Jeder Klick auf den Button löst die Suche nach einem neuen Ort aus:

```
procedure TForm1.Button1Click(Sender: TObject);
begin
   table1.First;  Table1.MoveBy(Random(table1.recordcount))
end;
```

Wir verzichten an dieser Stelle darauf, die Eigenschaft *RecNo* zum Auswählen eines Datensatzes zu verwenden, da es in gefilterten Datenmengen zu Problemen kommen kann. Obiges Konstrukt ist da etwas weniger wählerisch, nach dem Positionieren auf dem ersten Datensatz überspringen wir mit *MoveBy* einfach eine zufällige Anzahl von Datensätzen. Dazu wird der Zufallsfunktion *Random* die obere Grenze übergeben, die Zufallswerte bewegen sich dann alle zwischen 0 und Maximum.

R195 ... hierarchische Datenstrukturen darstellen?

Wollen Sie den Anwendern Ihrer Programme mehr bieten als nur langweilige Listendarstellungen und simple Eingabemasken? Falls ja, dann kommen Sie beim Darstellen hierarchischer Daten nicht um die Verwendung der *TreeView*-Komponente herum.

Die Abbildung zeigt beispielhaft einen Einsatzfall:

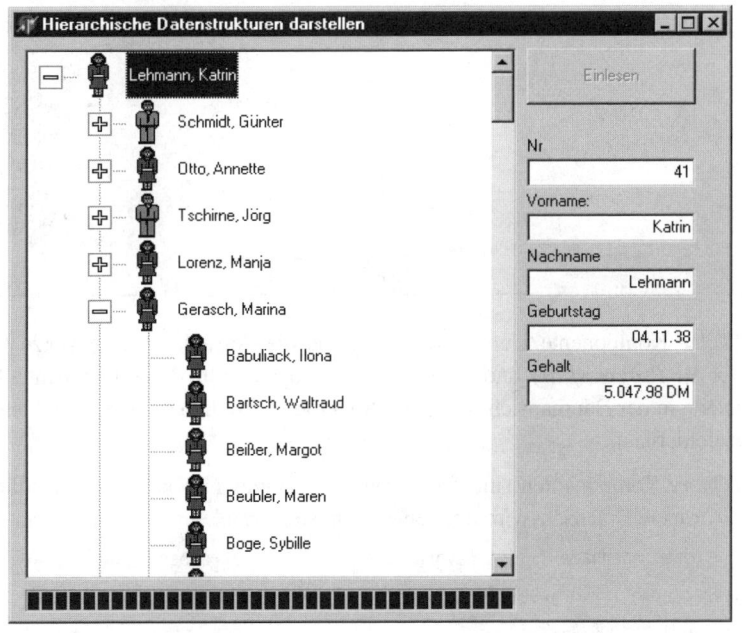

Grundlagen

Oberfläche

Grafik

Multimedia

Datei

Datenbank

SQL/ADO

Report

Objekte

OLE/DDE

Peripherie

System

Desktop

Technik

Sonstiges

Ganz abgesehen davon, dass hier eine Baumdarstellung wesentlich übersichtlicher ist als eine Tabelle, können Sie durch den Einsatz solcher grafischen Elemente auch noch reichlich Eindruck schinden.

Hinweis: Vergessen Sie derartige Spielereien aber, wenn es sich um tausende von Datensätzen handelt. In diesem Fall dürfte der Schaden größer als der Nutzen sein.

Oberfläche

Neben einer *Treeview*-Komponente brauchen wir noch einen *ProgressBar* für die Fortschrittsanzeige beim Einlesen, eine *ImageList*, drei *TQuery*-Komponenten, eine *TTable*-Komponente sowie einige gebundene Eingabefelder. Die Abbildung zeigt die Entwurfsansicht:

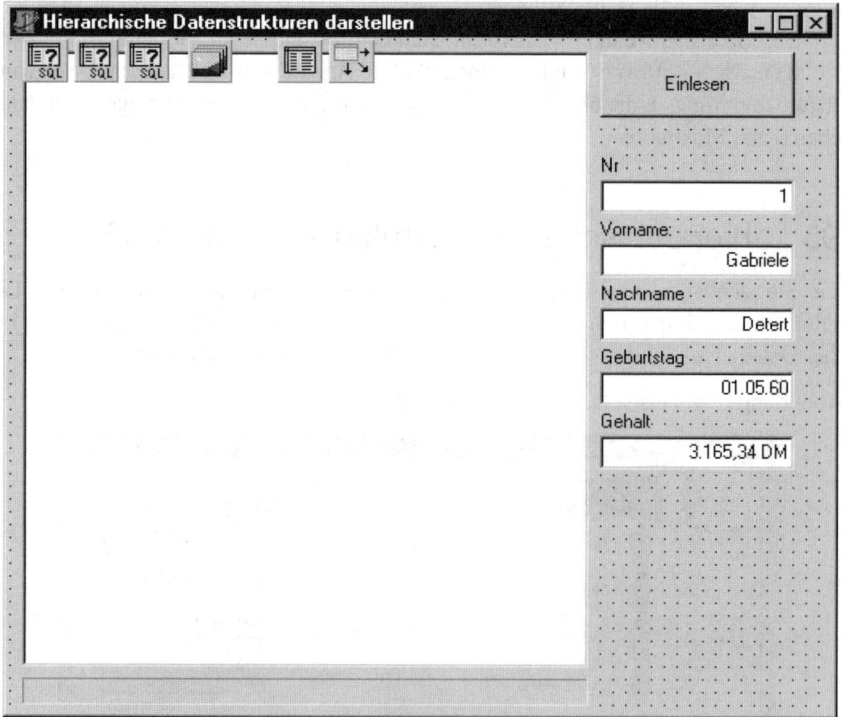

Mit der *TTable*-Komponente werden wir einerseits die Anzahl der Datensätze bestimmen (Endwert für die *ProgressBar*), andererseits suchen wir mit Hilfe der Komponente den Datensatz, der gerade in der Baumansicht ausgewählt wurde und stellen die Details in den gebundenen Eingabefeldern dar.

Die drei *TQuery*-Komponenten sind für jeweils eine Hierarchieebene verantwortlich, der jeweils übergeordnete Datensatz wird über eine Parametervariable in den SQL-String eingefügt:

```
SELECT nr, anrede, nachname + ', ' + vorname AS Bez  FROM personen
WHERE vorgesetzter = :nrvorgesetzter
```

Vergessen Sie nicht, die *ImageList* über die Eigenschaft *Images* an die *TreeView*-Komponente zu binden, wir wollen je nach Geschlecht eine andere Grafik in den Baum einblenden.

Grundlagen

Oberfläche

Grafik

Multimedia

Datei

Datenbank

SQL/ADO

Report

Objekte

OLE/DDE

Peripherie

System

Desktop

Technik

Sonstiges

Quellcode

In unserer Beispieldatenbank haben wir drei Hierarchieebenen:

- Chef
- Abteilungsleiter
- Personal

die wir über die drei getrennten *TQuery*-Komponenten auslesen. Mit der Ergebnismenge der einen Abfrage wird der Parameter für die nächste Abfrage bestimmt.

Ein Problem bleibt aber im Zusammenhang mit der *TreeView*-Komponente ungelöst: Wollen Sie nach dem Klick auf einen Eintrag den zugehörigen Datensatz aus der Tabelle heraussuchen, fehlt Ihnen die Möglichkeit, einen eindeutigen Schlüssel zu speichern. Der Name (die Beschriftung der Einträge) genügt für die Suche in der Tabelle natürlich nicht, sinnvoller wäre da schon das Feld "Nr". Mit der Eigenschaft *Data* scheint sich eine Lösung für das Problem zu bieten, doch leider handelt es sich lediglich um einen Pointer.

Wir werden einfach eine dynamische Variable vom Typ *Integer* erzeugen, den Pointer darauf können wir problemlos der *Data*-Eigenschaft zuweisen. Aber aufgepasst: Beim Auslesen der *Data*-Eigenschaft müssen wir den Data-Pointer dereferenzieren und typisieren.

Einige globale Variablen und Typen:

```
var  anzahl : integer;
```

Das eigentliche Einlesen der Datensätze:

```
var
    Node1,
    Node2,
    Node3 : TTreeNode;
    i     : integer;

begin
  i := 0;
  table1.open;
  anzahl :=Table1.recordcount;
  progressbar1.max :=anzahl;
```

Nach dem Bestimmen der Gesamtzahl aller Mitarbeiter (*Max*-Eigenschaft für den Fortschrittsbalken) ermitteln wir (was sonst?) als Erstes den Chef:

```
Node1:= TreeView1.Items.AddChild(TreeView1.Selected, query1['bez']);
if query1['anrede']= 'Herr' then
    node1.imageindex := 2
```

```
else
    node1.imageindex := 1;
new(id);
id^:= query1['nr'];
node1.data := id;
inc(i);
progressbar1.position := i;
node1.SelectedIndex := node1.imageindex;
```

Mit den Daten können wir sowohl die Beschriftung (Name + Vorname) als auch die Grafik bestimmen (abhängig vom Feld "Anrede"). Nach dem Erzeugen und Initialisieren des Integer-Pointers weisen wir den Wert der *Data*-Eigenschaft zu. Weiterhin ist der Fortschrittsbalken zu aktualisieren.

Nächster Schritt ist die Bestimmung der Abteilungsleiter:

```
query2.active := False;
query2.parambyname('nrvorgesetzter').value := query1['nr'];
query2.active:=True;
```

Da es sicherlich mehr als einen Abteilungsleiter gibt, verwenden wir eine *While*-Schleife:

```
while not query2.eof do begin
    Node2:= TreeView1.Items.addChild(Node1, query2['bez']);
    if query2['anrede']= 'Herr' then node2.imageindex := 2 else node2.imageindex := 1;
    node2.SelectedIndex := node2.imageindex;
    new(id);
    id^:= query2['nr'];
    node2.data := id;
    inc(i);
    query3.active := False;
    query3.parambyname('nrvorgesetzter').value := query2['nr'];
    query3.active:=True;
    progressbar1.position := i;
```

Danach können die zugehörigen Mitarbeiter ausgewählt und angezeigt werden (natürlich auch wieder in einer Schleife):

```
while not query3.eof do begin
    Node3:= TreeView1.Items.addChild(Node2, query3['bez']);
    if query3['anrede']= 'Herr' then
        node3.imageindex := 2
    else
        node3.imageindex := 1;
        node3.SelectedIndex := node3.imageindex;
        new(id);
```

Grundlagen

Oberfläche

Grafik

Multimedia

Datei

Datenbank

SQL/ADO

Report

Objekte

OLE/DDE

Peripherie

System

Desktop

Technik

Sonstiges

```
      id^:= query3['nr'];
      node3.data := id;
      query3.next;
      inc(i);
      progressbar1.position := i;
  end;
  query2.next;
end;
```

Zum Schluss bleibt nur noch das Schließen der Abfragen sowie die Auswahl des ersten Eintrags in der Baumansicht:

```
query1.active := False;
query2.active := False;
query3.active := False;
TButton(sender).enabled := False;
treeview1.selected := node1;
```

Mit jedem Wechsel in der Baumansicht soll der zugehörige Datensatz in der Tabelle gesucht und angezeigt werden. Die Schlüsselwerte für die Suche hatten wir ja bereits gespeichert:

```
procedure TForm1.TreeView1Change(Sender: TObject; Node: TTreeNode);
begin
  table1.findkey([integer(treeview1.selected.data^)])
end;
```

Was wir natürlich nicht vergessen sollten: Das Freigeben der dynamischen Variablen.

```
procedure TForm1.FormClose(Sender: TObject; var Action: TCloseAction);
var i : integer;
begin
  for i := treeview1.Items.Count-1 downto 0 do begin
    progressbar1.position := i;
    dispose(treeview1.items[i].data)
  end;
end;
```

R196 ... Daten in einer Listview darstellen?

Wollen Sie Daten lieber grafisch darstellen statt in einer tristen Tabelle, sollten Sie die *ListView*-Komponente in Betracht ziehen. Ein besonders interessanter Verwendungszweck ist die Realisierung von DragDrop-Operationen innerhalb einer Datenbank, d.h. der Anwender muss nicht mehr Einträge in einer Tabelle ändern, sondern kann einfach mit der Maus arbeiten.

In unserem kleinen Beispielprogramm werden in einer Listbox alle Räume einer Verwaltung dargestellt. Wählen Sie einen Raum aus, erscheinen im rechten Feld alle Mitarbeiter, die sich in diesem Raum befinden (je nach Geschlecht wird ein anderes Icon eingeblendet). Soll nun ein Mitarbeiter umbesetzt werden, genügt es, wenn Sie diesen mittels DragDrop in den neuen Raum ziehen.

Oberfläche

Neben einer *ListView*- (links) und einer *TreeView*-Komponente (rechts) brauchen Sie lediglich noch zwei *Table*- und eine *ImageList*-Komponente.

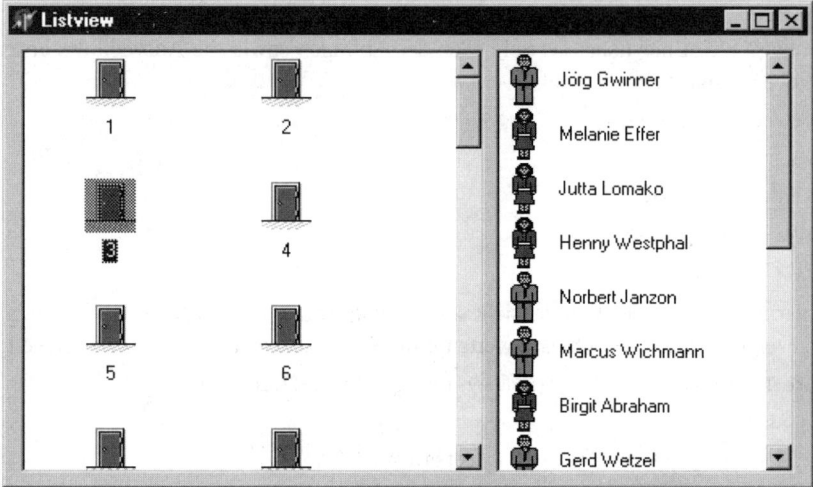

Quelltext

Verbinden Sie die beiden *Table*-Komponenten mit der Datenbank "Verwaltung" bzw. den Tabellen *personen* und *raeume*.

Wird das Formular erzeugt, füllen wir die *Listbox* mit allen verfügbaren Räumen:

```
procedure TForm1.FormCreate(Sender: TObject);
var NewItem : TListItem;
begin
    anzahl := 1;
    GetMem(zeiger, sizeof(integer)*anzahl);
     while not table1.eof do begin
          NewItem := ListView1.Items.Add;
          NewItem.Caption := inttostr(table1['nr']);
          table1.next;
     end;
end;
```

Als Beschriftung wählen wir die Raumnummer, diese werden wir für die spätere DragDrop-Operation noch benötigen.

Wird in der *ListView* ein Eintrag ausgewählt, beginnt die Arbeit:

```
procedure TForm1.ListView1Click(Sender: TObject);
var node : TTreeNode;
   nr,i : integer;
begin
  if listview1.selected = nil then exit;
```

Löschen der *TreeView*-Komponente:

```
  Treeview1.items.Clear;
```

Table2 neuen Filter setzen:

```
  Table2.filter := 'raum = ' + listview1.selected.caption;
  FreeMem(zeiger, sizeof(integer)*anzahl);
  anzahl := Table2.recordcount;
  GetMem(zeiger, sizeof(integer)*anzahl);
  nr := 0;
```

Alle Datensätze durchlaufen und neue Einträge erzeugen:

```
  while not Table2.eof do begin
    node := Treeview1.Items.Add(treeview1.selected,
                        Table2['vorname'] + ' ' + Table2['nachname']);
    if Table2['anrede']= 'Frau' then  node.imageindex := 2
    else node.imageindex := 1;
    zeiger^[nr]:= table2['nr'];
    node.data := Pointer(zeiger^[nr]);
    node.SelectedIndex := node.imageindex;
    Table2.next;
    inc(nr);
  end;
end;
```

Damit wäre erst einmal die Darstellung realisiert, als Nächstes müssen wir die DragDrop-Operation vorbereiten. Dazu ist einerseits die *DragMode*-Eigenschaft der *TreeView*-Komponente auf *dmAutomatic* zu setzen, andererseits muss das DragDrop-Ziel auch auf die Aktion reagieren:

```
procedure TForm1.ListView1DragOver(Sender, Source: TObject; X, Y: Integer;
  State: TDragState; var Accept: Boolean);
begin   accept := True;  end;
```

Die eigentliche Routine wird nach dem Loslassen über dem Ziel ausgeführt:

```
procedure TForm1.ListView1DragDrop(Sender, Source: TObject; X, Y: Integer);
var nr, i : integer;
begin
```

Grundlagen

Oberfläche

Grafik

Multimedia

Datei

Datenbank

SQL/ADO

Report

Objekte

OLE/DDE

Peripherie

System

Desktop

Technik

Sonstiges

Falls kein Icon angewählt wurde:

```
if listview1.DropTarget = nil then exit;
```

Eine Sicherheitsabfrage sollten Sie auf keinen Fall vergessen:

```
if Application.MessageBox(PChar(Format('%s in Raum %s umbesetzen?',
   [Treeview1.selected.text,
     listview1.DropTarget.caption])), 'Frage', 36) = idyes then begin
```

In der Tabelle "Personen" wird der Eintrag gesucht, der von der DragDrop-Operation betroffen ist:

```
table2.findkey([integer(treeview1.selected.data)]);
val(listview1.DropTarget.caption,nr,i);
```

Edit-Modus einschalten, Raumnummer ändern und speichern:

```
Table2.edit;
Table2['raum'] := nr;
Table2.post;
listview1.selected := listview1.DropTarget;
ListView1Click(self);
   end;
end;
```

R197 ... die Datenbankstruktur bestimmen?

Nicht in allen Fällen ist Ihnen die Struktur einer Datenbank bekannt. Geht es beispielsweise darum, Fremddaten zu importieren oder eine bestehende Datenbank zu konvertieren, ist es für Sie wichtig, Informationen über den Datenbankaufbau zu erhalten. Welche Möglichkeiten Ihnen dazu die Delphi-Komponenten bieten, zeigt das folgende Rezept.

Oberfläche

Neben einer Combobox für die Auswahl eines Alias brauchen wir noch eine Treeview-Komponente für die Datenbankstruktur, ein *DBGrid* und natürlich eine *Table*-Komponente mit zugehöriger *DataSource*. Hinter dem *DBGrid* findet sich noch eine einfache Listbox, in der alternativ Details zu Feldern oder Tabellen angezeigt werden.

Grundlagen

Oberfläche

Grafik

Multimedia

Datei

Datenbank

SQL/ADO

Report

Objekte

OLE/DDE

Peripherie

System

Desktop

Technik

Sonstiges

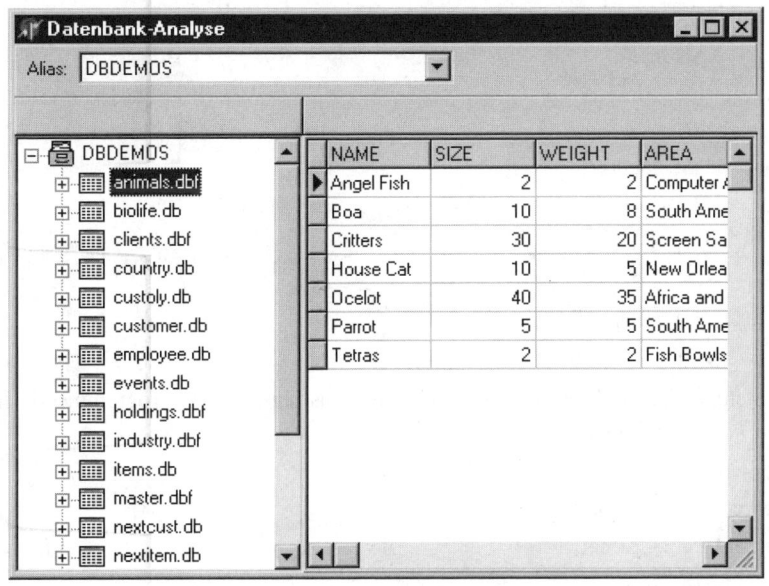

Im oberen Teil des Formulars finden Sie weiterhin ein *HeaderControl*, mit dem Sie die Anzeigebreite von *Treeview* und *DBGrid* beeinflussen können.

Hinweis: Die *Table*-Komponente wird erst zur Laufzeit an eine Tabelle gebunden.

Quelltext

Für die Anzeige der Feld-Datentypen brauchen wir einige Konstanten:

```
const datentyp : array[0..21] of string = ('ftUnknown', 'ftString',
                'ftSmallint', 'ftInteger', 'ftWord', 'ftBoolean', 'ftFloat',
                'ftCurrency', 'ftBCD', 'ftDate', 'ftTime', 'ftDateTime',
                'ftBytes', 'ftVarBytes', 'ftAutoInc', 'ftBlob', 'ftMemo',
                'ftGraphic', 'ftFmtMemo', 'ftParadoxOle', 'ftDBaseOle',
                'ftTypedBinary');
```

Mit dem Start des Programms werden die registrierten Aliase in die Combobox eingelesen:

```
procedure TForm1.FormCreate(Sender: TObject);
begin
    session.GetAliasNames(combobox1.items);
end;
```

Hinweis: Die Variable *Session* wird über die Unit *DB* importiert.

Mit der Auswahl eines Alias beginnt die Arbeit, die *TreeView*-Komponente wird schrittweise mit den relevanten Informationen gefüllt:

```
procedure TForm1.ComboBox1Click(Sender: TObject);
var alias    : String;
    Tabellen,
    Felder,
    Indizes  : TStringlist;
    i,j      : Integer;
    root,
    Tab,
    help     : TTreeNode;
begin
```

Mit der Statusvariablen *lock* verhindern wir die Ausführung von Programmcode im *Treeview1.OnChange*-Ereignis:

```
lock := True;
screen.cursor := crHourGlass;
Table1.active := False;
Treeview1.items.clear;
```

Eine Stringliste für die Aufnahme der Tabellennamen erzeugen:

```
Tabellen := TStringList.Create;
alias := combobox1.text;
```

Auslesen der Tabellennamen mit der Methode *GetTableNames*:

```
try
  Session.GetTableNames(alias,'',True,False,Tabellen);
except
end;
```

Die Root in der *Treeview*-Komponente erzeugen (Aliasname):

```
root := Treeview1.Items.Add(Treeview1.Selected,Alias);
root.imageindex := 2;
root.selectedindex := 2;
```

Die Tabellennamen in den Baum einfügen:

```
for i := 0 to Tabellen.Count-1 do begin
  Tab := Treeview1.Items.AddChild(root,Tabellen[i]);
  Table1.DatabaseName := alias;
  Table1.Tablename := Tab.Text;
```

Für jede Tabelle werden nachfolgend die vorhandenen Felder aufgelistet. Sicherheitshalber werden mögliche Fehler mit *Try-Except* abgefangen (wenn die Tabelle nicht geöffnet werden kann etc.):

```
Felder := TStringList.Create;
try
```

Grundlagen

Oberfläche

Grafik

Multimedia

Datei

Datenbank

SQL/ADO

Report

Objekte

OLE/DDE

Peripherie

System

Desktop

Technik

Sonstiges

```
    Table1.GetFieldNames(Felder);
  except
  end;
  if Felder.Count > 0 then begin
    help := Treeview1.Items.AddChild(tab,'Felder');
    help.imageindex := 1;
    help.selectedindex := 1;
    for j := 0 to Felder.Count-1 do begin
        with Treeview1.Items.AddChild(help,Felder[j]) do begin
          imageindex := 1;
          selectedindex := 1;
        end;
    end;
  end;
  Felder.Free;
```

Neben den Feldern lassen sich auch Informationen über die Indizes ermitteln:

```
  Indizes := TStringList.Create;
  try
    Table1.GetIndexNames(Indizes);
  except
  end;
  if Indizes.Count > 0 then begin
    help := Treeview1.Items.AddChild(tab,'Indizes');
    help.imageindex := 1;
    help.selectedindex := 1;
    for j := 0 to Indizes.Count-1 do begin
      with Treeview1.Items.AddChild(help,Indizes[j]) do begin
          imageindex := 1;
          selectedindex := 1;
      end;
    end;
  end;
  Indizes.Free;
  end;
  screen.cursor := crdefault;
  lock := False
end;
```

Bei Auswahl eines Eintrags in der *Treeview*-Komponente wird das *Change*-Ereignis ausgelöst:

```
procedure TForm1.TreeView1Change(Sender: TObject; Node: TTreeNode);
var i : Integer;
begin
    if lock then exit;
    case node.level of
```

Der Aliasname wird ausgewählt:

```
    0 : begin    // Alias-Ebene
          dbgrid1.visible := False;
          listbox1.visible := True;
          session.GetAliasParams(node.text,listbox1.items);
        end;
```

Ein Tabellenname wurde gewählt:

```
    1 : begin    // Tabellen-Ebene
          listbox1.clear;
          listbox1.visible := False;
          dbgrid1.visible := True;
          Table1.active := False;
          Table1.TableName := node.text;
          Table1.active := True;
        end;
```

Ein Feldname wurde ausgewählt:

```
    3 : if node.parent.text = 'Felder' then begin
          listbox1.visible := True;
          dbgrid1.visible := False;
          listbox1.clear;
          Table1.active := False;
          Table1.TableName := node.parent.parent.text;
          i := 0;
          while (i < Table1.fielddefs.count)and
          (Table1.fielddefs[i].name<>node.text) do inc(i);
          listbox1.items.add(format('Feldnummer: %d',
                      [Table1.fielddefs[i].fieldno]) );
          listbox1.items.add(format('Feldname: %s',
                      [Table1.fielddefs[i].name]) );
          if Table1.fielddefs[i].required then
             listbox1.items.add('Eingabe erforderlich : True');
          listbox1.items.add('Datentyp : ' +
```

Grundlagen

Oberfläche

Grafik

Multimedia

Datei

Datenbank

SQL/ADO

Report

Objekte

OLE/DDE

Peripherie

System

Desktop

Technik

Sonstiges

```
                       datentyp[Integer(Table1.fielddefs[i].datatype)]);
                 listbox1.items.add(format('Größe: %d',
                               [Table1.fielddefs[i].size]) );
          end;
      else
      begin
            listbox1.clear;
            listbox1.visible := False;
            Table1.active := False;
            dbgrid1.visible := False;
      end;
   end;
end;
```

Anpassen der Breite von *TreeView1* über die *HeaderControl*-Komponente:

```
procedure TForm1.HeaderControl1SectionResize(HeaderControl: THeaderControl;
  Section: THeaderSection);

begin
    treeview1.width := HeaderControl1.Sections[0].width;
end;
```

R198 ... die Feldgröße von Blob-Feldern bestimmen?

Bevor Sie Daten aus einem Memo- oder Binärfeld auslesen, sollten Sie die Größe des Feldes bestimmen. Beispielsweise ist es wenig sinnvoll, bei jeder Satzzeigerbewegung ein 800 KByte großes Feld auszulesen und darzustellen. Entweder Sie verwenden in diesem Fall einen Timer, der nach einigen Sekunden Inaktivität das Feld lädt, oder Sie stellen einen Button bereit, über den das Feld explizit geladen werden kann.

In jedem Fall werden Sie sich mit einem *BlobStream* herumschlagen müssen.

Hinweis: Das Feld, das Sie auslesen, muss in die Klassendefinition eingebunden sein (Kontextmenü *Table*, *Query*) oder Sie müssen es typisieren.

```
var  b: TBlobStream;
begin
  b := TBlobStream.Create(table2inhalt, bmread);
  if b.Size < 32000 then
    //
  b.free;
```

Über die *Size*-Eigenschaft steht Ihnen die Größe des Feldes (in Byte) zur Verfügung.

Zweite Variante:

```
caption := inttostr(table2inhalt.BlobSize)
```

R199 ... eine RTF-Komponente an eine Datenbank binden?

Auch wenn Delphi mittlerweile eine *DBRichEdit*-Komponente anbietet, es gibt immer wieder Fälle, in denen man sich selbst darum kümmern muss, Daten in eine Tabelle zu schreiben bzw. Daten aus einer Tabelle zu lesen (z.B. wenn Sie das RichText-OCX von Microsoft verwenden[1]).

Für uns kein Problem: Mit den schon im Vorgänger-Rezept verwendeten *BlobStreams* lässt sich schnelle und einfache Abhilfe schaffen.

Hinweis: Lesen Sie nur Daten aus <u>unformatierten</u> Memofeldern ein bzw. speichern Sie die Daten nur in derartigen Feldern. Verwenden Sie ein formatiertes Memofeld, finden sich alle Formatierungsanweisungen als Klartext in Ihrer RTF-Komponente wieder.

Einlesen der Daten:

```
var b: TBlobStream;


begin
  B:= Tblobstream.create(table2inhalt, bmread);
  Richedit1.Lines.LoadFromStream(b);
  b.free;
```

Speichern der Daten:

```
var b: TBlobStream;
begin
  if not RichEdit1.Modified then Exit;
  table2.edit;
  B:= TBlobStream.Create(table2inhalt, bmreadWrite);
  Richedit1.Lines.SaveToStream(B);
  Table2.Post;
  b.free;
```

---

[1] Natürlich nur, wenn Sie über die entsprechende Lizenz verfügen. Das Control bietet im Gegensatz zur Delphi-Variante auch die Möglichkeit, OLE-Daten im Text zu speichern.

R200 ... mit Grafiken aus Datenbanken arbeiten?

Im Normalfall werden Sie sicher eine *DBImage*-Komponente verwenden, die Sie von der lästigen Aufgabe befreit, die Bitmap aus der Tabelle zu laden bzw. in die Tabelle zu speichern.

Grafik in eine *Image*-Komponente laden

Etwas anders sieht die Sache allerdings aus, wenn die Grafik z.B. in einer ganz normalen *Image*-Komponente angezeigt werden soll. In diesem Fall könnten Sie beispielsweise das Feld mittels *Assign* in die Komponente laden:

```
Image1.Picture.Bitmap.Assign(Table1BLOBField);
```

Zweite Variante: Sie typisieren das Datenfeld

```
procedure TForm1.Button1Click(Sender: TObject);
begin
    Image1.Picture.Bitmap.Assign(TBLOBField(Table1['grafik']));
end;
```

Grafik aus der Zwischenablage einfügen

Einfügen einer Grafik aus der Zwischenablage in eine gebundene *Image*-Komponente:

```
uses clipbrd;
procedure TForm1.Button1Click(Sender: TObject);
begin
   try
     if Clipboard.HasFormat(CF_BITMAP) then
        DBImage1.PasteFromClipboard
     else
        ShowMessage('Keine Bitmap in der Zwischenablage!');
   finally
   end;
end;
```

Grafik aus Datei einfügen

Soll die Grafik aus einer externen Datei geladen werden, verwenden Sie die *LoadFromFile*-Methode:

```
procedure TForm1.Button2Click(Sender: TObject);
begin
  Table1Bitmap.LoadFromFile('c:\Test.bmp');
end;
```

Grundlagen

Oberfläche

Grafik

Multimedia

Datei

Datenbank

SQL/ADO

Report

Objekte

OLE/DDE

Peripherie

System

Desktop

Technik

Sonstiges

Es geht natürlich auch umständlicher:

```
procedure TForm1.Button3Click(Sender: TObject);
var  B: TBitmap;
begin
   B := TBitmap.Create;
   try
     B.LoadFromFile('c:\test.bmp');
     DBImage1.Picture.Bitmap.Assign(B);
   finally
     B.Free;
   end;
end;
```

R201 ... Daten zwischen Records austauschen?

Geht es darum, Daten zwischen einzelnen Records auszutauschen, können Sie diese zwar mit der konventionellen Methode lesen bzw. schreiben. Besser, weil datentypunabhängig, ist folgende Lösung:

```
var i: integer;
begin
   TableDest.Edit;
   for i := 0 to TableSource.FieldCount - 1 do
       TableDest.Fields[i].Assign(TableSource.Fields[i]);
   TableDest.Post;
end;
```

R202 ... die Tabellenstruktur kopieren?

Sollen nicht Daten, sondern lediglich die Tabellenstruktur (inklusive Indizes) kopiert werden, weil diese vielleicht so kompliziert ist oder weil ein Backup-File angelegt werden soll, können Sie die folgende Routine verwenden:

```
procedure TForm1.CopyStructure(vorlage: TTable; Datenbank, Tabelle : String );
var NewTable: TTable;
begin
  NewTable := TTable.Create(self);
  NewTable.DatabaseName := datenbank;
  NewTable.TableName := Tabelle;
  NewTable.FieldDefs.Assign(vorlage.FieldDefs);
  NewTable.IndexDefs.Assign(vorlage.IndexDefs);
```

```
   NewTable.CreateTable;
end;
```

Übergabewerte sind eine geöffnete Tabelle, der Name der Zieldatenbank und der Name der neuen Tabelle.

Beispiel:

```
CopyStructure(Table1, 'DBDEMOS', 'LeereTabelle.db');
```

R203 ... das Löschen von Datensätzen verhindern?

Die Antwort ist ebenso einfach wie universell: Im *BeforeDelete*-Event einer *TTable*- oder *TQuery*-Komponente können Sie die Prozedur *Abort* aufrufen, um den Löschvorgang für den aktuellen Datensatz abzubrechen. Gekoppelt mit einer entsprechenden Sicherheitsabfrage lässt sich so ein unbeabsichtigtes Löschen (sowohl über den Navigator als auch über einen Methodenaufruf) verhindern.

Beispiel:

```
procedure TForm1.Table1BeforeDelete(DataSet: TDataSet);
begin
   if MessageDlg('Datensatz löschen ?', mtConfirmation, [mbYes, mbNo], 0) = mrNo
   then Abort
end;
```

R204 ... gelöschte dBASE-Records anzeigen?

Bekanntlich können Sie in einer dBASE-Tabelle Datensätze löschen, ohne dass diese physisch gelöscht werden (es wird lediglich ein Löschflag gesetzt). Erst ein abschließender *Pack*-Befehl räumt die Tabelle wieder auf. Delphi unterstützt direkt weder die Anzeige von "gelöschten" Datensätzen noch das Packen der Datei. Beides lässt sich jedoch über die BDE-API realisieren.

Oberfläche

Außer einem *DBGrid*, einer *Table*- und einer *DataSource*-Komponente brauchen wir lediglich zwei Buttons, alles andere ist verzichtbares Beiwerk.

Im Feldeditor (Kontext-Menü *Table*) fügen Sie ein berechnetes Feld "DEL" mit dem Datentyp *Boolean* ein. Über das *OnCalcFields*-Ereignis werden wir später die Werte entsprechend einblenden, doch vorher müssen wir erst einmal dafür sorgen, dass die gelöschten Datensätze in die Ergebnismenge aufgenommen werden.

Quelltext

Das Herzstück des Programms ist die Funktion *ShowDeleted*, der Sie eine geöffnete Tabelle zuweisen:

```
procedure ShowDeleted(Tabelle:TTable);
begin
   Tabelle.DisableControls;
   try
     DbiSetProp(hDBIObj(Tabelle.Handle), curSOFTDELETEON, Longint(True));
   except
     showmessage('Probleme');
   end;
   Tabelle.Refresh;
   Tabelle.EnableControls;
end;
```

Hinweis: Möchten Sie mit BDE-Funktionen arbeiten, müssen Sie die Unit BDE in Ihr Programm einbinden.

Nach dem Öffnen der Tabelle rufen wir die Funktion auf:

```
procedure TForm1.Table1AfterOpen(DataSet: TDataset);
begin
   ShowDeleted(Table1);
end;
```

Über das *CalcFields*-Ereignis kennzeichnen wir die gelöschten Datensätze (Feld "DEL"):

```
procedure TForm1.Table1CalcFields(DataSet: TDataSet);
```

```
var Eigenschaften : RecProps;
begin
  DbiGetRecord(Table1.Handle, dbiNoLock, Nil, @Eigenschaften);
  Table1Del.Value := Eigenschaften.bDeleteFlag
end;
```

Natürlich möchte man die dBASE-Tabelle auch irgendwann von überflüssigem Ballast befreien und die "gelöschten" Datensätze endgültig entfernen. Alles, was Sie dazu brauchen, ist die Funktion *DBIPackTable*, der Sie neben dem Datenbank-Handle auch den Handle der Tabelle, den Tabellennamen sowie den Typ übergeben:

```
procedure TForm1.Button2Click(Sender: TObject);
begin
    DBIPackTable(Table1.DbHandle, Table1.Handle, 'Telefon.dbf', 'DBASE', TRUE);
    Table1.Refresh;
end;
```

R205 ... dBASE- und Paradox-Tabellen packen?

Wie Sie eine dBASE-Tabelle von unnötigem Ballast befreien können, wurde ja schon im vorhergehenden Rezept gezeigt. Das vorliegende Rezept soll eine allgemeingültige Lösung für dBASE- und Paradox-Tabellen darstellen.

Übergeben Sie der Funktion *PackTable* eine geöffnete Table-Komponente:

```
function PackTable(T:TTable): boolean;
var hDB       : hDBIdb;
    pTableDesc: pCRTblDesc; {req for Paradox only}
    BDERes: DBIResult;

function StrToOem(const AnsiStr: string): string;
begin
  SetLength(Result, Length(AnsiStr));
  if Length(Result) > 0 then
    CharToOem(PChar(AnsiStr), PChar(Result));
end;

begin
  result := False;
  with t do begin
    if not active Then open;
    hDB := DBHandle;
    if TableType = ttDefault then begin
```

```
      Close;
      GetMem(pTableDesc,sizeOf(CRTblDesc));
      FillChar(pTableDesc^,SizeOf(CRTblDesc),0);
      StrPCopy(pTableDesc^.szTblName, StrToOem(TableName));
      pTableDesc^.szTblType := szParadox;
      pTableDesc^.bPack := True;
      BDERes := DBIDoRestructure(hDB,1,pTableDesc,nil,nil,nil,False);
      if pTableDesc <> nil then FreeMem(pTableDesc,sizeOf(CRTblDesc));
      Open;
    end else
      BDERes := DBIPackTable(hDB,Handle,nil,szDBASE,True);
    if (BDERes = DBIERR_NONE) then result := True;
  end;
end;
```

Hinweis: Sie müssen den exklusiven Zugriff auf die Datenbank sicherstellen (denken Sie an die Entwicklungsumgebung).

R206 ... den Hauptindex einer Tabelle ermitteln?

Die Antwort ist relativ einfach: über die *IndexDefs*-Auflistung des *Table*-Objekts. Die einzige Schwierigkeit ist die Unterscheidung von einem normalen Index. Wir nutzen dazu die *Options*-Eigenschaft:

```
procedure TForm1.Button1Click(Sender: TObject);
var i : integer;
begin
  Table1.IndexDefs.Update;
  for I := 0 to Table1.IndexDefs.Count - 1 do begin
    if (Table1.IndexDefs.Items[I].options * [ixPrimary]) = ([ixPrimary])then
      showmessage(Table1.IndexDefs.Items[I].fields)
      ...
end;
end;
```

R207 ... einen Sekundärindex anlegen?

Wir wollen an Hand der Tabelle "Kunden" aus der *Firma*-Datenbank zeigen, wie ein Sekundärindex für den Namen des Kunden angelegt werden kann:

1. Starten Sie das Hilfsprogramm "Datenbankoberfläche" und öffnen Sie über das Menü *Datei\Öffnen\Tabelle* die Tabelle *Kunden.DB*.

2. Wählen Sie den Menüpunkt *Tabelle\Umstrukturieren* ...

3. In der Rollbox "Tabelleneigenschaften:" klicken Sie den Eintrag "Sekundärindizes" und anschließend die Schaltfläche "Definieren":

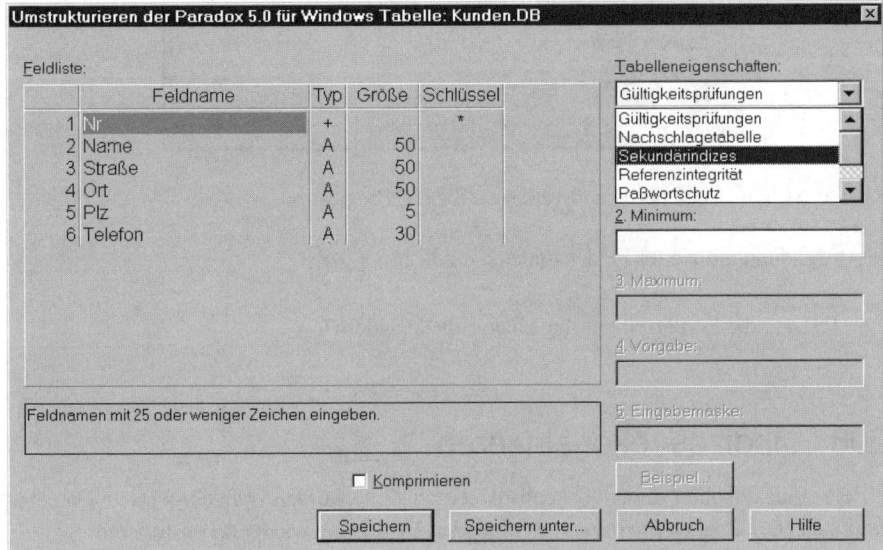

4. Sie befinden sich nun im Dialogfenster "Sekundärindex definieren":

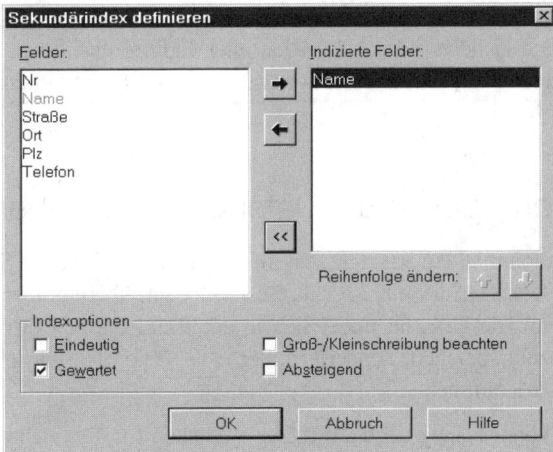

5. Im linken Listenfeld selektieren Sie das Feld *Name* und kopieren es nach rechts in den Bereich "Indizierte Felder" (Doppelklick oder Pfeiltaste →).

6. Stellen Sie die entsprechenden Indexoptionen ein (in unserem Fall belassen wir es bei den Standardeinstellungen).

7. Falls Sie noch andere Felder indizieren wollen (zusammengesetzter Index), fügen Sie auf die beschriebene Art weitere Felder hinzu bzw. machen Sie die Aktion rückgängig (Pfeiltaste).

Grundlagen

Oberfläche

Grafik

Multimedia

Datei

Datenbank

SQL/ADO

Report

Objekte

OLE/DDE

Peripherie

System

Desktop

Technik

Sonstiges

8. Klicken Sie die OK-Schaltfläche und vergeben Sie im Dialogfenster einen Namen:

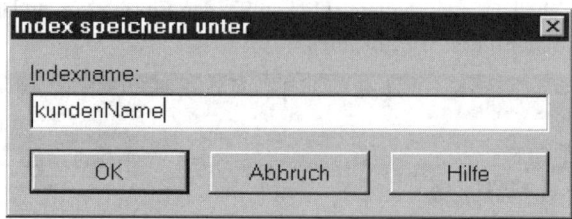

9. Klicken Sie auf "Speichern" und verlassen Sie das Programm.

Eine Anwendung indizierter Felder finden Sie z.B. in

☞   R184 ... die Sortierreihenfolge einer Tabelle ändern?

R208 ... Indizes rekonstruieren?

Sind die Indextabellen einer Datenbank beschädigt worden (abgebrochene Datenbank-operationen etc.), können Sie diese mit folgender Anweisung wieder rekonstruieren:

```
DBIRegenIndexes(Table1.Handle);
```

Voraussetzung für eine derartige Reparatur ist natürlich eine exklusiv geöffnete Tabelle.

Hinweis: Besser und sicherer ist das Löschen aller Indizes und deren Neuaufbau. Insbe-sondere Paradox-Tabellen haben des öfteren Probleme mit ihrem Hauptindex.

R209 ... Änderungen in die Datenbank schreiben?

Mussten Sie auch schon mal den Reset-Taster am PC drücken und haben Sie wie die Autoren festgestellt, dass Datensätze, die mit *Post* in die Datenbank übernommen wurden, plötzlich verschwunden waren? Die Ursache findet sich in der BDE, die aus Effizienzgründen nicht jeden Datensatz einzeln speichert, sondern immer erst, wenn es "sich lohnt" oder wenn es unbedingt nötig ist (Programmende).

Als Programmierer können Sie jedoch auf dieses Verhalten Einfluss nehmen, verwenden Sie dazu die BDE-Funktion *DbiSaveChanges* (Unit BDE). Übergabeparameter ist ein Tabellen-Handle.

```
if DbiSaveChanges(table1.Handle) = DBIERR_NONE then ShowMessage('Daten gesichert!');
```

Sie können über den Rückgabewert einige Fehler auswerten:

Konstante	Beschreibung
DBIERR_NONE	Alles OK!
DBIERR_INVALIDHNDL	Falscher Handle.
DBIERR_NODISKSPACE	Die Festplatte ist mal wieder voll.

Oberfläche

Grafik

Multimedia

Datei

Datenbank

SQL/ADO

Report

Objekte

OLE/DDE

Peripherie

System

Desktop

Technik

Sonstiges

R210 ... mit Transaktionen arbeiten?

Delphi bietet die Möglichkeit, Änderungen an einer Datenbank mit Hilfe von Transaktionen wieder rückgängig zu machen. Das folgende kleine Testprogramm zeigt die Vorgehensweise.

Oberfläche

Neben einer *Database*-Komponente benötigen wir eine *Table*- und eine *DataSource*-Komponente. Für die Anzeige verwenden wir ein *DbGrid*.

Über die Buttons werden wir die Transaktion steuern, d.h. eine Transaktion starten und diese später rückgängig machen (*Rollback*) oder die Daten übernehmen (*Commit*).

Hinweis: Binden Sie die *Table*-Komponente an die *Database*-Komponente, nicht direkt an die Datenbank bzw. den Alias!

Quelltext

Starten der Transaktion:

```
procedure TForm1.Button1Click(Sender: TObject);
```

```
begin
    database1.TransIsolation :=tiDirtyRead;
    database1.starttransaction;
end;
```

Übernahme:

```
procedure TForm1.Button2Click(Sender: TObject);
begin
    database1.commit;
end;
```

Rückgängig:

```
procedure TForm1.Button3Click(Sender: TObject);
begin
    database1.rollback;
    table1.refresh;
end;
```

Kompletter Ablauf:

```
procedure TForm1.Button4Click(Sender: TObject);
begin
    database1.TransIsolation :=tiDirtyRead;
    database1.starttransaction;
    table1.edit;
    table1['size'] := 12;
    table1.next;
    table1.delete;
    if Application.MessageBox('Änderungen übernehmen?', 'Frage', mb_YESNO)= IDYES then
        database1.commit
    else  database1.rollback;
    table1.refresh;
end;
```

Ergänzung

Starten Sie die Transaktion und löschen bzw. verändern Sie einige Datensätze. Probieren Sie, ob die Aktionen rückgängig gemacht werden können. Testen Sie das Verhalten, wenn zwei Programm-Instanzen geöffnet sind.

Hinweis: Ist eine Transaktion gestartet und wird das Programm ohne *Commit* beendet, gehen auch alle Änderungen nach dem Aufruf von *StartTransaction* verloren!

R211 ... CachedUpdates verwenden?

Ein etwas anderer Ansatz zum Wiederherstellen einzelner Records oder sogar ganzer Tabellen bietet sich mit einer lokalen Zwischenspeicherung von Änderungen. Setzen Sie die Eigenschaft *CachedUpdates* einer *TTable*- oder *TQuery*-Komponente auf *True*, können Sie Änderungen (Löschen Einfügen, Editieren) an der Tabelle vornehmen, ohne dass diese sich auf die eigentliche Datenbasis auswirken. Erst ein Aufruf der Methode *ApplyUpdates* führt dazu, dass die Änderungen an der Tabelle ausgeführt werden. Alternativ können Sie auch alle Änderungen verwerfen, indem Sie *CancelUpdates* aufrufen. Sollen lediglich einzelne Datensätze verworfen werden, verwenden Sie die Methode *RevertRecord*.

Hinweis: Im Gegensatz zu Transaktionen werden alle Änderungen nur lokal gespeichert, andere Nutzer sehen diese nicht.

Über die Methode *UpdateStatus* können Sie den Status einzelner Datensätze bestimmen. Mögliche Rückgabewerte: *usUnModified*, *usModified*, *usInserted* und *usDeleted*. Über die Eigenschaft *UpdateRecordTypes* bestimmen Sie, ob auch gelöschte Datensätze angezeigt werden.

Möchten Sie auf den Inhalt von Feldern zugreifen, die noch nicht in die Datenbank übernommen wurden, bietet sich Ihnen die Möglichkeit, über die Eigenschaft *OldValue* den ursprünglichen Wert zu ermitteln. Der aktuelle Wert befindet sich in *Value*.

Ein kleines Beispielprogramm zeigt die Verwendung.

Oberfläche

Neben einer *Table*- und einer *DataSource*-Komponente fügen Sie ein *DBGrid* sowie eine *Navigator*-Komponente in das Projekt ein.

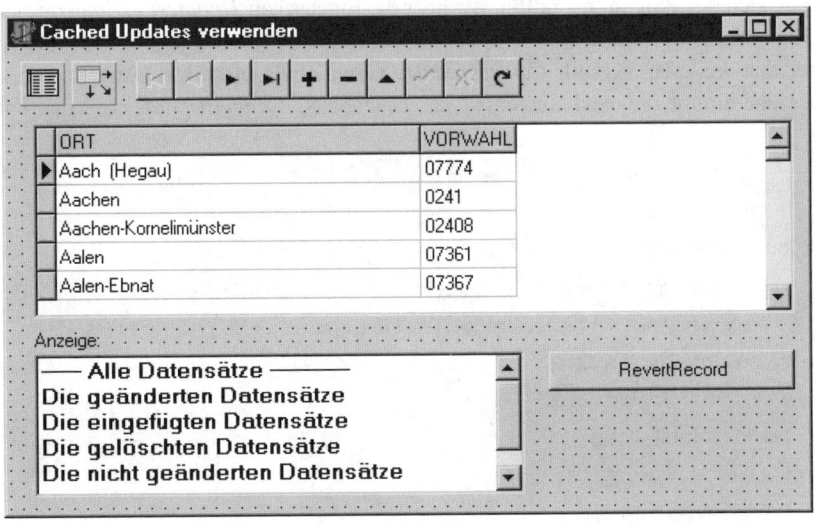

Seitenleiste:

Grundlagen

Oberfläche

Grafik

Multimedia

Datei

Datenbank

SQL/ADO

Report

Objekte

OLE/DDE

Peripherie

System

Desktop

Technik

Sonstiges

Über die Listbox werden wir zur Laufzeit entscheiden, welche Datensätze angezeigt werden (Eigenschaft *UpdateRecordTypes*). Der Button "RevertRecord" ermöglicht es uns, Änderungen, die an einzelnen Datensätzen vorgenommen worden sind, rückgängig zu machen.

Hinweis: Vergessen Sie nicht, die *CachedUpdates*-Eigenschaft der *Table* auf *True* zu setzen.

Quelltext

Jede Änderung im Listenfeld hat auch Auswirkung auf die *UpdateRecordTypes*-Eigenschaft der Tabelle:

```
procedure TForm1.ListBox1Click(Sender: TObject);
begin
   case listbox1.itemindex of
      0 : table1.UpdateRecordTypes:= [];
      1 : table1.UpdateRecordTypes:= [rtModified];
      2 : table1.UpdateRecordTypes:= [rtInserted];
      3 : table1.UpdateRecordTypes:= [rtDeleted];
      4 : table1.UpdateRecordTypes:= [rtUnmodified];
   end;
end;
```

Zum Zurücksetzen einzelner Datensätze verwenden wir die Methode *RevertRecord*:

```
procedure TForm1.Button1Click(Sender: TObject);
begin
   Table1.RevertRecord
end;
```

Beim Beenden des Programms prüfen wir über die Eigenschaft *UpdatesPending*, ob sich noch Datensätze im Cache befinden. Ist dies der Fall, entscheidet eine Dialogbox bzw. der Anwender über den weiteren Verlauf. *CancelUpdates* verwirft alle bisherigen Änderungen, *Apply-Updates* übernimmt die Änderungen in die Datenbank. *CommitUpdates* leert den lokalen Cache.

```
procedure TForm1.FormClose(Sender: TObject; var Action: TCloseAction);
begin
   if table1.UpdatesPending then begin
     if MessageDlg('Es befinden sich noch Daten im lokalen Puffer!'+
      ' Änderungen verwerfen?',  mtConfirmation, [mbYes, mbNo], 0) = mrYes then
        Table1.CancelUpdates
     else table1.ApplyUpdates;
     table1.CommitUpdates;
   end;
end;
```

Test

Nach dem Start ändern und löschen Sie einfach einige Datensätze. Wählen Sie danach in der Listbox die Anzeigetypen "geänderte Datensätze" oder "gelöschte Datensätze". Sie werden feststellen, dass ähnlich wie bei einem Filter nur noch die geänderten oder gelöschten Datensätze angezeigt werden. Wählen Sie einen dieser Datensätze aus, können Sie mit *RevertRecord* den alten Zustand des Satzes wiederherstellen. Über die *Field*-Eigenschaften *OldValue* und *Value* besteht die Möglichkeit, einen Abgleich zwischen alten und neuen Daten zu realisieren.

R212 ... BDE-Callback-Funktionen verwenden?

Arbeiten Sie häufiger mit langsamen oder umfangreichen Abfragen, oder nutzen Sie die Möglichkeiten der *BatchMove*-Komponente zum Übertragen von Daten? Wenn ja, dann haben Sie sicher auch schon eine Möglichkeit vermisst, diese Vorgänge abzubrechen bzw. dem User eine Rückmeldung über den aktuellen Stand zu geben.

Die Delphi-Komponenten haben in diesem Zusammenhang nichts zu bieten. Erst mit einer BDE-Callback-Funktion ist es Ihnen möglich, Informationen über den aktuellen Stand abzufragen.

Unser kleines Beispielprogramm zeigt, wie Sie bei umfangreichen Abfragen eine Statusmeldung anzeigen können. Gleichzeitig besteht endlich eine Möglichkeit, langwierige Operationen gezielt abzubrechen.

Hinweis: Der Quelltext eignet sich auch für eine Fortschrittsanzeige bei *BatchMove*-Operationen.

Oberfläche

Den Grundaufbau der Oberfläche entnehmen Sie bitte der folgenden Abbildung:

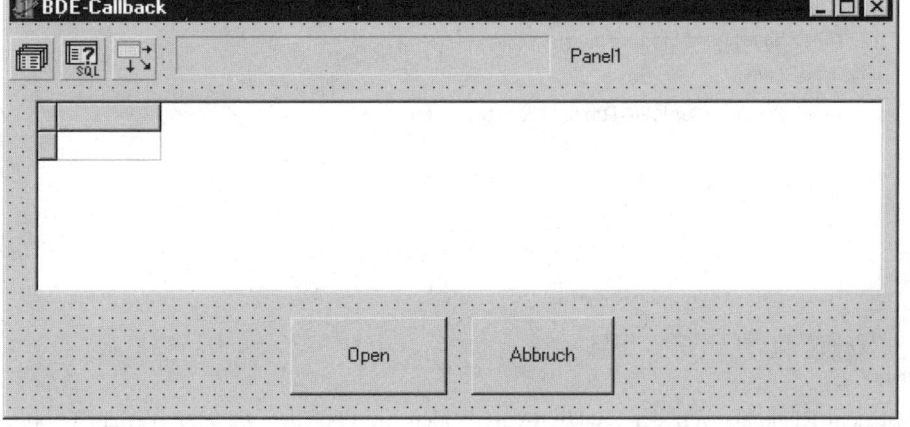

Grundlagen

Oberfläche

Grafik

Multimedia

Datei

Datenbank

SQL/ADO

Report

Objekte

OLE/DDE

Peripherie

System

Desktop

Technik

Sonstiges

Die *Database*-Komponente definiert lediglich einen lokalen Alias, an den die Query-Komponente gebunden ist.

Wundern Sie sich bitte nicht, dass einerseits keine Indizes vorhanden sind und zum zweiten eine recht sinnlose SQL-Anweisung verwendet wird.

```
SELECT * FROM telefon t1, telefon t2
WHERE t1.vorwahl = t2.vorwahl ORDER BY t1.ort
```

Der Grund: Dieses Mal soll die Abfrage möglichst langsam sein, damit auf der Forschritts-anzeige auch etwas zu sehen ist.

Quelltext

Nach der Einbindung der Unit BDE kann es schon losgehen:

```
uses bde;
{$R *.DFM}
```

Eine globale Variable, über die wir später entweder den Fortschritt in Prozent oder eine Message angezeigt bekommen.

```
var Progr   : CBProgressDesc;
    abbruch : Boolean;
```

Die Variable *Abbruch* dient als Statusflag.

Erster Schritt ist die Definition einer Callback-Funktion, deren Adresse wir später an die BDE-Funktion *DbiRegisterCallback* übergeben (den Prototyp finden Sie in der BDE-Help):

```
function ProgressCallback(ecbType:CBType;cliData:Longint;CBInfo:pointer) : CBRType stdcall;
begin
```

Ist der Wert *iPercentDone* kleiner als 1, wird statt einem Prozentwert (meist bei *BatchMove*) eine Statusmeldung in *szMsg* übergeben. Deshalb müssen wir an dieser Stelle beide Fälle unterscheiden:

```
    if progr.iPercentDone = -1 then begin
        form1.panel1.caption := progr.szMsg;
    end else begin
        form1.ProgressBar1.Position := progr.iPercentDone;
    end;
    if abbruch then
        ProgressCallBack:=cbrAbort
    else
        ProgressCallBack:=cbrContinue;
    Application.ProcessMessages;
end;
```

Mit dem Rückgabewert der Funktion entscheiden Sie über den weiteren Verlauf (Abbruch oder Fortsetzen).

Nach dem Klick auf den Button öffnen wir zuerst einmal die Datenbank (nicht die *Query*), um die BDE zu initialisieren.

```
procedure TForm1.Button1Click(Sender: TObject);
var  Res : DbiResult;
     msg : DBIMsg;
begin
    button2.Enabled:= True;
    abbruch := False;
    database1.Open;
```

Nachfolgend registrieren wir unsere Callback-Funktion in der BDE:

```
    Res:= DbiRegisterCallback(nil, cbGenProgress, 0, sizeof(progr), @progr,
        ProgressCallback);
```

Übergabewerte sind der Objekthandle (*Nil* = aktuelle Session) eine Konstante für den Typ der Callback-Funktion (*cbGENPROGRESS, cbBATCHRESULT, cbRESTRUCTURE, cbINPUT-REQ, cbTABLECHANGED, cbDBASELOGIN*), ein Pointer auf Client-Daten, die Größe und der Pointer auf eine Infostruktur (Message und Prozentanzeige) sowie natürlich der eigentliche Pointer auf die Callback-Funktion.

```
    if Res<>0 then begin
        DbiGetErrorString(Res,msg);  showmessage(msg);
    end;
```

Sollte unser Funktionsaufruf von Erfolg gekrönt sein, können wir die *Query* ausführen:

```
    Query1.Open;
```

Danach räumen wir gleich wieder auf:

```
    res:= DbiRegisterCallback(nil, cbGenProgress, 0, 0, nil, nil);
    if Res<>0 then begin
        DbiGetErrorString(Res,msg);
        showmessage(msg);
    end;
    button2.Enabled:= False;
end;
```

Über den zweiten Button kann eine laufende Aktion abgebrochen werden.

```
procedure TForm1.Button2Click(Sender: TObject);
begin
    abbruch := True;
    button2.Enabled:= False;
end;
```

Dies wird zum einen durch den Aufruf von *Application.ProcessMessages* in der Callback-Funktion und zum zweiten durch die globale Variable *abbruch* möglich.

Test

Starten Sie das Programm und klicken Sie auf den linken Button. Im *Panel* am oberen Fenster-rand müssten jetzt einige Statusmeldungen (Sortiere, Datensätze hinzugefügt etc.) auftauchen.

Hinweis: Ist Ihr Rechner nicht sehr schnell (< 200 MHz Pentium Pro), sollten Sie eventuell die SQL-Abfrage etwas kürzen (einfaches SELECT).

R213 ... die DBLookupComboBox einsetzen?

Eine komfortable Möglichkeit der Anzeige/Eingabe von verknüpften Detaildaten bieten die Datensteuerung-Komponenten *DBLookupComboBox* bzw. *DBLookupListBox*. Sie werden sehen, dass wir es hier mit einer ausgereiften Lösung zu tun haben, die ohne eine Zeile Quell-code auskommt.

Grundlage unseres Demobeispiels sind die Verknüpfungen zwischen den Tabellen *Kosten.db*, *Konten.db* und *SollKosten.db* unserer *Baufinanz*-Datenbank:

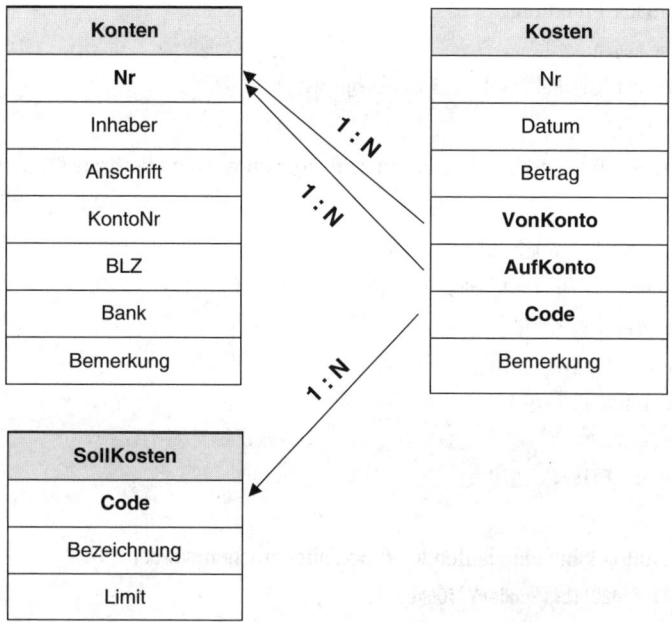

Oberfläche

Das Eingabeformular erhält das folgende Outfit (siehe Abbildung):

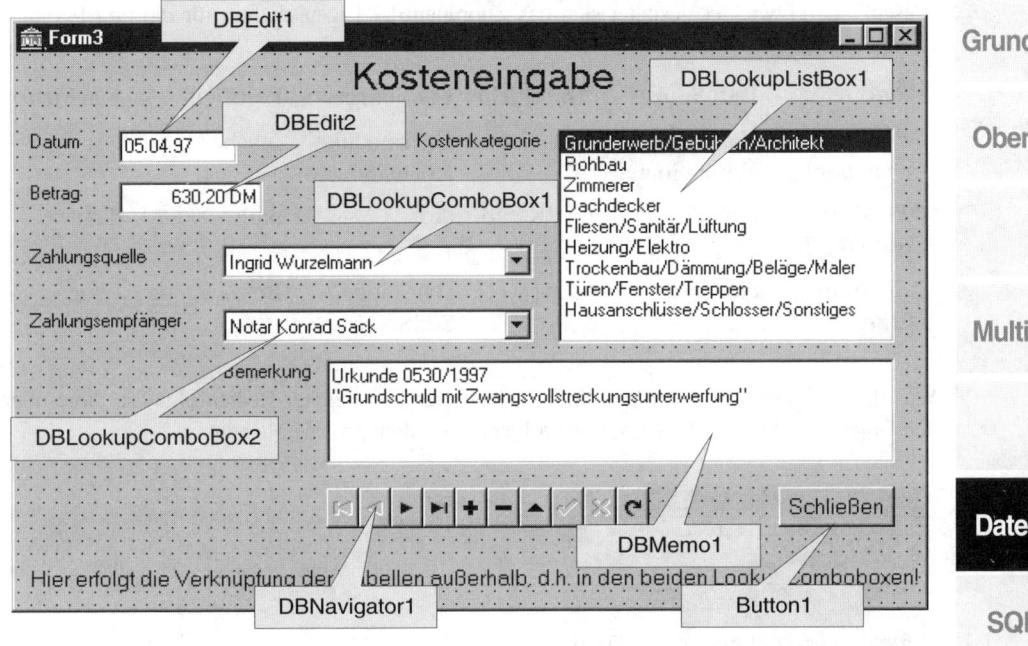

Die Datenzugriffskomponenten *KostenTbl/KostenSource*, *KontenTbl/KontenSource* und *SollTbl/SollSource* sind in einem Datenmodul *HausModul* untergebracht:

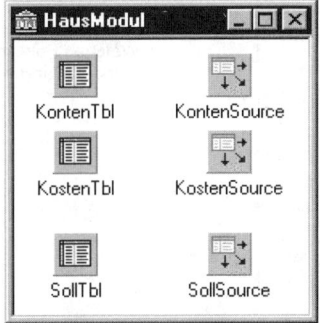

Siehe dazu auch

☞   R183 ... ein Datenmodul einsetzen?

Relativ unproblematisch dürfte für Sie das Zuweisen der datenspezifischen Eigenschaften von *DBEdit1*, *DBEdit2* und *DBMemo* sein: Setzen Sie *DataSource* auf *Hausmodul.KostenSource* und *DataField* auf *Datum*, *Betrag* bzw. *Bemerkung*.

Grundlagen

Oberfläche

Grafik

Multimedia

Datei

Datenbank

SQL/ADO

Report

Objekte

OLE/DDE

Peripherie

System

Desktop

Technik

Sonstiges

Wesentlich verzwickter gestaltet sich das Zuordnen der Eigenschaften für die drei Lookup-Komponenten:

Name	DataSource	DataField	ListSource	ListField	KeyField
DBLookup-ComboBox1	Hausmodul. KostenSource	VonKonto	Hausmodul. KontenSource	Inhaber	Nr
DBLookup-ComboBox1	dto.	AufKonto	dto.	dto.	dto.
DBLookup-ListBox1	dto.	Code	Hausmodul. SollSource	Bezeichnung	Code

Was diese Eigenschaften im Einzelnen bedeuten und in welcher Reihenfolge Sie diese über den Objektinspektor einstellen, soll die folgende Abbildung verdeutlichen:

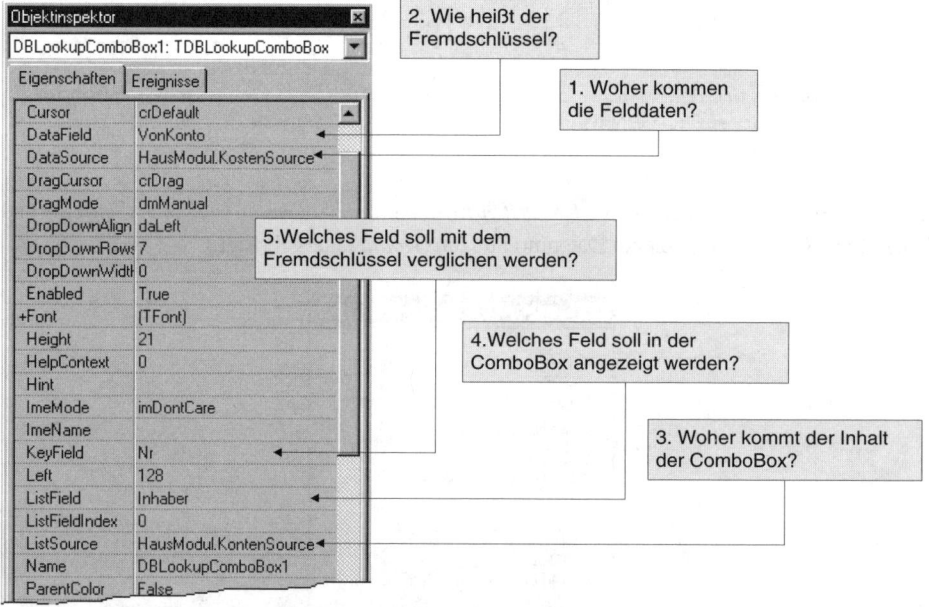

Test

Starten Sie die Anwendung und Sie werden erleichtert feststellen: Endlich eine bequeme, überschaubare und narrensichere Eingabemaske für verknüpfte Tabellen!

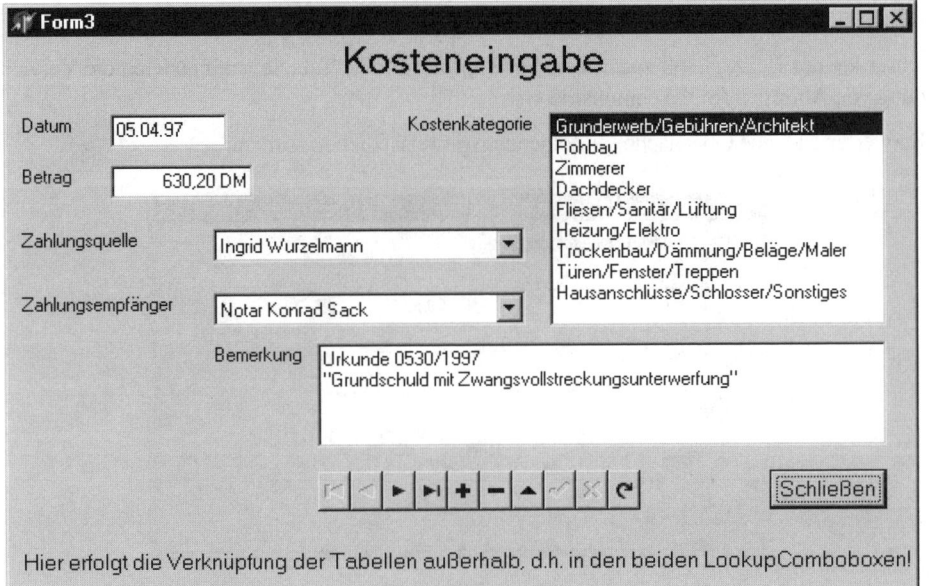

Grundlagen

Oberfläche

Grafik

Multimedia

Datei

Datenbank

SQL/ADO

Report

Objekte

OLE/DDE

Peripherie

System

Desktop

Technik

Sonstiges

R214 ... über DAO auf Access-Datenbanken zugreifen?

Eigentlich kein Problem, könnte man denken, wird doch ein entsprechender Access-Treiber mitgeliefert. Allerdings werden Sie doch nicht extra die BDE installieren wollen, nur um auf eine Access-Datenbank zuzugreifen. Mit den DAO[1] haben Sie bereits eine vollwertige Datenbankengine zur Verfügung[2].

Unterschätzen Sie an dieser Stelle nicht die Möglichkeiten dieser Schnittstelle. Die Delphi-Datenbankobjekte werden Sie nur vermissen, wenn es darum geht, Daten in Komponenten anzuzeigen (darum müssen Sie sich hier selbst kümmern). Ansonsten werden neben den einfachen Zugriffsmethoden auf die Tabellen (Satzzeiger bewegen, schreiben, lesen etc.) auch Abfragen (Achtung: andere SQL-Syntax), Relationen, Security-Einstellungen etc. unterstützt (Kurz: Fast alles, was MS Access kann.).

Mit einer kleinen Schnittstellen-Unit ist auch die Verwendung der DAO relativ simpel, vom Einsatz einer Typbibliothek möchten wir abraten, da viele Methodenaufrufe in den DAO mit variablen Parametern realisiert sind. Weiterhin kommt es zu Überschneidungen mit den Delphi-Bezeichnern etc.

---

[1] Data Access Objects

[2] Besitzer der Enterprise-Version von Delphi verwenden beim Zugriff auf den MS-SQLServer besser die ADO-Komponenten. Arbeiten Sie mit lokalen Datenbanken, sind Sie bei den DAOs besser aufgehoben (schneller).

Oberfläche

Unser kleines Beispiel soll zum einen den Zugriff auf eine Tabelle, zum anderen die Verwendung von Abfragen (SQL) demonstrieren.

Entwerfen Sie eine Oberfläche mit folgendem grundsätzlichen Aufbau:

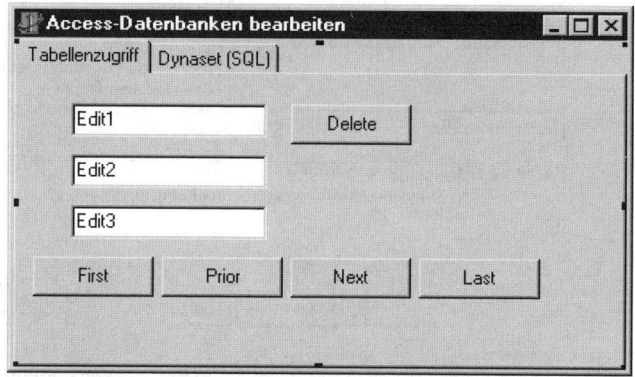

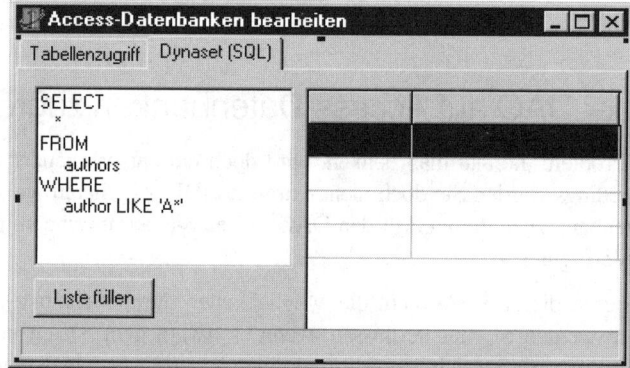

Beim Grid handelt es sich lediglich um ein *StringGrid*, das wir zur Laufzeit füllen werden. Der SQL-Text (Memo) kann zur Laufzeit verändert werden.

Quelltext

Die folgende Unit ist aus Platzgründen nur auszugsweise abgedruckt, das vollständige Listing finden Sie auf der CD:

```
unit DAO;

interface

Type DAOWorkspace = Variant;
     DAORecordset = Variant;
     DAODatabase  = Variant;
```

Grundlagen

Oberfläche

Grafik

Multimedia

Datei

Datenbank

SQL/ADO

Report

Objekte

OLE/DDE

Peripherie

System

Desktop

Technik

Sonstiges

```
       DAODBEngine  = Variant;
Var  DBEngine : Variant;


const
{ RecordsetTypeEnum }
  dbOpenTable = 1;
  dbOpenDynaset = 2;
  dbOpenSnapshot = 4;
  dbOpenForwardOnly = 8;
  dbOpenDynamic = 16;
...


implementation
uses activex,ComObj;


initialization
end.
```

Wie Sie sehen, erzeugt die Unit automatisch ein *dBEngine*-Objekt, die Basis für alle weiteren Aktionen mit den DAOs.

Unser eigentliches Beispiel implementiert die obige Unit, um darauf aufbauend ein *Workspace*-Objekt (entspricht in etwa einer Delphi-Session), ein *Database*-Objekt und zwei *Recordset*-Objekte (entspricht Delphi *Table* bzw. *Query*-Komponenten) zu erstellen.

```
var ws : DAOWorkspace;
    db : DAODatabase;
    rs,
    rs1: DAORecordset;
```

Das eigentliche Erstellen der Objekte[1]:

```
procedure TForm1.FormCreate(Sender: TObject);
begin
  DBEngine := CreateOleObject('DAO.DBEngine.35');
  ws := DBEngine.Workspaces[0];
  db := ws.OpenDatabase('BIBLIO.MDB');
  RS := DB.OpenRecordSet('Authors',dbOpenTable);
  RS.MoveFirst;
  anzeige;
end;
```

---

[1] Der Unterschied zu einem Access- oder VB-Programm ist minimal.

Die Anweisung *OpenRecordSet('Authors',dbOpenTable)* öffnet die Tabelle wie ein *Table*-Objekt in Delphi. Wie Sie noch sehen werden, kann mit einem ähnlichen Aufruf auch ein "Query"-Objekt erzeugt werden. An dieser Stelle sind die DAO jedoch wesentlich flexibler, ein *Recordset*-Objekt kann beide Typen verwalten.

Wie schon erwähnt, müssen wir uns um die Anzeige selbst kümmern.

```
procedure anzeige;
begin
  with form1 do begin
    edit1.text := rs.Fields['Au_ID'].Value;
    edit2.text := rs.Fields['Author'].Value;
    if VarIsNull(rs.Fields['Year Born'].Value) then
      edit3.Text := ''
    else
      edit3.Text := rs.Fields['Year Born'].Value;
  end;
end;
```

Auch bei diesen Datenbank-Objekten besteht das Problem mit NULL-Values, vergessen Sie nicht eine entsprechende Reaktion darauf (*if VarIsNull...*).

Den Satzzeiger bewegen:

```
procedure TForm1.Button1Click(Sender: TObject);
begin
    rs.MoveFirst;
    anzeige;
end;


procedure TForm1.Button4Click(Sender: TObject);
begin
    rs.MoveLast;
    anzeige;
end;


procedure TForm1.Button2Click(Sender: TObject);
begin
    rs.MovePrevious;
    if rs.BOF then rs.MoveFirst;
    anzeige;
end;
```

```
procedure TForm1.Button3Click(Sender: TObject);
begin
    rs.Movenext;
    if rs.EOF then rs.MoveLast;
    anzeige;
end;
```

Einen Datensatz löschen:

```
procedure TForm1.Button5Click(Sender: TObject);
begin
  if not rs.Updatable then begin
    showmessage('Tabelle kann nicht editiert werden!');
    exit;
  end;
  rs.Delete;
  rs.MoveNext;
  if rs.EOF then rs.MoveLast;
  anzeige;
end;
```

Beim Füllen der Tabelle verwenden wir eine SQL-Abfrage.

Hinweis: Hierbei handelt es sich um Access-SQL, wo statt "%" ein "*" und statt "_" ein "?" für die Platzhalter verwendet werden.

```
procedure TForm1.Button6Click(Sender: TObject);
var i : integer;
begin
  rs1 := db.OpenRecordSet(memo1.text,dbOpenDynaset);
  rs1.movelast;   // Recordcount einlesen !!!!
  stringgrid1.RowCount := rs1.recordcount;
  progressbar1.Max :=rs1.recordcount;
  i := 0;
  rs1.Movefirst;
  while not rs1.eof do with stringgrid1 do begin
   inc(i);
   progressbar1.position := i;
   cells[0,i] := rs1.Fields['Au_ID'].Value;
   cells[1,i] := rs1.Fields['Author'].Value;
   if VarIsNull(rs.Fields['Year Born'].Value) then
     cells[2,i] := ''
```

Grundlagen

Oberfläche

Grafik

Multimedia

Datei

Datenbank

SQL/ADO

Report

Objekte

OLE/DDE

Peripherie

System

Desktop

Technik

Sonstiges

```
    else
      cells[2,i] := rs1.Fields['Year Born'].Value;
      rs1.MoveNext;
    end;
end;
```

Test

Nach dem Start dürften die ersten Datensätze bereits angezeigt werden. Die Abfrage können
Sie beliebig verändern und neu starten.

Hinweis: Wie Sie sehen, ist es gar nicht so schwer, eine Access-Datenbank aus Delphi heraus zu öffnen. Voraussetzung ist allerdings eine korrekt installierte DAO-Version.
Gegebenenfalls müssen Sie in der Unit DAO beim Erstellen des Objekts *DBEngine*
den Objekttyp anpassen (*DAO.DBEngine.35*).

Ergänzungen

In diesem Abschnitt wollen wir Ihnen einen kurzen Einblick in die wichtigsten Objekte und
Zugriffsmethoden der DAO geben. Für eine ausführliche Darstellung fehlt an dieser Stelle
leider der Platz, informieren Sie sich deshalb bitte in der Online-Help[1].

Die folgende Abbildung zeigt die wichtigsten Beziehungen zwischen den einzelnen Daten-
bankobjekten (ohne ODBCDirect-Objekte und Auflistungen).

Hinweis: Bei den hellgrau dargestellten Teilen handelt es sich um Auflistungen, die wiederum weitere Objekte enthalten.

---

[1] Wer weitere Schritte in dieser Richtung unternehmen will, kann sich auch in unserem Buch
"Visual Basic 6" aus dem Hanser-Verlag sachkundig machen.

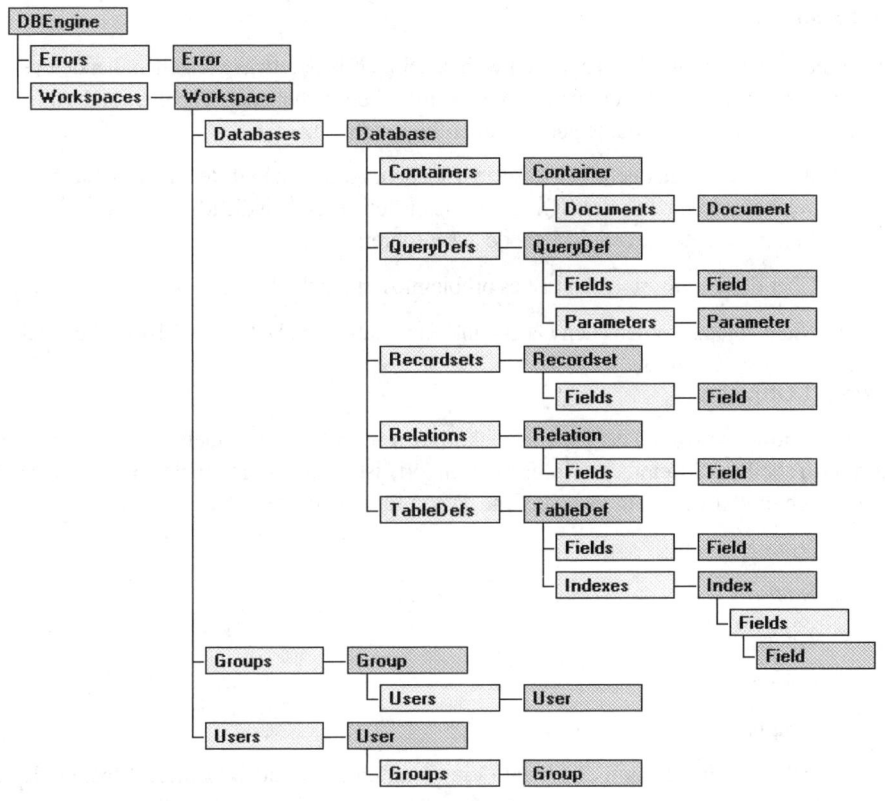

Grundlagen

Oberfläche

Grafik

Multimedia

Datei

Datenbank

SQL/ADO

Report

Objekte

OLE/DDE

Peripherie

System

Desktop

Technik

Sonstiges

DBEngine-Objekt

Die Grundlage des Datenbank-Objektmodells bildet das vordefinierte *DBEngine*-Objekt, das von der Jet-Engine automatisch erstellt wird (in einem Delphi-Programm müssen wir selbst dafür sorgen). Es repräsentiert quasi das gesamte Datenbankmodul. Neben einigen nützlichen Methoden (ODBC-Verbindungen erstellen) ist vor allem die *LoginTimout*-Eigenschaft für ODBC-Verbindungen interessant. Von einem *DBEngine*-Objekt lassen sich mit der *Create-Workspace*-Methode weitere *Workspace*-Objekte ableiten.

Workspace-Objekt

Für die Verwaltung des aktuellen Arbeitsbereichs verwenden Sie ein *Workspace*-Objekt (Arbeitsbereich-Objekt). Dazu gehören neben dem Usernamen und dessen Passwort alle geöffneten Datenbanken und ODBC-Verbindungen. Weiterhin werden Transaktionen, User und Gruppen sowie diverse Optionen mit diesem Objekt verwaltet.

In den meisten Fällen werden Sie mit dem vorhandenen *Workspace*-Objekt auskommen und auf ein neues Objekt verzichten. Wichtig ist vor allem die Möglichkeit, mit diesem Objekt neue Datenbanken (hier ist die physische Datei gemeint!) anzulegen, zu öffnen und zu verwalten.

Database-Objekt

Unter einem *Database*-Objekt kann sich wahrscheinlich jeder etwas vorstellen, handelt es sich doch um ein virtuelles Abbild der Datenbank mit allen enthaltenen Tabellen und Abfragen. Formulare, Berichte und Module gehören allerdings nicht dazu.

▪ Ist die Datenbank geöffnet, können Tabellen, Abfragen und Relationen erstellt und genutzt werden. Für den SQL-Profi bietet sich zusätzlich die Möglichkeit, SQL-Befehle mit der *Execute*-Methode auszuführen.

▪ Über das *Database*-Objekt ist es problemlos möglich, die Datenbank zu analysieren.

▪ Nicht zuletzt werden auch Datenbank-Replikationen über dieses Objekt abgewickelt.

Recordset-Objekt

Nach dem virtuellen Abbild der Datenbank kommen wir jetzt zum virtuellen Abbild einer bzw. mehrerer Tabellen. So einfach wie es sich anhört, ist es allerdings nicht, bietet das DAO-Modell doch mittlerweile fünf verschiedene Typen für ein und denselben Sachverhalt:

▪ *Dynaset*

▪ *Snapshot*

▪ *Table*

▪ *Forward*

▪ *Dynamic*

Ein *Dynaset* stellt eine dynamische Sicht (View) auf eine oder auch mehrere Tabellen der geöffneten Datenbank dar. Dynasets sind das Resultat einer Abfrage und repräsentieren quasi die Ergebnismenge. Unter bestimmten Bedingungen ist es möglich, ein Dynaset zu editieren. Im Gegensatz dazu stellt ein *Snapshot* das Abbild zum Zeitpunkt der Abfrage dar. Snapshots lassen sich nicht editieren und sind damit lediglich für die Anzeige und die Auswertung von Daten von Interesse.

Der dritte Typ (*Table*) unterscheidet sich von den beiden vorangegangenen dadurch, dass es sich immer um das Abbild <u>einer</u> Tabelle handelt. Dies schließt <u>alle</u> Zeilen und <u>alle</u> Spalten ein.

Die Datentypen *Forward* und *Dynamic* sind im Wesentlichen nur für die Arbeit mir ODBC-Datenquellen interessant.

Über ein *Recordset*-Objekt werden die typischen Datenbank-Aktionen abgewickelt: Hinzufügen, Ändern, Löschen, Suchen etc.

Öffnen von Access-Datenbanken

Damit wären wir auch schon beim Öffnen von existierenden Datenbanken angekommen.

Syntax: `db = ws.OpenDatabase( dbName [, exclusive [, readOnly]])`

Parameter	Wert	Bedeutung
dbName	Dateiname	Pfad und Verzeichnis der Datenbank.
exclusive	*True/False*	Mit *True* wird die Datenbank exklusiv für einen Nutzer geöffnet. Andere Nutzer haben keinen Zugriff auf die gesamte Datenbank. Diese Option sollten Sie nur verwenden, wenn Sie Änderungen an Tabellen vornehmen wollen.
readOnly	*True/False*	Die Datenbank wird schreibgeschützt geöffnet, spätere Zugriffe mit den Methoden *Append* oder *Edit* führen zu einem Laufzeitfehler.

Öffnen von Tabellen und Abfragen

Ausgangsbasis für den Zugriff auf die *Recordset*-Objekte ist eine geöffnete Datenbank, d.h., Sie haben zum Beispiel mit *OpenDatabase* eine Variable vom Typ *Database* initialisiert. Diese Variable repräsentiert ein virtuelles Abbild der gesamten Datenbank. Möchten Sie auf Tabellenebene arbeiten, müssen Sie ein *Recordset*-Objekt erstellen. Verwenden Sie dazu die *OpenRecordset*-Methode des Datenbankobjektes.

Beispiel: *Recordset*-Objekt

```
var db, rs : Variant;
...
  db := ws.OpenDatabase(...);
  rs := db.OpenRecordset('SELECT * FROM personal');
...
```

Neben der Auswahl der Tabelle/Abfrage können Sie optional den Typ des Recordsets sowie einige Parameter übergeben.

Syntax: `Objekt.OpenRecordset(Quelle[, Typ[, Optionen [,Sperren]]])`

Typ	Konstante
Table	*dbOpenTable*
Dynaset	*dbOpenDynaset*
Snapshot	*dbOpenSnapshot*

Wie Sie auf einzelne Felder bzw. Datensätze zugreifen können, wurde bereits im Beispielprogramm demonstriert.

Grundlagen

Oberfläche

Grafik

Multimedia

Datei

Datenbank

SQL/ADO

Report

Objekte

OLE/DDE

Peripherie

System

Desktop

Technik

Sonstiges

R215 ... Bound-Controls ohne BDE verwenden?

Da schreiben Sie eine winzige Adressverwaltung, wollen diese weitergeben und stellen schockiert fest, dass Sie für das Installationsprogramm inkl. BDE schon 2-3 Disketten benötigen!

Besitzer der Client-Server-Variante haben es da etwas einfacher, bietet doch die *ClientDataset*-Komponente fast die gleiche Funktionalität wie eine *Table*-Komponente und das ohne BDE! Für die Weitergabe genügt Ihre Anwendung und die Datei *dbclient.dll* (205 KByte).

Weitere Vorteile:

- Sie bestimmen selbst wie die Daten gespeichert werden. Die Methode *SaveToStream* bietet zum Beispiel einen geeigneten Ansatzpunkt, um die Daten zu packen und zu verschlüsseln.

- Daten lassen sich auf einfache Weise über ein Netzwerk verschicken (einfach in einem *MemoryStream* speichern und paketweise übertragen).

Bei soviel Licht gibt es natürlich auch Schatten:

- Die Daten werden im Speicher gehalten, große Datenbanken scheiden damit aus.

- Indizes gehen beim Speichern der Daten verloren und müssen wieder aufgebaut werden.

Eine Beispielanwendung zeigt, wie Sie in vielen Fällen ohne BDE auskommen: Wir wollen eine kleine Adressverwaltung programmieren, beschränken uns aber auf die Eingabe über ein *DBGrid*, um den Aufwand nicht unnötig zu erhöhen.

Oberfläche

Der Formularaufbau ist denkbar einfach, einziger Unterschied zu einer "traditionellen" Datenbank-Anwendung ist die Verwendung einer *ClientDataset*-Komponente statt einer *Table* oder *Query*.

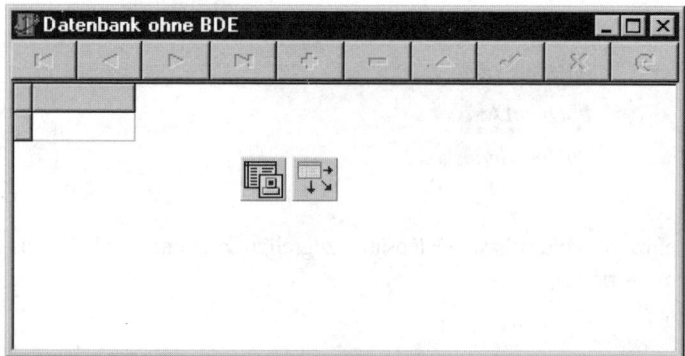

Über die Eigenschaft *FieldDefs* der *ClientDataset*-Komponente können Sie schon zur Entwurfszeit die Tabellenstruktur festlegen:

Grundlagen

Oberfläche

Grafik

Multimedia

Datei

Datenbank

SQL/ADO

Report

Objekte

OLE/DDE

Peripherie

System

Desktop

Technik

Sonstiges

Gleiches trifft auch auf die Indexdefinition (*IndexDefs*) zu, wir werden den Index aber erst zur Laufzeit erzeugen.

Quelltext

Der zugehörige Quellcode ist erfreulich kurz. Nach dem Öffnen der Formulars bestimmen wir den Dateinamen unter dem die Tabelle abgelegt ist bzw. abgelegt werden soll. Schlägt der Aufruf der Methode *Open* fehl, erzeugen wir eine neue Tabelle (entsprechend der *FieldDefs*-Vorgaben):

```
procedure TForm1.FormShow(Sender: TObject);
begin
  ClientDataset1.FileName := ExtractFilePath(ParamStr(0)) + 'adressen.cds';
  try
    ClientDataset1.Open
  except
    ClientDataset1.CreateDataSet
  end;
  ClientDataset1.IndexDefs.Add('iid','id',[]);
  ClientDataset1.IndexDefs.Add('iname','name;vorname',[])
end;
```

Letzter Schritt ist das Erzeugen der Indizes, da diese in keinem Fall mitgespeichert werden.

Über einen Klick auf die Spaltenköpfe der Tabelle können wir den Index und damit auch die Sortierfolge ändern.

```
procedure TForm1.DBGrid1TitleClick(column: TColumn);
begin
  if column.Field.FieldNo = 1 then  ClientDataset1.IndexName := 'iid'
    else ClientDataset1.IndexName := 'iname'
end;
```

Beim Schließen der Anwendung sollten Sie alle Änderungen im Dataset übernehmen, deshalb der Aufruf von *MergeChangeLog*. *Close* speichert bei vorgegebenem *Filename* die Tabelle in einer Datei.

```
procedure TForm1.FormCloseQuery(Sender: TObject; var CanClose: Boolean);
begin
    ClientDataset1.MergeChangeLog;
    ClientDataset1.Close
end;
```

Test

Starten Sie das Programm und beginnen Sie mit dem Eintragen von Datensätzen.

Id	Name	Vorname	geboren
1	Doberenz	Walter	05.08.44
2	Doberenz	Ingrid	08.09.53

Bemerkungen

- Legen Sie Wert auf Sicherheit (z.B. bei eigener Passwortverwaltung oder bei vertraulichen Daten), bietet sich zum Laden und Speichern ein etwas anderer Weg an. Speichern Sie die Daten der *ClientDataset*-Komponente in einem *TMemoryStream*. Über den Zeiger auf das erste Byte (*Memory*) können Sie jetzt nacheinander alle Bytes verschlüsseln (z.B. mit einem Stromchiffrierer wie RC40). Speichern Sie danach den MemoryStream mit *SaveToFile* ab. Beim Laden müssen Sie in umgekehrter Reihenfolge vorgehen.

  Zum Thema Chiffrieralgorithmen siehe:

  ☞ R167 ... mit Memory Mapped Files arbeiten?

  ☞ R348 ... einen Text verschlüsseln?

- Sollen die Daten über das Internet oder per EMail transportiert werden, bietet sich auch ein interner Pack-Algorithmus an (zlib).

R216 ... eine DBCheckList programmieren?

Für die Auswahl verschiedener Optionen (z.B. Führerschein Klasse A, B, C etc.) bietet sich eine *DBCheckListbox* geradezu an, kann doch bei Platzmangel im Formular jederzeit gescrollt werden. Leider ist keine derartige Komponente in Delphi enthalten, lediglich die *DBCheckbox* mit jeweils einem bool'schen Wert ist vorhanden. Bei der Anbindung an eine Datenbank wird pro Komponente ein Datenfeld (min. 1 Byte) verbraucht, eine ungeheure Verschwendung an Speicherplatz!

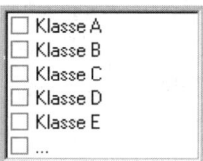

Unsere neue Komponente soll einen anderen Weg gehen: Mit einem *LongInt*-Wert (32 Bit) lassen sich auch 32 bool'sche Zustände (*True/False*) speichern. Wir wollen aus diesem Grund die *CheckListbox*-Komponente so erweitern, dass sie an ein *LongInt*-Datenbankfeld gebunden werden kann.

Quelltext

Nachfolgend der Quelltext der Komponente (abgeleitet von *TCheckListBox*):

```
unit DBChLBox;


interface

uses
  Windows, Messages, SysUtils, Classes, Graphics, Controls, Forms,
  Dialogs, StdCtrls, CheckLst, DBCtrls, DB;


type
  TDBCheckListBox = class(TCheckListBox)
  private
    FDataLink: TFieldDataLink;
    procedure DataChange(Sender: TObject);
    procedure EditingChange(Sender: TObject);
    procedure UpdateData(Sender: TObject);
    function GetDataField: string;
    function GetDataSource: TDataSource;
    function GetField: TField;
    procedure SetDataField(const value: string);
    procedure SetDataSource(value: TDataSource);
```

Grundlagen

Oberfläche

Grafik

Multimedia

Datei

Datenbank

SQL/ADO

Report

Objekte

OLE/DDE

Peripherie

System

Desktop

Technik

Sonstiges

```
    procedure CMGetDataLink(var Message: TMessage);
                          message CM_GETDATALINK;
  protected
    procedure Notification(AComponent: TComponent;
                          Operation: TOperation); override;
  public
    procedure ClickCheck; override;
    constructor Create(AOwner: TComponent); override;
    destructor Destroy; override;
    property Field: TField read GetField;
  published
    property DataField: string read GetDataField
                          write SetDataField;
    property DataSource: TDataSource read GetDataSource
                          write SetDataSource;
  end;

procedure Register;

implementation

procedure Register;
begin
  RegisterComponents('S2M', [TDBCheckListBox])
end;
```

Initialisieren der Komponente:

```
constructor TDBCheckListBox.Create(AOwner: TComponent);
begin
  inherited Create(AOwner);
  FDataLink := TFieldDataLink.Create;
  FDataLink.Control := Self;
  FDataLink.OnDataChange := DataChange;
  FDataLink.OnEditingChange := EditingChange;
  FDataLink.OnUpdateData := UpdateData
end;
```

Freigabe der Ressourcen:

```
destructor TDBCheckListBox.Destroy;
begin
  FDataLink.Free;
```

Grundlagen

Oberfläche

Grafik

Multimedia

Datei

Datenbank

SQL/ADO

Report

Objekte

OLE/DDE

Peripherie

System

Desktop

Technik

Sonstiges

```
  FDataLink := nil;
  inherited Destroy
end;
```

Die Bindung der Komponente hat sich möglicherweise verändert (*Table* gelöscht etc.):

```
procedure TDBCheckListBox.Notification(AComponent: TComponent;
                                       Operation: TOperation);
begin
  inherited Notification(AComponent, Operation);
  if (Operation = opRemove) and (FDataLink <> nil) and
    (AComponent = DataSource) then DataSource := nil
end;
```

In der Komponente hat sich was geändert (ein Item wurde markiert):

```
procedure TDBCheckListBox.ClickCheck;
begin FDataLink.Edit; FDataLink.Modified end;

procedure TDBCheckListBox.CMGetDatalink(var Message: TMessage);
begin Message.Result := Integer(FDataLink) end;

function TDBCheckListBox.GetDataSource: TDataSource;
begin Result := FDataLink.DataSource end;

procedure TDBCheckListBox.SetDataSource(value: TDataSource);
begin
  FDataLink.DataSource := value;
  if value <> nil then value.FreeNotification(Self)
end;

function TDBCheckListBox.GetDataField: string;
begin  result := FDataLink.FieldName end;

procedure TDBCheckListBox.SetDataField(const value: string);
begin   FDataLink.FieldName := value end;

function TDBCheckListBox.GetField: TField;
begin result := FDataLink.Field end;

procedure TDBCheckListBox.EditingChange(Sender: TObject);
begin inherited end;
```

An dieser Stelle wird bitweise überprüft, welche Einträge in der Liste ein "Häkchen" bekommen. Dazu wird das betreffende Bit über eine UND-Operation maskiert und ausgewertet:

```
procedure TDBCheckListBox.DataChange(Sender: TObject);
var i:Integer;
begin
  if FDataLink.Field <> nil then begin
    if FDataLink.Field is TIntegerField then begin
      for i := 0 to Items.Count-1 do begin
        Checked[i] := (FDataLink.Field.AsInteger and
                                    (1 shl i))= (1 shl i)
      end
    end
  end else begin
// if csDesigning in ComponentState then Text := Name
// else Text := ''
  end
end;
```

Der zu speichernde Wert wird aus den einzelnen Zeilen der Liste zusammengesetzt (*True* = 1, *False* = 0).

```
procedure TDBCheckListBox.UpdateData(Sender: TObject);
var i:      Integer;
    value : Integer;
begin
  value := 0;
  for i := 0 to Items.Count-1 do begin
    if Checked[i] then value := value or (1 shl i)
  end;
  FDataLink.Field.AsInteger := value
end;
```

Hinweis: Beachten Sie, dass maximal 32 Einträge in der Listbox unterstützt werden!

Wie kann ich ...?
SQL/ADO

R217 ... SQL-Anweisungen testen?

Unser Beispielprogramm soll neben der Anzeige beliebiger Datenbanken (dBASE und Paradox) auch die experimentelle Grundlage für die folgenden Rezepte liefern:

☞   R218 ... mit der SELECT-Anweisung Daten abfragen?

☞   R219 ... die WHERE-Klausel verwenden?

☞   R221 ... mit UPDATE Tabellen manipulieren?

☞   R222 ... mit DELETE Datensätze löschen?

☞   R223 ... mit SQL-Anweisungen rechnen?

☞   R224 ... Daten mit SQL gruppieren?

☞   R225 ... Datums-/Zeitangaben in SQL-Strings einbauen?

Oberfläche

Insgesamt sind drei Formulare erforderlich. Im Hauptformular (*Form1*) finden Sie oben eine "selbstgebastelte" Werkzeugleiste. Diese besteht aus vier *SpeedButton*s, die auf ein *Panel* gesetzt sind. Weisen Sie der *Glyph*-Eigenschaft der Buttons jeweils eine geeignete Bitmap zu (siehe Abbildung). Weiterhin brauchen wir ein *DBGrid*-, eine *Query*- und eine *DataSource*-Komponente. Im unteren Teil befindet sich ein *Memo*, in das die SQL-Befehle eingegeben werden sollen.

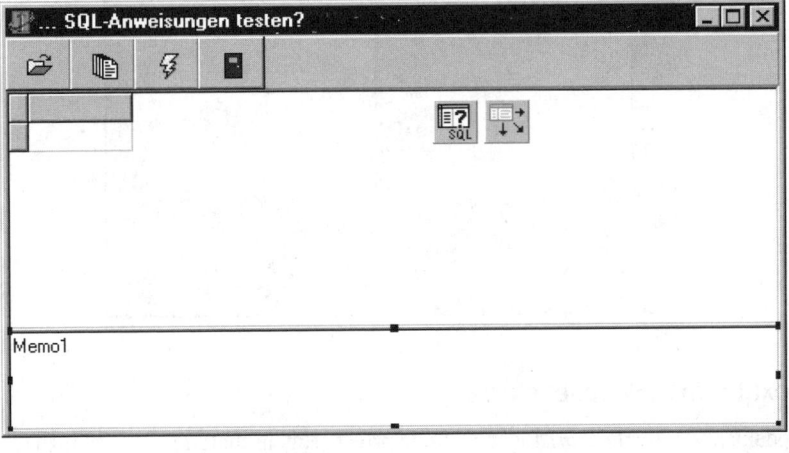

Verbinden Sie *Query1* und *DataSource1* über die Eigenschaft *DataSet* miteinander. *DataGrid1* koppeln Sie über die *DataSource*-Eigenschaft an *DataSource1*.

Grundlagen

Oberfläche

Grafik

Multimedia

Datei

Datenbank

SQL/ADO

Report

Objekte

OLE/DDE

Peripherie

System

Desktop

Technik

Sonstiges

Um die Auswahl der Datenbank zu vereinfachen, kann über ein zusätzliches Fenster (*Form2*) entweder ein Datenbank-Alias oder ein Verzeichnis gewählt werden. Wie Sie der Abbildung entnehmen, benötigen Sie (von oben nach unten) eine *ComboBox*, eine *DriveComboBox* und eine *DirectoryListBox*. Letztere beiden Komponenten sind bereits etwas "angestaubt" und finden sich deshalb auf der "Win 3.1"-Seite der Komponentenpalette. Auch zwei *Button*s werden benötigt:

Da die Struktur der Datenbank nicht unbedingt bekannt sein muss, ist es sinnvoll, diese in einem eigenen Fenster (*Form3*) anzuzeigen. Wie Sie sehen, besteht dieses Fenster im Wesentlichen aus einer *Table*- und zwei *ListBox*-Komponenten:

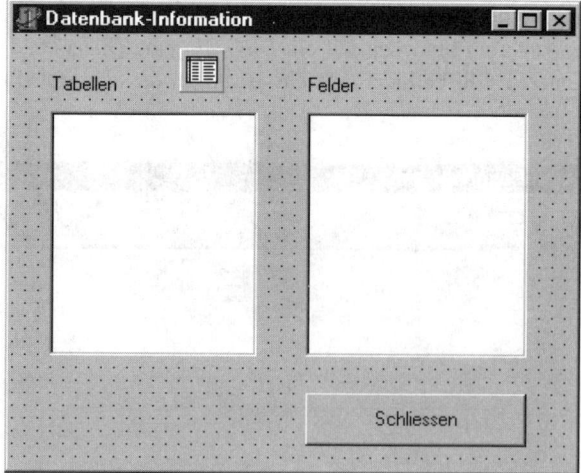

Quelltext-Form1 (Hauptfenster)

Der Typdeklaration für *TForm1* fügen wir eine private Eigenschaft *datenbank* hinzu:

```
type
  TForm1 = class(TForm)
```

Grundlagen

Oberfläche

Grafik

Multimedia

Datei

Datenbank

SQL/ADO

Report

Objekte

OLE/DDE

Peripherie

System

Desktop

Technik

Sonstiges

```
...
  public
  { Public-Deklarationen }
  datenbank: string              // Datenbankverzeichnis
end;
```

Nun zum *implementation*-Abschnitt. Wir beginnen mit dem Aufruf des Datenbank-Auswahl-Dialogs:

```
procedure TForm1.SpeedButton1Click(Sender: TObject);
begin
 Form2.ShowModal;
 Query1.DatabaseName:=Form1.datenbank
end;
```

Die Anzeige des Info-Dialogs:

```
procedure TForm1.SpeedButton2Click(Sender: TObject);
begin
   Form3.Show
end;
```

Last but not least das Ausführen der SQL-Anweisung:

```
procedure TForm1.SpeedButton3Click(Sender: TObject);
begin
 Query1.SQL := Memo1.Lines;
 try
   Query1.Open;
 except
   on EDbEngineError do raise;
   on EDatabaseError do abort
 end
end;
```

Beenden:

```
procedure TForm1.SpeedButton4Click(Sender: TObject);
begin
 Close
end;
```

Quelltext-Form2 (Datenbankauswahl)

Datenbanken können über einen Alias oder die Zuweisung eines Verzeichnisses ausgewählt werden. Die Alias-Namen bekommen Sie über die Objekt-Variable *Session* heraus:

```
procedure TForm2.FormCreate(Sender: TObject);
```

```
begin
  Session.GetDatabaseNames(ComboBox1.Items);
  ComboBox1.Items.Add('Andere ...')
end;
```

Den Verzeichnisnamen können Sie über normale Datei-Komponenten einstellen:

```
procedure TForm2.Button2Click(Sender: TObject);
begin
 if ComboBox1.Items[ComboBox1.ItemIndex] = 'Andere ...' then
   Form1.datenbank := DirectoryListbox1.Directory
 else
  Form1.datenbank := ComboBox1.Items[ComboBox1.ItemIndex];
  Form3.OnActivate(Self);          // Aufruf des Eventhandlers von Form3
  Close
end;


procedure TForm2.ComboBox1Change(Sender: TObject);
begin
  if ComboBox1.Items[ComboBox1.ItemIndex] = 'Andere ...' then begin
      DriveCombobox1.Enabled := True;
      DirectoryListbox1.Enabled := True
   end else begin
      DriveCombobox1.Enabled := False;
      DirectoryListbox1.Enabled := False
   end
end;

procedure TForm2.Button1Click(Sender: TObject);          // Abbruch
begin
  Close
end;
```

Quelltext- Form3 (Datenbankinfo)

Die Objektvariable *Session* wird automatisch von Delphi erzeugt. Über diese Variable lassen sich Informationen über die in einer Datenbank enthaltenen Tabellen ermitteln. Die zurückgegebene Stringliste mit den Tabellennamen weisen wir sofort einem Listenfeld zu:

```
procedure TForm3.FormActivate(Sender: TObject);
begin
  Session.GetTableNames(Form1.datenbank,'', True, False, Listbox1.Items)
end;
```

Grundlagen

Oberfläche

Grafik

Multimedia

Datei

Datenbank

SQL/ADO

Report

Objekte

OLE/DDE

Peripherie

System

Desktop

Technik

Sonstiges

Wird eine Tabelle ausgewählt, sollen die dazugehörenden Felder angezeigt werden:

```
procedure TForm3.ListBox1Click(Sender: TObject);
begin
  Listbox2.Clear;
  Table1.DatabaseName := Form1.datenbank;
  Table1.TableName := ListBox1.Items[ListBox1.ItemIndex];
  Table1.GetFieldNames(ListBox2.Items)
end;
```

Klicken Sie doppelt in das Tabellen-Listenfeld, fügt das Programm den Namen der angewählten Tabelle in die SQL-Abfrage ein.

```
procedure TForm3.ListBox1DblClick(Sender: TObject);
begin
  Form1.Memo1.SelText := ListBox1.Items[ListBox1.ItemIndex]
end;
```

Siehe auch

☞ R197 ... die Datenbankstruktur bestimmen?

Test

Wählen Sie in der oberen Combobox einen Datenbank-Alias aus oder selektieren Sie direkt ein Verzeichnis, in dem sich dBASE oder Paradox-Daten befinden. Anschließend sollten Sie den "Database-Info"-Dialog aufrufen, um sich zunächst über die verfügbaren Tabellen und Felder zu informieren. In unserem Beispiel haben wir die Tabelle *Animals.dbf* der zu Delphi mitgelieferten Datenbank DBDEMOS selektiert. Da wir hier den Datenbank-Alias verwenden, bleiben die Einträge in der *DriveComboBox* und der *DirectoryListBox* ohne Bedeutung (beide Komponenten sind deaktiviert):

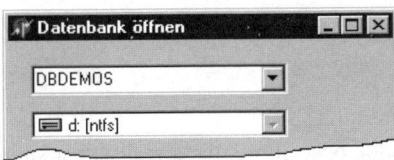
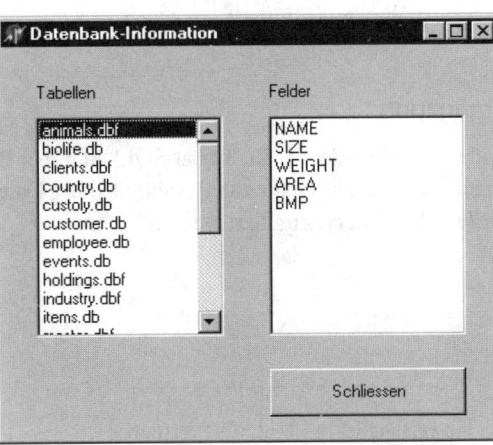

Geben Sie eine SQL-Anweisung ein und starten Sie die Bearbeitung. Je nach SQL-Befehl wird die Tabelle gefüllt oder die Anweisung "unsichtbar" ausgeführt (...oder es erscheint eine Fehlermeldung, dass die SQL-Syntax nicht in Ordnung ist).

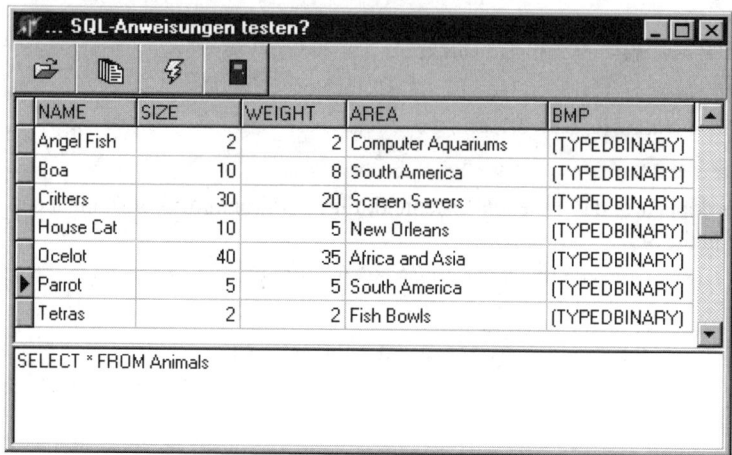

Daten können im *DBGrid* natürlich nur angezeigt werden, wenn die SQL-Abfrage Werte zurückgibt. Dies ist (wie in obiger Abbildung) bei allen SELECT-Anweisungen der Fall. Das Löschen oder Aktualisieren von Daten (DELETE, UPDATE) hat hingegen keinerlei Einfluss auf die Bildschirmanzeige. Möchten Sie die Auswirkung einer solchen Abfrage darstellen, müssen Sie, nachdem Sie die Anweisung abgearbeitet haben, noch eine SELECT-Anweisung ausführen.

Hinweis: Für die nachfolgenden Rezepte wollen wir die Datenbank im Unterverzeichnis *FirmaDB* der Buch-CD verwenden, diese hat standardmäßig keinen Alias. Sie müssen deshalb zunächst die *Combobox* auf "Andere..." stellen, um dann über *DriveComboBox* und *DirectoryListBox* das obige Verzeichnis auswählen und mittels <u>Doppelklick</u> bestätigen!

Ergänzung

Viele SQL-Befehle, die in "Local SQL", d.h. bei Paradox oder dBase, nicht realisierbar sind, können über Eigenschaften und Methoden der Datenbank-Komponenten (*TSession*, *TDatabase*, *TTable*, *TQuery*) emuliert werden[1].

---

[1] x : Anweisung ist in Local SQL verfügbar
o : Anweisung ist bedingt realisierbar

Befehl	L	Beschreibung
ALTER DATABASE		... fügt weitere Dateien in eine existierende Datenbank ein.
ALTER DOMAIN		... ändert eine bestehende Domain.
ALTER INDEX	o	... aktiviert/deaktiviert einen bestehenden Index. Über die *IndexName*-Eigenschaft kann dieser Befehl emuliert werden.
ALTER PROCEDURE		... verändert den Text einer "Stored Procedure".
ALTER TABLE	x	... verändert die Struktur einer Tabelle.
ALTER TRIGGER		... verändert die Definition eines Triggers.
COMMIT	o	... übernimmt eine Transaktion in die Datenbank. Diese Funktion ist als Methode in der *TDatabase*-Komponente implementiert.
CONNECT	o	... öffnet eine Datenbank, kann mit *TDatabase*, *TTable* und *TQuery* emuliert werden.
CREATE DATABASE		... erstellt eine neue Datenbank, kann mit *TDatabase* durch Anlegen eines neuen Alias emuliert werden.
CREATE DOMAIN		... erstellt eine neue Domain.
CREATE GENERATOR	o	... erstellt einen Zähler, der zum Beispiel für eindeutige Schlüssel verwendet werden kann (entspricht den Zähler-feldern).
CREATE INDEX	x	... erstellt einen neuen Index.
CREATE PROCEDURE		... erstellt eine neue "Stored Procedure".
CREATE TABLE	x	... erstellt eine neue Tabelle.
CREATE TRIGGER		... erstellt einen neuen Trigger.
CREATE VIEW		... erstellt eine neue View.
DELETE	x	... löscht einzelne Datensätze.
DROP DATABASE		... löscht eine Datenbank.
DROP DOMAIN		... entfernt eine Domain.
DROP FILTER		... löscht einen Filter.
DROP INDEX	x	... löscht einen Index.
DROP PROCEDURE		... löscht eine "Stored Procedure".
DROP TABLE	x	... löscht eine Tabelle.
DROP TRIGGER		... löscht eine Trigger-Prozedur.
DROP VIEW		... löscht eine View.
EXECUTE PROCEDURE		... führt eine "Stored Procedure" aus.

Grundlagen

Oberfläche

Grafik

Multimedia

Datei

Datenbank

SQL/ADO

Report

Objekte

OLE/DDE

Peripherie

System

Desktop

Technik

Sonstiges

Befehl	L	Beschreibung
GRANT		... ermöglicht die Vergabe von Rechten (Löschen, Einsehen etc.) an Tabellen, Views etc.
INSERT	X	... fügt Datensätze in eine bestehende Tabelle ein.
REVOKE		... entfernt Rechte an Datenbankobjekten (Tabellen etc.).
ROLLBACK	o	... beendet eine Transaction, alle Veränderungen werden verworfen. Über die *TDatabase*-Komponente lässt sich diese Anweisung realisieren.
SELECT	X	... wählt aus einer oder aus mehreren Tabellen Datensätze unter bestimmten Bedingungen und Verknüpfungen aus.
SET GENERATOR		... setzt den Startwert eines Zählers bzw. setzt diesen zurück.
SET NAMES		... setzt den Zeichensatz.
SET TRANSACTION		... setzt die Parameter für Transactions.
UPDATE	X	... ermöglicht das Verändern bestehender Datensätze.

R218 ... mit der SELECT-Anweisung Daten abfragen?

Hinweis: Für dieses Beispiel nehmen Sie die *Firma*-Datenbank (im Unterverzeichnis *FirmaDB* der Buch-CD) und verwenden zum Testen das Programm aus dem Rezept R217.

Den SELECT-Befehl finden Sie in fast jeder SQL-Anweisung. Mit SELECT wählen Sie Datenfelder, die bestimmten Bedingungen genügen, aus einer oder auch aus mehreren Tabellen aus.

Syntax: `SELECT <Spalten> [AS] <Aliasname> FROM <Tabellenliste>`

Wenn Sie <u>alle</u> Spalten einer Tabelle selektieren möchten, können Sie statt der Aufzählung der Namen auch einen Stern (*) verwenden.

Beispiel: Die einfachste Form einer *SELECT*-Anweisung

```
SELECT * FROM artikel
```

listet alle Datensätze aus der folgenden Tabelle "Artikel" auf.

Nr	Name	Einkaufspreis	Verkaufspreis	Bestand
1	WORD 2000	450	899	10
2	WRITE 2.0	50	99	23
3	WORD 2000	450	399	4
4	AMI-PRO 5.0	350	749	20
5	DELPHI 5.0	300	665	5
6	VISUAL BASIC 6.0	350	399	2
7	VISUAL C ++	300	599	15

Grundlagen

Oberfläche

Grafik

Multimedia

Datei

Datenbank

SQL/ADO

Report

Objekte

OLE/DDE

Peripherie

System

Desktop

Technik

Sonstiges

Mit

```
SELECT name,einkaufspreis FROM artikel
```

wählen Sie nur die Felder "Name" und "Einkaufspreis" aus der Tabelle "Artikel":

Name	Einkaufspreis
WORD 2000	450
WRITE 2.0	50
WORD 2000	450
AMI-PRO 5.0	350
DELPHI 5.0	300
VISUAL BASIC 6.0	350
VISUAL C++	300

Verwenden Sie mehrere Tabellen in einer *SELECT*-Anweisung, müssen Sie in der Liste der Feldbezeichner zusätzlich den Tabellennamen angeben:

```
SELECT artikel.name,rechdat.anzahl,artikel.einkaufspreis
FROM artikel,rechdat
```

Sind viele Felder zu selektieren, ist es recht mühsam, jedesmal den vollen Tabellennamen in die SQL-Anweisung einzusetzen. Zu diesem Zweck können Sie *Alias*-Namen verwenden. Die folgende SQL-Anweisung entspricht der obigen:

```
SELECT a.name,r.anzahl,a.einkaufspreis
FROM artikel a,rechdat r
```

Hinweis: Die beiden letztgenannten SQL-Anweisungen sind nicht vollständig und werden im nachfolgenden Rezept (WHERE-Klausel) erweitert!

Sollten Sie Feldnamen mit Leerzeichen oder Satzzeichen verwenden, müssen Sie die Feldbezeichner grundsätzlich in Anführungszeichen (") einschließen:

```
SELECT personen."geboren am"
FROM personen
```

Mit einer AS-Anweisung können Sie den einzelnen Tabellenspalten neue Bezeichner zuweisen.

Beispiel: Die Spalte "artikel.name" wird in "Artikelbezeichnung" umbenannt.

```
SELECT name AS Artikelbezeichnung, verkaufspreis AS Preis
FROM artikel
WHERE verkaufspreis < 400
```

Artikelbezeichnung	Preis
WRITE 2.0	99
WORD 2000	399
VISUAL BASIC 6.0	399

Wählen Sie auf diese Weise Daten mit einer *TQuery*-Komponente aus, müssen Sie beim Zugriff auf diese Felder natürlich die neuen Feldbezeichner verwenden.

Ein Problem (z.B. bei der Auswahl von Name und Vorname aus einer großen Importdatei) sind "doppelte" Datensätze. Um diese Redundanz zu vermeiden, verwenden Sie den optionalen Parameter *DISTINCT*. Die Datensätze verbleiben aber auf jeden Fall in der Tabelle.

```
SELECT DISTINCT name
FROM kunden
```

R219 ... die WHERE-Klausel verwenden?

Hinweis: Für dieses Beispiel nehmen Sie die *Firma*-Datenbank (im Unterverzeichnis *FirmaDB* der Buch-CD) und verwenden zum Testen das Programm aus dem Rezept R217.

Mit den bisherigen *SELECT*-Anweisungen konnten Sie immer nur <u>alle</u> Datensätze auf einmal auswählen. Zur Selektion bestimmter Datensätze verwenden Sie die *WHERE*-Klausel in Verbindung mit einem logischen Ausdruck und dem SELECT-Befehl.

Beispiel:

```
SELECT * FROM artikel
WHERE (bestand > 100)
```

... listet alle Artikel auf, von denen weniger als 10 Stück vorhanden sind:

Nr	Name	Einkaufspreis	Verkaufspreis	Bestand
4	WORD 2000	450	399	4
6	DELPHI 5.0	300	665	5
7	VISUAL BASIC 6.0	350	399	2

Grundlagen

Oberfläche

Grafik

Multimedia

Datei

Datenbank

SQL/ADO

Report

Objekte

OLE/DDE

Peripherie

System

Desktop

Technik

Sonstiges

Für die Auswahl von Elementen, die in einem bestimmten Bereich liegen, stehen Ihnen zwei verschiedene Möglichkeiten zur Verfügung.

Beispiel: Auswahl aller Artikel, die mehr als 100 DM und weniger als 600 DM kosten:

Erstens: Beschreiben des Intervalls mit "<",">",">=","<=" sowie der UND-Verknüpfung.

```
SELECT *
FROM artikel
WHERE verkaufspreis > 100)AND(verkaufspreis < 600)
```

Zweitens: der BETWEEN-Ausdruck.

```
SELECT *
FROM artikel
WHERE verkaufspreis BETWEEN 100 AND 600
```

Nr	Name	Einkaufspreis	Verkaufspreis	Bestand
4	WORD 2000	450	399	4
7	VISUAL BASIC 6.0	350	399	2
8	VISUAL C++	300	599	15

Mit einer einfachen Negation der obigen Bedingung können Sie alle Artikel auflisten, die weniger als 100 DM und mehr als 600 DM kosten. Beachten Sie, dass sowohl 100 als auch 600 mit zum Definitionsbereich gehören!

Beispiel:

```
SELECT *
FROM artikel
WHERE verkaufpreis NOT BETWEEN 100 AND 600
```

Nr	Name	Einkaufspreis	Verkaufspreis	Bestand
1	WORD 2000	450	899	10
3	WRITE 2.0	50	99	23
5	AMI-PRO 5.0	350	749	20
6	DELPHI 5.0	300	665	5

Für die Suche nach Zeichenketten können Sie mehrere Operatoren verwenden. Sowohl das Gleichheitszeichen (=) als auch der LIKE-Ausdruck liefern dasselbe Ergebnis. Beachten Sie die Groß-/Kleinschreibung!

Beispiel:

```
SELECT *
FROM artikel
WHERE artikel.name = 'VISUAL BASIC 6.0'
```

oder auch

```
SELECT *
FROM artikel
WHERE artikel.name LIKE 'VISUAL BASIC 3.0'
```

Nr	Name	Einkaufspreis	Verkaufspreis	Bestand
7	VISUAL BASIC 6.0	350	399	2

An dieser Stelle sei ein kleiner Einwurf gestattet:

Sie können den SELECT-String auch zu Laufzeit erstellen und für die einzelnen Anweisungen Variablen verwenden. Insbesondere bei Stringvergleichen (siehe oben) werden gern Fehler gemacht, deren spätere Suche relativ zeitaufwendig ist.

Beispiel: Obige Anweisung wird nachgebildet

```
var bez,sql : string;
    bez := 'VISUAL BASIC 6.0';
    sql := 'SELECT * FROM artikel WHERE name LIKE ' + bez
    Query1.Sql.Add(sql);
    ...
```

und führt zu einem Fehler! Warum? Die Delphi-Syntax ist vollkommen korrekt, der Fehler tritt erst zur Laufzeit auf. Ursache sind die fehlenden Anführungszeichen vor und hinter der Bezeichnung. Das korrekte Beispiel:

```
var bez,sql : string;
    bez := 'VISUAL BASIC 6.0';
    sql := 'SELECT * FROM artikel WHERE name LIKE "' + bez + '"'
    Query1.Sql.Add(sql);
    ...
```

Beispiel: Sie suchen die Adresse von Herrn Maier, wissen jedoch nicht, wie der Name geschrieben wird.

Eine Möglichkeit: Sie geben mehrere Namen mit OR-Verknüpfung an:

```
SELECT *
FROM kunden
WHERE name='Meier' OR name='Mayer' OR name='Maier'
```

Sinnvoller ist jedoch die Verwendung von Platzhaltern:

```
SELECT *
FROM kunden
WHERE name LIKE '%M_er%'
```

Die obige Anweisung findet alles, was auch nur ungefähr nach M(ei)er aussieht, also Namen wie "Meyer", "Mayer" etc., aber leider auch "Mader".

SQL unterstützt verschiedene Formen von Platzhaltern. Für <u>ein</u> beliebiges Zeichen können Sie den Unterstrich (_) verwenden, das Prozentzeichen (%) steht für eine beliebige Anzahl von Zeichen.

Beispiel: Ein Kunde sucht einen Artikel, von dem nur bekannt ist, dass er mit "VISUAL" beginnt. Durch die Verwendung eines Platzhalters <u>nach</u> dem Suchstring können Sie alle Artikel, die dem Kriterium entsprechen, auflisten.

```
SELECT *
FROM artikel
WHERE artikel.name LIKE 'VISUAL%'
```

Nr	Name	Einkaufspreis	Verkaufspreis	Bestand
7	VISUAL BASIC 6.0	350	399	2
6	VISUAL BASIC 5.0	300	665	5
8	VISUAL C++	300	599	15

Eine weitere Möglichkeit, Datensätze zu selektieren, stellt die *IN*-Klausel dar:

```
SELECT *
FROM kunden
WHERE ort IN ('Hamburg','München','Dresden')
```

... sucht uns alle Datensätze heraus, in denen *ort* in der Liste aufgeführt ist.

Nr	Name	Straße	Ort	PLZ	Telefon
2	Werner Müller	Platz der Republik 45	München	17890	0471-431493
4	Herbert Becker	M.-Plank-Str. 19	Hamburg	03457	0583-53635
5	Udo Braun	Berliner-Straße 3a	Dresden	11111	0765-4532

Neben den bisherigen Möglichkeiten, nach etwas Bestimmten zu suchen, kann man auch nach "nichts" suchen. "Nichts" wird in diesem Fall mit einem Null-Wert übersetzt, d.h., die Verwendung von IS NOT NULL bzw. IS NULL.

Beispiel: (alle Kunden, die <u>kein</u> Telefon haben):

```
SELECT *
FROM kunden
WHERE (Telefon IS NULL)
```

Nr	Name	Straße	Ort	PLZ	Telefon
10	Wolfgang Hartmann	Robert-Koch-Str. 290	Schwerin	54042	
11	Ulf Schwarz	Schloßstr. 21	Wolfsburg	85402	

Grundlagen

Oberfläche

Grafik

Multimedia

Datei

Datenbank

SQL/ADO

Report

Objekte

OLE/DDE

Peripherie

System

Desktop

Technik

Sonstiges

Eine wichtige Anwendung der WHERE-Klausel ist der Join. Wenn Sie beispielsweise alle Rechnungen suchen, die für Werner Müller ausgestellt wurden, ist es mit einer einfachen Abfrage nicht mehr getan.

Beispiel:

```
SELECT rechnung.nr, rechnung.datum
FROM kunden, rechnung
WHERE
   (rechnung.kundennr = kunden.nr) AND (kunden.name='Werner Müller')
```

Nr	Datum
1	12.11.1999
3	01.02.2000

Nehmen wir die SQL-Anweisung einmal "auseinander". Gesucht werden alle Kunden, deren Name "Werner Müller" ist (*kunden.name = 'Werner Müller'*). Das Ergebnis dieser Suche ist ein einzelner Datensatz mit der Nr. 2. Dieses Resultat wird UND-verknüpft (AND) durch Verknüpfung von *rechnung.kundennr* mit *kunden.nr*.

Das Ergebnis der Abfrage zeigt obige Tabelle.

Wir könnten die Anweisung aber auch in zwei SQL-Abfragen aufteilen, mit der Ersten bestimmen wir die Kundennummer von Herrn Müller:

```
SELECT nr
FROM kunden
WHERE name='Werner Müller'
```

Mit der Zweiten ermitteln wir alle Rechnungen, die die Kundennummer 2 tragen:

```
SELECT rechnung.nr, rechnung.datum
FROM rechnung
WHERE kundennr = 2
```

Die erste Version bietet zwei Vorteile: Zum einen sieht sie eleganter aus, zum zweiten ist sie bedeutend schneller, da nur eine Abfrage ausgeführt werden muss.

Beispiel: Sie möchten alle Kunden und (falls vorhanden) die dazugehörigen Rechnungsnummern ausgeben. Mit der Anweisung

```
SELECT Name, rechnung.nr
FROM kunden,rechnung
WHERE kunden.nr = rechnung.kundennr
```

... werden jedoch nur die Kunden angezeigt, die auch eine Rechnung bekommen haben.

Grundlagen

Oberfläche

Grafik

Multimedia

Datei

Datenbank

SQL/ADO

Report

Objekte

OLE/DDE

Peripherie

System

Desktop

Technik

Sonstiges

Name	Nr
Werner Müller	1
Meyer KG	2
Werner Müller	3
Gustav Meyer	4

Eine Lösungsmöglichkeit ist der LEFT JOIN. Befinden sich in der "linken" Tabelle Datensätze, zu denen kein Datensatz in der "rechten" Tabelle gehört, werden die Datensätze trotzdem angezeigt. Die "leeren" Felder werden mit NULL-Values aufgefüllt:

```
SELECT Name, rechnung.nr
FROM kunden,rechnung, kunden
LEFT JOIN rechnung ON kunden.nr = rechnung.kundennr
```

R220 ... die ORDER BY-Klausel einsetzen?

Hinweis: Für dieses Beispiel nehmen Sie die *Firma*-Datenbank (im Unterverzeichnis *\FirmaDB* der Buch-CD) und verwenden zum Testen das Programm aus dem Rezept R217.

In den bisherigen Abfragen wurden die Daten ausschließlich in ungeordneter Folge ausgegeben. Mit einer ORDER BY-Klausel können Sie den Sortierbegriff (z.B. *Name*) sowie die Sortierfolge (auf-/ absteigend) festlegen.

Syntax: `SELECT ... FROM ... ORDER BY <feld>,<feld> [ASC]|[DESC]`

Die Angabe mehrerer Sortierbegriffe ist z.B. dann sinnvoll, wenn Sie Personennamen sortieren und als zweiten Sortierbegriff den Vornamen angeben.

Beispiel:

```
SELECT *
FROM Artikel
ORDER BY nr
```

sortiert die Artikel in aufsteigender Reihenfolge. Die Sortierrichtung verändern Sie durch:

```
SELECT *
FROM Artikel
ORDER BY nr DESC
```

Hinweis: Entscheidend für die Ausführungsgeschwindigkeit ist die Indizierung der entsprechenden Felder. Das Sortieren einer größeren Datenbank ohne Index zwingt Sie zu einer ungewollten Kaffeepause.

R221 ... mit UPDATE Tabellen manipulieren?

Hinweis: Für dieses Beispiel nehmen Sie die *Firma*-Datenbank (im Unterverzeichnis
FirmaDB der Buch-CD) und verwenden zum Testen das Programm aus dem
Rezept R217.

Eine Möglichkeit der Datenmanipulation, z.B. die Erhöhung des Artikelpreises, haben Sie
bereits kennengelernt. Sie mussten "manuell" alle Datensätze durchlaufen und das entsprechende Feld ändern. Eine bedeutend einfachere Möglichkeit bietet sich mit dem
UPDATE-Befehl. In Kombination mit einer WHERE-Klausel lassen sich schnell alle gesuchten Datensätze ändern. Diese Änderung kann sich auf mehrere Felder eines Datensatzes auswirken.

Syntax: `UPDATE <Tabellename> SET <Feld> = <Ausdruck> WHERE ...`

Für den mathematischen Änderungsausdruck steht Ihnen auch der bisherige Feldinhalt zur
Verfügung.

Beispiel:

```
UPDATE artikel
SET verkaufspreis = einkaufspreis * 1.3
```

berechnet den Verkaufspreis für alle Artikel aus dem Einkaufspreis mit 30% Aufschlag.

Möchten Sie nur einige Felder verändern, setzen Sie die WHERE-Klausel ein.

Beispiel:

```
UPDATE artikel
SET verkaufspreis = einkaufspreis * 1.3
WHERE verkaufspreis > 200
```

Um mehrere Felder gleichzeitig zu ändern, trennen Sie die entsprechenden Ausdrücke mit
einem Komma.

Beispiel:

```
UPDATE artikel
SET verkaufspreis = verkaufspreis * 1.1, einkaufspreis = einkaufspreis * 1.3
WHERE verkaufspreis > 200
```

Um sich zu vergewissern, dass die Datensätze tatsächlich geändert wurden, müssen Sie nach
jeder erfolgreicher Ausführung von UPDATE eine SELECT-Anweisung folgen lassen.

Beispiel: Anzeigen der kompletten *Artikel*-Tabelle.

```
SELECT * FROM artikel
```

R222 ... mit DELETE Datensätze löschen?

Hinweis: Für dieses Beispiel nehmen Sie die *Firma*-Datenbank (im Unterverzeichnis *FirmaDB* der Buch-CD) und verwenden zum Testen das Programm aus dem Rezept R217.

Kurz und bündig: Datensätze löschen Sie mit der DELETE-Anweisung.

Syntax: `DELETE FROM <Tabellenname> WHERE <logischer Ausdruck>`

Der DELETE-Befehl lässt sich natürlich mit entsprechenden WHERE-Klauseln kombinieren.

Beispiel: Sie möchten alle Kunden löschen, die in München wohnen.

```
DELETE FROM kunden
WHERE ort = 'München'
```

Vielfach werden auch Unterabfragen für die Bildung des logischen Ausdrucks verwendet.

Beispiel: All die Datensätze in der alten Kundentabelle werden gelöscht, die bereits in der neuen Tabelle auftreten.

```
DELETE FROM kunden_alt
WHERE nr
   IN (SELECT nr FROM kunden_neu)
```

Hinweis: Vergessen Sie die WHERE-Klausel, werden <u>alle</u> vorhandenen Datensätze gelöscht!

Um sich zu vergewissern, dass die Datensätze tatsächlich gelöscht wurden, müssen Sie nach jeder erfolgreicher Ausführung von DELETE eine SELECT-Anweisung folgen lassen.

Beispiel: Anzeigen der kompletten *Kunden*-Tabelle.

```
SELECT * FROM kunden
```

R223 ... mit SQL-Anweisungen rechnen?

Hinweis: Für dieses Beispiel nehmen Sie die *Firma*-Datenbank (im Unterverzeichnis *FirmaDB* der Buch-CD) und verwenden zum Testen das Programm aus dem Rezept R217.

In vielen Fällen möchte man statt einer Liste eine Summe oder das Maximum ausgeben (z.B. die Anzahl der verkauften Artikel oder das Durchschnittsgehalt in der Firma). SQL unterstützt diesen Wunsch durch eine Reihe von einfachen mathematischen Operatoren:

Grundlagen

Oberfläche

Grafik

Multimedia

Datei

Datenbank

SQL/ADO

Report

Objekte

OLE/DDE

Peripherie

System

Desktop

Technik

Sonstiges

- ▪ Summenbildung (SUM)

- ▪ Mittelwert (AVG)

- ▪ Minimum (MIN)

- ▪ Maximum (MAX)

- ▪ Zählen (COUNT)

Beispiel:

```
SELECT name,verkaufspreis * 1.1 AS Preis
FROM artikel
```

... gibt die Liste aller Artikel mit 10% Aufschlag aus. Die Änderung des Preises hat keine Auswirkung auf die Preise in der Tabelle, lediglich die Abfrage enthält diese Werte. Der neue Feldname ist "Preis".

Beispiel:

```
SELECT AVG(verkaufspreis)
FROM artikel
```

... berechnet den Durchschnittspreis aller Artikel.

Beispiel:

```
SELECT name,verkaufspreis - einkaufspreis AS Gewinn
FROM artikel
```

... berechnet den Gewinn pro Artikel.

Beispiel: Was wie eine Berechnung aussieht

```
SELECT name + ", "  + straße AS adresse
FROM kunden
```

... stellt die Verknüpfung zweier String-Felder dar. Auf diese Weise wird der Inhalt zweier Tabellenfelder in ein Feld projiziert.

Eine andere Schreibweise dafür:

```
SELECT name || ", " || straße AS adresse1
FROM kunden
```

R224 ... Daten mit SQL gruppieren?

Im Zusammenhang mit Berechnungsfunktionen oder mit Listenausgaben tritt häufig das Problem auf, bestimmte Gruppen innerhalb einer Tabelle zu bilden.

Beispiel: Sie haben eine Tabelle (*Personal*) mit folgenden Einträgen: *Nr, Name, Vorname, Abtnr*. Um die Anzahl der Mitarbeiter in den einzelnen Abteilungen zu bestimmen, können Sie zwei verschiedene Möglichkeiten nutzen:

Grundlagen

Oberfläche

Grafik

Multimedia

Datei

Datenbank

SQL/ADO

Report

Objekte

OLE/DDE

Peripherie

System

Desktop

Technik

Sonstiges

```
SELECT
    abtnr,COUNT(abtnr)
FROM
    personal
WHERE abtnr = 1
...
SELECT
    abtnr,COUNT(abtnr)
FROM
    personal
WHERE abtnr = 2
...
```

Mit jeder Anweisung erhalten Sie die Anzahl der Mitarbeiter in der jeweiligen Abteilung.

Das obige Vorgehen ist recht umständlich und bei mehreren Abteilungen auch ziemlich aufwendig. Das gleiche Problem lässt sich mit der GROUP BY-Anweisung sehr elegant lösen:

```
SELECT
    abtnr,COUNT(abtnr)
FROM
    personal
GROUP BY
    abtnr
```

Die Bearbeitung des obigen Befehls können Sie sich wie folgt vorstellen:

- Auswahl aller Datensätze der Tabelle Personal (... FROM personal ...)

- Gruppieren der Datensätze nach Abteilungsnummer (... GROUP BY abtnr)

- Zählen der Datensätze innerhalb der gebildeten Gruppen (COUNT(abtnr))

Hinweis: Für dieses Beispiel nehmen Sie die *Firma*-Datenbank (im Unterverzeichnis *\FirmaDB* der Buch-CD) und verwenden zum Testen das Programm aus dem Rezept R217.

Beispiel: Um die Nettosummen aller Rechnungen zu bestimmen, brauchen Sie die Tabellen *Rechdat* und *Artikel*. Der Artikeltabelle wird der Preis entnommen, die Tabelle *Rechnungsdaten* enthält alle Artikel, die zu einer Rechnung gehören:

```
SELECT
    rechnungsnr,SUM(artikel.verkaufspreis)
FROM
    rechnungsdaten,artikel
WHERE
```

```
    rechnungsdaten.artikelnr=artikel.nr
GROUP BY
    rechnungsnr
```

Die Abfrage liefert z.B. folgendes Ergebnis:

Rechnungsnr	Summe (Verkaufspreis)
1	798
2	3210
3	399
4	899

Obige Berechnung ist nicht ganz korrekt, denn die Artikelanzahl wurde noch nicht mit dem Verkaufspreis multipliziert:

```
SELECT
    rechnungsnr,SUM(artikel.verkaufspreis*rechdat.artikelanzahl)
FROM
    rechdat,artikel
WHERE
    rechdat.artikelnr=artikel.nr
GROUP BY
    rechnungsnr
```

Mit der zusätzlichen Klausel HAVING können Sie innerhalb der Gruppe Selektionen vornehmen. Die WHERE-Klausel wirkt sich hingegen auf die gesamte Tabelle bzw. Abfrage aus.

R225 ... Datums-/Zeitangaben in SQL-Strings einbauen?

Es ist zum Verzweifeln: Aus einer Tabelle sollen Datensätze ausgewählt werden, die zwischen zwei Datumswerten liegen.

Beispiel: Die naheliegende, simple SQL-Abfrage

```
SELECT
    *
FROM
    rechnungen
WHERE
    datum BETWEEN 15.11.98 AND 31.05.00
```

funktioniert nicht. Erst nach längerem Herumstöbern in der Help kommt man zu der eigentlich naheliegenden Erkenntnis, dass im SQL-String die Datumswerte in Hochkommas einzuschließen sind (bei anderen Sprachen sind es Nummernzeichen "#").

Probieren Sie also noch einmal:

```
SELECT
    *
FROM
    rechnungen
WHERE
    datum BETWEEN '15.11.98' AND '31.05.00'
```

und endlich wird die Abfrage ordentlich ausgeführt!

Hinweis: Es ist nicht empfehlenswert, deutsche Datumsangaben in den SQL-String einzubauen. Verwenden Sie besser das US-Format, dann kann auch bei anderen Systemeinstellungen nichts passieren.

Syntax: <Monat><Monat>/<Tag><Tag>/<Jahr><Jahr><Jahr><Jahr>

Beispiel:

```
12/31/1999 ---> 31.12.1999
```

Wie aber ist vorzugehen, wenn man die "deutschen" Datumsangaben über ein Textfeld eingeben will? Für die Umwandlung in den "englischen" Datumsstring sorgt dann eine relativ kompliziert anmutende Modifikation der *FormatDateTime*-Funktion:

```
FormatDateTime('mm"/"dd"/"yyyy', StrToDate(Edit1.Text));
```

Verwenden Sie diese Variante, wenn Sie den SQL-String selbst "zusammenbasteln".

Hinweis: Vergessen Sie nicht die einfachen Anführungszeichen!

Beispiel: Einfügen eines SQL-Strings im US-Format

```
query1.SQL.add('SELECT * FROM rechnung WHERE datum < ''12/31/1999''');
```

oder

```
var d : string;
...
  d := FormatDateTime('mm"/"dd"/"yyyy', StrToDate('31.12.1999'));
  Query1.SQL.Add('SELECT * FROM rechnung WHERE datum < ''' + d + '''');
```

Arbeiten Sie mit Parametern, stellt sich der Vorgang etwas einfacher dar:

```
Query1.ParamByName('bis').AsDate := StrToDate('31.12.1999');
```

Grundlagen

Oberfläche

Grafik

Multimedia

Datei

Datenbank

SQL/ADO

Report

Objekte

OLE/DDE

Peripherie

System

Desktop

Technik

Sonstiges

R226 ... eine schreibgeschützte Query editieren?

Was sich auf den ersten Blick als ein Widerspruch darstellt, ist für einen Delphi-Programmierer kein Hindernis. Wie schon mehrfach in diesem Buch erwähnt, sind Abfragen, die auf einem Join basieren, grundsätzlich schreibgeschützt. Möchten Sie diese Einschränkung umgehen, gibt es zwei Wege:

- Über eine zweite Query senden Sie INSERT, UPDATE oder DELETE-Anweisungen an den SQL-Server.

- Sie verwenden die *UpdateSQL*-Komponente.

Im vorliegenden Beispiel wollen wir uns mit der zweiten Variante beschäftigen, da uns die Komponente jede Menge Arbeit abnimmt.

Oberfläche

Den grundsätzlichen Aufbau der Oberfläche können Sie der folgenden Abbildung entnehmen:

Verknüpfen Sie *Database*, *Query*, *DataSource*, *DBGrid* und *Navigator* über die entsprechenden Eigenschaften. Legen Sie die *CachedUpdate*-Eigenschaft von *Query1* auf *True* fest (Grundvoraussetzung zur Arbeit mit *UpdateSQL*). *RequestLive* ist ebenfalls auf *True* zu setzen.

Im nächsten Schritt geben Sie folgende SQL-Anweisung (*SQL*-Eigenschaft) ein:

```
SELECT
    r.datum, r.nr AS RechnungsNr, k.nr AS KundenNR, k.name, k.straße, k.plz, k.ort
FROM  rechnung r, kunden k
WHERE r.kundennr= k.nr
```

Die Tabelle sollte eigentlich Rechnungen heißen!

Ziel unseres Beispielprogramms ist die Aktualisierung der Tabelle "Kunden", auch wenn es sich um eine Abfrage über zwei Tabellen handelt.

Grundlagen

Oberfläche

Grafik

Multimedia

Datei

Datenbank

SQL/ADO

Report

Objekte

OLE/DDE

Peripherie

System

Desktop

Technik

Sonstiges

Hinweis: Fügen Sie in die Abfrage alle Felder ein, die aktualisiert werden sollen und die zur Bestimmung des Datensatzes (Primärindex) notwendig sind.

Koppeln Sie danach *Query* und *UpdateSQL*-Komponente über die *UpdateObject*-Eigenschaft von *Query1*. Nach einem Doppelklick auf die *UpdateSQL*-Komponente wählen Sie die zu aktualisierende Tabelle über die linke Combobox aus.

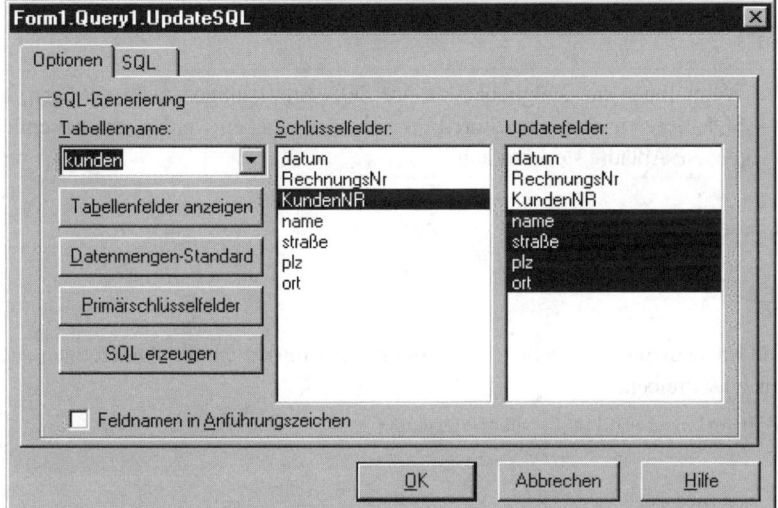

Markieren Sie in der linken Listbox den Primärindex bzw. die Felder, die den Primärindex bilden. In der rechten Listbox wählen Sie alle Felder, die von Aktualisierungen betroffen sind. Nach einem Klick auf den Button "SQL erzeugen" werden automatisch INSERT-, UPDATE- und DELETE-Anweisungen zum Einfügen, Ändern und Löschen von Datensätzen erzeugt.

Hinweis: Verwenden Sie in der SQL-Anweisung der *Query*-Komponente Aliasbezeichner, müssen Sie diese in den folgenden SQL-Anweisungen durch den echten Feldnamen ersetzen, da sonst die entsprechenden Felder nicht gefunden werden. Dies gilt allerdings nicht für die automatisch eingesetzten Parameter. Diese behalten ihre alten Namen.

Die SQL-Anweisung zum Aktualisieren:

```
UPDATE kunden
SET
  name = :name,
  straße = :straße,
  plz = :plz,
  ort = :ort
WHERE
  nr = :OLD_KundenNR
```

Die SQL-Anweisung zum Einfügen eines neuen Datensatzes:

```
INSERT INTO kunden
  (name, straße, plz, ort)
VALUES
  (:name, :straße, :plz, :ort)
```

Löschen eines Datensatzes:

```
DELETE FROM kunden WHERE nr = :OLD_KundenNR
```

Hinweis: Wenn Ihnen die Möglichkeiten der SQL-Anweisungen nicht genügen, kann bei SQL-Servern auch eine Stored Procedure angegeben werden, die wesentlich komplexere Abläufe steuern kann.

Damit ist unsere Oberfläche fertig.

Quelltext

Da wir mit CachedUpdates arbeiten, ist es zwingend erforderlich, die Änderungen auch in die Datenbank zu schreiben:

```
procedure TForm1.Button1Click(Sender: TObject);
begin
  if Query1.UpdatesPending then
    if MessageDlg('Änderungen übernehmen?', mtConfirmation, [mbYes, mbNo], 0)
      = mrNo then Query1.CancelUpdates
      else Query1.ApplyUpdates
end;
```

Test

Starten Sie das Programm und verändern Sie einen Datensatz. Klicken Sie danach auf den Button, um die Änderung in die Datenbank zu übernehmen.

Um den Inhalt der Tabelle zu aktualisieren, müssen Sie die Abfrage erneut durchführen.

R227 ... mit ADO auf Access-Datenbanken zugreifen?

Die neuen ADO-Komponenten gestatten einen bequemen Zugriff auf beliebige Datenbanken, sofern dafür ein entsprechender OLE DB-Treiber zur Verfügung steht. Für das Setzen der Verbindungszeichenfolge (*ConnectionString*-Eigenschaft) gibt es zwei grundsätzliche Alternativen:

- Zuweisen zur Entwurfszeit
- Zuweisen zur Laufzeit

Die erste Variante hat den Vorteil, dass man ohne eine einzige Zeile Quellcode zu einer funktionierenden Applikation kommt, die man bereits zur Entwurfszeit testen kann. Problematisch wird es allerdings, wenn man sein Programm an Dritte weitergeben möchte, denn dann stimmt im Allgemeinen der Datenbankpfad nicht mehr. Das Modifizieren einer UDL-Datenverknüpfungs-Datei wäre ein gangbarer Ausweg, ist allerdings für den Anwender meist mit zusätzlicher Arbeit verbunden und kann deshalb lästig werden.

Als Alternative empfiehlt sich deshalb die zweite Variante, das Hinzufügen einer Laufzeitanbindung. Interessant sind dafür folgende Möglichkeiten:

- Verwendung einer *OpenDialog*-Komponente
- Verlagern der Datenbank in den aktuellen Pfad

Die letztgenannte Möglichkeit, welche wir hier demonstrieren wollen, ist die einfachste und empfiehlt sich besonders bei kleineren Datenbanken. In unserem Beispiel verwenden wir die Access-Datenbank PERSONAL.MDB, die vorher in das Anwendungsverzeichnis zu kopieren ist.

Oberfläche

Auf dem Startformular platzieren Sie eine *ADOTable*-, ein *DataSource*- und eine *DBGrid*-Komponente. Setzen Sie die *DataSet*-Eigenschaft von *DataSource1* auf *ADOTable1* und die *DataSource*-Eigenschaft von *DBGrid1* auf *DataSource1*.

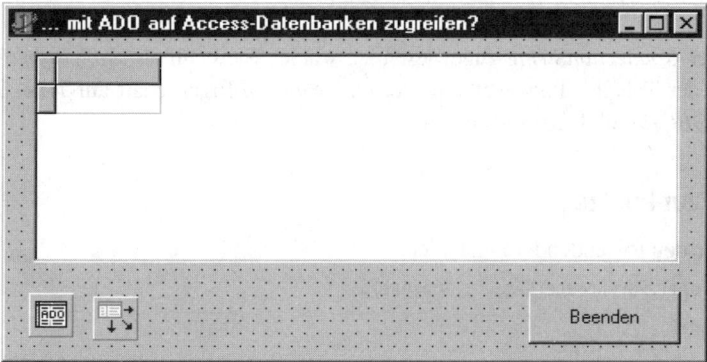

Anbinden zur Entwurfszeit

Für die Verbindung zur Datenquelle ist die *ConnectionString*-Eigenschaft der ADO-Komponente verantwortlich. Beim Erstellen dieses Strings, der "lang wie ein Bandwurm" ist, hilft uns ein Assistent. Der Aufruf erfolgt, indem Sie auf ▦ im Objektinspektor klicken.

Grundlagen

Oberfläche

Grafik

Multimedia

Datei

Datenbank

SQL/ADO

Report

Objekte

OLE/DDE

Peripherie

System

Desktop

Technik

Sonstiges

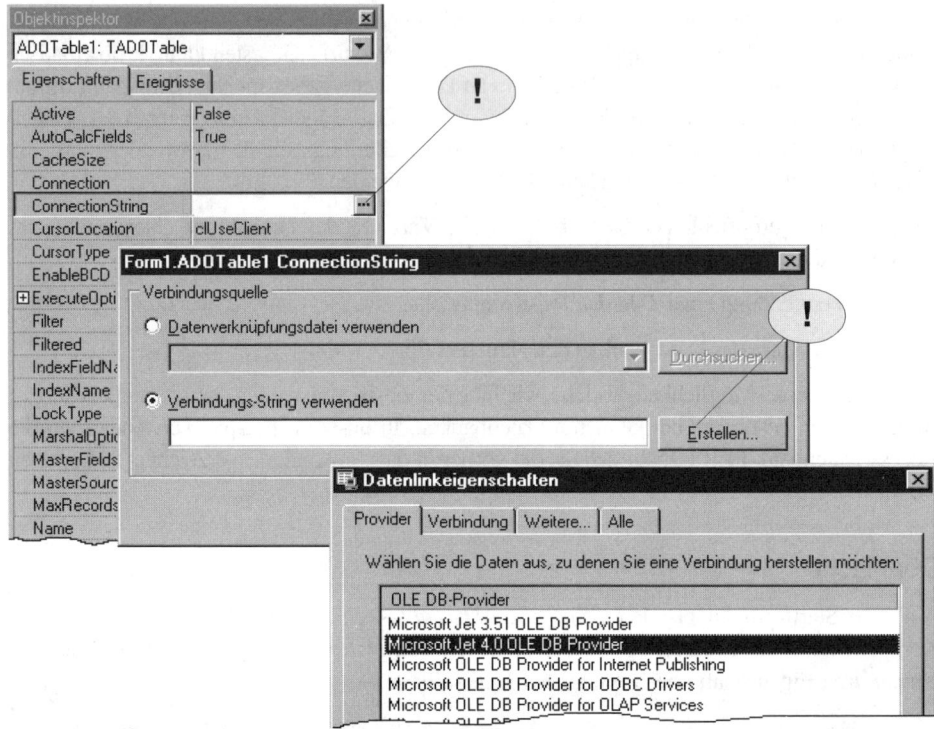

Nachdem der *ConnectionString* zugewiesen ist, wählen Sie noch als *TableName*-Eigenschaft den Namen der Tabelle "Personen" und setzen die *Active*-Eigenschaft auf *True*. Bereits jetzt müsste das *DBGrid* mit Datensätzen gefüllt sein.

Anbinden zur Laufzeit

Ergänzen Sie den folgenden Eventhandler:

```
procedure TForm1.FormCreate(Sender: TObject);
var verz: string;
begin
  verz := ExtractFilePath(ParamStr(0));        // Ermitteln des aktuellen Pfades
  with ADOTable1 do
  begin
   try
    ConnectionString := 'Provider=Microsoft.Jet.OLEDB.4.0;Data Source=' + verz +
        'Personal.mdb;Mode=Read|Write|Share Deny None;Persist Security Info=False';
    TableName := 'Personen';
    Active := True
   except
    Beep;
```

```
  ShowMessage('Die Datenbank PERSONAL.MDB befindet sich nicht ' + #10#13
  + 'im aktuellen Verzeichnis ' + verz)
  end
  end
end;
```

Die *ConnectionString*-Eigenschaft erhalten Sie am einfachsten, wenn Sie zunächst, wie oben beschrieben, eine Verbindung zur Entwurfszeit herstellen. Kopieren Sie dann den ConnectionString einfach aus dem Objektinspektor heraus und fügen ihn in den Quelltext ein. Anschließend nehmen Sie die entsprechenden Modifikationen vor (Herausschneiden des absoluten Pfades und Ersetzen durch die *verz*-Stringvariable).

Test

Bemerkungen

- Die Laufzeitanbindung sollten sie erst dann hinzufügen, wenn die Anwendung endgültig fertig ist, denn Sie erhalten sonst keinerlei Unterstützung zur Entwurfszeit!

- Durch Auswahl eines anderen OLE DB Treibers (*Microsoft OLE DB Provider for ODBC Drivers*) erhalten Sie z.B. auch Zugriff auf das hauseigene Paradox-Datenbankformat.

R228 ... mit ADO auf Microsoft SQL-Server zugreifen?

Da ADO eine einheitliche Datenzugriffstechnologie darstellt, unterscheidet sich auch der Zugriff auf den Microsoft SQL-Server vom Prinzip her nicht vom Vorgängerrezept.

Ziel ist das Herstellen einer Verbindung zur VERLEGER-Beispieldatenbank des SQL-Servers, wobei wir diesmal (nur um verschiedene Möglichkeiten zu demonstrieren!) anstatt der *ADOTable*- eine *ADOQuery*-Komponente verwenden wollen.

Grundlagen

Oberfläche

Grafik

Multimedia

Datei

Datenbank

SQL/ADO

Report

Objekte

OLE/DDE

Peripherie

System

Desktop

Technik

Sonstiges

Oberfläche

Platzieren Sie eine *ADOQuery-*, eine *DataSource-* und eine *DBGrid-*Komponente auf das Startformular. Weiterhin benötigen Sie ein Editierfeld und zwei Buttons.

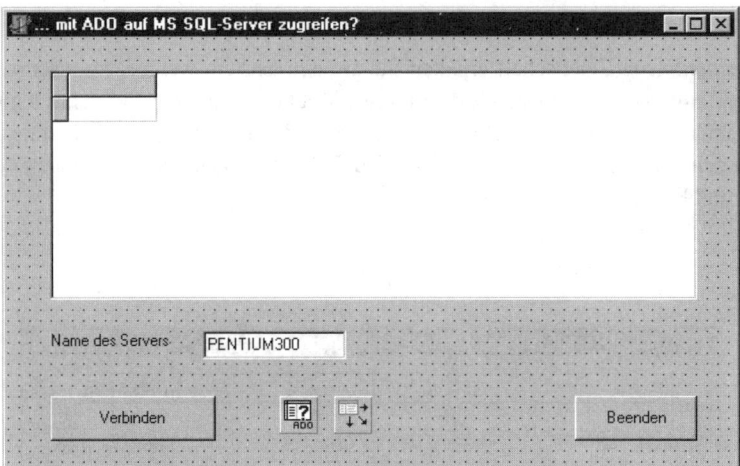

Auch in diesem Rezept beginnen wir mit dem Zuweisen der *ConnectionString*-Eigenschaft von *ADOQuery1*. Nachdem Sie die Option "Verbindungs-String verwenden" gewählt haben und auf "Erstellen" klicken, öffnet sich der bereits bekannte mehrblättrige Dialog, bei dem Sie auf der "Provider"-Seite zunächst den Eintrag *Microsoft OLE DB Provider for SQL Server* selektieren. Die erforderlichen Einträge auf der Seite "Verbindung" zeigt die Abbildung:

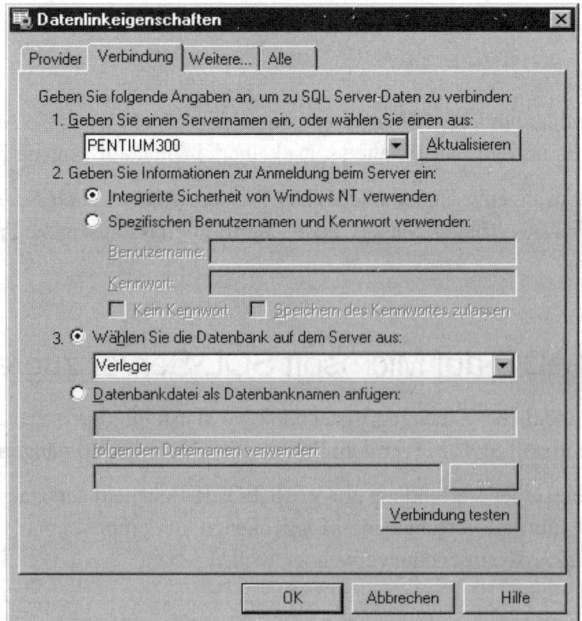

Testen Sie nun die Verbindung (natürlich sollte der SQL-Server vorher gestartet worden sein!).

Anschließend widmen wir uns der *SQL*-Eigenschaft und tragen eine sinnvolle Abfrage ein:

Grundlagen

Oberfläche

Grafik

Multimedia

Datei

Datenbank

SQL/ADO

Report

Objekte

OLE/DDE

Peripherie

System

Desktop

Technik

Sonstiges

```
String-Listen-Editor                                    [x]
1 Zeile
SELECT * FROM Autoren ORDER BY A_nname
```

Die übrigen Komponenten werden wie gewohnt angebunden (*DataSource1: DataSet = ADO-Query1; DBGrid1: DataSource =DataSource1*).

Wenn Sie jetzt die *Active*-Eigenschaft von *ADOQuery1* auf *True* setzen, müssten bereits Datensätze angezeigt werden.

Test 1

Starten Sie das Programm und spielen Sie ein wenig damit herum (die Eingabe des Servernamens im Editierfeld hat noch keine Bedeutung).

Laufzeitanbindung

Um zur Laufzeit den Namen des SQL-Servers wahlfrei eingeben zu können, ist folgender Eventhandler für den "Verbinden"-Button zu ergänzen:

```
procedure TForm1.Button1Click(Sender: TObject);      // Verbinden
var verz: string;
begin
verz := ExtractFilePath(ParamStr(0));
with ADOQuery1 do
begin
 Active := False;
 ConnectionString := 'Provider=SQLOLEDB.1;'
 + 'Integrated Security=SSPI;Persist Security Info=False;'
 + 'Initial Catalog=Verleger;Data Source='
 + Edit1.Text;
 Active := True
end
end;
```

Hinweis: Kopieren Sie den *ConnectionString* aus dem Objektinspektor in den Quelltext und passen Sie ihn entsprechend an!

Test 2

Setzen Sie die *Active*-Eigenschaft von *ADOQuery1* auf *False* und starten Sie das Programm. Tragen Sie den Namen Ihres SQL-Servers ein und stellen Sie die Verbindung her.

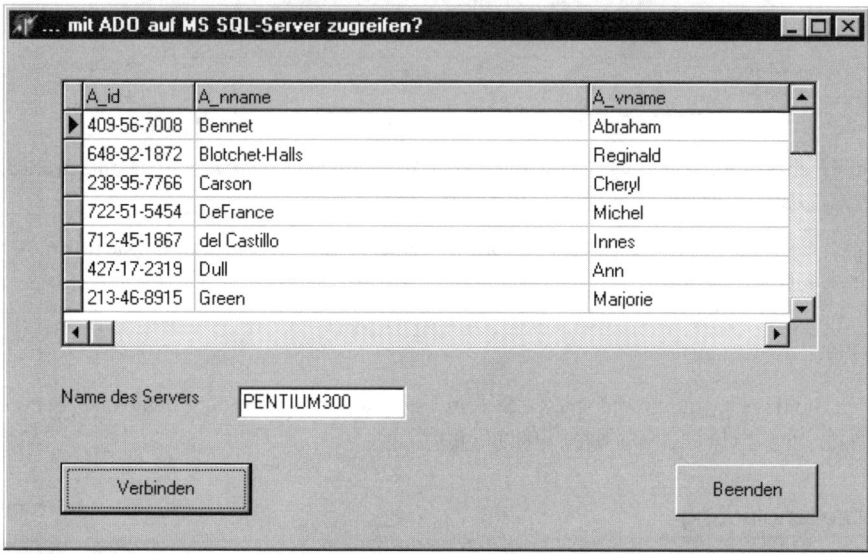

R229 ... eine UDL–Datei einrichten?

Unter ADO hat die BDE (Borland Database Engine) ihre Sonderrolle verloren, das Einrichten eines Datenbank-Alias hat demzufolge keine Bedeutung mehr. Gewissermaßen als Ersatz können Datenverknüpfungsdateien (.udl) eingesetzt werden, welche eine anwenderseitige Anpassung der Datenquelle ermöglichen. In einer solchen UDL(Unique Data Link)-Datei werden die kompletten Informationen gespeichert, die zur Verbindungsaufnahme mit einem OLE DB-Provider erforderlich sind.

Erster Eindruck

Nach Installation von Delphi dürfte zumindest die Beispiel-Data-Link-Datei *DBDEMOS.udl* vorhanden sein, welche Sie im Verzeichnis *C:\Programme\Gemeinsame Dateien\System\ole db\Data Links* finden.

Doppelklicken Sie auf diese Datei (oder RMT "Eigenschaften"), und Sie treffen auf ein aus den Vorgängerbeispielen bereits hinreichend bekanntes Dialogfeld:

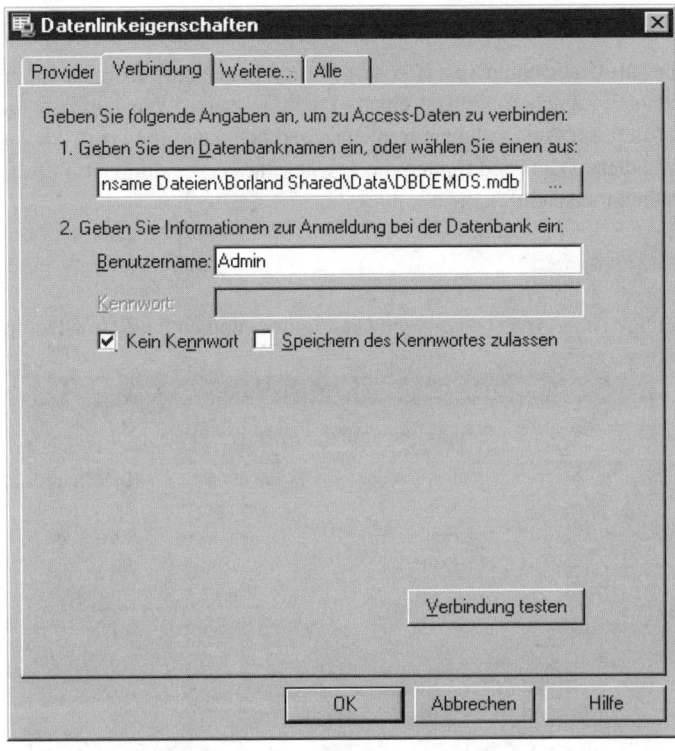

Damit dürfte das Prinzip bereits klar sein. Anderenfalls benutzen Sie den Hilfe-Button (unten rechts), um sich grundlegend zu informieren:

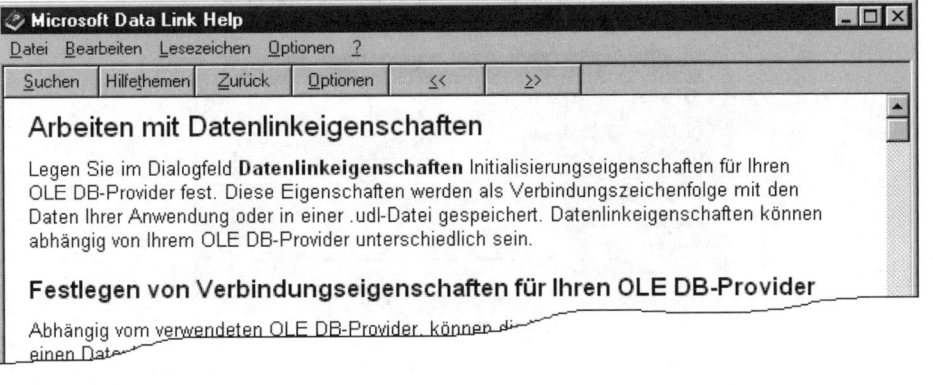

Das vorliegende Beispiel zeigt das Einrichten einer UDL–Datei für die Datenbank PERSONAL.MDB, wie sie sich mehrfach auf der Buch-CD befindet.

Grundlagen

Oberfläche

Grafik

Multimedia

Datei

Datenbank

SQL/ADO

Report

Objekte

OLE/DDE

Peripherie

System

Desktop

Technik

Sonstiges

Neue UDL-Datei erzeugen

Da unter Delphi (im Unterschied zu z.B. Visual Basic), kein Tool verfügbar ist, um neue UDL-Dateien zu erzeugen[1], machen wir von einem Trick Gebrauch: Wir kopieren die vorhandene *DBDEMOS.udl* in unser Anwendungsverzeichnis und benennen die Datei z.B. in *Test.udl* um. Dann öffnen wir diese Datei und richten die gewünschte Verbindung zum OLE DB-Provider ein (siehe Vorgängerbeispiele).

Oberfläche

Zum Testen genügen eine *ADOTable-*, eine *DataSource-* und eine *DBGrid-*Komponente:

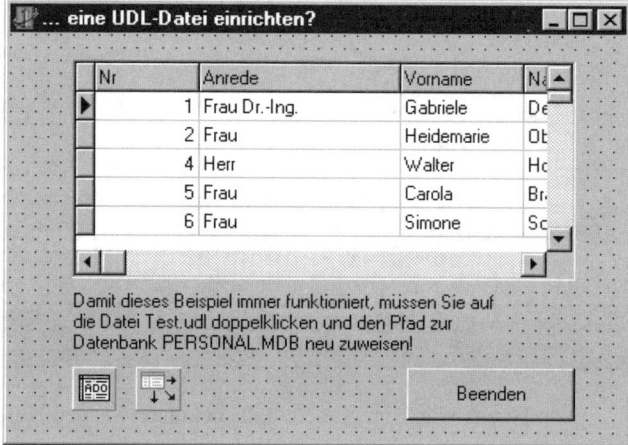

Für die *ConnectionString-*Eigenschaft von *ADOTable1* genügt folgender Eintrag:

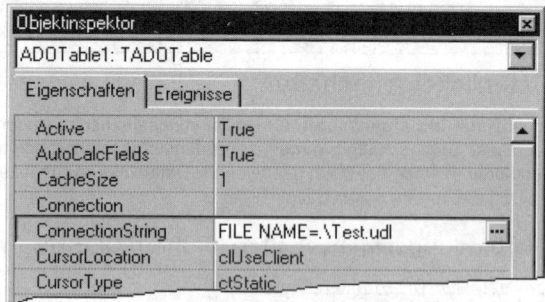

Hinweis: Die *ConnectionString-*Eigenschaft heißt *FILE NAME=.\Test.udl*, vergessen Sie also den Punkt vor dem Backslash (.\) nicht, der das aktuelle Verzeichnis meint!

---

[1] Wenigstens haben die Autoren auf Anhieb keines entdecken können.

Setzen Sie die *TableName*-Eigenschaft auf *Personen* und *Active* auf *True* und binden Sie die übrigen Komponenten auf gewohnte Weise an (*DataSource1: DataSet = ADOTable1; DBGrid1: DataSource = DataSource1*).

Test

Wenn Sie den Standort von PERSONAL.MDB verändern, genügt eine Korrektur von *Test.udl*, die Projekt-EXE-Datei braucht nicht neu erzeugt zu werden!

R230 ... mit Shape-Befehlen arbeiten?

Eine neue Möglichkeit zum Verarbeiten hierarchischer Recordset-Strukturen bietet sich unter ADO mit den SHAPE-Befehlen, welche man gewissermaßen als spezifische SQL-Erweiterung verstehen kann.

In unserem Beispiel wollen wir eine Master-Detail-Beziehung zwischen den Tabellen "Raeume" und "Personen" der Datenbank PERSONAL.MDB herstellen. Ziel ist es, beim Bewegen durch die Tabelle "Raeume" jeweils die im entsprechenden Raum sitzenden Personen aus der Tabelle "Personal" anzuzeigen.

Oberfläche

Platzieren Sie auf dem Startformular die Komponenten entsprechend der nachfolgenden Abbildung. Unser besonderes Augenmerk gilt der *ADOConnection* (links) und den beiden *ADO-DataSet*-Komponenten mit jeweils "nachgeschalteter" *DataSource*. Das *DBText*- das *DBEdit*- und die *DBNavigator*-Komponente verbinden Sie mit *DataSource1*, das *DBGrid* mit *DataSource2*.

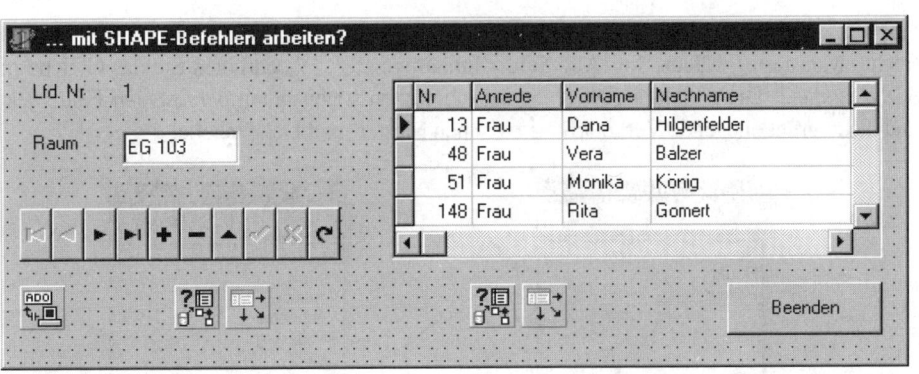

Eigenschaften zuweisen

Wir beginnen mit dem Einstellen der *ConnectionString*-Eigenschaft von *ADOConnection1*. Dazu ist im Objektinspektor der folgende "Bandwurm" einzugeben (passen Sie den Pfad der Datenquelle entsprechend an):

Grundlagen

Oberfläche

Grafik

Multimedia

Datei

Datenbank

SQL/ADO

Report

Objekte

OLE/DDE

Peripherie

System

Desktop

Technik

Sonstiges

```
Provider=MSDataShape.1;Persist Security Info=True;Data Source=C:\Beispiele\Personal.mdb;
Data Provider=Microsoft.Jet.OLEDB.4.0
```

Hinweis: Wie Sie sehen, muss hier unterschieden werden zwischen *Provider* und *Data Provider*!

Stellen Sie noch die Eigenschaften *LoginPrompt* auf *False* und *Provider* auf *MSDataShape*.

Nun wenden wir uns dem *ADODataSet1* zu. Dreh- und Angelpunkt ist die *CommandText*-Eigenschaft, welche wir als SHAPE-SQL-Befehl im Anweisungseditor schreiben:

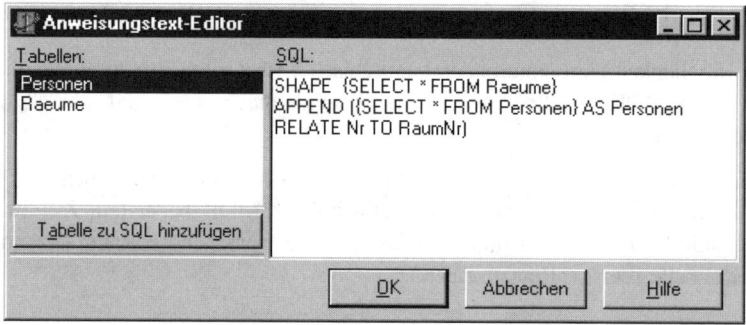

Hinweis: Achten Sie auf die unterschiedlichen runden und geschweiften Klammern im SHAPE-Befehl!

Jetzt erst sollten Sie für *ADODataSet1* die *Connection*-Eigenschaft (nicht *ConnectionString*!!!) auf *ADOConnection1* setzen.

Klicken Sie nun doppelt auf *ADODataSet1* und es öffnet sich der Feldeditor. Im Kontextmenü (rechte Maustaste) wählen Sie "Alle Felder hinzufügen ...". Wiederholen Sie das Gleiche mit *ADODataSet2*: Die Abbildung zeigt die hinzugefügten sogenannten *persistenten* Feldobjekte und die zugrundeliegende Verknüpfung zwischen Master- und Detailtabelle:

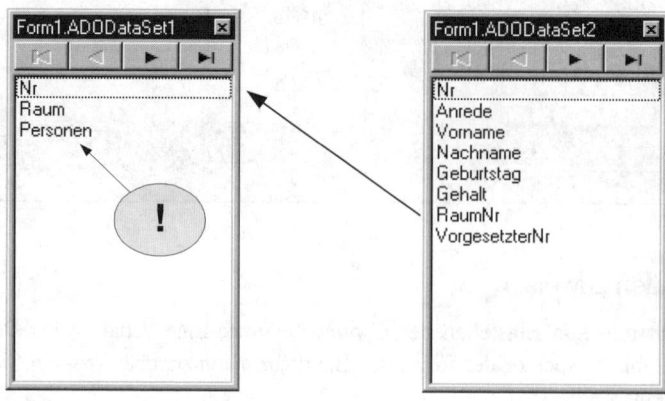

Bemerkenswert an *ADODataSet1,* welches die Tabelle "Raeume" umfasst, ist das Auftauchen des Feldobjekts *Personen* als Folge der APPEND-Klausel des SHAPE-Befehls.

Der von Delphi automatisch vergebene Bezeichner für dieses Objekt heißt *ADOData-Set1Personen* (siehe Typdeklaration von *TForm1*). Setzen Sie nun die *DataSetField*-Eigenschaft von *ADODataSet2* auf diesen Wert, um die Detailtabelle mit der Mastertabelle zu verbinden:

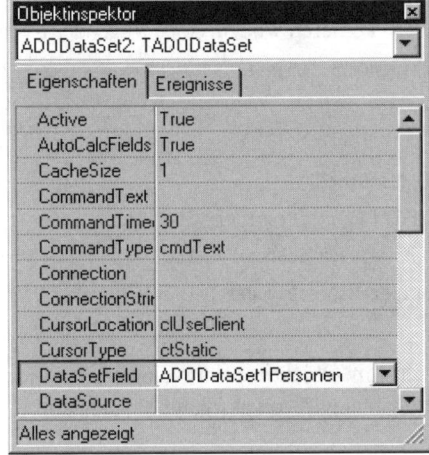

Sind alle Einstellungen richtig und Sie haben die *Active*-Eigenschaft der beiden *ADODataSet*-Komponenten auf *True* setzen, so sehen Sie bereits zur Entwurfszeit Datensätze (siehe Entwurfsansicht zu Beginn).

Test

Nach dem Programmstart können Sie sich durch die Mastertabelle bewegen. Im Datengitter werden entsprechend mehr oder weniger Personen angezeigt.

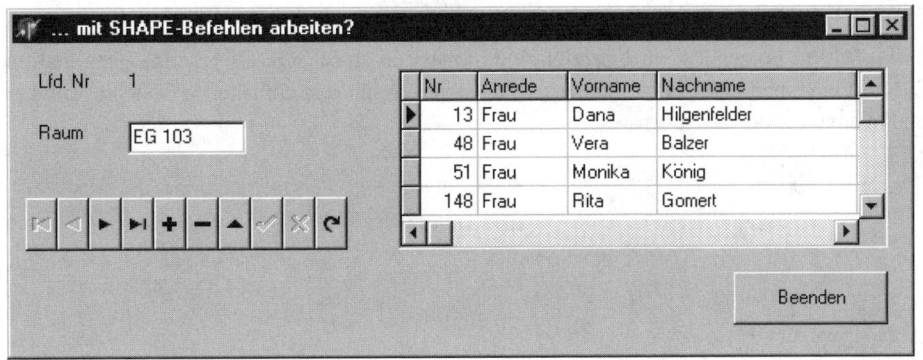

Hinweis: Falls nur leere Felder angezeigt werden, überprüfen Sie, ob die *Active*-Eigenschaft beider *ADODataSet*-Komponenten noch *True* ist, denn beim Herumdoktern an den Eigenschaften wird *Active* immer wieder automatisch auf *False* gesetzt.

Laufzeitanbindung der Datenbank

Falls Sie, wie auch beim entsprechenden Beispiel auf der Buch-CD praktiziert, die Datenbank in das Anwendungsverzeichnis kopieren wollen, so ist folgender Eventhandler zu ergänzen:

```
procedure TForm1.FormCreate(Sender: TObject);

var verz: string;

 begin

  verz := ExtractFilePath(ParamStr(0));

  ADOConnection1.ConnectionString := 'Provider=MSDataShape.1;'

  + 'Persist Security Info=True;Data Source=' + verz

  + 'Personal.mdb;Data Provider=Microsoft.Jet.OLEDB.4.0'

 end;
```

Dieser Code überschreibt die im Objektinspektor eingestellte *ConnectionString*-Eigenschaft und macht die Anwendung unabhängig von absoluten Pfadangaben.

R231 ... den MS SQL-Server mit DMO verwalten?

Für das Verwalten des MS SQL-Servers stellt Microsoft eine eigene Library zur Verfügung. Seit der Version 6.0 des MS SQL-Servers werden sogenannte *SQL Distributed Management Objects* (kurz SQLDMO) ausgeliefert. Über diese Objekte ist es auch Ihnen als Delphi-Programmierer möglich, den SQL-Server aus dem Delphi-Programm heraus zu administrieren. Allerdings kommt an dieser Stelle wieder ein Wermutstropfen: Ganz so einfach wie VBA-Programmierer haben Sie es nicht. Sie können zwar eine Typbibliothek einbinden, die Autoren haben jedoch die Erfahrung gemacht, dass diese nicht so funktioniert, wie sie sollte. Erzeugen Sie die Objekte besser über *CreateOLEObject*, auch wenn sie dann auf die Hilfe verzichten müssen. Die benötigten Konstanten und Typen können Sie aus der Typbibliothek importieren.

Beispiel: Im Folgenden wird gezeigt, wie Sie sich in einen SQL-Server einloggen und wie Sie Informationen über die vorhandenen Datenbanken mit den enthaltenen Tabellen abfragen und in einer *Listbox* ausgeben.

```
var serv : variant;

   db   : variant;

   i,j  : integer;

begin

  serv := CreateOLEObject('SQLDMO.SQLServer');

  serv.Connect('P200','sa','');

  listbox1.items.add('Datenbanken auf P200');
```

```
listbox1.items.add('-------------------------------------------');
for i := 1 to serv.Databases.count do
begin
   listbox1.items.add(serv.Databases.item(i).name);
   listbox1.items.add('---------');
   for j := 1 to serv.databases.item(i).Tables.count do
   begin
      If Not serv.databases.item(i).Tables.item(j).SystemObject Then
          listbox1.items.add(serv.databases.item(i).Tables.item(j).name);
   end;
   listbox1.items.add('');
end;
serv.Disconnect;
end;
```

Der Ablauf ist recht einfach zu verstehen: Nach dem Öffnen einer Verbindung (Sie müssen sich gegebenenfalls mit Name und Passwort anmelden), können wir die *Databases*-Collection durchlaufen. Zu jeder Datenbank auf dem SQL-Server findet sich ein entsprechendes *Database*-Objekt mit seinen Eigenschaften und last but not least auch den enthaltenen Tabellen, die über eine *Tables*-Collection verwaltet werden. Was bleibt ist noch die Unterscheidung zwischen Systemtabellen und Anwendertabellen (Eigenschaft *SystemObject*), um nicht unnötig viele Tabellen anzuzeigen.

Ein Ausschnitt aus der *Listbox*:

```
Datenbanken auf P200
----------------------------------------
abc
---------

Beispieldatenbank
---------
Informationen
Personen
Räume

BeispielDB
---------
Kunden
Lexikon
Personen
personenbackup
Räume
Städte und Telefonvorwahl
TABLE1
Telefone
```

Grundlagen
Oberfläche
Grafik
Multimedia
Datei
Datenbank
SQL/ADO
Report
Objekte
OLE/DDE
Peripherie
System
Desktop
Technik
Sonstiges

Die folgende Abbildung lässt erahnen, welche Möglichkeiten sich mit den SQL-DMOs ergeben:

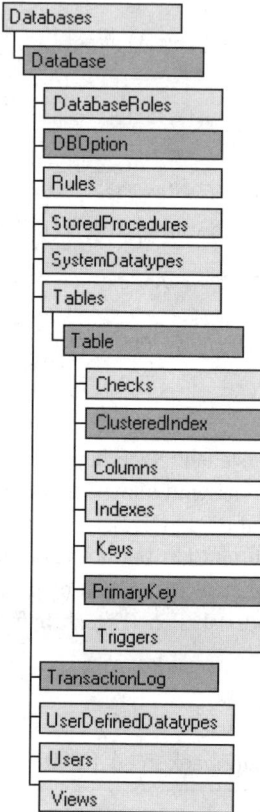

R232 ... eine MS SQL-Server-Datenbank erzeugen?

Wie Sie mit Hilfe der Enterprise Manager-Oberfläche die Datenbank erstellen und konfigurieren, möchten wir an dieser Stelle nicht weiter ausführen. Für uns ist interessant, wie aus dem Programm heraus eine neue Datenbank erzeugt werden kann.

Mit SQLDMO und TSQL bieten sich zwei verschiedene Varianten an. Für die folgenden Beispiele müssen Sie zum einen den Namen des SQL-Servers wissen, zum zweiten brauchen Sie auch die nötigen Rechte für den Zugriff auf den Server (*sa*).

Verwenden von SQLDMO

Ausgangspunkt für das Erstellen neuer Datenbanken auf dem SQL-Server ist zunächst eine geöffnete Verbindung. Dafür ist die Methode *Connect* eines *SQLServer*-Objektes verantwortlich. Übergeben Sie dieser Methode neben dem Servernamen Ihren Anmeldenamen und das Passwort. Nachfolgend können Sie der *Databases*-Collection ein neues *Database*-Objekt

Grundlagen

Oberfläche

Grafik

Multimedia

Datei

Datenbank

SQL/ADO

Report

Objekte

OLE/DDE

Peripherie

System

Desktop

Technik

Sonstiges

hinzufügen. Im einfachsten Falle belassen Sie es bei den Standard-Einstellungen bezüglich Protokolldatei, Datenbankgröße etc.

Beispiel: Erzeugen der Datenbank "Buchhaltung" auf dem Server "P200".

```
var serv, db  : variant;
begin
   serv := CreateOLEObject('SQLDMO.SQLServer');
   db   := CreateOLEObject('SQLDMO.Database');
   serv.Connect('P200','sa','');
   db.Name := 'Buchhaltung';
   serv.Databases.Add(db);
   serv.Disconnect;
end;
```

Etwas aufwendiger wird es, wenn Sie auch eine Maximalgröße für die Datenbank angeben wollen. Dies entspricht den Einstellungen, die Sie auch mit Hilfe des Enterprise-Managers vornehmen können.

In diesem Fall müssen Sie ein neues *DBFile*-Objekt erstellen, mit dem Sie neben der maximalen Dateigröße auch diverse Einstellung für den Speicherort (Dateien/Medien) vornehmen können.

Über die *DBOption*-Eigenschaft des jeweiligen *Database*-Objektes haben Sie Zugriff auf eine ganze Reihe von Eigenschaften, die Sie auch mit dem Enterprise-Manger bearbeiten können:

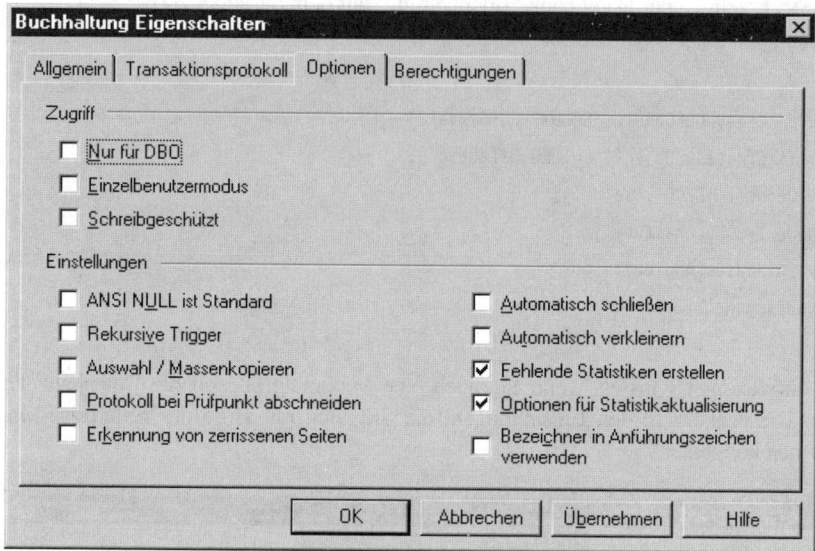

Von Bedeutung sind insbesondere die Eigenschaften:

ReadOnly (Schreibgeschützt), *SelectIntoBulkCopy* (Massenkopieren), *SingleUser* (Einzelbenutzermodus) und *DBOUseOnly* (Nur für DBO).

Verwenden von TSQL

Für den SQL-Profi wenig überraschend, verwenden wir die CREATE DATABASE-Anweisung zum Erzeugen neuer Datenbanken.

Syntax:
```
CREATE DATABASE <datenbankname>
      [ ON [PRIMARY][ <filespec> [,...n] ] ]
      <filespec> ::=
       ( [ NAME = logical_file_name, ]
       FILENAME = 'os_file_name'
       [, SIZE = size]
       [, MAXSIZE = { max_size | UNLIMITED } ]
       [, FILEGROWTH = growth_increment] ) [,...n]
```

Bevor Sie vor der Vielfalt der Optionen zurückschrecken, seien Sie beruhigt, mit

`CREATE DATABASE abc`

haben Sie bereits eine Datenbank auf dem Server erzeugt. Die automatisch eingestellten Optionen:
1 MByte Größe, 10% automatische Vergrößerung, unbeschränkte Dateigröße.

Beispiel: Aufruf aus einem Delphi-Programm heraus:

Grundlagen

```
adoconnection1.ConnectionString := 'Provider=SQLOLEDB.1;Integrated Security=SSPI;' +
                          'Persist Security Info=False;Initial Cata-
log=BeispielDB;' +
                          'Data Source=P200';
adoconnection1.Open;
adoconnection1.Execute('CREATE DATABASE abc');
```

Oberfläche

Grafik

Beispiel: Erzeugen einer Datenbank, mit einer Anfangsgröße von 14 MByte, einer Maximalgröße von 100 MByte und einer automatischen Vergrößerung um jeweils 1 MByte. Der Speicherort wird explizit vorgegeben.

Multimedia

```
CREATE DATABASE Products
ON
( NAME = buch_dat,
  FILENAME = 'e:\mssql7\data\buch.mdf',
  SIZE = 14,
  MAXSIZE = 100,
  FILEGROWTH = 1 )
```

Datei

Datenbank

SQL/ADO

Report

Objekte

OLE/DDE

Peripherie

System

Desktop

Technik

Sonstiges

Wie kann ich ...?
Report

R233 ... die installierten Drucker ermitteln?

In Applikationen, die auch etwas zu Papier bringen müssen, ist in der Regel eine Möglichkeit zum Wechseln des aktuellen Druckers vorgesehen. Wie Sie dieses Problem auf relativ einfache Weise mit Delphi lösen können, zeigt das folgende Beispiel.

Oberfläche

Auf dem Formular platzieren Sie zwei Listenfelder (*ListBox1* und *ListBox2*):

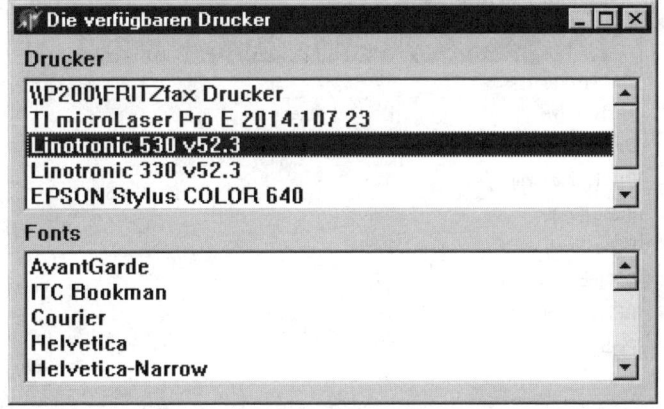

Quelltext

Mit dem Laden des Formulars erfolgt auch das Füllen des Listenfeldes:

```
procedure TForm1.FormCreate(Sender: TObject);
begin
    listBox1.Items := Printer.Printers        { Listenfeld füllen }
end;
```

Die Auswahl des aktiven Druckers ist mit einer Zeile erledigt:

```
procedure TForm1.ListBox1Click(Sender: TObject);
begin
    Printer.PrinterIndex := listBox1.ItemIndex;
```

Schriften anzeigen:

```
    listBox2.Items := Printer.Fonts
end;
```

Grundlagen

Oberfläche

Grafik

Multimedia

Datei

Datenbank

SQL/ADO

Report

Objekte

OLE/DDE

Peripherie

System

Desktop

Technik

Sonstiges

R234 ... alles über den Drucker erfahren?

Für die Druckausgabe braucht man reichlich Informationen über das jeweilige Ausgabegerät. Dass neben den *Printer*-Properties noch mehr zu erfahren ist, zeigt der folgende Beitrag.

Oberfläche

Auf dem Formular platzieren Sie ein *StringGrid* und eine Befehlsschaltfläche:

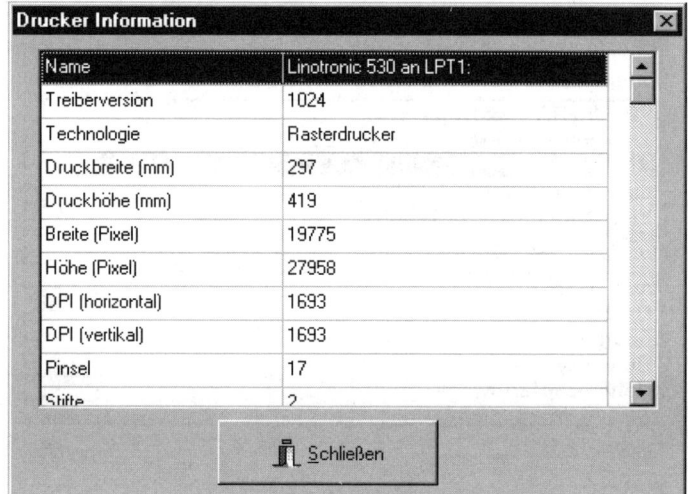

Quelltext

Die GDI-Funktion *GetDeviceCaps* liefert uns fast alle notwendigen Informationen. In der Delphi-API-Hilfe finden Sie dazu die Parameter.

Bei Programmstart füllen wir das *StringGrid* mit den ermittelten Werten:

```
procedure TForm1.FormCreate(Sender: TObject);
var dc : THandle;
    i, n : Integer;
begin
    grid.ColWidths[1] := 200;
```

Zu diesem Zeitpunkt handelt es sich nicht um einen "echten" DC, sondern nur um einen Informations-Gerätekontext! Sie können also keine GDI-Ausgaben mit diesem Gerätekontext vornehmen.

```
    dc := printer.handle;
    i:= 0;
```

Vom *Printer*-Objekt bereitgestellt:

```
    grid.cells[0,i] := 'Name';
```

```
grid.cells[1,i] := printer.printers[printer.printerindex];
inc(i);
grid.cells[0,i] := 'Treiberversion';
grid.cells[1,i] := IntToStr(GetDeviceCaps(dc, driverversion));
inc(i);
```

Von besonderer Bedeutung für die Grafikausgabe auf einem Drucker ist diese Abfrage:

```
grid.cells[0,i] := 'Technologie';
grid.cells[1,i] := techno[GetDeviceCaps(dc, technology)];
```

Folgende Rückgabewerte sind möglich:

Konstante	Beschreibung
DT_PLOTTER	Vektor-Plotter
DT_RASDISPLAY	Raster-Bildschirm
DT_RASPRINTER	Raster-Drucker
DT_RASCAMERA	Raster-Kamera (Scanner)
DT_CHARSTREAM	Zeichenfolge (z.B. Typenraddrucker)
DT_METAFILE	Meta-Datei
DT_DISPFILE	Bildschirm-Datei (BMP)

Die Information über nutzbare Blattbreite und -höhe gewinnt man wie folgt:

```
inc(i);
grid.cells[0,i] := 'Druckbreite (mm)';
grid.cells[1,i] := IntToStr(GetDeviceCaps(dc, horzsize));
inc(i);
grid.cells[0,i] := 'Druckhöhe (mm)';
grid.cells[1,i] := IntToStr(GetDeviceCaps(dc, vertsize));
inc(i);
grid.cells[0,i] := 'Breite (Pixel)';
grid.cells[1,i] := IntToStr(GetDeviceCaps(dc, horzres));
inc(i);
grid.cells[0,i] := 'Höhe (Pixel)';
grid.cells[1,i] := IntToStr(GetDeviceCaps(dc, vertres));
inc(i);
grid.cells[0,i] := 'Linker Seitenoffset (Pixel)';
grid.cells[1,i] := IntToStr(GetDeviceCaps(dc, PHYSICALOFFSETX));
inc(i);
grid.cells[0,i] := 'Oberer Seitenoffset (Pixel)';
grid.cells[1,i] := IntToStr(GetDeviceCaps(dc, PHYSICALOFFSETY));
inc(i);
```

Grundlagen

Oberfläche

Grafik

Multimedia

Datei

Datenbank

SQL/ADO

Report

Objekte

OLE/DDE

Peripherie

System

Desktop

Technik

Sonstiges

```
  grid.cells[0,i] := 'DPI (horizontal)';
  grid.cells[1,i] := IntToStr(GetDeviceCaps(dc, logpixelsx));
  inc(i);
  grid.cells[0,i] := 'DPI (vertikal)';
  grid.cells[1,i] := IntToStr(GetDeviceCaps(dc, logpixelsy));
  inc(i);
  grid.cells[0,i] := 'Pinsel';
  grid.cells[1,i] := IntToStr(GetDeviceCaps(dc, Numbrushes));
  inc(i);
  grid.cells[0,i] := 'Stifte';
  grid.cells[1,i] := IntToStr(GetDeviceCaps(dc, numpens));
  inc(i);
  grid.cells[0,i] := 'Markierer';
  grid.cells[1,i] := IntToStr(GetDeviceCaps(dc, nummarkers));
  inc(i);
```

Ob der Drucker auch farbtauglich ist, ermitteln Sie so:

```
  grid.cells[0,i] := 'Farben';
  grid.cells[1,i] := IntToStr(GetDeviceCaps(dc, numcolors));
  inc(i);
```

Je nach Druckertyp werden unterschiedliche Schriftarten angezeigt:

```
  grid.cells[0,i] := 'Schriften';
  grid.cells[1,i] := IntToStr(printer.Fonts.count);
  inc(i);
  for n := 0 to printer.Fonts.count-1 do begin
     grid.rowcount := i;
     grid.cells[1,i] := printer.Fonts[n];
     inc(i)
end; end;
```

R235 ... einen Drucker auswählen?

Geht es darum, Ausgaben auf dem Drucker vorzunehmen, können Sie entweder den Standard-drucker des Systems nutzen (Default für das *Printer*-Objekt) oder Sie stellen dem Anwender eine Möglichkeit zur Druckerauswahl zur Verfügung.

Zwei Varianten bieten sich an:

- Standard-Dialog (*PrinterSetupDialog*)

- Combobox

Das Beispiel zeigt beide Varianten.

Oberfläche

Neben zwei *Buttons* und einer *Combobox* brauchen Sie lediglich eine *PrinterSetupDialog*-Komponente.

Grundlagen

Oberfläche

Grafik

Multimedia

Datei

Datenbank

SQL/ADO

Report

Objekte

OLE/DDE

Peripherie

System

Desktop

Technik

Sonstiges

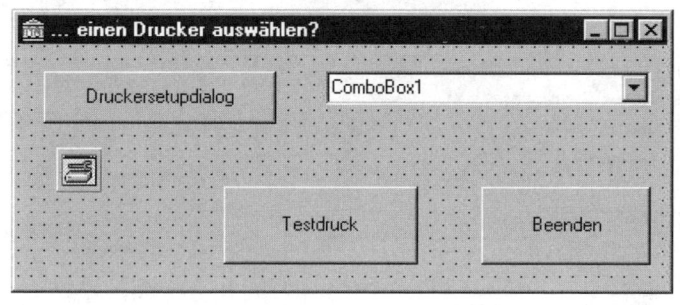

Quelltext

Mit dem Erstellen des Formulars wird auch die *ComboBox* gefüllt. Vorher müssen Sie jedoch auf alle Fälle die Unit *Printers* einbinden, sonst haben Sie keinen Zugriff auf das *Printer*-Objekt.

```
procedure TForm1.FormCreate(Sender: TObject);
begin
    Combobox1.Items := Printer.Printers;
    Combobox1.ItemIndex := Printer.PrinterIndex;
end;
```

Da es sich bei der Eigenschaft *Printers* um ein *TStrings*-Objekt handelt, können Sie die Eigenschaft *Items* (ebenfalls *TStrings*) direkt zuweisen. Der aktuelle Drucker wird über *PrinterIndex* abgefragt.

Umgekehrt können Sie auch *PrinterIndex* zuweisen und damit den aktuellen Drucker wechseln.

Hinweis: Der Druckerwechsel an dieser Stelle hat <u>keinen</u> Einfluss auf den Standarddrucker des Systems.

Die zweite Variante (Standarddialog) zaubert mit

```
procedure TForm1.Button1Click(Sender: TObject);    // Druckersetupdialog
begin
    PrinterSetupDialog1.Execute;
    ComboBox1.Items.Clear;
    ComboBox1.Items := Printer.Printers;
    Combobox1.ItemIndex := Printer.PrinterIndex
end;
```

folgende Dialogbox auf den Bildschirm:

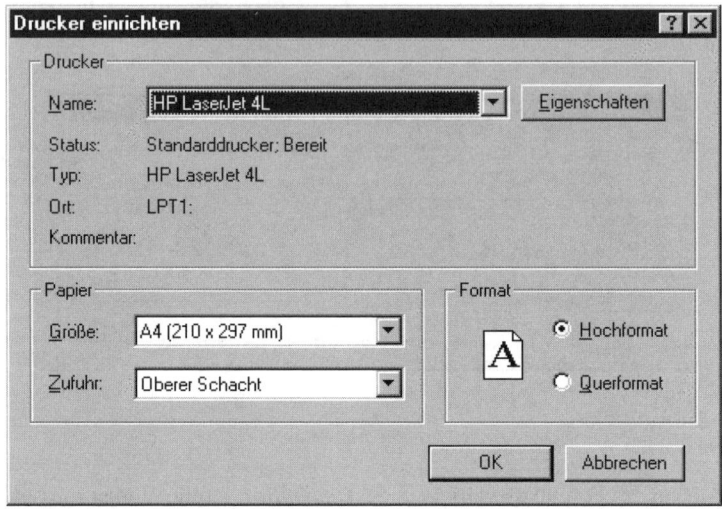

Gleichzeitig wird die Anzeige in der Combobox aktualisiert.

Einen winzigen Probeausdruck (der Name des aktuellen Druckers) erzeugen Sie z.B. mit:

```
procedure TForm1.Button2Click(Sender: TObject);        // Testdruck
begin
    Printer.BeginDoc;
    Printer.Canvas.TextOut(100,100, Printer.Printers[Printer.PrinterIndex]);
    Printer.EndDoc
end;
```

R236 ... eine Textdatei drucken?

Geht es darum, lediglich ein paar Textzeilen zu Papier zu bringen, dürften Sie mit den Quick-Report-Komponenten "mit Kanonen nach Spatzen schießen". Ein paar Methodenaufrufe genügen, um eine Textdatei auszudrucken (es könnte sich auch um eine Stringliste oder um ein Array handeln).

Oberfläche

Außer den zwei Buttons brauchen wir die *OpenDialog*-Komponente (Seite "Dialoge" der Komponentenpalette):

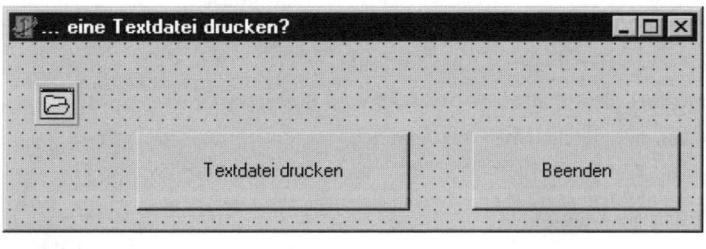

Grundlagen

Oberfläche

Grafik

Multimedia

Datei

Datenbank

SQL/ADO

Report

Objekte

OLE/DDE

Peripherie

System

Desktop

Technik

Sonstiges

Quelltext

Binden Sie zu Beginn des *Implementation*-Abschnitts als Erstes die Unit *Printers* ein, sonst haben Sie keinen Zugriff auf das *Printer*-Objekt.

```
uses Printers;
```

Einige Vorgaben für die Formatierung:

```
const maxZeilen = 60;   // Zeilen pro Seite
      textHoehe  = 40;   // 4 mm
      linkerRand = 200;  // 20 mm

procedure TForm1.Button1Click(Sender: TObject);
var w,v : TSize;
    OUTDC : HDC;
    f     : Textfile;
    zeile : Integer;
    txt   : string;
```

Das folgende Listing fällt etwas umfangreicher aus, da wir uns die Mühe machen, das Druckerkoordinatensystem anzupassen (1/10 Millimeter). Doch bevor es soweit ist, wählen wir mit Hilfe der Datei-Dialogbox eine Datei aus:

```
begin
  if OpenDialog1.execute then begin AssignFile(f,OpenDialog1.Filename);
```

Öffnen der Datei:

```
    Reset(f);
```

Initialisieren des Druckers (Millimeter):

```
    Printer.BeginDoc;
    outDC := Printer.Canvas.Handle;
    SetMapMode(OutDC,mm_lometric);      // 1/10 mm aber Y geht nach oben
    GetWindowExtEx(OutDC,w);            // Auflösung ermitteln
    GetViewportExtEx(OutDC,v);
    SetMapMode(OutDC,MM_ANISOTROPIC);       // neuer Abb.-Modus
    SetWindowExtEX(OutDC,w.cx,w.cy,nil);    // Skalierung ...
    SetViewPortExtEx(OutDC,v.cx,-v.cy,nil);
```

Einstellen der Schriftart, -farbe und -größe:

```
Printer.Canvas.Font.Name := 'Courier New';
Printer.Canvas.Brush.Color := clWhite;   // Hintergrundfarbe
Printer.Canvas.Font.Height:= textHoehe;
zeile := 0;
```

Für alle Zeilen in der Datei:

```
while not Eof(f) do begin
    Inc(zeile);
    Readln(f,txt);
    if zeile = maxZeilen then begin
        zeile := 1;
```

Eventuell Seitenvorschub auslösen, wenn die maximale Zeilenanzahl erreicht wurde:

```
        Printer.Newpage
    end;
```

Die Kopfzeile drucken:

```
        if zeile = 1 then begin          // Kopfzeile erzeugen
            Printer.Canvas.Font.Style := [fsBold];
            Printer.Canvas.TextOut(linkerRand,0,OpenDialog1.filename +
            ' / Seite: ' + IntTostr(Printer.PageNumber));
            Printer.Canvas.Font.Style := []
        end;
```

Die eigentliche Ausgabezeile:

```
        Printer.Canvas.TextOut(linkerRand, zeile * (textHoehe + 3), txt)
    end;
    closefile(f);
    Printer.EndDoc
  end
end;
```

Test

Starten Sie das Programm, öffnen Sie eine *.TXT-Datei und schon wird Ihr Drucker loslegen!

Bemerkungen

- Das Programm an andere Aufgabenstellungen anzupassen dürfte nicht allzu schwierig sein, zumal das neue Koordinatensystem eine vollständig systemunabhängige Ausgabe garantiert.

- Um auch anderen Applikationen diese schnelle und bequeme Druckmöglichkeit zur Verfügung zu stellen, empfiehlt sich dafür das Anlegen einer eigenen Unit.

R237 ... in Millimetern drucken?

R237 ... in Millimetern drucken?

Wenn Sie mehr vorhaben, als nur ein paar Pixel oder Linien auszugeben, werden Sie sich sicher schon gewundert haben, was die Maßeinheit "Pixel" auf dem Drucker verloren hat. Je nach Druckerauflösung (600 dpi, 300 dpi, 150 dpi) ist die ausgegebene Grafik riesengroß oder mikroskopisch klein.

Vermutlich haben sich die Borland-Programmierer quälenden Überlegungen dieser Art nicht hingegeben. Dabei ist dem Problem mit <u>einer</u> Zeile Quellcode beizukommen.

Quelltext

Fügen Sie den folgenden Quellcode in das *OnClick*-Ereignis des Formulars ein. Die wesentliche Zeile ist unterstrichen.

```
var i,l,
    breite,hoehe : Integer;
    s : string;


begin
```

Druckauftrag beginnen

```
    printer.beginDoc;
```

... sonst stimmt das *Handle* nicht!

Umstellen der Druckausgabe auf 1/10 mm. Beachten Sie, dass sich der Mittelpunkt des neuen Koordinatensystems in der linken oberen Ecke befindet. Positive y-Werte sind nach <u>oben</u> abzutragen[1]!

```
    SetMapMode(printer.canvas.handle,MM_LOMETRIC);
    with printer.canvas do
    begin
```

Schrifthöhe in 1/10 mm festlegen (Sie können ruhig nachmessen!):

```
        font.Height:=50;
        font.Name := 'Arial';
```

Testausrichtung auf Mitte/Oben festlegen:

```
        SetTextAlign(handle,TA_CENTER+TA_TOP);
```

Danach ist die Blattgröße in 1/10 mm zu ermitteln. Vergessen Sie in diesem Zusammenhang die Eigenschaften *PageWidth* und *PageHeight* gleich wieder, die "rechnen" immer noch in Pixeln.

```
        breite := getDevicecaps(handle,horzsize)*10;
        hoehe  := getDevicecaps(handle,vertsize)*10;
```

---

[1] Dass Sie sich ja nicht wundern, wenn keine Grafik auf dem Papier erscheint!

Grundlagen

Oberfläche

Grafik

Multimedia

Datei

Datenbank

SQL/ADO

Report

Objekte

OLE/DDE

Peripherie

System

Desktop

Technik

Sonstiges

Eine erste Linie auf dem Drucker ausgeben:

```
MoveTo(0,-1);
LineTo(breite,-1);
i := 1;
```

Eine Millimeter-Skala ausgeben:

```
while i <= breite do
begin
        MoveTo(i,-1);
        if (i-1) mod 100 = 0 then begin
            LineTo(i,-50);
            TextOut(i,-50,IntToStr(i div 100));
        end else LineTo(i,-30);
        inc(i,10);
end;
```

Text in verschiedenen Größen erzeugen:

```
s := 'Programmieren macht Spaß ...';
SetTextAlign(handle,TA_LEFT+TA_TOP);
i := 2;
l := 2;
while i < 20 do
begin
    font.height:= i*10;
    TextOut(200,-100-l*10,s);
    inc(i);
    inc(l,i)
end
end;
```

Nicht vergessen:

```
printer.endDoc
end;
```

Das Beispiel hätte auch kürzer ausfallen können, auf diese Weise haben Sie jedoch gleich noch ein paar Techniken für die Druckausgabe dazugelernt.

Hinweis: Soll die Ausgabe bezüglich der Blattränder positioniert werden, müssen Sie den seitlichen und oberen Offset in die Berechnung einbeziehen. Das vorhergehende Rezept zeigt, wie Sie mit der Funktion *GetDevCaps* die nötigen Informationen ermitteln.

Wie das Blatt schließlich aussehen sollte, zeigt die folgende Abbildung:

Grundlagen

Oberfläche

Grafik

Multimedia

Datei

Datenbank

SQL/ADO

Report

Objekte

OLE/DDE

Peripherie

System

Desktop

Technik

Sonstiges

R238 ... Pixel-/Vektorgrafiken drucken?

Möchten Sie neben Text und Linien auch fertige Grafiken drucken? Wenn ja, dann dürfte dies genau der richtige Artikel für Sie sein.

Oberfläche

Plazieren Sie eine Vektor- oder Bitmap-Grafik auf dem Formular sowie zwei Buttons.

Quelltext

Die Ausgabe der Grafik ist mit relativ wenig Aufwand erledigt, Sie brauchen lediglich die Grafik mit *StretchDraw* auf den *Canvas* des Druckers zu kopieren. Ob es sich um eine Pixel- oder Vektorgrafik handelt, entscheidet sich mit dem *Picture*-Objekt *(Picture.Metafile oder Picture.Bitmap)*:

```
procedure TForm1.Button1Click(Sender: TObject);
var rect : TRect;
    s    : string;
begin
    printer.BeginDoc;
    screen.Cursor:=crHourglass;
    with printer.Canvas do begin
        rect:=Bounds(0,0,printer.PageWidth,printer.PageHeight);
        StretchDraw(Rect,image1.Picture.Metafile);
    end;
    printer.EndDoc;
    screen.cursor:=crDefault
end;
```

bzw.

```
procedure TForm1.Button2Click(Sender: TObject);
var rect : TRect;
    s    : string;

begin
    printer.begindoc;
    screen.cursor:=crHourglass;
    with printer.canvas do begin
        s := 'Testdruck';
        textout(10,10,s);
        rect:=Bounds(0,0,printer.pagewidth div 2,printer.pageheight div 2);
        StretchDraw(Rect,image2.picture.bitmap);
    end;
    printer.enddoc;
    screen.cursor:=crDefault;
end;
```

R239 ... einen Druckauftrag abbrechen?

Grundlagen

Hilfe, ein Druckauftrag mit mehreren gemeinen Karikaturen vom Chef ist versehentlich unterwegs zu dessen Büro! Welche Möglichkeiten gibt es zum Abbruch?

Grundsätzlich lassen sich zwei Fälle unterscheiden:

Oberfläche

Es wurde noch kein Printer.EndDoc aufgerufen

Grafik

Das *Printer*-Objekt von Delphi bietet grundsätzlich die Chance, begonnene Druckaufträge abzubrechen. Mit Hilfe der Methode *AbortDoc* lassen sich Druckaufträge, die noch nicht mit *EndDoc* abgeschlossen wurden, beenden. Der Drucker wird zurückgesetzt.

Multimedia

Datei

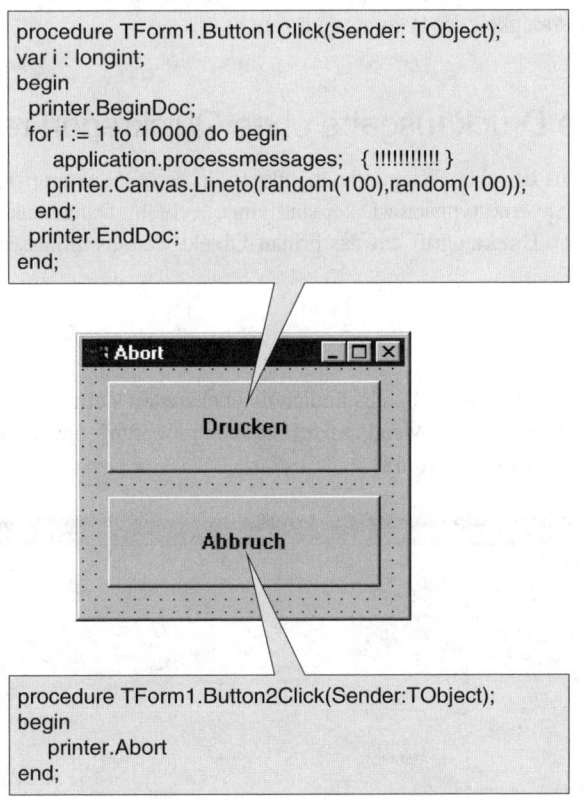

Datenbank

SQL/ADO

Report

Objekte

OLE/DDE

Peripherie

System

Desktop

Den momentanen Status können Sie mit der Eigenschaft *Printing* überprüfen. Während des Drucks (<u>nach</u> *BeginDoc*, <u>vor</u> *EndDoc*) ist diese Variable *True*.

Technik

AbortDoc setzt den Drucker zurück und stellt den Seitenzähler *PageNumber* auf Eins ein.

Sonstiges

Hinweis: Sollte der Druckauftrag bereits abgeschlossen sein, ist der *AbortDoc*-Aufruf wirkungslos, dem Gerätekontext *Printer.Canvas.Handle* bzw. *Printer.Handle* wurde bereits ein neuer Wert zugewiesen.

Sollte der Programmnutzer den Druckauftrag abbrechen, d.h. die Methode *Abort* wird ausgeführt, ist die Eigenschaft *Aborted* auf *True* gesetzt.

Der Druckauftrag wird bereits durch den Druckmanager bearbeitet

In diesem Stadium ist dem Patienten eigentlich kaum noch zu helfen, die einzige Möglichkeit, zu retten, was noch zu retten ist, besteht im Schließen des Druckmanagers. Natürlich können sich inzwischen schon einige Seiten durch den Drucker gequält haben. Aber das alles ist eine Frage der Reaktionsfähigkeit des Programmnutzers.

R240 ... eine Druckausgabe ohne Quickreport realisieren?

Befreien Sie sich aus der sklavischen Abhängigkeit von den Quickreport-Komponenten! Vor allem dann, wenn Sie eine typisierte Datei statt einer "echten" Datenbank auswählen, bieten sich Ihnen durch den Direktzugriff auf das Printer-Objekt weitaus umfassendere Gestaltungsmöglichkeiten.

Oberfläche

Die Oberfläche entspricht unserer bereits hinlänglich bekannten kleinen Datenbankapplikation, nur haben wir noch die beiden Menüpunkte Druckereinrichtung und Drucken sowie einen *PrinterSetupDialog* hinzugefügt (links).

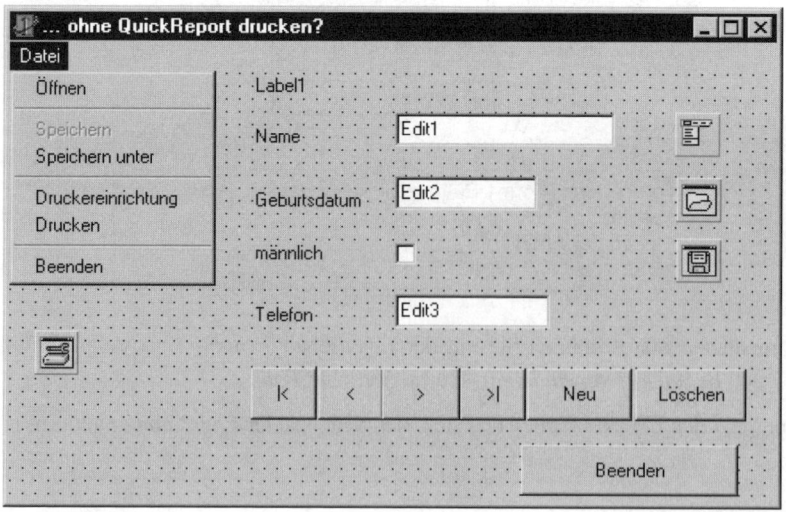

Quelltext

Aus Übersichtlichkeitsgründen verpacken wir den Code in eine extra Unit:

```
unit Unit2;

interface

procedure printPersonen;            // Interface-Routine

implementation

uses Printers, Dialogs, SysUtils,   // wegen Drucker, Messageboxen, Stringfunktionen
     Graphics,                      // wegen fsBold etc.
     Windows,                       // wegen Druckausgabe in mm (SetMapMode etc.)
     Unit1;                         // Datenherkunft

var breite, hoehe: Word;        // Breite und Höhe in mm
    y: Integer=0;               // aktuelle vert. Druckposition in mm

const oRand=20;                 // oberer Rand = 20mm
      uRand=10;                 // unterer ...
      lRand=20;                 // linker Rand ...
      dz = 5;                   // Zeilenabstand = 5mm

procedure printTitle;
 var m: Word; txt: string;
 begin
```

Da die Druckausgabe auf 1/10 mm eingestellt ist, müssen alle mm-Angaben mit 10 multipliziert werden:

```
with Printer.Canvas do begin
  // Überschrift:
  Font.Height:= 8*10;        // Schrifthöhe = 8mm
  Font.Style := [fsBold];
  txt := 'Personaldatei';
  m := (breite*10 - TextWidth(txt)) div 2;   // Überschrift zentrieren
  TextOut(m,y*10,txt)  // Überschrift drucken
 end;
 Dec(y, 20)              // Abstand zur nächsten Druckausgabe = 20mm
end;
```

Grundlagen

Oberfläche

Grafik

Multimedia

Datei

Datenbank

SQL/ADO

Report

Objekte

OLE/DDE

Peripherie

System

Desktop

Technik

Sonstiges

```
procedure pL(x: Word; s: string);   // linksbündige Druckausgabe x(mm), -y(mm)
 begin
  SetTextAlign(Printer.Handle,TA_LEFT+TA_TOP);       // Ausrichten auf linke obere Ecke
  Printer.Canvas.TextOut(lRand*10 + x*10,y*10,s)
 end;


 procedure pR(x: Word; s: string);  // rechtsbündige Druckausgabe x(mm), -y(mm)
 begin
  SetTextAlign(Printer.Handle,TA_RIGHT+TA_TOP);        // Ausrichten auf rechte obere Ecke
  Printer.Canvas.TextOut(lRand*10 + x*10,y*10,s)
 end;
```

Nach dem Titel kann der Tabellenkopf gedruckt werden:

```
procedure printHeader;     // Tabellenkopf in Höhe y drucken
 begin
  with Printer.Canvas do begin
   Font.Height := 40; Font.Style := [];
   pR(30,'Name'); pR(80,'Geburtsdatum'); pR(120,'Geschlecht');pR(150,'Telefon');
   Dec(y,8);                    // nächste Zeile 4mm tiefer
   Pen.Width := 3;
   MoveTo(lRand*10, y*10); LineTo(breite*10,y*10);   // ... eine Trennlinie ziehen
```

Die eben erzeugte Trennlinie dient nach einem Probeausdruck gleichzeitig zum Anlegen eines Lineals, mit welchem man für die printLine-Prozedur exakt die x-Abstände (in mm) ablesen kann.

```
   Dec(y, dz);                             // Zeilenvorschub
   Pen.Width := 1
  end
 end;


procedure printLine(i:Word); // druckt i-te Fahrt in Höhe y
 begin
  with Printer.Canvas do with personen[i-1] do begin
   pR(30, name);
   pR(80,FormatDateTime('dd/mm/yyyy', geburt));
   if personen[i].geschlecht then pR(120,'männlich') else pR(120, 'weiblich');
   pR(150, IntToStr(nr));
  end;
  Dec(y,dz)                       // Zeilenvorschub  (y hat negative Achse!)
 end;
```

Die folgende (durchaus verzichtbare) Routine druckt für den Aktenlocher Markierungen am linken Rand. Letztlich ging es den Autoren nur darum, den Einsatz weiterer Grafikmethoden (*MoveTo, Ellipse*) zu demonstrieren:

```
procedure printLoch;
 var ym: Integer;
 begin
 ym:= hoehe * -10 div 2;           // vertikale Seitenmitte
 with Printer.Canvas do begin
  MoveTo(0,ym); LineTo(50,ym);
  Ellipse(30, ym-420,70, ym-380); Ellipse(30, ym+380, 70, ym+420)
 end
 end;
```

Jetzt folgt die Schnittstellen-Routine, wie sie von außerhalb aufgerufen werden kann:

```
procedure printPersonen;        // Interface-Routine für Drucken
 var i:Word;
 procedure seitenNr;
 begin
  y:= -(hoehe-5); pR(breite-5,'Seite ' + IntToStr(Printer.PageNumber));
 end;
begin
 with Printer do begin
 Orientation := poPortrait;     // Hochformat (poLandscape = Querformat)
 BeginDoc;                      // muß wegen Handle bereits hier stehen!
 SetMapMode(Handle,MM_LOMETRIC); // Umstellen Druckausgabe auf 0.1 mm (y nach oben!!!)
 breite := GetDeviceCaps(Handle, HorzSize); // Seitenbreite (druckbarer Bereich) in mm
 hoehe := GetDeviceCaps(Handle, VertSize);  // Seitenhöhe (druckbarer Bereich) in mm
 y := -oRand;                   // oberer Rand = 20mm
 printLoch;
 printTitle;
 printHeader;
 for i:= 1 to pmax do   // alle Personen zeilenweise drucken
 begin
  printLine(i);
  if y < -(hoehe-uRand) then    // neue Seite
  begin
   Break;
   seitenNr;
   NewPage; y:= -oRand;
   SetMapMode(Handle,MM_LOMETRIC);  // sonst ist neue Seite leer!!!
```

Grundlagen
Oberfläche
Grafik
Multimedia
Datei
Datenbank
SQL/ADO
Report
Objekte
OLE/DDE
Peripherie
System
Desktop
Technik
Sonstiges

```
    printLoch; printHeader
  end
 end;
 seitenNr;              // für letzte Seite
 EndDoc
 end
end;
```

Die in *Unit1* vorzunehmenden Ergänzungen sind minimal:

Binden Sie die *Unit2* in den lokalen *uses*-Abschnitt von *Unit1* ein. Schließlich sind für die neu hinzugekommenen Menüpunkte folgende Eventhandler zu schreiben:

```
procedure TForm1.Drucken1Click(Sender: TObject);        // Drucken
begin
 printPersonen
end;


procedure TForm1.Druckereinrichtung1Click(Sender: TObject);  // Druckereinrichtung
begin
 PrinterSetUpDialog1.Execute
end;
```

Test

Falls Sie nur den Standarddrucker verwenden wollen, brauchen Sie das Menü *Druckereinrichtung* nicht zu bemühen. Ein Probeausdruck:

Personaldatei

Name	Geburtsdatum	Geschlecht	Telefon
Müller	02.02.1969	weiblich	344712456
Meyer	05.06.1952	weiblich	78345
Schultze	05.09.2043	weiblich	894567
Lehmann	30.12.2026	männlich	675443
Grieser	30.12.1951	männlich	2340678
Maus	08.11.1972	männlich	983412
Eisenfaust	01.03.1959	weiblich	8976123
Siegbast	05.06.1963	männlich	971134
Ludenschnidt	02.03.1915	weiblich	563478
Apfelmann	01.07.1983	weiblich	0

R241 ... eine Druckvorschau realisieren?

Drucken ist schön und gut, aber man möchte doch bitte schön schon vorher das Ergebnis sehen (WYSIWYG) und dann entscheiden, ob gedruckt werden soll oder nicht.

Wie realisieren wir eine Druckvorschau?

- Erste Aufgabe ist die Bestimmung des Druckers sowie seiner Parameter. Die Abfrage des *Printer*-Objekts ist die eine Möglichkeit, zusätzlich sollte jedoch auch ein anderer Drucker ausgewählt werden können.

- Die Druckerparameter müssen in Millimetern ermittelt werden.

- Entsprechend dem Ausgabeformat des Druckers wird eine *TWinControl*-Komponente auf dem Formular platziert und (wenn nötig) skaliert.

- Aus dem Verhältnis physikalische Druckbreite zur dargestellten Bildfeldbreite wird eine Skalierung der Druckausgabe vorbereitet.

- Über einen *Canvas* werden die Ausgaben vorgenommen.

Oberfläche

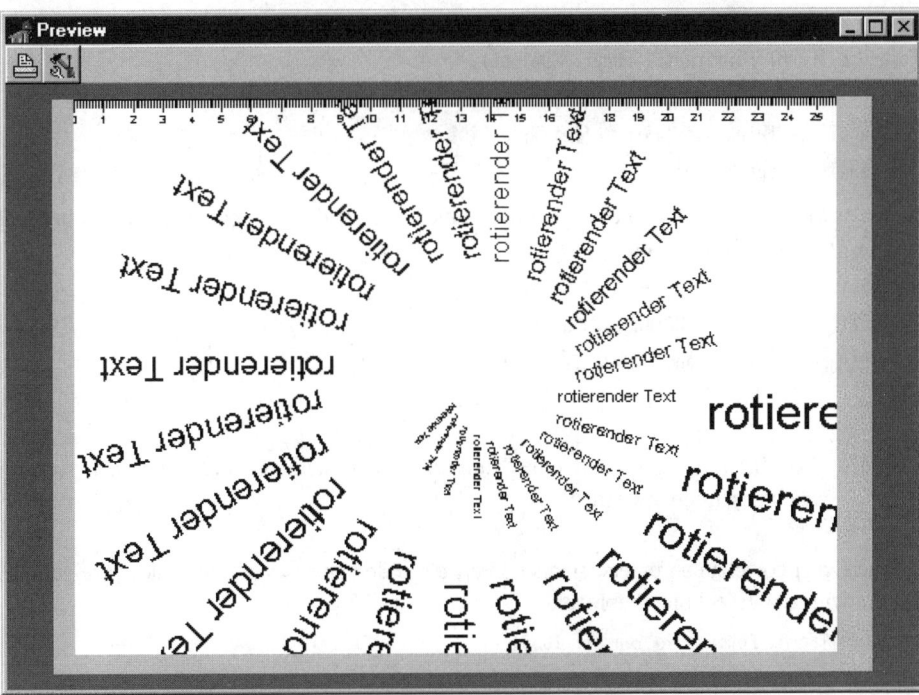

Außer einer *TWinControl*-Komponente brauchen Sie eigentlich nichts. Diese werden Sie in der Palette allerdings vergeblich suchen, die Komponente wird erst zur Laufzeit erstellt. Warum wir uns nicht für eine Image- oder Paintbox-Komponente entschieden haben? Der Grund ist

Grundlagen

Oberfläche

Grafik

Multimedia

Datei

Datenbank

SQL/ADO

Report

Objekte

OLE/DDE

Peripherie

System

Desktop

Technik

Sonstiges

ein recht lästiges Verhalten beider Komponenten, wenn man versucht, eine Größenänderung mit nachfolgender Anzeige zu realisieren. Entweder es wird viel zu zeitig ein *OnPaint* ausgelöst, oder die Komponente wird nicht richtig skaliert. Nach etlichen Minuten nervtötender Programmierung haben wir uns dann für einen noch relativ einfachen und damit idealen Vorgänger der oben genannten Komponenten entschieden.

In diesem Zusammenhang sehen Sie auch gleich, wie Sie einen zugehörigen DC verwalten und über ein *Canvas*-Objekt kapseln. Um das Programm jedoch etwas komfortabler zu gestalten, sollten Sie noch eine Werkzeugleiste (*Panel*), zwei *BitButtons* und eine *PrinterSetup-Dialog*-Komponente spendieren. Weiterhin verwenden wir eine Shape-Komponente, um die pysikalischen Blattabmessungen darzustellen (den Druckbereich repräsentiert die *TWinControl*-Komponente).

Der Ablauf im Detail

Bevor es losgehen kann, müssen wir erst einmal die Komponente erzeugen:

```
var blatt : TCanvas;
    dc : HDC;
    druckbreite,druckhoehe: integer;
    panelx : TWinControl;


procedure TForm1.FormCreate(Sender: TObject);
begin
    panelx := TWincontrol.Create(self);
    panelx.parent := Form1;
```

An dieser Stelle können wir auch gleich noch einen DC für die Komponente anlegen und mit einem *Canvas*-Objekt kapseln:

```
    blatt := TCanvas.Create;
    blatt.handle := GetDC(panelx.handle);
    setmapmode(blatt.handle,mm_anisotropic);
end;
```

Hinweis: Die *Handle*-Eigenschaft eines *Canvas*-Objekts kann nicht nur gelesen, sondern auch geschrieben werden!

Um die Druckvorschau an unterschiedliche Fenstergrößen anzupassen, wird die Anzeigefunktion im *OnResize*-Event untergebracht:

```
procedure TForm1.FormResize(Sender: TObject);
begin
    blattanpassen;
    ausgabe(blatt);
end;
```

Die Verwendung einer *Komponente* (statt des Fensters) für die Ausgabe hat seinen guten Grund. Das Bildfeld ist auf die Größe des druckbaren Blattbereichs skaliert, schneidet also genau wie der Drucker alle Ausgaben ab, die darüber hinausgehen.

Das Hauptproblem unseres Programms ist die korrekte Skalierung der *WinControl-*Komponente:

```
procedure blattanpassen;
var prnxy,
    formxy       : single;
    dx,dy,x,y    : integer;
    blattbreite,
    blatthoehe   : integer;
    scale        : single;
    xofs,yofs    : single;
```

Bestimmen der Blattabmessungen (in Millimetern):

```
MMproPixelX  := 25.4 / GetdeviceCaps(printer.handle,LOGPIXELSX) ;
MMproPixelY  := 25.4 / GetdeviceCaps(printer.handle,LOGPIXELSY) ;

blattbreite := Round(GetdeviceCaps(printer.handle,PHYSICALWIDTH) * MMproPixelX);
blatthoehe  := Round(GetdeviceCaps(printer.handle,PHYSICALHEIGHT) * MMproPixelY);
```

Bestimmen des Offsets für den bedruckbaren Bereich:

```
xofs := Round(GetdeviceCaps(printer.handle,PHYSICALOFFSETX)*MMproPixelX);
yofs := Round(GetdeviceCaps(printer.handle,PHYSICALOFFSETY)*MMproPixelY);
```

Bestimmung der Seitenabmessungen in Millimetern:

```
druckbreite := GetDeviceCaps(printer.handle, horzsize);
druckhoehe  := GetDeviceCaps(printer.handle, vertsize);
y := 35;
x := 10;
```

Das Höhen-/Seitenverhältnis des Formulars ermitteln:

```
formxy := (form1.clientWidth - x) / (Form1.clientheight - y);
```

Das gleiche für den Drucker:

```
prnxy := blattbreite / blatthoehe;
```

Je nach Verhältnis bestimmen Blattbreite oder Blatthöhe die maximale Anzeigegröße auf dem Bildschirm:

```
If formxy < prnxy then
begin {Breite dominiert }
    dx := form1.clientWidth - 20;
    dy := round(dx / prnxy);
    y  := round((Form1.ClientHeight / 2 + 8) - (dy / 2));
```

Grundlagen

Oberfläche

Grafik

Multimedia

Datei

Datenbank

SQL/ADO

Report

Objekte

OLE/DDE

Peripherie

System

Desktop

Technik

Sonstiges

```
end else
begin                         {Höhe dominiert }
    dy := form1.clientHeight - y-10;
    dx := round(dy * prnxy);
    x  := round((form1.clientWidth / 2) - (dx / 2));
end;
```

Das "Blatt" skalieren:

```
form1.shape1.setbounds(x,y,dx,dy);
scale := dy /blatthoehe;
panelx.setbounds(x+Round(xofs*scale),y+Round(yofs*scale),
                 Round(druckbreite*scale),Round(druckhoehe*scale));
```

Damit wir nicht umständlich Skalierfaktoren einführen müssen, überlassen wir diese Aufgabe den folgenden API-Funktionen. Die Grafik im Anschluss an das Listing zeigt das Prinzip.

```
SetMapMode(blatt.handle,mm_anisotropic);
SetViewportExtEX(blatt.handle,dx,dy,nil);                // Scalierung
SetWindowExtEX(blatt.handle,druckbreite*10,-druckhoehe*10,nil);
SetBKmode(blatt.handle,TRANSPARENT);
blatt.Brush.Style := bssolid;
blatt.Brush.Color := clwhite;
blatt.Pen.Color := clblack;
```

Das "Blatt" wird weiß "gestrichen":

```
blatt.fillRect(bounds(0,0,druckbreite*10,-druckhoehe*10));
```

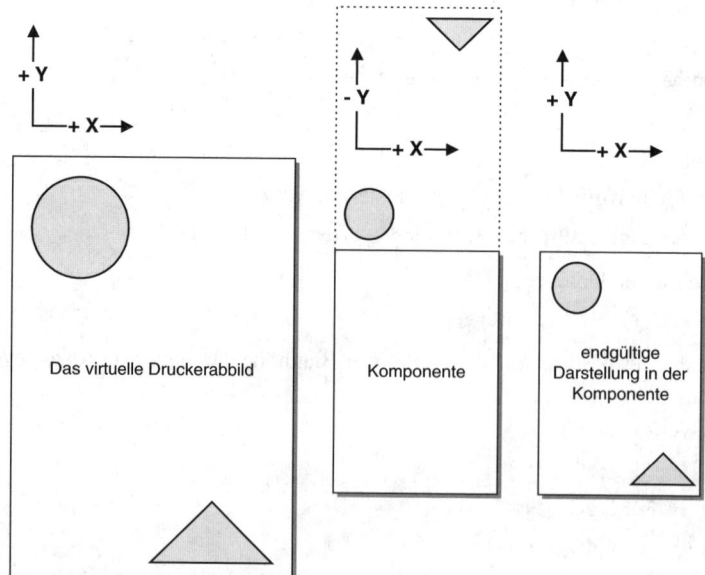

Das virtuelle Druckerabbild   Komponente   endgültige Darstellung in der Komponente

Wie Sie der Grafik entnehmen können, gibt es drei Darstellungsformen, von denen nur eine auf dem Bildschirm sichtbar ist (rechts). Mit den GDI-Anweisungen

Grundlagen

```
SetViewportExtEX(form1.image1.canvas.handle,dx,dy,nil);
SetWindowExtEX(form1.image1.canvas.handle,druckbreite*10,-druckhoehe*10,nil);
```

Oberfläche

bilden Sie die Druckerkoordinaten (1/10mm) im richtigen Verhältnis auf dem DC der Komponente ab. Die Multiplikation des y-Parameters mit -1 korrigiert die Darstellung, die y-Koordinate wird gekippt. Übrig bleibt ein kartesisches Koordinatensystem, das im Gegensatz zu den Bildschirmkoordinaten positive Werte nach oben abträgt. Der Nullpunkt befindet sich bei allen Darstellungsformen in der linken oberen Ecke. Nach diesen Vorbereitungen werden alle Ausgaben im *Image* so interpretiert, als wenn es sich um Druckerkoordinaten handeln würde (maßstäbliche Abbildung). Für eine Druckausgabe muss das Printer-Objekt lediglich in den MM_LOMETRIC-Mode gebracht werden.

Grafik

Multimedia

Die eigentliche Anzeigeprozedur fällt recht kurz aus. Damit wir die Funktion auch für den Drucker nutzen können, übergeben wir den *Canvas* des Ausgabeobjektes. Sie schreiben also nur <u>eine</u> Prozedur für beide Ausgabegeräte:

Datei

```
procedure ausgabe(ziel : TCanvas);
var i,l,n,x,y,breite,hoehe : integer;
    s : string;
begin
    with ziel do begin
```

Datenbank

Schrifthöhe in 1/10mm:

SQL/ADO

```
        font.Height:=50;
        font.Name := 'Arial';
        SetTextAlign(handle,TA_CENTER+TA_TOP);
        breite := druckbreite*10;
        hoehe  := druckhoehe*10;
        moveto(0,1);LineTo(breite,1);
        i := 1;
        while i <= breite do begin
            MoveTo(i,-1);
            if (i-1) mod 100 = 0 then begin
                LineTo(i,-50);
                TextOut(i,-50,intToStr(i div 100));
            end else LineTo(i,-30)
            inc(i,10);
        end;
        SetTextAlign(handle,TA_LEFT+TA_TOP);
        n := 200;
        i := 0;
        x := druckbreite * 5;
```

Report

Objekte

OLE/DDE

Peripherie

System

Desktop

Technik

Sonstiges

```
        y := druckhoehe * 5;
        while i < 500 do begin
          Dec(n,5);
          DC_textout(ziel,x, -y, i, n, '                    rotierender Text');
          Inc(i,15)
        end;
        for i := 1 to 300 do rectangle(x-i,y-i,x+i,y+i)
    end
end;
```

Nähere Informationen zu den einzelnen Druckfunktionen finden Sie in:

☞   R234 ... alles über den Drucker erfahren?

Bis jetzt wurde die Grafik nur auf dem Bildschirm wiedergegeben. Für die Druckausgabe ist eine der beiden Tasten verantwortlich:

```
procedure TForm1.SpeedButton1Click(Sender: TObject);
begin
    printer.begindoc;
```

Skalieren auf 1/10 mm:

```
    SetMapMode(printer.canvas.handle,MM_LOMETRIC);
    ausgabe(printer.canvas);
    printer.enddoc
end;
```

Hinweis: Wollen Sie ein Koordinatensystem realisieren, das positive Werte nach unten abträgt, können Sie nicht den Abbildungsmodus MM_LOMETRIC verwenden, sondern MM_ANISOTROPIC. In diesem Fall müssen Sie sich allerdings selbst um
die Skalierung auf 1/10 mm kümmern.

Wie Sie sehen, ist der Aufwand für die Druckausgabe recht gering.

Die Einbindung eines Drucker-Setup-Dialogs ist mit wenigen Zeilen erledigt:

```
procedure TForm1.SpeedButton2Click(Sender: TObject);
begin
    printersetupdialog1.execute;
    blattanpassen;
    ausgabe(Form1.image1.canvas);
end;
```

Das war es auch schon!

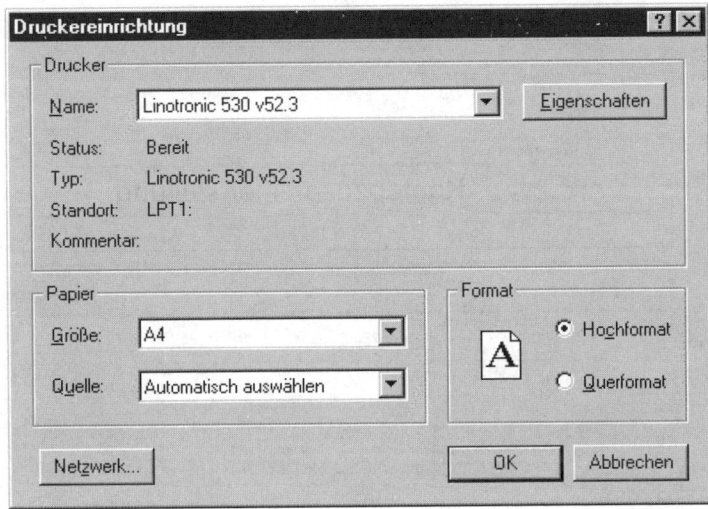

Grundlagen

Oberfläche

Grafik

Multimedia

Datei

Datenbank

SQL/ADO

Report

Objekte

OLE/DDE

Peripherie

System

Desktop

Technik

Sonstiges

R242 ... einen Bericht mit QuickReport anfertigen?

Um die Ergebnisse von Datenbankabfragen in ansprechender Form aufs Papier zu bringen, werden von Borland Delphi spezielle *QuickReport*-Komponenten bereitgestellt (siehe "QReport"-Seite der Komponentenpalette). In unserer Demo wollen wir eine Zusammenstellung aller Konten der Datenbank *Baufinanz* ausdrucken.

Oberfläche

Die Vorgehensweise entspricht fast vollständig der beim normalen Formularentwurf:

- Auf dem Startformular platzieren Sie eine *Table*-Komponente, der Sie als *Database-Name* den Alias *Baufinanz* und als *TableName* die Tabelle *Konten.DB* zuweisen. Setzen Sie die *Active*-Property von *Table1* auf *True*.

- Setzen Sie eine *QuickRep*-Komponente auf das Formular und zoomen Sie diese auf die gewünschte Größe auf. Setzen Sie die *DataSet*-Eigenschaft auf *Table1*.

- Klappen Sie die *Bands*-Eigenschaft auf und setzen Sie *HasPageHeader*, *HasTitle*, *HasColumnHeader*, *HasDetail* und *HasPageFooter* auf *True*. Zum Report werden automatisch die entsprechenden Abschnitte in der richtigen Reihenfolge hinzugefügt (siehe Tabelle).

- Bestücken Sie die einzelnen Abschnitte wie folgt mit weiteren *QuickReport*-Komponenten (die Schrifteigenschaften stellen Sie wie gewohnt über das *Font*-Objekt ein):

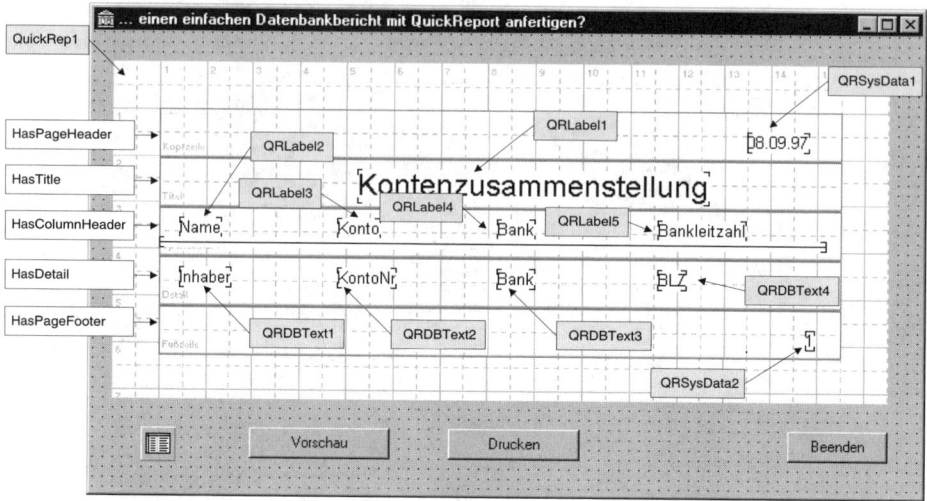

- Setzen Sie die *DataSet*-Eigenschaft der *QRDBText*-Komponenten auf *Table1* und deren *DataField*-Eigenschaft entsprechend obiger Abbildung.

- In die *Caption*-Eigenschaft der *QRLabel*-Komponenten tragen Sie die entsprechenden Beschriftungen ein.

- Der *Data*-Eigenschaft der beiden *QRSysData*-Komponenten weisen Sie die Werte *qrsDate* bzw. *qrsPageNumber* zu.

Quelltext

Hinterlegen Sie den drei Buttons folgenden Code:

```
procedure TForm1.Button1Click(Sender: TObject);    // Vorschau
begin
 QuickRep1.Preview
end;


procedure TForm1.Button2Click(Sender: TObject);    // Drucken
begin
 QuickRep1.Print
end;


procedure TForm1.Button3Click(Sender: TObject);    // Programm beenden
begin
 Close
end;
```

Test

Ein erster Probedurchgang ist bereits zur Entwurfszeit möglich. Klicken Sie dazu mit der rechten Maustaste auf den Report und wählen Sie im Kontextmenü den Eintrag "Druckbild":

Grundlagen

Oberfläche

Grafik

Multimedia

Datei

Datenbank

SQL/ADO

Report

Objekte

OLE/DDE

Peripherie

System

Desktop

Technik

Sonstiges

08.09.97

Kontenzusammenstellung

Name	Konto	Bank	Bankleitzahl
Ingrid Wurzelmann	5158879	Commisbank Altenhausen	870 40000
Maxhelm Wurzelmann	197690363	Volks- und Baubank Altenhausen	870 96124
Stadtverwaltung Neuhausen	44568903	Ab & Zock Bank Neustadt	860 208 80
Dipl.-Ing. M.Brechdurch	3469214	Tressiner Bank Neustadt	860 800 00
Notar Konrad Sack	6743568	Commisbank Neustadt	860 400 00
Architekt Andreas Babel	64590008	H & S Finanzbank Dudeldorf	876 543 12
Systembau Zahne GmbH	208 8052	Zentralbank Altendorf	860 700 00
Wohnungsgesellschaft Altendorf	1111 002 149	Landsparkasse Altendorf	83050200

Anschließend starten Sie das Programm normal und testen die Vorschau- sowie die Druckfunktion.

Bemerkungen

Über die Bedeutung der sechs grundlegenden Abschnittstypen einer *QuickRep*-Komponente informiert Sie die folgende Tabelle (Anordnung entspricht der Druckreihenfolge):

Abschnitt	Bezeichnung	Erläuterung
PageHeader	Kopfzeile	Dieser Abschnitt erscheint zu Beginn jeder Seite. In Abhängigkeit von *Options.FirstPageHeader* kann jedoch der Druck auf der ersten Seite unterdrückt werden.
Title	Titel	Der Titel erscheint einmal zu Beginn des Berichts.
ColumnHeader	Spaltentitel	Dieser Abschnitt erscheint zu Beginn eines Detailabschnitts einmal pro Seite. Hier werden meist die Feldnamen bezeichnet (in *QRLabel* u.a.).
Detail	Detail	Der Detailabschnitt wird für jeden Datensatz, d.h. jede Zeile, ausgedruckt (Ausnahme: mehrspaltiger Report). Hier befinden sich meist die datensensitiven Komponenten (*QRDBText* u.a.).

Abschnitt	Bezeichnung	Erläuterung
Summary	Zusammen-fassung	In diesem Abschnitt (in unserem Beispiel nicht enthalten) können Summenwerte (Gesamtpreis u.ä.) ausgegeben werden.
PageFooter	Fußzeile	Als Pendant zur Kopfzeile erscheint dieser Abschnitt am Ende jeder Seite und kann in Abhängigkeit von *Options.LastPageFooter* auf der letzten Seite unterdrückt werden.

In einem "ausgewachsenen" Datenbankbericht sind noch zahlreiche weitere Objekte, Eigenschaften und Ereignisse von Bedeutung, wie z.B. bei untergeordneten Detail- und Gruppenabschnitten.

R243 ... eine Rechnung mit QuickReport ausdrucken?

Das folgende Rezept soll zeigen, wie mit Hilfe der in Delphi integrierten QuickReport-Komponenten eine standesgemäße Druckerausgabe realisiert werden kann. Wer einen völlig unabhängigen Einstieg in die Quickreport-Programmierung sucht, sollte sich das folgende Rezept vorknöpfen:

  R242 ... einen Bericht mit QuickReport anfertigen?

Oberfläche

Fügen Sie ein neues Formular *Form2* zum Projekt hinzu und zoomen Sie eine QuickReport-Komponente *QuickRep1* hinein. Setzen Sie die *DataSet*-Eigenschaft auf *Form1.Query1*. Klappen Sie die *Bands*-Eigenschaften auf und setzen Sie *HasPageHeader*, *HasTitle*, *HasColumnHeader*, *HasDetail*, *HasSummary* und *HasPageFooter* auf *True*.

Damit verfügt unser Report über alle der sechs grundsätzlichen Abschnittstypen (Bands):

Abschnittstyp	Objektbezeichner	Erläuterung
Kopfzeile	*PageHeaderBand*	wird auf allen Seiten wiederholt
Titel	*TitleBand*	erscheint nur auf erster Seite
Spaltentitel	*ColumnHeaderBand*	wird für alle Spalten pro Seite wiederholt
Detailbereich	*DetailBand*	wird für alle Datensätze wiederholt
Zusammenfassung	*SummaryBand*	erscheint nur auf letzter Seite
Fußzeile	*PageFooterBand*	wird auf allen Seiten wiederholt

Die Abschnitte werden automatisch in obiger Reihenfolge angeordnet, ihre Höhe lässt sich individuell einstellen (mit Maus anfassen und aufzoomen). Auch die Druckreihenfolge der Abschnitte entspricht obiger Anordnung.

Platzieren Sie in den einzelnen Abschnitten weitere QuickReport-Datensteuerungs-Komponenten gemäß folgender Abbildung.

Grundlagen

Oberfläche

Grafik

Multimedia

Datei

Datenbank

SQL/ADO

Report

Objekte

OLE/DDE

Peripherie

System

Desktop

Technik

Sonstiges

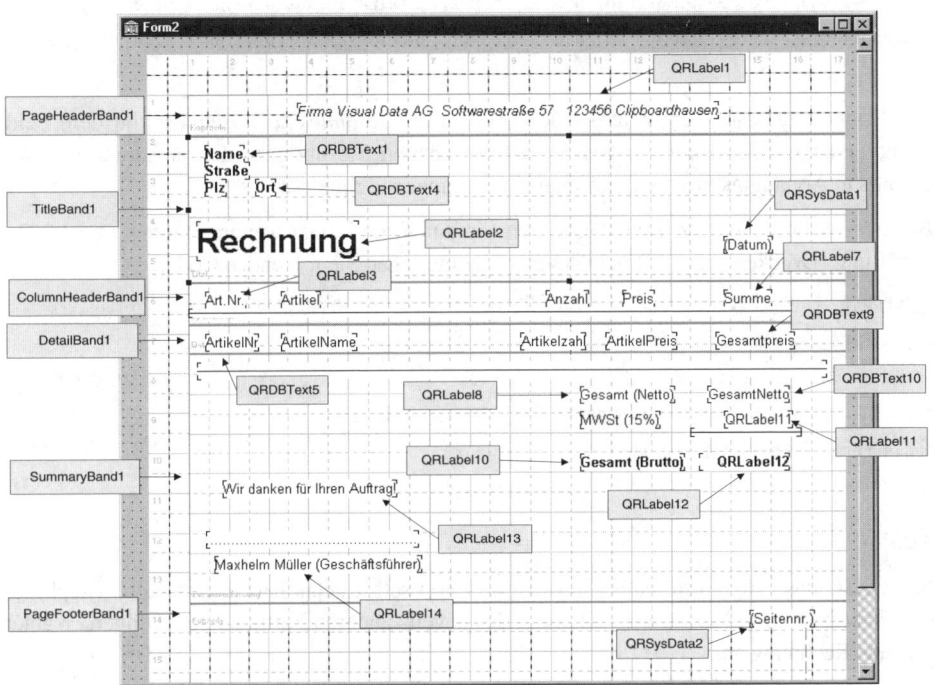

Die Vorgehensweise ist intuitiv leicht zu erfassen und entspricht dem Platzieren "normaler" Komponenten auf Formulare. Bei den QRLabels brauchen Sie sich nur um deren *Caption*-Eigenschaft zu kümmern (Ausnahmen: *QRLabel11* und *QRLabel12*). Die Felder *QRDBText1* bis *QRDBText4* (Kundenanschrift) binden Sie zunächst über deren *DataSet*-Property an *Form1.Table2* und weisen Ihnen danach die entsprechende *DataField*-Property zu. Für die im Detailbereich angeordneten Rechnungseinträge *QRDBText5 ... QRDBText9* ist die Datenquelle *Form1.Query1*, die *DataField*-Eigenschaften ergeben sich aus den Spaltenüberschriften. Die Gesamtnettosumme *QRDBText10* binden Sie an *Form1.Table1/GesamtNetto*.

Halt, da waren ja noch die beiden *QRSysData*-Komponenten, mit denen wir das aktuelle Datum bzw. die Seitennummer anzeigen wollen. Weisen Sie die *Data*-Eigenschaft *qrsDate* bzw. *qrsPageNumber* zu. Die horizontalen Trennstriche erzeugen Sie mit *QRShape*-Komponenten *(Shape = qrsHorLine)*.

Quelltext

Ganz ohne Code geht es nicht, da wir ja noch die Mehrwertsteuer und die Gesamtbruttosumme berechnen wollen, für welche es in den Datenquellen keine Felder gibt. Ein idealer Platz für derartige "Machenschaften" findet sich im *BeforePrint*-Event des betreffenden Abschnitts (in unserem Fall *SummaryBand1*):

```
procedure TForm2.SummaryBand1BeforePrint(Sender: TQRCustomBand; var PrintBand: Boolean);
begin
 QRLabel11.Caption := Format('%8.2n DM', [Form1.Table1GesamtNetto.Value * 0.16]);
 QRLabel12.Caption := Format('%8.2n DM', [Form1.Table1GesamtNetto.Value * 1.16])
end;
```

Zur Erinnerung: Das (persistente) Feldobjekt *Table1GesamtNetto* hatten wir mit dem Feld-editor erzeugt. Mit dem *PrintBand*-Parameter können Sie übrigens den Ausdruck des Ab-schnitts in Abhängigkeit von bestimmten Bedingungen verhindern.

Bevor es richtig losgehen kann, platzieren Sie auf *Form1* zwei weitere Buttons mit der Be-schriftung "Drucken" bzw. "Druckvorschau". Hinterlegen Sie folgenden Code:

```
procedure TForm1.Button2Click(Sender: TObject);    // Druckvorschau
begin Form2.QuickRep1.Preview end;


procedure TForm1.Button2Click(Sender: TObject);    // Drucken
begin Form2.QuickRep1.Print end;
```

Test

Starten Sie das Programm. Falls Sie es nicht schon selbst getan haben, bietet sich Delphi an, die *Unit1* bzw. *Unit2* in die *uses*-Klauseln des jeweils anderen Formulars einzufügen. Wählen Sie eine Rechnung aus:

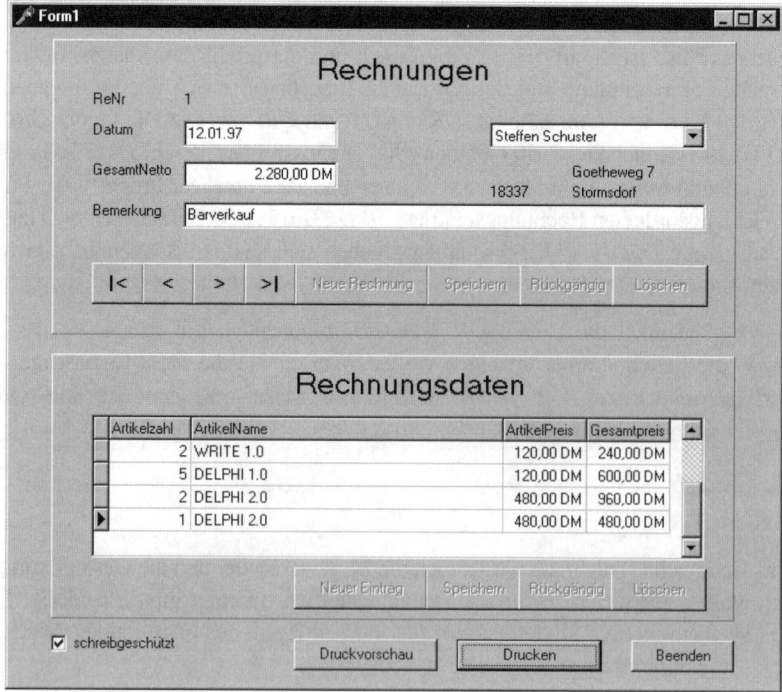

Nach dem Klick auf "Drucken" oder "Druckvorschau" ist QuickReport einen kleinen Moment mit sich selbst beschäftigt und überrascht Sie anschließend mit einer fein säuberlich angefertigten Rechnung, in welcher bis auf die letzte Kommastelle alles stimmt und die Sie bedenkenlos unterschreiben können:

Grundlagen

Oberfläche

Grafik

Multimedia

Datei

Datenbank

SQL/ADO

Report

Objekte

OLE/DDE

Peripherie

System

Desktop

Technik

Sonstiges

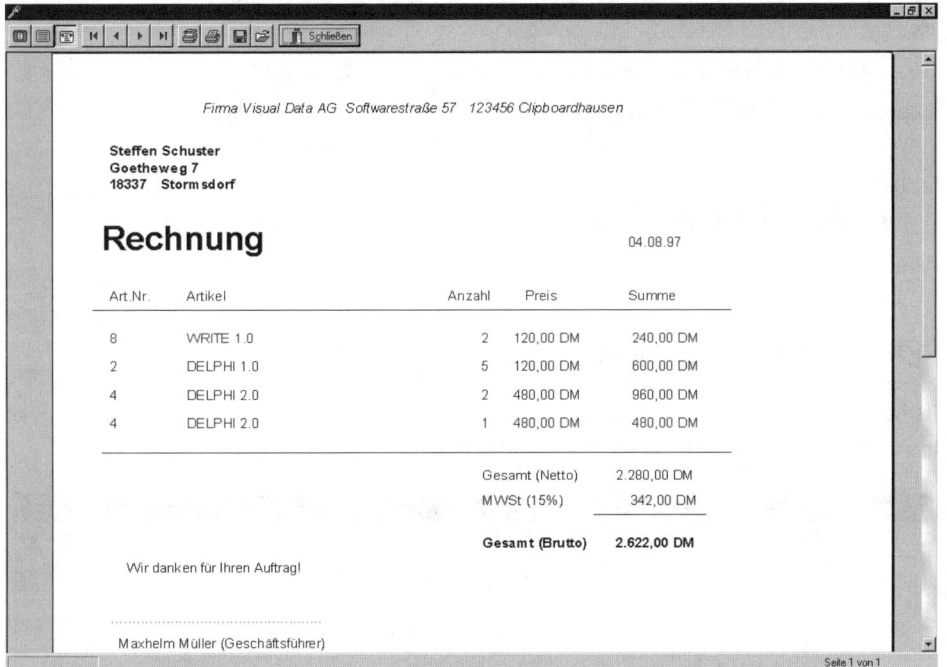

Bemerkungen

- Sie können den Report bereits während der Entwurfsphase testen (mit rechter Maustaste auf *QuickRep1* klicken, "Druckbild"), allerdings werden dann die Inhalte der berechneten Felder nicht angezeigt.

- Das Papierformat können Sie über die *Page*-Eigenschaft von *QuickRep1* den unterschiedlichsten Bedürfnissen anpassen (A4, Randabstände ...).

R244 ... im Report einzelne Seitenzahlen unterdrücken?

Bekanntlich ist das Einfügen von Seitenzahlen in einen QuickReport mit geringem Aufwand möglich, Sie brauchen dazu lediglich eine *QRSysData*-Komponente im Seitenfuß zu platzieren und die Eigenschaft *Data* auf *qrsPageNumber* festzulegen. Etwas aufwendiger wird es allerdings, wenn die Anzeige der Seitenzahl auf einigen Seiten verschwinden soll. Mit etwas Pascal-Code haben wir auch dieses Problem im Griff. Die Lösung ist das *BeforePrint*-Ereignis des Bands, in dem sich die Komponenten befinden.

Beispiel: Auf der ersten Seite keine Seitenzahl anzeigen (Komponente deaktivieren)

```
procedure TQuickReport2.QuickReport2StartPage(Sender: TQuickRep);
begin
    QRSysData1.enabled := (Quickreport2.PageNumber <> 1);
end;
```

Beispiel: Auf der ersten Seite keine Seitenzahl anzeigen (Band ausblenden)

```
procedure TQuickReport2.PageFooterBand1BeforePrint(Sender: TQRCustomBand;
                                                   var PrintBand: Boolean);
begin
    PrintBand := (Quickreport2.PageNumber <> 1);
end;
```

R245 ... im Report linke und rechte Seiten drucken?

Es befinden sich zwei *QRSysData*-Komponenten in der Fußzeile, auf geraden Seiten wird die linke Seitenzahl angezeigt, auf ungeraden die rechte.

```
procedure TQuickReport2.PageFooterBand1BeforePrint(Sender: TQRCustomBand;
    var PrintBand: Boolean);
begin
    QRSysData1.Enabled := (Quickreport2.PageNumber Mod 2 = 0);
    QRSysData2.Enabled := NOT (Quickreport2.PageNumber Mod 2 = 0);
end;
```

R246 ... im Report die Seitenzahl verändern?

Ist der Bericht, den Sie drucken möchten, nur Teil eines größeren Reports, bekommen Sie Probleme mit der Seitennummerierung. Jeder Bericht fängt mit der Seitenzahl 1 an. Verantwortlich dafür ist die Eigenschaft *PageNumber*. Leider ist diese Eigenschaft schreibgeschützt, so dass uns nichts anderes übrigbleibt, als eine "normale" *QRLabel*-Komponente für die Anzeige der Seitenzahl zu verwenden:

```
procedure TQuickReport2.QRLabel1Print(sender: TObject; var Value: String);
begin
    Value := Format('%d',[Quickreport2.PageNumber + 10]);
end;
```

Als zweite Variante bietet sich noch das Verketten von Reports über die *QRCompositeReport*-Komponente an.

R247 ... mehrere Reports verketten?

Mehr oder weniger unbemerkt fristet die *QRCompositeReport*-Komponente ein Schattendasein, wohl nicht zuletzt wegen der absolut mangelhaften Dokumentation des Reportgenerators. Geht es darum, aus mehreren einzelnen Reports einen großen Bericht zu erstellen, der auch komplett in der Druckvorschau angezeigt wird, brauchen Sie eben diese Komponente.

Die Bedienung ist relativ einfach:

- Erstellen Sie Ihre Reports wie gewohnt.

- Fügen Sie in das aufrufende Formular eine *QRCompositeReport*-Komponente ein.

- Im *AddReports*-Event der Komponente fügen Sie die gewünschten Reports ein:

  ```
  procedure TForm1.QRCompositeReport1AddReports(Sender: TObject);
  begin
      QRCompositeReport1.Reports.Add(quickreport2);
      QRCompositeReport1.Reports.Add(quickreport4);
  end;
  ```

- Rufen Sie die *Preview*-Methode der *QRCompositeReport*-Komponente auf.

Hinweis: Dummerweise werden die Reports einfach hintereinander gedruckt, ohne Rücksicht auf Seitenumbrüche (da taucht ein Titelband mitten in der Seite auf!). Dieses "Feature" können Sie umgehen, wenn Sie im Titel-Band die Methode *ForceNewPage* aufrufen.

```
procedure TQuickReport4.TitleBand1BeforePrint(Sender:TQRCustomBand;var PrintBand:Boolean);
begin
    quickreport4.ForceNewPage;
end;
```

Grundlagen

Oberfläche

Grafik

Multimedia

Datei

Datenbank

SQL/ADO

Report

Objekte

OLE/DDE

Peripherie

System

Desktop

Technik

Sonstiges

R248 ... im Report Zwischensummen berechnen?

Geht es darum, Daten zu gruppieren sowie Zusammenfassungen und Übersichten zu erstellen, dann reichen die einfachen Möglichkeiten der Komponenten meist nicht mehr aus. Einige zusätzliche Pascal-Anweisungen bewirken dann oft Wunder.

Die folgende Abbildung zeigt einen Report, in dem diverse Gruppierungen und Zwischensummen Verwendung finden:

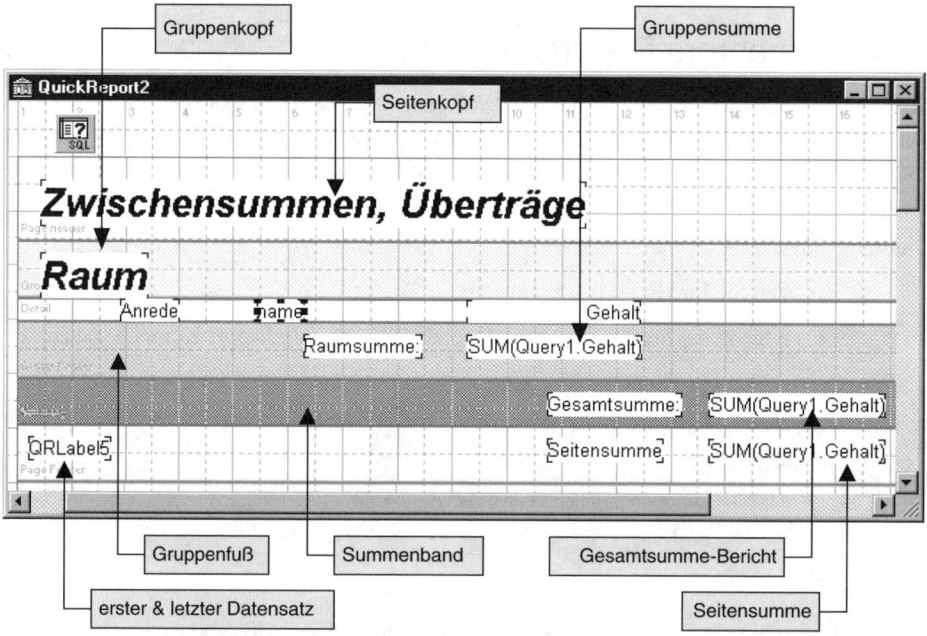

Ausgangspunkt ist eine *TQuery*-Komponente, die zum einen zwei Tabellen miteinander verbindet (*raeume, personen*), gleichzeitig aber auch noch ein Feld berechnet sowie die Sortierfolge bestimmt:

```
SELECT

        Personen."Anrede" ,

        Personen."Nachname"  + ', ' + Personen."Vorname"  AS name,

        Personen."Gehalt" ,

        raeume."Raum"

FROM

        "raeume.DB" raeume ,

        "Personen.DB" Personen

WHERE

        ( Personen.Raum = raeume.Nr )
```

```
ORDER BY
        raeume.Raum,
        name
```

Sollen Daten gruppiert werden, benötigen Sie zusätzlich zum *Detail*-Band ein *GroupHeader*- und ein *GroupFooter*-Band.

Fügen Sie deshalb eine *QRGroup*-Komponente und eine *QRBand*-Komponente in das Formular ein. Beim *QRBand* legen Sie die Eigenschaft *BandTyp* auf *rbGroupFooter* fest. Weiterhin ist *GroupHeader* und *GroupFooter* über die Eigenschaft *Footerband* zu verknüpfen.

Bestimmen Sie als nächstes das Kriterium (*Query1.Raum*), nach dem die Gruppen erzeugt werden sollen. Verwenden Sie dazu die Eigenschaft *Expression* (*QRGroup*-Komponente)

Für die Summen im GroupFooter-, PageFooter- bzw. Summary-Band verwenden Sie *QRExpr*-Komponenten.

```
Expression := SUM(Query1.Gehalt)
```

Vergessen Sie nicht, die *PrintMask*-Eigenschaft auf einen sinnvollen Wert festzulegen (*###,###,###*.00 DM).

Alle bisherigen Berechnungen konnten wir ohne Pascal realisieren, soll aber der erste und letzte Datensatz der Seite am Seitenende angezeigt werden, müssen wir schon in die Trickkiste greifen. Zwei globale Variablen helfen uns dabei:

```
var fusszeilevon,
    fusszeilebis : string;
```

Ersten Datensatz bestimmen (im PageHeader):

```
procedure TQuickReport2.PageHeaderBand1BeforePrint(Sender: TQRCustomBand;
  var PrintBand: Boolean);
begin
    fusszeilevon := query1['name'];
end;
```

Letzten Datensatz bestimmen (Beim Druck jedes einzelnen Datensatzes. Würden wir den Wert im *PageFooter* abfragen, stimmt der Satzzeiger nicht mehr.):

```
procedure TQuickReport2.QRDBText1Print(sender: TObject; var Value: String);
begin
    fusszeilebis := query1['name'];
end;
```

Der eigentliche Ausdruck:

```
procedure TQuickReport2.QRLabel5Print(sender: TObject; var Value: String);
begin
    value := fusszeilevon + '  ...  ' + fusszeilebis;
end;
```

Grundlagen

Oberfläche

Grafik

Multimedia

Datei

Datenbank

SQL/ADO

Report

Objekte

OLE/DDE

Peripherie

System

Desktop

Technik

Sonstiges

Das Endergebnis:

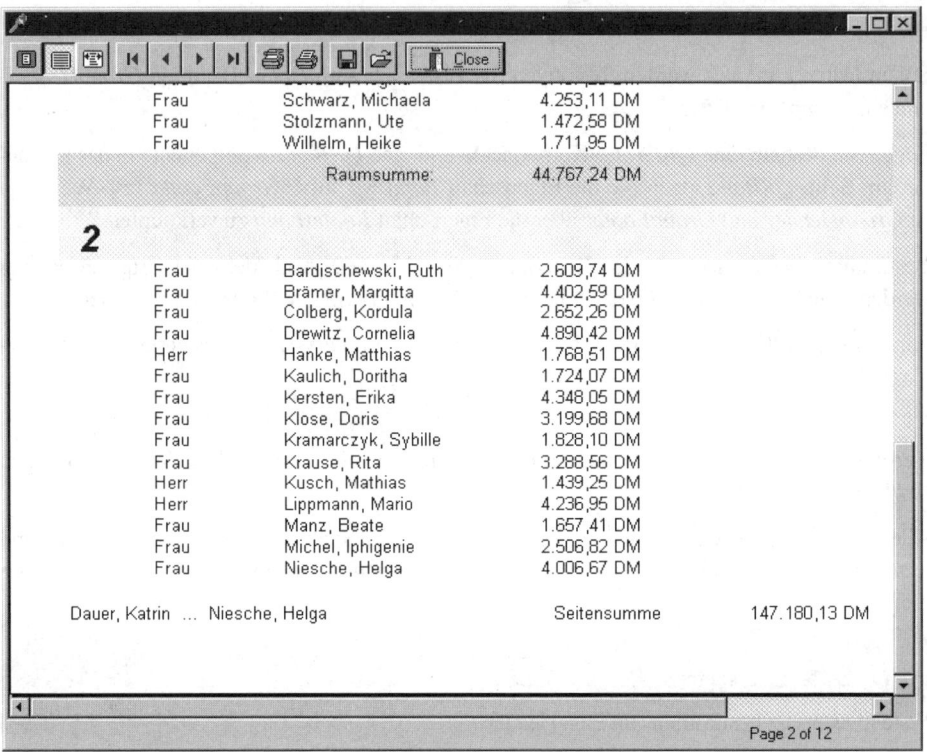

	Frau	Schwarz, Michaela	4.253,11 DM
	Frau	Stolzmann, Ute	1.472,58 DM
	Frau	Wilhelm, Heike	1.711,95 DM
		Raumsumme:	44.767,24 DM

2

	Frau	Bardischewski, Ruth	2.609,74 DM
	Frau	Brämer, Margitta	4.402,59 DM
	Frau	Colberg, Kordula	2.652,26 DM
	Frau	Drewitz, Cornelia	4.890,42 DM
	Herr	Hanke, Matthias	1.768,51 DM
	Frau	Kaulich, Doritha	1.724,07 DM
	Frau	Kersten, Erika	4.348,05 DM
	Frau	Klose, Doris	3.199,68 DM
	Frau	Kramarczyk, Sybille	1.828,10 DM
	Frau	Krause, Rita	3.288,56 DM
	Herr	Kusch, Mathias	1.439,25 DM
	Herr	Lippmann, Mario	4.236,95 DM
	Frau	Manz, Beate	1.657,41 DM
	Frau	Michel, Iphigenie	2.506,82 DM
	Frau	Niesche, Helga	4.006,67 DM

Dauer, Katrin ... Niesche, Helga   Seitensumme   147.180,13 DM

Page 2 of 12

Hinweis: Zur besseren Übersicht wurden Gruppenfuß und Gruppenkopf eingefärbt.

R249 ... im Report Master-Detail-Beziehungen darstellen?

Was für ein Formular möglich ist, und zwar das Darstellen von Master-Detail-Beziehungen, stellt auch den Quickreport nicht vor große Probleme.

Fügen Sie in den Report zwei *Table*-Komponenten ein (Tabelle *Räume* ist Master, Tabelle *Personen* fungiert als Detail-Tabelle). Im Gegensatz zur bisherigen Programmierung ist diesmal eine *DataSource*-Komponente nötig (für die Eigenschaft *MasterSource*).

Wie Sie die Master-Detail-Beziehung festlegen, zeigt die folgende Abbildung.

Hinweis: Die gewünschten Felder müssen über Indizes verfügen (Fremd- und Primär-schlüssel).

Grundlagen

Oberfläche

Grafik

Multimedia

Datei

Datenbank

SQL/ADO

Report

Objekte

OLE/DDE

Peripherie

System

Desktop

Technik

Sonstiges

Nach diesen Festlegungen können wir uns dem Report zuwenden. Fügen Sie neben einem Detail- und ein Header-Band eine SubDetail-Komponente (auch ein Band) ein. Legen Sie für den Report die *Dataset*-Eigenschaft mit *Table1* (Räume) fest. *DataSet* des *SubDetail*-Bandes wird *Table2*.

Platzieren Sie jetzt noch die gewünschten Felder in den entsprechenden Bändern:

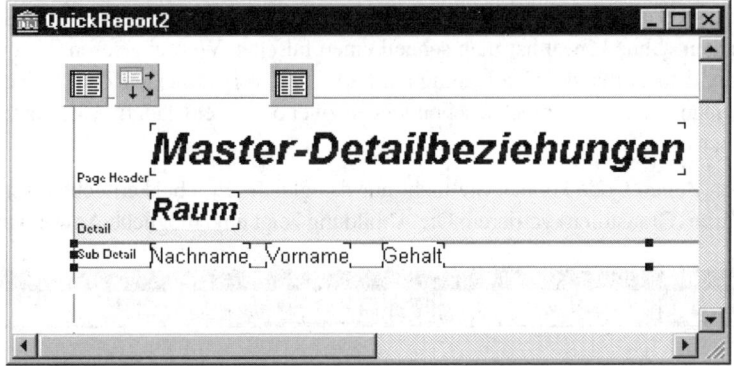

Danach steht einem Test nichts mehr im Weg.

Hinweis: Sie können beliebig viele Master-Detail-Beziehungen auf diese Weise erzeugen. Fügen Sie einfach weitere Table-Komponenten und *QRSubDetail*-Bänder ein.

R250 ... einen mehrspaltigen Report erstellen?

Eigentlich ist es schon fast beschämend, eine derartige "Trivialität" als "Rezept" zu verkaufen, aber manchmal "sieht man den Wald vor lauter Bäumen nicht". Die Lösung: Setzen Sie einfach die Eigenschaft *Page.Columns* von *QuickReport*!

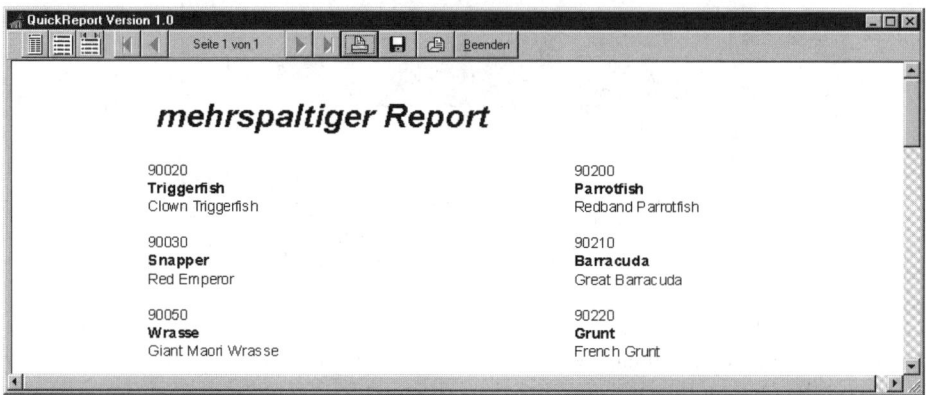

R251 ... im Report einzelne Zeilen grau hinterlegen?

Beim Druck großer Listen im Querformat ist es recht schwierig, die einzelnen Zeilen auseinander zu halten. Ohne Lineal hat man schnell einen falschen Wert abgelesen. Natürlich bietet auch hier der Zubehörhandel eine Lösung an: Papier mit vorgedruckten Zeilen. Die Sache hat allerdings einen Haken, wer möchte schon wegen zwei oder drei Blättern extra seinen Drucker neu einrichten?

Mit wenigen Zeilen Code können Sie nicht nur das gleiche Ergebnis erreichen, sondern auch noch die Farbe (Graustufen) variieren. Die Abbildung zeigt eine mögliche Anwendung:

Die Lösung ist relativ trivial, legen Sie die *Transparent*-Eigenschaft aller Komponenten im Detailbereich auf *True* fest.

Setzen Sie danach die *Color*-Eigenschaft des Detailbands auf einen leichten Grauwert oder eine andere Farbe. In der Ereignisprozedur *BeforePrint* wird die Farbe nach jeder ausgedruckten Zeile geändert:

```
procedure TForm1.QRBand2BeforePrint(var PrintBand: Boolean);
begin
    if qrband2.color = $0080FFFF then
        qrband2.color := clwhite
    else
        qrband2.color := $0080FFFF;
end;
```

Auf die gleiche Art könnten Sie auch Komponenten unter bestimmten Bedingungen sichtbar machen (z.B. Grafiken einblenden oder Detaildatensätze).

R252 ... im Report Daten nach Buchstaben gruppieren?

Wollen Sie Informationen nicht nach bestimmten Themen oder Feldern gruppieren, sondern einfach nur nach dem Anfangsbuchstaben, müssen Sie ebenfalls eine Gruppe bilden. Zwei Wege bieten sich an:

- Sie erzeugen mit Hilfe einer SQL-Anweisung ein zusätzliches Feld (das lediglich den ersten Buchstaben eines anderen Feldes enthält) und weisen dieses der *Expression*-Eigenschaft des GroupHeaders zu (ORDER BY-Klausel nicht vergessen).

- Sie legen die Eigenschaft *Expression* des GroupHeaders auf *COPY(Query1.nachname, 1, 1)* fest. Wichtig ist in diesem Fall die korrekte Sortierfolge.

Wir wollen uns kurz mit der ersten Variante beschäftigen, auf diese Weise überlassen wir dem SQL-Server bzw. der Datenbankengine einen Teil der Arbeit.

Die SQL-Anweisung:

```
SELECT
    nachname,
    vorname,
    gehalt,
    SUBSTRING(nachname FROM 1 FOR 1) AS Letter
FROM
    "Personen.DB" Personen
ORDER BY
    nachname
```

Dreh- und Angelpunkt ist die Funktion SUBSTRING, die einen Teilstring des Feldes *nachname* liefert.

Grundlagen

Oberfläche

Grafik

Multimedia

Datei

Datenbank

SQL/ADO

Report

Objekte

OLE/DDE

Peripherie

System

Desktop

Technik

Sonstiges

Der weitere Ablauf entspricht der Gruppierung nach einem beliebigen Feld:

- Einfügen einer *QRGroup*-Komponente (Band),
- Festlegen der Eigenschaft *Expression* (= *query1.letter*),
- Einfügen der *QRDBText*-Komponenten und Zuweisen der Datenquelle.

Das Resultat:

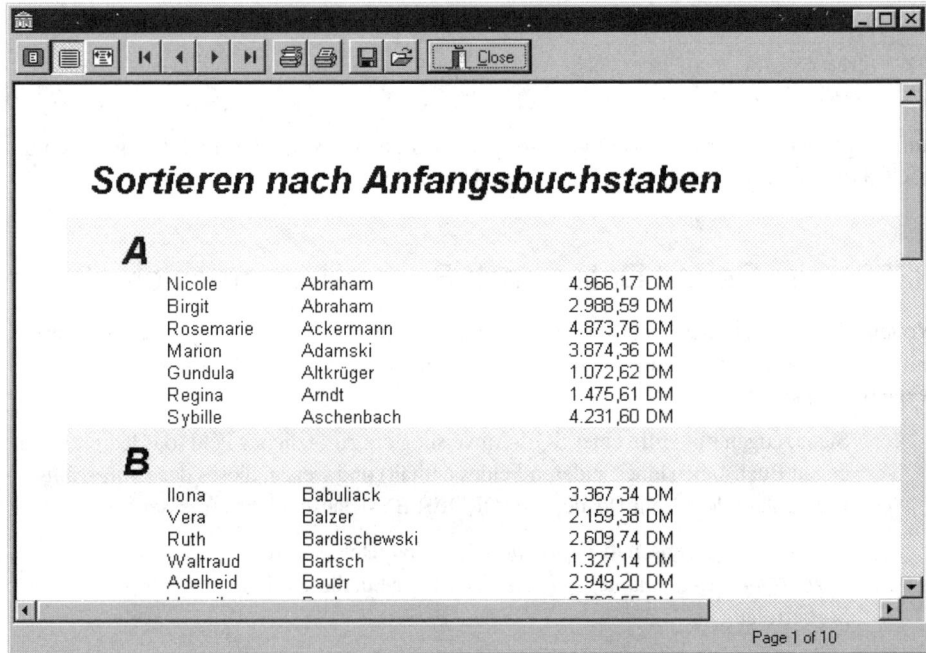

R253 ... eine eigene Druckvorschau realisieren?

Neben der Möglichkeit, mit *Preview* eine Druckvorschau anzuzeigen, bietet sich eine weitere Variante an. Mit der Komponente *QRPreview* können Sie die Druckausgabe in ein eigenes Fenster umleiten. Über die Eigenschaften *Zoom*, *PageNumber* sowie die Methoden *ZoomTo-Width* und *ZoomToFit* lässt sich das Aussehen entsprechend anpassen.

Dieses Flexibilität erkaufen Sie sich aber mit einem etwas höheren Aufwand. Der Vorteil: Die Druckvorschau kann nahtlos in Ihre Anwendung integriert werden (gleiches Layout etc.).

Die Realisierung erscheint im Gegensatz zu den bisherigen Beispielen etwas "sonderbar". Erstellen Sie ein weiteres Formular, in dem Sie neben einer *QRPreview*-Komponente Buttons bzw. Dialogelemente für die Auswahl der Seite, des Zoomfaktors etc. ablegen.

Das Formular könnte wie folgt aussehen:

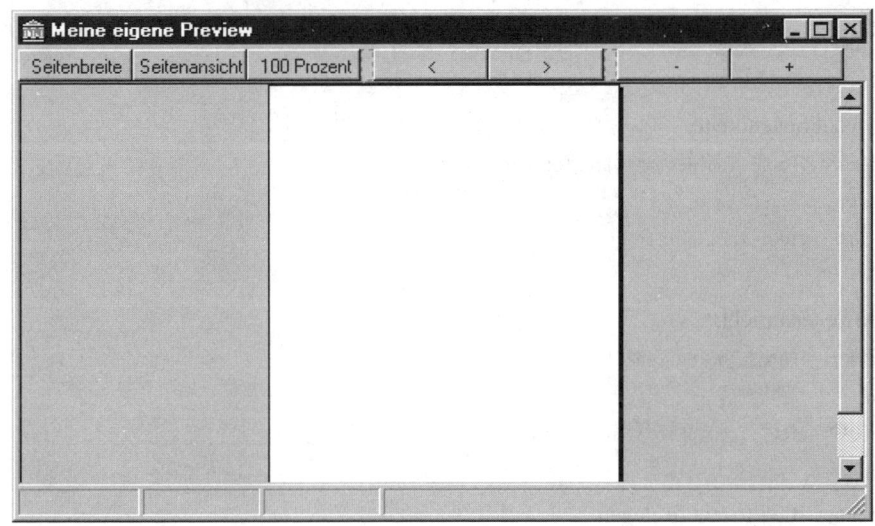

Grundlagen

Oberfläche

Grafik

Multimedia

Datei

Datenbank

SQL/ADO

Report

Objekte

OLE/DDE

Peripherie

System

Desktop

Technik

Sonstiges

Über das Panel am unteren Fensterrand zeigen wir sowohl den Fortschritt (in Prozent) als auch die Gesamtseitenzahl an. Die Verwendung der Buttons im Toolbar dürfte selbsterklärend sein.

Um sich unnötige Probleme beim Ausrichten der Komponenten zu ersparen, legen Sie einfach die *Align*-Eigenschaft der *QRPreview*-Komponente auf *alClient* fest.

Die einzelnen Funktionen des Formulars:

Aktualisieren der Forschrittsanzeige:

```
procedure TForm3.QRPreview1ProgressUpdate(Sender: TObject; Progress: Integer);
begin
   statusbar1.Panels[0].text := inttostr(progress) + '%'
end;
```

Anzeige der Seitenzahl:

```
procedure TForm3.QRPreview1PageAvailable(Sender: TObject; PageNum: Integer);
begin
   statusbar1.Panels[1].text :=  Format('%d Seite(n)',[Pagenum]);
end;
```

Blättern zwischen den Seiten:

```
procedure TForm3.ToolButton3Click(Sender: TObject);
begin
    QRPreview1.PageNumber := QRPreview1.PageNumber - 1
end;
```

```pascal
procedure TForm3.ToolButton4Click(Sender: TObject);
begin
    QRPreview1.PageNumber := QRPreview1.PageNumber + 1
end;
```

Zoom auf Seitenbreite:

```pascal
procedure TForm3.ToolButton1Click(Sender: TObject);
begin
    QRPreview1.ZoomToWidth
end;
```

Volle Seitenansicht:

```pascal
procedure TForm3.ToolButton2Click(Sender: TObject);
begin
    QRPreview1.ZoomToFit
end;
```

Zoom auf 100 Prozent festlegen:

```pascal
procedure TForm3.ToolButton6Click(Sender: TObject);
begin
    QRPreview1.zoom := 100;
end;
```

Zoomfaktor ändern:

```pascal
procedure TForm3.ToolButton7Click(Sender: TObject);
begin
    QRPreview1.zoom := QRPreview1.zoom-10;
end;
```

```pascal
procedure TForm3.ToolButton8Click(Sender: TObject);
begin
    QRPreview1.zoom := QRPreview1.zoom+10;
end;
```

Im Hauptformular, aus dem Sie die Druckvorschau starten wollen, müssen Sie vor dem Aufruf der *Preview*-Methode eine Ereignisbehandlung für *OnPreview* realisieren:

```pascal
type
  TForm1 = class(TForm)

  ...

    procedure Showpreview(Sender: TObject);
  end;

...
```

```
procedure TForm1.Showpreview(Sender : TObject);
begin
   form3.QRPreview1.QRPrinter := TQRPrinter(Sender);
   form3.show;
end;
```

Der eigentliche Aufruf der Vorschau (mit vorhergehender Zuweisung der Ereignisroutine):

```
procedure TForm1.Button1Click(Sender: TObject);
begin
   quickreport2.onpreview:=showpreview;
   quickreport2.preview;
end;
```

Das Objekt *QRPrinter* wird beim Programmstart automatisch erstellt und ermöglicht das Umleiten der Druckausgabe in ein eigenes Formular.

Die Ereignisroutine startet lediglich die selbstdefinierte Druckvorschau:

```
procedure TForm1.ShowPreview;
begin
   Form3.ShowModal;
end;
```

Das Endresultat kann natürlich noch mit vielen bunten Bildern (Microsoft Look) "aufgewertet" werden:

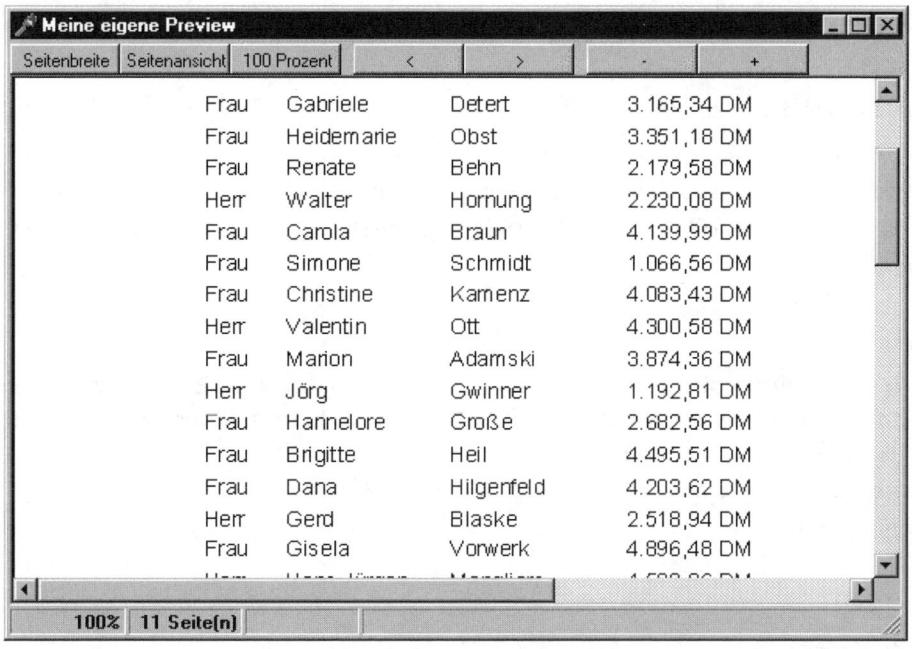

Grundlagen
Oberfläche
Grafik
Multimedia
Datei
Datenbank
SQL/ADO
Report
Objekte
OLE/DDE
Peripherie
System
Desktop
Technik
Sonstiges

R254 ... den Quickreport ohne Datenbank einsetzen?

Nicht jeder Report muss unbedingt auf einer Datenbank basieren, es könnte auch sein, dass Sie lediglich ein paar Zahlenwerte ausgeben möchten, die berechnet worden sind. Dass auch hier der Quickreport keine "schlechte Figur macht", zeigt das folgende Rezept.

Oberfläche

Entwerfen Sie Ihren Report, wie Sie es gewohnt sind, lediglich auf das Einfügen einer *Table*- oder *Query*-Komponente können Sie verzichten.

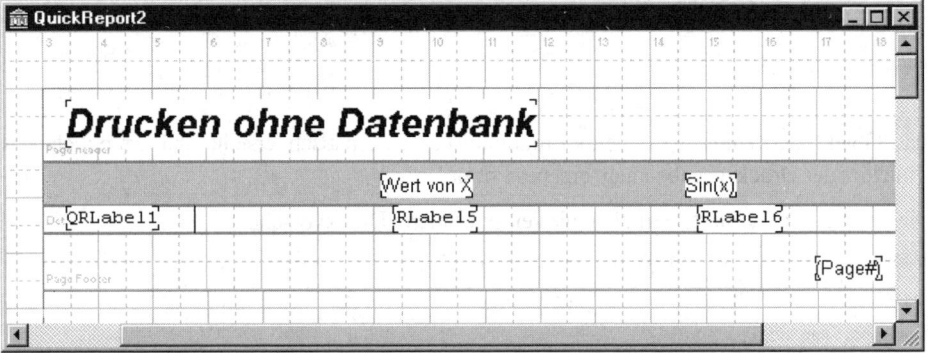

Daten, die Sie listenartig ausgeben müssen, platzieren Sie im Detailbereich, möchten Sie lediglich einen einseitigen Report erzeugen, genügt die Verwendung des Pageheaders.

Quelltext

Zwei Laufvariablen für die Berechnung der einzelnen Ausgabezeilen:

```
var I : integer;
    x : double;
```

Bevor der Report gedruckt wird, Initialisieren der Variablen:

```
procedure TQuickReport2.QuickReport2BeforePrint(Sender:TQuickRep;var PrintReport:Boolean);
begin
    i := 0; x := 0;
end;
```

Wie viele Zeilen gedruckt werden, bestimmen Sie im *OnNeedData*-Ereignis des Reports. Setzen Sie den Parameter *MoreData* auf True, signalisieren Sie dem Report, dass eine weitere Zeile im Detailbereich gedruckt werden soll:

```
procedure TQuickReport2.QuickReport2NeedData(Sender: TObject; var MoreData: Boolean);
begin
  moredata := (i < 1000);
  inc(i);
end;
```

Die einfache Ausgabe einer Zeilennummer:

```
procedure TQuickReport2.QRLabel1Print(sender: TObject; var Value: String);
begin
    value := Format('Zeile: %d',[i]);
end;
```

Im *OnPrint*-Ereignis der jeweiligen Komponente legen Sie fest, <u>was</u> gedruckt werden soll:

```
procedure TQuickReport2.QRLabel5Print(sender: TObject; var Value: String);
begin
  value := format('%e',[x]);
  x := x + 0.01;
end;


procedure TQuickReport2.QRLabel6Print(sender: TObject; var Value: String);
begin
  value := format('%e',[sin(x)/x]);
end;
```

Test

Die Druckvorschau:

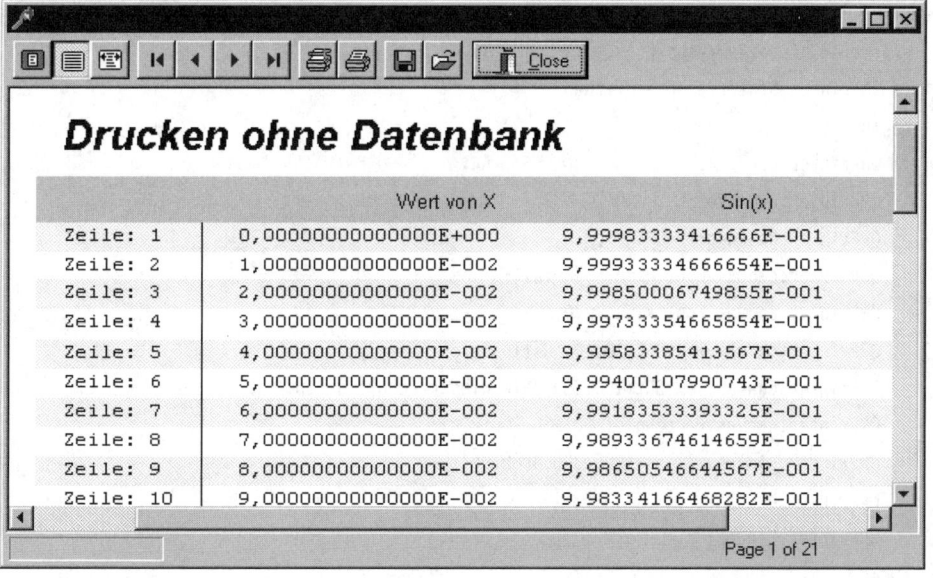

Grundlagen

Oberfläche

Grafik

Multimedia

Datei

Datenbank

SQL/ADO

Report

Objekte

OLE/DDE

Peripherie

System

Desktop

Technik

Sonstiges

R255 ... den Quickreport ohne Komponenten verwenden?

Wer mit den bisher vorgestellten Mitteln immer noch unzufrieden ist, da die Komponenten nicht flexibel genug sind, kann sich auch noch tiefer hinabbegeben. Sie können den Seiteninhalt des Reports auch über ein *Canvas*-Objekt erzeugen.

Beispiel: Ausgabe von Text und Grafik in einem Quickreport (die Anzeige erfolgt in einer *QRPreview*-Komponente):

```
uses ... qrprntr;


type
  TForm1 = class(TForm)
    procedure Showpreview(Sender: TObject);
  end;
...


procedure TForm1.Showpreview(Sender : TObject);
begin
   QRPreview1.QRPrinter := TQRPrinter(Sender);
end;


procedure TForm1.Button1Click(Sender: TObject);
begin
  qrprinter.onpreview:=showpreview;
  if QRPrinter.Status = mpReady then
  begin
    QRPrinter.Preview;
    QRPrinter.BeginDoc;
    QRPrinter.NewPage;
    QRPrinter.canvas.Font.name:= 'Arial';
    QRPrinter.canvas.Font.size:= 30;
    QRPrinter.canvas.TextOut(10,10,'Hallo Delphi-User');
    QRPrinter.canvas.TextOut(100,200,'Nie wieder Report Smith!');
    QRPrinter.canvas.rectangle(100,100,200,200);
    QRPrinter.canvas.ellipse(200,300,400,700);
    QRPrinter.NewPage;
    QRPrinter.EndDoc;
  end;
end;
```

Zu Papier bringen Sie die Druckvorschau mit:

```
procedure TForm1.Button2Click(Sender: TObject);
begin
  QRPreview1.QRPrinter.Print
end;
```

Test

Die folgende Abbildung zeigt das Ergebnis der obigen Bemühungen. Parallelen zum "normalen" Quickreport sind nicht auf den ersten Blick zu erkennen. Allerdings besteht ohne weiteres die Möglichkeit, zwischen den einzelnen Seiten zu blättern, den Zoomfaktor festzulegen usw.

Grundlagen

Oberfläche

Grafik

Multimedia

Datei

Datenbank

SQL/ADO

Report

Objekte

OLE/DDE

Peripherie

System

Desktop

Technik

Sonstiges

Wie kann ich ...?
Objekte und Komponenten

R256 ... die Objektablage benutzen?

Die Arbeit mit der Objektablage zählt zum elementaren Handwerkszeug des Delphi-Programmierers, kann er doch damit seine Arbeit erheblich rationalisieren. Im folgenden Beispiel geht
es um ein wiederverwendbares Eröffnungsformular als Bestandteil der Objektablage.

Oberfläche

Platzieren Sie auf dem Startformular eine *Image*-Komponente, deren *Picture*-Eigenschaft Sie
im Objektinspektor irgendeine Grafikdatei (*.BMP oder *.WMF) zuweisen. Hinzu kommen
noch zwei Buttons (*Button1* und *Button2*), deren *Caption*-Eigenschaft wir ebenfalls ändern
(siehe Abbildung).

Schließlich erhält das Formular noch einen neuen Namen (*DataBook1*) und eine aussagekräftige *Caption*-Eigenschaft (z.B. "Ich komme aus der Objektablage!").

Klicken Sie dann mit der rechten Maustaste auf das Formular und wählen Sie im PopUp-Menü
den Eintrag *Der Objektablage hinzufügen ...* :

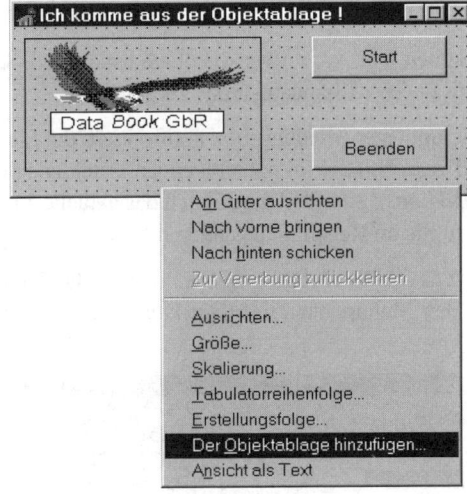

Ab in die Objektablage!

Im folgenden Dialogfenster können Sie Titel, Beschreibung und Autor frei vergeben. In der
Klapp-Box "Seite" haben Sie die Wahl zwischen mehreren Kategorien:

- Projekte
- Formulare
- Dialoge
- Datenmodule

Grundlagen

Oberfläche

Grafik

Multimedia

Datei

Datenbank

SQL/ADO

Report

Objekte

OLE/DDE

Peripherie

System

Desktop

Technik

Sonstiges

Wir entscheiden uns hier für "Formulare", behalten aber im Hinterkopf, dass man auch mit anderen Objektklassen arbeiten kann:

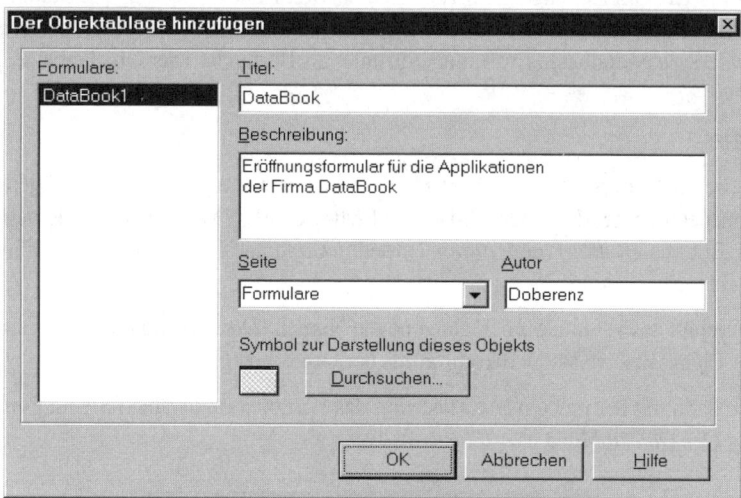

Wer Wert auf Äußerlichkeiten legt, kann über die "Durchsuchen..."-Schaltfläche dem neuen Objekt auch eine andere als die triste Standard-Ikone zuordnen.

Nach dem OK werden Sie mit einer Meldungsbox konfrontiert, die Sie zum Speichern auffordert. Klicken Sie "Ja" und vergeben Sie im nachfolgenden Dateidialog einen neuen, möglichst originellen Namen (*UnitDB1.pas*). Als Pfad wird Ihnen das aktuelle Verzeichnis Ihrer Anwendung angeboten, das sollten Sie im Regelfall akzeptieren.

Sicher wollen Sie sich jetzt davon überzeugen, ob das Formular tatsächlich in der Objektablage gelandet ist. Wählen Sie den Menüpunkt *Tools|Objektablage...* und schauen Sie in der Seite "Formulare" nach:

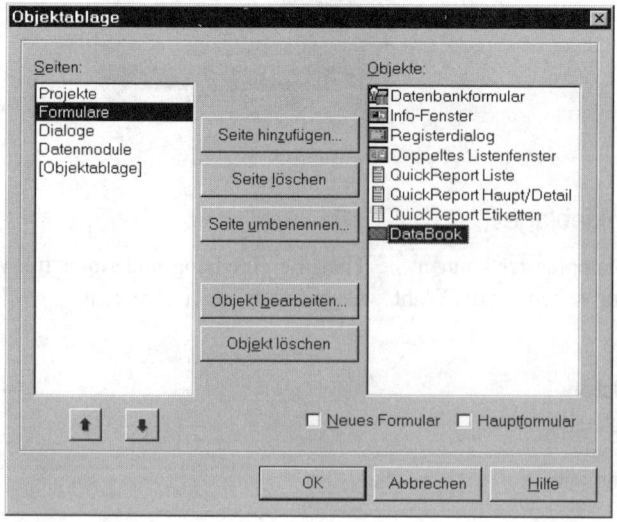

Bei dieser Gelegenheit können Sie, natürlich nur wenn Sie wollen, gleich noch die zwei Checkboxen am unteren Rand bedienen. Hier die Auswirkungen:

Neues Formular — Wenn Sie bei Ihrer späteren Arbeit in der Delphi-Menüleiste *Datei\Neues Formular* klicken, erscheint unser Formular *DataBook*.

Hauptformular — Wenn Sie später in der Delphi-Menüleiste *Datei\Neue Anwendung* klicken, drängt sich Ihnen gleich zu Beginn eines jeden neuen Projektes unser Formular *DataBook* auf.

Heraus aus der Objektablage!

Nehmen wir an, Sie haben keine der beiden Checkboxen aktiviert. Schließen Sie jetzt Delphi und starten Sie es wieder. Wählen Sie dann den Menüpunkt *Datei\Neu...*. Auf der Seite "Formulare" des Dialogfensters "Objektgalerie" entdecken Sie in der feinen Gesellschaft weiterer auserlesener Objekte unser *DataBook*-Formular:

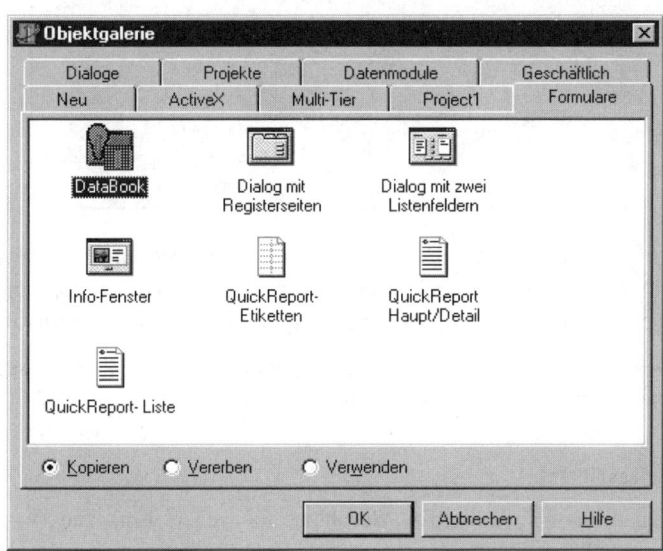

Bevor Sie aber OK klicken, sollten Sie sich über die Auswirkungen der drei Optionsboxen im Klaren sein:

Kopieren — Eine Kopie des Objekts *DataBook* wird Ihrem aktuellen Projekt hinzugefügt. Änderungen an dem Original (in der Objektablage) wirken sich nicht auf Ihre Kopie aus und umgekehrt.

Vererben — Wenn Sie das Formular *DataBook* vererben, wird davon eine neue Klasse abgeleitet und Ihrem Projekt hinzugefügt. Alle Änderungen, die Sie danach an dem Original (in der Objektablage) vornehmen, werden auch auf die abgeleitete Klasse übertragen. Umgekehrtes gilt nicht: Änderungen an der abgeleiteten Klasse wirken sich <u>nicht</u> auf den Vorfahren (das Original) aus.

Grundlagen

Oberfläche

Grafik

Multimedia

Datei

Datenbank

SQL/ADO

Report

Objekte

OLE/DDE

Peripherie

System

Desktop

Technik

Sonstiges

Verwenden   Hier arbeiten Sie direkt mit dem Original *DataBook*, so als würden Sie dieses Objekt neu erstellen. Also Vorsicht, denn alle Änderungen, die Sie nun vornehmen, wirken sich auch auf alle anderen Projekte aus, die *DataBook* direkt benutzen oder *DataBook* geerbt haben.

Test

Öffnen Sie ein neues Projekt (*Datei\Neue Anwendung*). Es erscheint zunächst das "normale" Standardformular *Form1*.

Um die Objektablage bequem testen zu können, ergänzen wir *Form1* durch die drei Buttons "Kopiertes Objekt", "Vererbtes Objekt", "Beenden":

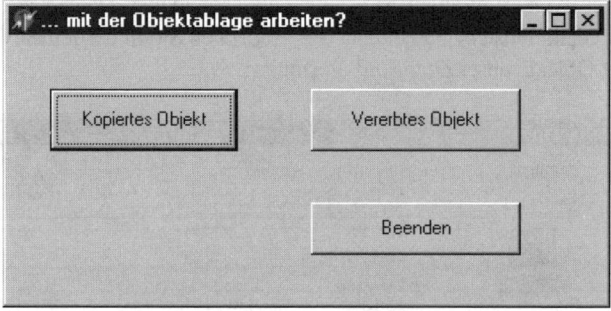

Anschließend fügen wir über *Datei\Neu...* das Objekt *DataBook* mit der Option "Kopieren" hinzu. Ein Blick auf den Objektinspektor belehrt uns, dass dieses Formular automatisch den Namen *Form2* erhalten hat, entsprechendes gilt natürlich auch für die zugehörige *Unit2*.

Ein Blick in diese Unit zeigt, dass es sich bei unserem eingefügten Objekt tatsächlich nur um eine ganz normale Kopie des Originals handelt:

```
type
  TDataBook = class(TForm)
```

Form2 dient Ihnen nun als Gerüst bzw. Schablone für weitere Ergänzungen. Im Folgenden wird z.B. ein zusätzlicher "Hilfe"-Button eingefügt, das *Click*-Ereignis des "Start"-Buttons wird mit Quellcode hinterlegt usw.:

Da bis jetzt alles so gut funktioniert hat, wollen wir ein zweites *DataBook*-Formular einfügen, diesmal aber als "vererbtes" Objekt. Gehen Sie dabei genauso vor (*Datei\Neu...*), nur dass diesmal die Option "Vererben" aktiviert wird.

Grundlagen

Hier belehrt uns die entsprechende Formular-Unit, dass tatsächlich eine Unterklasse *TData-Book1* von der Originalklasse *TDataBook* abgeleitet wurde:

Oberfläche

```
type
  TDataBook1 = class(TDataBook)
```

Grafik

Ergänzen Sie jetzt in der Unit des Hauptformulars den Quelltext:

```
procedure TForm1.Button1Click(Sender: TObject);   // Kopiertes Objekt
begin
 Form2.Show
end;
```

Multimedia

```
procedure TForm1.Button2Click(Sender: TObject);   // Vererbtes Objekt
begin
 DataBook1.Show
end;
```

Datei

```
procedure TForm1.Button3Click(Sender: TObject);   // Beenden
begin
 Close
end;
```

Datenbank

Testen Sie die Funktionsfähigkeit (F9) und speichern Sie die Anwendung als *Project1.dpr* ab (*Datei\Speichern*).

SQL/ADO

Öffnen Sie jetzt ein weiteres Projekt, um auch dort ein *DataBook*-Objekt einzufügen, diesmal allerdings mit der Option "Verwenden".

Report

Die Formular-Unit zeigt die Klasse *TDataBook*:

```
type
  TDataBook = class(TForm)
```

Objekte

Doktern Sie nun etwas an dem *DataBook*-"Verwenden"-Formular herum, ändern Sie z.B. die Überschrift (*Caption*) oder die Hintergrundfarbe (*Color*). Wenn Sie jetzt dieses Projekt abspeichern (*Project2.dpr*) und anschließend das erste Projekt (*Project1.dpr*) wieder laden und compilieren, werden Sie feststellen, dass die gleichen Änderungen auch am dortigen "vererbten" *DataBook*-Formular vorgenommen wurden, das "kopierte" *DataBook*-Formular sollte hingegen unverändert geblieben sein:

OLE/DDE

Peripherie

System

Desktop

Technik

Sonstiges

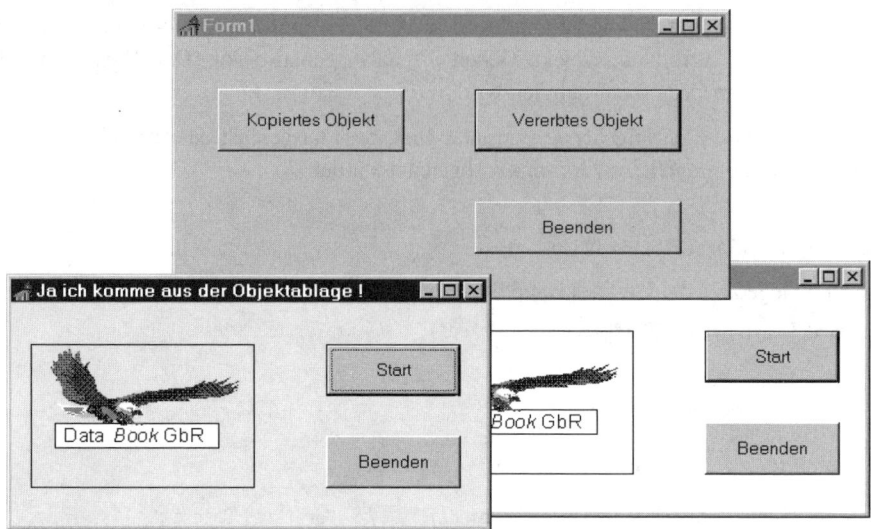

Bemerkungen

▪ Wenn bei Programmstart nicht das Hauptformular erscheint, so müssen Sie über das Menü *Projekt\Optionen*... auf der Seite "Formulare" *Form1* als Hauptformular einstellen.

▪ Die einfachste Möglichkeit, um Objekte in der Objektablage nachträglich zu ändern, ist deren Einfügen in ein beliebiges anderes Projekt mit der "Benutzen"-Option, um dann dort die Modifikationen vorzunehmen.

▪ Bei Projektvorlagen stellt das Kopieren die einzig verfügbare Option dar. Vererben und Verwenden sind also nicht möglich.

R257 ... eine einfache Klasse benutzen?

Ein Delphi-Programm setzt sich bekannterweise bausteinartig aus verschiedenen Units zusammen, die teils "vorgefertigt" und teils vom Benutzer erstellt werden. Im Rezept

☞   R10 ... eine Unit erstellen und anwenden?

wurde die klassische Vorgehensweise demonstriert, wie sie noch aus der alten Pascal-Zeit stammt. Für den OOP-Einsteiger empfiehlt sich deshalb ein Studium des o.g. Rezepts, denn nur so wird er die Vorzüge der folgenden objektorientierten Lösung so richtig zu würdigen wissen. Diese zeigt am gleichen Problem, wie man die Nachteile der klassischen Lösung vermeidet. Ziel ist es, möglichst viel "Intelligenz" in die Unit zu verlagern, so dass sich der Anwender nicht mehr um solch lästigen Dinge wie Typüberprüfung, Formatierung etc. zu kümmern braucht und so zu einem leicht nachvollziehbaren, transparenten Code kommt.

Quelltext der Unit

Unsere Unit exportiert keine einzelnen Funktionen, Prozeduren, Variablen, ..., sondern eine Klasse *TArtikel*:

```
unit Berechnungen;
interface
```

```
uses SysUtils;    // wegen Format-Fktn.
```

```
type TArtikel = class(TObject)
 private
```

Die Zustände (Felder) der Klasse:

```
 nett: Double;
 mws: Single;
```

Die Zugriffsmethoden:

```
 function getNetto: string;
 procedure setNetto(nt: string);
 function getBrutto: string;
 procedure setBrutto(br: string);
public
```

Die öffentliche Schnittstelle der Klasse sind drei Eigenschaften:

```
 property netto: string read getNetto write setNetto;
 property brutto: string read getBrutto write setBrutto;
 property mwst: Single read mws write mws;
end;
```

Im *Implementation*-Abschnitt kümmern wir uns um die Implementierung der Zugriffsmethoden:

```
implementation
```

```
var wert: Double; code: Integer;    // Hilfsvariablen
```

```
function TArtikel.getNetto;
begin
 Result := Format('%m',[nett])
end;
```

```
procedure TArtikel.setNetto;
begin
 Val(nt, wert, code);
```

```
  if code = 0 then nett := wert
end;


function TArtikel.getBrutto;
begin
 Result := Format('%m',[nett * (1 + mws)])
end;


procedure TArtikel.setBrutto;
begin
 Val(br, wert, code);
 if code = 0 then nett := wert / (1 + mws)
end;
end.
```

Testoberfläche

Diese besteht im Wesentlichen aus einem Formular (*Form1*) mit zwei *Edit*-Feldern und einer *RadioGroup* zur Auswahl zwischen zwei Mehrwertsteuersätzen (siehe Abbildung am Schluss).

Quelltext zum Testen

Hier der *implementation*-Abschnitt von *Unit1*:

```
uses Berechnungen;        // stellt Klasse TArtikel bereit

var art: TArtikel;        // Objektvariable  referenzieren
```

Die Startaktivitäteen:

```
procedure TForm1.FormCreate(Sender: TObject);
begin
 art := TArtikel.Create;        // Objektvariable instanzieren
 // Werte initialisieren:
 RadioGroup1.ItemIndex := 1;    // MWSt = 16%
 RadioGroup1Click(Self)         // Anfangsanzeige von Netto und Brutto
end;
```

MwSt geändert:

```
procedure TForm1.RadioGroup1Click(Sender: TObject);
begin
 case RadioGroup1.ItemIndex of
  0: art.mwst := 0.07;
  1: art.mwst := 0.16
```

Grundlagen

Oberfläche

Grafik

Multimedia

Datei

Datenbank

SQL/ADO

Report

Objekte

OLE/DDE

Peripherie

System

Desktop

Technik

Sonstiges

```
end;
// Brutto und Netto neu anzeigen:
Edit1.Text := art.netto;
Edit2.Text := art.brutto
end;
```

Netto geändert:

```
procedure TForm1.Edit1KeyUp(Sender: TObject; var Key: Word; Shift: TShiftState);
begin
  art.netto := Edit1.Text;      // Netto übernehmen
  Edit2.Text := art.brutto      // Brutto neu anzeigen
end;
```

Brutto geändert:

```
procedure TForm1.Edit2KeyUp(Sender: TObject; var Key: Word; Shift: TShiftState);
begin
  art.brutto := Edit2.Text;     // Brutto übernehmen
  Edit1.Text := art.netto       // Netto neu anzeigen
end;

procedure TForm1.Button1Click(Sender: TObject);     // Beenden
begin  Close  end;

procedure TForm1.FormClose(Sender: TObject; var Action: TCloseAction);
begin art.Free  end;
```

Test

Äußerlich ist keinerlei Unterschied zum Beispiel

☞   R10 ... eine Unit erstellen und anwenden?

festzustellen. Vergleichen Sie aber den Quelltext, so werden Sie feststellen, dass es intern bei unserer objektorientierten Lösung wesentlich übersichtlicher zugeht.

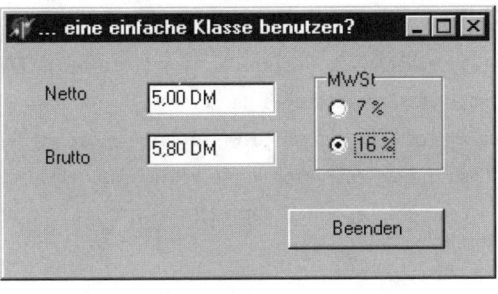

R258 ... Eigenschaften und Felder verstehen?

"Was ist denn nun der Unterschied zwischen *Eigenschaften* und *Feldern* eines Objekts? Beide fallen doch unter den gemeinsamen Begriff *Attribut*...".

Wir wollen diese Frage anhand eines selbstdefinierten Objekts für einen simplen Kreis entschärfen. Unser Objekt (*TCircle*) soll nur ein einziges Feld (*F_Radius*) haben, dafür aber drei Eigenschaften:

- Radius (*radius*)
- Umfang (*periphery = 2*Pi*radius*)
- Flächeninhalt (*area =Pi*radius*radius*)

Die zugrundeliegenden mathematischen Formeln werden als bekannt vorausgesetzt und tun im Übrigen nichts zur Sache, da es im Wesentlichen nur um die Erläuterung eines Prinzips geht.

Oberfläche

Unser Startformular (*Form1*) bestücken wir mit drei Editierfeldern (*Edit1, Edit2, Edit3*), einer Schaltfläche (*Button1*) und diversen Labels (siehe Laufzeitabbildung am Schluss).

Quelltext für Unit2

Man sollte es sich zur Gewohnheit werden lassen, selbstdefinierte Klassen in eine separate Unit auszulagern. Fügen Sie deshalb eine neue Unit (*Unit2*) zum Projekt hinzu.

```
unit Unit2;

interface
```

Die Klasse *TCircle* wird deklariert. Felder und Zugriffsmethoden gehören in den *private*-Abschnitt, die Eigenschaftsprozeduren hingegen in den *public*-Abschnitt (siehe Quelltext-Kommentare):

```
type TCircle = class(TObject)

private     // Felder und Zugriffsmethoden:
 F_Radius: Double;              // das ist ein Feld, welches den Zustand speichert!
 function getPeriph: Double;            // das ist eine Methode für den Lesezugriff
 procedure setPeriph(periph: Double);   // dto. für Schreibzugriff
 function getArea: Double;              // das ist eine Methode für den Lesezugriff
 procedure setArea(area: Double);       // dto. für Schreibzugriff
public     // die öffentliche Schnittstelle der Klasse:
 property radius: Double read F_Radius write F_Radius; // das ist eine Eigenschaft!
 property periphery: Double read getPeriph write setPeriph;   // dto.
 property area: Double read getArea write setArea;           // dto.
end;
```

Die vier Zugriffsmethoden müssen noch implementiert werden. Dabei verwenden wir wieder freizügig die Kurzform der Methodenköpfe:

```
implementation

function TCircle.getPeriph;
begin getPeriph:= 2*Pi*F_Radius end;

 procedure TCircle.setPeriph;
 begin F_Radius:= periph/2/Pi end;

 function TCircle.getArea;
 begin getArea:= Pi*F_Radius*F_Radius end;

 procedure TCircle.setArea;
 begin F_Radius:= Sqrt(area/Pi) end;
end.
```

Quelltext für Unit1

Der *implementation*-Abschnitt von *Unit1*, wo wir unsere selbstdefinierte Klasse benutzen werden:

```
...
uses Unit2;

var aCircle: TCircle;             // Objektvariable  deklarieren
```

Jetzt müssen wir uns, wie immer, um die Ereignismethoden unseres Formulars kümmern:

```
procedure TForm1.FormCreate;              // Laden des Formulars
begin
 Edit1.Text:= ''; Edit2.Text:=''; Edit3.Text:= '';
 aCircle:= TCircle.Create              // Wichtig: Objektinstanz entsteht!
end;

procedure TForm1.EditKeyPress;        // Eingabekorrektur
begin
 if Key=',' then key:= '.'              // Dezimalkomma => Dezimalpunkt
end;

procedure TForm1.EditKeyUp;                     // Werte-Eingabe für ale drei Edit-Felder
var wert: Double; code: Integer; s: string;
begin
```

Grundlagen

Oberfläche

Grafik

Multimedia

Datei

Datenbank

SQL/ADO

Report

Objekte

OLE/DDE

Peripherie

System

Desktop

Technik

Sonstiges

```
 if Sender = Edit1 then                    // Radius geändert
 begin
  Val(Edit1.Text, wert, code); aCircle.radius:= wert;
  wert:= aCircle.periphery; Str(wert:8:3, s); Edit2.Text:= s;
  wert:= aCircle.area; Str(wert:8:3, s); Edit3.Text:= s
 end;


 if Sender = Edit2 then
 begin                                     // Umfang geändert
  Val(Edit2.Text, wert, code); aCircle.periphery:= wert;
  wert:= aCircle.radius; Str(wert:8:3, s); Edit1.Text:= s;
  wert:= aCircle.area; Str(wert:8:3, s); Edit3.Text:= s
 end;


 if Sender = Edit3 then                    // Fläche geändert
 begin
  Val(Edit3.Text, wert, code); aCircle.area:= wert;
  wert:= aCircle.radius; Str(wert:8:3, s); Edit1.Text:= s;
  wert:= aCircle.periphery; Str(wert:8:3, s); Edit2.Text:= s
 end;
end;


procedure TForm1.Button1Click;             // Beenden
begin Close end;


procedure TForm1.FormClose(Sender: TObject; var Action: TCloseAction);
begin aCircle.Free  end;                   // Objekt freigeben
```

Test

Nach dem Programmstart können Sie in ein beliebiges der drei Editierfelder einen Wert eingeben. Die Anzeige in den übrigen zwei Feldern wird sofort aktualisiert! Damit ist unser Programm zugleich auch ein eindrucksvolles Beispiel für die unter Windows möglichen sogenannten "interaktiven" Berechnungen, die auf eine Ergebnistaste verzichten können.

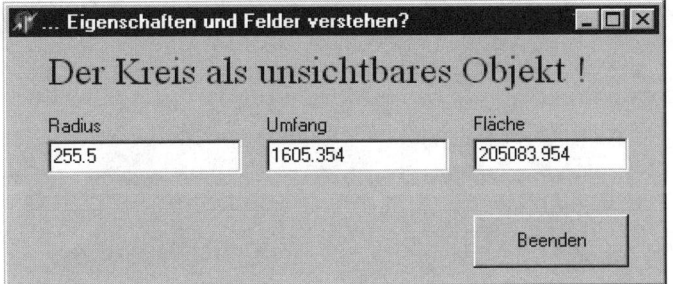

Grundlagen

Oberfläche

Grafik

Multimedia

Datei

Datenbank

SQL/ADO

Report

Objekte

OLE/DDE

Peripherie

System

Desktop

Technik

Sonstiges

Bemerkungen

* Obwohl unser Objekt drei Eigenschaften hat, wird nur der Radius im (privaten) Feld *F_Radius* gespeichert, man kann dieses Feld deshalb auch als "Zustandsvariable" bezeichnen. Die Eigenschaften *radius*, *periphery* und *area* lesen bzw. speichern diese Variable mittels *Read*- bzw. *Write*-Klausel, wobei über die Zugriffsmethoden quasi "Online"-Umrechnungen auszuführen sind.

* Die *Read*-Zugriffsmethoden sind immer parameterlose Funktionen, die *Write*-Zugriffsmethoden immer Prozeduren mit einem Übergabeparameter!

* Natürlich wäre es auch möglich, statt einer Eigenschaftsprozedur (*property...* *read/write*) die direkten Zuweisungen über die Zustandsvariablen oder die Zugriffsmethoden zu verwenden. Dies hätte allerdings nichts mehr mit sauberer objektorientierter Programmierung zu tun.

R259 ... Klassen und Objekte verstehen?

Dieses Rezept ist das erste einer Serie von fünf Demoprogrammen, die systematisch aufeinander aufbauen und die sich wohl am besten unter der Überschrift "Kleiner OOP-Crashkurs" zusammenfassen lassen. Damit auch der Spaß nicht zu kurz kommt, soll das Ganze dann als Formel1-Rennen in Szene gesetzt werden. Dabei lernen Sie auch noch so ganz nebenbei etwas über das Programmieren von Animationen mittels selbstauslöschender Vektorgrafiken.

Wir wollen zunächst eine Klasse *TAuto* (das ist die "Konstruktionsvorschrift") definieren, von welcher wir dann drei verschiedene Objekte (*Auto1*, *Auto2*, *Auto3*) ableiten werden.

Oberfläche

Öffnen Sie eine neue Anwendung. Etwa in der Mitte von *Form1* platzieren Sie die Start-/Ziellinie als breiten senkrechten Strich (*TShape*-Komponente mit *Shape*-Eigenschaft = *stRectangle*, *Pen.Style = psClear*):

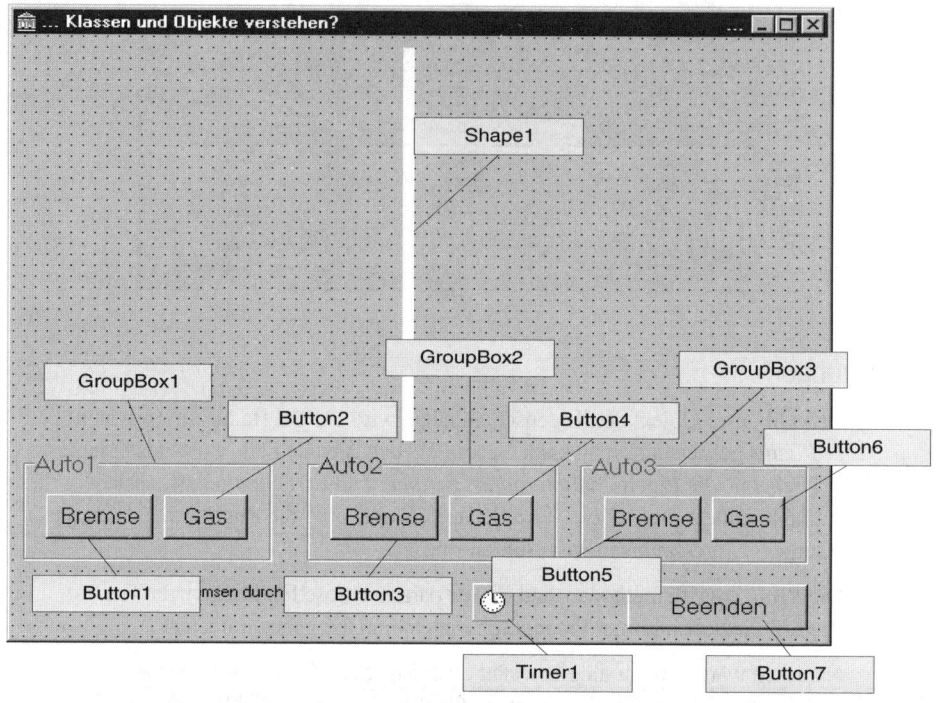

Auf *Form1* richten Sie drei "Cockpits" für die noch zu erzeugenden Auto-Objekte ein[1]. Unterhalb platzieren Sie in drei Rahmen (*GroupBox1*, *GroupBox2*, *GroupBox3*) jeweils 2 Schaltflächen (*Button1 ... Button6*). Auch ein Zeitgeber-Control (*Timer1*) ist erforderlich:

Weisen Sie der *Interval*-Eigenschaft des Timers einen Wert von ca. 10 bis 30 zu[2].

Klassendefinition "TAuto"

Jetzt müssen wir definieren, wie unsere Auto-Objekte aussehen sollen (Eigenschaften) und wie sie funktionieren (Methoden). Die entsprechende Klassendeklaration könnten wir zwar auch noch mit in *Unit1* unterbringen, da wir aber wollen, dass die *TAuto*-Klasse zur allgemeinen Verfügung stehen soll, also später auch von beliebigen anderen Programmen benutzt werden kann, werden wir sie in einer separaten Unit unterbringen.

Fügen Sie also über *Datei|Neu...* eine neue Unit hinzu. Sie heißt zwar standardmäßig *Unit2*, wir werden Sie aber aus naheliegenden Gründen auf den Namen *Auto* umtaufen.

```
unit Auto;              // stellt die TAuto-Klasse zur Verfügung
```

---

[1] In unserem Fall gehört das Cockpit nicht mit zum Auto-Objekt, es ist als separates Bedienpult zu verstehen, ähnlich wie bei einem ferngesteuerten Modell.

[2] muß später gegebenenfalls noch korrigiert werden.

```
interface
uses Graphics;
```

Grundlagen

Unsere neu zu definierende Klasse *TAuto* hat vier Eigenschaften (*x*, *y*, va, *farbe*) und drei Methoden (*Gasgeben*, *Bremsen*, *Zeichnen*):

Oberfläche

```
type TAuto = class(TObject)       // Klassendeklaration von TAuto
  // Felder:
  x:Integer;          // x - Position
  y: Integer;         // y - Position
  va: Single;         // aktuelle Geschwindigkeit
  farbe: LongInt;     // Lackierung
  // Methoden:
  procedure Gasgeben(dv:Single);     // erhöht va um dv
  procedure Bremsen(dv:Single);      // verringert va um dv
  procedure Zeichnen(canv: TCanvas; colr: LongInt); // zeichnet Auto in Farbe colr
end;
```

Grafik

Multimedia

Im *implementation*-Abschnitt müssen die drei Methoden definiert werden:

```
implementation

procedure TAuto.Gasgeben(dv:Single);
begin
 va := va + dv;
 if va > 100 then va := 100       // Geschwindigkeitsbegrenzung
end;


procedure TAuto.Bremsen(dv:Single);
begin
 va := va - dv;
 if va <= 0 then va := 0          // Rückwärtsrollen verhindern
end;


procedure TAuto.Zeichnen(canv:TCanvas; colr: LongInt);
begin
  with canv do begin
   Pen.Color := colr;                   // Stiftfarbe zuweisen
   Rectangle(x+10, y+5, x+30, y+20);    // linkes Hinterrad
   Rectangle(x+10,y+70,x+30,y+85);      // rechtes Hinterrad
   Rectangle(x+80,y+10,x+100,y+20);     // linkes Vorderrad
   Rectangle(x+80,y+70,x+100,y+80);     // rechtes Vorderrad
   MoveTo(x+20, y+20); LineTo(x+20,y+30); // linke Hinterachse
```

Datei

Datenbank

SQL/ADO

Report

Objekte

OLE/DDE

Peripherie

System

Desktop

Technik

Sonstiges

```
    MoveTo(x+20, y+60); LineTo(x+20,y+70);   // rechte Hinterachse
    MoveTo(x+90, y+20); LineTo(x+90,y+35);   // linke Vorderachse
    MoveTo(x+90, y+55); LineTo(x+90,y+70);   // rechte Vorderachse
    MoveTo(x, y+30); LineTo(x+70,y+30);       // linke Karosserieseite
    LineTo(x+110, y+40); LineTo(x+110,y+50);
    LineTo(x+70, y+60); LineTo(x,y+60);       // rechte Karosserieseite
    LineTo(x,y+30);
    Ellipse(x+45,y+35,x+65,y+55)              // Cockpit
  end
 end;
end.
```

Speichern Sie die fertige Unit unter dem neuen Namen *Auto.pas* ab.

Formular-Unit

Nun wenden wir uns der Programmierung von *Unit1* zu, für welche bereits die Oberfläche (*Form1*) existiert. Der *interface*-Abschnitt wurde von Delphi automatisch generiert und bedarf unsererseits keiner weiteren Ergänzungen. Widmen wir uns also dem *implementation*-Abschnitt:

```
implementation
```

Die *Auto*-Unit muss hier eingebunden werden:

```
uses Auto;                        // Einbinden der TAuto-Unit
{$R *.DFM}
```

Nun zu den Objektvariablen (den Autos), die zunächst deklariert werden müssen, bevor sie mittels *Create* tatsächlich erzeugt werden können (siehe weiter unten):

```
var Auto1, Auto2, Auto3: TAuto;    // drei Auto-Objekte deklarieren
```

Auch einen Parameter der Rennstrecke legen wir hier fest:

```
    xb: Integer;                 // außerhalb des Sichtbereichs liegender Streckenabschnitt
```

Beim Laden von *Form1* werden die drei neue Instanzen (Objekte) der *TAuto*-Klasse erzeugt:

```
procedure TForm1.FormCreate(Sender: TObject);
begin
 Auto1 := TAuto.Create;
 Auto2 := TAuto.Create;
 Auto3 := TAuto.Create;
```

Anschließend werden die Eigenschaften jedes einzelnen Objekts auf die Anfangswerte eingestellt:

```
with Auto1 do                   // der rote Ferrari
begin
 x := Shape1.Left -100;         // an Startlinie ausrichten
```

Grundlagen

Oberfläche

Grafik

Multimedia

Datei

Datenbank

SQL/ADO

Report

Objekte

OLE/DDE

Peripherie

System

Desktop

Technik

Sonstiges

```
  y := 10;                    // obere Fahrbahn
  farbe := clRed              // rot
end;


with Auto2 do                 // der blaue Williams Renault
begin
  x := Shape1.Left -100;  y := 110; farbe := clBlue
end;


with Auto3 do                 // der grüne Exote
begin
  x := Shape1.Left -100;  y := 210; farbe := clGreen
end;
```

Und schließlich ist noch ein programmtechnischer Parameter zuzuweisen:

```
  Form1.Canvas.Brush.Style := bsClear   // Füllmuster ist transparent
end;
```

Nun programmieren wir die einzelnen Gas- und Bremspedale. Damit das Rennen interessant wird, erhalten alle drei Autos jeweils unterschiedliche Motorstärken bzw. Bremsverzögerungen als Übergabeparameter.

Gas und Bremse für den roten Ferrari:

```
procedure TForm1.Button2Click(Sender: TObject);
begin
  Auto1.Gasgeben(0.5)
end;


procedure TForm1.Button1Click(Sender: TObject);
begin
  Auto1.Bremsen(1)
end;
```

Gas und Bremse für den blauen Williams:

```
procedure TForm1.Button4Click(Sender: TObject);
begin Auto2.Gasgeben(1.8) end;


procedure TForm1.Button3Click(Sender: TObject);
begin Auto2.Bremsen(1.5) end;
```

Gas und Bremse für den grünen Exoten:

```
procedure TForm1.Button6Click(Sender: TObject);
begin  Auto3.Gasgeben(5) end;
```

```
procedure TForm1.Button5Click(Sender: TObject);
begin Auto3.Bremsen(4) end;
```

Nun müssen wir uns noch um die Anzeige der drei Autos kümmern:

```
procedure anzeigen(auto:TAuto);                  // Anzeigeroutine für ein TAuto-Objekt
begin
    auto.Zeichnen(Form1.Canvas, Form1.Color);    // alte Position übermalen
    auto.x := auto.x + Trunc(auto.va);           // Verschieben der x-Position
    if auto.x >= Form1.ClientWidth then auto.x := -xb;  // Rand erreicht => zurücksetzen
    auto.Zeichnen(Form1.Canvas, auto.farbe)      // an neuer Position zeichnen
end;
```

Übergabeparameter für obige Prozedur ist ein komplettes Auto-Objekt!

Für den periodischen Aufruf obiger Prozedur nach dem Prinzip "Flimmerkiste" ist der Timer zuständig:

```
procedure TForm1.Timer1Timer(Sender: TObject);   // periodisches Anzeigen
begin
 anzeigen(auto1); anzeigen(auto2); anzeigen(auto3)
end;
```

Durch Auseinanderziehen des Fensters können wir auch den unsichtbaren Abschnitt der Rennstrecke ändern:

```
procedure TForm1.FormResize(Sender: TObject);
begin
 xb := 3 * Form1.ClientWidth;    // unsichtbare Strecke ist 3mal so lang wie sichtbare
 Timer1Timer(Self)              // Anzeige durch Aufruf von TForm1.Timer1Timer
end;
```

Das Ende des Autorennens:

```
procedure TForm1.Button7Click(Sender: TObject);        // Beenden
begin
  Form1.Close
end;
```

Dann sollte man den von den Objekten belegten Speicherplatz auch wieder freigeben[1]:

```
procedure TForm1.FormClose(Sender: TObject; var Action: TCloseAction);
begin
 Auto1.Free; Auto2.Free; Auto3.Free
end;
end.
```

---

[1] Das geschieht zwar automatisch beim Schließen des Projekts, aber man sollte es sich trotzdem zur Gewohnheit werden lassen, da ein Projekt ja auch aus mehreren Formularen bestehen kann.

Grundlagen

Oberfläche

Grafik

Multimedia

Datei

Datenbank

SQL/ADO

Report

Objekte

OLE/DDE

Peripherie

System

Desktop

Technik

Sonstiges

Test

Nach Programmstart stehen die drei bunten Flitzer exakt ausgerichtet an der Start-/Ziellinie:

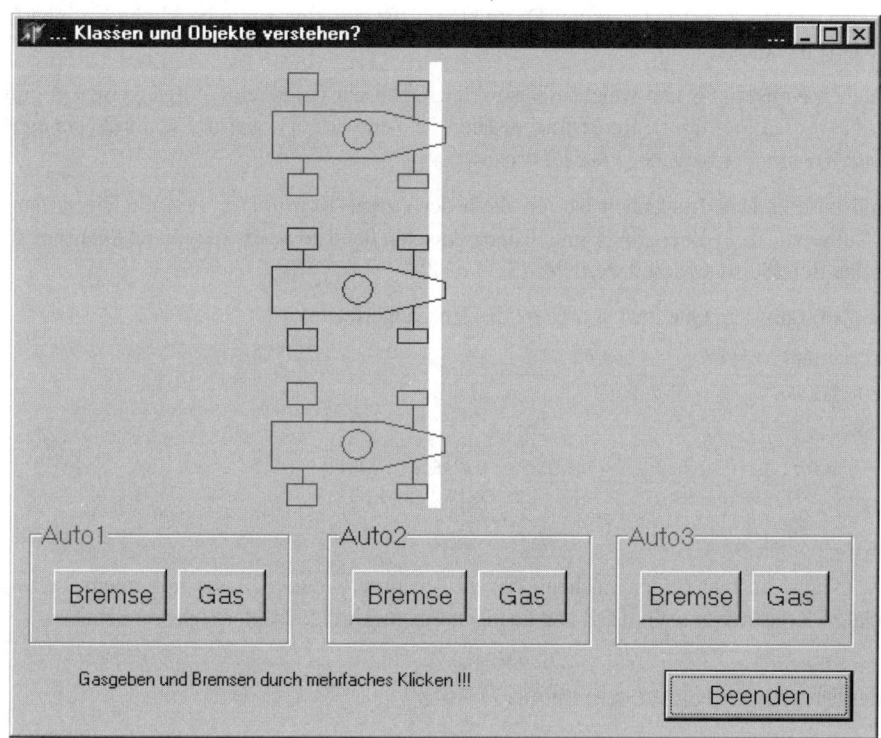

Stören Sie sich nicht am fehlenden Lenkrad, wagen Sie trotzdem ein kleines Rennen. Sie müssen dazu jedes Auto einzeln beschleunigen. Klicken Sie immer mehrmals hintereinander auf das Gaspedal[1]. Ebenso verhält es sich mit dem Bremsen, was ähnlich einer "Stotterbremsung" funktioniert[2]:

Bemerkungen

▪ Sie werden feststellen, dass entsprechend der den Methoden *Gasgeben* und *Bremsen* übergebenen Parameter, alle Autos unterschiedlich auf Gas bzw. Bremse reagieren.

▪ Ein leichtes Flackern der Fahrzeuge ist aufgrund der verwendeten ungepufferten Vektorgrafiken normal. Eventuell ist durch Ändern der *Interval*-Eigenschaft des Timers eine bessere Darstellung zu erreichen.

▪ Verlängern Sie den sichtbaren Bereich der Rennstrecke, indem Sie das Fenster während der Programmausführung einfach auseinanderziehen!

---

[1] Nicht die Schaltfläche dauerhaft niederdrücken, denn dann passiert ... nichts.
[2] Denken Sie an Glatteisgefahr!

R260 ... Konstruktor und Destruktor verwenden?

Eine objektorientierte Sprache wie Delphi realisiert das Erzeugen und Entfernen von Objekten mit sogenannten Konstruktoren und Destruktoren. Beides sind spezielle Methoden innerhalb der Klassendeklaration.

"Welchen Konstruktor und welchen Destruktor haben wir denn beim Vorgängerrezept eingesetzt?", werden Sie nun zu Recht fragen. Hier die Antwort: "Es war der von *TObject* ererbte *Create*-Konstruktor bzw. der *Free*-Destruktor!".

Grund unserer Unzufriedenheit ist vor allem der *Create*-Konstruktor, der alle Eigenschaften auf Nullwerte bzw. Leerstrings initialisiert. Anschließend mussten die Werte mühsam über einzelne Befehle zugewiesen werden.

Beispiel: (aus dem Quelltext von *Unit1* des Vorgängerrezepts)

```
Auto1 := TAuto.Create;
with Auto1 do
 begin
  x := Shape1.Left -100;  y := 10; farbe := clRed
 end;
 ...
```

Lasst es uns diesmal besser machen! Wir wollen unsere *TAuto*-Klasse mit einem "selbstgestrickten" Konstruktor nachrüsten und auch auf einen extra Destruktor nicht verzichten!

Erweiterung der Klassendefinition "TAuto"

Wir öffnen die Unit *Auto.pas* des Vorgängerrezepts und doktern ein wenig an der Klassendeklaration herum. Die beiden neu einzufügenden Methodenköpfe sind unterstrichen hervorgehoben:

```
type TAuto = class(TObject)
  // Eigenschaften:
  x:Integer;         // x - Position
  y: Integer;        // y - Position
  va: Single;        // aktuelle Geschwindigkeit
  farbe: LongInt;    // Lackierung
  // Methoden:
  constructor Erzeugen(xpos,ypos: Integer; colr: LongInt);
  destructor Entfernen;
  procedure Gasgeben(dv:Single);
  procedure Bremsen(dv:Single);
  procedure Zeichnen(canv:TCanvas; colr: LongInt);

end;
```

Den *implementation*-Abschnitt ergänzen Sie wie folgt:

```
constructor TAuto.Erzeugen(xpos,ypos: Integer; colr: LongInt);
begin
  x := xpos; y := ypos;
  farbe := colr
end;


destructor TAuto.Entfernen;
begin
  // bleibt leer!
end;
```

Grundlagen

Oberfläche

Grafik

Multimedia

Datei

Datenbank

SQL/ADO

Report

Objekte

OLE/DDE

Peripherie

System

Desktop

Technik

Sonstiges

Vereinfachen der Formular-Unit

Öffnen Sie nun *Unit1.pas* und vereinfachen Sie den *FormCreate*-Eventhandler wie folgt:

```
procedure TForm1.FormCreate(Sender: TObject);
begin
  Auto1 := TAuto.Erzeugen(Shape1.Left-100, 10, clRed);
  Auto2 := TAuto.Erzeugen(Shape1.Left-100, 110, clBlue);
  Auto3 := TAuto.Erzeugen(Shape1.Left-100, 210, clGreen);
  Form1.Canvas.Brush.Style := bsClear
end;
```

Dieser Quelltext ist doch wesentlich kürzer und übersichtlicher, oder?

Wie im obigen Code sind auch im Folgenden *FormClose*-Eventhandler die geänderten Anweisungen unterstrichen hervorgehoben:

```
procedure TForm1.FormClose(Sender: TObject; var Action: TCloseAction);
begin
  Auto1.Entfernen;
  Auto2.Entfernen;
  Auto3.Entfernen
end;
```

Test

Wenn Sie das Programm starten, werden Sie keinerlei Unterschied zum Vorgängerrezept feststellen.

R261 ... Read-Only-Eigenschaften programmieren?

Mit den Eigenschaften *x, y, va* und *farbe* unserer *TAuto*-Klasse haben wir im Vorgängerrezept bereits erfolgreich gearbeitet, wozu also dann noch Eulen nach Athen tragen?

Die Antwort: Mit dem Deklarieren von Eigenschaften als öffentliche Felder von *TAuto* haben wir das Brett an der dünnsten Stelle gebohrt, denn dies ist nicht der sauberste und oft auch nicht der effektivste Weg. Warum? Die "hohe Kunst" der OOP verbietet das direkte Herumdoktern an Variablen und verlangt, dass diese durch Methoden zu kapseln sind, um sich dadurch einem kontrollierten Lese-/Schreibzugriff zu unterwerfen. Delphi stellt dazu sogenannte "Eigenschaftsprozeduren" (*Property-Procedures*) zur Verfügung, die wir im vorliegenden Rezept anwenden wollen.

Ziel der folgenden Demo ist das Ergänzen der Fahrzeug-Cockpits aus dem Vorgängerrezept um eine Tachometeranzeige. "Nichts einfacher als das!", werden Sie denken, denn man kann ja auf die Eigenschaft *va* (aktuelle Geschwindigkeit) auch direkt zugreifen. Doch gerade das macht die Sache so gefährlich. Warum? Jeder Fahrschulanfänger weiß, dass man bei einem realen Auto-Objekt die Eigenschaft "Geschwindigkeit" nicht direkt, sondern nur über die Methoden "Gasgeben" und "Bremsen" beeinflussen kann. Es gilt also, den Zugriff auf die Eigenschaft *va* als Read-Only zu deklarieren, um damit ein Schreiben ein für allemal zu verhindern. Dies aber erreicht man nur durch "Verstecken" von *va* in den *private*-Abschnitt von *TAuto* und durch Einfügen einer speziellen *property-read*-Zugriffsmethode, die wir *tacho* nennen wollen.

Änderungen in der Klassendeklaration "TAuto"

Die Änderungen gegenüber dem Vorgängerrezept sind durch Unterstreichung hervorgehoben:

```
type TAuto = class(TObject)
    private              // privater Bereich
     va: Single;                 // speichert aktuelle Geschwindigkeit
    public               // öffentlicher Bereich
     x: Integer;                 // x-Position
     y: Integer;                 // y-Position
    farbe: LongInt;              // Lackierung
      // Objektmethoden:
    constructor Erzeugen(xpos,ypos: Integer; colr: LongInt);
    procedure Gasgeben(dv:Single);
    procedure Bremsen(dv:Single);
    procedure Zeichnen(canv:TCanvas; colr:LongInt);
    property tacho:Single read va;        // ReadOnly-Objekteigenschaft!
    end;
```

Auf einen Destruktor haben wir diesmal verzichtet, da der ererbte (*Free*) genügt. Im *implementation*-Abschnitt sind, bis auf die fehlende *destructor*-Methode, keine Änderungen erforderlich.

Geänderte Oberfläche

Aus Übersichtlichkeitsgründen brauchen wir diesmal nur Platz für zwei Autos. Beide Cockpits ergänzen wir durch Bezeichnungsfelder für die Tachoanzeige (*Label1* und *Label2*), so dass sich zur Laufzeit etwa der folgende Anblick bieten sollte:

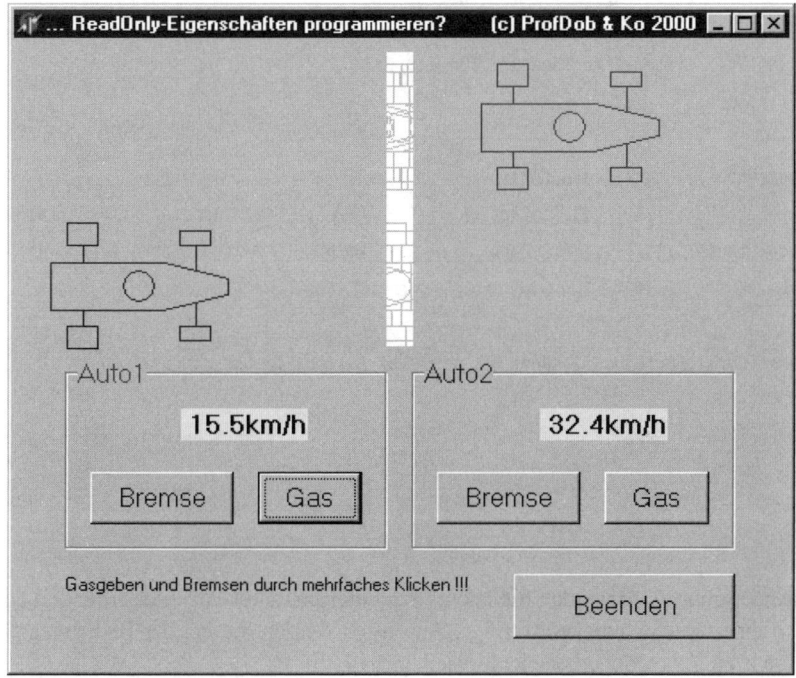

Modifizieren der Formular-Unit

Modifizieren Sie den *implementation*-Abschnitt, so dass nur noch zwei Autos angezeigt werden. Weiterhin ist die neue Eigenschaft *tacho* anstatt *va* zu verwenden. Auch in den folgenden Codeauszügen wird auf die entsprechenden Änderungen durch Unterstreichung hingewiesen:

```
var Auto1, Auto2: TAuto;


procedure TForm1.FormCreate(Sender: TObject);
begin
 Auto1 := TAuto.Erzeugen(Shape1.Left-100, 10, clRed);
 Auto2 := TAuto.Erzeugen(Shape1.Left-100, 110, clBlue);
 Form1.Canvas.Brush.Style := bsClear
end;


procedure anzeigen(Auto:TAuto);
```

Grundlagen

Oberfläche

Grafik

Multimedia

Datei

Datenbank

SQL/ADO

Report

Objekte

OLE/DDE

Peripherie

System

Desktop

Technik

Sonstiges

```
begin
  Auto.Zeichnen(Form1.Canvas, Form1.Color); Auto.x := Auto.x + Trunc(Auto.tacho);
  If Auto.x >= xb then Auto.x := -xb;
  Auto.Zeichnen(Form1.Canvas, Auto.farbe)
end;


procedure TForm1.Timer1Timer(Sender: TObject);
var s: string;
begin
 anzeigen(Auto1);  anzeigen(Auto2);
 Str(Auto1.tacho:5:1,s); Label1.Caption := s + 'km/h';     // Tachometer für Auto1
 Str(Auto2.tacho:5:1,s); Label2.Caption := s + 'km/h'      // dto. für Auto2
end;


procedure TForm1.FormClose(Sender: TObject; var Action: TCloseAction);
begin
 Auto1.Free; Auto2.Free                                    // Speicherplatz freigeben
end;
```

Test

Das fehlende grüne Auto werden Sie leicht verschmerzen, dafür haben das rote und das blaue Auto jetzt eine Geschwindigkeitsanzeige. Ansonsten werden Sie bei der Bedienung keinerlei Unterschiede zum Vorgängerbeispiel feststellen.

Bemerkung

Wenn Sie in *Unit1* an irgendeiner Stelle eine Anweisung wie z.B.

```
Auto1.tacho := 85;
```

verwenden wollen, werden Sie durch eine Fehlermeldung darauf hingewiesen, dass es sich bei *tacho* um eine ReadOnly-Eigenschaft handelt.

R262 ... Eigenschaften mit Zugriffsmethoden kapseln?

Im Vorgängerrezept hatten wir demonstriert, wie mit einer *property-get*-Prozedur der Zugriff auf die private Mitgliedsvariable *va* der *TAuto*-Klasse kontrolliert werden kann. Jetzt wollen wir noch eins draufsetzen und zeigen, wie man *property*-Prozeduren durch sogenannte Zugriffsmethoden ergänzen kann. Als Beispiel dient uns diesmal eine neue Eigenschaft *Alter*, die aus der neuen privaten Mitgliedsvariablen *bj* (Baujahr) mit Hilfe von Zugriffsmethoden berechnet wird. Im Unterschied zum Vorgängerrezept soll diesmal sowohl Lese- als auch Schreibzugriff erlaubt sein.

Änderungen in der Klassendeklaration "TAuto"

Diesmal wird der *interface*-Abschnitt komplett wiedergegeben, die Änderungen sind unterstrichen. Wichtig ist das Einbinden der Unit *sysUtils*, welche die *Date*-Funktion zwecks Ermittlung des aktuellen Systemdatums bereitstellt:

```
interface
uses Graphics, sysUtils;             // notwendig wegen Date-Funktion
  type TAuto = class(TObject)
  private
    va: Single;
    bj: Integer;                     // speichert Baujahr
    function liesAlter: Integer;     // Lese-Zugriffsmethode für Alter-Prop
    procedure schreibAlter(a: Integer);  // Schreib-Zugriffsmethode ...

  public
    x: Integer;
    y: Integer;
    farbe: LongInt;
    constructor Erzeugen(xpos,ypos: Integer; colr: LongInt; bauj: Integer);
    procedure Gasgeben(dv:Single);
    procedure Bremsen(dv:Single);
    procedure Zeichnen(canv:TCanvas; colr:LongInt);
    property Tacho: Single read va;
    property Alter: Integer read liesAlter write schreibAlter;  // neue Prop-Prozedur
  end;
```

Im *implementation*-Abschnitt müssen wir zunächst eine geringfügige Änderung am Konstruktor vornehmen:

```
implementation
constructor TAuto.Erzeugen(xpos,ypos: Integer; colr: LongInt; bauj: Integer);
begin
  x := xpos; y := ypos; farbe := colr; bj := bauj
end;
```

Neu hinzukommen die Definitionen der beiden Zugriffsprozeduren. Wie Sie sehen, muss *Alter* aus der Differenz des aktuellen Jahrs (Formatierung *'yyyy'*) und des Baujahrs *bj* berechnet werden. Der Lesezugriff ist dabei stets als Funktion, der Schreibzugriff hingegen als Prozedur zu realisieren:

```
function TAuto.liesAlter: Integer;
begin
  result := StrToInt(FormatDateTime('yyyy', Date)) - bj
end;
```

```
procedure TAuto.schreibAlter(a: Integer);
begin
  bj := StrToInt(FormatDateTime('yyyy', Date)) - a
end;
```

Die übrigen Methodendefinitionen bleiben unverändert.

Änderungen der Bedienoberfläche

In die beiden Cockpits fügen wir jeweils noch ein Label ein (*Label3* und *Label4*). Beide dienen uns zur Anzeige der neuen Eigenschaft *Alter*.

Änderungen der Formular-Unit

Beim Laden des Formulars wird jedem Auto per Konstruktoraufruf ein Baujahr zugewiesen (in unserem Beispielcode *1985* bzw. *1992*). Anschließend erfolgt die Anzeige des Alters:

```
procedure TForm1.FormCreate(Sender: TObject);
begin
  Auto1 := TAuto.Erzeugen(Shape1.Left-100, 10, clRed, 1985);
  Auto2 := TAuto.Erzeugen(Shape1.Left-100, 110, clBlue, 1992);
  Label3.Caption := 'Ich bin ' + IntToStr(Auto1.Alter) + ' Jahre alt!';
  Label4.Caption := 'Ich bin ' + IntToStr(Auto2.Alter) + ' Jahre alt!';

  Form1.Canvas.Brush.Style := bsClear
end;
```

Test

Beim Programmstart erscheint in beiden Labels die Selbstauskunft der Autos, z.B. "Ich bin 12 Jahre alt!" bzw. "Ich bin 5 Jahre alt!" (in Abhängigkeit von *baujahr* und aktuellem Systemdatum).

Bemerkungen

- Obwohl im Beispielcode nur das Lesen der Eigenschaft *Alter* demonstriert wurde, funktioniert natürlich das Schreiben ebenfalls, z.B.:

  ```
  Auto1.Alter := 15;
  ```

- Beachten Sie, dass *Alter* in der Klassendeklaration von *TAuto* nicht direkt gespeichert wird. Stattdessen sorgen die beiden (privaten!) Zugriffsmethoden *liesAlter* und *schreibAlter* dafür, dass der Wert (in Abhängigkeit vom Systemdatum) auf die private Mitgliedsvariable *bj* (Baujahr) zurückgeführt wird.

- Obwohl der Direktzugriff auf die private Mitgliedsvariable *bj* unmöglich ist, lässt sie sich durch Aufruf des Konstruktors trotzdem manipulieren.

R263 ... Vererbung verstehen?

Die objektorientierte Programmierung unter Delphi gibt dem Programmierer noch weitaus mehr Trümpfe in die Hand, als wir sie bisher kennengelernt haben. Nehmen wir spaßeshalber einmal an, dass auf unserer Rennstrecke nicht nur Autos, sondern auch Fahrräder unterwegs sein sollen. Sicher wäre es möglich, eine neue Klasse *TFahrrad* zu definieren und dabei genauso vorzugehen, wie wir es bisher mit *TAuto* praktiziert haben. Siehe

☞   R259 ... Klassen und Objekte verstehen?

Sehr schnell werden Sie aber feststellen, dass sowohl Autos als auch Fahrräder gleichlautende Eigenschaften *farbe*, *alter*, *tacho* haben oder eine gleichlautende Methode *Bremsen*. Kar ist, dass trotz gleichen Namens diese Eigenschaften/Methoden für jede Klasse unterschiedlich zu implementieren sind. Das nennt man dann Polymorphie. Ganz deutlich wird die Polymorphie, wenn Sie sich die Methode *Zeichnen* der *TAuto*-Klasse aus den Vorgängerrezepten betrachten. Auch für eine *TFahrrad*-Klasse hätte diese Methode den gleichen Namen, müsste aber intern völlig anders programmiert (sprich implementiert) werden. Aber es gibt auch Unterschiede. So wäre z.B. eine Methode *Gasgeben* bei einer *TFahrrad*-Klasse völlig fehl am Platze. Wir müssten ihr einen anderen Namen geben, beispielsweise *Strampeln*.

All diese Probleme können wir mit Vererbung elegant, übersichtlich und zeitsparend programmieren, d.h., wir bilden eine abstrakte Klasse *TFahrzeug*[1], in welche wir all die Eigenschaften/Methoden hineinpacken, die für die Nachkommen *TAuto* und *TFahrrad* gleichermaßen von Interesse sind. Der Rest kann später in den Unterklassen hinzugefügt werden.

Für das folgende Demoprogramm brauchen wir außer der Formularunit *Unit1* noch drei weitere Units: *Fahrzeug*, *Auto* und *Fahrrad*. Im Unterschied zu den Vorgängerrezepten werden wir in diesem abschließenden Beispiel die Listings vollständig drucken.

Hinweis: Versuchen Sie insbesondere, am Quelltext die Bedeutung der OOP-spezifischen Schlüsselwörter *virtual*, *override* und *inherited* zu verstehen!

Oberfläche

Wir brauchen Bedienpulte für zwei Autos und zwei Fahrräder. Nur die beiden Autos sollen über Geschwindigkeitsanzeigen verfügen.

---

[1] Sie entsinnen sich: Von abstrakten Klassen werden keine Instanzen gebildet, sie sind nur dazu da, ihre Eigenschaften/Methoden an die Nachkommen weiterzugeben.

Grundlagen

Oberfläche

Grafik

Multimedia

Datei

Datenbank

SQL/ADO

Report

Objekte

OLE/DDE

Peripherie

System

Desktop

Technik

Sonstiges

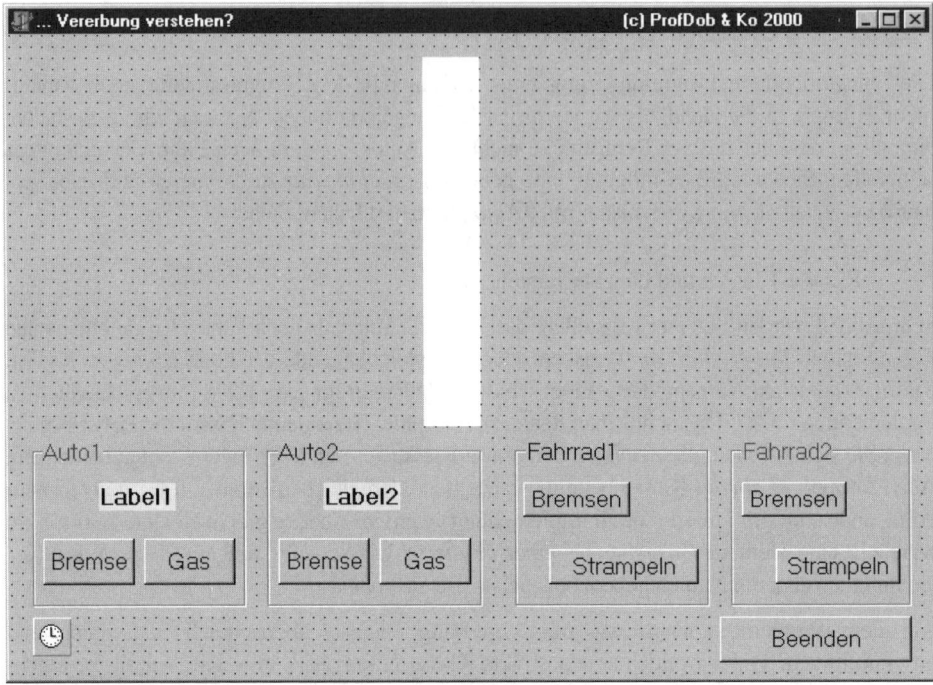

Klassendefinition "TFahrzeug"

Auf besonders wichtige Stellen im Quelltext wird durch Unterstreichung hingewiesen.

```
unit Fahrzeug;
interface
uses Graphics;


// ------------ eine abstrakte Klasse TFahrzeug


  type TFahrzeug = class(TObject)
  private
   va: Single;       // Feld
  public            // die öffentlichen Klassenmitglieder:
  x: Integer;            // Feld
  y: Integer;            // dto.
  farbe: LongInt;        // dto.
   // Methoden:
  constructor Erzeugen(xpos,ypos: Integer; colr: LongInt);
  procedure Schneller(dv:Single);
  procedure Bremsen(dv:Single);
```

```
  procedure Zeichnen(canv:TCanvas; colr: LongInt); virtual; // wird vom Nachkommen
                                                    // überschrieben
  property tacho:Single read va;      // ReadOnly- Eigenschaft
  end;


implementation
  constructor TFahrzeug.Erzeugen;
  begin
   x := xpos; y := ypos;
   farbe := colr
  end;


  procedure TFahrzeug.Schneller; // abstrakte Methode
  begin
   va := va + dv
  end;


  procedure TFahrzeug.Bremsen;
  begin
   va := va - dv;
   if va < 0 then va := 0        // verhindert Rückwärtsrollen des Fahrzeugs
  end;


  procedure TFahrzeug.Zeichnen;  // virtuelle Methode (Polymorphie!)
  begin
   canv.Pen.Color := colr;
   // Rest bleibt leer, wird von Nachkommen ergänzt
  end;
end.
```

Klassendefinition "TAuto"

```
unit Auto;


interface
uses Graphics, Fahrzeug;


  // ----------- eine eigene Klasse TAuto als Nachkomme von TFahrzeug


  type TAuto = class(TFahrzeug)
   // zusätzliche eigene Methoden:
```

Grundlagen

Oberfläche

Grafik

Multimedia

Datei

Datenbank

SQL/ADO

Report

Objekte

OLE/DDE

Peripherie

System

Desktop

Technik

Sonstiges

```
  procedure Gasgeben(dv:Single);
  // polymorphe Methoden:
  procedure Zeichnen(canv:TCanvas; colr: LongInt); override;
 end;

implementation

// ------------ Methoden implementieren

procedure TAuto.Gasgeben;
begin
 if tacho < 100 then Schneller(dv)  // abstrakte Methode von TFahrzeug verwenden
end;

procedure TAuto.Zeichnen;
begin
 inherited Zeichnen(canv, colr);    // gleichnamige Methode des Vorfahren aufrufen
 with canv do begin
  Rectangle(x+10, y+5, x+30, y+20);      // linkes Hinterrad
  Rectangle(x+10,y+70,x+30,y+85);        // rechtes Hinterrad
  Rectangle(x+80,y+10,x+100,y+20);       // linkes Vorderrad
  Rectangle(x+80,y+70,x+100,y+80);       // rechtes Vorderrad
  MoveTo(x+20, y+20); LineTo(x+20,y+30); // linke Hinterachse
  MoveTo(x+20, y+60); LineTo(x+20,y+70); // rechte Hinterachse
  MoveTo(x+90, y+20); LineTo(x+90,y+35); // linke Vorderachse
  MoveTo(x+90, y+55); LineTo(x+90,y+70); // rechte Vorderachse
  MoveTo(x, y+30); LineTo(x+70,y+30);    // linke Karosserieseite
  LineTo(x+110, y+40); LineTo(x+110,y+50);
  LineTo(x+70, y+60); LineTo(x,y+60);    // rechte Karosserieseite
  LineTo(x,y+30);
  Ellipse(x+45,y+35,x+65,y+55)           // Cockpit
 end
 end;
end.
```

Klassendefinition "TFahrrad"

```
unit Fahrrad; // -------- eine eigene Klasse TFahrrad als Nachkomme von TFahrzeug
interface
uses Graphics, Fahrzeug;
```

```
 type TFahrrad = class(TFahrzeug)
  public
   // eigene Methoden:
  procedure Strampeln(dv:Single);
  procedure Zeichnen(canv:TCanvas; colr:LongInt); override;
 end;
implementation


// ------------ Methoden implementieren
procedure TFahrrad.Strampeln;
begin
 if tacho < 10 then Schneller(dv)       // eine Methode des Vorfahren verwenden
end;

procedure TFahrrad.Zeichnen;            // virtuelle Methode (Polymorphie!)
begin
 inherited Zeichnen(canv, colr);        // gleichnamige Methode des Vorfahren
 with canv do begin
  MoveTo(x, y+20); LineTo(x+20,y+20);       // Hinterrad
  Rectangle(x+20, y+11, x+40,y+29);         // Oberkörper
  Ellipse(x+36,y+16,x+44,y+24);             // Kopf mit Helm
  MoveTo(x+40, y+10); LineTo(x+50,y+10);    // linker Arm
  MoveTo(x+40, y+30); LineTo(x+50,y+30);    // rechter Arm
  MoveTo(x+50, y+5); LineTo(x+50,y+35);     // Lenker
  MoveTo(x+45, y+20); LineTo(x+70,y+20)     // Vorderrad
 end
end;
end.
```

Formular-Unit

Wie immer genügt es, wenn wir uns auf den *Implementation*-Abschnitt beschränken:

```
implementation
```

Nicht nur die Klassen *TAuto* und *TFahrrad* werden benötigt, sondern auch die abstrakte Klasse *TFahrzeug*. Letztere wegen der Prozedur *anzeigen* (siehe weiter unten). Deshalb sind alle drei Units einzubinden:

```
uses Fahrzeug, Auto, Fahrrad;

{$R *.DFM}
```

```
var Auto1, Auto2: TAuto;
    Fahrrad1, Fahrrad2: TFahrrad;
    xb: Integer;          // nicht einsehbarer Streckenbereich

procedure TForm1.FormCreate(Sender: TObject);
 begin
  Auto1 := TAuto.Erzeugen(Shape1.Left-100, 10, clRed);
  Auto2 := TAuto.Erzeugen(Shape1.Left-100, 110, clBlue);
  Fahrrad1 := TFahrrad.Erzeugen(Shape1.Left-100, 200, clGreen);
  Fahrrad2 := TFahrrad.Erzeugen(Shape1.Left-100, 240, clBlack);


  Form1.Canvas.Brush.Style := bsClear
 end;
```

Die folgenden Methodenaufrufe spiegeln die einzelnen Bedienfunktionen der Fahrzeuge wider und erfolgen mit unterschiedlichen Werten der Übergabeparameter, weil natürlich ein Auto eine andere Beschleunigung und Bremsverzögerung hat als ein Fahrrad:

```
procedure TForm1.Button2Click(Sender: TObject);
begin Auto1.Gasgeben(0.5)end;

procedure TForm1.Button1Click(Sender: TObject);
begin Auto1.Bremsen(1) end;

procedure TForm1.Button4Click(Sender: TObject);
begin Auto2.Gasgeben(1.8) end;

procedure TForm1.Button3Click(Sender: TObject);
begin Auto2.Bremsen(1.5) end;

procedure TForm1.Button5Click(Sender: TObject);
begin Fahrrad1.Bremsen(0.5) end;
procedure TForm1.Button6Click(Sender: TObject);
begin
  Fahrrad1.Strampeln(0.3)
end;


procedure TForm1.Button8Click(Sender: TObject);
begin
  Fahrrad2.Bremsen(0.5)
end;
```

```
procedure TForm1.Button9Click(Sender: TObject);
begin
  Fahrrad2.Strampeln(0.7)
end;
```

Was jetzt kommt, ist keine Methode von *TForm1*, sondern eine ganz normale Prozedur, die es allerdings in sich hat. Sie zeigt ein Fahrzeug auf dem Bildschirm an, egal ob ihr Übergabeparameter ein Fahrrad oder ein Auto ist.

```
procedure anzeigen(fhzg:TFahrzeug);            // zeigt Autos und Fahrräder an!
 begin
   fhzg.Zeichnen(Form1.Canvas, Form1.Color);
   fhzg.x := fhzg.x + Trunc(fhzg.tacho);
   if fhzg.x >= Form1.ClientWidth then fhzg.x := -xb;
   fhzg.Zeichnen(Form1.Canvas, fhzg.farbe)
 end;
```

Der Rest dürfte Ihnen aus den Vorgängerrezepten bekannt vorkommen:

```
procedure TForm1.Timer1Timer(Sender: TObject);
var s:string;
begin
 anzeigen(Auto1);
 anzeigen(Auto2);
 anzeigen(Fahrrad1);
 anzeigen(Fahrrad2);
 // Tachometeranzeige nur für die Autos:
 Str(Auto1.tacho:5:1,s);
 Label1.Caption := s + 'km/h';
 Str(Auto2.tacho:5:1,s);
 Label2.Caption := s + 'km/h'
end;
```

Während der Laufzeit können Sie die Fensterbreite verändern:

```
procedure TForm1.FormResize(Sender: TObject);
begin
 xb := 3 * ClientWidth;   // Länge der Rennstrecke anpassen
 Timer1Timer(Self)        // Aufruf der Anzeige (im Timer-Event)
end;
```

Beim Beenden des Programms müssen die von unseren Objekten belegten Ressourcen wieder freigegeben werden:

```
procedure TForm1.FormClose(Sender: TObject; var Action: TCloseAction);
begin
  Auto1.Free;
```

Grundlagen

Oberfläche

Grafik

Multimedia

Datei

Datenbank

SQL/ADO

Report

Objekte

OLE/DDE

Peripherie

System

Desktop

Technik

Sonstiges

```
   Auto2.Free;
   Fahrrad1.Free;
   Fahrrad2.Free
end;
```

Test

Endlich ist es geschafft und das ungleiche Rennen kann beginnen:

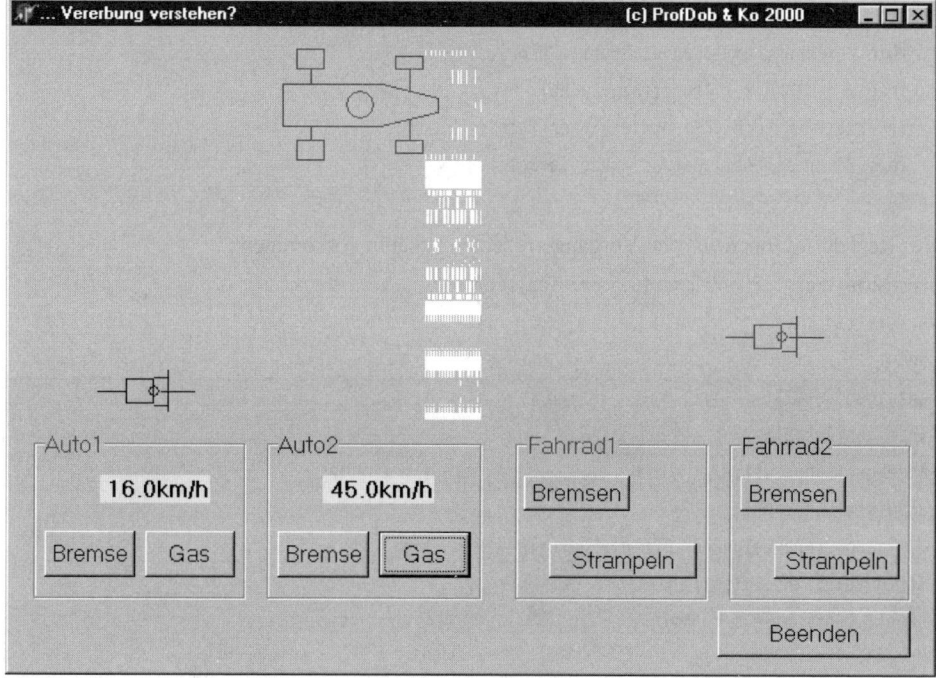

Bemerkung

Eine zentrale Rolle spielt die Vererbung beim Entwurf nutzerdefinierter Komponenten. Einen kleinen Vorgeschmack vermittelt Ihnen:

☞   R270 ... neue Komponenten entwickeln?

R264 ... private/öffentliche Formularmethoden verwenden?

Normalerweise braucht man sich um den *interface*-Abschnitt einer Formular-Unit nicht zu kümmern, da der Delphi-Editor die Datenfelder (das sind Komponenten) und Methoden-deklarationen (das sind die Kopfzeilen der Event-Handler) automatisch hinzufügt. Was ver-

birgt sich aber hinter den mit *private* und *public* gekennzeichneten Abschnitten der Klassendeklaration *TForm*?

Ein simples Testbeispiel wird für Erleuchtung sorgen. Eine *Public*-Methode kann auch von
einem anderen Formular aus aufgerufen werden, während die *Private*-Methoden außerhalb der
Form-Unit tabu sind.

Oberfläche

Wir brauchen zwei Formulare mit ein paar Buttons. Hier das Startformular (*Form1*):

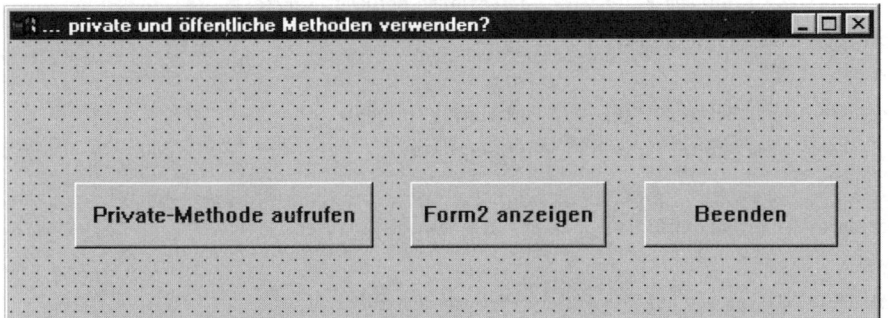

Über das Menü *Datei\Neues Formular* fügen wir *Form2* hinzu:

Quelltext für Unit1

Fügen Sie im *interface*-Abschnitt von *Unit1* zur Typdeklaration *TForm1* die folgenden (unterstrichenen) Methodendeklarationen hinzu:

```
type
  TForm1 = class(TForm)
    ...
  private
    { Private-Deklarationen }
    procedure setLabelA(s: string);        // private Methode von TForm1
  public
    { Public-Deklarationen }
    procedure setLabelB(s: string);        // öffentliche Methode von TForm1
  end;
```

Grundlagen

Oberfläche

Grafik

Multimedia

Datei

Datenbank

SQL/ADO

Report

Objekte

OLE/DDE

Peripherie

System

Desktop

Technik

Sonstiges

Beide Methoden verändern den Inhalt von *Label1* und sind bis auf den unterschiedlichen Gültigkeitsbereich (*private* bzw. *public*) identisch.

Dem *implementation*-Abschnitt von *Unit1* fügen Sie folgenden Code hinzu:

```
uses Unit2;                    // ermöglicht Zugriff auf Form2

procedure TForm1.SetLabelA;    // private Methode, Kurzform
begin Label1.Caption:= s end;

procedure TForm1.SetLabelB;    // öffentliche Methode, Kurzform
begin Label1.Caption:= s end;

procedure TForm1.Button2Click; // Formular2 anzeigen!
begin Form2.Show end;

procedure TForm1.Button3Click; // private Methode aufrufen
begin
 setLabelB('Hallo, das ist ein Private-Methode von Form1!')
end;

procedure TForm1.Button1Click; // Beenden
begin
  Close
end;

end.
```

Quelltext für Unit2

Im *implementation*-Abschnitt von *Unit2* können wir nur auf die öffentliche Methode *setLabelB* von *Form1* zugreifen (die private Methode *setLabelA* bleibt nach außen unzugänglich):

```
uses Unit1;                    // ermöglicht Zugriff auf Form1

procedure TForm2.Button1Click; // öffentliche Methode in Form1 aufrufen
begin
 Form1.setLabelB('Hallo, das ist eine Public-Methode von Form1!')
end;
end.
```

Im *implementation*-Abschnitt wurde von der Kurzform der Prozedurköpfe Gebrauch gemacht (Parameterleiste weggelassen).

Test

Starten Sie das Programm, zeigen Sie *Form2* an und vergewissern Sie sich, dass Sie tatsächlich von *Form2* aus Zugriff auf die *Public*-Methode von *Form1* haben:

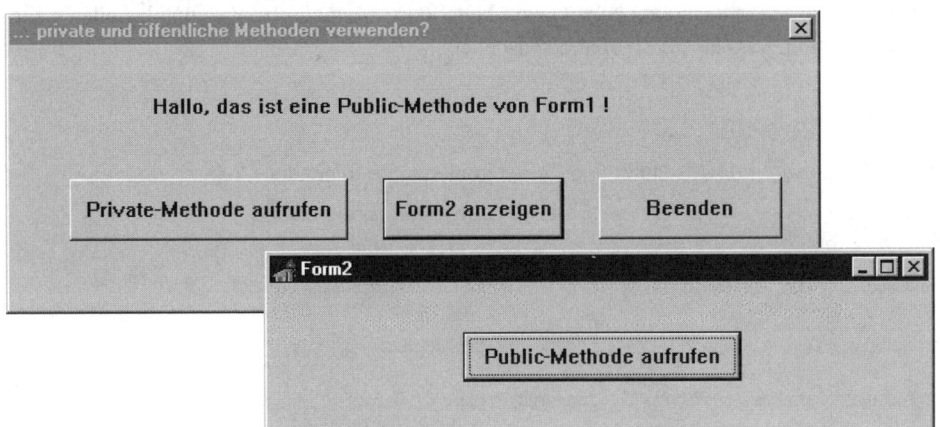

Grundlagen

Oberfläche

Grafik

Multimedia

Datei

Datenbank

SQL/ADO

Report

Objekte

OLE/DDE

Peripherie

System

Desktop

Technik

Sonstiges

R265 ... auf mehrere Formulare zugreifen?

Möchten Sie Eigenschaften in mehreren Formularen gleichzeitig ändern oder Methoden aufrufen, können Sie sich der *Forms*-Eigenschaft bedienen.

Oberfläche

Für das Startformular (*Form1*) brauchen wir zwei Schaltflächen (*Button1* und *Button2*). Über den Menüpunkt *Datei\Neues Formular* fügen wir ein zweites Formular (*Form2*) hinzu, auf welchem wir ebenfalls zwei Schaltflächen (*Button1* und *Button2*) platzieren (siehe Laufzeitansicht unten).

Erster Test

Wir starten die Applikation und stellen fest, dass nur ein Formular (*Form1*) erscheint, obwohl uns ein Blick in die Projektdatei (*Ansicht\Projekt Quelltext*) belehrt, dass beide Formulare vorhanden sind:

```
program Project1;
uses
  Forms,
  Unit1 in 'UNIT1.PAS' {Form1},
  Unit2 in 'UNIT2.PAS' {Form2};
{$R *.RES}
begin
  Application.CreateForm(TForm1, Form1);    // Hauptformular
```

```
    Application.CreateForm(TForm2, Form2);
    Application.Run;
end.
```

Aber: Nur das Hauptformular (*Form1*) wird beim Start automatisch angezeigt, bei allen weiteren Formularen muss die *Show*-Methode nachhelfen.

Quelltext für Form1

In den *implementation*-Abschnitt von *Form1* kopieren Sie folgenden Code:

```
uses Unit2;          // sonst ist die Variable Form2 unbekannt!

procedure TForm1.Button1Click(Sender: TObject);  // Form2 laden
begin Form2.Show end;

procedure TForm1.Button2Click(Sender: TObject);  // Beenden
begin
  Close
end;
end.
```

Zweiter Test

Sie können jetzt durch Klick auf *Button2* das zweite Formular anzeigen. Wenn *Unit2* nicht eingefügt wurde, erfolgt eine Fehlermeldung des Compilers (Variable *Form2* unbekannt)!

Sie können die *Unit2* auch weiter oben, also in der *Uses*-Klausel des *Interface*-Abschnitts anführen, würden aber dadurch auch allen anderen eventuellen Nutzern der *Unit1* Tür und Tor zur *Unit2* öffnen, was in unserem Beispiel weder beabsichtigt noch notwendig ist.

Quelltext für Form2

Um weitere Möglichkeiten zu demonstrieren, wollen wir mit dem *Screen*-Objekt arbeiten. Dessen *FormCount*-Eigenschaft erfasst die Gesamtanzahl von Formularen, die sich auf dem Bildschirm befinden. Als Beispiel, wie man auf alle geöffneten Formulare der Applikation zugreifen kann (also auch, falls vorhanden, *Form3*, *Form4*,...), werden diese nach Klick auf *Form2.Button2* gelb gefärbt. Mit Hilfe der Eigenschaft *Forms* (nur zum Lesen und nur zur Laufzeit verfügbar) kann auf dem Bildschirm auf ein bestimmtes Formular zugegriffen werden, indem man dessen Position als Index angibt. Das erste Formular hat den Indexwert 0, das zweite den Indexwert 1 usw.

```
procedure TForm2.Button2Click(Sender: TObject);  // alles gelb
var i: Integer;
begin
  for i := 0 to Screen.FormCount-1 do
```

```
     Screen.Forms[i].Color := clYellow;
end;

procedure TForm2.Button1Click(Sender: TObject);    // Beenden
begin
  Close
end;
```

Grundlagen

Oberfläche

Grafik

Multimedia

Datei

Datenbank

SQL/ADO

Report

Objekte

OLE/DDE

Peripherie

System

Desktop

Technik

Sonstiges

Test

Nachdem Sie *Form2* von *Form1* aus geladen haben, können Sie von *Form2* aus beide Formulare gelb einfärben:

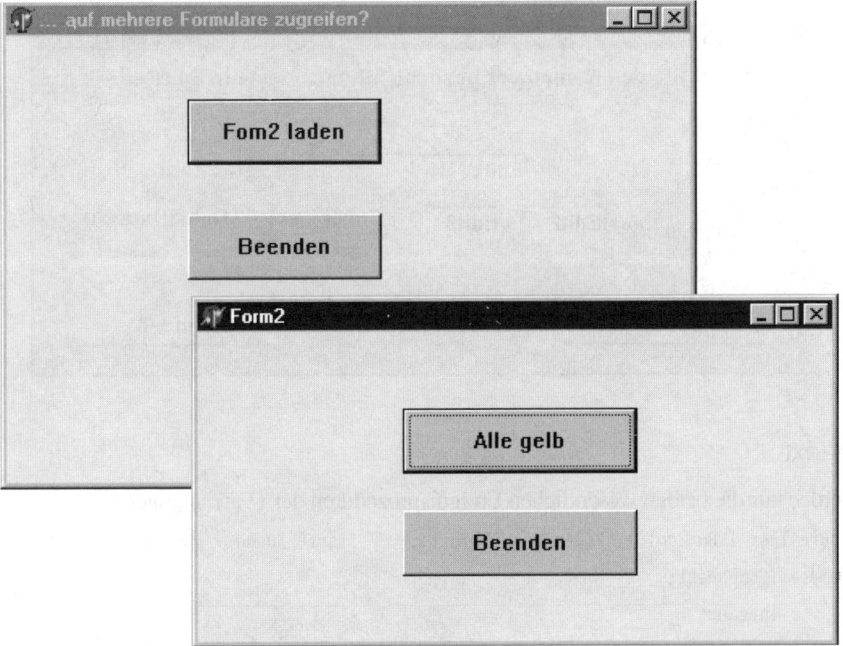

Bemerkung

Beim Ausprobieren werden Sie mit folgender Frage konfrontiert: Wieso bewirkt die gleiche Anweisung (*Close*) bei *Form1* das Schließen der gesamten Applikation und bei *Form2* nur das Schließen des einzelnen Formulars? Antwort: *Form1* ist standardmäßig das sogenannte *Hauptformular*. Sie können das aber jederzeit ändern, indem Sie den Menüpunkt *Projekt\Optionen...* wählen und in dem sich öffnenden Fenster auf der Seite "Formulare" ein beliebiges anderes Formular zum Hauptformular küren. Siehe dazu auch

☞ R1 ... die Projekteinstellungen für Formulare festlegen?

R266 ... nach Komponenten suchen?

Delphi lässt mit der *FindComponent*-Funktion einen "Spürhund" von der Leine, der beliebige Komponenten im Programm aufstöbern kann. Einzige Bedingung: Die *Name*-Eigenschaft muss bekannt sein. Wohlgemerkt, nur der Name. Ob es sich dabei um ein Editierfeld, ein Label usw. handelt, brauchen Sie nicht zu wissen. Im folgenden Testprogramm geben Sie den Namen der zu suchenden Komponente in ein Editierfeld ein. Falls die Aktion vom Erfolg gekrönt ist, erscheint die Beschriftung (*Caption*) der aufgespürten Komponente in roter Farbe.

Oberfläche

Das erste Editierfeld (*Edit1*) dient zur Eingabe des Namens. Die auf dem *Panel* befindlichen Komponenten fungieren als Beispiele für zu suchende Objekte.

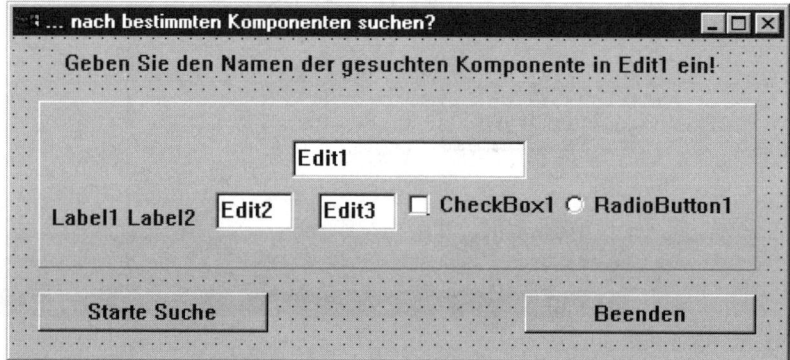

Quelltext

Es werden nur die beiden wesentlichen Ereignisprozeduren der *Unit1* angegeben.

```
procedure TForm1.Button1Click(Sender: TObject);  // Starte Suche
var compo: TComponent;
    i    : Integer;
    txt  : string;


begin
 txt := edit1.Text;
 compo := TComponent(FindComponent(txt));
 if compo <> nil then
 begin
  i := compo.ComponentIndex;
  if Components[i] is TLabel then TLabel(Components[i]).Font.Color := clRed;
  if Components[i] is TEdit then TEdit(Components[i]).Font.Color := clRed;
  if Components[i] is TCheckbox then
```

```
    TCheckbox(Components[i]).Font.Color := clRed;
  if Components[i] is TRadioButton then
    TRadioButton(Components[i]).Font.Color := clRed
end
  else MessageBeep(0)
end;
```

Grundlagen

Oberfläche

Grafik

Multimedia

Datei

Datenbank

SQL/ADO

Report

Objekte

OLE/DDE

Peripherie

System

Desktop

Technik

Sonstiges

Test

Starten Sie das Programm. Haben Sie einen gültigen Komponenten-Namen eingegeben (Groß-/Kleinschreibung spielt keine Rolle), so wird die Farbe der Beschriftung der gefundenen Komponente geändert, bei Misserfolg hören Sie einen Piepton.

Bemerkungen

- An Objektvariablen führt auch hier kein Weg vorbei, schließlich muss ja das Ergebnis der Suche irgendwie zugewiesen werden. Der Objekttyp *TComponent* ist der zugrundeliegende abstrakte Ausgangstyp für alle Komponenten. Jedes Element, das der
  Benutzer im Formular-Designer manipulieren kann, ist ein Nachkomme von *TComponent*. Alle Komponenten erben einen Teil ihrer Grundfunktionen von *TComponent*, so auch die Instanzen von *TEdit*, *TLabel*,...

- Immer wenn beim Programmstart etwas neu zu zeichnen bzw. auszudrucken ist, sollte man dazu das *FormPaint*-Ereignis besetzen. *FormCreate* oder *FormActivate* sind dafür nicht zu gebrauchen.

- Liefert die *FindComponent*-Funktion den Wert *nil*, so ist die gesuchte Komponente nicht im Formular vorhanden. In diesem Fall ergäbe das Zuweisen der *ComponentIndex*-Eigenschaft einen Laufzeitfehler.

R267 ... den Besitzer einer Komponente ermitteln?

Das folgende Beispiel ermittelt den Eigentümer eines Editierfeldes (*Edit1*) und alle seine Vorgänger innerhalb der Objekthierarchie. Gewissermaßen als "Zugabe" erfahren Sie auch noch die Größe des vom Eigentümer belegten Speicherplatzes.

Oberfläche

Auf dem Startformular (*Form1*) platzieren Sie ein Editierfeld (*Edit1*), ein Listenfeld (*Listbox1*) und mehrere Label, von denen nur eines (*Label2*) zur Informationsausgabe verwendet wird (die übrigen dienen lediglich zur Beschriftung):

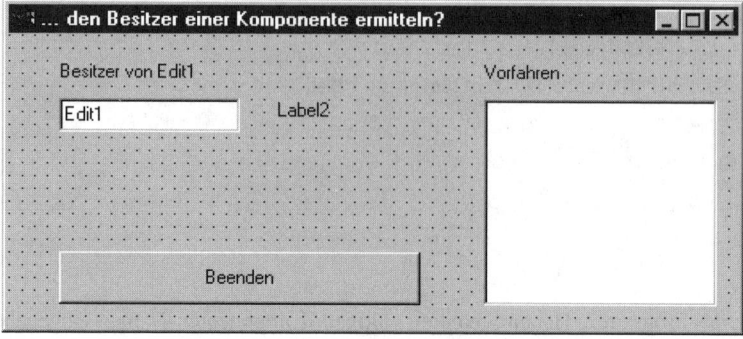

Quelltext

Der gesamte für unser Beispiel wesentliche Code wird in das *OnCreate*-Ereignis von *Form1* gepackt:

```
procedure TForm1.FormCreate(Sender: TObject);
var   TComp: TComponent;
      Size: Word;
      SizeStr: string;
      curClass: TClass;


begin
  TComp := Edit1.Owner;                  // Eigentümer zuweisen
  Edit1.Text := TComp.ClassName;         // Name ermitteln
  Size := TComp.InstanceSize;            // Speicherplatz feststellen
  Str(Size, SizeStr);
  Label2.Caption := SizeStr+' Bytes';       // Anzeige des Speicherplatzbedarfs
  Listbox1.Clear;
  curClass:= Edit1.ClassType;            // Objektklasse feststellen
  while curClass <> nil do
  begin
  ListBox1.Items.Add(curClass.ClassName);    // Namen eintragen
   curClass:= curClass.ClassParent           // Vorfahren ermitteln
  end
end;
```

Test

Sie brauchen das Programm nur zu starten und werden sofort mit folgendem Ergebnis konfrontiert:

R268 ... Komponenten dynamisch erzeugen?   721

Grundlagen

Oberfläche

Grafik

Multimedia

Datei

Datenbank

SQL/ADO

Report

Objekte

OLE/DDE

Peripherie

System

Desktop

Technik

Sonstiges

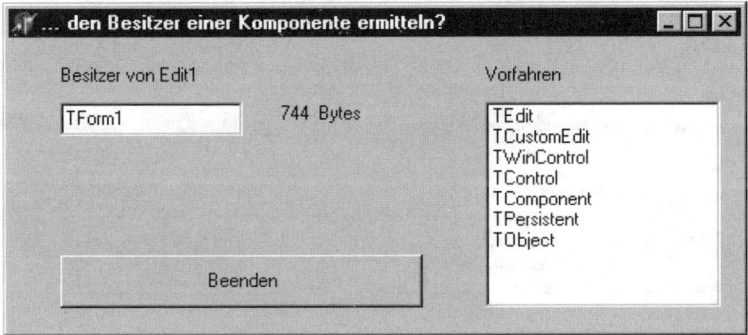

Der Besitzer von *Edit1* ist der Objekttyp *TForm1*. Eine Instanz dieser aus *TForm* abgeleiteten Objektklasse belegt in unserem Fall 744 Bytes.

R268 ... Komponenten dynamisch erzeugen?

Normalerweise ist man es gewöhnt, die Bedienoberfläche seines Programms bereits im Entwurfsmodus "zusammenzuschieben". Aber es gibt eine Reihe von Anwendungsfällen, wo die Anzahl der Komponenten variabel ist, zur Laufzeit müssen also welche hinzugefügt bzw. wieder entfernt werden.

Aber auch dann, wenn eine große Anzahl gleichartiger Komponenten (z.B. in Matrixform) nebeneinander bzw. untereinander anzuordnen ist, kann man sich viel Zeit und millimetergenaue Filigranarbeit mit der Maus sparen, wenn man diese Angelegenheit vom Programm erledigen lässt.

Für das Erzeugen bzw. Entfernen von Komponenten werden von Delphi die Methoden *Create* und *Destroy* (bzw. *Free*) zur Verfügung gestellt, aber allein damit ist es nicht getan. Im folgenden Demonstrationsbeispiel werden wir den kompletten Rahmencode erörtern und dabei unter anderem auch noch die Erkenntnis gewinnen, dass sich mit Objektvariablen eine ganze Menge anstellen lässt.

Wem das alles noch zu kompliziert ist, der findet ein einfacheres Beispiel, bei welchem nur ein einzelner Button dynamisch erzeugt wird, in

☞   R269 ... eine Ereignisprozedur zur Laufzeit zuweisen?

Oberfläche

Auf einem Formular (*Form1*) platzieren Sie ein Anzeigefeld (*Label1*) mit einem feststehenden Informationstext und vier Schaltflächen (*Button1 ... Button4*):

Quelltext

Im *interface*-Abschnitt von *Unit1* ergänzen Sie zwei Variablen:

```
var
  Form1: TForm1;
  edField: TEdit;        // Objektvariable für Editierfeld
  i: Integer;            // Zähler
```

Nun zum *implementation*-Abschnitt:

```
procedure TForm1.Button1Click(Sender: TObject);   // erzeuge 10 Editierfelder!
 var links, oben, breit, hoch: Integer;
 begin
```

Position und Abmessungen des ersten Editierfeldes (Schablone) festlegen:

```
  links:=20;
  oben:=20;
  breit:=40;
  hoch:=20;
  for i:=1 to 10 do
```

Nur ausführen, wenn i-tes Editierfeld nicht da ist:

```
  if TEdit(FindComponent('ed_'+IntToStr(i)))= nil then begin
    edField:=TEdit.Create(Self);           // neues Editierfeld wird erzeugt,
    edField.Parent:=Self;                  // ... dem Formular zugeordnet
    edField.Name:='ed_'+IntToStr(i);       // ... und erhält Namen:ed_1, ed_2, ...
    edField.SetBounds(links+(i-1) * breit, oben, breit, hoch); // Position und
                                                       // Abmessungen neu setzen
    edField.Text := IntToStr(i);           // Beschriftung mit Index
    edField.OnClick := EditClick           // gemeinsamer Eventhandler
  end
end;
```

Alle Komponenten wieder entfernen:

```
procedure TForm1.Button2Click(Sender: TObject);
begin
 for i:=1 to 10 do begin
  edField:=TEdit(FindComponent('ed_'+IntToStr(i)));    // sucht den Namen
  edField.Free                              // ... und entfernt Komponente
 end
end;
```

Ein gemeinsamer Event-Handler für alle Editierfelder:

```
procedure TForm1.EditClick(Sender: TObject);
 edField:=TEdit(Sender);          // auf dieses Feld wurde geklickt !
 edField.Color:=clYellow          // gelbe Markierung
end;
```

Löschen des markierten Felds nur, wenn das Editierfeld wirklich existiert, (0...4 sind die bereits vorhandenen Komponenten: *Button1...Button4* u. *Label1*):

```
procedure TForm1.Button4Click(Sender: TObject);
begin
 if edField.ComponentIndex > 4 then edField.Free
end;
```

Bereits beim Programmstart werden auch alle 10 Editierfelder geladen:

```
procedure TForm1.FormCreate(Sender: TObject);
begin
 Button1Click(Sender)     // Aufruf eines Eventhandlers
end;
```

Und zum Schluss:

```
procedure TForm1.Button3Click(Sender: TObject);
begin
 Close
end;
end.
```

Test

Bereits nach Programmstart erscheinen wie "von Geisterhand" die zehn Editierfelder. Da im Quelltext alle möglichen Fehler (Laden eines bereits vorhandenen bzw. Löschen eines nicht mehr vorhandenen Editierfeldes) abgefangen wurden, können Sie hemmungslos die einzelnen Buttons betätigen und versuchen, deren Wirkung am Quelltext nachzuvollziehen bzw. durch eigene Änderungen das Programm zum Absturz zu bringen.

Grundlagen

Oberfläche

Grafik

Multimedia

Datei

Datenbank

SQL/ADO

Report

Objekte

OLE/DDE

Peripherie

System

Desktop

Technik

Sonstiges

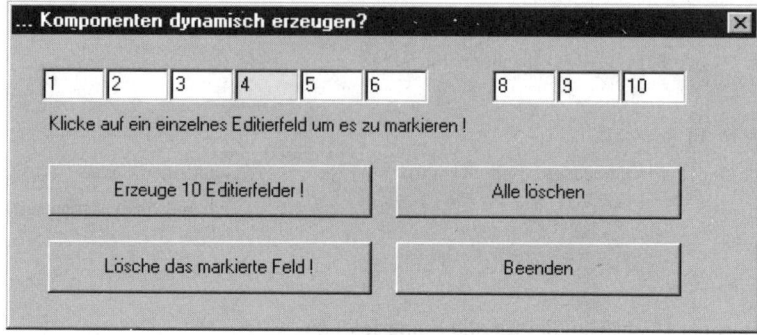

Bemerkungen

▪ Die *Create*-Methode weist Speicher für das Erzeugen einer Komponente zu und initialisiert deren Daten. Als Argument benötigt sie den Besitzer der Komponente. Der entfernt die Komponente, wenn er selbst entfernt wird.

▪ Die *ComponentIndex*-Eigenschaft bezieht sich auf <u>alle</u> Komponenten des Formulars. Falls also mehr oder weniger als die hier vorhandenen vier "festinstallierten" Komponenten (*Label1*, *Button1...Button4*) vorhanden sein sollten, so ist die entsprechende Anweisung im *Buttton4Click*-Ereignis anzupassen.

▪ Die *SetBounds*-Methode ist schneller als das einzelne Setzen der Eigenschaften *Left*, *Top*, *Width* und *Height*.

Ergänzung

Im Zusammenhang mit der *ComponentIndex*-Eigenschaft könnten möglicherweise die Eigenschaften *Components* und *ComponentCount* Anlass zu Verwechslungen geben. Klarheit schafft eine kleine Programmerweiterung. Platzieren Sie eine zusätzliche Schaltfläche (*Button5*) auf dem Formular und ergänzen Sie folgenden Ereigniscode:

```
procedure TForm1.Button5Click(Sender: TObject);
begin
 for i := 0 to ComponentCount -1 do
 begin
  if Components[i] is TEdit then TEdit(Components[i]).Color := clGreen
 end
end;
```

Die Farbe aller vorhandenen Editierfelder ändert sich nach Betätigen dieses Buttons in grün.

R269 ... eine Ereignisprozedur zur Laufzeit zuweisen?

Erzeugen Sie Komponenten erst zur Laufzeit oder wollen Sie auf bestimmte Ereignisse nicht sichtbarer Objekte (*Application*, *Bitmap* etc.) zurückgreifen, müssen Sie die Ereignisprozedur per Quellcode zuweisen.

In diesem Rezept wollen wir zeigen, wie einem dynamisch erzeugten Button eine neue *OnClick*-Ereignisprozedur zugewiesen werden kann.

Oberfläche

Ein nacktes Formular genügt! Wo aber bleibt der obligatorische "Beenden"-Button? Lassen Sie sich überraschen!

Quelltext

Ergänzen Sie die *private*-Sektion der Typdeklaration *TForm1* um die beiden unterstrichenen Anweisungen:

```
type
  TForm1 = class(TForm)
    procedure FormCreate(Sender: TObject);
  private
    { Private-Deklarationen }
    newButton: TButton;
    procedure newButtonClick(Sender: TObject);
  public
  end;
```

Im *implementation*-Abschnitt tragen Sie folgenden Code in das *FormCreate*-Ereignis ein:

```
procedure TForm1.FormCreate(Sender: TObject);
begin
  newButton := TButton.Create(Application);
  with newButton do begin
    Parent  := Form1;
    Caption := 'Beenden';
```

Die Ereignisprozedur wird zugewiesen:

```
    OnClick := newButtonClick;
```

Der neue Button soll exakt in der Mitte von *Form1* erscheinen:

```
    Left    := (Parent.ClientWidth - Width) div 2;
    Top     := (Parent.ClientHeight - Height) div 2;
  end
end;
```

Die neue Ereignisprozedur müssen Sie komplett selbst eintippen (der Rahmencode wird nicht, wie gewohnt, von der IDE erzeugt):

```
procedure TForm1.newButtonClick(Sender: TObject);
begin
 Close
end;
```

Test

Nach Programmstart präsentiert sich der "von Geisterhand" erzeugte Button exakt in der Mitte des Formulars und er funktioniert tatsächlich!

R270 ... neue Komponenten entwickeln?

Delphi ermöglicht es Ihnen, eigene Komponenten zu entwickeln, um diese dann der Komponentenpalette hinzuzufügen. Was Sie dabei erleben können, ist objektorientierte Programmierung (OOP) pur, und Sie sollten schon einigermaßen sattelfest in Begriffen wie Klassen, Vererbung, Konstruktor usw. sein, um nicht Schiffbruch zu erleiden. Weiterhin empfehlen wir dem Einsteiger, vorher die folgende Rezepteserie durchzuarbeiten:

☞   R259 ... Klassen und Objekte verstehen?

bis

☞   R263 ... Vererbung verstehen?

Ein bequemer Einstieg in die Komponentenentwicklung bietet sich Ihnen, wenn Sie als Basis zunächst auf in Delphi bereits vorhandene Komponenten zurückgreifen, um aus dieser "Erbmasse" neue Komponenten entwickeln. Hier reichen bereits bescheidene Kenntnisse in OOP aus, um zu ersten Erfolgserlebnissen zu kommen und einen Aha-Effekt auszulösen, der Mut macht für nachfolgende gewagtere Experimente.

Im Folgenden soll das Prinzip der Komponentenentwicklung an einem simplen Beispiel demonstriert werden: Ein neuer Editierfeld-Typ *TEditBlack* und ein neuer Label-Typ *TLabelBlack* sind als "Nachkommen" von *TEdit* und *TLabel* zu kreieren und der Seite "Beispiele" der Komponentenpalette hinzuzufügen. Im Unterschied zu ihren "Vorfahren" haben *TEditBlack* und *TLabelBlack* standardmäßig weiße Schrift auf schwarzem Hintergrund[1].

Vorbereitungen

Neue Komponenten werden nicht, wie bisherige Anwendungen, visuell auf der Basis von Formularen entwickelt, sondern als reiner Quelltext, der in speziellen nutzerdefinierten Units verpackt ist. Eine solche Unit kann den Code für eine oder auch mehrere Komponenten enthalten. Aus diesem Grund brauchen wir für unser Demobeispiel auch keine Bedienoberfläche, auch die Projektdatei ist uninteressant. Wir müssen nur nach einer Möglichkeit suchen, unter Delphi eine neue Unit zu erstellen und diese dann abzuspeichern, siehe

☞ R10 ... eine Unit erstellen und anwenden?

Starten Sie also die Delphi-Entwicklungsumgebung wie gewohnt und wählen Sie dann den Menüpunkt *Datei|Neu*. Im Dialogfenster "Neue Einträge" klicken wir <u>nicht</u> die *Komponente*-[2], sondern die *Unit*-Ikone:

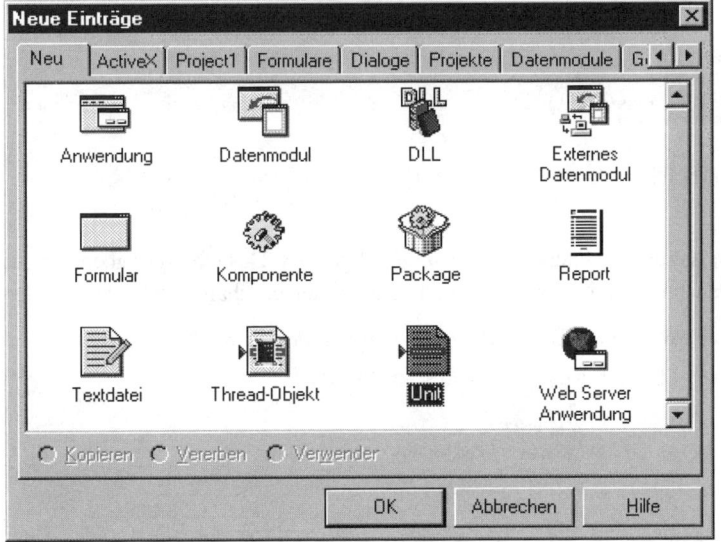

---

[1] Der praktische Nutzen solcher neuer "Komponenten" ist natürlich fragwürdig, da man den gleichen Effekt auch durch Setzen von Eigenschaften der bereits vorhandenen Komponenten erreichen kann. Aber hier geht es lediglich um die Demonstration des Prinzips.

[2] Das wäre nicht falsch, ist aber für den Lernenden wenig hilfreich. Auf diese Variante wollen wir deshalb erst am Schluss zurückkommen!

Grundlagen

Oberfläche

Grafik

Multimedia

Datei

Datenbank

SQL/ADO

Report

Objekte

OLE/DDE

Peripherie

System

Desktop

Technik

Sonstiges

Quelltext

Es hat sich ein Editierfenster mit dem extrem mageren Rahmencode einer "Allerwelts"-Unit geöffnet:

```
unit Unit2;

interface

implementation

end.
```

Unsere erste Aufgabe sollte es sein, unserer neuen Unit einen aussagekräftigeren Namen zu verpassen und anschließend die *uses*-Klausel durch eine Auflistung von Units zu ergänzen:

```
unit UnitSchwarz;

interface

uses Windows, Messages, SysUtils, Classes, Graphics, Controls, Forms, Dialogs, StdCtrls;
```

Woher weiß man denn nun, welche Units überhaupt benötigt werden? Grübeln Sie jetzt bitte nicht darüber nach, entweder man weiß es oder es hilft einem der "Komponenten-Experte" auf die Sprünge (siehe am Schluss).

Nun kommen die entscheidenden Typdeklarationen:

```
type
  TEditBlack = class(TEdit)
  public
  constructor create(aOwner: TComponent); override;
  end;
```

TEditBlack wurde als Unterklasse von *TEdit* abgeleitet. Das Überschreiben der geerbten *Create*-Methode ist notwendig, da wir ja einige Standardeigenschaften verändern wollen[1].

Analog gehen wir bei der Deklaration von *TLabelBlack* zu Werke:

```
TLabelBlack = class(TLabel)
  public
    constructor create(aOwner: TComponent); override;
  end;
```

Keinesfalls fehlen darf die (parameterlose) *register*-Prozedur, die für das Registrieren der neuen Komponenten in der Delphi IDE verantwortlich zeichnet:

```
procedure Register;
```

Nun zu den Implementierungen[2]:

```
implementation
```

---

[1] Initialisierungen der Eigenschaften erfolgen grundsätzlich im Konstruktor (sowohl zur Entwurfs- als auch zur Laufzeit!).

[2] Aus Gründen der Einfachheit wurde bei den Prozedurköpfen von der verkürzten Schreibweise Gebrauch gemacht (Parameterliste weggelassen).

```
constructor TEditBlack.Create;
begin
  inherited Create(aOwner);
  Color := clBlack;
  Font.Color := clWhite
end;


constructor TLabelBlack.Create;
begin
  inherited Create(aOwner);
  Color := clBlack;
  Font.Color := clWhite
end;
```

Wie allgemein üblich, wurde der (ererbte) Konstruktor für die Objektreferenz in Verbindung mit dem Schlüsselwort *inherited* aufgerufen, um zunächst alle Felder des Vorfahren zu initialisieren. Erst danach werden die zu modifizierenden Felder des Nachkommen initialisiert.

Im Folgenden sorgt die Anweisung *RegisterComponents* dafür, dass beide Neulinge später auf der Seite "Beispiele" der Komponentenpalette ihren Platz finden:

```
procedure Register;
begin
  RegisterComponents('Beispiele', [TEditBlack, TLabelBlack]);
end;
```

Speichern Sie nun die Unit unter dem Namen *UniBlack.pas* in einem extra Verzeichnis ab (Menüpunkt *Datei\Speichern* bzw. Strg+S).

Bitmaps

Unsere beiden Neuen, *TEditBlack* und *TLabelBlack*, sehnen sich nach einem standesgemäßen Outfit, in welchem sie sich auf der Komponentenpalette präsentieren können und welches sie von ihren Vorfahren *TEdit* und *TLabel* unterscheidet. Wenn Sie hier aus Bequemlichkeitsgründen untätig bleiben, behalten die Neulinge die von ihren Vorfahren vererbten Buttons.

Da man aber diese Paletten-Bitmaps nur in der Entwicklungsumgebung benötigt, wäre es Verschwendung, sie zusammen mit *UniBlack.pas* zu compilieren. Stattdessen verpacken wir die Bitmaps in eine Ressourcendatei, die die Extension *.DCR ("Dynamic Component Resource") trägt.

Folgende Konventionen sind zu beachten:

- Die Paletten-Bitmap muss den gleichen Namen wie die Komponenten-Unit tragen, in unserem Fall also *UniBlack.DCR*.

- Die Paletten-Bitmap muss sich im gleichen Verzeichnis wie die Unit befinden.

Grundlagen

Oberfläche

Grafik

Multimedia

Datei

Datenbank

SQL/ADO

Report

Objekte

OLE/DDE

Peripherie

System

Desktop

Technik

Sonstiges

▪   Den einzelnen Bitmaps innerhalb der Palette <u>muss</u> der gleiche Namen zugewiesen werden, wie ihn die entsprechende Komponente trägt, in unserem Fall also *TEditBlack* und *TLabelBlack*.

Wie Sie mit dem in Delphi integrierten Bild-Editor die gewünschte Ressource anfertigen, wird ausführlich beschrieben in

☞   R102 ... eine Bitmap-Ressourcendatei erstellen?

Installieren

Wählen Sie nun den Menüpunkt *Komponente|Komponente installieren...* Es erscheint ein Dialogfenster mit zwei Seiten, die Ihnen die Wahl geben, die Komponente zu einem bereits existierenden Package hinzuzufügen oder ein neues Package dafür anzulegen. Wir bleiben auf der ersten Seite und wählen über die "Durchsuchen"-Schaltfläche unsere *UniBlack.pas*. Die beiden übrigen Einträge (Suchpfad und Dateiname) belassen wir unverändert. Letzterer bezeichnet das Package, dem unsere neuen Komponenten hinzugefügt werden sollen (*dclusr50.dpk*).

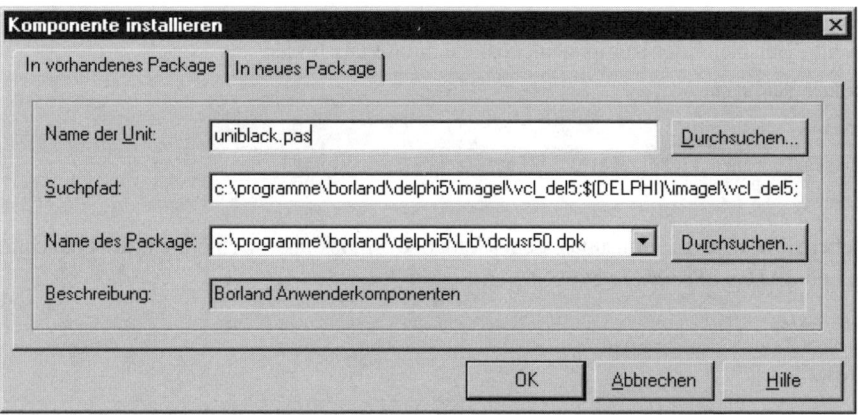

Nach dem "OK" hören Sie für einige Sekunden die Festplatte bedrohlich rasseln. Schauen Sie nun auf der "Beispiele"-Seite der Komponentenpalette nach und lassen Sie sich überraschen!

Wie man sieht, das Gelbe vom Ei ist das Outfit der beiden neu hinzugekommenen Ikonen nicht gerade, lediglich der schwarze Rahmen unterscheidet sie von ihren Vorfahren:

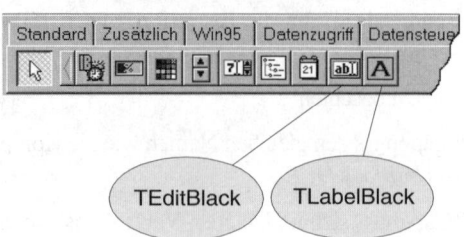

Falls Sie sich mit dem trostlosen Outfit der beiden Neulinge nicht abfinden wollen, können sie es ja immer noch mit Hilfe des Bildeditors aufpeppen. Siehe dazu

☞   R102 ... eine Bitmap-Ressourcendatei erstellen?

Test

Der Rest ist normaler Entwickler-Alltag. Sie starten ein neues Projekt und können die neu hinzugekommenen "schwarzen Schafe" so wie jede andere Komponente verwenden:

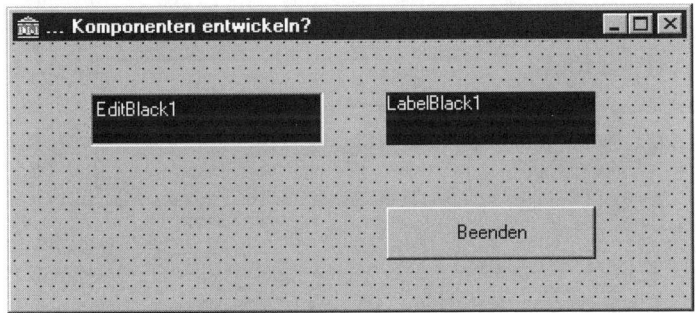

Im Objektinspektor sehen Sie die geänderten Komponentennamen und auch die modifizierten Standardeigenschaften *Color* und *Font.Color*:

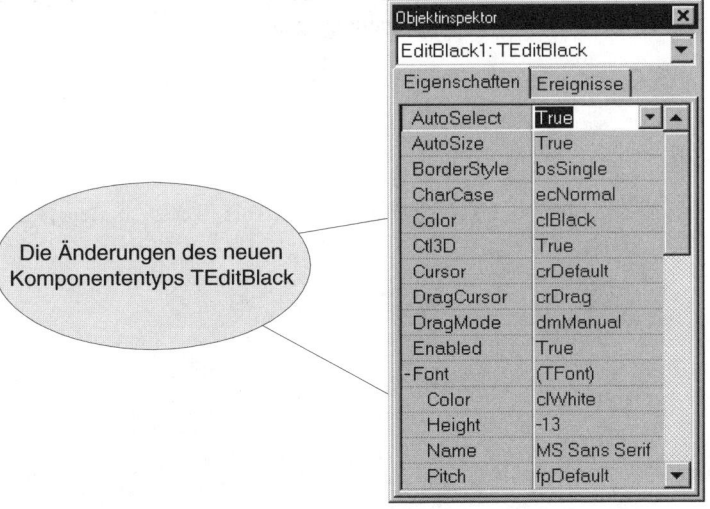

Die Änderungen des neuen Komponententyps TEditBlack

Der Komponenten-Experte

Sie hoffen, dass er Ihnen einiges an Arbeit abnehmen kann. Lassen Sie sich überraschen! Das Tool lässt sich auf zweierlei Weise starten:

Grundlagen

Oberfläche

Grafik

Multimedia

Datei

Datenbank

SQL/ADO

Report

Objekte

OLE/DDE

Peripherie

System

Desktop

Technik

Sonstiges

- *Datei\Neu*
  Suchen Sie dann die Ikone "Komponente".

- Komponente\Neue Komponente...

In beiden Fällen erscheint eine Dialogbox, welche Sie zu einer Handeingabe (Klassenname) und zur Auswahl des Vorfahrens und der Palettenseite auffordert:

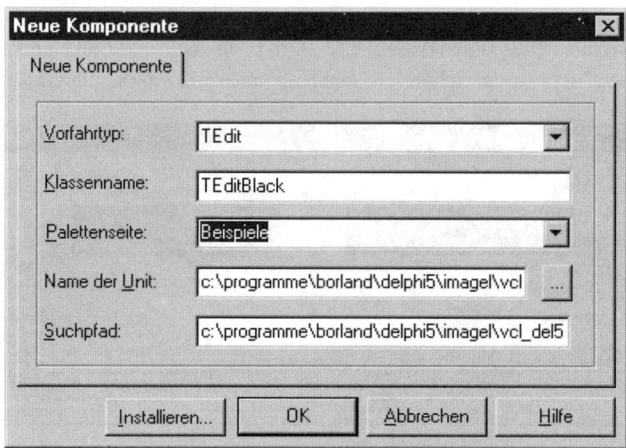

Nach dem Klick auf "Unit erstellen" hat der Experte in Windeseile ein Unit-Gerüst erstellt, in Abhängigkeit vom Typ des Vorfahren die *uses*-Klausel komplettiert, die Typdeklaration vorgenommen und schließlich auch die Registrierung besorgt:

```
unit Edit1;
interface

uses
  Windows, Messages, SysUtils, Classes, Graphics, Controls, Forms, Dialogs, StdCtrls;

type
  TEditBlack = class(TEdit)
  private
    { Private-Deklarationen }
  protected
    { Protected-Deklarationen }
  public
    { Public-Deklarationen }
  published
    { Published-Deklarationen }
  end;
```

```
procedure Register;
implementation

procedure Register;
begin
  RegisterComponents('Beispiele', [TEditBlack]);
end;

end.
```

Sie erkennen schon jetzt die Schwachstelle des sogenannten "Experten": Nur eine einzige Komponente pro Unit ist jeweils möglich, auch um das Überschreiben der ererbten *Create*-Methode müssen Sie sich selbst kümmern.

Wenn Sie, wie in unserem Beispiel, mehrere Komponenten in eine Unit packen und auch noch neue Standardeigenschaften setzen wollen, ist noch ein gerüttelt Maß an Handarbeit fällig. Benutzen Sie also den Experten nur für die erste Komponente und ergänzen Sie dann den Code für eventuelle weitere Komponenten per Hand.

Bemerkungen

▪ Delphi erstellt immer eine Sicherungskopie (*.~DC) der Komponentenbibliothek. Wenn Sie also voreilig Komponenten entfernt haben und später feststellen, dass Sie diese doch noch brauchen, können Sie den vorherigen Zustand wieder herstellen.

▪ Wenn Sie einer bestehenden Unit eine Komponente hinzufügen, sollten Sie sich vergewissern, dass diese Unit nur Komponenten-Code enthält. Enthält die Unit beispielsweise auch ein Formular, wird dies zu Fehlern in der Komponentenpalette führen.

▪ Sie können in Delphi nur dann an einem Projekt arbeiten, wenn in der Komponenten-bibliothek (standardmäßig *cmplib32.dcl*) alle im Projekt verwendeten Komponenten enthalten sind. Beim Versuch, ein Projekt mit momentan nicht installierten Komponenten zu laden, gibt Delphi eine Fehlermeldung aus.

R271 ... datengebundene Komponenten programmieren?

Als Beispiel für eine datengebundene Komponente wollen wir einen absolut simplen Nachfahren von *TEdit* erzeugen, der sich an eine Tabellenspalte binden lässt.

"Nicht sehr anpruchsvoll" werden Sie vielleicht bemerken, zumal eine entsprechende Komponente bereits existiert. Um so besser: So brauchen wir uns um die Funktionsbeschreibung nicht weiter zu kümmern, wir können gleich zu den Einzelheiten kommen. Wie Sie noch sehen werden, ist der Verwaltungsaufwand hinter den Kulissen relativ groß.

Hinweis: Zum Installieren der Komponente siehe R270.

Grundlagen

Oberfläche

Grafik

Multimedia

Datei

Datenbank

SQL/ADO

Report

Objekte

OLE/DDE

Peripherie

System

Desktop

Technik

Sonstiges

Ausgangspunkt ist wie immer der Komponentenexperte (Menü *Komponente\Neue Komponente*). Als Vorfahrtyp wählen wir *TEdit*, unsere neue Komponente bekommt die Bezeichnung *TDBMyEdit*:

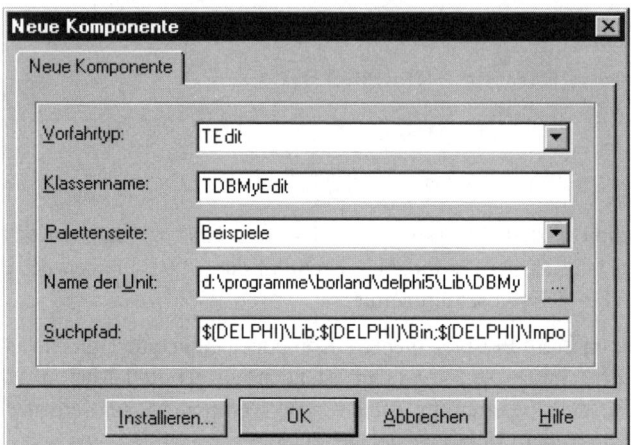

Im Anschluss dürfen Sie die Finger über die Tastatur tanzen lassen, allein die Änderungen an der Klassendefinition sind schon ziemlich umfangreich:

```
type
  TDBMyEdit = class(TEdit)
  private
    FDataLink: TFieldDataLink;
    procedure DataChange(Sender: TObject);
    procedure EditingChange(Sender: TObject);
    procedure UpdateData(Sender: TObject);
    function GetDataField: string;
    function GetDataSource: TDataSource;
    function GetField: TField;
    procedure SetDataField(const value: string);
    procedure SetDataSource(value: TDataSource);
    procedure CMGetDataLink(var message: TMessage); message CM_GETDATALINK;
  protected
    procedure Change; override;
    procedure KeyPress(var Key: Char); override;
    procedure Notification(AComponent: TComponent; Operation: TOperation); override;
  public
    constructor Create(AOwner: TComponent); override;
    destructor Destroy; override;
```

```
    property Field: TField read GetField;
  published
    property DataField: string read GetDataField
                        write SetDataField;
    property DataSource: TDataSource read GetDataSource
                        write SetDataSource;
  end;
```

Lassen Sie sich nicht abschrecken, dieser Aufwand ist nur erforderlich, wenn Sie eine datengebundene Komponente aus einer nicht datengebundenen Komponente erzeugen.

Wofür die einzelnen Methoden und Eigenschaften zuständig sind, wollen wir im Folgenden klären.

Konstruktor

Mit dem Erstellen der Komponente müssen wir auch ein *FieldDataLink*-Objekt erstellen (private Variable). Über dieses Objekt wird die Kommunikation mit den anderen Datenbank-Komponenten hergestellt. Weisen Sie dem *FieldDataLink*-Objekt eine Datenquelle (*DataSource*) zu, wird Ihre Komponente bei jeder Änderung (Datensatzwechsel, Moduswechsel etc.) benachrichtigt. Als Schnittstellen dienen drei Methoden (*OnDataChange, OnEditingChange, OnUpdateData*), die Sie entsprechend auswerten müssen.

```
constructor TDBMyEdit.Create(AOwner: TComponent);
begin
  inherited Create(AOwner);
  FDataLink := TFieldDataLink.Create;
  FDataLink.Control := Self;
  FDataLink.OnDataChange := DataChange;
  FDataLink.OnEditingChange := EditingChange;
  FDataLink.OnUpdateData := UpdateData
end;
```

Destruktor

Beim "Zerstören" Ihrer Komponente müssen Sie natürlich auch die selbsterstellten Objekte deinitialisieren:

```
destructor TDBMyEdit.Destroy;
begin
  FDataLink.Free;
  FDataLink := nil;
  inherited Destroy
end;
```

Grundlagen · Oberfläche · Grafik · Multimedia · Datei · Datenbank · SQL/ADO · Report · **Objekte** · OLE/DDE · Peripherie · System · Desktop · Technik · Sonstiges

Eigenschaften DataSource und DataField

Nächster Schritt ist die Realisierung der Eigenschaften *DataSource* und *DataField* mit Hilfe der Schnittstellen-Methoden:

```
function TDBMyEdit.GetDataSource: TDataSource;
begin
 Result := FDataLink.DataSource
end;
```

Gespeichert werden die Werte im *DataLink*-Objekt:

```
procedure TDBMyEdit.SetDataSource(value: TDataSource);
begin
  FDataLink.DataSource := value;
  if value <> nil then value.FreeNotification(Self)
end;


function TDBMyEdit.GetDataField: string;
begin
  Result := FDataLink.FieldName
end;


procedure TDBMyEdit.SetDataField(const Value: string);
begin
  FDataLink.FieldName := Value
end;
```

Die Notification-Methode

Wie schon mehrfach erwähnt, müssen wir auch für den Fall vorsorgen, dass eine gebundene Komponente gelöscht wird:

```
procedure TDBMyEdit.Notification(AComponent: TComponent; Operation: TOperation);
begin
  inherited Notification(AComponent, Operation);
  if (Operation = opRemove) and (FDataLink <> nil) and
    (AComponent = DataSource) then DataSource := nil
end;
```

Als Nächstes kümmern wir uns um die drei Ereignis-Methoden.

EditingChange, DataChange, UpdateData

Jede Änderung des Bearbeitungsmodus (Browse zu Edit etc.) führt zu einem Aufruf von *EditingChange*. Sie könnten beispielsweise die Komponente farbig hinterlegen, um dem Be-

Grundlagen

Oberfläche

Grafik

Multimedia

Datei

Datenbank

SQL/ADO

Report

Objekte

OLE/DDE

Peripherie

System

Desktop

Technik

Sonstiges

arbeiter den neuen Modus anzuzeigen. In der vorliegenden Komponente werden wir das Ereignis nicht weiter auswerten:

```
procedure TDBMyEdit.EditingChange(Sender: TObject);
begin inherited end;
```

Ganz anders das Ereignis *DataChange*. Hier reagieren wir auf die Änderung des Feldinhalts. Ursache könnte beispielsweise das Scrollen durch die Datenmenge sein.

```
procedure TDBMyEdit.DataChange(Sender: TObject);
begin
  if FDataLink.Field <> nil then begin
    if FDataLink.Field is TStringField then
                       Text := FDataLink.Field.AsString;
    Modified:= False
  end else
  if csDesigning in ComponentState then Text := Name
                       else Text := ''
end;
```

Sollte der Komponente zur Entwicklungszeit (*if csDesigning in ComponentState*) keine Datenquelle zugewiesen sein, zeigen wir den Namen der Komponente an, sonst einen Leerstring.

Mit dem Ereignis *UpdataData* können Sie die Inhalte der Komponente in die Tabellenspalte übernehmen:

```
procedure TDBMyEdit.UpdateData(Sender: TObject);
begin
  FDataLink.Field.AsString:= Text
end;
```

Damit haben wir eigentlich alle wesentlichen Funktionen realisiert, allerdings ist unsere Komponente noch nicht sehr kontaktfreudig. Was fehlt, ist die Meldung an die übergeordnete *DataSource*, dass sich in unserer Komponente etwas getan hat (Eingabe).

Benachrichtigen der übergeordneten Komponenten

Jeder Tastendruck in unserer Komponente hat zur Folge, dass die Datenmenge in den Editiermodus umschaltet. Einzige Ausnahme: Die ESC-Taste führt dazu, dass der alte Feldinhalt wiederhergestellt wird:

```
procedure TDBMyEdit.KeyPress(var Key: Char);
begin
   inherited KeyPress(Key);
   if Key = #27 then FDataLink.Reset else FDataLink.Edit
end;
```

Über Änderungen in der Komponente benachrichtigen wir die anderen Komponenten über das *Change*-Ereignis. Durch den Aufruf von *Modified* wird signalisiert: "Hier hat sich was geändert!"

```
procedure TDBMyEdit.Change;
begin
  inherited Change;
  if Modified then begin FDataLink.Modified end
end;
```

Die gesamte Kommunikation mit den anderen Datenbank-Komponenten wird über das *Data-Link*-Objekt abgewickelt.

Bemerkungen

▪ Wie Sie gesehen haben, ist es nicht ganz trivial, eine datengebundene Komponente zu entwickeln. Auch das vorliegende Beispiel konnte nur einen kleinen (aber nicht unwesentlichen) Teil der Funktionalität aufzeigen. Wichtig ist an dieser Stelle nur, dass Sie mit obigem Grundgerüst die wesentlichen Aufgaben einer datengebundenen Komponente abdecken können.

▪ Ein weiteres Beispiel finden Sie in:

        R216 ... eine DBCheckList programmieren?

R272 ... eine unsichtbare Komponente programmieren?

Ausgangspunkt für derartige Komponenten, die zur Laufzeit im Hintergrund agieren, ist die Klasse *TComponent*. An dieser Stelle wollen wir uns auf eine Komponente beschränken, die ein Dialogformular verwaltet (ähnlich *TOpenDialog*). Dabei wollen wir uns nicht auf das einfache Anzeigen des Dialogs beschränken, sondern auch eine Interaktion ermöglichen. Dazu ist es nötig, Ereignisse des Formulars über das Komponenten-Interface zur Verfügung zu stellen.

Hinweis: Zum Installieren der Komponente siehe R270.

Klassendefinition

Ausgangspunkt ist, wie nicht anders zu erwarten, eine Ableitung der Klasse *TComponent*:

```
type
  TNonVis = class(TComponent)
  private
    { Private-Deklarationen }
    FOnYesClick: TNotifyEvent;
```

Grundlagen

Oberfläche

Grafik

Multimedia

Datei

Datenbank

SQL/ADO

Report

Objekte

OLE/DDE

Peripherie

System

Desktop

Technik

Sonstiges

```
    FOnNoClick: TNotifyEvent;
    FOnHelpClick: TNotifyEvent;
    FBoundedEdit: TEdit;
  protected
    { Protected-Deklarationen }
    procedure Notification(AComponent: TComponent; Operation: TOperation); override;
  public
    { Public-Deklarationen }
    procedure ShowDialog;
  published
    { Published-Deklarationen }
    property BoundedEdit: TEdit read FBoundedEdit write FBoundedEdit;
    property OnYesClick: TNotifyEvent read FOnYesClick write FOnYesClick;
    property OnNoClick: TNotifyEvent read FOnNoClick write FOnNoClick;
    property OnHelpClick: TNotifyEvent read FOnHelpClick write FOnHelpClick;
  end;
```

Neben drei Ereignissen (wir kommen später darauf zurück) wird eine Eigenschaft (ein gebundenes Editfeld) sowie eine Methode (die Anzeige des Dialogs) über die Komponente bereitgestellt.

Implementierung des Formulars

Erzeugen Sie einen einfachen Dialog mit folgendem grundsätzlichen Aufbau:

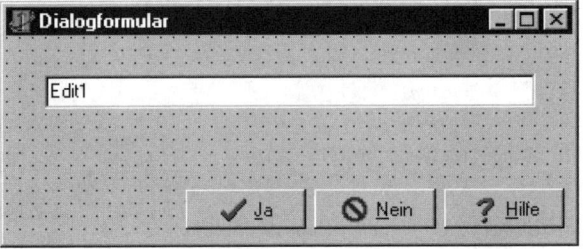

Erweitern Sie nachfolgend die Klassendefinition des Formulars:

```
type
  TMyForm1 = class(TForm)
    BitBtn1: TBitBtn;
    BitBtn2: TBitBtn;
    BitBtn3: TBitBtn;
    Edit1: TEdit;
    procedure BitBtn1Click(Sender: TObject);
    procedure BitBtn2Click(Sender: TObject);
```

```
   procedure BitBtn3Click(Sender: TObject);
 private
   { Private-Deklarationen }
 public
   { Public-Deklarationen }
   FKompo  : TNonvis;
 end;
```

Über diese recht einfach implementierte Eigenschaft *FKomp* (Sie könnten auch zwei Interface-Methoden schreiben) werden wir eine Referenz auf die Komponenten-<u>Instanz</u> übergeben. Auf diese Weise wird es uns möglich, aus dem Dialog heraus auf Ereignisse und Eigenschaften der Komponente Einfluss zu nehmen.

In unserem speziellen Beispiel geht es darum, dass jeder Tastendruck ein Ereignis in der Komponente auslösen soll:

```
procedure TMyForm1.BitBtn1Click(Sender: TObject);

begin
   if Assigned(FKompo.OnYesClick) then FKompo.OnYesClick(Self);
   if Assigned(FKompo.BoundedEdit) then
     FKompo.BoundedEdit.Text:= Edit1.Text;
   Close
end;


procedure TMyForm1.BitBtn2Click(Sender: TObject);

begin
   if Assigned(FKompo.OnNoClick) then FKompo.OnNoClick(Self);
   Close
end;


procedure TMyForm1.BitBtn3Click(Sender: TObject);

begin
   if Assigned(FKompo.OnHelpClick) then FKompo.OnHelpClick(Self)
end;
```

Nach dem Test, ob die jeweilige Methode bzw. Eigenschaft auch zugewiesen wurde (*if Assigned*), können wir die Ereignisse auslösen bzw. die Eigenschaften setzen.

Komponenteninterface

Bleibt lediglich die Implementierung der Komponente:

```
uses mForm1;
```

Vor der Anzeige der Dialogbox müssen wir die aktuelle Instanz (*Self*) der Komponente an den Dialog übergeben.

```
procedure TNonVis.ShowDialog;
begin
  myForm1.FKompo := Self;
  myForm1.ShowModal
end;
```

Werden gebundene Komponenten geändert (Eigenschaft *BoundedEdit*), müssen wir darauf reagieren:

```
procedure TNonVis.Notification(aComponent: TComponent; Operation: TOperation);
begin
  inherited Notification(aComponent, Operation);
  if (Operation = opRemove) and (FBoundedEdit <> nil) and
    (aComponent = BoundedEdit) then BoundedEdit := nil
end;
```

Damit ist unsere Komponente auch schon fertig.

In einem Programm kann nach dem Einbinden der Komponente und dem Aufruf der Methode *ShowDialog* über die Ereignisse der aktuelle Status der Dialogbox abgefragt werden.

Beispiel: Reaktion auf die "Nein"-Taste

```
procedure TForm1.NonVis1NoClick(Sender: TObject);
begin
    ShowMessage('No wurde gewählt');
    Abort
end;
```

Bemerkungen

Soll die Komponente Windows-Botschaften empfangen, bekommen Sie Schwierigkeiten. Unsichtbare Komponenten können keine Botschaften empfangen, da es sich nicht um Fenster handelt. Wie es dennoch geht, zeigen Ihnen die Rezepte:

☞   R129 ... einen Multimedia-Timer programmieren?

☞   R132 ... einen Joystick abfragen?

Grundlagen

Oberfläche

Grafik

Multimedia

Datei

Datenbank

SQL/ADO

Report

Objekte

OLE/DDE

Peripherie

System

Desktop

Technik

Sonstiges

R273 ... eine grafische Komponente programmieren?

Eine dritte Gruppe von Komponenten ist für die grafische Ausgabe im weitesten Sinne zuständig. Dabei kann es sich um einfache Grafiken (Vektor/Bitmap) oder auch um komplexere Darstellungen (Tabellen etc.) handeln.

In die Wahl des Vorfahrtyps sollten Sie folgende Überlegungen einbeziehen:

- Braucht die Komponente einen Fenster-Handle?

- Soll die Komponente zur Laufzeit den Fokus erhalten?

- Sollen andere Komponenten im Clientbereich der Komponente abgelegt werden?

Ist keine der obigen Forderungen zu erfüllen, können Sie die Komponente von *TGraphicControl* ableiten. Andernfalls wäre *TWinControl* oder einer der Nachfahren von *TWinControl* die richtige Wahl.

Hinweis: Komponenten, die von *TGraphicControl* abgeleitet werden, verbrauchen weniger Systemressourcen, da keine Fenster-Handle zu verwalten sind!

Als Beispiel wollen wir eine einfache Komponente realisieren, die in der Lage ist, Grafiken aus einer *ImageList* anzuzeigen. Zwei Eigenschaften bilden dabei die Schnittstelle:

- *ImageList*

- *ImageIndex*

Erzeugen Sie also eine neue Komponente (z.B. *ImageView*), die von der Klasse *TGraphicControl* abgeleitet wird.

Hinweis: Zum Installieren der Komponente siehe R270.

Komponenten-Interface

Erweitern Sie die Klassendefinition wie folgt:

```
type
  TImageView = class(TGraphicControl)
  private
    FImageList  : TImageList;
    FImageIndex : Integer;
    procedure SetImageList(value: TImageList);
    function GetImageList:TImageList;
    procedure SetImageIndex(value:Integer);
    function GetImageIndex:Integer;
  protected
    procedure paint; override;
```

```
    procedure Notification(AComponent: TComponent; Operation: TOperation); override;
  public
    constructor Create(AOwner:Tcomponent); override;
  published
    property Imagelist: TImageList read getImageList write setImageList;
    property ImageIndex: integer read getImageIndex write setImageindex;
  end;
```

Neben einer privaten Variablen zum Speichern der Referenz auf das *ImageList*-Objekt (*FImageList*) benötigen wir noch einige Interface-Methoden (*Get..., Set...*).

Wesentlichster Teil unserer Erweiterung ist das Überschreiben der *Paint*-Methode. Diese wird vom Parent der Komponente immer dann aufgerufen, wenn der Inhalt erneut dargestellt werden muss.

Da die Eigenschaft *ImageList* an eine weitere Komponente gebunden ist, müssen wir auch die *Notification*-Methode erweitern.

Der Konstruktor

Beim Initialisieren der Komponente sollten Sie eine Mindestgröße festlegen, da andernfalls nichts mehr zu sehen ist.

```
constructor TImageView.Create(aOwner:TComponent);
begin
  inherited Create(aOwner);
  Width := 30;  Height := 30
end;
```

Die Paint-Methode

Unsere Ausgabeprozedur ist die *Paint*-Methode. An dieser Stelle ist es besonders wichtig zu prüfen, ob überhaupt eine *ImageList* zugewiesen wurde. Nachfolgende Zugriffe auf dieses Objekt würden andernfalls zu Schutzverletzungen führen.

```
procedure TImageView.paint;
begin
  inherited paint;
  if FImagelist <> NIL then begin
    if Width <> FImagelist.Width then width := FImagelist.Width;
    if Height <> FImagelist.Height then Height := FImageList.Height;
    FImageList.Draw(Canvas,0,0,FImageIndex)
  end;
  //----------------------------------------
  if csDesigning in ComponentState then
```

Grundlagen

Oberfläche

Grafik

Multimedia

Datei

Datenbank

SQL/ADO

Report

Objekte

OLE/DDE

Peripherie

System

Desktop

Technik

Sonstiges

```
begin
    Canvas.DrawFocusRect(Bounds(0,0, Width, Height))
  end
end;
```

Die eigentliche Darstellung des *ImageList*-Icons ist relativ simpel. Beachten Sie jedoch die Anweisungen im zweiten Teil der *Paint*-Methode. Hier wird mit der Methode *DrawFocusRect* ein Fokus-Rahmen gezeichnet, wenn die Komponente in der Entwurfsumgebung angezeigt wird (*ComponentState*). Lassen Sie diese Anweisungen weg, ist die Komponente auch zur Entwurfszeit nicht auf dem Formular zu sehen.

Die Notification-Methode

Auf das Löschen der *ImageList* reagieren wir mit:

```
procedure TImageView.Notification(AComponent: TComponent;
                                  Operation: TOperation);
begin
  inherited Notification(AComponent, Operation);
  if (Operation = opRemove) and (FImagelist <> nil) and
    (AComponent = Imagelist) then begin
    ImageList := nil;
    ImageIndex :=0
    end
end;
```

Interface-Implementierung

Unsere Interface-Methoden haben neben der reinen Wertübergabe auch noch weitere Aufgaben:

```
procedure TImageView.SetImageList(value: TImageList);
begin
  FImageList := value;
  FImageIndex := 0;
  if FImageList <> nil then
  begin
    width := FImageList.Width;
    height := FImagelist.Height;
    paint;
  end
end;
```

```
Function TImageView.GetImageList:TImageList;
begin
    result := FImageList
end;


procedure TImageView.SetImageIndex(value:Integer);
begin
    if FImageList <> nil then if value > fImageList.Count-1 then
                     value := fImageList.Count-1;
    FImageIndex := value;
    Paint
end;


function TImageView.GetImageIndex:Integer;
begin
    result := FImageIndex
end;
```

So wird neben der Skalierung auch gleich eine Fehlerprüfung (zu große Werte) integriert.

R274 ... eine Systemkomponente schreiben?

Wem es zuviel Arbeit ist, diverse Systeminformationen mühsam über API-Aufrufe zu ermitteln, kann sich mit der im Folgenden vorgestellten Komponente helfen. Neben diversen Informationen wie

- Betriebssystem (Windows NT, Windows 95)
- Farbauflösung
- Speicher
- Windows Directory
- System Directory
- Username
- Computername
- Prozessortyp

bietet die Komponente auch die Möglichkeit, DragDrop-Operationen des Explorers über einen Event auszuwerten. Last but not least kann die Anwendung über eine Eigenschaft vor dem Taskmanager versteckt werden.

Hinweis: Zum Installieren der Komponente siehe R270.

Grundlagen

Oberfläche

Grafik

Multimedia

Datei

Datenbank

SQL/ADO

Report

Objekte

OLE/DDE

Peripherie

System

Desktop

Technik

Sonstiges

Quelltext

```
unit syscomp;

interface

uses Windows, Messages, SysUtils, Classes, Graphics, Controls, Forms, Dialogs;
```

Als Erstes definieren wir einen neuen Eventtyp, alle mittels DragDrop an die Anwendung übergebenen Dateinamen sollen über den Parameter *Files* ausgelesen werden können:

```
type
    TDragDropEvent = procedure(Files : TStringList) of object;
```

Die verschiedenen Betriebssysteme lassen sich über folgenden Typ auseinanderhalten:

```
TBetriebsSystem = (bsWin95, bsWinNT, bsWin32);
```

Damit kommen wir zur eigentlichen Komponentendefinition. Ausgangspunkt ist die Basisklasse *TComponent*, da wir eine nicht sichtbare Komponente programmieren wollen.

```
TSystem = class(TComponent)
private
```

Interne Variablen und Schnittstellenfunktionen:

```
    FOnDragDrop : TDragDropEvent;
    FFiles      : TStringList;
    FHide       : Boolean;
    procedure SetHide(status: Boolean);
    function GetColorCount:Integer;
    function getTotalPhysMemory:Longint;
    function getAvailPhysMemory:Longint;
    function getTotalPageFile:Longint;
    function getAvailPageFile:Longint;
    function getWindowsDirectory:String;
    function getSystemDirectory:String;
    function getUserName:String;
    function getComputerName:String;
    function getProcessorType:String;
    function getProcessorCount:Integer;
    function getSystem: TBetriebsSystem;
    procedure AppMessage(var Msg: Tmsg; var Handled: Boolean);
public
    constructor Create(AOwner: TComponent); override;
published
```

Die Ereignisse:

```
    property OnDragDrop: TDragDropEvent read FOnDragDrop write FOnDragDrop;
```

Eigenschaften:

Grundlagen

```
    property ColorCount: Integer read GetColorCount;
    property Hide: Boolean read FHide write SetHide;
    property TotalPhysMemory: Longint read getTotalPhysMemory;
    property AvailPhysMemory: Longint read getAvailPhysMemory;
    property TotalPageFile: Longint read getTotalPageFile;
    property AvailPageFile: Longint read getAvailPageFile;
    property WindowsDirectory: String read getWindowsDirectory;
    property SystemDirectory: String read getSystemDirectory;
    property UserName: String read getUserName;
    property ComputerName: String read getComputerName;
    property ProcessorType: String read getProcessorType;
    property ProcessorCount: Integer read getProcessorCount;
    property System: TBetriebsSystem read GetSystem;
  end;
```

Oberfläche

Grafik

Multimedia

Datei

Datenbank

SQL/ADO

```
procedure Register;
```

Report

```
implementation
```

Die Unit brauchen wir für die DragDrop-Unterstützung:

```
uses shellapi;
```

Objekte

Registrieren der Komponente:

```
procedure Register;
begin
  RegisterComponents('Buch', [TSystem]);
end;
```

OLE/DDE

Mit dem Erstellen der Komponente registrieren wir auch das Formular als DragDrop-Ziel:

Peripherie

```
constructor TSystem.Create(AOwner: TComponent);
begin
  inherited;
  FFiles:= TStringList.Create;
  DragAcceptFiles((AOwner As TForm).handle , True);
  DragAcceptFiles(Application.Handle, True);
  Application.OnMessage := AppMessage;
end;
```

System

Desktop

Technik

Weitere Informationen zum Thema DragDrop finden Sie in:

Sonstiges

☞   R336 ... DragDrop mit dem Explorer realisieren?

Farbtiefe bestimmen:

```
function TSystem.GetColorCount:Integer;
begin
   GetColorCount := 1 SHL GetDeviceCaps(GetDC(0), BITSPIXEL);
end;
```

Anwendung vor dem Taskmanager verstecken, wenn *Hide* auf *True* gesetzt wird:

```
procedure TSystem.SetHide(status:Boolean);
begin
    FHide := Status;
    If Status then
        showWindow(application.handle,sw_hide)
    else
        showWindow(application.handle,sw_show)
end;
```

Die folgende Routine reagiert auf Messages, unter anderem auch auf WM_DROPFILES:

```
procedure TSystem.AppMessage(var Msg: Tmsg; var Handled: Boolean);
var i : integer;
    anzahl : word;
    PFilename : PChar;

begin
  if Msg.Message = WM_DROPFILES then begin
    PFilename:=StrAlloc(255);
    FFiles.Clear;
    // bestimmt die Anzahl der Dateinamen ...
    anzahl := DragQueryFile(Msg.WParam,$FFFFFFFF,PFilename, 255);
    for i := 0 to (anzahl - 1) do begin
      DragQueryFile(Msg.WParam, i, PFilename, 255);
      FFiles.add(StrPas(PFilename));
    end;
    DragFinish(Msg.WParam);
    Handled := True;
```

Sollte eine Ereignisprozedur zugewiesen worden sein, wird diese jetzt und hier aufgerufen:

```
    if assigned(FOnDragDrop) then FOnDragDrop(FFiles);
    StrDispose(PFilename)
  end;
end;
```

Speicherinformationen ermitteln:

```
function TSystem.getTotalPhysMemory:Longint;
var memory : TMEMORYSTATUS;
begin
    GlobalMemoryStatus(memory);
    getTotalPhysMemory:= memory.dwTotalPhys;
end;


function TSystem.getAvailPhysMemory:Longint;
var memory : TMEMORYSTATUS;
begin
    GlobalMemoryStatus(memory);
    getAvailPhysMemory:= memory.dwAvailPhys;
end;


function TSystem.getTotalPageFile:Longint;
var memory : TMEMORYSTATUS;
begin
    GlobalMemoryStatus(memory);
    getTotalPageFile:= memory.dwTotalPageFile;
end;


function TSystem.getAvailPageFile:Longint;
var memory : TMEMORYSTATUS;
begin
    GlobalMemoryStatus(memory);
    getAvailPageFile:= memory.dwAvailPageFile;
end;
```

Das Windows-Verzeichnis bestimmen:

```
function TSystem.getWindowsDirectory:String;
var P: PChar;
begin
    P:=StrAlloc(MAX_PATH+1);
    windows.GetWindowsDirectory(P,MAX_PATH+1);
    getWindowsDirectory:= P;
    StrDispose(P);
end;
```

Grundlagen

Oberfläche

Grafik

Multimedia

Datei

Datenbank

SQL/ADO

Report

Objekte

OLE/DDE

Peripherie

System

Desktop

Technik

Sonstiges

Systemverzeichnis:

```
function TSystem.getSystemDirectory:String;
var P: PChar;
begin
    P:=StrAlloc(MAX_PATH+1);
    windows.GetSystemDirectory(P,MAX_PATH+1);
    getSystemDirectory:= P;
    StrDispose(P);
end;
```

Den Usernamen (im Netzwerk wichtig) bestimmen:

```
function TSystem.getUserName:String;
var P    : PChar;
    size: DWord;
begin
    size :=1024;
    P:=StrAlloc(size);
    windows.GetUserName(P,size);
    getUserName:= P;
    StrDispose(P);
end;
```

Computername:

```
function TSystem.getComputerName:String;
var P    : PChar;
    size: DWord;
begin
    size :=MAX_COMPUTERNAME_LENGTH+1;
    P:=StrAlloc(size);
    windows.GetComputerName(P,size);
    getComputerName:= P;
    StrDispose(P);
end;
```

Der Prozessortyp wird als String zurückgegeben:

```
function TSystem.getProcessorType:String;
var systeminfo:TSystemInfo;
    zw : string;
begin
  GetSystemInfo(systeminfo);
  case systeminfo.dwProcessorType of
```

Grundlagen

Oberfläche

Grafik

Multimedia

Datei

Datenbank

SQL/ADO

Report

Objekte

OLE/DDE

Peripherie

System

Desktop

Technik

Sonstiges

```
            386  : zw := 'Intel 386';
            486  : zw := 'Intel 486';
            586  : zw := 'Intel Pentium';
            860  : zw := 'Intel 860';
          21064  : zw := 'ALPHA 21064';
    end;
    result := zw;
end;
```

Unter NT sind auch mehrere Prozessoren möglich:

```
function TSystem.getProcessorCount:Integer;
var systeminfo:TSystemInfo;
begin
    GetSystemInfo(systeminfo);
    result := systeminfo.dwNumberOfProcessors;
end;
```

Das Betriebssystem:

```
function TSystem.getSystem:TBetriebsSystem;
var os : TOSVERSIONINFO;
begin
    os.dwOSVersionInfoSize := sizeof(os);
    GetVersionEx(os);
    case os.dwPlatformId of
      VER_PLATFORM_WIN32s         : result := bsWin32;
      VER_PLATFORM_WIN32_WINDOWS  : result := bsWin95;
      VER_PLATFORM_WIN32_NT       : result := bsWinNT;
    end;
end;
```

Test

Wie Sie die einzelnen Properties abfragen bzw. wie Sie die Komponente installieren, brauchen wir sicherlich nicht extra zu erklären, für die Verwendung des Events wollen wir jedoch ein kurzes Beispiel geben:

Beispiel: Einlesen der DragDrop-Dateinamen in ein Listenfeld

```
procedure TForm1.System1DragDrop(Files: TStringList);
begin
    Listbox1.Items := files
end;
```

R275 ... eine Digitalanzeige programmieren?

In einige Programmen wünscht man sich für die Ausgabe von nummerischen Werten eine Anzeige, die einen "technischen" Eindruck macht. Das soll in unserem Fall heißen, dass statt eines Labels eine 7-Segmentanzeige erscheint.

Das vorliegende Beispiel ermöglicht die Anzeige eines bis zu zehnstelligen Wertes (Integer). Die Anzahl der Segmente können Sie frei festlegen, eine Größenänderung der Komponente ist allerdings nicht möglich, da die Abmessungen aus der Anzahl der Segmente bestimmt werden.

Für die Realisierung bieten sich zwei prinzipielle Varianten an:

- ▪ Einblenden von verschiedenen Bitmaps (Ziffern 0...9)

- ▪ Zeichnen der Grafik über Line- oder Polyline-Befehle

Während die erste Variante vom Aufwand her wesentlich einfacher ist, bietet Variante 2 den Vorteil, auch eine Skalierung der Komponente zuzulassen.

Wir haben uns aus notorischer Faulheit für Variante 1 entschieden, wer aber an der Realisierung der zweiten Variante interessiert ist, dürfte mit dem vorliegenden Komponentengerüst relativ schnell zum Ziel kommen.

Folgende Eigenschaften sollen implementiert werden:

Eigenschaften

Eigenschaft	Beschreibung / Beispiel
Digits	... die Anzahl der Stellen (1...10).
DisplayOn	... (*True/False*) entscheidet darüber, ob lediglich ein schwarzer Hintergrund angezeigt wird oder der aktuelle Wert.
Value	... der darzustellende Wert (Integer).

Methoden und Ereignisse werden wir bei dieser Komponente nicht benötigen.

Oberfläche

Eigentlich ist die Bezeichnung "Oberfläche" nicht ganz zutreffend, es geht lediglich darum, ein Ressourcen-File mit den benötigten Bitmaps zu erstellen. Zusätzlich könnten Sie auch ein neues Icon für die Werkzeugleiste entwerfen.

Speichern Sie die Bitmaps für die einzelnen Segmentzustände in den Dateien *0.bmp ... 9.bmp*, sowie in der Datei *leer.bmp*. Mit der letzten Bitmap wird die Anzeige initialisiert bzw. gelöscht.

Nächster Schritt ist ein Ressouren-File (*digit.rc*), das in die Komponente eingebunden wird:

```
100   BITMAP   0.bmp
101   BITMAP   1.bmp
102   BITMAP   2.bmp
103   BITMAP   3.bmp
104   BITMAP   4.bmp
105   BITMAP   5.bmp
106   BITMAP   6.bmp
107   BITMAP   7.bmp
108   BITMAP   8.bmp
109   BITMAP   9.bmp
110   BITMAP   leer.bmp
```

Wie Sie das Ressourcen-File compilieren, ist in

☞   R368 ... Ressourcen einbinden?

ausführlich beschrieben.

Quelltext

Obwohl es sich um eine relativ triviale Komponente handelt, ist der Quelltext doch relativ umfangreich. Die Komponente leiten wir von *TGraphicControl* ab, eine Klasse, die alle für uns wesentlichen Eigenschaften zur Verfügung stellt.

Vorher binden wir jedoch noch die Ressourcen (Bitmaps) ein:

```
{$R digit.res}

uses
  SysUtils, Classes, Graphics, Controls;

type
  TDigit = class(TGraphicControl)
  private
    { Private-Deklarationen }
```

In folgendem Array werden die Bitmaps zwischengespeichert:

```
    FBmp: array[0..10]of TBitmap;
```

Interne Statusvariablen:

```
    FValue: Integer;
    FDigits: Integer;
```

Grundlagen

Oberfläche

Grafik

Multimedia

Datei

Datenbank

SQL/ADO

Report

Objekte

OLE/DDE

Peripherie

System

Desktop

Technik

Sonstiges

```
    FOn: Boolean;
    FOldDisplay: String[10];
```
Interface-Methoden für Properties:
```
    procedure SetValue(Value: Integer);
    procedure SetDigits(Value: Integer);
    procedure SetOn(Value: Boolean);
  protected
```
Die Anzeige-Prozedur:
```
    procedure Paint; override;
  public
    { Public-Deklarationen }
    constructor Create(AOwner: TComponent); override;
    destructor Destroy; override;
  published
    { Published-Deklarationen }
```
Die Eigenschaften:
```
    property Value: Integer read FValue write SetValue;
    property Digits: Integer read FDigits write SetDigits;
    property DisplayOn: Boolean read FOn write SetOn;
  end;


procedure Register;


implementation
```
Registrieren der Komponente:
```
procedure Register;
begin
  RegisterComponents('Buch', [TDigit]);
end;
```
Im Konstruktor wird neben diversen Statusvariablen auch die Defaultgröße festgelegt. Weiterhin laden wir die Bitmaps aus der Ressource, auf diese Weise vermeiden wir Verzögerungen bei der späteren Anzeige:
```
constructor TDigit.Create(AOwner: TComponent);
var
  i: Integer;
begin
  inherited Create(AOwner);
  FDigits:= 10;
```

```
FOn:= True;
FValue:= 0;
Height:= 28;
Width:= FDigits * 14;
for i:= 0 to 10 do begin
  FBmp[i]:= TBitmap.Create;
  FBmp[i].LoadFromResourceID(HInstance, i + 100);
end;
FOldDisplay:= '         ';
end;
```

Im Destruktor sollten reservierte Speicherbereiche wieder freigegeben werden:

```
destructor TDigit.Destroy;
var
  i: Integer;
begin
  for i:= 0 to 10 do FBmp[i].Free;
  inherited Destroy;
end;
```

Die Interface-Methode für die Eigenschaft *Value*:

```
procedure TDigit.SetValue(Value: Integer);
var
  Display: String[10];
  i: Integer;
begin
  FValue:= Value;
  if not(FOn) then exit;
  Display:= Format('%10d', [abs(FValue)]);
  for i:= 11-fDigits to 10 do
    if Display[i] <> FOldDisplay[i] then
      if Display[i] = ' ' then
        Canvas.Draw(14*(i-(11-FDigits)), 0, FBmp[10])
      else
        Canvas.Draw(14*(i-(11-FDigits)), 0, FBmp[ord(Display[i])-48]);
  FOldDisplay:= Display;
end;
```

Je nach Ziffer wird die entsprechende Bitmap eingeblendet. Dabei ist uns das Bitmap-Array recht hilfreich, über den Index kann gleich die richtige Bitmap ausgewählt werden.

Grundlagen

Oberfläche

Grafik

Multimedia

Datei

Datenbank

SQL/ADO

Report

Objekte

OLE/DDE

Peripherie

System

Desktop

Technik

Sonstiges

Festlegen der Anzeigestellen:

```
procedure TDigit.SetDigits(Value: Integer);
begin
  if not (Value in [1..10]) then exit;
  if Value = FDigits then exit;
  FDigits:= Value;
  Width:= FDigits * 14;
  Height:= 28;
  Paint;
end;
```

Ein-/Ausschalten:

```
procedure TDigit.SetOn(Value: Boolean);
begin
  if Value = FOn then exit;
  FOn:= Value;
  if FOn then
    FOldDisplay:= Format('%10d', [abs(FValue)])
  else  FOldDisplay:= '          ';
  paint;
end;
```

Für den Refresh nach dem Verdecken oder zur erstmaligen Anzeige wird die Methode *Paint* benötigt und deshalb überschrieben:

```
procedure TDigit.Paint;
var
  i: Integer;
begin
  if Height <> 28 then Height:= 28;
  if Width <> FDigits * 14 then Width:= FDigits * 14;
  for i:= 11-fDigits to 10 do
    if FOldDisplay[i] = ' ' then
      Canvas.Draw(14*(i-(11-fDigits)), 0, FBmp[10])
    else
      Canvas.Draw(14*(i-(11-FDigits)), 0, FBmp[ord(FOldDisplay[i])-48]);
end;
```

Nach erfolgreichem Compilieren und Einbinden in ein Projekt präsentiert sich Ihnen folgendes Interface im Objekt-Browser:

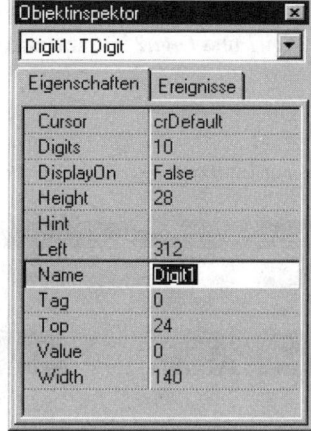

Demoprogramm

Unser Demoprogramm fällt diesmal etwas dürftig aus, wird allerdings völlig ausreichen, um die Funktionsweise der Komponente zu demonstrieren.

Der Einfachheit halber erstellen wir die Komponente erst zur Laufzeit, so gewinnen wir schnell einen Eindruck, ohne erst die Library neu compilieren zu müssen.

```
var Digit1, Digit2: TDigit;
...
procedure TForm1.FormCreate(Sender: TObject);
begin
  Digit1:= TDigit.Create(Self);
  with Digit1 do begin
    Parent:= Self;
    DisplayOn:= True;
    Left:=100;
    Top:= 50;
  end;
  Digit2:= TDigit.Create(Self);
  with Digit2 do
  begin
    Parent:= Self;
    DisplayOn:= True;
    digits := 5;
    Left:=300;
    Top:= 50;
  end;
```

Grundlagen

Oberfläche

Grafik

Multimedia

Datei

Datenbank

SQL/ADO

Report

Objekte

OLE/DDE

Peripherie

System

Desktop

Technik

Sonstiges

Um etwas Bewegung in die Anzeige zu bringen, verwenden wir zwei *Timer*, die zyklisch den Wert der *Value*-Eigenschaft von *Digit1* und *Digit2* inkrementieren.

Test

Die Abbildung zeigt das Ergebnis zur Laufzeit:

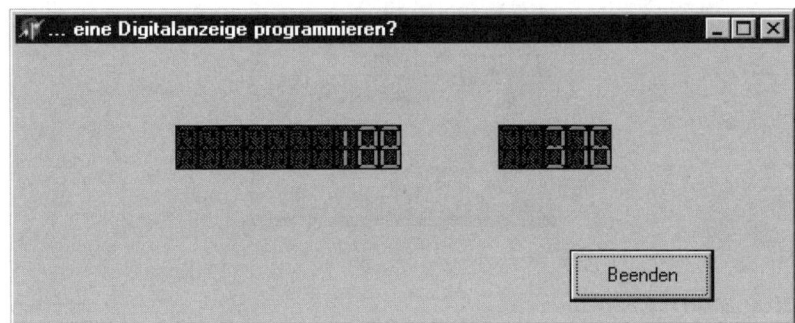

R276 ... eine Farbauswahl-Komponente programmieren?

Nachdem Sie im Rezept

   R98 ... Grafiken in einem Listenfeld anzeigen?

die Vorgehensweise bei Grafikausgaben in Listboxen bzw. Comboboxen kennengelernt haben, wollen wir jetzt eine Combobox so modifizieren, dass später ohne zusätzlichen Programmieraufwand die 16 Grundfarben angezeigt und über eine *Color*-Eigenschaft zugewiesen werden können (Farbauswahl).

Sie werden feststellen, dass bereits mit wenigen Quelltextzeilen eine "selbstgestrickte" Komponente programmiert ist. Wer noch keinerlei Erfahrungen auf diesem Gebiet hat, der sollte sich zunächst ein einfacheres Rezept anschauen:

     R270 ... neue Komponenten entwickeln?

Quelltext

Erster Schritt zur fertigen Komponente ist das Ableiten von einer bereits vorhandenen. Starten Sie dazu den "Komponenten-Experten" (*Komponente\Neue Komponente...*).

Vergeben Sie einen eindeutigen Bezeichner für die neue Klasse (*TFarbBox*) und wählen Sie den gewünschten Typ des Vorfahren (*TComboBox*) aus.

Grundlagen

Oberfläche

Grafik

Multimedia

Datei

Datenbank

SQL/ADO

Report

Objekte

OLE/DDE

Peripherie

System

Desktop

Technik

Sonstiges

Der "Experte" erzeugt danach folgendes Programmgerüst:

```
unit FarbBox;
interface

uses Windows, Messages, SysUtils, Classes, Graphics, Controls, Forms, Dialogs, StdCtrls;

type
  TFarbBox = class(TComboBox)
  private
    { Private-Deklarationen }
  protected
    { Protected-Deklarationen }
  public
    { Public-Deklarationen }
  published
    { Published-Deklarationen }
  end;

procedure Register;

implementation

procedure Register;
begin
  RegisterComponents('Beispiele', [TFarbBox]);
end;

end.
```

Würden Sie jetzt diese Komponente in Delphi einbinden, stünde die gesamte Funktionalität der Vorfahren-Klasse *TComboBox* zur Verfügung, ohne dass Sie auch nur eine Zeile Quellcode geschrieben haben.

Wir wollen diese Komponente so verändern, dass die *Combobox* die 16 Grundfarben anzeigt. Erster Schritt ist das Überschreiben der Initalisierungsmethode *Create*. Diese wird in Delphi ausnahmsweise nicht als *Procedure,* sondern als *Constructor* bezeichnet, was auch in der Deklaration zum Ausdruck kommt (es handelt sich jedoch quasi um eine Prozedur).

Erweitern Sie den *Public*-Abschnitt der Klassendefinition wie folgt:

```
...
public
    constructor Create(AOwner: TComponent);override;
```

Die Umsetzung im *Implementations*-Abschnitt der Unit:

```
constructor TFarbBox.Create(AOwner: TComponent);
begin
    inherited Create(AOwner);        // Aufruf der Vorfahr-Methode
    Style := csOwnerDrawFixed;       // festlegen der Style-Eigenschaft
end;
```

Bei jeder Initialisierung der Komponente wird jetzt automatisch der *Style csOwnerDrawFixed* festgelegt.

Da zu diesem Zeitpunkt die Komponente noch nicht komplett initalisiert ist, können wir auch noch nicht die benötigten 16 Einträge hinzufügen. Dazu müssen wir eine weitere Methode überschreiben bzw. erweitern: *CreateWnd.*

Die Deklaration:

```
protected
    procedure CreateWnd; override;
```

Die Umsetzung:

```
procedure TFarbBox.CreateWnd;
var i: Integer;
begin
  inherited CreateWnd;               // Aufruf der Vorfahr-Methode
    Items.Clear;
    for i := 0 to 15 do Items.Add('');
    ItemIndex := 0
end;
```

Für die Abfrage der gewählten Farbe erzeugen wir eine neue Eigenschaft, über die ein *TColor*-Wert abgefragt werden kann. Der Wert wird jedoch nicht direkt gespeichert, sondern über ein Array abgefragt. Verantwortlich dafür ist die Funktion *getColor:*

```
...
private
```

```
function getColor: TColor;
```

Das Array mit den Farbwerten (Index = Farbwert):

```
const qbColor : array [0..15] of TColor = (0, 8388608, 32768, 8421376, 128,
                                 8388736, 32896, 12632256, 8421504,
                                 16711680, 65280, 16776960, 255,
                                 16711935, 65535, 16777215);
```

Die Umsetzung von *getColor*:

```
function TFarbBox.getColor:TColor;
begin
    result:= qbColor[ItemIndex]
end;
```

ItemIndex ist die Nummer des ausgewählten *ComboBox*-Eintrags. Die Deklaration der neuen Read-Only-Eigenschaft:

```
published
    property color : TColor read getColor;
```

Alles was jetzt noch bleibt, ist das Erweitern der *DrawItem*-Methode:

```
protected
   { Protected-Deklarationen }
   procedure DrawItem(Index: Integer; Rect: TRect; State: TOwnerDrawState); override;
```

Die Umsetzung erfolgt wie im Rezept:

☞   R98 ... Grafiken in einem Listenfeld anzeigen?

```
procedure TFarbBox.DrawItem(Index: Integer; Rect: TRect; State: TOwnerDrawState);
begin
    Canvas.brush.Color := qbColor[Index];
    Canvas.FillRect(rect)
end;
```

Damit ist sie auch schon fertig, unsere neue Komponente. Sie müssen jetzt lediglich die Komponente in ein Delphi-Package aufnehmen (*Komponente\Komponente installieren...*), damit sie in der Toolbar angezeigt wird (Seite "Beispiele").

Wie Sie dem Neuling ein originelleres Erscheinungsbild als das von seinem Vorfahren *TComboBox* ererbte Paletten-Outfit geben können, siehe

☞   R102 ... eine Bitmap-Ressourcendatei erstellen?

Test

Unsere neue Komponente ist uns noch den Beweis ihrer Funktionsfähigkeit schuldig geblieben. Öffnen Sie eine neue Anwendung und platzieren Sie auf dem Startformular eine

Grundlagen

Oberfläche

Grafik

Multimedia

Datei

Datenbank

SQL/ADO

Report

Objekte

OLE/DDE

Peripherie

System

Desktop

Technik

Sonstiges

TFarbBox-Komponente. Beim Blick in den Objekt-Inspektor sind Sie jetzt vielleicht etwas enttäuscht, fehlt doch die neue Eigenschaft *Color*. Der Grund ist schnell gefunden: Da es sich um eine *ReadOnly*-Eigenschaft handelt, hat es wenig Sinn, wenn sie im Objektinspektor angezeigt wird. Zur Laufzeit steht die Eigenschaft natürlich zur Verfügung.

Besetzen Sie das *OnClick*-Event der FarbBox wie folgt:

```
procedure TForm1.FarbBox1Click(Sender: TObject);
begin
 Color := FarbBox1.Color
end;
```

Nachdem Sie das Programm gestartet haben, können Sie durch Klick auf einen Eintrag für den Formularhintergrund eine von 16 Farben auswählen:

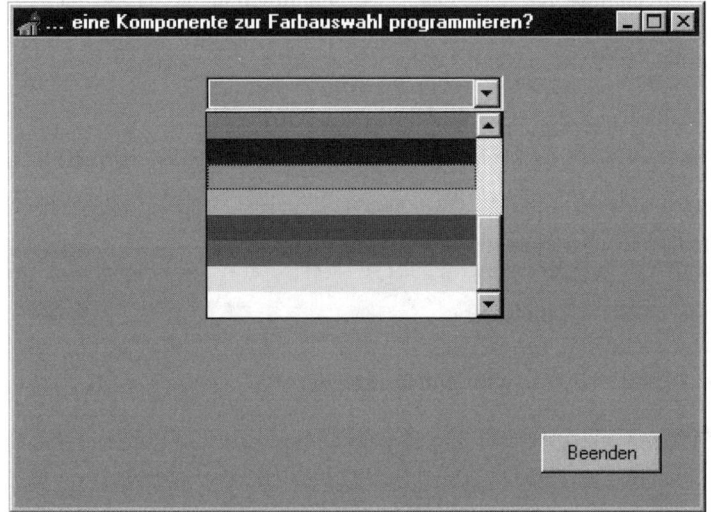

R277 ... zur Laufzeit alle Objekteigenschaften ermitteln?

Möchten Sie zur Laufzeit mehr über ein bestimmtes Objekt wissen, zum Beispiel über welche Eigenschaften das Objekt verfügt (siehe Objektinspektor), dann ist guter Rat teuer. Das folgende kleine Beispielprogramm zeigt Ihnen, wie Sie nicht nur die Eigenschaften selbst, sondern auch den jeweiligen Datentyp anzeigen können.

Oberfläche

Erzeugen Sie ein Formular und fügen Sie eine Listbox und einen Button hinzu (die Listboxeinträge werden zur Laufzeit erstellt).

Grundlagen

Oberfläche

Grafik

Multimedia

Datei

Datenbank

SQL/ADO

Report

Objekte

OLE/DDE

Peripherie

System

Desktop

Technik

Sonstiges

Quelltext

Nehmen Sie die Unit *TypeInfo* in Ihr Projekt auf und erweitern Sie die Ereignisprozedur des Buttons wie folgt:

```
uses TypInfo;
...
procedure TForm1.Button1Click(Sender: TObject);
var i       : integer;
    PropList : TPropList;
begin
  GetPropList(form1.ClassInfo, tkProperties, @PropList);
  i := 0;
  while( (Nil <> PropList[i]) and (i < High(PropList)) ) do begin
    listbox1.items.Add(PropList[i].Name + ': ' + PropList[i].PropType^.Name);
    inc(i);
  end;
end;
```

Wie kann ich ...?
OLE/DDE

R278 ... einen DDE-Server programmieren?

Stellen Sie sich vor, Sie möchten eine Anwendung programmieren, die anderen Programmen die Möglichkeit gibt, diese zu steuern und zu nutzen (zum Beispiel einen Grafikserver oder eine Datenbankschnittstelle). Das folgende "Wie kann ich ..." soll an einem kleinen Beispiel die Vorgehensweise erläutern: Wir programmieren einen Datenbank-DDE-Server[1]! Was ist damit gemeint?

Ausgehend von einer kleinen Datenbankanwendung (wir verwenden eine Beispieltabelle von Delphi) soll das Programm über DDE in die Lage versetzt werden, zwischen den Datensätzen zu wechseln und diese an den DDE-Client zu übertragen.

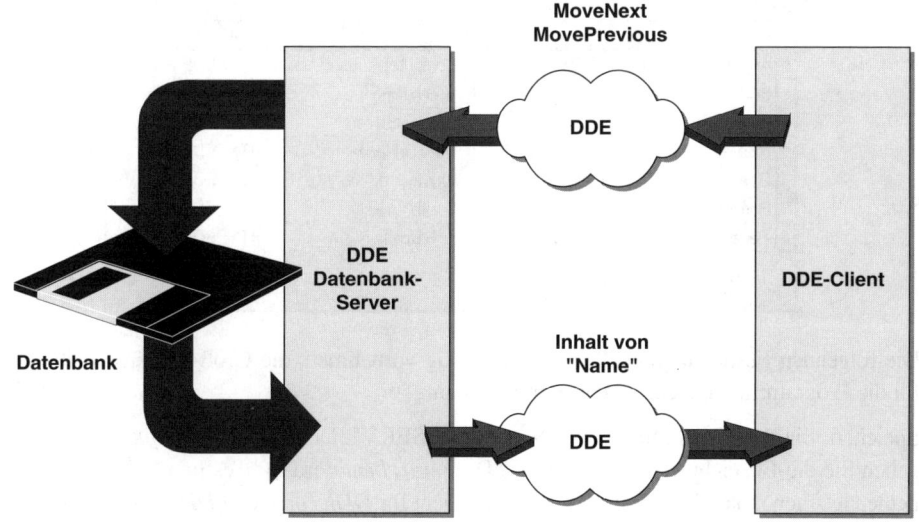

Zum "Bewegen" zwischen den Datensätzen werden wir die DDE-Makros "MoveNext" und "MovePrevious" zur Verfügung stellen. Zusätzlich kann über "Exit" die Server-Anwendung geschlossen werden.

Oberfläche

Für die Oberfläche des DDE-Servers benötigen wir eigentlich nur die beiden DDE-Server-Komponenten *TDdeServerConv* und *TDdeServerItem* sowie eine *Table*-Komponente. Um jedoch die Auswirkungen der Makro-Befehle zu verdeutlichen, verwenden wir zusätzlich eine *TDBGrid*- sowie eine *DataSource*-Komponente.

---

[1] Natürlich nur in rudimentären Ansätzen, das Beispiel soll ja verständlich bleiben.

Grundlagen

Oberfläche

Grafik

Multimedia

Datei

Datenbank

SQL/ADO

Report

Objekte

OLE/DDE

Peripherie

System

Desktop

Technik

Sonstiges

Über die Eigenschaft *DatabaseName* wird das *Table*-Objekt mit der Datenbank "DBDEMOS" verbunden. Wählen Sie unter *TableName* die Tabelle "ANIMALS.DBF". *Grid* und *Table* verbinden Sie über *DataSource* miteinander:

```
DataSource1.Dataset = Table1
DBGrid1.DataSource = DataSource1
```

Zum Aktivieren der Datenbankverbindung müssen Sie die *Active*-Eigenschaft des *Table*-Objekts auf *True* setzen.

Die folgenden Festlegungen sollten Sie sorgfältig vornehmen, die Groß-/ Kleinschreibung ist für die Programmierung des Clients von Bedeutung!

Speichern Sie das Projekt unter dem Namen "DBSERV". Der *TDdeServerConv*-Komponente geben Sie die Bezeichnung "TestTopic", *TDdeServerItem* wird in "TestItem" umbenannt. Die beiden letztgenannten Bezeichner werden im Client für *DDETopic* und *DDEItem* verwendet.

TDdeServerConv und *TDdeServerItem* verbinden Sie über die Eigenschaft *ServerConv* miteinander. Alles Weitere müssen wir per Quelltext erledigen.

Quelltext

```
unit Serv;

interface

uses

  SysUtils, WinTypes, WinProcs, Messages, Classes, Graphics, Controls,
  Forms, Dialogs, DdeMan, Grids, DBGrids, DB, DBTables, StdCtrls;
...
implementation
{$R *.DFM}
```

Über den *ExecuteMacro*-Event reagiert die Server-Anwendung auf Anforderungen des Clients, die mit *ExecuteMacro* oder mit *ExecuteMacroLines* abgeschickt werden. Wie Sie in der Serveranwendung auf diese Makros reagieren bzw. welche Makros verfügbar sind, bestimmen Sie in der folgenden Prozedur.

Um Laufzeitfehler zu vermeiden, sollten Sie prüfen, ob mindestens eine Zeile gesendet wurde. Wandeln Sie nachfolgend die Strings in Großbuchstaben um. Auf diese Weise vermeiden Sie Probleme mit der Groß-/Kleinschreibung.

```
procedure Tserverform.TestTopicExecuteMacro(Sender: TObject; Msg: TStrings);
var befehl : string;
begin
    if msg.count > 0 then begin
       befehl := uppercase(msg.strings[0]);
       if befehl='COPYRIGHT' then
          MessageDlg ('DDE-DEMO (c) by Dipl.-Ing.Ing. Th.Kowalski',
          mtInformation, [mbOK], 0);
```

Da eine Server-Anwendung im Allgemeinen durch den Client gestartet wird, sollten Sie dem Client auch eine einfache Möglichkeit zum Beenden des Servers bereitstellen:

```
       if befehl='EXIT' then  close;
```

Mit dem Makro "MoveNext" soll zum einen der Datensatzzeiger bewegt, zum anderen der Inhalt des Tabellenfeldes "Name" an den DDE-Client übertragen werden. Verwenden Sie die *Lines*-Eigenschaft, können Sie auch mehrere Zeilen gleichzeitig übertragen. Für Bilder etc. müssen Sie die Zwischenablage als Austauschmedium verwenden.

```
       if befehl='MOVENEXT' then begin       { Datensatz weiter }
          Table1.Next;
          if Table1.EOF then Table1.Last;    { keine weiteren Datensätze }
          TestItem.text:=table1.FieldbyName('Name').AsString;
       end;
```

Für die Anweisung "MovePrevious" gilt analog das oben Gesagte.

```
       if befehl='MOVEPREVIOUS' then begin   { Datensatz zurück }
          Table1.Prior;
          if Table1.BOF then Table1.First;   { keine weiteren Datensätze }
          TestItem.text:=table1.FieldbyName('Name').AsString;
       end;
    end; end;
end.
```

Test

Mit dem Test werden Sie sich noch etwas gedulden müssen, im folgenden "Wie kann ich ...?" wird erst noch der dazugehörige Client programmiert.

R279 ... einen DDE-Client programmieren?

Nach der Programmierung des Servers wollen wir uns dem Endverbraucher, dem Client, zuwenden.

Oberfläche

Die Oberfläche beschränkt sich auf mehrere Buttons, drei *Label*-Komponenten sowie die Komponenten *DDEClientConv* und *DDEClientItem*.

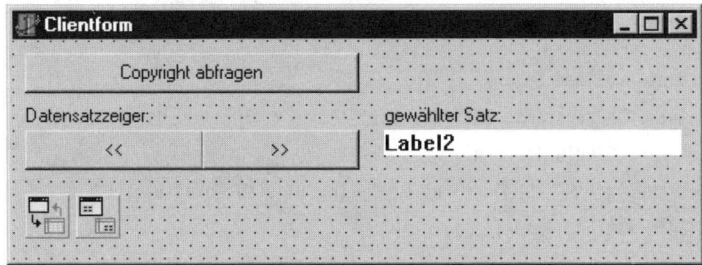

Die folgende Abbildung zeigt die Eigenschaften beider Komponenten:

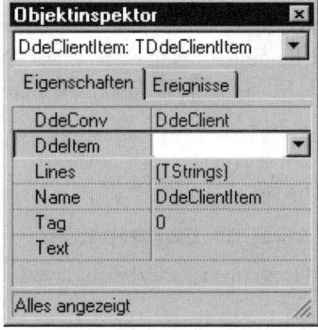

Quelltext

Der Code beschränkt sich auf die Aufrufe der im DDE-Server definierten Makros sowie die Initialisierung der DDE-Verbindung:

```
unit Clien;

interface

...

implementation

{$R *.DFM}
```

Grundlagen

Oberfläche

Grafik

Multimedia

Datei

Datenbank

SQL/ADO

Report

Objekte

OLE/DDE

Peripherie

System

Desktop

Technik

Sonstiges

```
procedure Tclientform.FormActivate(Sender: TObject);
begin
    DDEClient.SetLink ('dBServ','TestTopic');
    DDEClientItem.DdeItem := 'TestItem';
end;
```

Die Makro-Aufrufe:

```
procedure Tclientform.Button1Click(Sender: TObject);
begin
    DDEClient.ExecuteMacro ('Copyright', True);
end;
```

```
procedure Tclientform.Button2Click(Sender: TObject);
begin
    DDEClient.ExecuteMacro ('MovePrevious', False);  { wichtig: das Waitflag }
end;
```

```
procedure Tclientform.Button3Click(Sender: TObject);
begin
    DDEClient.ExecuteMacro ('MoveNext', False);     { wichtig: das Waitflag }
end;
```

Schließlich den DDE-Server beenden:

```
procedure Tclientform.FormCloseQuery(Sender: TObject;
  var CanClose: Boolean);
begin
    DDEClient.ExecuteMacro ('Exit', True);
end;
```

Ändert sich die *Text*-Eigenschaft von *DdeClientItem*, weisen wir diese dem *Label2* zu:

```
procedure Tclientform.DdeClientItemChange(Sender: TObject);
begin
    label2.caption := ddeclientitem.text
end;
```

Test

Starten Sie den Client. Der Server wird automatisch geladen und als Icon am unteren Bildrand dargestellt. Klicken Sie auf die zwei "Bewegungstasten", muss sich der aktuelle Datensatz ändern. Sie können dies zum einen im Client-Fenster und zum anderen im Server-Fenster überprüfen.

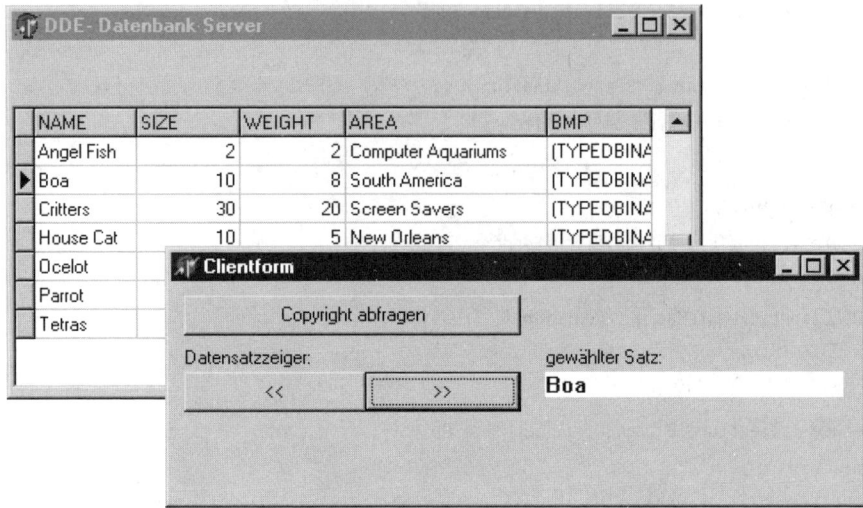

Ergänzung

Wer viel mit DDE arbeitet (oder arbeiten möchte), sollte sich mit dem Programm DDESPY von Microsoft vertraut machen, das sich unter anderem im Lieferumfang von Visual C++ befindet.

R280 ... OLE-Automation mit Visio realisieren?

Gerade VISIO ist ein gutes Beispiel dafür, dass sich mit OLE eine ganze Menge anstellen lässt. In unserem Beispielprogramm wird mit Delphi eine 3D-Vektorgrafik erzeugt, die Sie beliebig verändern können (skalieren, rotieren etc.). Eine so komplexe Funktion wäre in VISIO nur schwer realisierbar[1], aber wozu gibt es OLE-Automation? Unser Delphi-Programm fungiert quasi wie eine Fernsteuerung: Die Befehle werden in Delphi gegeben, VISIO führt sie aus.

Oberfläche

Die Oberfläche ist denkbar einfach. Erweitern Sie das 3D-Grafikbeispiel aus dem Rezept R359 um einen zusätzlichen Button!

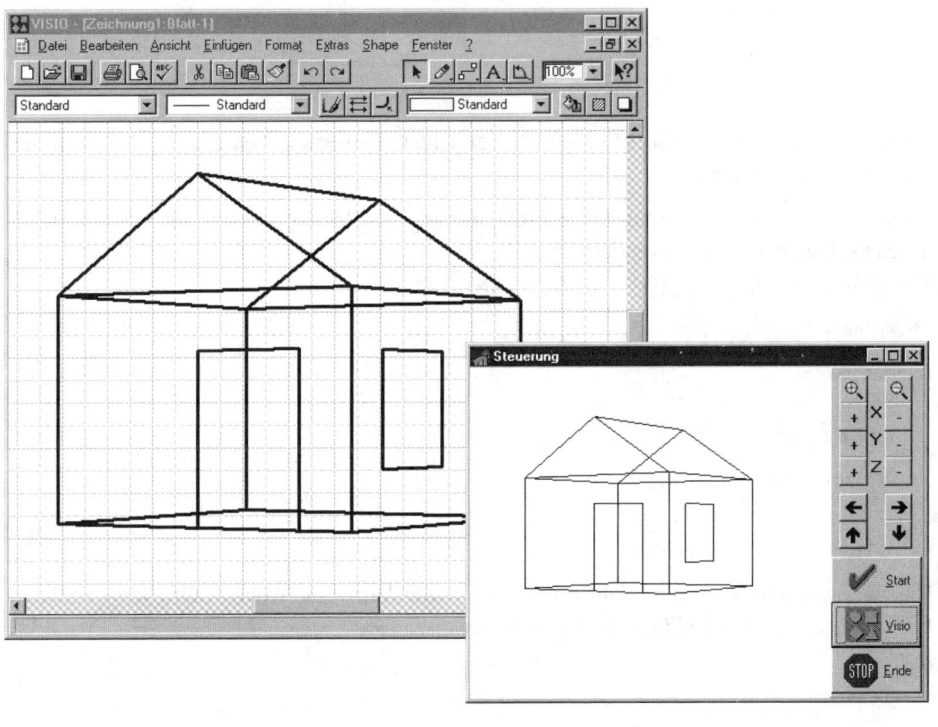

Datenbank

SQL/ADO

Report

Objekte

OLE/DDE

Peripherie

System

Am Quelltext muss gegenüber dem 3D-Grafikbeispiel nicht allzu viel herumgedoktert werden. Wesentlichste Neuerung dürfte wohl die Einführung von Objektvariablen sein, weiterhin ist die Unit *comobj* einzubinden:

```
uses unit3, comobj;
{$R *.DFM}
```

---

[1] ... eigentlich doch, da VISIO auch über VBA verfügt. Demnach könnte das komplette Projekt auch in Visio-VBA übernommen werden.

```
var ok     : boolean;
    befehl : integer;
    visio  : variant;
```

Nach dem Programmstart soll eine Verbindung zu VISIO hergestellt werden. Dazu verwenden wir die Funktion *CreateOleObject*:

```
procedure TForm1.FormCreate(Sender: TObject);
begin
    try
        visio := CreateOleObject('Visio.Application'); //Variable initialisieren
    except
        ShowMessage('VISIO konnte nicht gestartet werden !');
        Exit;
    end;
end;
```

Auf die Fehlerbehandlung sollten Sie nicht verzichten, Fehlerursachen gibt es im Zusammenhang mit OLE genügend.

Sollte es bei der Initialisierung keine Probleme gegeben haben, können wir uns der eigentlichen OLE-Automation zuwenden.

```
procedure TForm1.BitBtn15Click(Sender: TObject);
var anzahl, i :Integer;
    mf,x1,y1,
    x2,y2,
    abstand,
    breite, hoehe : Double;
    seite,
    seitensheet  : Variant;
```

Die zwei weiteren Variant-Variablen werden wir zur Aufnahme weiterer OLE-Objekte benötigen, auf diese Weise verkürzt sich die Schreibweise etwas.

```
Begin
    mf := 0.02;               // Skalierungsfaktor für Visio-Zeichnung
```

Mit der Konstanten *mf* skalieren wir die Delphi-Zeichnung, so dass sie auf das VISIO-Blatt passt.

Sollte in VISIO kein Dokument aktiv sein, legen wir einfach ein neues an:

```
    if VarIsEmpty(visio.activedocument) then
    visio.documents.Add('');  // neues Dokument
```

An dieser Stelle leiten wir unser erstes OLE-Objekt ab:

```
    seite := visio.ActivePage;
    if VarIsEmpty(seite) then seite := visio.ActiveDocument.Pages(1);
```

und gleich noch einmal:

```
seitenSheet := Seite.Shapes['ThePage'];
```

Bestimmen der Seitenhöhe und -breite:

```
hoehe  := Double(seitenSheet.Cells['PageHeight']) / 2;
breite := Double(seitenSheet.Cells['PageWidth']) / 2;
```

Sie können auch das VISIO-Objekt für die Abfrage der Maße verwenden, allerdings geht Ihnen dabei jegliche Übersicht verloren. Investieren Sie lieber einige Zeilen Code und verwenden Sie dann die Teilobjekte.

```
anzahl := 24;                    // Anzahl von Linien bestimmen
abstand := 1000;
```

Die eigentliche Zeichenroutine muss für jede Linie im Drahtgittermodell ausgeführt werden:

```
For i := 0 To anzahl - 1 do
begin
```

Die Abbildung in der Zeichenebene:

```
x1 := figur1[i].a.X * abstand / (abstand + figur1[i].a.z) * mf + breite;
y1 := figur1[i].a.Y * abstand / (abstand + figur1[i].a.z) * mf + hoehe;
x2 := figur1[i].b.X * abstand / (abstand + figur1[i].b.z) * mf + breite;
y2 := figur1[i].b.Y * abstand / (abstand + figur1[i].b.z) * mf + hoehe;
```

Aufruf der Zeichenmethode von VISIO:

```
seite.drawline( x1, y1, x2, y2);
end;
end;
```

Test

Wenn Sie Ihr Delphi-Programm starten, müsste VISIO ebenfalls auf dem Bildschirm erscheinen, andernfalls sollten Sie VISIO installieren (siehe Buch-CD).

Drehen Sie das Drahtgittermodell in Delphi und wählen Sie dann den Button "VISIO". Sie können jetzt zusehen, wie die einzelnen Linien in VISIO gezeichnet werden.

Ergänzung

Die Skizze zeigt noch einmal den Zusammenhang zwischen den Objekten[1] bzw. deren Methoden und Eigenschaften:

---

[1] Es handelt sich nur um die im Programm verwendeten Objekte.

Grundlagen

Oberfläche

Grafik

Multimedia

Datei

Datenbank

SQL/ADO

Report

Objekte

OLE/DDE

Peripherie

System

Desktop

Technik

Sonstiges

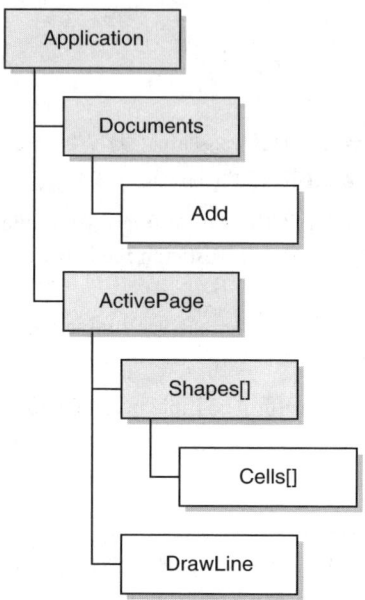

Möchten Sie Ihr Delphi-Programm als Add-in für Visio verwenden, müssen Sie statt der *CreateOleObject*- die *GetActiveOleObject*-Methode einsetzen. In diesem Fall wird keine neue Instanz von VISIO geöffnet, sondern es wird die bestehende verwendet.

R281 ... OLE-Automation mit Excel realisieren?

"In Excel ist doch bereits VBA integriert", werden Sie einwenden, "... wozu dann noch ein Delphi-Programm?". Das ist soweit richtig, aber die Programmierung von Oberflächen lässt sich in Delphi nach wie vor bedeutend sinnvoller realisieren. Ein weiteres wichtiges Anwendungsgebiet ist das Erstellen bzw. Bearbeiten von Datenbanken (SQL-Abfragen!) in Delphi mit nachfolgender statistischer Auswertung in Excel.

Unser Beispiel-Programm demonstriert den Zugriff auf ein Excel-Sheet sowie die Arbeit mit der *OLEContainer*-Komponente.

Oberfläche

Für das Programm benötigen Sie neben diversen Buttons ein *PageControl*, ein *StringGrid-* und eine *OLEContainer*-Komponente. Das einzulagernde Objekt wird erst zur Laufzeit erzeugt, brechen Sie also den Dialog ab. Den weiteren Aufbau können Sie der folgenden Abbildung entnehmen.

R281 ... OLE-Automation mit Excel realisieren?

Grundlagen

Oberfläche

Grafik

Multimedia

Datei

Datenbank

SQL/ADO

Report

Objekte

OLE/DDE

Peripherie

System

Desktop

Technik

Sonstiges

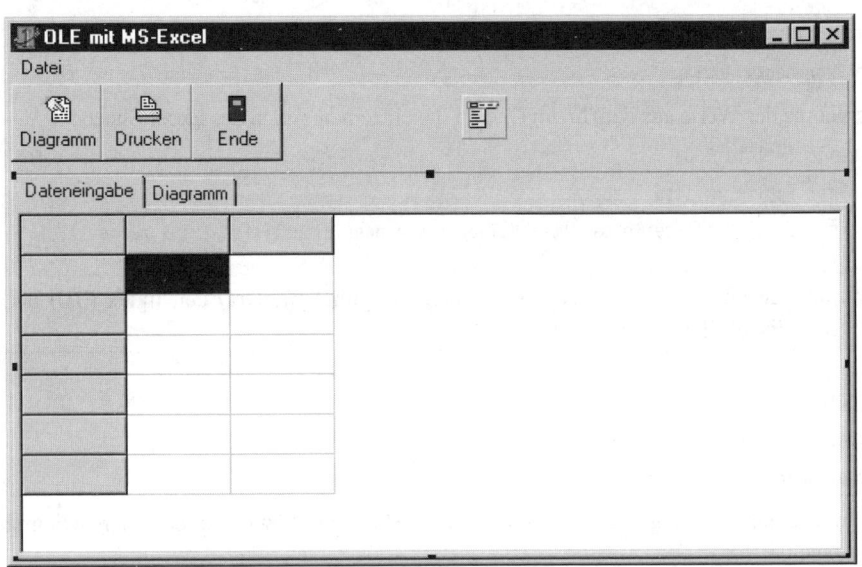

Das Menü enthält nur einen einzigen Menüpunkt (Beenden), da es lediglich dazu dient, bei einer Vorort-Aktivierung des OLE-Objekts dessen Menüleiste aufzunehmen. Die *OLE-Container*-Komponente befindet sich auf der zweiten Seite des *PageControl*.

Quelltext

Hinter dem Button "Diagramm anzeigen" verbirgt sich folgender Code:

```
procedure TForm1.BitBtn1Click(Sender: TObject);
var zeile,spalte : Integer;
var app : variant;
begin
```

Der Versuch, Excel als OLE-Automationsserver zu starten:

```
  try
    Excel := CreateOleObject('Excel.Application');
  except
    ShowMessage('Excel konnte nicht gestartet werden !');
    Exit;
  end;
```

Hinweis: Excel ist bei Verwendung als OLE-Server im Normalfall nicht sichtbar. Für den Test ist es im Allgemeinen sinnvoll, die Excel-Oberfläche anzuzeigen, um die Ergebnisse der Methodenaufrufe zu verfolgen. Die folgende Anweisung blendet die Oberfläche ein:

```
Excel.Visible := True;   { für die testphase sinnvoll }
```

Einfügen einer Arbeitsmappe:

```
Excel.Workbooks.Add;
```

Übernahme der Werte aus dem *StringGrid* in die einzelnen Zellen des Excel-Sheets:

```
For zeile := 1 to 7 do
    for spalte := 1 to 3 do
        Excel.Cells[zeile, spalte].Value := stringgrid1.cells[spalte-1,zeile-1];
```

Hinweis: Beachten Sie, dass die erste Zeile/Spalte im *StringGrid* den Index (0,0) hat, ein Excel-Sheet beginnt bei (1,1).

Ein neues Diagramm erstellen:

```
Excel.Charts.Add;
Excel.Charts[1].Activate;
```

Für die Parametrierung des Diagramms "missbrauchen" wir einfach den Diagramm-Assistenten:

```
Excel.Charts[1].Chartwizard (excel.Worksheets['Tabelle1'].Range['A1:C6'],
    -4100, 4, 2, 1, 0, 2, 'Umsatz / Ertragsentwicklung 1990-1995', 'Jahr', 'DM', '');
```

Hinweis: Beachten Sie die eckigen Klammern! In VB- bzw. VBA-Beispielen finden Sie statt dessen die runden Klammern, die in Visual Basic für Arrays verwendet werden.

Im nächsten Schritt kopieren wir das Ergebnis unserer Bemühungen in die Zwischenablage:

```
Excel.Charts[1].ChartArea.Copy;
```

Ab sofort sind wir wieder mit Delphi-Objekten beschäftigt. Alles was wir jetzt noch machen müssen, ist das Einfügen des OLE-Objekts aus der Zwischenablage in die *OLEContainer*-Komponente:

```
OleContainer1.Paste;
```

Vergessen Sie nicht, den Speicher wieder aufzuräumen, Excel befindet sich zu diesem Zeitpunkt immer noch im Speicher.

Wollen Sie den folgenden Dialog verhindern,

müssen Sie die *Gespeichert*-Eigenschaft der aktuellen Arbeitsmappe auf *True* setzen.

```
Excel.ActiveWorkBook.Saved := True;
```

Excel beenden:

```
Excel.Workbooks.Close;
```

Die Syntax für obige Aufrufe lässt sich einfach durch Aufzeichnen eines Excel-Makros bestimmen (*Extras/Makro aufzeichnen*).

Beispiel: Für ein aufgezeichnetes Makro:

```
Sub Makro1()
    Charts.Add
    ActiveChart.ChartType = xl3DColumnStacked
    ActiveChart.SetSourceData Source:=Sheets("Tabelle1").Range("A1:B8"), PlotBy _
        :=xlColumns
    ActiveChart.Location Where:=xlLocationAsObject, Name:="Tabelle1"
    With ActiveChart
        .HasTitle = False
        .Axes(xlCategory).HasTitle = False
        .Axes(xlSeries).HasTitle = False
        .Axes(xlValue).HasTitle = False
    End With
End Sub
```

Aus obiger Darstellung ergibt sich ein Problem: Wo bekommen Sie die Werte der Konstanten (z.B. *xl3DSäulen*) her?

Für die Lösung bieten sich zwei Varianten an:

1. Öffnen Sie in Excel das Testfenster (*Ansicht\Testfenster*) und geben Sie den gesuchten Begriff ein (die zurückgegebenen Werte können Sie in Delphi eintragen.):

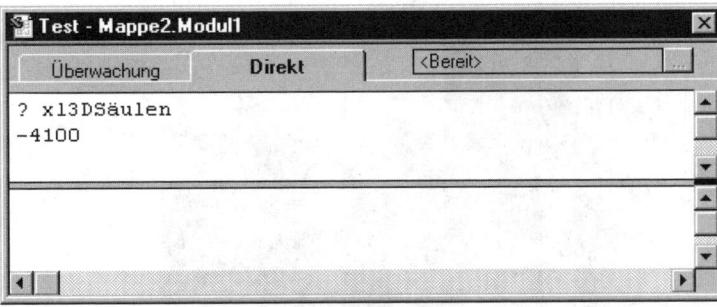

2. Sie importieren die TypeLibrary von Excel (*Projekt\Typbibliothek importieren*) und nutzen die dort aufgeführten Konstanten.

Als letzten Schritt wollen wir das Diagramm ausdrucken. Gleichzeitig zeigt das Listing, wie Sie ein bestehendes OLE-Objekt als OLE-Automation-Server nutzen können.

Grundlagen

Oberfläche

Grafik

Multimedia

Datei

Datenbank

SQL/ADO

Report

Objekte

OLE/DDE

Peripherie

System

Desktop

Technik

Sonstiges

```
procedure TForm1.BitBtn2Click(Sender: TObject);
var Excel: variant;
begin
   OleContainer1.run;
   OleContainer1.DoVerb(ovOpen);
   Excel := OleContainer1.OleObject;
   Excel.Charts[1].PrintOut;
   Excel.Close;
   OleContainer1.Close;
end;
```

Hätten wir das Diagramm gleich beim Erstellen ausgedruckt, würde folgende Anweisung zum Drucken genügen:

```
Excel.Charts[1].PrintOut;
```

So müssen wir erst umständlich den OLEContainer initialisieren, damit uns die Eigenschaft *OLEObject* ein gültiges Objekt zurückgibt.

Vor dem Drucken können Sie das Diagramm an Ihre Bedürfnisse anpassen. Klicken Sie dazu mit der rechten Maustaste auf den *OLEContainer*. Wählen Sie das Menü "Bearbeiten", und Sie können das Diagramm oder die Werte bearbeiten.

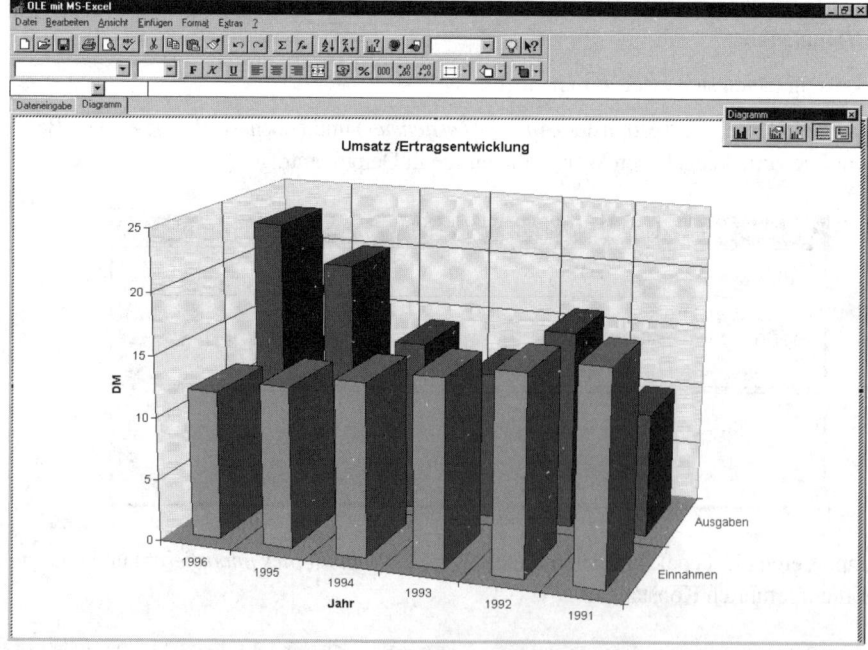

Während der Bearbeitung können Sie unser Programm kaum von Excel unterscheiden, Menü und Werkzeugleiste werden durch die Excel-Menüs bzw. -Werkzeugleisten ersetzt.

R282 ... Word über OLE-Automation steuern?

Eines der "dankbarsten Opfer" für OLE-Automation ist nach wie vor Word für Windows. Unser kleines Beispielprogramm zeigt Ihnen, wie Sie aus einem Delphi-Programm heraus ein neues Word-Dokument erstellen, Kopf- und Fußzeilen einfügen und Daten übertragen (das Beispiel lässt sich problemlos so anpassen, dass die Daten statt aus den Eingabefeldern gleich aus einer Datenbank kommen).

Oberfläche

Den Grundaufbau können Sie der folgenden Abbildung entnehmen:

In der Combobox finden sich drei Einträge: "1. Mahnung" ... "3. Mahnung".

Quelltext

Grundlage für die Verbindung zu Word ist eine allgemeine Variable vom Typ *Variant*:

```
uses comobj;

var word : variant;
```

Der Ablauf ist mit wenigen Worten erklärt: Nach Initialisierung der Variablen mit *Create-OLEObject* können Sie alle Methoden des *Word.Application*-Objekts verwenden. Bevor Sie lange in der Online-Hilfe von Word herumstochern, ist es sinnvoller, ein Word-Makro aufzuzeichnen und dieses entsprechend zu modifizieren. Zum einen haben Sie gleich die korrekte Syntax, zum anderen sparen Sie sich jede Menge Arbeit.

```
try
    word := CreateOleObject('Word.Application');
```

Bei Problemen kneifen wir an dieser Stelle:

```
except
    ShowMessage('WORD konnte nicht gestartet werden !');
    Exit;
end;
```

Word sichtbar machen (standardmäßig wird Word nicht angezeigt):

```
word.Visible := True;
```

Ein neues Dokument erzeugen:

```
word.Documents.Add;
  If word.ActiveWindow.View.SplitSpecial <> 0 Then word.ActiveWindow.Panes[2].Close;
  If (word.ActiveWindow.ActivePane.View.Type = 1) Or
  (word.ActiveWindow.ActivePane.View.Type = 2) Or
  (word.ActiveWindow.ActivePane.View.Type = 5) Then
    word.ActiveWindow.ActivePane.View.Type := 3;
```

Hinweis: Wundern Sie sich bitte nicht über die verwendeten nummerischen Werte. Wir haben einfach die Konstanten durch die entsprechenden Werte ersetzt (VBA-Editor-Direktfenster).

Kopfzeile erzeugen:

```
  word.ActiveWindow.ActivePane.View.SeekView := 9;
  word.Selection.Font.Name := 'Times New Roman';
  word.Selection.Font.Size := 12;
  word.Selection.Font.Bold := True;
  word.Selection.ParagraphFormat.Alignment := 1;
  word.Selection.TypeText(Text:='Kohlenhandel Brikett-GmbH & Co.-KG.' +
                          '- Holzweg 16 - 54633 Steinhausen');
```

Fußzeile erzeugen:

```
If word.Selection.HeaderFooter.IsHeader = True Then
  word.ActiveWindow.ActivePane.View.SeekView := 10
  Else  word.ActiveWindow.ActivePane.View.SeekView := 9;
  word.Selection.TypeText(Text:= 'Bankverbindung: Stadtsparkasse Steinhausen' +
                          ' BLZ 123456789   KtoNr. 782972393243');
```

In den Textteil wechseln und Adresse eintragen:

```
word.ActiveWindow.ActivePane.View.SeekView := 0;
  word.Selection.TypeText(Text:=Edit2.Text + ' ' + edit1.Text);
  word.Selection.TypeParagraph;
  word.Selection.TypeText(Text:=edit3.Text);
  word.Selection.TypeParagraph;
  word.Selection.TypeParagraph;
  word.Selection.Font.Name := 'Times New Roman';
  word.Selection.font.Size := 12;
  word.Selection.font.Bold := True;
  word.Selection.TypeText(Text:=edit4.Text + ' ' + edit5.Text);
```

Grundlagen

Oberfläche

Grafik

Multimedia

Datei

Datenbank

SQL/ADO

Report

Objekte

OLE/DDE

Peripherie

System

Desktop

Technik

Sonstiges

```
word.Selection.TypeParagraph;
word.Selection.TypeParagraph;
word.Selection.TypeParagraph;
word.Selection.TypeParagraph;
word.Selection.Font.Name := 'Arial';
word.Selection.Font.Size := 14;
word.Selection.Font.Bold := True;
word.Selection.TypeText(Text:=Combobox1.Text);
word.Selection.TypeParagraph;
word.Selection.TypeParagraph;
word.Selection.TypeParagraph;
word.Selection.Font.Name := 'Times New Roman';
word.Selection.Font.Size := 12;
word.Selection.Font.Bold := True;
If radiogroup1.itemindex= 0 Then
   word.Selection.TypeText(Text:='Sehr geehrter Herr ' + edit1.Text)
Else
   word.Selection.TypeText(Text:='Sehr geehrte Frau ' + edit1.Text);
end;
```

Test

Starten Sie das Programm, füllen Sie die Maske aus und übertragen Sie die Daten in ein Word-Dokument!

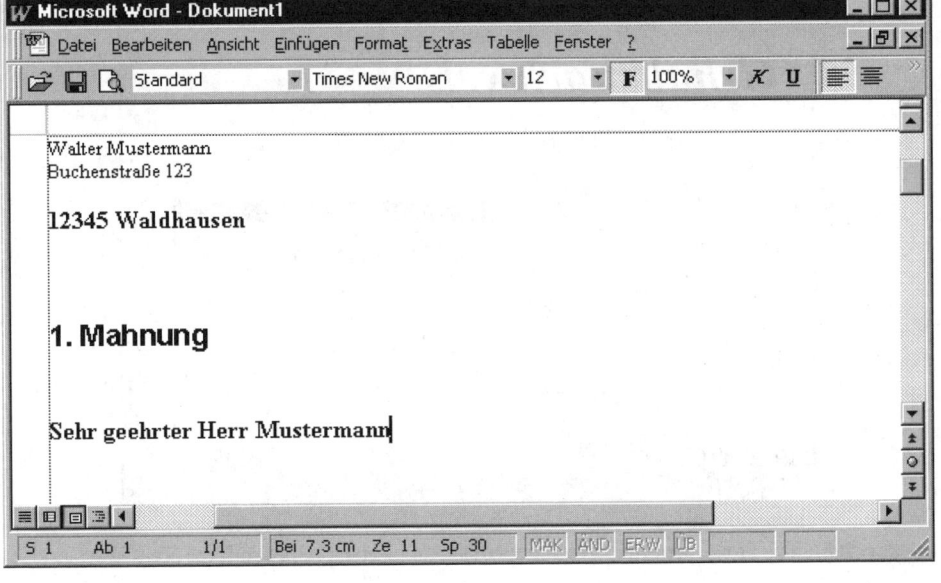

R283 ... Wordformulare über OLE drucken?

Arbeiten Sie auch mit dem Microsoft Office-Paket, dann können Sie Word zum idealen Reportgenerator umbauen. Der Vorteil liegt auf den Hand: Der Report kann einfach durch jeden editiert werden, die Daten laden erst wir zur Laufzeit in das vorhandene Formular.

Oberfläche

Der Aufbau der Oberfläche dürfte selbsterklärend sein:

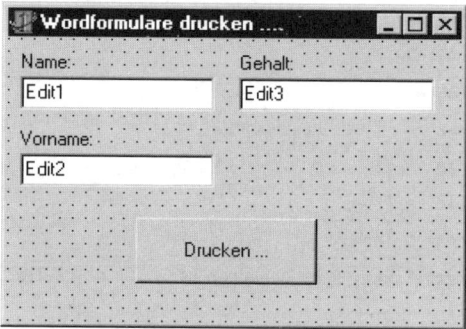

Auch unser "Report" ist nicht zu anspruchsvoll, für einen kleinen Test dürfte es aber reichen. Starten Sie Word und gestalten Sie den Report nach Ihren Wünschen. Fügen Sie als Platzhalter Formularfelder (Symbolleiste *Formular*) ein. Auf diese Weise kann der Report entweder "von Hand" oder per Programm ausgefüllt werden.

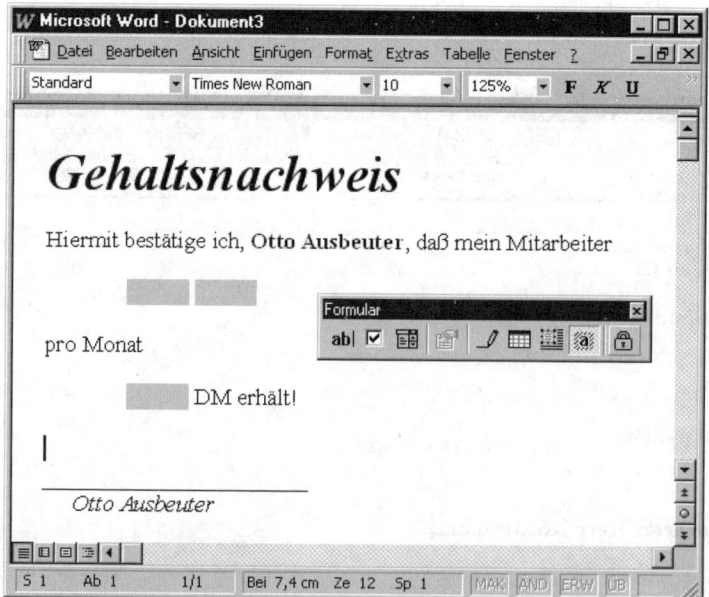

Speichern Sie das Dokument im Verzeichnis des Delphi-Beispielprogramms ab.

Quelltext

Der Zugriff auf das Word-Dokument wird, wie nicht anders zu erwarten, über OLE realisiert:

```
uses comobj;
{$R *.DFM}
var word: variant;
procedure TForm1.Button1Click(Sender: TObject);
begin
  word := CreateOleObject('Word.Application');
  word.visible := True;
```

Nach dem Erzeugen einer Objektinstanz laden wir den gewünschten Report:

```
  word.Documents.Open(FileName:= ExtractFilePath(Paramstr(0)) + 'gehalt.doc');
```

Nachfolgend können wir die Formularfelder füllen:

```
  word.ActiveDocument.FormFields.Item('Text1').Result := edit1.text;
  word.ActiveDocument.FormFields.Item('Text2').Result := edit2.text;
  word.ActiveDocument.FormFields.Item('Text3').Result := edit3.text;
end;
```

Für den Ausdruck könnten wir auch aus Delphi sorgen, günstiger ist es allerdings, wenn dies der Endbenutzer vornimmt (so kann auch der Drucker gewechselt werden).

Test

Starten Sie das Programm, füllen Sie die Editfelder aus und drücken Sie auf den Button.

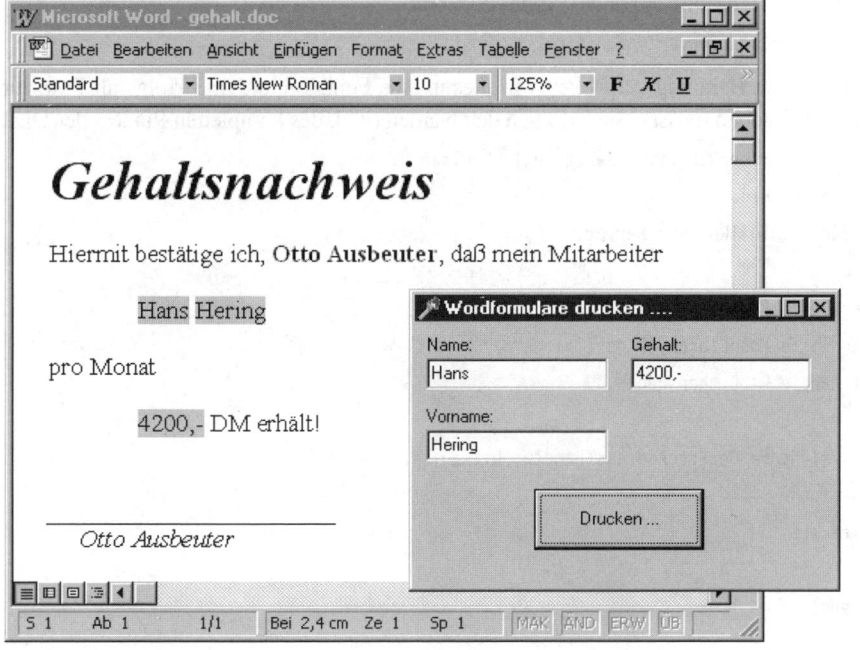

Grundlagen

Oberfläche

Grafik

Multimedia

Datei

Datenbank

SQL/ADO

Report

Objekte

OLE/DDE

Peripherie

System

Desktop

Technik

Sonstiges

R284 ... einen OLE-Server registrieren?

Natürlich könnten Sie jetzt den Einwand bringen, der OLE-Server ließe sich doch viel einfacher über die Delphi-IDE ("*Start\Active-X Server eintragen ...*") oder über ein Setup-Programm installieren. Aber wozu mit Kanonen auf Spatzen schießen, wenn Sie diese Aufgabe Ihrem Programm selbst übertragen können? Kein großes Installationsprogramm, lediglich ein einziger Funktionsaufruf ist nötig.

Hintergrund der Registrierung von InProcess-OLE-Servern sind die folgenden vier Funktionen, die in jeder OLE-DLL enthalten sind:

- *DllGetClassObject*
- *DllCanUnloadNow*
- *DllRegisterServer*
- *DllUnregisterServer*

Wie sicher unschwer zu erkennen ist, dürfte die Funktion *DllRegisterServer* für unsere Aufgaben geeignet sein. Einziges Problem: Wir müssen die DLL dynamisch laden, da der Standort erst zur Laufzeit feststeht.

Oberfläche

Ein Formular, darauf eine *Edit*-Komponente und ein *Button* – das genügt zum Testen.

Quelltext

Erzeugen Sie zunächst folgende Typdeklaration:

```
type TDllRegisterServer = function: HResult;
```

Zum besseren Handling verpacken wir alles in eine Funktion, die im Erfolgsfall *True* zurückliefert. Übergeben müssen Sie lediglich den Namen (inkl. des kompletten Pfades) der DLL.

```
function RegisterDLL(filename:string): Boolean;
var handle: HInst;
    func  : TDllRegisterServer;
begin
  result := False;
  handle := LoadLibrary(PChar(filename));
  if handle <> 0 then begin
    try
      @func := GetProcAddress(handle,'DllRegisterServer');
      func
    except
      Exit
    end;
```

Grundlagen

Oberfläche

Grafik

Multimedia

Datei

Datenbank

SQL/ADO

Report

Objekte

OLE/DDE

Peripherie

System

Desktop

Technik

Sonstiges

```
    FreeLibrary(handle);
    result := True
  end
end;
```

```
procedure TForm1.Button1Click(Sender: TObject);
begin
  if RegisterDLL(Edit1.Text) then
    ShowMessage('DLL erfolgreich registriert!')
  else
    ShowMessage('Registrierung fehlgeschlagen!')
end;
```

Test

Suchen Sie sich eine OLE-Server-DLL und versuchen Sie diese zu installieren (beispielsweise die Shellextension von den Borland Delphi-Beispielen).

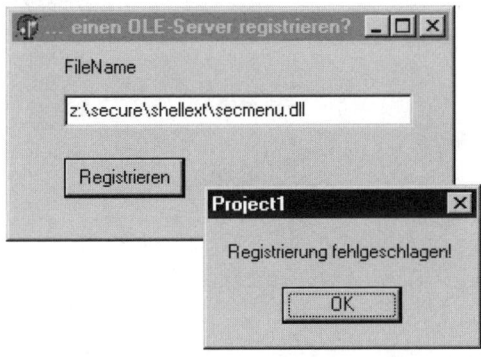

Bemerkung

Auf gleichem Weg können Sie auch die DLL deinstallieren. Siehe dazu auch:

 R322 ... eine Uninstall-Routine in das Programm einbauen?

Wie kann ich ...?

Peripherie/ Internet

R285 ... mit der Zwischenablage arbeiten?

Fast jedes Windowsprogramm bietet über den Menüpunkt *Bearbeiten* die Möglichkeit, Daten in die Zwischenablage zu kopieren bzw. von dort einzufügen.

Das kleine Beispielprogramm soll Ihnen einige Anregungen geben, wie Sie auch Ihre Anwendungen um derartige Features erweitern können.

Oberfläche

Fügen Sie in ein Formular eine *Edit-*, eine *Memo-* und eine *Image-*Komponente ein. Weiterhin brauchen Sie mehrere *Button*s zum Kopieren bzw. Einfügen der Daten.

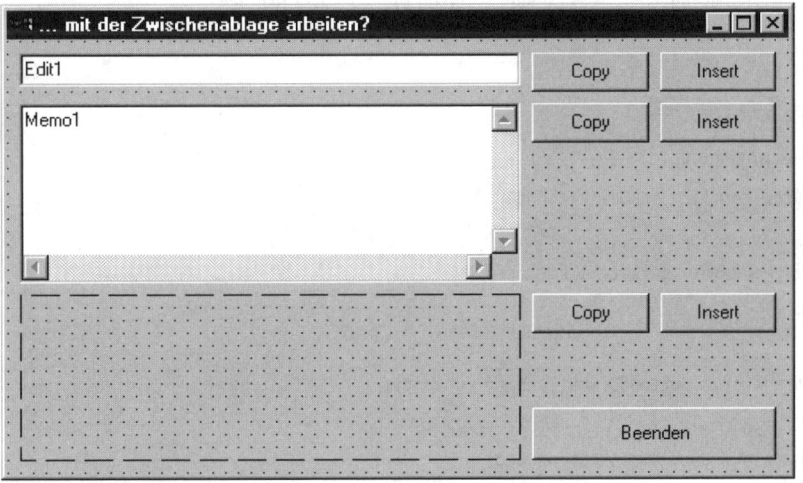

Quelltext

Bevor wir kopieren können, müssen wir auch entsprechende Eingaben vornehmen können. *Edit-* und *Memo-*Komponente bieten diese Funktionalität bereits von Haus aus, beim *Image* müssen wir nachhelfen:

```
procedure TForm1.Image1MouseMove(Sender: TObject; Shift: TShiftState; X, Y: Integer);
begin
    if Shift = [ssleft] then Image1.Canvas.LineTo(x,y)
end;
```

Mausbewegungen mit gedrückter linker Maustaste führen nun zum Zeichnen von Linien.

Nun zu den eigentlichen Kopierroutinen:

```
procedure TForm1.Button1Click(Sender: TObject);          // Kopieren
begin
    Clipboard.AsText := Edit1.Text
end;
```

```
procedure TForm1.Button2Click(Sender: TObject);        // Einfügen
begin
    Edit1.Text := Clipboard.AsText
end;
```

Memo-Feld:

```
procedure TForm1.Button3Click(Sender: TObject);        // Kopieren
begin
  Memo1.CopyToClipboard
end;
```

```
procedure TForm1.Button4Click(Sender: TObject);        // Einfügen
begin
  Memo1.PasteFromClipboard
end;
```

Image-Komponente:

```
procedure TForm1.Button5Click(Sender: TObject);         // Kopieren
begin
    Clipboard.Assign(Image1.Picture)
end;
```

```
procedure TForm1.Button6Click(Sender: TObject);        // Einfügen
begin
    Image1.Picture.Assign(Clipboard)
end;
```

Da wir keine Fehlerbehandlung eingefügt haben, wird der Versuch, Text in das *Image* oder die Zeichnung in das *Edit*- oder *Memo*-Feld einzufügen, mit einer Fehlermeldung quittiert:

Test

Beachten Sie, dass beim *Memo*-Feld nur der selektierte Text kopiert wird, während beim *Edit*-Feld stets der komplette Inhalt erfasst wird.

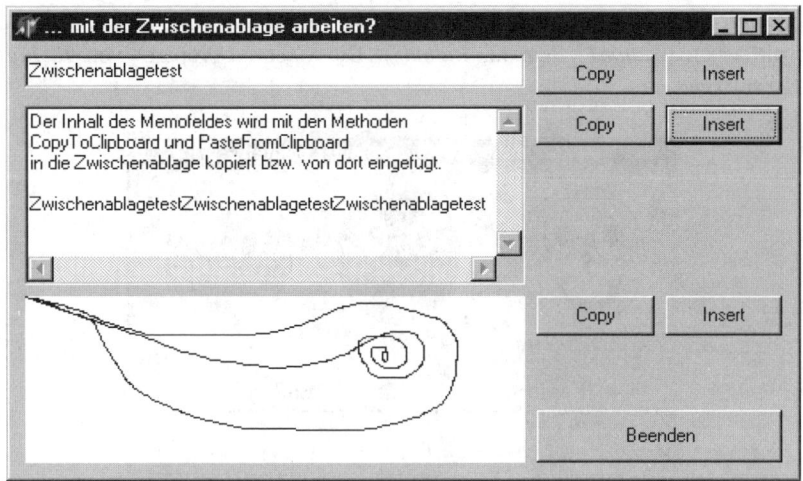

Bemerkungen

▪ Das PopUpMenü der *Memo*- und *Edit*-Komponente bietet "von Haus aus" die Möglichkeit zum Kopieren, Ausschneiden und Einfügen.

▪ Das Rezept zeigt nur einige typische Zugriffsmöglichkeiten auf die Zwischenablage und erhebt keinerlei Vollständigkeitsanspruch. So können die Methoden *CopyTo-Clipboard* und *PasteFrormClipboard* nicht nur für *Memo*-, sondern auch für *Edit*-Komponenten zum Einsatz kommen.

R286 ... Grafiken in die Zwischenablage kopieren?

Für die Arbeit mit der Zwischenablage stellt Delphi das Objekt *TClipboard* zur Verfügung (Unit *Clipbrd*). Sie brauchen davon keine Instanz abzuleiten, da bereits bei Programmstart eine Variable *Clipboard* standardmäßig vorhanden ist. Die *Assign*-Methode erlaubt einen Datenaustausch in beiden Richtungen.

Mit dem folgenden kleinen Testprogramm können Sie das Kopieren und Einfügen von Grafiken (*TPicture*) nachvollziehen[1].

Oberfläche

Auf dem Startformular (*Form1*) platzieren Sie drei *Image*-Komponenten (*Image1*, *Image2* und *Image3*). Weisen Sie der *Picture*-Eigenschaft jeweils ein Bildchen zu, dass Sie vorher z. B. mit Paintbrush gezeichnet haben. Die *AutoSize*-Property der *Image*-Komponenten setzen Sie auf *True*, damit passen sich deren Abmessungen automatisch der Größe der Bildchen an. Unter-

---

[1] Weiterhin sind die von *TGraphic, TBitmap und TMetafile* abgeleiteten Grafikobjekte möglich.

Grundlagen

Oberfläche

Grafik

Multimedia

Datei

Datenbank

SQL/ADO

Report

Objekte

OLE/DDE

Peripherie

System

Desktop

Technik

Sonstiges

halb platzieren Sie drei RadioButtons (*RadioButton1*, *RadioButton2* und *RadioButton3*) und drei Schaltflächen (*Button1*, *Button2*, *Button3*). Die *Checked*-Property von *RadioButton1* ändern Sie auf *True*.

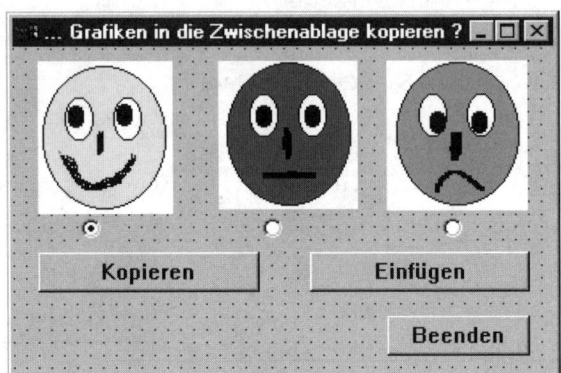

Quelltext

Fügen Sie den Eintrag *ClipBrd* an das Ende der *Uses*-Klausel von *Unit1* an! Anschließend weisen Sie den drei Buttons folgenden Ereigniscode zu:

```
procedure TForm1.Button1Click(Sender: TObject);     // Kopieren
begin
 if RadioButton1.Checked then Clipboard.Assign(Image1.Picture);
 if RadioButton2.Checked then Clipboard.Assign(Image2.Picture);
 if RadioButton3.Checked then Clipboard.Assign(Image3.Picture)
end;
```

```
procedure TForm1.Button2Click(Sender: TObject);     // Einfügen
begin
 if RadioButton1.Checked then Image1.Picture.Assign(Clipboard);
 if RadioButton2.Checked then Image2.Picture.Assign(Clipboard);
 if RadioButton3.Checked then Image3.Picture.Assign(Clipboard)
end;
```

Test

Nach dem Programmstart können Sie nach Belieben in die Zwischenablage kopieren bzw. von dort einfügen. Die Operationen beziehen sich immer auf das mit dem Radiobutton markierte Bild. Man braucht keine Bedenken zu haben, dass die in den *Image*-Komponenten eingelagerten Bitmaps durch das Überschreiben verloren gehen. Nach einem erneuten Programmstart ist der ursprüngliche Zustand wiederhergestellt.

Grundlagen

Oberfläche

Grafik

Multimedia

Datei

Datenbank

SQL/ADO

Report

Objekte

OLE/DDE

Peripherie

System

Desktop

Technik

Sonstiges

Bemerkungen

▪ Mit der Anweisung *Clipboard.Clear* können Sie die Zwischenablage löschen.

▪ Testen Sie den Grafikaustausch mit anderen gleichzeitig geöffneten Windows-Applikationen, z.B. Word oder Paintbrush! Sie können z.B. mit Paintbrush eine Grafik entwerfen, diese dort in die Zwischenablage kopieren und anschließend in unser Prögrämmchen einfügen.

   ☞   R288 ... die Zwischenablage automatisch speichern?

R287 ... den Fensterinhalt in die Zwischenablage kopieren?

Jeder, der einigermaßen mit Windows vertraut ist, kennt die Möglichkeit, durch Drücken der Print-Taste den kompletten Bildschirminhalt in die Zwischenablage zu übertragen, um die Bitmap von dort aus in andere Applikationen (z.B. Textverarbeitungsprogramm) einzufügen. Wenn nur der Inhalt des aktuellen Fensters kopiert werden soll, dann sind Alt- und Druck-Taste gemeinsam zu betätigen. Wir aber wollen diese Aufgabe nicht manuell, sondern per Programmsteuerung erledigen.

Das folgende Testprogramm ist hervorragend geeignet, das Zusammenspiel der wichtigsten Grafik- und GDI-Funktionen anschaulich zu demonstrieren.

Oberfläche

Zusätzlich zu den *Button*s füllen Sie das Formular (*Form1*) mit irgendwelchen Symbolen (*Shape*-Controls) und *Image*-Komponenten, so dass auch einige Steuerelemente in der Fenstergrafik vorhanden sind und wir überprüfen können, ob tatsächlich alles in der Zwischenablage landet.

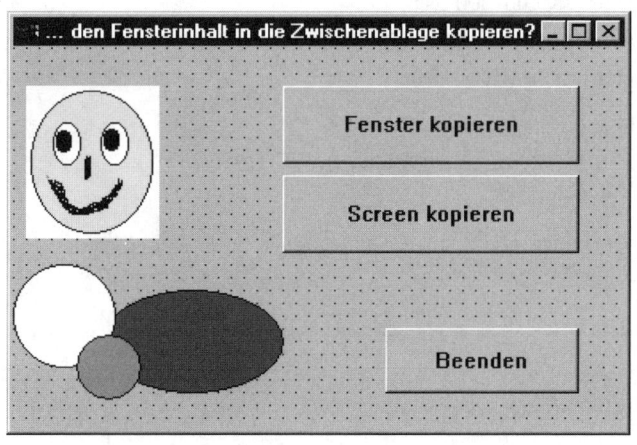

Quelltext

Der erste Eventhandler

```
procedure TForm1.Button1Click(Sender: TObject);       // Fenster kopieren
var fensterinhalt: TBitmap;
begin
  fensterinhalt := GetFormImage;
  Clipboard.Assign(fensterinhalt);
end;
```

kopiert den Clientbereich des aktuellen Fensters in die Zwischenablage. Die Methode *Get-FormImage* liefert uns gleich eine fix und fertige Grafik. Einfacher kann es eigentlich nicht mehr gehen.

Um aber den ganzen Screen in die Zwischenablage zu kopieren, müssen wir schon etwas mehr Aufwand betreiben. Ohne GDI läuft hier nichts mehr. Auf diese Weise lernen Sie ganz nebenbei auch, wie die Zwischenablage ohne Objekte programmiert wird.

```
procedure TForm1.Button2Click(Sender: TObject);
var dx,dy : integer;               // Abmessungen der Bitmap in Pixeln
    hSourcDC,hDestDC,              // Handles auf Quell- und Ziel-DC
    hBM, hbmOld : THandle;         // Handle auf Bitmap
begin
  dx := screen.width;             // Breite des Bildausschnitts
  dy := screen.height;            // Höhe des Bildausschnitts
```

Einen Gerätekontext vom Screen holen:

```
  hSourcDC := CreateDC('DISPLAY',nil,nil,nil);
```

"Kompatiblen" Gerätekontext und Bitmap vom Screen erstellen:

```
  hDestDC  := CreateCompatibleDC(hSourcDC);
  hBM := CreateCompatibleBitmap(hSourcDC, dx, dy);
  hbmold := SelectObject(hDestDC, hBM);
```

Bitmap kopieren:

```
  BitBlt(hDestDC, 0, 0, dx, dy, hSourcDC, 0, 0, SRCCopy);
```

Clipboard auf,

```
  OpenClipBoard(form1.handle);
```

löschen,

```
  EmptyClipBoard;
```

füllen

```
  SetClipBoardData(CF_Bitmap, hBM);
```

und wieder zu:

```
  CloseClipBoard;
```

Bitmap-Objekt löschen:

```
SelectObject(hDestDC,hbmold); DeleteObject(hbm);
```

Gerätekontext löschen:

```
DeleteDC(hDestDC);
DclctcDC(hSourcDC);
end;
```

Test

Starten Sie das Programm und klicken Sie auf die Tasten "Fenster kopieren" bzw. "Screen kopieren". Anschließend überzeugen Sie sich (z.B. in *Windows Paintbrush* oder *Word*) davon, dass tatsächlich der komplette Inhalt des Formulars/Screens in der Zwischenablage gelandet ist.

Ergänzungen

- Möchten Sie das eigene Fenster nicht auf dem Screenshot haben, blenden Sie es einfach mit *Hide* aus. Siehe dazu

  ☞   R127 ... einen Desktop-Screenshot realisieren?

- Es dürfte auch von Interesse sein, mittels Maus einen beweglichen Rahmen aufzuziehen, um nur einen begrenzten Bildschirmausschnitt zu kopieren. Verwenden Sie hierfür die API-Funktion *SetCapture*, mit welcher sämtliche Mausereignisse (unabhängig von der Mauszeigerposition) an ein bestimmtes Fenster gesendet werden. Siehe auch

  ☞   R100 ... einen Markierungsrahmen erzeugen?

R288 ... die Zwischenablage automatisch speichern?

Wer hatte nicht schon einmal das Problem, mehrere Grafiken oder Textabschnitte über die Zwischenablage in eine andere Anwendung zu kopieren? Möchten Sie zum Beispiel eine Grafik aus einer Anwendung ausschneiden und als Datei speichern, müssen Sie mehr Tasten drücken als Ihnen lieb ist.

Das Beispielprogramm soll diesem Missstand abhelfen. Ändert sich der Zwischenablageinhalt, sichert das Programm die Daten auf der Festplatte. Voraussetzung ist allerdings, dass es sich um Texte (TXT), Bitmaps (BMP) oder Vektorgrafiken (WMF, EMF) handelt.

Gleichzeitig erfahren Sie, wie Sie mit Delphi eine Windows-Botschaft abfangen und auswerten können (Ereignisprozeduren dieser Art sind nicht vordefiniert!).

Grundlagen

Oberfläche

Grafik

Multimedia

Datei

Datenbank

SQL/ADO

Report

Objekte

OLE/DDE

Peripherie

System

Desktop

Technik

Sonstiges

Oberfläche

Den grundsätzlichen Aufbau der Oberfläche entnehmen Sie bitte der Abbildung (links neben *Memo1* ist eine *Image*-Komponente platziert):

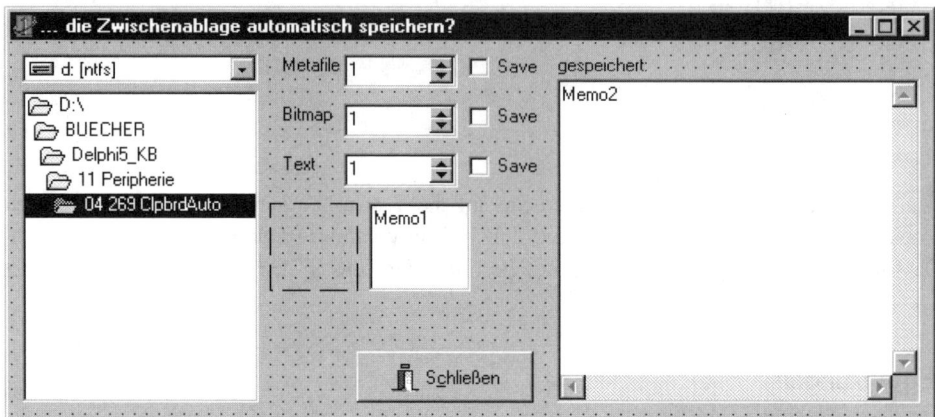

Image und *Memo* werden wir dafür verwenden, den Zwischenablageinhalt aufzunehmen. Mit den Objektmethoden lassen sich dann die Grafiken bzw. der Text speichern.

Über die Checkboxen können Sie wählen, welche Datentypen gespeichert werden sollen. Die vom Programm erzeugten Dateien erhalten eine laufende Nummer, deren Startwert Sie mit den Spinbuttons festlegen. Bereits vorhandene Dateien werden natürlich gnadenlos gelöscht.

Das große Memofeld auf der rechten Seite dient als Protokoll, jede gespeicherte Datei wird aufgelistet.

Quelltext

Das Hauptproblem dieser Anwendung besteht darin, eine Änderung des Zwischenablage-inhalts zu registrieren. Eine Pollingschleife und der dauernde Vergleich mit dem letzten Durch-lauf dürften sich aus Performance-Gründen verbieten. Ein Blick in die Windows-API verrät, dass die Änderung des Zwischenablageinhalts mit einer Windows-Botschaft "angezeigt" wird. Zwei Probleme bleiben allerdings bestehen:

- Wie erhalte ich diese Botschaft?

- Wie werte ich sie aus?

Die Lösung des ersten Problems besteht darin, sich in die Kette von Zwischenablage-betrachtern "einzuklinken", da nur diese die Botschaft *WM_DrawClipboard* erhalten. Problem Nummer zwei lösen wir mit einem eigenen Messagehandler.

Fügen Sie dazu in den *protected*-Abschnitt der Objektdefinition folgende Zeile ein:

```
procedure WMDrawClipboard(var Message: TMessage); message WM_DrawClipboard;
```

Der hinter *message* eingefügte Bezeichner muss der Name einer Windows-Botschaft sein. Sie finden diese in der API-Hilfe. Der Bezeichner der neuen "Ereignisprozedur" leitet sich aus dem Namen der Botschaft ab (entfernen Sie einfach den Unterstrich). Als Parameter verwenden Sie den Type *TMessage*, dieser kapselt bereits die Parameter *WParam* und *LParam*, die bei der "normalen" Windows-Botschaftsbehandlung Verwendung finden.

Im *privat*-Abschnitt deklarieren Sie einige Variablen, die wir für die interne Verwaltung benötigen:

```
private
    { Private-Deklarationen }
    nextviewer  : hwnd;
    wmf_counter,
    bmp_counter,
    txt_counter : Integer;
```

Nach dem Programmstart ordnen wir das Programm in die Kette der Zwischenablagebetrachter ein und merken uns das Handle des nächsten Viewers.

```
procedure TForm1.FormCreate(Sender: TObject);
begin
    nextviewer:= setClipboardViewer(Form1.Handle);
    wmf_counter := 0;
    bmp_counter := 0;
    txt_counter := 0
end;
```

Dieses Handle benötigen wir beim Beenden des Programms, unser Programm muss aus der Kette entfernt werden:

```
procedure TForm1.FormClose(Sender: TObject; var Action: TCloseAction);
begin
    ChangeClipboardChain(Form1.Handle, nextviewer)
end;
```

In diesem Zusammenhang tritt ein weiteres Problem auf, mit dem wir uns herumschlagen müssen: Wir haben zwar das Handle des nächsten Viewers in der Clipboard-Viewer-Kette gespeichert, was passiert aber, wenn sich dieses Fenster zwischenzeitlich von selbst aus der Kette ausklinkt?

In diesem Fall ist für uns die Message *WM_CHANGECBCHAIN* von Interesse, Übergabeparameter sind die Handle des entfernten und des folgenden Fensters in der Kette.

Ähnlich wie bei *WM_DRAWCLIPBOARD* müssen Sie dem *protected*-Abschnitt eine weitere Deklaration hinzufügen:

```
procedure WMChangeCBChain(var Message: TMessage); message WM_CHANGECBCHAIN;
```

Die Realisierung:

```
procedure TForm1.WMChangeCBChain(var Message: TMessage);
```

Grundlagen

Oberfläche

Grafik

Multimedia

Datei

Datenbank

SQL/ADO

Report

Objekte

OLE/DDE

Peripherie

System

Desktop

Technik

Sonstiges

```
begin
   if Message.wParam = NextViewer then
     NextViewer := Message.lParam
   else
     if (NextViewer <> NULL) then
     SendMessage(NextViewer,WM_CHANGECBCHAIN,Message.wParam, Message.lParam)
end;
```

Nach dem Test, ob die Message für unsere Anwendung überhaupt interessant ist, wird gegebenenfalls das Handle des neuen Viewers gespeichert. Sollten sich weitere Fenster in der Betrachterkette befinden, reichen wir die Message weiter.

Die eigentliche Botschaftsbehandlung erfolgt in der Ereignis-Methode *WMDrawClipboard*. Nach Änderung des Zwischenablageinhalts müssen wir prüfen, ob eines der drei unterstützten Formate vorhanden ist. Wenn ja, übernehmen wir dieses in die Komponenten und speichern den Inhalt.

```
procedure TForm1.WMDrawClipboard(var Message: TMessage);
var s,s1:string;
begin
  inherited;      // vererbte Behandlungsroutine aufrufen
  s1 := DirectoryListbox1.Directory;
  if Length(s1) = 3 then s1 := Copy(s1,1,2);
  if Clipboard.Hasformat(CF_Picture) then
  begin
     Image1.Picture.Assign(Clipboard);
     if (Clipboard.Hasformat(CF_Metafilepict))and(Checkbox1.Checked) then
     begin
       wmf_counter:= SpinEdit1.Value;
       s := s1 + '\bild' + IntToStr(wmf_counter) + '.wmf';
       inc(wmf_counter);
       SpinEdit1.Value:=wmf_counter;  MessageBeep(0);
       Image1.Picture.SaveToFile(s);
       Memo2.Lines.Add(s)
    end;
    if (Clipboard.Hasformat(CF_Bitmap))and(Checkbox2.Checked) then
    begin
      bmp_counter:= SpinEdit2.Value;
      s := s1 + '\bild' + inttostr(bmp_counter) + '.bmp';
      Inc(bmp_counter);
      SpinEdit2.Value:=bmp_counter; MessageBeep(0);
      Image1.Picture.SaveToFile(s);
      Memo2.Lines.Add(s)
```

```
      end
  end;
  if (Clipboard.Hasformat(CF_Text))and(Checkbox3.Checked) then begin
    txt_counter:= SpinEdit3.Value;
    Memo1.SelectAll;
    Memo1.Clear;
    Memo1.PasteFromClipboard;
    s := s1 + '\text' + IntToStr(txt_counter) + '.txt';
    Inc(txt_counter);
    SpinEdit3.Value:=txt_counter;
    Memo1.Lines.SaveToFile(s);
    MessageBeep(0);
    Memo2.Lines.Add(s)
  end;
  if (NextViewer <> NULL) then
  SendMessage(NextViewer,WM_DrawClipboard,Message.wParam, Message.lParam)
end;
```

Sie sollten nicht vergessen, die Botschaft an eventuelle weitere Betrachterfenster weiterzu-geben.

Test

Starten Sie das Programm und markieren Sie die zu speichernden Formate. Legen Sie ein Verzeichnis fest, in dem die Dateien abgelegt werden sollen.

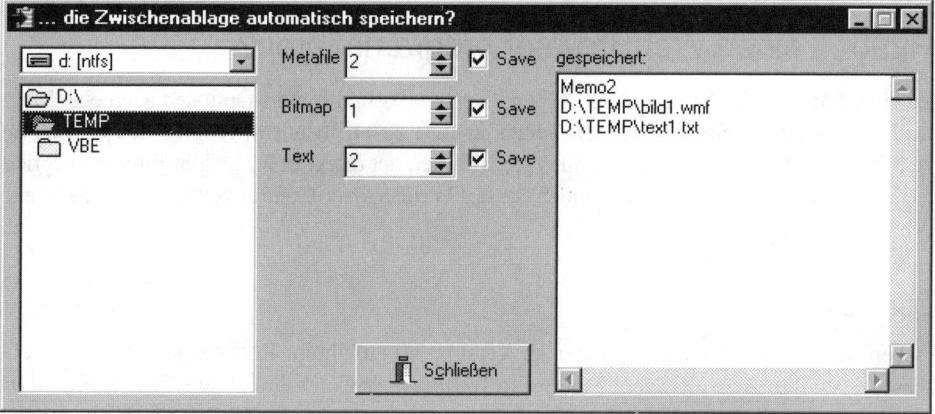

Kopieren Sie nun aus einer anderen Anwendung etwas in die Zwischenablage oder drücken Sie einfach [ALT]-[DRUCK]. Konnte der Zwischenablageinhalt gesichert werden, gibt das Programm einen Piepton aus.

Grundlagen

Oberfläche

Grafik

Multimedia

Datei

Datenbank

SQL/ADO

Report

Objekte

OLE/DDE

Peripherie

System

Desktop

Technik

Sonstiges

R289 ... einen Internet-Link in mein Programm einbauen?

Soll auch Ihr Programm in der Menüzeile oder in einer Dialogbox die Möglichkeit bieten, über einen Link zu einer bestimmten Internet-Adresse zu verzweigen? Wenn ja, nichts leichter als das.

Oberfläche

Soll der Link auf dem Formular zu sehen sein, verwenden Sie einfach einen *Label*. Wählen Sie als Beschriftung den gewünschten URL.

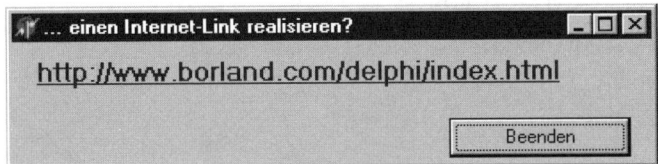

Quelltext

Der Aufruf ist selten einfach:

```
uses shellapi;
...
procedure TForm1.Label1Click(Sender: TObject);
begin
  ShellExecute(Handle,'open',PChar(TLabel(sender).caption),nil,nil,SW_SHOW)
end;
```

R290 ... einen WebBrowser programmieren?

Zu einer Internet-Einbindung gehört neben diversen Ex- und Import-Optionen auch eine Möglichkeit, Internet-Inhalte, d.h. HTML-Seiten, in einer ansprechenden Form auf den Bildschirm zu bringen. Die Rede ist von einem Internet-Browser, der direkt in Ihr Delphi-Projekt integriert ist. Wie nicht anders zu erwarten, finden Sie das WebBrowser-Control auf der "Internet"-Seite der Komponentenpalette.

Übersicht

Haben Sie den MS Internet Explorer ab Version 3.0 auf Ihrem Rechner installiert, so stellt dieser über die ActiveX-Schnittstelle ein *WebBrowser*-Control und ein *InternetExplorer*-Objekt zur Verfügung. Während es sich beim *InternetExplorer*-Objekt um eine ActiveX-Schnittstelle für den Internet-Explorer handelt, ist das *WebBrowser*-Control ein vollwertiges ActiveX-Control, das in einem Delphi-Formular dargestellt werden kann. Allerdings werden Sie auf Ihrer Festplatte vergeblich nach einer entsprechenden OCX-Datei Ausschau halten, es handelt sich um einen In-Process COM Server, der über die SHDOCVW.DLL importiert wird.

Was kann nun dieses Control?

Die Anwort ist eigentlich schon gegeben, basiert doch der MS Internet Explorer auf diesem Control. Unterstützt werden alle Features des HTML-Standards, d.h. Frames, Tabellen, Style Sheets, ActiveX-Objekte, Plug-Ins und Scripts (JavaScript und VBScript).

Was kann dieses Control nicht?

Im Unterschied zum MS Internet Explorer stellt das Control lediglich einen Browser dar. Tasten und Eingabefelder sowie die dazugehörigen Funktionen müssen (bzw. können) Sie selbst programmieren. Stellen Sie sich diese Aufgabe aber nicht zu schwierig vor, mit wenigen Methoden und Eigenschaften haben Sie das Control voll im Griff. Gleichzeitig lässt sich damit der Browser ohne Probleme an das "Look and Feel" Ihrer Anwendung anpassen.

Hinweis: Die jeweils neueste Version des Microsoft Internet Explorers finden Sie, wie nicht anders zu erwarten, im Internet.

Übersicht

Eigenschaften	Methoden	Ereignisse
Application, *Busy,* *Container,* *Document,* *Height,* *Left,* *LocationName,* *LocationURL,* *Parent,* *Path,* *Top,* *TopLevelContainer,* *Type,* *Visible,* *Width*	*GoBack,* *GoForward,* *GoHome,* *GoSearch,* *Navigate,* *Refresh,* *Stop*	*BeforeNavigate, CommandStateChange,* *DownloadBegin,* *DownloadComplete,* *FrameBeforeNavigate,* *FrameNavigateComplete,* *FrameNewWindow,* *NavigateComplete,* *NewWindow,* *ProgressChange,* *PropertyChange,* *Quit,* *StatusTextChange,* *TitleChange,* *WindowActivate,* *WindowMove,* *WindowResize*

Bevor Sie vor diesen umfangreichen Möglichkeiten zurückschrecken, seien Sie beruhigt: Bis auf die Methoden, die Namen dürften eigentlich aussagekräftig genug sein, brauchen Sie kaum Eigenschaften oder Ereignisse. Wer es etwas komfortabler mag, kann über *NavigateComplete* ermitteln, wann die HTML-Seite komplett geladen ist bzw. mit *ProgressChange* einen Fortschrittsbalken aktualisieren.

Grundlagen

Oberfläche

Grafik

Multimedia

Datei

Datenbank

SQL/ADO

Report

Objekte

OLE/DDE

Peripherie

System

Desktop

Technik

Sonstiges

Oberfläche

Eine kleine Beispielanwendung zeigt den Einsatz der *WebBrowser*-Komponente. Erzeugen Sie dazu ein neues Formular und binden Sie die Komponente ein. Platzieren Sie einige Buttons sowie eine *Combobox* im Formularkopf (siehe folgende Abbildung). Verwenden Sie dazu am besten eine *Toolbar*-Komponente. Über eine *ImageList* können Sie bei Bedarf eigene Abbildungen für die Buttons bereitstellen.

In den Formularfuß fügen Sie eine *Statusbar*-Komponente ein.

Quelltext

Wichtigste Ereignisprozedur ist das *KeyDown*-Event der Combobox:

```
procedure TForm1.ComboBox1KeyDown(Sender: TObject; var Key: Word; Shift: TShiftState);
begin

    if key = VK_RETURN then begin
        WebBrowser1.Navigate(combobox1.text);
        WebBrowser1.SetFocus
    end;
end;
```

An die Methode *Navigate* wird der Inhalt der Combobox (ein URL) übergeben. Danach wird der Browser versuchen, die gewünschte HTML-Seite zu öffnen.

Über

```
procedure TForm1.WebBrowser1StatusTextChange(Sender: TObject; const text: WideString);
begin
    Statusbar1.Simpletext := text
end;
```

werden dem Anwender Informationen in der Statuszeile angezeigt.

Beispiel: Auszug aus einem Protokoll

```
Verbinden mit Site: 192.0.0.1
Web Site gefunden. Warten auf Antwort...
Übertragung beginnen von Site: http://i586/AdvWorks/default.asp
Seite öffnen: http://i586/AdvWorks/default.asp
Bild öffnen: http://i586/AdvWorks/multimedia/images/back_sub.gif
```

Gleichzeitig können Sie noch etwas für die Optik tun, eine Fortschrittsanzeige gibt Auskunft über den Stand der Dinge:

```
procedure TForm1.WebBrowser1ProgressChange(Sender: TObject; Progress, ProgressMax:
                              Integer);
begin
    if (Progress = -1) Or (ProgressMax = 0) then StatusBar1.SimpleText := ''
    else StatusBar1.SimpleText := Format('%f',[(Progress * 100 / ProgressMax)])
end;
```

Ist die Übertragung beendet, blenden wir den kompletten URL in die Eingabezeile ein:

```
procedure TForm1.WebBrowser1NavigateComplete(Sender: TObject;  const URL: WideString);
begin
  if not inList(url,Combobox1.Items) then Combobox1.Items.Add(url);
  Combobox1.Text := url
end;
```

Gleichzeitig wird der URL in die Combobox eingefügt. Eine kleine Hilfsprozedur:

```
Function InList(s:string;sl:TStrings): Boolean;
var i : Integer;
begin
    Result:=True;
    for i := 0 to sl.Count-1 do if UpperCase(sl[i]) = UpperCase(s) then Exit;
    Result:=False
end;
```

Die Tastenbelegung:

```
procedure TForm1.BackBtnClick(Sender: TObject);           // Zurück
begin
  WebBrowser1.GoBack
end;
```

```
procedure TForm1.ForwardBtnClick(Sender: TObject);        // Vorwärts
begin
  WebBrowser1.GoForward
end;
```

```
procedure TForm1.StopBtnClick(Sender: TObject);          // Stopp
begin
  WebBrowser1.Stop
end;


procedure TForm1.RefreshBtnClick(Sender: TObject);       // Aktualisieren
begin
  WebBrowser1.Refresh
end;
```

Das war auch schon alles, um das Grundgerüst eines Web-Browsers in eine Delphi-Anwendung zu integrieren. An der Oberfläche kann natürlich noch "gefeilt" werden, beispielsweise wäre das Speichern von Adressen in einer Datenbank-Tabelle denkbar.

Test

Starten Sie den Browser und geben Sie einen URL Ihrer Wahl ein (über einen Internet-Zugang sollten Sie natürlich verfügen, den kann der Browser allein nicht ersetzen):

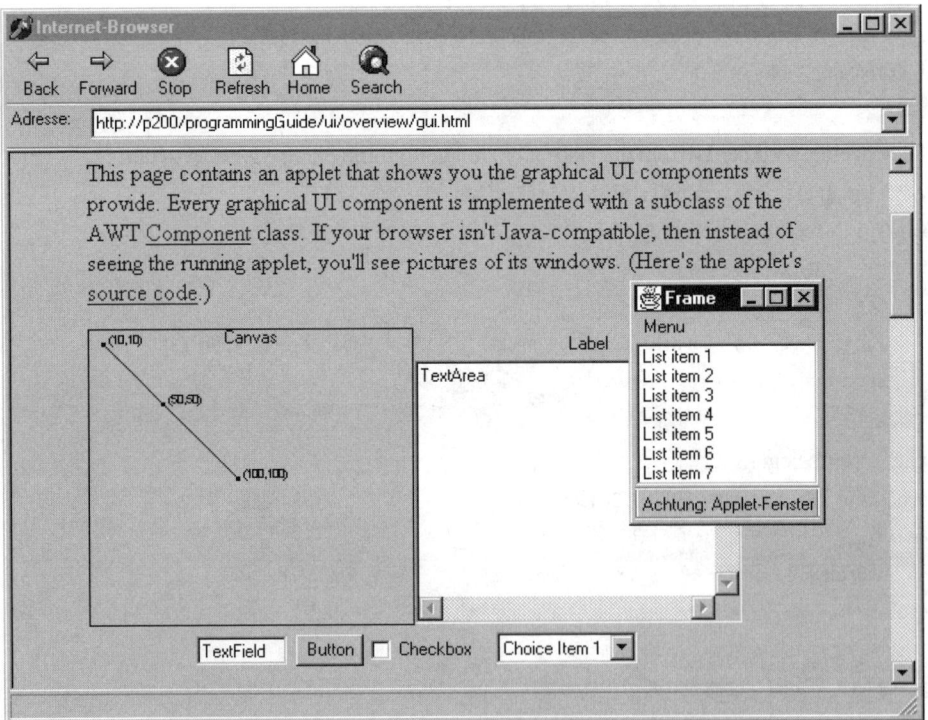

R291 ... die NM-Internet-Komponenten einsetzen?

Die alten Internet-OCXe der Firma NetManage, wie sie in Borland Delphi 3 und auch in Visual Basic Verwendung fanden, haben seit Borland Delphi 4 ausgedient. Pech für den, der seine vorhandenen Applikationen unter Borland Delphi 5 weiterentwickeln möchte, denn laut NetManage ist auch der Support für diese Komponenten eingestellt worden.

Wer ungeachtet aller Warnungen dennoch sein altes Projekt in die Delphi 5-Entwicklungsumgebung lädt, sieht sich vor folgende traurigen Entscheidungen gestellt:

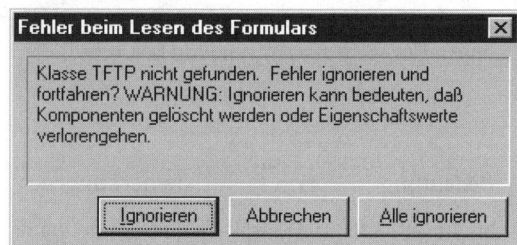

Leider haben es die Autoren bislang nicht geschafft, das Brett an der dünnsten Stelle zu bohren, nämlich über das Menü *Komponente\ActiveX importieren...* den pensionierten Kollegen das Gnadenbrot zu gewähren. Begleitet von zahlreichen mysteriösen Syntaxmeckereien widersetzt sich die angelegte TLB standhaft jeglichen Compilierungsversuchen.

Da die neuen Komponenten, der Firma NetManage überwiegend völlig andere Eigenschaften, Methoden und Ereignisse als ihre Vorgänger haben, ist ein relativ umfangreiches Anpassen der alten Quelltexte angesagt. Langfristig gesehen lohnt sich diese Arbeit aber unbedingt, da ein zukunftssicheres Konzept zugrundeliegt.

Die Neulinge sind keine OCXe mehr, sondern Bestandteile der Delphi 5 VCL, die direkt auf den 32-Bit TCP/IP-Stack der *wsock32.dll* aufsetzen. Dies vereinfacht unter anderem auch die Weitergabe Ihrer Applikationen, denn die *Project.exe* genügt in vielen Fällen, da die *wsock32.dll* in Windows 95/98 und in Windows NT "von Haus aus" enthalten ist. Das Windows-System-Verzeichnis des Zielrechners braucht also nicht mit weiteren DLLs und OCX-Dateien vollgestopft zu werden.

Da es unmöglich ist, für alle Internet-Controls im Rahmen dieses Buches komplette Beispiele zu bringen, wollen wir uns auf die FTP-Komponente beschränken. Sie werden feststellen, dass der Umgang mit den übrigen Komponenten von NM ähnlich ist, die meisten haben gleichlautende Eigenschaften, Ereignisse und Methoden geerbt (siehe Online Help).

NMFTP-Komponente als Beispiel

Diese Komponente, wie sie die folgende Abbildung im Reigen mit den zahlreichen anderen NM-Komponenten der "FastNet"-Seite der Komponentenpalette zeigt, dient dem Dateitransfer von und zu einem Internet-/ Intranet-Server über das FTP-Protokoll.

NMFTP

Im Unterschied zu HTTP (Hypertext Transfer Protocol) ist FTP (File Transfer Protocol) ein echter Veteran auf dem Gebiet der Datenübertragung, zu dem es allerdings bis heute keine bessere Alternative gibt. Nach wie vor brauchen Sie FTP beispielsweise zum Upload bzw. Download Ihrer persönlichen Homepages auf den Web-Server Ihres Providers.

Um an der Flut von Methoden, Eigenschaften und Ereignissen, die das *NMFTP*-Control hervorbringt, nicht zu ersticken, sollen zu Übersichtszwecken nur diejenigen aufgelistet werden, die auch in den nachfolgenden Rezepten zur Anwendung kommen:

Methoden

Definition	Bedeutung	Bemerkungen
Abort	bricht die laufende Transaktion ab	Eine Exception wird ausgelöst und der laufende Vorgang abgebrochen.
ChangeDir (dirName:*string*)	ändert das aktuelle Verzeichnis	ändert Eigenschaft *CurrentDir*; ausgelöst: *OnStatus, OnSuccess, OnFailure*
Connect	verbindet Client mit Server	Eigenschaften *Host, Port, UserID, Password* müssen zuvor gesetzt sein. ausgelöst: *OnConnect, OnHostResolved, OnInvalidHost, OnConnectionFailed, OnStatus*
Delete (fileName:*string*)	löscht Datei auf dem Server	Falls Parameter *Handled* von *OnFailure* nicht auf *True* gesetzt wurde, wird bei Fehlschlag Exception ausgelöst.
DisConnect	trennt Verbindung	ausgelöst: *OnDisconnect*
DownLoad (RemoteFile, LocalFile: *string)*	lädt *RemoteFile* vom Server und speichert es unter *LocalFile* ab	Wenn *LocalFile* ein Leerstring ist, wird *RemoteFile* als Dateiname zum Speichern verwendet.
List	liest Verzeichnisinhalt mit kompletten Angaben über Name, Datum, Größe etc.	Ergebnis wird in Objekteigenschaft *FTPDirectoryList* gespeichert (*ParseList = True*). ausgelöst: *OnListItem* (pro Eintrag)

Definition	Bedeutung	Bemerkungen
*Mode(*Parameter*)*	ändert den aktuellen Trans-fermodus	mögliche Parameter: MODE_ASCII (Ascii-Übertragung) und MODE_IMAGE (Binärübertragung)
NList	wie *List*, aber nur Namen	ausgelöst: *OnListItem* (pro Eintrag)
UpLoad (LocalFile, RemoteFile*: string)*	lädt *LocalFile* als *RemoteFile* auf Server	Wenn *RemoteFile* ein Leerstring ist, wird als Dateiname *LocalFile* ver-wendet.

Eigenschaften

Definition	Bedeutung	Bemerkungen
BytesRecvd: LongInt	Anzahl der aktuell empfangenen Bytes	zusammen mit *BytesTotal* und *OnPackedReceived* ist Fortschritts-anzeige möglich
BytesSent: LongInt	Anzahl der aktuell gesendeten Bytes	zusammen mit *BytesTotal* und *OnPackedSent* ist Fortschritts-anzeige möglich
BytesTotal: LongInt	Gesamtanzahl der empfangenen bzw. gesendeten Bytes	siehe oben
CurrentDir: string	liest das aktuelle Verzeichnis	zusammen mit *OnSuccess* ist Erfolgsmeldung möglich
FTPDirectoryList: TFTPDirectory ListType	eine strukturierte Eigenschaft mit allen Angaben über den Verzeichnisinhalt (Dateinamen, Größe, Attribute, Datum)	vorher ist *ParseList:=True* zu setzen und *List*-Methode aufzurufen *name, size, attribute, modifDate* sind Stringlisten
Host: string	Namen oder IP-Adresse des FTP-Servers	muss vor *Connect* zugewiesen werden
ParseList: Boolean	aktiviert / deaktiviert das Auslesen von Verzeichnis-inhalten (*False*)	Liste wird überprüft und in *FTPDirectoryList* gespeichert.
Password: string	Kennwort für Anmeldung beim FTP-Server	Kennwort muss zur angegebenen *UserID* gehören.
Port: Integer	Port des FTP-Servers (21)	Standard-FTP-Port = 21
UserID: string	Benutzerkennung für Anmel-dung beim FTP-Server	siehe *Password*
Vendor: string	Typ der Server-Informationen	Standard = NMOS_AUTO

Grundlagen

Oberfläche

Grafik

Multimedia

Datei

Datenbank

SQL/ADO

Report

Objekte

OLE/DDE

Peripherie

System

Desktop

Technik

Sonstiges

Ereignisse

Definition	tritt auf wenn ...	Bemerkungen
OnAuthenticationFailed (var Handled: Boolean);	ungültige *UserID* und *Password*	*Handled := True* bedeutet erneute Anmeldung
OnConnect	FTP-Client hat Verbindung zum Server hergestellt	wird meist in Statusbar ausgewertet
OnConnectionFailed	Verbindung zum Server misslungen	siehe oben
OnDisconnect	Client hat Verbindung getrennt	siehe oben
OnFailure(var Handled: *Boolean;* Trans_Type: *TCmdType);*	eine Methode (*Upload, DownLoad, Delete* ...) ist fehlgeschlagen	*Handled := True* vermeidet eine Exception; *Trans_Type* spezifiziert die Methode
OnListItem(Listing: *string*)	wird von *List* bzw. *NList* für jedes Listenelement ausgelöst	*Listing* übergibt den Eintrag
OnPacketRecvd	ein Datenpaket wurde vom Server empfangen	siehe Eigenschaft *BytesRecvd*
OnPackeSent	ein Datenpaket wurde an den Server gesendet	siehe Eigenschaft *BytesSent*
OnSuccess(Trans_Type: *TCmdType*)	eine Methode (*Upload, DownLoad, Delete* ...) ist ausgeführt worden	*Trans_Type* spezifiziert die Methode

Über die zahlreichen weiteren Möglichkeiten der NMFTP-Komponente, wie z.B. die Wiederaufnahme einer abgebrochenen Transaktion mittels den Methoden *UploadAppend* bzw. *DownLoadRestore,* informieren Sie sich bitte in der Online-Hilfe.

Die folgenden Rezepte sollen sich auf einige wesentliche Funktionen beschränken und schrittweise Licht in das Dunkel bringen.

Hinweis: Deaktivieren Sie während der Programmtests vorsichtshalber die Option "Bei Delphi-Exceptions stoppen" (*Tools\Debugger-Optionen*, "Sprach-Exceptions"), ansonsten kann es vorkommen, dass Ihr Programm "einfriert".

R292 ... eine Verbindung zum FTP-Server herstellen?

Ein Hauptanwendungsgebiet von FTP dürfte für Sie das Hoch- bzw. Herunterladen Ihrer eigenen Homepage zum bzw. vom Webserver Ihres Internet-Providers sein. Doch bevor es soweit ist, muss zunächst die Verbindung aufgebaut werden.

Oberfläche

Wir brauchen eine *NMFTP*-Komponente, drei *Edit*-Felder, eine *Statusbar* und zwei *Button*s.

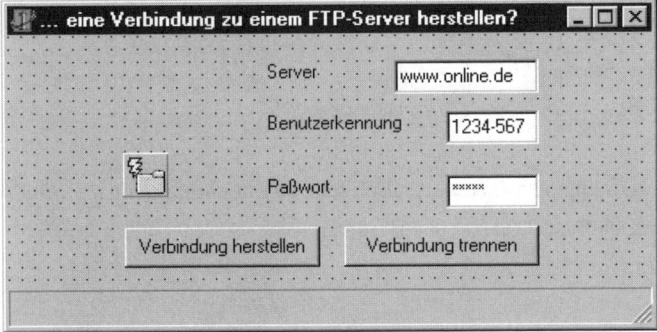

Setzen Sie die *PasswordChar*-Eigenschaft von *Edit3* auf das Zeichen '*', damit ist Ihnen eine verdeckte Eingabe Ihres Passwortes möglich.

Quelltext

Der Versuch, die FTP-Verbindung herzustellen:

```
procedure TForm1.Button1Click(Sender: TObject);
begin
 Screen.Cursor := crHourGlass;
 with NMFTP1 do begin
  Host := Edit1.Text;
  Port := 21;           // Standardport
  TimeOut :=  10000;    // msek
  UserID := Edit2.Text;
  Password := Edit3.Text;
  Connect
 end
end;
```

Ein *TimeOut* von 10000 bewirkt, dass nach zehn Sekunden erfolgloser Verbindungsaufnahme eine Exception ausgelöst wird.

Grundlagen

Oberfläche

Grafik

Multimedia

Datei

Datenbank

SQL/ADO

Report

Objekte

OLE/DDE

Peripherie

System

Desktop

Technik

Sonstiges

Bei Erfolg wird das *OnConnect*-Ereignis ausgelöst:

```
procedure TForm1.NMFTP1Connect(Sender: TObject);
begin
 Beep;
 StatusBar1.SimpleText := 'FTP-Verbindung zu ' + NMFTP1.Host + ' ist hergestellt!';
 Screen.Cursor := crDefault
end;
```

Schlägt die Verbindungsaufnahme fehl, kann *OnConnectionFailed* ausgewertet werden:

```
procedure TForm1.NMFTP1ConnectionFailed(Sender: TObject);
begin
 Screen.Cursor := crDefault;
 StatusBar1.SimpleText := 'FTP-Verbindung zu ' + NMFTP1.Host + ' ist fehlgeschlagen!'
end;
```

Sollte Benutzerkennung oder Passwort falsch sein, so tritt *OnAuthenticationFailed* auf:

```
procedure TForm1.NMFTP1AuthenticationFailed(var Handled: Boolean);
var btn: Integer;

begin
 Edit2.Text := NMFTP1.UserID;
 Edit3.Text := NMFTP1.Password;
 btn := Application.MessageBox('Soll die Anmeldung erneut versucht werden?',
        'Anmeldung beim Server fehlgeschlagen!', 36);
 if btn = 6 then handled := True          // "Ja" gedrückt
end;
```

Das Trennen der FTP-Verbindung:

```
procedure TForm1.Button2Click(Sender: TObject);
begin
 NMFTP1.Disconnect
end;
```

Das Ereignis *OnDisconnect* kann für eine Vollzugsmeldung genutzt werden:

```
procedure TForm1.NMFTP1Disconnect(Sender: TObject);
begin
 Beep;
 StatusBar1.SimpleText := 'FTP-Verbindung zu ' + NMFTP1.Host + ' wurde getrennt!';
 Screen.Cursor := crDefault
end;
```

Test

Haben Sie eine funktionierende DFÜ-Verbindung installiert (Arbeitsplatz => DFÜ-Netzwerk), so wird diese automatisch aufgerufen.

Nach Beenden der FTP-Verbindung bleibt aber die DFÜ-Verbindung weiterhin bestehen und muss von Ihnen "per Hand" getrennt werden.

Bemerkung

- Viele Server akzeptieren als Benutzerkennung den Namen "Anonymous" und Ihre EMail-Adresse als Passwort.

- Um beim Programmtest nicht durch überflüssige Fehlermeldungen der IDE genervt zu werden, wählen Sie das Menü *Tools\Debugger-Optionen* und die Registerkarte "Sprach-Exceptions" und entfernen Sie das Häkchen bei " Bei Delphi-Exceptions stoppen".

- Um das Rezept übersichtlich zu halten, wurde auf das gegenseitige Verriegeln der beiden Buttons verzichtet.

R293 ... ein FTP-Server-Verzeichnis auflisten lassen?

Haben Sie sich erfolgreich in den FTP-Server eingeloggt, so wollen Sie sich natürlich als Erstes über den Inhalt der dort für Sie freigegebenen Verzeichnisse informieren.

Oberfläche

Ergänzen Sie die Oberfläche des Vorgängerrezepts um ein *Label* (*Label3*) und um eine *ListBox*.

Quelltext

Wir werden nur die zum Vorgängerrezept hinzuzufügenden Ergänzungen besprechen:

```
var aktVerz: string;
```

Zum *OnConnect*-Eventhandler fügen Sie noch den Aufruf der *NList*-Methode und das Speichern und Anzeigen des aktuellen Verzeichnisses hinzu:

```
....
NMFTP1.NList;
aktVerz := NMFTP1.CurrentDir;
Label3.Caption := aktVerz
```

Der Aufruf der *NList*-Methode führt pro Verzeichniseintrag einmal zum Auslösen des *OnListItem*-Ereignisses, in welchem die ListBox gefüllt wird:

```
procedure TForm1.NMFTP1ListItem(Listing: String);
begin
```

Grundlagen

Oberfläche

Grafik

Multimedia

Datei

Datenbank

SQL/ADO

Report

Objekte

OLE/DDE

Peripherie

System

Desktop

Technik

Sonstiges

```
ListBox1.Items.Add(Listing)
end;
```

Durch Klick auf einen bestimmten Verzeichniseintrag in der *ListBox* wird mittels *ChangeDir-*
Methode zu diesem Verzeichnis gewechselt:

```
procedure TForm1.ListBox1Click(Sender: TObject);
begin
 NMFTP1.ChangeDir(ListBox1.Items[ListBox1.ItemIndex])
end;
```

OnSuccess wird nach jeder erfolgreichen Operation ausgelöst, die Spezifikation erfolgt über
den *Trans_Type*-Parameter (in unserem Fall *cmdChangeDir*):

```
procedure TForm1.NMFTP1Success(Trans_Type: TCmdType);
begin
Case Trans_Type of
  cmdChangeDir: begin
                StatusBar1.SimpleText := 'ChangeDir erfogreich ausgeführt';
                Label3.Caption := NMFTP1.CurrentDir;
                NMFTP1.NList
              end
  end
end;
```

Im obigen (wie auch im folgenden) Eventhandler wurde vorsorglich die *Case*-Verzweigung
gewählt, um später noch weitere Meldungen (z.B. *cmdDelete*) auswerten zu können.

Weniger erfreulich, aber um so notwendiger ist eine Ereignisbehandlung für das Fehlschlagen
der *ChangeDir*-Methode:

```
procedure TForm1.NMFTP1Failure(var Handled: Boolean; Trans_Type: TCmdType);
begin
 Beep;
 case Trans_Type of
  cmdChangeDir: begin
                StatusBar1.SimpleText := 'ChangeDir-Fehler';
                Label3.Caption := '';
                NMFTP1.ChangeDir(aktVerz);
                Label3.Caption := NMFTP1.CurrentDir;
              end
  end;
 Handled := True
end;
```

Das Setzen von *Handled* auf *True* bewirkt, dass bei Misserfolg keine Exception ausgelöst
wird.

Test

Unmittelbar nach dem Herstellen der Verbindung wird das aktuelle Verzeichnis aufgelistet. Durch Klicken auf einen Verzeichniseintrag wechseln Sie in dieses Verzeichnis und dessen Inhalt wird angezeigt.

Das Label oberhalb der Listbox zeigt im Beispiel die Root (/) als aktuelle Directory an.

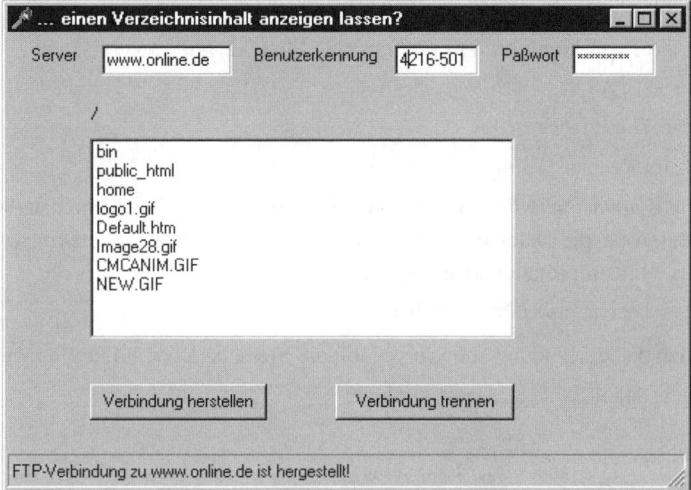

Bemerkungen

- Das Sichten der hochgeladenen Dateien sollte der erste Schritt bei der Fehlersuche an einer nicht funktionierenden Homepage sein. So ist z.B. die Groß- und Klein-schreibung auf einem Unix-Server wichtig (sie muss exakt den Verweisen in den *htm*-Dateien entsprechen!).

- Manche Homepage-Server verlangen das Vorhandensein einer Startseite *Default.htm*, andere eine *Index.htm*.

- Eine weitere Möglichkeit der Anzeige (ohne Benutzen des *OnListItem*-Events), bei der nur die Dateien und nicht die Unterverzeichnisse herausgefiltert werden, wird im nächsten Rezept demonstriert.

R294 ... den Speicherplatz auf dem FTP-Server anzeigen?

Viele Internet-Provider gestatten ihren Nutzern eine kostenfreie Homepage mit einem Limit von z.B. 10 MByte. Um jederzeit im Bilde zu sein, wieviel freier Speicher für die eigene Ho-mepage noch zur Verfügung steht, sollte man sich die vorliegende Lösung anschauen. Außer-dem erfährt man, wie man als elegante Alternative zum Vorgängerrezept den kompletten Verzeichnisinhalt nicht "kleckerweise" nach jedem *OnListItem*-Event, sondern "auf einen Schlag" aus dem Eigenschaftenobjekt *FTPDirectoryList* herausholen kann.

Grundlagen

Oberfläche

Grafik

Multimedia

Datei

Datenbank

SQL/ADO

Report

Objekte

OLE/DDE

Peripherie

System

Desktop

Technik

Sonstiges

Oberfläche

Die Bedienoberfläche entspricht dem Vorgängerrezept (siehe Screenshot am Schluss).

Quelltext

Der Quelltext zum Herstellen und Unterbrechen der FTP-Verbindung wird dem ersten Rezept dieser Serie entnommen, nicht dem Vorgängerrezept!

Zusätzlich ist die Typdeklaration *TForm1* um eine Methode *lesen* zu ergänzen:

```
private
    { Private-Deklarationen}
    procedure lesen;
```

Am Anfang des *implementation*-Abschnitts referenzieren wir drei Stringlisten-Objekte, sie sollen die Dateigröße, die Dateiattribute und die Dateinamen der aus *FTPDirectoryList* auszulesenden Verzeichnisinformationen aufnehmen.

```
var sizeList, attrList, nameList: TStrings;
```

Nach Herstellen der Verbindung zum Server soll die Methode *lesen* aufgerufen werden:

```
procedure TForm1.NMFTP1Connect(Sender: TObject);
begin
  ............    // siehe Vorgängerlistings
  lesen
end;
```

Die folgende Hilfsprozedur zeigt die Inhalte der gefüllten Stringlisten in der *ListBox* an und berechnet außerdem die Gesamtgröße (Anzeige in *Label3*):

```
procedure anzeigen;
var i: Word;
    size: LongInt;
    s: string;
begin
  size := 0;
  for i := 0 to attrList.Count - 1 do begin
    s := attrList[i];              // Einzelattribut zuweisen
    if s[1] <> 'd' then begin      // wenn kein Verzeichnis dann ...
      size := size + StrToInt(sizeList[i]); // Dateigröße summieren
      // Namen und Dateigröße in ListBox eintragen:
      Form1.ListBox1.Items.Add(nameList[i] + ' ' + sizeList[i])
    end
  end;
  Form1.Label3.Caption := 'Gesamtgröße in Byte: ' + IntToStr(size)
end;
```

Nun zur Hauptsache, der Implementation der Methode *lesen*:

```
procedure TForm1.lesen;
begin
 sizeList := TStringList.Create;
 attrList := TStringList.Create;
 nameList := TStringList.Create;
 Screen.Cursor := crHourGlass;
 try
  with Form1.NMFTP1 do
  begin
   ParseList := True;      // Einlesen aktivieren
   Vendor := NMOS_AUTO;    // Systemtyp
   List;          // Verzeichnisinhalt in FTPDirectoryList einlesen
   // Informationen in drei gleichgroßen Stringlisten speichern:
   sizeList := FTPDirectoryList.size;
   attrList := FTPDirectoryList.attribute;
   nameList := FTPDirectoryList.name;
   anzeigen    // Stringlisten auswerten und anzeigen (siehe oben)
  end
 finally
  Screen.Cursor := crDefault
 end
end;
```

Zum Schluss sollten die von uns erzeugten Objekte auch wieder freigegeben werden.

```
procedure TForm1.FormDestroy(Sender: TObject);
begin
 sizeList.Free;
 attrList.Free;
 nameList.Free
end;
```

Test

Nach dem Herstellen der Verbindung werden die Dateien im aktuellen Verzeichnis und deren Größe aufgelistet. Unterhalb der *ListBox* erscheint die aufsummierte Gesamtgröße der Dateien.

Grundlagen

Oberfläche

Grafik

Multimedia

Datei

Datenbank

SQL/ADO

Report

Objekte

OLE/DDE

Peripherie

System

Desktop

Technik

Sonstiges

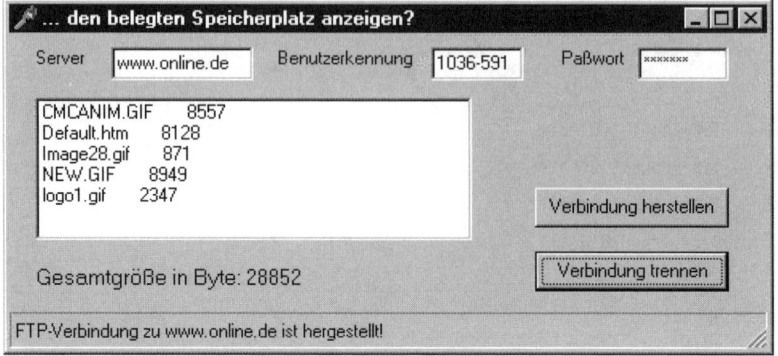

R295 ... eine Datei vom FTP-Server herunterladen?

Das Vorgängerrezept bietet uns eine ideale Ausgangsbasis, um jetzt endlich "zur Sache" zu kommen. Durch Klick auf den entsprechenden Eintrag in der *ListBox* soll eine Datei vom Server in ein von Ihnen frei wählbares Verzeichnis Ihres lokalen PC (oder Netzwerks) kopiert werden.

Oberfläche

Die Bedienoberfläche entspricht dem Vorgängerrezept. Wir verzichten aber aus Übersichtlichkeitsgründen auf eine Anzeige der Dateigröße und ersetzen *Label3* durch einen Button, mit dem der *DownLoad* gestartet wird. Außerdem brauchen wir eine *SaveDialog*-Komponente.

Quelltext

Da wir auf Informationen über die Dateigröße verzichten, genügt die Deklaration von nur noch zwei Stringlisten zum Speichern der Dateinamen und -attribute (letztere sind nötig, um eine Unterscheidung der Dateien von Verzeichniseinträgen zu treffen, deren Attribut immer mit dem Zeichen 'd' beginnt):

```
var nameList, attrList: TStrings;
```

Die Implementation der Methode *lesen* haben wir etwas erweitert, indem wir *anzeigen* gleich als lokale Prozedur mit eingefügt haben :

```
procedure TForm1.lesen;

 procedure anzeigen;
  var i: Word;
    s: string;
 begin
  for i := 0 to attrList.Count - 1 do begin
```

```
  s := attrList[i];           // Einzelattribut lesen
  if s[1] <> 'd' then         // wenn kein Verzeichnis dann ...
    ListBox1.Items.Add(nameList[i]) // Namen anzeigen
  end
end;
```

Der Methodenkörper beginnt mit dem Erzeugen der zwei Stringlisten:

```
begin
attrList := TStringList.Create;
nameList := TStringList.Create;
Screen.Cursor := crHourGlass;
```

Anschließend werden die Dateiinformationen mit Hilfe des *FTPDirectoryList*-Objekts gewonnen und ausgewertet:

```
try
  with Form1.NMFTP1 do begin
  ParseList := True;     // Einlesen aktivieren
  Vendor := NMOS_AUTO;   // Systemtyp
  List;      // Verzeichnisinhalt in FTPDirectoryList einlesen
  // Einzelinformationen in Stringlisten speichern:
  attrList := FTPDirectoryList.attribute;
  nameList := FTPDirectoryList.name;
  anzeigen  // Stringlisten anzeigen
  end
finally
  Screen.Cursor := crDefault
  end
end;
```

Endlich kann's zur Sache gehen – der "DownLoad"-Button:

```
procedure TForm1.Button3Click(Sender: TObject);
var fName: string;
begin
if ListBox1.ItemIndex = -1 then Exit;  // kein Eintrag ausgewählt
fName := ListBox1.Items[ListBox1.ItemIndex];
SaveDialog1.FileName := fName;
if SaveDialog1.Execute then begin
 NMFTP1.Mode(MODE_IMAGE); // binären Übertragungsmodus einstellen
 NMFTP1.Download(fName,'')
 end
end;
```

Grundlagen

Oberfläche

Grafik

Multimedia

Datei

Datenbank

SQL/ADO

Report

Objekte

OLE/DDE

Peripherie

System

Desktop

Technik

Sonstiges

Der Fortschritt der Datenübertragung kann wie folgt angezeigt werden:

```
procedure TForm1.NMFTP1PacketRecvd(Sender: TObject);
begin
 StatusBar1.SimpleText := IntToStr(NMFTP1.BytesRecvd)+' von '
  + IntToStr(NMFTP1.BytesTotal)
end;
```

Nach erfolgreichem Herunterladen kann über das *OnSuccess*-Event nach Abfrage von *Trans_Type* eine entsprechende Erfolgsmeldung in der Statusbar angezeigt werden:

```
procedure TForm1.NMFTP1Success(Trans_Type: TCmdType);
 begin
  if Trans_Type = cmdDownLoad then
    StatusBar1.SimpleText := 'Download von ' +
       SaveDialog1.FileName + ' erfogreich ausgeführt!'
end;
```

Test

Beachten Sie die Reihenfolge, Sie müssen natürlich erst eine Verbindung aufbauen und danach einen Eintrag auswählen, ehe Sie den "DownLoad"-Button betätigen können (siehe Bemerkungen).

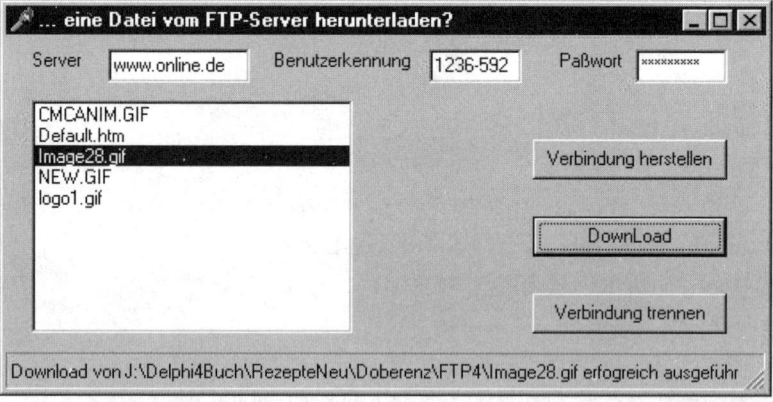

Beachten Sie, dass man erst beim Transfer umfangreicherer Dateien die Fortschrittsanzeige zu Gesicht bekommt.

In der Statusbar wird der komplette Pfadname angezeigt, unter welchem Sie die heruntergeladene Datei in Ihrem lokalen Netz aufstöbern können.

Bemerkungen

- Der erste Parameter, den Sie der *Download*-Methode übergeben, ist der blanke Dateiname (also ohne Verzeichnisangaben!). Der zweite Parameter kann leer bleiben, wenn das Speichern auf dem lokalen PC unter dem gleichen Namen erfolgen soll.

- Es dürfte nicht schwierig sein, das Programm unter Ausnutzung der *MultiSelect*-Eigenschaft der ListBox so zu erweitern, dass gleich mehrere Dateien in einem Zug heruntergeladen werden.

- Um den Quelltext übersichtlich zu halten, wurde (wie in den anderen Rezepten auch) auf das gegenseitige Verriegeln der Buttons vorerst verzichtet (Sie wollen doch experimentieren – oder?). In einer endgültigen Programmversion sollten aber der "DownLoad"-Button ebenso wie der Button "Verbindung trennen" erst nach erfolgter Verbindungsaufnahme freigegeben werden.

R296 ... eine Datei auf den FTP-Server hochladen?

Sie wollen mit einem eigenen funktionsfähigen(!) Programm Ihre Homepages auf den Web-Server hochladen? Schauen Sie sich dazu die folgende Lösung an, die ebenfalls wie die Vorgängerrezepte auf die neue FTP-Komponente von NetManage zurückgreift.

Oberfläche

Wir können die Bedienoberfläche (fast) komplett vom Vorgängerrezept übernehmen, allerdings ist die *SaveDialog*- durch eine *OpenDialog*-Komponente auszutauschen. Ändern Sie auch die Beschriftung des "DownLoad"-Buttons in "Upload".

Quelltext

Den können Sie komplett vom Vorgängerrezept übernehmen, lediglich die Eventhandler für *Button3* und für *OnSucess* von *NMFTP1* sind auszuwechseln:

```
procedure TForm1.Button3Click(Sender: TObject);
var fName: string;
begin
 if OpenDialog1.Execute then begin
  fName := OpenDialog1.FileName;
  NMFTP1.Mode(MODE_IMAGE); // binären Übertragungsmodus einstellen
  NMFTP1.Upload(fName,'')
 end
end;

procedure TForm1.NMFTP1Success(Trans_Type: TCmdType);
begin
```

```
if Trans_Type = cmdUpLoad then begin
   StatusBar1.SimpleText := 'Upload von ' +
             OpenDialog1.FileName + ' erfogreich ausgeführt';
   ListBox1.Clear;
   lesen                 // Neuaufbau der Anzeige
 end
end;
```

An die Stelle des *OnPacketRecvd*-Eventhandlers tritt die folgende Fortschrittsanzeige:

```
procedure TForm1.NMFTP1PacketSent(Sender: TObject);
begin
  StatusBar1.SimpleText := IntToStr(NMFTP1.BytesSent) +
                  ' von ' +IntToStr(NMFTP1.BytesTotal)
end;
```

Test

Nachdem die Verbindung hergestellt ist, klicken Sie "Upload" und wählen im "Datei öffnen"-Dialog eine (nicht zu große) Datei zum Hochladen aus. Nach erfolgreichem Transfer können Sie den Neuankömmling in der *ListBox* entdecken.

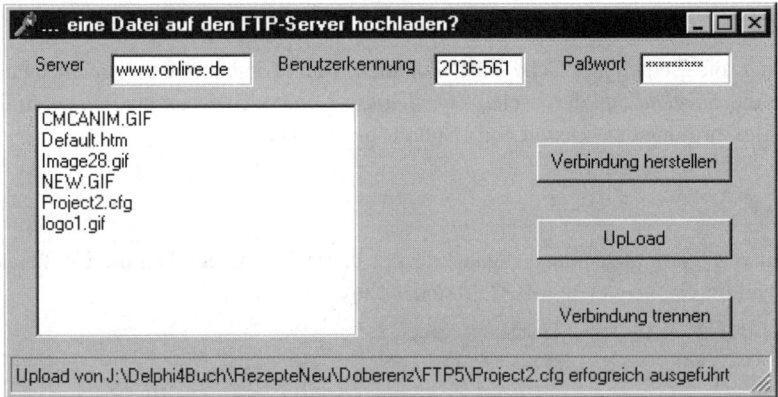

R297 ... eine Datei auf dem FTP-Server löschen?

Da man mit diesem Rezept auch viel Unheil anrichten kann, sollte man diesbezügliche Experimente erst dann anstellen, wenn bereits genügend Erfahrungen mit dem Up- und Download vorliegen. Nicht zu Unrecht verbannen deshalb die meisten kommerziellen Programme eine derartig heikle Funktion gänzlich aus ihrem Repertoire. Womit dem bloßgestellten User aber auch nicht gedient ist, wie soll er denn seine missratene Homepage wieder vom Server entfernen?

Oberfläche

Neben der *NMFTP*-Komponente brauchen Sie die unten dargestellte Bedienoberfläche.

Quelltext

Auf Modulebene wird eine Variable zum Zwischenspeichern des Dateinamens benötigt:

```
var fName: string;
```

Der hinter dem "Delete"-Button liegende Code hat Ähnlichkeit mit dem des "Download"-Buttons zwei Rezepte zurück:

```
procedure TForm1.Button3Click(Sender: TObject);
begin
  if ListBox1.ItemIndex = -1 then Exit; // kein Eintrag ausgewählt
  fName := ListBox1.Items[ListBox1.ItemIndex];
  NMFTP1.Delete(fName)
end;
```

Nach erfolgreicher Ausführung des Löschvorgangs wird nicht nur eine Statusmeldung angezeigt, sondern auch der Inhalt der *ListBox* neu aufgebaut:

```
procedure TForm1.NMFTP1Success(Trans_Type: TCmdType);
begin
  if Trans_Type = cmdDelete then begin
    StatusBar1.SimpleText := 'Löschen von ' + fName + ' erfolgreich ausgeführt!';
    ListBox1.Clear; lesen;
  end
end;
```

Test

Markieren Sie nach der Verbindungsaufnahme die zu löschende Datei und klicken Sie dann "Delete". Anschließend erscheint das "bereinigte" Verzeichnis Ihres FTP-Servers:

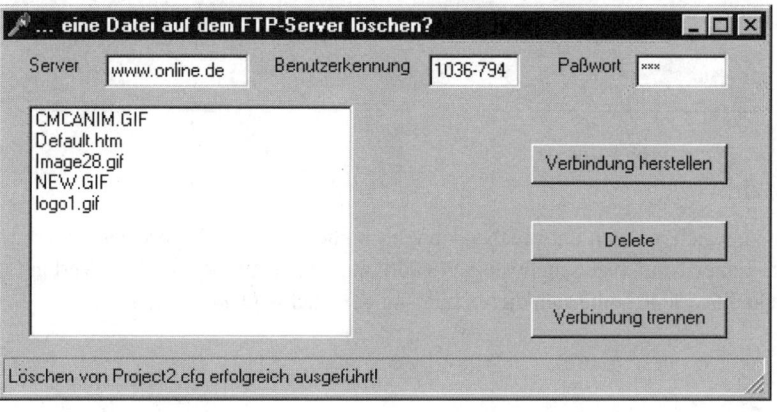

Bemerkung

Um versehentliches Löschen zu verhindern, sollte man eine Meldungsbox zwischenschalten:

```
if Application.MessageBox('Wollen Sie die selektierte Datei wirklich'+
                          ' vom Server löschen?', 'Frage', 36) = 6 then
                  NMFTP1.Delete(fName)
```

R298 ... einen FTP-Client programmieren?

Es wird ein vollwertiges Programm vorgestellt, welches die in den vorhergehenden FTP-Rezepten beschriebenen Techniken unter einer gemeinsamen Benutzeroberfläche zusammenfasst.

Normalerweise sind die User-Homepages in einem einzigen Verzeichnis enthalten, so dass ein Herumspazieren in den Directories nicht notwendig und meist auch nicht möglich ist.

Oberfläche

Wie die Abbildung zeigt, benötigen wir eine *NMFTP*-, eine *OpenDialog*- und eine *SaveDialog*-Komponente, außerdem drei *Edit*ierfelder, eine *Listbox*, eine *StatusBar* und fünf *Button*s. *Label3* dient zur Anzeige des belegten Speicherplatzes.

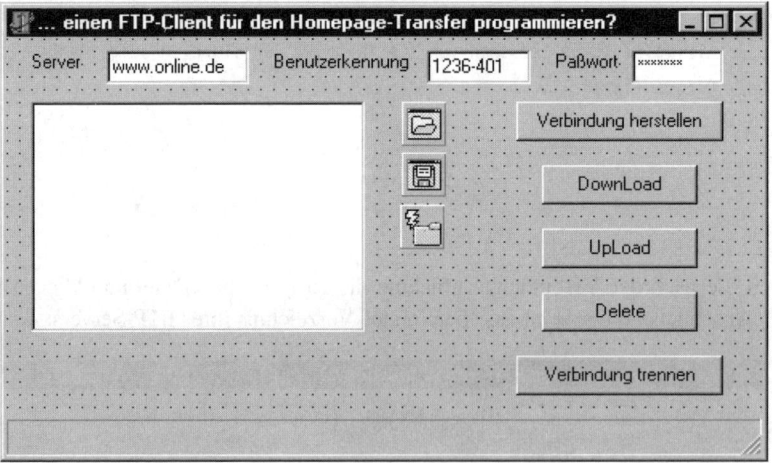

Quelltext

Da der Code sich aus den entsprechenden Abschnitten der Vorgängerrezepte zusammensetzt, macht es keinen Sinn, hier seitenweise Wiederholungen abzudrucken. Wer Wert auf den kompletten Quelltext legt, sollte sich diesen bitte auf der Buch-CD anschauen.

Lediglich der Handler für das *OnSuccess*-Event verdient eine besondere Würdigung:

```
procedure TForm1.NMFTP1Success(Trans_Type: TCmdType);
begin
  case Trans_Type of
    cmdDownLoad:
    StatusBar1.SimpleText := 'Download von '
            + SaveDialog1.FileName + ' erfogreich ausgeführt';
    cmdUpLoad:
    begin
      StatusBar1.SimpleText := 'Upload von '
            + OpenDialog1.FileName + ' erfogreich ausgeführt';
      ListBox1.Clear;
      lesen
    end;
    cmdDelete:
    begin
      StatusBar1.SimpleText := 'Löschen von ' + fName + ' erfolgreich ausgeführt!';
      ListBox1.Clear;
      lesen
    end
  end
end;
```

Test

Diesmal können Sie alle FTP-Operationen im Zusammenspiel testen und bei dieser Gelegenheit gleich Ihre eigene Homepage hochladen – viel Spaß!

Bemerkungen

- Wenn Sie das Programm durch einen Abbruch-Button ergänzen (dieser löst die *Abort*-Methode aus), bricht nur die aktuelle Operation ab, aber die Verbindung zum Server bleibt bestehen.

- Wenn Sie das Programm von der Buch-CD laden, werden Sie feststellen, dass nur jene Buttons freigegeben sind, die dem aktuellen Status des Programms entsprechen, siehe dazu

  ☞   R373 ... eine konsistente Benutzerschnittstelle realisieren?

Grundlagen

Oberfläche

Grafik

Multimedia

Datei

Datenbank

SQL/ADO

Report

Objekte

OLE/DDE

Peripherie

System

Desktop

Technik

Sonstiges

R299 ... auf MS-Mail-Funktionen zugreifen?

Da mittlerweile fast jeder glaubt, ohne Mail geht nichts mehr, machen sich zunehmend Mail-funktionen in den Menü- und Werkzeugleisten von diversen Programmen breit. Natürlich wollen auch wir nicht zurückstehen, wenn es gilt, neue Technologien einzusetzen.

Auf die gesamte Funktionalität der Mail-Schnittstelle können wir an dieser Stelle leider nicht eingehen, wir werden uns auf das Senden einer Message beschränken. Der schnellste Weg zu einer Mail ist die Verwendung der Funktion *MapiSendMail*, die über die Unit *mapi* importiert wird.

Oberfläche

Erstellen Sie ein Formular, das über eine *Memo*- und eine *Edit*-Komponente verfügt. Ergänzen Sie ein Menü, über welches die Mail-Funktion gestartet werden kann.

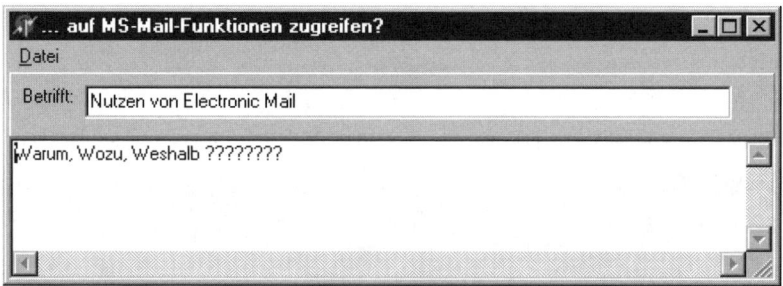

Hinweis: Sie können statt der *Memo*-Komponente auch eine *RTF*-Komponente verwenden, MS-Mail unterstützt auch Schriftattribute wie Fett, Kursiv etc.

Quelltext

Für den Aufruf der Funktion *MapiSendMail* brauchen Sie eine Variable vom Typ *TMapi-Message*. Das folgende Listing kommentiert die wichtigsten Elemente des Typs:

```
TMapiMessage = packed record
    ulReserved: Cardinal;        // reserviert
    lpszSubject: LPSTR;          // Beschreibung Message
    lpszNoteText: LPSTR;         // der eigentliche Messagetext
    lpszMessageType: LPSTR;      // Message Typ
    lpszDateReceived: LPSTR;     // Datum (beim Senden nil)
    lpszConversationID: LPSTR;   // nil
    flFlags: FLAGS;              // MAPI_RECEIPT_REQUESTED (optional)
    lpOriginator: PMapiRecipDesc; // nil, sonst Pointer auf zusätzliche Infos
    nRecipCount: Cardinal;       // nur Empfang }
    lpRecips: PMapiRecipDesc;    // nur Empfang
```

Grundlagen

Oberfläche

Grafik

Multimedia

Datei

Datenbank

SQL/ADO

Report

Objekte

OLE/DDE

Peripherie

System

Desktop

Technik

Sonstiges

```
  nFileCount: Cardinal;        // Anzahl der verknüpften Dateien
  lpFiles: PMapiFileDesc       // Zeiger auf Array mit Dateiinfos
end;
```

Die eigentliche Prozedur:

```
procedure TForm1.Sendenan1Click(Sender: TObject);
var
  MMessage : TMapiMessage;
  Fehler   : Integer;
begin
```

Initialisieren der Struktur:

```
with MMessage do begin
  lpszSubject := PChar(Edit1.text);
  lpszNoteText := PChar(Memo1.Lines.Text);
  lpszMessageType := nil;
  lpszDateReceived := nil;
  lpszConversationID := nil;
  flFlags := 0;
  lpOriginator := nil;
  nRecipCount := 0;
  lpRecips := nil;
  nFileCount := 0;
  lpFiles := nil
end;
Fehler := MapiSendMail(0, 0, MMessage, MAPI_DIALOG  or MAPI_LOGON_UI or
                  MAPI_NEW_SESSION, 0);
if Fehler <> 0 then ShowMessage('Fehler oder Nutzerabbruch')
end;
```

Wenn ein Fehler auftritt, können Sie diesen über den Rückgabewert der Funktion auswerten, wir beschränken uns auf die einfache Anzeige einer Meldung.

Test

Starten Sie das Programm, geben Sie eine Beschreibung und einen Text für die Message ein. Nach dem Start der oben genannten Funktion und der Auswahl des Profils (Messagebox wird eingeblendet) erhalten Sie folgende Dialogbox.

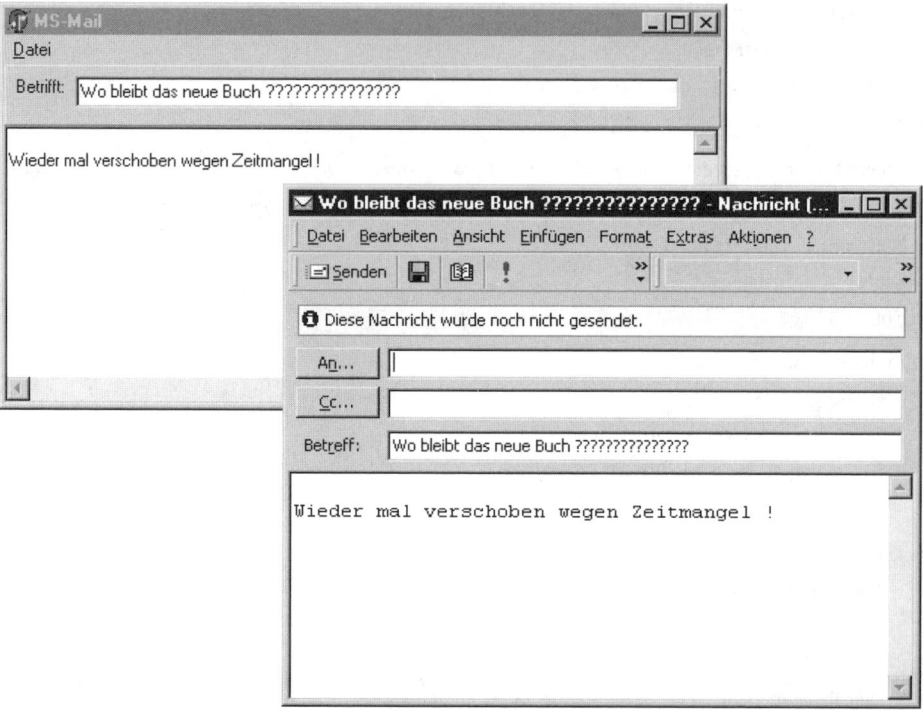

Die Eintragungen aus dem Delphi-Programm wurden übernommen, Sie müssen lediglich noch ein "Opfer" für Ihre Mail finden. Dazu können Sie das Adressbuch verwenden, das Ihnen ebenfalls zur Verfügung steht.

Sollten Sie mit der folgenden Fehlermeldung konfrontiert werden, versuchen Sie es mal mit dem nächsten Rezept, das die OLE-Schnittstelle verwendet.

R300 ... Mailversand über OLE-Automation realisieren?

Wie schon im vorhergehenden Rezept, geht es darum, aus einer Applikation heraus auf die Mail-Funktionalitäten des Systems zuzugreifen.

Oberfläche

Den Grundaufbau der Oberfläche entnehmen Sie bitte der folgenden Abbildung, mit Hilfe der *OpenDialog*-Komponente werden wir auch Dateianhänge realisieren.

Quelltext

Auf die Verwendung von API-Funktionen können wir Dank der komfortablen OLE-Schnittstelle gänzlich verzichten. Lediglich eine Konstante müssen wir in Erfahrung bringen.

```
const olMailItem = 0;
```

Nach dem Klick auf den Button erstellen wir zuerst eine Instanz des MS Outlook-Objektes und ein neues Mail-Objekt.

```
procedure TForm1.Button2Click(Sender: TObject);
var myOutlook,
    mailitem     : variant;
    i            : integer;
begin
  myOutlook := CreateOLEObject('Outlook.Application');
  mailitem  := myOutlook.CreateItem(olMailItem);
```

Nachfolgend weisen wir einfach die entsprechenden Eigenschaften zu:

```
  mailitem.Subject := Edit1.Text;
  mailitem.To := Edit2.Text;
  mailitem.Body := memo1.Text;
```

Etwas aufwendiger wird es bei Dateianhängen:

```
  for i := 0 to Listbox1.Items.Count - 1 do begin
    mailitem.Attachments.Add(Listbox1.Items[i]);
  end;
```

Grundlagen

Oberfläche

Grafik

Multimedia

Datei

Datenbank

SQL/ADO

Report

Objekte

OLE/DDE

Peripherie

System

Desktop

Technik

Sonstiges

Nicht vergessen, die Mail auch in den Postkasten zu werfen, anderenfalls war die Arbeit umsonst:

```
  mailitem.Send;
end;
```

Mit dem zweiten Button bieten wir einen Weg, Dateien an die Mail anzuhängen:

```
procedure TForm1.Button1Click(Sender: TObject);
begin
  if opendialog1.Execute then listbox1.Items := opendialog1.Files;
end;
```

Test

Starten Sie das Programm, füllen Sie die entsprechenden Textboxen aus, bevor Sie die Mail versenden.

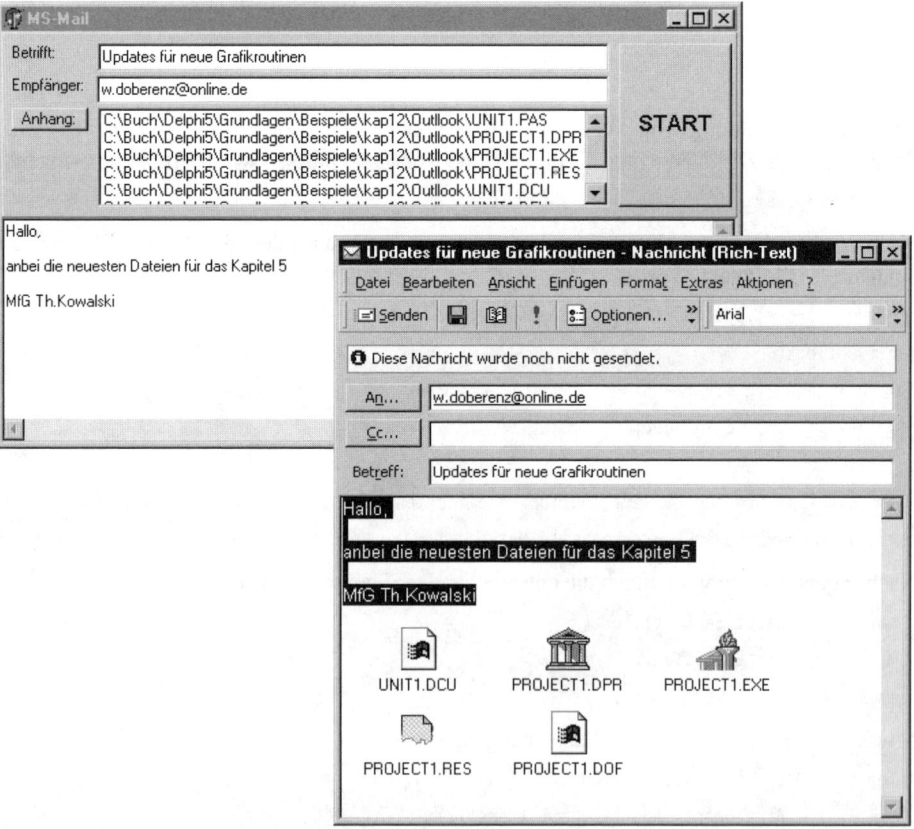

Hinweis: MS Outlook (nicht Express!) muss selbstverständlich auf Ihrem Computer installiert sein, um auf die OLE-Schnittstelle zugreifen zu können!

R301 ... die Netzwerkdialoge einbinden?

Wer in seinen Programmen die Netzwerkfunktionen von Windows nutzen möchte, kommt um die Einbindung von Netzwerk-Dialogen kaum herum. Wichtig sind vor allem die Dialoge zum

- Einrichten einer Verbindung (Laufwerk)
- Trennen einer Verbindung (Laufwerk)
- Aufheben der Druckerzuordnung

Der Anwender kann diese Einstellungen auch im Ordner "Netzwerkumgebung" vornehmen, aber wozu sollte extra ein anderes Fenster geöffnet werden, wenn wir die Dialoge in ein Delphi-Programm einbinden können?

Oberfläche

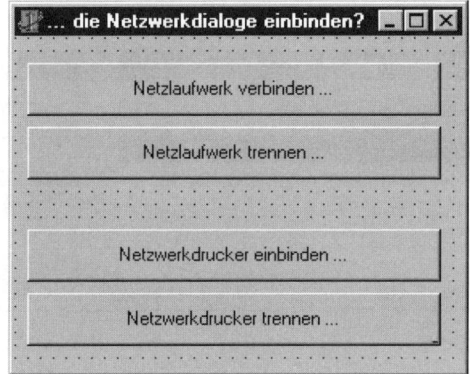

Quelltext

Der eigentliche Aufruf ist relativ einfach, Sie übergeben einfach das Handle des aktuellen Fensters sowie eine der folgenden Konstanten:

Konstante	Bemerkung
RESOURCETYPE_DISK	Laufwerke einbinden/Verbindung aufheben
RESOURCETYPE_PRINT	Drucker einbinden/Verbindung aufheben

Der "Netzlaufwerk verbinden"-Dialog:

```
procedure TForm1.Button1Click(Sender: TObject);
begin
    WNetConnectionDialog(handle, RESOURCETYPE_DISK)
end;
```

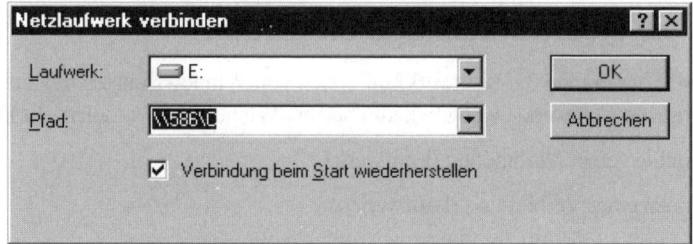

Der "Netzlaufwerk trennen"-Dialog:

```
procedure TForm1.Button2Click(Sender: TObject);
begin
    WNetDisconnectDialog(handle, RESOURCETYPE_DISK)
end;
```

Der "Netzwerkdrucker trennen"-Dialog:

```
procedure TForm1.Button4Click(Sender: TObject);
begin
    WNetDisconnectDialog(handle, RESOURCETYPE_PRINT)
end;
```

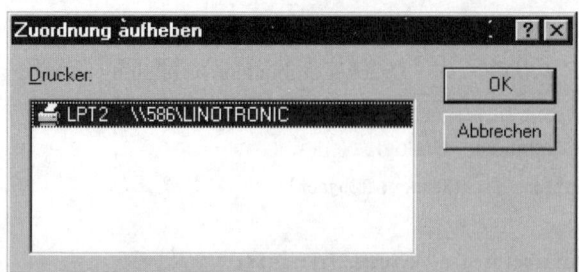

R302 ... die IP-Adresse des aktiven Computers ermitteln?

Die im folgenden vorgestellte Funktion ermöglicht Ihnen, die IP-Adresse des aktuellen Computers in der bekannten Form abzufragen.

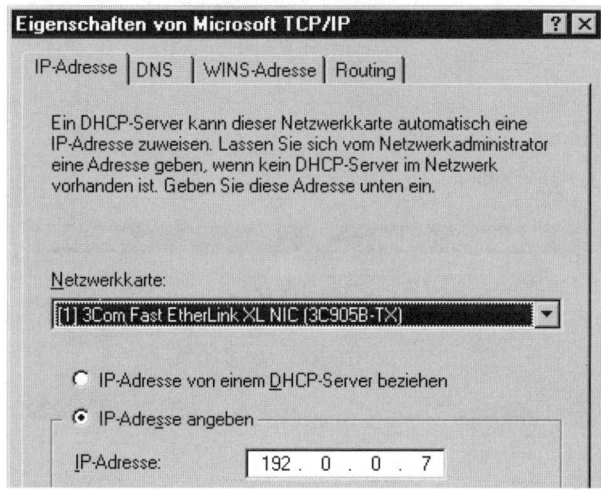

Binden Sie zunächst die Unit *winsock* ein. In der eigentlichen Prozedur müssen Sie vor der Abfrage der Informationen die Winsock-Funktionen initialisieren. Dazu wird neben der erforderlichen Winsock-Version (in unserem Fall 1.1) auch eine WSDATA-Struktur übergeben, die für uns jedoch bedeutungslos ist. Schlägt die Initialisierung fehl, beenden wir die Funktion an dieser Stelle und geben einen Leerstring zurück.

Im Erfolgsfall ermitteln wir zunächst den Computernamen (z.B. "PPro200"). Mit diesem können wir nachfolgend über die Funktion *GetHostByName* die gewünschten Informationen abfragen. Allerdings sind hier Einflüsse von C-Programmierern unübersehbar: Die Autoren haben selten eine so verschachtelte Arbeit mit Pointern realisieren müssen. Der Aufruf der Funktion *inet_nto*a wird zum Hürdenlauf aus Dereferenzierung und Typisierung von Zeigern.

```
uses winsock;

...

function GetIPAddress: string;
var phoste : PHostEnt;
    Buffer  : array [0..100] of char;
    WSAData : TWSADATA;

begin
  result := '';
  if WSAStartup($0101, WSAData) <> 0 then exit;
  GetHostName(Buffer, SizeOf(Buffer));
```

```
phoste :=GetHostByName(buffer);
if phoste = nil then
  result := '127.0.0.1'
else
  result := StrPas(inet_ntoa(PInAddr(phoste^.h_addr_list^)^));
WSACleanup;
end;
```

Beispiel: Verwendung der Funktion

```
label1.caption := GetIPAddress;
```

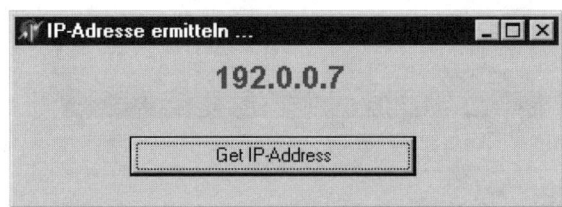

R303 ... ermitteln, ob eine Internet-Verbindung besteht?

Möchten Sie überprüfen, ob der Computer über eine Internet-Anbindung verfügt, können Sie sich der API-Funktion *InternetGetConnectedState* bedienen. Das folgende Beispiel zeigt die Verwendungsmöglichkeiten.

Oberfläche

Den Grundaufbau der Oberfläche entnehmen Sie bitte der folgenden Abbildung:

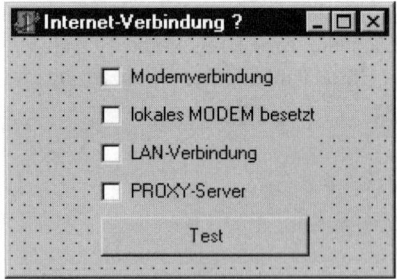

Quelltext

Binden Sie zunächst die Unit *wininet* ein:

```
uses wininet;
```

Die Funktion *InternetGetConnectedState* erwartet einen *DWord*-Pointer, um Informationen über die Art der Internet-Verbindung zurückzugeben. Die Funktion selbst gibt *True* oder *False* zurück.

```
procedure TForm1.Button1Click(Sender: TObject);
var lpdwFlags : PDWord;
begin
  if InternetGetConnectedState(lpdwFlags, 0) then begin
    checkbox1.Checked := (lpdwFlags^ and INTERNET_CONNECTION_MODEM) <> 0;
    checkbox2.Checked := (lpdwFlags^ and INTERNET_CONNECTION_LAN) <> 0;
    checkbox3.Checked := (lpdwFlags^ and INTERNET_CONNECTION_PROXY) <> 0;
    showmessage('Internet-Connection vorhanden !');
  end;
end;
```

Test

Starten Sie das Programm und klicken Sie auf den Test-Button.

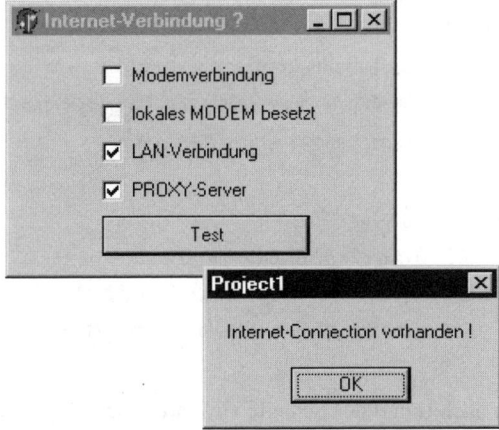

R304 ... Daten ins HTML-Format exportieren?

Was auf den ersten Blick recht kompliziert scheint, ist mit Delphi-Mitteln recht einfach zu realisieren. Wer einige Grundkenntnisse über den Aufbau von HTML-Dateien besitzt, hat in wenigen Minuten einen eigenen "Export-Filter" programmiert.

Beispiel: Ein erstes "Hello world"-Beispiel

```
procedure TForm1.Button1Click(Sender: TObject);
var f : TStringlist;
```

```
begin
  f := TStringlist.Create;
  f.Add('<p>hello world</p>');
  f.SaveToFile('test.htm');
end;
```

Hinweis: Die Arbeit mit einer Stringlist hat sich als recht sinnvoll erwiesen, zum einen beschränkt sich die Ausgabe auf wenige Quellcodezeilen, zum anderen wird die Datei im Speicher aufgebaut und erst am Schluss auf die Platte geschrieben.

Hinter die Geheimnisse der HTML-Programmierung kommen Sie am schnellsten, wenn Sie einige fertige HTML-Dokumente im Quelltext betrachten. Schnell wird klar, dass mit ein, zwei Schleifen auch in VBA eine Tabelle mit diversen Formatierungen realisierbar ist.

Beispiel: Das folgende Beispiel gibt eine Tabelle (Daten aus *employee.db*) im HTML-Format aus:

```
procedure TForm1.Button2Click(Sender: TObject);
var f : TStringlist;
begin
  f := TStringlist.Create;
```

Erzeugen der Überschrift und des Tabellenkopfes:

```
  f.Add('<p><font size="3" face="Arial"><b>Mitarbeiterliste</b></font></p>');
  f.Add('<table border="1" cellspacing="3" width="250">');
  f.Add('  <tr>');
  f.Add('    <td width="50%" bgcolor="#COCOCO" align="center">' +
      '<font face="Arial" size="2"><b>Vorname</b></font></td>');
  f.Add('    <td width="50%" bgcolor="#COCOCO" align="center">' +
      '<font face="Arial" size="2"><b>Nachname</b></font></td>');
  f.Add('  </tr>');
```

Damit können wir uns auch schon der Schleife zuwenden (jede Zeile wird mit einem <TR>-Tag eingeleitet):

```
while not Table1.eof do begin
  f.Add('  <tr>');
  f.Add('    <td width="50%" align="right"><font face="Arial" size="2">' +
        Table1.fieldbyname('firstname').AsString + '</font></td>');
  f.Add('    <td width="50%" align="right"><font face="Arial" size="2">' +
        Table1.fieldbyname('lastname').AsString + '</font></td>');
  f.Add('  </tr>');
  Table1.Next;
end;
```

Grundlagen

Oberfläche

Grafik

Multimedia

Datei

Datenbank

SQL/ADO

Report

Objekte

OLE/DDE

Peripherie

System

Desktop

Technik

Sonstiges

Zum Schluss die Tabelle beenden und speichern:

```
f.Add('</table>');
f.SaveToFile('table.htm');
```

Wie Sie sehen, lässt sich mit wenig Aufwand ein beachtliches Resultat erreichen. Das HTML-Dokument kann einfach weitergegeben bzw. veröffentlicht oder auch mit Hilfe des Web-Browsers ausgedruckt werden.

Ein Blick in die Datei zeigt das gewünschte Ergebnis:

Auch Grafiken stellen für den Delphi-Programmierer kein Problem dar, JPEG-Dateien können nach der Einbindung der Unit JPEG verarbeitet werden, GIF-Dateien lassen sich zum Beispiel mit den Freeware-Komponenten der RXTOOLS verarbeiten.

Beispiel: Ausgabe der Grafiken und Texte aus der Tabelle *Biolife.db*

```
uses jpeg;
...
var f : TStringlist;
    i : integer;
begin
    i   := 0;
    f   := TStringlist.Create;
    f.Add('<p><font size="3" face="Arial"><b>Fische</b></font></p>');
```

```
f.Add('<table border="1" cellspacing="3" width="250">');
f.Add('  <tr>');
f.Add('    <td width="50%" bgcolor="#COCOCO" align="center">' +
    '<font face="Arial" size="2"><b>Name</b></font></td>');
f.Add('    <td width="50%" bgcolor="#COCOCO" align="center">' +
    '<font face="Arial" size="2"><b>Grafik</b></font></td>');
f.Add('  </tr>');
while not Table2.eof do
begin
  f.Add('  <tr>');
  f.Add('    <td width="50%" align="right"><font face="Arial" size="2">' +
      Table2.fieldbyname('Species Name').AsString + '</font></td>');
```

Hier wird der Link auf die Grafik erzeugt (wir verwenden für die Dateinamen eine laufende Nummer):

```
  f.Add('    <td width="50%" align="left"><img border="0" src="' + IntToStr(i) +
      '.JPG"></td>');
  f.Add('  </tr>');
```

Für den Export der Bitmap-Daten erzeugen wir zunächst ein *TJPEGImage*-Objekt, dem wir die Grafik mit *Assign* zuweisen. Danach brauchen wir die neue Grafik nur noch speichern:

```
  with tJPEGImage.Create do
  begin
    Assign(dbimage1.Picture.Graphic);
    SaveToFile(IntToStr(i) + '.JPG');
    Free;
  end;
  Table2.Next;
  inc(i);
end;
f.Add('</table>');
f.SaveToFile('pics.htm');
f.Free;
end;
```

Die Datei im Internet-Explorer:

Grundlagen

Oberfläche

Grafik

Multimedia

Datei

Datenbank

SQL/ADO

Report

Objekte

OLE/DDE

Peripherie

System

Desktop

Technik

Sonstiges

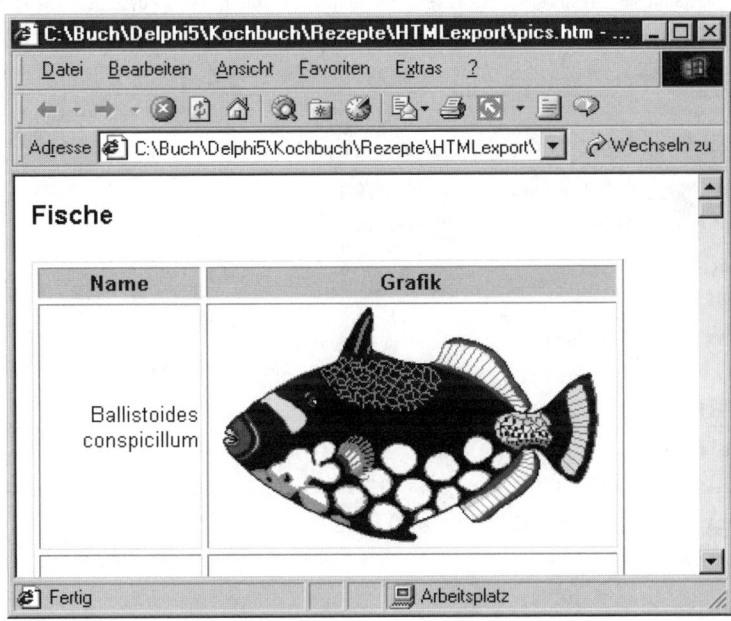

Die Qualität der Grafik und damit auch ihre Größe können Sie mit der *CompressionQuality*-Eigenschaft des *TJPEGImage*-Objektes beeinflussen.

R305 ... die serielle Schnittstelle programmieren?

Ist auch Ihnen die Programmierung der Schnittstelle mit den API-Funktionen zu aufwendig? Dann finden Sie hier Ersatz.

Die im Folgenden vorgestellte Komponente für die Ansteuerung der seriellen Schnittstelle ist voll funktionstüchtig, zeigt aber beim Start eine kurze Copyright-Meldung an. Für den Heim-programmierer dürfte dies wohl kaum von Nachteil sein, wer aber die Komponente professio-nell einsetzen will, sollte sich dazu durchringen, die Vollversion (inklusive Quelltext) zu er-werben.

Die Komponente

Im Folgenden möchten wir Ihnen die wichtigsten Ereignisse, Methoden und Eigenschaften anhand der Klassendefinition erläutern:

```
unit casync;

interface
```

```
uses
  Windows, Messages, SysUtils, Classes, Graphics, Controls, Forms, Dialogs;

const
  MAXPORTS = 4;                              // Unterstützung auf COM1 - COM4 begrenzt
  WM_CommEvent = WM_USER + $1000;  // CommEreignis als Nachricht
  WM_CommChar  = WM_USER + $1001;  // Zeichen empfangen
  WM_CommErr   = WM_USER + $1002;  // Fehler in Comm


  //DCB.Flags:
  dcb_Binary          = $0001;                          // Bit  1
  dcb_Parity          = $0002;                          // Bit  2
  dcb_OutxCtsFlow     = $0004;                          // Bit  3
  dcb_OutxDsrFlow     = $0008;                          // Bit  4
  dcb_DtrControl      = $0010;  // 2 Bits  (0x10, 0x20)  // Bit  5+6
  dcb_DsrSensitvity   = $0040;                          // Bit  7
  dcb_TXContinueOnXOff = $0080;                         // Bit  8
  dcb_OutX            = $0100;                          // Bit  9
  dcb_InX             = $0200;                          // Bit 10
  dcb_ErrorChar       = $0400;                          // Bit 11
  dcb_Null            = $0800;                          // Bit 12
  dcb_RtsControl      = $1000;  // 2 Bits (0x1000, 0x2000) // Bit 13+14
  dcb_AbortOnError    = $4000;                          // Bit 15
  // Bits 16 - 32 reserviert !!!


type
  PVars = ^TVars;
  TVars = record
    Connected: Boolean;        // Verbindungszustand
    InBuffer,                  // Größe des Empfangspuffers (Driver)
    OutBuffer,                 // Größe des Sendepuffers (Driver)
    CommEventMask: DWord;      // Ereignismaske für Port
    PortNr: Byte;              // PortNr.
    hWindow:   hWnd;           // Handle zum HilfsFenster
    hComm,                     // Handle der Schnittstelle
    hWatchTh,                  // Handle zum ÜberwachungsThread
    hPostEv,                   // Handle zum NotificationEvent
    hWatchEv:  THandle;        // Handle zum Überwachungsereignis
    WatchThID: DWord;          // ID des ÜberwachungsThread
```

```
   OvWrite,              // Struktur für asynchrones Schreiben
   OvRead:    TOverlapped;  // Struktur für asynchrones Lesen
 end;
```

Zulässige Werte für die Baudrate:
```
 TBaudRate = (cbr110, cbr300, cbr600, cbr1200, cbr2400, cbr4800, cbr9600,
              cbr14400, cbr19200, cbr38400, cbr56000, cbr57600, cbr115200,
              cbr128000, cbr256000);
 TParity = (cpNONE, cpODD, cpEVEN, cpMARK, cpSPACE);
 TStopBits = (csbONE, csbONE5, csbTWO);
 TFlowControl = (cfcNone, cfcHardware, cfcXonXoff);
```

Set für die Auswertung von Ereignissen:
```
 TEventMask = set of (cevBREAK,cevCTS,cevDSR,cevERR,cevRING, cevRLSD,
                   cevRXCHAR, cevRXFLAG, cevTXEMPTY);
```

Die Deklaration (Ereignis, Daten, Fehler):
```
 TOnCommEvent = procedure(Sender: TObject; Events, State: DWord) of object;
 TOnCharReceived = procedure(Sender: TObject; cbInQue: DWord) of object;
 TOnCommError = procedure(Sender: TObject; ErrorCode: DWord) of object;
```

```
type
 TComm = class(TComponent)
 private
   ...
 protected
   ...
 public
   constructor Create(AOwner: TComponent); override;
   destructor Destroy; override;
```

Öffnen/Schließen COM:
```
   function Open: boolean;
   procedure Close;
```

Lesen/Schreiben:
```
   function Read(P: Pointer; Len: DWord): DWord;
   function Write(P: Pointer; Len: DWord): DWord;
```

Anzeige des Konfigurationsdialogs:
```
   procedure SetupDlg;
 published
```

Auswahl des Ports:
```
   property Port: Byte read D.PortNr write SetPortNr;
```

Die einzelnen COM-Parameter:

```
property BaudRate: TBaudRate read GetBaudRate write SetBaudRate;
property ByteSize: Byte read fDCB.ByteSize write SetByteSize;
property Parity: TParity read GetParity write SetParity;
property StopBits: TStopBits read GetStopBits write SetStopBits;
property FlowControl: TFlowControl read GetFlowControl write SetFlowControl;
property XonChar: Char read fDCB.XonChar write fDCB.XonChar;
property XoffChar: Char read fDCB.XoffChar write fDCB.XoffChar;
property ErrorChar: Char read fDCB.ErrorChar write fDCB.ErrorChar;
property EofChar: Char read fDCB.EofChar write fDCB.EofChar;
property EvtChar: Char read fDCB.EvtChar write fDCB.EvtChar;
property XOnLimit: Word read fDCB.XOnLim write fDCB.XOnLim;
property XOffLimit: Word read fDCB.XOffLim write fDCB.XOffLim;
property Connected: Boolean read D.Connected;
```

Driver-Buffers:

```
property InBufSize: DWord read D.InBuffer write SetInBufSize;
property OutBufSize: DWord read D.OutBuffer write SetOutBufSize;
```

Ereignismaske:

```
property EventMask: TEventMask read GetEventMask write SetEventMask;
```

Ereignisse:

```
property OnCommEvent: TOnCommEvent read fOnCommEvent write fOnCommEvent;
property OnCharReceived: TOnCharReceived read fOnCharReceived
                                  write fOnCharReceived;
property OnCommError: TOnCommError read fOnCommError write fOnCommError;
end;
```

Ein kleines Testprogramm zeigt die Verwendungsweise.

Testprogramm Serial Chat

Das Programm ermöglicht den Datentransfer zwischen zwei PCs. Alle Zeichen, die in das obere Memofeld eingetragen werden, sendet das Programm an den anderen Rechner und stellt diese dar.

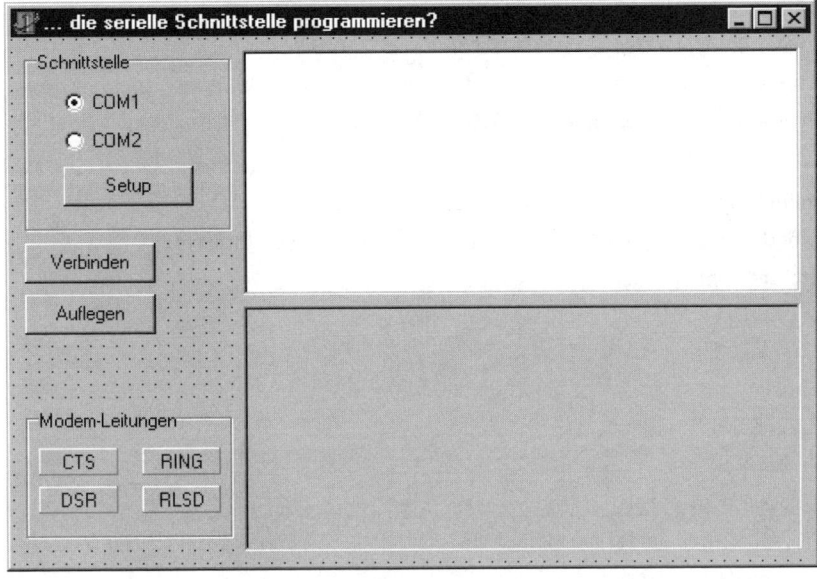

Öffnen und Schließen der seriellen Schnittstelle:

```
procedure TForm1.oeffnen1Click(Sender: TObject);
begin  Comm1.Open  end;

procedure TForm1.Schliessen1Click(Sender: TObject);
begin  Comm1.Close  end;
```

Anzeige des Konfigurationsdialogs:

```
procedure TForm1.Button1Click(Sender: TObject);
begin  Comm1.SetupDlg  end;
```

Zeichen senden:

```
procedure TForm1.Memo1KeyPress(Sender: TObject; var Key: Char);
begin
  if Comm1.Connected then  Comm1.Write(@key, 1)
  else ShowMessage('Nicht verbunden!')
end;
```

Auswertung der Statusleitungen etc.:

```
procedure TForm1.Comm1CommEvent(Sender: TObject; Events, State: Integer);
begin
        if State and MS_CTS_ON = MS_CTS_ON then
        Panel1.Color:= clRed else Panel1.Color:= clBtnFace;
        if State and MS_DSR_ON = MS_DSR_ON then
        Panel2.Color:= clRed else Panel2.Color:= clBtnFace;
```

Grundlagen

Oberfläche

Grafik

Multimedia

Datei

Datenbank

SQL/ADO

Report

Objekte

OLE/DDE

Peripherie

System

Desktop

Technik

Sonstiges

```
      if State and MS_RING_ON = MS_RING_ON then
      Panel3.Color:= clRed else Panel3.Color:= clBtnFace;
      if State and MS_RLSD_ON = MS_RLSD_ON then
      Panel4.Color:= clRed else Panel4.Color:= clBtnFace
end;
```

Zeichen im Empfangspuffer (Ereignisprozedur):

```
procedure TForm1.Comm1CharReceived(Sender: TObject; cbInQue: Integer);
var  Ret: Integer;
     Buf: Char;
begin
   repeat
     Ret:= Comm1.Read(@Buf, 1);
     if Ret > 0 then
       case Buf of
         #13: Memo2.Seltext:= #13 + #10;
         #8: Memo2.Seltext:= '<DEL>';
         else  Memo2.SelText:= Buf;
       end;
   until Ret = 0
end;
```

Über den Rückgabewert der Methode *Read* können Sie bestimmen, wieviel Zeichen sich noch im Empfangspuffer befinden.

Anzeige von Fehlermeldungen:

```
procedure TForm1.Comm1CommError(Sender: TObject; ErrorCode: Integer);
begin
  Memo2.SelText:= '<ERR: ' + IntToHex(ErrorCode, 4) + '>'
end;
```

Ergänzungen

▪ Wie Sie sehen, ist die Programmierung mit Hilfe der Komponente recht komfortabel, es genügen schon wenige Mausklicks und etwas Code, um ein funktionstüchtiges Programm zu erhalten.

▪ Sollte das Programm nicht auf Anhieb funktionieren, überprüfen Sie unbedingt die Einstellungen der Schnittstelle (Handshake, Baudrate etc.).

▪ Wundern Sie sich nicht, wenn das Ereignis *OnCommEvent* nicht ausgelöst wird, Sie müssen vorher die Ereignismaske über die Eigenschaft *EventMask* entsprechend setzen.

Wie kann ich ...?
System

R306 ... Threads verstehen?

Obwohl Sie in diesem Buch mehrere Beispiele finden, in denen Threads zur Lösung von Programmieraufgaben eingesetzt wurden, möchten wir noch einmal in einem separaten Beispiel auf diese Problematik eingehen.

Oberfläche

Neben drei Paintboxen, in denen wir über drei einzelne Threads Ausgaben vornehmen werden, brauchen wir noch drei *Trackbars* zum Einstellen der jeweiligen Prozessprioritäten.

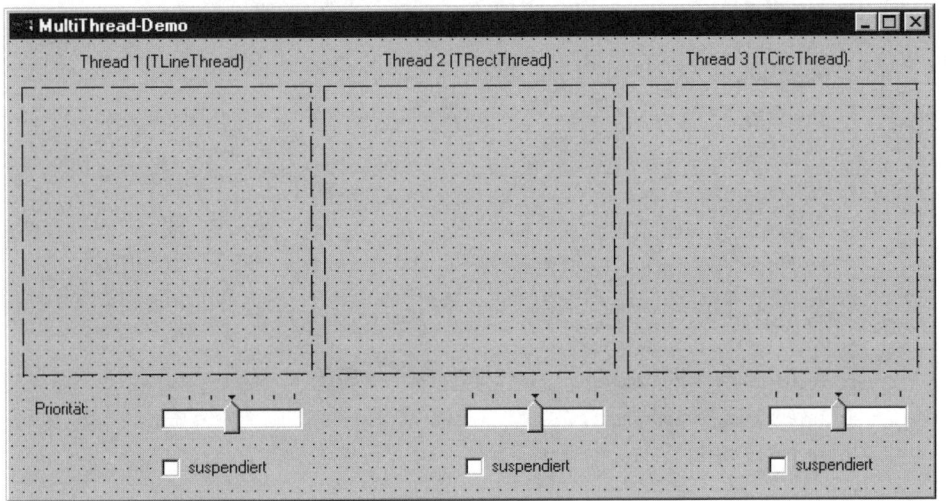

Soll ein Prozess vorübergehend angehalten werden, können Sie dazu die Checkboxen verwenden.

Quelltext-Threads

Nach dem Start des Hauptformulars werden die drei Threads erzeugt. Jeder Thread versucht nun, mit maximaler Geschwindigkeit so viele Zeichenoperationen wie möglich in einer der drei Paintboxen auszuführen.

```
uses thread2;
var   Th1:TLineThread;
      Th2:TRectThread;
      Th3:TCircThread;

procedure TForm1.FormCreate(Sender: TObject);
begin
  Th1:= TLineThread.Create(PaintBox1,tpNormal);
  Th2:= TRectThread.Create(PaintBox2,tpNormal);
```

```
Th3:= TCircThread.Create(Paintbox3,tpNormal);
end;
```

Sie haben die Möglichkeit, über die Trackbars in das Geschehen einzugreifen und die Priorität einzelner Threads zu verändern:

```
procedure TForm1.TrackBar1Change(Sender: TObject);
var  Th: TThread;
begin
  if Sender is TTrackBar then
    with TTrackBar(Sender) do begin
      case Tag of
        1: Th:= Th1;
        2: Th:= Th2;
        3: Th:= Th3;
      end;
      Case Position of
        1: Th.Priority:= tpIdle;
        2: Th.Priority:= tpLowest;
        3: Th.Priority:= tpLower;
        4: Th.Priority:= tpNormal;
        5: Th.Priority:= tpHigher;
        6: Th.Priority:= tpHighest;
        7: Th.Priority:= tpTimeCritical;
      end;
    end;
end;
```

Hinweis: Falls es nicht schon zu spät ist: Die Prozesspriorität *tpTimeCritical* sollten Sie in Ihrem Programm <u>nicht</u> einsetzen, spätestens ein Test wird Sie von der Richtigkeit dieser Warnung überzeugen.

Zum Anhalten (nicht Beenden) von Threads können Sie die Methode *Suspend* einsetzen. Den normalen Ablauf erreichen Sie nach einem Aufruf von *Resume*.

```
procedure TForm1.CheckBox1Click(Sender: TObject);
var Th: TThread;
begin
  if Sender is TCheckBox then
    with TCheckBox(Sender) do begin
      case Tag of
        1: Th:= Th1;
        2: Th:= Th2;
```

```
      3: Th:= Th3;
    end;
    if Th.Suspended then Th.Resume else Th.Suspend;
  end;
end;
```

Was passiert in der Unit *thread2*? Die Anwort gibt das folgende Listing.

```
unit thread2;

interface

uses  Classes, ExtCtrls, Windows;

type
  TPaintThread = class(TThread)
  private
  FX1, FX2, FY1, FY2, FColor: Integer;
  FBox: TPaintBox;
    { Private-Deklarationen }
  protected
    procedure Execute; override;
    procedure Paint(x1, y1, x2, y2, Color: Integer);
    procedure DoPaint; virtual; abstract;
  public
    constructor Create(Box: TPaintBox; ThreadPriority: TThreadPriority);
  end;

type
  TLineThread =class(TPaintThread)
  protected
    procedure DoPaint; override;
  end;

type
  TRectThread = class (TPaintThread)
  protected
    procedure DoPaint; override;
  end;

type
```

Grundlagen

Oberfläche

Grafik

Multimedia

Datei

Datenbank

SQL/ADO

Report

Objekte

OLE/DDE

Peripherie

System

Desktop

Technik

Sonstiges

```
TCircThread = class (TPaintThread)
protected
  procedure DoPaint; override;
end;
implementation
```

Initialisieren des neuen Threads:

```
constructor TPaintThread.Create(Box: TPaintBox; ThreadPriority:
TThreadPriority);
begin
  inherited Create(False);
  Priority := ThreadPriority;
  FColor:= 0;
  FBox:= Box;
  FX1 := 0; FX2:= 0; FY1:= 0; FY2:= 0;
end;
```

Jede Thread-Instanz führt die folgende Methode aus (eine echte Arbeitsbeschaffungs-maßnahme!):

```
procedure TPaintThread.Execute;
var x1, y1, x2, y2, i : Integer;
begin
  { Platzieren Sie den Thread code hier }
  randomize;
  while True do
      Paint(Random(200), Random(200), Random(200), Random(200), Random($FFFF));
end;
```

```
procedure TPaintThread.Paint(x1, y1, x2, y2, Color: Integer);

begin
  FX1:= x1; FX2:= x2; FY1:= y1; FY2:= y2;
  FColor:= Color;
  Synchronize(DoPaint);
end;
```

Was in der synchronisierten Methode *DoPaint* angezeigt wird, hängt davon ab, wie die Methode von den einzeln abgeleiteten Thread-Klassen (*TLineThread*, *TRectThread*...) überschrieben wurde:

```
{TLineThread}
Procedure TLineThread.DoPaint;
begin
```

Grundlagen

Oberfläche

Grafik

Multimedia

Datei

Datenbank

SQL/ADO

Report

Objekte

OLE/DDE

Peripherie

System

Desktop

Technik

Sonstiges

```
with FBox.Canvas do
 begin
   Pen.Color:= FColor;
   MoveTo(FX1, FY1); LineTo(FX2, FY2);
 end;
end;


{TRectThread}
Procedure TRectThread.DoPaint;
begin
 with FBox.Canvas do
 begin
   Brush.Style := bsClear;
   Pen.Color:= FColor;
   Rectangle(FX1, FY1, FX2, FY2);
 end;
end;


{TCircThread}
procedure TCircThread.DoPaint;
begin
 with FBox.Canvas do
 begin
   Brush.Style := bsClear;
   Pen.Color:= FColor;
   Ellipse(FX1, FY1, FX2, FY2);
 end;
end;
end.
```

Weitere Einsatzmöglichkeiten von Threads finden Sie in

☞   R111 ... einen Bildausschnitt scrollen?

☞   R163 ... Änderungen in einem Verzeichnis überwachen?

☞   R310 ... Daten zwischen Prozessen austauschen?

R307 ... Windows-Botschaften verarbeiten?

Reichen Ihnen die von Delphi zur Verfügung gestellten Ereignisse nicht, müssen Sie sich selbst um die Verarbeitung von Messages kümmern. Dazu bieten sich mehrere Varianten an:

- Schreiben einer neuen Ereignisprozedur (Event)
- Überschreiben der Fenster-Methode *WndProc*
- Verwenden der Ereignisprozedur *Application.OnMessage*

Neue Ereignisprozedur (Event)

Grundsätzlich können Sie für jede Message (Nachricht), die an das Fenster gerichtet ist, eine neue Ereignisprozedur schreiben. Alles was Sie machen müssen, ist eine Erweiterung der Fensterklasse.

In unserem Beispiel wollen wir auf das Verschieben des Fensters reagieren. Das System stellt zu diesem Zweck die Botschaft WM_MOVE bereit.

Die Deklaration:

```
type
  TForm1 = class(TForm)
    protected
      procedure WMMove(var message: TMessage); message WM_MOVE;
  end;
...
```

Die eigentliche Ereignisprozedur:

```
procedure TForm1.WMMove(var message: TMessage);
begin
    beep;
end;
```

Über die Struktur *TMessage*

```
TMessage = record
  Msg: Word;
  case Integer of
    0: (
      WParam: Word;
      LParam: Longint;
      Result: Longint);
    1: (
      WParamLo: Byte;
      WParamHi: Byte;
```

```
    LParamLo: Word;
    LParamHi: Word;
    ResultLo: Word;
    ResultHi: Word);
end;
```

können Sie die einzelnen Message-Parameter auswerten. Beispielsweise ist bei obiger Botschaft im Parameter *lParam* die Fensterposition enthalten. Die Abfrage könnte also wie folgt aussehen:

```
xPos := message.lParamLo;
yPos := message.lParamHi;
```

Ein derartiger Messagehandler ist jedoch auf eine einzige Message beschränkt, wollen Sie auf mehrere Botschaften mit ein und demselben Ereignis reagieren, ist der Programmieraufwand beträchtlich. In diesem Fall ist die folgende Variante effektiver.

Überschreiben von WndProc

Ansatzpunkt für einen Messagehandler, der alle Fensterbotschaften erhält, ist die Methode *WndProc*. Diese Methode existiert bereits und muss aus diesem Grund überschrieben werden. Die dazu nötige Deklaration finden Sie im folgenden Listing:

```
type
  TForm1 = class(TForm)
   protected
    procedure WndProc(var Message: TMessage); override;
  end;
...
```

Die eigentliche Umsetzung ist relativ einfach, in einer *Case*-Anweisung können Sie, in Abhängigkeit von den übergebenen Botschaften, Funktionen bzw. Prozeduren ausführen. Die ursprüngliche Prozedur sollten Sie jedoch in jedem Fall weiterhin aufrufen (*inherited WndProc(Message)*), anderenfalls könnte es schnell zu Problemen kommen.

```
procedure TForm1.WndProc(var Message: TMessage);
begin
  case Message.Msg of
      WM_KEYDOWN,
      WM_MOVE     : beep;
  end;
  inherited WndProc(Message);
end;
```

Application.OnMessage

Sollen nicht nur die fensterspezifischen Botschaften empfangen werden, sondern auch die an die Applikation gerichteten, müssen Sie sich etwas zeitiger in die Ereigniskette einklinken. Sinnvoller Ansatzpunkt ist das *OnMessage*-Ereignis von *TApplication*.

So einfach wie bei der Zuweisung anderer Ereignisprozeduren ist es in diesem Fall allerdings nicht, Sie müssen die Zuordnung zur Laufzeit erzeugen. Dazu erweitern Sie die Typdeklaration des Fensters um folgenden Eintrag:

```
type
  TForm1 = class(TForm)
     procedure FormCreate(Sender: TObject);
   protected
     procedure MyMessage(var Msg: TMsg; var Handled: Boolean);
  end;
...
```

Im *FormCreate*-Ereignis verknüpfen Sie dann das *OnMessage*-Ereignis mit Ihrer Ereignisprozedur:

```
procedure TForm1.FormCreate(Sender: TObject);
begin
  Application.OnMessage := MyMessage;
end;
```

Die eigentliche Botschaftsbehandlung:

```
procedure TForm1.MyMessage(var Msg: TMsg; var Handled: Boolean);
begin
    case Msg.Message of
      wm_KeyDown  : beep;
    end;
end;
```

Der Datentyp *TMsg*:

```
TMsg = record
    hwnd: HWnd;        // Fensterhandle
    message: Word;
    wParam: Word;
    lParam: LongInt;
    time: Longint;     // Zeitpunkt der Botschaft
    pt: TPoint;        // Position des Cursors
  end;
```

R308 ... den Computer herunterfahren und neu starten?

Grundlagen

Oberfläche

Grafik

Multimedia

Datei

Datenbank

SQL/ADO

Report

Objekte

OLE/DDE

Peripherie

System

Desktop

Technik

Sonstiges

Geht es um die Installation von Anwendungen, Treibern etc. oder müssen Sie programm-gesteuert die Bildschirmauflösung ändern, wird ein erneuter Systemstart fällig. Das Windows-API stellt zu diesem Zweck die Funktion *ExitWindowsEx* bereit.

Syntax: ExitWindowsEx(uFlags: UINT; dwReserved: DWORD): BOOL;

Die möglichen Werte für *uFlags*:

Konstante	Beschreibung
EWX_FORCE	Dieser Wert wird mit den restlichen Konstanten kombiniert, um die entsprechende Aktion ohne "Nachfragen" (Dialoge) auszuführen.
EWX_LOGOFF	Ausloggen des Users.
EWX_POWEROFF	Ausschalten des Systems (nur wenn die Hardware dies unterstützt).
EWX_REBOOT	Herunterfahren des Systems und Neustart.
EWX_SHUTDOWN	Herunterfahren des Systems.

Leider werden Sie an dieser Stelle wieder einmal mit den kleinen aber feinen Unterschieden zwischen Windows 95/98 und Windows NT konfrontiert. Während Windows 95/98 ohne große Vorbereitungen die Funktion ausführen kann, müssen Sie unter NT erst die nötigen Sicherheitsattribute (*SeShutdownPrivilege*) setzen.

Oberfläche

Den Grundaufbau der Oberfläche entnehmen Sie bitte der folgenden Abbildung.

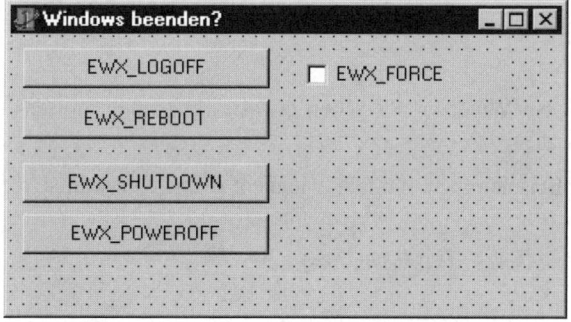

Über die Checkbox werden wir das Flag EWX_FORCE zuschalten.

Quelltexte

Die eigentliche Funktion zum Beenden von Windows unterscheidet automatisch die Betriebs-systeme, Sie brauchen also nicht extra das System abfragen. Übergeben Sie der Funktion einen

String, wird dieser in einer Dialogbox eingeblendet. Der zweite Parameter ist eine der Konstanten aus der obigen Tabelle.

```
uses windows,dialogs;
Function ExitWindows(Frage:string;flag:word): Boolean;
var vi      : TOSVersionInfo;
    hToken  : THandle;
    tp      : TTokenPrivileges;
    h       : DWord;
begin
  result := False;
  if frage <> '' then
    if MessageDlg(frage, mtConfirmation, [mbYes,mbNo],0) = IDNo then exit;
  vi.dwOSVersionInfoSize:=SizeOf(vi);
  GetVersionEx(vi);
  if vi.dwPlatformId = VER_PLATFORM_WIN32_NT then begin // Windows NT
    // Achtung bei Delphi 2 muss @hToken stehen ... !!!! ?????
    OpenProcessToken(GetCurrentProcess(),TOKEN_ADJUST_PRIVILEGES,hToken);
    LookupPrivilegeValue(nil,'SeShutdownPrivilege',tp.Privileges[0].Luid);
    tp.PrivilegeCount := 1;
    tp.Privileges[0].Attributes := SE_PRIVILEGE_ENABLED;
    h := 0;
    AdjustTokenPrivileges(hToken,False,tp,0,PTokenPrivileges(nil)^,h);
    CloseHandle(hToken);
    result := ExitWindowsEx(flag,0);
  end else Result := ExitWindowsEx(flag,0);
end;
```

Wie Sie sehen, ist bei Windows NT schon etwas Arbeit nötig, um das nötige Sicherheitsattribut einzuschalten.

Unser eigentliches Beispielprogramm fällt, wie nicht anders zu erwarten, recht kurz aus:

```
var flag:word;
procedure TForm1.CheckBox1Click(Sender: TObject);
begin
    if checkbox1.Checked then flag := EWX_FORCE else flag := 0;
end;


procedure TForm1.Button2Click(Sender: TObject);
begin
  if ExitWindows('Beenden',ewx_logoff+flag) then label1.caption:='JA'
end;
```

```
...
if ExitWindows('Beenden',ewx_poweroff+flag) then label1.caption:='JA'
...
if ExitWindows('Beenden',ewx_reboot+flag) then label1.caption:='JA'
...
if ExitWindows('Beenden',ewx_shutdown+flag) then label1.caption:='JA'
```

Test

Probieren Sie die verschiedenen Optionen aus. Um den Einfluss von EWX_FORCE zu testen, öffnen Sie einmal ein paar Anwendungen und beenden dann Windows.

R309 ... ein anderes Programm starten?

Möchten Sie aus Ihrem Delphi-Programm heraus eine andere Anwendung starten, brauchen Sie eine Funktion, der Sie sowohl das zu startende Programm, den Pfad, als auch die Parameter übergeben können. Ein möglicher Einsatzfall könnte z.B. die Oberfläche für eines der vielen Shareware-Packprogramme sein. Unter Windows wählen Sie die betreffenden Dateien aus, in einem versteckten Fenster lassen Sie den DOS-Packer ablaufen.

Zwei eigentlich grundverschiedene Varianten bieten sich Ihnen an:

- die Funktion *ShellExecute*
- die Funktion *CreateProcess*

Während Sie mit *ShellExecute* in der 32 Bit-Version andere Programme nur noch asynchron starten können, bietet sich Ihnen mit *CreateProcess* die Möglichkeit, so lange zu warten, bis die gestartete Anwendung beendet wurde (synchron).

ShellExecute

Unser Beispielprogramm soll Ihnen die Möglichkeiten der API-Funktion *ShellExecute* verdeutlichen. Neben diversen Parametern werden auch die wichtigsten Fehler durch das Programm behandelt.

Oberfläche

Die Oberfläche besteht neben drei *Edit*-Feldern aus einer *RadioGroup* für die Parameter sowie zwei *Button*s.

Grundlagen

Oberfläche

Grafik

Multimedia

Datei

Datenbank

SQL/ADO

Report

Objekte

OLE/DDE

Peripherie

System

Desktop

Technik

Sonstiges

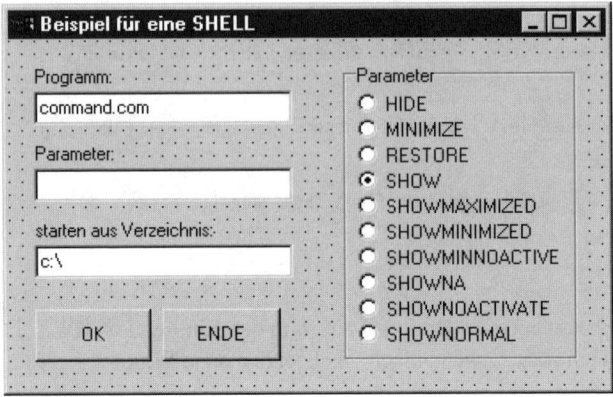

Quelltext

Das nachfolgende Listing besteht zu 99 % aus Fehlerbehandlung und Aufbereitung der Parameter.

```
procedure TForm1.Button2Click(Sender: TObject);
var i,i1,typ : integer;
    msg : string;
begin
   case radiogroup1.itemindex of
        0 : typ:=SW_HIDE;
        1 : typ:=SW_MINIMIZE;
        2 : typ:=SW_RESTORE;
        3 : typ:=SW_SHOW;
        4 : typ:=SW_SHOWMAXIMIZED;
        5 : typ:=SW_SHOWMINIMIZED;
        6 : typ:=SW_SHOWMINNOACTIVE;
        7 : typ:=SW_SHOWNA;
        8 : typ:=SW_SHOWNOACTIVATE;
        9 : typ:=SW_SHOWNORMAL;
   end;
   i := shellexecute(handle,          // Handle des aufrufenden Fensters
                'open',               // open oder print
                PChar(edit1.text),    // Name der Anwendung
                PChar(edit2.text),    // Parameter
                PChar(edit3.text),    // Verzeichnis
                typ);                 // Anzeigeoption
   if i <= 32 then begin
     case i of
```

```
      0 : msg:='Zuwenig Speicher, ausführbare Datei war zerstört,
                Relokationswerte waren ungültig';
      2 : msg:='Datei wurde nicht gefunden.';
      3 : msg:='Verzeichnis wurde nicht gefunden.';
      5 : msg:='Fehler beim gemeinsamen Zugriff auf eine Datei
                im Netz oder Fehler'+
                ' beim Zugriff auf eine gesperrte Datei im Netz.';
      6 : msg:='Bibliothek forderte separate Datensegmente für
                jede Task an.';
      8 : msg:='Zuwenig Speicher, um die Anwendung zu starten.';
      10: msg:='Falsche Windows-Version.';
      11: msg:='Ungültige ausführbare Datei. Entweder keine Windows
                -Anwendung oder Fehler in der EXE-Datei.';
      12: msg:='Anwendung für ein anderes Betriebssystem.';
      13: msg:='Anwendung für MS-DOS 4.0.';
      14: msg:='Typ der ausführbaren Datei unbekannt.';
      15: msg:='Versuch, eine Real-Mode-Anwendung zu laden.';
      19: msg:='Versuch, eine komprimierte ausführbare Datei zu
                laden. Die Datei muss dekomprimiert'+
                ' werden, bevor sie geladen werden kann.';
      20: msg:='Ungültige dynamische Linkbibliothek (DLL). Eine
                der DLLs, die benötigt wurde, um '+
                'die Anwendung auszuführen, war beschädigt.';
    end;
    showmessage(msg);
  end;
end;
```

Aus der langen Fehler-Liste können Sie schon ersehen, dass es nicht einfach ist, eine andere Anwendung fehlerfrei zu starten. Verzichten Sie in diesem Zusammenhang auch nicht auf eine Auswertung, die Anwender Ihrer Programme werden es Ihnen danken (besser eine Messagebox mit einer Fehlermeldung als ein schwarzer Bildschirm!).

Die bisherige Möglichkeit, mit

```
while GetModuleUsage(i) > 0 do Application.ProcessMessages;
```

so lange zu warten, bis die Anwendung beendet ist (synchrone Ausführung), besteht nicht mehr!

Test

Probieren Sie die verschiedenen Parameter aus. Übergeben Sie DOS-Kommandos mit dem Parameter "/C".

Grundlagen

Oberfläche

Grafik

Multimedia

Datei

Datenbank

SQL/ADO

Report

Objekte

OLE/DDE

Peripherie

System

Desktop

Technik

Sonstiges

Beispiel:

```
/Cdir *.* > c:\1.txt
```

Die entstandene Textdatei können Sie in Delphi einlesen.

CreateProcess

Mit der *CreateProcess*-Funktion bietet sich unter Windows NT bzw. Windows 95/98 ein sinnvoller Weg, eine Anwendung zu starten. Für uns ist im Wesentlichen nur das Beenden des Prozesses interessant. Mit der *WaitForSingleObject*-Funktion haben wir die Möglichkeit, so lange zu warten, bis der Prozess beendet wird. Auf die verschiedenen Optionen beim Programmstart wollen wir nicht weiter eingehen. Sollten Sie in dieser Richtung weitere Versuche anstellen, dürfte die *TStartupInfo*-Struktur der geeignete Ansatzpunkt sein.

Oberfläche

Die Oberfläche des Programms ist recht spartanisch: Außer einem Button finden Sie nur ein Textfeld für die Eingabe der Kommandozeile (Programmname und Parameter).

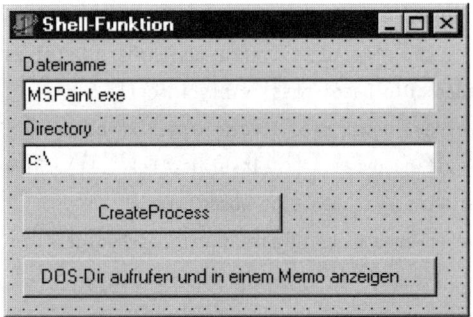

Quelltext

```
procedure TForm1.Button1Click(Sender: TObject);
```

Einbinden der beiden Strukturen:

```
var StartupInfo: TStartupInfo;
    ProcessInfo: TProcessInformation;


begin
```

Hinweis: Die Struktur *StartupInfo* muss unbedingt initialisiert werden (wenigstens alles auf Null setzen!):

```
FillChar(StartupInfo, SizeOf(TStartupInfo), 0);
StartupInfo.cb := Sizeof(TStartupInfo);
```

```
if CreateProcess(nil,                     // Anwendungsname
                 PChar(edit1.text),       // Parameter
                 nil,                      // Security
                 nil,                      // Security
                 False,
                 NORMAL_PRIORITY_CLASS,    // Priorität
                 nil,                      // Environment
                 PChar(edit2.text),        // Verzeichnis
                 StartupInfo,
                 ProcessInfo) then begin
```

Sollte ein Prozess erzeugt worden sein, warten wir mit *WaitForSingleObject* solange, bis dieser beendet wurde:

```
    WaitForSingleObject(ProcessInfo.hProcess, INFINITE);
    CloseHandle(ProcessInfo.hProcess);
    Showmessage('Prozess beendet!');
  end else Showmessage('Fehler!');
end;
```

Der Funktion *CreateProcess* übergeben Sie neben der Kommandozeile und den beiden Strukturen zusätzliche Parameter, die unter anderem die Prozesspriorität bestimmen. Angefangen mit der Leerlaufaktivität (IDLE_PRIORITY_CLASS) über das "normale" Programm (NORMAL_PRIORITY_CLASS), kann die Priorität bis zur Echtzeitfähigkeit (REALTIME_-PRIORITY_CLASS) erhöht werden.

Hinweis: Möchten Sie eine bestimmte Anzahl vom Millisekunden warten, müssen Sie der Funktion *WaitForSingleObject* statt *INFINITE* einen Wert übergeben.

Ergänzung

Soll eine DOS-Anwendung im Hintergrund gestartet werden (nicht sichtbar), müssen Sie folgenden Funktionsaufruf verwenden:

```
procedure TForm1.Button2Click(Sender: TObject);
var StartupInfo: TStartupInfo;
    ProcessInfo: TProcessInformation;

begin
  FillChar(StartupInfo, SizeOf(TStartupInfo), 0);
  StartupInfo.cb := Sizeof(TStartupInfo);
  StartupInfo.dwFlags := STARTF_USESHOWWINDOW;
  StartupInfo.wShowWindow:=SW_HIDE;
  if CreateProcess(nil,                    // Anwendungsname
```

Grundlagen

Oberfläche

Grafik

Multimedia

Datei

Datenbank

SQL/ADO

Report

Objekte

OLE/DDE

Peripherie

System

Desktop

Technik

Sonstiges

```
                     'command.com /CDIR *.* > c:\dir.dat',  // Parameter
                     nil,                 // Security
                     nil,                 // Security
                     False,
                     NORMAL_PRIORITY_CLASS, // Priorität
                     nil,                 // Environment
                     'c:\',      // Verzeichnis
                     StartupInfo,
                     ProcessInfo) then begin
     WaitForSingleObject(ProcessInfo.hProcess, INFINITE);
     CloseHandle(ProcessInfo.hProcess);
   end else
      Showmessage('Fehler!');
   form2.memo1.Lines.LoadFromFile('c:\dir.dat');
   form2.show;
end;
```

Das Beispiel erzeugt eine Textdatei, die nachfolgend in einem Memofeld angezeigt werden kann. Ein DOS-Fenster ist nicht zu sehen (auf PIF-Dateien können Sie verzichten).

R310 ... Daten zwischen Prozessen austauschen?

Geht es darum, Daten zwischen verschiedenen Prozessen auszutauschen (dies schließt auch Prozesse auf Computern ein, die über ein LAN miteinander verbunden sind), bietet sich eine sehr leistungsfähige Variante an: die sogenannten Named Pipes.

Hinweis: Die im Folgenden vorgestellten Programme sind nur zum Teil unter Windows 95/98 ausführbar. Lediglich die Client-Anwendung läuft unter Windows 95/98, da alle wesentlichen Server-Funktionen nicht unterstützt werden. Unter Windows NT laufen sowohl Client als auch Server, beide Anwendungen können auch lokal miteinander kommunizieren (ohne Netzwerk).

Das Grundprinzip einer Named Pipe können Sie sich ähnlich wie einen SQL-Server vorstellen (der MS SQL-Server benutzt ebenfalls Named Pipes für den Datentransfer). Ein Server wartet auf die Clientanfrage, erfolgt diese, wird ein neuer Thread gestartet, der diese Anfrage bearbeitet und gegebenenfalls Daten zurücksendet.

Named Pipe-Server

Um das Beispiel nicht noch mehr zu verkomplizieren, wollen wir uns darauf beschränken, einen Wert (Uhrzeit) über den Client vom Server anzufordern. Genauso gut könnten Sie auch ganze Dateien übertragen oder eine Datenbank auslesen.

Oberfläche

Den Aufbau der Oberfläche entnehmen Sie bitte der folgenden Abbildung:

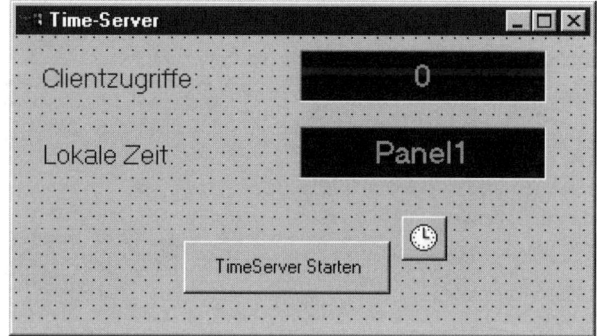

Quelltext

Fast die gesamte Funktionalität der Server-Anwendung ist in der Unit *server* untergebracht. Im Wesentlichen handelt es sich um einen eigenen Thread, in dessen *Execute*-Methode sich die Routinen zum Bereitstellen der Pipe befinden.

```
unit server;
interface

uses
  Classes, Windows, WinTypes, SysUtils, Messages;     •

type
  TServerThread = class(TThread)
  private
  FCount: Integer;
  FPipe: THandle;
  protected
    procedure Execute; override;
    procedure ShowVCL;
    procedure ShutDown;
  public
    destructor Destroy;
  end;

implementation
uses unit1;
```

Grundlagen

Oberfläche

Grafik

Multimedia

Datei

Datenbank

SQL/ADO

Report

Objekte

OLE/DDE

Peripherie

System

Desktop

Technik

Sonstiges

Im Destruktor wird die Pipe geschlossen:

```
{ TServerThread }
destructor TServerThread.Destroy;
begin
  if DisconnectNamedPipe(FPipe) then CloseHandle(FPipe);
  inherited Destroy;
end;
```

Die Hauptroutine:

```
procedure TServerThread.Execute;
var
  fConnected, fSuccess: LongBool;
  chRequest: string[55];
  chReply: string;
  lb: byte absolute chRequest;
  dwThreadID, cbBytesRead, cbReplyBytes, cbWritten: DWord;
```

Hinweis: Wie der Name schon sagt, handelt es sich um <u>Named</u> Pipes, d.h., der Bezeichner spielt eine wesentliche Rolle. Für unser Programm verwenden wir "TimePipe", die weiteren Angaben kennzeichnen eine Pipe (im Gegensatz zu einer Datei oder einer Schnittstelle).

```
const
  PipeName :PChar = '\\.\pipe\TimePipe'+ #0 ;


begin
  FCount:= 0;
```

Die Kommentare im folgenden Listing dürften für das Verständnis ausreichen:

```
while True do begin
  //Pipe-Erzeugung
  FPipe := CreateNamedPipe(PipeName, PIPE_ACCESS_DUPLEX,
   PIPE_TYPE_Message or PIPE_READMODE_Byte or PIPE_WAIT,
   PIPE_UNLIMITED_INSTANCES, 225, 255, NMPWAIT_USE_DEFAULT_WAIT, nil);
  if (FPipe <> INVALID_HANDLE_VALUE) then

    //Warten auf Clientzugriff
    fConnected := ConnectNamedPipe(FPipe, nil);
    if (fConnected) then begin
      inc(FCount);
      chRequest :='                             ';
```

Grundlagen

Oberfläche

Grafik

Multimedia

Datei

Datenbank

SQL/ADO

Report

Objekte

OLE/DDE

Peripherie

System

Desktop

Technik

Sonstiges

```
//Empfang Clientanfrage
fSuccess := ReadFile(FPipe, chRequest[1], sizeof(chRequest),
  cbBytesRead, Nil);
```

Auswerten der Clientanfrage (an dieser Stelle könnten Sie weitere Befehle einbauen):

```
if (Copy(chRequest, 1, Length('GETTIME'))='GETTIME') then
  chReply:=TimeToStr(Time)
else
  if (Copy(chRequest, 1, Length('EXIT'))='EXIT') then begin
    chReply:='Und Tschüß';
    synchronize(ShutDown);
  end;

//Antwort zum Client
fSuccess := WriteFile(FPipe, chReply[1], length(chReply),
  cbWritten, nil);

//Verbindungsabbau
FlushFileBuffers(FPipe);
DisconnectNamedPipe(FPipe);
CloseHandle(FPipe);
synchronize(ShowVCL);
    end;
  end;
end;
```

Der Direktzugriff auf VCL-Komponenten aus einem Thread heraus ist nicht zulässig, dazu muss eine synchronisierte Methode verwendet werden:

```
procedure TServerThread.ShowVcl;
begin
  Form1.Panel2.Caption:= IntToStr(FCount);
end;
```

Das Beenden des Threads hat ebenfalls das Schließen des Hauptfensters zur Folge, wir senden dazu einfach eine Windows-Botschaft:

```
procedure TServerThread.ShutDown;
begin
  PostMessage(Form1.Handle, WM_CLOSE, 0,0);
end;
```

Wird der Server gestartet, erstellt das Programm eine Instanz des obigen *Thread*-Objekts:

```
var TimeServer: TServerThread;
begin
```

```
  TimeServer:= TServerThread.Create(False);
  Button2.Enabled:= False;
end;
```

Named Pipe-Client

Im Vergleich zum Server ist der Verwaltungsaufwand des Clients relativ gering. Wichtig ist vor allem eine Möglichkeit, den Namen des Rechners anzugeben, auf dem die Server-Anwendung läuft. Nur so ist eine Kommunikation überhaupt möglich.

Oberfläche

Neben einem Eingabefeld brauchen Sie lediglich zwei *Buttons* und mehrere *Label*-Komponenten. Der *Timer* dient dazu, die Uhrzeit des Client-Rechners anzuzeigen.

Quelltext

Nach dem Buttonklick soll sich der Client mit dem Server verbinden. Dazu wird aus der Eingabezeile der Server-Name ausgelesen und mit dem Pipe-Namen, den wir als Konstante in der Server-Anwendung festgelegt haben, verknüpft.

```
procedure TForm1.Button2Click(Sender: TObject);
var send : string;
    recv : string[255];
    d    : Byte absolute recv;
    re   : DWord;
    pipe : String;
begin
  pipe := '\\'+ Edit1.text+'\pipe\TimePipe';
  send := 'GETTIME';
```

Der eigentliche Aufruf ist eine Anfrage, d.h., es werden sowohl Daten gesendet als auch empfangen. Der letzte Parameter der Funktion gibt eine Timeout-Zeit in Millisekunden vor, nach der die synchrone Ausführung der Funktion abgebrochen wird:

Grundlagen

Oberfläche

Grafik

Multimedia

Datei

Datenbank

SQL/ADO

Report

Objekte

OLE/DDE

Peripherie

System

Desktop

Technik

Sonstiges

```
if CallNamedPipe(PChar(pipe),
  @send[1],       // address of write buffer
  length(send),   // size, in bytes, of write buffer
  @recv[1],       // address of read buffer
  sizeof(recv),   // size, in bytes, of read buffer
  re,   // address of number of bytes read
  3000  // time-out time, in milliseconds
  ) then begin
```

Das war es auch schon, was bleibt, ist die Anzeige der empfangenen Daten:

```
  d := re;
  panel2.caption := recv;
  end else showmessage('Kein Connect zum TimeServer');
end;
```

Auf die gleiche Art und Weise können wir auch den Server beenden, wir senden einfach den (selbstdefinierten) Befehl "Exit", auf den der Server entsprechend reagiert:

```
procedure TForm1.Button1Click(Sender: TObject);
var send : string;
    recv : string[100];
    re   : Dword;
    pipe : String;
begin
  pipe := '\\'+ Edit1.text+'\pipe\TimePipe';
  send := 'EXIT';
  if not CallNamedPipe(PChar(pipe),
    @send[1],       // address of write buffer
    length(send),   // size, in bytes, of write buffer
    @recv[1],       // address of read buffer
    sizeof(recv),   // size, in bytes, of read buffer
    re,   // address of number of bytes read
    3000  // time-out time, in milliseconds
    )then showMessage('Kein Connect zum Time-Server')
      else showMessage('Shutdown Time-Server');
end;
```

Test

Starten Sie den Server und vergessen Sie nicht die Taste "Time-Server-Starten" zu drücken (erst hier wird der Thread gestartet, der auf den Client wartet).

Starten Sie danach den Client und geben Sie den Computernamen des Servers an. Nach dem Druck auf die Taste "Hole-Server-Zeit" müsste die Uhrzeit des Server-Computers in der Label-Komponente angezeigt werden. Zum Vergleich sehen Sie gleichzeitig die Uhrzeit des Client-Rechners.

Wer unter Windows NT arbeitet, findet in der Systemsteuerung unter "Server" auch die Möglichkeit, geöffnete Ressourcen anzuzeigen. Dazu gehören neben konventionellen Dateien auch die Pipes.

Ergänzungen

▪ Bevor Sie jetzt vergeblich versuchen, die geöffnete Pipe des Beispiels in der Ressourcen-Anzeige sichtbar zu machen, müssen wir Sie darauf hinweisen, dass die Pipe sofort nach dem Client-Aufruf wieder geschlossen wird.

▪ Das im Beispiel vorgestellte Programmgerüst dürfte sich mit relativ wenig Aufwand auch für andere Einsatzzwecke verwenden lassen, Änderungen sind im Wesentlichen im Thread des Servers vorzunehmen.

R311 ... mit der Registrierdatenbank arbeiten?

Seit Windows 95 besteht endlich die Möglichkeit, etwas mehr Ordnung in das Chaos der Systemdateien zu bringen. Statt Dutzenden von INI-Dateien werden nunmehr alle Informationen zu Soft- und Hardware in einer Registrierdatenbank gespeichert. Zusätzlich lassen sich auch noch nutzerspezifische Daten unterbringen.

Oberfläche

Den Aufbau der Oberfläche für unser kleines Demoprogramm können Sie der Grafik entnehmen:

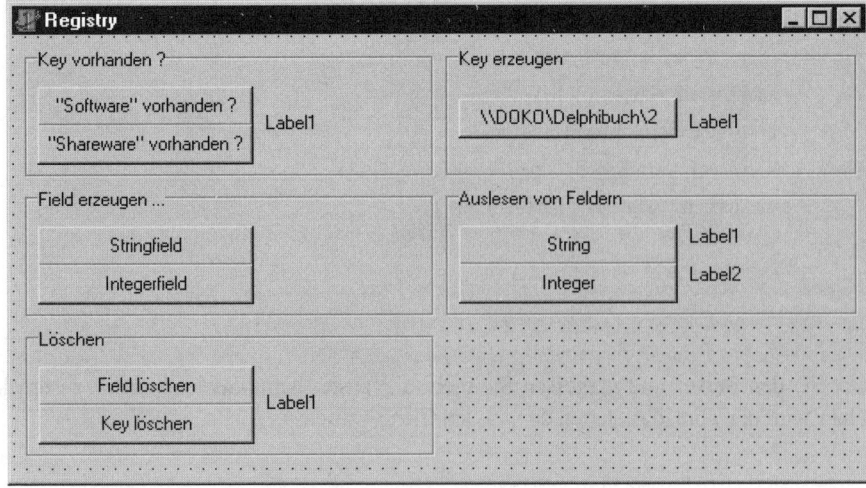

Die Oberfläche dient lediglich als Demonstrationsbeispiel für die einzelnen Routinen und hat keinerlei praktische Bedeutung.

Quelltext (Test-Programm) + Test

In der *Create*-Ereignisprozedur des Programms initialisieren wir das *TRegistry*-Objekt und legen gleichzeitig die Root innerhalb der Systemdatenbank fest:

```
uses registry;
{$R *.DFM}
var regist : TRegistry;


procedure TForm1.FormCreate(Sender: TObject);
begin
    regist := TRegistry.Create;
    regist.RootKey := HKEY_LOCAL_MACHINE;
end;
```

Der Ausgangspunkt vor dem Start des Testprogramms könnte wie folgt aussehen:

Die folgende Ereignisroutine testet, ob unter "HKEY_LOCAL_MACHINE" der Schlüssel "SOFTWARE" vorhanden ist (das sollte der Fall sein):

```
procedure TForm1.Button1Click(Sender: TObject);
begin
  if regist.KeyExists('SOFTWARE') then
    label1.caption := 'vorhanden'
  else
    label1.caption := 'nicht vorhanden'
end;
```

Testen, ob Schlüssel "Shareware" in "HKEY_LOCAL_MACHINE" vorhanden ist (wenn ja, löschen Sie diesen am besten, in dieser Baumebene haben solche Einträge nichts zu suchen):

```
if regist.KeyExists('SHAREWARE') then
    label1.caption := 'vorhanden'
  else
    label1.caption := 'nicht vorhanden'
```

Grundlagen

Oberfläche

Grafik

Multimedia

Datei

Datenbank

SQL/ADO

Report

Objekte

OLE/DDE

Peripherie

System

Desktop

Technik

Sonstiges

Nach dem Erzeugen eines neuen Schlüssels mit

```
if regist.CreateKey('\SOFTWARE\Doberenz & Kowalski\Testanwendung\1.0') then
    label5.caption := 'erzeugt'
else
    label5.caption := 'Fehler oder schon vorhanden'
```

dürfte der Baum wie folgt aussehen:

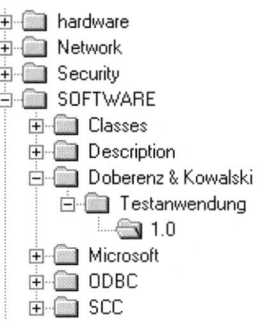

Speichern eines Stringwertes unter dem obigen Schlüssel:

```
regist.OpenKey('\SOFTWARE\Doberenz & Kowalski\Testanwendung\1.0',True);
regist.WriteString('Programm-ID','45-1246-31-1996');
```

Speichern eine Integer-Wertes:

```
regist.OpenKey('\SOFTWARE\Doberenz & Kowalski\Testanwendung\1.0',True);
regist.WriteInteger('TestLong',47110001);
```

Unter dem Schlüssel SOFTWARE\Doberenz & Kowalski\Testanwendung\1.0 werden die folgenden Felder abgespeichert:

ProgrammID	"45-1246-31-1995"
TestLong	0x02ced771 (47110001)

Auslesen eines Feldes (String):

```
regist.OpenKey('\SOFTWARE\Doberenz & Kowalski\Testanwendung\1.0',True);
label6.caption := regist.ReadString('Programm-ID');
```

Löschen eines Feldes:

```
regist.OpenKey('\SOFTWARE\Doberenz & Kowalski\Testanwendung\1.0',True);
    if regist.DeleteValue('Test-Integer') then
    label3.caption := 'gelöscht'
else
    label3.caption := 'Problem'
```

Grundlagen

Oberfläche

Grafik

Multimedia

Datei

Datenbank

SQL/ADO

Report

Objekte

OLE/DDE

Peripherie

System

Desktop

Technik

Sonstiges

Löschen eines Teilschlüssels:

```
if regist.DeleteKey('\SOFTWARE\Doberenz & Kowalski\Testanwendung\1.0') then
    label3.caption := 'gelöscht'
  else
    label3.caption := 'Problem'
```

Nach der Löschaktion sollte der Baum wie folgt aussehen:

```
⊞─📁 hardware
⊞─📁 Network
⊞─📁 Security
⊟─📁 SOFTWARE
    ⊞─📁 Classes
    ⊞─📁 Description
    ⊟─📁 Doberenz & Kowalski
        ⊟─📁 Testanwendung
    ⊞─📁 Microsoft
    ⊞─📁 ODBC
    ⊞─📁 SCC
```

Zum Löschen des restlichen Baumes können Sie entweder das Programm ändern,

```
regist.DeleteKey('\SOFTWARE\Doberenz & Kowalski')
```

oder Sie verwenden den Registriereditor. Allerdings sollten Sie beim Löschen nicht allzu sorglos vorgehen, eine unbeabsichtigte Aktion kann eine Neuinstallation von Windows bzw. einer Anwendung nach sich ziehen.

R312 ... binäre Daten aus der Registrierdatenbank laden?

Suchen Sie eine Möglichkeit, etwas umfangreichere Daten (zum Beispiel eine lange Seriennummer etc.) in Registrierdatenbank zu speichern? Wenn ja, dann bietet das folgende Rezept eine Lösung.

Am Beispiel eines Bildes zeigen wir Ihnen, wie Sie Binärdaten in der Registrierdatenbank speichern und auch wieder laden können.

Hinweis: Im Normalfall sollten Sie keine Bilder etc. in der Registrierdatenbank speichern, da dies die System-Performance negativ beeinflusst.

Oberfläche

Den Grundaufbau der Oberfläche entnehmen Sie bitte der folgenden Abbildung:

Quelltext

Einbinden der Unit *Registry*:

```
uses registry;
```

Zuerst das Speichern der Grafik:

```
procedure TForm1.Button1Click(Sender: TObject);
var  reg : TRegistry;
     m : TMemoryStream;
begin
  Reg := TRegistry.Create;
  with Reg do begin
    RootKey := HKEY_LOCAL_MACHINE;
    OpenKey('\Software\DOKO\Test', True);
    m := TMemoryStream.Create;
    image1.Picture.Bitmap.SaveToStream(m);
    WriteBinaryData('Image', m.Memory^ , m.size);
```

Hinweis: Achten Sie auf die Dereferenzierung des Pointers! Worauf der Pointer zeigt ist
sekundär, Sie können beliebige Daten auf diese Weise speichern.

```
    m.free;
    Free;
  end;
end;
```

Die Grafik löschen:

```
procedure TForm1.Button2Click(Sender: TObject);
begin
  image1.Picture.Bitmap := nil;
end;
```

Auslesen der Grafik aus der Registrierdatenbank:

```
procedure TForm1.Button3Click(Sender: TObject);
var  m   : TMemoryStream;
     i   : Integer;

begin
  with TRegistry.Create do begin
    RootKey := HKEY_LOCAL_MACHINE;
    OpenKey('\Software\DOKO\Test', False);
    m := TMemoryStream.Create;
    try
      i := ReadBinaryData('Image', m.Memory^ , 0);
    except
    end;
    m.SetSize(i);
    ReadBinaryData('Image', m.Memory^ , m.Size);
    m.Position := 0;
    image1.Picture.Bitmap.LoadfromStream(m);
    m.free;
    Free;
  end;
end;
```

Mit der folgenden Routine löschen wir den Registry-Eintrag, um auch wieder für Ordnung zu sorgen:

```
procedure TForm1.Button4Click(Sender: TObject);
begin
  with TRegistry.Create do begin
    RootKey := HKEY_LOCAL_MACHINE;
    DeleteKey('\Software\DOKO');
  end;
end;
```

Test

Starten Sie das Programm und klicken Sie die Buttons von oben nach unten an. Zunächst wird das Bild in der Registrierdatenbank gespeichert, nachfolgend wird das Image auf dem Formular gelöscht. Mit Button3 werden die Daten aus der Registrierdatenbank geladen und angezeigt, Button4 räumt die Registrierdatenbank wieder auf.

Grundlagen

Oberfläche

Grafik

Multimedia

Datei

Datenbank

SQL/ADO

Report

Objekte

OLE/DDE

Peripherie

System

Desktop

Technik

Sonstiges

R313 ... die Systemkonfiguration ermitteln?

Für viele Anwendungsprogramme ist es wichtig, etwas über die Rechnerkonfiguration zu erfahren. Mit reinen Pascal-Befehlen lassen sich tiefergehende Informationen nur zum Teil abrufen, wir müssen wieder einmal die API bemühen.

Die wohl wichtigsten Angaben zum System:

- Arbeitsspeicher
- freier Arbeitsspeicher
- Auslagerungsdatei
- Systemressourcen (GDI, USER)
- Windows-Verzeichnis
- Systemverzeichnis
- Prozessortyp, Prozessoranzahl
- Bildschirmauflösung, Farbtiefe
- Datum, Zeit
- Username, Computername
- Betriebssystem, Version

Oberfläche

Zur Oberfläche unserer Anwendung gibt es nicht viel zu sagen, neben einem *StringGrid* befinden sich lediglich ein *Timer* und ein *Button* im Formular.

Auf die Funktion des Timers kommen wir später zurück, wichtig ist nur, dass Sie die *Kind*-Eigenschaft des Buttons auf *bkClose* setzen, damit sich das Fenster schließen lässt.

Quelltext

Die gesamte Funktionalität findet sich in der *FormActivate*-Ereignisprozedur wieder. Die meisten Befehle dürften selbsterklärend sein, andernfalls sind Kommentare in den Code eingefügt.

Noch ein Hinweis zum Aufruf einiger API-Funktionen: Erwarten diese einen Zeiger auf einen Zeichenpuffer, müssen Sie diesen entsprechend vorbereiten. Die unseres Erachtens nach einfachste Möglichkeit besteht in folgenden fünf Schritten:

1. Puffer anlegen:

```
var p:PChar;
```

2. Puffergröße festlegen:

```
P:=StrAlloc(MAX_PATH+1);
```

3. Puffer übergeben:

```
GetWindowsDirectory(p, MAX_PATH);
```

4. Puffer auslesen:

```
label1.caption:= p;
```

5. Puffer löschen:

```
StrDispose(p);
```

Zurück zum Beispiel:

```
unit Unit1;
...
procedure TForm1.FormActivate(Sender: TObject);
var p      : PChar;
    l      :longint;
    zw     :string;
    dc     : hdc;
    memory : TMEMORYSTATUS;
    systeminfo : TSystemInfo;
```

Formatieren des Grids:

```
        colwidths[0]:=clientwidth div 2;
        colwidths[1]:=clientwidth div 2;
```

Hinweis: Initialisieren Sie den Parameter *dwLength* mit der Größe der Struktur. Der Grund für dieses Vorgehen liegt in der späteren Erweiterbarkeit (zusätzliche Systeminformationen).

```
        memory.dwLength := sizeof(memory);
        GlobalMemoryStatus(memory);
```

Grundlagen

Oberfläche

Grafik

Multimedia

Datei

Datenbank

SQL/ADO

Report

Objekte

OLE/DDE

Peripherie

System

Desktop

Technik

Sonstiges

Speicherinformationen:

```
cells[0,0]:='phys. Speicher';
cells[1,0]:=inttostr(memory.dwTotalPhys) + ' Bytes';
cells[0,1]:='phys. Speicher frei';
cells[1,1]:=inttostr(memory.dwAvailPhys) + ' Bytes';
cells[0,2]:='Auslagerungsspeicher';
cells[1,2]:=inttostr(memory.dwTotalPageFile) + ' Bytes';
cells[0,3]:='Auslagerungsspeicher frei';
cells[1,3]:=inttostr(memory.dwAvailPageFile) + ' Bytes';
P:=StrAlloc(MAX_PATH+1);
```

Verzeichnisinformationen:

```
GetWindowsDirectory(P,MAX_PATH+1);
cells[0,4]:='Windowsverzeichnis'; cells[1,4]:= p;
StrDispose(P);
P:=StrAlloc(MAX_PATH+1);
GetSystemDirectory(P,MAX_PATH+1);
cells[0,5]:='Systemverzeichnis'; cells[1,5]:= p;
StrDispose(P);
GetSystemInfo(systeminfo);
```

Hardware:

```
cells[0,6]:='Prozessor(en)';
cells[1,6]:= inttostr(systeminfo.dwNumberOfProcessors);
case systeminfo.dwProcessorType of
     386 : zw := 'Intel 386';
     486 : zw := 'Intel 486';
     586 : zw := 'Intel Pentium';
     860 : zw := 'Intel 860';
    2000 : zw := 'MIPS R2000';
    3000 : zw := 'MIPS R3000';
    4000 : zw := 'MIPS R4000';
   21064 : zw := 'ALPHA 21064';
     601 : zw := 'PPC 601';
     603 : zw := 'PPC 603';
     604 : zw := 'PPC 604';
     620 : zw := 'PPC 620';
end;
cells[0,7]:='Prozessor'; cells[1,7]:= zw;
```

Grundlagen

Oberfläche

Grafik

Multimedia

Datei

Datenbank

SQL/ADO

Report

Objekte

OLE/DDE

Peripherie

System

Desktop

Technik

Sonstiges

Datum, Zeit:

```
cells[0,8]:='Zeit'; cells[1,8]:= timetostr(time);
cells[0,9]:='Zeit seit Systemstart';
cells[1,9]:=timetostr(getcurrenttime /60000000 );
cells[0,10]:='Datum';cells[1,10]:=datetostr(date);
```

Bildschirmauflösung, Palette:

```
    cells[0,11]:='Grafikauflösung';
cells[1,11]:=inttostr(screen.width)+'x'+inttostr(screen.height);
bitpix := GetDeviceCaps(dc,BITSPIXEL);
if bitpix > 24 then bitpix := 24;
cells[1,12]:=inttostr(GetDeviceCaps(dc,14) shl bitpix);
ReleaseDC(0,dc);
dw := 255;
P:=StrAlloc(256);
```

Username, Computername:

```
GetUserName(p,dw);
cells[0,13]:='Username';cells[1,13]:=p;
StrDispose(P);
P:=StrAlloc(256);
GetComputerName(p,dw);
cells[0,14]:='Computername';cells[1,14]:=p;
StrDispose(P);
```

Betriebssystem, Version:

```
os.dwOSVersionInfoSize := sizeof(os);
GetVersionEx(os);
case os.dwPlatformId of
  VER_PLATFORM_WIN32s              : zw := 'Win32s unter Windows 3.x';
  VER_PLATFORM_WIN32_WINDOWS       : zw := 'Windows 95';
  VER_PLATFORM_WIN32_NT    : zw := 'Windows NT';
end;
cells[0,15]:='Betriebssystem';
cells[1,15]:=zw + ' ' + inttostr(os.dwMajorVersion) + '.' +
             inttostr(os.dwMinorVersion);
end;
```

Der Timer aktualisiert die Anzeige der Zeit bzw. Systemzeit:

```
procedure TForm1.Timer1Timer(Sender: TObject);
begin
    with stringGrid1 do begin
```

```
        cells[1,8]:= timetostr(time);
        cells[1,9]:=inttostr(getcurrenttime)+' ms';
    end
end;
```

Test

Starten Sie das Programm und überprüfen Sie die ermittelten Angaben (vielleicht haben Sie mehr Speicher als Sie dachten?).

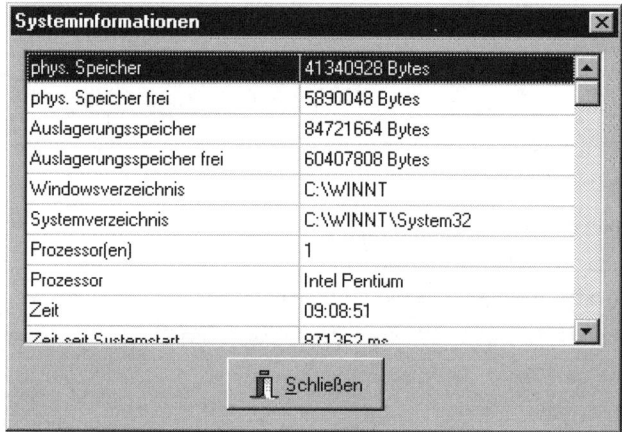

Weitere Informationen finden Sie in

☞   R151 ... den Laufwerkstyp bestimmen?

Neben den bereits verwendeten API-Funktionen sollten Sie sich auch einmal die folgenden näher ansehen:

- *GetSystemMetrics* (Enviroment)
- *SystemParametersInfo* (Enviroment)
- *GetKeyboardType* (Tastatur)

R314 ... das aktuelle Betriebssystem ermitteln?

Auf den ersten Blick gleichen sich Windows 95/98 und Windows NT wie ein (faules?) Ei dem anderen. Aber im Verborgenen schlummern die Unterschiede, wie viele Programmierer schon leidvoll erfahren mussten. Soll eine Anwendung unter beiden Betriebssystemen laufen, bleibt in vielen Fällen nichts anderes übrig, als eine systemabhängige Programmierung.

Die folgende Funktion hilft Ihnen bei der Unterscheidung.

Oberfläche

Nicht der Rede wert ... nur ein Label und ein Button zum Testen.

Quelltext

Die Funktion gibt *True* zurück, wenn es sich beim aktuellen Betriebssystem um NT handelt.

```
function IsNT : Boolean;
var VersionInfo : TOSVersionInfo;
begin
  VersionInfo.dwOSVersionInfoSize:=SizeOf(VersionInfo);
  GetVersionEx(VersionInfo);
  Result := (VersionInfo.dwPlatformId = VER_PLATFORM_WIN32_NT)
end;
```

Mit unserem kleinen Testprogramm wird folgende Routine abgearbeitet:

```
procedure TForm1.Button1Click(Sender: TObject);        // NT????
begin
  if IsNT then
    StaticText1.Caption := 'Aaahh, Windows NT !!!'
  else
    StaticText1.Caption := 'Womit habe ich das verdient???' +
                           ' Nur Windows 95 ...'
end;
```

Test

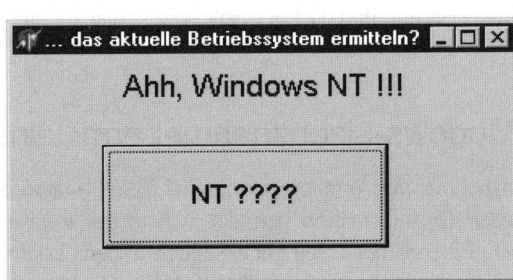

Grundlagen

Oberfläche

Grafik

Multimedia

Datei

Datenbank

SQL/ADO

Report

Objekte

OLE/DDE

Peripherie

System

Desktop

Technik

Sonstiges

R315 ... das CD-Laufwerk öffnen und schließen?

Eigentlich müsste dieses Rezept im Abschnitt "Multimedia" aufgeführt sein, da wir uns der Multimedia-API bedienen. Deren Funktion *mciSendString* ermöglicht eine recht einfache Steuerung von Multimedia-Geräten unter Windows.

Oberfläche

Zum Testen des Öffnens und Schließens brauchen wir ein Formular mit zwei Buttons.

Quelltext

Die Parameter der *mciSendString*-Funktion im einzelnen: Kommando, Puffer für Rückgabewert, Größe des Puffers, Fensterhandle für Notify-Botschaften.

Die Anweisung *WAIT* im MCI-Kommando bewirkt eine synchrone Ausführung der Anweisung, d.h., die Funktion wird erst beendet, wenn das Kommando ausgeführt ist.

```
uses mmSystem;                    // Multimedia-Unit


procedure TForm1.Button1Click(Sender: TObject);    // Öffnen
begin
  mciSendString('SET CDAUDIO DOOR OPEN WAIT', nil, 0,
              Self.Handle)
end;


procedure TForm1.Button2Click(Sender: TObject);    // Schließen
begin
  mciSendString('SET CDAUDIO DOOR CLOSED WAIT', nil, 0,
              Self.Handle)
end;
```

Test

Wie von Geisterhand lässt sich nun Ihr CD-Laufwerk "per Fernsteuerung" bedienen.

R316 ... den Windows-Lizenznehmer ermitteln?

Möchten Sie den Lizenznehmer von Windows ermitteln? Kein Problem, Sie finden zwar keine API-Funktion dafür, aber die Information befindet sich in der Registrierdatenbank und ist damit schnell ausgelesen. Einen Unterschied gilt es jedoch zu berücksichtigen: Windows 95/98 und Windows NT legen die Werte in unterschiedlichen Verzeichnissen ab.

Oberfläche

Auf dem Startformular platzieren Sie zwei Labels und einen Button.

Quelltext

Binden Sie zunächst die Unit *registry* ein:

```
uses registry;
{$R *.DFM}
```

Grundlagen

Die beiden folgenden Funktionen unterscheiden automatisch das aktuelle Betriebssystem und liefern als Funktionsergebnis den gesuchten Wert zurück:

Oberfläche

```
function GetRegisteredOwner:string;
var VersionInfo : TOSVersionInfo;
    reg         : TRegistry;
begin
 VersionInfo.dwOSVersionInfoSize := SizeOf(VersionInfo);
 GetVersionEx(VersionInfo);
 reg := TRegistry.Create;
 reg.RootKey := HKEY_LOCAL_MACHINE;
 if (VersionInfo.dwPlatformId = VER_PLATFORM_WIN32_NT) then // NT
 reg.OpenKey('SOFTWARE\Microsoft\Windows NT\CurrentVersion',False)
                                             else
 reg.OpenKey('SOFTWARE\Microsoft\Windows\CurrentVersion',False);
 result := reg.ReadString('RegisteredOwner');
 reg.Free
end;
```

Grafik

Multimedia

Datei

Datenbank

SQL/ADO

```
function GetRegisteredOrganization:string;
var VersionInfo : TOSVersionInfo;
    reg         : TRegistry;
begin
 VersionInfo.dwOSVersionInfoSize := SizeOf(VersionInfo);
 GetVersionEx(VersionInfo);
 reg := TRegistry.Create;
 reg.RootKey := HKEY_LOCAL_MACHINE;
 if (VersionInfo.dwPlatformId = VER_PLATFORM_WIN32_NT) then // NT
 reg.OpenKey('SOFTWARE\Microsoft\Windows NT\CurrentVersion',False)
                                             else
 reg.OpenKey('SOFTWARE\Microsoft\Windows\CurrentVersion',False);
 result := reg.ReadString('RegisteredOrganization');
 reg.Free
end;
```

Report

Objekte

OLE/DDE

Peripherie

System

Die Verwendung ist denkbar einfach:

```
procedure TForm1.Button1Click(Sender: TObject);
begin
  Label1.Caption := GetRegisteredOwner;
```

Desktop

Technik

Sonstiges

```
    Label2.Caption := GetRegisteredOrganization
end;
```

Test

Starten Sie das Programm und klicken Sie auf den Button:

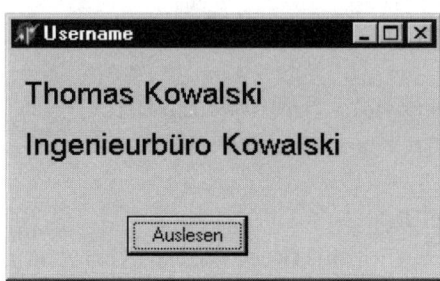

R317 ... die Seriennummer der Festplatte ermitteln?

Einen einfachen Kopierschutz für Ihre Programme können Sie mit Hilfe der Festplatten-seriennummer realisieren. Diese lesen Sie mit Hilfe der API-Funktion *GetVolumeInformation* aus. Etwas einfacher ist der Aufruf mit der folgenden kleinen Funktion:

```
function HDSerialID(drive:Char): string;
var ID : PDWord;
    dwx,dwy : DWord;
begin
  if GetVolumeInformation(pChar(drive + ':\'), nil, 0, ID, dwx, dwy,
                    nil, 0) then  result :=  IntToStr(ID^)
  else
    result :=  'Error'
end;
```

Oberfläche

Zum Austesten genügt ein Formular mit einem Label und einem Button.

Quelltext

Neben obiger Funktion genügt folgender Code zum Auslesen der Seriennummer von Lauf-werk "C:":

```
procedure TForm1.Button1Click(Sender: TObject);
begin
  Caption := HDSerialID('c')
end;
```

Test

R318 ... mich unter Windows-NT automatisch einloggen?

Wen hat es als Entwickler noch nicht genervt, bei jedem Systemstart von Windows NT zuerst mit dem "Affengriff" (Strg+Alt+Entf) Fingergymnastik betreiben zu müssen, um anschließend Name und Passwort einzugeben. Abhilfe schaffen zwei Einträge in der Registrierdatenbank. Unser kleines Programm zeigt die Vorgehensweise.

Oberfläche

Erstellen Sie ein Formular mit folgendem Grundaufbau:

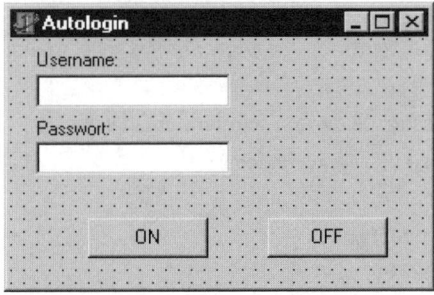

Über die beiden Textboxen können wir später den Anmeldenamen und das Passwort vorgeben (Achtung: Beide werden in die Registrierdatenbank eingetragen).

Quelltext

Binden Sie die Unit *Registry* ein und erstellen Sie folgende Funktion:

```
procedure SetLogonOn(Name, Passwort : string);
var reg : TRegistry;

begin
  reg        := TRegistry.Create;
  reg.RootKey := HKEY_LOCAL_MACHINE;
```

Grundlagen

Oberfläche

Grafik

Multimedia

Datei

Datenbank

SQL/ADO

Report

Objekte

OLE/DDE

Peripherie

Desktop

Technik

Sonstiges

```
  if reg.OpenKey('\Software\Microsoft\Windows NT\CurrentVersion\Winlogon',FALSE) then begin
    reg.WriteString('DefaultUserName',Name);
    reg.WriteString('DefaultPassword',Passwort);
    reg.WriteString('AutoAdminLogon','1');
  end;
  reg.free
end;
```

Auf das spätere Löschen der Einträge sollten Sie nicht verzichten, immerhin kann sich ja nun jeder ungehinderten Zugang zu Ihrem Computer verschaffen:

```
procedure SetLogonOff;
var reg : TRegistry;
begin
  reg        := TRegistry.Create;
  reg.RootKey := HKEY_LOCAL_MACHINE;
  if reg.OpenKey('\Software\Microsoft\Windows NT\CurrentVersion\Winlogon',FALSE) then try
    reg.DeleteValue('DefaultUserName');
    reg.DeleteValue('DefaultPassword');
    reg.DeleteValue('AutoAdminLogon');
  except
  end;
  reg.free
end;
```

Die eigentlichen Funktionsaufrufe dürften selbsterklärend sein:

```
procedure TForm1.Button1Click(Sender: TObject);
begin
  SetLogonOn(Edit1.Text,Edit2.Text);
end;


procedure TForm1.Button2Click(Sender: TObject);
begin
  SetLogonOff
end;
```

Test

Angesichts des heiklen Themas kann ein hektisches Ausprobieren dieses Rezepts unangenehme Folgen nach sich ziehen.

Hinweis: Vergewissern Sie sich zunächst noch einmal gründlich, welchen Usernamen und welches Passwort Sie bisher eingegeben haben, sonst kann es passieren, dass Sie später selbst als Administrator in Ihren eigenen Computer nicht mehr reinkommen!

Starten Sie nun das Programm und geben Sie exakt Ihren bisherigen Usernamen und das zugehörige Passwort ein. Dann holen Sie tief Luft und klicken den "ON"-Button. Die trügerische Ruhe täuscht. Schließen Sie das Programm und beenden Sie Windows NT. Die Stunde der Wahrheit schlägt beim Neustart, hier entscheidet es sich, ob das automatische LogOn funktioniert. Wenn ja, können Sie auch einen Restart des Systems ohne erneutes Einloggen ermöglichen.

Schlägt das automatische Einloggen fehl, so müssen Sie versuchen, sich unter einem anderen gültigen Namen und Passwort einzuloggen, um dann unter Delphi an die Fehlerbeseitigung zu gehen.

Wollen Sie das automatische LogOn wieder rückgängig machen, so starten Sie das Programm erneut, klicken aber dann (ohne irgendwelche Eingaben in die beiden Editierfelder) den "OFF"-Button.

R319 ... den System-About-Dialog anzeigen?

Bevor Sie zuviel Zeit daran verschwenden, einen eigenen About-Dialog zu programmieren, sollten Sie es doch einfach mal mit dem Standard-Dialog des Systems versuchen.

Oberfläche

Da man die About-Box gewöhnlich über das Hilfe-Menü erreicht, fügen wir spaßeshalber eine *MainMenu*-Komponente in das Testformular ein. Weiterhin gibt es eine *CheckBox*, die die Auswahl zwischen zwei Aufrufkonventionen zulässt.

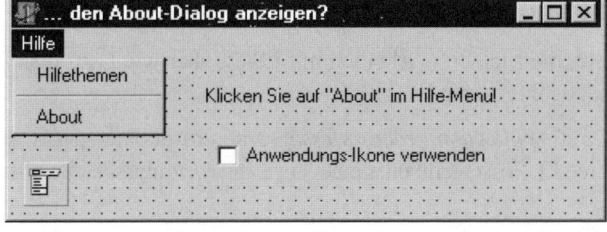

Quelltext

```
uses shellApi;

...

procedure TForm1.About1Click(Sender: TObject);
```

Grundlagen

Oberfläche

Grafik

Multimedia

Datei

Datenbank

SQL/ADO

Report

Objekte

OLE/DDE

Peripherie

System

Desktop

Technik

Sonstiges

```
begin
 if CheckBox1.Checked then     // Anwendungs-Icon einblenden
  ShellAbout(Self.Handle,'Projekt 1', 'Diese Anwendung darf frei kopiert´werden!',
          Application.Icon.Handle)
                else     // Windows-Icon
  ShellAbout(Self.Handle,'Projekt 1','Diese Anwendung darf frei kopiert werden!',0)
end;
```

Wählen Sie für den vierten Parameter der *ShellAbout*-Funktion einen anderen Wert (z.B. 4),
werden andere Icons in der Dialogbox angezeigt.

Test

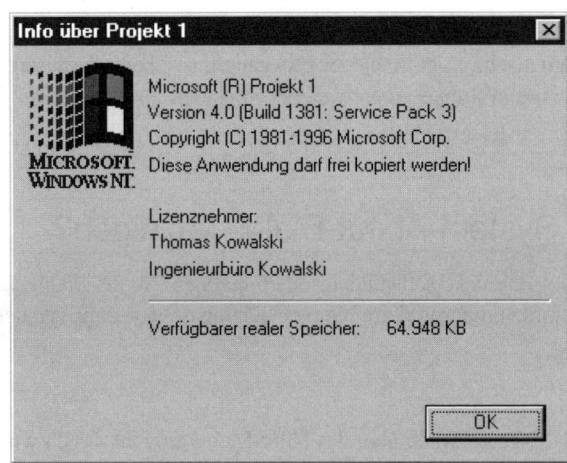

R320 ... Schleifen mit der ESC-Taste abbrechen?

Wer kennt Sie nicht, die Meldung "Abbruch mit ESC", aber wie kann man dieses Feature in
die eigene Anwendung integrieren?

Statt umständlich mit *Application.ProcessMessages* herumzudoktern, gibt es eine elegantere
Möglichkeit, um eine Endlosschleife oder eine lange Bearbeitungsschleife abzubrechen.

Oberfläche

Ein Button mit der Beschriftung "Starten ..." – und schon kann es losgehen.

Quelltext

```
procedure TForm1.Button1Click(Sender: TObject);
begin
  Button1.Caption := 'Schleife läuft !!!';
```

```
while True do begin
  if (GetAsyncKeystate(VK_ESCAPE)) <> 0 then Break
end;
Button1.Caption := 'Fertig !!!'
end;
```

R321 ... eine laufende EXE-Datei löschen?

☞ R322 ... eine Uninstall-Routine in das Programm einbauen?

R322 ... eine Uninstall-Routine in das Programm einbauen?

Zu einer sauber programmierten Anwendung gehört mittlerweile auch eine Uninstall-Routine, die über die Systemsteuerung (Software) aufgerufen werden kann. Wie Sie diese Funktion in Ihren eigenen Programmen realisieren können, zeigt das folgende Rezept.

Gleichzeitig beschäftigen wir uns mit dem Problem, wie sich eine laufende EXE-Datei selbst löschen kann.

Oberfläche

Diesmal ohne Worte:

Quelltext

Dreh- und Angelpunkt ist auch hier die Registrierdatenbank von Windows, in die ein entsprechender Schlüssel einzutragen ist :

```
procedure TForm1.Button1Click(Sender: TObject);
var reg : TRegistry;
begin
  reg := TRegistry.Create;
  reg.RootKey := HKEY_LOCAL_MACHINE;
```

```
    reg.OpenKey('SOFTWARE\Microsoft\Windows\CurrentVersion\uninstall\'
                + Application.Title,True);                 // Schlüssel auswählen
    reg.WriteString('DisplayName',Application.Title);
    reg.WriteString('UninstallString',paramstr(0)+ ' /u');
    reg.Free;
end;
```

Das Resultat in der Registrierdatenbank:

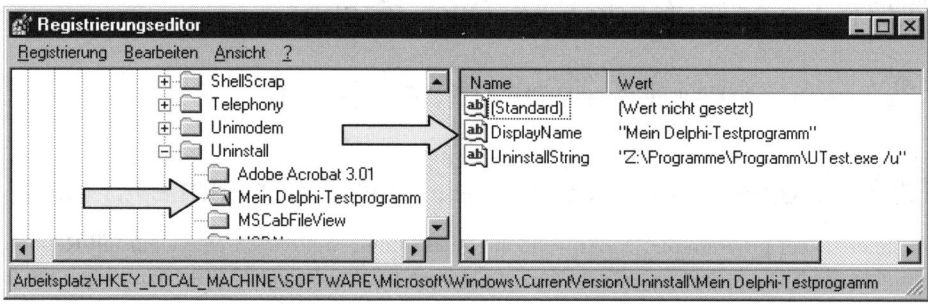

Nach dieser Vorarbeit können wir uns der eigentlichen Deinstallation zuwenden. Ausgelöst wird diese durch den Übergabeparameter "/U", den wir im *initialization*-Abschnitt der Unit auswerten:

```
initialization
  Application.Title := 'Mein Delphi-Testprogramm';
  if ParamCount > 0 then if UpperCase(ParamStr(1))= '/U'
  then deinstall;
end.
```

Grundsätzlich geht es im Folgenden darum, alle Einträge in der Registrierdatenbank zu löschen, sowie alle Dateien zu entfernen. Doch gerade an dieser Stelle werden Sie auf ein Problem stoßen: Eine laufende Anwendung kann sich nicht selbst löschen! D.h., selbst wenn Sie einen Kindprozess starten, der die entsprechende EXE-Datei löscht, bleibt immer noch das Problem, die EXE des Kindprozesses zu löschen.

Der Ausweg ist entweder ein Eintrag in der Registrierdatenbank, dass beim nächsten System-start die gewünschte Datei gelöscht werden soll (leider verbleibt die Anwendung sowie das zugehörige Unterverzeichnis bis zum nächsten Systemstart auf der Platte) oder eine Batch-datei. Die zweite Variante basiert auf der Möglichkeit, dass sich eine Batchdatei selbst löschen kann.

Für den Namen der Batchdatei verwenden wir die schon aus Rezept R163 bekannte Funktion:

```
function CreateTempFileName:String;
var p : PChar;
    d : PChar;
begin
  p := StrAlloc(MAX_PATH+1);
```

```
d := StrAlloc(MAX_PATH+1);
GetTempPath(MAX_PATH,d);
GetTempFileName(d,'$',0,p);
Result := String(p);
StrDispose(p);
StrDispose(d)
end;
```

Unsere Deinstallationsroutine:

```
procedure DeInstall;
var reg      : TRegistry;
    pfad     : string;
    batchfile : TStringlist;
    batchname : string;
begin
```

Sicherheitsabfrage:

```
if MessageDlg('"' + application.Title + '" deinstallieren?',
      mtConfirmation, [mbYes, mbNo], 0) = mrYes then begin
```

Löschen der Uninstall-Informationen:

```
reg := TRegistry.Create;
reg.RootKey := HKEY_LOCAL_MACHINE;
reg.DeleteKey('SOFTWARE\Microsoft\Windows\CurrentVersion\uninstall\'+ Application.Title);
reg.Free;
```

Ab hier können Programmeinstellungen gelöscht werden, z.B.

```
{   reg := TRegistry.Create;
    reg.RootKey := HKEY_LOCAL_MACHINE;
    reg.DeleteKey('SOFTWARE\XYZ');
    reg.Free; }
```

Nun das eigentliche Löschen der EXE sowie aller Unterverzeichnisse:

```
batchname := CreateTempFileName;
batchname := Copy(batchname,1,Length(batchname)-3) + 'bat';
```

Zur Sicherheit entfernen wir noch mögliche Dateiattribute:

```
FileSetAttr(paramstr(0),0);
```

Erzeugen der Batchdatei:

```
batchfile := TStringlist.Create;
batchfile.add(':Label1');
batchfile.add('del "' + Paramstr(0)+ '"');
batchfile.add('if Exist "' + ParamStr(0) + '" goto Label1');
batchfile.add('rmdir "' + ExtractFilePath(ParamStr(0)) + '"');
```

Grundlagen

Oberfläche

Grafik

Multimedia

Datei

Datenbank

SQL/ADO

Report

Objekte

OLE/DDE

Peripherie

System

Desktop

Technik

Sonstiges

```
    batchfile.add('del ' + batchname);
    batchfile.SaveToFile(batchname);
```

Wichtig: Sie sollten das aktuelle Verzeichnis wechseln, da dieses sonst nicht gelöscht werden kann:

```
    ChDir('c:\');
```

Ausführen der Batchdatei:

```
    WinExec(PChar(batchname),sw_hide);
```

Wir zeigen schon mal die Vollzugsmeldung an, obwohl das Programm noch läuft (und damit auch die EXE noch nicht gelöscht ist):

```
    ShowMessage('Programm deinstalliert!'); Halt;
  end;
end;
```

Nachdem das Programm beendet ist, kann die Batchdatei endlich zum Zuge kommen (bisher läuft diese nur in der Endlosschleife). Die EXE wird gelöscht, danach das Verzeichnis und zum Schluss die BAT-Datei selbst.

Test

Kopieren Sie die EXE in ein eigenes Unterverzeichnis. Starten Sie das Programm und klicken Sie auf den Button, um die Uninstall-Informationen in die Registrierdatenbank einzutragen. Schließen Sie danach das Programm und wechseln Sie in die Systemsteuerung. Unter dem Menüpunkt Software finden Sie den folgenden Dialog mit der Eintragung unseres Programms:

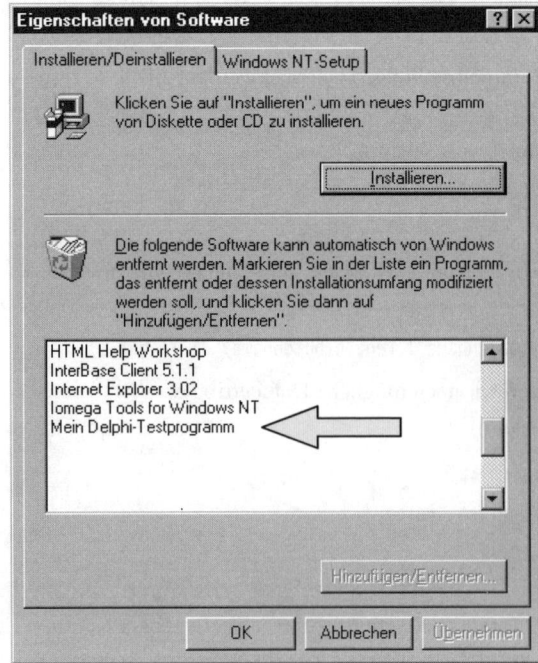

Deinstallieren Sie das Programm. Danach müsste die EXE sowie das Unterverzeichnis verschwunden sein. Gleiches sollte auf die Batchdatei zutreffen.

Die Erfolgsmeldung:

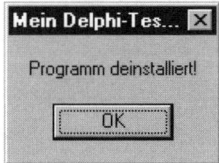

Bemerkung

Wenn Sie das zu Delphi beigefügte Programm *InstallShield* verwenden, um Installationsdisketten zwecks Weitergabe Ihrer Applikation anzufertigen, so werden damit auch automatisch alle notwendigen Deinstallations-Informationen für den Zielrechner erzeugt. In diesem Fall brauchen Sie sich nicht um eine eigene Deinstallations-Routine zu kümmern. Siehe

☞   R387 ... mit InstallShield arbeiten?

R323 ... eine WEB-Adresse aus dem Programm aufrufen?

Sicher ist Ihnen schon aufgefallen, dass man aus einigen Programmen direkt ins Internet verzweigen oder eine EMail absenden kann. Die Realisierung mittels Delphi-Programm ist relativ einfach.

Variante 1 (Standard-EXE)

Aus einer "normalen" EXE können Sie mit Hilfe der *ShellExecute*-Funktion auch eine Web-Adresse öffnen (Unit *shellAPI* einbinden):

```
ShellExecute(Application.MainForm.Handle,    // Handle der
                                 // übergeordneten Anwendung
        nil,               // Welche Operation (open, print)
        PChar('http://www.online.de'), // Dateiname
        nil,                  // Parameter
        nil,                  // Startverzeichnis
        SW_SHOWMAXIMIZED);    // Anzeigemodus
```

Oberfläche

Zwei Editierfelder und zwei Buttons – mehr brauchen Sie nicht für erste Versuche.

Grundlagen

Oberfläche

Grafik

Multimedia

Datei

Datenbank

SQL/ADO

Report

Objekte

OLE/DDE

Peripherie

System

Desktop

Technik

Sonstiges

Quelltext

```
uses shellAPI;
```

```
{$R *.DFM}
```

Für den Besuch einer Webseite:

```
procedure TForm1.Button1Click(Sender: TObject);     // Website
begin
  ShellExecute(Application.MainForm.Handle, nil, PChar('http://' + Edit1.Text),
            nil,nil, SW_SHOWMAXIMIZED)
end;
```

Auf die gleiche Weise können Sie auch den Mail-Client dazu veranlassen, eine neue Mail zu erzeugen:

```
procedure TForm1.Button2Click(Sender: TObject);     // EMail
begin
  ShellExecute(Application.MainForm.Handle, nil, PChar('MAILTO:' + Edit2.Text),
            nil, nil, SW_SHOWMAXIMIZED)
end;
```

Test

Da anzunehmen ist, dass auf Ihrem PC ein Web-Browser installiert ist, dürfte es keine Schwierigkeiten bereiten, z.B. die Homepage der Autoren zu besuchen, bzw. ihnen eine Mail zu schicken:

Grundlagen

Oberfläche

Grafik

Multimedia

Datei

Datenbank

SQL/ADO

Report

Objekte

OLE/DDE

Peripherie

System

Desktop

Technik

Sonstiges

Variante 2 (OLE-Server oder ActiveX)

Über die Unit *urlmon* wird eine weitere Möglichkeit bereitgestellt, Hyperlinks zu realisieren.

Bei einem Hyperlink handelt es sich entweder um eine

 ▪ URL, d.h. eine Ressource im Internet oder Intranet oder um

 ▪ eine Datei oder Anwendung auf der lokalen Festplatte oder im LAN.

Ein Hyperlink zu Microsoft Office-Dokumenten könnte auch zu einer bestimmten Position oder einem bestimmten Objekt innerhalb des gesuchten Dokuments springen.

Navigiert wird mit Hilfe dreier Funktionen, die Sie über die Unit *urlmon* importieren:

 ▪ *HlinkGoBack* (vorherige HTML-Seite)

 ▪ *HlinkGoForward* (nächste HTML-Seite)

 ▪ *HlinkNavigateString* (Sprung zur angegebenen HTML-Seite bzw. Adresse)

Handelt es sich um ein ActiveX-Control und befindet sich dieses nicht auf einer HTML-Seite, wird ein entsprechender Browser gestartet. Bei ActiveX-Dokumenten dürfte der Fall klar sein, diese befinden sich in einer HTML-Seite, der Browser braucht also nur zum neuen Ziel zu wechseln.

Beispiel:

```
procedure TMyAXForm1.Button3Click(Sender: TObject);
begin
  HlinkNavigateString(Self.ComObject, StringToOleStr(Edit1.Text))
end;
```

Wie Sie sehen, muss der Funktion als Parameter die Schnittstellenreferenz des Controls (*I-Unknown*) übergeben werden (deshalb auch die Beschränkung auf ActiveX-Komponenten).

Hinweis: Beachten Sie, dass die Zieladresse als Pointer auf einen *WideString* erwartet wird. Die nötige Umwandlung realisiert die Funktion *StringToOleStr*.

R324 ... den Status der CapsLock-Taste ändern?

Möchten Sie aus dem Programm heraus den Status der CapsLock-Taste ändern, können Sie dieses mit Hilfe zweier API-Funktionen. Mit dem Aufruf der Funktion *GetKeyboardState* ermitteln Sie zunächst den aktuellen Status der Tastatur. Über das Array *KeyboardState* beeinflussen Sie nachfolgend den Status einzelner Tasten. Mit *SetKeyboardState* geben Sie die Änderungen an das System weiter.

Oberfläche

Um die Auswirkungen der Statusänderung bequem verfolgen zu können, benutzen wir ein Memofeld.

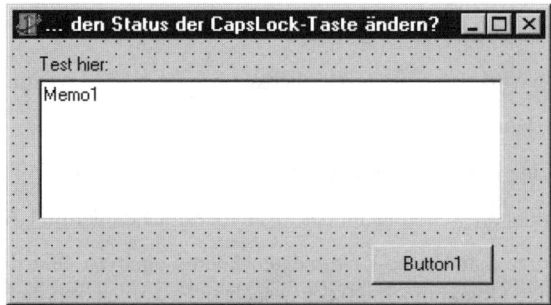

Quelltext

```
procedure TForm1.Button1Click(Sender: TObject);
var KeyboardState : TKeyboardState;
begin
  GetKeyboardState(KeyboardState);
    if (KeyboardState[VK_CAPITAL] = 0) then  KeyboardState[VK_CAPITAL] := 1
    else  KeyboardState[VK_CAPITAL] := 0;
    SetKeyboardState(KeyboardState)
end;
```

Test

Schreiben Sie etwas in das Memofeld und ändern Sie per Programm den Status der Feststell-taste für Großbuchstaben (CapsLock).

Bemerkung

Da die obigen Funktionsaufrufe immer nur den aktuellen Thread/Prozess betreffen, hat eine Änderung keine Auswirkung auf andere Anwendungen. Der Status der Tastatur-LEDs wird ebenfalls <u>nicht</u> beeinflusst.

R325 ... verhindern, dass Windows kritische Fehler anzeigt?

Obwohl Delphi mit *Try-Except* bzw. *Try-Finally* zwei entsprechende Konstrukte zur Fehlerbehandlung bereitstellt, kommt es bei einigen Fehler-Situationen vor, dass trotzdem vom System eine Fehlermeldung angezeigt wird (z.B. beim Zugriff auf ein leeres Diskettenlaufwerk). Möchten Sie diese unschönen Fehlerdialoge vermeiden, sollten Sie mit der API-Funktion *SetErrorMode* die Wachsamkeit des Systems herabsetzen. Übergeben Sie der Funktion die Konstante *SEM_FAILCRITICALERRORS*, werden alle Fehler an das Programm weitergereicht, das System reagiert nicht darauf.

Beispiel: Verwendung der Funktion

```
var SaveErrorMode : Word;
begin
```

Aktuellen Modus merken:

```
  SaveErrorMode := SetErrorMode(SEM_FAILCRITICALERRORS );
  try
// Hier könnte der kritische Code stehen, der überwacht werden soll ...
  finally
```

Modus zurücksetzen:

```
    SetErrorMode( SaveErrorMode );
  end;
end;
```

R326 ... eine Schriftart temporär installieren?

Möchten Sie mit Ihrer Anwendung eine spezielle Schriftart vertreiben bzw. diese benutzen oder wollen Sie einen Betrachter für Schriftarten programmieren, müssen Sie die TTF- bzw. FOT-Dateien im System anmelden, bevor Sie diese benutzen können.

Das folgende kleine Beispielprogramm installiert für die Laufzeit des Programms eine neue Schriftart auf Ihrem System, verwendet diese zur Anzeige in einem Textfeld und deinstalliert die Schriftart beim Programmende wieder.

Oberfläche

Lediglich ein Formular und ein Textfeld:

Grundlagen

Oberfläche

Grafik

Multimedia

Datei

Datenbank

SQL/ADO

Report

Objekte

OLE/DDE

Peripherie

System

Desktop

Technik

Sonstiges

Quelltext

Die wichtigsten Änderungen nehmen wir in der Projektdatei vor. Binden Sie zunächst die Units *windows*, *sysutils* und *messages* ein, wir brauchen diese für einige API-Aufrufe:

```
program Project2;

uses
  Forms,windows,sysutils,messages,
  Unit1 in 'Unit1.pas' {Form1};

{$R *.RES}
```

Mit der API-Funktion *AddFontResource* fügen wir der System-Fonttabelle eine neue Schriftart hinzu (Die Datei befindet sich im Projektverzeichnis und muss nicht unbedingt in das System\Font-Verzeichnis kopiert werden):

```
begin
  AddFontResource(Pchar(ExtractFilePath(ParamStr(0))+'FRAKTURN.TTF'));
```

Mit der folgenden Botschaft werden alle Anwendungen davon in Kenntnis gesetzt, dass sich etwas bei den Fonts getan hat:

```
  SendMessage(HWND_BROADCAST,WM_FONTCHANGE,0,0);
  Application.Initialize;
  Application.CreateForm(TForm1, Form1);
  Application.Run;
```

Nach dem Programmende sollten wir nicht vergessen, die Schriftart wieder zu "deinstallieren".

```
  RemoveFontResource(pchar(ExtractFilePath(ParamStr(0))+'FRAKTURN.TTF'));
  SendMessage(HWND_BROADCAST,WM_FONTCHANGE,0,0);
end.
```

Test

Starten Sie das Programm, sollten Sie bereits die neue Schriftart sehen:

Hinweis: Während das obige Programm läuft, können auch andere Anwendungen mit dieser Schriftart arbeiten!

Wie kann ich ...?
Desktop

R327 ... Anwendungen in die Systemsteuerung integrieren?

Haben Sie auch eine Anwendung geschrieben, die es wert ist, ins "Allerheiligste" einzuziehen, d.h. in die Systemsteuerung (Control Panel)?

Wenn ja, finden Sie hier die Lösung.

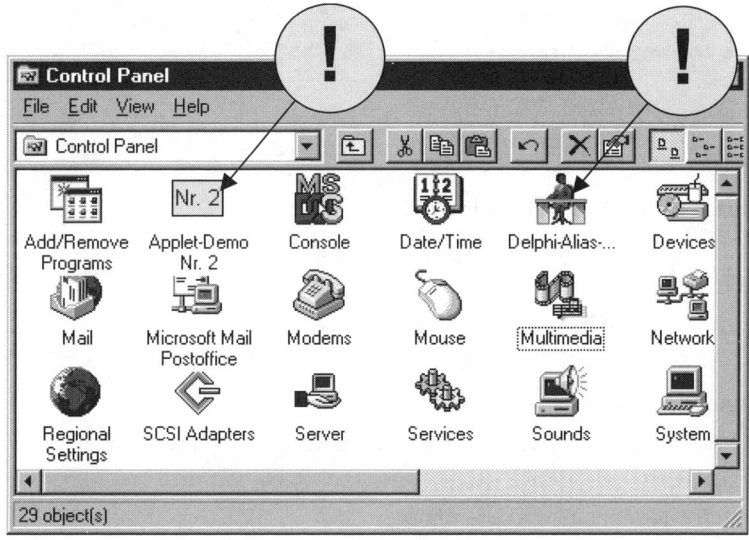

Oberfläche

Entwerfen Sie eine oder mehrere Dialogboxen, die nach einem Klick auf das zugehörige Icon in der Systemsteuerung angezeigt werden sollen.

Quelltexte

Grundsätzlich werden alle Einträge der Systemsteuerung in DLLs verwaltet. Um dem System die Möglichkeit zu geben, diese DLLs von anderen zu unterscheiden, hat man sich mit "CPL" für eine abweichende Extension entschieden. Sie können die DLL wie gewohnt in Delphi compilieren und später in "*.CPL" umbenennen. Wichtig ist nur, dass Sie die Datei im Verzeichnis "System32" speichern.

Alle Applets verfügen mit der Funktion *CPlApplet* über eine einheitliche Schnittstelle, die zur Textanzeige, zur Auswahl des Icons und zur Auswahl des Dialogs eingesetzt wird. Doch der Reihe nach.

Unsere DLL:

```
library CPL_Demo;

{$R symbole.res}
```

Grundlagen

Oberfläche

Grafik

Multimedia

Datei

Datenbank

SQL/ADO

Report

Objekte

OLE/DDE

Peripherie

System

Desktop

Technik

Sonstiges

```
uses
  SysUtils,
  Windows,
  Classes,
  CPL_API in 'CPL_API.pas',
  Applet1 in 'Applet1.pas' {Form1},
  Applet2 in 'Applet2.pas' {Form2};


var
  hInstance: THandle;
```

Die Konstanten für die Anzeigetexte in der Systemsteuerung:

```
const
  NUM_APPLETS = 2;
  Title1 = 'Delphi-Alias-Manager'+ Chr(0);
  Title2 = 'Applet-Demo Nr. 2'+ Chr(0);
```

Die Schnittstellen-Funktion:

```
function CPlApplet(hwndCPL: THandle; uMsg: Cardinal; const lParam1: LongInt;
  var lParam2: LongInt): LongInt; stdcall; export;
var  NewCPLInfo: TNewCPLInfo absolute lParam2;
     i: Integer;
begin
  i:= lParam1;
```

Im Folgenden müssen Sie den Parameter *uMsg* auswerten:

```
case uMsg of
```

Initialisierung, geben Sie den Handle der DLL zurück:

```
    CPL_INIT:        //Erste Nachricht (lParam1, lParam2 ungenutzt)
                     //Rückgabe <> 0 bei Erfolg
      begin
        hInstance:= GetModuleHandle('CPL_Demo.cpl');
        Result:= -1;
      end;
```

Abfrage, wie viele Applets in der DLL enthalten sind:

```
    CPL_GETCOUNT:    //Zweite Nachricht (lParam1, lParam2 ungenutzt)
                     //Rückgabe: Anzahl der Applets
      Result:= NUM_APPLETS;
```

Icons + Anzeigetexte über die Struktur *NewCPLInfo* zurückgeben:

```
    CPL_NEWINQUIRE:  //Dritte Nachricht
      try
```

```
        with NewCPLInfo do begin
          dwFlags:= 0;
          dwHelpContext:= 0;
          lData:= 0;
          if i = 0 then begin
            hIcon:= LoadIcon(hInstance, 'SYMBOL3');
            szName:= Title1;
            szInfo:= 'Mein erster Alias-Manager in CPL_Demo.cpl' + Chr(0);
            szHelpFile:= ' ' + Chr(0);
          end
          else begin
            hIcon:= LoadIcon(hInstance, 'SYMBOL2');
            szName:= Title2;
            szInfo:= 'Mein zweites Applet in CPL_Demo.cpl' + Chr(0);
            szHelpFile:= ' ' + Chr(0);
          end;
          dwSize:= SizeOf(NewCPLInfo);
        end;
      except
        Result:= -1;
      end;


  CPL_SELECT:;         //Icon selektiert
```

Auswerten des Doppelklicks auf das Icon:

```
  CPL_DBLCLK:          //Doppelclick auf Icon
    try
      case i of
        0:  begin
              Form1:= TForm1.Create(Application);
              Form1.ShowModal;
              Form1.Free;
            end;
        1:  begin
              Form2:= TForm2.Create(Application);
              Form2.ShowModal;
              Form2.Free;
            end;
      end;
    except
```

Grundlagen

Oberfläche

Grafik

Multimedia

Datei

Datenbank

SQL/ADO

Report

Objekte

OLE/DDE

Peripherie

System

Desktop

Technik

Sonstiges

```
        Result:= -1;
      end;
  CPL_STOP:;          //Nachricht vor Exit
  CPL_EXIT:;          //Letzte Nachricht vor FreeLibrary
  end;
end;


exports
  CPlApplet;
...
```

Die restliche Programmierung beschränkt sich auf die gewohnte Anzeige von Dialogboxen oder die Ausführung von Routinen.

Das Beispiel-Applet dient dazu, die Delphi-BDE-Aliase zu verwalten.

R328 ... ein Programm vor dem Taskmanager verstecken?

Für einige Anwendungen kann es durchaus sinnvoll sein, diese vor dem Taskmanager zu verbergen, d.h., das Programm soll nicht in der Taskliste angezeigt werden. Auf den ersten Blick könnte man auf die Idee kommen, dass sich dafür die Eigenschaft *Hide* verwenden ließe, dies funktioniert jedoch nicht. Die folgenden Ausführungen zeigen warum.

Jedes Delphi-Projekt basiert auf einem nicht sichtbaren Parent-Fenster. Die *Caption*-Eigenschaft dieses Fensters ist der Text, der im Taskmanager angezeigt wird. Das Parent-Fenster wird auf einfache Weise optisch ausgeblendet, sowohl Breite als auch Höhe sind auf 0 Pixel eingestellt.

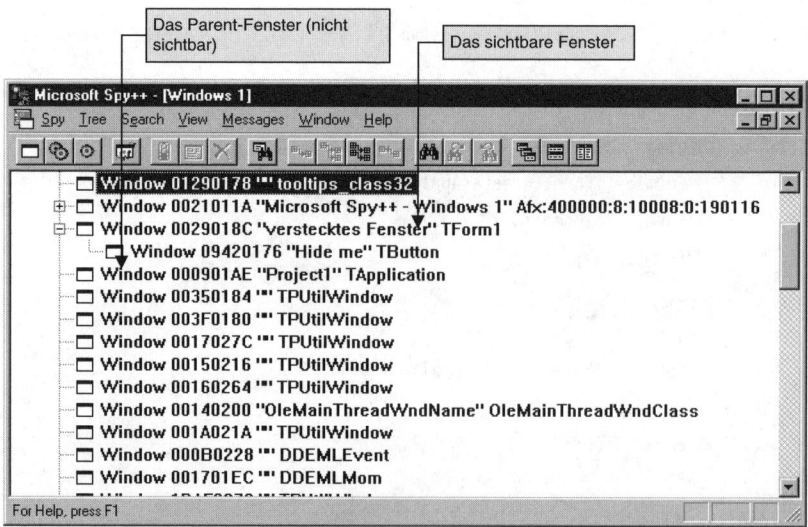

Verstecken Sie ein Fenster Ihrer Applikation, bleibt das Parent-Fenster und damit der Text im Taskmanager erhalten. Mit der API-Funktion *ShowWindow* können wir das Fenster nicht nur optisch ausblenden, sondern auch aus dem Taskmanager entfernen. Dafür brauchen wir allerdings das Handle des betreffenden Fensters. Dieses ermitteln wir über die API-Funktion *Get-Window*. Die Abläufe im Detail zeigt das folgende kleine Demoprogramm:

Oberfläche

Neben einem *Button* benötigen wir zwei *Timer*-Komponenten. Über einen der Timer werden wir das Programm nach ein paar Sekunden beenden. (Wie wollen wir es denn anders beenden? Tasten gibt es keine und der Taskmanager "kennt" das Fenster nicht.) Mit dem zweiten Timer geben wir im Sekundentakt nervende Pieptöne aus, damit Sie ja nicht vergessen, dass das Programm noch läuft.

Quelltext

```
procedure TForm1.Button1Click(Sender: TObject);
var owner:thandle;
begin
    Timer1.Enabled :=True;Timer2.Enabled :=True;
    owner := GetWindow(handle, GW_OWNER);
    ShowWindow(owner, SW_HIDE);
    self.hide
end;

procedure TForm1.Timer1Timer(Sender: TObject);
begin  close  end;

procedure TForm1.Timer2Timer(Sender: TObject);
begin  MessageBeep(0) end;
```

Kleiner Hinweis für den unverwüstlichen Spaßvogel: Mit obigem Programm können Sie leicht einen Gag-Virus programmieren, um Ihre Kollegen zu ärgern.

☞ R116 ... Grafiken auf dem Screen ausgeben?

Grundlagen

Oberfläche

Grafik

Multimedia

Datei

Datenbank

SQL/ADO

Report

Objekte

OLE/DDE

Peripherie

System

Desktop

Technik

Sonstiges

R329 ... die Taskbar Notification Area verwenden?

Sicher ist Ihnen auch schon aufgefallen, dass am rechten Ende der Taskbar neben der Uhrzeit manchmal auch Anwendungen bzw. deren Icons zu finden sind. Dieser Bereich wird als *Taskbar Notification Area* kurz TNA bezeichnet:

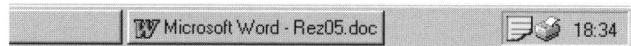

Was anderen Applikationen möglich ist, sollte auch für ein Delphi-Programm keine unüberwindliche Hürde sein. Im Folgenden möchten wir Ihnen ein Programm vorstellen, das nach einer kurzen Copyrightmeldung vom Desktop "verschwunden" ist. Weder im Taskmananger noch auf der eigentlichen Taskbar findet sich ein entsprechender Hinweis. Lediglich der TNA ist um ein weiteres Icon bereichert worden.

Klicken Sie mit der linken Maustaste auf dieses Symbol, wird eine Dialogbox angezeigt, mit der rechten Maustaste erreichen Sie ein Popup-Menü, über das sich die Anwendung schließen lässt.

Oberfläche

Unsere Anwendung besteht aus zwei Formularen. Während *Form1* für die Anzeige der Copyright-Meldung und das Registrieren der Anwendung im TNA verantwortlich zeichnet, ist *Form2* die eigentliche Dialogbox, die zur Laufzeit angezeigt wird.

Wie Sie der folgenden Abbildung entnehmen können, verfügt *Form1* über einen *Timer* (Anzeige der Dialogbox), ein PopupMenü (dieses Menü wird als Kontextmenü für den TNA verwendet) sowie ein Icon (zur Anzeige im TNA).

Quelltext

Bevor es losgeht, definieren wir eine neue Message:

```
const WM_TASKBAREVENT = WM_USER+1;
```

Danach können wir die Klassendefinition unseres Fensters um ein neues Ereignis bereichern (die Reaktion auf obige Message):

Grundlagen

Oberfläche

Grafik

Multimedia

Datei

Datenbank

SQL/ADO

Report

Objekte

OLE/DDE

Peripherie

System

Desktop

Technik

Sonstiges

```
type  TForm1 = class(TForm)
    Image1: TImage;
    PopupMenu1: TPopupMenu;
    Beenden1: TMenuItem;
    Anzeigen1: TMenuItem;
    N1: TMenuItem;
    Timer1: TTimer;
    Image2: TImage;
    Label1: TLabel;
    procedure Beenden1Click(Sender: TObject);
    procedure FormCreate(Sender: TObject);
    procedure Anzeigen1Click(Sender: TObject);
    procedure FormClose(Sender: TObject; var Action: TCloseAction);
    procedure Timer1Timer(Sender: TObject);
    protected
      procedure WMTASKBAREVENT(var message: TMessage); message WM_TASKBAREVENT;
end;
```

Über die Unit *ShellApi* importieren wir die benötigten Funktionen und Konstanten:

```
uses shellapi, Unit2;
var count : integer = 0;
```

Mit dem Erstellen des Formulars blenden wir das Parent-Fenster von *Form1* (*TApplication*) aus und rufen die Funktion zum Registrieren unserer Anwendung im TNA auf:

```
procedure TForm1.FormCreate(Sender: TObject);
begin
    ShowWindow(GetWindow(handle,GW_OWNER),SW_HIDE);
    TaskBarAddIcon;
end;
```

Die Funktion *TaskBarAddIcon* im einzelnen:

```
procedure TaskBarAddIcon;
var tnid : TNOTIFYICONDATA ;
begin
```

Initialisieren der Struktur:

```
    tnid.cbSize := sizeof(TNOTIFYICONDATA); // Größenangabe der Struktur
    tnid.Wnd := Form1.handle;               // Handle des Message-Empfängers
    tnid.uID := 1;                          // ID beliebig
    tnid.uFlags := NIF_MESSAGE or NIF_ICON or NIF_TIP; // siehe Tabelle
    tnid.uCallbackMessage := WM_TASKBAREVENT;          // Message# für Form1
    tnid.hIcon := form1.image1.picture.icon.handle;    // Iconhandle
```

```
      strcopy(tnid.szTip,'Merkzettel');          // Tooltiptext
      Shell_NotifyIcon(NIM_ADD, @tnid);          // Registrieren ...
end;
```

Einige der obigen Parameter bedürfen einer näheren Erläuterung. Nach dem Registrieren Ihrer Anwendung im TNA werden alle Ereignisse über das Icon an Ihre Anwendung gesendet. Dazu muss dem System der Handle des Empfänger-Fensters sowie die Message bekannt sein (siehe oben).

Mit den Flags (*uFlags*) bestimmen Sie, welche Parameter Sie übergeben bzw. welche Parameter gültig sind:

Konstante	Bemerkung
NIF_ICON	... ein Icon-Handle wird übergeben.
NIF_MESSAGE	... die Message wird übergeben.
NIF_TIP	... ein Tooltiptext wird übergeben.

Damit dürfte auch schon klar sein, welche Bedeutung den Parametern *HIcon*, *szTip* und *uCallbackMessage* zukommt. Die Funktion *Shell_NotifyIcon* erwartet neben einer Konstanten (*NIM_ADD*, *NIM_DELETE* oder *NIM_MODIFY*) einen Zeiger auf die initialisierte Struktur.

In unserer neuen Ereignisprozedur können wir über den Parameter *LParam* das Ereignis über dem TNA-Icon bestimmen (z.B. Doppelklick oder MouseDown):

```
procedure TForm1.WMTASKBAREVENT(var message: TMessage);
var point : TPoint;
begin
    case message.LParamLo of
        WM_LBUTTONDBLCLK : form2.show;
        WM_RBUTTONDOWN   : begin
                               GetCursorPos(point);
                               popupmenu1.popup(point.x,point.y);
                           end;
    end;
end;
```

Hinweis: Die Mausposition kann nur noch über *GetCursorPos* bestimmt werden.

Mit dem *Timer* verbergen wir das Hauptfenster unserer Applikation, das Fenster *TApplication* hatten wir ja bereits ausgeblendet.

```
procedure TForm1.Timer1Timer(Sender: TObject);
begin
    inc(count);
    if count = 3 then begin
```

Grundlagen

Oberfläche

Grafik

Multimedia

Datei

Datenbank

SQL/ADO

Report

Objekte

OLE/DDE

Peripherie

System

Desktop

Technik

Sonstiges

```
        self.hide;
        timer1.enabled := False;
    end;
end;
```

Beim Programmende sollten Sie den TNA auch wieder aufräumen:

```
procedure TaskBarRemoveIcon;
var tnid : TNOTIFYICONDATA ;
begin
    tnid.cbSize := sizeof(TNOTIFYICONDATA);
    tnid.Wnd := Form1.handle;
    tnid.uID := 1;
    Shell_NotifyIcon(NIM_DELETE, @tnid);
end;


procedure TForm1.FormClose(Sender: TObject; var Action: TCloseAction);
begin
  TaskBarRemoveIcon;
end;
```

Die beiden Ereignisse des Popup-Menüs:

```
procedure TForm1.Merkzettelanzeigen1Click(Sender: TObject);
begin
    form2.show
end;


procedure TForm1.Beenden1Click(Sender: TObject);
begin
    close;
end;
```

Test

Starten Sie das Programm und kontrollieren Sie, ob sich im TNA das Icon für die Anwendung befindet:

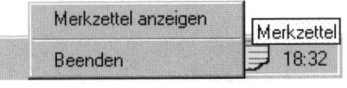

R330 ... Programmgruppen erzeugen?

Möchten Sie sich an einem eigenen Installationsprogramm versuchen oder einen eigenen Explorer schreiben? Wenn ja, kommen Sie nicht um das Erzeugen von Programmgruppen, d.h. von Verzeichnissen, herum.

Eigentlich kein Problem, könnte man denken, mit der *MkDir*-Anweisung ist ein Verzeichnis schnell erstellt. Der Knackpunkt: Wo soll das Verzeichnis erzeugt werden?

Die Antwort findet sich mal wieder im API, speziell bei den Windows-Shell-Objekten (Unit *shlobj*). Ausgangspunkt unserer Aktivitäten sind einige Konstanten, die die relative Lage von Foldern innerhalb der Shell beschreiben (es sind nur die sinnvollen Konstanten aufgelistet):

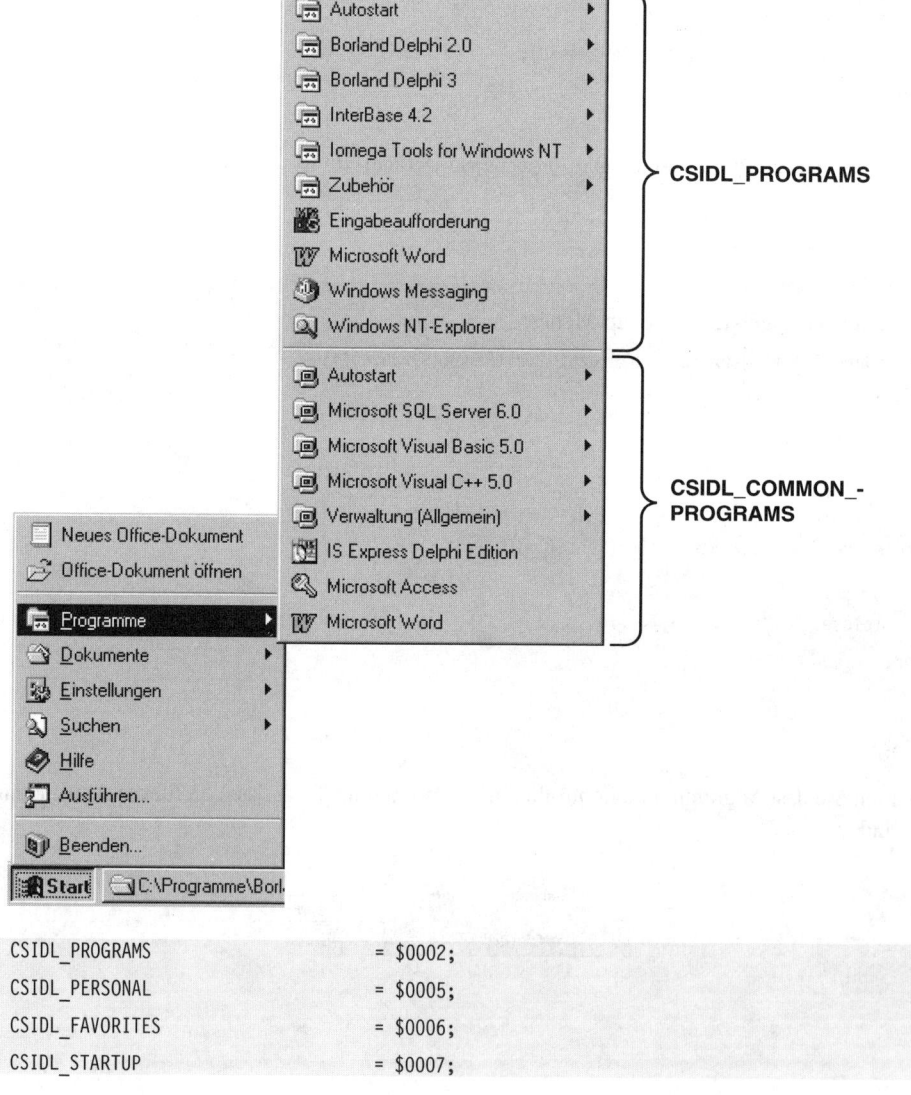

```
CSIDL_PROGRAMS          = $0002;
CSIDL_PERSONAL          = $0005;
CSIDL_FAVORITES         = $0006;
CSIDL_STARTUP           = $0007;
```

Grundlagen

Oberfläche

Grafik

Multimedia

Datei

Datenbank

SQL/ADO

Report

Objekte

OLE/DDE

Peripherie

System

Desktop

Technik

Sonstiges

```
CSIDL_DESKTOPDIRECTORY          = $0010;
CSIDL_COMMON_PROGRAMS           = $0017;
CSIDL_COMMON_DESKTOPDIRECTORY   = $0019;
```

Das Herzstück unseres Beispiels:

```
Function CreateFolder(Foldername:string; wo:integer): boolean;
var pidl          : PItemIDList;
    ProgramPath   : PChar;
begin
  result := False;
  if SUCCEEDED(SHGetSpecialFolderLocation(0, wo, pidl)) then
  begin
    ProgramPath := StrAlloc(max_path);
    SHGetPathFromIDList(pidl, ProgramPath);
    SetLastError(0);
    CreateDirectory(PChar(ProgramPath + '\\' + Foldername), nil );
    if (GetLastError()=0)or(GetLastError()=ERROR_ALREADY_EXISTS) then result := True;
    StrDispose(ProgramPath);
  end;
end;
```

Übergabeparameter sind der Name des neuen Ordners und die Konstante für das Basis-verzeichnis.

Was läuft intern ab?

Diesmal kann die Antwort nicht in einem Satz gegeben werden, das Interface ist objektorientiert und damit sind auch die Zeiten einfachen und unbekümmerten Programmierens vorbei. (Bei den Shortcuts wird es noch schlimmer!)

Grundlage der Arbeit ist ein sogenannter Item-Identifier, mit dem jedes Element innerhalb des Shell-Symbolraums (das ist der Windows-Desktop) eindeutig beschrieben werden kann. Wie diese intern aufgebaut sind, ist relativ uninteressant, da im Wesentlichen nur über Objekt-Methoden auf diese Item-Identifier zugegriffen wird. Werden mehrere derartige Identifier verkettet[1], spricht man von einer Item-Identifier-List oder zu Neudeutsch *ItemIDList*. Womit wir auch schon wieder bei unserem Programm angekommen sind. Der Pointer auf eine derartige Liste wird als *PItemIDList* deklariert. Mit der Funktion *SHGetSpecialFolderLocation* kann die einer Konstanten entsprechende Item-Identifier-List abgerufen werden (je nach Rechnerkonfiguration kann sich der absolute Pfad unterscheiden). Mit *SHGetPathFromIDList* lässt sich diese Liste wieder in einen ganz normalen String umwandeln. An diesen brauchen wir jetzt nur noch den neuen Pfad anzuhängen und die API-Funktion *CreateDirectory* aufzurufen.

Ein paar Fehlerprüfungen und das Aufräumen des Speichers schließen unsere Funktion ab.

---

[1] Ähnlich wie eine Liste von Verzeichnisnamen, z.B. \\Programme\Borland\Delphi.

Beispiel: Verwendung der Funktion

```
procedure TForm1.Button1Click(Sender: TObject);
begin
  createfolder('Meine erste selbst erzeugte Programmgruppe', CSIDL_DESKTOPDIRECTORY);
end;
```

Test

Starten Sie das Programm und probieren Sie einfach mal aus, welche Resultate die unterschiedlichen Konstanten auf den Standort Ihres neuen Folders haben.

Arbeitsplatz   Meine erste selbst erzeugte Programmgruppe

Netzwerkumgebung

Hinweis: Unterscheiden Sie bei Programmgruppen immer zwischen privaten und öffentlichen Foldern. Öffentliche Folder werden bei jedem User angezeigt, private sind an den jeweiligen User gebunden.

R331 ... Shortcuts erzeugen?

Eigentlich müsste die Überschrift lauten: "Warum einfach, wenn es auch kompliziert geht?" Komplizierter kann man das Erzeugen von Shortcuts nicht mehr gestalten. Aber wie das immer so ist, vermutlich haben sich die Entwickler einfach nichts dabei gedacht.

Doch lassen Sie sich nicht abschrecken, nach diesem Rezept haben Sie es statt mit umständlichen Objekten nur noch mit einer ganz trivialen Funktion zu tun.

Oberfläche

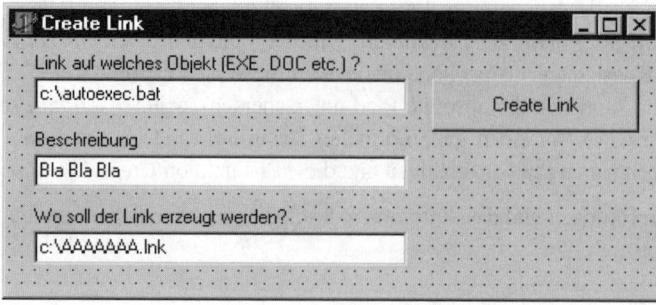

Quelltext

Bevor es losgehen kann, müssen wir erst einmal ein paar Units einbinden:

```
uses activeX,comobj,shlobj;
```

Weiterhin wird noch eine Konstante gebraucht, die bisher in der Unit *OLE2* zu finden war, nunmehr aber völlig fehlt:

```
const IID_IPersistFile: TGUID = (D1:$0000010B;D2:$0000;D3:$0000;
                                 D4:($C0,$00,$00,$00,$00,$00,$00,$46));
```

Die folgende Funktion hält sich im Wesentlichen an ein C-Beispiel aus dem MS-SDK:

```
function CreateLink(lpszPathObj,lpszPathLink,lpszDesc:string):Boolean;
var psl : IShellLink;
    ppf : IPersistFile;
    wsz : PWideChar;

begin
    result := False;
    if SUCCEEDED(CoCreateInstance(CLSID_ShellLink, nil, CLSCTX_INPROC_SERVER,
      IID_IShellLinkA, psl)) then begin
      psl.SetPath(PChar(lpszPathObj));
      psl.SetDescription(PChar(lpszDesc));
      if SUCCEEDED(psl.QueryInterface(IID_IPersistFile,ppf)) then begin
        GetMem(wsz,MAX_PATH*2);
        try
          MultiByteToWideChar(CP_ACP, 0, PChar(lpszPathLink),-1,wsz,MAX_PATH);
          ppf.Save(wsz,TRUE);
          Result := True;
        finally
          FreeMem(wsz,MAX_PATH*2);
        end
      end
    end
end;
```

Mit dem Aufruf von *CoCreateInstance* wird im Erfolgsfall eine Instanz von *ShellLink* erzeugt. Über den Parameter *psl* wird ein Pointer auf das *IShellLink*-Interface zurückgegeben. Nachfolgend können Sie die Methoden des *ShellLink*-Objekts aufrufen, um zum Beispiel Pfad und Beschreibung des neuen Links bzw. Shortcuts zu setzen. Eine Methode zum direkten Speichern werden Sie allerdings bei diesem Objekt vermissen, dazu müssen Sie erst ein *IPersistFile*-Interface erzeugen. Verantwortlich dafür ist die Methode *QueryInterface*. Sollten unsere bisherigen Bemühungen von Erfolg gekrönt sein, initialisieren wir eine WideChar-Variable.

Grundlagen

Oberfläche

Grafik

Multimedia

Datei

Datenbank

SQL/ADO

Report

Objekte

OLE/DDE

Peripherie

System

Desktop

Technik

Sonstiges

Falls Sie sich wundern, warum 2*MAX_PATH reserviert wird: Ein WideChar-String braucht für jedes Zeichen 2 Byte.

Nach der Konvertierung des Link-Namens in einen WideChar-String kann die Save-Methode des *PersistFile*-Objekts aufgerufen werden. Danach räumen wir nur noch den Speicher auf.

Beispiel: Aufruf der Funktion:

```
procedure TForm1.Button1Click(Sender: TObject);
begin
    if CreateLink(edit1.text,edit3.text,edit2.text) then showmessage('Erfolg')
end;
```

R332 ... den Grafikmodus wechseln?

Sicher ist Ihnen auch schon aufgefallen, dass es unter Windows 95/98 und Windows NT mit den meisten Grafikkarten möglich ist, den Grafikmodus zu wechseln, ohne den Rechner neu starten zu müssen. Unser kleines Beispielprogramm nimmt sich dieser Materie an und hat gleich noch zwei weitere Vorteile:

- Sie erfahren, welche Grafikmodi Ihre Grafikkarte unterstützt (Auflösung, Frequenz, Farbtiefe).
- Sie erlernen ganz nebenbei den Umgang mit der *Listview*-Komponente.

Oberfläche

Außer einem Form und einer *Listview*-Komponente benötigen Sie lediglich einen Button, über den wir den Wechsel des Grafikmodus realisieren.

Für die *Listview*-Komponente sind allerdings einige Voreinstellungen zu treffen: Unter *Columns* fügen Sie eine Spalte ein (Property-Editor). Die Eigenschaft *HideSelection* setzen Sie auf *False*, während *RowSelect* auf *True* festgelegt wird. *Viewstyle* ist in *vsReport* zu ändern.

Quelltext

Mit dem Erstellen des Formulars wird auch die *Listview* mit den Grafikdaten gefüllt.

```
procedure TForm1.FormCreate(Sender: TObject);
var devmode : TDEVMODE;
    d       : INTEGER;
    litem   : TListItem;
    p       : ^TDevmode;


begin
```

Festlegen der Spaltenbreite:

```
listview1.Columns[0].Width := 400;
```

Initialisieren der *DevMode*-Struktur:

```
devmode.dmSize         := SizeOf(TDEVMODE);
devmode.dmDriverExtra  := 0;
d := 0;
```

Die Funktion *EnumDisplaySettings* kann mit einem fortlaufenden Zähler so lange aufgerufen werden, bis *False* zurückgegeben wird (eine neue Form von "Callback"). Jeder Aufruf fördert einen neuen Grafikmodus zu Tage. Teilweise unterscheiden Sie die Grafikmodi lediglich bei der Frequenz.

```
While EnumDisplaySettings(nil, d, devmode) do with devmode do begin
    Inc(d);
```

Neben der Auflösung in x- und y-Richtung interessiert uns noch die Farbtiefe, die allerdings nur in Bits-per-Pixel angegeben ist. Die Umrechnung ist relativ trivial (*2 SHL dmBitsPerPel*).

```
litem := listview1.Items.Add;
litem.Caption:=Format('Modus %3d : %dx%d, %d Farben   (%d Hz)',
        [d,dmPelsWidth,dmPelsHeight,1 shl dmBitsPerPel,dmDisplayFrequency]);
```

Alle gewonnenen Erkenntnisse speichern wir uns in einer dynamischen Variablen:

```
new(p);
p^ := Devmode;
```

Der Pointer auf diese Variable wird in der *Data*-Eigenschaft des aktuellen *Listview*-Eintrags gespeichert. Zu gegebener Zeit lassen sich somit die kompletten Informationen über den Grafikmodus abrufen.

```
    litem.Data := p;
    end;
end;
```

Womit wir auch schon beim Setzen des Grafikmodus angekommen sind. Die Funktion *ChangeDisplaySettings* erwartet im Parameter *lpDevMode* wenigstens Informationen über:

- *dmBitsPerPel*
- *dmPelsWidth*
- *dmPelsHeight*
- *dmDisplayFlags*
- *dmDisplayFrequency*

Für uns kein Problem, "schlau" wie wir waren, haben wir ja gleich den ganzen Record in der dynamischen Variablen gespeichert. Das Abrufen erfordert jetzt lediglich eine Typisierung (Typcasting) der *Data*-Eigenschaft.

Grundlagen

Oberfläche

Grafik

Multimedia

Datei

Datenbank

SQL/ADO

Report

Objekte

OLE/DDE

Peripherie

System

Desktop

Technik

Sonstiges

Auf den zweiten Parameter der Funktion müssen wir noch kurz eingehen. Drei Varianten sind möglich:

Wert	Beschreibung
0	Der Grafikmodus wird nur für die aktuelle Arbeitssitzung geändert, nach einem Neustart des Rechners ist alles wieder beim alten.
CDS_UPDATEREGISTRY	Der Grafikmodus wird dauerhaft geändert. Dazu wird ein entsprechender Eintrag in der Registry vorgenommen. Allerdings kann es passieren, dass Sie den Rechner für die Änderung des Grafikmodus neu starten müssen (in diesem Fall ist der Rückgabewert der Funktion DISP_CHANGE_RESTART).
CDS_TEST	Testen, ob sich der gewünschte Grafikmodus einstellen lässt (es findet kein Wechsel statt).

```
procedure TForm1.BitBtn1Click(Sender: TObject);
begin
   ChangeDisplaySettings(TDevmode(listview1.Selected.data^),0);
end;
```

Wir beschränken uns auf das dynamische Ändern des Grafikmodus, eine Fehlerbehandlung können Sie ja noch nachträglich einfügen.

Hinweis: Muss der Rechner neu gestartet werden, sind Sie als Programmierer dafür verantwortlich. Eine entsprechende Funktion finden Sie im Rezept R286.

Test

Starten Sie das Programm und wählen Sie mit Bedacht einen Grafikmodus aus, den Sie setzen möchten.

Hinweis: In der Liste finden sich auch Einträge, mit denen Ihr Monitor nicht unbedingt "einverstanden ist". In diesem Fall ist das jedoch kein Problem, nach einem Windows-Neustart sind Ihre bisherigen Einstellungen wiederhergestellt.

PS: Sollte der Monitor Geräusche von sich geben, denken Sie daran: Es handelt sich nicht um eine Soundkarte! Schalten Sie das Gerät also möglichst schnell aus.

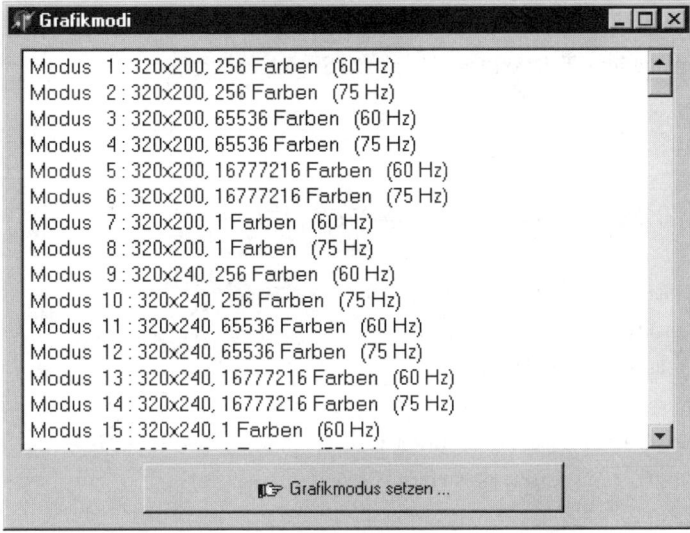

Grundlagen

Oberfläche

Grafik

Multimedia

Datei

Datenbank

SQL/ADO

Report

Objekte

OLE/DDE

Peripherie

System

Desktop

Technik

Sonstiges

R333 ... auf Bildschirmeigenschaften zugreifen?

Nach dem Start von Delphi steht eine Variable *Screen* (als einzige Instanz von *TScreen*) zur Verfügung, die den Zugriff auf die Eigenschaften des Bildschirms (Abmessungen, verfügbare Schriftarten, aktives Formular bzw. aktive Komponente u.a.) ermöglicht. Das folgende kleine Testprogramm zeigt am Beispiel, wie man mit diesen Eigenschaften umgehen kann und demonstriert gleichzeitig die Einsatzmöglichkeiten einer *ListBox*-Komponente.

Oberfläche

Auf dem Startformular (*Form1*) platzieren wir fünf Bezeichnungsfelder (*Label1 ... Label5*), ein Listenfeld (*ListBox1*) und zwei Schaltflächen (*Button1*, *Button2*):

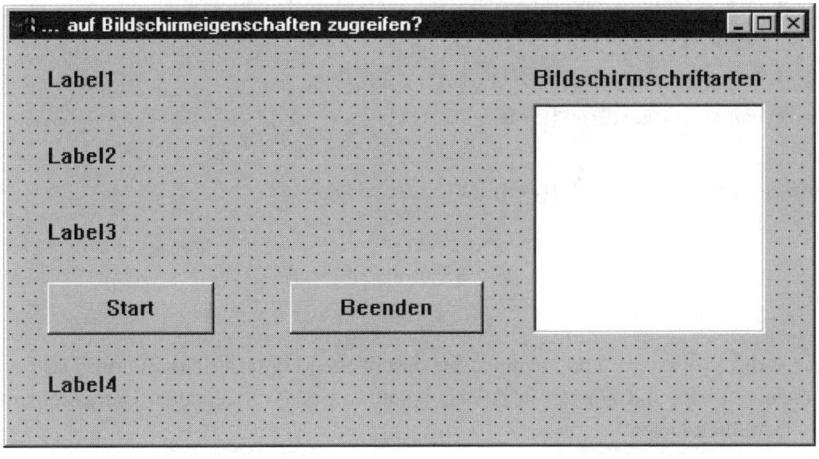

Quelltext

In den Implementations-Teil von *Unit1* kopieren Sie folgenden Code:

```
var a: Single;
    s: string;


procedure TForm1.Button1Click(Sender: TObject);    // Start
begin
 // Fenster zentrieren:
 Left:= (Screen.Width - Width) div 2;
 Top:= (Screen.Height - Height) div 2;


 // Breite und Höhe des Bildschirms in cm :
 a := Screen.Width / Screen.PixelsPerInch * 2.54;
 Str(a:4:2,s);
 Label1.Caption:= 'Bildschirmbreite(cm) = '+s;
 a := Screen.Height / Screen.PixelsPerInch * 2.54;
 Str(a:4:2,s);
 Label2.Caption:= 'Bildschirmhöhe(cm) = '+s;
 // Bildschirmschriftarten anzeigen:
 with ListBox1 do begin
   Clear;
   Sorted := True;
   Items := Screen.Fonts
 end;
 // Zugriff auf aktive Komponente bzw. Formular:
 Label4.Caption:='Aktives Formular = '+Screen.ActiveForm.Caption;
 Label3.Caption:='Aktive Komponente = '+Screen.ActiveControl.Name;
end;
 // ändert Schriftart bei Klick auf Eintrag:
 procedure TForm1.ListBox1Click(Sender: TObject);
 begin
  Label8.Font.Name := ListBox1.Items[ListBox1.ItemIndex]
 end;
```

Test

Starten Sie das Programm und betätigen Sie anschließend dessen Start-Button! Das Formular wird genau zentriert und könnte, in Abhängigkeit von den verwendeten Gerätetreibern, z.B. folgenden Anblick bieten:

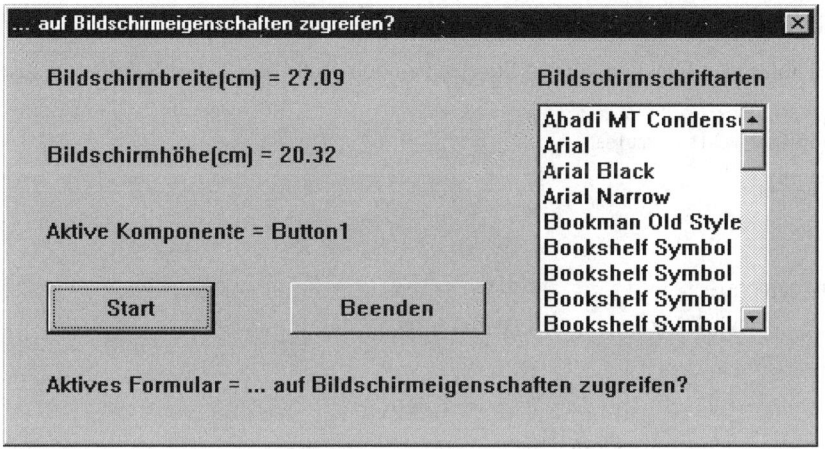

Grundlagen

Oberfläche

Grafik

Multimedia

Datei

Datenbank

SQL/ADO

Report

Objekte

OLE/DDE

Peripherie

System

Desktop

Technik

Sonstiges

Die Bildschirmabmessungen stimmen in etwa mit denen eines 17" Monitors überein. Bei anderen Monitoren ist ein Korrekturfaktor einzuführen.

Wenn Sie auf einen bestimmten Eintrag in der Listbox klicken, ändert sich die Schriftart im darüberliegenden Label entsprechend.

Bemerkungen

▪ Die Eigenschaften von *TScreen* können nur gelesen werden.

▪ Die hier aus Platzgründen nicht mit erfasste *Cursors*-Eigenschaft von *TScreen* erlaubt das Zuweisen von Mauszeiger-Ressourcen.

▪ Im Unterschied zum Namen einer Komponente kann die *Name*-Eigenschaft eines Formulars <u>nicht</u> zugewiesen werden. Stattdessen wurde der Zugriff auf die *Caption*-Eigenschaft demonstriert.

▪ Gewissermaßen als "Nebenprodukt" haben Sie in diesem Beispiel auch erfahren, wie man den aktiven (angeklickten) Eintrag einer Listbox auslesen kann. Das gleiche Prinzip gilt übrigens auch für die *Memo*-Komponente. Siehe dazu

☞   R11 ... mit Stringlisten arbeiten?

R334 ... testen, ob große oder kleine Fonts installiert sind?

Der Fluch des Programmierers sind Anwender, die in der Systemsteuerung die Option "Schriftgrad" auf große Fonts geändert haben. Fatales Resultat sind im Allgemeinen zu große oder unbrauchbare Formulare.

Selbstverständlich sind Sie als Programmierer auch nicht ganz "wehrlos". Ignorieren Sie doch einfach dieses Problem und treffen Sie entsprechende Maßnahmen!

Quelltext

Mit der folgenden Funktion können Sie ermitteln, ob große oder kleine Schriftarten installiert sind:

```
function SmallFonts : Boolean;
var dc : hdc;

begin
  dc := GetDC(0);
  Result := (GetDeviceCaps(dc, LOGPIXELSX) = 96);
  ReleaseDC(0, DC)
end;
```

Beim Laden des Formulars testen Sie:

```
procedure Form1.FormCreate(Sender: TObject);
var dc : HDC;

begin
 if not SmallFonts then
 begin
    DC := GetDC(0);
    Self.ScaleBy(96,GetDeviceCaps(DC, LOGPIXELSX));
    ReleaseDC(0, DC);
    Refresh
 end
end;
```

Mit obigen Anweisungen bleibt das Formular immer gleich groß, unabhängig von den Einstellungen der Systemfonts.

R335 ... den Bildschirmschoner aktivieren/deaktivieren?

Führt Ihr Programm z.B. endlose Berechnungen aus, denen Sie folgen müssen, kann das Auftauchen des Bildschirmschoners als störend empfunden werden. In diesem Fall können Sie auf recht einfache Art und Weise den "ungebetenen Gast" deaktivieren. Ein kleines Beispielprogramm zeigt, wie es geht.

Oberfläche

Quelltext

Über eine Checkbox ("Screensaver Aktivieren") wird folgendes Ereignis ausgelöst:

```
procedure TForm1.CheckBox1Click(Sender: TObject);
begin
 if not Checkbox1.Checked then
   SystemParametersInfo(SPI_SETSCREENSAVEACTIVE,integer(False),nil,0)
 else
   SystemParametersInfo(SPI_SETSCREENSAVEACTIVE,Integer(True),nil,0)
end;
```

Bemerkung

Sollen die Screensaver-Einstellungen dauerhaft sein, d.h. auch nach einem Neustart übernommen werden, dann müssen Sie den letzten Parameter mit *SPIF_SENDWININICHANGE*
angeben.

R336 ... DragDrop mit dem Explorer realisieren?

DragDrop innerhalb einer Delphi-Applikation ist problemlos realisierbar, Delphi stellt bereits
genügend Ereignisse und Methoden zu diesem Zweck bereit. Soll die DragDrop-Funktionalität
aber auf den Windows-Explorer erweitert werden, haben Sie schlechte Karten, externe Ereignisse werden von Delphi nicht ausgewertet.

Ein kleines Testprogramm soll demonstrieren, wie Sie durch die Auswertung einiger Windows-Botschaften doch noch zum Ziel kommen.

Oberfläche

Wir beschränken uns auf ein Formular sowie eine Listbox, in der wir später die Namen der
Dateien anzeigen, die mittels DragDrop an unser Programm übermittelt wurden.

Quelltext

Als Erstes sollten Sie die Unit *ShellApi* einbinden, die uns unter anderem die Funktionen

- *DragAcceptFiles*,
- *DragQueryFile* und
- *DragFinish*

zur Verfügung stellt.

Im *FormCreate*-Ereignis melden wir unsere Anwendung als DragDrop-Ziel an. Dazu verwenden wir *DragAcceptFiles*, Übergabeparameter sind der Handle des betreffenden Fensters
sowie *True* dafür, dass das Fenster DragDrop-Operationen unterstützt.

Grundlagen

Oberfläche

Grafik

Multimedia

Datei

Datenbank

SQL/ADO

Report

Objekte

OLE/DDE

Peripherie

System

Desktop

Technik

Sonstiges

```
procedure TForm1.FormCreate(Sender: TObject);
begin
  DragAcceptFiles(Form1.Handle, True);
end;
```

Setzen Sie den zweiten Parameter auf *False*, können Sie die weitere DragDrop-Unterstützung Ihrer Anwendung ausschalten.

Die eigentliche Kommunikation mit dem Explorer wird über die Windows-Message *WM_DROPFILES* abgewickelt. Dazu müssen wir die Klassendefinition unseres Fensters um einen neuen Messagehandle erweitern:

```
type
  TForm1 = class(TForm)
    ListBox1: TListBox;
    procedure FormCreate(Sender: TObject);
  protected
    procedure WMDROPFILES (var Msg: TMessage); message WM_DROPFILES;
  private
    { Private-Deklarationen }
  public
    { Public-Deklarationen }
  end;
```

Die eigentliche Ereignisroutine:

```
procedure TForm1.WMDROPFILES (var Msg: TMessage);
var i,anzahl,
    size      : integer;
    Dateiname : PChar;
begin
  inherited;
  anzahl := DragQueryFile(Msg.WParam, $FFFFFFFF, Dateiname, 255);
  for i := 0 to (anzahl - 1) do begin
    size := DragQueryFile(Msg.WParam, i , nil, 0) + 1;
    Dateiname:= StrAlloc(size);
    DragQueryFile(Msg.WParam,i , Dateiname, size);
    listbox1.items.add(StrPas(Dateiname));
    StrDispose(Dateiname);
  end;
  DragFinish(Msg.WParam);
end;
```

Nach der Initialisierung der Puffervariablen (*Dateiname*) bestimmen wir als Erstes die Anzahl der übergebenen Dateinamen. Dazu muss der zweite Parameter von *DragQueryFile* auf *$FFFFFFFF* festgelegt werden, der Rückgabewert ist die Anzahl der Dateinamen.

Ein weiterer Aufruf von *DragQueryFile* dient dazu, die Größe des benötigten Puffers zu ermitteln.

Hinweis: Dieser Aspekt sollte unbedingt bei der Umstellung von 16 auf 32 Bit berücksichtigt werden. Ältere Programme verwenden häufig noch einen festen Puffer von 255 Zeichen, der mit den heutigen Dateinamen nicht mehr mithalten kann.

Wie üblich müssen Sie die Größe des Puffers mit Size+1 bemessen, da sonst das letzte Zeichen abgeschnitten wird (es handelt sich um einen nullterminierten String und die 0 braucht auch ihren Platz).

Mit dem nächsten Aufruf von *DragQueryFile* wird der Puffer mit einem Dateinamen gefüllt, den wir in der Listbox anzeigen. Über die Schleife setzen wir die Bearbeitung so lange fort, bis alle Dateinamen ausgelesen sind.

Test

Starten Sie das Programm und verschieben Sie einige Dateien in das Anwendungsfenster:

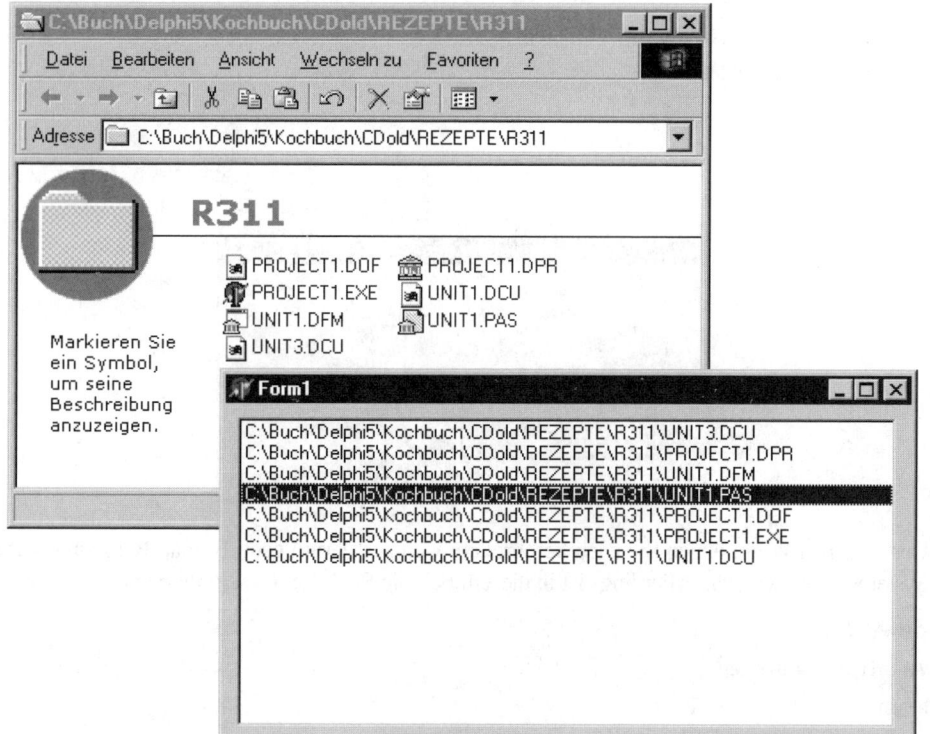

Report

Objekte

OLE/DDE

Peripherie

System

Desktop

Technik

Sonstiges

R337 ... System-Icons verwenden?

Möchten Sie Systems-Icons oder -Bitmaps verwenden, müssen Sie diese nicht unbedingt als Ressourcen in die Anwendung aufnehmen. Sie können sie auch mit Hilfe der *LoadIcon*- oder *LoadBitmap*-Funktion direkt aus dem System abrufen. Das spart Speicherplatz.

Wichtig ist, dass Sie den *hinst*-Parameter der *LoadIcon*-Funktion mit 0 festlegen (Desktop).

Folgende Konstanten können Sie für die *LoadIcon*-Funktion verwenden:

IDI_APPLICATION	IDI_HAND
IDI_ASTERISK	IDI_QUESTION
IDI_EXCLAMATION	

Quelltext

Anzeige des Fragezeichens (aus den Standard-Dialogen) in einem Formular.

```
procedure TForm1.Button1Click(Sender: TObject);
var icon : TIcon;
begin
  icon := TIcon.Create;
  icon.Handle := LoadIcon(0,IDI_Question);
  Canvas.Draw(30,100,icon)
end;
```

Test

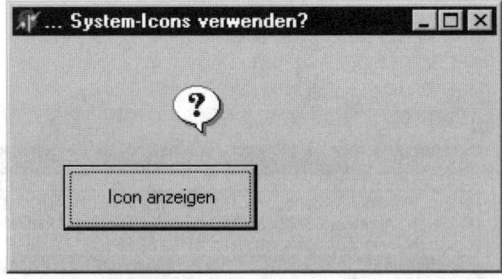

Den gleichen Weg können Sie auch beschreiten, wenn es darum geht, Bitmap-Ressourcen des Systems zu verwenden. Allerdings ist in diesem Fall die Funktion *LoadBitmap* von Interesse.

Beispiel:

```
var bitmap : TBitmap;
begin
  Bitmap := TBitmap.Create;
```

```
 Bitmap.Handle := LoadBitmap(0,MAKEINTRESOURCE(OBM_ZOOM));
 Canvas.Draw(30,100,Bitmap)
end;
```

Einige Konstanten für *LoadBitmap*:

OBM_BTNCORNERS	OBM_OLD_RESTORE
OBM_BTSIZE	OBM_OLD_RGARROW
OBM_CHECK	OBM_OLD_UPARROW
OBM_CHECKBOXES	OBM_OLD_ZOOM
OBM_CLOSE	OBM_REDUCE
OBM_COMBO	OBM_REDUCED
OBM_DNARROW	OBM_RESTORE
OBM_DNARROWD	OBM_RESTORED
OBM_DNARROWI	OBM_RGARROW
OBM_LFARROW	OBM_RGARROWD
OBM_LFARROWD	OBM_RGARROWI
OBM_LFARROWI	OBM_SIZE
OBM_MNARROW	OBM_UPARROW
OBM_OLD_CLOSE	OBM_UPARROWD
OBM_OLD_DNARROW	OBM_UPARROWI
OBM_OLD_LFARROW	OBM_ZOOM
OBM_OLD_REDUCE	OBM_ZOOMD

Grafik

Multimedia

Datei

Datenbank

SQL/ADO

Report

Objekte

OLE/DDE

Peripherie

System

Desktop

Technik

Sonstiges

R338 ... die Desktop-Icons ein-/ausblenden?

Wen nerven Sie nicht, die zahllosen Desktop-Icons, die einem das Arbeiten mit Delphi nicht gerade erleichtern? Aber Abhilfe ist in Sicht: Mit folgendem Programm blenden Sie die kleinen Quälgeister kurzzeitig aus und bei Gelegenheit auch wieder ein.

Der technische Hintergrund des Programms ist eigentlich recht simpel. Wie jedes Control ist auch der Desktop selbst "nur" ein Fenster, das Sie nach Belieben ein- und ausblenden können. Einziges Problem: Woher bekommen Sie den Handle des Desktops?

Die API-Funktion *FindWindow* hilft uns weiter, übergeben Sie dieser Funktion einfach den Namen des gesuchten Fensters (in unserem Fall "Progman"[1]).

Quelltext

Die eigentliche Arbeit übernimmt die API-Funktion *ShowWindow*:

```
procedure TForm1.Button1Click(Sender: TObject);
begin ShowWindow(FindWindow('Progman', nil), SW_HIDE);  end;


procedure TForm1.Button2Click(Sender: TObject);
begin  ShowWindow(FindWindow('Progman', nil), SW_SHOW);  end;
```

Test

Nach dem Start des Programms und dem Klick auf den ersten Button werden Sie von einem absolut leeren Desktop überrascht sein. Vielleicht die richtige Überraschung für den Kollegen?

R339 ... eine Anwendung in die Registry einbinden?

Unterstützt Ihre Anwendung einen bestimmten Dateityp (.DB, .XLS etc.), ist es sinnvoll, wenn Sie dem Anwender ein entsprechendes Kontextmenü zur Verfügung stellen.

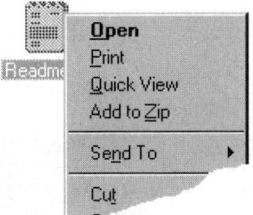

Unterstützen können Sie

- *Open* (Öffnen),

- *Print* (Drucken),

- und *Print To,*

indem Sie die Registry um entsprechende Einträge erweitern. Die Variante "Print To" haben Sie sicherlich noch in keinem Kontextmenü gefunden, handelt es sich doch um die Aktion, die ausgeführt wird, wenn ein Dokument mittels Drag&Drop auf ein Druckersymbol gezogen wird.

---

[1] Ein Relikt aus Windows 3.x-Tagen, als es noch einen Programm-Manager gab!

Folgende Einträge müssen Sie in der Registrierdatenbank vornehmen (Beispiel Metafiles):

```
01: HKEY_CLASSES_ROOT\.wmf = metafile
02: HKEY_CLASSES_ROOT\metafile = Windows Metafile
03: HKEY_CLASSES_ROOT\metafile\DefaultIcon = c:\delphi\project1.exe,0
04: HKEY_CLASSES_ROOT\metafile\shell\open\command = project1.exe %1
05: HKEY_CLASSES_ROOT\metafile\shell\print\command = project1.exe /p %1
06: HKEY_CLASSES_ROOT\metafile\shell\printto\command = project1.exe /p %1
```

Zeile 1 definiert den Zusammenhang zwischen Extension und Registry-Einträgen. Zeile 2 stellt eine kurze Beschreibung des Eintrags dar. Die Angabe *DefaultIcon* ist optional, es handelt sich um den Index des Icons, das dem Dokument zugeordnet wird.

Der Eintrag *"...\shell\open\command"* beschreibt die Aufrufkonventionen für die Anzeige des Dokuments. Analog dazu werden mit *"...\print\command"* bzw. *"...\printto\command"* die Aufrufparameter für den Druck des Dokuments festgelegt.

Hinweis: Bei allen Einträgen sind die Werte im Feld "Default" gespeichert, es gibt keine weiteren Feldeinträge.

Die Umsetzung des oben genannten Beispiels als Delphi-Programm:

```
regist := TRegistry.Create;
regist.RootKey := HKEY_CLASSES_ROOT;
regist.OpenKey('.wmf',True);
regist.WriteString('','metafile');
regist.CloseKey;
regist.OpenKey('metafile',True);
regist.WriteString('','Windows Metafile');
regist.CloseKey;
regist.OpenKey('metafile\DefaultIcon',True);
regist.WriteString('','c:\delphi\project1.exe,0');
regist.CloseKey;
regist.OpenKey('metafile\shell\open\command',True);
regist.WriteString('','project1.exe %1');
regist.CloseKey;
regist.OpenKey('metafile\shell\print\command',True);
regist.WriteString('','Project1.exe /p %1');
regist.CloseKey;
regist.OpenKey('metafile\shell\printto\command',True);
regist.WriteString('','project1.exe /p %1');
regist.CloseKey;
```

Grundlagen

Oberfläche

Grafik

Multimedia

Datei

Datenbank

SQL/ADO

Report

Objekte

OLE/DDE

Peripherie

System

Desktop

Technik

Sonstiges

Das Resultat in der Registrierdatenbank:

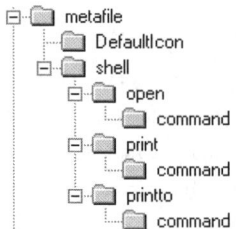

Wenn Sie die Funktionen ausprobieren und die Ergebnisse mit dem Registrierungseditor kontrollieren wollen, müssen Sie die Anzeige nach jeder der oben genannten Funktionen aktualisieren (F5).

R340 ... Control-Panel-Anwendungen aufrufen?

Sollen dem Anwender Systemeinstellungen zur Verfügung gestellt werden, ist das Control Panel bzw. die Systemsteuerung der erste Anlaufpunkt. Über Ihr Delphi-Programm können Sie problemlos auf die einzelnen Elemente der Systemsteuerung zugreifen, d.h. Sie können die Dialogboxen anzeigen. Der Begriff "Elemente" wurde bewusst gewählt, da es sich nicht um eigenständige Anwendungen sondern um einzelne DLLs handelt, die jedoch die Extension CPL tragen.

Der Aufruf selbst kann mit Hilfe einer zusätzlichen Anwendung (*rundll32.exe*) recht einfach bewerkstelligt werden. Alles was bleibt, ist der Aufruf dieser Anwendung mit den entsprechenden Parametern.

Die folgende Tabelle zeigt die Standard-Applets:

Datei	Bedeutung
access.cpl	Zugriffsschutz-Einstellungen
appwiz.cpl	Installation/Deinstallation von Anwendungen
desk.cpl	Bildschirm-Einstellungen
intl.cpl	regionale Einstellungen
joy.cpl	Joystick-Eigenschaften
main.cpl	Maus-Eigenschaften
mmsys.cpl	Multimedia-Optionen
modem.cpl	Modem-Einstellungen
sysdm.cpl	System-Einstellungen
timedate.cpl	Datum/Zeit-Einstellungen

Oberfläche

Den Grundaufbau der Beispieloberfläche entnehmen Sie bitte der folgenden Abbildung:

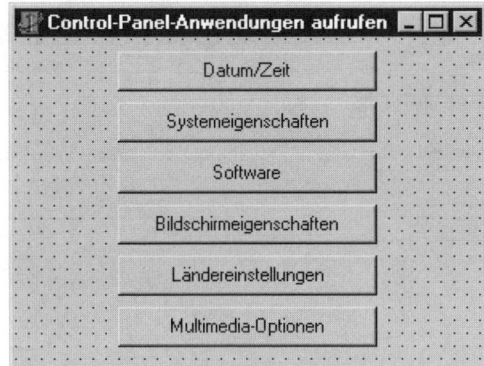

Quelltext

Um nicht jedesmal den vollen Aufruf programmieren zu müssen, erstellen wir eine Prozedur, die uns etwas Arbeit abnimmt:

```
procedure ShowApplet(FileName:string);
begin
 WinExec(PChar('rundll32.exe shell32.dll,'+'Control_RunDLL ' + FileName),SW_SHOWNORMAL);
end;
```

Die Verwendung ist denkbar einfach:

```
procedure TForm1.Button1Click(Sender: TObject);
begin
  ShowApplet('timedate.cpl');
end;


procedure TForm1.Button2Click(Sender: TObject);
begin
  ShowApplet('sysdm.cpl');
end;
...
```

Test

Starten Sie das Programm und probieren Sie die Funktionen aus.

Grundlagen

Oberfläche

Grafik

Multimedia

Datei

Datenbank

SQL/ADO

Report

Objekte

OLE/DDE

Peripherie

System

Desktop

Technik

Sonstiges

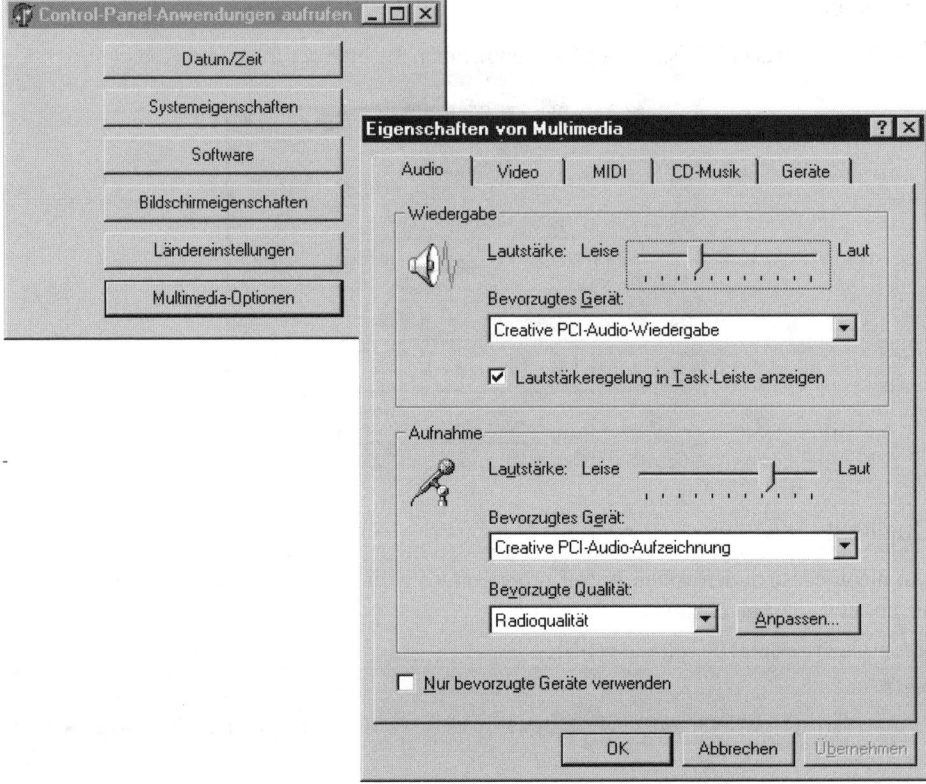

R341 ... den Windows-Desktop-Folder ermitteln?

Wollen Sie Links oder Programme/Dateien auf dem Windows-Desktop platzieren, müssen Sie dessen Position bzw. dessen Pfad kennen. Hier hilft nur die Verwendung der Funktion *SHGetSpecialFolderLocation* weiter.

Oberfläche

Lediglich ein Button für den späteren Aufruf der Funktion.

Quelltext

Wir verpacken den Aufruf gleich in einer Funktion, so ist die Wiederverwendung wesentlich einfacher:

```
uses shlobj;
...
function GetDesktopFolder: string;
var pidl  : PItemIDList;
    Path  : array[0..MAX_PATH] of char;
```

```
begin
   if SUCCEEDED(SHGetSpecialFolderLocation(0,CSIDL_DESKTOP,pidl)) then begin
     SHGetPathFromIDList(pidl,Path);
     result := Path;
   end else
     result := '';
end;
```

Beispiel: Aufruf der Funktion

```
procedure TForm1.Button1Click(Sender: TObject);
begin
  showmessage(GetDesktopFolder);
end;
```

Test

Starten Sie das Programm und klicken Sie auf den Button.

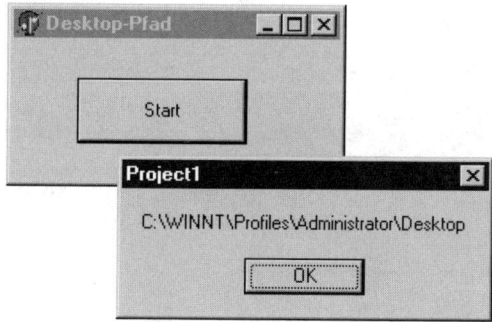

Grundlagen

Oberfläche

Grafik

Multimedia

Datei

Datenbank

SQL/ADO

Report

Objekte

OLE/DDE

Peripherie

System

Desktop

Technik

Sonstiges

Wie kann ich ...?
Wissenschaft/
Technik

R342 ... einen Wert schätzen?

Insbesondere bei der Arbeit mit Gleitkommazahlen (*Real*, *Single*, *Double*) sollte der direkte Vergleich zweier Werte vermieden werden, da durch Rundungsfehler geringfügige Abweichungen auftreten können.

Um dieses Problem zu vermeiden, verwenden Sie eine Funktion, die die Übereinstimmung zweier Werte in Abhängigkeit von einer von Ihnen festzulegenden Fehlerschranke bestimmt.

Oberfläche

Wir brauchen zum Austesten zwei *Edit*-Felder, eine *Combobox*, ein *Label* (*Font* vergrößern!) und zwei *Buttons*:

Der *Items*-Eigenschaft der *Combobox* weisen Sie über den Stringlisten-Editor mehrere Fehlerschranken zu:

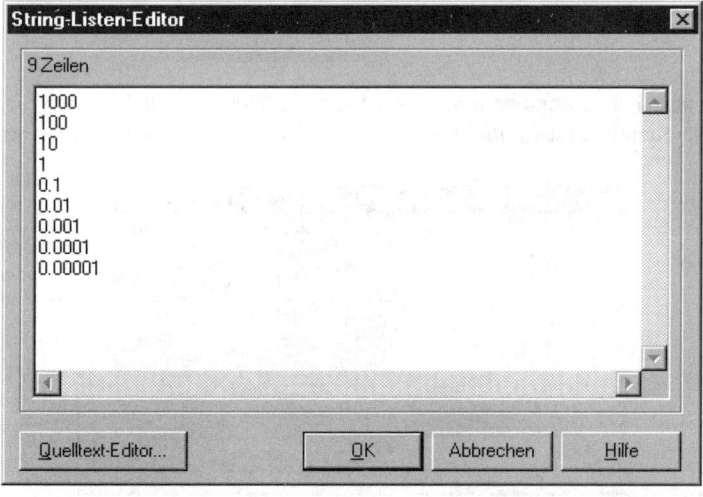

Grundlagen

Oberfläche

Grafik

Multimedia

Datei

Datenbank

SQL/ADO

Report

Objekte

OLE/DDE

Peripherie

System

Desktop

Technik

Sonstiges

Quelltext

Die Funktion:

```
function circa(istwert,sollwert,schranke : Double): Boolean;
begin
    result := Abs(istwert - sollwert) < Abs(schranke)
end;
```

Beim Programmstart soll die Combobox den dritten Eintrag anzeigen:

```
procedure TForm1.FormCreate(Sender: TObject);
begin
    ComboBox1.ItemIndex := 3
end;
```

Das *OnClick*-Ereignis des Prüfbuttons:

```
procedure TForm1.Button1Click(Sender: TObject);
var wert1, wert2,schranke: Double;  i: Integer;
begin
    // Konvertieren in Double Datentyp
    Val(Edit1.Text,wert1,i); Val(Edit2.Text,wert2,i);
    Val(ComboBox1.Items.Strings[ComboBox1.ItemIndex],schranke,i);
    // Schätzen der Werte
    if circa(wert1,wert2,schranke) then Label4.Caption := '='
    else Label4.Caption := '<>'
end;
```

Test

Wählen Sie eine Fehlerschranke aus, geben Sie zwei Werte ein und klicken Sie "Prüfen...". Das übergroße Symbol in der *Label*-Komponente informiert Sie, ob der Schätzwert stimmt.

R343 ... die Zeit auf eine viertel Stunde genau runden?

Findet der Chef es lustig, wenn Ihr neues Planungsprogramm den Beginn eines Termins mit 12:08 Uhr berechnet? Dieses Rezept schafft Abhilfe!

Oberfläche

Ein *Edit*-Feld und ein *Label* genügen (siehe Laufzeitabbildung).

Quelltext

Eine Lösung ergibt sich durch Zerlegen in Stunden und Minuten, Rundung und anschließendes Rückkonvertieren.

Hinweis: Sowohl 60min als auch 24h bedürfen einer gesonderten Behandlung!

```
function RoundTime(time : TDateTime): TDateTime;        // Rundungsfunktion
var h,m,s,ms : Word;
begin
   DecodeTime (Time,h,m,s,ms);
   s  := 0;
   ms := 0;
   m := Round(m/15)*15;
   if m = 60 then begin
      m := 0;
      Inc(h);
      if h = 24 then h := 0
   end;
   Result := EncodeTime(h,m,s,ms)
end;
```

Der Test der Funktion:

```
procedure TForm1.Edit1KeyPress(Sender: TObject; var Key: Char);
var zeit : TDateTime;
begin
   if key = #13 then begin
      key := #0;
      zeit := StrToTime(Edit1.Text);
      zeit := RoundTime(zeit);
      Label1.Caption := TimeToStr(zeit)
   end
end;
```

Test

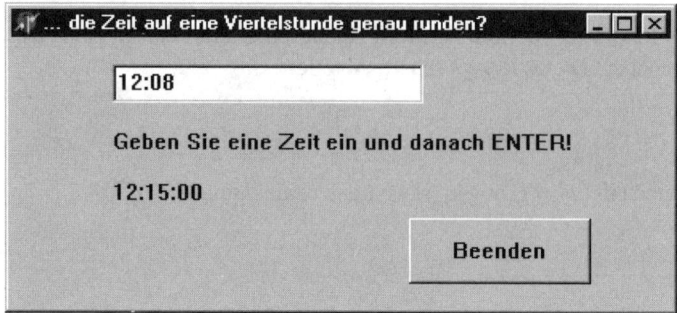

R344 ... Zeitdifferenzen ermitteln?

Wenn es darum geht, die zwischen zwei Terminen verstrichene Zeit in Stunden und Minuten auszurechnen, muss der Programmierer kühlen Kopf bewahren.

Die Standardprozedur *DecodeTime* (Unit *SysUtils*) ist bei Zeitdifferenzen oberhalb der 24h-Grenze überfordert und berücksichtigt die dazwischenliegenden Tage nicht.

Beispiel:

```
var d1, d2: TDateTime;
```

Sie können sich gern davon überzeugen, dass z.B. zwischen den Terminen d1 = 3.1.97 8:03 und d2 = 7.1.97 11:11 die Anweisung

```
DecodeTime((d2-d1), std, min, sek, msek);
```

für *std* den (falschen) Wert 3 und für *min* den Wert 8 ermittelt, obwohl tatsächlich 99 Stunden und 8 Minuten vergangen sind. Selbsthilfe ist also wieder einmal angesagt.

Oberfläche

Auf dem Startformular *Form1* platzieren Sie zwei *Edit*-Felder, ein *Panel*, zwei *Button*s und ein paar *Label* für Beschriftungszwecke (siehe Screenshot am Schluss).

Quelltext

Der *implementation*-Abschnitt:

```
var d1, d2:TDateTime;
    std, min : Word;
```

Die Funktion:

```
function zeitDiff(d1, d2:TDateTime; var std, min:Word): Boolean;
var days, sek, ms: Word;
begin
 if d2 >= d1 then days := Trunc(d2-d1)        // ganze Tage feststellen
```

```
        else begin Result := False; Exit end;
DecodeTime((d2-d1), std, min, sek, ms);     // Stunden und Minuten decodieren
std := days * 24 + std;                     // Stunden korrigieren
Result := True
end;
```

Ehe die Berechnung gestartet werden kann, müssen die Eingangsinformationen vom String-
format in das Datums-/Zeitformat konvertiert werden:

```
procedure TForm1.Button1Click(Sender: TObject);
begin
 try
  d1 := StrToDateTime(Edit1.Text);
  d2 := StrToDateTime(Edit2.Text)
 except
  Panel1.Caption := 'Fehler bei der Datums/Zeiteingabe!'; Exit
 end;
 if zeitDiff(d1, d2, std, min) then
  Panel1.Caption := 'Die Zeitdifferenz beträgt ' + IntToStr(std) + ' Stunden und '
                    + IntToStr(min) + ' Minuten'
                else
  Panel1.Caption := 'Beginn- und Ende-Datum müssen vertauscht werden!'
end;
```

Test

Experimentieren Sie mit den unterschiedlichsten Eingaben!

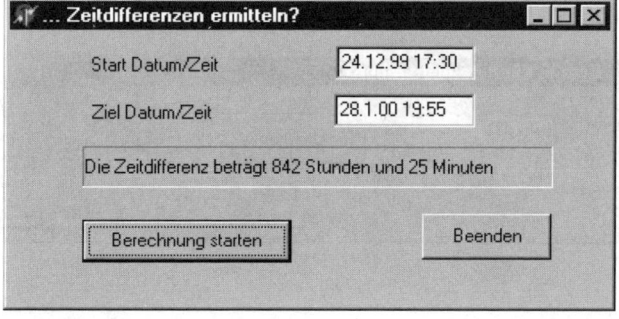

Das Jahr 00 wird richtig als Jahr 2000 interpretiert.

Hinweis: Beachten Sie, dass aufgrund des in der *DecodeTime*-Funktion verwendeten Daten-
typs *Word* die beiden Datumsangaben nicht weiter als ca. 7 Jahre auseinander-
liegen dürfen!

Grundlagen

Oberfläche

Grafik

Multimedia

Datei

Datenbank

SQL/ADO

Report

Objekte

OLE/DDE

Peripherie

System

Desktop

Technik

Sonstiges

R345 ... Byte in KiloByte umrechnen?

Soll die Größe einer Datei gelesen oder zugewiesen werden, so benutzen die entsprechenden Funktionen dafür meist die Maßeinheit *Byte* (*LongInt*-Zahl).

Für eine übersichtliche Anzeige empfiehlt sich aber die Maßeinheit *KiloByte*.

Oberfläche

Ein *Edit*-Feld, ein *Button* und ein *Label* genügen zum Ausprobieren.

Quelltext

```
function kByte(byt:LongInt): string;          // liefert String Byte/kByte
var kb: Single; s:string;

begin
 if byt > 1023 then
 begin kB := byt/1024; Str(kb:7:2, s); Result :=  s + ' KiloByte' end
 else Result :=  IntToStr(byt) + ' Byte'
end;
```

Der Aufruf:

```
procedure TForm1.Button1Click(Sender: TObject);
begin
 Label2.Caption := kByte(StrToInt(Edit1.Text))
end;
```

Test

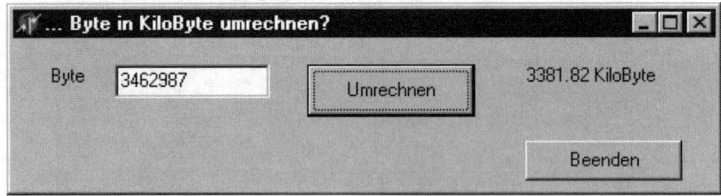

Bemerkungen

- ▪ Bytes können nur als Ganzzahl eingegeben werden.

- ▪ Eine sinnvolle praktische Anwendung finden Sie in

    ☞   R294 ... den Speicherplatz auf dem FTP-Server anzeigen?

R346 ... Zahlen konvertieren?

R346 ... Zahlen konvertieren?

Dieses Rezept zeigt, wie man Dezimal-, Hexadezimal- und Binärzahlen ineinander umrechnen kann. Während man bei Hexzahlen auf die von der Unit *SysUtils* bereitgestellten Funktionen *IntToHex* und *StrToInt* zurückgreifen kann, muss man sich beim Konvertieren von Binärzahlen mit "selbstgebastelten" Funktionen behelfen.

Als Nebeneffekt wird demonstriert, wie unter Delphi sogenannte "gleitende" Berechnungen durchgeführt werden können. "Gleitend" soll hier bedeuten, dass auf eine "Ergebnistaste" (entsprechend der "="-Taste eines normalen Taschenrechners) verzichtet werden kann, da das Ergebnis sofort aktualisiert wird, wenn sich eine Eingangsgröße geändert hat. Ein Unterschied zwischen Ein- und Ausgabefeldern existiert demzufolge nicht mehr.

Oberfläche

Auf dem Startformular sind lediglich drei Textfelder (*Edit1*, *Edit2* und *Edit3*) erforderlich, in welche Dezimal-, Hexadezimal und Binärzahlen ein- und ausgegeben werden.

Quelltext

Der *implementation*-Abschnitt von *Unit1*:

```
var zahl: LongInt;
```

Umwandeln Integer in Binär:

```
function intToBinary(value:LongInt; digits: Byte): string;
var i    : Byte;
    mask : LongInt;
begin
  SetLength(result,digits);
  for i := 0 to digits-1 do begin
    mask := 1 shl i;
    if (mask and value) = mask then
      result[digits-i]:= '1'
    else
      result[digits-i]:= '0'
  end;
end;
```

Umwandeln Binär in Integer:

```
function binaryToInt(value:string): LongInt;
var i, len : Byte;
begin
  result := 0;
  len    := Length(value);
```

Grundlagen

Oberfläche

Grafik

Multimedia

Datei

Datenbank

SQL/ADO

Report

Objekte

OLE/DDE

Peripherie

System

Desktop

Technik

Sonstiges

```
for i := len downto 1 do
   if value[i] = '1' then result := result or (1 shl (len-i))
end;
```

Der Aufrufcode besteht aus Vereinfachungsgründen aus nur einem einzigen Eventhandler, der auf das *OnChange*-Ereignis aller drei Editierfelder reagiert. Schreiben Sie zunächst wie gewohnt diesen Eventhandler für *Edit1* und stellen Sie dann im Objektinspektor auch das *OnChange*-Ereignis von *Edit2* und *Edit3* darauf ein:

```
procedure TForm1.EditChange(Sender: TObject);
begin
 if Sender = Edit1 then    // Dezimalzahl geändert
  try
   zahl := StrToInt(Edit1.Text);
   Edit2.Text := '$'+IntToHex(zahl,0);    // Hexzahl anzeigen
   Edit3.Text := intToBinary(zahl, 32)    // Binärzahl anzeigen
  except
 end;
 if Sender = Edit2 then    // Hexzahl geändert
  try
   zahl := StrToInt(Edit2.Text);
   Edit1.Text := IntToStr(zahl);          // Dezimalzahl anzeigen
   Edit3.Text := intToBinary(zahl, 32)    // Binärzahl anzeigen
  except
 end;
 if Sender = Edit3 then    // Binärzahl geändert
  try
   zahl := binaryToInt(Edit3.Text);
   Edit1.Text := IntToStr(zahl);          // Dezimalzahl anzeigen
   Edit2.Text := '$' + IntToHex(zahl,0);  // Hexzahl anzeigen
  except
  end
end;
```

Um die unvermeidlichen Konvertierungsfehler zu umgehen, wurden alle Umrechnungen in *try-except*-Blöcken eingeschlossen (siehe Hinweis unten).

Test

Sie können nun in ein beliebiges Feld eine Zahl eingeben. Falls eine Umrechnung möglich ist, wird das Ergebnis sofort in den anderen Feldern sichtbar.

```
 ▪▼ ... Zahlen ineinander umwandeln?                              _ □ ✕

    Dezimal              Hexadezimal         Binär

    │255            │    │$FF            │   │00000000000000000000000011111111 │


                                                        ┌─────────────┐
                                                        │  Beenden    │
                                                        └─────────────┘
```

Grundlagen

Oberfläche

Grafik

Multimedia

Datei

Datenbank

SQL/ADO

Report

Objekte

OLE/DDE

Peripherie

System

Desktop

Technik

Sonstiges

Hinweis: Vergessen Sie bei der Eingabe einer Hexzahl nicht das führende Dollarzeichen ($). So signalisieren Sie der Funktion *StrToInt*, dass es sich um einen Hexadezimalwert handelt!

Bemerkungen

- Beachten Sie, dass die Zahlenbereiche nicht unbegrenzt sind (max. 32 Bit).

- Eine Hexadezimalzahl wird in Object Pascal immer mit einem Dollarzeichen ($) eingeleitet. So wird eine Verwechslung mit Dezimalzahlen vermieden.

- Falls es beim Austesten in der Entwicklungsumgebung trotz der *try-except*-Kapselung zu Fehlermeldungen kommt, müssen Sie im Menü *Tools\Debugger-Optionen* auf der Seite "Sprach-Exceptions" das Häkchen bei "Bei Delphi-Exceptions stoppen" wegnehmen. Für die spätere Ausführen der EXE-Datei (d.h. außerhalb der Delphi-IDE) hat dies allerdings keine Bedeutung.

R347 ... eine Prüfsumme erstellen?

Geht es darum, die Sicherheit von Datenübertragungen zu gewährleisten oder die Manipulation von Daten nachzuweisen, werden häufig Prüfsummen eingesetzt.

Im Folgenden möchten wir Ihnen zwei verschiedene Varianten vorstellen.

CRC-Prüfsumme

Der etwas betagtere und gleichzeitig auch einfachere Algorithmus basiert auf der CCITT-Vorschrift für 32 Bit-Prüfsummen. Zur schnelleren Berechnung verwenden wir eine vordefiniertes Konstantenarray, das bereits die nötigen Werte enthält:

```
const
   crctable: array[0..255] of LongInt =
  ($00000000, $77073096, $EE0E612C, $990951BA,
   $076DC419, $706AF48F, $E963A535, $9E6495A3,
   $0EDB8832, $79DCB8A4, $E0D5E91E, $97D2D988,
   ...
```

```
$B40BBE37, $C30C8EA1, $5A05DF1B, $2D02EF8D);
```

Die eigentliche Funktion ist relativ simpel, übergeben Sie einfach die gewünschten Daten sowie deren Länge. Rückgabewert ist die 32-Bit-Checksumme.

```
function CRC32 (const data; count: Integer): LongInt;
var p : PByte;
    i : Integer;
begin
  p := PByte(data);
  Result := 0;
  for i := 1 to count do begin
    result := (result shr 8)  xor  crcTable[ p^ xor (result and $000000FF)];
    Inc(p)
  end
end;
```

Natürlich hat der oben vorgestellte Algorithmus auch seine Grenzen. Mit einem 32-Bit-Wert können nun mal nur 4.294.967.295 verschiedene Werte dargestellt werden. Es ist also nicht ganz unwahrscheinlich, dass zwei verschiedene Texte die gleiche Prüfsumme aufweisen.

SHA-1 -Prüfsumme

Eine wesentlich anspruchsvollerer Lösung bietet sich mit dem SHA-1-Algorithmus. Bei rund 10^{48} Möglichkeiten (255^{20}) dürfte eine zufällige Übereinstimmung so gut wie ausgeschlossen sein.

Der zugehörige Quelltext (den Sie nicht unbedingt zu verstehen brauchen!) stammt aus dem Internet und wurde von uns geringfügig modifiziert:

```
unit u_sha;
interface


type TSHA = array[1..20] of Byte;


function  GetSHA(const Data; len: Word):TSHA;


implementation
...
```

Aufgrund des reichlich drei Seiten umfassenden Umfangs des *implementation*-Abschnitts wird auf den kompletten Abdruck des Listings verzichtet. Kopieren Sie sich bitte den Quelltext *u_sha.pas* von der Buch-CD!

Quelltext (Testprogramm)

Alles was Sie benötigen ist ein *Memo*-Feld (für die Eingabe des Textes), eine *ComboBox* zur Auswahl des Algorithmus und einen *Label* zur Anzeige der Prüfsumme.

```
procedure TForm1.Memo1Change(Sender: TObject);
var s: string;
    ShaValue: TSHA;
    hilfs: string;
    i: Integer;

begin
  s := Memo1.Text;
  if ComboBox1.ItemIndex=0 then
    Label1.Caption := Format('CRC-Summe:%.8xh',[crc32(s,Length(Memo1.Text))])
                        else begin
    shaValue := GetSHA(s,Length(Memo1.Text));
    hilfs := '';
    for i := 1 to 20 do hilfs := hilfs + Format('%.2x',[shaValue[i]]);
    Label1.Caption := Format('SHA: %s',[hilfs])
  end
end;
```

Im Beispielprogramm wird das Funktionsergebnis des SHA-Algorithmus in eine Folge von Hexadezimalwerten umgerechnet. In Ihren Anwendungen können Sie natürlich auch direkt das Byte-Array speichern.

Test

Starten Sie das Programm und geben Sie etwas in das *Memofeld* ein. Über die *ComboBox* wechseln Sie den Algorithmus.

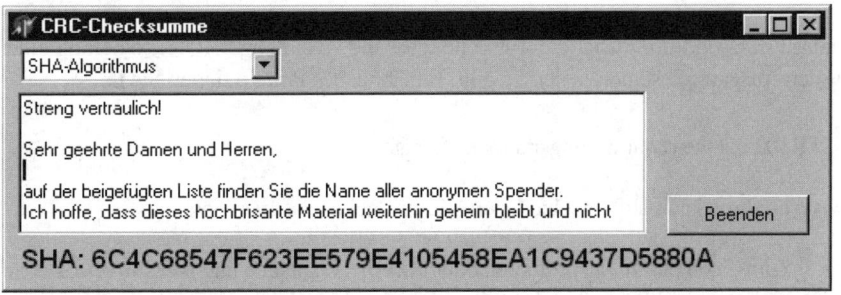

Grundlagen

Oberfläche

Grafik

Multimedia

Datei

Datenbank

SQL/ADO

Report

Objekte

OLE/DDE

Peripherie

System

Desktop

Technik

Sonstiges

R348 ... einen Text verschlüsseln?

Wenn Sie in Ihren Programmen Passwörter verwenden, besteht ein Problem darin, das Passwort in einer Datei zu sichern. Dies ist zwar technisch machbar, der Dateiinhalt könnte jedoch mit einem beliebigen Editor durchforstet werden, das Herausfinden des Passwortes dürfte also eine der geringsten Hackerübungen sein.

Zum effektiven Verschlüsseln kann ein einfacher, in vielen Fällen ausreichender Algorithmus verwendet werden, der auf der XOR-Verknüpfung basiert. Das Prinzip entnehmen Sie bitte der folgenden Abbildung:

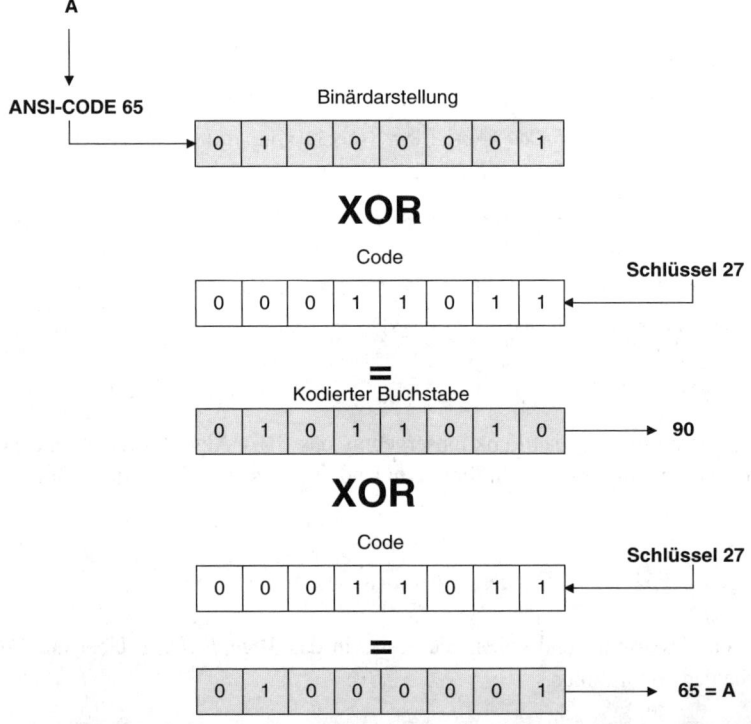

Grundlage des Algorithmus ist die Tatsache, dass die zweimalige XOR-Codierung eines Zeichens den Ausgangszustand wiederherstellt. Ein ähnliches Prinzip finden Sie in

☞ R100 ... einen Markierungsrahmen erzeugen?

Obiges Verfahren kann auf verschiedenen Wegen "geknackt" werden:

- Zum einen durch Ausprobieren oder über die Wahrscheinlichkeitstheorie. Letzteres basiert auf der Tatsache, dass die statistische Verteilung der Buchstaben in einem Text nicht gleichförmig ist. Der Buchstabe "E" wird mit hoher Wahrscheinlichkeit einen größeren Anteil am Text besitzen. Diese Methode ist um so erfolgreicher, je mehr verschlüsselter Text vorliegt.

■   Einen weiteren Ansatzpunkt liefern Buchstabenwiederholungen, z.B. Moos, Boot.
Auch im verschlüsselten Text treten zwei gleiche Zeichen auf.

Ein Demoprogramm soll auf die Probleme dieser Realisierungsmöglichkeit hinweisen. Geben
Sie in das obere Textfeld eine Zeichenfolge ein. Nach dem Drücken der Codiertaste wird im
unteren *Label*-Feld das Resultat angezeigt.

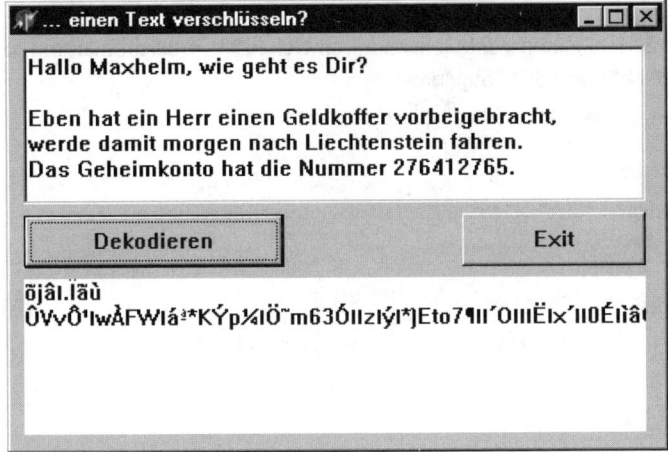

Quelltext

```
var s : string[255];
    c : array[0..255] of Byte absolute s;
    i : Integer;

begin
    if button1.Caption = 'Kodieren' then
    begin
        s := Memo1.Text;
        for i := 1 to ord(s[0]) do c[i] := 23 Xor c[i];
        Button1.Caption := 'Dekodieren';
        Memo1.Text := '';
        Label1.Caption := s
    end else
    begin
        s := Label1.Caption;
        For i := 1 To Length(s) do s[i] := 23 Xor Ord(s[i]));
        Button1.Caption := 'Kodieren';
        Memo1.Text := s;
        Label1.Caption := ''
```

Grundlagen

Oberfläche

Grafik

Multimedia

Datei

Datenbank

SQL/ADO

Report

Objekte

OLE/DDE

Peripherie

System

Desktop

Technik

Sonstiges

```
    end;
end;
```

Obiges Verfahren reicht für normale Anwendungen aus, stellt jedoch für Hacker auch keine unüberwindbare Hürde dar. Um die Sicherheit zu erhöhen, wird jeder Buchstabe des Passwortes mit einem eigenen Schlüssel codiert. Wir benötigen dafür nur noch einen brauchbaren Algorithmus.

Wie wäre es mit dem Zufallszahl-Generator von Delphi? Wir bestimmen mit seiner Hilfe vor dem ersten Verschlüsseln den "Superkey":

```
procedure TForm1.FormCreate(Sender: TObject);
var i :Integer;


begin
    randseed := code;
    Randomize;
    for i := 1 to high(superkey) do superkey[i]:=random(255);
end;
```

Der neue Algorithmus:

```
procedure TForm1.Button1Click(Sender: TObject);
var
    s : string[255];
    c : array[0..255] of byte absolute s;
    i : Integer;


begin
    If Button1.Caption = 'Kodieren' Then begin
        s := Memo1.Text;
        For i := 1 To Ord(s[0]) do c[i] := superkey[i] Xor c[i];
        Button1.Caption := 'Dekodieren';
        Label1.Caption := s;
    end else begin
        s := Label1.Caption;
        For i := 1 To Length(s) do s[i] := Chr(superkey[i] Xor ord(s[i]));
        button1.Caption := 'Kodieren';
        memo1.Text := s;
        label1.Caption := ''
    end
end;
```

Grundlagen

Oberfläche

Grafik

Multimedia

Datei

Datenbank

SQL/ADO

Report

Objekte

OLE/DDE

Peripherie

System

Desktop

Technik

Sonstiges

Ergänzung

- Obiges Verfahren dürfte nicht ganz so einfach zu knacken sein wie das erste. Beachten Sie, dass der Superkey für Strings mit einer maximalen Länge von 1000 Zeichen ausgelegt ist. Eventuell verlängern Sie den Superkey oder Sie wiederholen den Superkey zyklisch, wenn Sie Strings größer 1000 Zeichen codieren wollen.

- Buchstabenwiederholungen im codierten Text lassen <u>nicht</u> darauf schließen, dass im Ursprungstext ebenfalls Buchstaben doppelt auftreten. Mit der Wahrscheinlichkeitstheorie ist dem obigen Verfahren jedenfalls nicht beizukommen, da die Verteilung allein vom Zufallszahlengenerator abhängt.

- Natürlich lässt sich auch dieses Verfahren durch Ausprobieren knacken, der Initialisierungswert des Zufallszahlgenerators ist auch <u>nur</u> ein *LongInt*, entsprechend viele Versuche würden genügen, um den Code zu entschärfen.

- Soll das Verfahren verbessert werden, können Sie mehrere Schlüssel unterschiedlicher Länge einführen, die in zufälliger Folge eingesetzt werden. Zusammen mit einem einfachen Pack-Algorithmus (Huffman) erhöht sich die Sicherheit drastisch.

- Das Verfahren auf Dateien zu verallgemeinern, dürfte kein unüberwindliches Problem darstellen, eventuell verwenden Sie gleich einen Stream.

In diesem Zusammenhang möchten wir Sie noch auf das Rezept

☞ R167 ... mit Memory Mapped Files arbeiten?

aufmerksam machen. Am Beispiel eines recht sicheren Verschlüsselungs-Algorithmus wird dort die Arbeit mit Dateien demonstriert.

R349 ... Werte mit Maßeinheiten anzeigen?

Auswahl und Umrechnen von physikalischen Maßeinheiten ist höchst lästig und eine häufige Fehlerquelle. Dabei ist es egal, ob Sie mit Papier und Bleistift oder mit einem normalen Taschenrechner hantieren. Wieviel Liter Wasser passen beispielsweise in ein kugelförmiges Aquarium mit 0,85m Durchmesser oder wieviel mal ist die Erdoberfläche größer als die des Mondes?

Die Lösung für solche oder ähnliche Fragen finden Sie im vorliegenden Rezept. Es zeigt einen Weg, wie die zu einer Zahl passende Maßeinheit automatisch ermittelt werden kann, und bietet außerdem wichtige Hinweise für die Verwendung der *Format*-Funktion.

Oberfläche

Wie Sie Laufzeitansicht (siehe Abbildung zum Schluss) entnehmen können, brauchen Sie im Wesentlichen eine Textbox (*Edit1*) für die Eingabe des Kugel-Radius, eine Schaltfläche (*Button1*) für das Auslösen der Berechnung sowie ein Anzeigefeld (*Label1*).

Quelltext

Auch hier beziehen wir uns nur auf den interessanten Teil der Formular-Unit, auf den *Implementation*-Abschnitt:

```
var fk: Double;     // Maßstabsfaktor
    ms: String;     // Maßstabseinheit
    wert: Double;
    code: Integer;
```

Die folgende Prozedur sucht, in Abhängigkeit von der Größe des Radius, eine geeignete Maßeinheit sowie den entsprechenden Umrechnungsfaktor aus:

```
procedure setRadius(radius: Double);        // Faktor und Maßeinheit bestimmen
begin
 if radius >= 500 then
 begin              // für Himmelskörper etc.
  fk := 0.001; ms := 'Kilometer'
 end else if radius >= 0.5 then begin
  fk := 1; ms := 'Meter'
 end else if radius >= 0.005 then begin   // für alle möglichen Bälle
  fk := 100; ms := 'Zentimeter'
 end else if radius >= 0.0005 then begin
  fk := 1000; ms := 'Millimeter'
 end else if radius >= 5e-7 then begin    // für Staubkörnchen
  fk := 1e6; ms := 'Mikrometer'
 end
end;
```

Die Hauptroutine, in der die Berechnung gestartet wird:

```
procedure TForm1.Button1Click(Sender: TObject);   // Berechnen
var fstr: String;

begin
Val(Edit1.Text, wert, code);
setRadius(wert);
wert := wert * fk;
```

Der im Label angezeigte Formatstring wird stückweise aus drei Bestandteilen zusammengesetzt:

```
fstr := Format('Der Radius beträgt %.3f '+ms+'!' + #13,[wert]);
wert := wert * wert;
fstr := fstr + Format('Die Oberfläche beträgt %.2n Quadrat-'+ms+'!' +
                      #13,[4 * Pi * wert]);
wert := wert*wert*wert;
```

```
fstr := fstr + Format('Das Volumen beträgt %.3n Kubik-'+ms+'!'+ #13,[4/3 * Pi * wert]);
Label1.Caption := fstr                // Anzeige
end;
```

Grundlagen

Hinweis: Beachten Sie, dass im Open-Array[] des Formatierungsstrings gerechnet werden kann!

Oberfläche

Test

Grafik

Grundsätzlich ist der Radius in der Maßeinheit "Meter" einzugeben. Das folgende Berechnungsbeispiel analysiert einen alten Bekannten, den Mond:

Multimedia

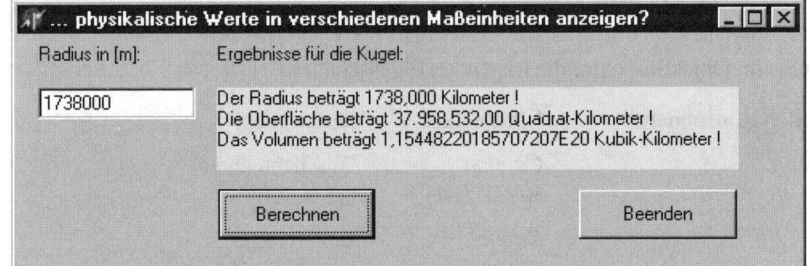

Datei

Datenbank

SQL/ADO

Hinweis: Experimentieren Sie auch einmal mit sehr kleinen Kugeln, benutzen Sie dazu für die Eingabe das Wissenschaftliche Format, z.B. 6.365E-6.

Report

Bemerkungen

Objekte

- Der Zeilenumbruch im Label wird durch Einfügen von #13 in den Formatstring erzeugt.

OLE/DDE

- Wenn Sie anstatt *f*- oder *n*- den *g*-Datentyp nehmen, wird die jeweils kürzeste Zahlendarstellung gewählt.

Peripherie

R350 ... einen Taschenrechner programmieren?

System

Wie Sie eine etwas komplexere Programmieraufgabe unter Delphi lösen, soll am Beispiel eines einfachen Taschenrechners demonstriert werden. Zwar lässt dessen Funktionalität noch einiges zu wünschen übrig, doch für den Einsteiger ist dies eher von Vorteil, da der Algorithmus dadurch leichter zu durchschauen ist.

Desktop

Oberfläche

Technik

Eröffnen Sie ein neues Projekt und bestücken Sie das Startformular (*Form1*) wie folgt:

Sonstiges

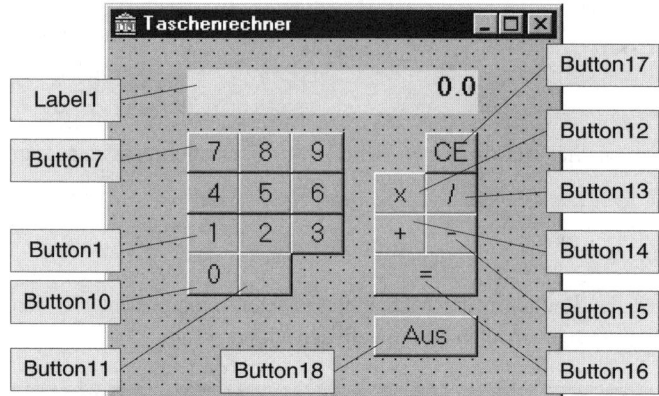

Ändern Sie im Objektinspektor die folgenden Eigenschaften:

Name der Komponente	Eigenschaft	neuer Wert
Form1	Caption	'Taschenrechner'
	BorderStyle	bsSingle
Label1	Caption	'0.0'
	Alignment	taRightJustify
	AutoSize	False
	Color	clYellow
	Font.Size	12
Button1 ... Button18	Caption	'0', '1', ... '+', '-', ... 'Aus'

Quelltext

Wir beschränken uns auf die Wiedergabe des *Implementation*-Abschnitts von *Unit1*:

Das Ergebnis einer Operation (Addition, Subtraktion, Multiplikation, Division) entsteht durch die Verknüpfung von zwei Operanden, die jeweils in einem String abgespeichert werden (*strBuff1*, *strBuff2*). Die Art der Operation wird durch die Zeichenvariable *op* festgelegt:

```
var strBuff1, strBuff2: string;   // Operanden- u. Ergebnisspeicher
    op: Char;                      // Operation (+,-,*,/)
```

Damit das Programm "weiß", welchen der beiden Operanden Sie gerade eingeben, wird eine sogenannte "Zustandsvariable" *mode* eingeführt. Sie hat den Wert 1, wenn der erste Operand eingegeben wird, und den Wert 2 beim zweiten Operanden.

```
var mode: Byte = 1;               // initialisierte Variable
```

Beginnen wir mit dem einfachsten Problem, dem Löschen der Anzeige:

```
procedure TForm1.Button17Click(Sender: TObject); // Anzeige löschen
begin
 if mode = 1 then StrBuff1 := ''
           else StrBuff2 := '';
```

```
  Label1.Caption := ''
end;
```

Den Schaltflächen des Zifferblocks (*Button1* bis *Button11*) wird über den Objektinspektor ein gemeinsamer Eventhandler für das *OnClick*-Ereignis zugewiesen:

```
procedure TForm1.ZeiButtonClick(Sender: TObject);        // Zahleneingabe
var zei: Char;        // eingegebenes Zeichen
begin
 if Sender = Button10 then zei := '0';
 if Sender = Button1 then zei := '1';
 if Sender = Button2 then zei := '2';
 if Sender = Button3 then zei := '3';
 if Sender = Button4 then zei := '4';
 if Sender = Button5 then zei := '5';
 if Sender = Button6 then zei := '6';
 if Sender = Button7 then zei := '7';
 if Sender = Button8 then zei := '8';
 if Sender = Button9 then zei := '9';
 if Sender = Button11 then zei := '.';
 if mode = 1 then
 begin
  strBuff1 := strBuff1 + zei;        // Zeichen wird an ersten Operanden angehängt
  Label1.Caption := strBuff1         // Operand anzeigen
 end else
 begin
  strBuff2 := strBuff2 + zei;        // Zeichen wird an zweiten Operanden angehängt
  Label1.Caption := strBuff2         // Operand anzeigen
 end
end;
```

Nach Klicken einer der vier Operationstasten erhält *op* das Zeichen der Operation und *mode* wird auf den Wert 2 gesetzt. Auch hier weisen Sie dem *OnClick*-Ereignis der vier Buttons einen gemeinsamen Eventhandler zu:

```
procedure TForm1.OpButtonClick(Sender: TObject);        // Operation auswählen
begin
 if mode = 1 then
 begin
  if Sender = Button14 then op:= '+';
  if Sender = Button15 then op:= '-';
  if Sender = Button12 then op:= '*';
  if Sender = Button13 then op:= '/';
```

```
    StrBuff2:='';
    mode := 2
  end
end;
```

Das passiert nach Klicken der Ergebnistaste (=):

```
procedure TForm1.Button16Click(Sender: TObject);      // Ergebnis berechnen
var res, op1, op2: Double;
    code: Integer;
    s: string;
begin
  if mode = 2 then begin
    Val(strBuff1, op1, code);     // StringBuffer1 in Zahl verwandeln
    Val(strBuff2, op2, code);     // StringBuffer2 in Zahl verwandeln
    case op of                    // Operation auswählen und  durchführen
      '+': res:= op1 + op2;
      '-': res := op1 - op2;
      '*': res := op1 * op2;
      '/': res := op1 / op2
    end;
    s:= Format('%g',[res]);       // Ergebnis formatieren
    Label1.Caption := s;          // ... und anzeigen
    mode := 1;
    strBuff1 := ''
  end
end;
```

Schließlich soll auch der Ausschalter funktionieren:

```
procedure TForm1.Button18Click(Sender: TObject);
begin
  Close
end;
```

Test

Starten Sie das Programm (F9) und testen Sie die Funktionsfähigkeit des Rechners:

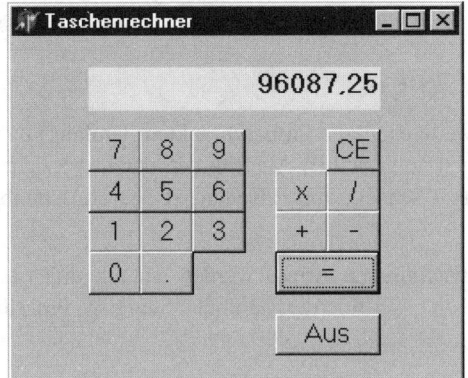

Grundlagen

Oberfläche

Grafik

Multimedia

Datei

Datenbank

SQL/ADO

Report

Objekte

OLE/DDE

Peripherie

System

Desktop

Technik

Sonstiges

Sie werden noch einige Mängel feststellen. So erscheint zwar bei der Eingabe ein Dezimal-punkt, im Ergebnis allerdings ein Dezimalkomma. Eine Vorzeichenumkehr ist nicht möglich. Auch erfolgt keinerlei Fehlerbehandlung, eine Division durch Null wird von Delphi allerdings mit einem ordnungsgemäßen Hinweis quittiert und führt nicht zum Programmabsturz:

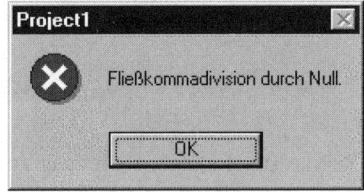

Bemerkungen

Um eine einheitliche Eingabe bzw. Anzeige des Dezimaltrennzeichens zu erreichen, siehe

☞   R46 ... Dezimalkomma in Dezimalpunkt umwandeln?

Zur Zahlenformatierung siehe

☞   R13 ... die Format-Funktion verstehen?

Wie Sie den Taschenrechner durch eine Hilfefunktion ergänzen können, erfahren Sie in

☞   R381 ... eine HLP-Datei in Delphi einbinden?

R351 ... Zahlen/Zeichenketten sortieren?

Eine der wohl häufigsten Aufgaben für Computer ist das Sortieren, mit dem wir uns in diesem Rezept eingehender beschäftigen wollen. Unser Ziel ist die Entwicklung eines möglichst effi-zienten Sortieralgorithmus, der einen geringen Speicherbedarf aufweist und möglichst schnell ist.

Ausgangspunkt unserer Betrachtung ist ein eindimensionales, ungeordnetes Array (Feld), z.B.:

```
var Feld : array[1 .. 40] of Byte;
```

Obwohl Delphi mittlerweile ebenfalls (in beschränktem Umfang) dynamische Arrays unterstützt, werden wir bei den vorgestellten Algorithmen darauf verzichten. Zum einen sind die *Variant*-Arrays nicht allzu schnell, zum zweiten ist das Umschreiben der Quellen relativ einfach.

Eine Möglichkeit der dynamischen Arrays werden wir allerdings auch im Folgenden verwenden: Die Übergabe von offenen Arrays an Funktionen bzw. Prozeduren, z.B.:

```
procedure sort_shell (var a: array of word);
```

Innerhalb der Prozedur lassen sich über die Funktionen *High* und *Low* die Schranken des Arrays bestimmen, damit sind auch die Grenzwerte für Schleifenvariablen festgelegt.

Zurück zum Sortieren: Für die Untersuchung verwenden wir die Routine *Zufallszahlen*, die das Array mit einer bestimmten Anzahl von zufälligen Werten (*Word*) füllt:

```
procedure zufallszahlen(var a : array of word);
var bis,i: LongInt;
begin
    bis := High(a);  for i := 0 to bis do a[i] := Random(65000)
end;
```

Bleibt noch das Problem der Zeitmessung: Delphi stellt zwar zu diesem Zweck die Funktion *GetTickCount* zur Verfügung, diese misst allerdings ziemlich ungenau. In

☞   R130 ... Zeitmessungen durchführen?

finden Sie eine wesentlich präzisere Lösung.

Hinweise:

- Auf die Verwendung von Assemblercode (bietet sich beim Datentyp *Word* eigentlich an) wurde bewusst verzichtet, um die Algorithmen mit wenig Aufwand auch für andere Datentypen nutzen zu können.

- Alle beschriebenen Verfahren lassen sich mit relativ wenig Aufwand auf Pointerlisten etc. umschreiben. Arbeiten Sie mit Records, ist diese Vorgehensweise unbedingt zu empfehlen, da in diesem Fall nicht erst der komplette Record kopiert werden muss, sondern lediglich der Pointer neu gesetzt wird (wesentlich bessere Performance!).

Theorie

In unserem Demoprogramm wollen wir vier Sortieralgorithmen miteinander vergleichen:

- Das **Austauschverfahren** (Exchange Sort) ist eine der einfachsten und zugleich langsamsten Sortiermethoden. Beginnend mit dem ersten wird jedes weitere Element der Liste mit allen anderen Werten verglichen. Ist der Vergleichswert kleiner als der aktuelle Wert, werden beide ausgetauscht.

- Das **Auswahlverfahren** ähnelt in seiner Arbeitsweise dem Austauschverfahren. Beginnend mit dem ersten Feldelement wird das Minimum gesucht, im Erfolgsfall werden die Werte getauscht. In dieser Vorgehensweise ist der Vorteil gegenüber dem Austauschverfahren zu sehen: Bei jedem Schleifendurchlauf wird maximal ein Wert getauscht.

- Das **Bubble-Sort-Verfahren** ändert die bisherige Vorgehensweise dahingehend, dass der jeweils größere zweier benachbarter Werte durch das gesamte Array "geschoben" wird. Aus diesem Vorgang resultiert die Bezeichnung "Bubble-Sort", die Maxima steigen wie Blasen (Bubbles) zu ihren jeweiligen Positionen auf.

- Das **Shell-Sort-Verfahren** ist die schnellste, aber auch die aufwendigste Suchmethode. Grund genug, den Algorithmus im Folgenden genauer unter die Lupe zu nehmen.

Die Geschwindigkeitsvorteile des Shell-Sort werden mit einer etwas aufwendigeren Programmierung erkauft. Der Ansatz ist anders als bei den übrigen Algorithmen: Das Array der Länge N wird halbiert, danach vergleicht man die Werte A_0 und $A_{N/2}$, A_1 und $A_{N/2+1}$, ... miteinander. Das Maximum wird in die zweite Hälfte verschoben.

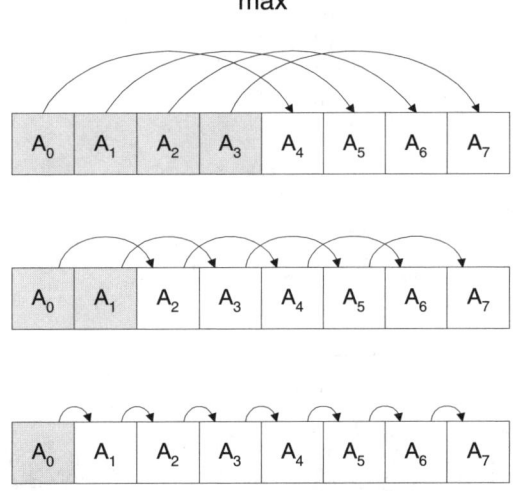

In einem zweiten Durchlauf werden die Intervalle halbiert, es erfolgt ein erneuter Vergleich. Der Ablauf wiederholt sich solange, bis die Intervallgröße einem Feldelement entspricht und die jeweils benachbarten Werte verglichen werden.

Den Programmablaufplan (PAP) des Shell-Sort zeigt die folgende Abbildung:

Grundlagen

Oberfläche

Grafik

Multimedia

Datei

Datenbank

SQL/ADO

Report

Objekte

OLE/DDE

Peripherie

System

Desktop

Technik

Sonstiges

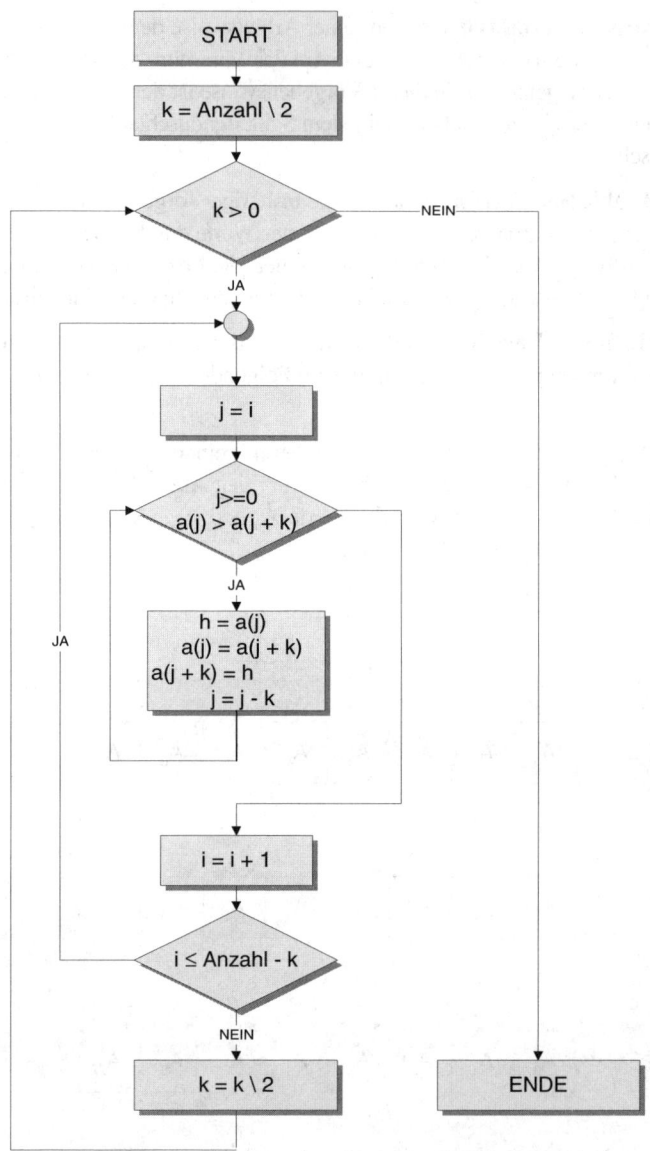

Oberfläche

Auf das Startformular (*Form1*) platzieren Sie eine *Listbox*, fünf *Button*s und vier *Label*:

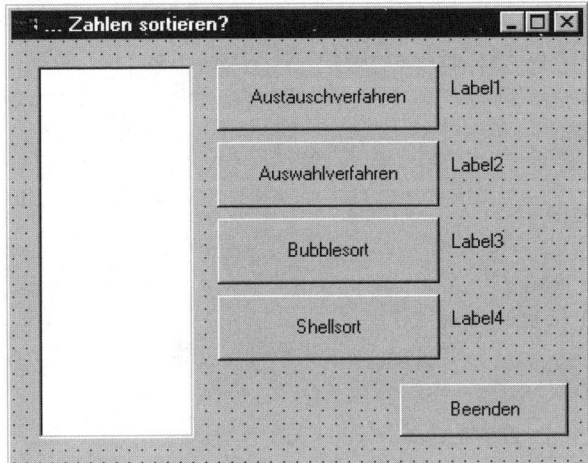

Grundlagen

Oberfläche

Grafik

Multimedia

Datei

Datenbank

SQL/ADO

Report

Objekte

OLE/DDE

Peripherie

System

Desktop

Technik

Sonstiges

Programmierung (Shell-Sort)

Wir beschränken uns auf die Wiedergabe des *implementation*-Abschnitts von *Unit1*:

Zunächst ist die Testmenge bereitzustellen. Damit es auch bei modernen PCs und den schnellsten Algorithmen zu auswertbaren Ergebnissen kommt, musste die Testmenge auf 10.000 Werte vergrößert werden.

```
var testarray : array[0 .. 10000] of word;


procedure zufallszahlen(var a : array of word);
var bis,i: longint;


begin
    bis := High(a);
    for i := 0 to bis do a[i] := Random(65000)
end;


procedure listefuellen(var a : array of word);
var bis,i: longint;


begin
    form1.listbox1.items.clear;
    bis := High(a);
    for i := 0 to bis do form1.listbox1.items.add(IntToStr(a[i]))
end;
```

Nun wird es ernst:

```
procedure sort_shell (var a: array of Word);     // Shell-Sort
var bis,i,j,k : LongInt;
    h         : Word;
begin
    bis := high(a);
    k   := bis shr 1;  // div 2
    while k > 0 do begin
        for i := 0 to bis - k do
        begin
            j := i;
            while (j >= 0) And (a[j] > a[j + k]) do begin
                h   := a[j]; a[j]:= a[j + k]; a[j + k] := h;
                If j > k then dec(j,k) else j := 0
            end
        end;
        k := k shr 1; // div 2
    end
end;
```

```
procedure TForm1.Button4Click(Sender: TObject);    // Aufruf des Shell-Sort
var von,bis : LongInt;
begin
    zufallszahlen(testArray);
    von := getTickCount;
    sort_shell(testArray);
    bis := GetTickCount;
    listefuellen(testArray);
    label4.caption := intToStr(bis-von) + ' ms'
end;
```

Hinweis: Den Quelltext für die übrigen drei Sortierverfahren finden Sie auf der Buch-CD.

Test

Starten Sie das Programm und klicken Sie nacheinander die vier Buttons, um die vier Verfahren miteinander zu vergleichen. Nach Abschluss eines Sortiervorgangs wird im jeweiligen Label das Messergebnis angezeigt:

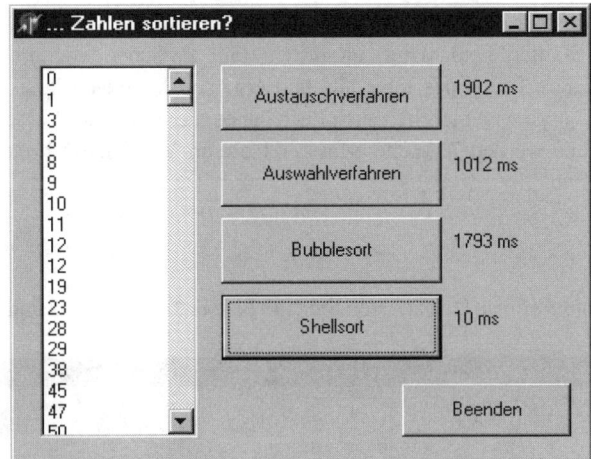

Die Werte in obiger Abbildung wurden mit einem 300 MHz Pentium ermittelt. Es ist nicht auszuschließen, dass eine Realisierung der Sortierverfahren mit einer anderen Sprache zu abweichenden Ergebnissen führt. Die Ursachen sind unterschiedliche Ausführungszeiten für Vergleiche bzw. Zuweisungen. Je nachdem, ob eine Routine mehr Vergleiche oder Zuweisungen enthält, werden sich die Zeiten ändern.

Fazit

Offensichtlich zählt der Shellsort-Algorithmus zu den optimalen Sortierverfahren für die üblichen Einsatzgebiete, zumal der Programmieraufwand relativ gering ist. Für das Sortieren auf Datenträgern sollten Sie jedoch besser das Auswahlverfahren verwenden.

R352 ... in Arrays suchen?

Neben dem Sortieren ist das Suchen in Listen und Arrays ein häufiges Problem. Dabei verspricht eine systematische Vorgehensweise weitaus mehr Erfolg als die MuP[1].

Eine zwar immer funktionierende, aber quälend langsame Methode ist das lineare Durchsuchen des gesamten Arrays (sequentielle Suche):

Der Nachteil ist offensichtlich: Im "schlimmsten" Fall werden <u>alle</u> Werte geprüft.

Oft sucht man aber Daten in sortierten Arrays. In diesem Fall liegt in der Sortierreihenfolge schon eine gewisse Information über die Lage eines Wertes. Nehmen wir eine Stichprobe aus der Mitte des Feldes, lassen sich drei Fälle unterscheiden:

- Wir haben Glück, es ist der gesuchte Wert.

- Der Stichprobenwert ist größer als der gesuchte Wert.

- Der Stichprobenwert ist kleiner als der gesuchte Wert.

---

[1] Methode des unbekümmerten Probierens.

Grundlagen

Oberfläche

Grafik

Multimedia

Datei

Datenbank

SQL/ADO

Report

Objekte

OLE/DDE

Peripherie

System

Desktop

Technik

Sonstiges

Im ersten Fall können wir die Suche sofort abbrechen, im zweiten Fall muss der gesuchte Wert zwischen Stichprobe und Feldanfang, im dritten Fall zwischen Stichprobe und Feldende liegen. Durch erneutes Teilen des Intervalls und erneuten Vergleich lässt sich der gesuchte Wert eingrenzen. Wir können natürlich auch Pech haben, der gesuchte Wert existiert überhaupt nicht. Mit n-Schritten werden 2^n Werte erfasst, d.h., zehn Vergleichsschritte genügen für die Suche in 1024 Werten.

Oberfläche

Auf dem Startformular (*Form1*) platzieren Sie eine *Listbox*, fünf *Button*s und zwei *Label*:

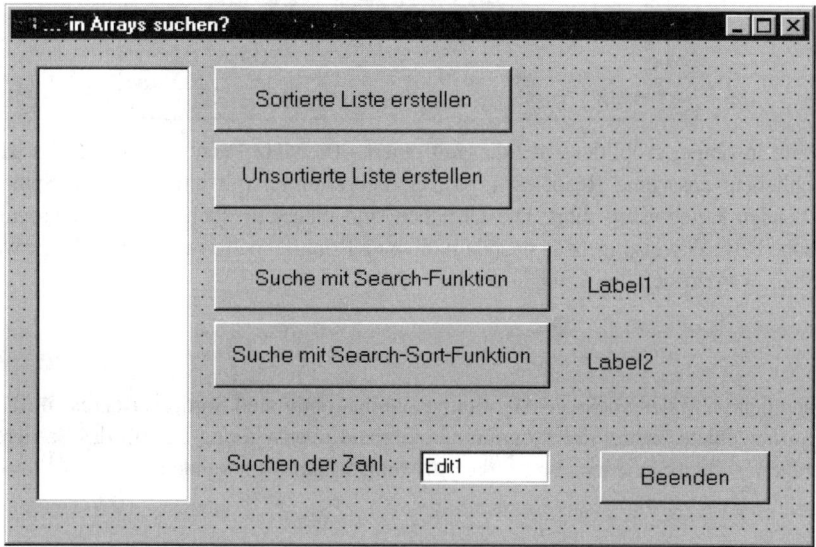

Quelltext

Die erste Funktion realisiert eine systematische sequentielle Suche und liefert die Position in der Liste+1. Ist der Rückgabewert 0, dann wurde das Element nicht gefunden:

```
function search (was : Word; wo: array of Word) : LongInt;    // systematische Suche
var i: LongInt;                                                // in unsortierten Arrays
begin
    for i := 0 to High(wo) do
        if was = wo[i] then begin
            result := i + 1;
            Exit;
        end;
    result := 0;
end;
```

Die zweite Variante ist für sortierte Listen optimiert, für die Suche in ungeordneten Listen verwenden Sie *Search* (siehe oben).

```
function search_sort (was : Word; wo : array of Word) : LongInt;  // Suche in
var mi,le,ri : LongInt;                                          // sortierten Arrays
begin
    le := 0;
    ri := High(wo);
    repeat
        mi := (le + ri) div 2;
        if was < wo[mi] then ri := mi - 1 else le := mi + 1;
    until (wo[mi] = was) Or (le > ri);
    If wo[mi] = was then search_sort := mi + 1 else search_sort := 0
end;
```

Die im Folgenden verwendeten Prozeduren dienen nur zum Austesten der obigen beiden Sortierfunktionen und verwenden die Prozeduren *zufallsZahlen*, *sort_shell* und *listeFuellen*, die aus dem Rezept stammen:

☞   R351 ... Zahlen/Zeichenketten sortieren?

```
procedure TForm1.Button1Click(Sender: TObject);        // sortierte Liste erstellen
begin
  zufallsZahlen(testArray);
  sort_shell(testArray);
  listeFuellen(testArray)
end;
```

```
procedure TForm1.Button2Click(Sender: TObject);        // unsortierte Liste erstellen
begin
    zufallsZahlen(testArray); listeFuellen(testArray)
end;
```

Die Suche mit Search:

```
procedure TForm1.Button3Click(Sender: TObject);
var von, bis, i, was: LongInt;
begin
  was := StrToInt(Edit1.Text);
  von := GetTickCount;
  i := search(was, testArray);
  if i = 0 then ShowMessage('Eintrag ist nicht in der Liste!')
  else ListBox1.ItemIndex := i - 1;
  bis := GetTickCount;
```

```
    Label1.Caption := IntToStr(bis-von) + ' ms'
end;
```

Die Suche mit Search_Sort:

```
procedure TForm1.Button4Click(Sender: TObject);
var von, bis, i, was: LongInt;
begin
   was := StrToInt(Edit1.Text);
   von := GetTickCount;
   i :=   search_sort(was, testArray);
   if i = 0 then ShowMessage('Eintrag ist nicht in der Liste!')
   else ListBox1.ItemIndex := i - 1;
   bis := GetTickCount;
   Label2.Caption := IntToStr(bis-von) + ' ms';
end;
```

Bereits beim Programmstart sollen Sie ein gefülltes Array nebst Anzeige vorfinden:

```
procedure TForm1.FormCreate(Sender: TObject);
begin
 zufallsZahlen(testArray); listeFuellen(testArray)
end;
```

Test

Nach dem Programmstart können Sie zunächst wahlweise eine sortierte oder eine unsortierte
Liste erstellen. Geben Sie dann in das Editierfeld eine beliebige Zahl ein, nach welcher gesucht
werden soll. Wählen Sie dann eines der beiden Verfahren aus und vergleichen Sie.

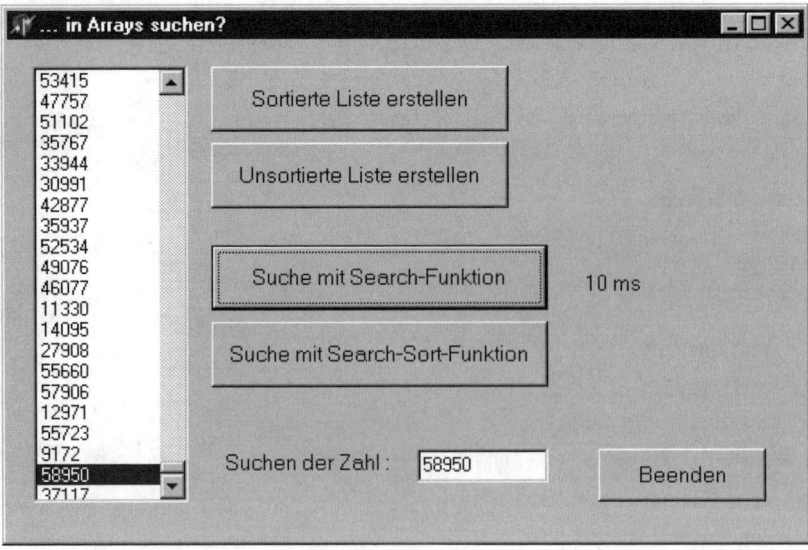

Wie zu erwarten ist, zeigen sich drastische Unterschiede in den Ausführungszeiten. Beim sequentiellen Suchen steigt die benötigte Zeit proportional zur Feldgröße an.

Hinweis: Beachten Sie, dass Sie mit der *Search-Sort*-Funktion natürlich nur dann Erfolg haben, wenn Sie vorher eine sortierte Liste erstellt haben.

Bemerkung

Auch Zeichenketten kann man genauso wie Zahlen miteinander vergleichen. Die "größere" Zeichenkette steht in der alphabetischen Reihenfolge weiter hinten, siehe

☞   R353 ... in einer Datei sortieren und suchen?

R353 ... in einer Datei sortieren und suchen?

Bei kleineren Datenbankapplikationen kann man durchaus auf die BDE (Borland Database Engine) verzichten und stattdessen die Informationen in einer einfachen Datei abspeichern, siehe

☞   R177 ... typisierte Dateien als BDE-Ersatz verwenden?

Eine elegantere Möglichkeit bietet sich mit einem *FileStream*-Objekt, siehe

☞   R174 ... Records in einem Streamobjekt speichern?

Problematisch, weil quälend langsam, gestaltet sich allerdings das Sortieren/Suchen in einer Datei. Um die Sortier- bzw. Suchoperationen zu beschleunigen, sollte man die Anzahl der Festplattenzugriffe auf ein Minimum reduzieren. Die hier vorgestellte Lösung verwendet deshalb ein dynamisches Array als Zwischenspeicher.

Oberfläche

Die etwas aufwendige Oberfläche spricht für sich, näheres finden Sie in einem der eingangs erwähnten Rezepte.

Grundlagen

Oberfläche

Grafik

Multimedia

Datei

Datenbank

SQL/ADO

Report

Objekte

OLE/DDE

Peripherie

System

Desktop

Technik

Sonstiges

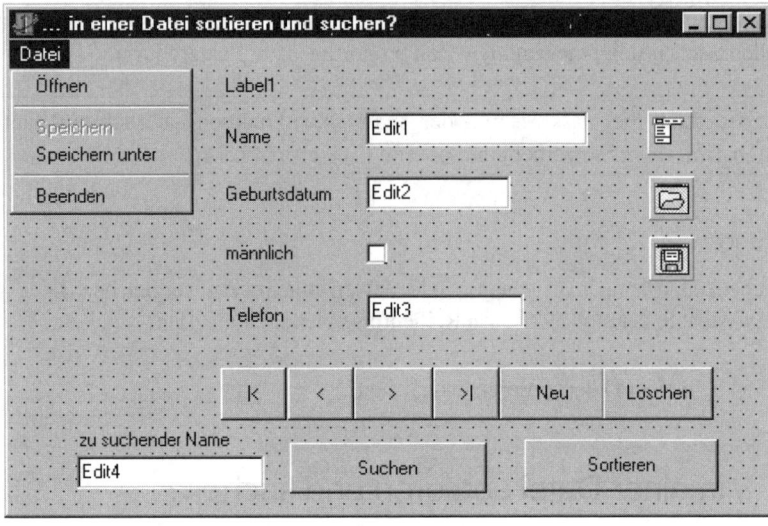

Quelltext (allgemein)

Den kompletten Quelltext finden Sie auf der Buch-CD. Bevor wir auf das Sortieren/Suchen eingehen, soll das Prinzip der Dateioperationen auszugsweise vorgestellt werden, wobei gegenüber dem Original-Quelltext gewisse Vereinfachungen vorgenommen wurden.

Eine Person wird durch einen strukturierten Datentyp definiert:

```
type TPerson = record
  name: string[20];              // max. 20 Buchstaben
  geburt: TDateTime;             // Geburtsdatum
  geschlecht: Boolean;           // männlich = True, weiblich = False
  nr: Integer                    // Telefonnummer
end;
```

Die wichtigsten Variablen:

```
var pmax: Integer;               // max. Anzahl abgespeicherter Personen
    personen: array[1..pmax] of TPerson;    // strukturiertes Array
    f: TFileStream;              // FileStream-Objekt
    pfad: string;                // Dateipfad
    i: Integer;                  // Zählvariable
```

Das Öffnen der Datei:

```
f := TFileStream.Create(pfad, fmOpenRead)
for i := pmax-1 downto 0 do f.ReadBuffer(personen[i],SizeOf(TPerson));
```

Das Speichern der Datei:

```
f := TFileStream.Create(pfad, fmOpenWrite)
for i := pmax-1 downto 0 do f.WriteBuffer(personen[i],SizeOf(TPerson));
```

Sortieren

Wie sortiere ich die im Array enthaltenen Personen in alphabetischer Reihenfolge? Die vorliegende Lösung benutzt das sogenannten Austauschverfahren (Exchange-Sort).

```
procedure TForm1.Button8Click(Sender: TObject);   // Sortieren  (Exchange-Sort)
var i,j:Word;
    s: string;
begin
 if pmax=1 then Exit;
 for i := 0 to pmax - 2 do        // bis zum vorletzten Element
  for j:= i + 1 to pmax - 1 do    // bis zum letzten Element
```

Was jetzt kommt, ist vielleicht etwas ungewohnt: Auch Zeichenketten kann ich genauso wie Zahlen miteinander vergleichen. Die "größere" Zeichenkette steht in der alphabetischen Reihenfolge weiter hinten:

```
  if personen[i].name > personen[j].name then     // Austausch
  begin
   s:= personen[i].name;
   personen[i].name := personen[j].name;
   personen[j].name := s
  end;
  index := 0
end;
```

Weitere Informationen zum Exchange-Sort siehe

☞ R351 ... Zahlen/Zeichenketten sortieren?

Suchen

Hier der interessierende Quelltextauszug:

```
procedure TForm1.Button8Click(Sender: TObject);   // sequentielle Suche
var i:Word;
begin
 if pmax=1 then Exit;
 for i := 0 to pmax-1 do
  if UpperCase(personen[i].name) = UpperCase(Edit4.Text) then begin
   index := i; Exit
  end;
 ShowMessage('Datensatz nicht gefunden!')
end;
```

Grundlagen

Oberfläche

Grafik

Multimedia

Datei

Datenbank

SQL/ADO

Report

Objekte

OLE/DDE

Peripherie

System

Desktop

Technik

Sonstiges

Test

Öffnen Sie eine Personaldatei, die Namen in unsortierter Reihenfolge enthält oder legen Sie eine neue Datei an. Überzeugen Sie sich von der Funktionsfähigkeit der Sortier- und Suchfunktionen. Um zu noch aussagekräftigeren Ergebnissen zu kommen, sollten Sie noch einige Datensätze mehr hinzufügen, als sie die auf der Buch-CD enthaltene Beispieldatei bietet.

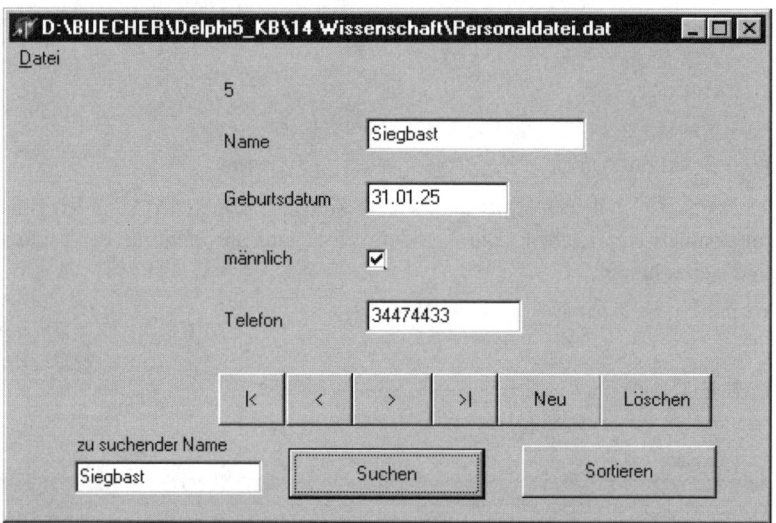

Bemerkungen

- Mit völlig gleichen Quelltext können natürlich auch andere Felder (Geburtsdatum, ...) der typisierten Datei sortiert bzw. durchsucht werden.

- Sie können auch auf den "Sortieren"-Button verzichten und stattdessen den Sortiervorgang automatisch nach jedem Einfügen eines neuen Datensatzes auslösen.

- Die hier verwendete sequentielle Suche ist eine ziemlich langsame Methode, was sich allerdings erst bei einer sehr großen Vielzahl von Datensätzen bemerkbar macht. Im schlimmsten Fall werden alle Werte geprüft, die mittlere Anzahl von Versuchen berechnet sich zu *pmax/2*.

R354 ... die nummerische Integration verstehen?

Zur Beschreibung analoger Systeme im Zeitbereich und deren Simulation durch nummerische Methoden muss die Integration durch eine Summation und die Differentation durch die Bildung des Differenzenquotienten approximiert werden. Dazu bietet sich als einfachste Möglichkeit die sogenannte Rechteckapproximation an (auch bekannt als Euler'sche Rechteckregel).

Rechteckapproximation

Die Bezeichnung Rechteckapproximation resultiert aus dem rechteckförmigen Verlauf der Ausgangsgröße. Grundlage dieses Verfahrens ist eine Näherung der Differentation durch einen Differenzenquotienten:

$$\dot{x}_A(t) = \lim_{T_A \to 0} \frac{x_A(t) - x_A(t - T_A)}{T_A} \qquad \text{(Rückwärtsdifferenz)}$$

oder

$$\dot{x}_A(t) = \lim_{T_A \to 0} \frac{x_A(t + T_A) - x_A(t)}{T_A} \qquad \text{(Vorwärtsdifferenz)}$$

Die Bezeichnung Vorwärts-/Rückwärtsdifferenz bezieht sich auf die benötigten Wertepaare. Bei der Rückwärtsdifferenz findet der aktuelle sowie der vorhergehende Wert Verwendung.

Am Beispiel eines Tiefpassgliedes erster Ordnung soll das Erstellen eines mathematischen Algorithmus demonstriert werden.

Ausgangspunkt ist die Differentialgleichung des Übertragungsgliedes:

$$T_1 \cdot \dot{x}_A(t) + x_A(t) = x_E(t) \qquad \text{Gleichung I}$$

mit
$$\dot{x}_A(t) = \frac{dx_A(t)}{dt} = \lim_{\Delta t \to 0} \frac{dx_A(t)}{\Delta t}$$

Wird Δt durch T_A ersetzt und die Bedingung $T_A \leq 0,1 \cdot T_X$ (T_X kleinste Zeitkonstante der Übertragungsfunktion) eingehalten, lässt sich folgende Vereinfachung nutzen:

$$\dot{x}_A(t) = \frac{x_A(t) - x_A(t - T_A)}{T_A} \qquad \text{Gleichung II}$$

Nach dem Einsetzen von Gleichung II in Gleichung I und der Umformung nach X_A erhält man folgende Beziehung:

$$x_A = \frac{T_A \cdot x_E + T_1 \cdot x_A(t - T_A)}{T_A + T_1} \qquad \text{Gleichung III}$$

Mit dieser Formel lässt sich für alle diskreten Zeitpunkte $n*T_A$ der Ausgangswert des Systems bestimmen. Dabei wird immer auf den vorhergehenden Wert zurückgegriffen. Da für diese Art der Simulation keine "negativen Zeiten" existieren, werden die Anfangswerte wie folgt definiert:

$$X_E = 0 \;\; ; \text{für } t < 0$$
$$X_A = 0 \;\; ; \text{für } t < 0$$

Folgende Grafik zeigt den für die Euler'sche Rechteckregel typischen Verlauf (in %) des Ausgangssignals X_A in Abhängigkeit von der Zeit:

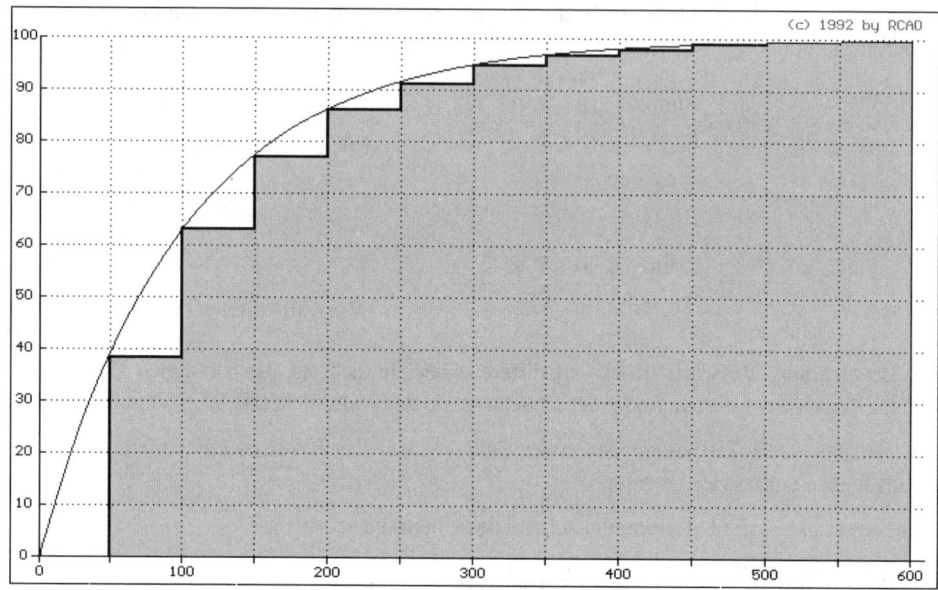

Deutlich erkennbar sind Abweichungen gegenüber dem realen Verhalten, besonders bei starker Änderung der Ausgangsgröße. Eine Verbesserung lässt sich durch eine Verkleinerung der Tastzeit (Schrittweite) erreichen, dem steht jedoch ein erhöhter Rechenaufwand gegenüber.

Die Rechteckapproximation ist durch folgende Eigenschaften charakterisiert:

- hohe nummerische Stabilität (Vorteil)
- hoher Diskretisierungsfehler (Nachteil)

Der Diskretisierungsfehler ist ein Verfahrensfehler, er lässt sich durch eine Erhöhung der Stellenzahl (z.B. durch Verwendung von *Double*- anstelle von *Single*-Zahlen) nicht verringern! Um den Diskretisierungsfehler zu senken, ist eine Verkleinerung der Schrittweite notwendig.

Eine automatische Schrittweitensteuerung wird im folgenden Abschnitt beschrieben, die nähere Beleuchtung der Zusammenhänge zwischen nummerischer Stabilität und Diskretisierungsfehler würde allerdings den Rahmen dieses Buches weit sprengen und ist Sache der Spezialliteratur.

Ohne Probleme dürften Eingeweihte nun in der Lage sein, nach dem oben beschriebenen Schema weitere Integrationsverfahren höherer Ordnung, wie z.B. die Trapezregel, auszuprobieren.

Beispiel: Ein RC-Tiefpassglied wird zum Zeitpunkt t = 0 mit einer Sprungfunktion (Gleichspannungsquelle E) beaufschlagt:

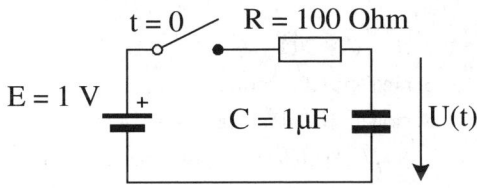

Für die Zeitkonstante des Systems gilt:

$$T_x = RC = 100VA^{-1}10^{-6}AsV^{-1} = 10^{-4}s = 0.1ms.$$

Für die Tastzeit (im Folgenden als Schrittweite bezeichnet) nimmt man einen etwa um den Faktor 10 kleineren Wert:

$$T_A = 0.1*T_x = 0.01 \text{ ms}$$

Die mit X_E und X_A korrespondierenden physikalischen Größen sind die Eingangsspannung E und die Ausgangsspannung U(t). Da ein Einschwingvorgang erster Ordnung nach etwa dem zehnfachen Wert seiner Zeitkonstante als abgeschlossen betrachtet werden kann, wird als Endzeit angesetzt:

$$T_E = 1 \text{ ms}$$

Oberfläche

Um obigen PAP auf einfachste Weise nachzubilden, genügt es, auf einem Formular ein *StringGrid* (*ColCount = 2*, *RowCount = 5*) und zwei *Buttons* zu platzieren (siehe Laufzeitabbildung zum Test).

Quelltext

Kopieren Sie folgenden Click-Ereigniscode in ein Formular:

```
procedure TForm1.Button1Click(Sender: TObject);
var u,uk,t,te,dt,R,C: Double;
    z : LongInt;
    s : string;
begin
    R    := 100;      // 100 Ohm
    C    := 0.000001; // 1 Mikrofarad
    te   := 0.001;    // 1 Millisekunde
    dt   := 0.00001;  // Schrittweite = 0.01 ms
    uk   := 0;        // entspricht Vorgängerwert
    t    := 0;
    z := 1;
    StringGrid1.RowCount := Round(te / dt);
```

Grundlagen

Oberfläche

Grafik

Multimedia

Datei

Datenbank

SQL/ADO

Report

Objekte

OLE/DDE

Peripherie

System

Desktop

Technik

Sonstiges

```
    repeat
        u := (1 / R + C / dt * uk) / (1 / R + C / dt);
        Str(t:10:6,s);  StringGrid1.Cells[0,z] := s;
        Str(u:6:3,s);   StringGrid1.Cells[1,z] := s;
        uk := u;            // Speichern Vorgängerwert
        t := t + dt;        // Zeitinkrement
        Inc(z);
    until t >= te;
end;
```

Die folgende Abbildung zeigt den zugehörigen Programmablaufplan (PAP):

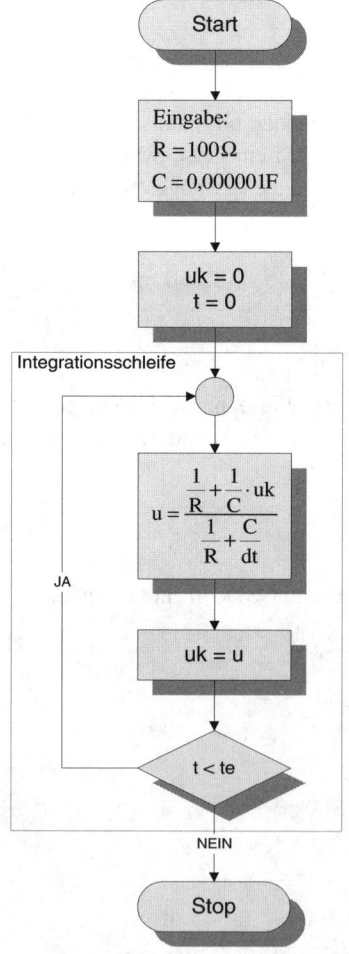

Test

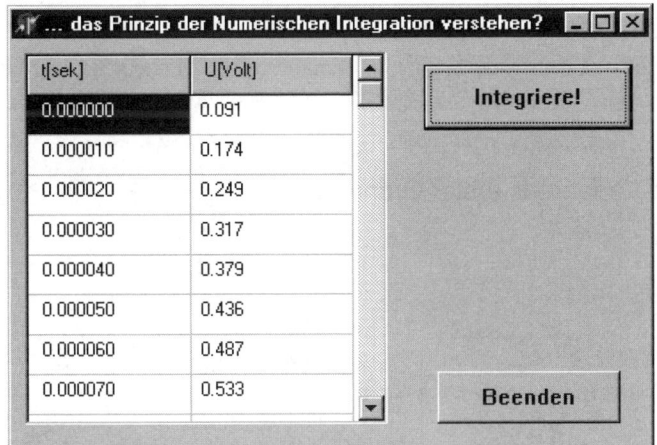

Bemerkung

Ein weitaus attraktiveres Demoprogramm (mit Grafikausgabe und Schrittautomatik) finden Sie im Rezept

☞   R356 ... eine nummerische Integration durchführen?

R355 ... das Prinzip einer Schrittautomatik begreifen?

Wenn der lineare Verlauf einer beliebigen Funktion y = f(x) grafisch dargestellt werden soll, steht man immer vor der Frage "Wie groß soll der Abstand Δx zwischen den einzelnen Punkten (Schrittweite) denn nun gewählt werden, damit eine realitätsgetreue Grafik entsteht?"

Theorie

Nimmt man eine sehr kleine Schrittweite *Δx*, so bedeutet dies im Allgemeinen eine enorme Verschwendung an Rechenzeit, da Pixel mehrfach an die gleiche Stelle gesetzt werden. Eine zu große Schrittweite hingegen ergibt eine ungenaue Darstellung mit diskontinuierlichen Übergängen (Zacken). Hat man es nun mit einer Funktion zu tun, die nur in einem kleinen Teilbereich starken Änderungen unterliegt, so muss man sich zwangsläufig mit der Wahl von *Δx* an diesem "extremen" Abschnitt orientieren, obwohl für den übrigen Teil der Funktion ein weitaus größerer Abstand zwischen den zu verbindenden Punkten genügen würde.

Ideal wäre es deshalb, wenn in den Bereichen mit starker Kurvenkrümmung *Δx* klein ist und sich in den Abschnitten mit gleichmäßiger Steigung automatisch so vergrößern würde, dass nach dem Prinzip "so genau wie nötig" auch hier ein hinreichend "glatter" Verlauf gewährleistet ist.

Grundlagen

Oberfläche

Grafik

Multimedia

Datei

Datenbank

SQL/ADO

Report

Objekte

OLE/DDE

Peripherie

System

Desktop

Technik

Sonstiges

Diesen Wunsch kann eine automatische Schrittweitensteuerung erfüllen, die eigentlich bei keinem anspruchsvolleren Funktionsplot-Programm fehlen sollte. Sie beruht auf dem Vergleich eines Vorhersagewertes (Prädiktor) mit einem Korrekturwert (Korrektor).

Ohne tiefer in dieses interessante Gebiet der nummerischen Mathematik einzudringen, wollen wir uns im Folgenden mit einem *Prädiktor-Korrektor-Verfahren erster Ordnung* begnügen.

Ablauf eines Verfahrens erster Ordnung

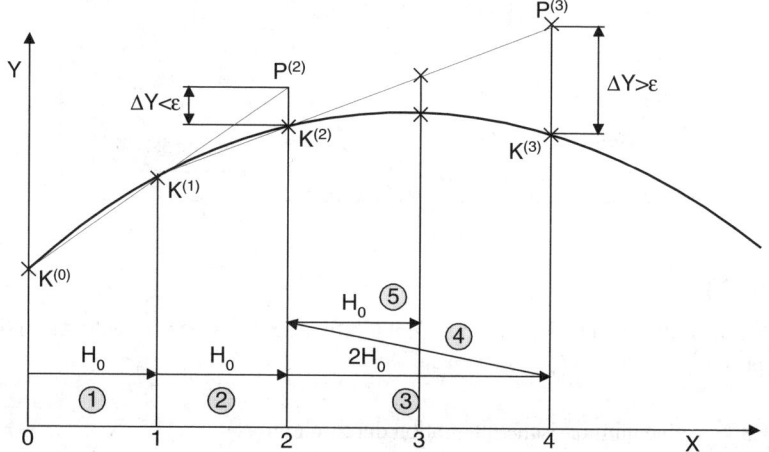

Die ersten beiden Schritte werden mit der Startschrittweite H_0 durchgeführt. Das ist die sogenannte Anlaufrechnung. Liegen die beiden Korrektorwerte $K^{(0)}$ und $K^{(1)}$ vor, kann erstmalig ein Prädiktor $P^{(2)}$ ermittelt werden. Entsprechend der expliziten Euler-Formel berechnet er sich aus der Verlängerung der durch $K^{(0)}$ und $K^{(1)}$ führenden Geraden bis zum Punkt $x = 2H_0$. Nach Beendigung des zweiten Schritts ist erstmalig ein Prädiktor-Korrektor-Vergleich möglich. Dies entspricht der Fragestellung: Wie groß ist die Abweichung des vorhergesagten Wertes vom tatsächlich ermittelten Ergebnis? Dazu bildet man den Differenzbetrag beider Werte

$$\Delta Y = |P^{(2)} - K^{(2)}|$$

und vergleicht ihn mit der vorgegebenen Fehlerschranke ε.

Im Fallbeispiel nach obiger Abbildung liegt ΔY unterhalb ε, die Schrittweite H kann deshalb auf das Doppelte der Startschrittweite vergrößert werden. Wie aber der Prädiktor-Korrektor-Vergleich $P^{(3)} - K^{(3)}$ zeigt, war dies eine voreilige Entscheidung, und die Automatik muss den Schritt zurücknehmen und mit der alten Schrittweite H_0 wiederholen. Allgemein wird in Abhängigkeit vom Vergleichsergebnis zwischen drei Fällen unterschieden:

■ $\Delta Y < 0.5\,\varepsilon$
     H kann verdoppelt werden, der neue Prädiktor ist
     $P^{(n+1)} = 3K^{(n)} - 2K^{(n-1)}$

- $\Delta Y > \varepsilon$
  Der Schritt muss mit halbierter Schrittweite wiederholt werden.
  Der alte Prädiktor ist auf die Hälfte zu kürzen:
  $$P^{(n+1)} = (P^{(n)} + K^{(n-1)})/2$$

- $0.5\,\varepsilon < \Delta Y < \varepsilon$
  H wird beibehalten. Der neue Prädiktor ist $P^{(n+1)} = 2K^{(n)} - K^{(n-1)}$.
  Durch diese Bedingung schafft man einen gewissen "Toleranzschlauch", durch den
  vermieden wird, dass sich H nach jedem Schritt ändert. Bei hinreichend konstanter
  Krümmung der Funktion kann deshalb über ein längeres Intervall die gleiche Schritt-
  weite benutzt werden.

Grenzbedingungen

Die Schrittweite *H* darf sich nur zwischen den vom Anwender zu definierenden Grenzen *Hmin*
und *Hmax* verändern. Für die Festlegung von *Hmin* und *Hmax* gelten folgende Gesichtspunk-
te:

- Um ein "Aussteigen" der Schrittautomatik bei sprunghaften Änderungen des
  Funktionswerts zu vermeiden, muss bei Erreichen von *Hmin* auf ein weiteres
  Halbieren von *H* verzichtet werden. Trotz der dadurch bewirkten Verletzung der
  Fehlerschranke ε ist mit dem nächsten Schritt fortzufahren. Praktisch bedeutet dies
  eine Approximation (Annäherung) des unendlich steilen Anstiegs durch eine Rampe
  (gestrichelte Linie in folgender Abbildung).

- *Hmax* sollte nicht größer gewählt werden als der größte zu erwartende "Einbruch" ΔX
  im Funktionsverlauf. Andernfalls kann es passieren, dass ein solches "Loch" einfach
  nicht erfasst und ein glatter Verlauf vorgetäuscht wird (siehe folgende Abbildung,
  oben).

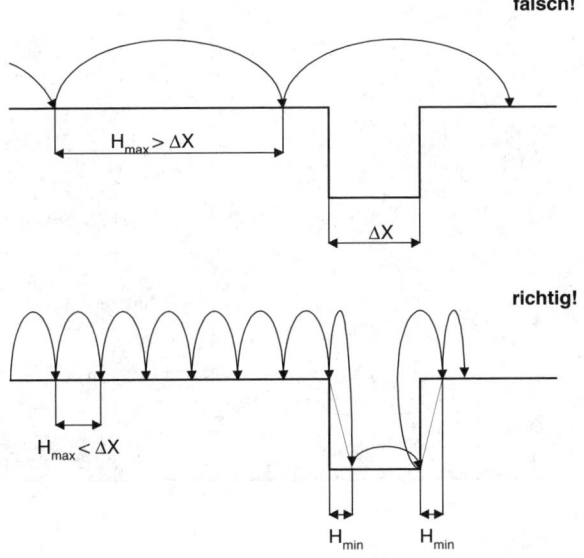

Grundlagen

Oberfläche

Grafik

Multimedia

Datei

Datenbank

SQL/ADO

Report

Objekte

OLE/DDE

Peripherie

System

Desktop

Technik

Sonstiges

Die praktische Umsetzung des Verfahrens nebst ausgiebigen Experimentiermöglichkeiten zur Thematik "Schrittweitensteuerung" finden Sie im Rezept

☞   R356 ... eine nummerische Integration durchführen?

R356 ... eine nummerische Integration durchführen?

Bevor Sie sich dieses Rezept vorknöpfen, sollten Sie zunächst ein einfaches Integrationsverfahren erster Ordnung (Euler'sche Rechteckregel) testen. Siehe dazu

☞   R354 ... die nummerische Integration verstehen?

Im Folgenden wollen wir das gleiche elektrotechnische Problem (Sprungantwort eines RC-Tiefpassgliedes) erheblich komfortabler lösen, nämlich mit automatischer Schrittweitensteuerung. Auch hierzu wird ein vorbereitendes Rezept empfohlen:

☞   R355 ... das Prinzip einer Schrittautomatik begreifen?

Oberfläche

Orientieren Sie sich an der folgenden Abbildung. Das Schaltbild wurde als Bitmap-Grafik eingefügt und dient lediglich der Illustration.

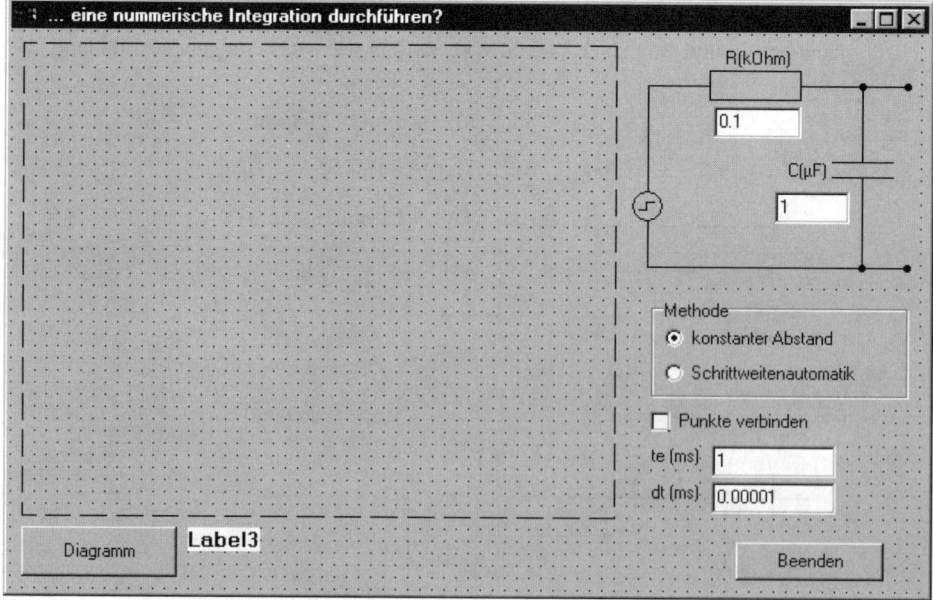

In der *PictureBox* (dort wo jetzt noch gähnende Leere klafft) werden zur Laufzeit das Koordinatensystem und natürlich auch die Kurve erzeugt. Auf eine Skalenbemaßung wurde verzichtet, um den Quelltext nicht unnötig aufzublähen. Eine "Nachrüstung" dürfte jedoch keine großen Schwierigkeiten bereiten.

Grundlagen

Oberfläche

Grafik

Multimedia

Datei

Datenbank

SQL/ADO

Report

Objekte

OLE/DDE

Peripherie

System

Desktop

Technik

Sonstiges

Quelltext

Die Initialisierungen:

```
procedure TForm1.FormCreate(Sender: TObject);
begin
x1 := 0;
y1 := paintbox1.clientheight;
x2 := paintbox1.clientwidth;
y2 := 0;
te := Val(edit3.text) / 1000;
sx := (x2 - x1) / te;
sy := (y1 - y2) / 1;
end;
```

Wird *Button1* (links) betätigt, sollen die Zeichenfläche gelöscht, die Grundparameter bestimmt und das Funktionsdiagramm ausgegeben werden:

```
procedure TForm1.Button1Click(Sender: TObject);
var t1 : LongInt;

begin
   paintbox1.Refresh;
   paintbox1.canvas.pen.color := clBlack;
   paintbox1.canvas.MoveTo(0,0);
   paintbox1.canvas.LineTo(0,paintbox1.clientHeight-1);
   paintbox1.canvas.LineTo(paintbox1.clientWidth,paintbox1.clientHeight-1);
   te := Val(edit3.text) / 1000;
   dt := Val(edit4.text) / 1000;
   R  := Val(edit1.text) * 1000;
   C  := Val(edit2.text) * 0.000001;
   sx := (x2 - x1) / te;
   sy := (y1 - y2) / 1;
   t1 := getTickCount; drawCurve;
   label3.caption := 'benötigte Zeit: ' + inttostr(getTickCount-t1) + ' ms'
end;
```

Die benötigte Zeit (in ms) bestimmen wir über die *GetTickCount*-Funktion. Eine noch genauere Variante finden Sie in:

☞   R130 ... Zeitmessungen durchführen?

Es folgt die eigentliche Berechnung nebst grafischer Darstellung.

```
procedure drawCurve;  // Eintragen der Zeitfunktion
//  benötigte globale Parameter :
//  te = Endzeit
//  sx,sy = Anzeigeempfindlichkeit in x- und y-Richtung
//  dt = Startschrittweite

var x,y  : Single;
    sz   : Integer; // Schrittzähler
    t    : Single;  // lfd. Zeit
    sa   : Boolean;
    e,dtma,dtmi : Single;  // Parameter für SW-Automatik
    up   : Single;         // Prädiktor
    u,uk : Single;         // aktueller u. gespeicherter Korrektor
    du   : Single;         // Prädiktor-Korrektor-Differenz

label ma1,ma2,ma3,ma4,ma5;


begin
// Parameter für Schrittautomatik initialisieren :
if form1.radioGroup1.itemIndex = 0 then sa := False else sa := True;
if sa then
   form1.paintbox1.canvas.pen.color:= clRed
else
   form1.paintbox1.canvas.pen.color:= clBlack;
e := 0.0001;        // Fehlerschranke = 1/1000 U-Einheit
dtma := 100 * dt;   // maximale SW
dtmi := 0.01 * dt;  // minimale SW
ma1:                // Zeitschleife initialisieren :
 sz := 0; t := 0; uk := 0; up := 0;
ma2:                // Einsprung Zeitschleife
// Berechnen x- und y-Koordinate als Funktion der Zeit
u := (1 / R + C / dt * uk) / (1 / R + C / dt);   // RC-Tiefpaß
inc(sz);            // Schrittzähler erhöhen
if Not sa then Goto ma4;   // ohne SW-Automatik sofort zur Ausgabe
if sz = 1 then Goto ma4;   // ersten Punkt sofort ausgeben
if sz = 2 then Goto ma3;   // erstmals Prädiktor berechnen
```

```
du := Abs(up - u);              // Prädiktor-Korrektor-Differenz
if du > e then begin            // Verletzung der Fehlerschranke
   if (dt / 2) < dtmi then Goto ma3;  // konstante SW
   t  := t - dt;                // Schritt zurücknehmen
   dt := dt / 2;                // SW halbieren
   if sz = 3 then begin         // zu große Startschrittweite
      form1.paintbox1.Refresh;
      Goto ma1;                 // zurück zum Anfang
   end;
   up := (up + uk) / 2;         // Prädiktor kürzen
   Goto ma5;                    // ohne Ausgabe zum nächsten Schritt
end;
if (du > 0.5 * e) Or (2 * dt > dtma) then Goto ma3;  // weiter mit konst. SW
dt := 2 * dt;                   // SW verdoppeln
up := 3 * u - 2 * uk;           // neuer Prädiktor
ma4:
uk := u;                        // Korrektor speichern
X  := x1 + sx * t; Y := y2 + sy * u;        // Umrechnung in Grafikkoordinaten
if sz = 1 then
  form1.paintbox1.canvas.MoveTo(round(X)*10, form1.paintbox1.clientHeight-Round(Y));
  with form1.paintbox1 do begin
    if form1.checkbox1.checked then
       canvas.LineTo(Round(X),clientHeight-Round(Y))
    else                        // Linie/Punkt auf x,y ausgeben
       canvas.pixels[round(X),clientHeight-Round(y)]:=
                      form1.paintbox1.canvas.pen.color;
  end;
if t >= te then begin
  MessageBeep(0); Exit;
end;

ma5:
t := t + dt;                    // Frequenz inkrementieren
Goto ma2;                       // Schleife

ma3:
up := 2 * u - uk;               // neuer Prädiktor (konstante SW)
Goto ma4;
end;
```

Grundlagen

Oberfläche

Grafik

Multimedia

Datei

Datenbank

SQL/ADO

Report

Objekte

OLE/DDE

Peripherie

System

Desktop

Technik

Sonstiges

Lassen Sie sich von den "bösen" *Goto*-Anweisungen nicht abschrecken, der Zweck heiligt die Mittel und die Programmierung hat sich dadurch erheblich vereinfacht!

Test

Nach Programmstart betätigen Sie die "Diagramm"-Taste, welche gleichzeitig eine Löschfunktion erfüllt.

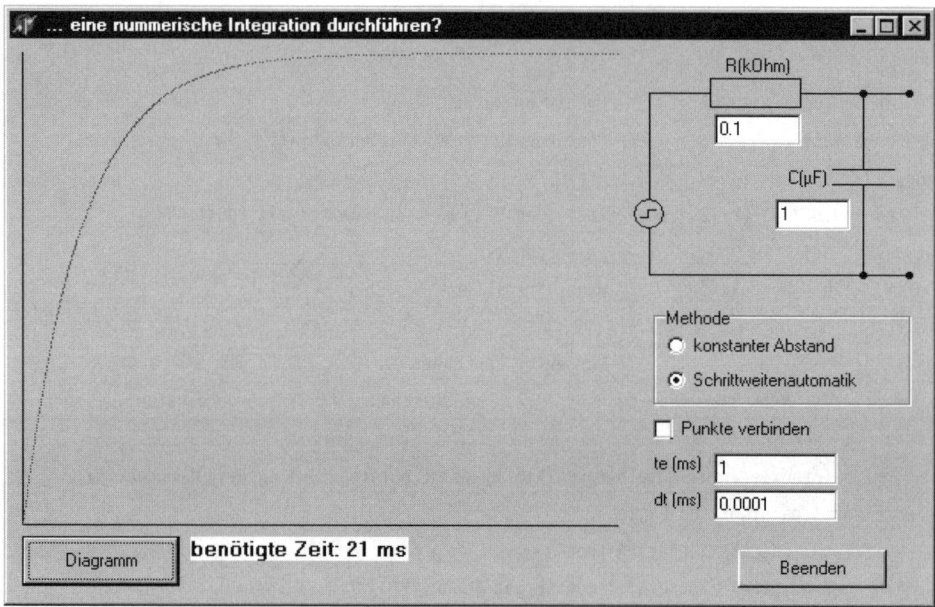

Besonders drastisch wirkt sich der Vorteil der Schrittautomatik bei Vergrößerung von *dt* aus. Die Automatik schaltet automatisch die Startschrittweite zurück, bis die Fehlerschranke unterboten ist.

Wenn Sie den Schrittzähler (*sz*) am Ende anzeigen, erhalten Sie einen eindrucksvollen Beweis vom Geschwindigkeits- und Genauigkeitsvorzug der Schrittweitenautomatik.

Experimentieren Sie mit den Werten für Fehlerschranke sowie für maximale und minimale Schrittweite (*e, dtma, dtmi*), und erkunden Sie die Auswirkungen auf Geschwindigkeit und Genauigkeit der nummerischen Integration!

R357 ... mit komplexen Zahlen rechnen?

Im vorliegenden Praxisbeispiel wollen wir uns eine Unit schaffen, die für das Rechnen mit komplexen Zahlen zu gebrauchen ist. Sie soll neben einem komplexen Datentyp die Funktionen für Addition, Multiplikation und Division zur Verfügung stellen.

Was sind komplexe Zahlen?

Zur Darstellung einer komplexen Zahl $\underline{Z}$ bieten sich zwei Möglichkeiten an:

- Kartesische Koordinaten (Real-/Imaginärteil)
- Polarkoordinaten (Betrags-/Phasendarstellung)

Die folgende Tabelle zeigt eine Zusammenstellung der Umrechnungsformeln:

Kartesische Koordinaten	Polarkoordinaten
$\underline{Z} = \mathrm{Re}\{\underline{Z}\} + j\,\mathrm{Im}\{\underline{Z}\}$	$\underline{Z} = \|\underline{Z}\|\, e^{j\varphi_z}$
Realteil: $\mathrm{Re}\{\underline{Z}\} = \|\underline{Z}\| \cos \varphi_z$	Betrag: $\|\underline{Z}\| = \sqrt{(\mathrm{Re}\{\underline{Z}\})^2 + (\mathrm{Im}\{\underline{Z}\})^2}$
Imaginärteil: $\mathrm{Im}\{\underline{Z}\} = \|\underline{Z}\| \sin \varphi_z$	Phasenwinkel: $\varphi_z = \arctan \dfrac{\mathrm{Im}\{Z\}}{\mathrm{Re}\{Z\}}$

Am besten lassen sich diese Zusammenhänge am Einheitskreis erläutern, wobei $\underline{Z}$ als Punkt in der komplexen Ebene erscheint:

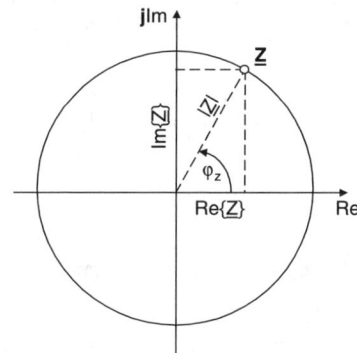

Die kartesische Form eignet sich besonders gut für die Ausführung von Addition und Subtraktion:

Mit

$$Z_1 = a_1 + jb_1 \quad \text{und} \quad Z_2 = a_2 + jb_2$$

ergibt sich

$$Z_1 + Z_2 = a_1 + a_2 + j(b_1 + b_2) \quad \text{bzw.} \quad Z_1 - Z_2 = a_1 - a_2 + j(b_1 - b_2)$$

Andererseits bevorzugt man für Multiplikation und Division die Zeigerform:

Mit

$$Z_1 = c_1 \cdot e^{j\varphi 1} \quad \text{und} \quad Z_2 = c_2 \cdot e^{j\varphi 2}$$

Grundlagen

Oberfläche

Grafik

Multimedia

Datei

Datenbank

SQL/ADO

Report

Objekte

OLE/DDE

Peripherie

System

Desktop

Technik

Sonstiges

erhalten wir

$$Z_1 \cdot Z_2 = c_1 \cdot c_2 \cdot e^{j(\varphi 1 + \varphi 2)} \quad \text{bzw.} \quad Z_1/Z_2 = c_1/c_2 \cdot e^{j(\varphi 1 - \varphi 2)}$$

Für die Angabe des Phasenwinkels hat man die Wahl zwischen Radiant (Bogenmaß) und Grad. Für die gegenseitige Umrechnung gilt die Beziehung

$$\varphi(Rad) = \frac{\pi}{180}\,\varphi(Grad)$$

Die Maßeinheit "Grad" wird aufgrund ihrer Anschaulichkeit vom Praktiker für die Ein- und Ausgabe bevorzugt, während "Radiant" für interne Berechnungen günstiger ist.

Quelltext für Unit erstellen

Unmittelbar nach dem Start von Delphi klicken wir den Menüpunkt *Datei\Neu...*, wählen *Unit* und sehen ein Fenster mit einem sehr mageren Rahmencode für eine Unit namens *Unit2* vor uns. In den *Interface*-Abschnitt tragen wir die Typdeklaration für *TKomplex* sowie die Kopfzeilen für die mit diesem Datentyp operierenden komplexen Funktionen *addK*, *multK* und *divK* ein. Nur diese insgesamt vier Bibliothekselemente sollen für den späteren Nutzer der Unit "sichtbar" sein.

```
unit Unit2;             // Komplexe Grundrechenoperationen

interface
type                    // Datentyp für komplexe Zahl in kartesischen Koordinaten
  TKomplex = record
   re, im : Real;       // Real- und Imaginärteil
  end;
  function addK(a,b: TKomplex): TKomplex;   // Addition kompl. Z.
  function multK(a,b: TKomplex): TKomplex;  // Multiplikation kompl. Z.
  function divK(a,b: TKomplex): TKomplex;   // Division kompl. Z.
```

Im *implementation*-Abschnitt werden die drei Funktionen mit Leben erfüllt. Für die Notation der Kopfzeilen findet die Kurzform[1] Verwendung:

```
implementation
var kx: TKomplex;       // interne Zwischenvariable


function addK;          // Addition
begin
  kx.re := a.re + b.re;
  kx.im := a.im + b.im;
```

---

[1] Dabei wird die Parameterliste einfach weggelassen.

```
 result := kx
end;


function multK;          // Multiplikation
begin
 kx.re := a.re*b.re - a.im*b.im;
 kx.im := a.re*b.im+a.im*b.re;
 result := kx
end;


function divK;           // Division
begin
 kx.re := (a.re*b.re+a.im*b.im)/(b.re*b.re+b.im*b.im);
 kx.im := (a.im*b.re-a.re*b.im)/(b.re*b.re+b.im*b.im);
 result := kx
end;
end.
```

Hinweis: Falls Ihnen bei einem eventuellen Neustart des Projekts die *Unit2* verloren gegangen sein sollte, können Sie diese über den Menüpunkt *Ansicht\Units...* (Strg+F12) wieder herbeizaubern.

Oberfläche für Testprogramm

Um uns von der Funktionsfähigkeit der *Unit2* zu überzeugen, brauchen wir ein kleines Testprogramm, welches die Ein- und Ausgabe von komplexen Zahlen und die Auswahl der Rechenoperation ermöglicht.

Wir benutzen dazu das bereits vorhandene Startformular *Form1*, auf das wir sechs Editierfelder (*Edit1...Edit6*), eine Gruppe von drei RadioButtons (*RadioButton1... RadioButton3*) und einen Schalter (*Button1*) platzieren:

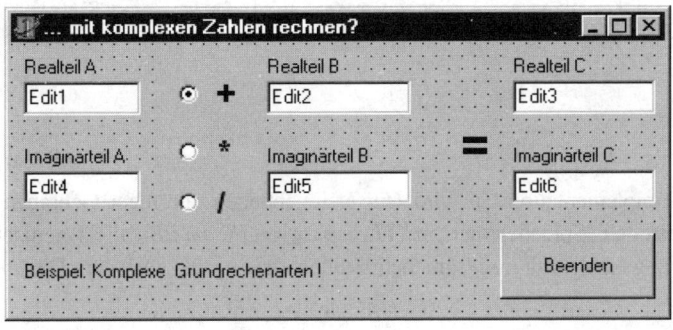

Setzen Sie *ReadOnly* für *Edit3* und *Edit6* auf *True*, da wir diese Felder nur zur Ergebnisanzeige brauchen.

Quelltext für Testprogramm

Die *Unit1* ist mit dem Laden von *Form1* bereits vorhanden. Der Quelltext des *Interface*-Abschnitts wurde (bzw. wird noch) vom Editor automatisch angefügt, so dass wir uns darum nicht weiter zu kümmern brauchen:

```
unit Unit1;           // Rechnen mit komplexen Zahlen


interface


uses
  Windows, Messages, SysUtils, Classes, Graphics, Controls, Forms, Dialogs,
  StdCtrls, ExtCtrls;
type
  TForm1 = class(TForm)
    Button1: TButton;
    Edit1: TEdit;  Edit2: TEdit; Edit3: TEdit;
    Edit4: TEdit;  Edit5: TEdit; Edit6: TEdit;
    Panel1: TPanel;
    RadioButton1: TRadioButton; RadioButton2: TRadioButton;
    RadioButton3: TRadioButton;
    Label1: TLabel; Label2: TLabel; Label3: TLabel;
    Label4: TLabel; Label5: TLabel; Label6: TLabel;
    Label7: TLabel; Label8: TLabel;
    procedure Button1Click(Sender: TObject);
    procedure FormCreate(Sender: TObject);
    procedure ClickRadioB(Sender: TObject);
    procedure EditKeyPress(Sender: TObject; var Key: Char);
    procedure EditKeyUp(Sender: TObject; var Key: Word; Shift: TShiftState);
  end;


var
  Form1: TForm1;
```

Im folgenden Implementationsteil wird *Unit2* eingebunden und reger Gebrauch von den zur Verfügung gestellten Sprachelementen (*TKomplex, addK, multK, divK*) gemacht. Die Ausgabeformatierung erfolgt mit insgesamt acht Stellen, davon zwei nach dem Dezimaltrenner.

```
uses Unit2;                    // Unit2 einbinden!
```

```
var code: Integer;
    zk1, zk2, zk3: TKomplex;   // komplexe Zwischenvariablen
```

Die folgende Prozedur ist die entscheidende Routine:

```
procedure displayResult;        // Berechnung und Anzeige
var s: string;
begin
 with Form1 do
 begin
  Val(Edit1.Text, zk1.re, code);
  Val(Edit4.Text, zk1.im, code);
  Val(Edit2.Text, zk2.re, code);
  Val(Edit5.Text, zk2.im, code);
  if RadioButton1.Checked then zk3:= addK(zk1, zk2);
  if RadioButton2.Checked then zk3:= multK(zk1, zk2);
  if RadioButton3.Checked then if (zk2.re <> 0) or (zk2.im <> 0) then
                          zk3:= divK(zk1, zk2);
  Str(zk3.re:8:2,s); Edit3.Text:= s;      // Anzeige Realteil
  Str(zk3.im:8:2,s); Edit6.Text:= s       // Anzeige Imaginärteil
 end
end;
```

Nun zu den Eventhandlern:

```
procedure TForm1.FormCreate;            // Formular laden
 begin
  Edit1.Text:= '1'; Edit2.Text:= '1'; Edit3.Text:= '2';
  Edit4.Text:= '1'; Edit5.Text:= '1'; Edit6.Text:= '2'
 end;
```

Für das *OnClick*-Event der RadioButtons wurden, genauso wie für *OnKeyPress* und *OnKeyUp* der Editierfelder, jeweils gemeinsame Ereignisbehandlungen geschrieben:

```
procedure TForm1.ClickRadioB;       // Wechsel des Operators
 begin  displayResult end;


procedure TForm1.EditKeyPress;      // Komma in Dezimalpunkt verwandeln
 begin  if key = ',' then key:= '.'  end;


procedure TForm1.EditKeyUp;         // Eingabe
 begin  displayResult  end;
```

Grundlagen

Oberfläche

Grafik

Multimedia

Datei

Datenbank

SQL/ADO

Report

Objekte

OLE/DDE

Peripherie

System

Desktop

Technik

Sonstiges

```
procedure TForm1.Button1Click;    // Beenden
 begin  Close  end;
```

Die Prozedur *displayResult* ist <u>keine</u> Methode von *Form1*. Sie muss deshalb an den Anfang des Implementationsteils gesetzt werden, damit sie noch <u>vor</u> den Methoden, die sie aufrufen, deklariert ist (sonst erfolgt Compiler-Fehlermeldung!).

Test

Starten Sie das Programm und überzeugen Sie sich von der Funktionsfähigkeit der *Unit2*. Eine Ergebnistaste brauchen Sie nicht – das Resultat wird sofort nach jeder Tastatureingabe aktualisiert. Wenn als Beispiel die Aufgabe

$$(2.5 + 3j) / (-2 + j)$$

gelöst werden soll, erhalten Sie als Ergebnis die komplexe Zahl -0.4 -1.7j.

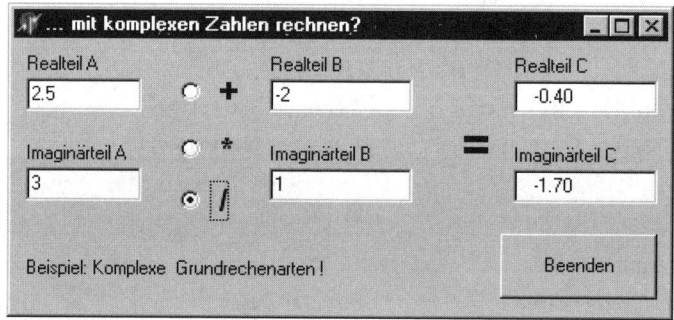

Sie brauchen sich auch nicht mehr darum zu kümmern, ob Sie als Dezimaltrenner Komma oder Punkt verwenden. Wie von Geisterhand wird jede Kommaeingabe in einen Punkt umgewandelt, siehe

   R46 ... Dezimalkomma in Dezimalpunkt umwandeln?

Bemerkung

Wenn die *Unit2* getestet ist und zufriedenstellend funktioniert, sollten sie ihr einen aussagekräftigeren Namen geben, z.B. *Komplex*.

R358 ... komplexe Gleichungssysteme lösen?

Jeder Taschenrechner, der das Prädikat "wissenschaftlich" für sich in Anspruch nimmt, verfügt im Allgemeinen über ein entsprechendes Programm zum Lösen von Gleichungssystemen, wobei die obere Grenze meist bei acht bis zwölf Unbekannten liegt. Ziemlich trübe sieht es allerdings aus, wenn man nach einem Programm zur Lösung *komplexer* Gleichungssysteme

Ausschau hält, die vor allem auch in der Physik (Wechselstromtechnik) eine zentrale Rolle spielen. Diese Lücke soll das im Folgenden vorgestellte Programm GAUSS II schließen. Es bietet die folgenden Features

- maximal 20 Unbekannte
- wahlweise reelle oder komplexe Koeffizienten
- automatische Pivotsuche über die Hauptdiagonale

Wer sich nur für Anwendungen mit reellen Zahlen interessiert (z.B. Gleichstromnetzwerke), der sollte sich die in unserem Delphi 5-Grundlagenbuch vorgestellte Applikation GAUSS anschauen. Dort findet er auch die allgemeingültigen theoretischen Grundlagen, wie sie vom Prinzip her auch für das Rechnen mit komplexen Zahlen gelten.

Das Programm GAUSS II rechnet ausschließlich mit komplexen Zahlen. Reelle Zahlen werden als spezielle komplexe Zahlen behandelt, ihre Imaginärteile bzw. Phasenwinkel sind Null! Siehe dazu

☞   R357 ... mit komplexen Zahlen rechnen?

Bedienoberfläche

Für Eingabe und Anzeige der Matrizen bietet sich der Komponententyp *TStringGrid* an. Die Zeilen- und Spaltenanzahl wird der Anzahl der Unbekannten angepasst. Bei einem komplexen GLS verdoppelt sich die Zeilenzahl gegenüber dem reellen GLS.

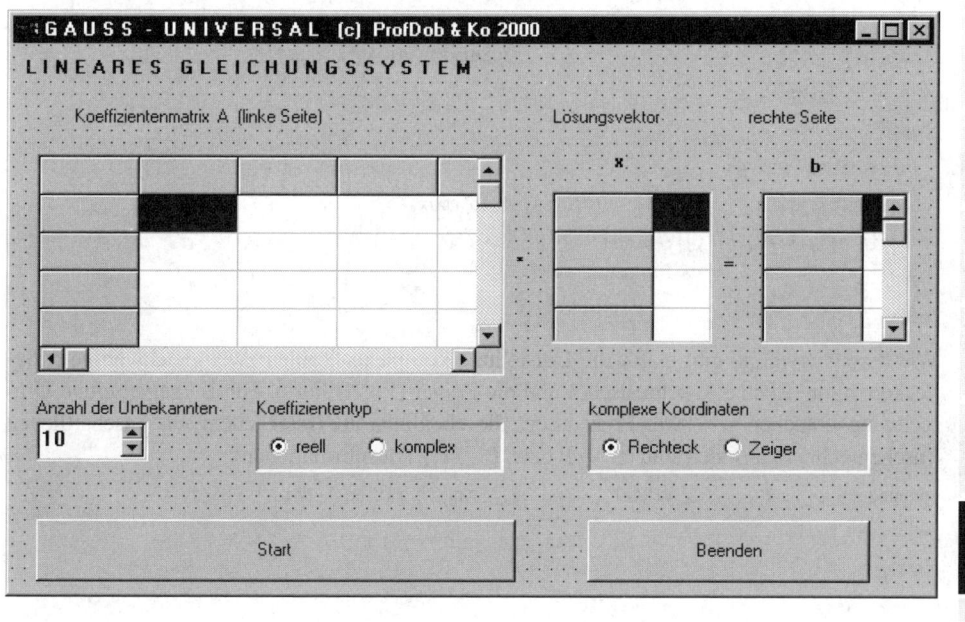

Grundlagen

Oberfläche

Grafik

Multimedia

Datei

Datenbank

SQL/ADO

Report

Objekte

OLE/DDE

Peripherie

System

Desktop

Technik

Sonstiges

Quelltext

Da das Programm aus nur einem einzigen Fenster besteht und das Listing relativ überschaubar bleibt, kann es fast vollständig wiedergegeben werden, auf den Interfaceabschnitt wollen wir aber aus Platzgründen verzichten.

Wenden wir uns dem Implementationsabschnitt zu. Hier platzieren wir als Erstes die mathematischen Deklarationen und Prozeduren:

```
implementation

{$R *.DFM}                       // Ressource für Formulargrafik einbinden

var n: Byte;                     // Ordnung des zu lösenden GLS
 code: Integer;                  // div. Fehlercode
```

Die mathematische Prozeduren:

```
const nmax = 20;                              // max. Anzahl von Unbekannten

  var a: array[1..nmax,1..nmax] of Real; // Realteil der Koeffizientenmatrix
      b: array[1..nmax,1..nmax] of Real; // Imaginärteil    "          "
      c: array[1..nmax] of Real;         // Realteil der rechten Seite
      d: array[1..nmax] of Real;         // Imaginärteil    "       "
      p: array[1..nmax] of Byte;         // Pivotzeiger


  procedure init;                    // Setzen auf Anfangswerte
  var i,j: Byte;
  begin
   for i:=1 to nmax do
   begin p[i]:=i; c[i]:=0; d[i]:=0; for j:=1 to nmax do
    begin a[i,j]:=0; b[i,j]:=0 end
   end
  end;
```

Wie bereits erwähnt, gibt es für die Darstellung komplexer Zahlen zwei gleichwertige Möglichkeiten, die Rechteck-(kartesische) und die Zeiger-(Polar) Form. Für die gegenseitige Umrechnung brauchen wir zwei Prozeduren, die ebenfalls auf (fast) jedem wissenschaftlichen Taschenrechner zu finden sind ($R \rightarrow P$ bzw. $P \rightarrow R$ -Transformationen):

```
procedure transR_Z(var x,y:Real);      // Transformation Rechteck => Zeiger
var a,b: Real;
begin
 a:=x; b:=y;
 x:= Sqrt(a*a+b*b);                     // Betrag
 // Phase in Grad
```

```
if a<>0 then begin y:=180/Pi*ArcTan(b/a); if a<0 then y:=y+180 end
        else begin if b<>0 then if b>0 then y:=90 else y:=-90 end
end;

procedure transZ_R(var be,ph:Real);      // Transformation Zeiger => Rechteck
var x,y: Real;
begin
 ph:= ph*Pi/180;                         // Umwandlung Grad => Bogenmaß
 x:= be*cos(ph); y:= be*sin(ph);
 be:= x; ph:= y
end;
```

Komplexe Rechenoperationen müssen auf Operationen mit reellen Zahlen zurückgeführt werden:

```
procedure addK(a,b,c,d: Real; var e,f:Real);      // Addition kompl.Z.
begin e:=a+c; f:=b+d end;

procedure multK(a,b,c,d: Real; var e,f:Real);     // Multiplikation kompl.Z.
begin
  e:=a*c-b*d;
  f:=a*d+b*c
end;

procedure divK(a,b,c,d: Real; var e,f:Real);      // Division kompl.Z.
begin
 e:=(a*c+b*d)/(c*c+d*d);
 f:=(b*c-a*d)/(c*c+d*d)
end;
```

Es folgt der Kern-Algorithmus unserer Applikation, der auf die vorher definierten Prozeduren für Addition, Multiplikation und Division zurückgreift:

```
procedure gauss;                // Gaussalgorithmus für komplexe Zahlen
const p1=1E-12;
var i,j,k,o,pv,z,p0: Byte;
    v1,v2, w1,w2   : Real;      // Zwischenvariable
begin
 code:=0;
 for k:=n downto 2 do           // Elimination
 begin
  z:=1;
  for i:=2 to k do              // Pivotsuche
```

Grundlagen

Oberfläche

Grafik

Multimedia

Datei

Datenbank

SQL/ADO

Report

Objekte

OLE/DDE

Peripherie

System

Desktop

Technik

Sonstiges

```
begin
 o:=p[z]; pv:=p[i];              // Nr. der Pivotgleichung
 if a[o,o]*a[o,o]+b[o,o]*b[o,o] < a[pv,pv]*a[pv,pv]+b[pv,pv]*b[pv,pv]
 then z:=i
end;
p0:=p[z]; p[z]:=p[k]; p[k]:=p0;                  // Austausch Pivotelement
if a[p0,p0]*a[p0,p0]+b[p0,p0]*b[p0,p0]<p1 then code:=p0;//Pivotkontrolle
for j:=1 to k-1 do
begin
 z:=p[j];
 if (a[z,p0]<>0) or (b[z,p0]<>0) then
 begin
  divK(a[z,p0],b[z,p0],a[p0,p0],b[p0,p0],w1,w2);
  multK(w1,w2,c[p0],d[p0],v1,v2);
  addK(c[z],d[z],-v1,-v2,c[z],d[z]);
  for i:=1 to k-1 do
  begin
   multK(w1,w2,a[p0,p[i]],b[p0,p[i]],v1,v2);
   addK(a[z,p[i]],b[z,p[i]],-v1,-v2,a[z,p[i]],b[z,p[i]])
  end
 end
end
end;
for j:=1 to n do                 // Rücksubstitution
begin
 z:=p[j];
 IF (a[z,z]=0)and(b[z,z]=0) then code:=z
                          else
 begin
  for i:=1 to j-1 do
  begin
   multK(c[p[i]],d[p[i]],a[z,p[i]],b[z,p[i]],v1,v2);
   addK(c[z],d[z],-v1,-v2,c[z],d[z])
  end;
  divK(c[z],d[z],a[z,z],b[z,z],c[z],d[z])
 end
end
end;
```

Keine Bedenken wegen der mehrfach verschachtelten Indizierungen. Obiger Gauss-Algorithmus hat sich bereits in ausgewachsenen Netzwerkanalyseprogrammen hundertfach bewährt!

Nun wollen wir uns noch den von uns deklarierten Methoden des *Form*-Objekts zuwenden:

```
procedure TForm1.clearAll; // löscht Inhalt der drei Gitter incl. Beschriftung
var c,i,j: Integer;
begin
 if RadioButton1.Checked then c:= n else c:= 2*n;
 for i := 0 to c do
 begin
  if i < c then
  begin
   StringGrid2.Cells[0,i] := ''; StringGrid2.Cells[1,i] := '';
   StringGrid3.Cells[0,i] := ''; StringGrid3.Cells[1,i] := ''
  end;
  for j := 1 to c do StringGrid1.Cells[i,j] := ''
 end
end;
```

Die folgende Prozedur baut das Gitter neu auf:

```
procedure TForm1.changeGrids;
var i: Integer;
begin
 clearAll;
 if radioButton1.Checked then    // reelles GLS
 begin
  StringGrid2.RowCount:= n; StringGrid3.RowCount := n;
  with StringGrid1 do
  begin
   RowCount:= n+1; ColCount:= n+1;
   for i:= 1 to n do
   begin
    Cells[i,0]:= IntToStr(i); Cells[0,i] := IntToStr(i);
    StringGrid2.Cells[0,i-1] := 'x'+IntToStr(i);
    StringGrid3.Cells[0,i-1] := 'b'+IntToStr(i)
   end
  end
 end
 else                     // komplexes GLS
 begin
```

Grundlagen

Oberfläche

Grafik

Multimedia

Datei

Datenbank

SQL/ADO

Report

Objekte

OLE/DDE

Peripherie

System

Desktop

Technik

Sonstiges

```
  StringGrid2.RowCount:= 2*n; StringGrid3.RowCount:= 2*n;
  with StringGrid1 do
  begin
   RowCount:= 2*n+1; ColCount:= n+1;
   for i:= 1 to n do
   begin
    Cells[i,0]:= IntToStr(i);
    Cells[0,2*i-1] := IntToStr(i);
    StringGrid2.Cells[0,2*i-2] := 'x'+IntToStr(i);
    StringGrid3.Cells[0,2*i-2] := 'b'+IntToStr(i)
   end
  end
 end
end;
```

Das reelle GLS kommt vom Gitter in den Speicher:

```
procedure TForm1.storeRealSystem;  // reelles GLS: Anzeigegitter => Speicher
var i,j: Integer;
begin
 for i:= 1 to n do
 begin
  Val(StringGrid3.Cells[1,i-1], c[i], code);                 // rechte Seite
  for j:= 1 to n do Val(StringGrid1.Cells[j,i], a[i,j], code)  // linke Seite
 end
end;
```

Das reelle GLS kommt zur Anzeige:

```
procedure TForm1.displayRealSystem;     // reelles GLS: Speicher => Anzeigegitter
var i,j: Integer; s: string;
begin
 for i:=1 to n do
 begin
  Str(c[i]:8:4,s); StringGrid3.Cells[1,i-1]:= s;
  for j:=1 to n do Str(a[i,j]:8:4,s); StringGrid1.Cells[j,i]:= s
 end
end;
```

Die reelle Lösung wird angezeigt:

```
procedure TForm1.displayRealSolution; // reelle Lösung: Speicher => Anzeige
var i: Integer; s: string;
begin
 for i:= 1 to n do  begin
```

Grundlagen

Oberfläche

Grafik

Multimedia

Datei

Datenbank

SQL/ADO

Report

Objekte

OLE/DDE

Peripherie

System

Desktop

Technik

Sonstiges

```
    Str(c[i]:8:4,s); StringGrid2.Cells[1,i-1]:= s
  end
end;
```

Der Gitterinhalt des komplexen GLS wird im Speicher abgelegt:

```
procedure TForm1.storeComplexSystem;// komplexes GLS: Anzeige => Speicher
var i,j: Integer; x,y: string;
begin
 for i:= 1 to n do  begin
  Val(StringGrid3.Cells[1,2*(i-1)], c[i], code);  // rechte Seite, Realteil
  Val(StringGrid3.Cells[1,2*i-1], d[i], code); // rechte Seite, Imaginärteil
  if RadioButton4.Checked then transZ_R(c[i],d[i]);
  for j:=1 to n do
  begin
   Val(StringGrid1.Cells[j,2*i-1], a[i,j], code);     // linke Seite, Realteil
   Val(StringGrid1.Cells[j,2*i], b[i,j], code);  // linke Seite, Imaginärteil
   if RadioButton4.Checked then transZ_R(a[i,j],b[i,j])
  end
 end
end;
```

Linke und rechte Seite des komplexen GLS werden in die Gitterkomponente eingelesen:

```
procedure TForm1.displayComplexSystem;     //komplexes GLS:Speicher => Gitter
var i,j: Integer; s: string; x, y: Real;
begin
 for i:=1 to n do
 begin
  x:= c[i]; y:= d[i];
  if RadioButton4.Checked then transR_Z(x,y);
  Str(x:8:4,s); StringGrid3.Cells[1,2*(i-1)]:= s;    // Realteil
  Str(y:8:4,s); StringGrid3.Cells[1,2*i-1]:= s;      // Imaginärteil
  for j:=1 to n do
  begin
   x:= a[i,j]; y:= b[i,j];
   if RadioButton4.Checked then transR_Z(x,y);
   Str(x:8:4,s); StringGrid1.Cells[j,2*i-1]:= s;   // Realteil
   Str(y:8:4,s); StringGrid1.Cells[j,2*i]:= s      // Imaginärteil
  end
 end
end;
```

Die komplexe Lösung muss noch angezeigt werden:

```
procedure TForm1.displayComplexSolution;          // komplexe Lösung: Speicher=> Gitter
var i:Integer; s: string; x, y: Real;
begin
 for i:= 1 to n do
 begin
  x:= c[i]; y:= d[i];
  if RadioButton4.Checked then transR_Z(x,y);      // Rechteck => Zeiger
  Str(x:8:4,s); StringGrid2.Cells[1,2*(i-1)]:= s;  // Realteil
  Str(y:8:4,s); StringGrid2.Cells[1,2*i-1]:= s     // Imaginärteil
 end
end;
```

Schließlich sind noch die Ereignisbehandlungsroutinen zu definieren:

```
procedure TForm1.FormCreate(Sender: TObject);              // Programmstart
begin
 n:=10; Panel1.Caption:= IntToStr(n);
 StringGrid1.ColWidths[0]:= 30;
 StringGrid2.ColWidths[0]:= 30; StringGrid2.ColWidths[1] := 80;
 StringGrid3.ColWidths[0]:= 30;
 changeGrids
end;
```

Wenn die Anzahl der Unbekannten verändert wird:

```
procedure TForm1.ScrollBar1Change(Sender: TObject);
                                  // Ändern der Anzahl von Unbekannten
begin
 Panel1.Caption:= IntToStr(ScrollBar1.Position);           // Anzeige
 n:= ScrollBar1.Position;
 changeGrids
end;
```

müssen auch die beiden rechten Gitter angepasst werden:

```
procedure TForm1.StringGrid1TopLeftChanged(Sender: TObject);
                        // Anpassung des Bildlaufs der beiden rechten Gitter
begin
 StringGrid2.TopRow:= StringGrid1.TopRow-1;
 StringGrid3.TopRow:= StringGrid1.TopRow-1
end;
```

Gemeinsamer Event-Handler für alle RadioButtons:

```
procedure TForm1.RadioButtonClick(Sender: TObject);
begin
 if (Sender=RadioButton1) or (Sender=RadioButton2) then        // reell <=> komplex
 begin
  clearAll; changeGrids;
  if Sender = RadioButton1 then
  begin Label11.Visible:=False; Panel3.Visible:= False end
                       else
  begin Label11.Visible:=True; Panel3.Visible:= True end
 end                                 else        // Rechteck <=> Zeiger
 begin displayComplexSystem; displayComplexSolution end
end;
```

Die Eingabe der Koeffizienten:

```
procedure TForm1.StringGridKeyUp(Sender:TObject;var Key:Word; Shift:TShiftState);
                    // bei jeder Tastatureingabe erfolgt komplette Abspeicherung
begin
 if RadioButton1.Checked then storeRealSystem else storeComplexSystem
end;


procedure TForm1.Button1Click(Sender: TObject);             // Start-Button
begin
 init;                               // Nullsetzen der Matrizen
                                     // Laden der Matrizen
 if RadioButton1.Checked then storeRealSystem else storeComplexSystem;
 gauss;                   // Endlich: Lösen des Gleichungssystems !
                                     // Anzeigen der Lösung
 if RadioButton1.Checked then
    displayRealSolution
 else
 begin
   displayComplexSolution;
   storeComplexSystem
 end;
end;
```

Grundlagen

Oberfläche

Grafik

Multimedia

Datei

Datenbank

SQL/ADO

Report

Objekte

OLE/DDE

Peripherie

System

Desktop

Technik

Sonstiges

Übersicht

Bereits bei einem Listing dieser Größe ist es schwierig, den Überblick zu behalten. Die folgende Tabelle dient gewissermaßen als Ersatz für einen Programmablaufplan (PAP). Sie fasst die wesentlichen Aktionen des Benutzerdialogs zusammen:

Benutzeraktion	ausgewertetes Windows-Ereignis	Programmreaktion	aufgerufene Prozeduren
Programm starten	*FormCreate*	Anfangswert für N und Spaltenbreite	*changeGrids*
Anzahl der Unbekannten ändern	*ScrollBar1Change*	Scrollbar-Position auswerten	*changeGrids*
Scrollen des linken Gitters	*StringGrid1-TopLeftChanged*	synchronisiert die anderen Gitter	
Umschalten reell <=> komplex	*RadioButtonClick*	löscht Gitterinhalt; Neuaufbau	*clearAll;* *changeGrids*
Umschalten Rechteck <=> Zeiger	*RadioButtonClick*	zeigt linkes und rechtes Gitter an; zeigt mittleres Gitter an	*displayComplexSystem;* *displayComplexSolution*
Tastatureingabe in Gitter	*StringGridKeyUp*	speichert Wert für reelle bzw. komplexe Matrize ab	*storeRealSystem;* *storeComplexSystem*
Start-Button drücken	*Button1Click*	Initialisierung der Arrays und Laden des Gitterinhalts; Lösen des GLS; Anzeige der Lösung (reell bzw. komplex)	*init;* *storeRealSystem;* *storeComplexSystem;* *gauss;* *displayRealSolution;* *displayComplexSolution*

Beispiel für reelles GLS

Ein reelles Gleichungssystem mit fünf Unbekannten ist zu lösen:

$$2x_2 + x_4 + 2x_5 = 2$$
$$x_1 - x_2 - x_3 + x_5 = -2$$
$$2x_1 + 2x_3 + x_4 - x_5 = 4$$
$$-x_1 + x_2 + x_3 + x_4 + x_5 = 2$$
$$3x_1 + 2x_2 + 2x_3 - 2x_4 = -8$$

In Matrizenschreibweise sieht das folgendermaßen aus:

0	2	0	1	2	x_1	2
1	-1	-1	0	1	x_2	-2
2	0	2	1	-1	x_3	4
-1	1	1	1	1	x_4	2
3	2	2	-2	0	x_5	-8

Nach Eingabe der linken und der rechten Seite erhalten Sie das Ergebnis:

$x_1 = 0;$ $x_2 = 1;$ $x_3 = -1;$ $x_4 = 4;$ $x_5 = -2$

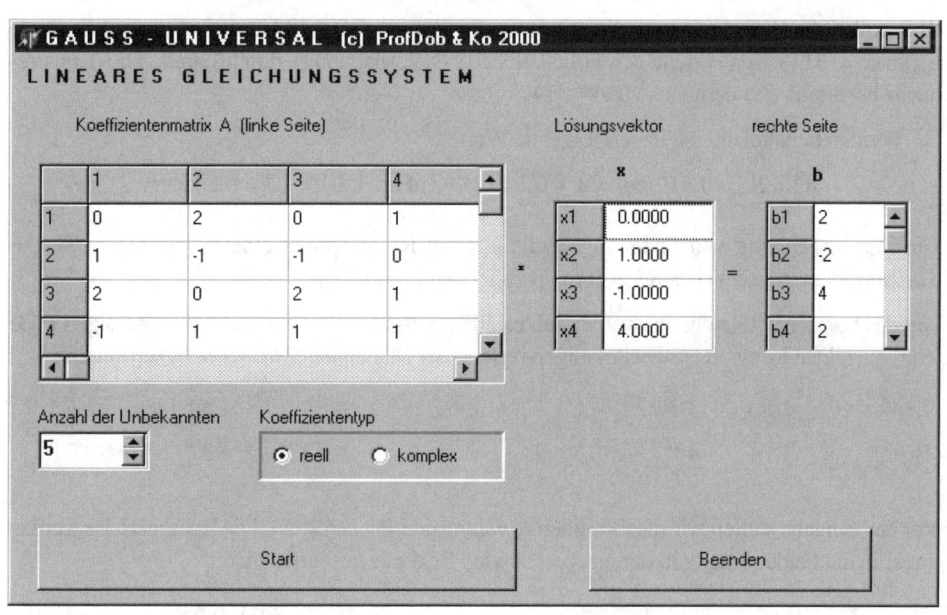

Beispiel für komplexes GLS

Gegeben ist ein Wechselstromnetzwerk mit fünf Knoten:

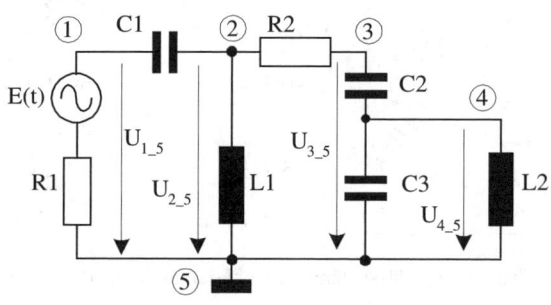

Grundlagen

Oberfläche

Grafik

Multimedia

Datei

Datenbank

SQL/ADO

Report

Objekte

OLE/DDE

Peripherie

System

Desktop

Technik

Sonstiges

Nach den Regeln der Knotenspannungsanalyse kann es durch ein komplexes GLS mit vier Unbekannten beschrieben werden:

$1/R1+j\omega C1$	$-j\omega C1$	0	0	**U1_5**		E/R1
$-j\omega C1$	$1/R2-j/\omega L1$ $+j\omega C1$	$-1/R2$	0	**U2_5**		0
0	$-1/R2$	$1/R2+j\omega C2$	$-j\omega C2$	* **U3_5**	=	0
0	0	$-j\omega C2$	$j\omega C2+j\omega C3-$ $j/\omega L2$	**U4_5**		0

Die Variable ω ist die sogenannte "Kreisfrequenz": $\omega = 2 * Pi * f$.

Wir wollen die Berechnung für sinusförmige Erregung bei f = 50 Hertz und einer Amplitude E(t)max = 314V (entspricht der üblichen 220V-Netzspannung) durchführen. Die Kreisfrequenz bestimmt sich demnach zu $\omega \approx 314s^{-1}$.

Die übrigen Schaltelemente haben folgende Werte:

R1 = R2 = 100 Ohm; C1 = C2 = C3 = 1µFarad; L1 = L2 = 0.5 Henry.

Die Reihenschaltung von Spannungsquelle e(t) mit R1 entspricht einer Stromquelle *Imax = 3140 mA*, der ein Leitwert *1/R1 = 10mS* parallel liegt.

Um das komplexe Gleichungssystem aufzustellen, müssen wir zuerst die zahlenmäßige Größe jedes einzelnen Leitwerts (zweckmäßigerweise in der Maßeinheit *Millisiemens*) ermitteln[1]:

Leitwert	1/R1	1/R2	$\omega C1$	$\omega C2$	$\omega C3$	$1/\omega L1$	$1/\omega L2$
Betrag	10	10	0.3142	0.3142	0.3142	6.37	6.37

Vor der Eingabe stellen wir die Optionen *Komplex* und *Rechteck* ein. Die Imaginärteile werden direkt in die Felder unterhalb der entsprechenden Realteile geschrieben:

10	0	0	0	Re{U1_5}		3140
0.3142	-0.3142	0	0	Im{U1_5}		0
0	10	-10	0	Re{U2-5}		0
-0.3142	-6.0558	0	0	* Im{U2_5}	=	0
0	-10	10	0	Re{U3_5}		0
0	0	0.3142	-0.3142	Im{U3_5}		0
0	0	0	0	Re{U4_5}		0
0	0	-0.3142	-5.7416	Im{U4_5}		0

---

[1] Der Einsatz eines Taschenrechners lässt sich hier wohl kaum umgehen, es sei denn, man schreibt eine entsprechende Programmergänzung.

Als Lösung erhalten wir die gesuchten Knotenspannungen wahlweise entweder in Rechteck- oder in Polarkoordinaten:

	Rechteck-Koordinaten		Polar-Koordinaten	
	Realteil	**Imaginärteil**	**Betrag**	**Phase**
U1	312.845V	-9.831V	313V	-1.8°
U2	-4.124V	7.318V	8.4V	119.4°
U3	0.0005V	0.0003V	0.00054	29.4°
U4	-0.0003V	-0.0001V	0.00029V	209.4°

Bemerkung

Die Koeffizienteneingabe "per Hand" ist besonders bei größeren Gleichungssystemen eine langwierige und fehleranfällige Angelegenheit. Wenn Sie sich auf spezielle Problemlösungen beschränken, sollte deshalb auch das Aufstellen des GLS dem Computer übertragen werden (z.B. bei einem Netzwerkanalyseprogramm für elektronische Schaltungen).

R359 ... 3D-Vektorgrafiken erzeugen?

Die Anwendung wird sich auf die Darstellung eines Drahtgittermodells beschränken, weitergehende Ausführungen zu diesem Thema finden Sie in unserem Delphi 5 - Grundlagenbuch.

Oberfläche

Für die Programmoberfläche brauchen wir zwei Fenster: Eines zur Darstellung der Grafik, ein zweites für die Steuertasten. Die *BorderStyle*-Eigenschaft des Hauptfensters setzen Sie auf *bsNone*, die *Color*-Eigenschaft auf *clBlack*.

Damit wäre das erste Fenster bereits komplett, das zweite ist jedoch etwas aufwendiger.

Den grundsätzlichen Aufbau können Sie der Abbildung entnehmen.

Quelltext

Bei der Beschreibung des Quelltextes soll der Schwerpunkt auf den verwendeten Algorithmen liegen, d.h. auf den Prozeduren aus *Unit3*.

Die Unit exportiert die folgenden Typen bzw. Prozeduren:

```
unit Unit3;


interface
uses Forms, Graphics;
const r = PI/180;
type punkttype  = record
                     x,y,z : Double;
                  end;
     punkttyp2  = record
                     x,y :integer
                  end;


     linientype = record
                     a,b : Punkttype;
                     aa,bb : punkttyp2;
                  end;


var gamma,beta,alpha : Integer;
    scal,dx,dy,dz    : Double;
    sint,cost        : array [-1 .. 1] of Double;
    figur1           : array [0 .. 24] of linientype;
    abstand          : Double;


    procedure init(wohin :tform);
    procedure scalierung (var k: array of linientype; scal : Double);
    procedure translation (var k : array of linientype; dx,dy,dz: Integer);
    procedure rotation (var k : array of linientype; alpha,beta,gamma: Integer);
    procedure darstellen (var k: array of linientype);
```

Für die Darstellung werden keine weiteren Units benötigt. Es genügt also, wenn Sie nur die obige Unit in Ihre eigenen Programme übernehmen.

Kommen wir zu den Details: Mit *New_Line* fügen Sie dem Körper eine neue Linie hinzu, in diesem Fall *figur1*. Wie bei allen folgenden Prozeduren können Sie ein beliebig großes Array an diese übergeben, die Größe wird intern verwaltet.

```
implementation
```

```
var i,links,oben: Integer;
    wo : TForm;


procedure new_line(var k:array of linientype;x1,y1,z1,x2,y2,z2:Double);
begin
    k[i].a.x := x1;
    k[i].a.y := y1;

    k[i].a.z := z1;

    k[i].b.x := x2;

    k[i].b.y := y2;

    k[i].b.z := z2;

    Inc(i)
end;
```

Beim Skalieren werden die Punktvektoren mit einem konstanten Faktor multipliziert.

```
procedure scalierung (var k: array of linientype; scal : Double);

var anzahl, i: Integer;

begin
    anzahl := high(k);

    For i := 0 To anzahl - 1 do with k[i] do begin

        a.x := a.x * scal;

        a.y := a.y * scal;

        a.z := a.z * scal;

        b.x := b.x * scal;

        b.y := b.y * scal;

        b.z := b.z * scal;

    end
end;
```

Wird ein Punkt verschoben, handelt es sich um eine Addition von Punkt- und Verschiebungsvektor:

```
procedure translation (var k : array of linientype; dx,dy,dz :integer);

var anzahl,i: Integer;

begin
    anzahl := High(k);

    For i := 0 To anzahl - 1 do with k[i] do begin

        a.x := a.x + dx;

        a.y := a.y + dy;

        a.z := a.z + dz;

        b.x := b.x + dx;

        b.y := b.y + dy;
```

Grundlagen

Oberfläche

Grafik

Multimedia

Datei

Datenbank

SQL/ADO

Report

Objekte

OLE/DDE

Peripherie

System

Desktop

Technik

Sonstiges

```
        b.z := b.z + dz;
    end
end;
```

Die Rotation ist schon etwas aufwendiger. Wie bekannt, bildet sich der neue Vektor durch Multiplikation mit der entsprechenden Rotationsmatrix. Um unnötige Operationen zu vermeiden, werden die Matrizen aufgelöst und (soweit sinnvoll) berechnet (keine Multiplikationen mit Null!). Für die Drehwinkel sind nur Werte von 0, -1, +1 zulässig. Grund ist die Verwendung einer Sinus- bzw. Cosinus-Tabelle, mit der Rechenzeit gespart werden soll. Wenn Sie diese Tabelle entsprechend erweitern, steht der Verwendung anderer Winkelinkremente nichts im Weg.

```
procedure rotation (var k : array of linientype; alpha,beta,gamma :integer);
// alpha-Rotation x-Achse  beta -Rotation y-Achse  gamma -Rotation z-Achse

var anzahl,i: Integer;
    ax,ay,az,bx,by,bz: Double;
begin
    anzahl := High(k);
    for i := 0 to anzahl - 1 do with k[i] do begin
    if gamma <> 0 then begin
      ax := a.x;
      ay := a.y;
      bx := b.x;
      by := b.y;
      a.x := ax * Cost[gamma] - ay * Sint[gamma];
      a.y := ax * Sint[gamma] + ay * Cost[gamma];
      b.x := bx * Cost[gamma] - by * Sint[gamma];
      b.y := bx * Sint[gamma] + by * Cost[gamma];
    end;
    if alpha <> 0 then begin
      ay := a.y;
      az := a.z;
      by := b.y;
      bz := b.z;
      a.y := ay * Cost[alpha] - az * Sint[alpha];
      a.z := ay * Sint[alpha] + az * Cost[alpha];
      b.y := by * Cost[alpha] - bz * Sint[alpha];
      b.z := by * Sint[alpha] + bz * Cost[alpha];
    end;
    if beta <> 0 then begin
      az := a.z;
```

R359 ... 3D-Vektorgrafiken erzeugen?   1001

Grundlagen

Oberfläche

Grafik

Multimedia

Datei

Datenbank

SQL/ADO

Report

Objekte

OLE/DDE

Peripherie

System

Desktop

Technik

Sonstiges

```
        ax := a.x;

        bx := b.x;

        bz := b.z;

        a.z := az * Cost[beta] - ax * Sint[beta];

        b.z := bz * Cost[beta] - bx * Sint[beta];

        a.x := az * Sint[beta] + ax * Cost[beta];

        b.x := bz * Sint[beta] + bx * Cost[beta];

    end;

end;
```

Damit sind schon alle benötigten Vektoroperationen implementiert, übrig bleibt die Darstellung des gesamten Körpers auf dem Bildschirm bzw. in einem Fenster. Im vorliegenden Beispiel haben wir uns für die Zentralperspektive entschieden, Sie können an dieser Stelle aber auch jede andere Darstellungsart verwenden.

Für das Vernichten der alten Grafik bieten sich zwei Möglichkeiten an: Löschen des gesamten Fensters mit *Refresh* oder Löschen der einzelnen Linien durch Überzeichnen mit der Hintergrundfarbe. Die zweite Methode ist auf Grafikkarten mit Beschleuniger-Chip schneller, hat jedoch den Nachteil, dass das Bild flimmert.

```
procedure darstellen (var k: array of linientype);

var anzahl, i: Integer;

begin

    anzahl := High(k);

    wo.Canvas.Pen.Color:=clBlack;

    for i := 0 to anzahl - 1 do with k[i] do begin

        wo.Canvas.MoveTo (aa.x,aa.y);

        wo.Canvas.LineTo (bb.x,bb.y)

    end;

    wo.canvas.pen.color:=cllime;

    for i := 0 to anzahl - 1 do with k[i] do begin

        aa.x := Round(a.x * abstand / (abstand + a.z)) + links;

        aa.y := Round(-a.y * abstand / (abstand + a.z)) + oben;

        bb.x := Round(b.x * abstand / (abstand + b.z)) + links;

        bb.y := Round(-b.y * abstand / (abstand + b.z)) + oben;

        wo.Canvas.MoveTo (aa.x,aa.y);

        wo.Canvas.LineTo (bb.x,bb.y)

    end

end;
```

Bisher haben wir nur von einem "Körper" gesprochen, jetzt müssen wir diesen genauer definieren:

```
procedure init(wohin: TForm);

begin
```

```
i:=0;
scal := 80;
abstand := 1000;
new_line( figur1, -2, 1, 2, 1, 1, 2);
new_line( figur1, -2, 1, 2, -2, -1, 2);
new_line( figur1, -2, -1, 2, 1, -1, 2);
new_line( figur1, 1, -1, 2, 1, 1, 2);
new_line( figur1, -2, 1, -1, 1, 1, -1);
new_line( figur1, -2, 1, -1, -2, -1, -1);
new_line( figur1, -2, -1, -1, 1, -1, -1);
new_line( figur1, 1, -1, -1, 1, 1, -1);
new_line( figur1, -2, 1, -1, -2, 1, 2);
new_line( figur1, -2, -1, -1, -2, -1, 2);
new_line( figur1, 1, -1, -1, 1, -1, 2);
new_line( figur1, 1, 1, -1, 1, 1, 2);
new_line( figur1, -2, 1, -1, -0.5, 2, -1);
new_line( figur1, -2, 1, 2, -0.5, 2, 2);
new_line( figur1, 1, 1, -1, -0.5, 2, -1);
new_line( figur1, 1, 1, 2, -0.5, 2, 2);
new_line( figur1, -0.5, 2, 2, -0.5, 2, -1);
new_line( figur1, 1, -0.5, 0.5, 1, -0.5, -0.5);
new_line( figur1, 1, 0.5, 0.5, 1, 0.5, -0.5);
new_line( figur1, 1, -0.5, 0.5, 1, 0.5, 0.5);
new_line( figur1, 1, -0.5, -0.5, 1, 0.5, -0.5);
new_line( figur1, -0.5, 0.5, -1, 0.5, 0.5, -1);
new_line( figur1, -0.5, 0.5, -1, -0.5, -1, -1);
new_line( figur1, 0.5, 0.5, -1, 0.5, -1, -1);
```

Die Berechnung der Sinus- und Cosinus-Tabelle nehmen wir ebenfalls in der Init-Prozedur vor:

```
for i := -1 to 1 do begin
    sint[i]:=sin(i*r*2);
    cost[i]:=cos(i*r*2);
end;
scalierung(figur1,scal);
links := wohin.ClientWidth div 2;
oben  := wohin.ClientHeight div 2;
wo := wohin;
wo.Canvas.Pen.Color:=cllime
end;
```

Für die Manipulation des Körpers brauchen wir auch die entsprechenden Steuertasten. Um den Überblick bei der Vielzahl der Funktionen nicht zu verlieren, setzt jede der Tasten beim Drücken die Variable *befehl*. Wird das *MouseUp*-Ereignis ausgelöst, erfolgt die erneute Darstellung. Auf diese Weise ist es leicht, die Steuerung des Körpers in einer Prozedur zusammenzufassen.

```
unit Unit1;

interface

...
implementation

uses unit2, unit3;
{$R *.DFM}
var form2  : TForm2;
    ok     : Boolean;
    befehl : Integer;

procedure TForm1.FormCreate(Sender: TObject);
begin
  Form2 := TForm2.Create(Self);
  Form2.Show;
  Left := Screen.Width - Width;
  Top  := Screen.Height - Height
end;
```

Da beide Fenster gleichzeitig angezeigt werden sollen, erzeugen wir *Form2* in der *Init*-Prozedur von *Form1*. Würde nur die Anweisung *Form2.Show* ausgeführt, tritt ein Laufzeitfehler auf: Das Hauptformular *Form1* ist noch nicht initialisiert, und es wird versucht, ein weiteres Fenster anzuzeigen.

Auf die gezeigte Art umgehen wir dieses Problem. Im Projektfenster müssen Sie allerdings eine Änderung vornehmen: *Form2* darf nicht mehr automatisch erzeugt werden, es genügt, wenn sie verfügbar ist (siehe Abbildung).

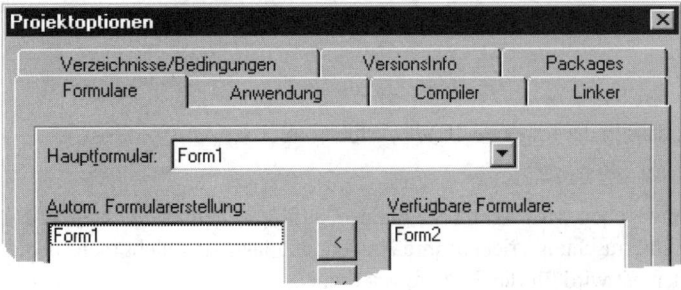

Grundlagen

Oberfläche

Grafik

Multimedia

Datei

Datenbank

SQL/ADO

Report

Objekte

OLE/DDE

Peripherie

System

Desktop

Technik

Sonstiges

```
procedure TForm1.FormDestroy(Sender: TObject);
begin
   Form2.Free
end;


procedure TForm1.Button3Click(Sender: TObject);
begin
    ok := False;  Close
end;


procedure TForm1.BitBtn9MouseDown(Sender: TObject; Button: TMouseButton;
  Shift: TShiftState; X, Y: Integer);
begin
    befehl:=9
end;


procedure TForm1.BitBtn10MouseDown(Sender: TObject; Button: TMouseButton;
  Shift: TShiftState; X, Y: Integer);
begin
    befehl:=10
end;


procedure TForm1.BitBtn11MouseDown(Sender: TObject; Button: TMouseButton;
  Shift: TShiftState; X, Y: Integer);
begin
    befehl:=11
end;


procedure TForm1.BitBtn12MouseDown(Sender: TObject; Button: TMouseButton;
  Shift: TShiftState; X, Y: Integer);


begin
    befehl:=12;
end;
```

Beachten Sie, dass in der folgenden Endlosschleife mit

```
application.processMessages
```

Rechenzeit freigegeben wird. Wenn Sie meinen, auf diese Zeile verzichten zu können, werden Sie eine böse Überraschung erleben: Ihre Anwendung lässt sich nicht mehr bedienen, denn die gesamte Rechenzeit wird für die Schleife verwendet.

Eine andere Möglichkeit wäre die Verwendung von Spinbuttons, die zyklisch ein Ereignis auslösen, so lange die Taste gedrückt ist. Die obige Methode bringt jedoch die besten Ergebnisse.

```
procedure TForm1.BitBtn13Click(Sender: TObject);
begin
    ok := True; init(form2);
    darstellen(figur1);
    while ok do begin
        case befehl of
            1 : scalierung(figur1,1.04);
            2 : scalierung(figur1,0.96);
            3 : rotation(figur1,0,1,0);
            4 : rotation(figur1,0,-1,0);
            5 : rotation(figur1,1,0,0);
            6 : rotation(figur1,-1,0,0);
            7 : rotation(figur1,0,0,1);
            8 : rotation(figur1,0,0,-1);
            9 : translation(figur1,0,1,0);
           10 : translation(figur1,-2,0,0);
           11 : translation(figur1,2,0,0);
           12 : translation(figur1,0,-2,0);
        end;
        if befehl <> 0 then darstellen(figur1);
        Application.ProcessMessages;
    end
end;


procedure TForm1.BitBtn14Click(Sender: TObject);
begin
    ok := False; Close
end;
```

Ergänzungen

- In der vorliegenden Version flimmert das Bild teilweise beim Drehen bzw. Verschieben. Um diesen Effekt zu vermeiden, müsste das Bild komplett im Hintergrund aufgebaut und dann in den Vordergrund kopiert werden. Sie sollten dazu eine *Paintbox* sowie eine Hintergrundbitmap vom Typ *TBitmap* verwenden.

- Ein weiteres Problem ist der Werteüberlauf beim Zoomen, dem Sie jedoch mit einer Fehlerbehandlung (*Try... Except*) begegnen können.

Grundlagen

Oberfläche

Grafik

Multimedia

Datei

Datenbank

SQL/ADO

Report

Objekte

OLE/DDE

Peripherie

System

Desktop

Technik

Sonstiges

R360 ... Berechnungen in Datenbanken durchführen?

Typisch für relationale Datenbanken ist, dass in bestimmten Tabellen *Fremdschlüssel* enthalten sind, die auf die *Primärschlüssel* anderer Tabellen verweisen, in welchen dann die sogenannten *Detaildaten* gespeichert sind. Das Verknüpfen von Tabellen gehört deshalb zum A und O des Delphi-Programmierers. Aber auch ohne SQL-Kenntnisse bietet Ihnen Delphi dafür eine schon fast verwirrende Anzahl von Möglichkeiten. Ein bemerkenswertes Feature ist z.B. das Hinzufügen sogenannter *berechneter Felder*. Das vorliegende "hochwissenschaftliche" Anwendungsbeispiel beleuchtet das dafür notwendige Handwerkszeug, zu dem auch noch der Umgang mit Lookup-Komponenten und Lookup-Feldern gehört.

Gegenstand ist eine durchaus interessante praktische Problemstellung: In einer Datenbank sollen Fahrten von einem Ort zu einem anderen gespeichert werden. Dabei soll die Entfernung zwischen beiden Orten angezeigt und alle inzwischen angefallenen Fahrtenkilometer aufsummiert werden. Wie man leicht sieht, handelt es sich hier um die Basisvariante eines sehr einfachen Fahrtenbuches.

Datenbank erstellen

Die Datenbankstruktur können Sie am einfachsten mit Paradox oder mit dem zu Delphi mitgelieferten Programm "Datenbankoberfläche" erstellen. Unsere Datenbank besteht aus nur zwei Tabellen:

Fahrten.db	
Feldname	Typ
Nr	Zähler (+)
Start	Integer lang (I)
Ziel	Integer lang (I)

Orte.db	
Feldname	Typ
Nr	Zähler (+)
Ort	Alpha (A)
Xkm	Integer lang (I)
Ykm	Integer lang (I)

Die beiden Fremdschlüssel *Start* und *Ziel* von *Fahrten.db* verweisen auf den Primärschlüssel *Nr* von *Orte.db*, diese Tabelle enthält die Detaildatensätze.

Damit die Orte unabhängig von der Eingabereihenfolge immer alphabetisch geordnet erscheinen, erhält das Feld *Ort* einen Sekundärindex. Wie dabei vorzugehen ist, erfahren Sie in

☞   R207 ... einen Sekundärindex anlegen?

Für die Kilometerangaben *Xkm* und *Ykm* genügen Integerzahlen. Beide Felder bezeichnen die Entfernung von einem festen Standort (die Heimatgarage des Fahrzeugs) zu dem jeweiligen Ort in West-Ost-Richtung (*Xkm*) und in Süd-Nord-Richtung (*Ykm*). In der folgenden Abbildung ist die Stadt Altenburg der feste Standort (Koordinatenursprung).

Bevor Sie mit dem Datenbankentwurf beginnen, legen Sie ein neues Verzeichnis an, in welches Sie dann später beide Tabellen abspeichern. Weisen Sie diesem Verzeichnis einen Alias (z.B. *Fahrtenbuch*) zu.

Grundlagen

Oberfläche

Grafik

Multimedia

Datei

Datenbank

SQL/ADO

Report

Objekte

OLE/DDE

Peripherie

System

Desktop

Technik

Sonstiges

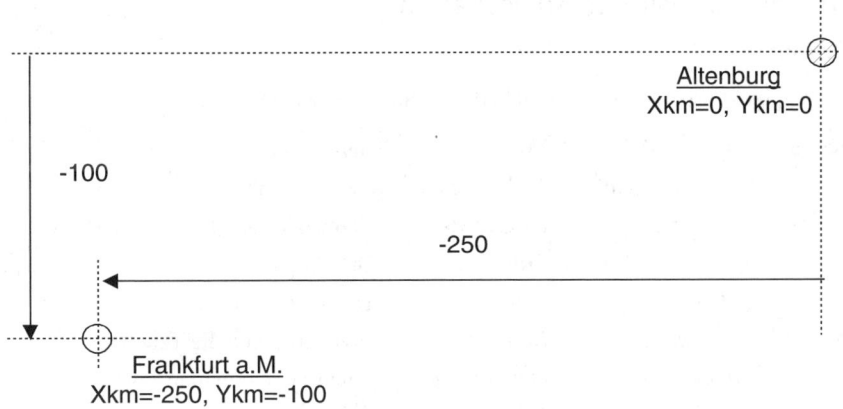

Altenburg
Xkm=0, Ykm=0

-100

-250

Frankfurt a.M.
Xkm=-250, Ykm=-100

Bedienoberfläche

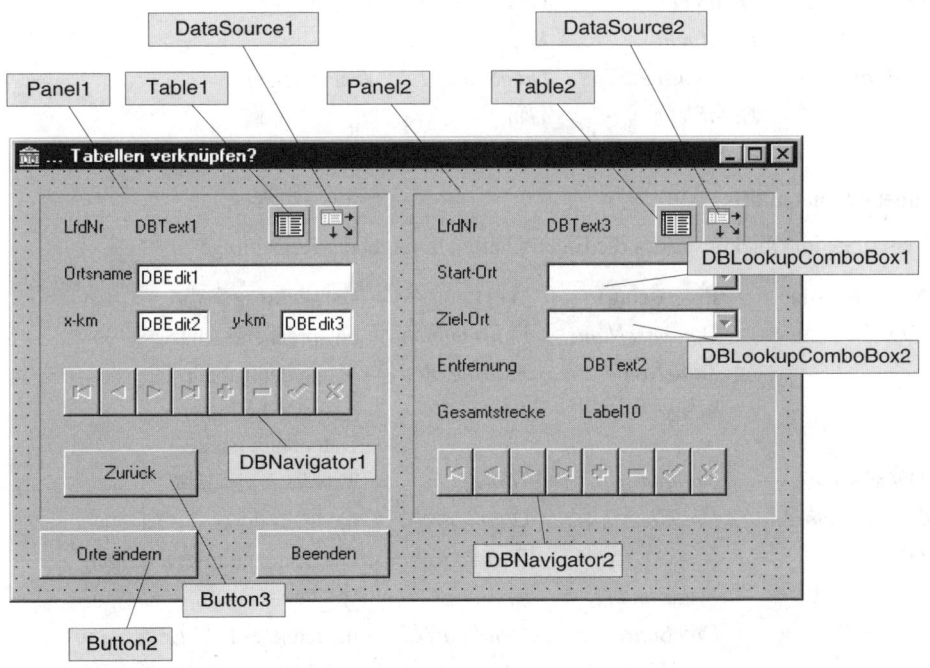

Wir bringen die Eingabemasken für beide Tabellen auf einem gemeinsamen Formular unter. Wie Sie sehen, sind die Komponenten auf zwei exakt gleichgroßen Panels gruppiert. Das hat seinen praktischen Grund: Später (vor dem endgültigen Compilieren) wollen wir beide Panels übereinanderschieben, durch Ändern der *Visible*-Eigenschaft (zur Laufzeit) bringen wir dann das jeweils gewünschte Panel in den Vordergrund.

Anbinden der datensensitiven Komponenten

Tabelle Orte.db

Weisen Sie im Objektinspektor die Eigenschaften in folgender Reihenfolge zu:

Komponente	Eigenschaft	Wert	Bemerkung
Table1	DatabaseName	Fahrtenbuch	entsprechend Alias
	TableName	Orte.db	Name der Tabelle
	Active	True	Datenbank öffnen
DataSource1	DataSet	Table1	Tabelle Orte.db
DBNavigator1	DataSource	DataSource1	navigiert durch die Tabelle
DBText1	DataSource	DataSource1	Datensatznummer anzeigen
	DataField	Nr	(ReadOnly)
DBEdit1	DataSource	DataSource1	Ort anzeigen
	DataField	Ort	
DBEdit2	DataSource	DataSource1	Xkm anzeigen
	DataField	Xkm	
DBEdit3	DataSource	DataSource1	Ykm anzeigen
	DataField	Ykm	

Tabelle Fahrten.db

Weisen Sie im Objektinspektor die Eigenschaften in folgender Reihenfolge zu:

Komponente	Eigenschaft	Wert	Bemerkung
Table2	DatabaseName	Fahrtenbuch	entsprechend Alias
	TableName	Fahrten.db	Name der Tabelle
	Active	True	stellt Verbindung zur Datenbank her
DataSource2	DataSet	Table2	Tabelle Fahrten.db
DBNavigator2	DataSource	DataSource2	navigiert durch die Tabelle
DBText3	DataSource	DataSource2	Datensatznummer anzeigen
	DataField	Nr	(ReadOnly)
DBText2	DataSource	DataSource2	berechnetes Feld Entfernung
	DataField	Entfernung	anzeigen (später ergänzen, s.u.!)
DBLookupCombo Box1	DataSource	DataSource2	primäre Datenquelle
	DataField	Start	Fremdschlüssel zur Detaildatenquelle
	ListSource	DataSource1	Datenquelle der Detailtabelle
	KeyField	Nr	Primärschlüssel der Detailtabelle
	ListField	Ort	anzuzeigendes Detailfeld

Komponente	Eigenschaft	Wert	Bemerkung
DBLookupCombo Box2	*DataSource*	*DataSource2*	siehe *DBLookupComboBox1*
	DataField	*Ziel*	
	ListSource	*DataSource1*	
	KeyField	*Nr*	
	ListField	*Ort*	

Test 1

Es empfiehlt sich eine schrittweise Inbetriebnahme des Programms in drei Etappen. Zunächst testen wir die Funktionsfähigkeit unter Verzicht auf die Anzeige von Entfernung und Gesamtstrecke. Bevor Sie mit dem Eintragen von Fahrten beginnen, sollten Sie einige Datensätze in die Tabelle *Orte.db* eingeben.

Hinzufügen von vier Lookup-Feldern zur Tabelle Fahrten.db

Wie können wir beim Scrollen durch *Fahrten.db* (*Table2*) die Entfernung zwischen den beiden Orten anzeigen? Um diese Aufgabe zu lösen, brauchen wir zunächst die Werte der Felder *Xkm* und *Ykm* von Start- und Zielort, diese allerdings sind in *Table1* gespeichert. Um den Zugriff zu ermöglichen, müssen sogenannte persistente Feldobjekte zu *Table2* hinzugefügt werden, die dann über ihre Fremdschlüssel mit *Table1* verknüpft werden.

1. Doppelklicken Sie auf *Table2*, es öffnet sich ein kleines Fenster, der sogenannte Feldeditor.

2. Klicken Sie mit RMT hinein und wählen Sie im Kontextmenü den Eintrag *Felder hinzufügen* und klicken Sie den OK-Button. Im Feldeditor erscheinen jetzt alle Tabellenfelder aus *Fahrten.db*:

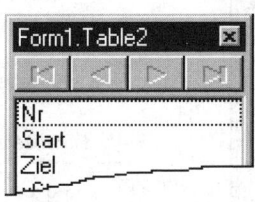

Im Objektinspektor können Sie nun die Eigenschaften und Ereignisse dieser persistenten Feldobjekte mit den Namen *Table2Nr*, *Table2Start* und *Table2Ziel* begutachten.

3. Klicken Sie wieder mit RMT auf den Feldeditor und wählen Sie im Kontextmenü den Eintrag *Neues Feld*. Nehmen Sie in dem sich öffnenden Dialogfenster die folgenden Eintragungen vor (Reihenfolge von links oben nach rechts unten):

Grundlagen

Oberfläche

Grafik

Multimedia

Datei

Datenbank

SQL/ADO

Report

Objekte

OLE/DDE

Peripherie

System

Desktop

Technik

Sonstiges

4. Nach dem OK sehen Sie, dass der Feldeditor Zuwachs bekommen hat. Die Eigenschaften des Neuankömmlings können Sie sich im Objektinspektor betrachten und falls erforderlich auch dort editieren. Die folgende Abbildung weist speziell auf die Lookup-Eigenschaften hin. Die zur Erklärung hinzugefügten Bezeichner entsprechen denen im obigen Dialogfenster "Neues Feld".

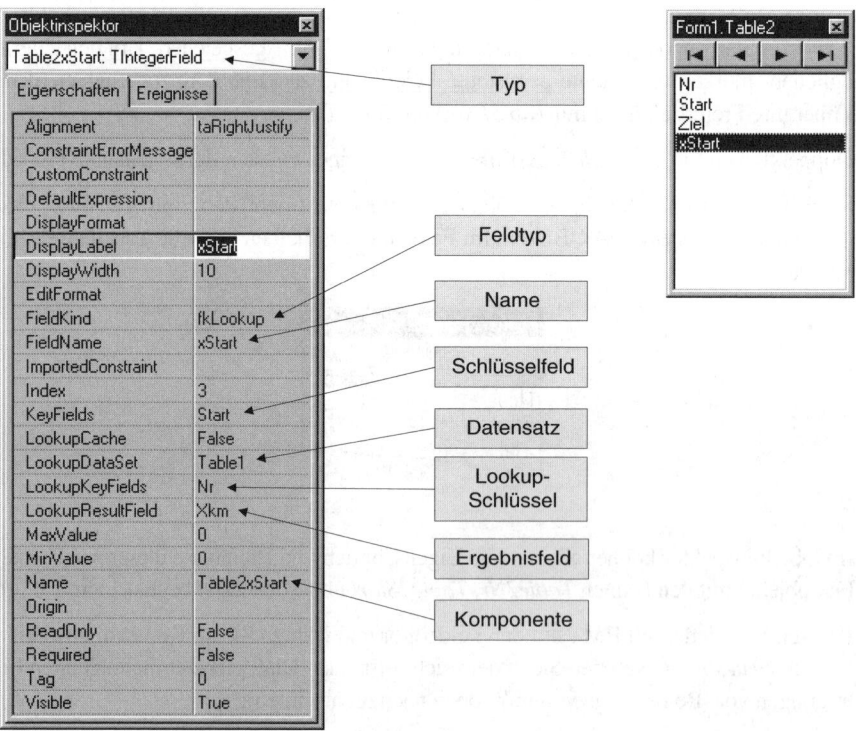

5. Fügen Sie nun auf die gleiche Weise die Lookup-Felder *yStart*, *xZiel* und *yZiel* hinzu. Schließlich beinhaltet unser *Table2*-Objekt insgesamt sieben persistente Feldobjekte, von denen vier Lookup-Felder sind:

Grundlagen

Oberfläche

Grafik

Multimedia

Datei

Datenbank

SQL/ADO

Report

Objekte

OLE/DDE

Peripherie

System

Desktop

·Technik

Sonstiges

Table2	
Feldobjekt	Typ
Table2Nr	TInteger
Table2Start	TInteger
Table2Ziel	TInteger
Table2xStart	**TInteger**
Table2yStart	**TInteger**
Table2xZiel	**TInteger**
Table2yZiel	**TInteger**
Table2Entfernung	**TInteger**

Die persistenten Feldobjekte (in obiger Zusammenstellung fettgedruckt) sind in der realen Tabelle *Fahrten.db* nicht enthalten, sie werden von Delphi hinzugefügt und verschwinden demzufolge nach der Beendigung des Programms wieder.

Halt, da ist ja in obiger Zusammenstellung noch ein weiteres persistentes Feldobjekt enthalten: *Table2Entfernung*! Näheres dazu im folgenden Abschnitt.

Hinzufügen eines berechneten Feldes zur Tabelle Fahrten.db

Die Entfernung (Luftlinie) zwischen Start und Ziel ergibt sich nach dem Lehrsatz des Pythagoras wie folgt:

$$\text{entfernung} := \text{Sqrt}(dx^2 + dy^2)$$

Dabei sind *dx* und *dy* die Koordinatendifferenzen zwischen Start- und Zielort:

$$dx := xZiel - xStart$$
$$dy := yZiel - yStart$$

Um die Entfernung für jeden Datensatz zu speichern, muss ein weiteres persistentes Feldobjekt zu *Table2* hinzugefügt werden. Die Vorgehensweise entspricht der beim Hinzufügen von Lookup-Feldern, nur dass Sie diesmal als Feldtyp die Option "Berechnet" einstellen:

Lookup-Definitionen entfallen hier, denn die Werte berechneter Felder werden meist im *On-CalcFields*-Event des jeweiligen *Table*-Objekts ermittelt. Schreiben Sie also bitte den folgenden Eventhandler:

```
procedure TForm1.Table2CalcFields(DataSet: TDataSet);
var dx,dy: Single;
begin
 dx := Table2xStart.Value-Table2xZiel.Value;
 dy := Table2yStart.Value-Table2yZiel.Value;
 Table2Entfernung.Value := Trunc(Sqrt(dx*dx + dy*dy))
end;
```

Test 2

Vergessen Sie vor dem Programmstart nicht, die Anzeigekomponente *DBText2* an das berechnete Feld *Entfernung* anzubinden: *DataSource = DataSource2, DataField = Entfernung*.

Nun können Sie sich durch die Fahrteneinträge klicken und dabei gleichzeitig die Entfernungsanzeige beobachten.

Berechnen der Gesamtstrecke

Um die Gesamtstrecke zu ermitteln, müssen die Felder *Entfernung* aus allen Datensätzen von *Table2* addiert werden. Das Resultat ist ein ganz normaler Wert (also kein berechnetes Datenbankfeld) und braucht demzufolge auch in keiner *DBText*-Komponente angezeigt zu werden, ein Label (*Label10*) genügt.

Für das Berechnen der Gesamtstrecke fügen wir der Klassendeklaration von *TForm1* eine neue Methode hinzu:

```
type
  TForm1 = class(TForm)
```

Grundlagen

Oberfläche

Grafik

Multimedia

Datei

Datenbank

SQL/ADO

Report

Objekte

OLE/DDE

Peripherie

System

Desktop

Technik

Sonstiges

```
...
  private
    function berechneSumme: String;    // neue (private) Methode hinzugefügt
  ....
```

Nun zum *Implementation*-Abschnitt von *TForm1*:

Da beim Berechnen der Gesamtsumme alle Datensätze der Tabelle *Fahrten.db* durchlaufen werden, müssen wir uns vorher die aktuelle Position des Datensatzzeigers merken, um uns nach Abschluss der Berechnung wieder an die gleiche Stelle zurückzubewegen:

```
var pos: TBookmark;                    // Lesezeichen
```

Die Implementation unserer neu hinzugefügten Formularmethode:

```
function TForm1.berechneSumme;
var sum: Integer;
begin
 sum := 0;
 with Table2 do begin
  pos := GetBookmark;          // Lesezeichen setzen
  DisableControls;             // Komponenten von Table2 abkoppeln
  First;
  while not EOF do begin
   sum := sum + Table2Entfernung.Value;
   Next
  end;
  GotoBookmark(pos);           // Zurücksetzen auf Lesezeichen
  EnableControls               // Komponenten wieder an Table2 ankoppeln
 end;
 result := IntToStr(sum)       // Ergebnis wird als Zeichenkette geliefert
end;
```

Um das zeitfressende "Mitwandern" der DB-Komponenten während des Durchlaufens der Tabelle zu verhindern, wurden die Methoden *DisableControls* und *EnableControl* eingesetzt.

Das Berechnen der Gesamtstrecke im *OnCalcField*-Event ist nicht zu empfehlen, da durch die häufigen Aufrufe die Geschwindigkeit enorm leiden würde, warum? *OnCalcEvent* wird z.B. auch beim ganz normalen Weiterbewegen zum nächsten Datensatz ausgelöst, die Gesamtstrecke bleibt aber unverändert. Besser ist es, die Ereignisse *OnCreate*, *AfterPost* und *AfterDelete* zu verwenden, die lediglich beim Programmstart und Verändern, Hinzufügen bzw. Löschen von Datensätzen auftreten, also nur dann, wenn sich die Gesamtstrecke tatsächlich geändert hat:

```
procedure TForm1.FormCreate(Sender: TObject);       // bei Programmstart
begin  Label10.Caption := berechneSumme  end;
```

```
procedure TForm1.Table2AfterPost(DataSet: TDataSet);    // nach Abspeichern
begin  Label10.Caption := berechneSumme  end;


procedure TForm1.Table2AfterDelete(DataSet: TDataSet);  // nach Löschen
begin
  Label10.Caption := berechneSumme
end;
```

Die folgenden Prozeduren sind rein kosmetischer Natur, sie dienen lediglich dem Ein- bzw. Ausblenden von *Panel2*:

```
procedure TForm1.Button2Click(Sender: TObject);  // Orte editieren
begin
  Panel2.Visible := False
end;


procedure TForm1.Button3Click(Sender: TObject);  // Zurück zur Fahrten-Eingabe
begin  Panel2.Visible:=True  end;
```

Test 3

Bevor Sie das Projekt endgültig compilieren: Übereinanderschieben von *Panel2* auf *Panel1* und Verkleinern von *Form1* (*BorderStyle=bsSingle*).

Sie werden mit Freude feststellen, dass diese kleine Applikation nun endlich zufriedenstellend funktioniert und dabei ganz ohne SQL auskommt. Die Anzeige der Gesamtstrecke wird erst dann aktualisiert, wenn der neue bzw. geänderte Datensatz tatsächlich in *Fahrten.db* abgespeichert wird oder nachdem ein Datensatz gelöscht wurde.

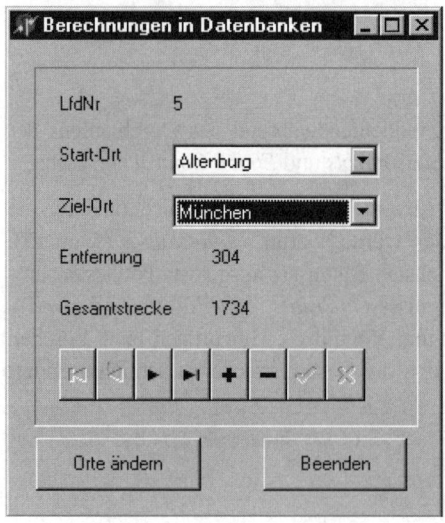 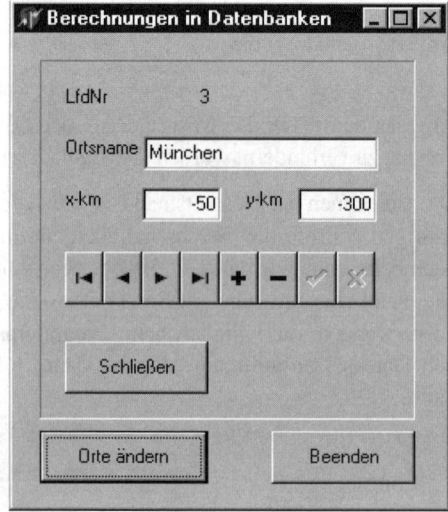

Löschen Sie eine Fahrt, so verschwindet auch deren Primärschlüssel (*Nr*) auf Nimmerwiedersehen. Wundern Sie sich also später nicht, wenn die laufende Nummernfolge der Fahrten Lücken aufweist. Analoges gilt auch für die Orte, wobei deren Durchnummerierung sowieso durch die alphabetische Sortierfolge außer Kraft gesetzt ist.

Bemerkungen

■ Der Einsteiger sollte sich an folgende Bedienroutinen beim Editieren von Datenzugriffskomponenten gewöhnen:
Einmal auf *Table*-Objekt klicken: Eigenschaften des *Table*-Objekts werden im Objektinspektor angezeigt.
Doppelt auf *Table*-Objekt klicken: Feldeditor wird aufgerufen und die Eigenschaften des dort angeklickten persistenten Feldobjekts werden im Objektinspektor angezeigt.

■ *AutoCalc = False* für *Table2* erhöht die Geschwindigkeit, da die Berechnung weniger oft erfolgt (siehe Online Hilfe).

■ Anstatt beider Panels können Sie auch ein *TabControl* verwenden.

■ Wenn Sie später die Datenbank umstrukturieren und neue Felder zu einer Tabelle hinzufügen, die mit persistenten Feldobjekten arbeitet, so müssen Sie unter Delphi diese neuen Felder ebenfalls als persistente Feldobjekte hinzufügen, ansonsten stehen sie nicht zur Verfügung.

■ Persistente Felder lassen sich nicht über SQL abfragen.

■ Um die realen Straßenkilometer annähernd zu bestimmen, sollten Sie etwa 30% zur Luftlinie hinzuschlagen.

■ Eine Möglichkeit, die Koordinateneinträge für die Orte zu vereinfachen, wäre eine Landkarten-Bitmap, wo die Orte mit der Maus nur angeklickt zu werden brauchen.

Grundlagen

Oberfläche

Grafik

Multimedia

Datei

Datenbank

SQL/ADO

Report

Objekte

OLE/DDE

Peripherie

System

Desktop

Technik

Sonstiges

Wie kann ich ...?
Sonstiges

R361 ... kontrollieren, ob Delphi aktiv ist?

Möchten Sie in Ihr Programm oder in Ihre selbstentwickelte Komponente eine Funktion einbauen, mit der Sie unterscheiden können, ob das Programm in der Delphi-Entwicklungsumgebung läuft oder ob es allein ausgeführt wird? Dann finden Sie hier eine Antwort.

Oberfläche

Die Anwendung zur Laufzeit:

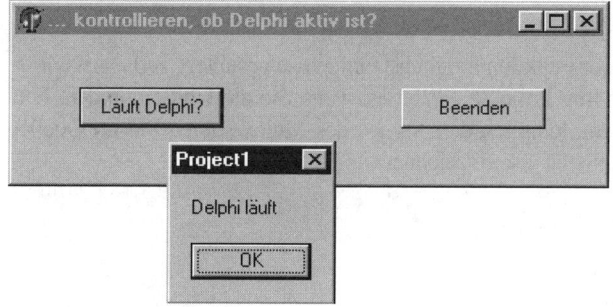

Quelltext

Die Lösung ist relativ simpel, mit Hilfe der API-Funktion *FindWindow* suchen wir ein Fenster, das zur Delphi-Entwicklungsumgebung gehört. Wir suchen die Klasse "TAppBuilder".

Die Umsetzung:

```
procedure TForm1.Button1Click(Sender: TObject);        // Läuft Delphi?
begin
  if FindWindow('TAppBuilder',nil) <= 0 then
          ShowMessage('Delphi läuft nicht')
                                        else
          ShowMessage('Delphi läuft')
end;
```

Ergänzung

Eventuell können Sie mit der Routine ein Demoprogramm erstellen, das nur zusammen mit Delphi läuft, oder Sie verändern Parameter von Funktionen, wenn das Programm beim Anwender läuft.

Grundlagen

Oberfläche

Grafik

Multimedia

Datei

Datenbank

SQL

Report

Objekte

OLE/DDE

Peripherie

System

Desktop

Technik

Sonstiges

R362 ... einen mehrfachen Programmstart verhindern?

Wollen Sie verhindern, dass zwei Instanzen Ihres Programms gleichzeitig laufen, müssen Sie sich selbst darum kümmern. Über Eigenschaften oder Methoden besteht keine Chance. Die in der Version 1.0 noch mögliche Abfrage von *hPrevInst* existiert nicht mehr, bzw. es wird immer NULL zurückgegeben.

Der Ausweg ist ein sogenannter "Mutex", ein Objekt, das bei der Thread-Programmierung zum Einsatz kommt.

Quelltext

Um den Einsatz der Funktion möglichst einfach zu gestalten, verlagern wir den gesamten Code in eine Unit. Für Ihre Projekte genügt es, wenn Sie die Unit einbinden. Funktionsaufrufe etc. benötigen Sie nicht, lediglich den Namen des Mutex sollten Sie im Quellcode anpassen (die entsprechende Stelle ist gekennzeichnet).

```
unit Unit2;
interface
implementation

uses windows,Dialogs,sysutils; [Forms]
var mutex : THandle;
    h     : HWnd;


Initialization
```

Statt "MyXYZMutex" tragen Sie einen anderen Namen ein:

```
  mutex := CreateMutex(nil,True,'MyXYZMutex');
  if getLastError = ERROR_ALREADY_EXISTS then begin
    h := 0;
    repeat
      h := FindWindowEx(0,h,'TApplication',PChar(Application.Title))
    until h <> application.handle;
    if h <> 0 then begin
      Windows.ShowWindow(h, SW_ShowNormal);
      windows.SetForegroundWindow(h);
    end;
    halt;
  end;


finalization         // ... und Schluss
  ReleaseMutex(mutex);
end.
```

Der Ablauf ist in wenigen Worten beschrieben. Nach dem Programmstart wird automatisch der *Initialization*-Abschnitt unserer Unit durchlaufen. An dieser Stelle können wir versuchen, einen neuen Mutex zu erzeugen. Sollte dieser bereits existieren, läuft auch schon eine weitere Instanz unseres Programms. Wir schalten zu dieser Instanz um und beenden das laufende Programm.

Beim normalen Beenden der Anwendung müssen wir daran denken, auch die belegten Ressourcen wieder freizugeben. Dafür bietet sich der *finalization*-Abschnitt an.

R363 ... eine DLL programmieren?

Das folgende Rezept zeigt an einem einfachen Beispiel, wie Sie eine DLL programmieren, die

- eine Ein- und Austrittsprozedur besitzt,
- die Parameterübergabe demonstriert und
- ein Formular anzeigen kann.

DLL-Programmierung

Das DLL-Grundgerüst erzeugen Sie über *Datei|Neu...* Es öffnet sich die Objektgalerie, in der Sie die Option "DLL" auswählen:

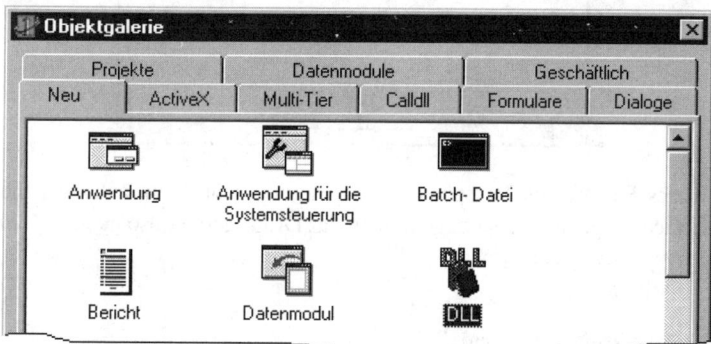

Füllen bzw. ändern Sie den Rahmencode der DLL wie folgt:

```
library FormDLL;

uses
  Dialogs, SysUtils,
  Unit1 in 'UNIT1.PAS' {Form1};
```

Die beiden folgenden Funktionen sollen die Parameterübergabe an DLLs demonstrieren:

```
function berechne1(x,y : Single): Single;stdcall;
begin
```

Grundlagen

Oberfläche

Grafik

Multimedia

Datei

Datenbank

SQL

Report

Objekte

OLE/DDE

Peripherie

System

Desktop

Technik

Sonstiges

```
    Result := x+y
end;


procedure berechne2(x,y: Single;var z: Single);stdcall;
begin
   z := x+y
end;
```

Die Benachrichtigung beim Entladen:

```
procedure newExit;
begin
  ShowMessage('DLL wird entladen ... ')
end;
```

Fügen Sie dem Projekt ein neues Formular (*Form1*) hinzu.

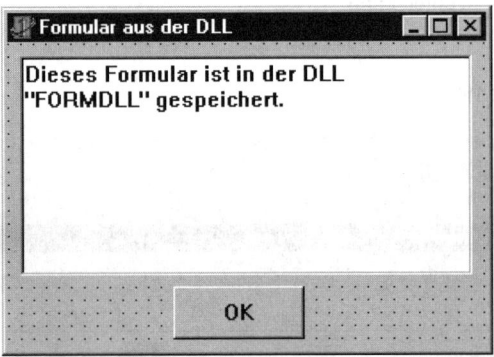

Sie können dieses Fenster aus der späteren Anwendung nicht direkt aufrufen, Sie benötigen dazu eine Interface-Prozedur. Diese tragen Sie in das DLL-Modul (also <u>nicht</u> in *Unit1*!) ein:

```
procedure fensterAnzeigen;stdcall;
begin
  Form1:= TForm1.Create(Application);
  try
    Form1.ShowModal;
  finally
    Form1.Free
  end
end;
```

Hinweis: Auf die Option *stdcall* könnten Sie an dieser Stelle auch verzichten, da die DLL nur aus einem Delphi-Programm aufgerufen werden soll.

Alle zu exportierenden Funktionen/Prozeduren müssen zum Schluss nochmals im *export*-Abschnitt aufgeführt werden:

```
exports
    fensterAnzeigen,
    berechne1,
    berechne2;
```

Hinweis: Achten Sie auf die Schreibweise der Prozedur- und Funktionsnamen, diese ist für die spätere Einbindung wichtig!

Wenn die DLL geladen ist, soll eine Messagebox eingeblendet werden. Dazu verwenden wir den *begin-end*-Abschnitt der Library:

```
begin
    AddExitProc(newExit);
    ShowMessage('DLL wird geladen ...')
end.
```

Speichern Sie das Projekt unter dem gewünschten DLL-Namen (z.B. *FormDLL.dll*). Ein kurzer Compilerlauf mit *Strg+F9*, und im aktuellen Verzeichnis findet sich die neue DLL.

Einbinden der DLL in ein Testprojekt

Erstellen Sie ein neues Projekt mit einem Formular (drei Buttons), über das wir die DLL-Funktionen aufrufen werden.

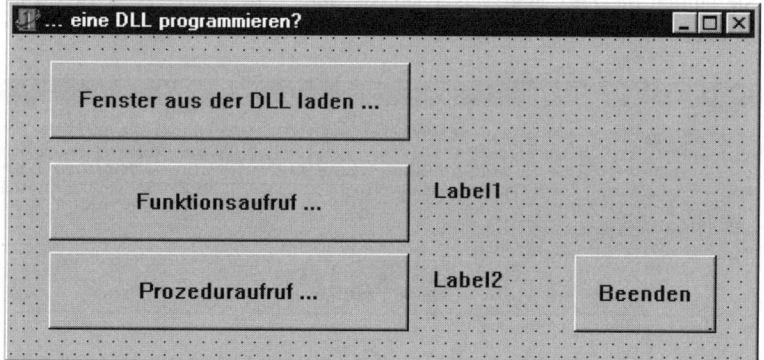

Vor dem Aufruf müssen wir die Funktionen erst einmal in unsere Anwendung integrieren:

```
...
implementation
...
procedure fensterAnzeigen;stdcall;external 'FormDLL.dll';
function berechne1(x,y : Single): Single;stdcall;external 'FormDLL.dll';
```

Grundlagen

Oberfläche

Grafik

Multimedia

Datei

Datenbank

SQL

Report

Objekte

OLE/DDE

Peripherie

System

Desktop

Technik

Sonstiges

```
procedure berechne2(x,y: Single;var z : Single);stdcall;external 'FormDLL.dll';
```

Der eigentliche Aufruf unterscheidet sich nicht mehr von einer "normalen" Funktion oder Prozedur:

```
...

    fensterAnzeigen

...

    Label1.Caption := Format('%f',[berechne1(11.11,22.22)]);

...

var z: Single;

...

    berechne2(11.11,22.22,z);
    Label2.Caption := Format('%f',[z]);
```

Testen

Kopieren Sie die *FormDLL.dll* in das Verzeichnis der Testanwendung und starten Sie diese (F9). Überprüfen Sie, ob die Messageboxen wie gewünscht angezeigt werden.

Starten Sie noch eine weitere Instanz Ihrer Anwendung. Sie werden feststellen, dass die Dialogbox "DLL wird geladen ..." erneut angezeigt wird. An dieser Stelle ist die Beschriftung allerdings etwas irreführend, die DLL befindet sich ja bereits im Speicher, es wird lediglich noch einmal der Initialisierungs-Abschnitt durchlaufen. (32 Bit-DLLs verwenden das Datensegment der aufrufenden Anwendung, deshalb muss auch die Initialisierung für jede Instanz erneut abgearbeitet werden.)

Löschen Sie einmal die DLL und versuchen Sie, Ihre Anwendung zu starten. Eine Fehlermeldung wird sich nicht vermeiden lassen:

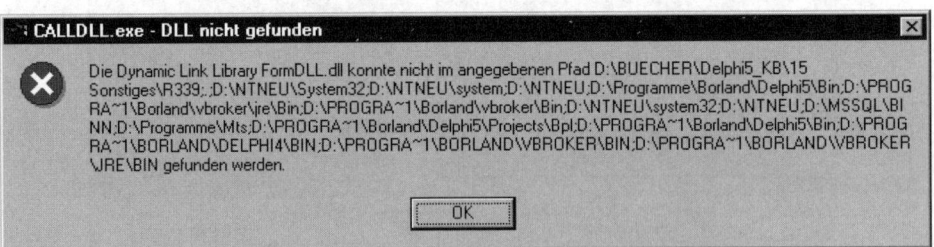

Auch wenn noch keine Funktion der DLL aufgerufen wird, versucht Windows die DLL zu laden. Ist diese nicht vorhanden, wird auch Ihre Anwendung nicht gestartet. Der Grund für dieses Verhalten: Da die DLL statisch in Ihre Anwendung eingebunden ist, muss auch die DLL zum Zeitpunkt des Programmstarts im Suchpfad vorhanden sein.

Wie Sie dieses "Problem" umgehen können, ist im folgenden Rezept beschrieben.

R364 ... eine DLL dynamisch einbinden?

Die statische Einbindung von DLLs haben Sie, mehr oder weniger unbewußt, sicher schon verwendet, fast alle API- bzw. GDI-Funktionen sind in den Schnittstellen-Units (*windows*, *mapi* ...) bereits deklariert. Etwas anders verhält es sich mit der dynamischen Einbindung von DLLs, die (Sie ahnen es bereits) etwas komplizierter ist.

Statt schon zur Entwurfszeit eine spezielle DLL festzulegen, können Sie bei der dynamischen Einbindung zur Laufzeit eine DLL über ihren Namen auswählen. Diese Flexibilität hat jedoch ihren Preis, wir müssen selbst dafür sorgen, dass die DLL geladen, die Funktion ausgeführt und die DLL wieder freigegeben wird.

In unserem simplen Beispiel wird es lediglich darum gehen, eine einzige Berechnung durchzuführen. Bei der einen DLL handelt es sich um eine Addition, bei der anderen um eine Multiplikation.

DLL-Quellcode (Summe)

Öffnen Sie über *Datei|Neu...* das Grundgerüst einer DLL und ändern/vervollständigen Sie es wie folgt:

```
library summe;

function berechne(x,y: Integer): Integer; export;

begin
  Result := x+y
end;


exports
    berechne;
begin
end.
```

Speichern Sie das Projekt ab und erzeugen Sie die DLL (*Summe.dll*) mit Strg+F9.

DLL-Quellcode (Produkt)

Öffnen Sie über *Datei|Neu...* das Grundgerüst einer weiteren DLL und ändern/vervollständigen Sie es analog zur obigen DLL wie folgt:

```
...
function berechne(x,y: Integer): integer; export;
begin
  Result := x * y
end;
...
```

Speichern Sie das Projekt ab und erzeugen Sie die DLL (*Produkt.dll*) mit Strg+F9.

Grundlagen

Oberfläche

Grafik

Multimedia

Datei

Datenbank

SQL

Report

Objekte

OLE/DDE

Peripherie

System

Desktop

Technik

Sonstiges

Dynamisches Einbinden der DLLs in ein Testprojekt

Öffnen Sie ein neues Projekt. Das Startformular (*Form1*) gestalten Sie etwa wie folgt, wobei die Eingabe des gewünschten DLL-Namens über ein *Edit*-Feld erfolgt, zur Anzeige von Operanden und Ergebnis dienen drei *Label*s.

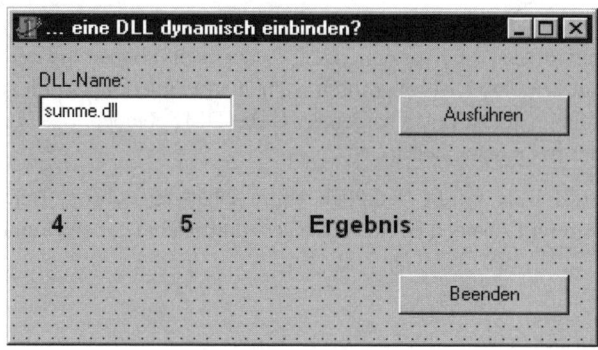

Zu Beginn des *implementation*-Abschnitts von *Unit1* erstellen Sie zuerst einen Funktionsprototyp, der die Funktionsparameter festlegt:

```
type TTestFunktion = function(x,y: Integer): Integer;
```

Der Aufruf der Funktion:

```
procedure TForm1.Button1Click(Sender: TObject);
var TestFunktion : TTestFunktion;
    FuncPtr    : TFarProc;
    DLLHandle  : THandle;
begin
```

Laden der DLL:

```
    DLLHandle := LoadLibrary(PChar(Edit1.Text));
```

Adresse der Funktion ermitteln:

```
    FuncPtr   := GetProcAddress(DLLHandle,'berechne');
```

Wenn die Funktion gefunden wurde:

```
    if FuncPtr <> nil then begin
      @TestFunktion := FuncPtr;
```

Ausführen des Codes:

```
      Label3.Caption := IntToStr(Testfunktion(4,5));
      FuncPtr := nil;
    end else ShowMessage('Funktion oder DLL nicht gefunden!');
```

Freigeben der DLL:

```
    FreeLibrary(DLLHandle);
end;
```

Test

Vergewissern Sie sich zunächst, dass sich die beiden DLLs *Summe.dll* und *Produkt.dll* im Anwendungsverzeichnis befinden.

Nach dem Programmstart (F9) können Sie in das Editierfeld einen der beiden DLL-Namen eintippen und danach die Berechnung ausführen lassen.

Bemerkungen

- Einsatzmöglichkeiten für diese Technik bieten sich beispielsweise bei Im- und Exportfiltern, die gänzlich verschiedene Dateiformate konvertieren. Lediglich die Funktionsschnittstelle ist einheitlich, der DLL-Name legt das Dateiformat fest.

- Sollten Sie Probleme bei der Realisierung haben, kontrollieren Sie unbedingt die Schreibweise der Funktionsnamen (32 Bit-DLLs unterscheiden Groß-/Kleinschreibung!).

R365 ... Copyrightmeldungen in eine DLL integrieren?

Sie haben eine DLL geschrieben und möchten diese als Demo weitergeben? Damit sich nicht andere Leute mit fremden Lorbeeren schmücken, soll eine Copyrightmeldung beim ersten Aufruf angezeigt werden.

Quelltext

Der Grundaufbau der DLL:

```
library <Name der DLL>;
...
exports
...
begin
end.
```

Wenig beachtet, aber nicht überflüssig, ist der *begin-end*-Teil zum Schluss der DLL. Dieser Teil entspricht etwa dem Hauptprogramm einer EXE-Datei (*Sub Main*) und wird beim ersten Laden der DLL abgearbeitet (wenn nötig). Wir werden also diesem Abschnitt unsere besondere Aufmerksamkeit widmen.

Für das Meldungsfenster verwenden wir die Funktion *MessageBox* (Unit *Windows*), die analog zur Methode des *Application*-Objektes funktioniert. Der Vorteil dieser Funktion ist, dass nicht unbedingt die ganze Objekt-Library eingebunden werden muss.

Der erste Parameter ist das Handle des Elternfensters (*WndParent*). Um auf die Übergabe verzichten zu können, setzen wir diesen Wert auf Null (entspricht dem *Screen*). Mit dem zweiten und dritten Parameter definieren wir den Inhalt der Textbox bzw. deren Überschrift. Abschließend folgt der *Typ*-Parameter, der sich aus einzelnen Konstanten zusammensetzt.

```
MessageBox(0,'(c) 2000 by  Doberenz & Kowalski', 'DLL-DEMO', 64);
```

Test

Zum Austesten verwenden wir die im Rezept R363 fertiggestellte *FormDLL.dll* (siehe Buch-CD). Beim Programmstart erscheint die Copyright-Meldung:

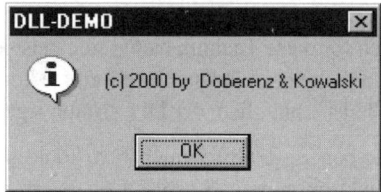

Bemerkung

Da es immer noch Möglichkeiten gibt, die Copyrightmeldung zu ändern, an dieser Stelle ein kleiner Verbesserungsvorschlag für obige Lösung: Verwenden Sie den Verschlüsselungs-Algorithmus aus

    R348 ... einen Text verschlüsseln?

R366 ... eine Callback-Funktion schreiben?

Im Zusammenhang mit der Systemprogrammierung werden Sie als Delphi-Programmierer auch mit Callback-Funktionen konfrontiert. Worum handelt es sich?

Wie der Name schon andeutet, werden Callback-Funktionen durch eine externe Funktion aufgerufen. Auslöser ist eine Funktion, der ein Pointer auf die Callback-Funktion übergeben wurde.

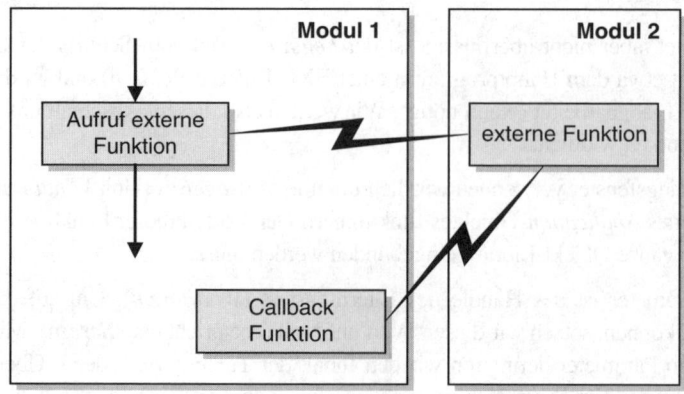

Grundlagen

Oberfläche

Grafik

Multimedia

Datei

Datenbank

SQL

Report

Objekte

OLE/DDE

Peripherie

System

Desktop

Technik

Sonstiges

Den prinzipiellen Ablauf können Sie sich wie folgt vorstellen:

- Modul 1 ruft eine Funktion in Modul 2 auf und übergibt dabei den Zeiger auf eine Funktion in Modul 1.

- Modul 2 kann jetzt mit Hilfe dieses Pointers die Funktion in Modul 1 beliebig oft aufrufen. Sinnvollerweise legt Modul 2 jedoch vorher Daten auf dem Stack oder in den Registern ab (je nach Aufrufkonvention), die über die Callback-Funktion in Modul 1 ausgewertet werden können.

Zwei Beispiele sollen die Anwendung verdeutlichen.

Beispiel 1 (API)

Geht es darum, Informationen über die verfügbaren Schriftarten zu ermitteln, können Sie über das *Screen*-Objekt zwar die Namen abfragen, Informationen über den Schrifttype (Raster/-TrueType) erhalten Sie jedoch nicht. In diesem Zusammenhang hilft Ihnen eine Callback-Funktion weiter.

An die Funktion *EnumFonts* übergeben Sie neben dem DC, über den Sie Informationen abfragen wollen, einen Pointer auf eine Callback-Funktion.

```
Syntax: function EnumFonts(DC: HDC;          // der gewünschte DC
            lpszFace: PChar;                  // Font-Typeface
            fntenmprc: TFNFontEnumProc;       // Pointer auf Callbackroutine
            lpszData: PChar                   // optionale Daten
            ): Integer; stdcall;
```

```
procedure TForm1.FormClick(Sender: TObject);
begin
  EnumFonts(canvas.handle, nil, @EnumFontsCallback, nil);
end;
```

Die Callback-Funktion (wichtig ist die Deklaration als *stdcall*):

```
function EnumFontsCallback(var LogFont: TLogFont; var TextMetric: TTextMetric;
  FontType: Integer; Data: Pointer): Integer; stdcall;
var zw : string;
begin
  case Fonttype of
    DEVICE_FONTTYPE : zw := ' (Geräte-Font)';
    RASTER_FONTTYPE : zw := ' (Raster-Font)';
    TRUETYPE_FONTTYPE :  zw := ' (TrueType-Font)';
  end;
  form1.Listbox2.items.Add(LogFont.lfFaceName + zw);
  Result := 1;
end;
```

Nach der Ausführung von *EnumFonts* wird die obige Funktion für jeden verfügbaren Font einmal durch das System aufgerufen.

Voraussetzung für die obigen Aufrufe ist allerdings die Definition in der Unit *Windows*:

```
...
TFarProc = Pointer;
...
TFNFontEnumProc = TFarProc;
...
function EnumFonts(DC: HDC; lpszFace: PChar; fntenmprc: TFNFontEnumProc;
                   lpszData: PChar): Integer; stdcall;
```

Hinweis: Möchten Sie die Aufrufe der Callback-Funktion abbrechen, geben Sie statt dem Rückgabewert 1 einfach eine 0 zurück (*Result*).

Beispiel 2 (selbstdefinierte Funktion)

In einem weiteren Beispiel wollen wir eine eigene Callback-Funktion entwickeln. Dazu werden wir zunächst ein Listenfeld (*ListBox1*) mit den verfügbaren Schriftarten füllen.

```
procedure TForm1.FormCreate(Sender: TObject);
begin
     ListBox1.Items:= Screen.Fonts
end;
```

Über eine Callback-Funktion soll ein weiteres Listenfeld (*ListBox2*) mit den Einträgen gefüllt werden, die im ersten Listenfeld markiert (*Selected = True*) sind[1].

Definition eines Callback-Prototyps:

```
TTestCallback = function(s: string): integer;
```

Realisierung der Initialfunktion, über die wir die Callback-Funktion aufrufen werden. Wie oft das geschieht, hängt von der Anzahl der Einträge im Listenfeld ab.

```
procedure GetFonts(TestCallBack:TTestCallBack );
var i: Integer;
begin
   for I:= 0 to Form1.ListBox1.Items.Count-1 do
      if Form1.ListBox1.Selected[i] then TestCallback(Form1.ListBox1.Items[i])
end;
```

Damit ist der erste Teil realisiert, wir können uns der Aufrufer-Seite zuwenden.

---

[1] Es gibt sicher einfachere Realisierungsmöglichkeiten, in diesem Fall geht es jedoch nur um die Demonstration einer Callback-Funktion.

Definition der Callback-Funktion:

```
function MyCallback(s:String): Integer;
begin
    Form1.ListBox2.Items.Add(s)
end;
```

Aufruf der Initialfunktion mit Übergabe der Callback-Funktionsadresse:

```
procedure TForm1.Button1Click(Sender: TObject);
begin
    GetFonts(MyCallback)
end;
```

Test

Nach Programmstart werden links alle verfügbaren Schriftarten angezeigt. Selektieren Sie mehrere Schriftarten und befördern Sie diese nach rechts!

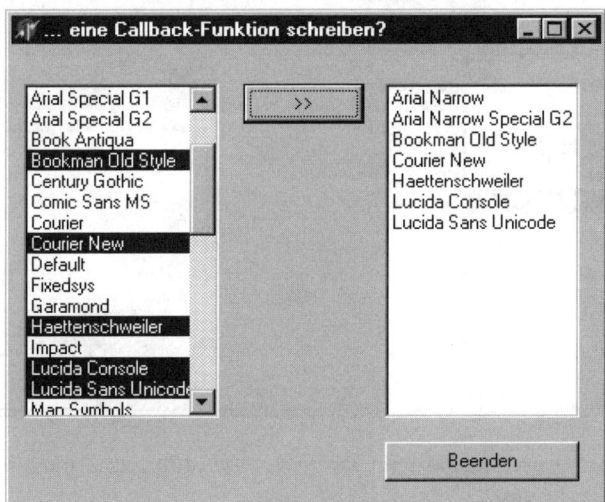

Bemerkungen

- Anwendungsmöglichkeiten finden sich beispielsweise in DLLs. Statt einer endlosen Liste von Funktionsrückgabewerten können Sie eine Callback-Schnittstelle bereitstellen, über welche die Daten bei Bedarf angefordert werden.

- Ähnlich arbeitet auch die Funktion *LineDDA*, mit der Sie selbstdefinierte Linien zeichnen können. Sie müssen die Umsetzung in einer Funktion *LineDDAProc* realisieren, wenn Windows diese für einen neuen Punkt anfordert.

Grundlagen

Oberfläche

Grafik

Multimedia

Datei

Datenbank

SQL

Report

Objekte

OLE/DDE

Peripherie

System

Desktop

Technik

Sonstiges

R367 ... eine Backup-Funktion schreiben?

Folgendes Problem soll durch ein kleines Delphi-Programm gelöst werden: Sie möchten eine Datei von 8 MByte (z.B. eine Datenbank) auf Disketten sichern. Der Kopieralgorithmus sollte also in der Lage sein, eine Datei auf mehrere Disketten aufzuteilen. Der umgekehrte Weg (Restore) muss ebenfalls implementiert werden.

Natürlich wollen wir an dieser Stelle keine Komplettlösung vorstellen, es geht vielmehr darum, die grundsätzliche Vorgehensweise zu erläutern. Ganz nebenbei ist die Anwendung ein gutes Beispiel für den Einsatz von Streams.

Oberfläche

Den grundsätzlichen Aufbau der Oberfläche entnehmen Sie bitte der folgenden Abbildung.

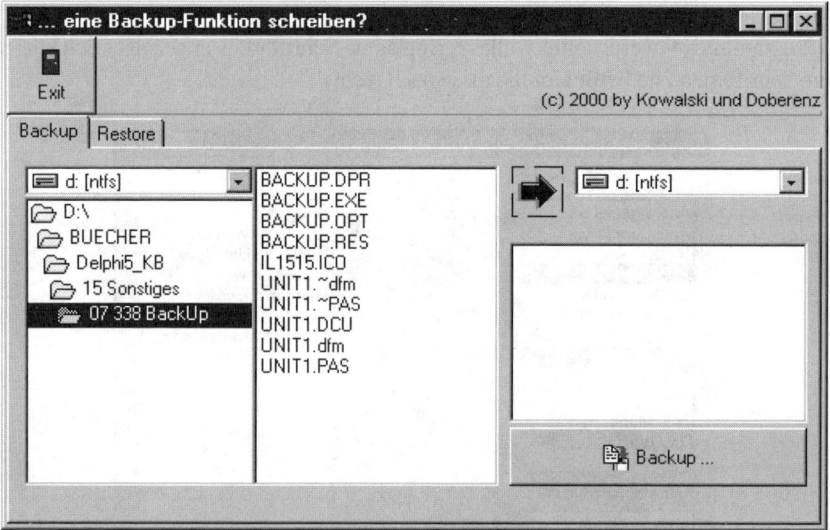

Sie erkennen zwei *DriveComboBox*en, eine *DirectoryListBox*, eine *FileListBox* und (rechts mittig) eine normale *ListBox*.

Auf der zweiten Seite der *PageControl*-Komponente befinden sich die Komponenten für den Restore-Vorgang.

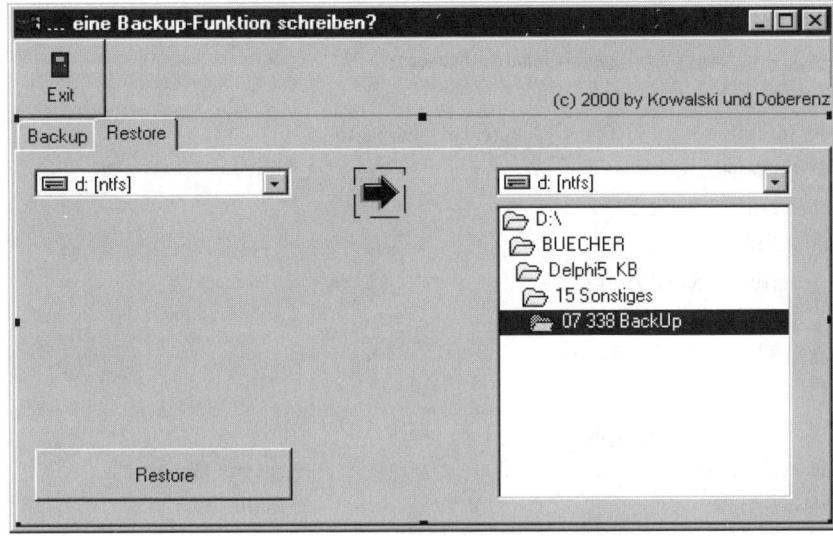

Quelltext

Bevor wir uns auf den Quellcode stürzen, sollten wir uns einige Details näher ansehen.

Beim Backup wird es sicherlich nicht ausreichen, einfach alle Bytes der Quelldatei in entsprechenden Häppchen auf *n* Disketten zu verteilen. Was wir brauchen, sind einige zusätzliche Informationen, die es uns ermöglichen, die Datei auch wiederherzustellen. Das betrifft vor allem die Reihenfolge, in der die Daten abgelegt wurden (Diskettennummer), der ursprüngliche Dateiname sowie die Dateigröße. Wir werden diese Informationen in einem Header auf jeder Datendiskette speichern:

```
type Tinfo  = record
           Volume   : Byte;
           dateiname: String[255];
           fileSize : Longint;
        end;
var Info  : TInfo;
```

Sollten spätere Erweiterungen nötig werden, genügt es, den Header zu verändern.

Mit einer Konstanten legen wir weiterhin fest, ab wieviel verfügbaren Bytes eine Diskette als leer interpretiert wird:

```
const MinByteFrei = 10000;        // mindestens freie Bytes
```

Mit der Hilfsfunktion *LeereDisketteEinlegen* werden wir prüfen, ob die mindestens erforderliche Anzahl von Bytes frei ist. Gegebenenfalls wird der Anwender aufgefordert, eine leere Diskette einzulegen.

Grundlagen

Oberfläche

Grafik

Multimedia

Datei

Datenbank

SQL

Report

Objekte

OLE/DDE

Peripherie

System

Desktop

Technik

Sonstiges

Weiterhin testen wir zur Sicherheit auf das Vorhandensein einer älteren Backup-Datei.

```
function LeereDisketteEinlegen(lw:char): Boolean;
begin
   while (diskfree(ord(lw)-64) < MinByteFrei) do begin
      if Messagebox(0,'Legen Sie eine leere Diskette ein!','Hinweis', 33) = 2
      then begin
         Result := False;
         Form1.Listbox1.Visible := False;
         Exit
      end
   end;
   while FileExists(lw + ':\Backup.dat') do begin
      if Messagebox(0,'Backup-File existiert bereits!','Hinweis', 33) = 2
      then begin
         Result := False;
         Form1.Listbox1.Visible := False;  Exit
      end
   end;
   Result := True
end;
```

Der eigentliche Backup-Algorithmus:

```
procedure TForm1.BitBtn2Click(Sender: TObject);
var von,nach : TFileStream;
    anzahl   : LongInt;
    lw       : String[1];
begin
```

Falls keine Datei in der Listbox ausgewählt wurde:

```
if FileListbox1.ItemIndex = -1 then begin
   ShowMessage('Es muss eine Datei gewählt werden!'); Exit
end;
lw := UpperCase(Copy(DriveCombobox2.Drive,1,1));
```

Öffnen der Quelldatei als Stream:

```
von := TFileStream.Create(FileListbox1.FileName,fmOpenRead);
info.Volume    := 0;
info.Dateiname := FileListbox1.Items[FileListbox1.ItemIndex];
info.FileSize  := von.Size;
Listbox1.Items.Clear;
Listbox1.Visible := True;
```

Solange der *Position*-Zeiger im Quell-Stream nicht das Ende erreicht hat, müssen weitere Disketten beschrieben werden:

```
While (von.position < von.Size) do begin
    Listbox1.Items.Add('Leere Diskette einlegen ...');
    if not LeereDisketteEinlegen(lw[1]) then Exit;
    Inc(info.Volume);
```

Anlegen der neuen Datei auf Diskette über einen Stream:

```
    nach := TFileStream.Create(lw + ':\Backup.dat', fmCreate);
    Listbox1.Items.Add('Kopiere Diskette' + IntToStr(info.Volume));
    Application.ProcessMessages;
```

Den Dateiheader in den Stream (sprich die Datei) schreiben:

```
    nach.Write(info,SizeOf(Info));
    anzahl := Diskfree(ord(lw[1])-64) - SizeOf(info);
    if (von.Size - von.Position) < anzahl then
        anzahl := (von.Size - von.Position);
```

Der eigentliche Kopiervorgang:

```
    nach.CopyFrom(von, anzahl);
```

Geschrieben werden so viele Bytes, wie noch auf den Datenträger passen. Sollte dieser Wert größer als die noch zu schreibende Datenmenge sein, wird deren Größe verwendet.

Schließen des Streams (Ziel-Datei):

```
        nach.Free
    end;
    Listbox1.Items.Add('Backup abgeschlossen !');
```

Schließen des Streams (Quell-Datei):

```
    von.Free;
    ShowMessage('Backup abgeschlossen !');
    Listbox1.Visible := False
end;
```

Damit sind die Daten erst einmal auf den Datenträgern. Für das Zurücklesen (Restore) brauchen wir ebenfalls einen Algorithmus.

In diesem Zusammenhang wird Anhängern der strukturierten Programmierung ein Jump wie ein Dorn ins Auge stechen, die Autoren waren jedoch der Meinung, dass die gefundene Lösung besser ist als eine weitere *Repeat-Until*-Schleife.

```
procedure TForm1.BitBtn3Click(Sender: TObject);
var disknr   : Byte;
    von,nach : TFileStream;
    s        : string;
    p        : PChar;
```

Grundlagen

Oberfläche

Grafik

Multimedia

Datei

Datenbank

SQL

Report

Objekte

OLE/DDE

Peripherie

System

Desktop

Technik

Sonstiges

```
    ziel      : string;
label m1;
begin
    disknr := 1;
    ziel    := DirectoryListbox2.Directory;
    if Copy(ziel,Length(ziel),1) <> '\' then ziel := ziel + '\';
    repeat
        s := Format('Legen Sie die Diskette Nr %d ein', [disknr]);
m1:     P := StrAlloc(Length(s));
        StrPCopy(p,s);
        If Messagebox(0,p,'Hinweis', 33) = 2 Then Exit;
        StrDispose(p);
```

An dieser Stelle wird versucht, auf der Diskette die Datei *Backup.dat* zu öffnen:

```
    von := TFileStream.Create(Copy(DriveCombobox3.Drive,1,1) +
            ':\Backup.dat',fmOpenRead);
```

Sollte dies von Erfolg gekrönt sein, lesen wir den Datei-Header aus:

```
    von.Read(info, SizeOf(info));
```

Wenn es jetzt auch noch die richtige Diskette ist (Diskettennummer), können wir damit beginnen, die Datei zu kopieren, andernfalls ist eine erneute Aufforderung an den Programmnutzer fällig:

```
    if info.Volume <> disknr then begin  {falsche Diskette }
        von.Free;
        goto m1
    end;
    if info.Volume = 1 then
        nach := TFileStream.Create(ziel + info.dateiname,fmCreate);
    Inc(disknr);
    nach.CopyFrom(von, von.Size - von.Position);
    von.Free;
```

Das Ganze betreiben wir so lange, bis auch das letzte Byte wieder auf der Festplatte gelandet ist:

```
    until nach.Size = info.FileSize;
    nach.Free;
    ShowMessage('Restore abgeschlossen !')
end;
```

Test

Probieren Sie die verschiedenen Backup-Medien aus!

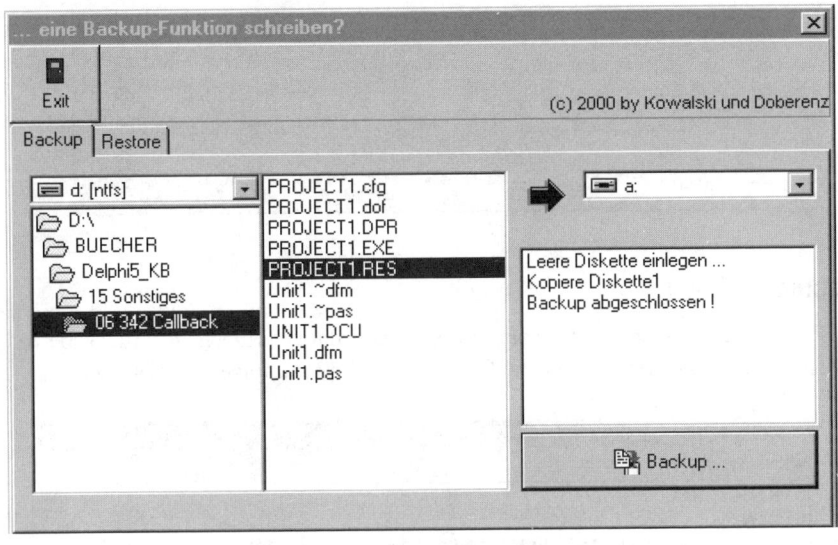

Grundlagen

Oberfläche

Grafik

Multimedia

Datei

Datenbank

SQL

Report

Objekte

OLE/DDE

Peripherie

System

Desktop

Technik

Sonstiges

Ergänzungen

■ Durch die Flexibilität bei der Arbeit mit Streams dürfte es kein großes Problem darstellen, zusätzliche Pack- oder Verschlüsselungs-Algorithmen zu implementieren.

■ Eine Erweiterung auf mehr als eine Datei ist ebenfalls denkbar, dazu müsste der Header entsprechend mehr Einträge aufweisen.

R368 ... Ressourcen einbinden?

Eigentlich ist die Verwendung von Ressourcen mit Delphi wieder aus der Mode gekommen, obwohl es in vielen Fällen sinnvoll ist, Beschriftungen oder Messagebox-Texte nicht in den Quelltext zu integrieren.

☞　R369 ... mehrsprachige Anwendungen entwickeln?

Für das folgende Beispiel sollten Sie über einen Ressourcen-Editor verfügen (zum Beispiel den von MS VC++) oder Sie verwenden einen normalen Texteditor, erstellen ein Ressource-Script und compilieren dieses mit dem Borland-Ressource-Compiler (BRC32.EXE).

Oberfläche

Den Aufbau der Oberfläche entnehmen Sie bitte der Grafik. Über den Button werden wir eine Messagebox anzeigen, im Label wird ein Copyright aus der Ressourcen-Datei ausgegeben.

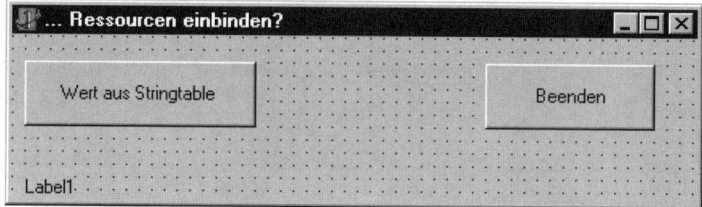

Ressourcen-Editor

Falls Sie nicht über einen komfortablen Ressourcen-Editor verfügen, so öffnen Sie das Programm *Notepad* und erstellen damit ein Ressourcen-Script mit folgenden Einträgen:

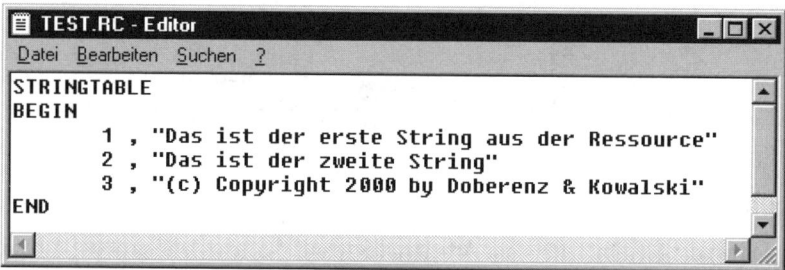

Die ID-Werte benötigen Sie für den späteren Aufruf.

Speichern Sie die Datei als *Test.rc* im Projektverzeichnis ab und compilieren Sie sie anschließend mit dem zu Delphi mitgelieferten Ressourcen-Editor *brc32.exe* in die Datei *Test.res*.
Der Aufruf am DOS-Prompt:

```
brc32 -r Test.rc
```

Quelltext

Nach dem Einbinden der Ressourcen-Datei

```
{$R TEST.RES}
```

können Sie auf die enthaltenen Strings, Mauszeiger etc. zugreifen.

Strings lassen sich auf zwei verschiedene Arten laden:

```
{ Beispiel für die Übergabe als Pointer }
procedure TForm1.Button1Click(Sender: TObject);
var puffer: array[0..255] of Char;
begin
   LoadString(HINSTANCE,1,@puffer,255);
   messagebox(0,@puffer,'Information',64);
end;
```

Beispiel für die Übergabe an String-Datentyp:

```
procedure TForm1.FormCreate(Sender: TObject);
var puffer: array[0..255] of char;

begin
   LoadString(HINSTANCE,3,@puffer,255);
   label1.caption := strpas(puffer);
end;
```

Wem beide Varianten zu umständlich sind, der kann auch die folgende Funktion verwenden:

```
function GetResString(Nr: Integer): String;
var p: PChar;

begin
    p := StrAlloc(256);
    LoadString(Hinstance,nr+offset,p,255);
    result := p;
    StrDispose(p);
end;
```

Der Vorteil der auf diese Weise eingebundenen Texte ist, dass diese später in der EXE-Datei wieder geändert werden können. Sie brauchen dazu lediglich die EXE in den Ressourcen-Editor zu laden.

Test

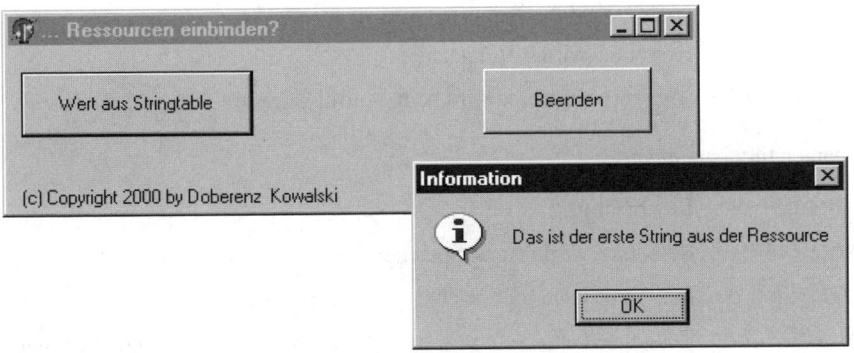

Weiter Anwendungsbeispiele für Ressourcen finden Sie in folgenden Rezepten:

☞ R135 ... Sound-Ressourcen in ein Programm einbinden?

☞ R62 ... eigene Mauszeiger verwenden?

Grundlagen

Oberfläche

Grafik

Multimedia

Datei

Datenbank

SQL

Report

Objekte

OLE/DDE

Peripherie

System

Desktop

Technik

Sonstiges

Ergänzung

Die folgenden Ausführungen sind vor allem für jene interessant, die über keinen komfortablen Ressourcen-Editor verfügen und sich, wie in unserem Beispiel, mit einem simplen Texteditor und dem Programm *brc32.exe* behelfen müssen.

Grundsätzlich sind zwei Typen von Ressourcen interessant:

- ▪ String-Ressourcen
- ▪ Binär-Ressourcen (Icons, Bitmaps, Cursor, Sound, Video)

Das Script im einzelnen:

String-Ressourcen

... werden direkt im Ressourcen-Script gespeichert. Geben Sie neben dem eigentlichen String einen eindeutigen Integerwert an.

Syntax:
```
STRINGTABLE [load-option] [mem-option]
    BEGIN
        stringID string
            .
            .
            .
    END
```

Die Parameter *load-option* und *mem-option* sind optional.

Konstanten für *load-option*

Konstante	Beschreibung
PRELOAD	Ressource wird sofort geladen.
LOADONCALL	(Default) Ressource wird beim Aufruf geladen.

Konstanten für *mem-option*

Konstante	Beschreibung
FIXED	Ressource wird fest im Speicher abgelegt.
MOVEABLE	Ressource kann im Speicher verschoben werden, falls nötig.
DISCARDABLE	Ressource kann entfernt werden, wenn sie nicht länger gebraucht wird.

Beispiel:
```
STRINGTABLE
BEGIN
    1 , "Datei"
    2 , "Datei Neu ..."
```

```
   1001 , "File"
   1002 , "File New ..."
END
```

Grundlagen

Oberfläche

Grafik

Multimedia

Datei

Datenbank

SQL

Report

Objekte

OLE/DDE

Peripherie

System

Desktop

Technik

Sonstiges

Binäre Ressourcen

... sind lediglich Links zu separaten Dateien der Typen:

- Icon (.ICO)
- Bitmap (.BMP)
- Cursor (.CUR)
- Sound (.WAV)
- Video (.AVI)

Syntax: `ID keyWord [load-option] [mem-option] fileName`

ID: spezifiziert einen Namen oder Integerwert, mit dem die Ressource eindeutig gekennzeichnet wird.

Konstanten für *KeyWord*

KeyWord
BITMAP
CURSOR
ICON
SOUND
VIDEO

Die Werte für *load-option* und *mem-option* entnehmen Sie bitte den Tabellen auf der vorhergehenden Seite. Der Parameter *fileName* spezifiziert die gewünschte Datei, Sie können vollständige Pfadangaben verwenden.

Beispiel: Einbindung zweier Bitmaps

```
10   BITMAP    Tree.bmp
11   BITMAP    PRELOAD "c:\test\hintergrund.bmp"
```

Compiler-Optionen

Der eigentliche Aufruf des Compilers ist relativ simpel:

```
brc32.exe -r test.rc
```

brcc32.exe

... compiliert das Ressourcen-Script in die Datei *TEST.RES*, die Sie problemlos in Ihr Delphi-Programm einbinden können.

Siehe dazu auch:

     R135 ... Sound-Ressourcen in ein Programm einbinden?

R369 ... mehrsprachige Anwendungen entwickeln?

Da wächst Europa zusammen, und Sie schreiben Ihre Anwendungen immer noch ausschließlich in Deutsch? Oder Sie entwickeln eine deutsche, eine englische und eine französische Variante Ihres Programms und haben später die Arbeit, alle zu warten und zu aktualisieren? Wie es auch anders geht, zeigt Ihnen das folgende Beispiel, für welches Sie über einen Ressourcen-Editor verfügen sollten (zum Beispiel den von VC++).

Oberfläche

Die Oberfläche besteht aus einem beliebigen Menü sowie einigen weiteren Komponenten, die lediglich zeigen sollen, wie Sie unterschiedlichen Komponenten eine neue Beschriftung zuweisen. Wichtig ist die Radiogroup, mit der wir zwischen zwei verschiedenen Landeseinstellungen umschalten können (natürlich können Sie beliebig viele Sprachversionen unterstützen).

Legen Sie beim Entwurf der Oberfläche für alle Komponenten, deren Beschriftung mehrsprachig sein soll, die *Tag*-Eigenschaft auf einen eindeutigen, von 0 verschiedenen Wert fest. Anhand dieses Wertes werden wir später die *Caption*-Eigenschaft durch einem String aus der Ressourcen-Tabelle ersetzen.

Ressourcen-Editor

Starten Sie den Ressourcen-Editor und legen Sie eine Stringtabelle an. Wichtig ist die Vergabe der *Value*-Eigenschaft für die einzelnen Einträge. Jede Sprache beginnt mit einem neuen Offset-Wert (Deutsch = 0, Englisch = 1000, Spanisch = 2000 etc.). Die einzelnen Stringwerte erhalten jetzt jeweils den *Value*, den Sie in der *Tag*-Eigenschaft festgelegt haben.

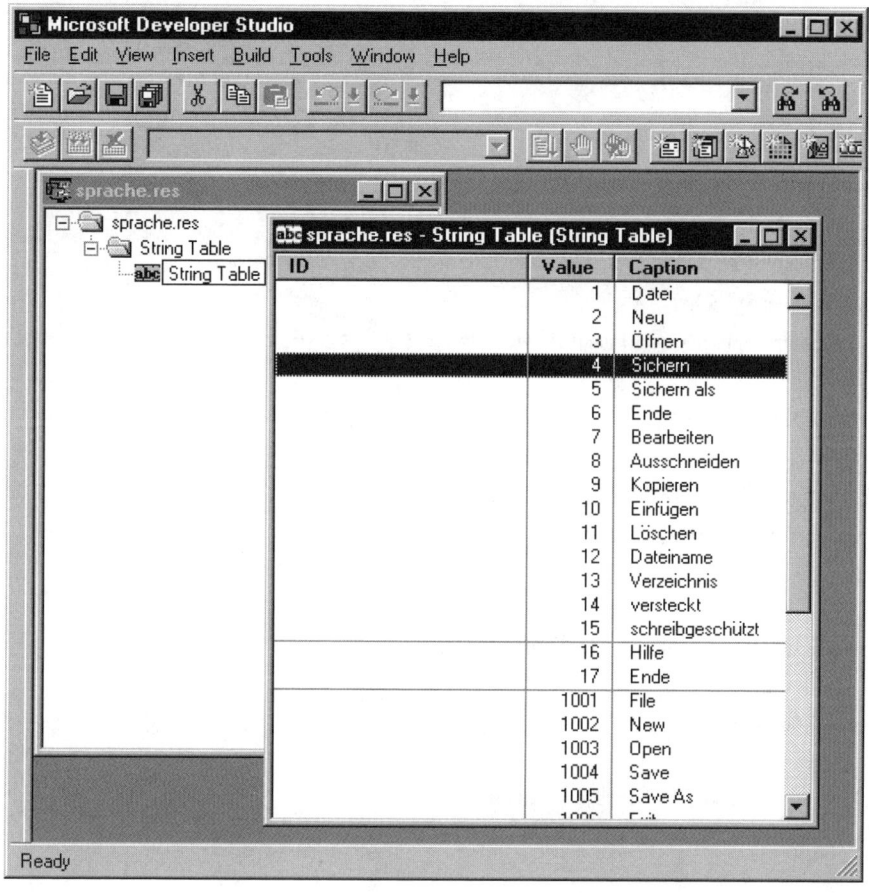

Grundlagen

Oberfläche

Grafik

Multimedia

Datei

Datenbank

SQL

Report

Objekte

OLE/DDE

Peripherie

System

Desktop

Technik

Sonstiges

Quelltext

In das Delphi-Projekt nehmen Sie die Unit *Sprache* auf, die alle wichtigen Funktionen bereitstellt:

```
program Project1;
uses
  Forms,
  Unit1 in 'Unit1.pas' {Form1},
  Unit2 in 'Unit2.pas' {Form2},
  sprache in 'sprache.pas';

{$R *.RES}

begin
  ...
```

Die Unit *Sprache*:

```
unit sprache;
```

```
interface
```

Offset-Werte für die Stringtabelle:

```
const sp_deutsch  = 0;
      sp_englisch = 1000;
```

Auswahl einer Sprache:

```
      procedure Spracheinstellung(offset:Integer);
```

```
implementation
```

```
uses Forms, StdCtrls, ExtCtrls, Menus, SysUtils, Windows;
```

Einbinden der neuen Ressourcen:

```
{$R Sprache.res}
```

```
procedure Spracheinstellung(offset:Integer);
var i,j: Integer;
    c  : TObject;
```

```
function GetResString(Nr: Integer): string;
var p: PChar;
```

```
begin
    p := StrAlloc(256);
    LoadString(Hinstance,nr+offset,p,255);
    Result := p;
    StrDispose(p)
end;
```

```
begin
  with Application do for i := 0 to ComponentCount-1 do
  begin
    for j := 0 to Components[i].ComponentCount-1 do
    begin
      if Components[i].Components[j].tag <> 0 then
      begin
        c := Components[i].Components[j];
```

```
    if (c is TLabel) then
      (c as TLabel).Caption := GetResString((c as TLabel).Tag);
    if (c is TButton) then
      (c as TButton).Caption := GetResString((c as TButton).Tag);
    if (c is TCheckbox) then
      (c as TCheckbox).Caption := GetResString((c as TCheckbox).Tag);
    if (c is TMenuItem) then
      (c as TMenuItem).Caption := GetResString((c as TMenuItem).Tag);

// Hier stehen die weiteren Typen, die von der Sprachumwandlung betroffen sind
// ... z.B. ComboBox


      end
    end
  end
end;
end.
```

In zwei ineinander geschachtelten Schleifen wird für jedes Formular und jede Komponente geprüft, ob die *Tag*-Eigenschaft auf einen Wert ungleich Null festgelegt ist. Ist dies der Fall, wird mittels Offsetwert und *Tag*-Eigenschaft der Value für die Ressourcen-Tabelle bestimmt und ausgelesen.

Im Listing ist auch die Stelle auskommentiert, an der Sie gegebenenfalls weitere Anpassungen vornehmen können (z.B. Beschriftung in Listenfeldern).

Für die Auswahl einer neuen Sprache braucht jetzt lediglich die Prozedur *Spracheinstellung* aufgerufen zu werden, übergeben Sie der Funktion eine der Offset-Konstanten, die in der obigen Unit definiert wurden.

```
procedure TForm1.RadioGroup1Click(Sender: TObject);
begin
  if RadioGroup1.ItemIndex = 0 then
    spracheinstellung(sp_deutsch)
  else
    spracheinstellung(sp_englisch)
end;
```

Test

Nach dem Start können Sie über die *Radiogroup* eine Landessprache auswählen. Die Änderung wird sofort sichtbar.

Grundlagen

Oberfläche

Grafik

Multimedia

Datei

Datenbank

SQL

Report

Objekte

OLE/DDE

Peripherie

System

Desktop

Technik

Sonstiges

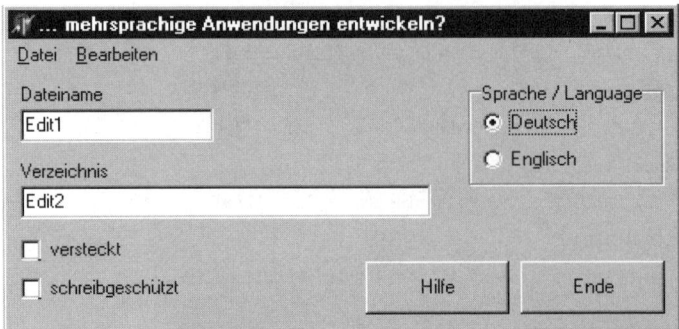

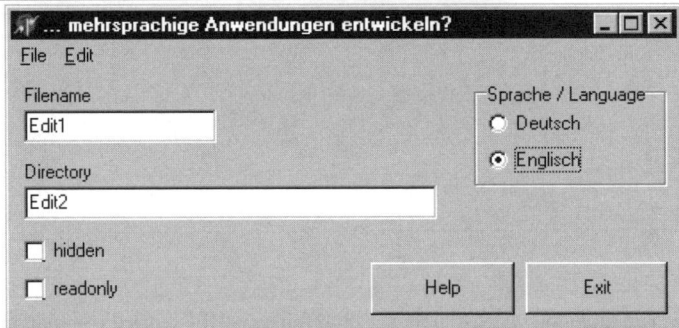

R370 ... Systemzeit freigeben?

Läuft ein rechenzeitintensiver Programmteil, werden alle anderen Programmfunktionen blockiert. Dieses Verhalten hat sich auch bei einem 32 Bit-Programm nicht geändert. Lediglich die Auswirkungen auf andere Prozesse sind reduziert worden, jeder Prozess erhält seine Rechenzeit vom System zugewiesen[1].

Was Sie in diesem Zusammenhang mit der *ProcessMessages*-Methode anfangen können, zeigt Ihnen das folgende Beispiel.

Oberfläche

Sie brauchen ein Formular, drei *Label,* ein *Panel,* ein *Timer*-Objekt sowie vier *Button*s. Die in der Abbildung dargestellte "Digitaluhr" (*Panel*) wird durch das Programm gestartet und soll den Einfluss von *ProcessMessages* auf das Verhalten der eigenen Anwendungen verdeutlichen.

---

[1] Nicht mehr wie bei Win 3.x, wo jedes Programm sich soviel Systemzeit genommen hat, wie es brauchte.

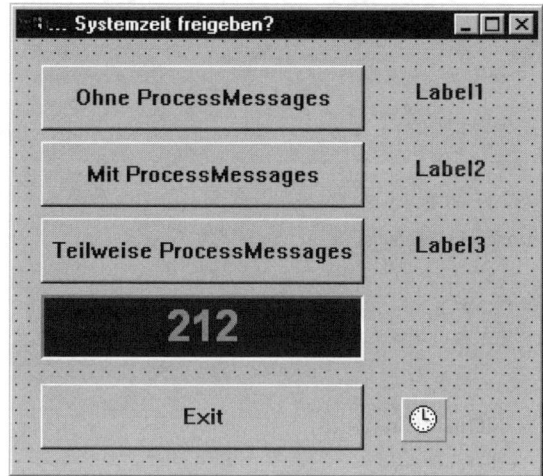

Grundlagen

Oberfläche

Grafik

Multimedia

Datei

Datenbank

SQL

Report

Objekte

OLE/DDE

Peripherie

System

Desktop

Technik

Sonstiges

Quelltext

Mit dem Klick auf jeden der drei Buttons wird 2.000.000 mal der Sinus einer Zahl berechnet. Das folgende Beispiel ermittelt die Werte ohne Rücksicht zu nehmen (die Uhr steht). Mit diesem "egoistischen" Verhalten wird die schnellste Ausführungszeit erkauft.

```
procedure TForm1.Button1Click(Sender: TObject);
var a        : Single;
    von,bis,x :LongInt;
begin
    MessageBeep(0);
    Screen.Cursor := crHourGlass;
    von := getTickCount;
    for x := 1 to 2000000 do a := Sin(x) + a;
    bis := getTickCount;
    MessageBeep(0);
    Label1.Caption := IntToStr((bis - von)) + ' ms';
    Screen.Cursor := crDefault
end;
```

Was passiert im Einzelnen? Nach der Ausgabe eines Pieptones wird über das *Screen*-Objekt der Mauszeiger in eine Sanduhr umgewandelt. Die API-Funktion *GetTickCount* liefert uns die Anzahl vom Millisekunden seit dem Systemstart. Nach der Schleife brauchen wir diesen Wert für die Berechnung der Bearbeitungsdauer. Im folgenden Beispiel wird bei jedem Schleifendurchlauf die Rechenzeit für andere Anwendungen freigegeben. Die Programmlaufzeit steigt drastisch an!

```
procedure TForm1.Button2Click(Sender: TObject);
var a       : Single;
```

```
        von,bis,x: LongInt;
begin
    MessageBeep(0);
    Screen.Cursor := crHourGlass;
    von := getTickCount;
    for x := 1 to 2000000 do begin
        Application.processMessages;
        a := Sin(x) + a
    end;
    bis := getTickCount;
    MessageBeep(0);
    Label2.Caption := IntToStr((bis - von)) + ' ms';
    Screen.Cursor := crDefault
end;
```

Der doppelte Zeitbedarf dürfte für eine professionelle Anwendung unzumutbar sein. Da könnte man auch gleich eine Interpretersprache, wie zum Beispiel Visual Basic, verwenden. Es gilt also, einen "goldenen Mittelweg" zu finden. Dass man durch geschickte Zuteilung auch eine akzeptable Programmlaufzeit erreichen kann, zeigt das folgende Beispiel.

Bei *for*-Schleifen bietet sich die *mod* Anweisung an, da keine zusätzliche Laufvariable benötigt wird.

```
procedure TForm1.Button3Click(Sender: TObject);
var a : Single;
    von,bis,x: LongInt;
begin
    MessageBeep(0);
    Screen.Cursor := crHourGlass;
    von := getTickCount;
    for x := 1 To 2000000 do begin
        if (x Mod 50000) = 0 then Application.ProcessMessages;
        a := Sin(x) + a
    end;
    bis := getTickCount;
    MessageBeep(0);
    Label3.Caption := IntToStr((bis - von)) + ' ms';
    Screen.Cursor := crDefault
end;
```

Die Ressourcen werden mit jedem 50.000ten Durchlauf freigegeben. Die Uhr erhält genügend Rechenzeit, um ihre eigene Aufgabe auszuführen.

Verwenden Sie die *ProcessMessages*-Methode, können lange Programmteile durch erneute Benutzereingaben (Tastatur, Maus) unterbrochen werden. Dies kann zu unerwünschten Seiteneffekten führen (Variableninhalte verändern sich undefiniert, Prozeduren werden mehrfach ausgeführt etc.). Um dies zu vermeiden, sollten Sie gegebenenfalls globale Statusvariablen einführen:

```
var inBearbeitung: Boolean;
Procedure Bereche;
begin
    if inBearbeitung then Exit;
    inBearbeitung := True;
    ...
    inBearbeitung := False
end;
```

Sollte das Modul bereits ausgeführt werden, bricht die Ausführung nach der ersten Zeile sofort ab, eine erneute Bearbeitung der Prozedur/Funktion wird vermieden.

Test

Starten sie das Programm und vergleichen Sie die drei Varianten!

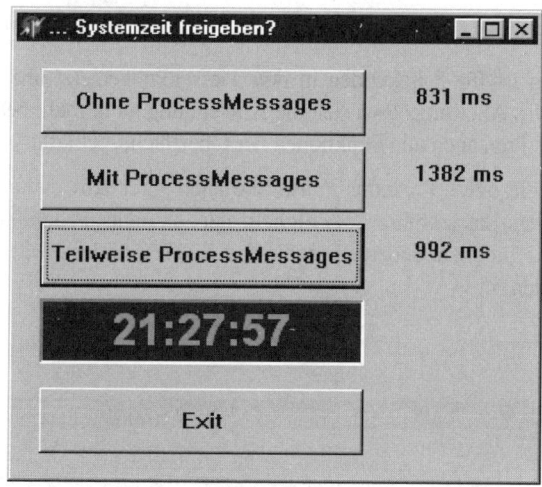

R371 ... eine Pause realisieren?

Einen *Delay*-Befehl werden Sie unter Delphi vergeblich suchen, und das ist auch gut so, schließlich ist Windows ein Multitasking-System. Das alte DOS-*Delay* (Unit CRT) würde das halbe System lahmlegen, unser Pausenbefehl sollte sich aber auf die aktuelle Task beschränken.

Grundlagen

Oberfläche

Grafik

Multimedia

Datei

Datenbank

SQL

Report

Objekte

OLE/DDE

Peripherie

System

Desktop

Technik

Sonstiges

Variante1

Mit einer kleinen Prozedur können Sie sich selbst helfen:

```
procedure pause(zeit: LongInt);        // Pausenzeit in Millisekunden
var zeit1:LongInt;
begin
    zeit1 := GetTickCount;
    repeat
        Application.ProcessMessages
    until (GetTickCount - zeit1 > zeit)
end;
```

Wichtig ist vor allem der Aufruf von *ProcessMessages*, damit nicht unnötig Systemressourcen verschwendet werden.

☞   R370 ... Systemzeit freigeben?

Variante 2

Noch besser ist allerdings die Verwendung einer API-Funktion. Geben Sie einfach die Anweisung

```
Sleep (5000);
```

ein. Ihre Anwendung ist für 5 Sekunden in den Tiefschlaf versetzt und benötigt überhaupt keine Rechenzeit mehr. Allerdings lässt sich die Anwendung nicht mehr bedienen, der gesamte Prozess, und dazu gehören auch alle Funktionen der Oberfläche, schläft.

Anders verhält sich die obige Prozedur *Pause*, die auch Ihrer Anwendung Gelegenheit gibt, notwendige Funktionen auszuführen. Lediglich der aktuelle Programmablauf (Ereignisprozedur etc.) ist unterbrochen, andere Ereignisse, z.B. *Timer* oder *MouseClick,* können weiterhin ausgelöst werden.

Test

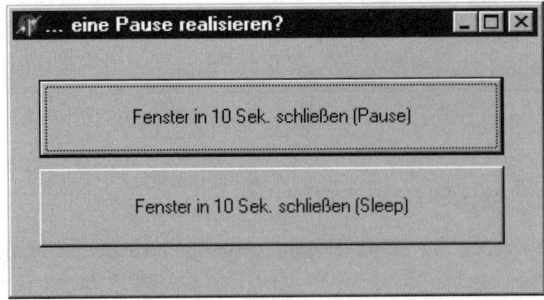

R372 ... den Quellcode versionsabhängig kompilieren?

Leider (oder auch Gott sei Dank) wartet jede neue Version von Delphi mit einigen Änderungen auf, die einen uneingeschränkten Austausch der Quelltexte zwischen den einzelnen Versionen erschweren. Sei es eine geänderte Unit oder auch nur der korrigierte Fehler in einer API-Deklaration (ein relativ häufiges Problem).

Mit Hilfe von Kompilerschaltern und bedingter Kompilierung können Sie derartige Probleme lösen, auch wenn der Quelltext dadurch nicht gerade lesbarer wird.

Ausgehend von selbstdefinierten oder vordefinierten Symbolen können Sie mit Hilfe der folgenden Schalter

```
{$IF xxx}
    ...
{$ELSE}
    ...
{$ENDIF}
```

den Ablauf der Kompilierung bestimmen. Einsatzgebiete wären zum Beispiel das wahlweise Kompilieren als DLL oder EXE, eine 16 oder 32 Bit-Version etc.

Folgende Symbole sind vordefiniert:

Symbol	Beschreibung
VER80	Delphi 1.x
VER90	Delphi 2.x
VER93	CBuilder 1.0
VER100	Delphi 3.x
VER120	Delphi 4
VER130	Delphi 5
WIN32	32 Bit-Programm
CPU386	CPU-Typ "Intel 386" oder besser (Wer arbeitet noch mit einem 386er ???)
CONSOLE	Ein Konsolenprogramm, d.h. ohne GUI.

Beispiel: Unterscheidung zwischen Delphi 2 und Delphi 5

```
{$IFDEF VER90}
uses
    system, windows, oleaut;
{$ENDIF}
```

Grundlagen

Oberfläche

Grafik

Multimedia

Datei

Datenbank

SQL

Report

Objekte

OLE/DDE

Peripherie

System

Desktop

Technik

Sonstiges

```
{$IFDEF VER130}
uses
    System, Windows, ComObj;
{$ENDIF}
```

R373 ... eine konsistente Benutzerschnittstelle erstellen?

Hinter dem hochtrabenden Titel verbirgt sich eine simple Notwendigkeit: Um Fehlbedie-
nungen und die damit verbundenen eventuellen Programmabstürze auszuschließen, sollten
immer nur die Bedienelemente freigegeben sein, deren Betätigung im aktuellen Moment notwendig und sinnvoll erscheint. Die Übrigen sollten ausgeblendet oder "verriegelt" werden. Wir
wollen dies am Beispiel des Rezeptes

☞   R298 ... einen FTP-Client programmieren?

demonstrieren.

Oberfläche

Da die Oberfläche bereits aus o.g. Rezept hinreichend bekannt ist, soll hier nur die Aufmerksamkeit auf die Laufzeitansicht, wie sie sich unmittelbar nach Programmstart ergibt, gelenkt
werden:

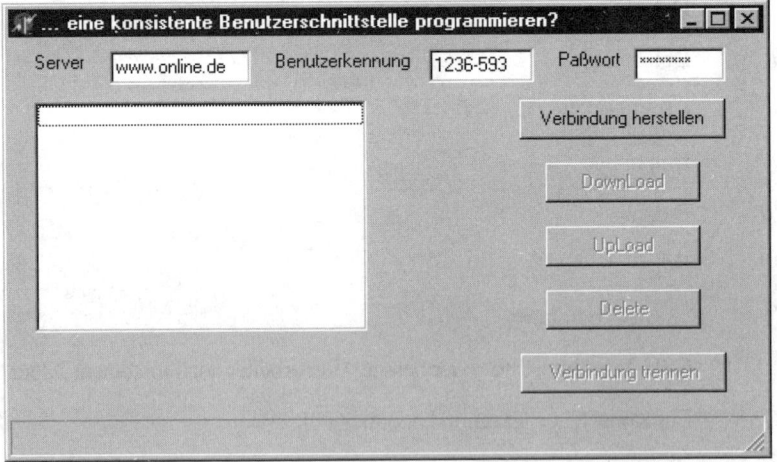

Zustandsüberführungsgraph

Ein gutes theoretisches Hilfsmittel für eine optimale Programmierung ist es, wenn man das
Programm in verschiedene Zustände aufteilt, in denen jeweils nur ganz bestimmte Bedienelemente verfügbar sind. Der Übergang von einem Zustand zum anderen wird durch Ereignisse ausgelöst.

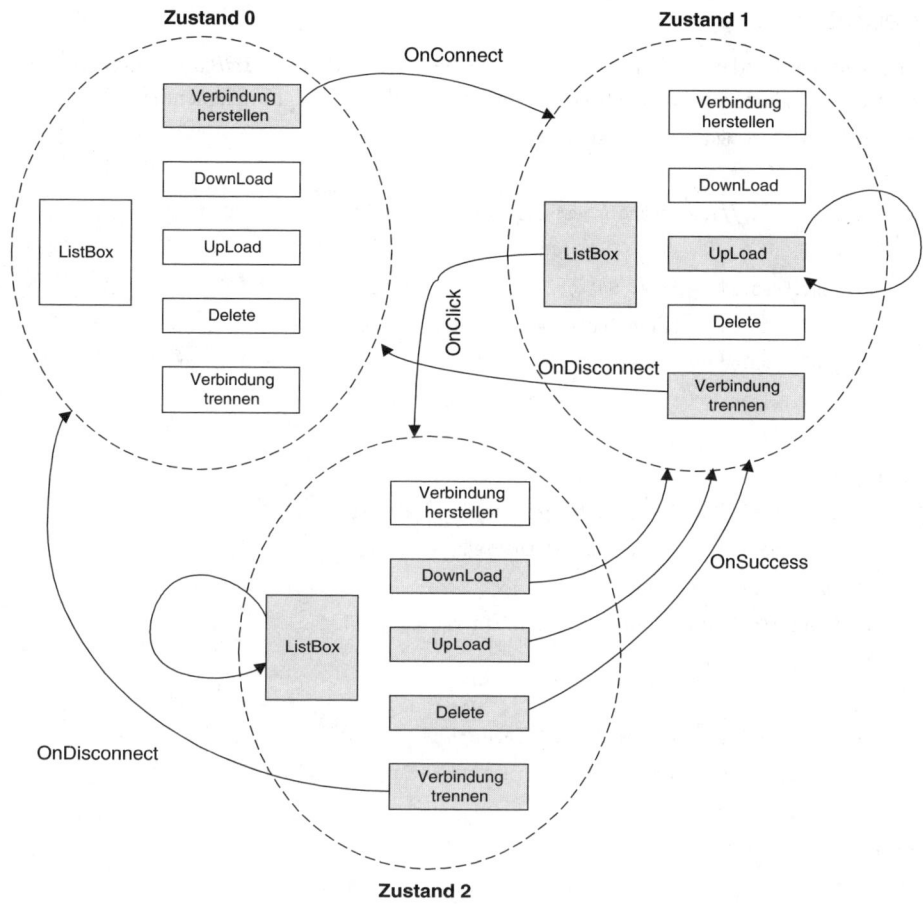

Grundlagen

Oberfläche

Grafik

Multimedia

Datei

Datenbank

SQL

Report

Objekte

OLE/DDE

Peripherie

System

Desktop

Technik

Wie die Abbildung zeigt, liegt bei Programmstart der Zustand 0 vor, in welchem nur die Betätigung des Buttons "Verbindung herstellen" sinnvoll ist. Über den Aufruf der *Connect*-Methode, die bei Erfolg das Ereignis *OnConnect* auslöst, erreicht das Programm den Zustand 1. Hier ist zunächst nur der "Upload"-Button freigegeben, da in der ListBox (die die auf dem Server liegenden Dateien anzeigt) noch kein Eintrag ausgewählt ist, auf den sich ein "DownLoad" oder "Delete" beziehen könnte. Erst durch Klick auf einen ListBox-Eintrag wechselt man zum Zustand 3, wo auch ein Aufruf der *DownLoad* bzw. *Delete*-Methode möglich ist. Im Erfolgsfall wird wieder zum Zustand 1 zurückgekehrt.

Wichtiges Kriterium für die Sinnfälligkeit eines solchen Graphen ist, dass er keine sogenannten "Endknoten" enthält, die ähnlich einer Sackgasse das Verlassen eines Zustandes unmöglich machen. Man muss also über die von der Benutzerschnittstelle ausgelösten Ereignisse jeden Zustand erreichen und auch wieder verlassen können.

Quelltext

Wir fügen der Typdeklaration des Formulars eine private Methode *setButtons* hinzu, die das gegenseitige "Verriegeln" der Buttons übernimmt und die wie folgt implementiert wird:

```
procedure TForm1.setButtons(state:Byte);
begin
 case state of     //... abhängig vom Zustand
  0: begin
      Button1.Enabled := True; Button2.Enabled := False;
      Button3.Enabled := False; Button4.Enabled := False;
      Button5.Enabled := False;
      ListBox1.Clear            // ListBox säubern
     end;
  1: begin
      Button1.Enabled := False; Button2.Enabled := False;
      Button3.Enabled := True; Button4.Enabled := False;
      Button5.Enabled := True;
      ListBox1.ItemIndex := -1   // kein Eintrag ausgewählt
     end;
  2: begin
      Button1.Enabled := False; Button2.Enabled := True;
      Button3.Enabled := True;  Button4.Enabled := True;
      Button5.Enabled := True
     end
 end
end;
```

Übergabeparameter dieser Methode ist der Zustand *state*. Das Programm wird nun so ergänzt, dass am Ende jeder Ereignisbehandlungsroutine (die zum Zustandswechsel führt), die Methode *setButtons* mit dem neuen Zustand als Übergabeparameter aufgerufen wird.

Beispiel: Nach erfolgter Verbindungsaufnahme zum Server wird der Zustand 1 hergestellt.

```
procedure TForm1.NMFTP1Connect(Sender: TObject);
begin
 Beep;
 StatusBar1.SimpleText := 'FTP-Verbindung zu ' + NMFTP1.Host + ' ist hergestellt!';
 Screen.Cursor := crDefault;
 lesen;
 setButtons(1)              // Ergänzung!
end;
```

Grundlagen

Oberfläche

Grafik

Multimedia

Datei

Datenbank

SQL

Report

Objekte

OLE/DDE

Peripherie

System

Desktop

Technik

Sonstiges

Test

Starten Sie das Programm, stellen Sie eine Verbindung zu Ihrem Internet-Provider her und überprüfen Sie die verschiedenen Verriegelungszustände der Schaltflächen nach der DAU[1]-Methode!

R374 ... Programmeinstellungen automatisch speichern?

Beim wiederholten Öffnen eines Programms kann es lästig werden, zu Beginn immer wieder dieselben Benutzereingaben vornehmen zu müssen. Abhilfe schafft eine Konfigurationsdatei (oder auch INI-Datei genannt), die bei jedem Programmstart die Einstellungen der vorangegangenen Sitzung übernimmt.

Oberfläche

☞   R298 ... einen FTP-Client programmieren?

Quelltext

```
var cfgDatei: TFileStream;
    verz: string;              // Verzeichnis
    serverName: string[20];    // Serverkennung
    kennung: string[8];        // Benutzerkennung
    passwort: string[12];
```

Bei Programmstart wird das aktuelle Verzeichnis festgestellt. Danach erfolgt der Versuch, die Konfigurationsdatei *FTPClient.cfg* zu öffnen. Schlägt dieser Versuch fehl, so wird diese Datei neu angelegt.

```
procedure TForm1.FormCreate(Sender: TObject);
begin
 GetDir(0, verz);
 verz := verz + '\FTPClient.cfg';
 try
  cfGDatei := TFileStream.Create(verz, fmOpenRead);
  cfgDatei.ReadBuffer(serverName, SizeOf(serverName));
  cfgDatei.ReadBuffer(kennung, SizeOf(kennung));
  cfgDatei.ReadBuffer(passwort, SizeOf(passwort));
 except
  cfgDatei := TFileStream.Create(verz, fmCreate);
  serverName := ''; kennung := ''; passwort := '';
```

---

[1] dümmster anzunehmender User

```
end;
Edit1.Text := serverName; Edit2.Text := kennung;
Edit3.Text := passwort;
cfgDatei.Free
end;
```

Beim Beenden des Programms werden die Einstellungen in den Filestream geschrieben:

```
procedure TForm1.FormClose(Sender:TObject; var Action: TCloseAction);
begin
  serverName := Edit1.Text;
  kennung := Edit2.Text;
  passwort := Edit3.Text;
  cfgDatei := TFileStream.Create(verz, fmOpenWrite);
  cfgDatei.WriteBuffer(serverName, SizeOf(serverName));
  cfgDatei.WriteBuffer(kennung, SizeOf(kennung));
  cfgDatei.WriteBuffer(passwort, SizeOf(passwort));
  cfgDatei.Free
end;
```

Test

Nach dem ersten Programmstart sind die Eingabefelder für Server, Benutzerkennung und Passwort zunächst leer. Beim zweiten Start finden Sie Ihre alten Eingabewerte wieder.

Hinweis: Um sich von der Funktionsfähigkeit des Beispiels zu überzeugen, brauchen Sie nicht unbedingt eine Verbindung zu Ihrem Internet-Provider herzustellen. Es genügt, wenn Sie die Eingabefelder ausfüllen und danach das Programm beenden, um es erneut zu starten.

Bemerkungen

- Das Abspeichern eines Passwortes in einer Konfigurationsdatei auf die beschriebene Weise ist ziemlich leichtsinnig, da es nicht schwierig ist, diese Datei mit einem beliebigen Texteditor zu öffnen. Außerdem wächst die Gefahr, dass über das Internet sogenannte "Trojanische Pferde" in Ihren PC eingeschleust werden, die u.a. auch Ihre INI-Dateien ausspähen und unsichtbar per Mail verschicken können. Abhilfe schafft u.a. ein Verschlüsseln, siehe dazu

  ☞   R348 ... einen Text verschlüsseln?

- Weitere Informationen zur Arbeit mit Streamobjekten siehe

  ☞   R174 ... Records in einem Streamobjekt speichern?

R375 ... verschwundene Komponenten aufspüren?

Hilfe! Eine dumme Sache ist passiert, die *TMainMenu*-Komponente ist plötzlich auf Nimmerwiedersehen entschwunden. Wahrscheinlich geschah es, als mehrere Komponenten gemeinsam verschoben wurden, dabei ist der Ausreißer außerhalb der Formulargrenzen "abgetaucht", denn ein Nachsehen unterhalb diverser Panels etc. blieb erfolglos.

Zwar funktioniert das Programm noch, wie aber z.B. neue Menüpunkte hinzufügen?

Lösung

Nach mehreren genauso verzweifelten wie erfolglosen Versuchen (Deklarationen aus *Form*-Objekt entfernen und neue *TMainMenu*-Komponente hinzufügen, ...) endlich die Lösung in Stichpunkten:

- Menü: *Bearbeiten\Alles auswählen*.

- Den gesamten markierten Block so verschieben, dass auch die außerhalb liegenden Komponenten wieder sichtbar werden.

- Nun die Markierung aufheben und den Ausreißer an einen "sicheren" Platz ziehen, dann wieder *Bearbeiten\Alles auswählen* klicken und alles wieder ordentlich an seinen alten Platz verschieben.

Bemerkung

Es lohnt sich, bei größeren Projekten, von Zeit zu Zeit mal auf die beschriebene Weise nach "verlorengegangenen" Komponenten Ausschau zu halten, eventuell werden einige gar nicht vermisst und unbemerkt als Ballast mit herumgeschleppt.

R376 ... ein Formular aus der DFM-Datei laden?

Möchten Sie das Layout von Formularen zur Laufzeit des Programms ändern[1], stehen Sie vor dem Problem, dass die EXE neu compiliert werden muss. Auf Ihrem Computer mag das ja noch gehen, den Endverbrauchern werden Sie die Quelltexte aber wahrscheinlich nicht geben. Die folgende Beispiellösung zeigt, wie Sie die jeweilige DFM-Datei erst zur Laufzeit laden und auch verändert speichern können. Es ergeben sich zwei wesentliche Vorteile:

- Die eigentliche EXE ist relativ klein, dies gilt insbesondere, wenn Sie viele Bitmaps etc. verwenden. Daraus resultiert auch eine wesentliche Beschleunigung beim Compilieren der Anwendung.

- Der Endanwender Ihrer Applikation kann in begrenztem Umfang Änderungen am Formularlayout vornehmen, ohne in die eigentliche EXE eingreifen zu müssen.

---

[1] Wenn Sie zum Beispiel einen eigenen Objektinspektor geschrieben haben.

Ein Nachteil sei nicht verschwiegen: Neben Ihrer EXE-Datei müssen Sie auch noch die DFM-Dateien mitgeben, was schnell im Chaos enden kann.

Unser Beispiel wird sich darauf beschränken, zum einen eine DFM-Datei zu laden (und natürlich auch anzuzeigen) zum anderen diese Datei wieder zu speichern.

Oberfläche

Entwerfen Sie zwei Formulare nach folgender Abbildung:

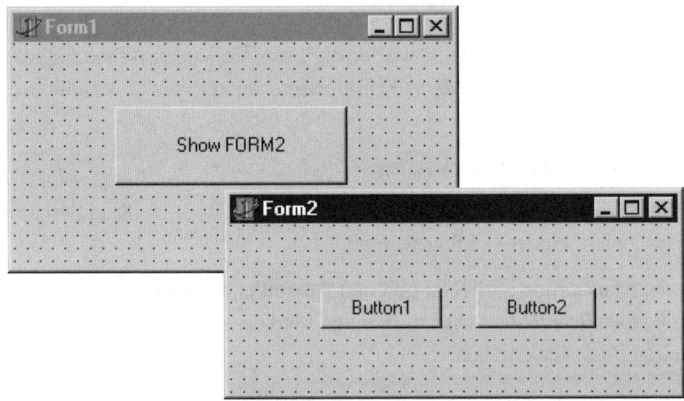

In *Unit2* kommentieren Sie die Verbindung zur DFM-Datei aus:

```
...
implementation
//{$R *.DFM}  // Auskommentiert !!!!!
...
```

Entfernen Sie über den Menüpunkt *Projekt|Optionen|Formulare* nachfolgend *Form2* aus der Liste der automatisch zu erstellenden Formulare.

Quelltext (Form1)

Binden Sie in *Unit1* die *Unit2* ein:

```
uses unit2;
{$R *.DFM}
```

Das eigentliche Laden des Formulars beschränkt sich auf wenige Quellcodezeilen. Die beiden Schlüsselfunktionen sind in diesem Zusammenhang *CreateNew* und *ReadComponentResFile*. Über *CreateNew* wird ein Dummy-Form erzeugt, das die eigentlichen Ressourcen nicht benötigt. Mit *ReadComponentResFile* werden die zu ladenen Ressourcen der *TForm2*-Instanz zugewiesen:

```
procedure TForm1.Button1Click(Sender: TObject);
var path : string;
```

```
begin
  path := ExtractFilepath(Paramstr(0));
  Form2 := TForm2.CreateNew(Application);
  ReadComponentResFile(path + 'unit2.dfm', Form2 );
```

Der eigentliche Aufruf:

```
  Form2.Show;
end;
```

Quelltext (Form2)

In *Form2* erstellen Sie zunächst zwei einfache Ereignisprozeduren für die beiden Buttons, damit später auch zu sehen ist, dass das Formular voll funktionstüchtig ist:

```
procedure TForm2.Button1Click(Sender: TObject);
begin
  showmessage('Bla Bla');
end;
```

```
procedure TForm2.Button2Click(Sender: TObject);
begin
  beep;
end;
```

Mit dem Schließen des Fensters speichern wir die aktuellen Einstellungen des Formulars (Größe, Position) in der DFM-Datei ab:

```
procedure TForm2.FormClose(Sender: TObject; var Action: TCloseAction);
var path : string;
begin
  path := ExtractFilepath(Paramstr(0));
  WriteComponentResFile(path + 'unit2.dfm', self );
end;
```

Hinweis: Stellen Sie geeignete Routinen bzw. einen eigenen Objektinspektor bereit, kann das gesamte Formularlayout geändert und auch gespeichert werden.

Test

Starten Sie das Programm und rufen Sie *Form2* auf. Verändern Sie die Position und Größe des Fensters und schließen Sie die Anwendung. Nach einem erneuten Start müsste Form2 an der neuen Position auftauchen.

Grundlagen

Oberfläche

Grafik

Multimedia

Datei

Datenbank

SQL

Report

Objekte

OLE/DDE

Peripherie

System

Desktop

Technik

Sonstiges

R377 ... ein MS Access-Datenbankpasswort knacken?

Es ist passiert! Sie haben das Passwort für Ihre Access 97-Datenbank vergessen und sind verzweifelt. Kein Problem: Mit wenigen Quellcodezeilen ist der "sichere Passwortschutz" ausgehebelt.

Ab dem 66ten Byte findet sich in der Access-Datenbank das gesuchte Passwort. Die "Verschlüsselung" ist so simpel, dass man eigentlich nicht von einem Schutz sprechen kann. Lediglich eine einfache XOR-Verschlüsselung schützt Ihre Daten vor fremden Blicken.

Siehe dazu auch

☞   R348 ... einen Text verschlüsseln?

Oberfläche

Den Grundaufbau der Oberfläche entnehmen Sie bitte der folgenden Abbildung, über die *OpenDialog*-Komponente können wir zur Laufzeit die gewünschte Access-Datei auswählen:

Quelltext

Um die Verwendung zu vereinfachen, haben wir gleich eine Funktion geschrieben, die Sie direkt in Ihre Programme einbauen können:

```
Function GetAccess97Pwd(filename:string): string;
```

Der vordefinierte Schlüssel, mit dem die Passwörter verschlüsselt/entschlüsselt werden:

```
const  key : array[1..17] of byte = (134, 251, 236, 55, 93, 68, 156, 250, 198, 94,
                                      40, 230, 19, 182, 138, 96, 84);


var i   : integer;
    ch  : array[1..17] of byte;
    f   : File;


begin
```

Alles was wir machen müssen, ist das Auslesen der gewünschten Bytes aus der Datei und deren Dekodierung:

```
  result := '';
  if Trim(filename) = '' Then Exit;
  assignfile(f,filename);
  {$i-}
    Reset(f,1);
  {$i+}
  if ioresult <> 0 then exit;
  seek(f,$42);
  blockread(f, ch, 17);
  closefile(f);
  for i := 1 to 17 do result := result + Chr(ch[i] xor key[i]);
end;
```

Hinweis: Natürlich werden Sie die obige Funktion nicht dazu verwenden, fremde Access-Datenbanken zu untersuchen.

R378 ... eine HLP-Hilfedatei erzeugen?

Unsere im Rezept

☞ R350 ... einen Taschenrechner programmieren?

fertiggestellte Applikation wollen wir durch eine Hilfedatei ergänzen. Bevor Sie allerdings beginnen, sollten Sie sich über den grundsätzlichen Umgang mit dem Microsoft Help-Workshop informieren oder vielleicht das folgende, relativ unkomplizierte, Rezept ausprobieren:

☞ R383 ... Word-Dokumente in HLP-Dateien umwandeln?

1. Schreiben und Formatieren der RTF-Themendatei mit MS Word 2000

Starten Sie *Microsoft Word 2000* und schreiben Sie die Hilfetexte. Trennen Sie die einzelnen Hilfeseiten durch jeweils einen manuell eingefügten Seitenumbruch *Einfügen\Manueller Wechsel... "Seitenwechsel"*). Fügen Sie dann die #-Fußnoten für die Contextstrings, die $-Titelfußnoten und die K-KeyWord-Fußnoten hinzu. Tragen Sie die Hotspots ein (doppelt oder einfach unterstreichen) und direkt dahinter die Sprungziele (Contextstrings). Letztere formatieren Sie als als "verborgener" Text (Menü *Format\Zeichen...*, "Schrift", Kästchen "Ausgeblendet" aktivieren). Aktivieren Sie auch das Kästchen "Ausgeblendeten Text" in *Extras\Optionen...* , "Ansicht", ansonsten bleibt der verborgene Text unsichtbar.

Grundlagen

Oberfläche

Grafik

Multimedia

Datei

Datenbank

SQL

Report

Objekte

OLE/DDE

Peripherie

System

Desktop

Technik

Sonstiges

Weiterhin ist es zu empfehlen, die Menüpunkte *Ansicht\Normal* und *Ansicht\Fußnoten* zu aktivieren. Im Folgenden werden aus Übersichtlichkeits- und Platzgründen die einzelnen Hilfeseiten eingerahmt.

Hinweis: Die folgenden Fußnoten entsprechen denen der Hilfeseiten. Aus Übersichtlichkeitsgründen wurden Sie hier für mehrere Hilfeseiten zusammengefasst und am unteren Seitenrand angeordnet.

Der Taschenrechner

AllgemeinesAllgemeines

Was ist bei der Zahleneingabe zu beachten?Zahleneingabe

Erweiterungen und VerbesserungenErweiterungen

K $ # Allgemeines zur Bedeutung von Taschenrechnern

Elektronische Taschenrechner begannen ihren Siegeszug mit fortschreitender Entwicklung der Mikroelektronik. Sie lösten den Logarithmischen Rechenstab ab, der vorher zum unverzichtbaren Handwerkszeug des Ingenieurs gehörte.

Mittlerweile gibt es diese Taschenrechner auch als kleine Rechnerprogramme:

Inhalt

K Taschenrechner; Mikroelektronik; Rechenstab; Rechnerprogramme

$ Allgemeines zur Bedeutung von Taschenrechnern

Allgemeines

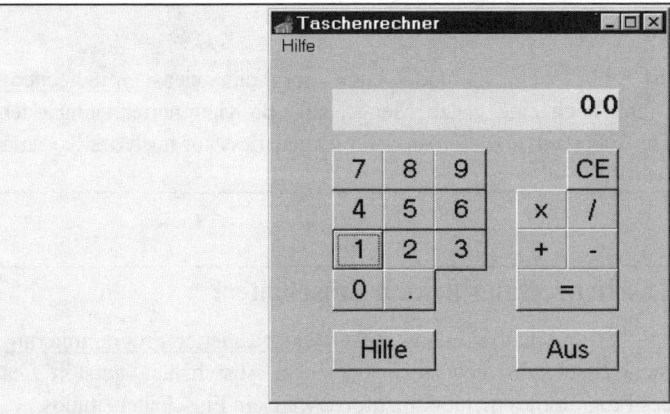

Auffällig ist der fehlende Einschalterkein Einschalter.

Die Bedienung ist im Prinzip genauso wie bei einem "richtigen" Taschenrechner, nur dass man anstatt mit den Fingern die Tasten per Mausklick betätigen muss.

Siehe auch: "Was ist bei der ZahleneingabeZahleneingabe zu beachten?"

K $ Was ist bei der Zahleneingabe zu beachten?

Sie werden feststellen, dass Sie zwar einen Dezimalpunkt eingeben, beim Ergebnis allerdings ein Dezimalkomma erscheint. Dies hat seine Ursache in der Format-Anweisung, die nach "angloamerikanischen" Prinzipien funktioniert. Der Punkt übernimmt hier die Rolle des Tausender-Trennzeichens.

K $ Die vier Grundrechenarten

... sind Addition, Subtraktion, Multiplikation und Division.

Zahleneingabe

K Zahlen; Dezimalpunkt; Format-Anweisung; Trennzeichen

$ Besonderheiten der Zahleneingabe

Grundrechenarten

K Addition; Subtraktion; Division; Multiplikation

$ Die 4 Grundrechenarten

Grundlagen

Oberfläche

Grafik

Multimedia

Datei

Datenbank

SQL

Report

Objekte

OLE/DDE

Peripherie

System

Desktop

Technik

Sonstiges

[#] [K] [$] Erweiterungen und Verbesserungen

Dieser Taschenrechner ist sehr einfach und kann nur die vier <u>Grundrechen-artenGrundrechenarten</u>. Es fehlt noch eine ganze Menge, so z.B. Klammerrechnung oder wissenschaftliche Funktionen. Außerdem könnte man dafür sorgen, dass nur noch das Komma als Dezimaltrenner akzeptiert wird.

[#] [$] Warum hat unser Taschenrechner keinen Einschalter?

Die Antwort auf diese Frage hat unmittelbar etwas mit <u>Objektorientierter ProgrammierungOOP</u> zu tun. Unser Taschenrechner wird gewissermaßen beim Ausschalten "zerstört", es existiert also keine Instanz des Programmes mehr, demzufolge wäre ein Einschalter sinnlos.

[#] [$] [K] Objektorientierte Programmierung

OOP ist ein Konzept moderner Software-Entwicklung. Auch Delphi ist konsequent objektorientiert aufgebaut. Unser Taschenrechner-Programm ist eine Klasse, sozusagen der "Bauplan" des Taschenrechners. Um tatsächlich unseren Taschenrechner auf dem Bildschirm zu sehen, muss das Programm gestartet, also eine sogenannte Instanz abgeleitet werden. Man kann auch mehrere Instanzen von ein und derselben Klasse bilden.

Speichern Sie das Dokument im RTF-Format als *TR.rtf* ab.

Bemerkungen

- Achten Sie auf die zugehörigen Fußnotenzeilen!
- Kümmern Sie sich nicht um den Zeilenumbruch, der wird später automatisch der Breite des Hilfefensters angepasst.

[#] Erweiterungen

[K] Grundrechenarten; Dezimalpunkt; Komma

[$] Erweitern und Verbessern

[#] kein Einschalter

[$] Kein Einschalter?

[#] OOP

[$] OOP

[K] OOP; Objektorientierte Programmierung; Klasse; Instanz

2. Anlegen der HPJ-Steuerdatei mit dem MS Help-Workshop

Starten Sie HCW.EXE   (Sie finden den Help-Workshop normalerweise im Verzeichnis ...*Programme\Borland\Delphi5\Help\Tools*.) und klicken Sie den Menüpunkt *File\New*. Klicken Sie in dem kleinen Dialogfenster auf "Help Project", denn Sie wollen ja ein HPJ-Projektfile und keine Inhaltsdatei erstellen.

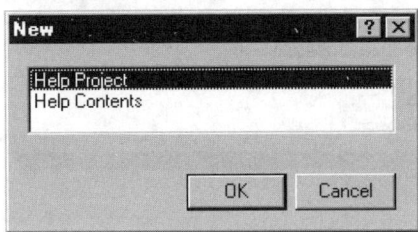

Geben Sie im nächsten Dialogfenster Ihrer Projektdatei einen Namen, z.B. *TR.hpj*. Nun öffnet sich das Hauptfenster des Workshop mit einer vorerst noch rudimentären HPJ-Projektdatei.

Klicken Sie zunächst den "Options"-Button, um die [Options]-Sektion zu vervollständigen. Tragen Sie auf der "General"-Seite des Dialogfensters nur das Wichtigste ein: "Default Topic" = *Inhalt*, "Help title" = *Beispiel einer Hilfedatei*, "Display this Text in the Version dialog box": *Ihren Namen*.

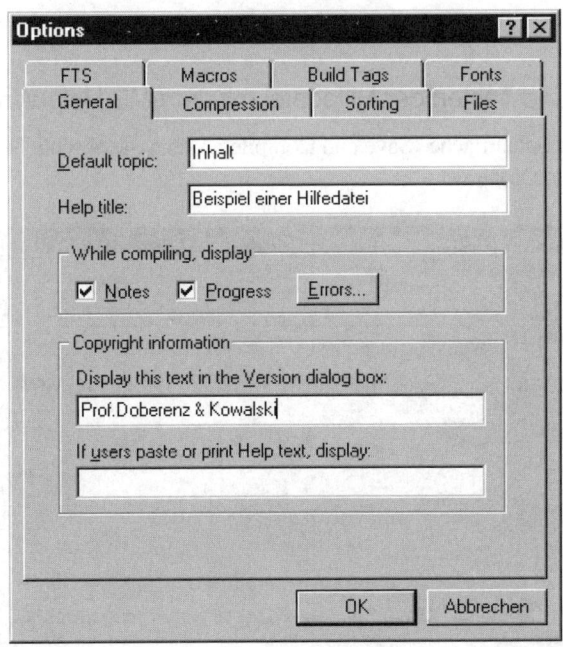

Als Nächstes klicken Sie den Button der "Files..."-Sektion. Im folgenden noch leeren Dialogfenster klicken Sie die "Add"-Schaltfläche und wählen im sich nun öffnenden Dateidialog die RTF-Themendatei *TR.rtf* aus.

Ihre HPJ-Projektdatei sieht nun folgendermaßen aus:

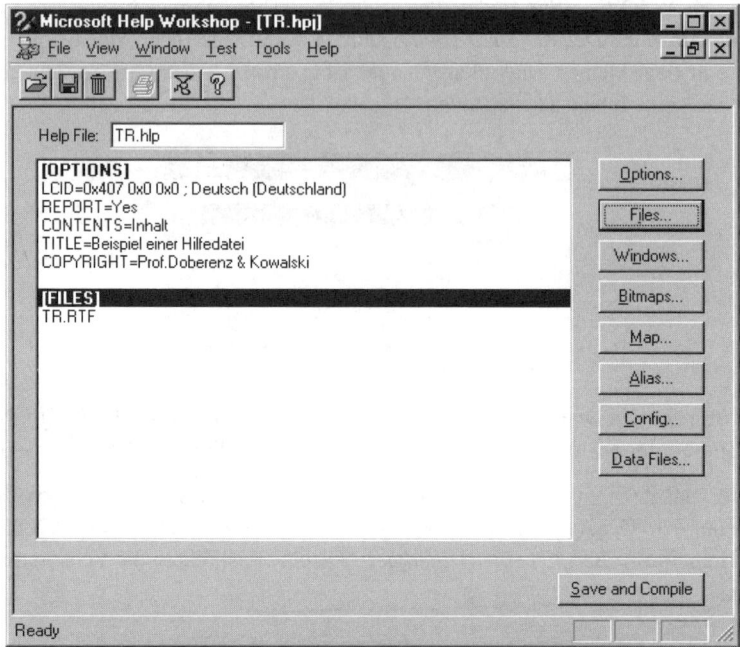

3. Compilieren und Testen der Hilfedatei mit dem MS Help-Workshop

Klicken Sie nun die Schaltfläche "Save and Compile". Wenn Sie abschließend folgendes Fenster erfreut, ist alles in Ordnung:

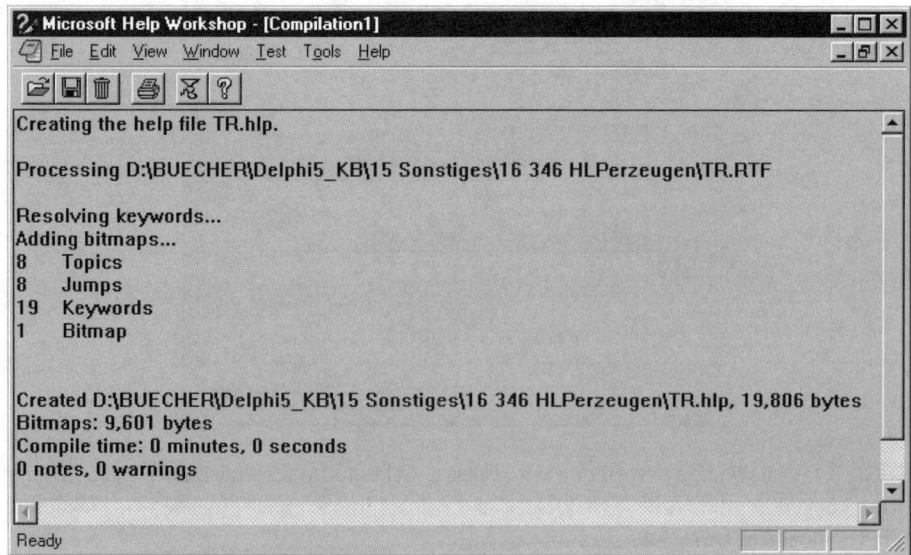

Schließen Sie nun den Help-Workshop und schauen Sie im Arbeitsverzeichnis nach. Sie werden dort eine neu hinzugekommene Windows-Hilfedatei *TR.hlp* entdecken:

TR.RTF   B1.BMP   TR.hpj   TR.HLP

Durch Doppelklick können Sie diese Datei so wie jede andere Help-Datei aufrufen und testen:

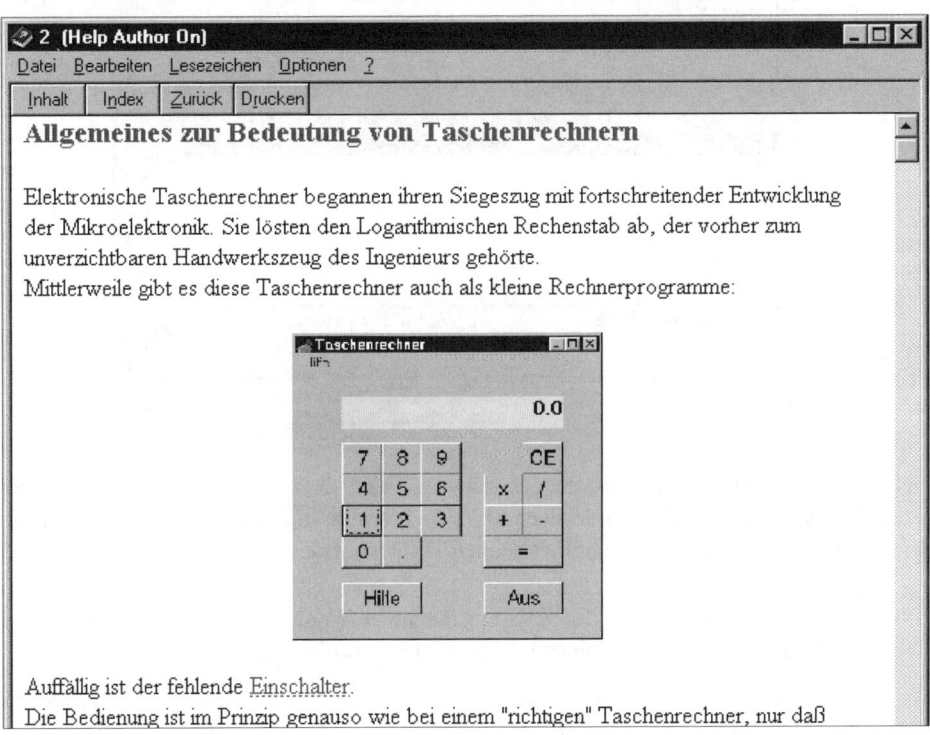

Auch die Indexsuche nach Schlüsselwörtern (K-Fußnoten) ist sofort verfügbar. Probieren Sie auch die "Suchen"-Seite des Hilfefensters aus. Hier wird eine Volltextsuche durchgeführt und Sie erkennen die Bedeutung der Titelfußnoten ($):

Grundlagen

Oberfläche

Grafik

Multimedia

Datei

Datenbank

SQL

Report

Objekte

OLE/DDE

Peripherie

System

Desktop

Technik

Sonstiges

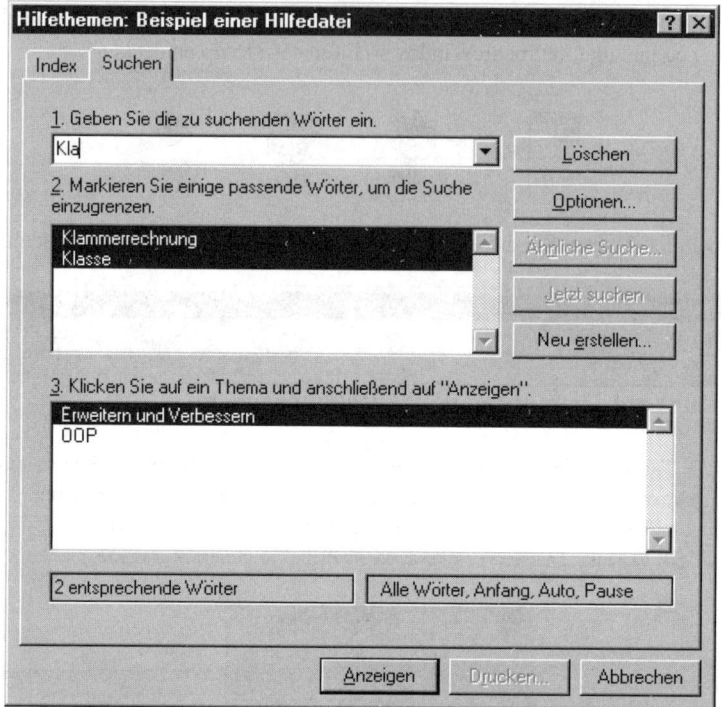

Falls beim Compilieren Fehlermeldungen auftreten, sind diese im Allgemeinen harmloser Natur. Die Hilfedatei ist dann mit leichten Mängeln behaftet, funktioniert aber meistens trotzdem. Korrigieren Sie die Fehler schrittweise im RTF-Dokument.

Hinweis: Vergessen Sie nicht, das RTF-Dokument in Word zu schließen, bevor Sie die Hilfedatei erneut compilieren. Anderenfalls werden die Änderungen nicht übernommen!

Wie Sie die Hilfedatei weiter verbessern können, erfahren Sie in

☞   R379 ... eine HLP-Inhaltsdatei hinzufügen?

R379 ... eine HLP-Inhaltsdatei hinzufügen?

Sie können, müssen aber nicht, Ihre Help-Dateien durch eine Inhaltsdatei (Content-File) bereichern. Das dürfte vor allem dann für mehr Übersicht sorgen, wenn die Help-Datei aus einer größeren Anzahl von Hilfeseiten besteht. Wir wollen die in

☞   R378 ... eine HLP-Hilfedatei erzeugen?

von uns erstellte *TR.hlp* so ergänzen, dass sich uns nach Öffnen der Hilfe auf der "Inhalt" (Content)-Registerseite folgender Anblick bieten sollte:

R379 ... eine HLP-Inhaltsdatei hinzufügen?

1069

Grundlagen

Oberfläche

Grafik

Multimedia

Datei

Datenbank

SQL

Report

Objekte

OLE/DDE

Peripherie

System

Desktop

Technik

Sonstiges

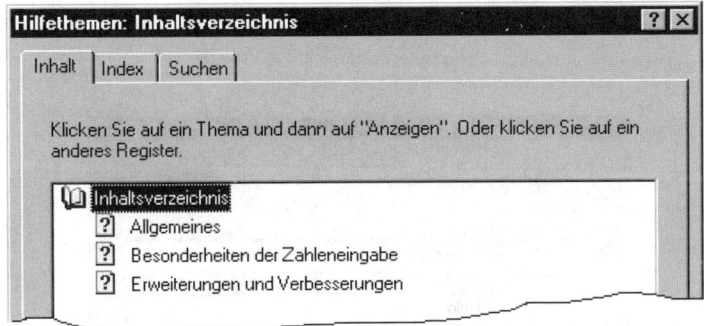

Wie Sie es von anderen Hilfedateien auch kennen, dienen die Buchsymbole nur zur Strukturierung. Sie können "aufgeklappt" werden, auch eine hierarchische Staffelung mehrerer Ebenen ist möglich, was bei unserem einfachen Beispiel natürlich nicht zutrifft. Die eigentlichen Topics, hinter denen sich die Hilfeseiten verbergen, befinden sich auf der untersten Ebene.

Erzeugen der Inhaltsdatei

Bevor Sie beginnen, sollten Sie sich das Inhaltsverzeichnis Ihres RTF-Dokuments zurechtlegen. Wählen Sie dann den Menüpunkt *File|New...* des MS Help Workshops und im anschließenden Dialogfenster den Eintrag "Help Contents".

Geben Sie als Namen für die Inhaltsdatei den der bereits vorhandenen Hilfedatei (*TR.hlp*) ein und einen Titel (*Inhaltsverzeichnis*) und klicken Sie anschließend den Button "Add Above...". Im folgenden Dialogfenster müssen Sie nun entscheiden, ob im Inhaltsverzeichnis das Buchsymbol erscheinen soll (es handelt sich dann nur um eine Überschriftenebene) oder ob eine Hilfeseite (Topic) aufgerufen werden soll. Wir wollen mit der Überschrift des ersten Abschnitts beginnen, klicken Sie also die "Heading"-Option und tragen Sie den Titel ein:

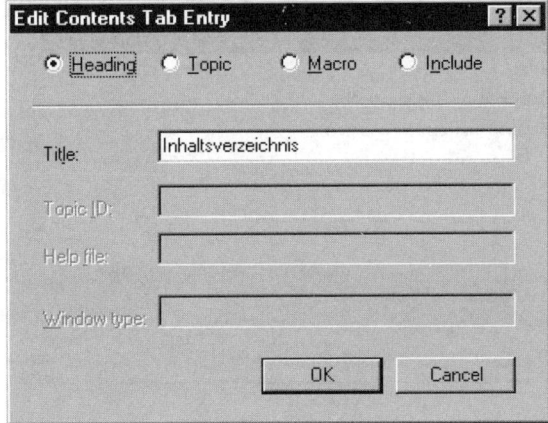

Nach dem OK wieder im CNT-Fenster, klicken Sie den Button "Add Below...", wählen aber diesmal in der Dialogbox die "Topic"-Option. Außer dem Titel wird diesmal noch die zugehörige Themen-ID abgefragt, die dem von uns vergebenen Contextstring (#-Fußnote) entsprechen muss:

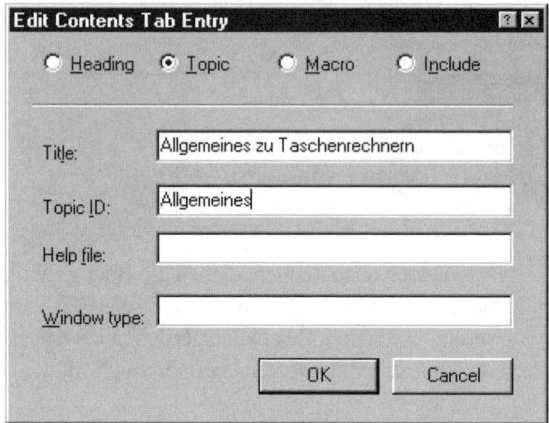

Die letzten beiden Einträge (Helpfile und Windowstype) brauchen uns jetzt nicht unbedingt zu interessieren.

Dieses Hin und Her wiederholen Sie, bis das Inhaltsverzeichnis komplett ist:

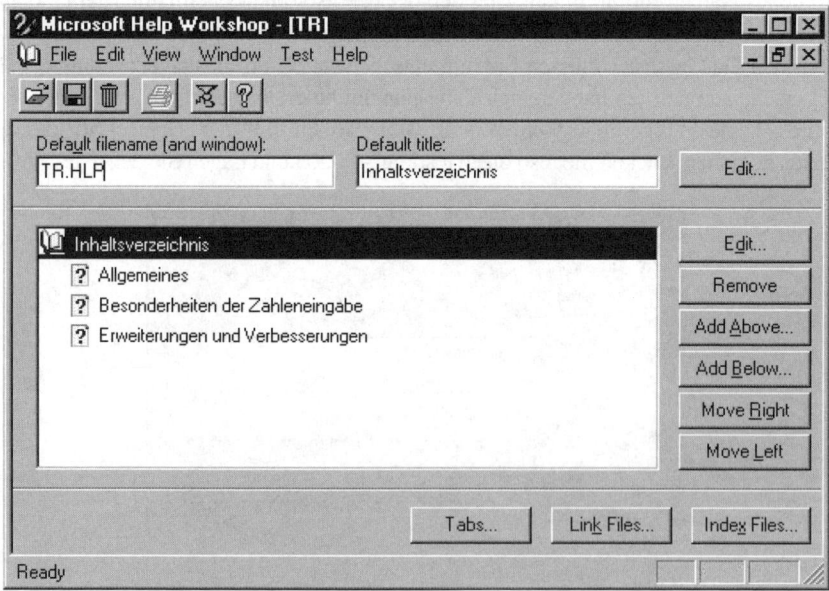

Um möglichst bequem die IDs der entsprechenden Fußnoten zu gewinnen, empfiehlt es sich, in einem zweiten (verkleinerten) Fenster die Textverarbeitung mit der geöffneten Datei *TR.rtf* laufen zu lassen.

Speichern Sie die Inhaltsdatei unter *TR.cnt* im Arbeitsverzeichnis ab, das damit weiteren Zuwachs erhält:

Grundlagen

Oberfläche

Grafik

Multimedia

Datei

Datenbank

SQL

Report

Objekte

OLE/DDE

Peripherie

System

Desktop

Technik

Sonstiges

TR.RTF   B1.BMP   TR.hpj   TR.HLP   TR.CNT

Test

Öffnen Sie im Help Workshop erneut die Projektdatei *TR.hpj* und compilieren Sie diese. Nach Aufruf von *TR.hlp* wird sich Ihnen diesmal das eingangs gezeigte Fenster mit dem funktionsfähigen Inhaltsverzeichnis präsentieren.

R380 ... in einer HLP-Hilfedatei blättern?

Die einzelnen Hilfeseiten einer Help-Datei stehen normalerweise lose nebeneinander. Wenn Sie die Hilfedatei *TR.hlp* aus

    R378 ... eine HLP-Hilfedatei erzeugen?

öffnen, stellen Sie fest, dass ein Blättern unmöglich ist, denn die beiden Schaltflächen zum Vorwärts- bzw. Rückwärtsbewegen fehlen. Im folgenden Beispiel soll gezeigt werden, wie Sie diese Hilfedatei so ergänzen, dass Sie zwischen den drei im Inhaltsverzeichnis angegebenen Hilfeseiten blättern können.

Einfügen von (+)-Fußnoten in die RTF-Datei

Starten Sie MS Word und öffnen Sie die Datei *TR.rtf*. Fügen Sie an den Anfang der mit dem Contextstring "Allgemeines" bezeichneten Hilfeseite eine weitere benutzerdefinierte Fußnote + ein:

K $ # + **Allgemeines zur Bedeutung von Taschenrechnern**

Elektronische Taschenrechner begannen ihren Siegeszug mit fortschreitender Ent... Mikroelektronik. Sie lösten den Logarithmischen Rechenstab ab... unverzichtbaren Ha...

Als zugehörigen Fußnotentext geben sie eine Ziffernfolge, z.B. 001 ein:

K Taschenrechner; Mikroelektronik; Rechenstab; Rechnerprogramme
$ Allgemeines zur Bedeutung von Taschenrechnern
# Allgemeines
+ 001

Verfahren Sie analog mit den übrigen beiden Hilfeseiten, geben Sie hier allerdings der Reihenfolge entsprechende höhere Zahlen ein, z.B. 005 und 009. Die Lücken zwischen den Zahlen
können Sie für spätere Ergänzungen nutzen. Speichern Sie die Datei und vergessen Sie auch
das Schließen nicht.

Ergänzen der [Config]-Sektion in der HPJ-Datei

Sie können BrowseSequences nur dann nutzen, wenn Sie in der Projektdatei die entsprechenden Schaltflächen aktiviert haben. Rufen Sie den Microsoft-Help-Workshop auf und laden Sie
das Projektfile *TR.hpj*. Klicken Sie im Hauptfenster rechts den "Config..."-Button und im
anschließenden Fenster die "Add..."-Schaltfläche. Im Dialogfenster "Add Macro" fügen Sie
nun den Macroaufruf *BrowseButtons()* hinzu. Nach dem OK sehen Sie im Hauptfenster, dass
die Projektdatei einen zusätzlichen Eintrag erhalten hat:

```
[CONFIG]
BrowseButtons()
```

Nun können Sie das Helpfile erneut compilieren ("Save and Compile").

Test

Wenn Sie die überarbeitete Helpdatei *TR.hlp* nun öffnen, verfügt jede der drei Hilfeseiten über
BrowseButtons, mit denen Sie hin- und herblättern können:

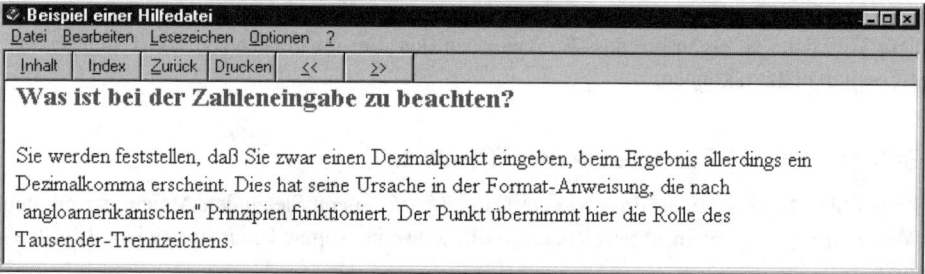

Bemerkungen

- Um später leichter Themen hinzufügen zu können, verwenden Sie für die einzelnen
  Fußnoten in einer Sequenz den gleichen Namen, jedoch keine Zahlen. Help Workshop ordnet Ihre Anzeigereihenfolge später in der Reihenfolge, in der die Themen
  geschrieben wurden.

- Wenn die Hilfe-Datei nur über eine einzige Anzeigesequenz verfügt, können Sie als
  Fußnotentext *auto* einsetzen. Die Hilfeseiten erscheinen dann in der gleichen Reihenfolge wie in der Themendatei.

R381 ... eine HLP-Datei in Delphi einbinden?

Unser im Rezept R378 erstelltes Helpfile soll nun in die in

☞   R350 ... einen Taschenrechner programmieren?

entwickelte Applikation eingebunden werden.

Ergänzen der HPJ-Projektdatei

Rufen Sie nochmals den MS Help-Workshop auf und laden Sie das Projektfile *Taschenrechner.hpj*. Im Hauptfenster klicken Sie die "Map..."-Schaltfläche und im nachfolgenden *Map*-Fenster den "Add..."-Button. Es öffnet sich die Dialogbox *AddMapEntry*. Tragen Sie im Feld Topic ID den ContextString "Inhalt" ein und ordnen Sie ihm im Feld "Mapped numeric value" eine frei wählbare Integer-Zahl (100) zu. Verfahren Sie analog mit all den Hilfeseiten, die über die F1-Taste aufrufbar sein sollen. Schließlich zeigt das Map-Fenster folgende [MAP]-Sektion:

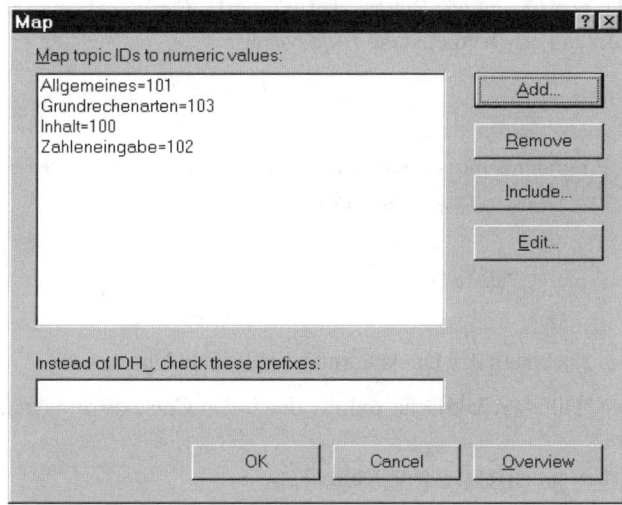

Klicken Sie OK und compilieren Sie erneut ("Save and Compile"). Kopieren Sie die fertige Datei *TR.hlp* in das Verzeichnis, in welchem sich die Delphi-Quelltexte des Projekts "Taschenrechner" befinden. Öffnen Sie dann das Delphi-Projekt.

Oberfläche

Ergänzen Sie die Oberfläche des Taschenrechners durch eine zusätzliche "Hilfe"-Schaltfläche (*Button19*) und durch ein einfaches Hilfe-Menü. "Standard"-Seite *MainMenu1*-Komponente. Doppelklicken Sie dazu auf *MainMenu1* und erzeugen Sie die Unterpunkte *Info* und *Inhalt*. Siehe dazu auch

☞   R64 ... eine Menüleiste erstellen?

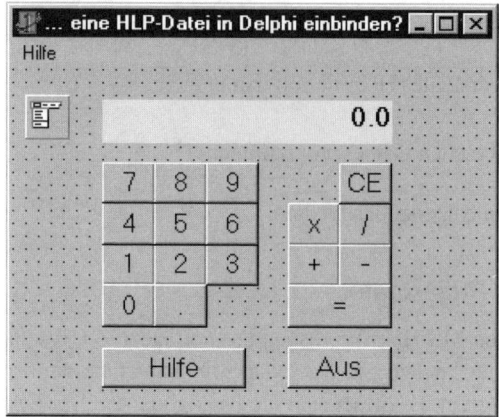

Nun weisen Sie im Objektinspektor allen Button-Komponenten des Ziffernblocks die gewünschte Hilfeseite "Zahleneingabe", sprich *HelpContext*-Eigenschaft *102* zu. Auf analoge Weise erhalten die vier Operations-Buttons den Wert *103*. *Form1* bekommt den HelpContext *100*, ebenso wie der *Inhalt*-Unterpunkt des *Hilfe*-Menüs.

Quelltext

Beim Öffnen des Programms muss zunächst die Hilfedatei eingebunden werden:

```
procedure TForm1.FormCreate(Sender: TObject);
begin
 Application.HelpFile := 'TR.hlp'
end;
```

Nun müssen wir uns noch um den Direktaufruf der Hilfedatei kümmern.

Beim Klicken der "Hilfe"-Schaltfläche soll die durch den Contextstring "Inhalt" bezeichnete Seite erscheinen:

```
procedure TForm1.Button19Click(Sender: TObject);
begin
 Application.HelpJump('Inhalt')
end;
```

Gleiches soll passieren, wenn Sie in der Menüleiste den *Inhalt*-Eintrag klicken:

```
procedure TForm1.Hilfe2Click(Sender: TObject);
begin
 Application.HelpJump('Inhalt')
end;
```

R382 ... ein HLP-Makro aufrufen?

Grundlagen

Oberfläche

Grafik

Multimedia

Datei

Datenbank

SQL

Report

Objekte

OLE/DDE

Peripherie

System

Desktop

Technik

Sonstiges

Test

Starten Sie das Programm (F9) und überprüfen Sie als erstes die Hilfefunktion der F1-Taste. Hat z.B. eine Schaltfläche des Ziffernblocks den Fokus, so muss nach Betätigen von F1 die Hilfeseite "Zahleneingabe" erscheinen. Da der "="-Taste keine *HelpContext*-Eigenschaft zugewiesen wurde, erscheint hier die dem Formular zugeordnete Hilfeseite "Inhalt". Auch beim Aktivieren des *Inhalt*-Eintrags des Hilfe-Menüs muss F1 diese Seite zeigen.

Nun testen Sie den Direktaufruf der Hilfedatei durch Klicken der "Hilfe"-Schaltfläche oder des *Inhalt*-Menüpunkts.

R382 ... ein HLP-Makro aufrufen?

Möchten Sie aus Ihrem Delphi-Programm gezielt Hilfemakros aufrufen, müssen Sie neben der recht gewöhnungsbedürftigen Typumwandlung (ein Integer wird erwartet!) auch darauf achten, die Kurzbezeichnung der Makros zu verwenden.

Beispiel: Aufruf des ALINK-Makros (Sprung zu einem ALink innerhalb der Hilfedatei) aus Delphi.

```
procedure GotoHelpBookmark(Bookmark:string);
var cmd:string;
begin
    cmd := 'AL("' + bookmark + '",1)';
    Application.HelpCommand(HELP_COMMAND,Integer(PChar(cmd)))
end;
```

R383 ... Word-Dokumente in HLP-Dateien umwandeln?

Mit dem Microsoft Help Workshop unterliegt die Größe der Hilfedatei praktisch keiner Begrenzung mehr (2 GigaByte!!!). Es ist also kein Problem, ein solches Hypertextsystem auch als eigenständige Applikation, z.B. als Lernprogramm oder als Lexikon, zu verwenden. Im Hinblick auf den unaufhaltsamen Vormarsch elektronischer Medien (Bücher auf CD-ROM!) wird gerade von dieser Möglichkeit zunehmend Gebrauch gemacht.

Wir wollen im Folgenden zeigen, wie Sic ohne großen Mehraufwand ein "Electronic Book" erstellen können. Als geeignetes Beispiel nahmen die Autoren kurzerhand das erste Kapitel eines Ihrer Delphi-Bücher. Sie aber knöpfen sich besser gleich Ihr eigenes Dokument vor, welches allerdings für einen ersten Versuch auf dem Gebiet der Hilfeprogrammierung nicht gar zu umfangreich sein sollte.

Vorbereitungen

- Starten Sie Microsoft Word und öffnen Sie Ihr Word-Dokument.

- Befreien Sie das Dokument von unnötigem Ballast:
  - Entfernen Sie eventuelle Kopf- und Fußzeilen
    (Menü *Ansicht\Kopf- und Fußzeile*; mit Maus markieren und dann Entf-Taste).
  - Beseitigen Sie auf die gleiche Weise auch die Anzeige von Seitennummern.
  - Entfernen Sie alle Tabellenumrandungen, Textspalten und sonstige Extravaganzen.
  - Beseitigen Sie alle Fußnoten
    (Menü *Bearbeiten\Ersetzen...*; Taste "Sonstiges", Fußnotenzeichen).

- Entfernen Sie aus dem Text die Formatierung "Absätze nicht trennen". Markieren Sie dazu das gesamte Dokument (Menü *Bearbeiten\Alles markieren*), wählen Sie anschließend den Menüpunkt *Format\Absatz...* und deaktivieren Sie in der Registerkarte *Zeilen- und Seitenwechsel* das Kästchen "Absätze nicht trennen". Es kann nichts schaden, wenn Sie außerdem auch noch die anderen drei Optionen deaktivieren, die sich ebenfalls auf den Seitenumbruch beziehen, der in der Helpdatei sowieso seinen ursprünglichen Sinn verloren hat.

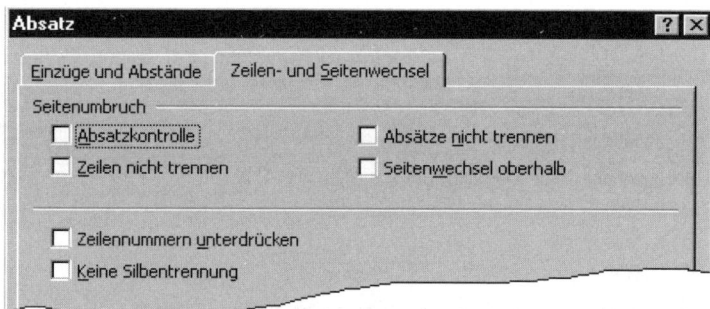

- Entfernen Sie auf gleiche Weise die Formatierung "Ausgeblendet", die Sie auf der Registerkarte *Schrift* des Menüs *Format\Zeichen...* finden.

- Jetzt geht es den manuell eingefügten Seitenumbrüchen an den Kragen. Wir spüren Sie mit Hilfe des Menüs *Bearbeiten\Ersetzen...* auf (Taste "Sonstiges", Manueller Seitenwechsel) und beseitigen sie.

- Nehmen Sie jetzt, falls erforderlich, auch noch kosmetische Korrekturen an Ihrem Dokument vor. Dazu gehören z.B. farbliche Hervorhebungen bestimmter Textpassagen (Listings, Hinweise, ...) oder auch die Vergrößerung der Schrift (vorteilhaft sind 12dpi für normalen Text). Nutzen Sie dazu ebenfalls die "Ersetzen..."-Funktionen von Word.

- Setzen Sie (falls noch nicht vorhanden) ein Inhaltsverzeichnis an den Anfang des Dokuments (Menü *Einfügen\Index und Verzeichnisse...*; Registerkarte *Inhaltsverzeichnis*). Das Inhaltsverzeichnis darf keine Seitennummern haben und sollte nicht zu stark untergliedert sein (max. 3 bis 4 Ebenen).

- Da der Helpcompiler mit automatisch nummerierten Überschriften nichts anfangen kann, sollten Sie diese Art der Nummerierung entfernen und die Abschnittsnummern anschließend per Hand (oder besser durch ein geeignetes Word-Makro) wiederherstellen.

- Speichern Sie das überarbeitete Word-Dokument im Rich Text-Format ab (Menü *Datei\Speichern unter...*). Es wird dann eine neue Datei (*.RTF) vorliegen, in unserem Paradebeispiel ist es *Einfuehrung.RTF*, die in diesem unfertigen Stadium gewissermaßen als "Rohling" für die weiteren Entwicklungsphasen der Helpdatei dient.

Ein erster Test

Spätestens jetzt sollten Sie überprüfen, ob sich Ihr RTF-Dokument mit dem Helpcompiler verträgt und einen ersten Versuch wagen:

- Starten Sie den Help Workshop (HCW.EXE), wählen Sie den Menüpunkt *File\New* und im sich öffnenden Dialogfenster den Eintrag *Help Projekt*:

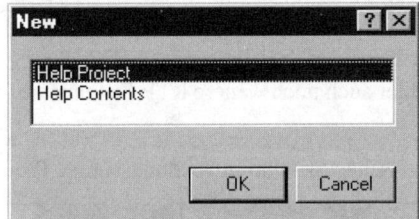

- Im nächsten Dialogfenster werden Sie aufgefordert, Verzeichnis und Namen für Ihr Projektfile *.HPJ anzugeben. Zweckmäßigerweise wählen Sie den gleichen Namen und das gleiche Verzeichnis wie für das RTF-Dokument und speichern anschließend.

- Nun öffnet sich das Dialogfenster, in welchem Sie schon ein (allerdings rudimentäres) HPJ-File mit teilweise "vorgefertigter" *[Option]*-Sektion vorfinden. Klicken Sie jetzt noch nicht auf den "Save and Compile"-Button, denn das führt garantiert zu einem Fehler, da die *[Files]*-Sektion noch leer ist. Stattdessen wählen Sie die "Files..."-Schaltfläche, es öffnet sich ein Fenster:

Grundlagen

Oberfläche

Grafik

Multimedia

Datei

Datenbank

SQL

Report

Objekte

OLE/DDE

Peripherie

System

Desktop

Technik

Sonstiges

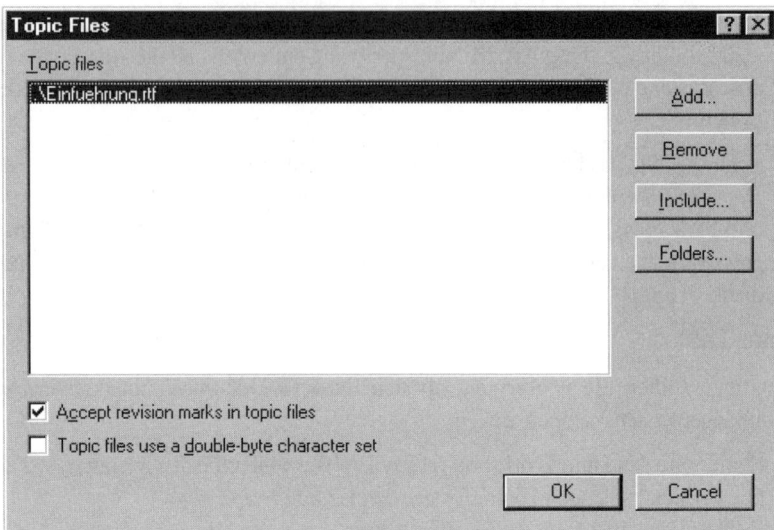

■   Klicken Sie hier die "Add..."-Schaltfläche, um die Themendatei *Einfuehrung.rtf* hin-
    zuzufügen. Wie Sie sehen, können hier auch noch weitere RTF-Dokumente ausge-
    wählt werden.

■   Wählen Sie nun OK, im HPJ-Fenster sehen Sie eine anwendungsbereite Projektdatei:

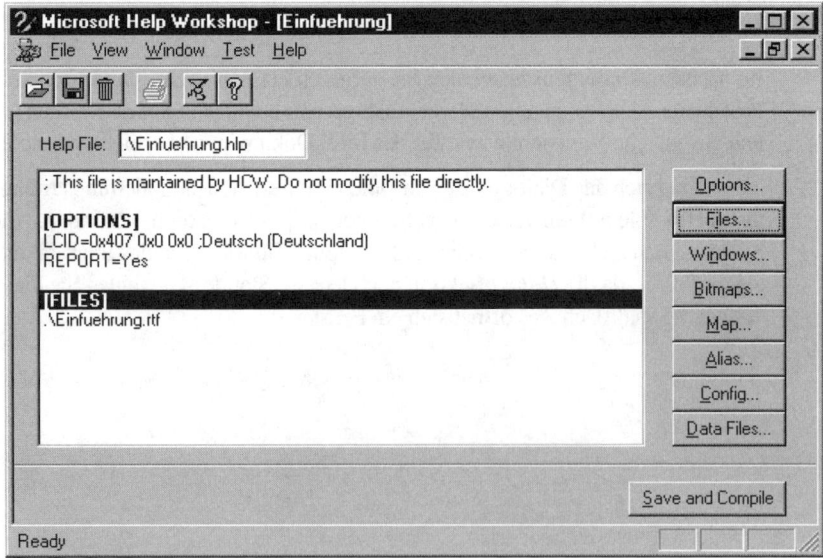

■   Jetzt können Sie einen ersten Start des Help-Compilers wagen. Klicken Sie auf "Save
    und Compile", warten Sie einige Sekunden und lassen Sie sich durch eventuell an-
    schließend erscheinende Fehlermeldungen nicht verwirren:

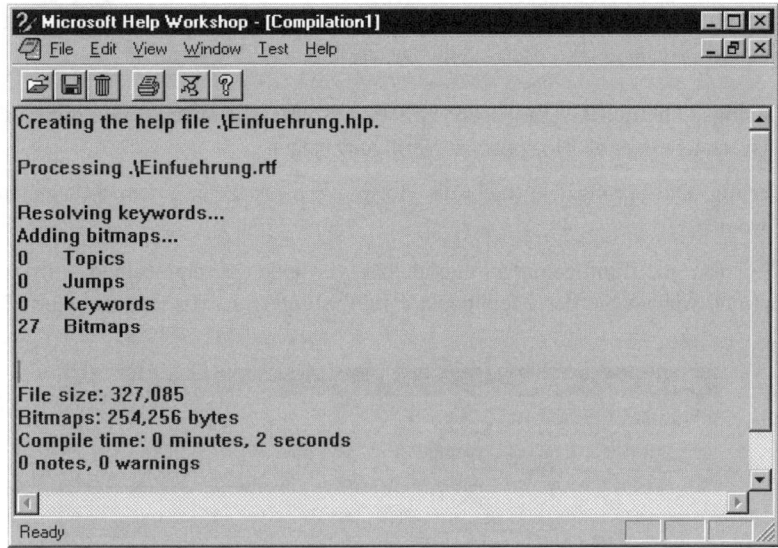

Grundlagen

Oberfläche

Grafik

Multimedia

Datei

Datenbank

SQL

Report

Objekte

OLE/DDE

Peripherie

System

Desktop

Technik

Sonstiges

▪ Sie dürfen jetzt den Help-Workshop verlassen und sich im Dateimanager (Arbeitsplatz-Ikone) davon überzeugen, dass tatsächlich ein Helpfile hinzugekommen ist:

Einfuehrung.rtf   Einfuehrung.hpj   EINFUEHRUNG.HLP

▪ Starten Sie das Helpfile (doppelklicken) und betrachten Sie sich das Ergebnis. Haben Sie, wie verlangt, alle manuellen Seitenumbrüche entfernt, so wird die Helpdatei aus nur einer einzigen Seite bestehen, benutzen Sie also die Bildlaufleiste, um durch den Text zu scrollen. Verändern Sie die Breite des Hilfefensters, so wird sich die Zeilenlänge automatisch anpassen.

Übrigens können Sie Ihre Helpfiles auch testen, ohne den Help Workshop zu verlassen. Öffnen Sie dazu den Menüpunkt *File|RunWinHelp*.

Formatieren der Themendatei

Erst durch spezielle Formatierungen (Fußnoten, verborgener Text) mausert sich unsere einfache RTF-Datei zum ernstzunehmenden Hypertext.

Hilfeseiten aufteilen: Wir wollen, dass das Inhaltsverzeichnis auf einer extra Hilfeseite (der ersten) erscheint. Es empfiehlt sich, pro Kapitel eine einzige Hilfeseite zu verwenden, durch welche dann gescrollt wird. Das ist viel übersichtlicher als ein Durchblättern durch viele einzelne Hilfeseiten. Für unser Beispieldokument *Einfuehrung.rtf* brauchen wir also insgesamt nur zwei Hilfeseiten. Natürlich ist die Entscheidung über die Anzahl der Hilfeseiten auch vom Umfang des jeweiligen Kapitels abhängig und bleibt letztendlich Ihnen überlassen.

Formatierung: Platzieren Sie am Ende einer jeden Hilfeseite einen manuellen Zeilenumbruch (Menü *Einfügen\ManuellerWechsel...*; Seitenwechsel).

Contextstrings (ThemenIDs) einfügen: Fürs Erste sollte es genügen, wenn nur die Einträge des Inhaltsverzeichnisses als Hotspots zur Verfügung stehen.

Formatierung: Die Sprungziele (<u>nicht</u> die Hotspots!) müssen mit einem #-Fußnotenzeichen markiert werden.

Setzen Sie also die Einfügemarke unmittelbar vor jede Abschnittsüberschrift im RTF-Dokument und wählen Sie den Menüpunkt *Einfügen\Fußnote...* (benutzerdefinierte Nummerierung):

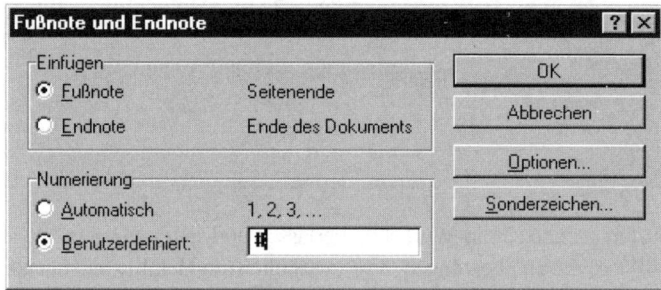

Nach dem OK ist als Fußnotentext ein unverwechselbarer Contextstring einzutragen, am einfachsten ist es, wenn Sie dazu ein Wort aus der entsprechenden Überschrift verwenden.

Hotspots einfügen: Es fehlen nun noch die Formatierungen, die den Sprung zu den einzelnen Themen-IDs veranlassen. Später, in der fertigen HLP-Datei, erscheinen diese Hotspots dann als i.A. grün gefärbte Textstellen.

Formatierung:

- Markieren Sie das komplette Inhaltsverzeichnis und unterstreichen Sie alles doppelt (Menü *Format\Zeichen... Schrift*-Registerkarte; Rollbox "Unterstreichung"; Eintrag "Doppelt").

- Unmittelbar hinter dem unterstrichenen Eintrag (also ohne LZ dazwischen!) fügen Sie den entsprechenden Contextstring ein.

- Aktivieren Sie in der Registerkarte *Ansicht*; in der Gruppe "Formatierungszeichen" das Kästchen "Ausgeblendeten Text" (Menü *Extras\Optionen...*).

- Markieren Sie exakt den Contextstring als "Ausgeblendet" (Menü *Format\Zeichen...*, "Schrift").

Schließlich sollte das Inhaltsverzeichnis im RTF-Dokument etwa so aussehen:

Die Ruhe vor dem SturmRuhe
Die drei Delphi-PaketePakete
Installation von DelphiInstallation
Die mitgelieferte DokumentationDokumentation
Neuigkeiten in DelphiNeuigkeiten
Verwendung Englisch/DeutschVerwendung

Die Windows-PhilosophiePhilosophie
Mensch-Rechner-DialogMensch
Objekt- und ereignisorientierte ProgrammierungObjekt
Windows-Programmierung mit DelphiWindows

Erste Schritte in DelphiSchritte
Einführungsbeispiel für EinsteigerEinsteiger
Einführungsbeispiel für UmsteigerUmsteiger
Von anderen Sprachen zu DelphiSprachen
Wie geht es weiter?weiter

Abschlusstest

Vergessen Sie nicht, alle in der RTF-Datei vorgenommenen Änderungen auch abzuspeichern. Danach starten Sie erneut den Helpcompiler, indem Sie das Projektfile (*Einfuehrung.hpj*) öffnen. Haben Sie beim Formatieren alles richtig gemacht, werden sich die "Warnings" auf relativ harmlose "Meckereien" beschränken.

Beim Aufruf Ihrer neu compilierten Hilfedatei werden Sie vom Inhaltsverzeichnis begrüßt, von welchem aus Sie direkt zu den entsprechenden Textabschnitten verzweigen können:

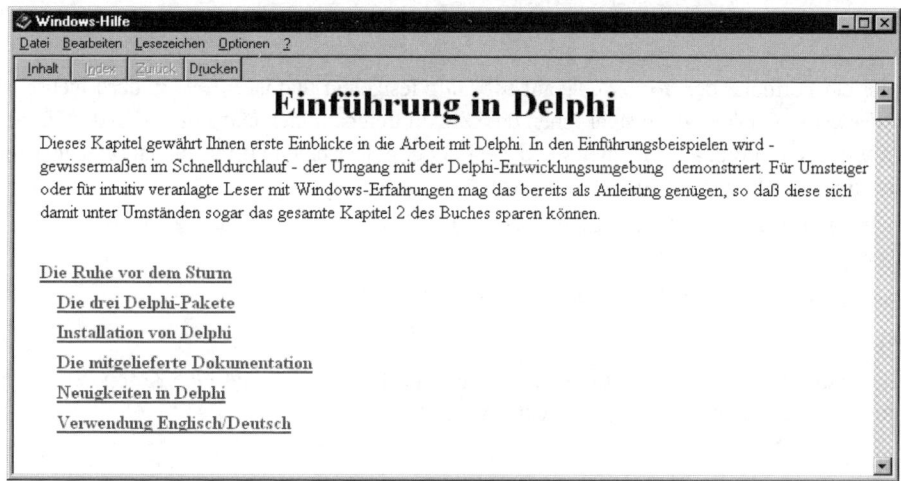

Sidebar: Grundlagen, Oberfläche, Grafik, Multimedia, Datei, Datenbank, SQL, Report, Objekte, OLE/DDE, Peripherie, System, Desktop, Technik, Sonstiges

Ergänzungen

Ihr Electronic Book funktioniert zwar, ist aber in vielen Punkten noch verbesserungsbedürftig:

- Fügen Sie Title-IDs und Keywords hinzu, um Suchfunktionen zu ermöglichen.

- Ergänzen Sie den Text durch weitere Hotspots und lagern Sie bestimmte Textpassagen mit rein erklärendem Charakter als PopUp-Hilfeseiten aus.

- Bedenken Sie, dass sich die meisten Formatierungsarbeiten an Ihrer RTF-Datei durch Word-Makros erheblich vereinfachen lassen.

Weitere Anregungen finden Sie im Rezept

☞   R378 ... eine HLP-Hilfedatei erzeugen?

☞   R379 ... eine HLP-Inhaltsdatei hinzufügen?

☞   R380 ... in einer HLP-Hilfedatei blättern?

R384 ... eine Direkthilfe-Funktion realisieren?

Sicher kennen Sie auch die Möglichkeit, mittels Direkthilfe auf eine bestimmte Komponente etc. zu klicken , um danach den entsprechenden Hilfetext angezeigt zu bekommen.

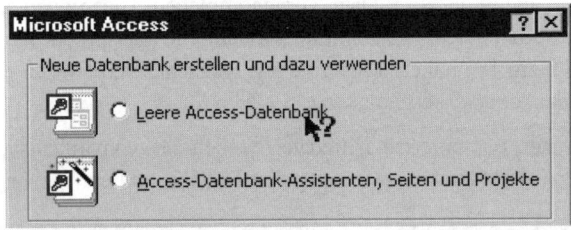

Ist für ein Formular der *BorderStyle* auf *bsDialog* festgelegt und ist *biHelp* in der Eigenschaft *BorderIcons* enthalten, dann steht Ihnen die Direkthilfe über einen extra Button in der Fensterkopfzeile zur Verfügung. Möchten Sie diese Funktion über einen normalen Button realisieren, können Sie den folgenden Aufruf verwenden:

```
procedure TForm1.Button1Click(Sender: TObject);
begin
  PostMessage(Handle, WM_SYSCOMMAND, SC_CONTEXTHELP, 0);
end;
```

Der Cursor ändert sich automatisch (siehe oben), nach dem Klick auf eine Komponente wird automatisch der zugehörige HelpContext angezeigt.

R385 ... HTML-Hilfedateien erstellen?

Mittlerweile ist das bekannte Windows Hilfesystem in die Jahre gekommen. Als Nachfolger beginnt sich Microsofts HTML-Hilfe langsam durchzusetzen, auch wenn Borland/Inprise den benötigten HTML-Help-Workshop nicht mitliefert.

Vor- und Nachteile

Die Vorteile auf einen Blick:

- Die Hilfe basiert auf HTML-Dateien, die mit diversen Tools leicht erstellt werden können. Gleichzeitig kann die Hilfe für die Gestaltung von Webseiten genutzt werden.

- Sie können ActiveX, Java, JavaScript und VBScript verwenden, um aktive Inhalte zu erstellen.

- Die Hilfe unterstützt nun die Bildformate *.jpeg*, *.gif*, *.png*

- Helpdateien können nun wesentlich größer werden

Wie wohl nicht anders zu erwarten, hat dieses Hilfesystem auch seine Nachteile, die nicht verschwiegen werden sollen:

- Zur Anzeige sind Komponenten des MS Internet-Explorers nötig,

- es müssen eventuell zusätzliche Komponenten installiert werden,

- die Hilfe ist langsamer als die bekannte Windows-Hilfe,

- der Hilfe-Compiler ist mal wieder nicht ganz ausgereift.

- Sie können keine Popup-Fenster verwenden.

Unterschiede zwischen WinHelp und HTMLHelp

Wer früher bereits Hilfedateien entwickelt hat, dem werden die Analogien sofort ins Auge stechen:

	Microsoft WinHelp	Microsoft HTMLHelp
Compiler	*hcw.exe*	*hhw.exe*
Hilfedatei	*.hlp*	*.chm*
Projektfile	*.hpj*	*.hhp*
Topicfiles	*.rtf* (z.B. mit Word erstellt)	*.htm* (z.B. mit *Microsoft FrontPage* erstellt)
Indexfiles	#K-Fußnoten	*.hhk*
Inhaltdatei	*.cnt*	*.hhc*
Bildformate	*.bmp/.wmf*	*.gif/.jpg*

Grundlagen

Oberfläche

Grafik

Multimedia

Datei

Datenbank

SQL

Report

Objekte

OLE/DDE

Peripherie

System

Desktop

Technik

Sonstiges

Lieferumfang

Zum Entwicklungssystem gehören:

- ein ActiveX-Control oder ein Java-Applet zwecks Einfügen in HTML-Files
- der HTML-Workshop (*Hhw.exe*)
- ein Bildbearbeitungsprogramm (*Flash.exe*)
- ein Anzeigeprogramm für HTML-Files (*Hh.exe*)
- die Anleitung zum Erstellen eines Hilfesystems und zur Bedienung des HTML-Workshops
- eine Referenz zu HTML, HTML-API und zum Konvertieren vorhandener Hilfedateien (*.hlp*) in HTML-Hilfedateien (*.chm*).

Sie finden die Programme nach der Installation in einem separaten Verzeichnis, wie *C:\Programme\HTML Workshop*.

Der HTML-Help-Workshop

Dieses komplexe Autorentool unterstützt Sie bei der Anfertigung von HTML-Hilfedateien:

- Erstellen eines Projekt-Files (*.hhp*)
- Formatieren von Hilfeseiten (*.htm, .html*)
- Erstellen von Inhaltsdateien (*.hhc*)
- Indexfiles (Navigieren zwischen den Topics)
- Einbinden von Bild- und Multimedia-Dateien
- Hilfefenster und Styles definieren
- Hilfedateien kompilieren (*.chm*)
- Testen und Debuggen von Hilfedateien

Die folgenden Ausführungen sollen Ihnen den Einstieg erleichtern. Auf die Generierung von HTML-Seiten werden wir nicht weiter eingehen, dafür steht zum Beispiel MS Frontpage oder auch eine ganze Reihe von Freeware bzw. Shareware-Tools zur Verfügung.

Bedienung am Beispiel

Die Hilfe zur neuen HTML-Help ist teilweise ziemlich verwirrend. Hier der Versuch, einen besseren Einstieg zu vermitteln:

- Schreiben Sie mit einem HTML-Editor (z.B. Word oder MS Frontpage) die einzelnen Hilfeseiten. Fügen Sie Hotspots ein, so dass jede Seite erreichbar ist.
- Öffnen Sie den Microsoft HTML-Workshop (*C:\Program Files\hhw.exe*).
- *File\New* im Dialogfenster "Project" wählen.

- Unaufgefordert drängt Ihnen nun ein Wizard seine Dienste auf. An dem Dialog-fenster mit der Option "Convert WinHelp Project" gehen Sie achtlos vorbei, das Häkchen setzen Sie nur in dem Fall, wenn Sie ein bereits existierendes älteres Hilfe-Projekt (.hpj) in das neue HTML-Format konvertieren wollen. Dies dürfte besonders für den Umsteiger hilfreich sein, beantworten sich doch durch Vergleich des ursprünglichen mit dem konvertierten Projektfile viele Fragen von selbst.

- Über den "Browse"-Button spezifizieren Sie Ihr .hhp-Projektfile, zweckmäßigerweise legen Sie es im gleichen Verzeichnis an, in welchem sich auch die .htm-Dateien befinden (z.B. als *Garten.hhp*).

- Wählen Sie die Option "Htm-Files", da Sie die HTML-Dateien ja bereits erstellt haben.

- Im nächsten Fenster fügen Sie über "Add" die .htm-Dateien hinzu:

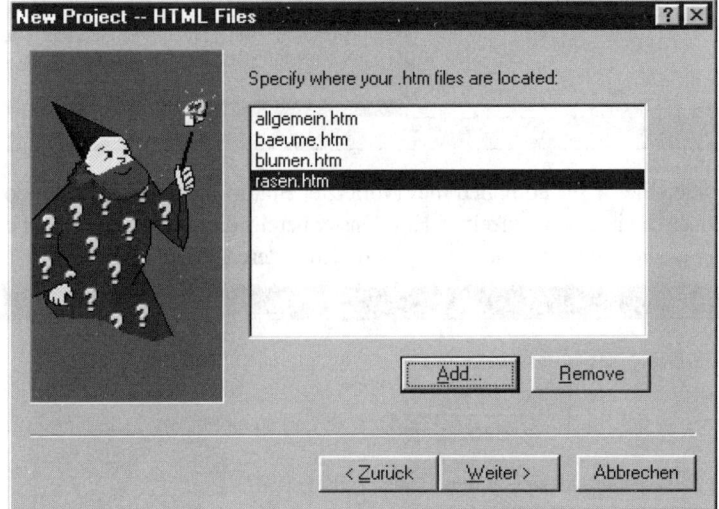

- Klicken Sie nacheinander auf den vorletzten (*Save project, contents and index files*) und auf den letzten Button (*Save all project files and compile*) der linken (senkrech-ten) Symbolleiste des HTML-Help-Workshops. Im Logfenster (rechts) können Sie sich vom Erfolg überzeugen.

Grundlagen

Oberfläche

Grafik

Multimedia

Datei

Datenbank

SQL

Report

Objekte

OLE/DDE

Peripherie

System

Desktop

Technik

Sonstiges

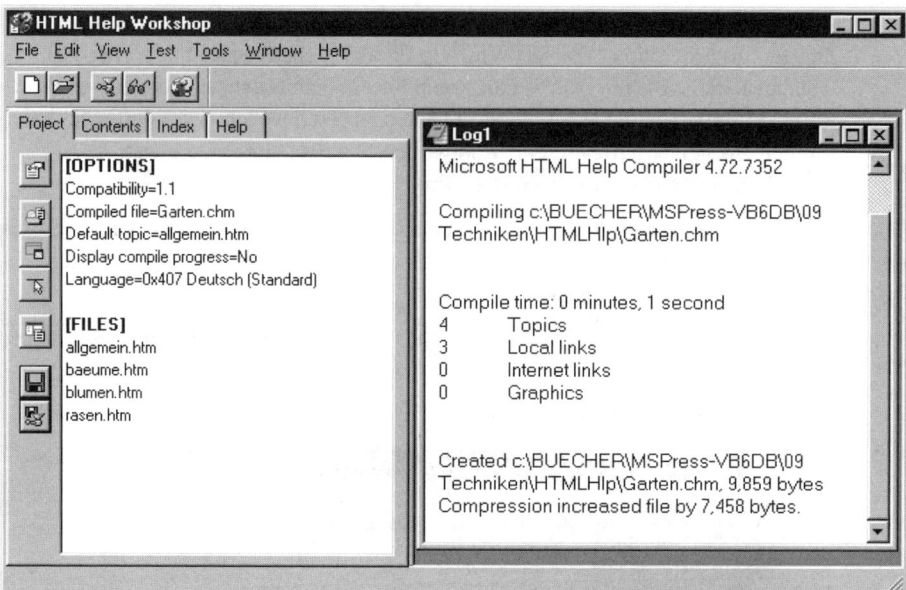

■ Wählen Sie "View compiled file" (vorletzter Button auf der oberen Symbolleiste), so können Sie in einem einzelnen Hilfefenster bereits die erste Hilfeseite sehen und sich über die von Ihnen angelegten Links zu den anderen Seiten bewegen:

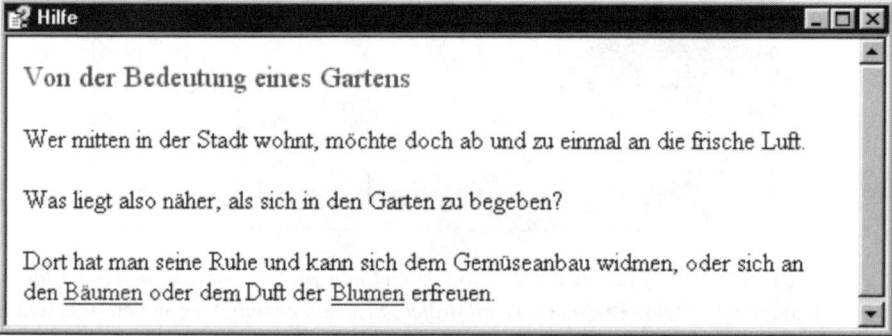

■ Um das Inhaltsverzeichnis zu erstellen, öffnen Sie die Contents-Seite. Option "Create a new contens File" bestätigen und als *garten.hhc* in das Projektverzeichnis speichern.

■ Klicken Sie den Button "Insert a heading" (links, zweiter von oben).

■ Wählen Sie als Entry-Titel: *Mein Garten*. Klicken Sie den"Edit"-Button im Fenster "Path or URL" und stellen Sie oben das Projektfile *Garten.hhp* und unten über den "Browse"-Button die Seite *allgemein.htm* ein.

■ Klicken Sie den Button "Insert a page" (links, dritter von oben). Das Meldungsfenster "Do yo want to insert at the beginning?" mit "Nein" quittieren.

■ Weisen Sie auf die gleiche Art die *html*-Dateien der ersten untergeordneten Seite zu.

Grundlagen

Oberfläche

Grafik

Multimedia

Datei

Datenbank

SQL

Report

Objekte

OLE/DDE

Peripherie

System

Desktop

Technik

Sonstiges

- Die gleiche Prozedur wiederholen Sie für alle weiteren untergeordneten Seiten. Beginnen Sie dabei immer im Hauptfenster mit dem Button "Insert a page". Hier keinen der "Add"-Buttons benutzen, sonst kommt es zu einem Compilerfehler!

- Nach Verlassen des HTML-Workshops öffnen Sie die Hilfe, indem Sie auf die compilierte Hilfedatei *garten.chm* doppelklicken.

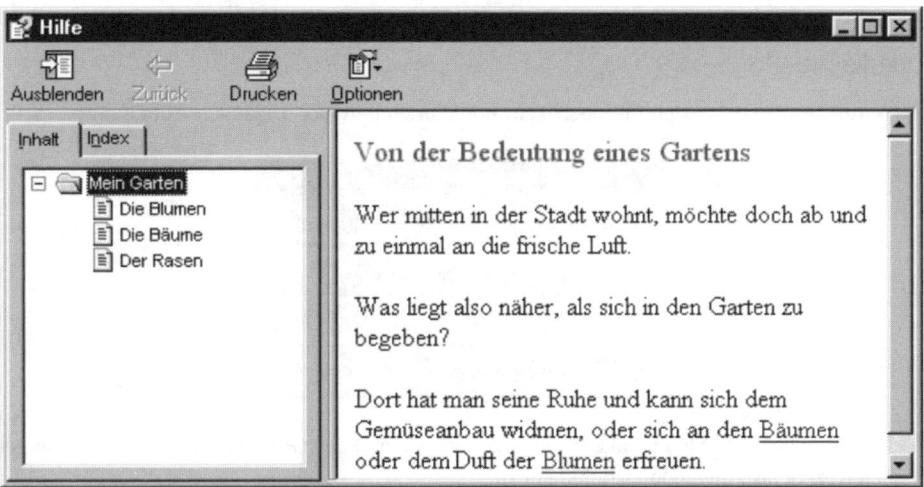

- Das Hinzufügen einer Indexdatei (*garten.hkk*) funktioniert ähnlich wie bei einer Inhaltsdatei. Diesmal öffnen Sie die Index-Seite über den Button "Insert a keyword". Die einzelnen Keywords ordnen Sie auf analoge Weise ("Edit"-Button) den jeweiligen *htm*-Seiten zu. Das Ergebnis im Hilfefenster (nach Verlassen des Workshops) zeigt die folgende Abbildung.

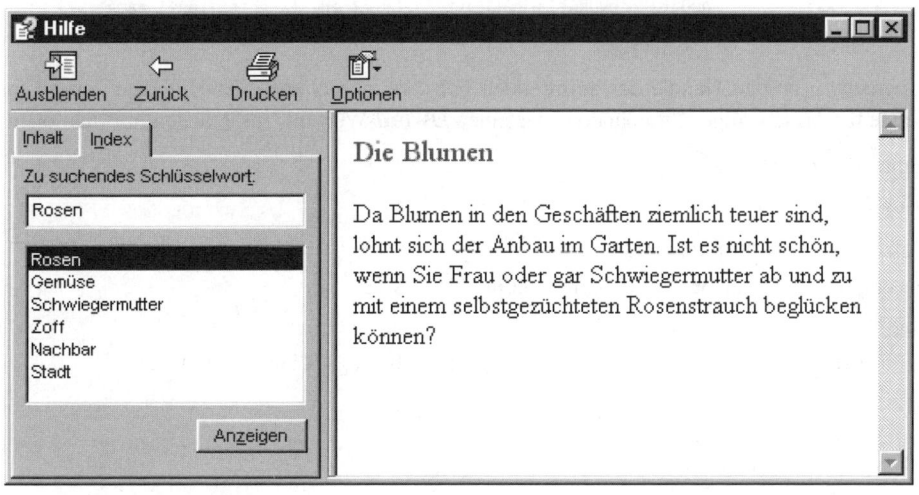

R386 ... HTML-Hilfedateien einbinden?

Leider ist eine Antwort auf diesen "Hilferuf" weder der Online-Help, noch der gedruckten Dokumentation zu entnehmen. Die Lösung des Problems liegt in der HTMLHelp-API von Microsoft. Mit einer zusätzlichen Unit[1], die die *HtmlHelp.h* nachbildet, ist der Aufruf und die Ansteuerung der HTML-Hilfe auch für den Delphi-Programmierer kein Problem.

Oberfläche

Den Grundaufbau der Programmoberfläche entnehmen bitte der folgenden Abbildung:

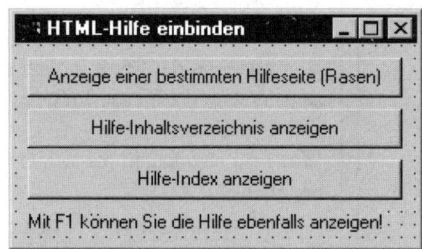

Weisen Sie über den Menüpunkt *Projekt\Optionen* die Datei *Garten.chm* aus dem vorhergehenden Rezept als Anwendungshilfedatei zu.

Quelltext

Auf den Abdruck der Unit *HHAPI* verzichten wir an dieser Stelle, Sie finden die Datei auf der Buch-CD. Wesentlich ist für uns die API-Funktion *HTMLHelp*:

```
function HtmlHelp(hwndCaller : HWND; pszFile: PChar; uCommand : Integer;
                  dwData : DWORD) : HWND; stdcall; external 'hhctrl.ocx' name
                  'HtmlHelpA';
```

Übergeben Sie den Handle des aufrufenden Fensters, den Namen der Hilfedatei, eine Konstante für das jeweilige Kommando sowie einen *DWord*-Wert mit zusätzlichen Informationen.

Einbindung der Unit:

```
uses HHAPI;
```

Anzeige einer bestimmten Hilfeseite:

```
procedure TForm1.Button1Click(Sender: TObject);
begin
  HtmlHelp(0, PChar(Application.HelpFile+'::rasen.htm'), HH_DISPLAY_TOPIC, 0);
end;
```

---

[1] Der Quelltext dieser Unit stammt aus dem Internet.

Anzeige des Inhaltsverzeichnisses:

```
procedure TForm1.Button3Click(Sender: TObject);
begin
  HtmlHelp(0, PChar(Application.HelpFile), HH_DISPLAY_TOC, 0);
end;
```

Anzeige der Indexseite:

```
procedure TForm1.Button4Click(Sender: TObject);
begin
  HtmlHelp(0, PChar(Application.HelpFile), HH_DISPLAY_INDEX, 0);
end;
```

Auf das Drücken der F1-Taste reagieren wir über das Ereignis *FormHelp*:

```
function TForm1.FormHelp(Command: Word; Data: Integer; var CallHelp: Boolean): Boolean;
begin
  HtmlHelp(0, PChar(Application.HelpFile), HH_DISPLAY_TOPIC, 0);
  callhelp := False;
end;
```

Vergessen Sie nicht den Parameter *callhelp* auf False zu setzen, anderenfalls kommt es zu einer Fehlermeldung.

Test

Starten Sie das Programm und testen Sie alle Varianten des Hilfeaufrufs.

R387 ... mit InstallShield arbeiten?

Haben Sie endlich **das** Delphi Programm erstellt, welches Ihrer Meinung nach der Allgemeinheit nicht weiter vorenthalten werden sollte? Wenn ja, dann können Sie dafür sogar professionelle Installationsdisketten anfertigen, mit denen Sie Ihre erstaunten Bekannten (und vielleicht sogar den Chef) endgültig von Ihren überragenden Programmier-Fähigkeiten überzeugen. Mit dem einfachen Kopieren der EXE-Datei ist es aber meist nicht getan[1], da auch ein Delphi-Programm noch einiges an "Beiwerk" mit sich rumschleppen muss (hauptsächlich im Zusammenhang mit ActiveX-Komponenten und Datenbanken). Aber welche Dateien gehören noch mit dazu, wo stecken sie und in welches Verzeichnis müssen sie beim Endanwender kopiert werden? Weiterhin wären da noch diverse Einträge in der Registry, die Versionskontrolle und und ...

Das Programm *InstallShield* nimmt Ihnen quälende Überlegungen dieser Art ab, mit wenigen Mausklicks haben Sie für Ihr Programm professionelle Installationsdisketten angefertigt.

---

[1] Das gibt mit Sicherheit lange Gesichter auf der anderen Seite.

Grundlagen

Oberfläche

Grafik

Multimedia

Datei

Datenbank

SQL

Report

Objekte

OLE/DDE

Peripherie

System

Desktop

Technik

Sonstiges

Hinweis: *InstallShield* ist nur im *Professional-* und im *Enterprise*-Paket von Delphi enthalten!

Wenn Sie das Programm *IS Express für Delphi 5* zunächst nicht im Windows-Startmenü bzw. auf Ihrer Festplatte entdecken können, muss es nachträglich von der Delphi-CD installiert werden.

Leider ist die Hilfestellung von *InstallShield* alles andere als übersichtlich, sie schockiert den Einsteiger mit einer quälend langen Tortur durch insgesamt 16 (!) Etappen, gespickt mit Begriffen wie "Setuptyp", "Gruppe", "Komponente"... Dabei wird vor allem eins schmerzlich vermißt: ein konkretes Beispiel!

Das vorliegende Rezept soll an Hand einer einfachen Anwendung Licht in die Dunkelheit bringen. Für das Demoprogramm

☞   R97 ... die ImageList einsetzen?

soll eine Installationsdiskette angefertigt werden.

Vorbereitungen

Starten Sie *IS Express für Delphi 5* und wählen Sie *Datei\Neu*.

Hinweis: Bei einem Setup-Projekt handelt es sich <u>nicht</u> um Ihr Delphi-Projekt, sondern lediglich um die *.IWZ*-Datei, welche die Einstellungen von *InstallShield* speichert!

Wählen Sie für das neue Installationsprojekt einen Namen (z.B. *ImLsDemo*) und ein Verzeichnis aus (Unterverzeichnis muss nicht unbedingt sein) und klicken Sie "Erstellen":

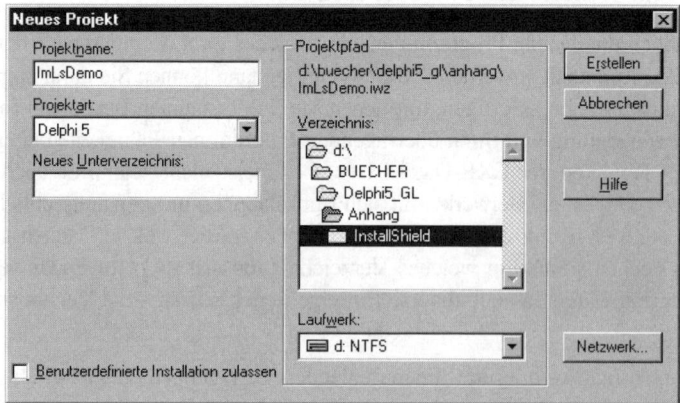

Das Verzeichnis (hier *\InstallShield*) haben Sie sich vorher angelegt.

Grundlagen

Oberfläche

Grafik

Multimedia

Datei

Datenbank

SQL

Report

Objekte

OLE/DDE

Peripherie

System

Desktop

Technik

Sonstiges

Hinweis: Der Name des Installationsprojekts und dessen Verzeichnis müssen nicht mit dem Namen bzw. dem Verzeichnis der Delphi-EXE-Datei übereinstimmen!

Was Sie nun erwartet, ist eine gigantische Checkliste, von der Sie sich aber nicht abschrecken lassen dürfen:

Nicht alle Punkte müssen Sie abarbeiten und bei vielen Punkten genügt die Übernahme der Standardeinstellungen. Wir werden deshalb im Folgenden nur die wirklich wichtigen Schritte erläutern:

Etappe 1: Das visuelle Design erstellen

In der Anwendungsinfo müssen Sie Ihrem Programm einen aussagekräftigen Namen geben und außerdem festlegen, in welches Unterverzeichnis es im Zielrechner abgelegt werden soll. Standardmäßig wird es dort im *Programme*-Verzeichnis (von Windows 95/98/NT angelegt) in ein extra Unterverzeichnis kopiert (dieses trägt standardmäßig den Namen Ihrer Firma):

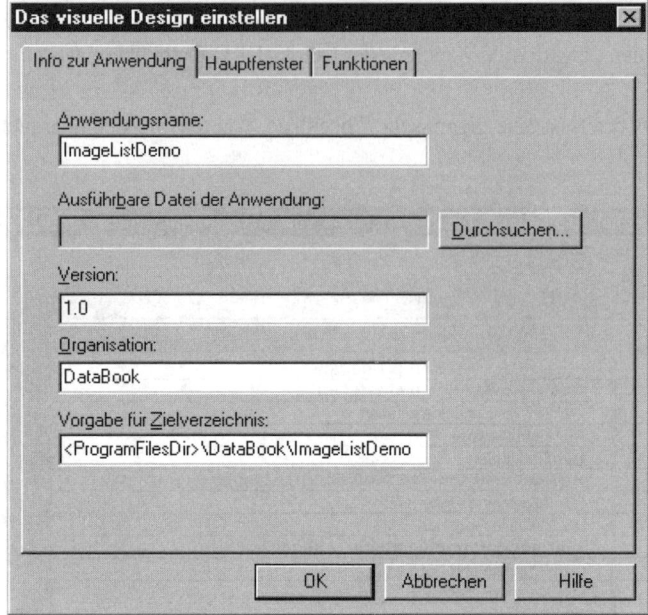

Im folgenden Fenster legen Sie das Erscheinungsbild während des Installationsvorgangs fest. Sie können den Gesamteindruck noch durch eine Bitmap aufwerten, aber ein einfacher Schriftzug tut es auch:

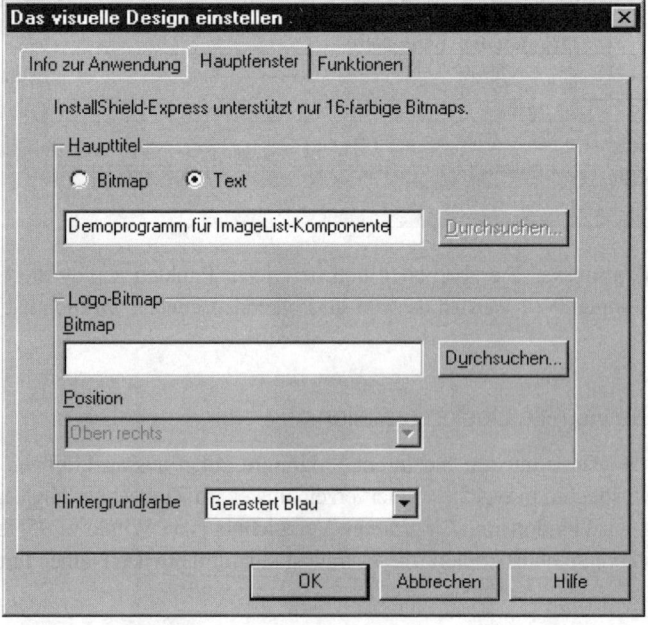

Auf die Auswahl einer Logo-Bitmap können Sie locker verzichten.

Etappe 2: InstallShield-Objekte für Delphi wählen

Diese Etappe können Sie überspringen, sie ist allerdings z.B. bei Datenbankapplikationen von Bedeutung.

Etappe 3: Komponenten und Dateien festlegen

In dieser Etappe teilen Sie *InstallShield* endlich mit, welche Datei(en) denn zu installieren sind. Verwirrung ruft die Aufteilung in "Gruppen", "Komponenten" und "Setup-Typen" hervor. Dies ist dann von Bedeutung, wenn sich der Anwender z.B. zwischen "minimaler", "benutzerdefinierter" oder "vollständiger" Installation entscheiden muss und bei jeder dieser Optionen unterschiedliche "Komponenten" zugeordnet werden, die wiederum aus verschiedenen Gruppen von Dateien (Programme, Datenbanken, Bilder, Hilfe etc.) bestehen.

Hinweis: Die Bezeichnung "Komponenten" hat hier nichts mit dem herkömmlichen Begriff "Komponenten" als Objekte Ihres Delphi-Programms zu tun!

Standardmäßig bietet Ihnen *InstallShield* eine Gruppe mit dem Namen "Programme" an. Dies ist kein Verzeichnis, sondern bezeichnet lediglich die Zugehörigkeit zu dieser Dateigruppe!

Klicken Sie auf "Datei hinzufügen" und holen Sie die gewünschte Delphi-EXE in diese Gruppe:

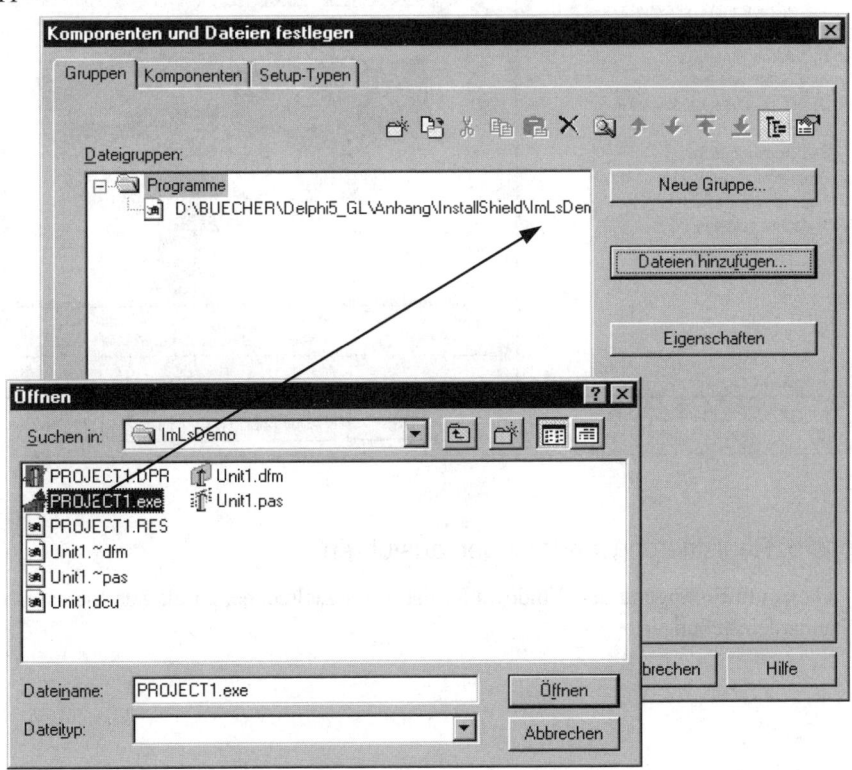

Grundlagen

Oberfläche

Grafik

Multimedia

Datei

Datenbank

SQL

Report

Objekte

OLE/DDE

Peripherie

System

Desktop

Technik

Sonstiges

Klicken Sie nun auf die Schaltfläche "Eigenschaften", um das Zielverzeichnis festzulegen. Belassen Sie es bei der Standardeinstellung <INSTALLDIR>. Dies bedeutet, Ihre EXE-Datei landet direkt im Installationsverzeichnis des Anwenders. Wenn Sie aber die Datei in ein extra Unterverzeichnis des Zielrechners kopieren wollen, so klicken Sie "Gruppe ändern".

Wenn Sie z.B. <WINDIR> als Zielverzeichnis angeben würden, landen die Dateien dieser Gruppe im Windows-Systemverzeichnis des Zielrechners (bzw. einem Unterverzeichnis davon).

Die übrigen Seiten ("Komponenten" und "Setup-Typen") brauchen Sie für unsere einfache Installation nicht auszufüllen, sondern können es bei den Standardeinstellungen belassen ("Anwendungsdateien" und "Vollständig").

Etappe 4: Komponenten der Benutzerschnittstelle wählen

Bei dieser Etappe geht es um die Auswahl diverser Dialogfenster, die während des Setup-Vorganges erscheinen sollen. Da Sie rechts immer eine Art Vorschau sehen, dürfte das Abhaken der gewünschten Optionen kein Kopfzerbrechen bereiten:

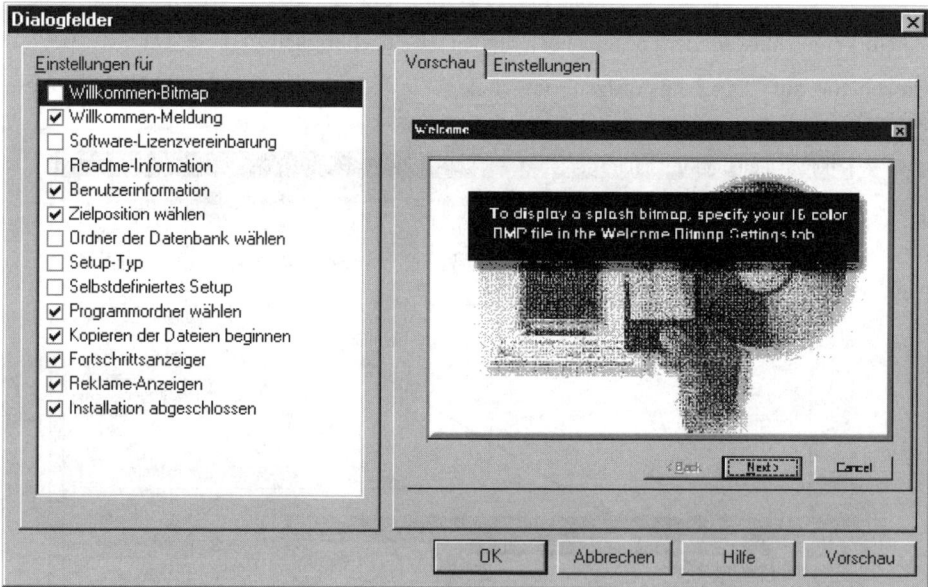

Etappe 5: Registrierungsänderungen ausführen

Hier geht es um Einträge in der Windows-Registry des Zielrechners. Belassen Sie es hier bei den Standardeinstellungen.

Etappe 6: Ordner und Symbole festlegen

Wenn der Anwender Ihr Programm aufruft: Mit welcher Datei soll es gestartet werden? Welches Symbol soll es auf dem Desktop haben? Diese Fragen beantworten Sie in dieser Etappe. Die Auswahl fällt bei unserem Beispiel leicht, da es aus nur einer Datei besteht:

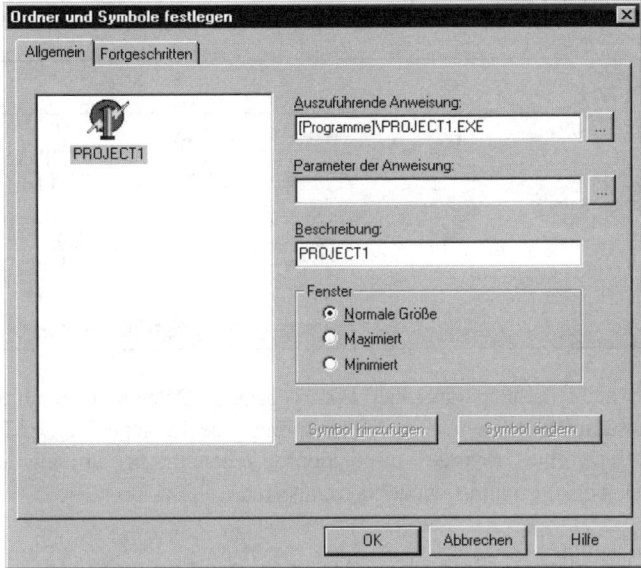

Etappe 7: Diskettengenerator starten

Endlich ist es soweit! Stellen Sie das gewünschte Diskettenformat ein und klicken Sie auf "Erstellen". Hektische Betriebsamkeit der Festplatte setzt ein, haben Sie alles richtig gemacht, bleiben Sie von Warnungen verschont:

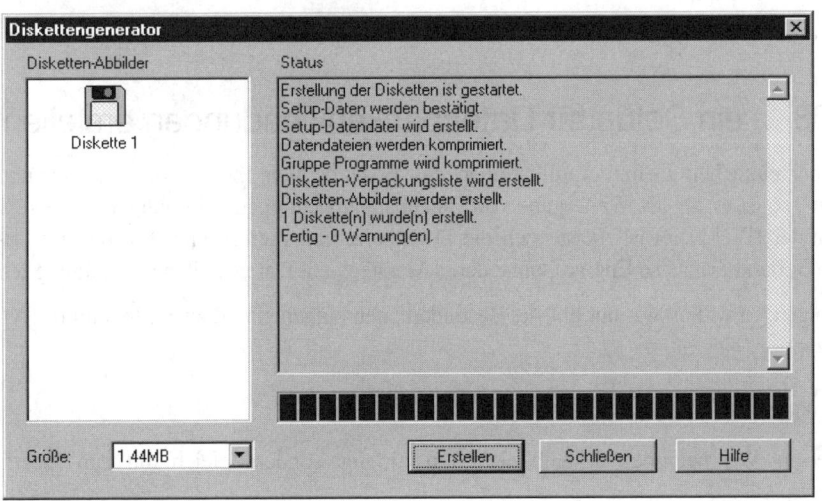

Grundlagen

Oberfläche

Grafik

Multimedia

Datei

Datenbank

SQL

Report

Objekte

OLE/DDE

Peripherie

System

Desktop

Technik

Sonstiges

Im Endergebnis entdecken Sie in einem (auf kurze Dateinamen verstümmelten) Unterverzeichnis *\Imagel~1\144mb\Disk1* das Ergebnis Ihrer Bemühungen:

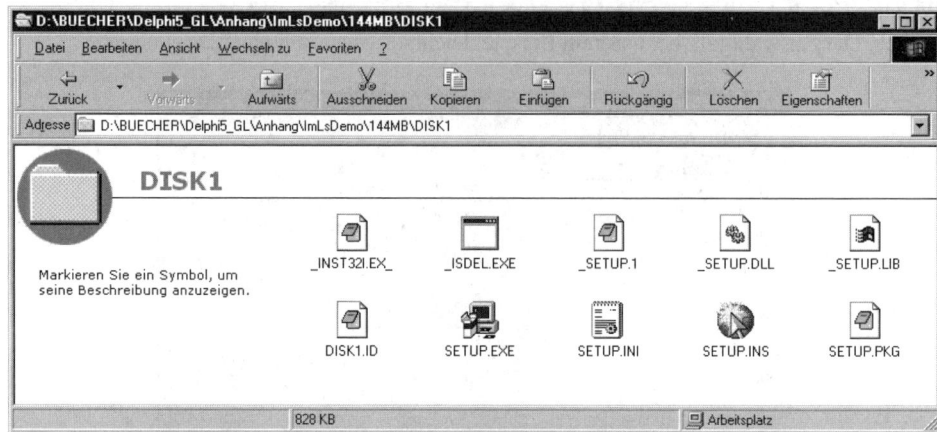

Ärgern Sie sich nicht darüber, dass hier trotz gepackter Dateien mehr als doppelt soviel Speicherplatz zusammenkommt als für die ursprüngliche (ungepackte) EXE-Datei. Dafür haben Sie aber jetzt eine "richtige" Installationsdiskette und bei umfangreicheren Applikationen dürfte sich das Verhältnis wieder normalisieren.

Etappen 8/9: Installation testen bzw. Vertriebsmedien erstellen

Diese beiden Etappen können Sie sich ersparen, denn das Kopieren des Verzeichnisinhalts von *Disk1* auf eine Diskette und die anschließende Probeinstallation auf einem Fremdrechner lässt sich per "Handbetrieb" doch wesentlich praxisnäher erledigen, oder?

Hinweis: Ein komplexeres Beispiel (Datenbankapplikation) finden Sie im nachfolgenden Rezept.

R388 ... ein Setup für Datenbankanwendungen erstellen?

War bei einfachen Delphi-Applikationen das Erstellen von Installationsdisketten noch ein "Kann", so ist es für die Weitergabe von Datenbankanwendungen ein obligatorisches "Muss". Neben der EXE-Datei ist meist noch die Datenbank mitzuliefern und, last but not least, die BDE (Borland Database Engine), ohne deren Management Datenbankzugriffe unmöglich sind.

Im Folgenden wollen wir nur auf die Besonderheiten eingehen und ansonsten auf das Vorgängerrezept

☞   R387 ... mit InstallShield arbeiten?

verweisen. Wir beginnen deshalb nicht am Anfang, sondern gleich mit den spezifischen Passagen.

Grundlage unseres Beispiels ist die Datenbankapplikation BAUFINANZ (siehe Buch-CD), deren Startformular die folgende Abbildung zeigt[1].

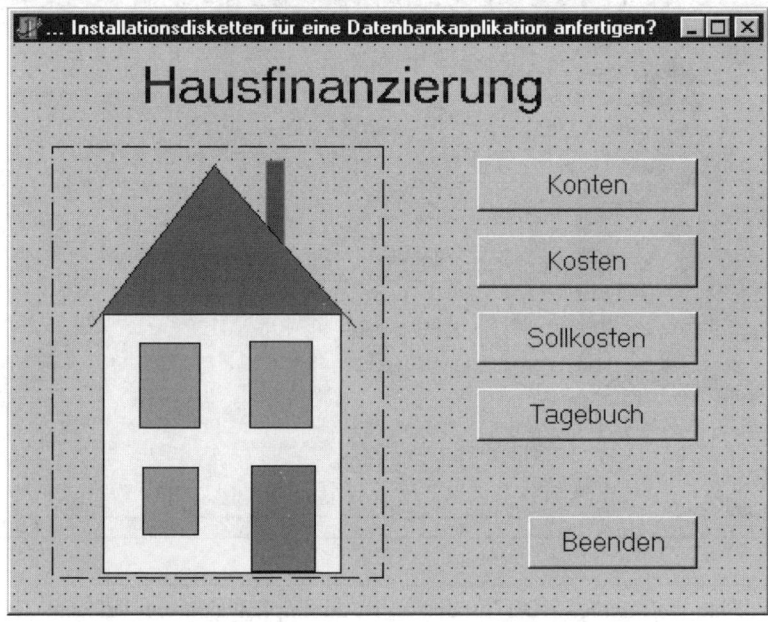

Etappe 2: InstallShield-Objekte für Delphi wählen

Auf jeden Fall sollten Sie die BDE mitgeben, falls auf dem Zielrechner weder Delphi noch Paradox installiert sind. Auf die SQL-Links kann "Otto Normalverbraucher" locker verzichten.

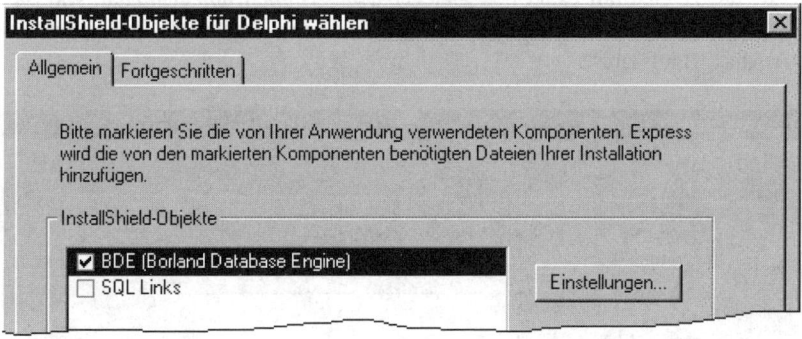

---

[1] Sie selbst sollen dieses Formular natürlich nicht erstellen. Am besten wäre es, Sie vollziehen dieses Rezept an Hand einer eigenen kleineren Datenbankapplikation nach.

Grundlagen

Oberfläche

Grafik

Multimedia

Datei

Datenbank

SQL

Report

Objekte

OLE/DDE

Peripherie

System

Desktop

Technik

Sonstiges

Klicken Sie auf "Einstellungen":

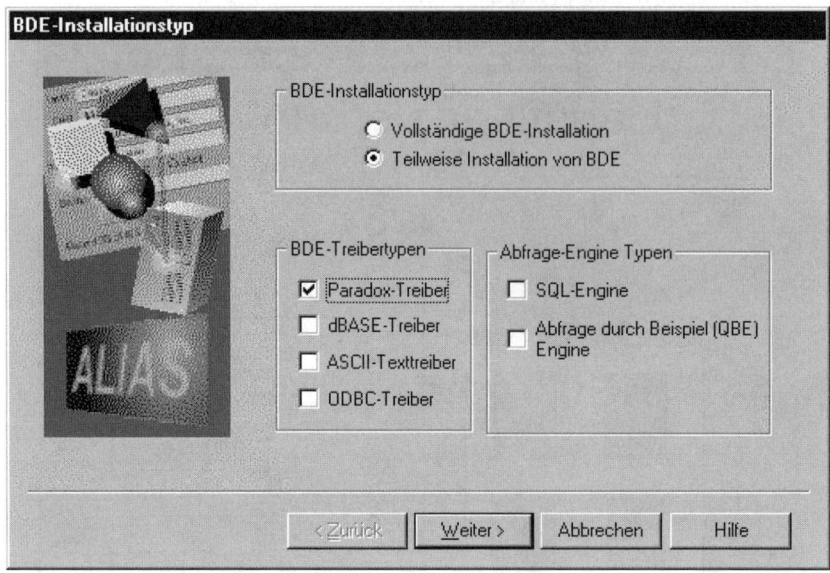

Hinweis: Eine *vollständige* BDE-Installation ist zu empfehlen, wenn auf dem Zielrechner weder Delphi noch Paradox installiert sind. Ansonsten wählen Sie nur die Optionen und Treiber, die unbedingt nötig sind, Sie können so die Anzahl der Disketten verringern.

Nachdem Sie auf "Weiter" geklickt haben, erwartet Sie ein leeres Feld der BDE-Aliase. Klicken Sie auf "Neu", um exakt den gleichen Alias-Namen hinzuzufügen, wie Sie ihn in Ihrem Delphi-Programm verwendet haben (*DatabaseName*-Eigenschaft!). Für unser Beispiel ist das der Alias "Baufinanz":

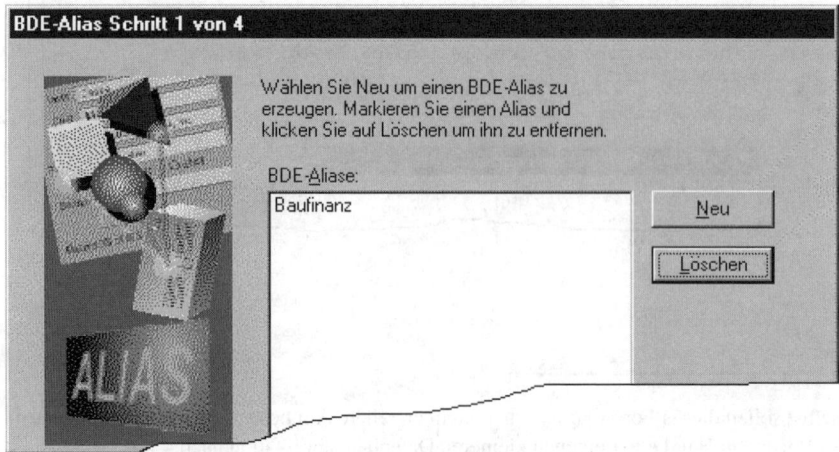

Im folgenden Schritt brauchen Sie das Häkchen nur dann zu setzen, wenn auch 16 Bit-Applikationen auf die Datenbank zugreifen sollen (nicht zu empfehlen, wenn Sie lange Dateinamen verwenden):

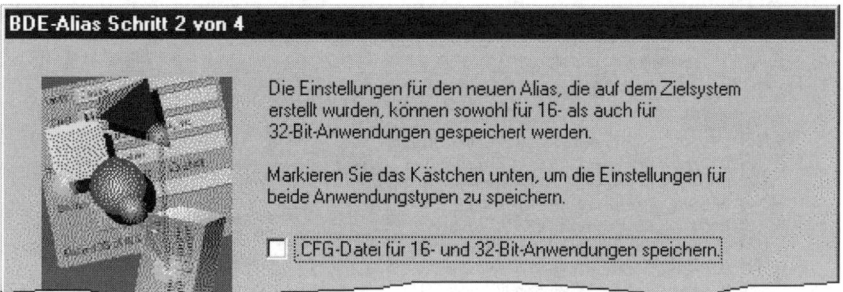

Im nun folgenden Schritt müssen Sie der BDE klarmachen, welches Alias zu welchem Verzeichnis auf dem Zielrechner gehört. Wenn Sie, wie hier, die Datenbank gleich in das Installationsverzeichnis kopieren wollen, brauchen Sie sich keine weiteren Gedanken zu machen:

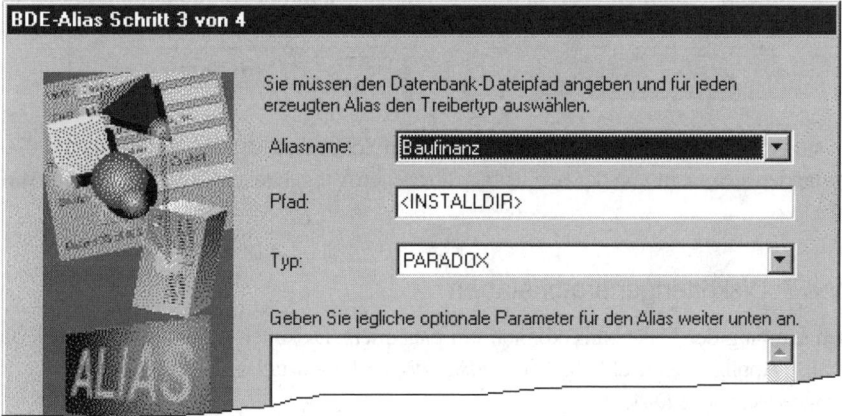

Im vierten und letzten Schritt brauchen Sie nur noch auf "Fertigstellen" zu klicken.

Etappe 3: Komponenten und Dateien festlegen

Kopieren Sie die *Baufinanz.exe* in die standardmäßig bereits vorhandene Gruppe "Programme". Für die ebenfalls mitzugebende *Baufinanz*-Datenbank empfiehlt sich das Anlegen einer neuen Gruppe (Noch einmal: Dies ist kein Unterverzeichnis!). In unserem Fall haben wir aber darauf verzichtet und alle Datenbanktabellen ebenfalls per DragDrop der "Programme"-Gruppe zugewiesen.

Wenn Sie das relative Zielverzeichnis der Datenbank-Gruppe ändern, müssen Sie auch den Aliaspfad der BDE entsprechend anpassen (siehe Schritt 3 der BDE-Einstellungen).

Grundlagen

Oberfläche

Grafik

Multimedia

Datei

Datenbank

SQL

Report

Objekte

OLE/DDE

Peripherie

System

Desktop

Technik

Sonstiges

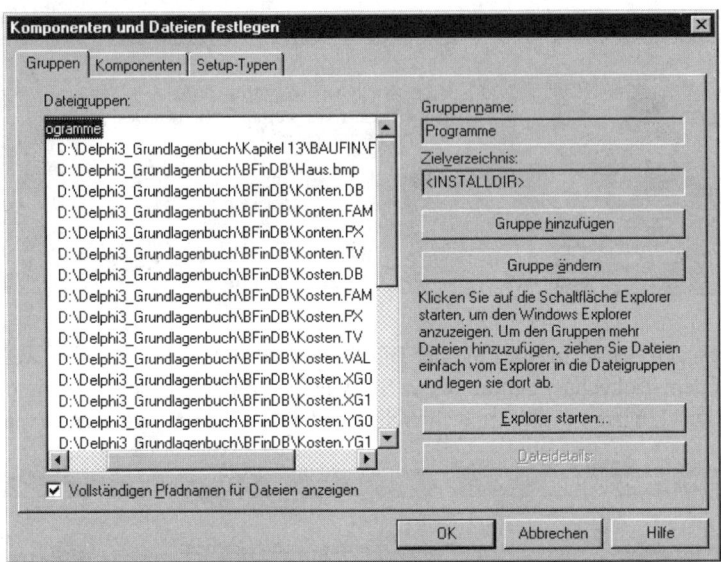

Damit sind die wesentlichen datenbankspezifischen Schritte ausgeführt, die Etappen 4, 5 und 6 unterscheiden sich nicht von der bereits beschriebenen Vorgehensweise bei einfachen Applikationen.

Etappe 7: Diskettengenerator starten

Je nach Umfang der Datenbank können ein paar mehr Disketten zusammenkommen, als für "normale" Applikationen üblich. Die *vollständige* BDE-Installation kostet Sie in der Regel "nur" eine zusätzliche Disk:

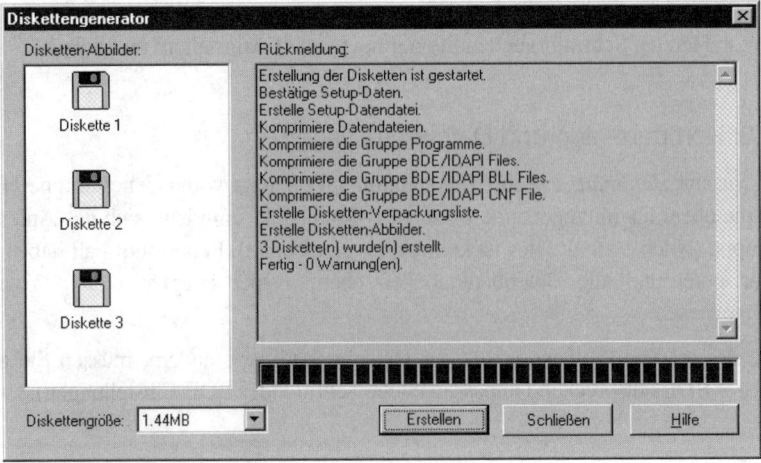

Etappe 8: Installation testen

Verlassen Sie sich nicht auf den in *InstallShield* integrierten Testlauf, sondern nehmen Sie besser eine Probeinstallation auf einem "sauberen" Fremdrechner vor!

Beim Installieren können Sie sich an Hand von Zwischenmeldungen wie "Entpacken...", "BDE-Konfiguration modifizieren", "BDE-Aliase modifizieren", "Programmsymbole erstellen" und "Register-Info aktualisieren" über die Aktivitäten von *InstallShield* informieren (hängt von den "Dialogfelder"-Einstellungen ab).

Nach erfolgter Installation entdecken Sie im *\Programme*-Verzeichnis des Zielrechners ein neues Unterverzeichnis *\Borland*, in welchem neben der BDE (eine Sammlung verschiedener DLLs) auch das Programm *Bdeadmin.exe* enthalten ist. Hier können Sie sich darüber informieren, ob der Alias richtig zugewiesen wurde und gegebenenfalls Korrekturen der BDE-Einstellungen vornehmen:

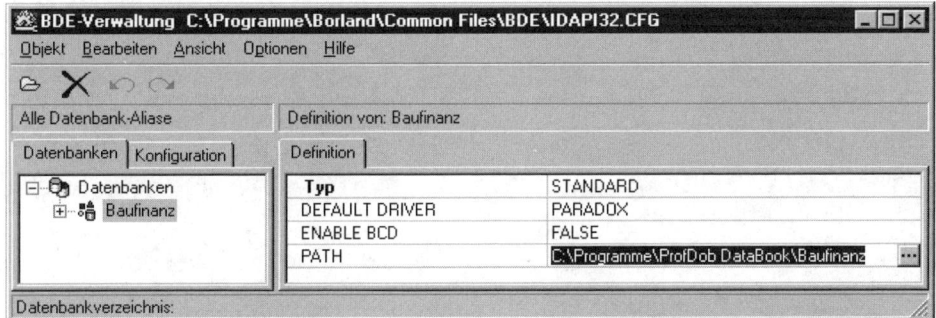

Grundlagen

Oberfläche

Grafik

Multimedia

Datei

Datenbank

SQL

Report

Objekte

OLE/DDE

Peripherie

System

Desktop

Technik

Sonstiges

Anhang

A Virtuelle Tastatur-Codes

Konstante	Erläuterung
VK_CANCEL	STRG+PAUSE Tasten
VK_BACK	BACKSPACE Taste
VK_TAB	TAB Taste
VK_RETURN	RETURN Taste
VK_SHIFT	SHIFT Taste
VK_CONTROL	STRG Taste
VK_MENU	ALT Taste
VK_PAUSE	PAUSE Taste
VK_CAPITAL	CAPS LOCK Taste
VK_ESCAPE	ESC Taste
VK_SPACE	LEERTASTE
VK_PRIOR	BILD nach oben Taste
VK_NEXT	BILD nach unten Taste
VK_END	ENDE Taste
VK_HOME	POS1 Taste
VK_LEFT	Cursortaste links
VK_UP	Cursortaste oben
VK_RIGHT	Cursortaste rechts
VK_DOWN	Cursortaste unten
VK_SNAPSHOT	DRUCK Taste
VK_INSERT	EINFG Taste
VK_DELETE	ENTF Taste
VK_NUMPAD0	Numerisches Tastenfeld, Taste 0
VK_NUMPAD1	Numerisches Tastenfeld, Taste 1
VK_NUMPAD2	Numerisches Tastenfeld, Taste 2
VK_NUMPAD3	Numerisches Tastenfeld, Taste 3

Konstante	Erläuterung
VK_NUMPAD4	Numerisches Tastenfeld, Taste 4
VK_NUMPAD5	Numerisches Tastenfeld, Taste 5
VK_NUMPAD6	Numerisches Tastenfeld, Taste 6
VK_NUMPAD7	Numerisches Tastenfeld, Taste 7
VK_NUMPAD8	Numerisches Tastenfeld, Taste 8
VK_NUMPAD9	Numerisches Tastenfeld, Taste 9
VK_MULTIPLY	Multiplikationstaste
VK_ADD	Additionstaste
VK_SUBTRACT	Subtraktionstaste
VK_DIVIDE	Divisionstaste
VK_F1	F1 Taste
VK_F2	F2 Taste
VK_F3	F3 Taste
VK_F4	F4 Taste
VK_F5	F5 Taste
VK_F6	F6 Taste
VK_F7	F7 Taste
VK_F8	F8 Taste
VK_F9	F9 Taste
VK_F10	F10 Taste
VK_F11	F11 Taste
VK_F12	F12 Taste
VK_NUMLOCK	NUM LOCK Taste
VK_SCROLL	SCROLL LOCK Taste

B ANSI-Tabelle

0		32	[space]	64	@	96	'
1		33	!	65	A	97	a
2		34	"	66	B	98	b
3		35	#	67	C	99	c
4		36	$	68	D	100	d
5		37	%	69	E	101	e
6		38	&	70	F	102	f
7		39	'	71	G	103	g
8	BS	40	(	72	H	104	h
9	TAB	41	)	73	I	105	i
10	LF	42	*	74	J	106	j
11		43	+	75	K	107	k
12		44	,	76	L	108	l
13	CR	45	-	77	M	109	m
14		46	.	78	N	110	n
15		47	/	79	O	111	o
16		48	0	80	P	112	p
17		49	1	81	Q	113	q
18		50	2	82	R	114	r
19		51	3	83	S	115	s
20		52	4	84	T	116	t
21		53	5	85	U	117	u
22		54	6	86	V	118	v
23		55	7	87	W	119	w
24		56	8	88	X	120	x
25		57	9	89	Y	121	y
26		58	:	90	Z	122	z
27		59	;	91	[	123	{
28		60	<	92	\	124		
29		61	=	93	]	125	}
30		62	>	94	^	126	~
31		63	?	95	_	127	

128		160	[space]	192	À	224	à
129		161	¡	193	Á	225	á
130		162	¢	194	Â	226	â
131		163	£	195	Ã	227	ã
132		164	¤	196	Ä	228	ä
133		165	¥	197	Å	229	å
134		166	¦	198	Æ	230	æ
135		167	§	199	Ç	231	ç
136		168	¨	200	È	232	è
137		169	©	201	É	233	é
138		170	ª	202	Ê	234	ê
139		171	«	203	Ë	235	ë
140		172	¬	204	Ì	236	ì
141		173	-	205	Í	237	í
142		174	®	206	Î	238	î
143		175	¯	207	Ï	239	ï
144		176	°	208	Ð	240	ð
145		177	±	209	Ñ	241	ñ
146		178	²	210	Ò	242	ò
147		179	³	211	Ó	243	ó
148		180	´	212	Ô	244	ô
149		181	µ	213	Õ	245	õ
150		182	¶	214	Ö	246	ö
151		183	·	215	×	247	÷
152		184	¸	216	Ø	248	ø
153		185	¹	217	Ù	249	ù
154		186	º	218	Ú	250	ú
155		187	»	219	Û	251	û
156		188	¼	220	Ü	252	ü
157		189	½	221	Ý	253	ý
158		190	¾	222	Þ	254	þ
159		191	¿	223	ß	255	ÿ

C Inhaltsverzeichnis "Borland Delphi 5 -- Grundlagen und Profiwissen"

Doberenz/Kowalski; Carl Hanser-Verlag 2000; 1200 Seiten; ISBN 3-446-21364-3

Index

T

Das Grundlagenwerk zu Borland Delphi 5

Dieses gegenüber seinem erfolgreichen Vorgängertitel überarbeitete und ergänzte Werk bietet dem Einsteiger wie dem Profi eine Einführung in die 32 Bit-Windows-Anwendungsentwicklung und eine umfassende Darstellung fortgeschrittener Programmiertechniken. Zu allen wichtigen Themengebieten findet der Einsteiger einen schrittweisen Zugang, während der Profi eine Fülle von Insider-Informationen erhält. Jedes Kapitel wird mit einem Praxisteil abgeschlossen, in welchem zahlreiche Programmierbeispiele mit Übungen, Tipps und Lösungen enthalten sind.

Walter Doberenz, Thomas Kowalski
Borland Delphi 5
Grundlagen und Profiwissen
1200 Seiten. 2000. Gebunden
mit CD-ROM
ISBN 3-446-21364-3

Highlights
- Ausführliche Einführung in ADO 2.x und MS SQL-Server 7.
- Know-how für komplexe Anwendungen wie kleines Schreibprogramm TEXT, Adressdatenbank ADRESS, Kostenanalyse BAUFINANZ, Kreuzworträtselexperte WINCROSS, Grafikprogramm PAINT, Funktionsplotter FPLOT.
- Auf der beiliegenden CD-ROM sind alle Quelltexte und eine Testversion des MS SQL-Servers 7 enthalten.

Fax (0 89) 9 98 30-269

Carl Hanser Verlag

Postfach 86 04 20, D-81631 München
Tel. (0 89) 9 98 30-0, Fax (0 89) 9 98 30-269
eMail: info@hanser.de, http://www.hanser.de

HANSER